Huber-Heim/Dittrich/Schönberg (Hrsg)

Handbuch Kreislaufwirtschaft

Handbuch Kreislaufwirtschaft

Strategien & Geschäftsmodelle
Ressourcenmanagement
Digitalisierung
Rechtliche Rahmenbedingungen

herausgegeben von

Karin Huber-Heim

Julika Dittrich

Valerie-Sophie Schönberg

Linde
international

Zitiervorschlag: *Autor:in* in *Huber-Heim/Dittrich/Schönberg* (Hrsg), Handbuch Kreislaufwirtschaft (2026) Seite

Bibliografische Information der Deutschen Nationalbibliothek

Die Deutsche Nationalbibliothek verzeichnet diese Publikation in der Deutschen Nationalbibliografie; detaillierte bibliografische Daten sind im Internet über http://dnb.d-nb.de abrufbar.

ISBN 978-3-7143-0431-2 (Print)
ISBN 978-3-7073-0437-4 (Kombi Print & digital)

1210 Wien, Scheydgasse 24, Tel.: 01/24 630
office@lindeverlag.at | www.lindeverlag.at

Druck und Bindung: Bösmüller Print Management GesmbH & Co. KG
2000 Stockerau | Josef-Sandhofer-Straße 3

1

Vorwort I

Natürliche Ressourcen sind die Grundlage für unser Leben auf der Erde und bilden die Basis unserer Wirtschaft. Der Zugang zu und die Nutzung von Land, Wasser, Öl und Gas, verschiedenen Mineralien oder Edelmetallen waren in der Menschheitsgeschichte stets eng mit dem erreichten Wohlstand von Nationen verknüpft. Sie treiben die geopolitischen Bestrebungen konsumierender Länder an, politische Kontrolle über ressourcenreiche Länder zu erlangen. Häufig führt dies zu Instabilität, mangelnder Sicherheit, schwachen demokratischen Systemen und letztlich zu Konflikten. Die gesamte Geschichte der Kolonialisierung der Natur war – und ist – ein zentrales Thema von Gerechtigkeit und Fairness.

Forschung des International Resource Panel (IRP) zeigt, dass der nicht nachhaltige Umgang mit Ressourcen eine treibende Kraft hinter der dreifachen planetaren Krise ist. Insgesamt hat sich der globale Materialverbrauch in den letzten 50 Jahren mehr als verdreifacht. Die Gewinnung und Verarbeitung von Materialien ist für 60 % der Klimaauswirkungen, über 90 % des biodiversitätsbedingten Landverlustes und Wasserstresses sowie rund 40 % der gesundheitsbezogenen Umweltbelastungen verantwortlich. Wenn der derzeitige Trend anhält, wird der Ressourcenverbrauch bis 2060 voraussichtlich um weitere 60 % ansteigen.

Unsere Wirtschaft, wie sie von den industrialisierten Nationen entworfen und vorangetrieben wurde, ist verschwenderisch und ungerecht. Wir müssen die Ursachen und Kräfte offenlegen, die zu den gegenwärtigen Problemen führen. Notwendig ist ein grundlegender, systemischer Wandel in der Art und Weise, wie wir Ressourcen nutzen – weg von verschwenderischen, linearen Produktions- und Konsumsystemen, hin zu zirkulären, ressourceneffizienten Gesellschaften, die das Wohlergehen aller optimieren. Um schwerwiegende Umweltfolgen zu vermeiden, ist ein Entkoppeln des Ressourcenverbrauchs von wirtschaftlicher Entwicklung, menschlichem Wohlergehen und ökologischen Auswirkungen unerlässlich.

Die Kreislaufwirtschaft sollte als Instrument verstanden werden, um diese Entkopplung praktisch umzusetzen – und als Bestandteil eines umfassenderen wirtschaftlichen, gesellschaftlichen und kulturellen Wandels, der zur Erreichung der SDGs und anderer internationaler Vereinbarungen erforderlich ist. Es handelt sich um das älteste Prinzip unseres Planeten. Die Natur selbst ist nach Kreislaufprinzipien organisiert – nichts geht verloren, alles hat einen Zweck. Wir Menschen, als Teil der Natur, sollten denselben Prinzipien folgen. Leider ist das, was in der Theorie logisch erscheint, in der Praxis oft schwer umzusetzen.

Wir müssen die Dinge neu ordnen: Die Wirtschaft soll den Menschen dienen – nicht umgekehrt. Der Fokus muss auf jenen Versorgungssystemen liegen, die den höchsten Ressourcenverbrauch verursachen. Die entscheidende Frage lautet: Wie können wir menschliche Bedürfnisse mit weniger Energie- und Ressourcenverbrauch erfüllen? Laut dem International Resource Panel (IRP) sind vier Versorgungssysteme – Energie, Ernährung, die gebaute Umwelt und Mobilität – für 90 % des globalen Materialverbrauchs verantwortlich und verdienen daher unsere besondere politische Aufmerksamkeit. Die gute Nachricht: Diese Systeme lassen sich deutlich ressourceneffizienter gestalten – und das auf eine Weise, die für Bürgerinnen und Bürger, und häufig auch für Unternehmen – sehr attraktiv ist.

Effizienzstrategien sollten durch Suffizienz ergänzt, Dekarbonisierung durch Dematerialisierungsmaßnahmen unterstützt werden. Nachhaltigkeit steht nicht im Widerspruch zur Wettbewerbsfähigkeit, sondern ist vielmehr ein entscheidender Erfolgsfaktor für Wettbewerbsfähigkeit, Sicherheit, Fairness und den Zusammenhalt des europäischen Projekts insgesamt.

Dieses praktische Handbuch zur Kreislaufwirtschaft ist ein wertvoller Beitrag für all jene, die die Kreislaufwirtschaft besser verstehen und anwenden möchten. Für all jene, denen eine lebenswerte Zukunft am Herzen liegt.

Brüssel, November 2025

Dr. *Janez Potočnik*
Co-Vorsitzender des International Resource Panel (IRP)

Vorwort II

Vor rund 2,5 Millionen Jahren begann die Geschichte der Menschheit, damals mit dem Vorfahren des „Homo sapiens", dem „Homo habilis", mit einem einfachen, aber revolutionären Akt: der Herstellung der ersten Werkzeuge aus Stein. Diese grob behauenen Klingen und Schlagwerkzeuge, sogenannte Oldowan-Werkzeuge, ermöglichten es unseren Vorfahren, Nahrung effizienter zu verarbeiten, Tiere zu jagen und sich gegen Gefahren zu verteidigen. Mit ihnen legte der Mensch den Grundstein für eine Entwicklung, die ihn von einem Teil der Natur zunehmend zu ihrem Gestalter machte.

Mit dem Erlernen der Landwirtschaft veränderte sich vor etwa 10.000 Jahren das Verhältnis zwischen Mensch und Natur grundlegend. Mithilfe weiterentwickelter Werkzeuge begann der Mensch, Landflächen dauerhaft zu kultivieren, Tiere zu zähmen und Siedlungen zu errichten. Die Materialien und Techniken, die dabei eingesetzt wurden, verbesserten sich stetig: Holz, Knochen und Stein wurden durch Kupfer, Bronze und schließlich Eisen ergänzt. Jeder Fortschritt eröffnete neue Möglichkeiten, aber auch neue Herausforderungen im Umgang mit Ressourcen.

Im Laufe der Jahrtausende perfektionierte die Menschheit ihre Fertigkeiten in der Materialbearbeitung. Mit der industriellen Revolution im 18. und 19. Jahrhundert erreichte diese Entwicklung einen vorläufigen Höhepunkt: Maschinen und Massenproduktion veränderten nicht nur die Wirtschaft, sondern auch das Verhältnis des Menschen zu Natur und Rohstoffen.

Parallel zu diesen Entwicklungen begann der Mensch, Materialien gezielt zu verändern und neue, komplexere Werkstoffe zu erschaffen. Die Entdeckung und Nutzung chemischer Prozesse führte zur Herstellung von Stahl, Legierungen und später synthetischen Stoffen wie Kunststoffen. Chemische Technologien ermöglichten es, Materialien für spezifische Anforderungen zu optimieren: langlebiger, leichter, flexibler, hitzebeständiger oder wasserabweisend. Diese Innovationen eröffneten enorme industrielle und gesellschaftliche Möglichkeiten – vom Bau moderner Städte über Hochleistungsmaschinen bis hin zu medizinischen Geräten und Konsumgütern.

Doch diese Fortschritte hatten auch tiefgreifende Konsequenzen für die Natur- und Rohstoffnutzung. Die Gewinnung und Verarbeitung der benötigten Rohstoffe führte zu einem drastisch wachsenden Energiebedarf, großflächigen Eingriffen in Landschaften und der Freisetzung bisher unbekannter Stoffe in Ökosysteme. Viele der neu geschaffenen Materialien – insbesondere Kunststoffe und chemische Verbindungen – sind nur schwer biologisch abbaubar und gelangen in Böden, Gewässer und die Atmosphäre, wo sie über Jahrhunderte verbleiben. Die Fähigkeit des Menschen, Materialien immer perfekter und haltbarer zu gestalten, führte damit paradoxerweise zu einer wachsenden Ansammlung von Abfällen und einer Überlastung natürlicher Kreisläufe.

Heute, im 21. Jahrhundert, stehen wir vor den ökologischen und sozialen Folgen dieses linearen Systems. Die Circular Economy ist ein Ansatz, der an die frühen Prinzipien des menschlichen Umgangs mit Ressourcen anknüpft, sie aber mit moderner Technologie und Wissen neu interpretiert. Sie zielt darauf ab, Materialien und Produkte möglichst lange im Umlauf zu halten, Abfälle zu vermeiden und natürliche Kreisläufe wiederherzustellen – nicht als Rückschritt in die Vergangenheit, sondern als evolutionären Schritt nach vorn.

Diese historische Reise zeigt, wie der Mensch durch Innovationen immer tiefgreifender in natürliche Kreisläufe eingegriffen hat – mit großem Nutzen für die Menschheit, aber auch mit wachsender Verantwortung. Die Herausforderungen, die daraus entstanden sind, erfordern heute ein fundamentales Umdenken: weg von der linearen Logik des „Nehmens, Herstellens und Entsorgens", hin zu einem zirkulären System, in dem Ressourcen effizient genutzt, Materialien wiederverwendet und Abfälle vermieden werden.

Dieses Buch widmet sich genau dieser Aufgabe – der Circular Economy. Es führt Schritt für Schritt von den grundlegenden Prinzipien über digitale und technologische Lösungsansätze bis hin zu innovativen Geschäftsmodellen, die Unternehmen und Gesellschaften befähigen, nachhaltig zu wirtschaften. Dabei werden nicht nur ökologische Aspekte betrachtet, sondern auch ökonomische und soziale Dimensionen, die gemeinsam eine echte Transformation ermöglichen.

Eine solche Transformation kann jedoch nicht allein durch einzelne Unternehmen oder Konsumenten erreicht werden. Sie erfordert auch politische Rahmenbedingungen, die Kreislaufwirtschaft fördern und lineare Strukturen überwinden. Nationale Gesetzgebungen, europäische Strategien und internationale Abkommen müssen aufeinander abgestimmt sein, um globale Wertschöpfungsketten nachhaltig zu gestalten. Themen wie erweiterte Produzentenverantwortung, ressourcenschonendes Produktdesign oder harmonisierte Recyclingstandards können nur durch ein koordiniertes politisches und wirtschaftliches Zusammenspiel wirksam umgesetzt werden.

Das Ziel dieses Buches ist es daher, nicht nur technologische und wirtschaftliche Werkzeuge vorzustellen, sondern auch aufzuzeigen, wie politische Steuerung, internationale Kooperation und gesellschaftliches Engagement ineinandergreifen müssen. Nur durch dieses Zusammenspiel kann eine Wirtschaft entstehen, die langfristig tragfähig ist – eine Wirtschaft, die Wohlstand schafft, ohne dabei die natürlichen Lebensgrundlagen zu zerstören, soziale Gerechtigkeit fördert und wirtschaftliche Innovation vorantreibt. Die Circular Economy ist dabei nicht nur eine Vision, sondern ein praktischer Rahmen, der mit den richtigen Werkzeugen, Technologien, Geschäftsstrategien und politischen Weichenstellungen Realität werden kann.

Oberhausen, November 2025

Prof. Dr.-Ing. *Manfred Renner*
Institutsleiter des Fraunhofer-Instituts für Umwelt-, Sicherheits- und Energietechnik UMSICHT, Deutschland

Vorwort III

Die großen ökologischen Krisen unserer Zeit, allen voran Klimakrise und Biodiversitätskrise, können nur mit einem umfassenden umwelt- und klimapolitischen Ansatz bewältigt werden. Hinzu kommt, dass aufgrund des globalen Wirtschaftswachstums immer mehr Rohstoffe ge- und verbraucht werden. Gleichzeitig sinkt die Versorgungssicherheit kritischer Rohstoffe aufgrund politischer Krisen und der damit verbundenen Störungen der Lieferketten. Um die dadurch entstehenden Herausforderungen bewältigen zu können, sind neben der Defossilisierung des Energiesystems auch der Verbrauch und die Bewirtschaftung stofflicher Ressourcen grundlegend zu verändern. Gerade die Herstellung von primären Grundstoffen wie Zement, Eisen und Stahl oder Chemikalien ist sehr energieintensiv. Die Kreislaufführung dieser Stoffe und die Reduktion des Verbrauchs sind daher zentral für die Erreichung der Klimaziele.

Global steigt der Ressourcenverbrauch ungebrochen an: Der aktuelle Circularity Gap Report zeigt, dass die Zirkularität der globalen Wirtschaft nicht gestiegen, sondern gesunken ist: von 9,1 % im Jahr 2018 auf 7,2 % im Jahr 2023. Das Absinken um 21 % innerhalb von fünf Jahren bei gleichzeitigem Anstieg des weltweiten Materialverbrauchs um 28 % ist ein dramatisches Signal für den notwendigen Handlungsbedarf. Diese Entwicklung erhöht auch der Wettbewerb um die Ressourcen. Für eine kleine Volkswirtschaft wie Österreich ist es damit noch bedeutender, Sekundärrohstoffe zu nutzen und die Kreislaufwirtschaft zu forcieren.

Zentrales Dokument zur Forcierung der Kreislaufwirtschaft in Österreich ist die nationale Kreislaufwirtschaftsstrategie „Österreich auf dem Weg zu einer nachhaltigen und zirkulären Gesellschaft". Darin werden Ziele für die Senkung des Materialverbrauchs, die Steigerung der Zirkularitätsrate, die Erhöhung der Materialeffizienz und die Reduktion des stofflichen Konsums privater Haushalte mit einem Zeithorizont bis 2030 festgelegt. Weiter wurde auch ein langfristiges Ziel für die Senkung des Materialfußabdrucks auf 7 Tonnen pro Einwohner und Jahr bis 2050 etabliert. Seit dem Beschluss der Strategie im Jahr 2022 konnten in allen Bereich Verbesserungen erzielt werden, die Zielerreichung bedarf jedoch ungebrochener Anstrengungen.

Dies gilt sowohl für die Weiterentwicklung des politischen und rechtlichen Rahmens als auch für die praktische Umsetzung in Unternehmen und im öffentlichen Sektor. Entscheidende Rolle kommt der Innovation zu, sowohl was Technologien der Kreislaufwirtschaft als auch zirkuläre Geschäftsmodelle anbelangt. Dafür sind stabile umweltpolitische und umweltrechtliche Rahmenbedingungen notwendig, die klar die Richtung für die Entwicklung künftiger Märkte aufzeigen. Ein überschießender Rückbau dieses Rahmens wirkt daher kontraproduktiv.

Um Kreislaufwirtschaft auf breiter Ebene in der Wirtschaft zu realisieren, braucht es neben einem stabilen Rechtsrahmen und Innovation auch Information, Qualifizierung und Bewusstseinsbildung. Mit dem Praxishandbuch Kreislaufwirtschaft liegt ein umfassendes

Werk vor, das alle Aspekte der Kreislaufwirtschaft beleuchtet und wertvolle Informationen für die Umsetzung gibt.

Wien, November 2025

Dipl.-Ing. *Andreas Tschulik*
vormals Abteilungsleiter V/7 Integrierte Produktpolitik,
Betrieblicher Umweltschutz und Umwelttechnologie,
Bundesministerium für Land- und Forstwirtschaft,
Klima- und Umweltschutz,
Regionen und Wasserwirtschaft (BMLUK), Österreich

Inhaltsverzeichnis

Abkürzungsverzeichnis

Abb	Abbildung
AEUV	Vertrag über die Arbeitsweise der Europäischen Union
AWG	Abfallwirtschaftsgesetz
BattG	Batteriengesetz
C2Cf	Cradle-to-Cradle
ca	circa
CBAM	Carbon Border Adjustment Mechanism
CBM	Circular Business Model
CCS	Carbon Capture and Storage
CCU	Carbon Capture and Utilisation
CE	Circular Economy
CEAP	Circular Economy Action Plan
CFF	Circular Footprint Formula
CSRD	Corporate Sustainability Reporting Directive
CTI	Circular-Transition-Indicator
dh	das heißt
DPP	Digitaler Produktpass
EBA	European Banking Authority
ElektroG	Elektro- und Elektronikgerätegesetz
EMAF	Ellen MacArthur Foundation
EPR	Extended Producer Responsibility
ESRS	European Sustainability Reporting Standards
ETS	Emission Trading Systems
EU	Europäische Union
EUDR	EU-Entwaldungsverordnung
FKVO	Fusionskontrollverordnung
FN	Fußnote
GACERE	Global Alliance on Circular Economy and Resource Efficiency
GAR	Green Asset Ratio
ggf	gegebenenfalls
GPP	Green Public Procurement
Gt	Gigatonne
Hrsg	Herausgeber:in
HS	Harmonisiertes System

inkl	inklusive
IoT	Internet of Things
IRO	Auswirkungen, Risiken und Chancen (impacts, risks, and opportunities)
IRP	International Resource Panel
ISO	International Standardization Organization
KartG	Kartellgesetz
kg	Kilogramm
KI	Künstliche Intelligenz
KLW	Kreislaufwirtschaft
KMU	Kleine und mittlere Unternehmen
KPC	Kommunalkredit Public Consulting GmbH
LCA	Life Cycle Assessment
MCDA	Multi Criteria Decision Analysis
MCI	Material Circularity Indicator
MFA	Materialflussanalyse
Mio	Millionen
Mrd	Milliarde
NbS	Nature-based Solutions
NRO	Nichtregierungsorganisation
ÖARP	Österreichischer Aufbau- und Resilienzplan 2020–2026
PEF	Product Environmental Footprint
PIC	Prior Informed Consent
PPFM	Projektportfoliomanagement
PSS	Produkt-Service-System
PV	Photovoltaik
RGM	Regenerative Geschäftsmodelle
RoCI	Return on Circular Investment
RPI	Ressourcenproduktivität
RRF	Recovery and Resilience Facility
SDG	Sustainable Development Goal
SFA	Stoffflussanalyse
SFDR	Sustainable Finance Disclosure Regulation
SRPP	Socially Responsible Public Procurement
t	Tonne
Tab	Tabelle
TCO	Total Cost of Ownership
TESSD	Trade and Environmental Sustainability Structured Discussions

THG	Treibhausgas
UFG	Umweltförderungsgesetz
UWG	Gesetz gegen den unlauteren Wettbewerb
VerpackV	Verpackungsverordnung
VGG	Verbrauchergewährleistungsgesetz
vgl	vergleiche
VO	Verordnung
VSME	Voluntary Small and Medium Enterprise European Sustainability Reporting Standard
WBCSD	World Business Council for Sustainable Development
WTO	World Trade Organization
WZO	Weltzollorganisation
zB	zum Beispiel

Einleitung

CLEAN, COMPETITVE, CIRCULAR

Nicht umsonst macht sich die europäische Staatengemeinschaft in ein 21. Jahrhundert auf, in der die Wirtschaft „sauber, wettbewerbsfähig und zirkulär“ sein soll. Wir stärken damit unsere Zukunftsfähigkeit als Gesellschaften und Wirtschaft innerhalb unserer Staatengemeinschaften und verringern in geopolitisch unruhigen Zeiten Abhängigkeitsrisiken – mit dem schönen „Nebeneffekt“, dass wir unsere lebenserhaltenden Ökosysteme schonen, wenn nicht sogar regenerieren können und in der Lage sind, Emissionen ebenso wie Energie- und Materialverbräuche zu reduzieren.

Wenn Sie dieses Buch in Händen halten, blicken Sie auf ein für Praktiker:innen von Praktiker:innen geschriebenes Werk. Hier finden Interessierte aus Unternehmen jeder Art und Größe, aus der Verwaltungspraxis oder dem Schul- und Hochschulbereich umfassendes Wissen und Anleitung zu Konzeption und Umsetzung einer modernen Kreislaufwirtschaft.

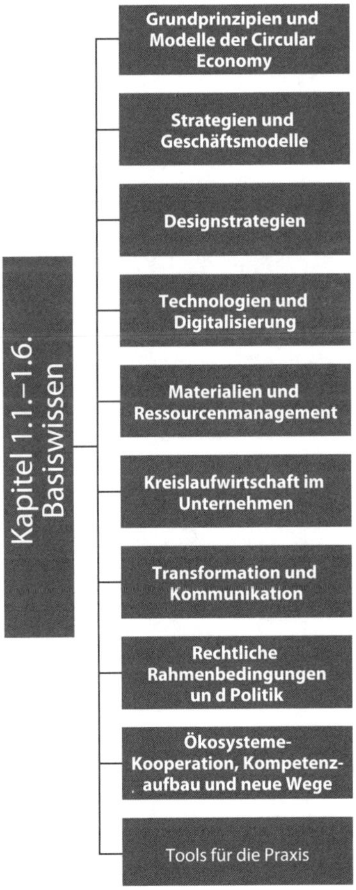

Für die Vorworte konnten wir mit *Janez Potočnik*, *Manfred Renner* und *Andreas Tschulik* anerkannte Schlüsselfiguren aus der EU-Politik, Wissenschaft, Industrie und Verwaltung gewinnen. Eine Vielzahl unserer Autor:innen zählt zu den besten und erfahrensten Expert:innen im deutschen Sprachraum und darüber hinaus. Mit *Sigrid Stagl*, der „Österreichischen Wissenschaftlerin des Jahres 2025“, trug auch eine der profiliertesten Wissenschaftlerinnen einen der zentralen Artikel bei.

LESEN SIE DIESE EINLEITUNG!

Als Herausgeberinnen haben wir das Buch so konzipiert, dass die **einführenden Kapitel 1.1.–1.6. die Wissensbasis bilden**, auf der unsere Leser:innen dann – je nach Interesse und Bedarf – in die **einzelnen Kapitel eintauchen** können.

Im letzten Abschnitt haben wir nützliche Tools für Sie gesammelt und Checklisten beigefügt, die Unternehmen bei der Implementierung der Kreislaufwirtschaft unterstützen können.

Wir bedanken uns bei allen Wissensträger:innen, Wissenschafter:innen, Praktiker:innen, Interessenvertreter:innen, Expert:innen und Kreisläufer:innen, die maßgeblich mit ihren Erfahrungen dazu beigetragen haben, dass dieses umfangreiche ebenso wie umfassende Werk entstehen konnte. Ein besonderes Dankeschön geht vor allem an den Linde Verlag und Theresa Weiglhofer-Troy, die uns auf die Idee dieses Buchs gebracht haben.

Der Weg in die Kreislaufwirtschaft mag von heute aus gesehen lang erscheinen – doch ist der Weg bekanntermaßen bereits das Ziel und jede Reise so gut wie die Gesellschaft, in der man sich befindet. Wir freuen uns darauf, diesen Weg gemeinsam mit vielen, vielen engagierten Menschen in die Zukunft zu gehen!

Wien, November 2025

Karin Huber-Heim
Julika Dittrich
Valerie-Sophie Schönberg

1. Einführung in die Circular Economy

1.1. Definition und Bedeutung der Kreislaufwirtschaft

Valerie-Sophie Schönberg

Der Begriff „Circular Economy“ (CE), als Kreislaufwirtschaft übersetzt, wird im deutschsprachigen Raum nach wie vor stark mit Abfallwirtschaft und Recycling assoziiert. Diese Deutung greift jedoch zu kurz. Im internationalen Diskurs steht Circular Economy für weit mehr: für ein transformatives Wirtschaftsmodell, das durch systemisches Denken, innovative Geschäftsmodelle und technologische Entwicklungen den Ressourcenverbrauch drastisch senkt und ökologische wie ökonomische Resilienz fördert. Circular Economy adressiert nicht nur das „Was geschieht mit Abfall?“, sondern das „Wie gestalten wir Produktion und Konsum grundsätzlich anders?“.

Als Dachbegriff für eine Vielzahl theoretischer und praktischer Ansätze haben besonders die Denkschulen der Industriellen Ökologie, Cradle to Cradle, Biomimikry, die Blue Economy oder das Konzept der Performance Economy das Gesamtkonzept geprägt. Was sie eint, ist die Annahme, dass unsere heutigen linearen Wirtschaftsprozesse – von der Rohstoffentnahme über die Nutzung bis zur Entsorgung (take-make-waste) – ökologisch und ökonomisch dysfunktional sind. Denn: Weltweit sind laut Circularity Gap Report 2024 nur 6,9 % der eingesetzten Ressourcen Teil eines zirkulären Kreislaufs – Tendenz fallend.[1] Die Auswirkungen der linearen Wirtschaftsweise sind verheerend, die Potenziale einer Circular Economy – die darauf abzielt, den Wert von Produkten, Materialien und Ressourcen möglichst lange zu erhalten – enorm.

Wie uneinheitlich die Definitionen bislang sind, zeigt eine Studie von 2017[2], die unterschiedliche114 CE-Definitionen identifizierte – eine Zahl, die sich bis 2023 auf über 220 erhöhte.[3] Besonders in der Literatur ist in der Begriffsentwicklung der Wandel von einem operativen Lösungsansatz hin zu einem systemischen Paradigmenwechsel zu beobachten: Inzwischen herrscht breiter Konsens, dass Circular Economy nicht allein technische Prozesse adressiert, sondern ein sozio-technisches Innovations- und Transformationsmodell darstellt. Kirchherr et al[2] benennen drei zentrale Bestandteile:

- **Ziele:** Förderung von Umweltqualität, wirtschaftlicher Entwicklung und sozialer Gerechtigkeit, im Sinne heutiger und zukünftiger Generationen,
- **Grundprinzipien:** Reduktion, Wiederverwendung, Wiederverwertung und Rückgewinnung von Ressourcen über alle Phasen der Wertschöpfungskette hinweg,
- **Befähiger:** Kooperation verschiedener Akteursgruppen – Industrie, Konsument: innen, Politik, Forschung – sowie die Nutzung von Innovationen und digitalen Technologien.

---

1 Circle Economy. Circularity Gap Report, 2025, https://global.circularity-gap.world/report.pdf, abgerufen am 18.7.2025.

2 Kirchherr/Reike/Hekkert, Conceptualizing the circular economy: An analysis of 114 definitions. Resources, Conservation and Recycling, (2017) 127, 221–232.

3 Kirchherr et al, Conceptualizing the Circular Economy (Revisited): An Analysis of 221 Definitions, (2023) ISSN 0921-3449. https://doi.org/10.1016/j.resconrec.2023.107001.

Dieses systemische Verständnis greift auch die International Organization for Standardization (ISO) auf mit ihrer Definition einer Kreislaufwirtschaft als „Wirtschaftssystem, das einen systemischen Ansatz verfolgt, um einen Kreislauf von Ressourcen aufrechtzuerhalten, indem es ihren Wert zurückgewinnt, bewahrt oder steigert und gleichzeitig zu einer nachhaltigen Entwicklung beiträgt“ (siehe Kap 6.1.4.).[4]

Ein vertieftes Verständnis der Circular Economy und deren Anwendungsbereichen setzt eine systematische Betrachtung ihrer zentralen Bausteine voraus: die sogenannten R-Strategien, die Prinzipien zirkulären Wirtschaftens sowie die Unterscheidung biologischer und technischer Kreisläufe.

R-Strategien: Sie sind ein zentrales Instrument zur operativen Umsetzung zirkulärer Prinzipien. Ursprünglich als „Reduce, Reuse, Recycle“ bekannt, wurden sie in neueren Konzepten – wie der österreichischen Kreislaufwirtschaftsstrategie[5] – auf bis zu zehn Strategien erweitert. Diese reichen von „Refuse“ (Vermeidung) über „Repair“ (Reparatur) bis hin zu „Remanufacture“ (Wiederaufarbeitung) und strukturieren Maßnahmen entlang ihres Beitrags zur Ressourcenschonung(siehe Kap 2.5.). Dabei gilt: Vermeidung hat ein höheres Einsparpotenzial als Recycling – das am Ende der Kette steht.

Leitprinzipien: Diese Strategien folgen drei übergeordneten Leitprinzipien zirkulären Wirtschaftens (1) Die Nutzung erneuerbarer Energie- und Materialquellen, (2) die drastische Reduktion von Ressourcenverbrauch und Abfallaufkommen über den gesamten Lebenszyklus hinweg, sowie (3) die Regeneration natürlicher Systeme durch Design, das biologische Kreisläufe stärkt, statt zerstört. Diese wiederum sind eng verknüpft mit den stoffstromorientierten Kreislaufsystemen: Narrow, Slow, Close, Regenerate (siehe Kap 2.4).

Butterfly-Modell: Vor diesem Hintergrund unterscheidet die Circular Economy zwischen technischen und biologischen Kreisläufen – dem sogenannten „Butterfly Modell“ (siehe Kap 2.2.).[6] Technische Kreisläufe fokussieren auf langlebige Produkte, modulare Bauweise und Rückführung technischer Komponenten. Biologische Kreisläufe zielen auf geschlossene Stoffströme organischer Materialien ab, die biologisch abbaubar, schadstofffrei und kompostierbar sind. Beide Kreisläufe müssen durch passende Geschäftsmodelle, Produktdesigns und Infrastrukturen unterstützt werden – ein Aspekt, der oft unterschätzt wird.

Die wirtschaftliche und politische Relevanz der Circular Economy zeigt sich in ihrer zentralen Rolle aktueller Strategien. Die Europäische Union verfolgt seit dem ersten Circular Economy Action Plan[7] und dessen Weiterentwicklung im Rahmen des European Green Deal einen klaren Kurs (siehe Kap 7.1.1). Derzeit ist der Aufbau eines Binnen-

4 International Organization for Standardization (ISO), (2024) ISO 59004-2024 Circular economy – Vocabulary, principles and guidance for implementation.

5 BMK – Bundesministerium für Klimaschutz, Umwelt, Energie, Mobilität, Innovation und Technologie, Österreichische Kreislaufwirtschaftsstrategie: Österreich auf dem Weg zu einer nachhaltigen und zirkulären Gesellschaft (2022).

6 EMAF – Ellen MacArthur Foundation: Completing the Picture: How the Circular Economy Tackles Climate Change (2020).

7 European Commission, 2.12.2015. Closing the loop – An EU action plan for the Circular Economy, https://eur-lex.europa.eu/resource.html?uri=cellar:8a8ef5e8-99a0-11e5-b3b7-01aa75ed71a1.0012.02/DOC_1&format=PDF, abgerufen am 18.7.2025.

markts für Sekundärrohstoffe („Single Market for Secondary Raw Materials“) ein zentrales industriepolitisches Thema, um Qualitätsstandards, Rechtssicherheit und Handelsströme zu vereinheitlichen.

Auch Österreich hat 2022 eine umfassende Kreislaufwirtschaftsstrategie verabschiedet, mit messbaren Zielen wie der Erhöhung der Zirkularitätsrate, der Reduktion des inländischen Materialverbrauchs (DMC) und des Abfallaufkommens.[8] Internationale Vorreiter wie China verfolgen bereits seit den frühen 2000er-Jahren eine CE-Politik, stark wachstums- und industriepolitisch geprägt, eingebettet in langfristige Innovations- und Ressourcenstrategien.[9] Länder wie die Niederlande haben sich das Ziel gesetzt, bis 2050 vollständig zirkulär zu wirtschaften.[10] (siehe Kap 7.1.2 und 7.1.3).

Die Circular Economy ist somit weit mehr als ein Instrument zur Abfallvermeidung – sie ist ein struktureller Transformationsansatz, der unsere Wirtschaftsweise tiefgreifend verändern kann. Dabei ist sie aber nicht gleichzusetzen mit Nachhaltigkeit, sondern ein entscheidendes Instrument zu deren Umsetzung: Sie macht den Umbau der Wirtschaft sowohl ökologisch tragfähig als auch ökonomisch wettbewerbsfähig. Besonders sichtbar wird dies in ihrer Relevanz für die Sustainable Development Goals (SDGs) – etwa für nachhaltige Konsum- und Produktionsmuster (SDG 12), Industrie, Innovation und Infrastruktur (SDG 9), nachhaltige Städte und Gemeinden (SDG11) und Maßnahmen zum Klimaschutz (SDG 13).

Richtig verstanden ist Circular Economy kein kurzfristiger Trend, sondern ein zentrales Gestaltungsprinzip für das 21. Jahrhundert mit hohem Innovations- und Wertschöpfungspotenzial, aber auch tiefgreifenden Anforderungen an wirtschaftliche, politische und gesellschaftliche Systeme. Entscheidend ist, dass sie strategisch gedacht und über technische Effizienz hinaus in den Kontext eines umfassenden Wandels eingebettet wird.

1.2. Denkschulen und Entwicklung der Circular Economy

Karin Huber-Heim

Unsere derzeitige Wirtschaftsweise ist linear: Wir ent*nehmen* Ressourcen biologischer, mineralischer oder fossiler Natur, *produzieren* kurzlebige Produkte, *nutzen* sie für einen begrenzten Zeitraum und *entledigen uns ihrer* anschließend – oft trotz weiter bestehender Funktionalität. Dieses Modell hat unsere Produktivität und unseren Wohlstand entscheidend geprägt und findet heute seine Auswüchse etwa in sogenannten „Fast“-Branchen, die sich durch schnelle Zyklen, Massenproduktion und kurzlebige Trends auszeichnen. Schnell oder nicht trägt diese Art des „linearen“ Wirtschaftens zu Ressourcenknappheit, Biodiversitätsverlust, steigenden Emissionen und globalen Ungleichheiten bei. Ein Wandel ist unumgänglich, wenn wir innerhalb der planetaren Grenzen bleiben und gleichzeitig ein gutes Leben für alle möglich machen wollen.[11]

8 BMK – Bundesministerium für Klimaschutz, Umwelt, Energie, Mobilität, Innovation und Technologie, Österreichische Kreislaufwirtschaftsstrategie: Österreich auf dem Weg zu einer nachhaltigen und zirkulären Gesellschaft (2022).

9 Yuan/Bi/Moriguichi, The Circular Economy: A New Development Strategy in China. Journal of Industrial Ecology, 10(1–2), (2006) 4–8.

10 PBL – Netherlands Environmental Assessment Agency, A Circular Economy in the Netherlands by 2050 (2016).

11 Raworth, K., 2018, Die Donut-Ökonomie, Carl Hanser Verlag, ISBN 3446258450.

Die **Kreislaufwirtschaft** bietet ein alternatives Wirtschaftskonzept, das sich aus vielen Quellen speist – eine der maßgeblichsten jedoch ist der „common sense", auf Deutsch wohl so etwas wie „Hausverstand": Wie kann es sein, dass wir auf einem Planeten mit endlichen Ressourcen an immerwährendes Wachstum glauben wollen? Schon in den 1960er-Jahren prägte Kenneth E. Boulding 1966 die Raumschiff-Erde-Metapher (Spaceship Earth) und forderte ein Wirtschaftssystem mit minimalem Ressourcenverbrauch in einem geschlossenen System.[12] Er bezeichnete die vorherrschende, von unbegrenzten Ressourcen und einer Fähigkeit zur endlosen Expansion ausgehende Wirtschaft als „Cowboy-Ökonomie", ein Modell, das durch einen hohen Ressourcenverbrauch, Konsum und Abfallerzeugung gekennzeichnet ist und die Grenzen des Planeten kaum berücksichtigt.

Als in den Weiten des Weltalls mit einem Raumschiff vergleichbares Lebenssystem stellte er die „Spaceman-Ökonomie", die durch geschlossene Systeme und die Konzentration auf die Erhaltung der Lebenserhaltungssysteme des Planeten gekennzeichnet ist, als die überlebensnotwendige Zukunft des Wirtschaftens mit begrenzten Ressourcen und einer endlichen Kapazität zur Aufnahme von Abfällen dar. Boulding betonte die Notwendigkeit eines Wandels im wirtschaftlichen Denken, weg von einer Messung des Erfolgs allein anhand von Produktion und Konsum hin zu einer Priorisierung der Gesundheit und Erhaltung des Ökosystems der Erde. Sein 1966 auf dem Sixth Resources for the Future Forum on Environmental Quality in a Growing Economy in Washington D.C. vorgestelltes Essay geriet in allgemeine Vergessenheit – und gilt dennoch bis heute als bahnbrechend.

Es war – und ist in Teilen bis heute immer noch – ein weiter Weg zu einem Verständnis von Kreislaufwirtschaft, das über Recycling und Abfallvermeidung hinausgeht. Denn eine „zirkuläre Ökonomie" ist ein Schritt hin zu einem **regenerativen Wirtschaften**, das Abfälle und Umweltauswirkungen gar nicht erst entstehen lässt, indem Produkte und Prozesse neu gedacht und gestaltet werden. Dieses Denken zielt darauf ab, die Abhängigkeit von endlichen Ressourcen zu entkoppeln, den Übergang zu einer Wirtschaft zu schaffen, die innovativ ist und ökologischen Schaden nicht nur präventiv vermeidet, sondern behebt, und damit über Generationen ein gutes Leben innerhalb planetarer Grenzen ermöglicht.[13]

1.2.1. Globale und europäische Perspektive

In mehrjähriger Recherche haben Experten von Chatham House die Rolle und Entwicklung von Circular Economy Policies im globalen Kontext recherchiert. Demnach wird in der Circular Economy das Potenzial gesehen, Klima-, Ressourcen- und wirtschaftliche Resilienz-Ziele zu verbinden. Wenngleich derzeit CE-Politiken oft noch fragmentiert, technikzentriert und sozial unzureichend eingebettet sind, gilt es doch, globale Zusam-

12 Boulding, K.E. 1966, The Economics of the Coming Spaceship Earth, H. Jarrett (ed.), Environmental Quality in a Growing Economy, pp. 3–14. Baltimore, MD: Resources for the Future/Johns Hopkins University Press.

13 Fath. B.D., Fiscus D.A., Goerner, S.J., Berea, A., Ulanowicz, R.E., Measuring regenerative economics: 10 principles and measures undergirding systemic economic health, Global Transitions, Volume 1, 2019, p.15–27, ISSN 2589-7918, https://doi.org/10.1016/j.glt.2019.02.002.

menarbeit dahingehend auszurichten. Fairer Handel, abgestimmte Standards und Messsysteme sind notwendig, um CE wirksam als Hebel für Transformation zu nutzen.[14, 15, 16]

Die Europäische Union definiert Kreislaufwirtschaft als ein System, das den Wert von Produkten, Materialien und Ressourcen so lange wie möglich erhält, indem sie am Ende ihrer Nutzung wieder in den Produktionskreislauf zurückgeführt werden, während Abfall vermieden wird.[17]

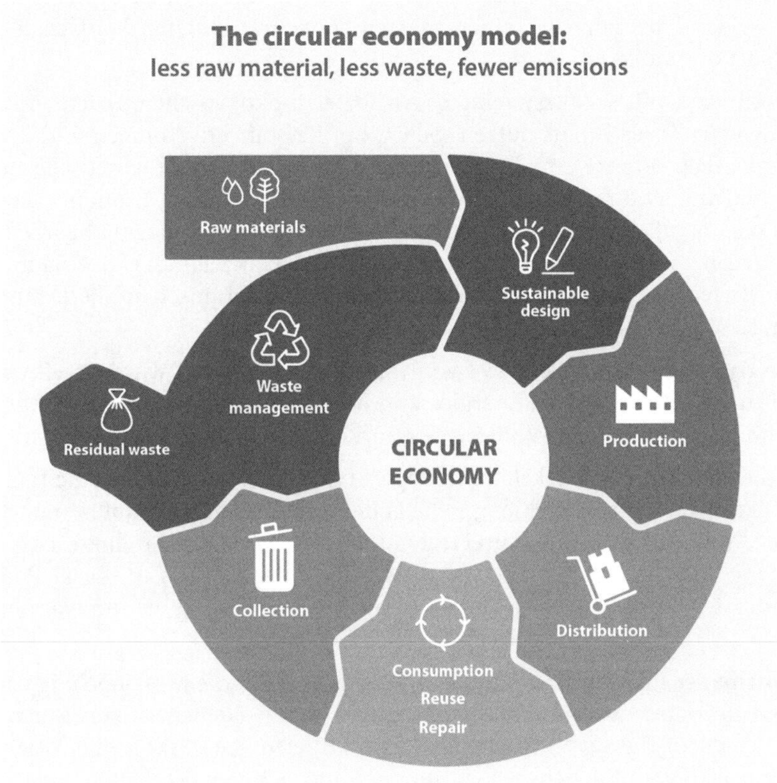

Abb 1: Abbildung: Kreislaufwirtschaft – Definitionen, Bedeutung und Nutzen. [Quelle: European Parliament Research Service (2023). © Europäische Union, Nachnutzung mit Quellenangabe gestattet]

14 Barrie, J., Salminen, J., Schroder, P., Stucki , J., Report National Circular Economy Roadmaps: a global stocktake for 2024, Chatham House, UNIDO, https://www.unido.org/sites/default/files/unido-publications/2024-05/UNIDO_National%20circular%20economy%20roadmaps_v07.pdf, abgerufen am 18.7.2025.

15 Preston, F., A Global Redesign? Shaping the Circular Economy 2012 Chatham House, https://www.chathamhouse.org/sites/default/files/public/Research/Energy%2C%20Environment%20and%20Development/bp0312_preston.pdf, abgerufen am 18.7.2025.

16 Barrie, J.,Schröder, P., Schneider-Petsinger, M. The role of international trade in realizing an inclusive circular economy https://www.chathamhouse.org/sites/default/files/2022-10/2022-10-04-role-international-trade-inclusive-circular-economy-barrie-et-al.pdf, abgerufen am 18.7.2025.

17 Definition Circular Economy, EU-Kommission, 2024 https://eur-lex.europa.eu/EN/legal-content/glossary/circular-economy.html#:~:text=A%20circular%20economy%20is%20a,%2C%20repaired%2C%20remanufactured%20or%20recycled, abgerufen am 18.7.2025.

1.2.2. Schools of Thought: Vielfalt als Stärke

Der Begriff Kreislaufwirtschaft hat vielfältige Wurzeln. Nachstehend eine Auswahl der wichtigsten Einflüsse der vergangenen Jahrzehnte, auf denen das heutige, moderne Verständnis einer Circular Economy aufbaut:

1991 beschrieben Pearce und Turner im renommierten *American Journal of Agricultural Economics* eine Wirtschaft, die sich durch ihren Umgang mit natürlichen Ressourcen auszeichnet und in der Abfälle in allen Stufen wieder in Inputs umgewandelt werden. Sie bezeichnen den Übergang von einer linearen zu einer zirkulären Wirtschaft als wirtschaftliche Notwendigkeit.

Sie betonen, dass Wirtschaftssysteme in Analogie zu ökologischen Systemen Abfälle in allen Stufen wieder als Inputs nutzen sollten, um Ressourcenverbrauch und Umweltbelastungen zu reduzieren. Damit legten sie eine ökonomische und theoretische Grundlage für die Circular Economy, die später von Ansätzen wie der Donut Economy (normativer Rahmen – s unten) und Industrial Ecology (systemische und analytische Werkzeuge – s unten), ergänzt und weiterentwickelt wurde. Ihre Arbeit zeigt, dass Kreislaufwirtschaft nicht nur ein technisches Konzept, sondern auch eine ökonomisch fundierte Strategie für nachhaltiges Wirtschaften ist.

Regeneratives Design, wie es 1994 von John T. Lyle geprägt wurde, zielt darauf ab, Systeme zu gestalten, die ihre Energie- und Materialquellen erneuern, Natur regenerieren und das menschliche Wohlergehen fördern.[18]

Mit **Cradle-to-Cradle** entwickelten Braungart und McDonough 2002 eine Philosophie, die Produkte als Nährstoffe in biologischen oder technischen Kreisläufen versteht, komplett ohne Müll, durch chemisch und technologisch so gestaltete Produkte, dass Wiederverwendung nach dem ersten Lebenszyklus vollständig möglich ist. Diese Philosophie folgt Prinzipien wie „Abfall = Nahrung" und feiert Diversität als Innovationsquelle[19] (siehe Kap 2.9.).

Die **Performance Economy** nach Stahel (2010) propagiert die Entkoppelung von Wohlstand und Ressourcenverbrauch und setzt auf Produkt-Dienstleistungs-Systeme (Product-as-a-Service), die auf Nutzung statt Besitz abzielen. Sie stärkt lokale Arbeitsmärkte und verlängert Produktlebenszyklen, indem Unternehmen Verantwortung über den gesamten Lebenszyklus ihrer Produkte übernehmen[20] (siehe Kap 2.7.).

Biomimicry, durch Janine Benyus bekannt gemacht, nimmt die Natur als Vorbild für nachhaltige Innovationen, um komplexe Probleme zu lösen, von der Architektur bis zur Technik.[21] Sie inspiriert die Circular Economy, indem sie natürliche Kreisläufe als Vorbild für technische und biologische Stoffkreisläufe nutzt und so Abfall als Ressource begreift. Sie zeigt, wie Materialien und Prozesse effizient gestaltet werden können, indem

18 Lyle, J.T., Regenerative Design for Sustainable Development, 1994, John Wiley & Sons, ISBN 0-471-17843-8.

19 Braungart, M., McDonough,, W., 2009 Cradle to Cradle, Random House.

20 Stahel, W.R., 2010, The Performance Economy, DOI https://doi.org/10.1057/9780230288843, Palgrave Macmillan London.

21 Benyus, J.M., 1997, Biomimicry – Innovation Inspired by Nature, HarperCollins, https://elmoukrie.com/wp-content/uploads/2021/11/janine-m-benyus-biomimicry_-innovation-inspired-by-nature-harper-perennial-2002-2.pdf, abgerufen am 29.6.2025.

man aus der Natur bekannte Prinzipien wie Vielfalt, Anpassungsfähigkeit und lokale Materialnutzung integriert. Dadurch unterstützt Biomimikry die Entwicklung regenerativer, kreislauffähiger Geschäftsmodelle, die ökologische Resilienz mit wirtschaftlicher Tragfähigkeit verbinden (siehe Kap 2.8.).

Die **Industrielle Ökologie** analysiert Stoff- und Energieflüsse in industriellen Systemen, um Abfälle zu vermeiden, indem Abfälle einer Industrie als Ressource für eine andere genutzt werden.[22] Sie liefert der Circular Economy das systemische Verständnis von Industrie als Teil eines größeren Stoff- und Energiesystems, in dem Abfälle eines Prozesses als Input für andere dienen. Sie bietet Analysewerkzeuge wie Stoffstromanalysen und Ökobilanzen, um Kreisläufe zu gestalten und die Ressourceneffizienz in industriellen Netzwerken zu erhöhen. Dadurch legt Industrial Ecology die wissenschaftliche Grundlage, um zirkuläre Wertschöpfungsketten strategisch umzusetzen und systemische Wirkung zu erzielen.

Die **Blue Economy** von Gunter Pauli (2010) nutzt lokal verfügbare Ressourcen in kaskadierenden Systemen, wobei Abfall als fehlgeleitete Ressource gesehen und zum Rohstoff für neue Geschäftsmodelle wird.[23] Sie versteht sich als eine Weiterentwicklung der Green Economy (fokussiert auf Effizienz, teure Technologien und CO_2-Reduktion) mit dem Ziel, durch die Nutzung lokaler Ressourcen und Abfallströme geschlossene Kreisläufe zu schaffen, die gleichzeitig wirtschaftlich tragfähig, sozial inklusiv und ökologisch regenerativ sind.

Sie integriert einen Zero-Waste-Ansatz und setzt auf die Nutzung lokaler, verfügbarer Ressourcen mit Fokus auf regional vorhandene Materialien und Arbeitskräfte, um durch Innovation die soziale und wirtschaftliche Resilienz zu erhöhen. Systemische Innovation, die gleichzeitig ökonomisch tragfähig ist, wird angestrebt: Anstatt teurer High-Tech-Lösungen werden einfache, naturbasierte Lösungen bevorzugt, die ohne Subventionen funktionieren, um wirklich skalierbar zu sein.

2017 schuf Kate Raworth mit der **Donut-Ökonomie** ein Modell, das soziale Grundlagen und planetare Grenzen als Handlungsrahmen definiert und einen sicheren, gerechten Raum für wirtschaftliches Handeln absteckt.[24] Sie bietet der Circular Economy einen normativen Rahmen, um wirtschaftliche Aktivitäten innerhalb planetarer Grenzen und sozialer Mindeststandards auszurichten. Sie zeigt weiters, dass Kreislaufwirtschaft nicht nur Materialflüsse optimieren, sondern auch soziale Gerechtigkeit und ökologische Belastungsgrenzen berücksichtigen muss.

Durch die Integration ökologischer und sozialer Zielgrößen unterstützt die Donut-Ökonomie die Circular Economy dabei, Wirkung auf systemischer Ebene zu erzielen. Unternehmen und Städte setzten darauf basierend zirkuläre Praktiken als Teil einer regenerativen Wirtschaftsweise ein, die ein gutes Leben für alle ermöglicht. Die Kreislaufwirtschaft wird so von einer rein technischen Lösung zu einem Transformationsansatz für eine faire und nachhaltige Gesellschaft erweitert.

Kreislaufwirtschaft ist somit keine starre Methodik, sondern ein dynamisches Spektrum von Ansätzen, die sich gegenseitig ergänzen und inspirieren.

22 Frosch, R.A., Gallopoulos, N.E. 1989, Strategies for Manufacturing, Scientific American, Vol. 261, No. 3 pp 144–153 , Scientific American https://www.jstor.org/stable/24987406.

23 Pauli, G.A., 2010, The Blue Economy: 10 Years, 100 Innovations, 100 Million Jobs, Paradigm Publications.

24 Raworth, K., 2017.

1.2.3. Strategische Einbettung in den europäischen Kontext

Europa hat erkannt, dass langfristige Wettbewerbsfähigkeit nur durch eine Abkehr von fossilen Brennstoffen und die Entwicklung einer sauberen, wettbewerbsfähigen Kreislaufwirtschaft gesichert werden kann.[25] Der im September 2024 veröffentlichte Strategiebericht „*The Future of European Competitiveness – A Competitiveness Strategy for Europe*" (auch „Draghi-Report" genannt) wurde von Mario Draghi (vormals EZB-Präsident und italienischer Ministerpräsident) verfasst. *Er ist ein* ambitionierter, politisch richtungsweisender Masterplan zur Wiederherstellung der europäischen Wettbewerbsfähigkeit durch groß angelegte Investitionsstrategien, Innovationsförderung, nachhaltige Industriepolitik und institutionelle Reformen.[26] Das Dokument dient der EU-Kommission in der Periode 2024–2029 als Vorlage für ihre wirtschafts- und industriepolitischen Maßnahmen, was sich in der Umsetzung von Reformen im Rahmen des „Competitiveness Compass" und des sogenannten „Clean Industrial Deal" ablesen lässt (siehe Kap 7.1.1.). Der Bericht kommt zu dem Schluss, dass Europa seine Mobilitäts-, Energie-, Bau- und Produktionssysteme transformieren muss, um eine digital gestützte, klimaneutrale Kreislaufwirtschaft aufzubauen.[27]

Bereits davor, im April 2024, hatte der im Auftrag von EU-Kommission und EU-Rat vom ehemaligen italienischen Ministerpräsidenten Enrico Letta erstellte Strategiebericht „*Much more than a Market*" den Zustand des europäischen Binnenmarktes analysiert und seine Schwächen identifiziert. Der sogenannte „Letta-Report" empfiehlt, die vier Freiheiten des Binnenmarktes um eine „fünfte Freiheit" zu ergänzen, die Wissen, Innovation und Bildung umfasst, um den Übergang zur Kreislaufwirtschaft zu erleichtern.[28]

Es wird deutlich, dass die Kreislaufwirtschaft weit über den ökologischen Imperativ hinaus auch eine soziale und ökonomische Chance darstellt: Sie kann Innovationen fördern, neue Geschäftsmodelle hervorbringen und Beschäftigung schaffen. Der Ansatz der EU, diesen Übergang mit regulatorischen Rahmenbedingungen wie dem Green Deal[29], dem Clean Industrial Deal[30] und dem Circular Economy Action Plan[31] zu begleiten,

25 EU-Kommission, 2024, Green deal, Clean industry deal.

26 Draghi, M., The future of European competitiveness, Part A, A competitiveness strategy for Europe, 2024 https://commission.europa.eu/document/download/97e481fd-2dc3-412d-be4c-f152a8232961_en?filename=The%20future%20of%20European%20competitiveness%20_%20A%20competitiveness%20strategy%20for%20Europe.pdf, abgerufen am 29.6.2025.

27 Draghi, M., The future of European competitiveness, Part B, In-depth analysis and recommendations, 2024 https://commission.europa.eu/document/download/ec1409c1-d4b4-4882-8bdd-3519f86bbb92_en?filename=The%20future%20of%20European%20competitiveness_%20In-depth%20analysis%20and%20recommendations_0.pdf, abgerufen am 29.6.2025.

28 Letta, E., Much more than a market – SPEED, SECURITY, SOLIDARITY Empowering the Single Market to deliver a sustainable future and prosperity for all EU Citizens, 2024, https://www.consilium.europa.eu/media/ny3j24sm/much-more-than-a-market-report-by-enrico-letta.pdf, abgerufen am 29.6.2025.

29 EU Green Deal-Broschüre, 2021 https://ec.europa.eu/commission/presscorner/api/files/attachment/869811/EGD_brochure_DE.pdf, abgerufen am 29.6.2025.

30 EU-Kommission, The Clean Industrial Deal: A joint roadmap for competitiveness and decarbonization, https://commission.europa.eu/document/download/9db1c5c8-9e82-467b-ab6a-905feeb4b6b0_en?filename=Communication%20-%20Clean%20Industrial%20Deal_en.pdf, abgerufen am 29.6.2025.

31 Ein neuer Aktionsplan für die Kreislaufwirtschaft – Für ein saubereres und wettbewerbsfähigeres Europa (Circular Economy Action Plan), 2020 https://eur-lex.europa.eu/legal-content/DE/TXT/HTML/?uri=CELEX:52020DC0098, abgerufen am 29.6.2025.

schafft klare Anreize und Verbindlichkeiten für Unternehmen, diesen Weg einzuschlagen. Zum Zeitpunkt des Verfassens dieses Textes steht mit der Erarbeitung eines Circular Economy Acts zur Schaffung eines europäischen Binnenmarktes für Sekundärrohstoffe eine weitere Weichenstellung an.

1.2.4. Konsequenzen für Unternehmen: Vom Muss zum Wettbewerbsvorteil

Für Unternehmen bedeutet der Wandel zur Kreislaufwirtschaft eine strategische Neuausrichtung. Es reicht nicht, bestehende lineare Prozesse zu optimieren. Vielmehr erfordert der Übergang eine Transformation von Geschäftsmodellen hin zu regenerativen Ansätzen, wie sie die Performance Economy oder Cradle-to-Cradle vorleben. Design for Circularity, Sharing-Modelle, Product-as-a-Service oder lokale Wertschöpfungsketten sind praktische Antworten auf die Herausforderungen der Ressourcenschonung und die Anforderungen eines Marktes, der zunehmend nachhaltige Lösungen nachfragt (siehe Kap 3.2.1., 3.1.7., 3.1.4.).

Wir haben die Mittel, Konzepte und Pläne seit teilweise bereits vielen Jahren bereit: Regeneratives Design ermöglicht es, Produkte und Dienstleistungen so zu gestalten, dass sie Teil eines Systems werden, das Natur regeneriert, statt sie zu zerstören.[32] Die Donut-Ökonomie fordert Unternehmen auf, ihre Wertschöpfung in einen sicheren und gerechten Raum einzubetten und ihr Wirtschaften so zu gestalten, dass es sozialen Bedürfnissen dient, ohne ökologische Grenzen zu überschreiten.[33] Jetzt gilt es, alte Denk- und Handlungsmuster hinter sich zu lassen und Neues in die Praxis umzusetzen.

Fazit: Kreislaufwirtschaft als Transformationspfad in eine regenerative Zukunft

Kreislaufwirtschaft ist kein Selbstzweck, sondern ein Weg, um das menschliche Wohlergehen innerhalb der planetaren Grenzen zu sichern. Sie braucht Unternehmen, die ihren Beitrag zu einem Wirtschaftssystem leisten, das auf Langlebigkeit, Wiederverwendung, Teilen und Reparieren basiert. Sie braucht politische Rahmenbedingungen, die nachhaltiges Wirtschaften belohnen und ressourcenintensive Modelle unattraktiv machen. Und sie braucht eine Gesellschaft, die bereit ist, Besitz neu zu denken und von Konsum zu Nutzung zu wechseln.

Die Schools of Thought der Kreislaufwirtschaft geben dafür unterschiedliche, sich ergänzende Wege vor. Gemeinsam ebnen sie den Weg in eine regenerative Zukunft, in der Nachhaltigkeit nicht als Grenze, sondern als Innovationsraum verstanden wird, um Wirtschaft und Gesellschaft zukunftsfähig zu gestalten.

32 Lyle, 1998.
33 Raworth, 2017.

1.3. Bedeutung der Kreislaufwirtschaft für Unternehmen

Valerie-Sophie Schönberg

Lange galt die Kreislaufwirtschaft als Nischenthema für Hidden Champions. Inzwischen ist sie dabei, sich zum strategischen Imperativ für Unternehmen zu entwickeln – branchenübergreifend und international. Die Gründe dafür sind vielfältig: Volatile Rohstoffpreise, geopolitisch fragile Lieferketten, zunehmender Regulierungsdruck – etwa durch den European Green Deal oder den Clean Industrial Deal – sowie sich wandelnde Konsument:innen-Erwartungen setzen klassische lineare Geschäftsmodelle mit auf Volumen und Effizienz optimierten Lieferketten zunehmend unter Druck. In dieser Situation gewinnt die Circular Economy als wirtschaftlich tragfähiger und resilienter Gegenentwurf an Relevanz.

Dass zirkuläres Wirtschaften nicht nur ökologisch, sondern auch ökonomisch wirksam ist, belegt eine Meta-Analyse von 41 empirischen Studien: Circular-Economy-Maßnahmen steigern branchenübergreifend die Unternehmensperformance – von der Industrie bis zu Dienstleistungen.[34] Unternehmen profitieren von geringeren Material- und Entsorgungskosten, neuen Erlösquellen durch ergänzende Dienstleistungen oder industrielle Nebenprodukte sowie von einer höheren Krisenfestigkeit. Die Kreislaufwirtschaft wird so zum Hebel zur nachhaltigen Sicherung von Wettbewerbsfähigkeit, Resilienz und Innovationskraft.[35]

Darüber hinaus reicht die Umsetzung zirkulärer Prinzipien in Unternehmen heute von operativen Maßnahmen – etwa nachhaltigen Beschaffungskriterien – bis hin zur vollständigen strategischen Integration in Form zirkulärer Geschäftsmodelle. Diese reichen von kreislauffähigem Produktdesign über Refurbishment-Services bis hin zu digitalen Plattformen für zirkuläre Nutzungsmodelle.

1.3.1. Differenzierung durch Circular Business Models

Angesichts einer herausfordernden globalen Wirtschaftslage sind klare strategische Positionierungen entscheidend, etwa gemäß der klassischen Wettbewerbsmatrix[36]: Kostenführerschaft, Differenzierung und Nischenfokus. Für Unternehmen im globalen Norden, die nicht über Niedrigkostenstandorte verfügen, bleibt dabei häufig nur die Differenzierung durch Qualität, Innovation oder Nachhaltigkeit. Genau hier bieten zirkuläre Geschäftsmodelle (Circular Business Models, CBMs) einen zukunftsweisenden Hebel.

Einmal etabliert, wirken zirkuläre Fähigkeiten – wie langlebiges Design, modulare Bauweise oder geschlossene Rücknahmelogistik – als schwer imitierbare strategische Assets. Sie ermöglichen nicht nur eine differenzierte Marktposition, sondern auch Innovationspfade entlang ökologischer Zielsetzungen: von der produktbezogenen Lebenszyklus-

34 Yin/Jia/Chen/Wang: Circular economy practices and sustainable performance: A meta-analysis, in: Resources, Conservation and Recycling, Vol. 190 (2023), Art. 106838. DOI: https://doi.org/10.1016/j.resconrec.2022.106838.

35 EMAF – Ellen MacArthur Foundation (2015a): Ellen MacArthur Foundation: Growth Within: A Circular Economy Vision for a Competitive Europe. Cowes 2015.

36 Porter, M. E., Competitive Strategy: Techniques for Analyzing Industries and Competitors. New York: Free Press, 1980.

verantwortung über Abfallvermeidung bis hin zur Entwicklung ressourcenschonender Services. Auch Unternehmen, die Kreislaufwirtschaft gemäß strategischer Umweltziele umsetzen, bauen so nicht nur regulatorische Robustheit auf, sondern erschließen sich neue Zielgruppen, stärken die Kund:innenbindung und reduzieren Reputationsrisiken.

Das bekannteste Geschäftsmodell der Circular Economy bleibt bislang der Recycling- und Abfallwirtschaftssektor. Entsprechend lag das europäische Marktvolumen im Bereich Waste & Recycling bereits 2020 bei 148 Mrd €, für 2030 werden 263 Mrd € prognostiziert.[37] Zunehmend gewinnen jedoch Geschäftsmodelle entlang der oberen R-Strategien wie *Refuse*, *Rethink* und *Reduce* an Bedeutung – etwa durch produktfreie Angebote, modulare Upgrades oder Subscription-Modelle. Global betrachtet schätzt Accenture (2015) das ökonomische Potenzial zirkulärer Geschäftsmodelle bis 2030 auf bis zu 4,5 Billionen US-Dollar.[38]

1.3.2. Bedeutung der Kreislaufwirtschaft für Unternehmen

Die Circular Economy stellt klassische, auf Effizienz und Wachstum ausgerichtete Produktionsmodelle fundamental infrage. Sie erfordert Veränderung – nicht nur in der Technik, sondern in der gesamten unternehmerischen Logik. Damit das wirtschaftliche Potenzial zirkulärer Prinzipien voll wirksam wird, braucht es ein unternehmensweites Umdenken in vier zentralen Transformationsfeldern:[39]

- **Produkte & Geschäftsmodelle:** Zirkularität betrifft neben physischen Produkten auch digitale und serviceorientierte Geschäftsmodelle. Pay-per-Use, Produktabonnements oder Second-Life-Angebote erfordern neue Wertlogiken, Kundenbeziehungen und Distributionsstrategien. Wo Circular Business Models als integraler Bestandteil der Unternehmensstrategie gedacht werden, steigt die wirtschaftliche Performance nachweislich (siehe Kap 3.).
- **Operative Ebene:** Prozesse müssen konsequent zirkulär gestaltet werden – von der Beschaffung über die Produktion bis zur Rückführung. Entscheidender Hebel ist dabei die Messbarkeit: Nur was quantifiziert wird, kann systematisch gesteuert werden. Unternehmen sollten ökologische und ökonomische Kennzahlen wie Materialeffizienz (zB Rohstoffeinsatz pro Outputeinheit), Rückführungsquoten oder den Beitrag zirkulärer Maßnahmen zur Kapitalrendite erfassen. Konzepte wie der „Return on Circular Assets“ ermöglichen, die Wirkung zirkulärer Maßnahmen auf den Geschäftserfolg sichtbar zu machen (siehe Kap 6.1.1. bis Kap 6.1.6.).[40]
- **Lernende Organisation & Kultur:** Die Etablierung einer zirkulären Wertschöpfung erfordert eine entsprechende Führungskultur, geteilte Visionen und Strukturen, die Transformation aktiv ermöglichen. Notwendig ist daher die gezielte Investition in Fähigkeiten, Ressourcen und Strukturen. Aufbauend auf dem Prinzip der Asset-Ent-

37 Berger/Bundesministerium für Umwelt, Naturschutz und nukleare Sicherheit (BMU): GreenTech made in Germany 2021. Umwelttechnik-Atlas für Deutschland, München/Berlin 2021.
38 Accenture (2015): Waste to Wealth. Creating Advantage in a Circular Economy. Accenture Strategy.
39 Vgl EMAF – Ellen MacArthur Foundation (2015b): Towards the Circular Economy. Economic and business rationale for an accelerated transition. Cowes 2015 (= zitiert als: EMAF 2015b).
40 Circle Economy (2024): The Circularity Gap Report 2024. Amsterdam 2024.

wicklung gilt es, unternehmensspezifische Kompetenzen zu fördern – etwa durch gezielte Aus- und Weiterbildungsprogramme, Forschung & Entwicklung. Nur so lässt sich sicherstellen, dass ambitionierte Ziele nicht an mangelndem Know-how oder internen Widerständen scheitern (siehe Kap 6.2.1. bis Kap 6.2.6.).[41]

- **Ökosystem & Partnerschaften:** Zirkularität lässt sich nicht im Alleingang umsetzen. Kooperation entlang der gesamten Wertschöpfungskette – von Rohstofflieferanten über Hersteller bis zur Entsorgung – ist Voraussetzung für geschlossene Stoffkreisläufe. Gerade regionale Allianzen zwischen Unternehmen, Forschung und öffentlichen Akteuren können konkrete Lösungen für sektorspezifische Herausforderungen schaffen (siehe Kap 8.1.1. bis Kap 8.1.8.).[42]

1.3.3. Den richtigen Einstieg finden

Der Einstieg in die Kreislaufwirtschaft beginnt mit einem realistischen Lagebild. Eine fundierte Analyse des Status quo – etwa der Materialflüsse, Produktdesigns, Rückführungsraten oder Beschaffungsprozesse – schafft die Grundlage für strategische Entscheidungen. Darauf aufbauend lassen sich gezielte Hebel, Quick Wins und langfristige Entwicklungspfade ableiten.

Praktische Tools wie Circular Design Principles (siehe Kap 3.2.1.), der Circular-Economy-Kompass oder systematische Checklisten (siehe Anhang) unterstützen diesen Einstieg. Entscheidend ist, dass Maßnahmen nicht isoliert, sondern in die strategische Steuerung integriert werden. So wird Circular Economy nicht zum Add-on, sondern zum unternehmerischen Entwicklungsweg – mit klar messbarem Mehrwert.

1.4. Internationale politische Rahmenbedingungen der Kreislaufwirtschaft

Julika Dittrich

1.4.1. Einleitung

Die Transformation hin zu einer ressourcenschonenden und im Einklang mit den Klimazielen stehenden Wirtschaftsweise ist eine globale Aufgabe: Kein Staat kann den Wandel allein bewältigen, da alle in unterschiedlichem Maße auf internationalen Handel und globale Wertschöpfungsketten angewiesen sind.[43] Die Kreislaufwirtschaft steht dabei zunehmend im Fokus internationaler Politik – als strategischer Hebel zur Erreichung von Nachhaltigkeitszielen, zur Reduktion von Treibhausgasemissionen und zur Stärkung wirtschaftlicher Resilienz. Für Unternehmen bedeutet dies: Politische Leitplanken verändern sich dynamisch, neue Regulierungen entstehen, Märkte und Wertschöpfungsketten verschieben sich. Ein Verständnis der internationalen politischen Rahmenbedingungen ist daher essenziell, um strategische Chancen zu erkennen, Risiken frühzeitig zu identifizieren und Innovationspotenziale zu nutzen.

41 Wilts, H.: Zirkuläre Wertschöpfung – Aufbruch in die Kreislaufwirtschaft, WISO Diskurs 2021/15, Friedrich-Ebert-Stiftung, Berlin 2021.
42 Vgl Lacy/Rutqvist: Waste to Wealth. The Circular Economy Advantage, Palgrave Macmillan: London 2015.
43 Siehe hierzu Kap 7.2.1., das sich ausführlich mit dem Thema Kreislaufwirtschaft und Handel befasst.

1.4.2. Globale Zielsetzungen und multilaterale Initiativen

Die Kreislaufwirtschaft ist eng mit den Zielen für nachhaltige Entwicklung (SDGs) der Vereinten Nationen verbunden – insbesondere mit Ziel 12 (nachhaltige Konsum- und Produktionsmuster) sowie Ziel 13 (Maßnahmen zum Klimaschutz).[44] Auch der „Global Resource Outlook" des Umweltprogramms der Vereinten Nationen (UNEP) hebt den Ressourcenverbrauch als zentralen Treiber ökologischer Krisen hervor.[45] Vor diesem Hintergrund gewinnen internationale Foren wie die G7 und G20 als Impulsgeber für CE-Politiken an Bedeutung. So wurden in den letzten Jahren gemeinsame Aktionspläne verabschiedet, etwa der „G20 Resource Efficiency Dialogue"[46] oder die „G7 Alliance on Resource Efficiency"[47].

Auch Organisationen wie die OECD[48] oder das Weltwirtschaftsforum (WEF) [49] fördern übergreifende Leitlinien, Benchmarks und Politikempfehlungen. Diese setzen zunehmend Standards, an denen sich nationale Politiken und unternehmerisches Handeln orientieren.

Eine zentrale Rolle bei der Förderung und Harmonisierung der Kreislaufwirtschaft weltweit spielt zudem die Normung.[50] Erst kürzlich, im Mai 2024, hat die Internationale Organisation für Normung (ISO) eine Reihe von Standards zur Kreislaufwirtschaft verabschiedet, die Unternehmen und politischen Akteuren praxisorientierte Werkzeuge an die Hand geben.[51] Diese ISO-Normen definieren zentrale Begriffe, umfassen Leitlinien zur Implementierung zirkulärer Geschäftsmodelle und schaffen einen standardisierten Rahmen für die Messung und Bewertung von Zirkularitätsleistung. Durch diese Harmonisierung von Begrifflichkeiten und Kriterien tragen sie dazu bei, grenzüberschreitende Kooperationen zu erleichtern und die Vergleichbarkeit von Maßnahmen zu verbessern – ein entscheidender Schritt zur globalen Verankerung der Kreislaufwirtschaft.

---

44 Vgl United Nations (2015) Transforming our world: the 2030 Agenda for Sustainable Development. Online verfügbar unter: https://sdgs.un.org/goals, abgerufen am 2.7.2025.

45 Vgl United Nations Environment Programme (2024) Global Resource Outlook 2024: Bend the Trend – Pathways to a Livable Planet as Resource Use Spikes. Nairobi: UNEP. Online verfügbar unter: https://www.unep.org/resources/Global-Resource-Outlook-2024, abgerufen am 2.7.2025.

46 G20 Resource Efficiency Dialogue (2023) Roadmap for the G20 Resource Efficiency Dialogue 2024–2028. Verabschiedet unter der indischen G20-Präsidentschaft. Online verfügbar unter: https://g20re.org/document.html, abgerufen am 2.7.2025 .

47 G7 Berlin Roadmap on Resource Efficiency and Circular Economy. Verabschiedet am 27. Mai 2022 während der deutschen G7-Präsidentschaft. Online verfügbar unter: https://g7g20-documents.org/database/document/2022-g7-germany-ministerial-meetings-energy-ministers-ministers-language-g7-berlin-roadmap-on-resource-efficiency-and-circular-economy, abgerufen am 2.7.2025.

48 OECD (o. D.) Resource Efficiency and Circular Economy. Diese Seite bietet eine Übersicht über die Arbeit der OECD zu Ressourceneffizienz und KLW, einschließlich politischer Leitlinien, Daten und praktischer Instrumente für Entscheidungsträger:innen. Online verfügbar unter: https://www.oecd.org/en/topics/resource-efficiency-and-circular-economy.html, abgerufen am 2.7.2025.

49 World Economic Forum (o. D.) Circular Economy. Diese Themenseite bietet einen umfassenden Überblick über Initiativen, Berichte und Trends zur Kreislaufwirtschaft, die Unternehmen und politische Entscheidungsträger weltweit beeinflussen. Online verfügbar unter: https://intelligence.weforum.org/topics/a1Gb0000000pTDMEA2, abgerufen am 2.7.2025.

50 Vgl Kap 7.2.5. zur Rolle der Normung für die praktische Umsetzung der KLW.

51 Vgl Kap 6.1.4. zur ISO-Normenreihe Kreislaufwirtschaft.

1.4.3. Europäische Union als Taktgeber

Die Europäische Union zählt zu den weltweit aktivsten Akteur:innen im Bereich Kreislaufwirtschaft. Bereits 2015 wurde der erste europäische Aktionsplan[52] verabschiedet, 2020 folgte der „Circular Economy Action Plan“ (CEAP II) [53] im Rahmen des European Green Deal[54].[55] Diese Initiativen der EU sehen tiefgreifende Veränderungen in Produktdesign, Lieferketten und Konsummustern vor. Strategisches Dach (Green Deal) und operative Agenden (CEAP II) sind dabei eng verzahnt: Zahlreiche politische und rechtliche Initiativen, die auf den Green Deal zurückgehen, schaffen essenzielle Voraussetzungen für eine funktionierende Kreislaufwirtschaft – etwa durch nachhaltige Finanzmarktregulierung, neue Sorgfaltspflichten in globalen Lieferketten oder klimapolitische Grenzausgleichsmechanismen. Der Circular Economy Action Plan (CEAP II) von 2020 ist innerhalb dieses Rahmens das zentrale, sektorspezifische Programm zur Umsetzung zirkulärer Wirtschaftsweisen. Er konzentriert sich auf die Transformation von Produkten, Wertschöpfungsketten und Konsummustern und bildet das Leitkonzept für eine operationalisierte Kreislaufwirtschaft im Sinne des Green Deals.

Diese Entwicklungen beeinflussen nicht nur europäische Unternehmen, sondern auch internationale Zulieferer:innen, Partner:innen und Märkte. Diese Auswirkungen sind durchaus gewollt: Die Europäische Union begreift die Umgestaltung der Wirtschaft im Sinne des Green Deals nicht nur als internes Modernisierungsprojekt, sondern zunehmend als Hebel für globale Transformation.[56]

1.4.4. Globale Akteure und regionale Initiativen der Kreislaufwirtschaft

Angesichts globaler Umweltkrisen und begrenzter Ressourcen gewinnen Kreislaufwirtschaftskonzepte weltweit an Bedeutung. China, Indien und Brasilien – als große Schwellenländer mit unterschiedlichen wirtschaftlichen und gesellschaftlichen Rahmenbedingungen – verfolgen jeweils eigene Strategien, um ihre Wirtschaftsmodelle zirkulärer zu gestalten.[57]

In Südostasien rücken zunehmend Fragen der Abfallvermeidung, des Kunststoffrecyclings und des internationalen Handels mit Sekundärrohstoffen in den Fokus – oft vor dem Hintergrund geopolitischer Verschiebungen und globaler Umweltabkommen. Regionale Initiativen wie das ASEAN Circular Economy Framework[58] und die ASEAN Circular Economy Business Alliance (ACEBA)[59] fördern die Zusammenarbeit zwischen Staaten und Unternehmen, um eine nachhaltige Kreislaufwirtschaft voranzutreiben.

---

52 European Commission, Closing the loop – An EU action plan for the Circular Economy, COM(2015) 614 final, Brussels, 2.12.2015.

53 European Commission, A New Circular Economy Action Plan: For a Cleaner and More Competitive Europe (CEAP II), COM(2020) 98 final (Brussels, 11 March 2020).

54 European Commission, The European Green Deal, COM(2019) 640 final (Brussels, 11 December 2019).

55 Vgl Kap 7.1.1.

56 Ibid.

57 Vgl Kap 7.1.3.

58 ASEAN (2021) Framework for Circular Economy for the ASEAN Economic Community. Verfügbar unter: https://asean.org/wp-content/uploads/2021/10/Brochure-Circular-Economy-Final.pdf, abgerufen am 2.7.2025.

59 ASEAN Circular Economy Business Alliance (ACEBA). Verfügbar unter: https://www.aceba.co/aceba/, abgerufen am 2.7.2025.

Auch Afrika zeigt wachsendes Engagement für die Kreislaufwirtschaft. Die African Circular Economy Alliance (ACEA) fördert die Zusammenarbeit zwischen afrikanischen Staaten, um zirkuläre Wirtschaftsmodelle zu etablieren.[60] Initiativen wie die Africa Circular Economy Facility (ACEF) unterstützen Projekte, die auf nachhaltiges Wachstum und Ressourcenschonung abzielen.[61] Die internationale NGO ECOS (Environmental Coalition on Standards) mit Sitz in Brüssel eröffnete 2024 ein regionales Büro in Afrika und arbeitet mit Regierungen, der EU sowie internationalen Organisationen zusammen, um Umweltstandards im Sinne der Kreislaufwirtschaft weiterzuentwickeln und Rahmenbedingungen für einen nachhaltigen und ressourcenschonenden Handel zu schaffen..[62]

1.4.5. Internationale Märkte und Handelspolitik

Der internationale Handel spielt eine zentrale Rolle für den Erfolg der Kreislaufwirtschaft, da viele Länder auf den Zugang zu Sekundärrohstoffen und kreislauffähigen Produkten aus globalen Wertschöpfungsketten angewiesen sind. In diesem Zusammenhang stellt sich eine Reihe wichtiger Fragen, die ein Beitrag von Jack Barrie in diesem Band ausführlich behandelt.[63] Dazu gehören: Wie lässt sich Kreislaufwirtschaftshandel definieren und wie groß ist sein aktueller Umfang? Welche Vorteile bietet er und welche Herausforderungen müssen bewältigt werden? Wie wirken sich einseitige Kreislaufwirtschaftspolitik und -gesetzgebung auf den Kreislaufwirtschaftshandel aus? Welche globalen Ungleichheiten bestehen, und wie kann der Handel so gestaltet werden, dass er integrativ und nachhaltig wirkt? Schließlich wird auch diskutiert, welche Maßnahmen notwendig sind, wie die Harmonisierung von Definitionen, der Abbau technischer Handelshemmnisse, der Kapazitätsaufbau und die Einbindung kreislaufwirtschaftlicher Ziele in internationale Handelsabkommen.

1.5. Nationale Kreislaufwirtschaftsstrategien: Politische Leitbilder im Wandel

Julika Dittrich

1.5.1. Einleitung

Weltweit wächst der politische und wirtschaftliche Druck, ressourcenintensive Wirtschaftsmodelle zu transformieren. Vor diesem Hintergrund gewinnt die Kreislaufwirtschaft als strategisches Leitbild an Bedeutung – nicht nur auf internationaler Ebene, sondern zunehmend auch in nationalstaatlicher Verantwortung. Immer mehr Staaten entwickeln eigenständige Kreislaufwirtschaftsstrategien oder verankern zirkuläre Prinzipien in sektoralen Programmen, Klimaplänen oder Innovationspolitiken.[64]

---

60 African Circular Economy Alliance (ACEA): https://www.aceaafrica.org/, abgerufen am 2.7.2025.

61 Die Africa Circular Economy Facility (ACEF) wurde 2022 von der Afrikanischen Entwicklungsbank mit Unterstützung der finnischen Regierung, des Nordic Development Fund und ab Ende 2024 der Coca-Cola Foundation gegründet. Siehe auch: https://www.afdb.org/en/topics-and-sectors/topics/circular-economy/africa-circular-economy-facility-acef, abgerufen am 2.7.2025.

62 Vgl ECOS increases global reach with new Africa office: https://ecostandard.org/news_events/ecos-increases-global-reach-with-new-africa-office/, abgerufen am 3.7.2025.

63 Kap 7.2.1.

64 Siehe zu den nationalen Kreislaufwirtschaftsstrategien der EU Kap 7.1.2. und zu den Strategien internationaler Schwergewichte (China, Indien, Brasilien) Kap 7.1.3. Eine Zusammenfassung regionaler Initiativen findet sich außerdem in Kap 1.4.

Diese Strategien übernehmen dabei eine zentrale Funktion: Sie formulieren langfristige Zielbilder, benennen prioritäre Handlungsfelder und schaffen politische Kohärenz über Ressorts und Politikbereiche hinweg. Für Unternehmen sind sie ein wichtiger Orientierungsrahmen – sie markieren regulatorische Trends, verdeutlichen politische Erwartungen und eröffnen oftmals Zugang zu Förderprogrammen, Innovationsplattformen und Partnerschaften.

1.5.2. Warum nationale Strategien nötig sind

Die Umsetzung einer Kreislaufwirtschaft berührt nahezu alle Bereiche des wirtschaftlichen und gesellschaftlichen Lebens – von der Rohstoffförderung über das Produktdesign bis hin zu Konsumverhalten, Abfallbewirtschaftung und digitaler Infrastruktur. Diese Breite erfordert eine strategische Rahmensetzung auf staatlicher Ebene, die über klassische Umweltpolitik hinausgeht.

Nationale Strategien helfen dabei:

- Ziele und Prioritäten zu definieren (zB zu Ressourceneffizienz, Recyclingquoten oder Produktlebensdauern),
- Verantwortlichkeiten und Zuständigkeiten zwischen politischen Ebenen und Institutionen zu klären,
- Instrumentenmix und Regulierungslogik kohärent zu gestalten (zB zwischen Anreizen, Pflichten, Standards),
- Übergänge zwischen Wirtschaftssektoren strategisch zu steuern (zB Bauwesen, Industrie, Konsumgüter),
- Innovationsökosysteme zu fördern (zB durch Forschung, Start-ups, Digitalisierung),
- und schließlich gesellschaftliche Akzeptanz durch Bildung, Aufklärung und Partizipation zu fördern.

Ohne solche strategischen Leitplanken laufen Einzelmaßnahmen Gefahr, inkohärent oder ineffektiv zu bleiben – insbesondere in föderalen Strukturen oder fragmentierten Wirtschaftssystemen.

1.5.3. Unterschiedliche Formen, ähnliche Funktionen

Ob als Roadmap, Strategiepapier, Gesetzespaket oder Teil eines Klimaplans – nationale Kreislaufwirtschaftsstrategien unterscheiden sich formal deutlich, verfolgen aber oft ähnliche Ziele: die Entkopplung von wirtschaftlichem Wachstum und Ressourcenverbrauch[65], die Förderung zirkulärer Geschäftsmodelle, die Stärkung der inländischen Rohstoffsicherheit sowie die Reduktion von Treibhausgasemissionen.

65 Die Idee der Entkopplung von wirtschaftlichem Wachstum und Ressourcenverbrauch wird in der Forschung und Praxis oft kritisch diskutiert, da Zweifel bestehen, ob absolute Entkopplung unter realen Bedingungen überhaupt erreichbar ist Dennoch bleibt sie ein zentrales Ziel zahlreicher nationaler Kreislaufwirtschaftsstrategien. Vgl zB Haberl, H. et al (2020). A systematic review of the evidence for decoupling of GDP, resource use and GHG emissions, part I: bibliometric and conceptual mapping. Environmental Research Letters, 15(6), 063002. https://doi.org/10.1088/1748-9326/ab842a.

Wie verschiedene Beiträge in diesem Band zeigen, unterscheiden sich die strategischen Ansätze je nach Land und politischer Kultur jedoch deutlich:

- Manche Strategien setzen auf starke Regulierung und klare Zielvorgaben, andere auf dialogbasierte Entwicklung mit Wirtschaft und Gesellschaft.
- Einige betonen vor allem die Abfallvermeidung, andere stellen die Ressourceneffizienz in der Produktion oder das Ökodesign in den Mittelpunkt.
- In einigen Ländern wird Kreislaufwirtschaft als Klimaschutzinstrument verstanden, andernorts als Industriestrategie oder Mittel zur Stärkung der Wettbewerbsfähigkeit.

Diese Vielfalt ist Ausdruck unterschiedlicher Ausgangsbedingungen: wirtschaftliche Struktur, Innovationskraft, Abfallaufkommen, Umweltbelastung, institutionelle Kapazitäten – all das beeinflusst, wie nationale Strategien ausgestaltet werden.[66]

1.5.4. Kreislaufwirtschaft als Querschnittsaufgabe

Eine zentrale Herausforderung nationaler Strategien liegt in der sektor- und ressortübergreifenden Umsetzung. Die Prinzipien der Kreislaufwirtschaft betreffen nicht nur Umweltministerien, sondern auch Wirtschafts-, Verkehrs-, Bildungs-, Agrar- und Finanzressorts. Erfolgreiche Strategien zeichnen sich deshalb durch integriertes Regieren aus – mit klarer Governance, Monitoring-Mechanismen und der Einbindung gesellschaftlicher Akteure.

Zudem ist die Rolle von Städten, Regionen und lokalen Akteuren entscheidend: Viele Innovationen und Pilotprojekte entstehen „bottom-up“ und müssen durch nationale Strategien unterstützt und skaliert werden. Die enge Verzahnung von zentraler Steuerung und dezentraler Umsetzung ist somit eine Schlüsselherausforderung für die erfolgreiche Gestaltung einer flächendeckenden Kreislaufwirtschaft.

1.5.5. Fazit: Strategien als Wegweiser in der Transformation

Die wachsende Zahl nationaler Strategien zur Kreislaufwirtschaft markiert einen Paradigmenwechsel: weg von der linearen Wegwerfökonomie – hin zu einem regenerativen Wirtschaftsmodell. Kreislaufwirtschaftsstrategien sind politische Wegweiser, keine fertigen Lösungen – und sie stehen erst am Anfang ihrer Entwicklung. Für Unternehmen gilt es, diese Strategien nicht nur als regulatorischen Rahmen zu verstehen, sondern als Einladung zur Mitgestaltung. Denn die Politik kann den Rahmen schaffen – doch damit Kreislaufwirtschaft Wirklichkeit wird, braucht es unternehmerische Innovation, gesellschaftliche Unterstützung und strategische Zusammenarbeit zwischen Staat, Wirtschaft und Zivilgesellschaft.

66 Vgl verschiedene Beiträge in diesem Band, siehe FN 64.

1.6. Kreislaufwirtschaft und Bioökonomie – Zwei Seiten derselben Medaille

Karin Huber-Heim

1.6.1. Kreislaufwirtschaft und Bioökonomie: Entwicklung und Verhältnis

Die Circular Economy (CE) und die Bioökonomie gehören zu den Schlüsselkonzepten nachhaltiger Wirtschaftsstrategien und sind Sammelbegriffe für unterschiedliche Ansätze und Praktiken. Während CE den Ressourcenkonsum durch Wiederverwendung, Aufarbeitung und längere Produktlebenszyklen verringern will, zielt Bioökonomie auf die Nutzung biologischer Ressourcen wie Pflanzen, Tiere und Mikroorganismen als Grundlage der Wirtschaft.

Historisch sind beide Konzepte verwurzelt in Mangelsituationen und Rohstoffknappheit, die zur Wiederverwertung von Materialien führten. Die moderne CE ist eng mit der ökologischen Ökonomie verbunden. Sie versteht Wirtschaft als eingebettet in physikalische und ökologische Grenzen und war Teil der frühen Debatten um Nachhaltigkeit und Ressourcenschonung. In der Bioökonomie hingegen stand zunächst die biotechnologische und industrielle Nutzung biologischer Ressourcen im Vordergrund, erst später traten Nachhaltigkeitsaspekte hinzu.[67]

Marzi und Renner zeigen, dass Bioökonomie kein homogenes Konzept ist. Sie unterscheiden drei Lesarten:

1. **Klassische Bioökonomie (Lesart 1)** als Synonym für ökologische Ökonomie, die ökologische Grenzen respektiert.
2. **Biotechnologisch geprägte Bioökonomie (Lesart 2)** mit Fokus auf biotechnische Verfahren und Wachstum.
3. **Biobasierte Kohlenstoffwirtschaft (Lesart 3)**, die fossile Rohstoffe durch Biomasse substituiert und sich stärker ökologischen Fragen annähert.[68]

Circular Economy (Kreislaufwirtschaft) wird im Gegensatz dazu häufig fälschlich mit Abfallwirtschaft assoziiert, bedeutet jedoch mehr: Sie erfordert einen Systemwandel in Produktion, Konsum und Geschäftsmodellen, um Materialien und Produkte so lange wie möglich im Kreislauf zu halten. Zentral sind hier die **R-Strategien** (3R bis 10R), die Prinzipien wie Refuse, Rethink, Reduce priorisieren, diese mit Reuse, Repair, Refurbish, Remanufacture sowie Repurpose operationalisieren und mit Recycle und Recover den technologischen Abschluss bilden. Ergänzende Konzepte wie **Cradle to Cradle, Performance Economy, Industrielle Ökologie und Blue Economy** prägen das Feld und zeigen unterschiedliche Wege zur praktischen Umsetzung einer zirkulären Wirtschaft auf.

67 Marzi, T., Renner, M. (2024). Circular Economy und Bioökonomie. In: Das Weltbild der Circular Economy und Bioökonomie. Springer Spektrum, Berlin, Heidelberg. https://doi.org/10.1007/978-3-662-68230-2_2.

68 Marzi, Renner 2024.

1.6.2. Circular Bioeconomy: Bedeutung und der Weg dorthin

Eine Kreislaufwirtschaft, die auf die Vermeidung von Abfall und Umweltverschmutzung, die Zirkulation und Werterhaltung von Produkten und Materialien sowie die Regeneration der Natur abzielt, sollte von Anfang an in nationale Bioökonomiestrategien eingebettet werden. Andernfalls riskieren Anstrengungen zum Schutz der Biodiversität, kurzfristig und vom ressourcentreibenden System entkoppelt zu bleiben. Durch die Integration von Kreislaufwirtschaft und Bioökonomie können Länder Entwicklung vorantreiben, Abfall eindämmen und natürliche Ressourcen nachhaltiger nutzen.

Ein Bericht von UNCTAD und Partnern, veröffentlicht im Mai 2025, zeigt jedoch, dass von 143 untersuchten Ländern nur 20 über beide Strategien verfügen, aber lediglich Estland und die Niederlande diese tatsächlich integriert haben.[69] Während viele Länder Circular-Economy-Pläne für technische Materialien entwickeln, fehlt in Bioökonomiestrategien oft die Ausrichtung auf Zirkularität und entsprechende Wirtschafts- und Geschäftsmodelle, wodurch Praktiken meist auf linearen, extraktiven Geschäftsmodellen basieren, die biologische Ressourcen erschöpfen.

Die Verbindung von Bioökonomie und Kreislaufwirtschaft bietet jedoch komplementäre Entwicklungswege: Die Circular Economy reduziert Abfall und verlängert Produktlebenszyklen, während die Bioökonomie fossile durch erneuerbare Inputs ersetzt. Zusammen können sie Biodiversität schützen und Arbeitsplätze, Innovationen und ländliche Einkommen stärken. Projekte wie das SMEP-Programm (Sustainable Manufacturing and Environmental Pollution) in Afrika und Südasien zeigen, wie durch zirkuläre Bioökonomie lokale Wertschöpfungsketten gestärkt werden können, zB durch die Nutzung von Bananen- und Ananasresten für Textilien oder von Fischabfällen für Futter und Energie.

Zur Realisierung einer Circular Bioeconomy bedarf es kohärenter nationaler Strategien, abgestimmter Politiken, technologischem Austausch und der Unterstützung durch Unternehmen, Verbraucher und standardsetzende Institutionen.

Die Verbindung zur Bioökonomie wird zunehmend in der Idee einer ‚Circular Bioeconomy' gesucht, die Materialkreisläufe und biobasierte Wirtschaft integriert. Dies bedeutet, dass biologische Ressourcen nicht linear genutzt und verbraucht werden, sondern auch nach ihrer Nutzung in ökologischen oder technischen Kreisläufen verbleiben. Ziel ist eine Wirtschaftsweise, die regenerative Praktiken in der Nutzung von Biomasse verankert, Wertschöpfungsketten verlängert, Emissionen reduziert und Biodiversität schützt.

Politisch und wirtschaftlich bedeutet dies:

- Bioökonomiestrategien integrieren zirkuläre Prinzipien wie Abfallvermeidung, Nährstoffkreisläufe und Wertstoffrückgewinnung.
- CE-Strategien berücksichtigen biobasierte Lösungen und beziehen auch biologische Materialien in Kreisläufe mit ein (siehe auch Butterfly-Modell, Kap 2.3.).

69 Formenti, L., Schröder P., Barrie, J., Pacini, H., Beyond the Technical Loop – Driving the circular bioeconomy through global policy coherence, 2025 https://unctad.org/system/files/non-official-document/smep-circular-bioeconomy-brief-11-may-2025.pdf), abgerufen am 29.5.2025.

- Die Governance der Circular Bioeconomy basiert auf sektorübergreifender Koordination, Innovationsförderung und Konsumwandel.
- Unternehmen können durch Geschäftsmodelle wie Produkt-Dienstleistungs-Systeme, Sharing-Modelle und Rücknahmesysteme Teil der Transformation werden.
- Verbraucher spielen durch Nachfrage nach langlebigen, reparierbaren und biobasierten Produkten eine Schlüsselrolle.

1.6.3. Die österreichische Bioökonomiestrategie

Die österreichische Bioökonomiestrategie, veröffentlicht 2019, legt hierzu klar fest, dass

> die Bioökonomie [...] auf eine nachhaltige, kreislauforientierte Wirtschaftsweise innerhalb der planetaren, ökologischen Grenzen ab [zielt], bei der der Primärressourcenverbrauch insgesamt reduziert und von einer nicht-erneuerbaren, fossilen Rohstoffbasis auf erneuerbare, nachwachsende Rohstoffe (Biomasse) umgestellt wird.[70]

Die Integration von Kreislaufprinzipien ist umfassend und strategisch durchdacht. Die systemische Verankerung ist stark, und durch klare Konzepte wie kaskadische Nutzung, Förderung von Sekundärrohstoffen, Normierung, Green Chemistry und interministerieller Koordination untermauert.

Abb 2: Bioökonomie als Querschnittsmaterie [Quelle: Factsheet Bioökonomie, BMLUK 2025][71]

Dieses Grundverständnis deckt sich mit den Prinzipien der Kreislaufwirtschaft, die auf Ressourcenschonung, Abfallvermeidung und die Verlängerung von Produktlebens-

70 Frischenschlager, H., Galdberger, J.E., Galler, S., Hellmayr, R., Matousek, T., Tschulik, A., BMLUK, Factsheet Bioökonomie, 2025 https://www.bmluk.gv.at/dam/jcr:088447cf-219e-4dfd-bf67-a602b9abc26e/Fact%20Sheet%20Bio%C3%B6konomie_2025.pdf, abgerufen am 29.5.2025.

71 Frischenschlager et al, 2025.

zyklen abzielen. Ein zentrales Element der Strategie ist dabei die *kaskadische Nutzung von Biomasse*, also deren gestufte stoffliche und energetische Verwendung, wodurch Ressourceneffizienz und Abfallvermeidung gefördert werden. Ebenso wird die *Förderung von Sekundärrohstoffen* betont: Nebenprodukte und Abfälle sollen als wertvolle Ressourcen betrachtet werden, was durch Normierung und Qualitätsstandards unterstützt werden soll.

Die Strategie ist eng mit der nationalen Kreislaufwirtschaftsstrategie[72] (2022) verzahnt, beide verfolgen gemeinsame Ziele wie Ressourceneffizienz, Abfallvermeidung und den Aufbau einer klimaneutralen Wirtschaft. Die Bioökonomiestrategie baut hier auf und betont die CO_2-Reduktion durch Substitution fossiler Rohstoffe mit Biomasse. Forschung, Technologie und Innovation werden als zentrale Hebel gesehen, um diese Transformation voranzutreiben, wobei Suffizienz- und Kreislaufkonzepte explizit als gleichwertige Säulen neben Effizienzmaßnahmen verankert sind. Dabei wird insbesondere auf die „grüne Chemie" verwiesen, die die gesamte Produktionskette von der Entwicklung über die Nutzung bis hin zum Recycling umfasst. Somit ist ein bewusster politischer Schulterschluss erkennbar.

Governance-Aspekte und sektorenübergreifende Zusammenarbeit sind weitere zentrale Bausteine der Strategie: Es wird betont, dass Landwirtschaft, Forstwirtschaft, Abfallwirtschaft und Forschung koordiniert zusammenarbeiten müssen, um Kreislaufprinzipien effektiv umzusetzen. Konsument:innen werden als Schlüsselfaktoren erkannt, da eine Verhaltensänderung in Richtung Suffizienz und die Akzeptanz langlebiger, reparierbarer Produkte entscheidend für den Erfolg der Transformation sind. Schließlich sieht die Strategie konkrete Maßnahmen zur *Bewertung und zum Monitoring* vor, unter anderem durch die Etablierung von Qualitätsstandards für Sekundärrohstoffe und durch die Beobachtung von Fortschritten bei Ressourceneffizienz und kaskadischer Nutzung. Damit wird eine Basis geschaffen, Kreislauferfolge messbar zu machen und die Transformation der Bioökonomie zu einer funktionierenden Circular Bioeconomy systematisch zu steuern.

Trotz klarer Prinzipien lassen sich auch Verbesserungsbereiche feststellen:

Aspekt	Status
Umsetzung konkreter Recycling-Infrastruktur für Biomasse und Reststoffe	Noch wenig operationalisiert
Konkrete Förderprogramme für Unternehmen zur zirkulären Nutzung	In Öffnung, aber schwach in Ausgestaltung
Standardisierte Daten- & Tracking-Systeme	Forderung vorhanden, jedoch praktisch ausbaufähig

Abb 3: Lücken und Herausforderungen [Quelle: eigene Darstellung]

72 Die österreichische Kreislaufwirtschaftsstrategie – Österreich auf dem Weg zu einer nachhaltigen und zirkulären Gesellschaft – Erster Fortschrittsbericht Juni 2024, https://www.bmluk.gv.at/dam/jcr%3Ad3d23e4f-8734-4fc2-b967-7518f306ff88/Fortschrittsbericht_1_zur_oesterreichischen_Kreislaufwirtschaftsstrategie.pdf?utm_source=chatgpt.com, abgerufen am 29.5.2025.

Die Strategie legt das Fundament – die praktische Umsetzung bedarf jedoch weiterer Schritte. Entscheidend bleibt nun, ob die politische Agenda in operative Maßnahmen umgemünzt wird, um den transformatorischen Anspruch real werden zu lassen.

Die gemäß § 8 Bundesministeriengesetz im Sommer 2023 eingerichtete *Task Force Circular Economy* begleitet langfristig die Umsetzung der Kreislaufwirtschaftsstrategie und soll diese durch Handlungsempfehlungen und Prioritätensetzung für Politik und Verwaltung vorantreiben. Das aus Expert:innen aus Wirtschaft, Wissenschaft, Zivilgesellschaft und Verwaltung (vertreten durch fünf Ministerien) bestehende Gremium hat 2024 eine erste gemeinsam erarbeitete Definition für Kreislaufwirtschaft und Bioökonomie vorgelegt.

Fazit

Eine Circular Bioeconomy (zirkuläre Bioökonomie) verbindet die systemische Perspektive der Circular Economy mit der Ressourcenausrichtung der Bioökonomie. Sie ermöglicht eine tiefere Ressourcenschonung, erhöht die Resilienz lokaler Wirtschaftssysteme und bietet eine realistische Möglichkeit, Klimaneutralität, Ressourcenschutz und Biodiversität in Einklang zu bringen. Ohne die Integration zirkulärer Prinzipien in die Bioökonomie bleibt diese oft linear und extraktiv. Umgekehrt bleibt CE unvollständig, wenn biologische Materialien und regenerative Systeme ignoriert werden. Die Verknüpfung beider Konzepte ist daher ein notwendiger Schritt, um Nachhaltigkeit, Innovation und sozioökonomische Inklusion gemeinsam zu verwirklichen.

2. Grundprinzipien und Modelle der Circular Economy

2.1. Systemtheoretischer Ansatz, Systemdynamiken und Resilienz

Valerie-Sophie Schönberg

Unsere westlich geprägte Sichtweise folgt oft linear-kausalen Denkmodellen: Ein Ereignis löst das nächste aus – wie Dominoeffekte. Dieses „lineare Denken“ ist analytisch und reduziert komplexe Phänomene auf Einzelteile, verliert dabei jedoch den Blick für das große Ganze. Genau hier setzt die Systemtheorie an: Sie fokussiert auf Beziehungen zwischen Elementen – nicht nur auf die Elemente selbst.[73, 74]

2.1.1. Systemtheoretische Schulen und zentrale Bestandteile

Theoretische Modelle – Gemeinsamkeiten und Unterschiede

Um systemisches Denken zu verstehen, lohnt sich ein Blick auf die Ursprünge der Systemtheorie. Ab der Mitte des 20. Jahrhunderts entwickelte sie sich als transdisziplinärer Ansatz zur Beschreibung komplexer Zusammenhänge – von der Natur- bis zur Sozialwissenschaft. Im Zentrum steht nicht das Einzelteil, sondern das Verhältnis der Teile zum Ganzen: ihre Interaktionen, Rückkopplungen und zeitliche Dynamik.[75] Verschiedene Schulen prägten das systemische Denken:

- **Allgemeine Systemtheorie von Ludwig von Bertalanffy: Sie** legt den Grundstein für ein universelles Verständnis komplexer Systeme – ob in der Biologie, Soziologie oder Technik.
- **Kybernetik** (1. und 2. Ordnung), etwa durch Norbert Wiener und Heinz von Foerster, erforscht die Steuerungs- und Rückkopplungsmechanismen in technischen und sozialen Systemen.
- **Theorie sozialer Systeme** von Niklas Luhmann beschreibt Gesellschaft als ein System von Kommunikation, das sich selbst durch Kommunikation reproduziert.
- **Autopoiesis**, eingeführt von Humberto Maturana und Francisco Varela, versteht lebende Systeme als selbsterschaffend und strukturerhaltend – ein Schlüssel für das Verständnis dynamischer, nicht-linearisierter Organisationsformen.
- **Komplexitäts-, Chaos- und Katastrophentheorien**, die sich mit nicht-linearem Verhalten, emergenten Mustern und abrupten Systemveränderungen beschäftigen – mit Anwendungsfeldern von neuronalen Netzwerken bis zu ökologischen Kipppunkten.

Ein bekanntes Beispiel systemischer Modellbildung stammt von Donella Meadows, Mitautorin des „Limits to Growth“-Berichts des Club of Rome (1972). Sie trug wesentlich

73 Fritz B. Simon (2011) Einführung in Systemtheorie und Konstruktivismus (5. Aufl).
74 Meadows, Donella H. Thinking in Systems: A Primer. Chelsea Green Publishing, 2008.
75 Fritz B. Simon (2011) Einführung in Systemtheorie und Konstruktivismus (5. Aufl), S 13.

dazu bei, dass systemisches Denken heute auch in Nachhaltigkeits- und Transformationsdiskursen verankert ist.

Die gemeinsame Stoßrichtung all dieser Ansätze: weg von linearer Ursache-Wirkungs-Logik, hin zu einem zirkulären, vernetzten Verständnis der Welt. Diese Denkweise ist essenziell, um die Komplexität und Wechselwirkungen innerhalb sozio-ökologischer Systeme wie der Kreislaufwirtschaft ganzheitlich zu erfassen.

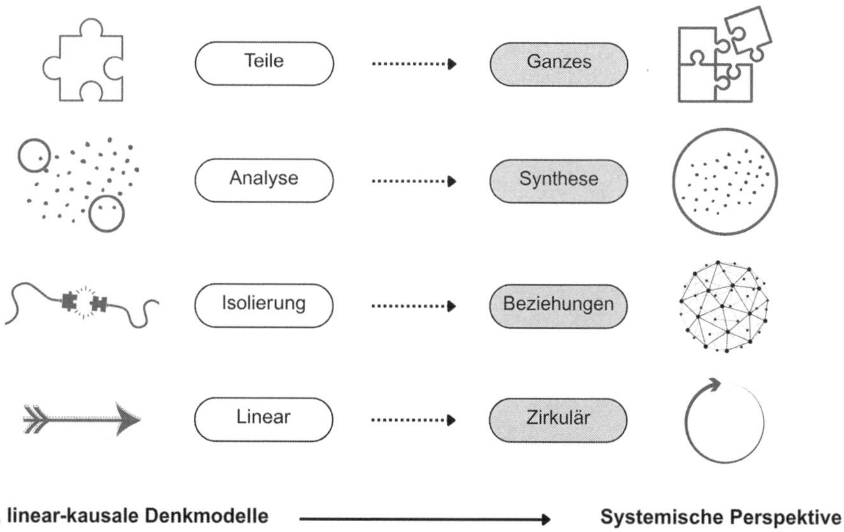

Abb 4: „Perspektivenwechsel – von linear zu zirkulär" [Quelle: eigene Darstellung]

Zentrale Bestandteile eines Systems

Systemisches Denken baut auf zentralen Konzepten auf, die helfen, komplexe Zusammenhänge zu verstehen und wirksame Hebel für Veränderung zu identifizieren. Je nach Denkschule variieren Begrifflichkeiten und Schwerpunkte, doch grundlegend gilt: Ein System besteht aus Elementen, die zu einem bestimmten Zweck in Beziehung stehen. Nur durch diese Gesamtheit entfaltet ein System seine Dynamik – es gilt: Das Ganze ist mehr als die Summe seiner Teile.[76]

- **Zweck:** Der Zweck eines Systems prägt maßgeblich dessen Verhalten – auch wenn er nicht direkt sichtbar ist.[77] Technische Systeme haben meist klar definierte Funktionen (zB kühlen, transportieren), während lebende Systeme ihren Zweck im Zusammenspiel mit der Umwelt entfalten.
- **Bestände („Stocks"):** Elemente des Systems mit messbaren Größen wie Material, Energie, Informationen oder Menschen.
- **Ströme („Flows"):** Veränderungen dieser Bestände im Zeitverlauf – durch Zu- oder Abflüsse.

76 Meadows, Donella H., Thinking in Systems: A Primer, Chelsea Green Publishing (2008).
77 Meadows, Donella H., Thinking in Systems: A Primer, Chelsea Green Publishing (2008), S 16.

Die Dynamik eines Systems ergibt sich aus der Art und Geschwindigkeit dieser Veränderungen. In der Kreislaufwirtschaft werden solche Flüsse zB durch Stoffstromanalysen oder Urban Metabolism sichtbar . Die österreichische Ressourcenflussanalyse[78] für 2020 zeigt, wie Materialien durch das Wirtschaftssystem zirkulieren (siehe Abb 5) – ein zentraler Anknüpfungspunkt für Kreislaufstrategien.

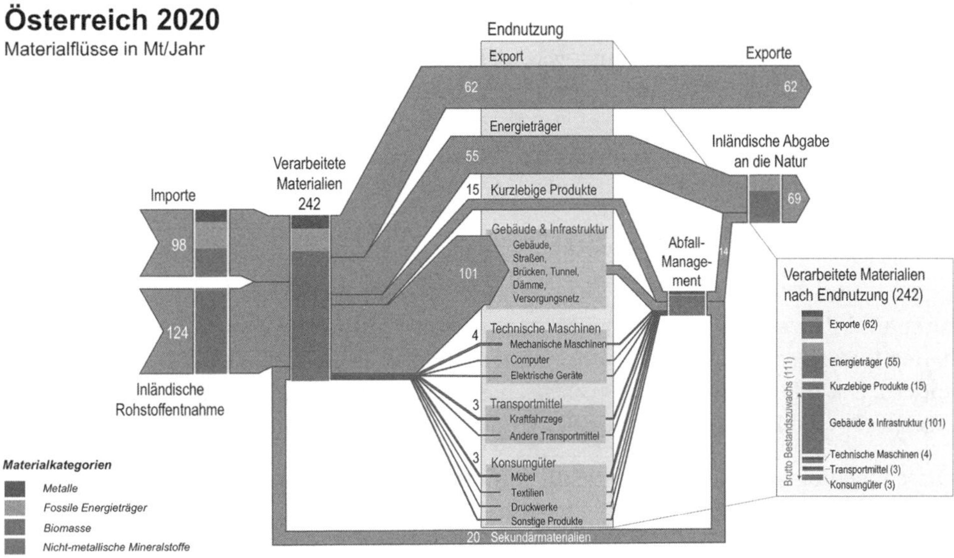

Abb 5: „Ressourcennutzung in Österreich 2020" [Quelle: BMK und BMF, 2024][79]

2.1.2. Systemdynamik, Organisation und Logik

Triviale vs Nicht-triviale Systeme

Systeme unterscheiden sich darin, wie berechenbar sie auf Eingriffe reagieren – mit direkten Folgen für Wandel und Steuerbarkeit.

- **Triviale Systeme** reagieren vorhersehbar: Ein Thermostat schaltet sich ein, wenn die Temperatur fällt, und aus, wenn sie erreicht ist – ohne alternative Reaktionsweisen.
- **Nicht-triviale Systeme** wie Organisationen oder Ökosysteme sind vergangenheitsabhängig, lernfähig und nicht-linear. Ihre Reaktionen hängen von internen Zuständen und ihrer Geschichte ab.[80]

Technologische Veränderungen hin zu einer Kreislaufwirtschaft (zB die Implementierung eines Rücknahmesystems) sind meist trivial – doch das Verhalten von Nutzer:innen,

78 Eisenmenger/Baumgart/Krausmann/Wieland/Haas/Neubauer et al, Ressourcennutzung in Österreich 2024 (BMK und BMF 2024) 168 S, abrufbar unter: https://forschung.boku.ac.at/de/publications/189096.

79 Eisenmenger/Baumgart/Krausmann/Wieland/Haas/Neubauer et al, Ressourcennutzung in Österreich 2024 (BMK und BMF 2024) 168 S., abrufbar unter: https://forschung.boku.ac.at/de/publications/189096.

80 Simon, Fritz B., Einführung in Systemtheorie und Konstruktivismus (5. Aufl 2011) 37, – Carl-Auer-Verlag, Heidelberg.

Mitarbeitenden oder politischen Akteuren folgt komplexen, nicht-trivialen Mustern. Transformation erfordert daher systemisches Verständnis, Kommunikation und Iteration (siehe Kap 6.2.1.).

Systemgrenzen und Auswirkungen auf die Systemumwelt

Systeme existieren nicht im luftleeren Raum – ihre Grenzen definieren, was „innen" und was „außen" ist. Welche Effekte wir innerhalb des Systems berücksichtigen, hängt davon ab, was wir als relevant definieren – was nicht als relevant gilt, wird zur Externalität. Beispiel sind Umweltkosten, die in gewinnorientierten Systemen oft nicht berücksichtigt werden. In der Kreislaufwirtschaft ist es entscheidend, solche externen Effekte systemisch mitzudenken – nur so lassen sich blinde Flecken vermeiden und echte Wirkung entfalten.

Selbstorganisation und Viabilität

Lebende Systeme organisieren sich selbst – ihr Verhalten ergibt sich aus internen Strukturen und Prozessen, nicht aus externer Steuerung. Solche autopoietischen Systeme erhalten ihre eigene Organisationsform aufrecht, auch wenn sich einzelne Elemente verändern. Das gilt für biologische, psychische und soziale Systeme – und bildet die Grundlage zB für systemische Therapie oder Organisationsentwicklung.[81, 82]

Diese Eigenlogik macht Wandel herausfordernd – besonders, wenn zirkuläre Unternehmen in linearen Märkten agieren. Strukturelle Barrieren wie fehlende Kooperation, Ressourcenengpässe oder unzureichende Kompetenzen erschweren die Umsetzung zirkulärer Strategien. Eine zirkuläre Organisation sollte sich daher nach der Viable System Theory[83] ausrichten, die beschreibt, wie lebendige Systeme stabil, adaptiv und lernfähig sein können: durch dezentrale Steuerung, funktionale Teilsysteme und laufendes Feedback.

Systemlogik und Wechselwirkungen

Systemverhalten entsteht durch komplexe Wechselwirkungen. Systeme reagieren nicht linear: oft führen Aktionen zu Rückkopplungen, Nebenwirkungen oder es zeigen sich sogar gegenteilige Effekte . Gut gemeinte Maßnahmen können scheitern, wenn sie nur Symptome behandeln und nicht an den Ursachen ansetzen.

Ein hilfreiches Modell zur Analyse systemischer Dynamik ist das Eisberg-Modell (siehe Abb 6):

(1) An der Oberfläche sehen wir Ereignisse (zB eine Lieferkrise, ein CO_2-Anstieg).
(2) Darunter liegen Verhaltensmuster (zB kurzfristige Planung, Ressourcenübernutzung),

81 Maturana, Humberto R., „Repräsentation und Kommunikation", in H. R. Maturana (Hrsg), Erkennen: Die Organisation und Verkörperung von Wirklichkeit, Braunschweig/Wiesbaden (Vieweg 1982) S 272–296.

82 Simon, Fritz B., Einführung in Systemtheorie und Konstruktivismus (5. Aufl 2011) 33, – Carl-Auer-Verlag, Heidelberg.

83 Beer, Stafford, Diagnosing the System for Organisations (Repr., Chichester/New York: John Wiley & Sons 1985) S 128.

(3) die aus Systemstrukturen (zB linearen Lieferketten, fehlenden Feedbackschleifen) entstehen,
(4) an der Wurzel: mentale Modelle – Annahmen und Glaubenssätze wie „Wachstum ist immer gut“ oder „Ressourcen sind unendlich verfügbar“.

Diese Systemrationalitäten bestimmen, wie ein System funktioniert – und wie es auf Veränderung reagiert. Donella Meadows bringt es auf den Punkt: „Wenn eine Revolution eine Regierung zerstört, aber die Denkmuster, die diese Regierung hervorgebracht haben, intakt bleiben, wird sich das Muster wiederholen.“[84]

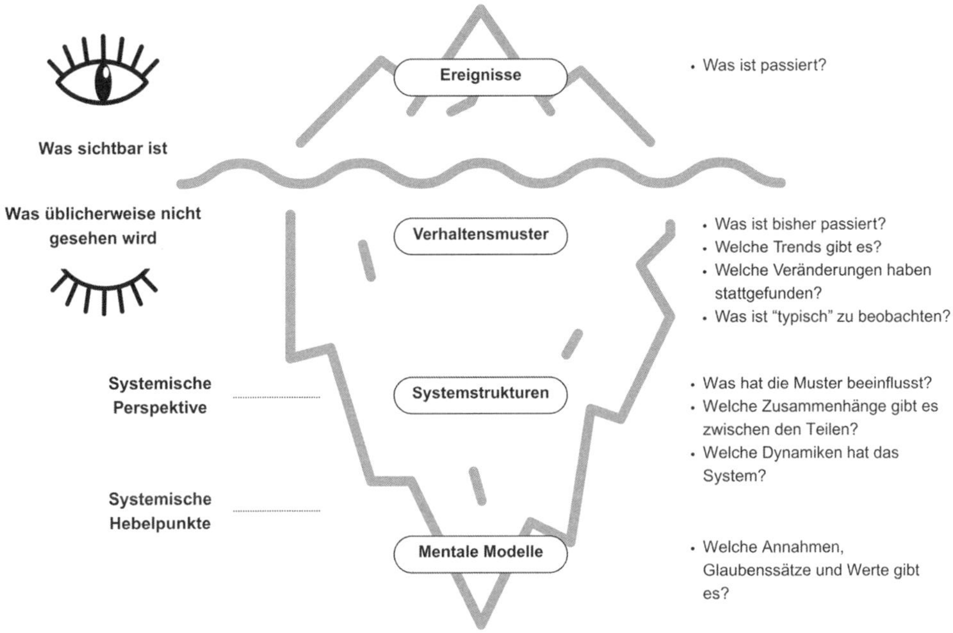

Abb 6: „Eisberg-Modell“ des systemischen Denkens [Quelle: eigene Darstellung]

Das heißt auch: Systemlogiken sind nicht „falsch“, sondern aus Sicht des Systems sinnvoll.[85] Die zentrale Frage jeder Veränderung lautet: Warum ist dieses System so, wie es ist – und welche Logik hält es stabil?

Wer nur an der Oberfläche ansetzt – etwa durch technische Innovationen –, verändert wenig, wenn die zugrunde liegenden Denkmodelle (z B Wegwerfmentalität) unangetastet bleiben. Die Kreislaufwirtschaft erfordert deshalb ein tiefes Verständnis systemischer Ursachen. Beispiel: Einweg-Bioplastik erscheint auf den ersten Blick als nachhaltige Lösung, verursacht aber neue Probleme. Nur durch systemisches Hinterfragen der zugrunde liegenden Logik („Was ist überhaupt ein gutes Material?“ „Warum setzen wir auf Einweg?“) können wirklich zirkuläre, nachhaltige Lösungen entstehen.

84 Meadows, Donella H., Thinking in Systems: A Primer, Chelsea Green Publishing (2008) 1.
85 Meadows, Donella H., Thinking in Systems: A Primer, Chelsea Green Publishing (2008) 4.

2.1.3. Resilienz und Kipppunkte lebender Systeme

Resiliente Systeme – stabil bleiben, ohne starr zu sein

Resilienz beschreibt die Fähigkeit eines Systems, trotz Störungen funktionsfähig zu bleiben. Es geht nicht um Starre, sondern um Anpassungsfähigkeit bei gleichbleibender Identität. Resiliente Systeme absorbieren Krisen, reorganisieren sich und erhalten dabei ihre Grundfunktionen. Das kann bedeuten, kurzfristig den Funktionsumfang anzupassen (schwache Adaption), langfristig Struktur und Funktionen zu bewahren (starke Resilienz) oder sogar gestärkt aus der Krise hervorzugehen (starke Adaption).

In natürlichen Systemen ist Resilienz zB die Fähigkeit eines Waldes, sich nach einem Sturm zu regenerieren. In sozialen oder wirtschaftlichen Systemen zeigt sich Resilienz in der Aufrechterhaltung zentraler Strukturen trotz Krisen. Resilienz in technischen Systemen spielt im Hinblick auf Robustheit und Ausfallsicherheit eine große Rolle (zB redundante Stromversorgung, Notfallsysteme). Vielfältige Systeme mit diversen „Stocks" und „Flows" und Redundanzen sind stabiler und weniger anfällig für externe Schocks als ein einheitliches System mit wenig Vielfalt.[86]

Feedback-Loops und Balance-Mechanismen

Rückkopplungsschleifen („feedback loops") bestimmen maßgeblich, wie sich Systeme verhalten – ob sie stabil bleiben oder kippen.

- **Stabilisierende Schleifen** („balancing loop"): regulieren Schwankungen und halten das System im Gleichgewicht, zB Thermostat: Temperatur sinkt → Heizung springt an → Temperatur steigt.
- **Verstärkende Schleifen** („reinforcing loop"): führen zu Beschleunigung oder Eskalation, etwa durch Netzwerkeffekte oder exponentielles Wachstum, zB Zinseszins: Mehr Geld → mehr Zinsen → noch mehr Geld.

Zirkuläre Strategien wie Pfandsysteme oder Wiederverwendung stärken stabilisierende Loops. Umgekehrt können falsche Anreize – etwa Subventionen für lineare Modelle – schädliche Verstärkungsschleifen auslösen.

Kipppunkte und planetare Grenzen

Lebende Systeme haben ökologische und funktionale Belastungsgrenzen – sogenannte Kipppunkte. Kipppunkte sind Schwellenwerte, ab denen sich Systeme plötzlich und oft unumkehrbar verändern. Werden sie überschritten, verlieren Systeme ihre Stabilität (zB Abschmelzen von Eisschilden → Rückstrahlung sinkt → Erwärmung beschleunigt sich). Dabei kippen Systeme nicht „plötzlich", sondern bauen Dynamiken oft über längere Zeit durch Rückkopplungen auf – das macht das Verständnis dieser Schleifen so wichtig für frühzeitige Interventionen.

Am Stockholm Resilience Center wurde der „safe operating space for humanity" innerhalb der planetaren Grenzen definiert: Das zentrale Konzept beinhaltet neun „planetare Grenzen", dh globale Umweltprozesse, die das stabile Funktionieren der Erde sichern – darun-

86 Meadows, Donella H., Thinking in Systems: A Primer, Chelsea Green Publishing (2008) 4.

ter Klimawandel, Biodiversitätsverlust, Stickstoff- und Phosphorkreisläufe (siehe Abb 7). Mehrere dieser Grenzen sind laut aktuellem Forschungsstand bereits überschritten.[87]

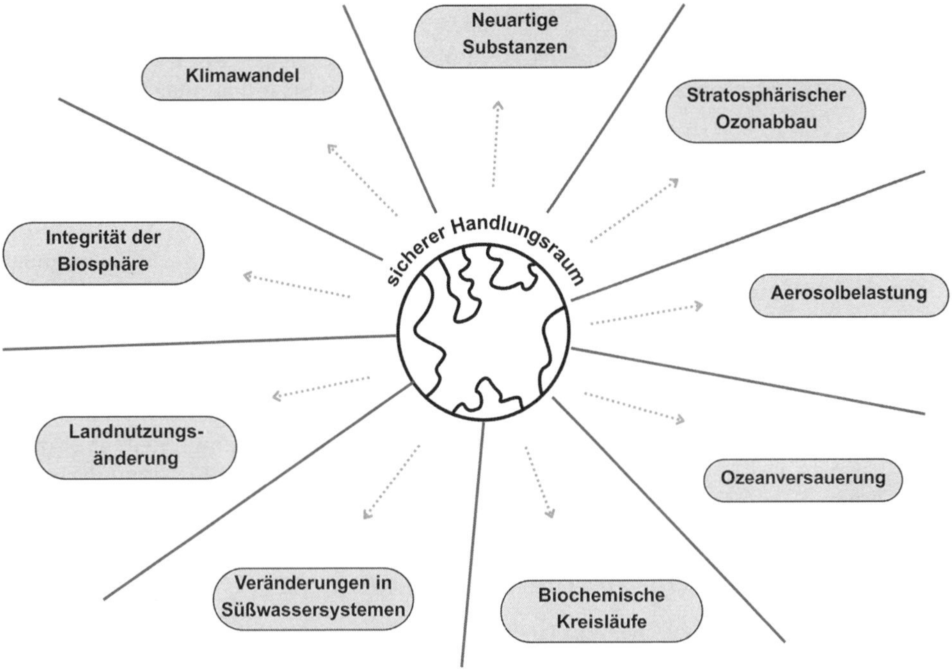

Abb 7: „Planetare Grenzen“ [Quelle: eigene Darstellung nach Rockström et al, 2009][88]

Zirkuläre Wirtschaftsweisen helfen, Kipppunkte zu vermeiden, indem sie Stoffströme reduzieren, Kreisläufe schließen und Regeneration fördern – etwa durch langlebige Produkte, Materialeinsparung und ökologische Gestaltung. Sie tragen so zur Einhaltung planetarer Belastungsgrenzen bei.

2.1.4. Die Wurzel des Problems verstehen – systemisch wirken

Viele der Herausforderungen, mit denen wir in der globalen Wirtschaft und der Transformation hin zu einer Kreislaufwirtschaft konfrontiert sind, sind „wicked problems“: komplex, vielschichtig, sich selbst verstärkend und nicht durch einfache Lösungen zu beheben. Diese Probleme entstehen nicht aus bösem Willen, sondern sind Ausdruck der bestehenden Systemlogiken: „Niemand schafft diese Probleme absichtlich. Niemand will, dass sie fortbestehen. Aber sie bestehen trotzdem weiter – weil sie den Strukturen, die sie hervorbringen, immanent sind.“[89]

87 Richardson/Steffen/Lucht/Bendtsen/Cornell/Donges/Fetzer et al, Earth beyond six of nine Planetary Boundaries, Science Advances 9(37) (2023).

88 Rockström/Steffen/Noone/Persson/Chapin III/Lambin/Lenton/Scheffer/Folke/Schellnhuber et al, Planetary Boundaries: Exploring the Safe Operating Space for Humanity, in Ecology and Society 14(2) (2009) 32 pp., abrufbar unter: https://www.ecologyandsociety.org/vol14/iss2/art32/.

89 Meadows, Donella H., Thinking in Systems: A Primer, Chelsea Green Publishing (2008) 4.

Systemisches Denken eröffnet hier einen Perspektivwechsel: Statt Symptome zu bekämpfen, gilt es, Strukturen und Denkmodelle zu hinterfragen – also die Wurzel des Problems zu verstehen. Um diese Muster zu durchbrechen, braucht es systemische Hebelpunkte – gezielte Eingriffe an den Stellen, an denen kleine Veränderungen große Wirkung entfalten können (engl. „Leverage Points").[90] Sie reichen von Parameterveränderungen (zB Preise, Steuern) über neue Rückkopplungen bis hin zu tiefgreifenden Änderungen von Systemzielen und Paradigmen – also der Grundlogik, wie wir Wirtschaft, Fortschritt oder Erfolg definieren.

Für die Kreislaufwirtschaft bedeutet das:

- Nicht nur Materialien im Kreis führen, sondern Denkmuster wie die Wegwerfmentalität überwinden
- Nicht nur Strukturen ändern, sondern Kooperation, Feedback und Lernen fördern
- Nicht nur effizienter werden, sondern regenerativ und widerstandsfähig

Die zentrale Frage lautet daher nicht: Wie reparieren wir defekte Systeme?, sondern: Warum ist das System so, wie es ist – und wo können wir sinnvoll eingreifen? Wer diese Fragen stellt, setzt an der Wurzel an – und schafft so die Grundlage für systemisch wirkungsvolle Lösungen.

2.2. Das Konzept der zirkulären Bioökonomie

Raphaela Hellmayr/Martin Greimel

Zirkuläre Bioökonomie – Warum brauchen wir sie?

Die Erde ist der einzige bisher bekannte Planet im Sonnensystem, der aufgrund seiner Beschaffenheit Lebensraum für Lebewesen und damit Grundlage für alle Pflanzen- und Tierarten, aber auch für uns Menschen ist. Im heutigen linearen Wirtschaftssystem entnehmen wir dem Planeten Rohstoffe und verarbeiten sie zu stofflichen oder energetischen Produkten. Nach der gewünschten Nutzung entsorgen wir diese, wobei die Reststoffe wieder in die Umwelt gelangen. Reststoffe sind je nach Prozess gasförmig, flüssig oder fest und gelangen in die Atmosphäre, ins Wasser oder in den Boden. Die Eigenschaften und die Zusammensetzung der Reststoffe unterscheiden sich in der Regel von den ursprünglich verarbeiteten Rohstoffen. Alle Rohstoffe sind begrenzt verfügbar und lassen sich in Biomasse, mineralische (inkl Metalle) und fossile Rohstoffe unterteilen.

> Neben dem ökologischen Nutzen (zB Biodiversität) dient Biomasse auch als nachwachsender Rohstoff zur Befriedigung menschlicher Bedürfnisse und kann entweder als Lebensmittel oder Futtermittel Verwendung finden oder der stofflichen oder energetischen Nutzung zugeführt werden.

Ziel der zirkulären Bioökonomie ist es, den Rohstoffbedarf in Zukunft zunehmend mit nachwachsenden Rohstoffen zu decken, da diese mit Hilfe der Sonnenenergie kontinuierlich nachwachsen. Mineralische oder fossile Rohstoffe benötigen hingegen Millionen

90 Meadows, Donella H., Thinking in Systems: A Primer, Chelsea Green Publishing (2008).

von Jahren, um zu entstehen oder sich zu erneuern. Alle Rohstoffe unterliegen daher einem natürlichen Kreislauf, der thermodynamischen Grundsätzen folgt. Dieser Kreislauf ist je nach Rohstoff sehr unterschiedlich und wird in vielerlei Hinsicht durch menschliches Handeln (zB Produktion und Konsum) beeinflusst.

Sonnenenergie ist die einzige Ressource, die dem ansonsten geschlossenen System Erde kontinuierlich zugeführt wird. Pflanzen nutzen diese Energie durch Photosynthese und speichern sie in Form von Biomasse. In jedem Ökosystem können die Lebewesen in Produzenten (Pflanzen), Konsumenten verschiedener Ordnung (Pflanzenfresser, Fleischfresser) und Zersetzer (zB Bakterien, Pilze, Mikroorganismen) eingeteilt werden. Alle diese Lebewesen haben eine Funktion im Ökosystem und tragen zur Biomasseproduktion bei. Pflanzliche Biomasse kann je nach Herkunft den Bereichen Land-, Forst- oder Wasserwirtschaft zugeordnet werden und sie ist durch die zur Verfügung stehenden Flächen mit den entsprechenden Standortfaktoren wie Boden, Wasser und Klima begrenzt. Voraussetzung für das Wachstum von Pflanzen ist das Vorhandensein bestimmter Stoffe wie Phosphor, Stickstoff und Kohlenstoff. Diese Stoffe haben natürliche Kreisläufe, die jedoch durch menschliche Eingriffe (zB Düngung, Bodenversiegelung etc) gestört bzw verändert werden. Die Summe dieser natürlichen Kreisläufe bildet ein komplexes System – unser Ökosystem. Die Störung dieses komplexen Systems reduziert seine Robustheit und führt zu globalen Problemen wie dem Klimawandel, der auf menschliche Aktivitäten zurückzuführen ist, die den Kohlenstoffkreislauf aus dem Gleichgewicht gebracht haben. Zur Vermeidung weiterer negativer Veränderungen und Auswirkungen muss der Rohstoffbedarf deutlich reduziert werden. Die zirkuläre Bioökonomie strebt dies unter Berücksichtigung ökonomischer, ökologischer und sozialer Aspekte an.

Primärrohstoffe umfassen alle Rohstoffe, die entweder direkt abgebaut (mineralisch und fossil) oder geerntet (Biomasse) werden und somit aus der Natur in die menschliche Nutzung gelangen. Derzeit ist der Materialverbrauch[91] in den einzelnen Staaten sehr unterschiedlich und Österreich liegt mit 19 Tonnen pro Kopf und Jahr (2018) um 5 Tonnen über dem europäischen Durchschnitt.

Sekundärrohstoffe im Sinne der Kreislaufwirtschaft sind Materialien, die nach ihrer Nutzung wieder in die Produktion zurückgeführt werden. Nachwachsende Rohstoffe stellen hierbei einen Sonderfall dar, denn bei den Verarbeitungsprozessen fallen Nebenströme (zB Rinde, Lignin) an. Nebenströme werden in der Praxis oft als Sekundärströme bezeichnet, obwohl sie noch Primärrohstoffe sind, da sie noch nicht vom Menschen genutzt wurden. Daneben gibt es die Begriffe „Kaskadennutzung“ (Mehrfachnutzung von Rohstoffen), die einen Recyclingpfad darstellt, und „Reststoffe“, die sowohl Nebenströme als auch nicht mehr genutzte Sekundärrohstoffe bezeichnen.

Geschichte der Bioökonomie

Der Begriff Bioökonomie tauchte erstmals 1913 auf. Nicholas Georgescu-Roegen entwickelte 1971 die physikalischen Rahmenbedingungen für diese „Ökonomie der Natur“. Unabhängig davon entstand in den 1990er-Jahren die technisch-ökonomische Bioökonomie, die das „Bewirtschaf-

91 BMK (2020): Ressourcennutzung in Österreich 2020, Band 3.

ten der Natur" in den Mittelpunkt stellt. Die „Teller-Trog-Tank"-Debatte[92] war eine Folge dieser rein ökonomischen Sichtweise und hat die Bioökonomie wieder in Richtung ihrer ursprünglichen Definition gelenkt, wobei in allen derzeit veröffentlichten Bioökonomiestrategien die ökonomischen Aspekte im Vordergrund stehen.

Um 1900 lag der globale Rohstoffbedarf[93] bei ca 7,6 Gt pro Jahr, wovon 70 % durch Biomasse gedeckt wurden. Bis 2015 stieg der Bedarf auf 95 Gt pro Jahr, wovon weit über 90 % Primärrohstoffe waren. Der Anteil der Biomasse lag bei 24 % und fossile Rohstoffe wie Kohle, Öl und Gas prägen unser heutiges Wirtschaftssystem. Bei der Verbrennung dieser fossilen Rohstoffe werden große Mengen an langfristig gebundenem Kohlenstoff in Form von CO_2 in die Atmosphäre freigesetzt und tragen so zum Klimawandel bei.

Zirkuläre Bioökonomie

Eine zirkuläre Bioökonomie berücksichtigt ökonomische, ökologische und soziale Aspekte gleichermaßen. Sie basiert auf einer effizienten Prozessgestaltung (Effizienz) in einer regenerativen Kreislaufwirtschaft (Konsistenz) mit einem stark reduzierten Rohstoffbedarf (Suffizienz). Diese Prinzipien sollen so kombiniert werden, dass gesellschaftliche Bedürfnisse durch die Nutzung von Biomasse bestmöglich erfüllt werden.

Effizienz bezieht sich auf die Gestaltung von Prozessen und die Entwicklung neuer Innovationen. Dies ermöglicht eine optimale Nutzung der verfügbaren Biomasse, bei der Nebenströme und Sekundärrohstoffe als Wertstoffe für andere Anwendungen dient.

Konsistenz bezieht sich auf Systeme, die im Einklang mit natürlichen Prozessen stehen, wobei die Nutzung der verfügbaren Rohstoffe nach den Prinzipien der Kreislaufwirtschaft (10Rs) optimiert werden sollte.

Unter **Suffizienz** wird die Reduktion des Ressourcenverbrauchs auf Basis der nachhaltig verfügbaren Rohstoff- und Energiemengen verstanden. Ein wesentlicher limitierender Faktor für die Produktion von Biomasse ist die Bodenfläche. Da Biomasse vielseitig verwendbar ist, kommt es zu Nutzungskonflikten („Teller-Trog-Tank"-Debatte).

Herausforderungen in der Bioökonomie

Die Transformation zu einer zirkulären Bioökonomie bringt verschiedene Herausforderungen mit sich. Die oben erwähnte Teller-Trog-Tank-Debatte zeigt Nutzungs- und Interessenkonflikte aufgrund der begrenzten Verfügbarkeit von Biomasse auf. Nutzpflanzen können entweder als Nahrungsmittel, als Futtermittel zur Herstellung stofflicher Produkte oder als Energieträger genutzt werden. Eine energetische Nutzung schließt eine weitere stoffliche Nutzung aus, während nach einer stofflichen Nutzung eine energetische Nutzung folgen kann. Um die gesellschaftlichen Bedürfnisse mit den begrenzt verfügbaren Rohstoffen zu befriedigen, muss deren Verwendung gemäß lebenswichti-

---

92 Muscat, A./de Olde, E.M./de Boer, I.J.M./Ripoll-Bosch, R. (2020): The battle for biomass: A systematic review of food-feed-fuel competition, in Global Food Security Vol. 25, unter: https://doi.org/10.1016/j.gfs.2019.100330, abgerufen am 28.7.2025).

93 Haas, W./Krausmann, F./Wiedenhofer, D./Lauk, C./Mayer, A. (2020): Spaceship earth's odyssey to a circular economy – a century long perspective, in: Resources, Conservation and Recycling, Vol. 163, unter: https://doi.org/10.1016/j.resconrec.2020.105076, abgerufen am 28.7.2025.

gen Bedürfnissen bestmöglich priorisiert werden. Dies wird eine Reduktion des Verbrauches in manchen Bereichen erfordern.

Die Reduktion des Einsatzes fossiler Rohstoffe führt zu einem erhöhten Bedarf an nachwachsenden Rohstoffen. Es ist mengenmäßig nicht möglich, den Bedarf an fossilen und mineralischen Rohstoffen durch nachwachsende Rohstoffe zu ersetzen, denn hierfür wird nicht genügend Biomasse zur Verfügung stehen. Deshalb muss der Rohstoff- und Energieverbrauch pro Kopf gesenkt werden und ist es keine Lösung für die gesellschaftlichen Herausforderungen unserer Zeit, die gleiche Menge an Produkten wie bisher nur „grün" herzustellen. Die zirkuläre Bioökonomie hat dies erkannt und setzt neben technisch machbaren und ökologisch vertretbaren Lösungen auch auf die Erhöhung der gesellschaftlichen Akzeptanz von Suffizienz.

Da eine absolute Entkopplung des Primärressourcenverbrauchs vom Wirtschaftswachstum weder im derzeitigen linearen Wirtschaftssystem[94] noch in einer Kreislaufwirtschaft[95] möglich ist, bedarf es einer ganzheitlichen gesellschaftlichen Transformation. Die zirkuläre Bioökonomie – mit der nachhaltigen Nutzung nachwachsender Rohstoffe – berücksichtigt sowohl ökologische als auch soziale Aspekte und bildet damit eine wichtige Grundlage für diese Transformation.

Politische Rahmenbedingungen und praktische Umsetzung

Für eine umfassende Transformation hin zu einer zirkulären Bioökonomie müssen die Rahmenbedingungen so verändert werden, dass die Umsetzung der zirkulären Bioökonomie in allen Bereichen attraktiv wird. Dazu müssen alle Akteure – Politik und Verwaltung, Wirtschaft und Industrie, Forschung und Entwicklung, Bildung und Medien, Kunst und Kultur, Gesellschaft – ihren Beitrag leisten. Es bedarf sowohl verbindlicher Rahmenbedingungen durch die Politik als auch verantwortungsvolles Handeln jedes Einzelnen.

Die EU-Bioökonomiestrategie[96] 2018 ist das politische Instrument der EU, das den Rahmen für die Erarbeitung der Bioökonomiestrategien der einzelnen Mitgliedstaaten vorgibt. Bis Ende 2025 soll die EU-Bioökonomiestrategie aktualisiert werden. In Österreich wurde im März 2019 die Nationale Bioökonomiestrategie[97] veröffentlicht und damit die Handlungsfelder politisch festgelegt. In weiterer Folge wurden acht Leuchttürme der Bioökonomie in Österreich (2021) identifiziert, die als gute Beispiele für die Umsetzung der Bioökonomiestrategie gelten. Der im Herbst 2022 erstellte Aktionsplan Bioökonomie[98] gliedert sich in 11 Themenfelder und definiert 112 konkrete Maßnahmen zur Umsetzung der Bioökonomiestrategie. Eine weitere wichtige Ergänzung stellt die im Dezember 2022 veröffentlichte nationale Kreislaufwirtschaftsstrategie dar.

94 Haber, H. et al (2020): A systematic review of the evidence on decoupling of GDP, resource use and GHG emissions, part II: synthesizing the insights, in: Environmental Research Letters, Vol. 15, Num. 6, unter: https://doi.org/10.1088/1748-9326/ab842a, abgerufen am 28.7.2025.

95 Zink, T./Geyer, R. (2018): Circular Economy Rebound, in: Journal of Industrial Ecology, unter: https://doi.org/10.1111/jiec.12545, abgerufen am 28.7.2025.

96 https://research-and-innovation.ec.europa.eu/research-area/environment/bioeconomy/bioeconomy-strategy_en.

97 https://www.bmimi.gv.at/themen/klima_umwelt/klimaschutz/biooekonomie/strategie.html.

98 https://www.bmimi.gv.at/themen/klima_umwelt/klimaschutz/biooekonomie/aktionsplan.html.

2.3. Das Schmetterlingsdiagramm als Entscheidungshilfe: Bioökonomie und Kreislaufwirtschaft gemeinsam denken

Sophia Kratz

2.3.1. Einleitung

Der verringerte Einsatz (primärer) Rohstoffe und die Reduktion von Abfall kommen nicht nur der Umwelt zu Gute. Sie eröffnen auch neue Chancen für (produzierende) Unternehmen. Die Kreislaufwirtschaft stellt ein wirksames Modell dar, um sowohl ökologischen als auch unternehmerischen Zielen näher zu kommen. Doch zur vollen Entfaltung ihres Potenzials kann das Konzept mit weiteren in Zusammenhang gestellt werden. Eines davon ist die Bioökonomie, da sie sich um den Umgang mit biobasierten Rohstoffen dreht.[99] Um beiden Konzepten und ihrer Verknüpfung näher zu kommen, wird im Folgenden aufgezeigt, welche Fragen für Unternehmen bei der Nutzung von Biomasse aufkommen können, wie Kreislaufwirtschaft und Bioökonomie im Zusammenhang stehen und was bei der Verwendung von Biomasse zu beachten ist. Dabei wird auch eine der bekanntesten Darstellungen der Kreislaufwirtschaft, nämlich das *Butterfly Diagram* der *Ellen MacArthur Foundation,* vorgestellt und diskutiert.[100]

2.3.2. Das Verhältnis zwischen Kreislaufwirtschaft und Bioökonomie

Die Nachfrage nach Biomasse wächst kontinuierlich.[101] Häufig wird angenommen, dass die Substitution erdölbasierter Materialien durch nachwachsende Rohstoffe automatisch zu einer umweltschonenderen Herstellung von Produkten führt. Doch dieser Ansatz greift zu kurz: Der Fokus liegt oftmals ausschließlich auf der bloßen Materialsubstitution, ohne den grundsätzlichen Nutzen oder die Notwendigkeit des Produkts zu hinterfragen.

Ein anschauliches Beispiel für diese Dynamik ist der Einsatz biobasierter[102] Plastiktüten. Sie sollen die Verwendung von erdölbasierten Plastiktüten ersetzen und so die ökologische Bilanz des Produkts verbessern. Doch das neue Material ändert nichts an dem grundsätzlichen Problem: Der Verbrauch von Plastiktüten ist insgesamt zu hoch, insbesondere da sie in der Regel nur einmal verwendet werden.

Diese Beobachtung lässt sich auch auf andere Sektoren übertragen: So ist zB in der Modeindustrie nicht nur der zunehmende Einsatz synthetischer Materialien wie Polyester problematisch, sondern auch das insgesamt hohe Produktionsvolumen von Kleidungsstücken. Doch nicht alle erdölbasierten Materialien lassen sich durch biobasierte Alternativen ersetzen. Gleichzeitig sind auch nachwachsende Rohstoffe nur begrenzt verfügbar.

99 Siehe Kap 2.2.

100 Skene/Oarga-Mulec, The Circular Economy: The Butterfly Diagram, Systems Theory and the Economic Pluriverse, Journal of Circular Economy 2024, 2/3.

101 European Environment Agency, Interview – What is the role of biomass in Europe's sustainability ambitions?, 15.12.2023, https://www.eea.europa.eu/en/newsroom/editorial/interview-what-is-the-role-of-biomass, abgerufen am 24.4.2025; Paul, Textilfasern aus Stroh, 7.11.2022, https://www.fnr.de/presse/pressemitteilungen/aktuelle-mitteilungen/aktuelle-nachricht/textilfasern-aus-stroh, abgerufen am 24.4.2025.

102 Es gibt unterschiedliche Materialien, die unter der Definition von „biobasiert“ fallen. An der Stelle sind allerdings die Facetten nichts essentiell, weshalb auf diese nicht näher eingegangen wird.

Mit ihren 10 R-Strategien[103] bietet die Kreislaufwirtschaft einen konzeptionellen Rahmen, um den Blick von der reinen Materialsubstitution auf grundsätzliche Fragen der Produktgestaltung zu lenken, etwa darauf, welche Produkte tatsächlich benötigt werden und welche sich neu denken oder vermeiden lassen. Die Strategien, Produkte möglichst ressourcenschonend und umweltverträglich zu designen, zu produzieren und zu nutzen und andererseits Abfall so weit wie möglich zu reduzieren, lassen sich auch auf den Einsatz biobasierter Materialien anwenden. Langlebigkeit, Wiederverwendbarkeit, Reparatur und Rezyklierbarkeit sollten daher auch bei der Nutzung von Biomasse zentrale Kriterien sein. Für eine Rückführung der Materialien muss außerdem die biologische Abbaubarkeit nicht nur theoretisch gegeben sein, sondern auch in der Praxis ermöglicht werden. Voraussetzung dafür ist ein Abfallmanagementsystem, das biobasierte Produkte so integriert, dass deren Recycling und Kompostierung realisierbar ist.[104]

Eine zentrale Strategie der Kreislaufwirtschaft besteht zudem darin, den Bedarf an Produkten insgesamt zu reduzieren – diese in manchen Fällen vielleicht sogar überflüssig zu machen.[105] Eine konsequente Umsetzung dieses Grundsatzes kann dazu beitragen, den Druck auf landwirtschaftliche Flächen zu reduzieren, da weniger Biomasse gebraucht wird. Angesichts der steigenden Nachfrage nach nachwachsenden Rohstoffen ist eine differenzierte Betrachtung besonders relevant. Derzeit fließt mehr als die Hälfte der eingesetzten landwirtschaftlichen Biomasse in die Tierhaltung und -zucht. Geringere Anteile entfallen auf die Erzeugung pflanzenbasierter Lebensmittel und noch kleinere Mengen auf Biodiesel, Fasern und andere biobasierte Materialien. Holzbasierte Biomasse wird vor allem im Bausektor, für Möbel, Papier und Verpackungen sowie die Energieerzeugung verwendet.[106]

Die steigende Nachfrage nach Biomasse – insbesondere für die industrielle Produktion und den Gebäudesektor – erhöht den Druck auf landwirtschaftliche Flächen und verschärft die Konkurrenz zwischen den verschiedenen Nutzungsformen und den Wettbewerb zwischen den einzelnen Sektoren. Auch können Nutzungskonflikte entstehen, etwa durch Landnahme („Landraub") oder die ungleiche Verteilung von Wasserressourcen. Die fortschreitende Entwaldung für die Schaffung landwirtschaftlicher Nutzflächen führt außerdem zu einem vermehrten Ausstoß von Treibhausgasen und damit zu einer weiteren Belastung des Klimas.[107] All diese Herausforderungen werden einmal mehr dadurch verschärft, dass die in der Europäischen Union zur Verfügung stehende Biomasse den prognostizierten Bedarf nicht abdecken kann.[108]

---

103 Siehe Kap 2.5.

104 Stegmann/Londo/Junginger, The circular bioeconomy: Its elements and role in European bioeconomy clusters, Resources, Conservation & Recycling: X, 2020, 6.

105 Siehe Kap 2.5.

106 European Environment Agency, Interview – What is the role of biomass in Europe's sustainability ambitions?, 15.12.2023, https://www.eea.europa.eu/en/newsroom/editorial/interview-what-is-the-role-of-biomass, abgerufen am 24.4.2025.

107 Tan/Lamers, Circular Bioeconomy Concepts – A Perspective, frontiers in Sustainability 2021, 2.

108 European Environment Agency, Interview – What is the role of biomass in Europe's sustainability ambitions?, 15.12.2023, https://www.eea.europa.eu/en/newsroom/editorial/interview-what-is-the-role-of-biomass, abgerufen am 24.4.2025.

Die Nutzung von Biomasse ist folglich weder frei von Zielkonflikten, noch sind biobasierte Produkte notwendigerweise zirkulär gestaltet – selbst wenn ihre Ausgangsstoffe aus nachwachsenden Ressourcen stammen. Darüber hinaus ist die Bioökonomie derzeit noch vielfach auf Energie, Betriebsmittel und Vorleistungen aus dem fossilen Sektor angewiesen, wie zB auf Düngemittel aus der Erdöl- und Erdgasindustrie. Dies macht eine vertiefte Auseinandersetzung mit der Verbindung und Abgrenzung von Bioökonomie und Kreislaufwirtschaft erforderlich.[109] Das sogenannte *Schmetterlingsdiagramm* der *Ellen MacArthur Foundation* gehört zu den bekanntesten Darstellungen der Kreislaufwirtschaft.[110] Es bildet zwei Kreisläufe ab – einen biologischen und einen technischen – und zeigt die Vielfalt an Möglichkeiten auf, wie Produkte und Materialien in Kreisläufen geführt werden können.

Dabei wird die Bioökonomie häufig mit dem biologischen Kreislauf auf der linken Seite des Diagramms assoziiert und bisweilen gleichgesetzt. Elemente wie die kaskadische Nutzung von Biomasse oder der Einsatz von Bioraffinerien finden sich sowohl im Konzept der Bioökonomie als auch im biologischen Teil des Schmetterlingsdiagramms wieder.[111] Der technische Kreislauf auf der rechten Seite adressiert hingegen langlebige Materialien und Produkte, die nicht biologisch abbaubar sind. Er steht exemplarisch für zentrale Strategien der Kreislaufwirtschaft. Auf diese Weise bildet die Grafik einen der Ausgangspunkte zur Visualisierung von Bioökonomie und Kreislaufwirtschaft und der Diskussion um die beiden Konzepte.

Aufgrund der Betrachtungsweise kann der Schluss gezogen werden, dass die Bioökonomie Teil der Kreislaufwirtschaft ist und damit jede Bioökonomie zirkulär ist. Dem ist allerdings zu widersprechen: „*There is no disagreement that bio-based products are considered renewable and potentially offer reduced environmental impacts compared to their petroleum-derived counterparts (Adom et al, 2014).*"[112] Nicht jede Bioökonomie ist automatisch zirkulär und der Einsatz von Biomasse ist kein Garant dafür, dass Materialien bewusst eingesetzt werden und mit Ressourcen schonend umgegangen wird. Der Werterhalt biobasierter Produkte kann zudem herausfordernder sein als bei langlebigen technischen Materialien wie etwa Metallen.[113]

Das Schmetterlingsdiagramm stellt somit einen wichtigen Zugang zur konzeptionellen Verknüpfung von Bioökonomie und Kreislaufwirtschaft dar. Es rückt jedoch eindeutig die Kreislaufwirtschaft in den Mittelpunkt, was bereits im Titel „*The butterfly diagram: visualising the circular economy*" unterstrichen wird.[114] Im Folgenden werden die Elemente des Modells und deren Abläufe beschrieben und es wird demonstriert, wie das

109 Ebd.
110 Skene/Oarga-Mulec, The Circular Economy: The Butterfly Diagram, Systems Theory and the Economic Pluriverse, Journal of Circular Economy 2024, 2/3.
111 Sakellaris/Zimniewska/Värnik, Bioeast Foresight Exercise Sustainable Bioeconomies towards 2050, Technical Report 2021; Tan/Lamers, Circular Bioeconomy Concepts – A Perspective, frontiers in Sustainability 2021, 2.
112 Tan/Lamers, Circular Bioeconomy Concepts – A Perspective, frontiers in Sustainability 2021, 2.
113 Sakellaris/Zimniewska/Värnik, Bioeast Foresight Exercise Sustainable Bioeconomies towards 2050, Technical Report 2021.
114 Tan/Lamers, Circular Bioeconomy Concepts – A Perspective, frontiers in Sustainability 2021, 2.

Schmetterlingsdiagramm als Entscheidungsgrundlage dienen kann – etwa indem es systematisch visualisiert, an welchen Stellen im Lebenszyklus eines Produkts ökologisch und ökonomisch sinnvoll eingegriffen werden kann, um Materialkreisläufe zu schließen und Ressourcen effizienter zu nutzen. Anschließend folgt eine kritische Auseinandersetzung mit den Stärken und Schwächen des Modells hinsichtlich seiner praktischen Anwendbarkeit.

2.3.3. Das Butterfly Diagram – eine Beschreibung

Das Schmetterlingsdiagramm wurde von der Ellen MacArthur Foundation entwickelt, um das Konzept der Kreislaufwirtschaft zu visualisieren und so verständlich zu machen. Es basiert auf dem *Cradle to Cradle Modell (C2C)* nach *Braungart* und *McDonough*, das die Biosphäre und die Technosphäre getrennt betrachtet.[115] Das Diagramm stellt den kontinuierlichen Materialfluss im Sinne der Kreislaufwirtschaft dar. Wie ein Schmetterling besitzt es zwei Hälften, die voneinander getrennt sind: den biologischen Kreislauf (links) und den technischen Kreislauf (rechts).[116] Auch wenn diese strikte Trennung in der Praxis nicht haltbar ist, macht sie einen wichtigen Aspekt deutlich: Die materielle Komplexität vieler Produkte erschwert oder verhindert häufig deren Reparatur, Wiederverwendung und am Lebensende das Recycling, um so möglichst viele Materialien kostengünstig und umweltschonend zurückzugewinnen. Die Trennung beider Kreisläufe verdeutlicht zudem, dass Produkte von geringerer Materialkomplexität und deren Materialien und Bestandteile sich leicht voneinander trennen lassen, da sie zB verschraubt und nicht verklebt sind, die Kreislaufführung erleichtern. Trotz der separaten Darstellung beschreibt auch die Ellen MacArthur Foundation den Übergang von Materialien des technischen Kreislaufes in den biologischen Kreislauf. Biologisch abbaubare Materialien, die sich im technischen Kreislauf befinden – etwa Baumwolle oder Holz –, können letztlich in den biologischen Kreislauf übergehen, sobald sie so weit zersetzt sind, dass sie nicht mehr für die Herstellung neuer Produkte verwendet werden können.[117]

115 Michael Braungart, Cradle to Cradle, 2022, https://michaelbraungart.com/cradle-to-cradle/, abgerufen am 1.2.2025. Siehe auch Kap 2.9.

116 Ellen MacArthur Foundation, The butterfly diagram: visualising the circular eocnomy, 12.2.2021, https://www.ellenmacarthurfoundation.org/circular-economy-diagram, abgerufen am 1.2.2025.

117 Ellen MacArthur Foundation, The biological cycle of the butterfly diagram, 23.5.2022, https://www.ellenmacarthurfoundation.org/circular-economy-diagram, abgerufen am 2.2.2025.

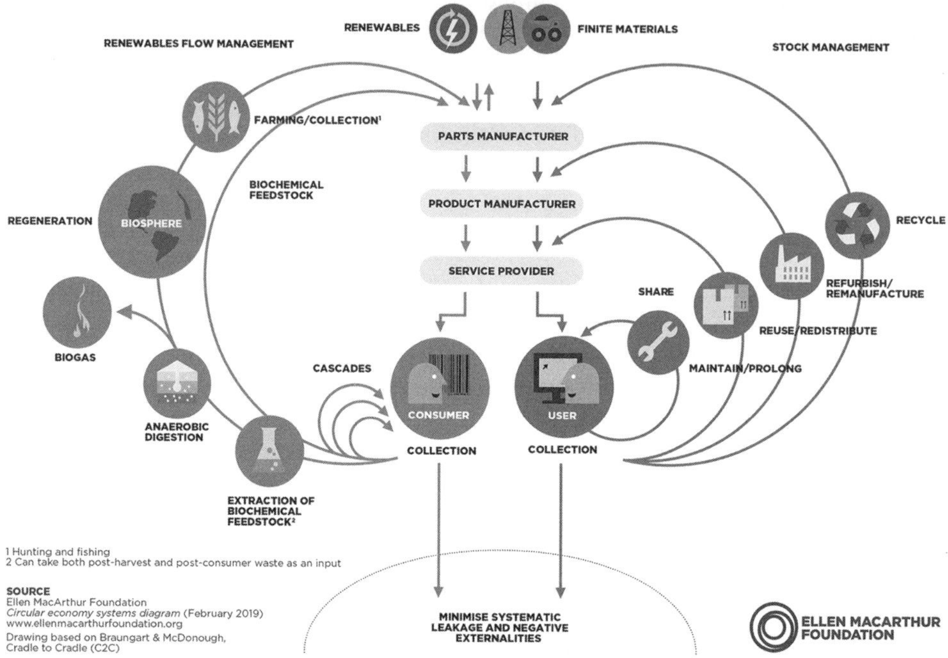

Abb 8: The butterfly diagram: visualising the circular economy [Quelle: Ellen MacArthur Foundation, Circular economy systems diagram, Februar 2019, https://www.ellenmacarthurfoundation.org/circular-economy-diagram, abgerufen am 2.2.2025]

Im Zentrum des Modells, also des Schmetterlings, befinden sich die Prozessschritte der derzeit vorherrschenden linearen Wirtschaftsweise.[118] Energie – in der Idealvorstellung der *Ellen MacArthur Foundation* regenerative Energie – und extrahierte Ressourcen werden in das System eingespeist. Aus diesen werden Produktkomponenten und schließlich Produkte hergestellt, die über Dienstleister:innen an Konsument:innen der Erzeugnisse des biologischen Kreislaufes bzw Nutzer:innen der Erzeugnisse des technischen Kreislaufes verteilt werden. Auf beiden Seiten ist zudem die Sammlung vorgesehen – ein notwendiger Schritt, um Materialien und Komponenten in die jeweiligen Kreisläufe zurückzuführen.

Die Differenzierung von Konsument:innen bezüglich des biologischen Kreislaufes und Nutzer:innen des technischen Kreislaufes verweist auf ein weiteres zentrales Merkmal des Diagramms: Das ideale Modell der Kreislaufwirtschaft sieht vor, Produkte des technischen Kreislaufs – beispielsweise Bohrmaschinen oder Autos – nicht ausschließlich durch Verkauf, sondern vermehrt über alternative Nutzungsformen wie Verleih- oder Leasingmodelle bereitzustellen. Dies eröffnet einerseits neue Geschäftsmöglichkeiten und -modelle oder die Chance, bereits vorhandene Geschäftsmodelle weiterzuentwickeln und zu skalieren. Andererseits entstehen daraus auch spezifische Anforderungen an die Produkte, insbesondere hinsichtlich Langlebigkeit, Reparierbarkeit und der

118 Kottaridou/Bofylatos, Design out waste methodology for circular economy, Responsive Cities, 2019.

Möglichkeit, Produkte oder ihre Komponenten technisch aktuell zu halten. Darüber hinaus sind aber auch rechtliche und versicherungstechnische Fragestellungen zu klären, die in Zukunft stärker berücksichtigt und gelöst werden müssen.

2.3.3.1. Der biologische Kreislauf

Der biologische Kreislauf beschreibt die Zirkulation biologisch abbaubarer Materialien, Nährstoffe und jener Stoffe, die unbedenklich für die Umwelt sind.[119] In diesem offenen System werden Nährstoffe wieder an den Boden zurückgegeben und tragen zur Regeneration der Natur bei.[120] Gemäß dem Modell der *Ellen MacArthur Foundation* zirkulieren im biologischen Kreislauf vor allem Konsumgüter, insbesondere Lebensmittel. Darüber hinaus umfasst der biologische Kreislauf auch alle anderen biologisch abbaubaren Materialien, wie zB Holz oder Baumwolle, wenn diese nicht mehr weiter im technischen Kreislauf zirkuliert werden können.

Den Mittelpunkt des biologischen Kreislaufes bildet die Regeneration der Biosphäre: Diese wird auf der äußersten Kreisschleife des Schmetterlingsdiagramms visualisiert. Regeneration bezeichnet hierbei die landwirtschaftliche Anwendung von Praktiken, die Biodiversität steigern und Böden wiederherstellen. Auf diese Weise wird im Sinne des Modells der negative Einfluss des Menschen auf die Umwelt nicht nur reduziert, sondern diese sogar aktiv verbessert. Nachwachsende Rohstoffe wie zB aus der Landwirtschaft, Forstwirtschaft und Fischerei werden gemäß dem *Schmetterlingsdiagramm* also so gewonnen, dass sie sich auch positiv auf die Natur auswirken. In der Logik des Modells können außerdem verschiedene Formen der Flächenbewirtschaftung genutzt werden, wie zB Agrarökologie oder konservierende Bodenbearbeitung.

Biogene Reststoffe, wie Lebensmittelabfälle und Nebenprodukte, biologisch abbaubares Material und anderer organischer Abfall werden durch Kompostierung sowie anaerobe Vergärung zersetzt und wieder dem biologischen Kreislauf zugeführt. Biogas kann im Zuge dieser Prozesse als Nebenprodukt anfallen und als Energiequelle genutzt werden. Auf der äußeren Schleife des biologischen Kreislaufes spielt außerdem der Einsatz von Bioraffinerien eine Rolle. Hier werden chemische und andere Produkte aus biologischen Materialien (*post-consumer* und *post-harvest*) hergestellt.

Doch der biologische Kreislauf besteht nicht nur aus einem großen Fluss mit mehreren Abzweigungen, sondern auch einer inneren Schleife, den biochemischen Rohstoffen. Von dieser gehen weitere kleinere Kreisläufe ab, welche sogenannte Kaskaden symbolisieren, die eine zentrale Rolle in der Bioökonomie spielen.[121] In diese kaskadische Nutzung können Produkte oder Materialien Eingang finden, die bereits an anderer Stelle eingesetzt wurden oder Nebenprodukte sind. Ein Beispiel sind Nebenprodukte der Lebensmittelindustrie, die für die Herstellung von Textilien verwendet werden. Dieser Prozess

119 Ellen MacArthur Foundation, The biological cycle of the butterfly diagram, 23.5.2022, https://www.ellenmacarthurfoundation.org/circular-economy-diagram, abgerufen am 2.2.2025.

120 Skene/Oarga-Mulec, The Circular Economy: The Butterfly Diagram, Systems Theory and the Economic Pluriverse, Journal of Circular Economy 2024, 2/3.

121 Siehe Kapitel 1.6.

endet dann, wenn der Material- oder Produktnutzen ausgeschöpft wurde und ihre Nährstoffe über die äußeren Schleifen wieder Eingang in den Boden finden.[122] Ein weiteres Beispiel der kaskadischen Nutzung findet sich bei der Verwendung von Holz.[123]

Der biologische Kreislauf hebt hervor, wie viel Potenzial in der zirkulären Verwendung von Biomasse liegt und wie diese ganz unterschiedliche Zwecke erfüllen kann – von der Nahrungsmittelproduktion bis hin zur Energiegewinnung. Dies wirft zugleich die grundsätzliche Frage auf, wie begrenzte Biomasse-Ressourcen verwendet werden sollen. Neben der notwendigen Versorgungssicherheit mit Lebensmitteln sollte in dem Zusammenhang eine gesellschaftliche Auseinandersetzung darüber stattfinden, wofür Biomasse und damit die Flächen, auf welchen sie wächst, eingesetzt wird: Soll Biomasse primär für langlebige Materialien beispielsweise im Bausektor bereitgestellt werden oder für die Herstellung kurzlebiger biobasierter Kunststoffprodukte, die nur einmal verwendet werden?

2.3.3.2. Der technische Kreislauf

Der technische Kreislauf auf der rechten Seite des Diagramms wird als geschlossenes System dargestellt.[124] Er beschreibt die Zirkulation langlebiger, nicht-biologisch abbaubarer Materialien wie Metalle, Kunststoffe oder synthetische Werkstoffe. Ziel dieses Kreislaufs ist es, den funktionalen und materiellen Wert technischer Produkte so lange wie möglich zu erhalten und gleichzeitig die Entstehung von Abfall zu vermeiden. Vier kreisförmige, von innen nach außen größer werdende Schleifen dominieren diesen Teil der Darstellung. Mit dieser Anordnung verdeutlicht die *Ellen MacArthur Foundation*[125], dass die innersten Schleifen im Sinne der Kreislaufwirtschaft den größten Wert des Ausgangsproduktes beibehalten. Je weiter man hingegen nach außen wandert, desto mehr reduziert sich der ursprüngliche Wert des Ausgangsproduktes. Der Logik des Diagramms folgend, sollten Produkte also möglichst lange in den inneren Kreisläufen verbleiben – etwa durch gemeinschaftliche Nutzung (Sharing), geeignete Pflege, Wiederverwendung oder Weiterverteilung.[126] Erst nach Ausschöpfung dieser Optionen folgen in den äußeren Schleifen Maßnahmen wie Reparatur, das Verbessern von Produkten, Wiederaufbereitung von Produkten und Produktkomponenten und das Recycling. Die Darstellung macht deutlich, dass das größte wirtschaftliche und ökologische Potenzial in den inneren Kreisläufen liegt – sowohl im Hinblick auf Materialerhalt als auch auf die Entwicklung zirkulärer Geschäftsmodelle. Sie kann als Orientierungshilfe für die Etablierung oder Verstärkung zirkulärer Aktivitäten dienen.

---

122 Ellen MacArthur Foundation, The biological cycle of the butterfly diagram, 23.5.2022, https://www.ellenmacarthurfoundation.org/circular-economy-diagram, abgerufen am 2.2.2025.

123 Themenportal Holz, Videoserie Kaskadennutzung von Holz, 2025, https://holz.fnr.de/kreislaufwirtschaft/holz-in-der-kreislaufwirtschaft/videoserie, abgerufen am 2.2.2025.

124 Skene/Oarga-Mulec, The Circular Economy: The Butterfly Diagram, Systems Theory and the Economic Pluriverse, Journal of Circular Economy 2024, 2/3.

125 Ellen MacArthur Foundation, The technical cycle of the butterfly diagram, 23.5.2022, https://www.ellenmacarthurfoundation.org/articles/the-technical-cycle-of-the-butterfly-diagram, abgerufen am 1.2.2025.

126 Im Englischen wird es als „redistribution“ bezeichnet, was zwar auch mit „Umverteilung“ übersetzt werden kann, aber in dem Kontext kein angemessener Begriff ist, weshalb sich die Autorin für „Weiterverteilung“ entschieden hat.

Außerdem verdeutlicht das Diagramm, dass Recycling, welches häufig mit dem Konzept der Kreislaufwirtschaft gleichgesetzt wird, lediglich eine Maßnahme dieser unter vielen ist und zudem zu den letzten innerhalb des technischen Kreislaufs gehört. Das Diagramm kann daher nicht nur als Ausgangspunkt dienen, um sich der Kreislaufwirtschaft zu nähern, sondern auch als Impuls, die Aufmerksamkeit auf vorgelagerte Strategien zu richten, die einen höheren Beitrag zur Ressourceneffizienz und Wertschöpfung leisten.

In der praktischen Umsetzung ist zu berücksichtigen, dass nicht jede Strategie auf jedes Produkt anwendbar ist. So lassen sich beispielsweise Elektrogeräte gut teilen, Möbel hingegen nur eingeschränkt. Kleidungsstücke und Schuhe können vergleichsweise einfach gepflegt, wiederverwendet oder repariert und damit erhalten werden, wohingegen bei elektronischen Geräten Reparaturen komplexer und häufig mit höheren Kosten oder technischen Hürden verbunden sind.

Damit die Schleifen des technischen Kreislaufs tatsächlich wirksam genutzt werden können, ist ein entsprechendes Produktdesign entscheidend. Produkte sollten so konzipiert sein, dass sie modular aufgebaut, leicht zerlegbar und reparaturfreundlich sind.[127] Diese Anforderungen betreffen nicht nur die Gestaltung im engeren Sinne, sondern werfen auch grundlegende Fragen nach den zugrunde liegenden Geschäftsmodellen und der Positionierung von Unternehmen innerhalb einer zirkulären Wertschöpfung auf. Auch hier zeigt das Diagramm auf, welche Schritte für die angestrebte Zirkularität zielführend sind und wie operative sowie strategische Entscheidungen daran auszurichten sind.

2.3.4. Schwächen der Darstellung

Das *Schmetterlingsdiagramm* der *Ellen MacArthur Foundation* stellt eine Idealvorstellung einer Kreislaufwirtschaft dar. In der Realität ist eine vollständig geschlossene Kreislaufwirtschaft jedoch nicht realisierbar. Gründe hierfür liegen in entropischen Prozessen und Dissipationsverlusten, also systemimmanenten Stoff- und Energieverlusten, die etwa durch Abnutzung, Zerstreuung oder irreversible Umwandlungsprozesse entstehen.[128]

Das Diagramm thematisiert diese Verluste nur am Rande. Erst im unteren Bereich findet sich ein Hinweis darauf, dass trotz aller Bemühungen systemische Verluste und negative Externalitäten lediglich minimiert, nicht aber vollständig vermieden werden können. Die Frage, was mit nicht mehr wiederverwendbaren Materialien geschieht, bleibt weitgehend unbeantwortet – ebenso wie die damit verbundene Problematik der Abfallbehandlung und Entsorgung.

Zudem suggeriert das Diagramm durch die klare Trennung in biologische und technische Kreisläufe eine Vereinfachung, die den komplexen Materialrealitäten industrieller Produkte nur bedingt gerecht wird. Die überwiegende Mehrzahl heutiger Erzeugnisse besteht aus einer Vielzahl unterschiedlichster Materialien – teilweise biobasiert, teilweise technischer Natur –, die sich im Kreislaufsystem nicht ohne Weiteres trennen

127 Ebd.

128 Korduan, Kreislaufwirtschaft hat Grenzen: Eine drastische Reduktion des Ressourcenverbrauchs ist nötig, um innerhalb der Erdsystemgrenzen zu wirtschaften., Forschungsjournal Soziale Bewegungen 2024, 36/4.

oder eindeutig zuordnen lassen. Diese verkürzte Darstellungsweise wird von der Ellen MacArthur Foundation nur am Rande erwähnt.[129]

Auch die im biologischen Kreislauf angestrebten Nährstoffkreisläufe sind nur begrenzt realistisch. Die Vorstellung, dass biologisch abbaubare Stoffe ohne negative Auswirkungen in die natürlichen Kreisläufe zurückgeführt werden können, ist kritisch zu hinterfragen: „*This expectation of the earth system acting as a sink for recycled biological materials without any impact is problematic.*"[130] Nährstoffe in den einzelnen Sphären unterstehen einem Gleichgewicht, das so schlimmstenfalls gestört werden kann. Zu viele Nährstoffe am falschen Ort haben Effekte wie schädliche Algenblüten und Fischsterben. Hinzu kommt, dass biologische Nährstoffe aufgrund von weit verzweigten Wertschöpfungsketten nicht dort wieder Eingang finden, wo sie extrahiert wurden.

Zusammenfassend bietet das Schmetterlingsdiagramm also eine hilfreiche Visualisierung, um zentrale Prinzipien der Kreislaufwirtschaft zu vermitteln, die Prozesse einer Kreislaufwirtschaft besser zu verstehen und Anhaltspunkte für unternehmerisches Handeln für die Stärkung einer Kreislaufwirtschaft zu liefern. Allerdings kann es sich dabei nur um eine Idealvorstellung handeln, welche die systemische Komplexität, Materialvielfalt sowie unbeabsichtigte Folgen wie Rebound-Effekte nicht abbildet. Für eine erfolgreiche Implementierung zirkulärer Prozesse in Unternehmen sind daher weiterführende Analysen, differenzierte Strategien und ein ganzheitliches Verständnis der Stoffströme notwendig.

2.3.5. Fazit

Auch wenn es keine einheitliche Auffassung über das Verhältnis von Bioökonomie und Kreislaufwirtschaft gibt, macht das Schmetterlingsdiagramm der Ellen MacArthur Foundation einen zentralen Zusammenhang deutlich: Kreislaufwirtschaft und Bioökonomie müssen einander bedingen, damit nachwachsende Ressourcen tatsächlich zirkulär behandelt werden und nicht lediglich als Ersatz fossiler Ressourcen dienen. Umgekehrt unterstreicht die Bioökonomie die Bedeutung nachwachsender Rohstoffe und eröffnet einen Weg, von der übermäßigen Nutzung fossiler Rohstoffe abzukommen. Die Kreislaufwirtschaft ist auf den Einsatz nachwachsender Rohstoffe zur Produktentwicklung über den Nahrungsmittel- und Energiesektor hinaus angewiesen. Auch wenn die scharfe Trennung des biologischen und technischen Kreislaufes nur als vereinfachte Darstellung komplexer Prozesse verstanden werden kann, bietet das *Schmetterlingsdiagramm* einen hilfreichen Ausgangspunkt für die Diskussion beider Konzepte und stellt die wesentlichen Aspekte der Kreislaufwirtschaft und der Bioökonomie dar. Für Unternehmen liefert das Diagramm zudem einen hilfreichen Ausgangspunkt, um Materialwahl, Produktionsprozesse und das eigene Geschäftsmodell zu hinterfragen sowie Schritte zur Maximierung der Materialnutzung und des Erhalts im Sinne der Kreislaufwirtschaft zu implementieren. Zudem hat sich gezeigt, dass die Herausforderung darin besteht, biogene Ressourcen so zu nutzen, dass sie tatsächlich in nachhaltige Kreisläufe

129 Skene/Oarga-Mulec, The Circular Economy: The Butterfly Diagram, Systems Theory and the Economic Pluriverse, Journal of Circular Economy 2024, 2/3.

130 Ebd.

eingebunden werden, anstatt lediglich fossile Ressourcen durch biogene zu ersetzen. Eine ganzheitliche Kreislaufwirtschaft muss also sowohl technische als auch biologische Kreisläufe so optimieren, dass Materialflüsse primärer Ressourcen reduziert und Ökosysteme nicht überlastet werden.

2.4. Narrow, Slow, Close & Regenerate: Die vier Prinzipien der Kreislaufwirtschaft

Stefanie Eisl/Andreas Van-Hametner

2.4.1. Von der inkrementellen Verbesserung zur nachhaltigen Transformation

Die zunehmende Abhängigkeit von Rohstoffimporten, steigende Materialkosten und unsichere Lieferketten stellen Unternehmen vor erhebliche Herausforderungen. Diese Faktoren verstärken die Notwendigkeit einer effizienteren Ressourcennutzung, die sowohl Kosten reduziert als auch langfristige Planungssicherheit gewährleistet. Viele Unternehmen beginnen initial mit der Umsetzung einfacher und kostengünstiger Maßnahmen, die unmittelbar Einsparungen versprechen. Obwohl solche inkrementellen Verbesserungen von Bedeutung sind, reicht ihr Beitrag allein nicht aus, um langfristig eine signifikante Reduktion des ökologischen Fußabdrucks zu erzielen.[131]

Vor diesem Hintergrund wird der politische und gesellschaftliche Druck auf Unternehmen zunehmend verstärkt, substanzielle Maßnahmen zu ergreifen. Die Bewältigung dieser Herausforderungen erfordert jedoch nicht nur punktuelle Anpassungen, sondern eine systematische Neuausrichtung der Unternehmensführung hin zu zirkulären Geschäftsmodellen, die ökologische, soziale und wirtschaftliche Aspekte ganzheitlich integrieren.

Eine vielversprechende Grundlage für diese Transformation bieten die vier zirkulären Design- und Geschäftsmodellprinzipien von Bocken et al: *Narrow*, *Slow*, *Close* und *Regenerate*.[132] Diese Prinzipien ermöglichen nicht nur langfristige Einsparungen und Effizienzsteigerungen, sondern eröffnen gleichzeitig neue Innovationsfelder, erschließen potenzielle Märkte und tragen zur Reduktion von Emissionen bei.[133] Hierbei sei zu erwähnen, dass im nachfolgenden Beitrag, anders als allgemein vorherrschend, nicht von Design- und Geschäftsmodellstrategien, sondern von Prinzipien gesprochen wird. Die Verwendung des Begriffs „Prinzipien" dient nicht nur der Abgrenzung zu den R-Strategien, sondern betont zudem die Funktion von Narrow, Slow, Close und Regenerate als übergeordnete Leitlinien (=Prinzipien) und nicht als spezifische Maßnahme (= Strategie).

131 Vgl Bocken, N. M. P., & Geradts, T. H. J. (2022). Designing Your Circular Business Model. Stanford Social Innovation Review, 20(2), 34–39. https://doi.org/10.48558/3NZN-SZ76.

132 Vgl Bocken, N. M. P., & Geradts, T. H. J. (2022). Designing Your Circular Business Model. Stanford Social Innovation Review, 20(2), 34–39. https://doi.org/10.48558/3NZN-SZ76.

133 Vgl Bocken, N. M. P., & Geradts, T. H. J. (2022). Designing Your Circular Business Model. Stanford Social Innovation Review, 20(2), 34–39. https://doi.org/10.48558/3NZN-SZ76.

2.4.2. Die historische Entwicklung der zirkulären Prinzipien

Blickt man zurück auf die Entstehungsgeschichte dieser zirkulären Prinzipien, war die Aufteilung in ihre vier Bestandteile längst nicht eindeutig. Aufbauend auf Stahel[134], McDonough und Braungart[135] und Braungart et al[136] werden in der Ausgangspublikation von Bocken et al aus dem Jahre 2016 initial drei Prinzipien vorgestellt: Slow, Close und Narrow. Die Verlangsamung des Ressourcenkreislaufes (*Slow*) zielt darauf ab, die Nutzungsdauer von Produkten, beispielsweise durch die Gestaltung von langlebigen Gütern, zu verlängern und/oder zu intensivieren. Um einen zirkulären Fluss von Ressourcen zu ermöglichen und damit den Ressourcenkreislauf zu schließen (*Close*), bedarf es einer Wiederverwendung der Materialien, wie es beispielsweise durch das Recycling realisiert werden kann. Laut Bocken et al[137] unterscheiden sich diese beiden Ansätze grundlegend vom dritten, der zu einer Verringerung der Ressourcenströme führen soll. Das Prinzip *Narrow* hat zum Ziel, durch Steigerung der Ressourceneffizienz weniger Ressourcen pro Produkt zu verbrauchen. Obwohl das Endergebnis der Ansätze Slow und Narrow folglich äquivalent sein kann – beispielsweise eine Reduktion des Ressourcenflusses innerhalb des Produktionssystems –, ist der Weg dahin sehr unterschiedlich. Während die Verlangsamung die zeitliche Dimension aufgreift, nimmt der Narrow-Ansatz keinen direkten Einfluss auf die Geschwindigkeit des Produktflusses und der Ressourcenströme. Es wird versucht, die Ressourcenmenge in Verbindung mit dem Produkt und dem Produktionsprozess zu dezimieren und damit die Ressourceneffizienz zu steigern. Ressourceneffizienz zielt dabei nicht auf die zyklische Nutzung von Produkten und Materialien ab, sondern ist ein Ansatz zur Reduzierung des mit dem Produkt und dem Produktionsprozess verbundenen Ressourcenverbrauchs, der von Braungart et al[138] als ökoeffizienter Cradle-to-grave-Materialfluss beschrieben wird. Der lineare Charakter des Narrow-Prinzips birgt damit das Risiko, dass es zu einer Umkehr der positiven Umweltauswirkungen kommt, dem sogenannten Rebound Effekt. So könnte die verbesserte Ressourceneffizienz zu einer Beschleunigung des linearen Ressourcenflusses führen, indem beispielsweise durch die Verschlankung des Produktionsprozesses mehr Produkte produziert und damit verkauft werden.[139]

Zusätzlich zu diesen drei Prinzipien wurden im Jahr 2020 im Werk von Konietzko, Bocken und Hultik[140] zwei weitere abgeleitet, die in früheren Konzepten der Kreislaufwirt-

134 Vgl Stahel, W. (1994). The utilization-focused service economy: Resource efficiency and product-life extension. The greening of industrial ecosystems, 178–190.

135 Vgl McDonough, W., & Braungart, M. (2002). Cradle to Cradle: Remaking the Way We Make Things (1. Aufl.). Macmillan USA.

136 Vgl Braungart, M., Bondesen, P., Kälin, A., & Gabler, B. (Hrsg). (2008). Public goods for economic development. United Nations Industrial Development Organization.

137 Vgl Bocken, N. M. P., De Pauw, I., Bakker, C., & Van Der Grinten, B. (2016). Product design and business model strategies for a circular economy. Journal of Industrial and Production Engineering, 33(5), 308–320. https://doi.org/10.1080/21681015.2016.1172124.

138 Vgl Braungart, M., Bondesen, P., Kälin, A., & Gabler, B. (Hrsg). (2008). Public goods for economic development. United Nations Industrial Development Organization.

139 Vgl Bocken, N. M. P., De Pauw, I., Bakker, C., & Van Der Grinten, B. (2016). Product design and business model strategies for a circular economy. Journal of Industrial and Production Engineering, 33(5), 308–320. https://doi.org/10.1080/21681015.2016.1172124.

140 Vgl Konietzko, J., Bocken, N., & Hultink, E. J. (2020). A Tool to Analyze, Ideate and Develop Circular Innovation Ecosystems. Sustainability, 12(1), Article 1. https://doi.org/10.3390/su12010417.

schaft eingebettet sind, wie dem Cradle-to-Cradle-Prinzip von McDonough und Braungart[141]. *Regenerate* bezieht sich auf Geschäftstätigkeiten, die den Einsatz nicht-toxischer und erneuerbarer Materialien bzw erneuerbarer Energieträger fördern. Primär wird damit der „biologische Kreislauf" der Kreislaufwirtschaft zufolge des Butterfly-Diagramms adressiert. Das Prinzip enthält aber auch Elemente, die für den „technischen Kreislauf" relevant sind, insbesondere im Hinblick auf die Nutzung erneuerbarer Energien.[142] Darüber hinaus führen die Autoren *Inform*, das Informieren, als Unterstützungsprinzip für Unternehmen ein, welches sich auf die Nutzung der Informationstechnologie bezieht. Damit lassen sich die zirkulären Design- und Geschäftsmodellprinzipien in Schlüsselprinzipien – Narrow, Slow, Close, Regenerate –, die einen Einfluss auf Material- und Energieströme nehmen, und das Unterstützungsprinzip – Inform – unterteilen. Einen Überblick dazu gibt Abb 9. Da der Inform-Ansatz in der Literatur häufig separat behandelt wird und nicht in direktem Zusammenhang mit den Schlüsselprinzipien steht, wird er im vorliegenden Kontext nicht weiter diskutiert. Für detaillierte Informationen zu diesem Prinzip sei auf die Ausführungen von Konietzko et al verwiesen.[143]

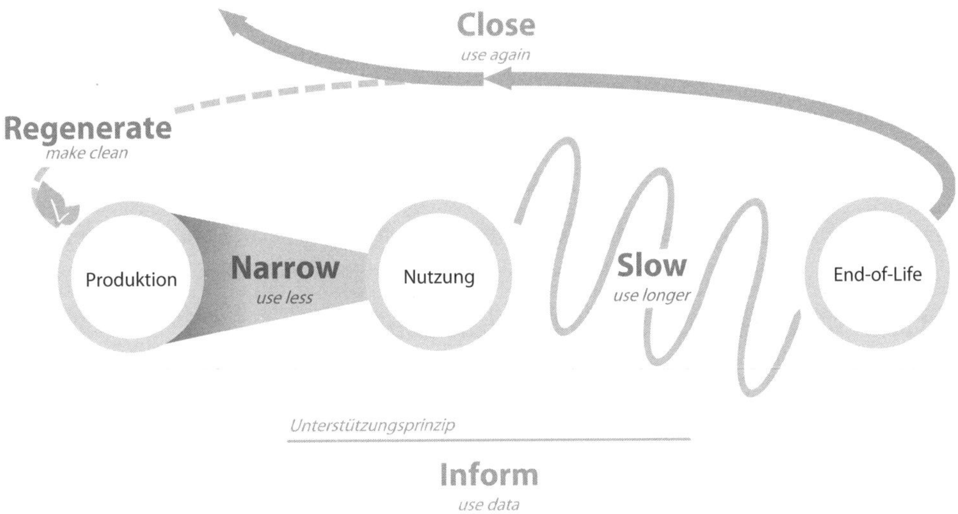

Abb 9: „Zirkuläre Design- & Geschäftsmodellprinzipien: Narrow, Slow, Close, Regenerate and Inform" [Quelle: Circle Economy (2024): The circular gap report 2024. A circular economy to live within the safe limits of the planet][144]

141 Vgl McDonough, W., & Braungart, M. (2002). Cradle to Cradle: Remaking the Way We Make Things (1. Aufl.). Macmillan USA.

142 Vgl Konietzko, J., Bocken, N., & Hultink, E. J. (2020). A Tool to Analyze, Ideate and Develop Circular Innovation Ecosystems. Sustainability, 12(1), Article 1. https://doi.org/10.3390/su12010417.

143 Vgl Konietzko, J., Bocken, N., & Hultink, E. J. (2020). A Tool to Analyze, Ideate and Develop Circular Innovation Ecosystems. Sustainability, 12(1), Article 1. https://doi.org/10.3390/su12010417.

144 Vgl Circle Economy (2024): The circular gap report 2024. A circular economy to live within the safe limits of the planet. Amsterdam; Konietzko, J., Bocken, N., & Hultink, E. J. (2020). A Tool to Analyze, Ideate and Develop Circular Innovation Ecosystems. Sustainability, 12(1), Article 1. https://doi.org/10.3390/su12010417.

2.4.3. Die vier Prinzipien im Detail

Um die praktische Relevanz und Anwendbarkeit der vier Schlüsselprinzipien angemessen zu bewerten, ist eine präzise Definition und detaillierte Beschreibung unerlässlich. Deshalb werden nachfolgend die vier Prinzipien definiert und mit Hilfe von Praxisbeispielen aus unterschiedlichen Blickwinkeln beleuchtet.

2.4.3.1. Narrow: Weniger ist mehr

Definition: Mit dem Prinzip *Narrow* (use less) wird eine Steigerung der Produktionseffizienz durch Reduktion des Ressourceneinsatzes angestrebt. Ziel ist es, weniger Produkte, Komponenten, Materialien und Energie während des Designs und der Produktion sowie der Lieferung, Nutzung und Rückgewinnung zu verwenden.[145]

Durch eine effizientere Nutzung von Ressourcen entlang des gesamten Produktlebenszyklus lassen sich mit Hilfe des Narrow-Prinzips nicht nur Kosten senken, sondern auch ökologische Vorteile realisieren. Ein gutes Beispiel hierfür bietet das Unternehmen HOMIE. Sie bieten Waschmaschinen über ein sogenanntes „Pay-per-Wash-"Geschäftsmodell an. Durch Nutzungsanalyse in Kombination mit kundenzentrierten Ratschlägen und Preisanreizen zur Waschtemperatur und der richtigen Waschmittelmenge kann der Ressourcenverbrauch optimiert werden. Der Narrow-Ansatz bringt dabei den Vorteil, dass er relativ einfach durch interne Forschungs- und Designpraktiken umgesetzt werden kann. Besonders hilfreich sind hier strukturierte Ansätze zur Identifikation von Verbesserungspotenzialen wie die Lebenszyklusanalyse (LCA).[146]

Warum lohnt sich das? Neben den finanziellen Einsparungen verbessert ein nachhaltiges Image die Markenattraktivität und spricht umweltbewusste Kunden gezielt an.

2.4.3.2. Slow: Länger nutzen statt öfter ersetzen

Definition: Mit dem Prinzip *Slow* (use longer) wird das Ziel verfolgt – beispielsweise durch ein geeignetes Produktdesign –, Produkte, Komponenten und Materialien so lang wie möglich zu nutzen.[147]

In einer Welt, in der Produkte oft nach kurzer Zeit ausgetauscht werden, setzt das Slow-Prinzip auf Langlebigkeit. Unternehmen, die Reparaturen, Upgrades oder Mietmodelle anbieten, können nicht nur Ressourcen schonen, sondern auch langfristige Kundenbindungen aufbauen. Neben dem einleitend angeführten Beispiel von HOMIE, das auf den „Product-as-a-Service-"Gedanken zurückgreift, sei zudem das Unternehmen Kaer zu nennen, welches nicht länger seine Klimaanlagen als Produkt anbietet, sondern die Dienstleistung „Kühle und frische Luft". Da das Unternehmen selbst Eigentümer des

145 Vgl Konietzko, J., Bocken, N., & Hultink, E. J. (2020). A Tool to Analyze, Ideate and Develop Circular Innovation Ecosystems. Sustainability, 12(1), Article 1. https://doi.org/10.3390/su12010417.

146 Vgl Konietzko, J., Bocken, N., & Hultink, E. J. (2020). A Tool to Analyze, Ideate and Develop Circular Innovation Ecosystems. Sustainability, 12(1), Article 1. https://doi.org/10.3390/su12010417; Bocken, N. M. P., & Geradts, T. H. J. (2022). Designing Your Circular Business Model. Stanford Social Innovation Review, 20(2), 34–39. https://doi.org/10.48558/3NZN-SZ76.

147 Vgl Konietzko, J., Bocken, N., & Hultink, E. J. (2020). A Tool to Analyze, Ideate and Develop Circular Innovation Ecosystems. Sustainability, 12(1), Article 1. https://doi.org/10.3390/su12010417.

Produktes bleibt, besteht ein intrinsischer Anreiz, dieses langlebig und wartungsfreundlich zu gestalten. Im Technologiebereich geht der Trend zu modularen Geräten, die sich einfach aufrüsten lassen, anstatt obsolet zu werden.[148]

Der Vorteil? Hochwertige, langlebige Produkte rechtfertigen höhere Preise und ermöglichen stetige Einnahmequellen durch Wartungs- oder Upgrade-Services.

2.4.3.3. Close: Aus alt mach neu

Definition: Mit dem Prinzip *Close* (use again) werden Unternehmensaktivitäten verbunden, die vermeintliche Post-Consumer-Abfälle nach Gebrauch in den Wirtschaftskreislauf zurückführen. Die Wiederverwendung von Materialien nach dem Verbrauch wird dabei oft als „Post-Consumer-Recycling“ bezeichnet.[149]

Warum sollte ein Produkt nach seiner Nutzung seinen Wert verlieren? Close setzt auf Strategien, die es ermöglichen, Materialien am Produktlebensende möglichst ohne Qualitätsverlust in den Kreislauf zurückzuführen. Statt Abfall zu erzeugen, entstehen wertvolle neue Rohstoffe. Dies wird häufig über Rücknahme- oder Verwertungsmodelle realisiert. Während sich Rücknahmemodelle auf den eigentlichen Rücknahmeprozess der Produkte fokussieren, konzentrieren sich Verwertungsmodelle auf die Rückgewinnung der verwendeten Materialien. Besonders bei Rücknahmemodellen ist die Schaffung attraktiver Anreizsysteme entscheidend. Ein Beispiel hierfür ist das Bekleidungsunternehmen Teemill, das die Rücksendung alter und abgenutzter Kleidungsstücke durch eine möglichst einfache Rücksendung mit Hilfe von QR-Codes auf dem Pflegeetikett fördert.[150]

Der Schlüssel zum Erfolg? Effiziente Rücknahme- und Verwertungsprozesse, die sowohl wirtschaftlich als auch ökologisch sinnvoll sind.

2.4.3.4. Regenerate: Die Natur als Vorbild

Definition: Mit dem Prinzip *Regenerate* (make clean) werden Unternehmensaktivitäten verbunden, die darauf abzielen, natürliche Ökosystemdienstleistungen zu bewahren und nachhaltig zu nutzen. Dies umfasst den Einsatz von erneuerbaren und ungiftigen Materialien sowie die Nutzung erneuerbarer Energien.[151]

Nachhaltigkeit geht über Vermeidung und Wiederverwendung hinaus, sie bedeutet auch, aktiv zur Regeneration natürlicher Systeme beizutragen. Unternehmen, die erneuerbare Materialien und Energien nutzen, schützen nicht nur die Umwelt, sondern sichern

148 Vgl Konietzko, J., Bocken, N., & Hultink, E. J. (2020). A Tool to Analyze, Ideate and Develop Circular Innovation Ecosystems. Sustainability, 12(1), Article 1. https://doi.org/10.3390/su12010417; Bocken, N. M. P., & Geradts, T. H. J. (2022). Designing Your Circular Business Model. Stanford Social Innovation Review, 20(2), 34–39. https://doi.org/10.48558/3NZN-SZ76.

149 Vgl Konietzko, J., Bocken, N., & Hultink, E. J. (2020). A Tool to Analyze, Ideate and Develop Circular Innovation Ecosystems. Sustainability, 12(1), Article 1. https://doi.org/10.3390/su12010417.

150 Vgl Konietzko, J., Bocken, N., & Hultink, E. J. (2020). A Tool to Analyze, Ideate and Develop Circular Innovation Ecosystems. Sustainability, 12(1), Article 1. https://doi.org/10.3390/su12010417; Bocken, N. M. P., & Geradts, T. H. J. (2022). Designing Your Circular Business Model. Stanford Social Innovation Review, 20(2), 34–39. https://doi.org/10.48558/3NZN-SZ76.

151 Vgl Konietzko, J., Bocken, N., & Hultink, E. J. (2020). A Tool to Analyze, Ideate and Develop Circular Innovation Ecosystems. Sustainability, 12(1), Article 1. https://doi.org/10.3390/su12010417.

auch ihre Zukunftsfähigkeit. Ein Beispiel hierfür ist der Zuckerhersteller British Sugar. Durch die enge Zusammenarbeit mit seinen Zulieferern konnte das Unternehmen eine zukunftsweisende Geschäftsidee entwickeln, bei der Tomatenanbau durch die Nutzung von latentem CO_2 aus Produktionsprozessen realisiert wird. Diese innovative Lösung hat es dem Unternehmen ermöglicht, in einer Branche, die unter sinkenden Subventionen leidet, neue Einnahmequellen zu erschließen und gleichzeitig seinen CO_2-Fußabdruck nachhaltig zu senken.[152]

Warum ist das wichtig? Wer in regenerative Prozesse investiert, profitiert von langfristiger Ressourcensicherheit und einer positiven Unternehmensreputation.

2.4.4. Schlussbetrachtung: Wie Unternehmen von den Prinzipien profitieren können

Der steigende Druck im Zuge der Nachhaltigkeitsdebatte stellt Unternehmen vor die Herausforderung, ihre Design- und Geschäftsmodellpraktiken zu überdenken. Die erfolgreiche Entwicklung und Umsetzung zirkulärer Geschäftsmodelle wirft jedoch noch einige Fragen auf. Ein vertieftes Verständnis über die vier vorgestellten Prinzipien – Narrow, Slow, Close, Regenerate – und ihre Auswirkungen kann Führungskräften jedoch als Orientierungshilfe dienen, um ihre traditionell linearen Design- und Geschäftsmodelle anzupassen und dadurch soziale, ökonomische und ökologische Vorteile zu generieren. Obwohl einige dieser Prinzipien einfacher umsetzbar sind als andere, erfordert die zirkuläre Transformation eine ganzheitliche Integration aller vier Ansätze. Diese systematische Neuausrichtung bietet das Potenzial, Kosten zu senken, höhere Gewinnmargen hervorzubringen und ein langfristiges, nachhaltiges Liefernetzwerk sicherzustellen – bei gleichzeitiger Reduktion der negativen Umweltauswirkungen. Wie die angeführten Beispiele zeigen, haben viele Unternehmen bereits begonnen, zirkuläre Geschäftsmodellprinzipien in ihre operativen Prozesse zu integrieren, um von den damit verbundenen Vorteilen zu profitieren. Auch wenn der Übergang zur Kreislaufwirtschaft nicht immer geradlinig verläuft, ist sicher, dass Unternehmen in Zukunft diesen Weg beschreiten müssen, um langfristig wettbewerbsfähig zu bleiben.

2.5. Die R-Strategien der Kreislaufwirtschaft: Ein Werkzeugkasten für zirkuläre Wertschöpfung

Andreas Van-Hametner/Stefanie Eisl

2.5.1. Einleitung: Relevanz der R-Strategien

Die Kreislaufwirtschaft basiert auf dem Prinzip, Ressourcen effizienter zu nutzen, sodass sie in geschlossenen Kreisläufen verbleiben und ihren Wert erhalten. Ziel ist es, Abfälle und Umweltverschmutzung zu minimieren, Produkte und Materialien länger im Gebrauch zu halten und natürliche Systeme wiederherzustellen. Sie stellt eine andere Art

152 Vgl Konietzko, J., Bocken, N., & Hultink, E. J. (2020). A Tool to Analyze, Ideate and Develop Circular Innovation Ecosystems. Sustainability, 12(1), Article 1. https://doi.org/10.3390/su12010417; Bocken, N. M. P., & Geradts, T. H. J. (2022). Designing Your Circular Business Model. Stanford Social Innovation Review, 20(2), 34–39. https://doi.org/10.48558/3NZN-SZ76.

des Wirtschaftens dar, bei der von Beginn an der Einsatz erneuerbarer Energien und nachhaltiger Materialien berücksichtigt wird, wie auch der Gebrauch und das Lebensende eines Produktes mitbedacht werden – sie ist damit weit mehr als Recycling und Abfallmanagement.[153]

Um die Kreislaufwirtschaft zu realisieren, müssen unterschiedliche Prinzipien und verschiedene Strategien eingesetzt werden. Zusammengefasst werden diese Strategien zirkulärer Wertschöpfung häufig als so genannte R-Strategien oder auch R-Leiter bezeichnet. Diese Strategien bieten eine systematische Struktur, um Wertschöpfungsketten zirkulärer zu gestalten und Stoffströme effizienter zu nutzen.[154]

Doch obwohl sie als eines der wesentlichen Modelle und damit Herzstück der Kreislaufwirtschaft gelten, sind sie bislang nicht einheitlich kodifiziert, sondern liegen in unterschiedlichen Evolutionsstufen vor. Dieser Beitrag stellt die R-Strategien und ihre Evolution vor analysiert die Parameter ihrer Hierarchie (Produktlebenszyklus und Zirkularitätslevel, Adressat, Innovationsgrad), stellt sie in den Kontext der Stoffströme und diskutiert ihre Relevanz und Anwendbarkeit.

2.5.2. Evolution der R-Strategien

Die Wurzeln der R-Strategien liegen mit dem einfachen 3R-Modell (Reduce, Reuse, Recycle; im Deutschen: Verringern, Wiederverwenden und Recyclen) in den Grundsätzen der Abfallwirtschaft der 1970er- bis 1990er-Jahre. Der Fokus lag dabei auf der Vermeidung von Abfällen und End-of-pipe-Lösungen.[155] Das 3R-Modell priorisiert die Vermeidung von Abfällen vor ihrer Wiederverwendung und dem Recycling.[156] Zu Beginn der 1990er-Jahre wurde die Diskussion über Strategien zur Verringerung des Ressourcenverbrauchs deutlich breiter und verband Input- und Outputfragen gleichermaßen mit Strategien der Ökoeffizienz. Allmählich wurde somit auch das 3R-Modell verbreitert und teilweise auf 4R-, 5R- und 6R-Ansätze adaptiert.[157] Ab den 2010er-Jahren ent-

153 Van-Hametner, A, S. Eisl, K. Huber-Heim, J. Fresner, G. Gluttig & D. Jablonski (2024): Kompass Kreislaufwirtschaft. Online-Self-Assessment-Tool für Kreislaufwirtschaft in KMU. Wien. https://kompasskreislaufwirtschaft.at, abgerufen am 15.3.2025; Kirchherr, Julian, Denise Reike, and Marko Hekkert. „Conceptualizing the circular economy: An analysis of 114 definitions." Resources, conservation and recycling 127 (2017): 221-232; Mast, Julian, Friederike von Unruh, and Wolfgang Irrek. "R-strategies as guidelines for the Circular Economy." (2022).

154 Potting, J., Hekkert, M. P., Worrell, E., & Hanemaaijer, A. (2017). Circular Economy: Measuring innovation in the product chain.

155 Reike, Denise, Walter JV Vermeulen, and Sjors Witjes. "The circular economy: new or refurbished as CE 3.0? – Exploring controversies in the conceptualization of the circular economy through a focus on history and resource value retention options." Resources, conservation and recycling 135 (2018): 246-264; Zhang, C., Hu, M., Di Maio, F., Sprecher, B., Yang, X., & Tukker, A. (2022). An overview of the waste hierarchy framework for analyzing the circularity in construction and demolition waste management in Europe. Science of the Total Environment, 803, 149892.

156 Vgl EU-Abfallrahmenrichtlinie (RL (EG) 2008/98, ABl L 312, 3. Die Richtlinie legt die fünfstufige Abfallhierarchie fest und priorisiert die Abfallvermeidung. Sie hat die zuvor in Österreich geltende dreistufige Abfallhierarchie abgelöst.

157 Zhang, C., Hu, M., Di Maio, F., Sprecher, B., Yang, X., & Tukker, A. (2022). An overview of the waste hierarchy framework for analyzing the circularity in construction and demolition waste management in Europe. Science of the Total Environment, 803, 149892.

wickelte sich dann die heutige Kreislaufwirtschaftsdiskussion, zu der Stahel[158], McDonough und Braungart[159] und Bocken et al[160] wesentlich beitrugen. In dieser Zeitphase wurden die heute vorwiegend verwendeten 10R (bzw R0-R9) von Potting formuliert.[161] Obschon alle R-Strategie-Varianten den Grundgedanken der Abfallvermeidung und Ressourcenschonung teilen, stellt die Metamorphose des 3R-Modells hin zum ausführlichen 10R-Framework nicht nur eine Präzisierung und Ausdifferenzierung dar, sondern folgt doch einem wesentlich umfassenderen und tiefergehenden Verständnis von Kreislaufwirtschaft mit der Zielsetzung der Optimierung entlang der gesamten Wertschöpfungskette.[162] Dass auch heute teilweise noch das gröbere Modell verwendet wird (zB in den chinesischen Modellen und Strategien), bedeutet wohl, dass dieses umfassendere Verständnis noch nicht überall Einzug gefunden hat. Wir fokussieren in diesem Beitrag auf den von Potting[163] entworfenen und in weiterer Folge durch Kirchherr[164] weiterverbreiteten Ansatz.

2.5.3. Hierarchien der R-Strategien: Produktlebenszyklus, Zirkularitätslevel, Innovation

Das primäre Ziel der R-Strategien liegt in der Strukturierung von Maßnahmen zur Zirkularität. Sie bieten einen analytisch-systematischen Rahmen zur Anwendung zirkulärer Strategien auf Produktebene, mit denen Primärressourcen eingespart, Produktlebensdauern verlängert und Sekundärressourcen (zurück)gewonnen werden – insgesamt also Stoffströme effizient gemanagt und lineare Wirtschaftsmodelle überwunden werden. Im Gegensatz zu linearen Modellen, die sich auf Produktion, Nutzung und Entsorgung beschränken, betonen R-Strategien neben der Minimierung des Materialeinsatzes (Refuse, Rethink, Reduce) die lange Aufrechterhaltung bzw Wiederherstellung von Funktionalität (Reuse, Repair, Refurbish, Remanufacture, Repurpose) sowie das sinnvolle Wiederverwenden aller Materialien (Recycle) und damit eine kontinuierliche Werterückgewinnung.[165] Erst am Schluss – und damit eigentlich keine R-Strategie im engeren Sinne – steht die „End-of-pipe"-Lösung der thermischen Verwertung (recover).

158 Stahel, W. (2016). The circular economy. Nature 531, 435–438. https://doi.org/10.1038/531435a.

159 Braungart, M., & McDonough, W. (2009). Cradle to cradle. Random House.

160 Bocken, N. M., De Pauw, I., Bakker, C., & Van Der Grinten, B. (2016). Product design and business model strategies for a circular economy. Journal of industrial and production engineering, 33(5), 308–320.

161 Potting, J., Hekkert, M. P., Worrell, E., & Hanemaaijer, A. (2017). Circular Economy: Measuring innovation in the product chain.

162 Mast, Julian, Friederike von Unruh, and Wolfgang Irrek. "R-strategies as guidelines for the Circular Economy." (2022).

163 Potting, J., Hekkert, M. P., Worrell, E., & Hanemaaijer, A. (2017). Circular Economy: Measuring innovation in the product chain.

164 Kirchherr, Julian, Denise Reike, and Marko Hekkert. "Conceptualizing the circular economy: An analysis of 114 definitions." Resources, conservation and recycling 127 (2017): 221–232.

165 Campbell-Johnston, K., Vermeulen, W. J., Reike, D., & Brullot, S. (2020). The circular economy and cascading: towards a framework. Resources, Conservation & Recycling: X, 7, 100038.

Grad der Zirkularität >	Narrow: Reduktion des Ressourcenverbrauchs durch intelligente Herstellung und Nutzung	Refuse (R0): Vermeidung von überflüssigen Produkten und Verpackungen, um Abfall und Ressourcenverbrauch zu minimieren.	Beispiel: Ein Unternehmen, das auf den Einsatz von Einwegplastik verzichtet und stattdessen Mehrwegverpackungen nutzt.
		Rethink (R1): Überdenken, Neubewertung und Veränderung von Geschäftsmodellen und -prozessen, um sie innovativ und kreislauffähig zu gestalten.	Beispiel: Ein Unternehmen überdenkt sein Geschäftsmodell und ersetzt den Verkauf von Produkten durch ein Abonnementmodell, bei dem Kunden regelmäßig neue Produkte erhalten und alte zurückgeben – Product-as-a-Service, zB Gebäudebeleuchtung verkaufen anstatt Beleuchtungskörper, oder Pay-per-Use, zB Rotation verkaufen anstatt Rotationsgerät.
		Reduce (R2): Verringerung des Verbrauchs von Ressourcen und Energie durch effizientere Nutzung.	Beispiel: Ein Möbelhersteller produziert weniger Abfall, indem er nur die benötigte Menge an Materialien verwendet und auf präzisere Produktionstechniken setzt.
	Slow: Verlängerung der Nutzungsdauer von Produkten, Komponenten und Infrastruktur	Reuse (R3): Wiederverwendung von funktionsfähigen Produkten oder Komponenten, um die Lebensdauer zu verlängern.	Beispiel: Ein Bekleidungsunternehmen bietet einen Service an, bei dem Kunden alte Kleidungsstücke zurückgeben können, um sie zu reparieren und erneut zu verkaufen.
		Repair (R4): Reparatur und Wartung von Produkten, um deren Lebensdauer zu verlängern.	Beispiel: Eine Elektronikmarke bietet eine Reparaturwerkstatt an, in der Kunden ihre defekten Geräte kostenlos oder gegen Gebühr reparieren lassen können.
		Refurbish (R5): Überholung von Produkten, um sie wieder in einen neuwertigen Zustand zu versetzen.	Beispiel: Ein Unternehmen errichtet eine Plattform, um gebrauchte Elektronikgeräte lokal aufbereiten zu lassen und den Verkauf als „wie neu" über die Plattform zu organisieren.
		Remanufacture (R6): Vollständige Neubearbeitung und Wiederherstellung von Produkten oder Komponenten zu Originalqualität, durch Teile aus defekten Produkten.	Beispiel: Ein Hersteller hochwertiger medizinischer Geräte verkauft überholte Geräte, die aus bereits genutzten Geräten und deren Bestandteilen neu zusammengesetzt und ggf mit neuen Teilen versehen wurden.
		Repurpose (R7): Umwandlung eines Produkts oder seiner Komponenten für einen anderen Zweck als ursprünglich vorgesehen.	Beispiel: Ein Unternehmen verwandelt alte Schiffscontainer in modulare Wohnräume oder Büros.
	Close: Schließung von Ressourcenkreisläufen	Recycle (R8): Mechanische oder chemische Verarbeitung von Abfallmaterialien, um sie als „Sekundärrohstoffe" wieder in den Produktionskreislauf einzuführen.	Beispiel: Eine bereits mehrfach genutzte Mehrweg-Glasflasche wird gesammelt, gereinigt, zerkleinert und zu neuen Glasflaschen verarbeitet.
		Recover (R9): Gewinnung von Materialien oder Energie aus Abfallprodukten.	Beispiel: Ein Unternehmen verwendet Abfallstoffe aus der Produktion zur Energiegewinnung durch Verbrennung oder Umwandlung.

Tab 1: R-Strategien und Beispiele[166]

166 Van-Hametner, A, S. Eisl, K. Huber-Heim, J. Fresner, G. Gluttig & D. Jablonski (2024): Kompass Kreislaufwirtschaft. Online-Self-Assessment-Tool für Kreislaufwirtschaft in KMU. Wien. https://kompasskreislaufwirtschaft.at, abgerufen am 31.3.2025.

Der R-Strategien-Ansatz hierarchisiert somit die Handlungsoptionen zirkulärer Wertschöpfung nach folgenden Parametern:

2.5.3.1. Produktlebenszyklus/Grad der Wert- und Funktionserhaltung

Die Anordnung der R-Strategien orientiert sich am Produktlebenszyklus und an den drei Phasen Design und Produktion, Nutzung sowie End-of-life. Dabei gilt als Faustregel: Je näher eine Strategie am Ursprung des Produktlebens angesiedelt ist, desto höher wird ihr Potential eingeschätzt, zur Kreislaufwirtschaft beizutragen.[167] ZB bewahrt Reuse mehr Wert als Recycling, da die Funktion des Produkts erhalten bleibt. Diese Hierarchie lässt sich auch anhand des Produktlebenszyklus nachvollziehen: Strategien wie Refuse und Reduce greifen bereits in der Designphase, während Repair und Reuse die Nutzungsphase betreffen und Recycling schließlich am Ende des Lebenszyklus ansetzt.

2.5.3.2. Adressaten

Ein weiterer entscheidender Parameter der Strategien ist deren variierende Adressat:innen. Manche der Strategien betreffen primär die Nachfrageseite, manche eher die Produzentenseite, wiederum manche beide gleichermaßen, und zwar dort, wo sie nur in einem Zusammenspiel von Konsument:innen und Produzent:innen wirken können, wie zB bei Refurbish und Remanufacture.[168] Besonders relevant ist dies für die Gestaltung von Anreizen und rechtlichen Rahmenbedingungen, die unterschiedliche Stakeholdergruppen zur Anwendung der Strategien motivieren sollen.

2.5.3.3. Innovationsgrad

Die Strategieansätze lassen sich zudem nach ihrem Innovationsgrad unterscheiden. Manche Ansätze wie der Einsatz von Recyclingmaterialien (Recycle) oder auch Schnittoptimierungen (Reduce) entsprechen eher dem Charakter inkrementeller Innovationen und sind dementsprechend einfacher in der Implementierung als radikalere Ansätze (zB PaaS-Modelle oder auch Remanufacturingansätze), die wesentlich komplexer in der Integration in die Unternehmensabläufe und -geschäftsmodelle sind.[169] Dies liegt einerseits daran, dass bei diesen radikaleren Innovationen eine Vielzahl an Akteur:innen in die Umsetzung involviert werden muss, was zu wesentlich komplexeren Management- und Logistikleistungen führt. Zudem kann auch der zeitliche Aspekt zu Herausforderungen führen. In manchen Produktgruppen können zwischen initialer Produktion und späteren Wiederaufbereitungsschritten auch Jahrzehnte liegen.

167 Geissdoerfer, Martin, Paulo Savaget, Nancy M.P. Bocken, and Erik Jan Hultink. 2017 "The Circular Economy – A New Sustainability Paradigm?" Journal of Cleaner Production 143: 757–768. doi:10.1016/j.jclepro.2016.12.048; Mast, Julian, Friederike von Unruh, and Wolfgang Irrek (2022) "R-strategies as guidelines for the Circular Economy".

168 Reike, Denise, Walter JV Vermeulen, and Sjors Witjes. "The circular economy: new or refurbished as CE 3.0? – exploring controversies in the conceptualization of the circular economy through a focus on history and resource value retention options." Resources, conservation and recycling 135 (2018): 246–264.

169 Zur Durchführbarkeit der zirkulären Prinzipien siehe den Beitrag von Eisl in diesem Buch, Kap 2.5.

2.5.4. Narrow, slow, close und die R-Strategien

Allen R-Strategien gemein ist, dass deren Einsatz die Transformation der vorherrschenden linearen Wirtschaft in eine Kreislaufwirtschaft unterstützen soll. Aber die einzelnen Strategien tragen dazu in unterschiedlichem Maße bei und setzen auf verschiedene Prinzipien bzw füllen diese konkret aus.[170]

Die Strategien Refuse, Rethink und Reduce (R0-R2) tragen dazu bei, den Neuverbrauch von Primärressourcen zu minimieren oder ganz zu vermeiden und leisten somit einen wesentlichen Beitrag zum Prinzip „Narrow". Hier liegt gemäß der Faustformel der idealisierten R-Leiter das höchste Potenzial zur Reduktion von Umwelteinwirkungen.

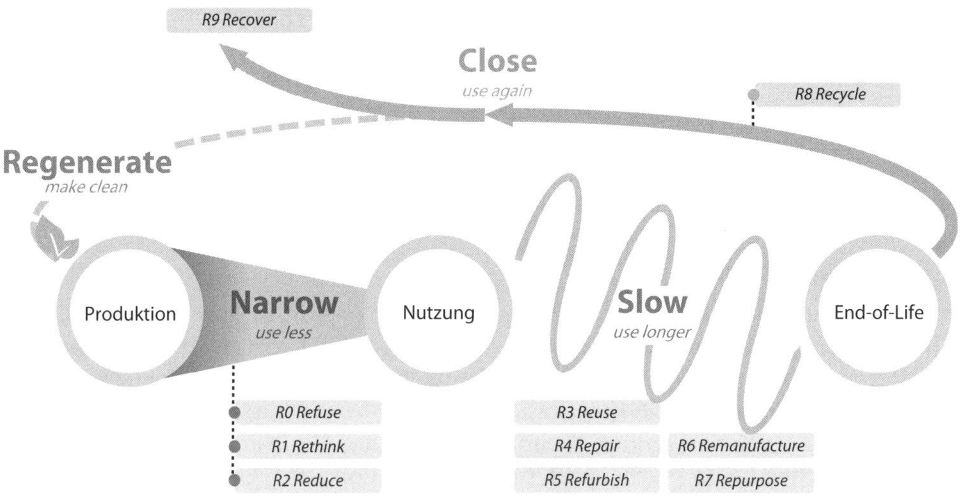

Abb 10: Narrow, slow, close und die R-Strategien[171]

Die Strategien R3-R7 stehen im Fokus bei der Verlängerung der Lebensdauer von Produkten, Komponenten und Infrastrukturen. Reuse, Repair, Refurbish, Remanufacture und Repurpose setzen den konkreten Nutzen bzw die konkrete Funktionalität in den Fokus und versuchen, diesen möglichst lange zu perpetuieren. Über den Umweg möglichst lang haltender Produkte soll der Bedarf nach Neuem und damit nach Primärressourcen reduziert werden. Zielsetzung dieser Strategien ist demgemäß das Prinzip „slow".

Am unteren Ende der R-Leiter befinden sich die beiden Strategien Recycle (R8) und Recover (R9). Recycling setzt auf die vollständige Rückführung aller genutzten Materialien in den Kreislauf aus Produktion und Konsum. Über diese Strategie sollen Sekundärmaterialien aufbereitet werden, die wiederum die Nachfrage nach Primärressourcen verringern oder weitestgehend vermeiden sollen – vollständig ist dies wohl auch bei höchsteffizienter Sammel- und Trennlogistik und -technologie aufgrund thermodynamischer

170 Zur Durchführbarkeit der zirkulären Prinzipien siehe den Beitrag von Eisl in diesem Buch, Kap 2.5.

171 Bocken, N. M., De Pauw, I., Bakker, C., & Van Der Grinten, B. (2016). Product design and business model strategies for a circular economy. Journal of industrial and production engineering, 33(5), 308-320; Circle Economy (2024): The circular gap report 2024. Amsterdam.

Einschränkungen nie möglich. Genauso wie die Produktion von Recyclingmaterialien gehört auch deren Nutzung zur R-Strategie des Recycling.

Die thermische Verwertung (Recover) von Abfällen und die Erzeugung von Energie oder Wärme ist die unterste Stufe der R-Leiter, führt sie doch zu einer irreversiblen Transformation von Ressourcen in Energie und steht sozusagen im Widerspruch zum Ideal vollständiger Zirkularität.

Die R-Strategien adressieren somit drei unterschiedliche Ströme: den Strom der Primärressourcen, den Strom der Produkte und jenen der Sekundärressourcen. Sie greifen aber auch wechselwirkend ineinander. ZB reduziert bzw verzögert eine effektive Reuse-Strategie die Notwendigkeit von Recycling; reduzierter Materialeinsatz im Produktdesign ebenso. Umgesetzte Sharing-Konzepte, die mit einer Abkehr von bestimmten Vertriebsformen einhergehen, greifen mit industriellen Reparatur- und Aufbereitungsstrategien zusammen. Gleichzeitig können innovative Recyclingprozesse Materialien bereitstellen, die für neue Produkte verwendet werden. Insgesamt braucht es einen systemischen Ansatz zur koordinierten Integration der R-Strategien,[172] da es kein one-strategy-fits-all für alle Unternehmensgrößen, Branchen und Zielgruppen gibt.

2.5.5. Diskussion

In den letzten Jahren hat die Kreislaufwirtschaftsdiskussion in Europa durch diverse EU-Politiken, aber auch nationale Strategieentwicklungen (zB Kreislaufwirtschaftsstrategien in Österreich 2022 und Deutschland 2024), deutlich an Fahrt aufgenommen. Damit sind auch die R-Strategien als Werkzeugkasten zirkulärer Wertschöpfung deutlicher in den Fokus von Unternehmen geraten. Sie nutzen diese einerseits als analytisches Instrument und strategischen Leitstern, aber auch für die Kommunikation. Gerade aufgrund dieser Bedeutung gilt es auch, einige kritische Aspekte zur Disposition zu stellen.

Standardisierung: Wie bereits eingangs gezeigt, fehlt es noch an einer einheitlichen Konzeptualisierung. Zwar zählt mittlerweile die Standardisierung durch Potting[173] basierend auf Kirchherr[174] als weitestgehend hegemonial. Doch liegen nach wie vor auch konkurrierende Versionen (4R, 5R, 6R, 9R etc) vor. Diese erschweren die Vergleichbarkeit und Transparenz sowie darauf aufbauender Beurteilungsschemata.

Simplifizierung: Ein weiterer Kritikpunkt liegt auch in einem der zentralen Erfolgsfaktoren ihrer Verbreitung. Die Reduktion der Komplexität auf eine vermeintlich klare Hierarchie ist so einleuchtend wie auch herausfordernd. Ohne konkrete Ökobilanzierung lässt sich die höhere ökologische Wirksamkeit von Strategien weiter oben auf der Leiter nur postulieren, nicht aber überprüfen. Nicht für alle Materialströme, Produktgruppen und Szenarien lässt sich die vorgeschlagene Hierarchie womöglich bestätigen.

172 Konietzko, J., Bocken, N., & Hultink, E. J. (2020). A tool to analyze, ideate and develop circular innovation ecosystems. Sustainability, 12(1), 417.

173 Potting, J., Hekkert, M. P., Worrell, E., & Hanemaaijer, A. (2017). Circular Economy: Measuring innovation in the product chain.

174 Kirchherr, Julian, Denise Reike, and Marko Hekkert. "Conceptualizing the circular economy: An analysis of 114 definitions." Resources, conservation and recycling 127 (2017): 221–232.

Erneuerbare/nicht erneuerbare Ressourcen: Im Gegensatz zu alternativen Konzepten der Kreislaufwirtschaft negieren die R-Strategien die unterschiedliche Behandlung von nachwachsenden und endlichen Rohstoffen weitestgehend. Die beiden Seiten des „Butterfly Diagrams“[175] werden damit auf eine Seite reduziert, wobei der biologische Zyklus zumeist konzeptionell zu kurz kommt.

Regenerate: Wie erwähnt, stehen die R-Strategien und die kreislaufwirtschaftlichen Prinzipien „narrow“, „slow“, „close“ im engen konzeptionellen Naheverhältnis. Wie Eisl et al ausführen, wurden diese Prinzipien zuletzt aber weiterentwickelt und um „regenerate“ erweitert.[176] Diese Erweiterung findet nun noch keine Entsprechung in der aktuellen R-Strategien-Diskussion. Die Aufnahme neuer Strategien durch die Übersetzung von *Regenerate* könnte die Flexibilität und Anpassungsfähigkeit des Frameworks verbessern, würde insbesondere Ansätze zur Regeneration ökologischer Systeme adressieren und so die Verbindung zwischen Kreislaufwirtschaft und Bioökonomie verstärken.

2.5.6. Fazit und Zukunftsperspektiven

Die R-Strategien bieten trotz einiger Einschränkungen einen zentralen und differenzierten Werkzeugkasten für die Analyse und Umsetzung von zirkulären Lösungen in der (Kreislauf-)Wirtschaft. Sie stellen die unterschiedlichen Strategien zur Reduktion des Verbrauchs von Primärressourcen, zur Verlängerung der Lebensdauer von Produkten, Komponenten und Infrastrukturen sowie zum Schließen von Ressourcenkreisläufen in eine hierarchische Ordnung, die sich am Potenzial der zirkulären Wertschöpfung orientiert, und ermöglichen so eine systemische Integration in Unternehmen und ihre Prozesse. In ihrer Anwendung zeigt sich, dass die Strategien nicht nur ökologische, sondern auch ökonomische Potenziale entfalten können.

Die systematische Integration von R-Strategien in Geschäftsmodelle bietet ein enormes Innovationspotenzial. Unternehmen können durch die Kombination mehrerer Strategien nicht nur Ressourcen schonen und damit Kosten einsparen sowie Risiken und Unsicherheiten verringern, sondern auch neue Geschäftsfelder und Märkte erschließen. Um das volle Potenzial der R-Strategien auszuschöpfen, ist jedoch eine kontinuierliche Weiterentwicklung des Frameworks sowie eine engere Verzahnung mit regulatorischen und ökonomischen Rahmenbedingungen notwendig.

2.6. Das Value-Hill-Modell

Clemens Schild

2.6.1. Einleitung

Die zunehmenden globalen Herausforderungen durch Ressourcenknappheit und Umweltverschmutzung verdeutlichen die strukturellen Grenzen des linearen Wirtschaftssystems. In diesem Modell werden Rohstoffe entnommen, verarbeitet und nach einer

175 The Ellen MacArthur & Foundation. (2015). Growth within: A circular economy vision for a competitive Europe. https://www.ellenmacarthurfoundation.org/growth-within-a-circular-economy-vision-for-a-competitive-europe.

176 Zur Durchführbarkeit der zirkulären Prinzipien siehe den Beitrag von Eisl, Kap 2.5.

meist kurzen Nutzungsdauer entsorgt, was zu einem kontinuierlichen Wert- und Ressourcenverlust führt. Im Gegensatz dazu verfolgt die Kreislaufwirtschaft das Ziel, Materialien und Produkte in geschlossenen Kreisläufen zu halten, ihren Wert langfristig zu bewahren und die Ressourceneffizienz zu maximieren.[177] Das Value-Hill-Modell stellt hierbei ein grundlegendes Werkzeug dar. Es beschreibt, wie Wert in der Pre-Use-Phase geschaffen, in der Use-Phase erhalten und in der Post-Use-Phase durch gezielte Maßnahmen zurückgewonnen wird. Dieser ganzheitliche Blick ermöglicht eine präzise Analyse der Wertentwicklung entlang des gesamten Lebenszyklus und erleichtert die gezielte Planung sowie Umsetzung von Strategien, um die Produktnutzung zu verlängern. Auf diese Weise lässt sich eine ressourcenschonende Wertschöpfung realisieren, die ökologische und ökonomische Ziele in Einklang bringt und gleichzeitig neue Perspektiven für nachhaltige Geschäftsmodelle eröffnet.[178]

2.6.2. Das Value-Hill-Modell: Grundprinzipien und Phasen

Das Value-Hill-Modell unterteilt den Lebenszyklus eines Produkts in die Pre-Use-Phase, Use-Phase und Post-Use-Phase, wodurch sich in jeder Stufe spezifische Maßnahmen zur effizienten Ressourcennutzung und Werterhaltung ableiten lassen. Diese klare Struktur veranschaulicht, wie Wert entlang des gesamten Lebenszyklus geschaffen, erhalten oder erneut nutzbar gemacht wird. Die folgenden Kapitel beleuchten die einzelnen Phasen sowie zugehörige Strategien, mit denen sich die Produktnutzung verlängern und wirtschaftliche wie ökologische Ziele in Einklang bringen lassen.

2.6.2.1. Pre-Use-Phase – Aufbau von Wert

Die Pre-Use-Phase markiert den Beginn der Wertschöpfung und umfasst die Rohstoffgewinnung, die Produktion, die Montage sowie den Verkauf. In der Kreislaufwirtschaft steht dabei nicht nur die reine Wertsteigerung im Vordergrund, sondern auch die Frage, wie Ressourcen von Anfang an effizient und nachhaltig eingesetzt werden können.

Ein zentrales Element dieser Phase ist das Produktdesign, das maßgeblich zur Vermeidung nicht notwendiger Materialien und Funktionen (R0 Refuse), zur Ressourceneffizienz in Produktion und Nutzung (R2 Reduce) sowie zur Steigerung der Produktnutzung durch Mehrzweckdesigns und alternative Nutzungsmodelle (R1 Rethink) beiträgt.[179] Im Rahmen dieser Strategien spielen auch die Integration erneuerbarer und recycelter Materialien sowie eine kreislauffähige Materialauswahl und Produktgestaltung eine zentrale Rolle. Sie reduzieren nicht nur die Abhängigkeit von Primärrohstoffen, sondern stärken auch die Wettbewerbsfähigkeit, indem Materialkosten gesenkt

177 Kirchherr, J./Nan-Hua N.J./Schulze-Spüntrup, F./Heerink, M.J./Hartley, K. (2023): Conceptualizing the Circular Economy (Revisited): An Analysis of 221 Definitions, in: Resources, Conservation and Recycling: 107001, unter: https://doi.org/10.1016/j.resconrec.2023.107001.

178 Achterberg, E./Hinfelaar, J./Bocken, N. (2016): Master Circular Business Models with the Value Hill, Circle Economy, Utrecht.

179 Potting, J./Hekkert, M.P./Worrell, E./Hanemaaijer, A. (2017): Circular Economy: Measuring Innovation in the Product Chain'. Planbureau Voor de Leefomgeving, no. 2544 (January 2017), unter: https://dspace.library.uu.nl/handle/1874/358310.

und eine nachhaltige Positionierung erreicht wird. Diese Konzepte tragen dazu bei, umweltfreundliche Materialien in den Herstellungsprozess zu integrieren und Produkte so zu entwickeln, dass sie langlebig, modular und reparierbar sind. Ergänzend dazu fördert eine systematische Ressourceneffizienz und -optimierung die Verbesserung der Produktionsprozesse, minimiert Abfälle und nutzt Nebenprodukte effizient, was die Ressourcenausnutzung erhöht und zu Kosteneinsparungen führt.[180] Die Pre-Use-Phase legt damit die Grundlage für eine ökologisch optimierte und ökonomisch tragfähige Wertschöpfung.

2.6.2.2. Use Phase – Nutzung und Werterhalt

Die Use-Phase beschreibt den Zeitraum, in dem ein Produkt aktiv genutzt wird und seinen ursprünglichen Wert bewahrt. Während sich im linearen Wirtschaftssystem diese Phase vor allem auf den reinen Gebrauch konzentriert, legt die Kreislaufwirtschaft zusätzlich Wert auf eine Verlängerung der Produktlebensdauer sowie eine Erhöhung der Nutzungsintensität. Regelmäßige Wartung und Reparaturen beugen vorzeitigen Entsorgungen vor, verringern den Bedarf an Neuproduktionen und ermöglichen eine möglichst lange, effiziente Nutzung bestehender Ressourcen.

Ein zentraler Ansatz ist die Wiederverwendung (R3 Reuse) sowie die Reparatur (R4 Repair), die beide dazu beitragen, Produkte möglichst lange im Umlauf zu halten. Während Wiederverwendung vor allem darauf abzielt, intakte Produkte mehrfach zu nutzen, behebt Reparatur Defekte und bewahrt so die Funktionsfähigkeit, was die Nutzungsdauer signifikant steigert.[181] Ein weiteres Kernelement stellt das Konzept der Verlängerung der Produktlebensdauer dar, das auf Maßnahmen wie Wartung und Instandhaltung setzt, um potenzielle Neukonstruktionen zu vermeiden und zugleich die Kosten für Unternehmen und Kunden zu senken. Neben diesen produktbezogenen Strategien tragen serviceorientierte Geschäftsmodelle wie Leasing oder Pay-per-Use dazu bei, eine intensivere Nutzung der Produkte zu fördern. Unternehmen erzielen dadurch wiederkehrende Einnahmen, während die Nutzer von geringen Anschaffungskosten und höherer Flexibilität profitieren. Darüber hinaus lässt sich eine weitere Erhöhung der Nutzungsintensität durch Sharing-Konzepte und Collaboration erzielen, bei denen mehrere Personen oder Organisationen dieselben Produkte verwenden. Dies steigert die Auslastung, senkt den Bedarf an neu hergestellten Einheiten und führt zu einer effizienteren Ressourcennutzung.[182] Auf diese Weise leistet die Use-Phase einen zentralen Beitrag zu einer nachhaltigen Wertschöpfung und bietet gleichzeitig wirtschaftliche Vorteile für alle Beteiligten.

---

180 Holly, F./Schild; C (2024): Concepts, Strategies and Business Models of the Circular Economy for the Manufacturing Industry: A Systematic Literature Review, in: Procedia CIRP, Volume 135, 2025, Pages 432-437, ISSN 2212-8271, https://doi.org/10.1016/j.procir.2024.12.056.

181 Potting, J./Hekkert, M.P./Worrell, E./Hanemaaijer, A. (2017): Circular Economy: Measuring Innovation in the Product Chain'. Planbureau Voor de Leefomgeving, no. 2544 (January 2017), unter: https://dspace.library.uu.nl/handle/1874/358310.

182 Holly, F./Schild; C (2024): Concepts, Strategies and Business Models of the Circular Economy for the Manufacturing Industry: A Systematic Literature Review, in: Procedia CIRP, Volume 135, 2025, Pages 432-437, ISSN 2212-8271, https://doi.org/10.1016/j.procir.2024.12.056.

2.6.2.3. Post-Use-Phase – Wiedergewinnung von Wert

Die Post-Use-Phase markiert das Ende des Produktlebenszyklus und konzentriert sich darauf, den verbliebenen Wert gebrauchter Produkte möglichst umfassend zu erhalten oder wieder nutzbar zu machen. Statt Produkte nach dem Gebrauch zu entsorgen, zielt die Kreislaufwirtschaft darauf ab, wertvolle Materialien und Komponenten möglichst lange im Umlauf zu halten, um Ressourcen zu schonen und Kosten zu senken.

Ein zentraler Ansatz ist die Aufbereitung gebrauchter Produkte, etwa durch Refurbishment (R5), bei dem gebrauchte Produkte auf moderne Standards gebracht werden. Darüber hinaus ermöglicht Remanufacturing (R6) die Wiederaufbereitung einzelner Komponenten für neue Produkte, wodurch sich zusätzliche Neuproduktionen erübrigen. Wo eine direkte Weiterverwendung nicht mehr sinnvoll ist, kommt Repurpose (R7) zum Einsatz, um Bauteile oder Materialien für andere Zwecke umzuwidmen. Können die eingesetzten Materialien nicht weiter genutzt werden, ermöglicht Recycle (R8) ihre Rückführung in den Materialkreislauf. Recover (R9), also die Gewinnung von Energie aus Reststoffen, bildet schließlich die letzte Verwertungsoption, falls keine andere Weiterverwendung mehr möglich ist.[183] Rücknahmesysteme und Reverse-Logistics-Konzepte sorgen dafür, dass Produkte und Komponenten systematisch den passenden Aufbereitungs- und Verwertungswegen zugeführt werden. Auf diese Weise werden nicht nur die in den Produkten gebundenen Ressourcen optimal genutzt, sondern auch zusätzliche Erlöspotenziale erschlossen, was zu einem nachhaltigen und wirtschaftlich vorteilhaften Gesamtsystem beiträgt.[184]

2.6.3. Der Value Hill und seine Potenziale in der Kreislaufwirtschaft

Die Integration dieser Strategien in Geschäftsmodelle und Produktionsprozesse unterstützt Unternehmen dabei, eine Wertmaximierung über den gesamten Lebenszyklus zu erreichen und gleichzeitig sowohl die wirtschaftliche Resilienz als auch die ökologische Nachhaltigkeit zu fördern.[185]

183 Potting, J./Hekkert, M.P./Worrell, E./Hanemaaijer, A. (2017): Circular Economy: Measuring Innovation in the Product Chain'. Planbureau Voor de Leefomgeving, no. 2544 (January 2017), unter: https://dspace.library.uu.nl/handle/1874/358310.

184 Holly, F./Schild; C (2024): Concepts, Strategies and Business Models of the Circular Economy for the Manufacturing Industry: A Systematic Literature Review, in: Procedia CIRP, Volume 135, 2025, Pages 432-437, ISSN 2212-8271, https://doi.org/10.1016/j.procir.2024.12.056.

185 Holly, F./Schild; C (2024): Concepts, Strategies and Business Models of the Circular Economy for the Manufacturing Industry: A Systematic Literature Review, in:Procedia CIRP, Volume 135, 2025, Pages 432-437, ISSN 2212-8271, https://doi.org/10.1016/j.procir.2024.12.056.

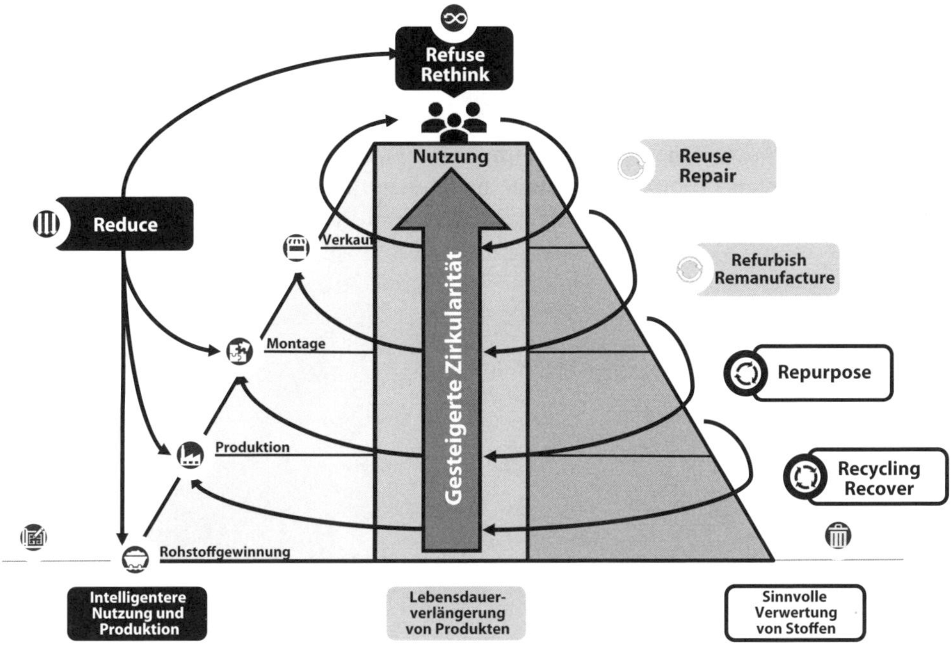

- Cirular Product Design zur Erhöhung der Langlebigkeit
- Nutzung erneuerbarer und recycelter Rohstoffe zur Reduktion der Abhängigkeit von begrenzten Ressourcen
- Minimierung von Materialeinsatz & Dematerialisierung
- Ressourceneffizienz durch optimierte Produktionsprozesse
- Weiterverwendung von Nebenprodukten und vermeintlichen Abfällen
- Modularität & Standardisierung zur einfacheren Reparatur & Wiederverwendung
- Förderung gemeinsamer Nutzungskonzepte wie Sharing und Collaboration
- Performance-basierte Geschäftsmodelle zur Maximierung der Produktivität

- Reparatur- & wartungsfreundliche Komponenten
- Verlängerung der Produktlebensdauer durch Wartung und Reparatur
- Rücknahmesysteme zur einfachen Wiederverwendung und Reparatur
- Geschäftsmodelle für einfache Wiederinstandsetzung, Aufbereitung und Umnutzung
- Wiederaufbereitung und Verkauf von gebrauchten Produkten
- Ersatzteilversorgung und Add-Ons zur Verlängerung des Produktlebenszyklus

- Effiziente Logistiksysteme zur Rückführung von Produkten und Rohstoffen
- Kapazitäten zur Umnutzung von Produkten, die ihren ursprünglichen Zweck nicht mehr erfüllen können
- Transparente Tracking- und Managementsysteme für Materialströme
- Systematische Erfassung und Sortierung recycelbarer Materialien
- Materialrückgewinnung durch Recyclingstrategien
- Energiegewinnung aus nicht verwertbaren Materialien

Abb 11: Der Value Hill und seine strategischen Möglichkeiten [Quelle: eigene Darstellung, adaptiert nach Achterberg et al.[186]]

186 Achterberg, E./Hinfelaar, J./Bocken, N. (2016): Master Circular Business Models with the Value Hill, Circle Economy, Utrecht.

2.7. Performance Economy

Thomas Höpler

Nicht mehr das Besitzen von Produkten, sondern nur noch die Verwendung in den Mittelpunkt des Wirtschaftens zu stellen, ist der Kern des Modells, das Walter R. Stahel mit Performance Economy meint. Es geht um eine Verschiebung des ökonomischen Denkens vom Kauf eines Produktes zum dauerhaften Benutzen von Produkten, um ein völlig neues Verständnis von Wertschöpfung, Effizienz und Verantwortung.

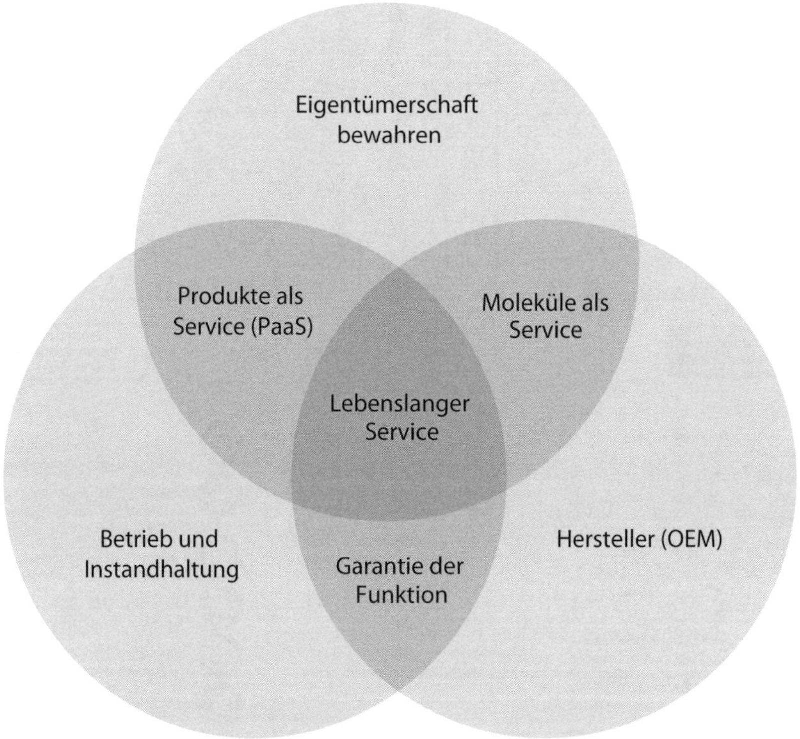

Abb 12: Das Modell der Performance Economy [Quelle: Walter R. Stahel/Roland Clift Taking Stock of Industrial Ecology, Verlag Springer Open, 2016 Chapter 7 Stocks and Flows in the Performance Economy, 149]

Die Idee der „Performance Economy" wurde von Stahel bereits in den 1980er-Jahren formuliert und seitdem in mehreren Publikationen ausgearbeitet, insbesondere in „The Performance Economy" (2006, aktualisiert 2010) sowie in zahlreichen Artikeln für die Ellen MacArthur Foundation und Vorträgen.

Viele der folgenden Überlegungen treffen besonders für Gesellschaften zu, deren Märkte beinahe gesättigt sind und hohe Bestände an produziertem Kapital schon vorhanden sind.[187]

187 Walter R. Stahel/Roland Clift. Taking Stock of Industrial Ecology, Verlag Springer Open, 2016 Chapter 7 Stocks and Flows in the Performance Economy, 146.

2.7.1. Werterhalt statt Wertschöpfung

Beim linearen Wirtschaften ist der Materialfluss zentral. Die Prozesse beim Abbau bzw der Gewinnung der Rohstoffe, bei der Herstellung der Ausgangsmaterialien, bei der Weiterverarbeitung und Erzeugung der Produkte sind für große Mengen optimiert, die Gewinne aller beteiligten Unternehmen steigen mit dem Durchfluss in jeder Prozessstufe. Die Produktivität der Maschinen und Anlagen wird laufend erhöht, die Mengen gesteigert, um das eingesetzte Kapital möglichst gut zu nutzen und die Kosten pro Mengeneinheit zu senken. Umsatz und Erhöhung der Wertschöpfung im Wirkungsbereich des Unternehmens stehen im Zentrum. Je günstiger Unternehmen die eigenen Rohstoffe einkaufen können und je höher die Preise sind, die ein Unternehmen für seine Produkte und Leistungen erzielen kann, desto höher ist der Gewinn.

Langfristig jedoch gibt es nicht genug Material, wenn in einem linearen Wirtschaftssystem große Mengen an Produkten und Materialien deponiert werden. Darüber hinaus gibt es zu viel Verschwendung. Produkte, die keinen oder wenig Nutzen bringen, Energie, die für die Herstellung solcher Produkte verwendet wurde oder Produkte, die einfach niemand kaufen will. Zur Verschwendung zählen auch Produkte, die wenig verwendet werden, irgendwo gelagert werden, Platz benötigen und Kosten verursachen.

2.7.1.1. Die inneren Werte von Produkten

Der Kaufpreis eines Smartphones beträgt etwa 1.000 €. Die Herstellkosten der wesentlichen zehn Komponenten betragen rund 400 €. Die Differenz zum Kaufpreis bilden die Kosten für die Entwicklung, Software, Montage, Logistik, Vertrieb, Marketing und den Gewinn des Herstellers. Die Konsumenten zahlen beim Kauf überwiegend für die vielen Funktionen, Bequemlichkeiten, die Freude, die der Besitz so eines Produktes mit sich bringt. Denn der reine Materialwert ist nur gering. Ermittelt man zB den Wert der etwa 15 verbauten Metalle, die zusammen eine Masse von etwa 45 g ausmachen, so bestimmen vor allem die 40 mg Neodym und die 30 mg Gold den theoretischen Materialwert von etwa 5 €. Bei diesem Beispiel nur in der Theorie, denn die Rückgewinnung ist sehr kostenintensiv und würde den Materialwert übersteigen.

Im Interview von Bernd Waßmann für das Online-Magazin Circular Economy 4/2024 sagt Prof. Carlo Burkhardt von der Hochschule Pforzheim: „Es ist natürlich richtig, Handys nicht im Restmüll zu entsorgen. Aber vom Materialwert her – mal abgesehen möglicherweise von den Goldkontakten der Stecker – uninteressant. Außerdem automatisiert praktisch nicht zerlegbar, da es viel zu viele verschiedene Modelle gibt. Es gibt dazu eine schöne Doktorarbeit von Frau Dr. Bookhagen der Deutschen Rohstoffagentur (Dera): Materialwert eines Smartphones wenige Euro, Materialwert der Magnete wenige Cent…"

Eine ähnliche Rechnung lässt sich für eine Aluminiumleiter machen, die im Baumarkt 180 € kostet und 10 kg schwer ist. Holme und Sprossen machen rund 9 kg aus, der Rest sind Stahl- und Kunststoffteile. Der Materialwert dieser 9 kg Aluminium beträgt rund 15 €.

Der (Markt-)Wert der Rohstoffe in unseren Produkten ist sehr gering. Die Rückgewinnung und das Bereitstellen sekundärer Rohstoffe ist oft unwirtschaftlich. Die in die Produkte investierte Arbeit und die Energie zur Erzeugung der Produkte gehen verloren. Der Ausweg ist die längere und intensivere Nutzung der produzierten Produkte, wie er in den folgenden Modellen beschritten wird.

2.7.1.2. Vom „Loop" über den „Lake" zur „Performance Economy"[188]

Mit „Loop economy“ ist in diesem Zusammenhang ein heute weit verbreitetes Wirtschaften gemeint. Es geht um das Vermeiden von Abfall. Produkte sollen repariert, wiederverwendet, aufbereitet, umgearbeitet und am Ende recycelt werden. Walter Stahel nennt das in seinen Vorträgen[189] „the era of R“. Die Materialien wechseln immer wieder den Eigentümer und jeder ist darauf bedacht, beim Weiterverkaufen an den nächsten Nutzer Gewinn zu erzielen. Ein Materialfluss im Kreis.

Die „Lake economy“ bedient sich auch der Analogie zum Wasser. Es sind die gleichen loops, die aus einem See abfließen und an anderer Stelle wieder zufließen. Ein Gerätewart ist ein Vertreter dieses Systems. Produkte werden zur Verfügung gestellt, zurückkommende Waren gereinigt, repariert, gepflegt, eventuell modernisiert und wieder ausgegeben. Der Eigentümer wechselt nicht mehr, der „See“ soll voll und sauber bleiben und damit Gewinn erzielt werden bzw alles bereit stehen, wenn es gebraucht wird.

Nun bedarf es „nur“ noch eines Perspektivenwechsels, um zur „Performance Economy“ zu gelangen. Es ist wie beim Quantensprung. Die Entfernung ist nicht nennenswert, aber der Energiezustand ist ein anderer. Die Frage nach der Maximierung des Nutzens für den Anwender rückt in den Mittelpunkt. Mit den Kosten der Güter, den Risiken der Haltbarkeit, dem Erhalten des Gebrauchswertes und der Entsorgung von Abfällen beschäftigen sich die Hersteller, der Anwender der Güter bezahlt für den Nutzen, den er gewinnt.

2.7.2. Das ewige Eigentum

In einigen Bereichen der Wirtschaft hat sich das Mieten schon durchgesetzt. Die Kopierer, Drucker und Scanner in österreichischen Unternehmen gehören zum überwiegenden Teil Dienstleistern oder den Herstellern selbst. Die Unternehmen bezahlen das Bedrucken des Papiers. Hotels und Restaurants mieten die verwendeten Textilien, die sie nicht mehr selbst besitzen, waschen und bügeln.

Den Benutzer:innen von Produkten wird die Verantwortung für

- eine lange Nutzungsdauer,
- die sichere Funktion,
- die Umweltwirkung, die Emissionen,
- den Energieverbrauch bei der Nutzung

abgenommen.

Durch den Verbleib der Verantwortungen für ein Produkt beim Hersteller oder zumindest beim Vermieter orientiert man sich bei der Herstellung an Langlebigkeit, störungsfreier Verwendung, einfacher Wartung, guter Modernisierbarkeit und einer wirtschaftlichen Verwertung von Produkten, die ihre Nutzungsdauer erreicht haben. Besonders hohen Einfluss auf diese Eigenschaften der Produkte haben die Designer der Produkte. Idealerweise verantwortet der Hersteller auch das Design.

188 Walter R. Stahel/Roland Clift Taking Stock of Industrial Ecology, Verlag Springer Open, 2016 Chapter 7 Stocks and Flows in the Performance Economy, 140.

189 Vortrag „Circular Economy for everybody“ von Walter Stahel, Oktober 2021.

Übernimmt der Hersteller auch noch die Kosten für den Energieverbrauch bei den Anwender:innen, werden die gewinnbringendsten Produkte die energieeffizientesten sein.

Die Zeit wird zu einem wesentlichen Faktor in einem derartigen Wirtschaftssystem:

- Zeit der Nutzung
- Zeit als Input
- Zeit der Nutzbarkeit
- Vertragslaufzeit
- Zeitspanne der Einnahmen

Zielt man auf Verlängerung und Intensivierung des Nutzens ab, wird die für Wartung und Reparatur investierte Zeit wirtschaftlich lohnend – wie Henrik Nilsson[190] betont. Die Nutzung über längere Zeit wirkt sich auf die Gesamtmenge an Produkten aus, die produziert werden müssen, um den Bedarf zu decken. Einnahmen aus Vermietung verändern die Struktur des Umsatzes von Unternehmen und ihren Finanzierungsbedarf. Mit dem Verbleiben im Eigentum des Herstellers müssen Risiken anders bewertet werden. Es ist eine Transformation mit dem Ziel, den Materialdurchsatz und den Energieaufwand zu reduzieren, den Nutzen für die Anwender:innen zu erhalten bzw zu verbessern und den Herstellern stabile Umsätze und Gewinne zu ermöglichen.

2.7.2.1. Verbrauchsgüter und Gebrauchsgüter

Diese beiden Gruppen von Gütern haben wegen ihrer Nutzungsdauer ganz verschiedene Anforderungen an ihre Eigenschaften.

Verbrauchsgüter (zB Verpackungen) sollen kurze Zeit in einem oder mehreren Zyklen eine Funktion erfüllen und danach möglichst einfach recycelt werden. Kriterien wie die Erhaltung der Materialqualität (zB die Faserlänge bei Papier, die Länge der Molekülketten bei Kunststoffen oder die Sortenreinheit bei Metallen und Legierungen) stehen im Vordergrund.

Gebrauchsgüter werden hingegen für lange Nutzungsdauer entwickelt. Durch die intensive Verwendung von einem oder mehreren Benutzer:innen erfüllen sie über lange Zeit kostengünstig ihren Zweck. Mit einigen Billigprodukten, deren Preis die Herstellkosten nicht mehr widerspiegeln, werden sie trotzdem nicht konkurrenzieren können[191].

Betrachtet man den Wert eines neuen Gebrauchsgegenstandes oder eines Gebäudes, so sind wesentliche Anteile der Materialwert und die Wertschöpfung im Zuge der Herstellung. Mit jeder Wartung oder Reparatur wächst der Anteil der Arbeit am Gesamtwert. So wird der Nutzwert erhalten.

Am Ende beider Arten von Gütern beginnt die Phase im Produktlebenszyklus, in der die Bestandteile in möglichst reiner Form zurückgewonnen werden sollen. Walter Stahel[192] nennt sie die „era of D“.

190 Inrego Circular TECH Talk (2024) – Ken Webster/Ander Wijkman/Henrik Nilsson.

191 Henrik Nilsson während des Inrego Circular TECH Talk (2024) – Ken Webster/Ander Wijkman/Henrik Nilsson.

192 Vortrag „Circular Economy for everybody“ von Walter Stahel, Oktober 2021.

2.7.2.2. Der Zusammenhang mit den Emissionen

Der Materialdurchsatz wird niedriger, wenn der Bestand lange genutzt wird. Diese Zusammenhänge werden durch diese Formel ausgedrückt. Intensivere Nutzung zB Sharing oder ein optimierter Materialeinsatz und damit weniger Bestand verkleinern „p" noch weiter.

$$p = \frac{S}{T}$$

S … Bestand T … Nutzungsdauer p … Materialdurchsatz

Die eingesetzte Energie der gesamten Lieferkette und die damit einhergehenden Emissionen bleiben geringer. Maßnahmen zur Erhaltung der Qualität, wie reuse, refill, remanufacture, sind besonders gewinnbringend, da der Wert und die investierte Energie erhalten bleiben.

2.7.3. Wie gelangen wir zur Performance Economy?

Die aktuellen Regeln der Wirtschaft wurden für ein lineares System gemacht. Viele Unternehmer können sich ihr Geschäftsmodell mit zurückgehenden Produktionsmengen nicht vorstellen. Ken Webster[193] von der Ellen MacArthur Foundation stellte bei einem seiner Vorträge die folgenden Fragen:

- Was produzieren wir?
- Wie produzieren wir?
- Wer hat dadurch einen Vorteil?

Gemeinsam mit vielen anderen fordert Florian Flachenecker,[194] einen eigenen EU-Binnenmarkt für sekundäre Materialien zu schaffen, solange primär gewonnene Rohstoffe billig auf den Markt kommen. Diesen Markt zu stützen wäre eine Investition in die Kreislaufwirtschaft und damit in die Resilienz des Wirtschaftsraumes.

Tatsächlich wäre es eine „Zumutung", gewohnte Wirtschaftssysteme zu verändern. Walter Stahel vergleicht das lineare System mit einem Fluss, den man nicht einfach stoppen kann, sondern umleiten muss. Betroffene in der Gesellschaft müssen die Notwendigkeit verstehen und von einer breiten Mehrheit akzeptierte Rahmenbedingungen müssen geschaffen werden. Dann wäre der richtige Zeitpunkt, von den Politiker:innen des Wirtschaftsraumes Steuererleichterungen für die Arbeit der Menschen und erneuerbare Energieformen zu fordern[195]. Alle nicht erneuerbaren Ressourcen, wie fossile Energieträger, primäre Rohstoffe oder Abfälle, sollten stärker besteuert werden. Walter Stahel[196] sagt: „Besteuern, was reduziert werden soll."

---

193 Ken Webster (Ellen MacArthur Foundation) beim Hessischen Ressourceneffizienz-Kongress 2016 .

194 EU "Circular Economy Act" – Das parlamentarische Frühstück mit GJ Gerbrandy MEP, Anna Cavazzini MEP, Florian Flachenecker (EU Commission), Konstantin Litke (BNW) (2025).

195 Walter R. Stahel/Roland Clift Taking Stock of Industrial Ecology, Verlag Springer Open, 2016 Chapter 7 Stocks and Flows in the Performance Economy, 154.

196 Vortrag „Circular Economy for everybody" von Walter Stahel, Oktober 2021.

2.8. Biomimikry und naturbasierte Lösungen

Sylvia Billisics

2.8.1. Einleitung: Was ist Biomimikry?

In einer zunehmend von ökologischen, ökonomischen und gesellschaftlichen Krisen geprägten Welt rückt die Frage nach nachhaltigen Innovationsansätzen verstärkt in den Fokus von Forschung und Entwicklung. Ein vielversprechender, interdisziplinärer Ansatz ist die **Biomimikry** (auch: Biomimese, Bionik), welche das Ziel verfolgt, die über Jahrmilliarden evolutionär optimierten Strukturen, Prozesse und Prinzipien der Natur für technologische, architektonische und organisatorische Lösungen nutzbar zu machen. Im Zentrum steht dabei nicht die oberflächliche Nachahmung biologischer Formen, sondern die funktionale und systemische Adaption natürlicher Mechanismen im Sinne einer nachhaltigen Gestaltung.

Der Begriff Biomimikry stammt aus dem Griechischen:

- **bios** = Leben
- **mimesis** = Nachahmung

Biomimikry ist ein Konzept, bei dem sich Menschen **von der Natur inspirieren** lassen, um technische, architektonische oder gestalterische Lösungen zu entwickeln. Biomimikry erforscht, wie Pflanzen, Tiere oder Mikroorganismen Probleme lösen, und **imitiert diese Prinzipien auf menschliche Technologien und Designs.**

Der Begriff Biomimikry wurde maßgeblich durch die Biologin Janine Benyus in den 1990er-Jahren geprägt. Sie definierte Biomimikry als „das bewusste Nachahmen von Naturmodellen, -systemen und -prozessen, um menschliche Herausforderungen zu lösen".[197] In diesem Sinne wird die Natur

- als Modell für technische Innovationen,
- als Maßstab für nachhaltige Effizienz und
- als Mentor für ein neues Innovationsverständnis betrachtet.

Biomimikry stellt nicht vom Menschen geschaffene Lösungen in den Mittelpunkt, sondern evolutionär bewährte Prinzipien, die sich in natürlichen Ökosystemen über lange Zeiträume hinweg durchgesetzt haben und unterscheidet sich dadurch grundlegend von klassischen technischen Entwicklungsansätzen. Dabei kommen Prinzipien wie Ressourceneffizienz, Selbstregulation, Kreislaufwirtschaft, Anpassungsfähigkeit und Resilienz zum Tragen – Qualitäten, die auch für eine nachhaltige technologische Entwicklung von zentraler Bedeutung sind.

Die **Anwendungsmöglichkeiten** von Biomimikry sind breit gefächert und reichen von **Materialwissenschaften** (zB Lotuseffekt in der Oberflächentechnologie) über **Architektur-**

197 Biomimicry 3.8 ist das weltweit führende Beratungs- und Berufsausbildungsunternehmen mit Schwerpunkt auf naturfreundlichem Design und Innovation, Die Geschichte der Biomimikry 3.8, https://biomimicry.net/history/, abgerufen am 28.7.2025.

und Gebäudetechnik (zB termiteninspirierte Belüftungssysteme) bis hin zur **Systeminnovation und Organisationsentwicklung** (zB Schwarmintelligenz als Vorbild für dezentralisierte Steuerungssysteme). Durch die interdisziplinäre Natur des Ansatzes ergeben sich vielfältige Synergien mit Disziplinen wie Biologie, Ingenieurwesen, Design, Stadtplanung und Nachhaltigkeitsforschung.

Diese Einleitung bildet den theoretischen Rahmen für eine vertiefte Auseinandersetzung mit Biomimikry als wissenschaftlich fundiertem Gestaltungsprinzip. Im Folgenden sollen sowohl die methodologischen Grundlagen als auch konkrete Anwendungsfelder und Herausforderungen beleuchtet werden, um das transformative Potenzial biomimetischer Innovationen systematisch zu analysieren.

2.8.2. Biomimikry und naturbasierte Lösungen: Nachhaltige Innovation durch systemisches Lernen von der Natur?

Die zunehmenden globalen Herausforderungen – von der Klimakrise über den Biodiversitätsverlust bis hin zur Ressourcenknappheit – erfordern innovative Lösungsansätze, die ökologisch tragfähig, ökonomisch sinnvoll und sozial gerecht sind. In diesem Kontext rücken zwei Konzepte verstärkt in den Fokus von Wissenschaft, Technik und Politik: **Biomimikry** und **naturbasierte Lösungen** (Nature-based Solutions, NbS). Beide Ansätze bieten komplementäre Strategien, um mithilfe natürlicher Prinzipien zukunftsfähige Innovationen zu entwickeln.

2.8.2.1. Biomimikry: Von der Beobachtung zur funktionalen Anpassung

Biomimikry beschreibt die systematische Übertragung biologischer Strukturen, Prozesse und Prinzipien auf technische und organisatorische Lösungen. Im Unterschied zur bloßen biomorphen Gestaltung geht es hierbei um ein vertieftes Verständnis ökologischer Zusammenhänge und evolutionär optimierter Mechanismen.

Die Natur operiert nach Prinzipien wie

- Ressourceneffizienz,
- Kreislaufwirtschaft,
- Multifunktionalität und Selbstregulation.

Diese Mechanismen werden in der Biomimikry nicht nur als „Best Practices" betrachtet, sondern als Ausdruck einer adaptiven Intelligenz, die über Jahrmillionen in unterschiedlichen Ökosystemen entwickelt wurde.

Die sechs übergreifenden Prinzipien der Biomimikry sind:

- Entwicklung zum Überleben
- Anpassung an sich verändernde Bedingungen
- Ortsgebunden und reaktionsfähig sein
- Lebensfreundliche Chemie nutzen
- Ressourcenschonend sein
- Entwicklung mit Wachstum verbinden

Folgt man diesen Prinzipien, kann man sicherstellen, dass ein Prozess oder Design dem Ethos der Biomimikry entspricht – **Designs zu schaffen, die anpassungsfähig sind und weiterhin lebensfördernd wirken (creating conditions conducive to life)**.

Beispiele für die Anwendung von Biomimikry sind zB

- Die Entwicklung der **selbstreinigenden Oberflächen** nach dem Vorbild der Lotuspflanze (Nelumbo nucifera). Die mikroskopisch strukturierte Oberfläche der Blätter bewirkt, dass Wasser Schmutzpartikel mitnimmt – ein Prinzip, das auf Fassadenfarben („Lotus-Effekt") oder hygienische Oberflächen in der Medizintechnik übertragen wurde.[198]
- Die **Strömungsoptimierung** nach dem Modell der Haifischhaut – mit ihren feinrippigen Strukturen – findet Anwendung in der Luftfahrt, im Schiffbau und in der Medizintechnik zur Reduktion von Widerstand und Bakterienanlagerung.[199]
- Ein interdisziplinäres Beispiel bietet das **Eastgate Centre** in Harare (Simbabwe), das sich die passive Klimaregulierung von Termitenhügeln zum Vorbild nahm. Die komplexen Belüftungskanäle in den natürlichen Bauten ermöglichen eine konstante Innentemperatur trotz hoher Außentemperatur-Schwankungen – eine Eigenschaft, die das Gebäude nutzt, um bis zu 90 % an Energie für Klimatisierung einzusparen.[200]

2.8.2.2. Naturbasierte Lösungen: Ökologische Resilienz durch Integration von Ökosystemleistungen

Im Gegensatz zur eher technologisch geprägten Biomimikry zielen **naturbasierte Lösungen (NbS)** darauf ab, ökologische Prozesse selbst in Infrastruktur, Planung und Gesellschaft zu integrieren. Solche Maßnahmen dienen der Wiederherstellung natürlicher oder veränderter Ökosysteme und generieren dabei gleichzeitig **Vorteile für Mensch und Natur.**

Konkret bedeutet dies etwa: die Wiederherstellung von Auenlandschaften zur natürlichen Hochwasserregulierung, der Einsatz von städtischem Grün zur Hitzeminderung und Luftreinigung oder die Anpflanzung von Mangroven als lebendiger Küstenschutz gegen Erosion und Sturmfluten. All diese Maßnahmen nutzen die Ökosystemleistungen der Natur – wie Wasserregulation, CO-Speicherung, Erosionsschutz oder Biodiversitätsförderung – und integrieren sie aktiv in Planungs- und Entscheidungsprozesse. Studien zeigen, dass NbS in vielen Fällen kosteneffizienter und resilienter sind als konventionelle graue Infrastruktur.

---

198 Emily Göbel, Selbstreinigende Oberflächen – Der Lotus-Effekt®, https://tu-dresden.de/bg/standorte/dresden/transl/bionik/selbstreinigende-oberflaechen Emily Göbel.

199 Dr. Volkmar Stenzel und Dipl.-Ing. (FH) Yvonne Kowalik, Fraunhofer IFAM. Technologien, Strömungsoptimierte Beschichtungen https://www.ifam.fraunhofer.de/de/technologien/stroemungsoptimierte-beschichtungen.html, abgerufen am 28.7.2025.

200 Architects Pearce Partnership, Eastgate in Harare, https://www.mickpearce.com/Eastgate.html#:~:text=Eastgate%20in%20Harare%20is%20an,order%20of%20steel%20and%20glass, abgerufen am 28.7.2025.

2.8.2.3. Synergien und komplementäre Ansätze

Biomimikry und NbS teilen einen zentralen Denkansatz: die **Natur nicht als Hindernis, sondern als Innovationsquelle** zu begreifen. Während Biomimikry vor allem auf der **Mikro- und Mesoebene** – etwa in Materialentwicklung, Produktdesign oder Architektur – wirksam wird, adressieren NbS vorrangig die **Makroebene** von Stadt- und Landschaftsplanung sowie Klimapolitik.

In der Praxis lassen sich beide Ansätze hervorragend kombinieren. So könnten Stadtplaner beispielsweise biomimetische Materialien für Fassaden verwenden, die Wärme regulieren, während sie gleichzeitig auf grüne Infrastruktur wie vertikale Gärten, Schwammstadt-Prinzipien oder urbane Biodiversitätsinseln setzen. Die Integration solcher Konzepte bietet einen systemischen, resilienten und adaptiven Ansatz für zukünftige Entwicklungen.

Herausforderungen in der Umsetzung

Trotz ihres Potenzials stoßen Biomimikry und NbS in der Praxis auf ähnliche Barrieren. Dazu zählen:

- **Fehlende Interdisziplinarität:** Die effektive Umsetzung erfordert enge Kooperation zwischen Biolog:innen, Ingenieur:innen, Architekt:innen, Stadtplaner:innen und Sozialwissenschaftler:innen.
- **Standardisierung und Bewertung:** Es mangelt an einheitlichen Bewertungsinstrumenten für die Wirkung und Qualität von NbS. Auch bei der patentrechtlichen Einordnung von biomimetischen Lösungen bestehen Unsicherheiten.
- **Wirtschaftliche Anreizstrukturen:** Der Markt bevorzugt oft kurzfristige Gewinne gegenüber langfristigen, systemischen Lösungen.
- **Politische Rahmenbedingungen:** NbS und Biomimikry benötigen förderliche rechtliche, finanzielle und planerische Rahmenbedingungen, etwa in öffentlichen Ausschreibungen oder Förderprogrammen.

2.8.3. Fazit und Ausblick

Biomimikry und naturbasierte Lösungen bieten wegweisende Potenziale für eine nachhaltige Transformation unserer Gesellschaft, indem sie natürliche Prinzipien nicht nur nachahmen, sondern funktional in technische, infrastrukturelle und gesellschaftliche Systeme einbinden. Sie laden dazu ein, **Natur als Modell, Maßstab und Mentor** zu begreifen – eine Sichtweise, die technologische Innovation mit ökologischer Verantwortung vereint.

Für die Zukunft gilt es, diese Konzepte weiter zu erforschen, interdisziplinär zu verankern und strukturell zu fördern. Nur so kann die systemische Intelligenz der Natur als gestaltender Teil unserer Innovationskultur etabliert werden – nicht als Alternative zur Technik, sondern als evolutionäre Erweiterung unseres Denkens.

Die Natur hat nachhaltige Lösungen über Millionen Jahre optimiert – Biomimikry hilft, neue Denkweisen zu entwickeln, indem man Probleme mit den „Augen der Natur“ betrachtet und so **Lösungen findet, die anpassungsfähig und überlebensfördernd sind.**

2.9. Cradle-to-Cradle: Ein Schlüsselkonzept der Kreislaufwirtschaft – von der Theorie zur Praxis

Marion Schulz

2.9.1. Grundlagen

2.9.1.1. Entwicklung und Vision des Konzeptes

Das Cradle to Cradle® (C2C®)[201] Design-Konzept wurde Ende der 1990er-Jahre von dem deutschen Chemiker Michael Braungart und dem US-amerikanischen Architekten William McDonough entwickelt. Es hat die Grundprinzipien der heutigen Kreislaufwirtschaft maßgeblich geprägt. „Cradle to Cradle" bedeutet übersetzt „von der Wiege in die Wiege" und beschreibt ein System geschlossener Kreisläufe ohne Abfall. Erstmals ausführlich vorgestellt wurde das Konzept 2002 in dem Buch „Cradle to Cradle: Remaking the Way We Make Things". 2013 führten die Autoren ihre Ideen in „The Upcycle: Beyond sustainability-designing for abundance" weiter aus.

Das C2C®-Modell definiert praktische Prinzipien und Methoden für das Design von Produkten. Die geschlossenen C2C®-Kreisläufe bilden die Grundlage für Wertschöpfungsketten von Materialien in der Kreislaufwirtschaft[202] und haben die Art und Weise, wie wir über Produktdesign, Ressourcennutzung und Abfallmanagement denken, revolutioniert.

C2C® unterscheidet sich grundlegend vom traditionellen linearen Wirtschaftsmodell „Cradle to Grave" („von der Wiege ins Grab"), das auf dem Prinzip „take-make-waste" (nehmen, herstellen, entsorgen) beruht. Im Gegensatz dazu basiert C2C® auf dem Prinzip der geschlossenen Kreisläufe, bei dem alle verwendeten Materialien entweder in biologischen oder technischen Kreisläufen geführt werden. Materialien werden so in Produkte gewandelt, dass sie in kontinuierlichen Kreisläufen geführt werden können und sollen. Dabei geht das Konzept weit über das klassische Recycling hinaus und strebt eine vollständige Neugestaltung von Produktions- und Konsumprozessen an. Das „Cradle to Cradle"-Verständnis ist grundlegend für alle Produkte, die in einer Kreislaufwirtschaft verwendet werden sollten, und wurde auch in eine Zertifizierung weiterentwickelt.

2.9.1.2. Theoretische Grundlagen

2.9.1.2.1. Von der Öko-Effizienz zur Öko-Effektivität

Das Cradle-to-Cradle®-Prinzip orientiert sich stark an den Ökosystemen der Natur: Biologische Kreisläufe hinterlassen keinen Abfall und agieren „öko-effektiv", dh sie geben der Umgebung mehr als notwendig wäre. Ein Beispiel dafür ist der Kirschbaum, der als Symbol für Öko-Effektivität gilt. Ein Kirschbaum erzeugt viel mehr Blüten und Früchte, als er für seinen eigenen Fortbestand braucht und ernährt dadurch die gesamte Umgebung mit Nährstoffen. Er bereichert nicht nur das Ökosystem, sondern er-

201 Cradle to Cradle Certified® ist eine eingetragene Marke des Cradle to Cradle Products Innovation Institute. Cradle to Cradle® und C2C® sind eine eingetragene Marke des MBDC, LLC.

202 Mulhall/Braungart/Hansen, Creating buildings with positive impacts. Technische Universität München, in association with BAMB, München, 2019, S 15.

füllt noch eine Vielzahl weiterer wichtiger Funktionen. Hierzu gehören zB die Bindung von Kohlenstoff, die Produktion von Sauerstoff und die Beherbergung von Tieren. Am Ende des Lebenszyklus wird der Baum wieder zu Erde und düngt den Boden für weiteres Wachstum.[203]

Öko-Effektivität beschreibt daher ein komplett anderes Konzept als Öko-Effizienz. Während Öko-Effizienz darauf abzielt, die negativen Folgen von Umwelteinflüssen zu minimieren, versucht Öko-Effektivität auf die Vergrößerung des positiven Einflusses von Materialien und Produkten zu fokussieren. Damit wird ein regenerativer Ansatz verfolgt statt ein erschöpfender. In diesem Zusammenhang wird von einer „*neuen Designaufgabe*" gesprochen. Anstatt nur kleine Verbesserungen im bestehenden System vorzunehmen, wird gefordert, komplett neu zu denken.[204]

2.9.1.2.2. Die 3 Grundprinzipien von Cradle to Cradle

Abfall ist Nährstoff (Nährstoff bleibt Nährstoff)

Das zentrale Grundprinzip von C2C® besagt, dass Abfall als Nährstoff verstanden wird. Damit werden die natürlichen Nährstoffzyklen in der industriellen Produktion imitiert. In der Natur wird der Abfall eines Organismus automatisch Nahrung oder Ressource eines anderen Organismus. Auch in der vorindustriellen Zeit wurden Produkte wieder sicher in den biologischen Kreislauf zurückgeführt oder wertvolle Metalle wieder eingeschmolzen und wiederverwendet. Doch durch die Verfügbarkeit von billigen, synthetischen Materialien wurde es weniger teuer und attraktiver, Produkte neu herzustellen, als Infrastrukturen für die Sammlung, Reinigung und Sortierung zur Wiederverwendung bereitzustellen.[205]

Mit dem C2C®-Konzept soll nach Braungart (2002) ein neues System hergestellt werden, in dem die bereits existierenden Materialien im System erhalten bleiben. Die Eliminierung des Konzepts von „Abfall" setzt voraus, dass Produkte von Anfang so entworfen werden, dass die Materialien am Ende ihres Lebenszyklus nicht zu Abfall werden, sondern als Wert- und Nährstoff weiter genutzt werden können. Dabei wird grundsätzlich zwischen biologisch abbaubaren Produkten unterschieden, die Nährstoff für den biologischen Kreislauf in der Folge sein können, und technischen Materialien, die in einem geschlossenen technischen Kreislauf verbleiben.[206] Die zwei Kreisläufe werden in Kap 2.9.1.2.3. näher beschrieben.

Nutzung erneuerbarer Energien

Ein weiteres Grundprinzip beschreibt die Nutzung erneuerbarer Energien. So sollen für die Herstellung von C2C®-Produkten ausschließlich regenerative Energiequellen aus

203 Braungart/McDonough, Cradle to Cradle – Einfach intelligent produzieren, 2014, übersetzt aus Cradle to Cradle – Remaking the way we make things, München, 2002, S 95f.

204 Braungart/McDonough, Cradle to Cradle – Einfach intelligent produzieren, 2014, übersetzt aus Cradle to Cradle – Remaking the way we make things, München, 2002, S 118.

205 Braungart/McDonough, Cradle to Cradle – Einfach intelligent produzieren, 2014, übersetzt aus Cradle to Cradle – Remaking the way we make things, München, 2002, S 123f.

206 Braungart/McDonough, Cradle to Cradle – Einfach intelligent produzieren, 2014, übersetzt aus Cradle to Cradle – Remaking the way we make things, München, 2002, S 136.

Wind- oder Sonnenkraft genutzt werden. Dies betrifft nicht nur die direkte Produktionsphase, sondern den gesamten Lebenszyklus eines Produkts sowie das Recycling am Ende des technischen Kreislaufs. Unternehmen werden aufgefordert, ihre Energieversorgung grundlegend zu überdenken und innovative Lösungen zu entwickeln, die den Einsatz regenerativer Energiequellen vorantreiben – bis hin zu Gebäuden, die mehr Energie abgeben als sie verbrauchen.[207]

Vielfalt zelebrieren und fördern

Das dritte Prinzip betont die Bedeutung von „*Vielfalt von Bedürfnissen und Wünschen*". Es bezieht sich nicht nur auf die biologische und kulturelle Vielfalt, sondern auch die Vielfalt der Ideen und Innovationen. In weiterer Folge umfasst es die verschiedenen Nutzungsmöglichkeiten von vielen Nutzern zu verschiedenen Zeiten und damit eine Anpassungsfähigkeit des Produkts. In dem Zusammenhang sollte schon früh, über die eigentliche Herstellung hinaus, über das Nutzungsszenario und Rückgabe- bzw Verwertungsmöglichkeiten nachgedacht werden. Dabei wird Vielfalt als Schlüssel zur Anpassungsfähigkeit und Resilienz in natürlichen und menschlichen Systemen gesehen. Auch werden Netzwerke von Informationen angesprochen, um eine größere Bandbreite von ökologischen und sozialen Zusammenhängen und die wichtige Zukunftsperspektive zu berücksichtigen.[208]

Unternehmen werden angehalten, nicht nur die negativen Auswirkungen ihrer Tätigkeiten auf die Umwelt zu minimieren, sondern aktiv zum Erhalt und zur Stärkung natürlicher Ökosysteme beizutragen. Dies erfordert die Integration von Naturschutzaspekten in die Unternehmensplanung und die bewusste Gestaltung von Synergien zwischen wirtschaftlichen Aktivitäten und natürlichen Systemen.

2.9.1.2.3. Die zwei Kreislaufsysteme

Das C2C-Konzept unterscheidet grundsätzlich zwischen zwei verschiedenen Kreislaufsystemen – dem biologischen und dem technischen Kreislauf:

207 Braungart/McDonough, Cradle to Cradle – Einfach intelligent produzieren, 2014, übersetzt aus Cradle to Cradle – Remaking the way we make things, München, 2002, S 163 f.

208 Braungart/McDonough, Cradle to Cradle – Einfach intelligent produzieren, 2014, übersetzt aus Cradle to Cradle – Remaking the way we make things, München, 2002, S 175 f.

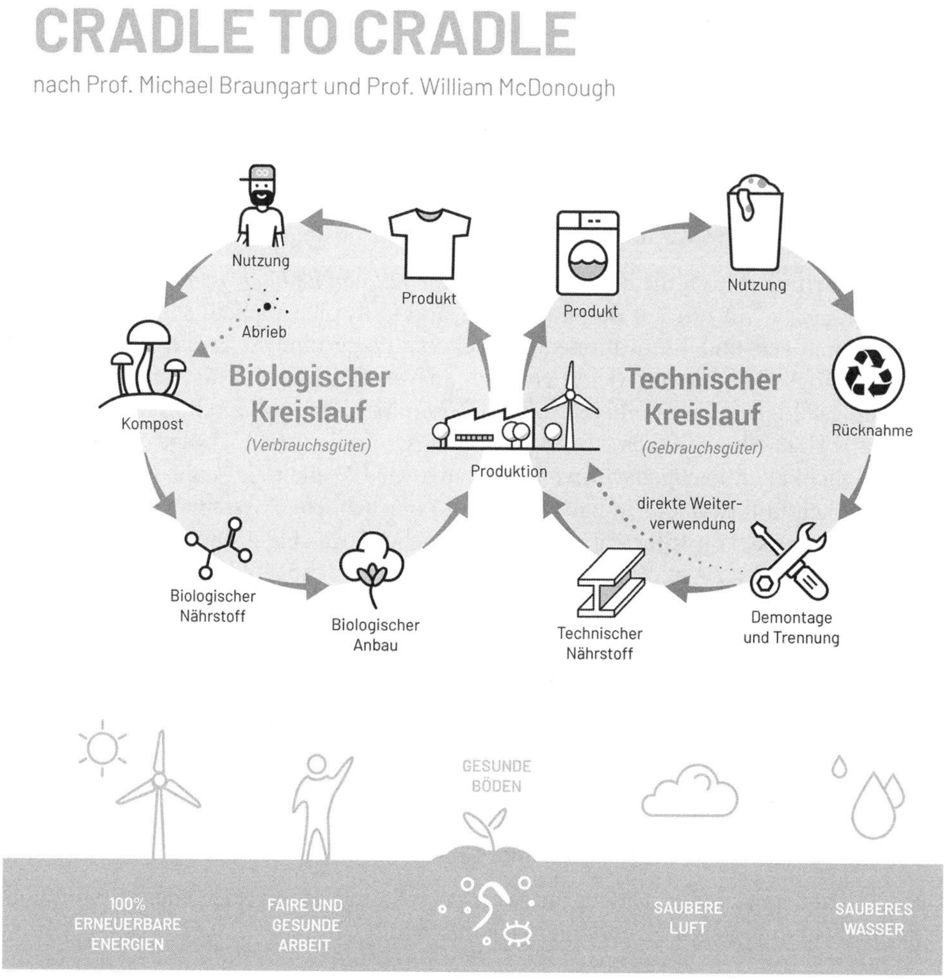

Abb 13: „Cradle to Cradle – Funktionsprinzip nach Braungart und McDonough"
[Quelle: Felix Müller (www.zukunft-selbermachen.de) Licence: CC-BY-SA 4.0]

Im biologischen Kreislauf werden Verbrauchsgüter so konzipiert, dass sie nach ihrer Nutzung vollständig und ohne Schadstoffe für die Natur biologisch abgebaut werden können. Damit zirkulieren Verbrauchsgüter im biologischen Kreislauf (Biosphäre), denn sie sind einer Abnutzung ausgesetzt und gelangen in die Umwelt. Die enthaltenen Materialien werden dabei zu Nährstoffen für neue biologische Prozesse. Dies würde beispielsweise Verpackungen, Reinigungsmittel oder Textilien aus Naturfasern betreffen, jedoch auch Produkte wie Reifen, Schuhsohlen oder Sitzbezüge, deren Bestandteile die Natur und Menschen aufnehmen. Grundlegende Voraussetzung hierfür ist, dass keine schädlichen Substanzen vorhanden sind, die die Biosphäre beeinträchtigen könnten.[209]

209 Braungart/McDonough, Cradle to Cradle – Einfach intelligent produzieren, 2014, übersetzt aus Cradle to Cradle – Remaking the way we make things, München, 2002, S 136 f.

Im technischen Kreislauf hingegen verbleiben Gebrauchsgüter in einem geschlossenen System, in dem die verwendeten Materialien ohne Qualitätsverlust wiederverwendet werden können. Dies betrifft vor allem langlebige Produkte wie elektronische Geräte, Fahrzeuge oder Maschinen. Der Schlüssel zum Erfolg liegt hier im Design von modularen, austauschbaren Komponenten und sortenrein trennbaren Materialien in Produkten, um die Rückgewinnung der eingesetzten Materialien zu erreichen. In diesem Zusammenhang wird auch von einem „*Dienstleistungs- und Serviceprodukt*" gesprochen, wo Kunden nur das Service eines Produkts für eine gegebene Nutzerzeit erwerben und das Produkt im Besitz des Herstellers verbleibt.[210]

Wichtig dabei ist, dass sich diese beiden Kreisläufe nicht gegenseitig verunreinigen. Erzeugnisse müssen biologisch abbaubar sein, unabhängig davon, zu welchem Zeitpunkt sie in die Biosphäre gelangen. Sie sollten daher den technischen Kreislauf nicht verlassen, falls sie es nicht sind. Gegenseitigen Verunreinigungen kann vorgebeugt werden, indem die Produkte so designt sind, dass sie wieder in ihre Einzelteile zerlegt werden können und somit jedes Teil auch in die dafür vorgesehene Sphäre zurückgelangen kann.[211]

2.9.2. Cradle to Cradle® in der betrieblichen Praxis

Die Grundsätze und Denkweise von Cradle to Cradle® können einerseits als Innovationskonzept und Denkansatz für Innovation und zirkuläres Design im Unternehmen genutzt werden. Andererseits gibt es eine eigene privatwirtschaftlich organisierte Zertifizierung von C2C®-Produkten. Auf beide Varianten soll in diesem Kapitel eingegangen werden.

2.9.2.1. Cradle to Cradle® als Designkonzept

Das Cradle to Cradle® als Designkonzept ist eine Anleitung für innovative und zukunftsfähige C2C®-Produkte und Geschäftsmodelle. Damit wurde einerseits eine wichtige Grundlage geschaffen, auf der andere Konzepte der Kreislaufwirtschaft, wie das „*Butterfly Diagram*" der Ellen MacArthur Foundation, aufbauen. Andererseits sind die Konzepte und Ideen aktueller denn je, und man kann sich für die eigene Produktentwicklung bzw Unternehmensstrategie inspirieren lassen.

Dafür werden auch 5 Leitprinzipien für Industriedesigner und Unternehmensführer beschrieben, um eine öko-effektive Vision umzusetzen und zu beginnen:

- Machen Sie Ihre Absichten deutlich!
- Geben Sie etwas zurück!
- Seien Sie bereit, bei der Innovation weiterzugehen!
- Verstehen Sie die Lernkurve und bereiten Sie sich darauf vor!
- Schieben Sie nicht die Verantwortung nicht auf nachfolgende Generationen ab![212]

210 Braungart/McDonough, Cradle to Cradle – Einfach intelligent produzieren, 2014, übersetzt aus Cradle to Cradle – Remaking the way we make things, München, 2002, S 142 f.

211 Braungart/McDonough, Cradle to Cradle – Einfach intelligent produzieren, 2014, übersetzt aus Cradle to Cradle – Remaking the way we make things, München, 2002, S 136.

212 Braungart/McDonough, Cradle to Cradle – Einfach intelligent produzieren, 2014, übersetzt aus Cradle to Cradle – Remaking the way we make things, München, 2002, S 222f.

2.9.2.2. Cradle to Cradle® als Zertifizierung

C2C® verfügt neben dem Designkonzept über eine privatwirtschaftliche Zertifizierungsorganisation, bei der Unternehmen ihre Produkte nach dem „*Cradle to Cradle® Certified Product Standard*" zertifizieren lassen können. Für die Zertifizierung wird das Konzept in verschiedene Leistungsstufen unterteilt und nach fünf Kategorien bewertet[213]:

- umweltsichere und gesunde Materialien (*material health*),
- materielle Weiternutzung/Kreislauffähigkeit (*product circularity*),
- Treibhausgase, erneuerbare Energien (*clean air & climate protection*),
- Abwasserreinigung, Bodenschutz (*water & soil stewardship*)
- Menschen- und Arbeitnehmerrechte (*social fairness*)

In einem Prozess, der eine intensive Analyse der enthaltenen Materialien und Herstellprozesse umfasst, wird das Produkt in diesen Kategorien jeweils individuell einer Leistungsstufe (Bronze, Silber, Gold, Platin) zugeordnet und damit bewertet. Die verliehene Stufe bedeutet, dass in allen fünf Bereichen mindestens diese Leistung erzielt wird. Nur vom Product Innovation Institut zertifizierte Produkte dürfen das Label „*C2C certified*" führen. Neben der vollständigen Produktzertifizierung wurde seit 2025 auch eine eigene „Zirkularitätszertifizierung" und „Materialgesundheits-Zertifizierung" eingeführt.[214] Eine Liste von zertifizierten Produkten nach Kategorie kann online abgerufen werden.[215]

2.10. Suffizienz: Konzept, Strategien und Potenziale für eine nachhaltige Transformation

Sigrid Stagl

2.10.1. Was ist Suffizienz? Definition und Konzept

Suffizienz ist eine Strategie nachhaltiger Entwicklung, deren Ziel eine absolute Begrenzung des Verbrauchs von Ressourcen und Energie ist. Im Unterschied zu Effizienzstrategien, die eine Erhöhung des Outputs pro Ressourceneinheit anstreben, und zu Konsistenzansätzen, die auf die Nutzung ökologisch kompatibler Technologien setzen, fokussiert sich die Suffizienz auf die Transformation individueller Lebensstile, gesellschaftlicher Bedürfnisse sowie der sie strukturierenden infrastrukturellen und institutionellen Rahmenbedingungen.

Gemäß Zell-Ziegler et al[216] wird Suffizienz im energiepolitischen Kontext definiert als eine Strategie, um „die absolute Reduktion des Konsums energiebezogener Dienstleistungen durch gesellschaftliche und lebensstilbezogene Veränderungen" herbeizuführen. Die Autor:innen betonen in diesem Zusammenhang die systemische Dimension des Suffizienzansatzes, da dieser gängige soziale Normen, mentale Infrastrukturen und dominante wirtschaftliche Strukturen kritisch hinterfragt.

213 Die Beschreibung der aktuellen Anforderungen für die einzelnen Kategorien ist im Standard „Cradle to Cradle certified product standard, Version 4.1" von 2024 vom Product Innovation Institut veröffentlicht.

214 Cradle to Cradle, Products Innovation Institute: https://c2ccertified.org/the-standard, abgerufen am 30.1.2025.

215 Verzeichnis der zertifizierten Produkte, C2C Certified: https://c2ccertified.org/certified-products, abgerufen am 30.1.2025.

216 Zell-Ziegler, C., Thema, J., Best, B., Wiese, F., Lage, J., Schmidt, A., … & Stagl, S. (2021). Enough? The role of sufficiency in European energy and climate plans. Energy Policy, 157, 112483.

Aus einer stärker verhaltensökonomischen Perspektive beschreibt Alcott[217] Suffizienz als bewussten Konsumverzicht aus ökologischer Motivation. Dies impliziert, dass die vorhandene Kaufkraft nicht in vollem Umfang genutzt wird, um ökologische Belastungen zu reduzieren.

Ian Gough[218] schlägt demgegenüber eine normative Rahmung vor, in der Suffizienz als Raum zwischen einem „sozialen Boden“ (dh der Befriedigung grundlegender menschlicher Bedürfnisse) und einer „planetaren Decke“ (nicht verallgemeinerbarem, ökologisch destruktivem Überkonsum) verstanden wird. In der vorliegenden Konzeption nimmt Suffizienz die Funktion eines normativen Maßstabs ein, wobei auf menschenrechtlich fundierte Mindeststandards sowie ökologische Belastungsgrenzen Bezug genommen wird.

Empirische Studien von Steinberger et al[219] belegen zudem, dass ein hohes Maß an sozialem Wohlergehen mit vergleichsweise geringem Energieverbrauch vereinbar ist – sofern gesellschaftliche Rahmenbedingungen suffizienzfördernd ausgestaltet sind. Diese Erkenntnisse betonen die praktische Relevanz einer bedürfnisorientierten Suffizienzstrategie, die innerhalb planetarer Grenzen umgesetzt wird.

Obwohl Suffizienz als ein zunehmend relevantes Konzept erachtet wird, wird es im öffentlichen Diskurs sowie in Teilen der wissenschaftlichen Debatte häufig auf den individuellen Konsumverzicht reduziert. Eine derartige Gleichsetzung erweist sich jedoch als konzeptionell unzulänglich, da sie den politisch-strukturellen Anspruch suffizienzorientierter Nachhaltigkeitsstrategien verkennt.

Konsumverzicht zielt primär auf individuelle Entscheidungen ab, etwa im Sinne freiwilliger Einschränkungen des materiellen Konsums oder der selektiven Nutzung bestimmter Güter. Suffizienz hingegen ist ein umfassender gesellschaftlicher Gestaltungsansatz. Das Ziel besteht nicht nur in der Förderung individueller Verhaltensänderungen, sondern auch in der Schaffung einer strukturellen Grundlage für ein erfülltes Leben innerhalb ökologischer Grenzen. Dabei fungiert Suffizienz als normative Leitlinie für die Ausgestaltung gesellschaftlicher Infrastrukturen, institutioneller Arrangements und kollektiver Lebensweisen. In der vorliegenden Untersuchung wird die individuelle Bereitschaft zur Einschränkung nicht primär in den Vordergrund gestellt. Stattdessen werden die politischen und ökonomischen Voraussetzungen für die Realisierung eines „Genug für alle“ innerhalb planetarer Belastungsgrenzen adressiert.

In dieser Perspektive ist Suffizienz nicht als moralischer Appell zu verstehen, sondern als ein transformatives Prinzip gesellschaftlicher Organisation. Es strukturiert die Frage nach der Notwendigkeit, Legitimität und Angemessenheit von Konsumverhältnissen. Dies kann etwa im Kontext stadtplanerischer Gestaltung, verkehrs- und sozialpolitischer Regulierung oder bedürfnisorientierter Wirtschaftsmodelle betrachtet werden. Im

217 Alcott, B. (2008). The sufficiency strategy: Would rich-world frugality lower environmental impact? Ecological economics, 64(4), 770–786.

218 Gough, I. (2023). Sufficiency as a value standard: From preferences to needs. Ethics, Policy & Environment, 1–22.

219 Steinberger, J. K., & Roberts, J. T. (2010). From constraint to sufficiency: The decoupling of energy and carbon from human needs, 1975–2005. Ecological Economics, 70(2), 425–433.

Fokus steht nicht die individuelle Enthaltsamkeit, sondern die kollektiv verhandelte Definition und institutionelle Absicherung von Bedürfnissen, Belastungsgrenzen und Verteilungsgerechtigkeit.

Diese konzeptionelle Differenzierung ist von zentraler Bedeutung, um Suffizienz als tragfähige politische Strategie zu institutionalisieren. Ihr transformatives Potenzial im Sinne einer sozial-ökologischen Gesellschaftsentwicklung kann sich nur entfalten, wenn Suffizienz systematisch in öffentliche Politiken integriert wird. Dies erfordert unter anderem die Neuausrichtung staatlicher Steuerungsinstrumente – etwa durch eine suffizienzorientierte Ausgestaltung der Daseinsvorsorge, die Implementierung ökologisch motivierter fiskalischer Maßnahmen oder die gezielte Förderung ressourcenbewusster, nicht profitorientierter Wirtschaftsformen.

Wie Getzner et al[220] eindrücklich herausarbeiten, bedingt eine suffizienzbasierte Daseinsvorsorge eine strategische Reallokation öffentlicher Investitionen zugunsten jener Infrastrukturen und Dienstleistungen, die Grundbedürfnisse decken, soziale Teilhabe ermöglichen und gleichzeitig ökologisch tragfähig ausgestaltet sind. Eine solche grundlegende Transformation öffentlicher Infrastruktursysteme ist essenziell, um Suffizienz nicht als individuelle Verzichtspraxis zu missverstehen, sondern als kollektiv getragene, institutionell verankerte Leitstrategie innerhalb der sozial-ökologischen Transformation zu etablieren.

2.10.2. Suffizienzstrategien in Energie und Kreislaufwirtschaft

2.10.2.1. Energie

Im Bereich der Energiepolitik werden als Suffizienzstrategien Maßnahmen definiert, die darauf abzielen, den Energieverbrauch einer Gesellschafts- oder Wirtschaftsstruktur auf ein absolutes Minimum zu reduzieren. Dies kann beispielsweise durch eine Verkleinerung der Wohnfläche pro Kopf, die Vermeidung nicht notwendiger Fahrten, die Einführung von Tempolimits oder die Förderung des Energiesparens durch regulative und infrastrukturelle Maßnahmen erfolgen. Zu den infrastrukturellen Maßnahmen zählen der Ausbau von Nahversorgungssystemen und die Verkehrswende. Gemäß Zell-Ziegler et al[221] werden derartige Strategien in den EU-Klimaplänen bislang kaum systematisch verfolgt. Suffizienz wird in der Regel auf individuelles Verhalten reduziert, anstatt als genuine Politikdimension behandelt zu werden.

2.10.2.2. Kreislaufwirtschaft

Im Bereich der Circular Economy wird der Begriff der Suffizienz durch Konzepte wie „Refuse“ (Verzicht), „Reduce“ (Reduktion) und „Rethink“ operationalisiert. Villalba-Eguiluz et al[222] demonstrieren anhand von Social-and-Solidarity-Economy-Initiativen,

220 Getzner, M., Damjanovic, D., Dowling, E., Müller, H. L., Plank, L., Strickner, A., … & Pöchhacker, T. (2024). Daseinsvorsorge 2030: Gute Grundversorgung für alle innerhalb planetarer Grenzen (Vol. 209). AK Wien.

221 Zell-Ziegler, C., Thema, J., Best, B., Wiese, F., Lage, J., Schmidt, A., … & Stagl, S. (2021). Enough? The role of sufficiency in European energy and climate plans. Energy Policy, 157, 112483.

222 Villalba-Eguiluz, U., Sahakian, M., González-Jamett, C., & Etxezarreta, E. (2023). Social and solidarity economy insights for the circular economy: Limited-profit and sufficiency. Journal of Cleaner Production, 418, 138050.

dass suffizienzorientierte Geschäftsmodelle nicht auf Gewinnmaximierung, sondern auf Bedürfnisbefriedigung abzielen. Die Integration von Reparatur, Wiederverwendung, Teilen und bewusstem Konsum in lokale Wertschöpfungssysteme leistet einen sozialen und ökologischen Beitrag. Bocken et al[223] ergänzen, dass derartige Modelle die Etablierung neuer Geschäftslogiken bewirken, beispielsweise durch die Verlangsamung von Materialflüssen oder die Entschleunigung von Konsumzyklen.

2.10.3. Warum Suffizienz notwendig ist: Effizienzgrenzen und Rebound-Effekte

Effizienzsteigerungen resultieren in einer relativen Umweltentlastung. Alcott[224] demonstriert, dass sowohl Effizienz- als auch Suffizienzstrategien Rebound-Effekte induzieren können. Die Analyse der ökonomischen Faktoren zeigt, dass mögliche Einsparungen durch Effizienz (beispielsweise im Bereich der Energie) durch eine steigende Nachfrage kompensiert werden können. Bei Suffizienz (beispielsweise durch Konsumverzicht) können durch sinkende Preise neue Nachfrageimpulse entstehen. Daher sind flankierende politische Rahmenbedingungen von zentraler Relevanz.

Peter Victor[225] vertritt die Auffassung, dass aus wachstumskritischer Perspektive die Suffizienz als notwendige Bedingung angesehen werden muss, um innerhalb ökologischer Grenzen wirtschaften zu können. Nachhaltigkeit sei nicht mit unendlichem Wachstum vereinbar; Suffizienz biete einen Weg, Bedürfnisse zu befriedigen, ohne Wachstum als Leitbild vorauszusetzen.

2.10.4. Potenziale der Suffizienz für Gesellschaft, Wirtschaft und Umwelt

2.10.4.1. Gesellschaftliche Perspektive

Suffizienz als Konzept der Nachhaltigkeit kann einen Beitrag zur Förderung sozialer Gerechtigkeit leisten. Dies kann durch die Festlegung eines „Genug für alle" erreicht werden. Dabei wird ein Minimum an Versorgung („Floor") definiert und der Überfluss („Ceiling") begrenzt. So entsteht ein Rahmen für Verteilungsgerechtigkeit und Bedürfnisorientierung.[226] Zugleich stärkt Suffizienz die Resilienz, etwa durch die Förderung lokaler Wirtschaftskreisläufe und kollektiver Daseinsvorsorge.

2.10.4.2. Ökonomische Perspektive

Suffizienzstrategien ermöglichen eine Umorientierung von Märkten weg von wachstumsabhängiger Konsumsteigerung hin zu bedürfnisorientierten Modellen. Unternehmen, die

223 Bocken, N. M., Niessen, L., & Short, S. W. (2022). The sufficiency-based circular economy – an analysis of 150 companies. Frontiers in sustainability, 3, 899289.

224 Alcott, B. (2008). The sufficiency strategy: Would rich-world frugality lower environmental impact?. Ecological economics, 64(4), 770–786.

225 Victor, P. A. (2019). Managing without growth: Slower by design, not disaster. In Managing Without Growth. Edward Elgar Publishing.

226 Vgl. Gough, I. (2023). Sufficiency as a value standard: From preferences to needs. Ethics, Policy & Environment, 1–22.

sich auf Reparatur, Langfristigkeit und Suffizienz fokussieren, können neue Arbeitsplätze schaffen und die Versorgungssicherheit stärken. Die Transformation erfordert jedoch auch einen Umbau der fiskalischen und investiven Rahmenbedingungen.

2.10.4.3. Umweltperspektive

Der zentrale Aspekt der Suffizienz besteht in der Reduktion des absoluten Ressourcenverbrauchs. Nur durch diese Maßnahmen können ökologische Kipppunkte – etwa in Bezug auf Klima, Biodiversität oder Stoffkreisläufe – vermieden werden. Suffizienz stärkt die Fähigkeit von Gesellschaften, innerhalb planetarer Grenzen zu wirtschaften, und ergänzt Effizienz- und Konsistenzstrategien um die entscheidende Frage: „Wie viel ist genug?"

2.10.5. Schlussfolgerung: Suffizienz als konstitutives Element einer sozial-ökologischen Transformation

Die Analyse ergibt, dass Suffizienz nicht lediglich als Zusatzmaßnahme zu Effizienz- und Konsistenzstrategien zu betrachten ist, sondern als eine eigenständige, normativ fundierte Transformationsstrategie, die für die Erreichung gesellschaftlicher Entwicklung innerhalb ökologischer Belastungsgrenzen als essenziell zu bewerten ist. Angesichts fortschreitender planetarer Übernutzung, systemischer Rebound-Effekte und wachstumsgetriebener Konsummuster ist eine absolute Reduktion des Ressourcen- und Energieverbrauchs erforderlich. Die Realisierung dieser Ziele erfordert die Implementierung von Politiken, Infrastrukturen und gesellschaftlichen Leitbildern, die sich am Prinzip der Suffizienz orientieren.

Die Idee der Suffizienz bietet die Möglichkeit, das Verhältnis von Wirtschaft, Gesellschaft und Natur neu zu konzeptualisieren. Im Fokus steht dabei nicht der Verzicht im individualethischen Sinne, sondern die kollektive Ausgestaltung von Grenzen des „Zuviel" und die politische Ermöglichung eines „Genug". Letzteres wird definiert über menschenrechtlich und bedürfnisorientiert begründete Mindeststandards („Floors") sowie planetarisch begrenzte Obergrenzen des Konsums („Ceilings"). Suffizienz ist demnach eine zentrale Voraussetzung für eine gerechte Verteilung ökologischer Handlungsspielräume im Sinne inter- und intragenerationeller Gerechtigkeit.

Für eine tatsächliche Implementierung ist ein Paradigmenwechsel erforderlich: Suffizienz darf nicht länger als individuelles Konsumverhalten marginalisiert werden, sondern muss als genuine politische Gestaltungsaufgabe institutionalisiert werden. Dies kann etwa durch ordnungsrechtliche Begrenzungen übermäßigen Ressourcenverbrauchs, durch die Förderung gemeinwohlorientierter Geschäftsmodelle, durch suffiziente Daseinsvorsorge und durch eine fiskalische Neuausrichtung hin zu ökologischer Steuerung und Umverteilung geschehen.

Zusammenfassend lässt sich festhalten: Ohne Suffizienz ist eine sozial-ökologische Transformation nicht realisierbar. Die Herausforderung besteht demnach nicht in der technischen Umsetzbarkeit, sondern in der politischen Anerkennung ihres normativen und strategischen Stellenwerts. Suffizienz ist demnach nicht als Defizitkonzept zu verstehen, sondern als Ausdruck eines zukunftsfähigen Verständnisses von wirtschaftlicher Entwicklung. Das Konzept verbindet demokratische Teilhabe, ökologische Tragfähigkeit und soziale Kohäsion integrativ miteinander. Sie muss daher als zentrale Referenzkategorie einer postfossilen Gesellschaftsordnung begriffen und in der politischen Praxis entsprechend priorisiert werden.

2.11. Erfolgsfaktor Natur: Biodiversität und Kreislaufwirtschaft für zukunftsfähige Unternehmen

Heike Zimmermann-Timm/Nina Perbin

2.11.1. Einleitung

Vielfalt ist eine zentrale Voraussetzung für die Weiterentwicklung von Natur und Gesellschaft. Nur wenn lebende Organismen (Pflanzen, Tiere, Pilze, Bakterien) und unbelebte Umweltfaktoren (Wasser, Temperatur, Boden, Licht) in einem dynamischen Gleichgewicht stehen, können Ökosysteme ihre Funktion dauerhaft erfüllen und sich an Veränderungen anpassen.

Diese Vielfalt an Lebewesen, die Biodiversität, ist Grundlage unseres Lebens. Sie sichert Luft zum Atmen, Nahrung, sauberes Wasser und viele weitere ökologische Leistungen, die für unser Mensch-Sein unverzichtbar sind. Entscheidend ist dabei das fein abgestimmte Gefüge an Wechselwirkungen zwischen allen Organismen innerhalb eines Ökosystems. Je vielfältiger ein System ist, desto besser kann das System auf Störungen, wie Klimaschwankungen, Brände oder Überschwemmungen, reagieren. Solche Systeme bezeichnen wir als resilient, also widerstandsfähig gegen Veränderungen.

Dieses ausgewogene Gefüge ist wie ein Mobile. Wenn einzelne oder gar mehrere Teile durch Vertreibung oder Aussterben herausgebrochen werden, dann kippt das System. Solche Kipppunkte, Tipping Points, werden für Ökosysteme[227] beschrieben, aber auch für das Klimasystem genannt[228]. So wären das Kippen und großflächige Absterben der Regenwälder sowohl für die Artenvielfalt (Regenwälder sind Biodiversitäts-Hotspots) als auch für das Klima katastrophal.

Um die Dynamik des Klimawandels zu reduzieren, sind eine massive Reduktion der Treibhausgase und der Umstieg von fossilen Rohstoffen auf biogene Rohstoffe unerlässlich. Um ausreichend biogene Rohstoffe auch für die Produktion zur Verfügung zu haben, braucht es funktionierende Ökosysteme und ausreichend Fläche dafür. Ein nachhaltiges Wirtschaften erfordert den Erhalt der Biodiversität, die Reduktion des Flächenverbrauchs sowie den wesentlich sorgsameren Umgang mit Ressourcen. Die Transformation hin zu einer Kreislaufwirtschaft trägt dazu bei, natürliche Lebensräume zu entlasten und Ressourcenverschwendung zu vermeiden.

227 Schenz, Heute vor dem Abgrund, morgen einen Schritt weiter?, 12.4.2023, https://rudolphina.univie.ac.at/kipppunkte-in-mathematik-oekologie-und-geografie-heute-vor-dem-abgrund-morgen-einen-schritt-weiter, abgerufen am 12.2.2025.

228 Lenton/Held/Kriegler/Hall/Lucht/Rahmstorf/Schellnhuber, Tipping elements in the Earth's climate systems. PNAS 105 (2008) 6: 1786.

2.11.2. Biodiversität im Kontext nachhaltiger Entwicklung

2.11.2.1. Dimensionen der Biodiversität

Biodiversität umfasst die genetische Vielfalt innerhalb der Arten, die Artenvielfalt selbst sowie die Vielfalt der Ökosysteme[229]. Diese drei Ebenen sind die Grundlage für funktionierende Ökosysteme und unverzichtbar für menschliches Wohlergehen. Im Kontext der nachhaltigen Entwicklung ist Biodiversität weit mehr als ein ökologisches Anliegen, sie ist eine wesentliche Voraussetzung für stabile und widerstandsfähige Wirtschafts- und Gesellschaftssysteme. Eine zukunftsfähige Wirtschaft muss Biodiversität nicht nur erhalten, sondern aktiv in ihre Prozesse einbinden, um langfristig nachhaltiges Wirtschaften zu ermöglichen[230].

2.11.2.2. Ökosystemdienstleistungen: Verbindung zwischen Biodiversität und Wirtschaft

Ökosysteme leisten einen entscheidenden Beitrag zur Wirtschaft. Intakte Ökosysteme bieten Schutz vor Umweltveränderungen, sichern essenzielle Ressourcen und tragen dazu bei, Folgen der Klimakrise zu minimieren. Sie erhalten darüber hinaus fruchtbare Böden, produzieren gesundes Trinkwasser, sorgen für die Bestäubung von Nutzpflanzen und sind letztlich wichtiger Erholungsraum für Menschen, die die Schönheit der Natur genießen können. Diese Ökosystemdienstleistungen sind unverzichtbar für eine gute und funktionierende Wirtschaft. Mit der Transformation hin zu einer ressourcenschonenden Wirtschaft steigt die Bedeutung erneuerbarer, biogener Rohstoffe als Ersatz für fossile Materialien. Doch der verstärkte Einsatz von natürlichen Rohstoffen kann auch problematisch sein, wenn er zu intensiv betrieben wird (zB Monokulturen). Für eine erfolgreiche Transformation werden daher Geschäftsmodelle benötigt, die Biodiversität als Grundlage für eine zukunftsfähige Wirtschaft begreifen[231, 232].

2.11.2.3. Bedrohungen der Biodiversität durch Energiegewinnung und Rohstoffverbrauch

Der hohe Verbrauch fossiler Rohstoffe zur Energiegewinnung und Produktion zerstört Lebensräume, verschmutzt Böden und Gewässer und beschleunigt den Verlust der Biodiversität. Umweltverschmutzung durch industrielle und kommunale Abfälle, die Freisetzung von Schadstoffen sowie die Emission von Treibhausgasen belasten zusätzlich viele Ökosysteme und gefährden zahlreiche Arten. Um diese Bedrohungen zu mindern, ist der Übergang zu ressourcenschonenden Methoden und die Förderung erneuerbarer Energien entscheidend für den Schutz der Biodiversität und die nachhaltige Transfor-

229 Secretariat of the Convention on Biological Diversity, Convention on biological diversity – Text and annexes, 2011, https://www.cbd.int/doc/legal/cbd-en.pdf, abgerufen am 16.1.2025.

230 Bundesministerium für Klimaschutz, Umwelt, Energie, Mobilität, Innovation und Technologie, Biodiversitätsstrategie Österreich 2030+, 11.11.2022, https://www.bmk.gv.at/dam/jcr:49476b8f-31b2-4b7a-857b-3cc1b877207f/Biodiversitaetsstrategie_2030.pdf, abgerufen am 16.1.2025.

231 Ebd.

232 Bundesministerium für Nachhaltigkeit und Tourismus/Bundesministerium für Bildung, Wissenschaft und Forschung/Bundesministerium für Verkehr, Innovation und Technologie, Bioökonomie: Eine Strategie für Österreich, 2019 https://www.bmk.gv.at/dam/jcr:131b0f28-fe8a-4fc4-88b2-9de638654250/Oe_Biooekonomie_Strategie.pdf, abgerufen am 16.1.2025.

mation von Wirtschaft und Gesellschaft.[233, 234] Ein zentraler Ansatz in diesem Zusammenhang ist der Übergang von einer linearen Wirtschaft (Produktion-Gebrauch-Entsorgung) zu einer Kreislaufwirtschaft. Sie verringert den Bedarf an Primärrohstoffen, indem sie Materialien effizient und oftmals nutzt, Abfälle minimiert und Produkte länger im Umlauf hält. Unternehmen, die auf Kreislaufwirtschaft setzen, tragen somit aktiv zum Biodiversitätsschutz bei. So wird der Weg hin zu einer nachhaltig(er)en Wirtschaft mit dem Erhalt der Biodiversität vereint.

2.11.3. Wie Kreislaufwirtschaft die Biodiversität fördern kann

Die oftmalige Nutzung von Materialien als sogenannte Sekundärrohstoffe reduziert den Abbau primärer Rohstoffe erheblich und verringert damit die Störung oder Zerstörung von Ökosystemen. Gleichzeitig gelangen weniger Schadstoffe in die Umwelt und Infrastrukturen, wie Straßen, Schienen oder Aufbereitungsanlagen, werden weniger beansprucht oder können teilweise ganz entfallen. Dies schafft Raum für die Regeneration natürlicher Lebensräume und kann zur Erholung von Ökosystemen sowie zur Förderung der Biodiversität beitragen.

Fundiertes Zahlenmaterial ist dazu derzeit kaum verfügbar. Mehr als 90 % des Biodiversitätsverlustes und Wasserstresses sind aber laut *International Resource Panel* auf die Gewinnung und Verarbeitung von natürlichen Ressourcen zurückzuführen[235]. Die *Europäische Umweltagentur* in Kopenhagen ist mit der Erhebung eines entsprechenden Datenmaterials befasst[236].

Für die Wirtschaft ist Biodiversität jedenfalls essenziell. Mehr als 50 % des weltweiten Bruttoinlandsproduktes (BIP) ist potenziell durch den Verlust an Natur gefährdet[237].

Ebenso muss die Bodenqualität dauerhaft erhalten bleiben, da die entsprechenden Ökosysteme langfristig gesichert sein müssen. Dafür sind Biodiversitätskriterien in Kreislaufwirtschaft und Energiepolitik zu entwickeln und umzusetzen.

2.11.4. Politische und gesellschaftliche Rahmenbedingungen

2.11.4.1. Internationale und nationale Gesetzgebung

Der globale politische und gesellschaftliche Rahmen wurde am 25. September 2015 gesetzt, als 193 Mitgliedstaaten der Vereinten Nationen die *Agenda 2030 für nachhaltige Entwicklung* verabschiedeten. Diese enthält 17 Nachhaltigkeitsziele (SDGs = Sustainable Develop-

233 Ebd.

234 Bundesministerium für Klimaschutz, Umwelt, Energie, Mobilität, Innovation und Technologie, Biodiversitätsstrategie Österreich 2030+, 11.11.2022, https://www.bmk.gv.at/dam/jcr:49476b8f-31b2-4b7a-857b-3cc1b877207f/Biodiversitaetsstrategie_2030.pdf, abgerufen am 16.1.2025.

235 IRP, Global Resources Outlook 2019: Natural Resources for the Future We Want, 2019, https://www.resourcepanel.org/sites/default/files/documents/document/media/unep_252_global_resource_outlook_2019_web.pdf, abgerufen am 11.2.2025.

236 EEA, Press Release. How to use circular economy to enhance biodiversity?, 12.6.2023, https://www.eea.europa.eu/en/newsroom/news/how-to-use-circular-economy, abgerufen am 11.2.2025.

237 World Economic Forum, https://www.weforum.org/, abgerufen am 11.2.2025.

ment Goals), welche die nachhaltige Entwicklung ganzheitlich in Bezug auf ökonomische, soziale und ökologische Aspekte festigen sollen[238].

Ein weiterer wichtiger Beitrag auf globaler Ebene wurde am 19. Dezember 2022 in Montreal gesetzt, als mehr als 196 Vertragsparteien das Übereinkommen über die Biologische Vielfalt, den *Globalen Biodiversitätsrahmen von Kunming-Montreal* (KMGBF = Kunming-Montreal Global Biodiversity Framework) mit vier strategischen Zielen bis 2050 und 23 konkreten Sofortmaßnahmen, umzusetzen bis 2030, verabschiedeten[239].

Unter den Sofortmaßnahmen wurden Bestrebungen zusammengefasst, welche

- den Erhalt der biologischen Vielfalt,
- die nachhaltige Nutzung der biologischen Vielfalt und
- die Sicherstellung des Zugangs und die gerechte Aufteilung der Nutzung von (genetischen) Ressourcen

beinhaltet.

Auf EU-Ebene sind das *Pariser Klimaabkommen* und der *European Green Deal* zentrale Treiber für ein klimaneutrales Europa bis 2050.

Der *Kreislaufwirtschaftsaktionsplan* (CEAP – Circular Economy Action Plan) unterstützt die Entkopplung von Wirtschaftswachstum und Ressourcennutzung und fokussiert auf sieben Schlüsselbereiche, wie Bauwirtschaft, Elektronik, Kunststoffe und Lebensmittel. Damit soll der Ressourcenverbrauch innerhalb der planetaren Grenzen gehalten werden[240]. Nationale Kreislaufstrategien in Deutschland (BMUV 2024) und Österreich (BMK 2022) ergänzen diese Ziele.

Der *Competitiveness Compass*[241] stärkt den Green Deal auf europäischer Ebene und fördert die Transformation zu einer zirkulären Wirtschaft, um den Primärrohstoffverbrauch zu senken und geschlossene Stoffkreisläufe zu ermöglichen.

2.11.4.2. Förderung einer interdisziplinären und intersektoralen Zusammenarbeit

Die Entwicklung der Kreislaufwirtschaft erfordert enge Zusammenarbeit über Branchen und Disziplinen hinweg. Intersektorale Partnerschaften ermöglichen den Wissenstransfer, während interdisziplinäre Ansätze Fachdisziplinen zusammenbringen. Kein Unternehmen kann die Transformation allein bewältigen; Partnerschaften entlang der Wertschöpfungskette sind entscheidend. Die Zusammenarbeit mit Zuliefer:innen, Kund:innen, Wissenschaft und Politik fördert innovative Lösungen und Synergien.

238 SDG Watch Austria, Über die Sustainable Development Goals (SDGs), https://www.sdgwatch.at/de/ueber-sdgs/, abgerufen am 11.2.2025.

239 UNEP, Kunming-Montreal Global Biodiversity Framework, 19.12.2022, https://www.unep.org/resources/kunming-montreal-global-biodiversity-framework, abgerufen am 11.2.2025.

240 Rockström/Steffen/Noone/Persson/Chapin/Lambin/Lenton/Scheffer/Folke/Schellnhuber/Nykvist/DeWit/Hughes/van der Leeuw/Rodhe/Sörlin/Snyder/Costanza/Svedin/Falkenmark/Karlberg/Corell/Fabry/Hansen/Walker/Liverman/Richardson/Crutzen/Foley, Planetary boundaries: exploring the safe operating space for humanity. Ecology and Society 14(2) 2009, 32.

241 European Commission, A Competitiveness Compass for the EU, 2025 https://www.parlament.gv.at/dokument/XXVIII/EU/9942/imfname_11448356.pdf, abgerufen am 11.2.2025.

In Deutschland und Österreich existieren zahlreiche Initiativen, die Akteur:innen aus Wirtschaft, Wissenschaft, Politik und Zivilgesellschaft vernetzen, um Ressourcenschonung und Abfallvermeidung voranzutreiben (z.B. *Circular Economy-Initiative* des BDI in Deutschland, *Circular Futures – Plattform Kreislaufwirtschaft und Circular Economy Forum Austria* in Österreich). Politische Maßnahmen wie Förderprogramme und gesetzliche Vorgaben, zB Recyclingquoten, schaffen zusätzliche Anreize für die Umsetzung kreislauforientierter Praktiken.

2.11.4.3. Rahmenbedingungen in Unternehmen

Die Transformation zur Kreislaufwirtschaft ist eine unternehmerische Herausforderung, da sie anfänglich Investitionen erfordert, deren finanzieller Mehrwert erst mittel- bis langfristig sichtbar wird. Um erfolgreich zu sein, muss die Kreislaufwirtschaft in die Nachhaltigkeitsstrategie des Unternehmens integriert werden. Dabei ist die Unterstützung des Top-Managements entscheidend, um Ressourcen bereitzustellen und entsprechende Projekte zu priorisieren.

Die Grundlage für den Erfolg ist eine Potenzialanalyse des Geschäftsmodells, um zu prüfen, wie Kreislaufwirtschaft im Unternehmen umgesetzt werden kann. Handlungsfelder müssen definiert und konkrete Maßnahmen entwickelt werden, wozu eine gute Kommunikation und Beteiligung der Mitarbeitenden notwendig sind. Falls das Geschäftsmodell eine Umstellung nicht zulässt, könnte eine Neugestaltung des Modells erforderlich sein. Der Austausch mit anderen Unternehmen kann ebenfalls wertvolle Erfahrungen bringen.

Ziele wie Ressourcenschonung, Abfallvermeidung und Recycling müssen klar definiert werden. Die Kreislaufwirtschaft erfordert ein abteilungsübergreifendes Management und ein produktorientiertes Design, das Langlebigkeit und Recyclingfähigkeit fördert. Auch die Logistik muss angepasst werden, etwa durch Rückführungssysteme und den Aufbau eines Sekundärrohstoffmarktes.

Mitarbeitende spielen eine Schlüsselrolle. Weiterbildungsprogramme, Workshops und Anreizsysteme fördern die Umsetzung der Kreislaufwirtschaft. Eine offene Unternehmenskultur und digitale Technologien unterstützen dabei, Materialflüsse transparenter zu machen und die Wiederverwertung zu optimieren.

Führungskräfte sollten nicht nur strategisch handeln, sondern auch als Vorbilder agieren, um das Bewusstsein für Ressourcenschonung und Abfallvermeidung im Unternehmen zu stärken.

2.11.4.4. Bildung und öffentliches Bewusstsein

Bildung und Bewusstseinsbildung sind entscheidend für die Kreislaufwirtschaft[242]. Bildungsprogramme sollten von der Kindheit bis ins Erwachsenenalter die Prinzipien der Kreislaufwirtschaft vermitteln, um ein verändertes Handeln zu fördern. Konsument:innen

242 Zimmermann-Timm, Mehr Bildung für einen besseren Klimaschutz, in: Lozan/Breckle/Graßl/Kuttler/Matzarakis, Warnsignal Klima. Die Städte. Wissenschaftliche Auswertungen in Kooperation mit GEO (2019) 293.

entscheiden durch ihre Kaufentscheidungen und die Weitergabe oder Reparatur von Produkten über die Umsetzung. Themen wie nachhaltiges Design, Abfallmanagement und Ressourcenschonung sollten Teil praxisnaher Fortbildungen sein.

2.11.5. Ausblick

Die Kreislaufwirtschaft bietet eine Chance für Unternehmen, Wirtschaft und Umwelt, Ressourcen zu sichern und Umweltbelastungen zu reduzieren. Politik, Wirtschaft und Konsument:innen müssen gemeinsam handeln, um nachhaltige Geschäftsmodelle zu entwickeln und eine ressourcenschonende Wirtschaftsweise zu etablieren.

Bildungs- und Sensibilisierungsmaßnahmen spielen eine entscheidende Rolle, um das Bewusstsein für Biodiversität und Kreislaufwirtschaft zu stärken. Langfristig muss der Schutz der Biodiversität systematisch in Geschäftsmodelle integriert werden, um eine nachhaltige und zukunftsfähige Transformation von Wirtschaft und Gesellschaft zu erreichen.

3. Strategien und Geschäftsmodelle

3.1. Circular Business Models – Chancen und Herausforderungen

3.1.1. Zirkuläre Geschäftsmodellinnovation

Elena Stelzig/Valerie-Sophie Schönberg

Zirkuläre Geschäftsmodelle gelten heute als Schlüssel zur erfolgreichen Transformation hin zu einer ressourcenbewussten und zukunftsfähigen Wirtschaft.[243] Für Unternehmen eröffnen sie vielfältige Chancen – von neuen Erlösquellen über mehr Resilienz bis hin zu einer besseren Anpassung an regulatorische Anforderungen. Gleichzeitig stellen sie etablierte Geschäftslogiken infrage und erfordern tiefgreifende strategische, technologische und kulturelle Änderungen. Die Entwicklung solcher Modelle ist daher sowohl Innovationschance als auch komplexe Gestaltungsaufgabe.[244]

Um im jeweiligen Marktumfeld tragfähige zirkuläre Lösungen zu entwickeln, braucht es einen unternehmensspezifischen Zugang, der vorhandene Ressourcen, Ziele und Rahmenbedingungen berücksichtigt.[245] Hier setzt zirkuläre Geschäftsmodellinnovation an: als strukturierter, iterativer und kooperativer Prozess zur Neuausrichtung von Wertschöpfung im Sinne der Kreislaufwirtschaft.

Dieser Beitrag bietet eine praxisorientierte Einführung in die Entwicklung zirkulärer Geschäftsmodelle. Er beleuchtet Grundlagen und Treiber, stellt den Innovationsprozess in vier strategische Kernphasen vor und zeigt, wie Unternehmen typische Herausforderungen meistern. Abschließend skizziert er Zukunftstrends und Handlungsempfehlungen.

3.1.1.1. Zirkuläre Geschäftsmodelle und deren Innovation

Die in diesem Buch vorgestellten Modelle lassen sich grob drei Gruppen zuordnen, je nachdem, an welcher Stelle der Wertschöpfung sie ansetzen und welche R-Strategien sie bedienen (Refuse … Recover).[246] Die Positionierung eines Geschäftsmodells entlang der sogenannten R-Strategien bestimmt maßgeblich dessen zirkulären Wirkungsgrad:

- Intelligente Nutzung und Herstellung von Produkten und Infrastruktur, zB zirkuläres Produktdesign, modulare Bauweise oder digitale Produktpässe und Plattformmodelle (R-Strategien 1–3);
- Verlängerung der Lebensdauer von Produkten, Komponenten und Infrastrukturen, zB Wartung, Remanufacturing, Product-as-a-Service (R-Strategien 4–8);
- Wiederverwendung von Materialien, insbesondere durch Rückführung in technische oder biologische Kreisläufe – durch hochwertiges Recycling, Rezyklateinsatz oder biologisch abbaubare Materialien (R-Strategien 9–10).

---

243 Geissdoerfer/Savaget/Bocken/Hultink, The Circular Economy – A new sustainability paradigm? Journal of Cleaner Production (2018), 143, 757–768.

244 Santa-Maria/Guldmann/Taboada, Stakeholder engagement practices in digital-enabled circular manufacturing ecosystems. International Journal of Logistics Management, (2022), 33(4), https://www.emerald.com/insight/content/doi/10.1108/ijlm-03-2022-0143/full/html, abgerufen am 29.7.2025.

245 Teece, D. J. Business models and dynamic capabilities. Long Range Planning, (2018), 51(1), 40–49, https://doi.org/10.1016/j.lrp.2017.06.007, abgerufen am 29.7.2025.

246 Bundesministerium für Klimaschutz, Umwelt, Energie, Mobilität, Innovation und Technologie [BMK]. Österreichische Kreislaufwirtschaftsstrategie (basierend auf Potting et al, 2017). Wien: BMK. (2022).

Diese Ansätze transformieren nicht nur die Wertschöpfung, sondern auch bestehende Erfassungs- und Verteilungslogiken. Das wirkt sich direkt auf Kostenstrukturen, Kundenbeziehungen und Umsätze aus – und fordert ein fundamentales Umdenken der Geschäftslogik: von kurzfristigem Profit hin zu nachhaltiger Wertschöpfung. Das bedeutet ein neues Verständnis von Erfolg, das auch ökologische Resilienz, systemische Abhängigkeiten und zukünftige Nutzungszyklen mit einbezieht. Erfolgreiche Umsetzung erfordert daher weit mehr als Wissen (Know-how): Sie verlangt „Können" (organisationales Know-how) und „Wollen" (Commitment auf allen Ebenen). Zirkuläre Geschäftsmodellinnovation verbindet deshalb methodische Kompetenzentwicklung mit kulturellem Wandel.

Dabei gilt: Orientierung an erfolgreichen Pionieren kann hilfreich sein, aber jedes Unternehmen muss seinen eigenen Weg zur Zirkularität finden. Zirkuläre Geschäftsmodellinnovation beschreibt diesen Weg: einen strukturierten, iterativen Prozess zur Entwicklung, Erprobung und Etablierung zirkulärer Geschäftsmodelle, der systematisch an den spezifischen Ausgangsbedingungen, Zielen und Ressourcen eines Unternehmens ansetzt.

Aus betriebswirtschaftlicher Perspektive bezeichnet Geschäftsmodellinnovation die Neugestaltung zentraler Elemente eines Geschäftsmodells – Wertangebote, Erlösmechanismen, Schlüsselressourcen –, um Wettbewerbsfähigkeit zu stärken oder neue Märkte zu erschließen.[247] Zirkuläre Geschäftsmodellinnovation erweitert dies um ökologische und soziale Nachhaltigkeit und wird zum Treiber systemischer Transformation.

> Circular business model innovation requires the redesign of value creation, delivery and capture mechanisms, to enable closed material flows, decoupling from resource use, and environmental regeneration.[248]

3.1.1.2. CBMI als Veränderungsprozess

Zirkuläre Geschäftsmodellinnovation (Circular Business Model Innovation, CBMI) ist ein dynamischer, iterativer Lernprozess[249] – geprägt von Unsicherheiten, komplexen Stakeholderbeziehungen und sich wandelnden Rahmenbedingungen. Eine systematische Literaturauswertung von Pieroni et al (2019) identifizierte 92 Methoden, Tools und Frameworks, die einzelne oder mehrere Phasen dieses Prozesses unterstützen – von der Analyse zirkulärer Potenziale bis zur organisatorischen Transformation. Diese Vielfalt verdeutlicht, wie wichtig eine kontextspezifische Auswahl und Kombination von Ansätzen ist.[250]

Forschungsergebnisse sehen explorative Innovationspraxis als entscheidend an: Unternehmen müssen eine Vision entwickeln (visioning), erkennen (sensing), Möglichkeiten aktivieren (seizing) und ihre Strukturen anpassen (transforming)[251] (vgl Abb 14).

247 Berends/Smits/Reymen/Podoynitsyna, Learning while (re)configuring: Business model innovation processes in established firms. Strategic Organization, 14(3), (2016), 237–265. https://doi.org/10.1177/1476127016632758, abgerufen am 29.7.2025.

248 Lüdeke-Freund/Gold/Bocken, A Review and Typology of Circular Economy Business Model Patterns. Journal of Industrial Ecology, (2019), 23(1), 36–61. https://doi.org/10.1111/jiec.12763, abgerufen am 29.7.2025.

249 Vgl Lean-Startup, Circular Business Experiment Cycle.

250 Pieroni/McAloone/Pigosso, Business model innovation for circular economy and sustainability: A review of approaches. J. Clean. Prod. 215, (2019a.), 198–216. doi: 10.1016/J.JCLEPRO.2019.01.036.

251 Vgl. Bocken/Konietzko, 2022 https://doi.org/10.1016/j.techfore.2022.122076, abgerufen am 29.7.2025; Foss/Saebi, 2017; Guldmann et al, 2019; Pieroni et al, 2019; Santa-Maria et al, 2022.

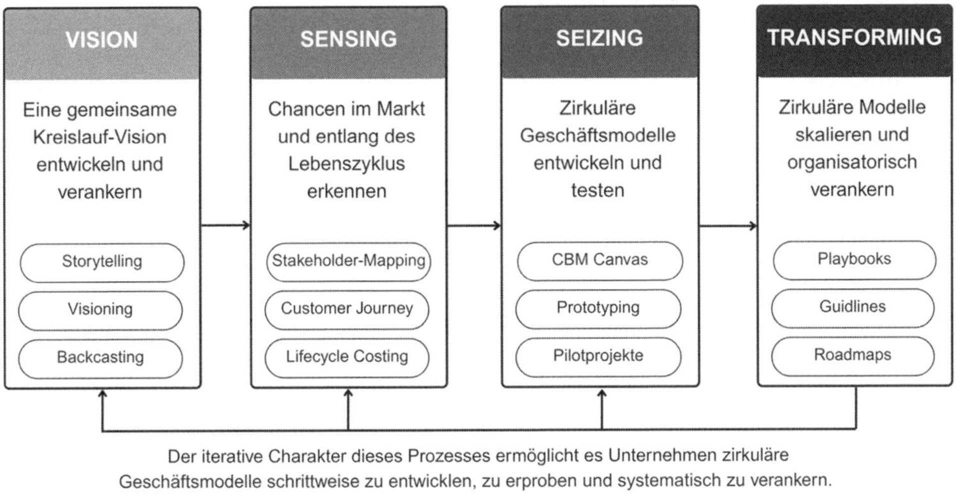

Abb 14: Iterativer Zyklus der zirkulären Geschäftsmodellinnovation
[eigene Darstellung nach Bocken et Konietzko, 2016]

3.1.1.2.1. Visioning – Ausrichtung schaffen

- **Ziel:** Entwicklung einer tragfähigen Kreislauf-Vision mit klaren Nachhaltigkeits- und Business-Zielen.
- **Vorgehen:** Vision-Workshops mit internen Stakeholdern und externen Expert:innen; Abgleich mit SDGs und Unternehmensstrategie.
- **Tipp:** Top-down – bottom-up für Mehrheitsfähigkeit und Umsetzungsmotivation (zB „Open-Innovation"-Format)[252]; eigene Geschichte und Werte miteinbauen – keine abgekapselte Vision abseits der Gesamtstrategie erarbeiten!

3.1.1.2.2. Sensing – Möglichkeiten erkennen

- **Ziel:** Identifikation von Geschäfts- und Innovationschancen in Materialflüssen, Märkten und Technologiepfaden.
- **Vorgehen:** Systematische Analyse linearer Geschäftsstrukturen, Materialflüsse (Material Flow Analysis) und Markt- und Technologieveränderungen; Umwelt- und Stakeholder-Mapping.[253]
- **Tipp:** Offenheit für externe Expertise, ökologische Managementtools und neue Partnerschaften ist zentral, um Bedürfnisse und Potenziale entlang des Produktlebenszyklus zu erkennen.

252 Brown/Bocken/Balkenende: How Do Companies Collaborate for Circular Oriented Innovation? Sustainability, 12 (2020), p 1648, 10.3390/su12041648.

253 Fobbe/Hilletofth, Moving toward a circular economy in manufacturing organizations: The role of circular stakeholder engagement practices. International Journal of Logistics Management. Advance online publication. (2023) https://doi.org/10.1108/IJLM-03-2022-0143, abgerufen am 29.7.2025.

3.1.1.2.3. Seizing – Optionen entwickeln & erproben

- **Ziel:** Entwicklung und erste Erprobung zirkulärer Geschäftsmodelloptionen.
- **Vorgehen:** Co-kreative Ideation mit Circular Business Model Canvas, Prototyping, Pilotprojekte mit realen Kund:innen oder Partner:innen. Experimentieren gilt als Schlüsselaktivität – zum Validieren, Lernen und Weiterentwickeln.[254]
- **Tipp:** Offenheit für externe Expertise, ökologische Managementtools und neue Partnerschaften ist zentral, um Bedürfnisse und Potenziale entlang des Produktlebenszyklus zu erkennen.

Praxistipp: Co-Creation & Design Thinking gezielt einsetzen

Co-Creation-Formate eignen sich besonders in der Phase der Ideenentwicklung und -erprobung, um frühzeitig unterschiedliche Perspektiven einzubinden – etwa von Kund:innen, Zulieferern, internen Fachteams oder externen Expert:innen. Design Thinking-Workshops bieten hierfür einen strukturierten Rahmen mit einem begrenzten Zeithorizont in einem crossfunktionalen Team: In iterativen Sprints werden Nutzerbedürfnisse analysiert, Prototypen entwickelt und direkt getestet – ideal zB für Geschäftsmodelle mit Sharing- oder Service-Komponenten. Entscheidend ist die Kombination aus kreativer Offenheit und klarer Ergebnisorientierung.

3.1.1.2.4. Transforming – Integration & Skalierung

- **Ziel:** Rollout und dauerhafte Verankerung der zirkulären Modelle im Unternehmen und kontinuierliche Weiterentwicklung.
- **Vorgehen:** Anpassung von Prozessen, Organisation und Kultur; Aufbau digitaler Infrastruktur und Kompetenzen.[255]
- **Tipp:** Transforming ist fortlaufender Lernprozess – kontinuierliche Feedback-Schleifen sichern langfristige Wirkung.

3.1.1.3. Herausforderungen und Lösungsansätze

Die Umsetzung zirkulärer Geschäftsmodelle bringt zahlreiche Herausforderungen mit sich, die sich auf wirtschaftliche, technologische, kulturelle und regulatorische Ebenen erstrecken.[256] Diese Barrieren erfordern spezifische Lösungsansätze, um Unternehmen den Übergang zur Kreislaufwirtschaft zu ermöglichen.

Ebene	Hemmnisse	Lösungsansätze
Betriebswirtschaftlich	Hohe Anfangsinvestitionen; unklare Rentabilität; unterentwickelte Rezyklat-Märkte	• Förderprogramme, grüne Anleihen, Public-Private Partnerships • Internes Circular Accounting & KPI-Tracking • Circular-Business-Case-Templates Verweis: siehe Kap 3.1.12., 3.1.13.

254 Vgl Bocken/Konietzko, (2022) https://doi.org/10.1016/j.techfore.2022.122076, abgerufen am 29.7.2025.
255 Lüdeke-Freund/Gold/Bocken, A Review and Typology of Circular Economy Business Model Patterns. Journal of Industrial Ecology, (2019), 23(1), 36–61. https://doi.org/10.1111/jiec.12763, abgerufen am 29.7.2025.
256 Vgl Bocken/Konietzko, (2022) https://doi.org/10.1016/j.techfore.2022.122076, abgerufen am 25.7.2025.

Ebene	Hemmnisse	Lösungsansätze
Technologisch	Komplexe Implementierungs-anforderungen für neue Technologien und Rückverfolgbarkeitssysteme, hoher IT-Anpassungsaufwand	• Pilotierung von PSS & Digital Twins • Interne Kompetenzaufbauprogramme • Open Innovation/Tech-Partnerschaften Verweis: siehe Kap 4.
Kulturell & organisatorisch	Mangelndes Know-how & Motivation; Veränderungsresistenz gegen neue Wertlogiken Veränderungsresistenz	• Interne Lernformate & Weiterbildung • Change Management & Leadership-Vorbild • Aufbau von "Circular Champions" im Unternehmen Verweis; siehe Kap 6.2.1., 8.2.1.
Regulatorik	Dynamische Rechtslage und fehlende Standards, Unsicherheit führt zu verzögerter Umsetzung	• Monitoring aktueller Entwicklungen • Nutzung von Beratungs- und Branchenangeboten • Kooperation mit Verbänden & Normierungsprozessen Verweis: siehe Kap 7.

Tab 2: Systemische Herausforderungen und Lösungsstrategien für zirkuläre Geschäftsmodelle

3.1.1.4. Zukunftsperspektive und Handlungsempfehlungen

Zukünftig wird die Kombination aus Digitalisierung (KI, Blockchain) und Materialinnovationen (biobasierte, kreislauffähige Werkstoffe) die Transparenz und Effizienz zirkulärer Geschäftsmodelle weiter steigern; Plattformmodelle („Product-as-a-Service") und Sharing-Ökonomien könnten Standard werden – und somit die Idee von „Abfall" weitgehend obsolet werden, indem wir Materialien nicht mehr als zirkuläre Ressourcen denken.

Unternehmen, die davon profitieren wollen, sollten mit einer ambitionierten Vision, aber kleinen, iterativen Pilotprojekten starten, um Risikominimierung und Lernfortschritt zu gewährleisten. Denn zirkuläre Geschäftsmodelle erfordern technologische Innovationen, organisatorische Anpassungsfähigkeit und ein tiefes Verständnis der Kreislaufprinzipien. Iterative Prozesse und die Einbindung von Stakeholdern sind entscheidend, um Herausforderungen zu bewältigen und Erfolg zu sichern. Die Nutzung digitaler Tools und die Einbindung von Stakeholdern fördern Effizienz und Akzeptanz, während gezielte Schulungen organisatorische Widerstände abbauen.

3.1.2. Suffizienz in der Kreislaufwirtschaft: Wege zu einer regenerativen und ressourcenschonenden Wertschöpfung

Maren Kropfeld

3.1.2.1. Suffizienz als Schlüssel zur nachhaltigen Wertschöpfung in einer Kreislaufwirtschaft

Die Zukunft der Wirtschaft erfordert einen Paradigmenwechsel: weg von rein wachstumsorientierten Modellen, hin zu Ansätzen, die Ressourcen schonen, ökologische Systeme regenerieren und gesellschaftliche Resilienz fördern. Suffizienzorientierte Geschäftsstrategien spielen dabei eine entscheidende Rolle, da sie nicht nur den Verbrauch reduzieren, sondern auch soziale und kulturelle Verhaltensänderungen fördern, die für eine nachhaltige Transformation notwendig sind.

Im Gegensatz zu den weithin etablierten Strategien der Effizienz und Konsistenz, die auf technologische Fortschritte und geschlossene Materialkreisläufe setzen, stellt Suffizienz die Frage nach dem „Genug": Wie können Unternehmen und Gesellschaften ihre Bedürfnisse innerhalb planetarer Grenzen erfüllen, ohne unnötigen Überkonsum? Regenerative Ansätze ergänzen diesen Fokus, indem sie aktiv darauf abzielen, geschädigte Ökosysteme wiederherzustellen und zu stärken. Gemeinsam bieten diese Strategien eine ganzheitliche Perspektive auf nachhaltige und zukunftsfähige Geschäftsmodelle.

Dieser Beitrag beleuchtet, wie Unternehmen Suffizienz- und Regenerationsstrategien in die Kreislaufwirtschaft integrieren können, um deren positiven Impact zu stärken. Dabei wird untersucht, welche Synergien zwischen diesen Ansätzen bestehen und wie sie auf die spezifischen Herausforderungen verschiedener Branchen angewendet werden können. Kap 3.1.2.2. vertieft die theoretischen Grundlagen von Suffizienz und Regeneration, während Kap 3.1.2.4. anhand konkreter Fallstudien zeigt, wie diese Ansätze bereits erfolgreich in Unternehmen integriert wurden.

3.1.2.2. Suffizienz im Spannungsfeld von Effizienz, Konsistenz und Regeneration

Seit Jahrzehnten dominieren technologische Innovationen wie Effizienz- und Konsistenzstrategien die Nachhaltigkeitsdebatte und das primäre Verständnis einer kreislauforientierten Wirtschaft. Effizienz zielt darauf ab, den Ressourcenverbrauch pro Produktionseinheit zu minimieren, während Konsistenz geschlossene Materialkreisläufe fördert, die Abfall und Umweltbelastungen reduzieren.[257] Trotz dieser Fortschritte zeigt sich jedoch, dass diese Ansätze allein nicht ausreichen, um die wachsende Umweltbelastung einzudämmen. Der absolute Ressourcenverbrauch steigt weiterhin, und die durch Effizienzgewinne erzielten Einsparungen werden oft durch Rebound-Effekte wieder aufgehoben.[258]

---

257 Bocken, N. Short, S.W., Sufficiency Business Strategies, Sustainability Science, 11(4), 645–659 (2016); Geissdoerfer, M., Savaget, P., Bocken, N., Hultink, E.J., The Circular Economy – A new sustainability paradigm?, Journal of Cleaner Production, 143, 757–768, (2017).

258 Alcott, B., The Sufficiency Strategy, Journal of Ecological Economics, 52(2), 281–300 (2005); Korhonen, J., Nuur, C., Feldmann, A., Birkie, S.E., Circular economy as an essentially contested concept, Journal of Cleaner Production, 175, 544–552, (2018).

3.1.2.2.1. Die Rolle von Suffizienz als komplementärer Ansatz

Suffizienz setzt an diesen Herausforderungen an, indem sie soziale und kulturelle Veränderungen in den Mittelpunkt stellt. Während Effizienz und Konsistenz vor allem technologische Lösungen bieten, lenkt Suffizienz die Aufmerksamkeit auf das Konsumverhalten und fordert eine bewusste Reduktion des Ressourcenverbrauchs.[259] Anstatt lediglich die Produktion effizienter zu gestalten, stellt Suffizienz die Frage: „Wie viel ist genug?"[260] Dieser Ansatz stellt die Grundannahmen der Marktlogik in Frage, die auf unbegrenztem Wachstum basiert, und setzt stattdessen auf ein Gleichgewicht zwischen Bedürfnissen und planetaren Grenzen.

3.1.2.2.2. Die Verbindung zu regenerativen Ansätzen

Angesichts der bereits entstandenen Umweltzerstörung reicht aber selbst Suffizienz als zusätzliche Strategie wohl nicht mehr aus: Es braucht ebenfalls aktive Regeneration – also die Wiederherstellung und Stärkung von natürlichen Ökosystemen.[261] Das bedeutet: Unternehmen sollten nicht nur „netto null" anstreben, sondern über das Vermeiden von Schäden hinausgehen und mithelfen, die Lebensgrundlagen zu erneuern.[262] Regeneration heißt in diesem Zusammenhang, durch unternehmerisches Handeln gesündere, widerstandsfähigere Systeme aufzubauen. Beispiele hierfür sind regenerative Landwirtschaft, Wiederaufforstung und Lieferketten, die den Kohlenstoffkreislauf positiv beeinflussen. Diese Ansätze schaffen nicht nur ökologische Vorteile, sondern binden lokale Communities mit ein, um auch die soziale Einbindung und Resilienz zu stärken.[263]

3.1.2.2.3. Ein integrativer Ansatz für Unternehmen

Die Kombination von Suffizienz und Regeneration eröffnet Unternehmen neue Möglichkeiten, nachhaltige und resiliente Geschäftsmodelle zu entwickeln. Während Suffizienz auf die Veränderung von Konsummustern und Verhaltensweisen abzielt, stellt Regeneration sicher, dass die natürlichen Ressourcen, auf die Unternehmen angewiesen sind, langfristig erhalten bleiben. Dieser ganzheitliche Ansatz erfordert jedoch auch neue Denkweisen: Unternehmen müssen ihre Geschäftsmodelle so gestalten, dass sie sowohl ökologische als auch soziale Werte schaffen.

Suffizienz und Regeneration ergänzen im Modell der Kreislaufwirtschaft Effizienz und Konsistenz, indem sie den Fokus auf die langfristige Balance zwischen Wirtschaft und Umwelt legen. Unternehmen, die diese Ansätze integrieren, können nicht nur zur Lösung globaler Herausforderungen beitragen, sondern auch neue Wege der Wertschöpfung erschließen. Die nächsten Kapitel werden zeigen, wie dies in der Praxis umgesetzt werden kann und welche Schritte Unternehmen gehen können, um diesen Wandel zu fördern.

---

259 Persson, O., Klintman, M., Framing sufficiency: Strategies of environmental non-governmental organisations towards reduced material consumption, Journal of Consumer Culture, 22(2), 515–533 (2022).

260 Kropfeld, M., Reichel, A., The Business Model of Enough, in Aagaard et al (Eds.), Business Models for Sustainability Transitions, Springer, pp 163–189 (2021).

261 Das, A., Bocken, N., Regenerative Business Strategies: A Database and Typology to Inspire Business Experimentation Towards Sustainability, Sustainable Production and Consumption, 49, 529–544 (2024).

262 Bocken, N., Short, S.W., Unsustainable business models – Recognising and resolving institutionalised social and environmental harm, Journal of Cleaner Production, 312, 127828, (2021).

263 Konietzko, J., et al, Towards Regenerative Business Models, Sustainability, 15(5), 234–255 (2023).

3.1.2.3. Von der Theorie zur Praxis: Suffizienzstrategien für zirkuläre Geschäftsmodelle

Suffiziente und regenerative Strategien bilden zusammen mit der Kreislaufwirtschaft einen ganzheitlichen Ansatz für eine nachhaltige und resiliente Wirtschaft. Während die Kreislaufwirtschaft auf geschlossene Material- und Ressourcenkreisläufe abzielt, erweitern suffiziente und regenerative Geschäftsstrategien diesen Ansatz durch Verhaltensänderungen und die Wiederherstellung von Ökosystemen. Die Integration dieser Prinzipien schafft Möglichkeiten, eine Wirtschaft zu gestalten, die innerhalb planetarer Grenzen operiert.

3.1.2.3.1. Suffizienz als Fundament nachhaltiger Geschäftsmodelle

Suffizienz konzentriert sich darauf, den Ressourcenverbrauch zu reduzieren, indem Unternehmen und Verbraucher:innen bewusste Entscheidungen treffen, weniger zu konsumieren und mehr Wert auf Qualität, Langlebigkeit und Reparaturfähigkeit von Produkten zu legen.[264] Dieser Ansatz wird durch normative Werte wie Genügsamkeit und soziale Verantwortung getragen und erfordert eine Neuausrichtung der Wertschöpfungsketten und Geschäftsstrategien.

Suffiziente Modelle fördern Ansätze wie „Refuse, Reduce, Rethink“, um Konsummuster zu verändern und Ressourcen effizienter zu nutzen.[265] Diese Prinzipien können direkt in kreislauforientierte Strategien integriert werden, indem sie langlebige, modulare und reparierbare Produkte hervorheben. Sharing-Modelle oder Pay-per-use-Dienste sind Beispiele dafür, wie Suffizienz helfen kann, den Überkonsum zu reduzieren und Ressourcen im Kreislauf zu halten.[266]

3.1.2.3.2. Regeneration zur Wiederherstellung von ökologischen und sozialen Systemen

Regenerative Geschäftsstrategien gehen über Suffizienz hinaus, indem sie nicht nur den Ressourcenverbrauch minimieren, sondern aktiv ökologische und soziale Systeme wiederherstellen. Konietzko et al (2023) definieren Regeneration als Geschäftsmodelle, welche auf planetare Gesundheit und gesellschaftliches Wohlergehen ausgerichtet sind.[267] Sie schaffen und liefern Wert auf mehreren Ebenen – für die Natur, Gesellschaften, Kund:innen, Lieferant:innen, Investor:innen und Mitarbeitende. Dabei setzen sie auf regeneratives Führungsverhalten, ko-kreative Partnerschaften mit der Natur und lokalen Communities sowie auf Gerechtigkeit und Fairness in der gesamten Lieferkette. Durch ein wertebasiertes Rechnungswesen, das verschiedene Kapitalformen berücksichtigt, streben sie einen Netto-Positiv-Effekt über alle Stakeholdergruppen hinweg an. Diese Modelle erkennen an, dass die Natur eine unersetzliche Grundlage menschlicher Gesundheit und des gesellschaftlichen Wohlergehens ist – und dass menschliche Gesellschaften tief in die Biosphäre eingebettet sind und von deren Gesundheit direkt abhängen.[268]

264 Bocken, N. Short, S.W., Sufficiency Business Strategies, Sustainability Science, 11(4), 645–659 (2016).
265 Niessen, L., Bocken, N., How Can Businesses Drive Sufficiency?, Journal of Cleaner Production, 280, 124–133 (2021).
266 Gossen, M., Kropfeld, M., Choose Nature. Buy Less., Sustainable Production and Consumption, 30, 720–736 (2022).
267 Konietzko, J., et al, Towards Regenerative Business Models, Sustainability, 15(5), 234–255 (2023).
268 Konietzko, J., et al, Towards Regenerative Business Models, Sustainability, 15(5), 234–255 (2023).

3.1.2.3.3. Integrative Ansätze: Synergien zwischen Suffizienz, Regeneration und Kreislaufwirtschaft

Die Verbindung von Suffizienz, Regeneration und Kreislaufwirtschaft bietet Unternehmen die Grundlage, eine umfassende Nachhaltigkeitsstrategie zu entwickeln. Jede der Strategien adressiert unterschiedliche Aspekte der Transformation:

- **Kreislaufwirtschaft:** Technologische Innovationen und geschlossene Kreisläufe, um Materialien effizient zu nutzen und Abfall zu minimieren.
- **Suffizienz:** Reduktion des Ressourcenverbrauchs und Veränderung von Konsummustern, um die Nachfrage nach neuen Produkten zu senken.
- **Regeneration:** Wiederherstellung ökologischer Systeme durch positive Auswirkungen von Produktionsprozessen und Geschäftsmodellen.

Die Verbindung dieser Ansätze kann durch konkrete Geschäftsmodellinnovationen erreicht werden. Beispielsweise können Unternehmen langlebige Produkte (suffizient) entwickeln, die aus regenerativen Materialien bestehen (regenerativ) und in geschlossenen Materialkreisläufen genutzt werden (zirkulär). Dies erfordert jedoch nicht nur technologische Anpassungen, sondern auch kulturelle und organisatorische Veränderungen.

3.1.2.3.4. Entwicklung eines gemeinsamen Rahmens für integrative Geschäftsmodelle

Die Theorie integrativer Geschäftsmodelle erfordert einen systemischen Ansatz, der mehrere Dimensionen verbindet:

- **Wertversprechen** (Value Proposition): Unternehmen sollten Produkte und Dienstleistungen anbieten, die nicht nur ressourcenschonend sind, sondern auch aktiv zur Wiederherstellung von Ökosystemen und menschlichem Wohlergehen beitragen.[269] Dieser Ansatz stärkt die ökologische Resilienz: Unternehmen, die nicht nur konsumieren, sondern aktiv Ökosysteme regenerieren, bauen eigene „Versorgungsnetze" auf, machen sich weniger abhängig von instabilen globalen Lieferketten und stärken ihre Position gegenüber Umweltveränderungen (zB Dürre, Biodiversitätsverlust).
- **Wertschöpfung und -bereitstellung** (Value Creation & Delivery): Die Schaffung von Werten sollte auf Kollaboration basieren, sowohl mit Kund:innen als auch mit Partner:innen und der Natur. Beispiele sind Co-Kreation mit lokalen Communities, zB durch die gemeinsame Entwicklung bedarfsgerechter Lösungen wie Sharing-Modellen oder naturbasierten Designansätzen, bei denen sich Produkt- oder Systemgestaltung an Prinzipien der Natur orientiert.[270] Dieser Ansatz fördert die soziale und organisatorische Resilienz. Die Zusammenarbeit mit lokalen Akteur:innen und Orientierung an natürlichen Prozessen führt zu größerer Flexibilität und Anpassungsfähigkeit. Unternehmen sind besser in der Lage, auf plötzliche Markt- oder Umweltveränderungen zu reagieren (zB durch lokale Partnerschaften oder widerstandsfähigere Produktdesigns).

269 Caldera, S., Hayes, S., Dawes, L., Desha, C., Moving beyond business as usual toward regenerative business practice in small and medium-sized enterprises, Frontiers in Sustainability, 3, (2022).

270 Konietzko, J., et al, Towards Regenerative Business Models, Sustainability, 15(5), 234–255 (2023).

- **Wertabschöpfung** (Value Capture): Unternehmen sollten sowohl monetäre als auch nicht-monetäre Werte erfassen, darunter soziale und ökologische Gewinne. Suffizienz und Regeneration erfordern eine neue Definition von Erfolg, die über reine Profitmaximierung hinausgeht.[271] Ein zentrales Prinzip ist dabei die Bepreisung der wahren Kosten („true-cost pricing"), also die Einbeziehung bisher externer Umwelt- und Sozialkosten in den Produktpreis, um langfristig ökologisch und gesellschaftlich tragfähige Entscheidungen zu fördern.[272] Dieser Ansatz erhöht die ökonomische Resilienz: Wenn Unternehmen ökologische und soziale Aspekte bewusst bepreisen und mitdenken, treffen sie nachhaltigere Entscheidungen. Das macht sie robuster gegenüber neuen Regularien (zB CO_2-Steuern) oder steigenden Umweltkosten.

Durch die Integration dieser Dimensionen schaffen Unternehmen nicht nur nachhaltige Wertschöpfung, sondern auch Resilienz gegenüber externen Öko- und Marktrisiken, beispielsweise gegenüber Ressourcenknappheit, Preisvolatilität, regulatorischen Veränderungen oder den Folgen des Klimawandels. Resiliente Geschäftsmodelle können besser auf Unsicherheiten reagieren, sich schneller an veränderte Rahmenbedingungen anpassen und langfristig bestehen.

3.1.2.4. Suffizienz in Aktion: Lernen von erfolgreichen Unternehmen

In diesem Kapitel werden praxisnahe Beispiele vorgestellt, die die Integration suffizienter und regenerativer Ansätze in Geschäftsmodelle der Kreislaufwirtschaft veranschaulichen. Ziel ist es, die in Kap 3.1.2.3. beschriebenen theoretischen Prinzipien greifbar zu machen und Unternehmen praktische Inspiration zu bieten. Die Fallstudien zeigen, wie verschiedene Branchen suffiziente und regenerative Ansätze erfolgreich in Modelle der Kreislaufwirtschaft integriert haben. Durch die Kombination dieser Ansätze können Unternehmen nicht nur ihre Umweltbelastung reduzieren, sondern auch neue Möglichkeiten der Wertschöpfung und Resilienz schaffen. Diese Beispiele bieten Inspiration und konkrete Ansätze für Unternehmen, die eine nachhaltige Transformation anstreben.

Suffizienzorientierte Praxisbeispiele

Siemens Produkt-Service-Modell: Effizienz und Kreislaufwirtschaft

Siemens hat ein Produkt-Service-Modell entwickelt, das suffiziente Prinzipien mit den Ansätzen der Kreislaufwirtschaft vereint. Durch vorausschauende Wartung, die Wiederaufarbeitung von Maschinen und die Nutzung digitaler Zwillinge wird nicht nur die Lebensdauer industrieller Geräte verlängert, sondern auch sichergestellt, dass Materialien effizient genutzt und in geschlossenen Kreisläufen gehalten werden. Dieser Ansatz minimiert Abfall und reduziert den Bedarf an neuen Ressourcen, was eine Symbiose aus Suffizienz und Kreislaufwirtschaft darstellt.[273]

---

271 Niessen, L., Bocken, N., How Can Businesses Drive Sufficiency?, Journal of Cleaner Production, 280, 124–133 (2021).

272 Das, A., Bocken, N., Regenerative Business Strategies: A Database and Typology to Inspire Business Experimentation Towards Sustainability, Sustainable Production and Consumption, 49, 529–544 (2024).

273 Niessen, L., Bocken, N., How Can Businesses Drive Sufficiency?, Journal of Cleaner Production, 280, 124–133 (2021).

Patagonia: Reparatur und Recycling als System

Patagonia verbindet suffiziente und kreislauforientierte Prinzipien durch Programme wie „Worn Wear“ und die Nutzung von recycelten Materialien. Kund:innen werden ermutigt, ihre Kleidung zu reparieren, länger zu tragen und im Rahmen eines Kreislaufsystems wieder einzubringen. Durch die Kombination von Suffizienz (Reduktion von Neukonsum) und Kreislaufwirtschaft (Ressourcenschonung durch Recycling) zeigt Patagonia, wie nachhaltige Mode gestaltet werden kann.[274]

Carsharing-Dienste: Teilen und Wiederverwendung

Carsharing-Modelle wie Share Now oder Cambio kombinieren suffiziente Ansätze mit der Kreislaufwirtschaft, indem sie die Nutzung vorhandener Fahrzeuge maximieren. Fahrzeuge werden optimal ausgelastet, ihre Lebensdauer wird durch regelmäßige Wartung verlängert, und am Ende ihres Lebenszyklus werden Materialien recycelt. Diese Modelle zeigen, wie die Reduktion von Besitz (suffizient) und geschlossene Materialkreisläufe (zirkulär) ineinandergreifen können.[275]

Regenerative Praxisbeispiele

Eileen Fisher: Regenerative Materialien und Engagement für soziale Verantwortung

Eileen Fisher, eine US-amerikanische Modemarke, hat sich durch die Implementierung regenerativer Geschäftsmodelle einen Namen gemacht.[276] Das Unternehmen verfolgt einen ganzheitlichen Ansatz, der ökologische Verantwortung, soziale Gerechtigkeit und wirtschaftlichen Erfolg miteinander verbindet. Unter anderem verwendet das Unternehmen regenerative Baumwolle, die durch Anbaumethoden gewonnen wird, die die Bodengesundheit fördern, die Biodiversität erhöhen und faire Arbeitsbedingungen für Landwirte sicherstellen. Als zertifiziertes B Corporation-Unternehmen erfüllt Eileen Fisher darüber hinaus hohe Standards in den Bereichen soziale Verantwortung, Umweltfreundlichkeit und Transparenz, welche auf einen „positiven Impact für alle Stakeholder“[277] abzielen.[278]

Interface Inc.: Kreisläufe schließen und regenerieren

Der Teppichhersteller Interface Inc. hat es sich zum Ziel gesetzt, eine klimapositive Lieferkette zu schaffen. Durch die Verwendung recycelter Materialien und die Rückführung von Rohstoffen in den Produktionskreislauf zeigt Interface, wie regenerative Ansätze in einer ressourcenintensiven Branche umgesetzt werden können.[279]

Ein zentrales Beispiel ist das Net-Works™-Programm, das Interface gemeinsam mit der Zoological Society of London (ZSL) ins Leben gerufen hat. In diesem Programm werden ausgediente Fischernetze aus Küstenregionen gesammelt, recycelt und als Rohstoff für die Herstellung von Teppichgarn verwendet. Dadurch wird nicht nur die Plastikverschmutzung in marinen Ökosystemen reduziert, sondern auch die lokale Bevölkerung wirtschaftlich gestärkt – ein Ansatz, der ökologische Regeneration mit sozialem Nutzen verbindet.

Darüber hinaus verfolgt Interface mit dem Konzept „Factory as a Forest“ das Ziel, Produktionsstätten so zu gestalten, dass sie wie ein Ökosystem positive Umweltwirkungen entfalten – etwa durch Wasserfiltration, Kohlenstoffbindung oder Förderung der Biodiversität. Dieser Ansatz zeigt, wie Unternehmen natürliche Systeme als Vorbild nutzen können, um regenerative Effekte in industrielle Prozesse zu integrieren.

274 Bocken, N. Short, S.W., Sufficiency Business Strategies, Sustainability Science, 11(4), 645–659 (2016).

275 Niessen, L., Bocken, N., How Can Businesses Drive Sufficiency?, Journal of Cleaner Production, 280, 124–133 (2021).

276 Niessen, L., Bocken, N., How Can Businesses Drive Sufficiency?, Journal of Cleaner Production, 280, 124–133 (2021).

277 B Lab, About B Lab, https://www.bcorporation.net/en-us/movement/about-b-lab/, aufgerufen am 3.4.2025.

278 Das, A., Bocken, N., Regenerative Business Strategies: A Database and Typology to Inspire Business Experimentation Towards Sustainability, Sustainable Production and Consumption, 49, 529–544 (2024).

279 Reichel, A., Challenging Growth: Sufficiency and Market Logics, Ecological Economics, 150, 267–276 (2018).

Kiss the Ground: Regenerative Landwirtschaft

Initiativen wie „Kiss the Ground" setzen auf regenerative Landwirtschaftspraktiken, die die Bodenfruchtbarkeit wiederherstellen und gleichzeitig Treibhausgase binden.[280] Diese Praktiken umfassen unter anderem minimale Bodenbearbeitung, wodurch die Bodenstruktur erhalten bleibt, was die Wasseraufnahme und den Humusaufbau fördert, oder Kompostierung und organische Düngung, welche das mikrobielle Leben im Boden unterstützt und die Nährstoffkreisläufe fördert. Fruchtbare Böden mit höherem Humusgehalt speichern nicht nur mehr Wasser, sondern binden auch atmosphärisches CO_2.

Integrative Beispiele: Synergien zwischen Suffizienz und Regeneration

Circular Fashion: Vorbilder aus der Modebranche

Nachhaltige Modemarken wie Vaude und Patagonia zeigen exemplarisch, wie sich Suffizienz- und Regenerationsstrategien nicht nur ergänzen, sondern synergetisch miteinander verwoben werden können: Durch Reparaturservices, Ersatzteile und langlebiges Produktdesign wird suffizienzorientiertes Verhalten aktiv gefördert.[281] Die Lebensdauer von Produkten wird maximiert, was den Bedarf an Neukäufen reduziert und eine Kultur des „Weniger-ist-mehr" etabliert. Gleichzeitig implementieren diese Unternehmen regenerative Praktiken, indem sie etwa Baumwolle aus regenerativer Landwirtschaft einsetzen, soziale Gerechtigkeit entlang der Lieferkette sicherstellen und aktiv zur Wiederherstellung natürlicher Ressourcen beitragen.

Diese Verbindung von Suffizienz und Regeneration entspricht einem integrativen strategischen Archetyp, wie ihn Bocken et al (2024) in ihrem strategischen Rahmenmodell beschreiben: Marken wie Patagonia operieren im Spannungsfeld zwischen der „Regrounding Strategy" – die auf die Heilung der Beziehung zwischen Mensch und Natur zielt – und der „Redefining Strategy", welche eine grundlegende Transformation von Konsumpraktiken und Geschäftsmodellen anstrebt.[282]

Durch diesen Ansatz entsteht nicht nur ein geschlossener Kreislauf im Sinne der Circular Economy, sondern auch ein Beitrag zur regenerativen Wertschöpfung, bei dem ökologische Belastungen nicht nur reduziert, sondern umgekehrt werden.

Regenerative Bauwirtschaft

Die Bauwirtschaft erfährt derzeit einen grundlegenden Wandel hin zu regenerativen Praktiken, die Suffizienz- und Regenerationsstrategien integrativ miteinander verbinden.[283] Suffizienz zeigt sich in der Wiederverwendung von Baumaterialien, der Planung langlebiger Gebäude und der Reduktion des Ressourcenverbrauchs durch kreislauforientiertes Design. Regenerative Ansätze ergänzen dies durch den Einsatz nachhaltiger Materialien wie Holz aus verantwortungsvoller Forstwirtschaft sowie durch Baustoffe, die umweltfreundlich, schadstofffrei und vollständig recycelbar sind. Ein prominentes Beispiel ist das Unternehmen EPEA Switzerland, das das Cradle-to-Cradle®-Designprinzip im Bauwesen etabliert hat. Ziel ist es, Gebäude so zu konzipieren, dass ihre Bestandteile nach der Nutzung entweder biologisch abbaubar oder in technischen Kreisläufen wiederverwendbar sind. Materialien werden sortenrein eingesetzt, rückbaubar verbaut und als Rohstoffdepots verstanden, die nach Ende der Nutzungsdauer wieder in den Kreislauf zurückgeführt werden können.

280 Konietzko, J., et al, Towards Regenerative Business Models, Sustainability, 15(5), 234–255 (2023).

281 Gossen, M., Kropfeld, M., Choose Nature. Buy Less., Sustainable Production and Consumption, 30, 720–736 (2022).

282 Das, A., Bocken, N., Regenerative Business Strategies: A Database and Typology to Inspire Business Experimentation Towards Sustainability, Sustainable Production and Consumption, 49, 529–544 (2024).

283 Bocken, N., Short, S.W., Unsustainable business models – Recognising and resolving institutionalised social and environmental harm, Journal of Cleaner Production, 312, 127828, (2021).

Verantwortungsvolle Beschaffung: das „True Pricing"-Modell

Ein gutes Beispiel für verantwortungsvolle Beschaffung ist das „True Pricing"-Modell des niederländischen Einzelhändlers Albert Heijn. Dieses Modell ermöglicht es den Kund:innen, den „wahren Preis" eines Produkts zu zahlen, der neben den Produktionskosten auch soziale und ökologische Auswirkungen entlang der gesamten Lieferkette berücksichtigt. Im Supermarkt werden zwei Preise angezeigt – der reguläre Preis und der wahre Preis, der zB Umwelt- oder Sozialkosten (wie CO_2-Emissionen oder faire Löhne) einbezieht.

Der Aufpreis wird gezielt in nachhaltige Verbesserungen der Lieferkette investiert, etwa in bessere Arbeitsbedingungen oder umweltschonendere Anbaumethoden. Durch die transparente Darstellung dieser Kosten werden Verbraucher:innen für die tatsächlichen Auswirkungen ihres Konsums sensibilisiert und können bewusstere Kaufentscheidungen treffen. Dieses Vorgehen stärkt nicht nur die Produzent:innen durch faire Entlohnung, sondern fördert auch nachhaltige Praktiken in der gesamten Lieferkette.[284]

3.1.2.5. Praktische Implikationen für die Integration von Suffizienz in das Geschäftsmodell

Die Integration von Suffizienz und Regeneration in ein Geschäftsmodell ist ein transformativer Pfad, der Unternehmen hilft, nicht nur ökologisch nachhaltiger zu werden, sondern auch sozial verantwortungsbewusst zu agieren. Der folgende Leitfaden richtet sich an Unternehmer:innen, die ihr Geschäftsmodell systematisch in Richtung suffizienter und regenerativer Praktiken entwickeln und dabei gängige Barrieren zu überwinden und von Treibern profitieren möchten.

Schritt 1: Analyse der aktuellen Geschäftspraxis

Bevor in die Umsetzung gegangen wird, sollten die bestehenden Geschäftsprozesse analysiert werden:

- Welche Ressourcen werden verwendet?
- Wie lange halten die Produkte und welche Dienstleistungen werden mit angeboten?
- Was sind die größten Umwelt- und sozialen Auswirkungen des Unternehmens?

Werkzeuge wie Lebenszyklusanalysen (LCA) oder digitale Zwillinge können dabei helfen, Schwachstellen zu identifizieren.

Schritt 2: Implementierung von Suffizienz-Prinzipien

Suffizienz bedeutet nicht nur, den Ressourcenverbrauch zu minimieren, sondern auch, das Geschäftsmodell auf Langlebigkeit und Modularität auszurichten. Hier sind konkrete Schritte:

- **Langlebigkeit der Produkte:** Angebot von Reparaturservices und Ersatzteilen sowie langlebiges Produktdesign.
- **Modularität und Reparierbarkeit:** Modulares Produktdesign, welches Reparaturen und Austausch von Ersatzteilen sowie das Recycling von Rohstoffen ermöglicht. Kombinierbar mit Produkt-Mietmodellen oder Abonnements.

---

284 Das, A., Bocken, N., Regenerative Business Strategies: A Database and Typology to Inspire Business Experimentation Towards Sustainability, Sustainable Production and Consumption, 49, 529–544 (2024).

- **Bildung und Kommunikation:** Aufklärung der Kund:innen, wie ihre Entscheidungen die Umwelt positiv beeinflussen. Transparente Kommunikation, um das Bewusstsein für Suffizienz zu fördern und den Wert langlebiger Produkte zu verdeutlichen.

Die Konsumkultur und die hohe Erwartungshaltung der Verbraucher:innen an niedrige Preise können eine Herausforderung sein. Dem kann kommunikativ begegnet werden, indem der Fokus auf Qualität und Langlebigkeit der Produkte und die damit verbundenen Kosteneinsparungen und zB positiven Auswirkungen auf die Gesundheit gelegt wird.

Schritt 3: Integration regenerativer Praktiken

Regeneration geht über Suffizienz hinaus. Hier geht es darum, aktiv zur Wiederherstellung von Ökosystemen und zur Förderung sozialer Gerechtigkeit beizutragen.

- **Boden- und Biodiversitätsregeneration:** Förderung regenerativer Landwirtschaft in der Rohstoffgewinnung und Nutzung natürlicher Rohstoffe, die zur Erholung von Ökosystemen beitragen.
- **Wiederherstellung sozialer Systeme:** Förderung gerechter Entlohnung und fairer Arbeitsbedingungen über die gesamte Wertschöpfungskette.

Schritt 4: Zusammenarbeit entlang der Wertschöpfungskette

Eine enge Zusammenarbeit mit Lieferant:innen ist notwendig, um regenerative Praktiken in der gesamten Lieferkette zu fördern. So kann der ökologische Fußabdruck minimiert und gleichzeitig der sozialen Wohlstand in der Region gesteigert werden.

- **Verantwortungsvolle Beschaffung:** Auswahl von Lieferanten, die regenerative Praktiken umsetzen und faire Arbeitsbedingungen bieten.
- **Unterstützung kleinerer Unternehmen:** Förderung lokaler Lieferanten und kleiner Unternehmen, die regenerativen und nachhaltigen Praktiken folgen.

Hohe Kosten für regenerative Materialien oder die Umstellung auf faire Löhne könnten eine Herausforderung darstellen. Ein klarer Plan zur Kostenübertragung und langfristigen Rentabilität ist wichtig.

Schritt 5: Treiber und Barrieren nutzen und meistern

Verbraucher:innen legen zunehmend Wert auf Nachhaltigkeit und ethische Beschaffung. Dies kann als Marktvorteil genutzt werden. Gleichzeitig steigen die ökologischen und sozialen Anforderungen. Gesetzliche Vorschriften und die Dringlichkeit des Klimawandels treiben Gesetzgeber und Investor:innen an, Nachhaltigkeit weiter zu verankern und zu forcieren.

Auf der anderen Seite könnten Unternehmen, die auf Wachstum durch Volumen setzen, mit regenerativen und suffizienten Ansätzen in Konflikt geraten. Alternative Geschäftsmodelle wie Mietmodelle oder Abonnementlösungen bieten Lösungsansätze, welche ebenfalls mit den Prinzipien der Kreislaufwirtschaft vereinbar sind.

Schließlich wird es auch intern Widerstand gegen Veränderung geben. Unternehmen und die Mitarbeitenden müssen die Vision einer regenerativen Wirtschaft gemeinsam entwickeln. Schulungen und stakeholder-integrierte Kommunikation helfen, diese Veränderung zu fördern.

Schritt 6: Monitoring und kontinuierliche Verbesserung

Um den Erfolg der umgesetzten Suffizienz- und Regenerationsstrategien zu messen, sollten Unternehmen regelmäßig ihre Nachhaltigkeitsziele überprüfen und den Fortschritt dokumentieren, zB durch die Nutzung von Impact KPIs, welche nicht nur ökonomische, sondern auch soziale und ökologische Ziele und Fortschritte transparent messen. Für die kontinuierliche Weiterentwicklung sollten Unternehmen Mitarbeitende und Kund:innen aktiv in den Transformations- und Feedbackprozess einbinden und entsprechende Stakeholderdialoge strategisch nutzen.

3.1.2.6. Suffizienz in der Kreislaufwirtschaft: Perspektiven für eine nachhaltige Transformation

Suffizienzstrategien in der Kreislaufwirtschaft sind mehr als nur ein Mittel zur Reduktion von Ressourcenverbrauch – sie sind ein zentrales Element einer regenerativen und ressourcenschonenden Wirtschaft. Indem sie bewussten Konsum fördern, Kreisläufe schließen und den Verbrauch von Ressourcen aktiv reduzieren, eröffnen sie Unternehmen neue Möglichkeiten der Wertschöpfung und tragen gleichzeitig zu einem gesellschaftlichen Wandel hin zu nachhaltigeren Lebens- und Wirtschaftspraktiken bei.

Anstatt ausschließlich auf Effizienzsteigerung oder Konsistenzstrategien zu setzen, fordert Suffizienz einen grundlegenden Perspektivwechsel: den Fokus auf das „Genug" – auf Qualität statt Quantität, auf Langlebigkeit statt Wegwerfprodukte und auf Kollaboration statt Konkurrenz. Diese Ansätze fördern nicht nur die Nachhaltigkeit, sondern stärken auch die Innovationskraft, indem sie neue Wege der Wertschöpfung eröffnen. Beispiele wie modulare Produktdesigns, Sharing-Plattformen oder Mietmodelle zeigen, dass Suffizienz keine Einschränkung bedeutet, sondern eine Chance für Unternehmen ist, sich neu zu positionieren.

Der Übergang zu einer suffizienz- und kreislauforientierten Wirtschaft erfordert Mut, Zusammenarbeit und die Bereitschaft, etablierte Geschäftsmodelle neu zu denken. Unternehmen, die Suffizienz und Regeneration erfolgreich integrieren, schaffen langfristige Wettbewerbsvorteile, da sie nicht nur auf regulatorische und gesellschaftliche Anforderungen vorbereitet sind, sondern auch Vertrauen und Loyalität bei ihren Kund:innen gewinnen.

Durch die Kombination suffizienter und regenerativer Ansätze schaffen Unternehmen Geschäftsmodelle, die nicht nur innerhalb planetarer Grenzen operieren, sondern auch aktiv zur Wiederherstellung von Ökosystemen und Lebensgrundlagen beitragen. Dieser Ansatz ermöglicht es, wirtschaftlichen Erfolg mit ökologischer und sozialer Verantwortung zu vereinen und damit die Grundlage für eine zukunftsfähige Wirtschaft zu schaffen. Unternehmen, die diesen Weg einschlagen, tragen nicht nur zur Lösung globaler Herausforderungen bei, sondern gestalten aktiv die Wirtschaft der Zukunft.

3.1.3. Von der Kreislaufwirtschaft zum Regenerativen Design: Ein neuer Ansatz in der Unternehmenspraxis

Armin Winter

3.1.3.1. Einleitung

Kreislaufwirtschaft hat sich als ein unverzichtbares Modell etabliert, um Ressourcen effizienter zu nutzen und die Umweltbelastung zu verringern. Doch während der Fokus oft auf der Minimierung von Abfällen und der Schließung von Kreisläufen liegt, geht regeneratives Denken einen Schritt weiter. Es betrachtet nicht nur, wie wir Abfälle vermeiden können, sondern wie wir aktiv zur Heilung und Regeneration von Ökosystemen und Gesellschaften beitragen können.

In der Unternehmenspraxis bedeutet dies, dass Kreislaufwirtschaft nicht nur als eine Methode der Effizienzsteigerung verstanden wird, sondern als ein Teil eines umfassenderen regenerativen Ansatzes. Dieser Beitrag zeigt, wie regeneratives Design das bestehende Konzept der Kreislaufwirtschaft ergänzen und dazu beitragen kann, die Prinzipien der Regeneration in der Unternehmenspraxis zu verankern.

3.1.3.2. Vorteile Regenerative Geschäftsmodelle – Relevanz für Entrepreneurs und Unternehmen

In Zeiten planetarer Grenzen, ökologischer Kipppunkte und zunehmender gesellschaftlicher Fragmentierung reicht es nicht mehr aus, „weniger schlecht“ zu wirtschaften.[285] **Regenerative Geschäftsmodelle (RGM)** setzen daher nicht auf bloße Schadensvermeidung, sondern auf die aktive Wiederherstellung, Pflege und Mitgestaltung lebendiger Systeme - ökologisch, sozial, kulturell.[286] Im Zentrum steht ein unternehmerisches Denken, das Verantwortung, Verbundenheit und Ko-Kreation nicht als Zusatz, sondern als strategische Grundlage versteht.

Besonders relevant sind regenerative Ansätze für Unternehmen, die in engem Austausch mit natürlichen Ressourcen oder sozialen Systemen arbeiten – etwa in der Landwirtschaft, Stadt- und Regionalentwicklung, im Bauwesen, im Tourismus oder in der Energieversorgung. Diese Branchen verfügen über direkte Hebelwirkungen: Ihre Prozesse beeinflussen nicht nur ökologische Kreisläufe, sondern auch gesellschaftliche Strukturen – und bieten daher großes Potenzial für regenerative Wirkung.

Aber auch transformativ ausgerichtete Unternehmen und Initiativen profitieren von diesem Paradigmenwechsel: Impact-Startups, Sozialunternehmen, Bildungsinitiativen oder regionale Versorger können regenerative Prinzipien nutzen, um systemischen Mehrwert zu schaffen – für Mensch und Umwelt zugleich.

285 Steffen, Will, Katherine Richardson, Johan Rockström, Sarah E. Cornell, Ingo Fetzer, Elena M. Bennett, Reinette Biggs, et al 2015. “Planetary Boundaries: Guiding Human Development on a Changing Planet.” Science 347 (6223): 1259855. https://doi.org/10.1126/science.1259855, abgerufen am 29.7.2025

286 Reed, Bill. 2007. “Forum: Shifting from ‘sustainability’ to Regeneration.” Building Research and Information 35 (November):674–80. https://doi.org/10.1080/09613210701475753, abgerufen am 29.7.2025.

Dabei ist zu beachten, dass regenerative Geschäftsmodelle – je nach Perspektive – Ähnlichkeiten mit bestehenden Konzepten wie **Biomimikry**, **Cradle to Cradle** oder **industrieller Symbiose** aufweisen bzw sich aus diesem Instrumentenkasten bedienen. Zwar ist die genaue Abgrenzung zwischen diesen Ansätzen derzeit noch Gegenstand der Diskussion.[287] Doch eines lässt sich bereits festhalten: Regenerative Geschäftsmodelle gehören zu den ganzheitlichsten und systemisch anspruchsvollsten Konzepten innerhalb der Nachhaltigkeitsansätze, wie in Abb 15 dargestellt. Sie zielen nicht nur auf Effizienz oder Zirkularität, sondern auf Wiederverbindung, Verantwortung und die aktive Förderung von Lebensfähigkeit – über Unternehmensgrenzen hinaus.

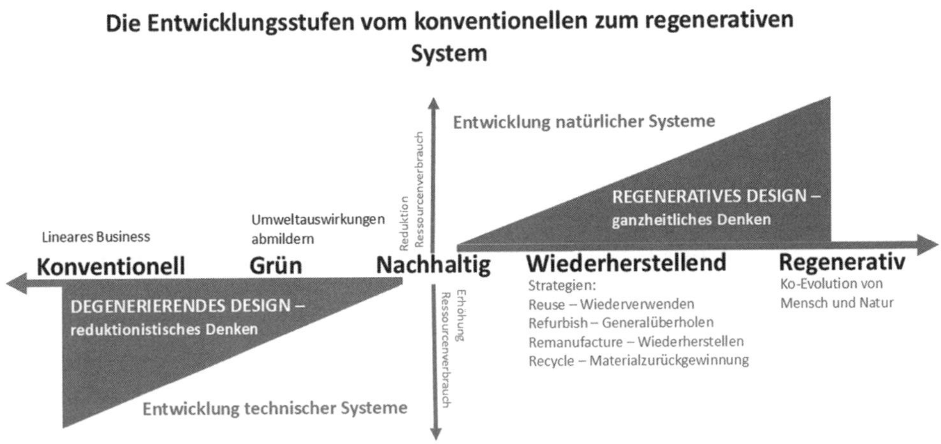

Abb 15: Format „Entwicklungsstufen von einem reduktionistischen Denken bis hin zu einem ganzheitlichen Ansatz" [Quelle: adaptiert nach Blau, Luz, and Panagopoulos 2018; Reed 2007]

3.1.3.3. Wertschöpfung regenerativer Geschäftsmodelle

3.1.3.3.1. Vom Wertversprechen zur mehrdimensionalen Kapitalbildung

Regenerative Geschäftsmodelle (RGM) markieren einen tiefgreifenden Wandel im ökonomischen Denken. Sie gehen über Effizienzsteigerung, Ressourcenschonung oder die Entwicklung nachhaltiger Produkte hinaus. Ihr Ziel besteht darin, nicht nur „weniger schädlich" zu wirtschaften, sondern aktiv ökologische, soziale und kulturelle Systeme wiederaufzubauen und zu stärken. Unternehmen mit einem regenerativen Ansatz möchten langfristig einen **Netto-Positiv-Effekt** erzielen, zB indem sie CO_2 binden, Biodiversität fördern, Gemeinwohl und Fairness verbessern oder Wissen und regionale Identität bewahren. Dadurch entsteht ein Mehrwert, der über das reine Gewinnstreben hinausgeht und die Widerstandsfähigkeit sowie das Wohlbefinden von Mensch und Umwelt gleichermaßen steigert.

287 Cole, Raymond J. 2012. "Transitioning from Green to Regenerative Design." Building Research & Information 40 (1): 39–53. https://doi.org/10.1080/09613218.2011.610608; Konietzko, Jan, Ankita Das, and Nancy Bocken. 2023. "Towards Regenerative Business Models: A Necessary Shift?" Sustainable Production and Consumption 38 (June):372–88. https://doi.org/10.1016/j.spc.2023.04.014, abgerufen am 29.7.2025.

Sie denken dabei nicht nur in Märkten, sondern in Beziehungen und Systemen, dynamisch, kontextabhängig und langfristig. Sie verstehen das Unternehmen als Teil lebendiger Netzwerke, eingebettet eben in biologische, gesellschaftliche und kulturelle Zusammenhänge. Folglich liegt ein grundlegender Unterschied zu klassischen Geschäftsmodellen in ihrem erweiterten Wertverständnis: Regenerative Unternehmen sehen Wert nicht nur im finanziellen Gewinn, sondern darin, wie sehr ihr Handeln das Leben unterstützt – für Menschen, Gemeinschaften, Natur und zukünftige Generationen.[288]

Aus diesem erweiterten Wertverständnis ergibt sich auch ein neues Verständnis von Verantwortung: Das Wertversprechen RGMs richtet sich nicht nur an Kund:innen und Anteilseigner:innen, sondern bezieht bewusst auch lokale Gemeinschaften, Mitarbeitende, zukünftige Generationen und ganze Ökosysteme mit ein. Sie alle werden als relevante Stakeholder anerkannt, deren Wohl integraler Bestandteil unternehmerischen Handelns ist.

Die Umsetzung dieses erweiterten Wertverständnisses erfolgt entlang dreier miteinander verwobener Prinzipien[289]:

- **Regenerative Führung:** Bedeutet, dass Führung nicht auf Kontrolle oder reine Zielerreichung reduziert, sondern als verantwortungsvolle Beziehungsgestaltung verstanden wird. Sie fördert Persönlichkeitsentwicklung, Sinnorientierung und Handlungsspielräume auf allen Ebenen. Führungskräfte sehen sich nicht nur als Entscheider:innen, sondern als Lernende, Ermöglichende und Impulsgeber:innen für lebendige Prozesse. Das „innere Kapital“ der Organisation, wie Motivation, Resilienz, Verbundenheit und Werteorientierung, wird dadurch bewusst gepflegt und gestärkt.
- **Ko-Kreation und Partnerschaft mit Natur:** Regenerative Unternehmen arbeiten mit lokalen und ökologischen Systemen, nicht gegen sie. Sie lernen von natürlichen Systemen und Designs, wie sie Dienstleistungen und Produkte entwickeln können.
- **Gerechte Praktiken:** Wertschöpfung berücksichtigt soziale Gerechtigkeit, Teilhabe, Mitbestimmung und faire Verteilung von Ressourcen – entlang der gesamten Lieferkette und innerhalb der Organisation.

Aus diesen Prinzipien folgt, dass regenerative Geschäftsmodelle immer ortsbezogen und kontextuell verankert sind. Sie entstehen aus Beziehungen zu einem konkreten Umfeld – geografisch, sozial, ökologisch – und entwickeln sich gemeinsam mit diesem weiter.

3.1.3.3.2. Multi-Capital Accounting

Das Rückgrat regenerativer Geschäftsmodelle bildet ein erweitertes Verständnis von Wertschöpfung – bekannt als Multi-Capital Accounting. Während klassische Modelle

---

288 Lewandowski, Mateusz. 2016. “Designing the Business Models for Circular Economy—Towards the Conceptual Framework.” Sustainability 8 (1): 43. https://doi.org/10.3390/su8010043, abgerufen am 29.7.2025; Regenesis Group. 2016. Regenerative Development and Design: A Framework for Evolving Sustainability. Wiley; Das, Ankita, and Nancy Bocken. 2024. “Regenerative Business Strategies: A Database and Typology to Inspire Business Experimentation towards Sustainability.” Sustainable Production and Consumption 49 (September): 529–44. https://doi.org/10.1016/j.spc.2024.06.024, abgerufen am 29.7.2025.

289 Konietzko, Jan, Ankita Das, and Nancy Bocken. 2023. “Towards Regenerative Business Models: A Necessary Shift?” Sustainable Production and Consumption 38 (June):372–88. https://doi.org/10.1016/j.spc.2023.04.014, abgerufen am 29.7.2025.

Erfolg vor allem an betriebswirtschaftlichen Kennzahlen wie Umsatz, Gewinn vor Zinsen und Steuern (EBIT) oder Kapitalrendite (ROI) festmachen, betrachten RGM zusätzlich die Frage, wie viele verschiedene Kapitalformen durch ihr Handeln gestärkt werden bzw auch in welchem Verhältnis Sie sich zueinander entwickeln. Dadurch existieren in RGM mehrere ineinandergreifende Kapitalformen, die klassifiziert und anhand unterschiedlicher Aktivitäten weiter gesteigert werden können.[290]

- **Natürliches Kapital:** Erhöhung der Biodiversität im unternehmerischen Wirkbereich und Verbesserung von Ökosystemleistungen jeweiliger Biome (Erhöhung der Resilienz durch gesunde Böden, Verbesserung des Wasserhaushaltes). Höhere CO_2-Speicherung, als durch das Wirtschaften erzeugt wurde. Dabei kann oft auf naturbasierte Lösungssysteme zurückgegriffen werden. Beispielsweise können begrünte Dächer und bewachsene Wände zur Wasseraufbereitung beitragen, die umgebende Feinstaubbelastung reduzieren und die Luft säubern.
- **Soziales Kapital:** Aufbau von Kooperation, Förderung von fairen Beziehungen in Lieferketten und im lokalen Umfeld, faire Bezahlung, Ermittlung der wahren Kosten für die Gesellschaft. Beispielsweise Fast Fashion, niedrige Löhne und schlechte Arbeitsbedingungen und Bedarf an Recycling-Infrastruktur bei fehlender Kreislaufwirtschaft.
- **Humankapital:** Steigerung durch Kompetenzentwicklung, Arbeitszufriedenheit durch eine bessere „Work-Life-Balance", Sinnorientierung und Gesundheit, Schaffung von Ausbildungsplätzen.
- **Kulturelles Kapital:** Aufbau durch die Stärkung lokaler Identität und Förderung gemeinsamer Werte. Bewusstseinsbildung regenerativer Praktiken. Beispielsweise veröffentlicht der niederländische Importeur EOSTA auf seinen Verpackungen und Labels seit Jahren sogenannte „True Cost of Food"-Informationen. Dadurch wird aufgezeigt, wie Umwelt- und Sozialkosten (etwa durch Pestizideinsatz, Bodendegradation, Wasserverschmutzung, CO_2-Emissionen) in den eigentlichen Produktpreis einfließen würden.[291]
- **Finanzielles Kapital:** Erhöhung durch stabile, tragfähige Geschäftsmodelle mit Wertschöpfung für heutige und künftige Generationen. Mitarbeiterbeteiligungsmodelle sowie die gezielte Lenkung von Kapitalströmen zur Förderung von Initiativen, die anderen Kapitalformen Vorrang einräumen.

Das Ziel liegt nicht in der Maximierung einer einzelnen Kapitalform (wie zB kurzfristiger Gewinn), sondern in einem ausgewogenen Aufbau aller Kapitalarten, die sich gegen-

290 Cheng, Mandy, Wendy Green, Pieter Conradie, Noriyuki Konishi, and Andrea Romi. 2014. "The International Integrated Reporting Framework: Key Issues and Future Research Opportunities." Journal of International Financial Management & Accounting 25 (1): 90–119. https://doi.org/10.1111/jifm.12015, abgerufen am 29.7.2025; Konietzko, Jan, Ankita Das, and Nancy Bocken. 2023. "Towards Regenerative Business Models: A Necessary Shift?" Sustainable Production and Consumption 38 (June):372–88. https://doi.org/10.1016/j.spc.2023.04.014, abgerufen am 29.7.2025; Gemma Bridgman, James Payne, Mareyah Bhatti, and Zoe Le Grand. 2025. "The Business Transformation Compass 2.0: A Practical Guide to Business Transformation and Value Creation in Turbulent Times." Forum for the Future. https://www.forumforthefuture.org/Handlers/Download.ashx?IDMF=9527bd65-ad1b-4cbd-9c06-6cbccc662233, abgerufen am 29.7.2025.

291 Eosta. 2017. "True Cost Accounting-Pilotstudie Legt Wahre Kosten Der Lebensmittelproduktion Für Mensch Und Umwelt Offen | www.Natureandmore.Com." 2017. https://www.eosta.com/de/aktuell/true-cost-accounting-pilotstudie-legt-wahre-kosten-der-lebensmittelproduktion-fuer-mensch, abgerufen am 29.7.2025.

seitig verstärken. Dabei können unterschiedlichste Aktionen auch gleichzeitig mehrere Kapitalformen unterstützen.[292]

Dennoch – auch RGMs operieren innerhalb eines bestehenden marktwirtschaftlichen Systems, das primär auf finanzielle Ergebnisse ausgerichtet ist. Der Übergang zu einer regenerativen, mehrkapitaligen Logik erfordert daher nicht nur einen innerbetrieblichen Wandel, sondern ist auch eine Frage der systemischen Voraussetzungen. Damit regenerative Ansätze wirksam und skalierbar werden können, sind Anpassungen im wirtschaftlichen und politischen Umfeld erforderlich.[293]

3.1.3.4. Praxisbeispiele regenerative Businessmodelle

Erfolgreiche und erlebbare Praxisbeispiele regenerativer Geschäftsmodelle finden sich weltweit. In diesem Kapitel werden drei exemplarische Erfolgsmodelle aus unterschiedlichen Wirtschaftssektoren vorgestellt, die aufzeigen, wie regenerative Prinzipien in der Praxis wirksam werden.

3.1.3.4.1. Landwirtschaft

Im Lebensmittelsektor zeigt die **Regionalwert AG**, wie ein regeneratives Geschäftsmodell auf regionaler Ebene wirksam gestaltet werden kann. Ziel ist es, eine generationsübergreifende, resiliente Wirtschaftsweise zu etablieren, die nicht nur Wert schöpft, sondern systemisch Wirkung entfaltet – ökologisch, sozial, kulturell und wirtschaftlich. Dazu vernetzt die Regionalwert AG Betriebe entlang der gesamten Lebensmittelwertschöpfungskette, von landwirtschaftlicher Erzeugung über Verarbeitung und Handel bis hin zur Gastronomie.

Das Besondere liegt in der **Investitionslogik**: Gefördert werden nicht nur wirtschaftlich stabile Unternehmen, sondern gezielt solche, die zur Regeneration von Ökosystemen beitragen, soziale Strukturen stärken und regionale Resilienz aufbauen. Diese Wirkung bleibt nicht abstrakt, sondern wird sichtbar gemacht: Mit einem eigens entwickelten Indikatorensystem erfassen die Partnerbetriebe regelmäßig ihren Beitrag zur Mehrwertbildung in fünf Kapitalformen.[294]

- **Natürliches Kapital** entsteht durch Maßnahmen wie Humusaufbau, Artenvielfalt, wasserschonende Bewirtschaftung oder den Einsatz samenfester Sorten. So werden Lebensräume erhalten und gleichzeitig CO_2 im Boden gebunden.
- **Soziales und Humankapital** wird gestärkt durch faire Beschäftigungsverhältnisse, Ausbildungen und sinnstiftende Arbeitsbedingungen.

---

292 Cheng, Mandy, Wendy Green, Pieter Conradie, Noriyuki Konishi, and Andrea Romi. 2014. "The International Integrated Reporting Framework: Key Issues and Future Research Opportunities." Journal of International Financial Management & Accounting 25 (1): 90–119. https://doi.org/10.1111/jifm.12015, abgerufen am 29.7.2025; Konietzko, Jan, Ankita Das, and Nancy Bocken. 2023. "Towards Regenerative Business Models: A Necessary Shift?" Sustainable Production and Consumption 38 (June):372–88. https://doi.org/10.1016/j.spc.2023.04.014, abgerufen am 29.7.2025; Gemma Bridgman, James Payne, Mareyah Bhatti, and Zoe Le Grand. 2025. "The Business Transformation Compass 2.0: A Practical Guide to Business Transformation and Value Creation in Turbulent Times." Forum for the Future. https://www.forumforthefuture.org/Handlers/Download.ashx?IDMF=9527bd65-ad1b-4cbd-9c06-6cbccc662233, abgerufen am 29.7.2025.

293 Zu den rechtlichen und politischen Rahmenbedingungen siehe Kap 7.

294 Regionalwert NÖ. 2021. "Regionalwert NÖ – Wien AG." Regionalwert AG. 2021. https://regionalwert-ag.at/, abgerufen am 29.7.2025.

- **Kulturelles Kapital** zeigt sich in der Pflege regionaler Identität, handwerklichen Wissens und in der bewussten Verwurzelung am Standort.
- **Finanzielles Kapital** fließt über langfristige, eigenkapitalbasierte Investitionen, die auf ein stabiles, transparentes und gemeinwohlorientiertes Wirtschaftssystem zielen.

Die Wirkung wird jährlich über eine Nachhaltigkeits-Analyse dokumentiert. Dabei erfassen die Betriebe unter anderem den Anteil ökologisch bewirtschafteter Flächen, die Zahl neu geschaffener Ausbildungsplätze oder die Diversität angebauter Kulturen. Viele dieser Leistungen lassen sich quantifizieren, etwa Blühflächen in Quadratmetern, oder sogar monetarisieren, wie etwa durch den CO_2-Speicherungseffekt von humusreichem Boden.[295]

3.1.3.4.2. Tourismus

Ein eindrucksvolles Beispiel für ein regeneratives Geschäftsmodell im Tourismussektor ist Playa Viva, ein Eco-Resort an der Pazifikküste Mexikos. Das Projekt wurde mit der Vision gegründet, ein Urlaubserlebnis zu schaffen, das nicht auf Kosten der Umwelt und lokaler Gemeinschaften geht, sondern aktiv zu ihrer Regeneration beiträgt. Im Mittelpunkt steht ein ganzheitlicher Gestaltungsansatz, der ökologische, soziale, kulturelle und wirtschaftliche Kapitalformen systemisch miteinander verknüpft.

- **Natürliches Kapital** entsteht durch die Transformation einer ehemaligen Kokosplantage, beispielsweise durch Maßnahmen wie die Wiederaufforstung von Mangroven, den Aufbau einer Aufzuchtstation für Schildkröten und regenerative Landwirtschaft. Zudem trägt die eigene Permakultur zur Bodenfruchtbarkeit, zum Wasserrückhalt und zur CO_2-Bindung bei.
- **Soziales und Humankapital** wird gestärkt durch die Beschäftigung ausschließlich lokaler Arbeitskräfte, faire Löhne und gezielte Weiterbildungsmöglichkeiten. In Kooperation mit Schulen und regionalen Initiativen entstehen Programme zu Gesundheitsvorsorge, Ausbildung und Jugendengagement.
- **Kulturelles Kapital** zeigt sich in der Einbindung indigener Gemeinschaften, der Nutzung traditioneller Bau- und Materialtechniken sowie der Pflege regionaler Kochtraditionen. Kulturelle Angebote mit lokalem Schwerpunkt fördern zudem den Austausch und den Erhalt lokaler Identitäten.
- **Finanzielles Kapital** wird durch ein hochwertiges, verantwortungsvolles Tourismusmodell geschaffen, das auf Systempflege statt Expansion setzt. Wachstum entsteht nicht durch Skalierung, sondern durch die kontinuierliche Erweiterung einer Gemeinschaft aus Gästen, Mitarbeitenden und Unterstützer:innen, die durch Bindung, Vertrauen und gemeinsame Werte wächst

Playa Viva misst seine Wirkung dabei in verschiedenen Bereichen: Dazu zählen Biodiversitätsindikatoren wie die Anzahl der Aussetzung von Babyschildkröten und die Ausweitung ökologisch genutzter Flächen (zB Mangroven, Permakultur), ebenso wie soziale Kennzahlen, etwa zur Anzahl lokaler Mitarbeitender, Weiterbildungsstunden

295 Regionalwert AG. 2021. "PARTNERSCHAFTSKRITERIEN UND KODEX." https://regionalwert-muensterland.de/wp-content/uploads/2022/07/RWAG-Muensterland-Partnerkriterien.pdf, abgerufen am 29.7.2025.

oder geregelter Löhne. Auch Kooperationsvereinbarungen mit Schulen, NGOs und indigenen Gruppen werden dokumentiert und regelmäßig evaluiert.[296]

Playa Viva steht exemplarisch für einen Tourismusansatz, der nicht extraktiv, sondern regenerativ wirkt und zeigt, dass Gastgewerbe zum aktiven Bestandteil von ökologischer Heilung und gesellschaftlicher Resilienz werden kann.

3.1.3.4.3. Bauwesen

Ein Beispiel aus dem Bereich Stadtentwicklung ist Home.Earth, ein dänisches Unternehmen, das Städte so gestalten will, dass sie sowohl ökologisch als auch sozial regenerativ wirken. Im Mittelpunkt steht dabei die Idee, Gebäude nicht nur als Immobilien zu sehen, sondern als lebendige, gemeinschaftlich getragene Systeme, die aktiv zur Erneuerung urbaner Räume beitragen. Architektur, Technologie, Bodennutzung und Gemeinschaftsentwicklung werden hier systemisch verbunden – mit dem Ziel, in mehreren Kapitalformen gleichzeitig positiven Wert zu schaffen.

- **Natürliches Kapital** wird aufgebaut durch klimapositives Bauen mit CO_2-armen Materialien, die Entsiegelung von Flächen, Urban Farming und Maßnahmen zur Förderung von Biodiversität. Grüne Dächer, Regenwassernutzung und natürliche Baustoffe verbessern die ökologische Bilanz der Projekte.
- **Soziales und Humankapital** stärkt Home.Earth durch bezahlbare, durchmischte Wohnmodelle, die langfristige Teilhabe ermöglichen. Gemeinschaftsflächen, Co-Living-Modelle und Beteiligungsprozesse fördern den sozialen Zusammenhalt und die Lebensqualität.
- **Kulturelles Kapital** zeigt sich in der Einbindung lokaler Identitäten, Kunst und neuen Erzählungen des Wohnens – mit dem Ziel, Orte zu schaffen, mit denen sich Menschen verbunden fühlen.
- **Finanzielles Kapital** wird nicht in kurzfristige Renditen, sondern in langfristige Stabilität investiert. Grundlage bildet ein sogenanntes doughnut-basiertes Geschäftsmodell, bei dem die wirtschaftliche Tätigkeit sowohl die planetaren Grenzen (wie CO_2-Ausstoß oder Flächenverbrauch) respektiert als auch soziale Mindeststandards (wie Inklusion oder leistbares Wohnen) garantiert. Gewinne fließen zurück in soziale, kulturelle und ökologische Projekte, etwa durch genossenschaftliche Beteiligung oder wirkungsorientierte Fonds.

Auch die Wirkung wird bei Home.Earth systematisch erfasst. Das Unternehmen entwickelt ein eigenes Messsystem auf Basis von Doughnut Economics, das Kennzahlen wie CO_2-Bilanz, Materialkreisläufe, soziale Vielfalt, Flächen für Gemeinwohlfunktionen oder Mieterzufriedenheit dokumentiert.[297]

296 Regenesis Group. 2016. Regenerative Development and Design: A Framework for Evolving Sustainability. Wiley.; Playa Viva. 2024. "Design – Playa Viva Luxury Eco Resort, Mexico." Playa Viva. 2024. https://www.playaviva.com/impact/design, abgerufen am 29.7.2025.

297 Birgisdóttir, H., Bjørn, A., Branny, A., Clausen, C., Fanning, A., Fetzer, I., Francart, et al 2023. Doughnut for Urban Development: A Manual. Copenhagen: The Danish Architectural Press. https://doughnuteconomics.org/tools/doughnut-for-urban-development-manual-and-tools; Home Earth. 2023. "Home.Earth." 2023. https://www.home.earth/, abgerufen am 25.7.2025.

3.1.3.5. Fazit und erste Schritte in die Praxis

Regenerative Geschäftsmodelle sind mittlerweile keine bloße Vision mehr, sondern entstehen in ganz unterschiedlichen Branchen. Sie verstehen Wertschöpfung als aktiven Beitrag zu lebendigen Systemen, in denen Verbindungen anstelle von Verbrauch, Resilienz anstelle von Abhängigkeit und Gemeinwohl anstelle von Externalisierung stehen. Um diese grundlegende Transformation voranzutreiben, braucht es jedoch passende Rahmenbedingungen: moderne Bilanzierungs- und Förderinstrumente ebenso wie politische Maßnahmen, die net-positive Ansätze belohnen und extraktive Modelle zurückdrängen.

Die Kreislaufwirtschaft kann hierbei als entscheidendes Fundament dienen, weil sie bereits eine Abkehr von linearer Wertschöpfung ermöglicht. Doch regenerative Geschäftsmodelle gehen über bloßes Schließen von Kreisläufen hinaus: Sie zielen nicht allein auf Effizienz und Wiederverwendung, sondern darauf, aktiv zur Regeneration von Ökosystemen und Gesellschaften beizutragen. Unternehmen, die diese Prinzipien mit kreislaufwirtschaftlichem Denken verbinden, können also nicht nur Ressourcen schonen, sondern neue Formen der Wertschöpfung erschließen.

Unternehmen können schon jetzt damit beginnen: Zunächst empfiehlt sich ein ehrlicher Blick auf die eigene Wirkung in Bezug auf natürliches, soziales, kulturelles und menschliches Kapital. Anschließend helfen Pilotprojekte, Kooperationen mit Kommunen und Initiativen sowie eine klare Kommunikation über die erzielten Wirkungen dabei, den regenerativen Wandel Schritt für Schritt umzusetzen. Wer sich konsequent auf diesen Lernprozess einlässt, kann langfristig nicht nur Wert schaffen, sondern durch seinen Beitrag zur Gesundung von Gesellschaft und Ökosystemen Vertrauen, Stabilität und Bedeutung gewinnen.

3.1.4. Produkt-Service-Systeme (PSS)

Anja Grüll

3.1.4.1. Einführung

3.1.4.1.1. Müssen wir Produkte wirklich besitzen?

In europäischen Haushalten bleibt jedes sechste Elektrogerät ungenutzt. Darunter fallen Laptops, Küchenmaschinen oder alte Spielkonsolen, die nicht mehr gebraucht werden, weil sie defekt und nicht repariert worden sind, oder schlicht durch neue Geräte ausgetauscht wurden. Von den 5,3 Milliarden Handys, die allein im Jahr 2022 durch modernere Modelle ersetzt wurden, wurde nur ein Bruchteil ordnungsgemäß entsorgt[298]. Dabei enthalten diese Geräte wertvolle Materialien wie Metalle, Kunststoffe und seltene Erden, die in Schubladen verschwinden oder auf Deponien landen, statt in den Kreislauf zurückgeführt zu werden. Dieses Problem ist kein Einzelfall, sondern ein Symptom des heute dominierenden, linearen Wirtschaftssystems, das auf einen schnellen

298 https://weee-forum.org/ws_news/of-16-billion-mobile-phones-possessed-worldwide-5-3-billion-will-become-waste-in-2022/, abgerufen am 29.7.2025.

Verkauf und Austausch von Produkten ausgerichtet ist. Durch immer kürzere Produktlebenszyklen, den Fokus auf niedrige Preise und ständigen Nachschub von neuen Produkten steigt der Ressourcenverbrauch, während gleichzeitig enorme Mengen Abfall erzeugt werden. Dabei gibt es Alternativen, die nicht nur umweltfreundlicher sind, sondern auch den wirtschaftlichen Erfolg maßgeblich steigern können.

Dies ist der Ansatzpunkt von Produkt-Service-Systemen (PSS), bei denen physische Produkte und entsprechend ergänzende Dienstleistungen mit dem Ziel kombiniert werden, Kund:innen bestimmte Leistungen bereitzustellen, die nicht mit dem Besitz eines Produktes einhergehen müssen. Dieses Geschäftsmodell kann vielfältige Vorteile bieten. Wenn beispielsweise das Produkt im Eigentum des Unternehmens bleibt, ist das Interesse des Unternehmens deutlich höher, dieses langlebig, reparierbar und ressourcenschonend herzustellen, und somit einen positiven Beitrag zur ökologischen Nachhaltigkeit zu leisten. Da die Instandhaltung in diesem Fall auf der Seite des Unternehmens liegt, profitieren auch die Nutzer:innen von geringerer Verantwortung diesbezüglich und von einer erhöhten Servicequalität. Anbieter:innen von PSS können wiederum Herstellungskosten verringern, zusätzliche Erlöse aus Sekundärmärkten generieren und Wettbewerbsvorteile durch eine stärkere Kund:innenbindung erzielen[299]. Richtig umgesetzt, bieten PSS Chancen für strategische Innovation durch enge Kund:innenbeziehungen und kontinuierliche Einblicke in das Nutzungsverhalten dieser.

3.1.4.1.2. Ursprung

Heute wird das Potenzial von PSS stark im Kontext von Kreislaufwirtschaft und nachhaltiger Entwicklung betont. Ursprünglich wurden diese Modelle jedoch in den 1980er- und 1990er-Jahren aus ökonomischen Überlegungen entwickelt, als Reaktion auf gesättigte Märkte und einen zunehmenden Wettbewerb. Unternehmen erkannten, dass der wirtschaftliche Erfolg nicht ausschließlich vom Produktverkauf abhängt, sondern auch stark von der Beziehung zu Kund:innen geprägt ist. Um diese zu stärken, rückte die Idee in den Vordergrund, zusätzliche Dienstleistungen anzubieten, um so die Kund:innenzufriedenheit zu erhöhen und die Bindung an das Unternehmen zu festigen. Somit entwickelte sich PSS lange, bevor es im Sinne der Nachhaltigkeit ein zentrales Thema wurde, aus dem Gedanken heraus, **Service als neue Wertschöpfungsquelle** zu verstehen.[300]

3.1.4.1.3. PSS-Grundtypen

Je nachdem, wie stark die entsprechenden Dienstleistungen in das Angebot integriert sind, lassen sich **drei Grundtypen** von PSS unterscheiden:

299 Bocken, N. M. P. et al: Product design and business model strategies for a circular economy, in: Journal of Industrial and Production Engineering, Vol. 33, No. 5, 2016, 308–320.

300 Beuren, F. H., Ferreira, M. G. G., & Miguel, P. A. C. (2013). Product-service systems: a literature review on integrated products and services. Journal of cleaner production, 47, 222–231.

PSS-Modell	Produktorientierte PSS	Nutzungsorientierte PSS	Ergebnisorientierte PSS
Beschreibung	Das Produkt steht, wie im klassischen, linearen Geschäftsmodell, im Mittelpunkt des Angebots. Zusätzlich bietet das Unternehmen verschiedene Serviceleistungen an, die von den Kund:innen nach Bedarf in Anspruch genommen werden. Diese Leistungen können an verschiedenen Punkten des Produktlebenszyklus ansetzen, wie zu Beginn der Nutzung durch Schulungen für den sicheren und effizienten Gebrauch, oder durch Reparaturangebote, eine verlässliche Ersatzteilversorgung bis hin zur Entsorgung nach dem Gebrauch. Das Eigentum verbleibt bei den Kund:innen. Dieser PSS-Typ ist in der Praxis bereits weit verbreitet, besonders in technischen Branchen wie dem Maschinen- und Anlagenbau.	Das Produkt bleibt im Eigentum des Unternehmens und kann von Kund:innen über Miete, Leasing oder durch Sharing-Modelle genutzt werden. Die Verantwortung für Wartung, Instandhaltung und teilweise auch Betrieb liegt aber beim anbietenden Unternehmen. Daraus entsteht der wirtschaftliche Anreiz, Produkte so zu gestalten, dass sie möglichst langlebig, reparierbar und aufrüstbar sind. Bereits im Produktdesign werden dafür zentrale Entscheidungen getroffen, etwa in Hinsicht auf eine modulare Bauweise, Standardisierung oder den Einsatz von hochwertigen Materialien.	Statt eines Produkts wird in dieser Form ausschließlich das Nutzungsergebnis verkauft. Der Preis bezieht sich dabei auf die tatsächlich erbrachte Leistung oder den Verbrauch. Die Berechnungsgrundlage könnte die Stückzahl sein, gefahrene Kilometer oder der Energiebzw Wasserverbrauch. Ein klassisches Beispiel wäre ein Druckservice, bei dem Kund:innen pro Ausdruck zahlen, während die Maschine im Eigentum des Unternehmens bleibt. Dieses Modell gilt als das nachhaltigste der drei PSS-Typen, da das Unternehmen selbst ein ökonomisches Interesse daran hat, das gewünschte Ergebnis mit einem möglichst geringen Ressourceneinsatz zu liefern.
Praxisbeispiel	**Kärcher** ist auf den Verkauf von verschiedenen Reinigungsgeräten spezialisiert, bietet aber zusätzlich ein umfassendes Service an. Von Wartungs- und Reparaturverträgen zu Schulungen in der Kärcher Academy sowie einer Kärcher-App umfasst das Unternehmen ein umfangreiches Service-Portfolio.	**Grover** ist eine Plattform, durch die Elektronikgeräte wie Smartphones, Laptops und Kameras gemietet werden können. Die Nutzer:innen des Service zahlen eine monatliche Gebühr für die Nutzung der Produkte. Nach der Verwendung werden diese wiederum von Grover geprüft, falls nötig repariert, und erneut zur Vermietung freigegeben.	**Signify** (ehemals Philips Lighting) bietet LED-Belichtungslösungen in Form von „Light-as-a-Service" an. Kund:innen wie etwa der Flughafen Amsterdam Schiphol bezahlen nicht die einzelnen Glühbirnen, sondern eine garantierte Lichtleistung. Die Verantwortung für die Planung, Instandhaltung, und den Ersatz von Lichtelementen obliegt vollständig Signify.

PSS-Modell	Produktorientierte PSS	Nutzungsorientierte PSS	Ergebnisorientierte PSS
Vorteile für das Unternehmen	Zusätzliche Einnahmen durch Serviceleistungen; stärkere Kund:innenbindung über After-Sales-Angebote; Rückmeldungen für Produktentwicklung und Qualitätssicherung	Wiederholte Einnahmen statt einmaliger Verkauf; Möglichkeit zur Wiederverwendung und einhergehender Reduktion der Herstellkosten	Vollständige Kontrolle über Produkt und Betriebsprozess; höchste Kundenbindung und Differenzierung am Markt
Vorteile für Kund:innen	Verlässlicher Zugang zu Wartung und Unterstützung; höhere Produktsicherheit	Kein hoher Anschaffungspreis; keine Wartungs- und Entsorgungskosten; flexible Nutzung nach Bedarf	Selbe Vorteile wie nutzungsorientierte PSS; klare Leistungsgarantie; kein Aufwand für Bedienung und Fehlerbehebung
Auswirkungen auf die Nachhaltigkeit	+ Förderung der Langlebigkeit; bessere Wartung; Verringerung der vorzeitigen Entsorgung – Keine starken Anreize Produkte langlebig oder kreislauffähig zu gestalten	+ Unternehmen verfolgen Interesse an der Langlebigkeit der Produkte; Senkung des Materialverbrauchs, zuverlässige Instandhaltung der Produkte, kontinuierliches Upgraden	+ Selbe Vorteile wie nutzungsorientierte PSS; stärkster Anreiz für langlebiges, reparaturfreundliches Produktdesign

Tab 3: Überblick PSS-Grundtypen[301]

3.1.4.2. Der Weg zum PSS-Modell

3.1.4.2.1. Ökonomische Perspektive

Je nach PSS-Modell unterscheiden sich der anfängliche Investitionsbedarf sowie das wirtschaftliche Risiko. Rücknahme- und Wiederverwendungsprozesse erfordern etwa Investitionen in Logistik, Lagerhaltung und IT-Infrastruktur. Sharing-Modelle wie Carsharing benötigen zudem umfangreiche Fuhrparks. Plattformbasierte PSS hingegen haben oft geringere Einstiegshürden, sind jedoch einem hohen Wettbewerbsdruck ausgesetzt. Auch die Umstellung von einem einmaligen Produkterlös auf kontinuierliche Einnahmen erfordert neue Ansätze in Finanzierung, Controlling und Planung. Dennoch sind die **langfristigen wirtschaftlichen Vorteile** bereits erforscht und aufgezeigt. Sie reichen von **gesteigerter Profitabilität durch laufende Erlösströme, Zugang zu Nutzungsdaten, besserer Differenzierung zur Erschließung neuer Geschäftsfelder hin zu besserem Produktfeedback und resultierender Effizienzsteigerung.**

301 Zusammenfassung basierend auf folgenden Artikeln:
Tukker, A. (2015). Product services for a resource-efficient and circular economy–a review. Journal of cleaner production, 97, 76–91.
Vezzoli, C., Ceschin, F., Diehl, J. C., & Kohtala, C. (2015). New design challenges to widely implement 'Sustainable Product–Service Systems'. Journal of Cleaner Production, 97, 1–12.

3.1.4.2.2. Konsument:innen

PSS fördern eine enge, langfristige Kund:innenbindung, da Anbieter:innen den gesamten Nutzungsprozess begleiten. Studien zeigen, dass die Zahlungsbereitschaft von Kund: innen für nachhaltige Produkte und Leistungen stetig steigt[302]. Jedoch ist die Akzeptanz vor allem bei PSS stark vom Produkttyp, Hygienefaktoren, persönlichem Nutzen und dem emotionalen Wert abhängig. Laut *Handelsverband Österreich und EY* zeigen Konsument:innen besonders bei Sportartikeln, Autos oder Haushaltsgeräten Akzeptanz gegenüber Mietmodellen, während bei Kleidung und Möbeln noch Zurückhaltung herrscht[303]. Erfolgreiche Beispiele wie Rent the Runway im Modebereich oder Fernish im Möbelsektor zeigen aber, dass durch gezielte Kommunikation und ein hochwertiges Serviceangebot auch in weniger etablierten Bereichen Vertrauen und Bereitschaft aufgebaut werden kann. Umso wichtiger ist die **frühzeitige Einbindung von Nutzer:innen in Innovationsprozesse, wie Co-Creation oder Design Thinking, um ihre Bedürfnisse besser zu verstehen**.

3.1.4.2.3. Handlungsempfehlungen

Für eine erfolgreiche Umsetzung von PSS ist die **Zusammenarbeit** mit verschiedenen Akteur:innen, intern über Abteilungsgrenzen hinweg, sowie extern mit Partner:innen entlang der Lieferkette, Branchenkolleg:innen, städtischen Einrichtungen, Universitäten, und natürlich Nutzer:innen, notwendig. Durch **Pilotprojekte** und iterative Lernschleifen können Risiken frühzeitig erkannt und minimiert werden. Kontinuierliches **Monitoring bei der Umsetzung** ist essenziell, um unbeabsichtigte Umweltfolgen zu vermeiden und etwaige Anpassungen im Angebot vorzunehmen. Dabei helfen etablierte Methoden wie Lebenszyklusanalyse, Circular Indicators oder das MEPSS-Framework. **Digitale Technologien** wie Künstliche Intelligenz, IoT oder Blockchain können hierbei als Beschleuniger für nachhaltige Innovation fungieren. **Netzwerke** wie die Circular Economy Stakeholder Platform oder das Circular Economy Forum sowie **wissensvermittelnde Organisationen** wie die Ellen MacArthur Foundation stellen wertvolle Anknüpfungspunkte und Orientierungshilfen dar. Auf EU- und nationaler Ebene gibt es zahlreiche **Förderprogramme**, **Leitfäden, Best Practices** und **Beratungsangebote** zur Unterstützung nachhaltiger Geschäftsmodelle.

Das Rad muss nicht neu erfunden werden, es muss bloß ins Rollen kommen.

3.1.5. Pay-per-Use, Leasing und Mietmodelle

Florian Schuldt/Regina Schrank

Die Transformation hin zu einer Kreislaufwirtschaft ist eine zentrale Herausforderung der produzierenden Industrie. Neben technologischen Innovationen sind insbesondere

302 BlueYonder. (2024). Consumer Sustainability SurveyRetrieved May 01, 2025, von https://blueyonder.com/resources/consumer-sustainability-survey, abgerufen am 29.7.2025.

303 Handelsverband Österreich, & EY (19.10.2021). In welchen Warengruppen können Sie sich vorstellen, Produkte zu mieten, statt zu kaufen? [Graph]. In Statista https://de.statista.com/statistik/daten/studie/1286979/umfrage/umfrage-zur-nutzung-von-mietangeboten-nach-warengruppe-in-oesterreich/, abgerufen am 4.5.2025.

innovative Geschäftsmodelle erforderlich, um Material- und Ressourcenkreisläufe effektiv zu schließen. Besonders relevant sind vor diesem Hintergrund innovative Geschäftsmodelle im Bereich des Weiße-Ware-Sektors[304], welche es Unternehmen ermöglichen, Produkte nicht nur zu verkaufen, sondern über verschiedene Nutzungsmodelle wie Miete, Leasing, Pay-per-Use oder industrielle Subskription langfristige Kundenbindungen aufzubauen und Ressourcen nachhaltiger zu nutzen. Diese Modelle bieten wirtschaftliche Vorteile für Anbieter und Kunden gleichermaßen und tragen dazu bei, Abfall zu reduzieren und Materialeffizienz zu steigern. Zudem erleichtern sie die Wiederverwendung und das Recycling von Produkten nach ihrer Nutzungszeit.

Dieser Beitrag führt zunächst eine begriffliche Abgrenzung der unterschiedlichen Geschäftsmodelle ein. Anschließend folgt eine Analyse der spezifischen Herausforderungen in den Bereichen Consumer- und Professional-Goods. Abschließend werden die Passung der Geschäftsmodelle zu den einzelnen Kundengruppen sowie beispielhafte Best Practices diskutiert, bevor ein Fazit die zentralen Erkenntnisse zusammenfasst.

3.1.5.1. Begriffliche Abgrenzungen

Innovative Geschäftsmodelle ermöglichen Kunden einen flexiblen Zugang zu Maschinen, ohne hohe Anfangsinvestitionen tätigen zu müssen. Gleichzeitig bieten sie den Anbietern die Möglichkeit eines kontinuierlichen Cashflows und optimieren die Ressourcennutzung über den gesamten Produktlebenszyklus. Ein zentraler Aspekt dieser Modelle ist die Verlängerung der Nutzungsdauer von Produkten, wodurch sich der Materialverbrauch reduziert und eine nachhaltigere Kreislaufwirtschaft gefördert wird. Im Folgenden werden die Geschäftsmodelle Miete, Leasing, Pay-per-Use sowie industrielle Subskription vorgestellt und ihr Beitrag zur Förderung der Kreislaufwirtschaft erläutert.

3.1.5.1.1. Mietmodelle

Der Begriff Miete bezeichnet ein vertragliches Rechtsverhältnis, bei dem ein Vermieter zB Waschmaschinen gegen ein festgelegtes Entgelt, den sogenannten Mietzins, dem Mieter zur Nutzung überlässt. Dabei entspricht dies faktisch einer Flatrate für die Gerätenutzung. Die Zahlungen erfolgen regelmäßig, zB im wöchentlichen, monatlichen oder vierteljährlichen Rhythmus. Diese erfolgen unabhängig von der tatsächlichen Nutzung des Geräts. Dadurch entsteht eine transparente und planbare Kostenstruktur, da keine zusätzlichen nutzungsabhängigen Gebühren anfallen. Die Verantwortung für die Instandhaltung der Geräte liegt beim Anbieter, ebenso wie die Eigentumsrechte an den Geräten. Dies entlastet die Nutzer von hohen Anschaffungskosten und reduziert ihr finanzielles Risiko. Der Nutzungszeitraum ist in der Regel fix und führt zu klaren Vertragsverhältnissen. Darüber hinaus ist nach Vertragsende eine Rückführung der Maschine zum Anbieter vorgesehen. Dies ermöglicht eine weitere Verwendung der Maschine,

304 Unter dem Begriff „Weiße Ware" werden elektrische Haushaltsgeräte im Handel, beispielsweise Elektroherde, Kühlschränke, Tiefkühltruhen, Waschmaschinen und Wäschetrockner sowie Spülmaschinen, zusammengefasst. Diese Bezeichnung hat ihren Ursprung in der Zeit, als alle Haushaltsgroßgeräte ein Gehäuse aus weißemailliertem Blech besaßen. Unterschieden werden Weiße Waren nach Groß- und Kleingeräten sowie ihrem Einsatz in Privathaushalten oder im gewerblichen Umfeld.

von Maschinenkomponenten oder Materialien im Sinne des Kreislaufwirtschaftsgedankens.[305, 306, 307, 308, 309]

3.1.5.1.2. Leasing

Leasing ist ein Geschäftsmodell, bei dem der Leasinggeber (zB der Hersteller des Produkts) einem Leasingnehmer ein Objekt, beispielsweise eine Waschmaschine, für einen festgelegten Zeitraum zur Verfügung stellt. Der Leasingnehmer zahlt dafür regelmäßige Leasingraten, die ihm die Nutzung ohne hohe Anschaffungskosten ermöglichen. Während der Leasingperiode teilen sich Anbieter und Nutzer in der Regel die Wartung und Instandhaltung des Produkts. Die genaue Verteilung richtet sich nach der vertraglichen Gestaltung des Leasings. Übernimmt der Leasinggeber sämtliche Wartungs- und Instandhaltungsaufgaben, lassen sich unerwartete Reparaturkosten für den Leasingnehmer weitgehend vermeiden. Das Eigentum verbleibt während der Vertragslaufzeit beim Anbieter bzw Leasinggeber. Hat das Leasing einen Finanzierungscharakter, benötigt der Leasinggeber eine Banklizenz. Der Leasingnehmer hat nach Ablauf des Vertrags verschiedene Optionen: Er kann das Gerät zum vereinbarten Restwert kaufen oder das Gerät zurückgeben. Beide Optionen zahlen aufgrund der damit erreichten längeren Gerätenutzung direkt auf die Ziele der Kreislaufwirtschaft ein.[310, 311]

3.1.5.1.3. Pay-per-Use

Pay-per-Use ist ein Geschäftsmodell, bei dem Kunden ausschließlich für die tatsächliche Nutzung eines Geräts zahlen. Bei Waschmaschinen bedeutet dies beispielsweise, dass die Abrechnung pro Waschgang erfolgt. Das Modell zeichnet sich durch eine flexible und nutzungsabhängige Kostenstruktur aus, bei der keine Erstinvestitionen erforderlich sind. Die Verantwortung für Instandhaltung, Wartung und Betrieb liegen ebenso wie die Eigentumsrechte vollständig beim Anbieter. Der Nutzungszeitraum ist, abhängig vom geschlossenen Vertrag, grundsätzlich unbegrenzt. Hierdurch wird dem Kunden eine langfristige Planungssicherheit geboten. Für den Anbieter bringt dieses Modell jedoch Herausforderungen wie unvorhersehbare Einnahmen, hohe Betriebskosten und ein erhöhtes Risiko durch intensive Nutzung einerseits oder seltene Auslastung andererseits mit sich.[312, 313]

---

305 Dennerlein, B. et al, Definition Miete, Gabler Wirtschaftslexikon; https://wirtschaftslexikon.gabler.de/definition/miete-40560/version-263941, abgerufen am 24.1.2025.

306 Müssig, P., Definition Miete, Gabler Banklexikon; https://www.gabler-banklexikon.de/definition/miete-59837/version-345746, abgerufen am 24.1.2025.

307 Dennerlein, B. et al, Definition Miet- und Pachtzins, Gabler Wirtschaftslexikon; https://wirtschaftslexikon.gabler.de/definition/miet-und-pachtzinsen-37972/version-261399, abgerufen am 24.1.2025.

308 Schneck (Ed), Definition Miete, Lexikon der Betriebswirtschaft, 9. Auflage, finanzen.net,; www.finanzen.net/wirtschaftslexikon/miete/9, abgerufen am 24.1.2025.

309 Simon, H. et al, Definition Flatrate, Gabler Wirtschaftslexikon; https://wirtschaftslexikon.gabler.de/definition/flatrate-51399/version-274569, abgerufen am 24.1.2025.

310 Simon, H. et al, Definition Leasing, Gabler Wirtschaftslexikon; https://wirtschaftslexikon.gabler.de/definition/leasing-40697/version-264076, abgerufen am 24.1.2025.

311 BaFin, Merkblatt – Hinweise zum Tatbestand des Finanzierungsleasings; https://beck-online.beck.de/Dokument?vpath=bibdata%2Fges%2Fkwg_4_507%2Fcont%2Fkwg_4_507.htm&anchor=Y-100-G-KWG_4_507, abgerufen am 24.1.2025.

312 Waschbusch, G., Definition Pay-per-Use-Kredit, Gabler Banklexikon; https://www.gabler-banklexikon.de/definition/pay-use-kredit-99827/version-347660, abgerufen am 24.1.2025.

313 Deutsche Leasing AG (Ed), Pay-per-use: Zahlung nach Nutzung; https://www.deutsche-leasing.com/de/loesungen/finanzierungsarten-fuer-unternehmen/pay-per-use, abgerufen am 24.1.2025.

3.1.5.1.4. Industrielle Subskription

Eine industrielle Subskription als intelligentes Lösungsmodell repräsentiert das innovativste Service-Geschäftsmodell. Im Bereich der Haushaltsgeräte verbindet es physische Produkte (zB Waschmaschinen), Dienstleistungen (zB Instandhaltung), digitale Lösungen (zB Zustandsüberwachung) sowie ggf genau auf das jeweilige Produkt ausgelegte Verbrauchsmaterialien bzw Consumables (zB Waschmittel) zu einem ganzheitlichen Angebot. Im Gegensatz zu den bisher vorgestellten Geschäftsmodellen umfasst eine industrielle Subskription zusätzliche Leistungen, die auf kontinuierliche Leistungssteigerung, eine bessere Auslastung, einen optimierten Ressourceneinsatz sowie weniger Verschwendung ausgerichtet sind. Die Abrechnung erfolgt in regelmäßigen Intervallen. Diese gemeinsame Zielsetzung schafft eine starke Bindung zwischen Anbieter und Kunden. Aufgrund der gestärkten Kundenbeziehung ermöglicht eine industrielle Subskription auch in gesättigten Märkten stabile Umsätze. Gleichzeitig eröffnen sich Chancen für wirtschaftliches Wachstum, indem Leistungssteigerungen und damit verbundene Erfolgsbeteiligungen zusätzliche Einnahmequellen erschließen. Weiterhin wird durch längere Lebenszyklen, optimierte Nutzung und weniger Verschwendung direkt auf die Ziele der Kreislaufwirtschaft eingezahlt.

3.1.5.2. Spezifische Kundengruppen und Herausforderungen im Weiße-Ware-Sektor

Basierend auf den beschriebenen Geschäftsmodellen und deren Eigenschaften werden im Folgenden die im Projekt DiCES[314] untersuchten Kundengruppen für Waschmaschinen sowie ihre Herausforderungen näher betrachtet. Diese Herleitung erfolgt anhand praxisnaher Beispiele.

3.1.5.2.1. Consumer-Goods-Bereich

Kundengruppen im Consumer-Goods-Bereich

Familien mit Kindern benötigen Haushaltsgeräte, die besonders robust und anpassungsfähig sind. Eine große Waschmaschine mit hoher Füllmenge erleichtert den Alltag, während Sicherheitsfunktionen dafür sorgen, dass Kinder bei unsachgemäßem Umgang vor möglichen Gefahren geschützt sind. Energieeffizienz ist ebenfalls ein wichtiger Faktor, um langfristig Kosten zu sparen. Da Familien mit Kindern meist seltener umziehen, bevorzugen diese langlebige, hochwertige Geräte, die gut in ihre feste Einrichtung passen.

Singles und kinderlose Paare bevorzugen kompakte und leicht transportierbare Geräte, da sie häufiger umziehen. Besonders wichtig sind dabei ein gutes Preis-Leistungs-Verhältnis und Nachhaltigkeit, so lässt sich auch mit einem möglicherweise begrenzten

314 Das Projekt DiCES – Digital Transformation of Circular Economy for Industrial Sustainability untersucht, wie innovative Geschäftsmodelle im Bereich des Weiße-Ware-Sektors zur Verwirklichung der Kreislaufwirtschaft beitragen können. Das Forschungsprojekt mit einer Laufzeit vom 1.6.2023–30.5.2026 wird durch das Bundesministerium für Wirtschaft und Klimaschutz (BMWK) aufgrund eines Beschlusses des Deutschen Bundestages unter dem Förderkennzeichen 01MN23022A gefördert. Mehr Informationen unter https://project-dices.de/.

Budget eine umweltfreundliche Wahl treffen. Für Wohngemeinschaften (WGs) oder Gemeinschaftswohnungen müssen Geräte zusätzlich robust und einfach zu bedienen sein, da sie von mehreren Personen genutzt werden.

Senioren legen besonderen Wert auf einfache Bedienung und Zuverlässigkeit. Geräte mit klar verständlichen Programmen und ergonomischem Design sind ideal, um den Alltag zu erleichtern. Energieeffiziente und langlebige Lösungen sind ebenfalls essenziell, um sowohl die Umwelt als auch die Haushaltskasse zu schonen. Da viele Senioren langfristig an einem Ort bleiben, sind hochwertige Geräte, die optisch und funktional zur festen Einrichtung passen, besonders wichtig. Somit spielen Umzugsaspekte hier weniger eine Rolle.

Vermieter, die ihre Wohnungen vor der Vermietung ausstatten, legen besonderen Wert auf langlebige, robuste und energieeffiziente Haushaltsgeräte, die vielseitig einsetzbar und wartungsarm sind. Die Geräte sollten einfach zu bedienen und möglichst universell einsetzbar sein, um den unterschiedlichen Bedürfnissen der Mieter gerecht zu werden. Dies gilt insbesondere für sogenannte WG-Vermietungsmodelle. In Mehrfamilienhäusern und Appartementkomplexen bieten robuste Geräte mit hohen Kapazitäten und unkomplizierten Bezahlsystemen klare Vorteile.

Herausforderungen im Consumer-Goods-Bereich

Die steigende Nachfrage nach nachhaltigen Haushaltsgeräten erfordert von Anbietern Investitionen in langlebige, recyclingfähige Materialien und upgradefähige Maschinen. Innovative Geschäftsmodelle wie Pay-per-Use bieten Vorteile, da die Anbieter die Verantwortung für Wartung, Reparatur und Wiederverwertung übernehmen. Besonders in Märkten wie Schweden, wo Waschmaschinen in der Regel in Gemeinschaftsräumen installiert werden, werden innovative Geschäftsmodelle umgesetzt, die den Besitz von Geräten überflüssig machen und eine geteilte Nutzung vorsehen.[315]

Für Kunden mit wechselnden Lebenssituationen, wie Umzügen oder temporären Wohnsituationen, sind Geschäftsmodelle essenziell, die diesen Personen die notwendige Flexibilität geben. Leasing-, Miet- und Pay-per-Use-Modelle ermöglichen eine unkomplizierte Anpassung an neue Anforderungen und reduzieren gleichzeitig die finanziellen Verpflichtungen für Nutzer.

Die von Kunden gewünschte Integration moderner Technologien wie Smart-Home-Funktionen erhöht den Innovationsdruck auf Anbieter, die gleichzeitig erschwingliche Lösungen bieten müssen. Industrielle Subskription-Modelle ermöglichen es hier, technologische Innovationen flexibel bereitzustellen, sodass Kunden kontinuierlich von Updates und neuen Funktionen profitieren. Besonders in Projekten, die hochwertige Geräte bereits als Standard integrieren, können Subskription-Modelle zukünftig eine sinnvolle Option darstellen. Speziell für Vermieter ergeben sich daraus Vorteile, da sie kontinuierlich Wohnungen auf dem neuesten technischen Stand anbieten können.

315 Selheim, T., Expedition Stockholm; https://expeditionstockholm.com/waesche-waschen-in-schweden/?utm, abgerufen am 24.1.2025.

3.1.5.2.2. Professional-Goods-Bereich

Kundengruppen im Professional-Goods-Bereich

In Gastronomie und Hotellerie stehen Effizienz und Robustheit an erster Stelle. Maschinen müssen große Mengen an Textilien wie Tischdecken, Servietten und Uniformen schnell und hygienisch reinigen können. Kurze Waschzyklen, energie- und wassersparende Modelle sowie Programme für Kochwäsche sind essenziell, um den Betriebsablauf reibungslos zu halten. Technologisch sind zudem IoT-fähige Geräte gefragt, die eine Fernüberwachung ermöglichen und Ausfallzeiten minimieren. Nachhaltige Technologien senken Betriebskosten und Umweltbelastung. Wartungsverträge und schnelle Reparaturservices stellen die maximale Verfügbarkeit der Maschinen sicher, selbst bei intensiver Nutzung.

Im Gesundheitswesen ist Hygiene das oberste Gebot. Maschinen müssen Keime und Bakterien zuverlässig durch Desinfektionsprogramme abtöten und sensible Textilien wie Bettwäsche und Pflegekleidung schonend reinigen. Automatische Dosiersysteme und die Dokumentation von Waschvorgängen sind essenziell zur Erfüllung regulatorischer Anforderungen. IoT-fähige Geräte ermöglichen hierbei die Überwachung und Nachverfolgung von Hygienestandards in Echtzeit. Darüber hinaus ist auch die Ausfallsicherheit, besonders in kritischen Bereichen wie Intensivstationen, zentral.

Textilreinigungen benötigen Maschinen, die flexibel auf unterschiedliche Materialien wie Baumwolle, Seide und Wolle abgestimmt sind. Eine hohe Kapazität, Langlebigkeit und insbesondere Ausfallsicherheit sind ebenso entscheidend wie die Integration in größere Automatisierungssysteme. IoT-fähige Geräte ermöglichen die nahtlose Steuerung im Wäschereiprozess und reduzieren Stillstandzeiten. Energiesparende Technologien senken Betriebskosten und erfüllen Umweltauflagen.

Im Kleingewerbe und bei Friseuren stehen Flexibilität und praktische Handhabung im Mittelpunkt. Waschmaschinen müssen kleine bis mittlere Wäscheposten wie Handtücher, Umhänge und Schürzen schnell und zuverlässig reinigen können. Modelle mit kurzen Waschzyklen, einfacher Bedienung und kompakten Abmessungen ermöglichen einen effizienten Einsatz, selbst bei begrenztem Platzangebot. Für Friseure sind Maschinen mit robusten Filtern oder selbstreinigenden Systemen von Vorteil, um Haare effektiv zu entfernen.

Herausforderungen im Professional-Goods-Bereich

Die Sicherstellung der Verfügbarkeit und Effizienz von Geräten ist für gewerbliche Kunden essenziell. Unterschiedliche Branchenanforderungen erfordern maßgeschneiderte Lösungen. Leasingmodelle beispielsweise bieten Flexibilität, indem sie anpassbare Vertragslaufzeiten und Optionen zum Gerätekauf ermöglichen. Für Unternehmen aus dem Kleingewerbe, wie Friseure oder saisonale Gastronomiebetriebe, könnte Pay-per-Use attraktiv sein, weil dieses Modell eine bedarfsorientierte Abrechnung erlaubt und Investitionsrisiken minimiert. Je nach Nutzungsintensität könnte für diese Betriebe auch ein Mietmodell in Frage kommen.

Die langfristige Bindung professioneller Kunden erfordert innovative Ansätze. Insbesondere industrielle Subskription fördert hier eine partnerschaftliche Zusammenarbeit. Innerhalb dieser Modelle übernehmen die Anbieter die Verantwortung für Wartung und Instandhaltung und reduzieren Ausfallzeiten. Darüber hinaus ist die Integration moderner Technologien wie IoT in professionellen Anwendungen unverzichtbar. Subskriptionsmodelle ermöglichen Zugang zu IoT-fähigen Geräten mit integrierten digitalen Leistungen. Diese tragen dazu bei, Prozesse zu überwachen, zu automatisieren und kontinuierlich zu verbessern. Insbesondere im Gesundheitswesen und bei Wäschereien sind solche Lösungen entscheidend, um Betriebsabläufe effizienter und hygienischer zu gestalten.

3.1.5.3. Lösungsweg

Im folgenden Lösungsteil werden zunächst drei ausgewählte Best Practices für innovative Geschäftsmodelle kurz erläutert.

> So sind die Miet- oder Leasing- bzw Finanzierungsmodelle von BlueMovement ein Beispiel für das Angebot von innovativen Geschäftsmodellen im Consumer-Bereich. Innerhalb des Modells kann nach einem oder zwei Jahren Miete die Waschmaschine upgegradet, weitergemietet oder die Miete gekündigt werden.[316] Bei der Finanzierung bzw dem Leasing bestehen nach drei Jahren die gleichen Möglichkeiten, mit dem Unterschied, dass dieses Geschäftsmodell mit einem Eigentumserwerb verbunden ist.[317]
>
> Im Bereich der industriellen Spülmaschinen bietet Winterhalter seit Langem ein Pay-per-Use-Angebot. Das PAY PER WASH-Modell ermöglicht die Nutzung von Spülmaschinen ohne Kauf, Miete oder Leasing – bezahlt wird ausschließlich pro Spülgang. Im Preis sind alle Kosten für Maschine, Zubehör, Spülchemie, Wartung und Service enthalten. Die Spülgänge werden flexibel über ein Online-Portal ausgewählt und aktiviert, wodurch eine transparente und kosteneffiziente Lösung für Betriebe mit variierendem Spülbedarf angeboten wird.[318]
>
> Ein Praxisbeispiel für eine industrielle Subskription ist appWash RELAX von Miele. Hierbei handelt es sich um ein Rundum-sorglos-Paket für Wäschereien, bei dem Miele den gesamten Betrieb übernimmt. Dazu gehört die Bereitstellung der Waschmaschinen und Trockner inkl Consumables, deren Instandhaltung sowie die Abrechnung der Wäschen. Nutzer profitieren von einer digitalen Lösung, die es ihnen ermöglicht, Maschinen über die appWash-App zu buchen und bargeldlos zu bezahlen. Dieses Modell eignet sich besonders für Betreiber, die den operativen Betrieb vollständig auslagern möchten.[319]

Insgesamt ist festzustellen, dass nicht jedes Geschäftsmodell gleichermaßen für alle Kundengruppen geeignet ist. Die nachfolgende Abbildung verknüpft die beschriebenen Geschäftsmodelle mit den herausgearbeiteten Kundengruppen und zeigt mögliche Lösungsräume auf.

316 BSH Hausgeräte GmbH (Ed), BlueMovement; https://www.bluemovement.com/de-de/so-funktionierts, abgerufen am 24.1.2025.

317 BSH Hausgeräte GmbH (Ed), BlueMovement; https://www.bluemovement.com/de-de/finanzierungplus, abgerufen am 24.1.2025.

318 Winterhalter (Ed), PAY PER WASH; https://www.winterhalter.com/de-de/finanzierung/pay-per-wash/, abgerufen am 24.1.2025.

319 Miele (Ed), appWash Services – Die digitale Lösung für Ihren Waschkeller; https://www.miele.de/p/appwash-4784.htm, abgerufen am 24.1.2025.

Kundengruppen		Miet-modelle	Leasing	Pay-per-Use	Industrielle Subskription
Consumer-Goods	Familien mit Kindern	✓	–	–	✗
	Singles & kinderlose Paare	✓	✓	✓	✗
	Senioren	✓	✗	✗	✗
	Vermieter	–	✓	–	✓
Professional-Goods	Gastronomie & Hotellerie	–	✓	✓	✓
	Gesundheitswesen	✗	✓	✓	✓
	Textilreinigungen	✗	✓	✓	✓
	Kleingewerbe & Friseure	–	–	✓	–

✓ passend
– teilweise passend
✗ nicht passend

Abb 16: Eignung von innovativen Geschäftsmodellen für spezifische Kundengruppen
[Quelle: eigene Darstellung]

Fazit

Innovative Geschäftsmodelle ermöglichen Unternehmen, nachhaltige und kundenorientierte Lösungen zu etablieren. Sie schaffen finanzielle Planbarkeit, fördern die Kundenbindung und ermöglichen die Umsetzung des Kreislaufwirtschaftsgedankens. Folgende fünf Schritte sollten Unternehmen jetzt gehen:

- Zielgruppenanalyse: Anforderungen der Kunden an moderne Geschäftsmodelle identifizieren
- Flexible Vertragsmodelle: Miet-, Leasing-, Pay-per-Use- und Subskriptionsoptionen anbieten
- Digitalisierung: Plattformen für Abrechnung, Wartung und Geräteüberwachung implementieren
- Gezieltes Marketing: Vorteile der angebotenen Geschäftsmodelle zielgenau kommunizieren
- Nachhaltiges Produktdesign: langlebige und upgradefähige Geräte entwickeln

3.1.6. Re-Use, Reparatur und die Rolle sozialökonomischer Betriebe

Matthias Neitsch/Michelle Fetka

Bereits seit über 20 Jahren ist die Abfallhierarchie bekannt, seit wenigen Jahren auch die Hierarchie der Kreislaufwirtschaft, mit Re-Use und Reparatur gleich nach *„Rethink, Refuse, Reduce"*, dennoch fließt noch immer das größte Investitionsvolumen in die vorletzten Stufen vor der endgültigen Rohstoff-Vernichtung: in Recycling und energetische Nutzung von Abfällen. Dabei schaffen Re-Use und Reparatur pro umgesetzter Masseneinheit die höchste volkswirtschaftliche Wertschöpfung, die meisten Arbeitsplätze, die größte Ressourceneinsparung und die höchste Klimaemissionsverminderung. Allerdings: Von Re-Use und Reparatur werden große Investoren nicht reich. Deshalb ist sie für „Big Industry" – noch – uninteressant. Das beginnt sich allmählich zu ändern: zunehmend entdecken auch große Unternehmen Wettbewerbsvorteile durch zirkuläre Geschäftsmodelle, in deren Mittelpunkt eine möglichst lange Nutzung von Gütern steht. Dies erfordert weniger Investitionen, dafür mehr Arbeitskräfte, die aber knapper werden.

Sozialwirtschaftliche Re-Use-Betriebe schließen genau diese Lücke: Sie qualifizieren ehemals langzeitarbeitslose Menschen mit besonders schwierigen Zugangsvoraussetzungen zum Arbeitsmarkt in den Bereichen Re-Use und Reparatur, und stärken damit das Potenzial der heimischen Wirtschaft, die Transformation von einer produktionsbasierten linearen Ökonomie hin zu einer zirkulären Service- und Werterhaltungsökonomie zu schaffen.

3.1.6.1. Sozialökonomische Betriebe als Motor der Wiederverwendung

Laut der Re-Use-Markterhebung 2023[320] wurden in Österreich 52.975 Tonnen gebrauchte Produkte gesammelt, von denen 36.271 Tonnen erfolgreich wiederverwendet wurden. Besonders hervorzuheben ist der Beitrag der Sozialwirtschaft: 63 % der wiederverwendeten Produkte wurden von sozialwirtschaftlichen Betrieben in den Kreislauf zurückgeführt.

Die soziale Dimension der Kreislaufwirtschaft ist von besonderer Bedeutung. Die Mitgliedsorganisationen von Re-Use Austria[321] beschäftigen nicht nur Menschen mit erschwertem Zugang zum regulären Arbeitsmarkt, sondern leisten auch einen maßgeblichen Beitrag zur Ressourcenschonung. Im Jahr 2023 wurden von Re-Use Austria-Mitgliedern im Inland insgesamt 11.253 Tonnen Re-Use-Produkte an Privatpersonen in Umlauf gebracht. Berücksichtigt man zusätzlich den Re-Use-Anteil der hauptsächlich zu Großhändlern in Deutschland, Italien und Polen exportierten Altkleider, konnten die Re-Use Austria-Mitglieder insgesamt 21.910 Tonnen an Gütern der Wiederverwendung zuführen und somit deren Gebrauchs- bzw Produktwert erhalten. Damit konnten 2023 insgesamt 100.074 Tonnen CO_2-Äquivalente eingespart werden. Die dadurch erzielte Einsparung von Primärrohstoffen betrug 994.183 Tonnen. Diese Zahlen verdeutlichen, dass der Re-Use-Sektor weit mehr als eine alternative Einkaufsmöglichkeit ist – er ist eine tragende Säule nachhaltigen Wirtschaftens.

320 Re-Use Austria, Markterhebung 2023, https://reuseaustria.at/wp-content/uploads/2024/12/Bericht_Markterhebung_2023_UA.pdf, abgerufen am 24.2.2025.

321 Re-Use Austria Mitgliedsbetriebe abrufbar unter: https://reuseaustria.at/mitglieder/, abgerufen am 24.2.2025.

3.1.6.2. Second-Hand-Kauf auf dem Vormarsch

Nachhaltiges Wirtschaften stößt auch auf zunehmende Akzeptanz bei Konsument:innen. Die Sensibilisierung für Umweltfolgen einzelner Branchen zeigt Wirkung, insbesondere in der Textilindustrie. Fast Fashion steht zunehmend in der Kritik, da sich Berichte über Missstände wie schlechte Arbeitsbedingungen, enorme Müllberge und hohen Ressourcenverbrauch häufen. Laut der *Europäischen Umweltagentur*[322] verursachte der Kauf von Textilien in der EU im Jahr 2020 pro Person rund 270 kg CO_2-Emissionen – insgesamt 121 Millionen Tonnen Treibhausgase. Unternehmen versuchen daher vermehrt auf nachhaltige Materialien zu setzen, doch dies löst nur einen Teil des Problems, da weiterhin wertvolle Ressourcen verbraucht werden. Die bessere Lösung: Einfach das nutzen, was schon da ist. Oder im allgemeinen Sprachgebrauch: Second-Hand ist der letzte Schrei. Das vermitteln paradoxerweise vermehrt jene großen Konzerne, die Mitschuld tragen, dass wir uns überhaupt in einer solch misslichen Lage befinden. Sozialökonomische Betriebe wissen dies hingegen schon längst, bauen sie doch seit Jahrzehnten einen Teil ihres Geschäftsmodells auf den Verkauf gebrauchter Re-Use-Waren. So oder so: Die Wiederverwendung von noch brauchbaren Gütern kommt vielen Seiten zugute. Konsument:innen profitieren von günstigeren Preisen, heimische Unternehmen steigern ihre regionale Wertschöpfung, und der nachhaltige Effekt liegt in der Ressourcenschonung und der damit verbundenen Klimaemissionsminderung.

3.1.6.3. Re-Use-Shops als nachhaltige Alternative mit Mehrwert

Die Botschaft ist klar: Weniger konsumieren – und wenn, dann bitte Second-Hand. Nach Jahrzehnten der Überproduktion ist es an der Zeit, Bestehendes optimal zu nutzen, um unnötige Ressourcenverschwendung zu vermeiden.

Getreu nach dem Motto „*Alles, was du brauchst, gibt's gebraucht*" hat Re-Use Austria im Jahr 2021 die Online Re-Use-Plattform *WIDADO* ins Leben gerufen, die nicht nur qualitative Second-Hand-Produkte in die Hände neuer Besitzer:innen bringt, sondern auch sozialökonomische Betriebe in den Fokus der breiten Bevölkerung rückt.

Obwohl soziale Second-Hand-Shops wie die *carla-*, *Volkshilfe-* oder *Henry-Läden* vielerorts etabliert sind, geraten sie zunehmend in Konkurrenz zu großen Handelsunternehmen. Das hat mehrere Gründe, allen voran steht allerdings die kaum vorhandene digitale Präsenz vieler sozialwirtschaftlicher Re-Use-Shops. Second-Hand-Läden galten lange als Stöberstuben schlechthin und zum Teil sind sie das auch heute noch. Wer jedoch eine große, vielfältige Zielgruppe abdecken will, muss über den Tellerrand hinausblicken, genauer gesagt in Richtung Internet. Eine im Jahr 2024 erschienene Studie des *Handelsverbands*[323] zeigt auf, dass fast jeder Zweite mehrmals im Jahr Second-Hand-Waren kauft und dafür im Schnitt 195 € jährlich ausgibt. 59 % der Befragten geben zu dem an, regelmäßig Online-Plattformen für Gebrauchtwaren zu nutzen.

322 European Environment Agency, Greenhouse gas emissions in the upstream supply chain of EU-27 household consumption domains, million tonnes CO_2 equivalent, 2020, https://www.eea.europa.eu/en/analysis/maps-and-charts/greenhouse-gas-emissions-in-the-1, abgerufen am 25.2.2025.

323 Handelsverband, Consumer Check Second Hand, https://www.handelsverband.at/presse/presseaussendungen/secondhand/, abgerufen am 25.2.2025.

3.1.6.4. Re-Use: Sortiment und Reichweite erweitern

Der Weg ins Internet ist ein wichtiger Schritt, doch ebenso entscheidend ist die Vielfalt des Angebots. *WIDADO* versteht sich als umfassender Re-Use-Shop mit Sortimenten von Deko über Elektronik bis hin zu Möbeln. Dass Second-Hand mehr kann, als Modekreisläufe zu verlängern, zeigen auch seit Jahren erfolgreiche Unternehmen wie *willhaben* und *Refurbed.*

Eine breit angelegte Kreislaufwirtschaft darf nicht auf einzelne Branchen beschränkt bleiben. Die Re-Use-Markterhebung 2023 zeigt, dass Textilien mit 74 % den größten Anteil an wiederverwendeten Waren ausmachen, aber auch in anderen Bereichen Potenzial besteht.

Durch verbesserte Reparaturmöglichkeiten und längere Nutzungsdauer könnten erhebliche Mengen an Rohstoffen eingespart werden. Initiativen wie *GRAZ repariert* oder das *Wiener Reparaturnetzwerk* zeigen, welchen großen Beitrag gewerbliche Reparaturbetriebe leisten. Auch die Leistung der zivilgesellschaftlichen Reparaturinitiativen kann sich sehen lassen: 2023 wurden in 820 Repair-Cafés fast 10.000 erfolgreiche Reparaturen durchgeführt und damit 7.130 Tonnen an Primärressourcen durch vermiedenen Neukauf eingespart. Auch im Möbelbereich zeigt sich eine positive Entwicklung: 76 % der von den Betrieben gesammelten Möbelstücke wurden in Second-Hand-Shops weiterverkauft. Dies unterstreicht das Potenzial für eine verlängerte Lebensdauer von Haushaltswaren, Dekorationsartikeln und elektronischen Geräten.

3.1.6.5. Fazit: Re-Use als Schlüssel zur nachhaltigen Wirtschaft

Die Zahlen belegen eindrucksvoll die ökologische, soziale und wirtschaftliche Bedeutung von Re-Use in der Kreislaufwirtschaft. Die steigende Re-Use-Quote, die zentrale Rolle sozialwirtschaftlicher Betriebe und der Ausbau von Online-Plattformen wie *WIDADO* zeigen, dass der Trend zur Wiederverwendung wächst und noch viel Luft nach oben hat.

Dennoch bestehen Herausforderungen: Die Politik muss gezielt Maßnahmen setzen, insbesondere im Bereich der künftigen Absicherung einer re-use-fokussierten Alttextilsammlung, Stärkung der Wiederverwendung von Elektrogeräten und Möbeln, Transformation der Bauwirtschaft hin zu Re-Use vor Recycling, Eliminierung der unfairen Wettbewerbsnachteile von inländischer Re-Use-Wirtschaft gegenüber dem Import kurzlebiger Billigprodukte aus sozial- und umweltschädlicher Produktion in Übersee, Stärkung der kreislaufwirtschaftlichen Handlungsspielräume für sozialwirtschaftliche Betriebe und nicht zuletzt Stärkung der nationalen Vernetzung und Kapazitätsentwicklung von Re-Use-Betrieben. Auch Konsument:innen, öffentliche Einrichtungen und private Unternehmen sind gefragt, sich bewusster für Second-Hand-Produkte zu entscheiden und so aktiv zur Ressourcenschonung beizutragen.

Die Botschaft bleibt eindeutig: Bestehendes nutzen, solange es geht – und wenn etwas Neues gebraucht wird, dann bitte gebraucht kaufen.

3.1.7. Sharing Economy – Die Ökonomie des Teilens: Geschäftsmodelle und gemeinnützige Ansätze

Helene Pattermann

3.1.7.1. Definition und Merkmale der Sharing Economy

3.1.7.1.1. Was ist Sharing Economy und was nicht?

Die Sharing Economy, auch bekannt als Ökonomie des Teilens, bezeichnet ein Prinzip, welches maßgeblich durch den Verzicht auf Eigentum zugunsten der Nutzung von Fremdleistungen geprägt ist.[324] Dieses Modell hat in den letzten Jahren weltweit an Relevanz gewonnen und umfasst eine Vielzahl von Plattformen und Geschäftsmodellen, die auf dem Prinzip des Teilens basieren. In diesem Kapitel wird auf die Definition und Merkmale und – anhand von Praxisbeispielen – die unterschiedlichen Arten der Sharing Economy und die Chancen und Herausforderungen für Unternehmen und die Gesellschaft eingegangen.

Die Sharing Economy umfasst eine Reihe von Konsumformen, bei denen das Eigentum zwischen Vertragspartnern nur beschränkt übertragen wird.[325] Zu den zentralen Merkmalen gehören die gemeinschaftliche Nutzung von Ressourcen, die Reduktion von Transaktionskosten und die Förderung nachhaltiger Konsummuster. „*In der Sharing Economy wird der Zugang höher bewertet als der Besitz. Verbraucher:innen mieten, verleihen oder tauschen Güter und Dienstleistungen – oft über digitale Plattformen – ohne dass ein Eigentumsübergang stattfindet.*“[326]

Oftmals wird der Begriff mit anderen zirkulären Geschäftsansätzen vermischt, wie Verkauf von Second-Hand-Produkten, langfristige Mietmodelle (zB Leasing von Autos) und Reparaturdienstleistungen. In diesem Kapitel widmen wir uns ausschließlich Geschäftsmodellen und gemeinnützigen Modellen, die durch die kurzfristige Nutzung eines Produktes für die Erfüllung eines Bedürfnisses charakterisiert sind und kein Eigentumswechsel erfolgt.

3.1.7.2. Arten von Sharing-Economy-Modellen mit Praxisbeispielen

3.1.7.2.1. Peer-to-Peer Sharing

Bei Peer-to-Peer Sharing teilen Privatpersonen direkt untereinander Ressourcen, oft ohne kommerzielle Plattform und ohne wirtschaftliches Interesse. Ein gutes Beispiel für ein Peer-to-Peer-Sharing-Modell ist die Schweizer Initiative Pumpipumpe[327], bei der Privatpersonen Sticker auf den Postkasten kleben, um der Nachbarschaft zu signalisieren, welche Haushaltsgeräte (wie Bohrer, Leiter, Anhänger, oder andere) sie verleihen. Besonders eignen sich für diese Art des Teilens Haushaltsgeräte wie ein Kärcher oder

324 Steinmetz, N. (2019). Sharing Economy – Modelle und Empfehlungen für ein verändertes Konsumverhalten, Handel mit Mehrwert, Springer Gabler, S 229.

325 Habibi, M. R., Davidson, A., & Laroche, M. (2017), What Managers Should Know About the Sharing Economy, Business Horizons, Volume 60, Issue 1, Pages 11.

326 Eckhardt, G. M., & Bardhi, F. (2015). The Sharing Economy Isn't About Sharing at All, Harvard Business Review, 28. Januar 2015.

327 https://pumpipumpe.ch/, abgerufen am 19.6.2025.

eine Bohrmaschine, da sie sehr selten genutzt werden, in der Anschaffung teuer sind und viel Stauraum benötigen. Früher war das Teilen in der Nachbarschaft deutlich verbreiteter, jedoch durch die steigende Anonymisierung der Nachbarschaft erfüllen Modelle wie Pumpipumpe eine wichtige Funktion.

3.1.7.2.2. Plattformbasierte Sharing-Modelle

Digitale Plattformen bilden oft die Basis für Sharing-Modelle, da sie zwischen Anbieter: innen und Nutzer:innen vermitteln können. Diese Plattformen werden meist mit kommerziellem Interesse gewinnorientiert geführt. Das berühmteste Beispiel ist Airbnb[328]. Über die weltweite Online-Plattform Airbnb können Privatpersonen (und mittlerweile auch kommerzielle Unterkunftsanbieter) ihre Privathäuser, -wohnungen und -zimmer an Gäste vermieten und Einkünfte erzielen. Airbnb hat die Tourismusbranche verändert und ermöglicht ein Zusatzeinkommen für Privatpersonen. Viele Nutzer:innen schätzen das familiäre Reisen, indem sie auf andere Weise als in einem Hotel mit der lokalen Gesellschaft in Kontakt kommen. Airbnb hat jedoch auch viele negative gesellschaftliche Auswirkungen und trägt zu steigenden Wohnungspreisen bei: In Studien würde festgestellt, „*dass ein Anstieg der Airbnb-Angebote um 1 % zu einem Anstieg der Mieten um 0,018 % und der Immobilienpreise um 0,026 % führt.*“[329]

Ein weiteres Beispiel ist Uber[330], ein Fahrdienstvermittler, bei dem Privatpersonen ihre Privatautos einsetzen und so eine Alternative zu traditionellen Taxiunternehmen bieten. Uber steht häufig bezüglich schlechter Arbeitsbedingungen und unfairer Wettbewerbsvorteile in Kritik. Uber-Fahrer:innen arbeiten oft unter dem Mindestlohn, wenn alle Kosten berücksichtigt werden.[331] Uber zeigt exemplarisch, dass Sharing-Modelle nicht zwangsläufig zur Verringerung der Umweltbelastungen führen.[332] Studien belegen, dass App-basierte Fahrtendienste wie Uber etwa in den USA zu einem 6 %-Rückgang von öffentlichem Verkehr geführt haben.[333]

Ein weiteres Sharing Modell, welches das Stadtbild in vielen Städten bereits verändert hat, ist das von E-Scooter-Verleihorganisationen wie Bolt[334] oder Dott[335]. Als zusätzliches Angebot und als Ergänzung zum öffentlichen Verkehr sind E-Scooter nicht mehr wegzudenken. Falsch abgestellte E-Scooter führen allerdings immer wieder zu Konflikten.

Carsharing-Plattformen gibt es vor allem im urbanen Raum. Besonders junge Menschen in der Großstadt verzichten immer mehr darauf, ein eigenes Auto zu besitzen und setzen für Transporte oder Ausflüge auf Carsharing-Plattformen.

328 https://www.airbnb.com/, abgerufen am 19.6.2025.

329 Barron, K., Kung, E., & Proserpio, D. (2021), The Effect of Home-Sharing on House Prices and Rents: Evidence from Airbnb, Marketing Science, Vol. 40, No. 1, pp 23–47.

330 https://www.uber.com/, abgerufen am Stand 19.6.2025.

331 Mishel, Lawrence (2018), „Uber and the Labor Market", Economic Policy Institute, Washington D.C.p 2.

332 Korábová, E. (2019), Analysis of the Sharing Economy Trend: The Case of Uber. LBS Working Paper No. 6, Lauder Business School, Wien. p 24.

333 Graehler, M., Mucci, R. A., & Erhardt, G. D. (2019).Understanding the Recent Transit Ridership Decline in Major US Cities: Service Cuts or Emerging Modes? Transportation Research Board. p.11.

334 https://bolt.eu/de-de/scooters/, abgerufen am 19.6.2025.

335 https://ridedott.com/, abgerufen am 19.6.2025.

3.1.7.2.3. Kommerzielle Verleihmodelle

Unternehmen bieten Produkte für eine kurze Dauer Kund:innen gegen eine Gebühr an. Baumärkte, wie zB OBI[336] oder Hornbach[337] verleihen Geräte wie Autoanhänger, Bohrmaschinen, Bodenschleifmaschinen gegen eine Gebühr an Kund:innen. In der Landwirtschaft gibt es zB den Maschinenring[338], über den kostenintensive landwirtschaftliche Maschinen ausgeliehen werden können. Diese Modelle werden oft als „produktbasierte Dienstleistungsmodelle" in der Literatur zur Circular Economy beschrieben.[339]

3.1.7.2.4. Gemeinschaftsbasierte Sharing-Modelle

Gemeinschaftsbasierte Modelle der Sharing Economy haben kein Geschäftsmodell im Hintergrund, sondern im Vordergrund die gemeinsame Nutzung von Gütern, um Kosten zu sparen und/oder Umweltauswirkungen zu reduzieren. Das altbekannteste gemeinnützige Verleihmodell ist die Bibliothek. Bibliotheken haben heutzutage über digitale Plattformen ihr Angebot von Büchern, E-Books und Hörbüchern ausgeweitet. Dazu zählen Carsharing-Genossenschaften, bei denen sich mehrere Menschen ein Auto und gemeinschaftlich Anschaffungskosten, Reparatur und Wartung teilen. Gemeinnützig organisierte Leihläden, wie Leila in Wien[340], eine Bibliothek der Dinge, bietet gegen eine Leihgebühr eher selten genutzte Alltagsprodukte, wie Campingausrüstungen, Faschingskostüme, oder Küchengeräte, wie Schokobrunnen und Raclette. Dadurch können Privatpersonen Anschaffungskosten und Lagerfläche sparen und zusätzlich ihre Umweltauswirkungen reduzieren. Gemeinschaftsgärten nützen gemeinschaftlich Grünflächen, was oft auch eine gemeinschaftliche Gartengeräte-Nutzung inkludiert. Landwirtschaftliche Maschinengemeinschaften[341] schaffen gemeinsam große Maschinen an und verwalten diese zusammen.

3.1.7.3. Chancen und Herausforderungen durch Sharing Economy

Die Sharing Economy bringt zahlreiche Herausforderungen mit sich. Ein zentrales Problem ist die Schaffung fairer Arbeits- und Marktbedingungen. Laut einem Policy Paper der Arbeiterkammer Wien besteht die Gefahr, dass durch die Sharing Economy die Einkommens- und Risikoverteilung zu Ungunsten der Dienstleister verschoben wird. Dies liegt daran, dass die Plattformbetreiber die Regeln vorgeben und die Dienstleister oft als Selbstständige agieren, was zu einer Prekarisierung der Arbeitsverhältnisse führen kann.[342]

Ein weiteres Problem ist die Notwendigkeit einer angemessenen Regulierung. Eine Studie aus 2020 weist darauf hin, dass eine Überregulierung die Innovationskraft der Sharing

336 https://www.obi.at/markt/wien-nord/mietgeraete-und-werkzeugverleih, abgerufen am 19.6.2025.

337 https://www.hornbach.at/services/mietservice/, abgerufen am 19.6.2025.

338 https://www.maschinenring.at/, abgerufen am 19.6.2025.

339 Geissdoerfer, M., Morioka, S. N., de Carvalho, M. M., & Evans, S. (2018), Business models and supply chains for the Circular Economy.Journal of Cleaner Production, 190, p715.

340 https://www.leila.wien/, abgerufen am 19.6.2025.

341 https://www.maschinenring.at/leistung/gruendung-betreuung-von-maschinengemeinschaften, abgerufen am 19.6.2025.

342 Arbeiterkammer Wien (2016): „Die Sharing Economy – Chancen und Herausforderungen aus Sicht der ArbeitnehmerInnen", Policy Paper Nr. 13, Abteilung Wirtschaftswissenschaft und Statistik, S. 6.

Economy hemmen könnte, während eine Unterregulierung zu Marktverzerrungen und unfairen Wettbewerbsbedingungen führen kann. Es ist daher wichtig, ein ausgewogenes Regulierungsumfeld zu schaffen, das sowohl den Schutz der Dienstleister als auch die Förderung von Innovationen gewährleistet.[343]

Zusätzlich müssen die rechtlichen Rahmenbedingungen an die spezifischen Anforderungen der Sharing Economy angepasst werden. Dies betrifft insbesondere Fragen des Arbeitsrechts, des Steuerrechts und des Verbraucherschutzes. Die Arbeiterkammer Wien betont die Notwendigkeit einer klaren Definition der Rollen und Verantwortlichkeiten innerhalb der Sharing Economy, um rechtliche Unsicherheiten zu vermeiden und den Schutz der Verbraucher:innen zu gewährleisten.[344]

Weitere Herausforderungen sind die Verdrängung von bestehenden Unternehmen, wie zB traditionellen Taxiunternehmen oder Beherbergungsbetrieben, die aufgrund der höheren Kosten durch Angestellte und Betriebsausgaben mit den günstigen Preisen von zB Uber oder Airbnb schwer mithalten können. Haftungsfragen und Gewährleistung können Herausforderungen für Sharing-Konzepte darstellen und müssen fundiert adressiert werden.

Sharing-Modelle unterstützen wirtschaftliche Effizienz und bessere Auslastung bestehender Ressourcen, was zu Kosteneinsparungen für Konsument:innen und Unternehmen führen kann. Die Sharing Economy fördert die Entwicklung innovativer Dienstleistungen und plattformbasierter Geschäftsmodelle, insbesondere im Mobilitäts-, Wohn- und Dienstleistungsbereich.[345] Lokale Sharing-Initiativen wie Maschinenringe in der Landwirtschaft oder Leihläden fördern die regionale Zusammenarbeit und Wertschöpfung.[346]

Durch die Reduktion von Neuproduktion und gemeinsame Nutzung wird der ökologische Fußabdruck gesenkt. Sharing-Modelle ermöglichen auch Menschen mit geringem Einkommen Zugang zu Produkten und Dienstleistungen, die sonst unerschwinglich wären.[347] Durch die Sharing Economy entstehen zahlreiche neue Marktsegmente, insbesondere für junge Unternehmen.

3.1.7.4. Fazit

Die Sharing Economy bietet zahlreiche Möglichkeiten, insbesondere im Hinblick auf die effizientere Nutzung von Ressourcen und die Förderung nachhaltiger Konsummuster, mit zahlreichen Chancen für heimische Unternehmen. Gleichzeitig bringt sie jedoch auch Herausforderungen mit sich, die eine angemessene Regulierung und Anpassung der rechtlichen Rahmenbedingungen erfordern. Nur so kann sichergestellt werden, dass die Vorteile der Sharing Economy voll ausgeschöpft werden, ohne dass dabei die Inter-

343 Sobihard, B. C. (2020). Sharing Economy: Eine Bestandsaufnahme der aktuellen Literatur zur Sharing Economy in Bezug auf ökonomische, regulatorische und nachhaltige Aspekte. Diplomarbeit, Universität Innsbruck, S. 33.

344 Arbeiterkammer Wien (2016). Die Sharing Economy – Chancen und Herausforderungen aus Sicht der ArbeitnehmerInnen. Policy Paper Nr. 13, Abteilung Wirtschaftswissenschaft und Statistik, S. 7.

345 Schreiner, N., & Kenning, P. (2018), Teilen statt Besitzen: Disruption im Rahmen der Sharing Economy.Springer Fachmedien Wiesbaden. S. 357–360.

346 Umweltbundesamt (2024).Aktivitäten zur Kreislaufwirtschaft in Österreich.Report REP-0939, Wien. S. 21.

347 Steinmetz, N. (2019) Sharing Economy – Modelle und Empfehlungen für ein verändertes Konsumverhalten. Handel mit Mehrwert, Springer Gabler, Wiesbaden, S. 229–255.

essen der Dienstleister:innen und Verbraucher:innen vernachlässigt werden. Weiters ist auch Vorsicht geboten, schnelle Schlüsse zu ziehen, dass Sharing-Modelle zwingend zu besseren Umweltauswirkungen führen. ZB kann auch durch attraktive Mobilitäts-Sharing-Konzepte die Verwendung von öffentlichem Verkehr zu Gunsten des Autofahrens zurückgehen oder das Zufußgehen durch E-Scooter-Fahren ersetzt werden.

3.1.8. Refurbishment als Chance

Michael Friedmann

3.1.8.1. Definitionen und Abgrenzungen

Wesentliche Elemente einer Kreislaufwirtschaft sind Aktivitäten, die die Lebensdauer von Produkten oder deren Bestandteilen verlängern. Innerhalb des 9-R Frameworks[348, 349] sind Refurbishment und Remanufacturing zwischen Reparatur und Repurpose angesiedelt.

In der EU-Taxonomie-Verordnung[350]werden diese Aktivitäten als Wiederaufarbeitung (= Refurbishment lt Taxonomie VO) und Wiederaufbereitung (= Remanufacturing lt Taxonomie VO) von Waren bezeichnet. Der reine Austausch von Verbrauchsmaterialien wie Druckertinte, Schmierstoffen oder Batterien ist davon nicht umfasst.

Während mit **Remanufacturing** eine Generalüberholung von Produkten gemeint ist, bei der diese oftmals auch durch Upgrades auf den neuesten Stand gebracht werden, geht es beim **Refurbishment** von Produkten grundsätzlich darum, ein definiertes Qualitätsniveau (wieder) zu erreichen.

Refurbishment und Remanufacturing sind miteinander verwandt und die jeweiligen Definitionen sind im wissenschaftlichen Kontext, in der Regulatorik und im üblichen Sprachgebrauch nicht immer eindeutig.[351]

Der Refurbishment-Prozess umfasst in der Regel:

- Löschen von Daten (bei elektronischen Geräten)
- Reinigung
- Inspektion (inkl Gerätetests)
- Wartung (Austausch von Verschleißteilen und Verbrauchsmaterialien)
- Teilreparatur (Ersatz von beschädigten Bauteilen)
- Aufarbeitung von sichtbaren Oberflächen
- Qualitätskontrolle (inkl technischer Prüfung und Beurteilung des erreichten Qualitätsstandards)

348 J. Kirchherr, D. Reike, M. Hekkert, Conceptualizing the circular economy: An analysis of 114 definitions (2017).

349 J. Potting, M. Hekkert, E. Worrell, A. Hanemaaijer , Circualr Economy: Measuring Innovation in the Product Chain (2017).

350 Verordnung (EU) 2020/852.

351 Da die deutschen Begriffe für Wiederaufbereitung und Wiederaufarbeitung in der Literatur, im allgemeinen Gebrauch und auch in der Definition der EU-Taxonomie oftmals vermischt werden, wird in diesem Artikel wo immer möglich auf die englischen Bezeichnungen Refurbishment und Remanufacturing zurückgegriffen und für Refurbishment synonym auch die Bezeichnungen „Überholung“ bzw „Aufbereitung“ verwendet, auch wenn diese Bezeichnungen streng genommen nicht der deutschen Übersetzung von Refurbishment in der EU-Taxonomie als „Wiederaufarbeitung“ entsprechen.

Zumeist wird das Ziel verfolgt, dem Produkt ein zweites (oder drittes) Leben einzuhauchen. Es entsteht ein neuwertiges Produkt („like-new"). Die Preispositionierung liegt zwischen einem gebrauchten und einem neuen Produkt.

3.1.8.2. Positive Umwelteffekte

Durch Refurbishment ergeben sich eine Vielzahl an positiven Umwelteffekten, die aus der Verlängerung der Produktlebensdauer resultieren:

- ein geringerer Ressourcenverbrauch (Rohstoffe, Land, Wasser)
- geringere Treibhausgasemissionen
- geringere Umweltbelastungen durch andere Emissionen
- geringeres Abfallaufkommen

Mit einem weltweiten Aufkommen von 62 Millionen Tonnen in 2022 stellt Elektroschrott einen der am schnellsten wachsenden Abfallströme dar[352]. In der EU stieg die Gesamtmenge des gesammelten E-Schrotts von 3 Millionen Tonnen im Jahr 2023 auf etwa 5 Millionen Tonnen in 2021[353].

Daher bietet gerade das Refurbishment von Elektronikgeräten eine zunehmend wirksame Gegenstrategie. Die Reduktion der Treibhausgasemissionen, des Ressourcenverbrauchs und des Abfalls ist signifikant[354] So können durch Refurbishment bei Elektronikprodukten wie Mobiltelefonen oder Notebooks die Treibhausgasemissionen um bis zu 80 %, der Wasserverbrauch um bis zu 91 % und der E-Schrott um bis zu 93 % reduziert werden.

Zusätzlich ist davon auszugehen, dass die neue Reparaturrichtlinie der EU[355] den generellen Trend hin zu überarbeiteten/reparierten Produkten noch weiter verstärken wird. Sie fordert:

- einen leichteren Zugang zu Informationen über einzelne Bauteile
- Erleichterung der Reparierbarkeit
- Anreize zur Förderung von Reparatur

3.1.8.3. Kaufmotivation und Kund:innenverhalten

Eine Studie aus dem Jahr 2020[356] zeigt, dass Konsumenten bei Produkten mit weniger ausgeprägten funktionalen Eigenschaften eher neue Produkte bevorzugen, während bei Produkten mit einem Fokus auf Funktionalität, Refurbished-Produkte beliebter sind. Daneben sind weitere Kriterien wie die Qualität, das Preisniveau, Umweltschutzaspekte und nicht zuletzt das Einkaufserlebnis relevant. Dabei können Refurbished-Produkte auch in Konkurrenz zu Remanufactured-Produkten treten. Steht der Umweltschutzgedanke im Vordergrund, greifen Kund:innen eher zu Remanufactured-Produkten; bei hoher Preissensitivität hingegen eher zu Refurbished-Produkten.

352 UNITAR, Global E-Waste Monitor 2024: Electronic Waste rising five times faster than documented E-Waste Recycling (2024).

353 EU Parlament, Elektro- und Elektronikschrott; Zahlen und Fakten (2024).

354 T. Nemeth, M. Nowak, P. Rudorf, Sustainability Impact Measurement Refurbed GmbH. *Fraunhofer Austria Research GmbH* (2023).

355 Richtlinie (EU) 2024/1799.

356 Y. Chen, J. Wang, X. Jia, Refurbished or Remanufactured? – An Experimental Study on Consumer Choice Behaviour. *Frontiers in Psyhology.* (2020).

Auch große Unternehmen nutzen mittlerweile aufbereitete Elektronik für ihre Mitarbeiter:innen wie zB Mobiltelefone oder Notebooks. Gerade Unternehmen, die einen hohen Nachhaltigkeits-Reifegrad[357] aufweisen, nutzen Refurbished-Produkte nicht nur, um ihren Footprint zu reduzieren, sondern auch, um das Thema Nachhaltigkeit in die Organisation zu tragen.

3.1.8.4. Verkaufsstrategien und Wachstumspotenziale

Die Akzeptanz für Refurbished-Produkte wird zunehmend größer, was auch am hohen Servicelevel der meisten Anbieter liegt.

Unternehmen, die Refurbished-Produkte anbieten, punkten mit folgenden **Sales-Argumenten**:

- positives Image durch professionelle Produkttests
- Reduktion von E-Waste
- Kostenersparnis für hochqualitative Produkte
- einfacher Zugang zu Produkten
- Einkaufserlebnis ähnlich Neuprodukten
- hohes Servicelevel bei Reklamationen

Gerade im Elektronikbereich geht man davon aus, dass der Markt für Refurbished-Produkte bis 2030 mit einem jährlichen Wachstum von mehr als 11 % auf über 180 Mrd USD ansteigen wird[358].Dieser Trend motiviert auch OEMs, eigene Refurbishment-Programme anzubieten, was die allgemeine Akzeptanz für Refurbished-Produkte weiter erhöht.

Die Refurbished-Produkte werden überwiegend über **Online-Plattformen** vertrieben. Diese bieten eine große Produktauswahl, Komfort und konkurrenzfähige Preise durch ein breites Angebot. Mittlerweile bieten auch große Player wie Amazon oder eBay Refurbished-Produkte an. Parallel dazu haben sich spezialisierte Plattformen wie zB Gazelle, Back Market oder Refurbed am Markt positioniert.In manchen EU-Ländern sind bereits 10 % der Smartphonekäufe refurbished mit einem prognostizierten Zuwachs von zumindest 10 % jährlich[359]. Vor allem jüngere Zielgruppen fühlen sich von den Umweltschutz-Argumenten und den günstigen Preisen angesprochen.

3.1.8.5. Weitere Anwendungsfelder

Im **Anlagenbau** zeichnet sich der Trend ab, neue Technologien in bestehende Anlageninfrastrukturen und Instandhaltungsstrategien zu integrieren. Durch den Tausch von beschädigten und verschlissenen Teilen wird die einwandfreie Funktion und hohe Verfügbarkeit von Anlagen gewährleistet. Darüber hinaus können Refurbished-Komponenten als Fall-Back-Lösungen dienen. Ein Beispiel dafür bietet die Robotik mit größtem Verschleiß an Antrieben und Getrieben und an Endeffektoren. Diese Teile können gezielt getauscht und dadurch die Einsatzbereitschaft und Lebensdauer des Gesamtsystems entscheidend verlängert werden.

357 B. Hinrichs, Nachhaltigkeit als Unternehmensstrategie, *Haufe,* (2021).
358 Refurbished Electronics Industry Report 2024, *Research Markets,* (2024).
359 C. Gries, C. Wernick, M. Braun, Die Rolle von Refurbishment-Anbietern im Smartphone-Markt (2022).

Das Horizon-2020-EU-Projekt RECLAIM (RE-manufaCturing and refurbishment LArge Industrial equipMent) soll die Implementierung von Technologien, welche Refurbishment bzw Kreislaufwirtschaft in der Industrie fördern, unterstützen, insbesondere durch KI-gestützte Entscheidungen hinsichtlich des richtigen Zeitpunkts für eine Überholung bzw Aufbereitung von Anlagen[360].

Bei **Baumaschinen** werden bereits Reused- bzw Refurbished-Ersatzteile angeboten. So wurden beispielsweise die positiven Effekte beim Einsatz von aufbereiteten Ersatzteilen für Baumaschinen im Detail untersucht[361] und festgestellt, dass dadurch die negativen Umweltauswirkungen in ähnlichen Größenordnungen wie bei Elektronikgeräten reduziert werden können.

3.1.8.6. Fazit und Ausblick

Sowohl bei Elektronikprodukten als auch bei Industrieanlagen und Maschinen ergeben sich durch Refurbishment positive wirtschaftliche Effekte und signifikante Verbesserungen von negativen Umweltauswirkungen.

Refurbishment hat sich als eine wichtige Säule der Kreislaufwirtschaft etabliert und wird sowohl durch regulatorische Rahmenbedingungen gefördert als auch durch die zunehmende Digitalisierung forciert. Getrieben von einem wachsenden Umweltbewusstsein und wirtschaftlichen Vorteilen ergeben sich künftig große Chancen und Potenziale für grünes Wachstum durch die Überholung und Aufbereitung von Produkten.

3.1.9. Remanufacturing als Geschäftsmodell

Gerrit Hoeborn/David Evers

Remanufacturing, die industrielle Aufbereitung und Wiederverwendung gebrauchter Produkte, gewinnt als eine Umsetzungsstrategie der Kreislaufwirtschaft zunehmend an Bedeutung.[362] In einer Ära, in der Nachhaltigkeit und Ressourcenschonung zentrale Herausforderungen darstellen[363], bietet Remanufacturing einen Lösungsansatz. Es schont natürliche Ressourcen, reduziert Abfall und Emissionen und schafft gleichzeitig wirtschaftliche Vorteile durch Kosteneinsparungen und die Erschließung neuer Erlöspotenziale. Es entstehen Kostenvorteile für den Nutzer, denn Beschaffungskosten von Refabrikaten liegen ca 40 bis 80 % unter denen äquivalenter Neuprodukte.[364]

---

360 E. Bartlmae, RECLAIM, von https://www.reclaim-project.eu/ abgerufen (2025).

361 L. Gabrielsson, Reuse and Refurbishment of Construction Vehicle Spare Parts: A Comparative Life Cycle Assessment. *KTH Royal Institute of Technology, School of Architecture and the Built Environment (ABE), Department of Sustainable Development, Environmental Science and Engineering,* (2024).

362 Lange, Ressourceneffizienz durch Remanufacturing – Industrielle Aufarbeitung von Altteilen, VDI Zentrum Ressourceneffizienz GmbH (VDI ZRE; Nr 18) (2017) 9. https://www.ressource-deutschland.de/fileadmin/user_upload/1_Themen/h_Publikationen/Kurzanalysen/VDI_ZRE_Kurzanalyse_18_Remanufacturing_bf.pdf, abgerufen am 24.1.2025.

363 Intergovernmental Panel on Climate Change, Global Warming of 1.5°C: IPCC Special Report on Impacts of Global Warming of 1.5°C above Pre-industrial Levels in Context of Strengthening Response to Climate Change, Sustainable Development, and Efforts to Eradicate Poverty (2022) 177, https://www.ipcc.ch/sr15/m, abgerufen am 24.1.2025.

364 Lange, VDI Zentrum Ressourceneffizienz GmbH (VDI ZRE; Nr 18) (2017) 24, https://www.ressource-deutschland.de/fileadmin/user_upload/1_Themen/h_Publikationen/Kurzanalysen/VDI_ZRE_Kurzanalyse_18_Remanufacturing_bf.pdf, abgerufen am 24.1.2025–.

3.1.9.1. Vier Dimensionen des Geschäftsmodells

Trotz dieser vielversprechenden Perspektiven bleibt die Umsetzung für viele Unternehmen der produzierenden Industrie eine Herausforderung. Zwar ist das Konzept des Remanufacturings vielfach bekannt, doch wird es häufig nicht profitabel in bestehende Unternehmensprozesse integriert. Ein zentraler Hemmfaktor ist das Fehlen eines tragfähigen Geschäftsmodells, das sowohl die operativen Anforderungen als auch die wirtschaftlichen Ziele eines Unternehmens berücksichtigt.[365] Dieses Kapitel beleuchtet die praktische Umsetzungslücke bei der Integration von Remanufacturing in Unternehmen. Durch die Analyse der vier Dimensionen eines Geschäftsmodells nach Grassmann et al (*Zielkunden, Nutzenversprechen, Wertschöpfung* und *Ertragsmodell*)[366] werden typische Herausforderungen aus der Praxis identifiziert und mit einem mehrstufigen Vorgehensmodell ein systematischer Ansatz für die Entwicklung und Implementierung eines tragfähigen Geschäftsmodells aufgezeigt. Ziel ist es, Remanufacturing als ökologisch nachhaltiges und wirtschaftlich rentables Geschäftsmodell zu etablieren. Um jedoch langfristig höhere Gewinnmargen und eine stärkere Marktakzeptanz zu erzielen, sollte die Kreislaufwirtschaft durch einen wertsteigernden Ansatz erweitert werden, bei dem Produkte durch den Einbau funktionserweiternder oder leistungsfähigerer Komponenten über ihren ursprünglichen Zustand hinaus verbessert werden[367].

Das *Wertversprechen* eines Remanufacturing-Geschäftsmodells fordert Unternehmen heraus, die Vorteile zirkulärer Produkte überzeugend sowohl an das Top-Management als auch den Endkunden zu kommunizieren. Häufig ist das Image solcher Produkte schwach, da Zweifel an deren Qualität und Sicherheit bestehen, während klare Differenzierungen und zielgerichtete Vermarktungsstrategien fehlen. Wie können Unternehmen ein Wertversprechen entwickeln, das Kunden von der Qualität, Sicherheit und dem Mehrwert von Remanufacturing-Produkten überzeugt? Die *Wertschöpfung* eines Remanufacturing-Geschäftsmodells erfordert tiefgreifende Anpassungen bestehender Strukturen und Prozesse. Oft fehlen in Unternehmen klare Verantwortlichkeiten und spezifische Kompetenzen in Bereichen wie Einkauf, Logistik und Wiederaufbereitung, während die bestehenden Produktionsprozesse primär auf Neuprodukte ausgerichtet sind und zirkuläre Anforderungen kaum berücksichtigen. Hinzu kommen externe Hindernisse wie ineffiziente Rückführungsprozesse und unzureichendes Altteilmanagement. Welche organisatorischen und operativen Anpassungen sind notwendig, um die Wertschöpfung optimal auf die Anforderungen eines Remanufacturing-Geschäftsmodells auszurichten? Das *Ertragsmodell* ist von wirtschaftlichen Unsicherheiten geprägt, da hohe Anfangsinvestitionen erforderlich sind und deren Rentabilität oft schwer prognostiziert werden kann. Zudem fehlen etablierte Preismodelle, die sowohl den Vergleich zu Neuprodukten als auch die Profitabilität berücksichtigen. Regulatorische Vorgaben, wie

365 Herrmann/Vetter, Ökologische und ökonomische Bewertung des Ressourcenaufwands, VDI Zentrum Ressourceneffizienz GmbH (VDI ZRE) (2021) 30 ff., https://www.ressource-deutschland.de/fileadmin/user_upload/1_Themen/h_Publikationen/Studien/VDI-ZRE_Studie_Remanufacturing_Web_bf.pdf, abgerufen am 24.1.2025.

366 Gassmann/Frankenberger/Csik, The St. Gallen business model navigator, Int. J. Prod. Dev 2013 2 ff. https://www.amazon.de/Gesch%C3%A4ftsmodelle-entwickeln-innovative-Konzepte-Navigator/dp/3446435670.

367 Schuh/Schmitz/Lukas/Niwar/Welsing/Calchera, Ordnungsrahmen für eine zirkuläre Produktionswirtschaft (2023) 310, DOI: 10.24406/publica-967.

Umwelt- und Produkthaftungsgesetze, erschweren die Entwicklung eines tragfähigen Geschäftsmodells zusätzlich. Wie können Unternehmen ein wirtschaftlich tragfähiges Ertragsmodell entwickeln, das die Investitionsrisiken minimiert und gleichzeitig langfristige Profitabilität sichert? Die *Zielkunden* als vierte Dimension des Geschäftsmodells nach Gassmann stellen Unternehmen vor zusätzliche Herausforderungen bei der Implementierung von Remanufacturing. Die Identifikation und Ansprache der richtigen Kundengruppen für aufbereitete Produkte erfordern ein tiefgreifendes Verständnis von Kundenbedürfnissen und -präferenzen. Oft fehlt es an klaren Segmentierungsstrategien, die zwischen preisbewussten Kunden, umweltorientierten Verbrauchern und anderen potenziellen Zielgruppen differenzieren. Zudem erschweren Vorurteile gegenüber aufbereiteten Produkten die Marktdurchdringung. Wie können Unternehmen ihre Zielgruppen für Remanufacturing-Produkte präzise definieren und effektiv ansprechen, um eine breite Marktakzeptanz zu erreichen und gleichzeitig spezifische Kundenbedürfnisse zu erfüllen?

3.1.9.2. Vorgehen zur Entwicklung eines Remanufacturing-Geschäftsmodells

Für eine erfolgreiche Umsetzung von Remanufacturing dient ein mehrstufiges Vorgehensmodell als Leitfaden. Es strukturiert die Einführung eines passenden Geschäftsmodells in fünf klar definierte Schritte, die gezielt auf die zentralen Herausforderungen dieses Geschäftsmodells abgestimmt sind. Beginnend mit der Potenzialanalyse wird zunächst geprüft, ob Remanufacturing für die vorhandenen Produkte und Strukturen wirtschaftlich tragfähig ist. Anschließend folgen die Produktstrukturanalyse und die Geschäftsmodellgestaltung, um die technischen und strategischen Rahmenbedingungen zu definieren. Die darauffolgende Profitabilitätsbewertung stellt sicher, dass die ökonomischen Aspekte fundiert analysiert werden, bevor schließlich die Ökosystemgestaltung und Implementierung die nachhaltige Integration in die Unternehmensstrukturen ermöglichen. Die fünf Schritte sind in Abb 17 dargestellt und werden im Folgenden näher erläutert.

Abb 17: Vorgehen zur Entwicklung eines Remanufacturing-Geschäftsmodells [Quelle: eigene Darstellung]

Potenzialanalyse: Vorbereitend wird das Potenzial einer Remanufacturing-Umsetzung überprüft, indem die wichtigsten Kriterien der nachfolgenden Schritte grob analysiert werden. Zunächst wird das Produktportfolio untersucht, um Produkte zu identifizieren, die sich für Remanufacturing eignen. Dabei stehen Eigenschaften wie Komplexität, Modularität, Zerlegbarkeit und Standardisierung im Fokus. Produkte, die sich effizient wiederaufbereiten oder durch Upgrades verbessern lassen, werden besonders berücksichtigt. Anschließend wird das bestehende Geschäftsmodell auf seine Anpassungsfähigkeit hin geprüft. Es wird analysiert, ob zirkuläre Ansätze mit den strategischen Zielen des Unternehmens vereinbar sind und ob Preismodelle sowie Kundenbeziehungen flexibel genug sind, um Remanufacturing-Produkte erfolgreich zu vermarkten. Darüber hinaus wird die Umsetzbarkeit bewertet. Hierbei spielen technische und wirtschaftliche Faktoren wie die Verfügbarkeit von Ressourcen, die Kompetenz der Belegschaft und mögliche regulatorische Anforderungen eine zentrale Rolle. Abschließend wird die bestehende Infrastruktur auf ihre Eignung geprüft. Es wird analysiert, ob Rückführungsprozesse, Lagerkapazitäten und Partnerschaften bestehen, die eine Wiederaufbereitung unterstützen können. Die Potenzialanalyse schafft so eine fundierte Grundlage, um die Erfolgsaussichten einer Remanufacturing-Strategie frühzeitig zu bewerten.

1. Produktstrukturanalyse: Im ersten Schritt wird geprüft, ob die Produkte bereits optimal für Remanufacturing geeignet sind und entsprechend identifiziert werden können. Sofern dies nicht der Fall ist, wird das Produktportfolio systematisch untersucht, um Produkte zu identifizieren, die sich für Remanufacturing eignen. Dabei stehen Eigenschaften wie Komplexität, Modularität, Zerlegbarkeit und Standardisierung im Fokus. Produkte, die sich effizient wiederaufbereiten oder durch Upgrades verbessern lassen, werden besonders berücksichtigt. Anschließend wird das bestehende Geschäftsmodell auf seine Anpassungsfähigkeit geprüft. Es wird analysiert, ob zirkuläre Ansätze mit den strategischen Zielen des Unternehmens vereinbar sind und ob Preismodelle sowie Kundenbeziehungen flexibel genug sind, um Remanufacturing-Produkte erfolgreich zu vermarkten. Abschließend wird die bestehende Infrastruktur auf ihre Eignung geprüft, indem analysiert wird, ob Rückführungsprozesse, Lagerkapazitäten und Partnerschaften bestehen, die eine Wiederaufbereitung unterstützen können. Um eine fundierte Entscheidungsgrundlage zu schaffen, sollte die Potenzialanalyse anhand einer strukturierten Checkliste als iteratives Vorgehen durchgeführt werden, sodass relevante Aspekte systematisch erfasst und bewertet werden.

2. Geschäftsmodellgestaltung: Im zweiten Schritt wird zunächst untersucht, ob das aktuelle Geschäftsmodell bereits zirkuläre Elemente enthält und eine Integration von Remanufacturing ermöglicht. Falls Anpassungen erforderlich sind, werden gezielt alternative Geschäftsmodelle entwickelt. Zunächst erfolgt eine Status-quo-Analyse des bestehenden Geschäftsmodells, um die aktuelle Leistungsfähigkeit zu bewerten. Jene dient als Grundlage, um die wirtschaftliche Tragfähigkeit einer möglichen Remanufacturing-Strategie im Vergleich zur aktuell verwendeten Strategie zu bewerten. Grundlegend unterscheiden sich mögliche Geschäftsmodelle insbesondere in ihren Kreislaufeigenschaften und der Art und Weise, wie der Hersteller Zugang zu den Produkten der Nutzer erhält. Im Folgenden werden verschiedene potenzielle Geschäftsmodelle vorgestellt, die nach ihrem Grad der Zirkularität aufsteigend sortiert sind. Jedes Modell repräsentiert einen spezifischen Ansatz zur Wertschöpfung im Remanufacturing und verdeutlicht die Spannweite der möglichen Strategien, die Unternehmen verfolgen können.

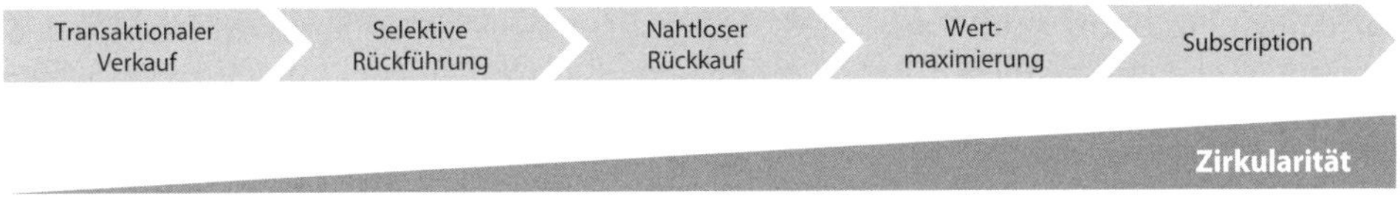

Abb 18: Die fünf Geschäftsmodelltypen geordnet nach ihrer Zirkularität [Quelle: eigene Darstellung]

Das erste Geschäftsmodell, *Transaktionaler Verkauf*, orientiert sich an einem rein linearen Ansatz der Wertschöpfung. Der Fokus liegt dabei auf dem Verkauf neuer Produkte, ohne jegliche Integration von Rückkaufstrategien oder zirkulären Elementen. Dieses Modell verkörpert die herkömmliche „Take-Make-Dispose"-Philosophie und bietet weder dem Kunden noch dem Hersteller Anreize, den Lebenszyklus der Produkte zu verlängern oder deren Komponenten wiederzuverwenden. Entsprechend ungeeignet ist dieses Geschäftsmodell für eine Remanufacturing-Strategie, stellt jedoch meist die Ausgangsbasis dar.

Das zweite Geschäftsmodell, *Selektive Rückführung*, führt einzelne Rückkaufstrategien ein, bei denen gezielt Produkte oder Komponenten mit hohem Potenzial für Wiederverwendung oder Upgrades zurückgenommen werden. Diese Strategie bietet Unternehmen Flexibilität und zusätzliche Einnahmequellen, erfordert jedoch erheblichen organisatorischen Aufwand in Bezug auf Inspektion, Logistik und operatives Management. Da der Rückkaufprozess nicht aktiv beworben wird, muss der Hersteller Produkte eigenständig auf dem Markt identifizieren. Oft sind diese bereits zerlegt oder unzugänglich. Zudem verschwinden viele Produkte nach ihrem Lebenszyklus auf dem Graumarkt oder verbleiben bei Zwischenhändlern, wodurch der Hersteller keine Kontrolle über ihren Verbleib hat.

Das dritte Geschäftsmodell, *Nahtloser Rückkauf*, zeichnet sich durch die Rücknahme vollständiger Produkte direkt vom Kunden oder über Partner aus. Diese Strategie vermeidet das Risiko, dass Produkte auf dem Graumarkt verschwinden oder von Dritten zerlegt werden. Der Erfolg hängt davon ab, Maßnahmen zu implementieren, die es Kunden ermöglichen, ihre Produkte unkompliziert an den Hersteller zurückzugeben. Gleichzeitig besteht die Notwendigkeit, gemischte Kostenberechnungen und gezielte Koordination durchzuführen, da jedes zurückgenommene Produkt unterschiedliche technische Zustände aufweist. Dies erfordert zusätzliche organisatorische und finanzielle Ressourcen.

Das vierte Geschäftsmodell, *Wertmaximierung*, inkludiert eine wertorientierte Preisgestaltung (Value-based Pricing). Dabei wird der Preis auf Basis der Wertstiftung des Produkts für den Kunden bestimmt. Diese Strategie kann durch zusätzliche wertsteigernde Leistungen erweitert werden, die gezielt auf unterschiedliche Kundengruppen zugeschnitten sind. Dies schafft nicht nur eine stärkere Kundenbindung, sondern erlaubt es Unternehmen, die Profitabilität ihrer Produkte zu maximieren. Das fünfte und fortschrittlichste Geschäftsmodell ersetzt transaktionale Produktverkäufe durch Produkt-Service-Systeme, basierend auf einem *Subscription*-Modell. Kunden profitieren von Zugang zur neuesten Technologie ohne hohe Investitionen, während innovative Zahlungsmodelle wie Pay-per-Use möglich werden. Da der Hersteller Eigentümer der Produkte bleibt, kann er diese problemlos rückführen und effizient Remanufacturing-Maßnahmen planen, was die Lebensdauer verlängert. Trotz hoher Anfangsinvestitionen für den Anbieter zur Initiierung dieses Geschäftsmodells bedeutet das Modell wiederkehrende Einnahmen für den Anbieter und vereint Nachhaltigkeit mit wirtschaftlichem Nutzen.

3. Profitabilitätsbewertung: Der dritte Schritt umfasst die Profitabilitätsbewertung. Ziel dieses Schrittes ist es, die finanzielle Machbarkeit zu prüfen, um das ausgewählte Geschäftsmodell erfolgreich umzusetzen. Dabei wird initial geprüft, ob das bestehende Kosten- und Ertragsmodell eine wirtschaftliche Umsetzung von Remanufacturing ermöglicht. Falls nicht, werden Optimierungsmöglichkeiten und alternative Monetarisierungsstrategien erarbeitet. In diesem Zuge dient ein Profitabilitätsassessment als Entscheidungsgrundlage für Unternehmen, um die wirtschaftliche und nachhaltige Tragfähigkeit des gewählten Konzepts zu bewerten und damit auch das Top-Management zu überzeugen. Die Bewertung kombiniert quantitative Analysen mit qualitativen Bewertungen, um einen ganzheitlichen Business-Case zu erstellen. Ein wesentlicher Bestandteil ist die finanzielle Analyse, die Investitionen, operative Kosten und Einnahmeströme bewertet, um die Rentabilität des Modells sicherzustellen. Ergänzend wird eine langfristige Cashflow-Überwachung empfohlen, unterstützt durch eine passende Pricing-Strategie. Neben der finanziellen Analyse fließen qualitative Aspekte wie strategische Vorteile, Kundenzufriedenheit und Marktpositionierung ein. Eine Risikoanalyse identifiziert potenzielle Herausforderungen und entwickelt Maßnahmen zur Risikominderung. Soziale und ökologische Auswirkungen werden ebenfalls berücksichtigt, um die Nachhaltigkeitsziele zu wahren. Das Ergebnis ist ein Business-Case, der eine fundierte Entscheidungsgrundlage für die Implementierung des Modells bietet.

4. Ökosystemgestaltung: Die Ökosystemgestaltung bildet den vierten Schritt, um ein tragfähiges Wertschöpfungssystem für die operative Umsetzung des Remanufacturing-Geschäftsmodells aufzubauen. Ziel ist es, die notwendigen strukturellen und organisatorischen Grundlagen für eine effektive und nachhaltige Implementierung zu schaffen. Es wird untersucht, ob bestehende Prozesse, Netzwerke und Infrastrukturen bereits für Remanufacturing geeignet sind. Falls Lücken bestehen, werden gezielte Anpassungen abgeleitet. Dabei stehen die Analyse des Ist-Zustands und die Entwicklung eines Zielbildes für den optimalen Soll-Zustand im Fokus. Zu Beginn erfolgt eine Bestandsaufnahme, um festzustellen, ob die vorhandene Infrastruktur, insbesondere Rücklauflogistik, Zuständigkeiten und Lagerstellen, für Remanufacturing-Prozesse geeignet ist. Aufbauend darauf wird ein Soll-Zustand skizziert, der Anpassungen und Erweiterungen beschreibt, um eine effiziente Rückführung von Produkten sicherzustellen. Ein Schwerpunkt ist die Analyse, ob der Produktionsprozess nur Neuprodukte oder auch Wiederaufbereitungsprozesse umfasst. Ein zentraler Bestandteil ist zudem die Definition und der Aufbau eines Partnernetzwerks entlang der Wertschöpfungskette, um ein effizientes und kooperatives System zu schaffen, das langfristige Synergien ermöglicht. Zusätzlich muss sichergestellt werden, dass Mitarbeitende über die notwendigen Kompetenzen verfügen, um die Prozessschritte hinreichend durchführen zu können.

5. Implementierung: Der fünfte und letzte Schritt fokussiert die konkrete Umsetzung des Remanufacturing-Geschäftsmodells, indem die entwickelten Strategien in operative Prozesse überführt und organisatorisch verankert werden. Vor der Einführung neuer Implementierungsansätze wird geprüft, ob bestehende Strukturen und Verantwortlichkeiten ausreichen. Falls nicht, werden gezielte organisatorische Anpassungen vorgenommen. Für eine organisatorische Verankerung empfiehlt sich die Einrichtung einer organisatorischen Stabstelle in Form eines *Circularity Transformation Office*. Diese zentrale Einheit steuert, koordiniert und überwacht die Implementierung, indem sie sicherstellt, dass die notwendigen Prozesse und Strukturen im gesamten Unternehmen etabliert werden. Das *Circularity Transformation Office* übernimmt zudem eine Schnittstellenfunktion, indem es die Kommunikation zwischen verschiedenen Unternehmensbereichen und externen Partnern koordiniert und so die Integration des Geschäftsmodells beschleunigt. Mit der erfolgreichen Integration wird sichergestellt, dass das Remanufacturing-Modell fest in den Unternehmensabläufen verankert wird und eine solide Grundlage für dessen langfristige Umsetzung geschaffen ist.

3.1.9.3. Ausblick, Potenzial und Hemmnisse

Remanufacturing stellt eine sowohl ökologische als auch wirtschaftlich tragfähige Strategie dar, um die Kreislaufwirtschaft zu fördern. Der Erfolg eines Remanufacturing-Geschäftsmodells hängt von einer systematischen Gestaltung ab, die Wertversprechen, Wertschöpfung, Ertragsmechanismen und Zielkunden berücksichtigt. Unternehmen benötigen neben technischen und organisatorischen Kompetenzen ein tiefes Verständnis für Marktdynamiken und Kundenbedürfnisse. Zentrale Erfolgsfaktoren sind stabile Produktionsstrukturen und effiziente Rückführungsprozesse. Trotz nachweisbarer ökologischer und ökonomischer Vorteile bleibt Remanufacturing in einigen Bereichen limitiert. Eine zentrale Herausforderung ist die Konkurrenzfähigkeit gegenüber technologisch fortschrittlichen Neuprodukten. Die reine Wiederaufbereitung reicht nicht aus, um Kunden langfristig zu überzeugen.

Daher ist eine Erweiterung hin zur wertsteigernden Kreislaufwirtschaft entscheidend: Während des Remanufacturing-Prozesses können Produkte gezielt mit technologischen Upgrades versehen werden, etwa durch Funktionserweiterungen oder Leistungssteigerungen. Dieser Ansatz nutzt die bestehenden seriellen Produktionsprozesse, wodurch mit minimalem Mehraufwand innovative Elemente integriert werden können. So entstehen Kreislaufprodukte, die erstmals mit Neuprodukten konkurrieren können. Unternehmen profitieren von Kosteneinsparungen in Produktion und Materialbeschaffung sowie von einer gesteigerten Marktattraktivität. Die Kombination aus Einsparpotenzialen und zusätzlichen Absatzmöglichkeiten erhöht die Profitabilität erheblich. Die wertsteigernde Kreislaufwirtschaft überwindet damit die Grenzen des klassischen Remanufacturings und bietet Unternehmen eine zukunftsfähige Perspektive. Sie markiert einen Paradigmenwechsel, indem sie Kreislaufwirtschaft nicht nur als Ressourcenschonungsstrategie, sondern als langfristig tragfähiges und wettbewerbsfähiges Geschäftsmodell etabliert.

3.1.10. Urban Mining im Konnex des verwertungsorientierten Rückbaus

Sonja Zumpfe/Markus Meissner

3.1.10.1. Urban Mining: Die Stadt als Rohstoffquelle

Der Begriff Urban Mining umfasst die Idee der Gewinnung von Rohstoffen aus bestehenden Infrastrukturen meist im Rahmen von Sanierungs- oder Abbruchvorhaben. Mit verwertungsorientiertem (mittlerweile weitergedacht zu verwendungsorientiertem) Rückbau werden wertvolle Materialien, Bauteile oder auch ganze Komponenten wieder in den Primärkreislauf zurückgebracht. Im Mittelpunkt stehen die Erkundung und eine sortenreine Entnahme von Wertstoffen, Baustoffen und Bauteilen mit hoher Wertdichte. Dadurch werden unsere bereits gebauten Objekte als Rohstoffquelle genutzt, Primärrohstoffe geschont und Abfälle vermieden[368].

Das Prinzip der Kreislaufwirtschaft zielt darauf ab,, einen möglichst hohen Nutzungsgrad der vorhandenen antropogen genutzten Ressourcen durch den Rückbau von Gebäuden zu erreichen, bei Neubauten Sekundärbaustoffe einzusetzen (Recycling) sowie nun auch Sekundärbauteile wieder zu verwenden (Re-Use). Dabei gilt: Je höher der Wiederverwendungsgrad, desto energie- und ressourcenärmer ist der Wiedereinsatz. Grundlage ist ein Mengengerüst der Stoffströme – eine Analyse der Wertdichte aus dem Rückbau.

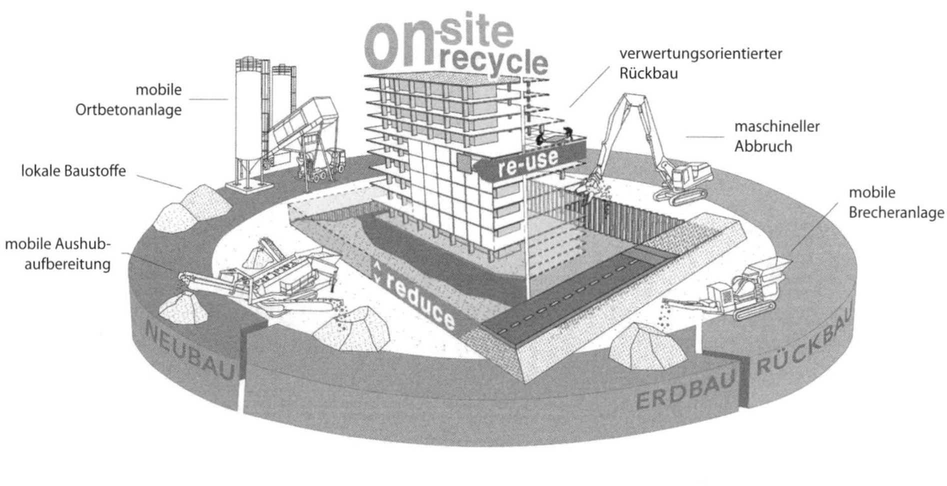

Abb 19: Kreislaufwirtschaft auf der Baustelle: Abfallvermeidung (Reduce) durch aushubarmes Bauen, Wiederverwendung von Bauteilen (Re-Use) und Verwertung von auf der Baustelle gewonnenen Baustoffen (On-site-Recycling)[369]

368 Bundesministerium für Klimaschutz, Umwelt, Energie, Mobilität, Innovation und Technologie, Bundes-Abfallwirtschaftsplan 2023 Teil 1 (2023).

369 Romm/Kasper, Ökoeffizientes Bauen mit Ressourcen vor Ort, in Hillebrandt/Riegler-Floors/Rosen/Seggewies (Hrsg), Atlas Recycling. Gebäude als Materialressource. Erste Auflage (2016) 36ff.

Für Sanierung und Rückbau ist in Österreich der **verwertungsorientierte Rückbau als Standardabbruchmethode** über die RecyclingbaustoffVO und die Norm ON B 3151 verbindlich vorgegeben. Wesentlicher Inhalt sind Bestimmungen zur Gebäudeerkundung, die seit 2016 nun auch die Wiederverwendung einschließen.[370, 371] Die RecyclingbaustoffVO definiert im Rahmen der EU-Abfallrahmenrichtlinie das Vorgehen: Anhand von Mengenschwellen (750 t bzw 3.500 m^3) wird das Vorgehen definiert. Dabei nimmt die Schad- und Störstofferkundung eine zentrale Stellung im Planungsprozess ein. Dem Prinzip der Wiederverwendung wird insofern Rechnung getragen, als Potenziale dokumentiert werden müssen und Demontagen bei Interesse Dritter nicht erschwert werden dürfen.

Urban Mining berührt neben dem Abfallrecht noch weitere nationale Normierungen, wie Bauordnungen, Haftungsregelungen, Produktrechte (Produkthaftung/Gewährleistung), Gewerberecht oder Steuerrecht. Die Transformation in Richtung Kreislaufwirtschaft wird zu Anpassungen in diesen Rechtsmaterien führen (müssen).

Für die Umleitung der Stoffflüsse spielt die Qualität der Sekundärmaterialien und die Kenntnis ihrer Eigenschaften eine wesentliche Rolle. Die transparente Darstellung der vorhandenen Komponenten und der mit den Materialien verbundenen Potentiale dient einerseits der Verbesserung der Kostenwahrheit aus Sicht des Gebäudeeigentümers und ist andererseits wichtige Grundlage für potentielle Abnehmer:innen. Re-Use-Gebäudekomponenten selbst sind meist günstig – aufwändig sind vielmehr die angepasste Planung, Ausbau, Lagerung, Prüfungen und Transporte. Viele Beispiele zeigen dennoch, dass Re-Use-Gebäudekomponenten marktfähig sein können. Mit zunehmender Internalisierung der externen Kosten und der standardisierten Integration in Planungsprozesse werden wiederverwendete Bauteile mehr und mehr wettbewerbsfähig. Mit Umorientierung der Prozesse und der Weiterentwicklung technischer Möglichkeiten können Primärrohstoffe durch Sekundärrohstoffe sukzessive ersetzt und bereits verbaute Potentiale gehoben werden.

3.1.10.2. Materialien aus dem Bau- und Abbruchgeschehen

Materialströme aus Rückbaugebäuden sind in Österreich nach dem Abfallwirtschaftsgesetz generell als Abfälle einzustufen. Die Einteilung der verschiedenen Materialien erfolgt daher meist aus dieser Perspektive. Dabei finden sich in der Gruppe der Bau- und Abbruchabfälle gefährliche und nicht gefährliche Abfallströme[372]:

370 RBV, BGBl II 2015/181.
Verordnung des Bundesministers für Land- und Forstwirtschaft, Umwelt und Wasserwirtschaft über die Pflichten bei Bau- oder Abbruchtätigkeiten, die Trennung und die Behandlung von bei Bau- oder Abbruchtätigkeiten anfallenden Abfällen, die Herstellung und das Abfallende von Recycling-Baustoffen BGBl II 2015/181.

371 ÖNORM B 3151:2022 05 15, in Austrian Standards International (Hrsg), Rückbau von Bauwerken als Standardabbruchmethode (2022).

372 Bundesgesetz über eine nachhaltige Abfallwirtschaft (Abfallwirtschaftsgesetz, AWG), BGBl I 2002/102.

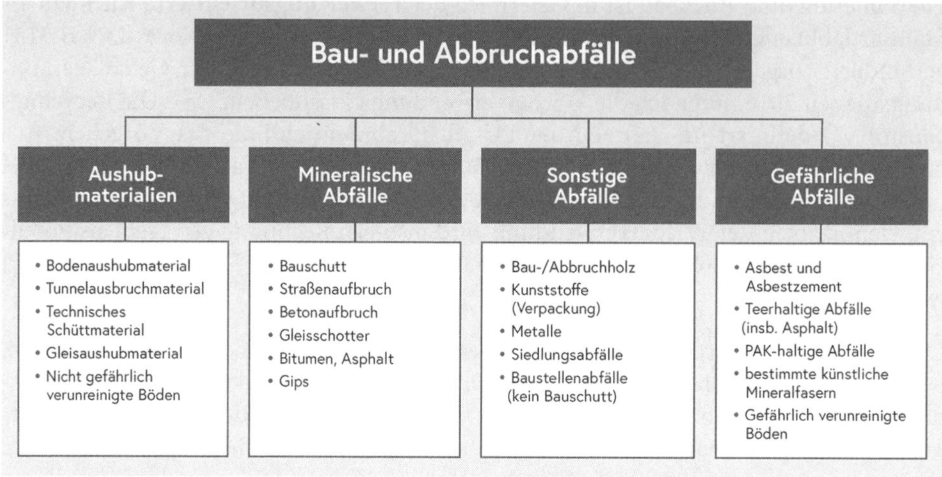

Abb 20: Übersicht über die Zusammensetzung von Bau- und Abbruchabfällen[373]

Aushubmaterial: Der Einsatz derartiger Materialien wird in der RecyclingbaustoffVO detailliert geregelt. Zwischen landwirtschaftlichen Bodenverbesserungen, Rekultivierungen nach Bauarbeiten, Dammkörpern und Hinterfüllungen und eben dem Einsatz in der Baustoffproduktion werden Verwertungswege beschrieben. Liegen die Voraussetzungen für eine zirkuläre Planung des Aushubs vor, kann es sich auf die Kosten- und Energiebilanz positiv auswirken, da man Transporte, Deponieaufwand und den Einkauf neuer Materialien einsparen kann.

Mineralische Abfälle: Für den maschinellen Abbruch bleiben im Idealfall vor allem mineralische Materialien im Gebäude. Die vorherige Entfernung der Schad- und Störstoffe mit unterschiedlichen Abfallfraktionen und deren sortenreine Trennung ist verpflichtend und soll die bestmögliche Verwertung der einzelnen Fraktionen gewährleisten. Deponieverbote einzelner Stoffgruppen (wie zB Gips) drücken den Willen aus, dass Ressourcen so genutzt werden, dass sie wieder eingesetzt werden können.

Schadstoffe und Störstoffe: Beide Begriffe definiert die ON B 3151. Schadstoffe können Menschen oder die Umwelt schädigen. Störstoffe hingegen behindern oder erschweren verwertungsorientierte Behandlungsschritte, Wiederverwendung und/oder Recycling. Beispiele dafür sind Kunststoff, Glas, Textil, aber auch Holz.

Abfälle, gefährliche und nicht gefährliche, müssen an befugte Entsorgungsunternehmen übergeben werden. Gefährlicher Abfall muss in eigens dafür genehmigten Anlagen behandelt oder in dafür ausgelegten Deponien beseitigt werden. Gefährliche Abfälle gem Abfallverzeichnisverordnung besitzen gefahrenrelevante Eigenschaften wie zB asbesthaltige Bauteile/-materialien, künstliche Mineralfasern (KMF), Fluorchlorkohlenwasserstoffe (FCKW), Schwermetalle, mineralölhaltige Bauteile wie Estriche oder Teerpappe, polyzyklische aromatische Kohlenwasserstoffe (PAK).

373 Bundesministerium für Klimaschutz, Umwelt, Energie, Mobilität, Innovation und Technologie, Bundes-Abfallwirtschaftsplan 2023, Teil 1 (2023) 245.

Wertstoffe: Vereinzelte Abfallfraktionen sind so werthaltig, dass sie als sekundäre Rohstoffe beim Rückbau zu Erlösen führen. Für manche in Gebäuden vorhandene Rohstoffe, wie die Metalle Kupfer, Aluminium und Stahl, gibt es globale Handelsmärkte. Die spezifischen Preise für zB Buntmetalle, Schrotte, Nirosta, unbehandeltes Holz sind weltmarktgetrieben und schwanken rasch und stark. Auch Holz hat ein hohes Rekonstruktionspotenzial und kann bereits auf der Rückbaustelle in behandeltes und unbehandeltes Holz sortiert werden.

Wiederverwendbare Bauelemente/Produkte sind im Rückbauobjekt enthaltene Komponenten, die prinzipiell Potenzial für einen Wiedereinsatz aufweisen. Dieser Markt entwickelt sich erst, sowohl auf Anbieter- als auch Nachfragerseite. Aktuell werden dzt Produkte wie verschiedene Wand- und Bodenbeläge, Türen, Elektroeinbauten, Stiegen, Mobiliar, modulare Trennwände etc als potenziell re-Use-fähig eingestuft. Vereinzelt wird auch Potential in der Weitergabe größerer Verbunde (zB Garagen, Fertigteilelemente, Hallen) identifiziert.

3.1.10.3. Steigender Ressourcendruck

In einem Szenario des aktuellen Berichts des UNEP International Resource Panel wird der Verbrauch von natürlichen Rohstoffen, wie Mineralien, Erzen, fossilen Brennstoffen und Biomasse aufgrund des Wirtschafts- und Bevölkerungswachstums mit Bezugsjahr 2020 bis 2060 um weitere 60 % zunehmen. Abgesehen davon, dass die Ressourcenproduktion und deren Abbau die Auswirkungen auf Klima, Biodiversität, unseren Wasserhaushalt und menschliche Gesundheit beeinflussen, gehören neben fossilen Energieträgern Ressourcen wie Gesteine (Sand, Kies) oder Metalle zu den nicht erneuerbaren – endlichen – Bodenschätzen[374]. Vor diesem Hintergrund und aufgrund durchbrochener Lieferketten sowie zuletzt gestiegener Preise im Rohstoffsektor, wird die Reduktion des Primär-Materialbedarfs und die zunehmende Nutzung antropogener Lager durch Schließung der Materialkreisläufe in der Baubranche auf ein ökologisch verträgliches Maß immer mehr zur zentralen Aufgabe.

3.1.10.4. Geschäftsbereiche mit Potenzial

Die Ziele sind definiert, das Potenzial ist groß – die Kreislaufwirtschaft bietet ein ideales Feld, um Innovationen und Entwicklungen voranzutreiben. Mit Urban Mining kommen erzielte Erlöse im Idealfall dem Gebäudeeigentümer zugute. Er erhält einen sortenreinen verwendungsorientierten Rückbau und ist bestmöglich für den maschinellen Abbruch vorbereitet. Dazu kann er mit Minderkosten für Transport und Deponierung sowie mit Erlösen aus der Vermittlung in den Re-Use-Markt bzw einem höheren Ertrag für Wertstoffe rechnen. Werden die Komponenten direkt vor Ort zur Wiederverwendung vorbereitet und wieder eingebaut, spart dies darüber hinaus die für die Neuproduktion erforderlichen Ressourcen, Energieund Transporte, was sich wiederum positiv auf die wirtschaftliche Bilanzierung des Gebäudes auswirkt.

Mit der Transformation entstehen auch neue Beschäftigungsfelder wie etwa zirkuläres Planen, Material- oder Potentialanalyse zur Erfassung und Bewertung der Gewerke, Qualifi-

374 UNEP International Resource Panel (IRP), Bend the trend. Global Resources Outlook (2024).

zierung rund um Urban Mining, Refurbishment-Planung, aber auch für Re-Use-Baumärkte oder Expertise für Wiedereinbau von Sekundärbauteilen. Anhand der zunehmenden Rückgewinnung von Rohstoffen wird die Recyclinginfrastruktur weiterentwickelt. Die Recyclingbranche schreitet bereits in ihrer industriellen Entwicklung im Bereich neuer Recyclingmaterialien voran. Im Vergleich dazu steht die Wiederverwendungs-, Upcycling- und Manufacturing-Branche noch am Anfang. Durch den Einsatz von künstlicher Intelligenz (KI) kann der zirkuläre Fortschritt unterstützt werden, etwa durch Integration von Bauteilcharakteristika in BIM-Modelle, Technologien zur Früherkennung von Schäden bzw der dauerhaften Mängelfreiheit oder zur Betreibung neuer Marktplätze.

3.1.10.5. Sozialwirtschaftliche Perspektive

Social Urban Mining geht einen Schritt weiter und verbindet den verwendungsorientierten Rückbau mit sozialwirtschaftlicher Wirkung durch Qualifizierung und Beschäftigung. Menschen mit Vermittlungshindernissen können durch die arbeitsintensive manuelle Schad- und Störstoffdemontage einen reibungslosen maschinellen Abbruch vorbereiten[375]. Sie lernen dabei, sich auf einer Baustelle zu bewegen, definierte Gewerke in hoher Qualität durchzuführen, Abfällefraktionsrein zu trennen und Werte in Gebäuden zu erkennen. Die operative Abwicklung von Social Urban Mining verändert damit das Vorgehen und die Kostensituation des Rückbaus[376,377]. Verwendungsorientierten Rückbau mit Social Urban Mining umzusetzen, bedeutet daher nicht nur einen ökologischen, sondern auch die Erzeugung eines sozialen und gesellschaftlichen Mehrwerts durch die Synergie von Bauwirtschaft, Ressourcenwirtschaft und Sozialwirtschaft.

3.1.11. Recycling als Geschäftsmodell

David Mattersdorfer

Wie wir wissen, befindet sich die Welt im Wandel – weg von einem linearen „Take-Make-Dispose"-Modell hin zu einer ressourcenschonenden Kreislaufwirtschaft. Recycling spielt dabei eine zentrale Rolle, da es die Wiederverwertung wertvoller Rohstoffe ermöglicht, die Umweltbelastung im Vergleich zur Gewinnung neuer Rohstoffe drastisch reduziert und zeitgleich neue Geschäftsmodelle ermöglicht. Abgesehen von der ökologischen Notwendigkeit hat sich Recycling bereits als eigene Industrie etabliert und ist nicht mehr wegzudenken.

In diesem Kapitel wird beschrieben, warum Recycling essenziell für unsere Wirtschaft und unsere Gesellschaft ist, wenn es auch nicht die oberste aller Maßnahmen der Kreislaufwirtschaft ist. Darüber hinaus werden die Geschehnisse im Markt beschrieben, welche das Recycling fördern, benachteiligen oder gar notwendig machen. Zum Abschluss werden die Chancen und Risiken von Recycling als Geschäftsmodell in der heutigen Wirtschaft behandelt.

375 Meissner/Romm/Zumpfe/Bermadinger, Social Urban Mining, 15.8.2024, https://www.baukarussell.at/social-urban-mining/, abgerufen am 26.6.2025.

376 Meissner/Pladerer/Neitsch/Romm, BauKarussell – Social Urban Mining, in Pomberger (Hrsg), Recy & DepoTech 2018. Tagungsband zur 14. Recy & DepoTech-Konferenz (2018) 421ff.

377 Schanda, Mit Social Urban Mining zu einer nachhaltigen, sozialen und zukunftsfähigen Baubranche, in EU Umweltbüro (Hrsg), EUropainfo. Das Magazin des EU-Umweltbüros 3/22 (2022) 15f.

3.1.11.1. Recycling als ein elementarer Teil der Kreislaufwirtschaft

Wer dieses Buch liest, kennt vermutlich die Abfallhierarchie in der Abfallrahmenrichtlinie (Richtlinie 2008/98/EG) des Europäischen Parlaments, welche als Grundlage für Maßnahmen zum Übergang in die Kreislaufwirtschaft dient. Nach „Vermeidung" und „Vorbereitung zur Wiederverwendung" wird „Recycling" zurecht an dritter Stelle priorisiert, aus Gründen wie zB der Ressourcenschonung, Energieeffizienz oder der systematischen Wirksamkeit. Leider gibt es Situationen, in denen die präferierten Maßnahmen jedoch nicht wirksam sind und daher auf Recycling zurückgegriffen werden muss.

Der Unterschied zwischen stofflicher, energetischer und rohstofflicher Verwertung wird von der EU klar definiert[378]: Die stoffliche Verwertung bedeutet, dass Abfälle mechanisch oder chemisch so verarbeitet werden, dass daraus neue Materialien entstehen, die in Produktionsprozesse zurückgeführt werden. Die energetische Verwertung hingegen beschreibt die Verbrennung von Abfällen zur Energiegewinnung, wobei keine neuen Stoffe entstehen, weshalb sie nicht als Recycling gilt. Die rohstoffliche Verwertung (chemisches Recycling) zerlegt Abfälle in ihre chemischen Bausteine, die als Rohstoffe für die Industrie genutzt werden können[379]. Der Begriff Verwertung ist der Oberbegriff, der all diese Prozesse umfasst. Recycling ist innerhalb der EU-Definition ausschließlich jener Teil der Verwertung, bei dem Material stofflich oder rohstofflich in neue Produkte überführt wird und schließt die energetische Verwertung ausdrücklich aus.

Das stoffliche Recycling nutzt überwiegend mechanische Verfahren, bei denen Abfälle in einzelne Materialfraktionen getrennt, gereinigt und zu neuen Rohstoffen aufbereitet werden. Zu den wichtigsten Techniken zählen: mechanische Zerkleinerung (Shreddern und Mahlen), Sortierverfahren (zB mittels Siebtechnik, Windsichtung, Nahinfrarot-Sensorik oder Dichtetrennung), Entmetallisierung (Magnetabscheider oder Wirbelstromseparatoren), aber auch auf Lösungsmittel basierte Verfahren (bei denen der Chemismus nicht verändert wird) und anschließende Veredelung, bei der das Material zu möglichst sortenreinen Rezyklaten verarbeitet wird, die wieder für die Herstellung neuer Produkte genutzt werden können.[2]

Chemisches Recycling bezeichnet alle Verfahren, bei denen Abfälle unabhängig vom Materialtyp in ihre chemischen Grundbausteine oder Monomere zerlegt werden, um daraus neue Rohstoffe für die Herstellung gleichwertiger oder ähnlicher Produkte zu gewinnen; es wird genutzt, wenn die mechanische Aufbereitung nicht möglich ist und ermöglicht die Rückführung komplexer oder verunreinigter Stoffströme in den Produktionskreislauf.

Ein 100 %iges Recycling oder eine vollständig geschlossene Kreislaufwirtschaft ist in der Praxis nicht möglich, da bei jedem Nutzungs- und Verwertungsprozess Verluste auftreten. Materialien altern, verschleißen, werden verunreinigt oder vermischt, sodass sie nicht unendlich oft recycelt werden können. Zusätzlich erfordert jede Rückführung Energie und verursacht Transport- sowie Aufbereitungskosten, wodurch immer ein gewisser Ressour-

378 VO (EU) 2025/40 ABl L 2024, 6.

379 Potrykus, A. et al, Stärkung des Recyclings technischer Kunststoffe vor dem Hintergrund steigender stoffrechtlicher Anforderungen am Beispiel Elektroaltgeräte und Altfahrzeuge – KUREA (2024), 288.

cen- und Energieeinsatz nötig bleiben wird und am Ende immer ein gewisser Rest an nicht verwertbarem Abfall entsteht. Aus ähnlichen Gründen gibt es auch keine 100 %ige Kreislaufwirtschaft, weil in jedem Kreislaufprozess Verluste durch Materialabnutzung, Qualitätsminderung, Vermischungen, Verunreinigungen und unvermeidbare Ausschleusungen auftreten. Auch erfordert das Sammeln, Sortieren und Aufbereiten von Materialien Energie und Ressourcen, sodass auch in einer idealen Kreislaufwirtschaft immer externe Inputs notwendig sein werden, wodurch Emissionen sowie Reststoffe entstehen, die nicht vollständig in den Kreislauf zurückgeführt werden können.[380]

Trotz rapider technischer Fortschritte zeigt sich, dass Recycling langfristig notwendig bleiben wird, da es zahlreiche Fälle gibt, in denen die Kreislaufwirtschaft an ihre Grenzen stößt. In bestimmten Fällen bleibt Recycling die letzte Möglichkeit, um Materialien im Kreislauf zu halten. Zudem gilt: Alle Abfälle, die bereits produziert wurden und nicht wiederverwendet werden können, lassen sich nur noch durch Recycling sinnvoll verwerten. Darüber hinaus wird auch nach ein oder mehreren Wiederverwendungen das eingesetzte Material einen Abfallstatus erreichen und im besten Fall stofflich recycelt werden. Hier einige Beispiele, in denen Recycling notwendig ist:

- Produkte, die aus hygienischen oder sicherheitsrelevanten Gründen nur aus Primärmaterialien bestehen dürfen (zB Medizinprodukte, Lebensmittelverpackungen).
- Materialien, die technisch oder wirtschaftlich nicht repariert oder wiederverwendet werden können.
- Verbundmaterialien, die aus mehreren untrennbaren Schichten bestehen und sich nicht stofflich trennen lassen.
- Materialien, die nach dem Gebrauch stark kontaminiert sind und nicht für den direkten Wiedereinsatz geeignet sind.
- Produkte mit extrem langen Lebenszyklen, bei denen kein funktionierendes Rücknahmesystem besteht.
- Alte Produktgenerationen, deren Materialkombinationen nicht mehr den heutigen Standards entsprechen.
- Produktionsabfälle und Ausschussmaterial, das unvermeidbar anfällt und sinnvoll in den Materialkreislauf zurückgeführt werden muss.

3.1.11.2. Weltwirtschaft und Marktbedingungen

Doch Recycling und Kreislaufwirtschaft existieren nicht im luftleeren Raum – sie sind eng verknüpft mit den globalen wirtschaftlichen Entwicklungen und Marktmechanismen. Politische Rahmenbedingungen, internationale Handelsströme, Rohstoffpreise und geopolitische Spannungen beeinflussen die Verfügbarkeit, Qualität und Nachfrage von Sekundärrohstoffen. Gerade in Zeiten weltwirtschaftlicher Unsicherheiten zeigt sich, wie entscheidend stabile Märkte, internationale Kooperation und vorausschauende Strategien für eine funktionierende Kreislaufwirtschaft sind. Es sollen nun die aktuellen weltwirtschaftlichen Rahmenbedingungen und ihre Auswirkungen auf den Rezyklatmarkt näher beleuchtet werden.

380 Pomberger, R., Über theoretische und reale Recyclingfähigkeit. Österr Wasser- und Abfallw 73, 24–35 (2021). https://doi.org/10.1007/s00506-020-00721-5, abgerufen am 29.7.2025.

Die weltwirtschaftlichen Rahmenbedingungen befinden sich im Wandel. Der Bedarf an Sekundärrohstoffen wie Kunststoffen, Metallen, Papier und Glas steigt kontinuierlich – getrieben von politischen Vorgaben, regulatorischen Anforderungen und dem wachsenden gesellschaftlichen Druck in Richtung Nachhaltigkeit. Das deutsche Lieferkettengesetz und das europäische Pendant – der Sustainable Supply Chain Act – setzen Unternehmen zunehmend unter Zugzwang, wodurch lokale Supply Chains von Sekundärrohstoffen zunehmend an Attraktivität gewinnen. Gleichzeitig fordern Konsument:innen immer häufiger Transparenz und Nachhaltigkeit rund um die Produkte, die sie kaufen.

Neben den realen Marktmechanismen spielt auch der Finanzsektor eine wachsende Rolle in dieser Entwicklung. Banken und andere Kreditgeber beginnen zunehmend damit, Unternehmen nach Nachhaltigkeitskriterien zu bewerten. KMUs, die kein kreislauffähiges Geschäftsmodell vorweisen können, werden bei der Kreditvergabe immer häufiger schlechter eingestuft. Dies kann ihre Wettbewerbsfähigkeit schwächen und den Zugang zu Kapital erheblich erschweren.

Beispiele aus der Kunststoff- sowie Stahlindustrie

Allgemein zeichnet sich eine Verknappung der zur Verfügung stehenden Sekundärrohstoffe schon jetzt ab. Hier eine Erläuterung am Beispiel Kunststoff. Der Einsatz von Kunststoffrezyklaten wird in den kommenden Jahren durch eine Vielzahl von Herausforderungen geprägt sein.

Zunächst wird der Bedarf an Kunststoffrezyklaten bis 2030 erheblich steigen. Ursache dafür sind sowohl gesetzliche Vorgaben als auch freiwillige Selbstverpflichtungen der Industrie. Die EU-Verpackungsverordnung (PPWR), die überarbeitete ELV-Direktive für Altfahrzeuge sowie Vorgaben für den Bausektor legen verpflichtende Mindesteinsatzquoten für Post-Consumer-Rezyklate (PCR) fest. Parallel dazu setzen Unternehmen und Branchenverbände ambitionierte Nachhaltigkeitsziele, die über diese Quoten hinausgehen.

Dieser stark wachsenden Nachfrage steht jedoch eine strukturelle Angebotslücke gegenüber. Ohne signifikante Zusatzinvestitionen in mechanische und chemische Recyclingkapazitäten würde im Jahr 2030 eine Versorgungslücke von rund 3,5 Millionen Tonnen entstehen. Selbst bei einem optimistischen Szenario, das von verstärkten Investitionen und dem Aufbau zusätzlicher Kapazitäten ausgeht, bleibt eine Lücke von etwa 780.000 bis 800.000 Tonnen in der EU bestehen.[381]

Neben der quantitativen Knappheit stellt auch die Qualität der verfügbaren Rezyklate eine große Herausforderung dar. Besonders für Anwendungen mit hohen Anforderungen an Reinheit, Konsistenz und mechanischen Eigenschaften – wie Lebensmittelverpackungen oder technische Kunststoffe in der Automobilindustrie – sind derzeit verfügbare PCR-Materialien oft nicht ausreichend. Der technologische Fortschritt im Recyclingsektor verläuft langsamer als die steigenden Anforderungen der Anwenderindustrien.

381 Doshev, P., Bedarf und Verfügbarkeit von Rezyklaten: Potentiale heute und in 2030, BKV-Symposium 21. November 2024.

Ein weiteres Problem liegt in der disproportionalen Nachfrage nach spezifischen Polymerarten. Während die Versorgung mit rPET für Lebensmittelverpackungen als weitgehend gesichert angesehen werden kann, zeigen andere Kunststofftypen wie Polyolefine und technische Kunststoffe deutliche Angebotsdefizite. Verpackungsabfälle bleiben somit auch in Zukunft die Hauptquelle für Post-Consumer-Rezyklate, da andere Sektoren wie der Bausektor oder die Elektroschrottverwertung noch nicht genügend Mengen und Qualitäten liefern.

Zusammenfassend lässt sich festhalten: Der Markt für Kunststoffrezyklate steuert auf eine erhebliche Unterdeckung zu. Sowohl quantitativ als auch qualitativ wird es schwierig sein, den steigenden Bedarf zu decken. Unternehmen, die sich nicht frühzeitig um eigene Rezyklatquellen und stabile Lieferketten kümmern, werden unter erheblichem Wettbewerbsdruck stehen. Gleichzeitig erfordert die Situation massive Investitionen in Recyclinginfrastruktur, technologische Innovationen und die konsequente Umsetzung von Design-for-Recycling-Prinzipien. Nur durch ein Zusammenspiel all dieser Maßnahmen kann der Transformationsprozess zu einer funktionierenden Kreislaufwirtschaft mithilfe von Recycling gelingen.

Wir sehen auch ein ähnliches Verhalten in der Stahlindustrie, die vor einer massiven Herausforderung steht. Die weltweite Verfügbarkeit von Stahlschrott kann mit dem rasant steigenden Bedarf nicht Schritt halten. Voraussichtlich wird die globale Nachfrage nach Schrott bis 2030 jährlich um etwa 3,3 % wachsen, während das Angebot nur um rund 3 % zunehmen wird. Dieses Ungleichgewicht führt zu einer prognostizierten Lücke von 15 Millionen Tonnen Schrott bis zum Jahr 2030.

Ein wesentlicher Treiber dieser Entwicklung ist der zunehmende Übergang von der klassischen Hochofen-Basis (Blast Furnace – BOF) zur Elektrolichtbogenofen-Basis (Electric Arc Furnace – EAF), die auf den Einsatz von recyceltem Stahlschrott angewiesen ist. Während EAF-Technologien umweltfreundlicher sind und einen erheblichen Beitrag zur Dekarbonisierung der Industrie leisten, wird der Nachschub an qualitativ hochwertigem Schrott zunehmend zur Engstelle.

Die Hauptursachen für diese drohende Versorgungslücke sind vielfältig. Einerseits führt die Verlangsamung der Produktion großer Güter wie Fahrzeuge und Haushaltsgeräte in vergangenen Krisenjahren (etwa der Finanzkrise 2008 und der COVID-19-Pandemie) dazu, dass weniger Schrott zur Verfügung steht. Da solche Produkte erst nach 15 bis 50 Jahren ins Recycling gelangen, spüren wir diese Effekte jetzt und in den kommenden Jahrzehnten besonders stark.[382]

Auch die unzureichende Recyclinginfrastruktur in vielen Schwellenländern trägt zum Problem bei. Länder wie Indien und China verfügen über wenig ausgebaute Sammelsysteme, schwache Sortiertechnologien und hohe Logistikkosten. Dies führt zu einer ineffizienten Nutzung der dort vorhandenen Ressourcen und erschwert den globalen Schrotthandel.

Der weltweite Handel mit Stahlschrott wird sich aufgrund des steigenden Eigenbedarfs der großen stahlproduzierenden Nationen deutlich verringern. So wird der Export hoch-

382 Lee, J. et al, Shortfalls in Scrap Will Challenge the Steel Industry (2024).

wertiger Schrottsorten, beispielsweise von Kanada in die USA oder von Europa in andere Weltregionen, deutlich abnehmen. Dies wird insbesondere importabhängige Länder vor große Herausforderungen stellen.

Ein weiteres Problem ergibt sich aus dem zunehmenden Bedarf an hochwertigem „Prime Scrap“. Dieser wird hauptsächlich in der Herstellung hochwertiger Stahlprodukte verwendet und entsteht in erster Linie als Abfall in der industriellen Produktion. Wirtschaftliche Schwankungen führen jedoch immer wieder zu Rückgängen in der Fertigung und damit zu einer Reduktion dieses wichtigen Rohstoffs.

Zusammengefasst steht die Stahlindustrie vor einer erheblichen Materialknappheit, die sowohl ökonomische als auch ökologische Auswirkungen haben wird. Unternehmen und Regierungen sind gefordert, durch gezielte Investitionen in Recyclinginfrastruktur, den Ausbau von Sammelsystemen und technologische Innovationen gegen diesen Trend zu steuern. Andernfalls drohen steigende Rohstoffpreise, sinkende Wettbewerbsfähigkeit und Rückschritte bei der Dekarbonisierung der Branche.

Die skizzierten Entwicklungen verdeutlichen eindrucksvoll: Sowohl im Kunststoff- als auch im Stahlrecycling stehen wir vor gravierenden strukturellen Engpässen, die in den kommenden Jahren weiter an Dynamik gewinnen werden. Unternehmen, Branchen und ganze Volkswirtschaften sind daher gefordert, neue Wege zu finden, um Verfügbarkeiten zu sichern und Qualität zu steigern. Doch genau in diesen Problemlagen verbergen sich auch erhebliche Gestaltungsspielräume und Potenziale für Innovation und Wettbewerbsvorteile. Im Folgenden werden daher die zentralen Herausforderungen und Chancen näher beleuchtet, die sich aus dieser Situation ergeben.

3.1.11.3. Herausforderungen und Chancen

Das Thema Recycling als Geschäftsmodell steht im Zentrum aktueller Entwicklungen der Kreislaufwirtschaft und bietet sowohl große Chancen als auch erhebliche Herausforderungen. Es zeichnet sich ab, dass Recycling in den kommenden Jahren ein Treiber für nachhaltiges Wirtschaftswachstum sein wird.

Die Chancen ergeben sich insbesondere durch das steigende politische und gesellschaftliche Bewusstsein für Ressourcenschonung und Klimaschutz. Immer strengere regulatorische Vorgaben, wie Mindestrezyklateinsatzquoten und das Verbot bestimmter Primärrohstoffe, schaffen einen stabilen Rahmen, in dem innovative Recyclingunternehmen wachsen können. Unternehmen, die frühzeitig in die Entwicklung von Recyclingtechnologien, Materialkreisläufen und digitalen Rückverfolgungslösungen investieren, positionieren sich als strategische Partner der Industrie. Besonders im Kunststoffbereich, aber auch im Bereich Metalle und Bauabfälle, entstehen attraktive Märkte für hochwertige Sekundärrohstoffe.

Gleichzeitig erkennen viele produzierende Unternehmen den Imagegewinn und die Wettbewerbsfähigkeit, die mit dem Einsatz von Recyclingmaterialien verbunden sind. Dies fördert die Nachfrage nach hochwertigen Rezyklaten und bietet Unternehmen im Recyclingsektor langfristige Abnahmegarantien und stabile Geschäftsmodelle.

Demgegenüber stehen jedoch zahlreiche Herausforderungen. Die Komplexität der Abfallströme nimmt stetig zu. Produkte werden immer komplexer, enthalten eine Vielzahl an Additiven, Verbundmaterialien und schwer recycelbaren Komponenten. Die technologischen Anforderungen an Sortierung, Aufbereitung und Qualitätskontrolle steigen entsprechend. Gleichzeitig müssen Recyclingunternehmen hohe Investitionen tätigen, um mit den Qualitätsansprüchen der Industrie Schritt zu halten.

Ein weiterer kritischer Punkt ist der Wettbewerb mit Primärrohstoffen. Trotz steigender Umweltauflagen sind Primärmaterialien aufgrund niedriger Rohstoffpreise und globaler Förderstrukturen oft preisgünstiger als Rezyklate. Dies erschwert den Markteintritt und die Wirtschaftlichkeit neuer Recyclingprojekte.

Im Folgenden einige Best-Practice-Beispiele, wie Recycling als Geschäftsmodell aussehen kann:

Best Practice – Rückgewinnung von Rohstoffen aus Traktionsbatterien

Ein Best-Practice-Beispiel für eine erfolgreiche Umsetzung eines Recycling-Geschäftsmodells ist die Rückgewinnung von Rohstoffen aus Traktionsbatterien. Hierbei werden Lithium, Nickel, Kobalt und weitere wertvolle Materialien aus alten Batterien gewonnen und in den Produktionskreislauf zurückgeführt. Diese Praxis zeigt, wie durch technologische Innovationen und geschlossene Kreisläufe nicht nur ökologische Vorteile geschaffen, sondern auch wirtschaftlich tragfähige Geschäftsmodelle entwickelt werden können.

Best Practice – Recycelte Carbonfasern eines spezialisierten Unternehmens

Ein weiteres Beispiel ist ein deutsches Unternehmen, das mit recycelten Carbonfasern ein Produkt entwickelt hat, das nicht nur günstiger ist als Glasfaserneuware, sondern gleichzeitig auch höhere Leistungsfähigkeit bietet. Dieses Best-Practice-Beispiel zeigt, wie Recyclinginnovationen den Markt verändern können und Rezyklate sogar bestehende Primärmaterialien in Preis-Leistungs-Verhältnissen übertreffen können.

Best Practice – Goldrückgewinnung aus Mobiltelefonen

Ein beeindruckendes Beispiel für die Effizienz des Recyclings ist die Rückgewinnung von Gold aus Elektronikschrott. Während aus einer Tonne Golderz durchschnittlich etwa 5 Gramm Gold gewonnen werden können, lassen sich aus einer Tonne alter Mobiltelefone bis zu 300 Gramm Gold extrahieren. Dieses Verhältnis verdeutlicht das enorme Potenzial urbaner Minen und zeigt, wie wertvoll Recycling als Ressourcenzugang sein kann.[383]

Zusammenfassend bietet Recycling als Geschäftsmodell erhebliche Wachstumschancen in einem politisch geförderten Umfeld. Unternehmen müssen jedoch technologische Exzellenz, Investitionsbereitschaft und Flexibilität im Umgang mit Marktveränderungen mitbringen, um langfristig erfolgreich zu sein. Wer es schafft, Qualitätsrezyklate zu wettbewerbsfähigen Preisen anzubieten und gleichzeitig transparente, nachweisbare Kreislaufstrukturen zu etablieren, wird sich als Gewinner im grünen Wachstumsmarkt positionieren.

Kleine und mittlere Unternehmen (KMUs) haben im Recyclingmarkt die Chance, durch Flexibilität, Nischenfokussierung und Innovationskraft schnell auf neue Anforde-

383 Bookhagen, B. et al, Metalle in Smartphones (2020), 4.

rungen zu reagieren. Sie können regionale Stoffströme effizient erschließen und spezialisierte Lösungen anbieten. Zudem ermöglicht ihre meist größere Nähe zu Kund:innen oft eine engere Zusammenarbeit und schnellere Umsetzung neuer Projekte.

Allerdings stehen KMUs vor erheblichen Risiken. Ihnen fehlen häufig die finanziellen Ressourcen für großvolumige Investitionen in Recyclinganlagen oder langfristige Rohstoffsicherungsstrategien. Beim Zugang zu Sekundärrohstoffen sind sie oft im Nachteil gegenüber großen Unternehmen, die durch Marktmacht und Volumen stabile Lieferketten sichern können. Der regulatorische Aufwand kann für KMUs überproportional belastend sein, während große Unternehmen diesen besser bewältigen können. Die Herausforderung für KMUs liegt daher darin, ihre Agilität gezielt einzusetzen und durch Kooperationen und Spezialisierung Wettbewerbsvorteile zu schaffen.

Recycling und Kreislaufwirtschaft gehen Hand in Hand - nur durch ihr Zusammenspiel gelingt es, Ressourcen zu schonen und gleichzeitig neue wirtschaftliche Chancen zu schaffen. Recycling als Geschäftsmodell bedeutet, aus dieser Notwendigkeit eine Stärke zu machen und Marktpotenziale aktiv zu nutzen. Genau deshalb trägt dieses Kapitel den Titel „Recycling als Geschäftsmodell“: Es zeigt, wie aus Abfall Wert entsteht und Unternehmen damit zu Gewinnern der nachhaltigen Transformation werden können.

3.1.12. Kalkulation und Forecasting zirkulärer Geschäftsmodelle

Marc Hetzer

In der heutigen Geschäftswelt, die von ökonomischen, ökologischen, sozialen und immer größer werdenden geopolitischen Herausforderungen geprägt ist, gewinnen zirkuläre Geschäftsmodelle an Bedeutung.[384] Diese Modelle zielen darauf ab, Value Pools durch die Verlängerung des Produktlebenszyklus, Abfallminimierung, Ressourceneffizienz und allgemein das Schließen der Materialkreisläufe zu heben. Zirkuläre Geschäftsmodelle bieten wirtschaftliche Vorteile (Bocken et al, 2014), erhöhen die Resilienz der Lieferketten und damit des operativen Geschäfts und fördern die Nachhaltigkeit. Um den Erfolg solcher Modelle zu gewährleisten, sind möglichst präzise Kalkulationen und Forecasting-Methoden unerlässlich. In diesem Kapitel werden wir die Grundlagen der Kalkulation und des Forecastings in zirkulären Geschäftsmodellen untersuchen, die Herausforderungen und Chancen analysieren und bewährte Methoden vorstellen.

3.1.12.1. Grundlagen der Kalkulation in zirkulären Geschäftsmodellen

Die Kalkulation in zirkulären Geschäftsmodellen unterscheidet sich von traditionellen linearen Modellen (Webster, 2015). Während in linearen Geschäftsmodellen der Fokus auf der Maximierung des Gewinns durch den Verkauf von Produkten und gegebenenfalls durch Zusatzgeschäft im After-Sales liegt, zielt die Kalkulation in zirkulären Modellen darauf ab, den gesamten Lebenszyklus eines Produkts oder eines Materials zu berücksichtigen. Dies umfasst die Beschaffung der Rohstoffe, die Produktion und Fertigung, die Nutzungsphase sowie die Entsorgung und Wiederaufbereitung.

384 Ellen MacArthur Foundation. (2013). “Towards the Circular Economy: Economic and business rationale for an accelerated transition.”

Ein zirkuläres Geschäftsmodell erfordert eine detaillierte Analyse der Kosten, die mit jedem Schritt des Lebenszyklus verbunden sind. Dazu gehören:

- **Rohstoffkosten:** Die Kosten für die Beschaffung von nachhaltigeren Materialien, mit zB längerer Lebensdauer oder geringerem CO_2-Fußabdruck, sowie Sekundärrohstoffen, sind derzeit oft noch höher als die für konventionelle Materialien.[385] Hierbei müssen die Unternehmen auf der Gegenseite auch die langfristigen Einsparungen durch die Verwendung solcher Materialien in Betracht ziehen.
- **Produktionskosten:** Die Ausgaben für gegebenenfalls notwendige Anpassungen der Produktionsmethoden, um beispielsweise zirkuläre Designelemente in den Produkten zu realisieren, oder eine erhöhte Modularität in den Fügeverfahren zu ermöglichen, können anfangs höher sein, aber durch Effizienzsteigerungen in der Demontage und Reparatur sowie geringeren Materialverbrauch werden diese Kosten im Laufe der Zeit gesenkt.[386]
- **Nutzungsphase:** Die Kosten für Wartung, Reparatur, Wiederaufbereitung/-verwendung, je nach gewählter R-Strategie, sind entscheidend. Unternehmen müssen hierbei Anreize für Kunden schaffen, ihre Produkte länger zu nutzen oder ihnen am Ende des Lebenszyklus dabei helfen, Zugriff auf die Produkte und damit auf die verbauten Materialien zu erhalten.
- **Rückgewinnungskosten:** Die Ausgaben für das Recycling oder die Wiederverwendung von Materialien müssen ebenfalls in die Kalkulation einfließen. Ein Weg zur Optimierung ist das Eingehen von Partnerschaften mit Recyclingunternehmen, um neben der Optimierung der Kosten auch beispielsweise exklusiven Zugriff auf relevante Materialströme zu bekommen.[387]

Die Kalkulation sollte auch die potenziellen Einsparungen durch die Reduzierung von Abfall, den Einsatz von recycelten Materialien und die Erhöhung der Resilienz in Lieferketten berücksichtigen. Unternehmen müssen innovative Ansätze entwickeln, um diese Kosten zu erfassen und zu analysieren.

3.1.12.2. Forecasting in zirkulären Geschäftsmodellen

Beim Forecasting in zirkulären Geschäftsmodellen geht es nicht nur um die Vorhersage von Verkaufszahlen, sondern auch um die Schätzung der Materialverfügbarkeit, der Nachfrage nach recycelten Produkten und der Markttrends in Bezug auf Materialbedarf beispielsweise durch neue technologische Entwicklungen oder Innovationen aus der Materialwissenschaft.[388] Unternehmen müssen verschiedene Faktoren berücksichtigen, um möglichst genaue Prognosen zu erstellen.

385 Gassmann, O., Frankenberger, K., & Csik, M. (2014). "The Business Model Navigator: 55 Models That Will Revolutionise Your Business." Cambridge University Press.

386 Bocken, N.M.P., Short, S.W., Rana, P. & Evans, S. (2014). "A literature and practice review to develop a typology of circular economy business models." Journal of Cleaner Production.

387 Ellen MacArthur Foundation. (2013). "Towards the Circular Economy: Economic and business rationale for an accelerated transition."

388 Bocken, N.M.P., Short, S.W., Rana, P. & Evans, S. (2014). "A literature and practice review to develop a typology of circular economy business models." Journal of Cleaner Production.

- **Marktforschung:** Die Analyse von Trends in der Verbraucher:innen-Präferenz hin zu nachhaltigen Produkten ist entscheidend.[389] Unternehmen sollten regelmäßig Umfragen und Studien durchführen, um die Bedürfnisse und Wünsche ihrer Kunden zu verstehen.
- **Ressourcenverfügbarkeit:** Die Verfügbarkeit von recycelten Materialien und deren Einfluss auf die Kosten der betroffenen Produkte und Services sind wichtige Faktoren. Unternehmen sollten enge Beziehungen zu Lieferanten und Verwertern aufbauen, um sicherzustellen, dass sie den Zugriff auf die benötigten Materialien sicherstellen können.
- **Regulatorische Rahmenbedingungen:** Änderungen in den Vorschriften, die die Nutzung von Materialien und die Entsorgung betreffen, können erhebliche Auswirkungen auf die Kalkulation und das Forecasting haben. Unternehmen sollten proaktiv auf regulatorische Änderungen reagieren und ihre Strategien entsprechend anpassen. Beispiele hierfür sind der Clean Industrial Deal und die Ecodesign for Sustainable Products Regulation.

Ein zusätzlicher Aspekt, der für das Forecasting in zirkulären Geschäftsmodellen von Bedeutung ist, sind die technologischen Trends und die Zusammenarbeit mit (Material-)forschungsinstituten. Technologische Innovationen, wie beispielsweise Fortschritte in der Materialwissenschaft, können die Verfügbarkeit und die Eigenschaften von recycelten Materialien erheblich beeinflussen. Unternehmen sollten sich über neue Technologien informieren, die beispielsweise die Effizienz von Recyclingprozessen verbessern oder die Entwicklung neuer, nachhaltiger Materialien fördern. Die Zusammenarbeit mit Forschungsinstituten ermöglicht es Unternehmen, Zugang zu den neuesten Forschungsergebnissen und Technologien zu erhalten, die für die Entwicklung zirkulärer Geschäftsmodelle entscheidend sein können. Solche Partnerschaften können nicht nur die Innovationskraft eines Unternehmens stärken, sondern auch wertvolle Daten und Erkenntnisse liefern, die für präzisere Forecasting-Modelle genutzt werden können. Durch den Austausch von Wissen und Ressourcen können Unternehmen ihre Wettbewerbsfähigkeit erhöhen und sich besser auf zukünftige Marktveränderungen einstellen.

Ein effektives Forecasting-Modell sollte auch Szenarioanalysen umfassen, um verschiedene zukünftige Entwicklungen zu berücksichtigen. Unternehmen können verschiedene Szenarien erstellen, um zu verstehen, wie sich Änderungen in der Nachfrage, den Rohstoffpreisen, aber beispielsweise auch geopolitische Konflikte auf ihre Kalkulationen auswirken könnten. Dies ermöglicht eine flexiblere Planung und Anpassung an sich ändernde Marktbedingungen.

3.1.12.3. Herausforderungen und Chancen

Die Implementierung von Kalkulation und Forecasting in zirkulären Geschäftsmodellen bringt sowohl Herausforderungen als auch Chancen mit sich, die Unternehmen in ihrer strategischen Planung und operativen Umsetzung berücksichtigen müssen.

---

389 Gassmann, O., Frankenberger, K., & Csik, M. (2014). "The Business Model Navigator: 55 Models That Will Revolutionise Your Business." Cambridge University Press.

Eine der größten Herausforderungen ist die Datenverfügbarkeit. In vielen Unternehmen fehlen die notwendigen Daten, um präzise Kalkulationen und fundierte Prognosen zu erstellen.[390] Zirkuläre Geschäftsmodelle erfordern eine umfassende Analyse des gesamten Lebenszyklus eines Produkts, was bedeutet, dass Unternehmen Daten zu Rohstoffkosten, Produktionsmethoden, Nutzungskosten und Rückgewinnungskosten sammeln und auswerten müssen. Oftmals sind diese Daten nicht zentralisiert oder nicht in der erforderlichen Detailtiefe vorhanden. Unternehmen sollten daher in Systeme investieren, die eine umfassende Datenerfassung und -analyse ermöglichen. Die Implementierung von digitalen Plattformen, die Echtzeitdaten liefern, kann hierbei entscheidend sein.

Ein weiteres Hindernis ist die Komplexität der Lieferketten. Zirkuläre Geschäftsmodelle erfordern oft komplexe und dynamische Lieferketten, die schwer zu überwachen sind.[391] Die Notwendigkeit, mit verschiedenen Akteuren zusammenzuarbeiten, die unterschiedliche Nachhaltigkeitsstandards und -praktiken verfolgen, kann die Effizienz beeinträchtigen. Unternehmen müssen daher transparente Lieferketten aufbauen und eng mit ihren Partnern zusammenarbeiten, um die Effizienz zu steigern. Eine enge Zusammenarbeit mit Lieferanten und Recyclingunternehmen kann nicht nur die Materialverfügbarkeit sichern, sondern auch die Rückgewinnungskosten optimieren.

Zusätzlich müssen Unternehmen einen kulturellen Wandel vollziehen, um zirkuläre Praktiken erfolgreich zu integrieren. Dies erfordert oft eine grundlegende Veränderung der Unternehmensphilosophie und -werte. Mitarbeiter müssen für die Bedeutung von Nachhaltigkeit, Ressourcenknappheit und der daraus resultierenden Abhängigkeit des operativen Geschäfts sensibilisiert werden.[392] Ein solcher Wandel kann Zeit in Anspruch nehmen, ist jedoch entscheidend für die langfristige Akzeptanz und den Erfolg von zirkulären Initiativen.

Trotz dieser Herausforderungen bieten zirkuläre Geschäftsmodelle erhebliche Chancen. Ein wesentlicher Vorteil ist der Wettbewerbsvorteil, den Unternehmen erzielen können, die erfolgreich zirkuläre Modelle implementieren. Verbraucher:innen legen zunehmend Wert auf Nachhaltigkeit und sind bereit, für umweltfreundliche Produkte mehr zu bezahlen.[393] Diese Bereitschaft spiegelt sich in den Anforderungen der OEMs in Richtung der eigenen Lieferkette wider. Unternehmen, die sich aktiv für nachhaltige Praktiken einsetzen, können ihre Marktposition stärken und sich von Mitbewerbern abheben. Dies kann nicht nur zu einer höheren Kundenbindung führen, sondern auch neue Marktsegmente erschließen.

Darüber hinaus können Unternehmen durch die Implementierung zirkulärer Geschäftsmodelle Kosteneinsparungen realisieren. Die Reduzierung von Abfall und die Nutzung

390 Bocken, N.M.P., Short, S.W., Rana, P. & Evans, S. (2014). "A literature and practice review to develop a typology of circular economy business models." Journal of Cleaner Production.

391 Ellen MacArthur Foundation. (2013). "Towards the Circular Economy: Economic and business rationale for an accelerated transition."

392 Gassmann, O., Frankenberger, K., & Csik, M. (2014). "The Business Model Navigator: 55 Models That Will Revolutionise Your Business." Cambridge University Press.

393 Bocken, N.M.P., Short, S.W., Rana, P. & Evans, S. (2014). "A literature and practice review to develop a typology of circular economy business models." Journal of Cleaner Production.

von recycelten Materialien können die Produktionskosten erheblich senken.[394] Langfristig können zirkuläre Geschäftsmodelle zu einer höheren Rentabilität führen, da Unternehmen weniger Rohstoffe kaufen müssen und gleichzeitig die Abfallentsorgungskosten minimieren. Gleichzeitig können dadurch die Risiken aus den komplexen globalen Lieferketten minimiert werden. Diese Einsparungen können reinvestiert werden, um Innovationen voranzutreiben und die Wettbewerbsfähigkeit weiter zu steigern.

Ein weiterer bedeutender Vorteil ist der Beitrag zur Nachhaltigkeit. Zirkuläre Geschäftsmodelle tragen nicht nur zur Reduzierung des eigenen ökologischen Fußabdrucks bei, sondern helfen auch den Unternehmen, downstream in der Lieferkette den Fußabdruck in der Nutzungsphase zu reduzieren.

3.1.12.4. Best Practices für Kalkulation und Forecasting

Um die Herausforderungen zu bewältigen und die Chancen zu nutzen, sollten Unternehmen bewährte Methoden für die Kalkulation und das Forecasting in zirkulären Geschäftsmodellen implementieren. Eine der effektivsten Strategien ist die Integration von Nachhaltigkeitskennzahlen in die Kalkulationen und Prognosen.[395] Unternehmen sollten nicht nur finanzielle Kennzahlen betrachten, sondern auch ökologische und soziale Auswirkungen in ihre Entscheidungsprozesse einbeziehen. Dies ermöglicht eine umfassendere Bewertung der wirtschaftlichen und ökologischen Auswirkungen ihrer Entscheidungen und fördert eine nachhaltige Unternehmensführung.

Der Einsatz von Technologie spielt ebenfalls eine entscheidende Rolle. Digitale Tools und Softwarelösungen können die Effizienz der Kalkulation und des Forecasting erheblich steigern.[396] Unternehmen sollten in moderne Technologien investieren, die eine präzise Datenerfassung und -analyse ermöglichen. Beispielsweise können Datenanalytik-Tools verwendet werden, um Muster und Trends in den Verbraucherdaten zu identifizieren, während Simulationstools helfen können, verschiedene Szenarien zu modellieren und deren Auswirkungen auf die Kalkulationen zu bewerten. Die Implementierung von Blockchain-Technologie kann zudem die Transparenz in der Lieferkette erhöhen und die Rückverfolgbarkeit von Materialien verbessern.

Ein weiterer wichtiger Aspekt ist das Stakeholder-Engagement. Die Einbeziehung von Stakeholdern, einschließlich Kunden, Lieferanten und Mitarbeitern, ist entscheidend für den Erfolg zirkulärer Geschäftsmodelle.[397] Unternehmen sollten regelmäßig Feedback einholen und ihre Strategien entsprechend anpassen. Durch die Schaffung eines offenen Dialogs mit Stakeholdern können Unternehmen wertvolle Einblicke gewinnen und ihre Produkte besser auf die Bedürfnisse des Marktes abstimmen.

---

394 Webster, K. (2015). “Circular Economy: A Wealth of Flows.” Ellen MacArthur Foundation.

395 Bocken, N.M.P., Short, S.W., Rana, P. & Evans, S. (2014). “A literature and practice review to develop a typology of circular economy business models.” Journal of Cleaner Production.

396 Gassmann, O., Frankenberger, K., & Csik, M. (2014). “The Business Model Navigator: 55 Models That Will Revolutionise Your Business.” Cambridge University Press.

397 Ellen MacArthur Foundation. (2013). “Towards the Circular Economy: Economic and business rationale for an accelerated transition.”

Zusammenfassend lässt sich sagen, dass die Implementierung von Kalkulation und Forecasting in zirkulären Geschäftsmodellen sowohl Herausforderungen als auch Chancen mit sich bringt. Die Kalkulation und das Forecasting zirkulärer Geschäftsmodelle sind entscheidend für den langfristigen Erfolg und die Nachhaltigkeit von Unternehmen. Durch die Berücksichtigung des gesamten Lebenszyklus von Produkten und die Implementierung innovativer Ansätze können Unternehmen nicht nur ihre Effizienz steigern, sondern auch einen positiven Beitrag zur Umwelt leisten.

Unternehmen, die bereit sind, in Technologie zu investieren, ihre Mitarbeiter zu schulen und eng mit ihren Stakeholdern zusammenzuarbeiten, schaffen die Voraussetzungen für nachhaltiges Wachstum und ökologische Verantwortung. Die Herausforderungen, die mit diesen Modellen verbunden sind, können durch strategische Planung und den Einsatz moderner Technologien überwunden werden.

Zirkuläre Geschäftsmodelle sind nicht nur eine Notwendigkeit, sondern auch eine Chance für Unternehmen, sich in einer sich schnell verändernden Welt, in Zeiten von De-Globalisierung, geopolitischen Konflikten und komplexen Lieferketten zu behaupten und eine nachhaltige Zukunft zu gestalten. Indem sie sich auf Kalkulation und Forecasting konzentrieren, können Unternehmen nicht nur ihre wirtschaftlichen Ziele erreichen, sondern auch eine nachhaltige Zukunft gestalten.

3.1.13. Finanzierung und Risikoanalyse

Helmut Fink-Neuböck/Eva Kiendl

3.1.13.1. Finanzierung der Kreislaufwirtschaft: Herausforderungen und Chancen aus der Sicht von Banken

Kreislaufwirtschaftliche Geschäftspraktiken überzeugen meist mit einer bestechend logischen Sinnhaftigkeit und bieten viele Chancen für Unternehmen. Den Chancen stehen jedoch auch Risiken gegenüber, die oftmals zu Schwierigkeiten in der Finanzierbarkeit führen können. Die Gründe hierfür sind vielfältig: Neuen Geschäftsmodellen fehlen häufig belastbare historische Daten, es bestehen unklare Erwartungen hinsichtlich zukünftiger Marktsituationen sowie Unsicherheiten im Hinblick auf rechtliche Rahmenbedingungen für die Wiederverwertung und Weiternutzung von in den Kreislauf zurückgeführten Produkten und Sekundärrohstoffen.

Aus Sicht von Banken sind dies Risiken und diese Risiken erschweren und verteuern die Finanzierbarkeit, die sogenannte „bankability" oder Bankfähigkeit wirtschaftlicher Vorhaben.

In diesem Kapitel führen eine Banking-Expertin, eine Expertin für Kreislaufwirtschaft und ein Experte in Sachen Geschäftsmodelle und Innovationen in die Denkweise und regulatorischen Anforderungen von Banken ein[398]. Als konstruktiver Beitrag für Praktiker:innen wird weitestgehend auf bankspezifische Terminologie verzichtet.

398 Disclaimer: Die Autor:innen stehen derzeit in einem Dienstverhältnis mit einer österreichischen Bank. Die Meinungen und Aussagen spiegeln ausschließlich deren persönliche Sichtweise wider und sind in keiner Weise eine offizielle Position des Arbeitgebers. Die Autor:innen verstehen ihren Beitrag als konstruktiven Diskussionsinput zur Etablierung von Kreislaufwirtschaft.

3.1.13.2. Warum Banken eine Schlüsselrolle in der Kreislaufwirtschaft spielen

Die Kreislaufwirtschaft gewinnt in der Wirtschaft zunehmend an Bedeutung. Der damit verbundene Wandel erfordert Investitionen: Unternehmen müssen in neue Produktdesigns, Rücknahmesysteme, Recycling-Infrastrukturen und kreislaufwirtschaftliche Geschäftsmodelle investieren. Genau hier spielen Banken eine zentrale Rolle. Sie stellen Kapital zur Verfügung und bewerten die damit verbundenen Risiken – und entscheiden somit, ob und zu welchen Konditionen ein Unternehmen finanzielle Unterstützung erhält.

Die Kreislaufwirtschaft bietet gegenüber der linearen Wirtschaft einige finanzielle Vorteile, die Banken bei der Kreditvergabe positiv bewerten könnten. Stabile Einnahmeströme, mehr Wertstabilität und eine geringere Abhängigkeit von Rohstoffpreisen machen die Kreislaufwirtschaft aus finanzieller Sicht attraktiv. Die Herausforderung für Unternehmen besteht darin, diese Vorteile klar und nachvollziehbar gegenüber der Bank zu kommunizieren.

3.1.13.3. Die Rolle von Banken bei der Bereitstellung von Fremdkapital im Kontext enger regulatorischer Leitplanken

Die Aufrechterhaltung, Stabilisierung und Förderung der Finanzmärkte ist eine zentrale Rolle von Banken. Aufgrund dieser Bedeutung für eine funktionierende Marktwirtschaft sind Banken sehr strenge regulatorische Rahmenbedingungen gesetzt.

Die Finanzierung von kreislaufwirtschaftlichen Geschäftsmodellen stellt angesichts dieser Rahmenbedingungen eine große Herausforderung dar. Bevor untersucht werden soll, wo die spezifischen Probleme liegen, und Wege skizziert werden, wie diese überwunden werden sollen, wird zunächst dargelegt, welche Regelungen und Maßstäbe Banken in der Kreditvergabe zwingend anzuwenden haben.

Wesentliche Vorgaben für in der EU tätige Banken finden sich in den EBA-Leitlinien zur Kreditvergabe und Überwachung (EBA/GL/2020/06[399], im Folgenden auch „Leitlinie[n]“). Diese Leitlinien adressieren nicht nur den Kreditvergabeprozess, sondern erstrecken sich auf die gesamte Kreditlaufzeit. Zentrale Anforderung an die Kreditvergabe ist die Prüfung der Kreditfähigkeit unter folgenden Gesichtspunkten:

- Single Customer View bezeichnet einen genauen Überblick über den Kunden oder die Kundin, um dessen Fähigkeit zur Bedienung und Rückzahlung finanzieller Verpflichtungen zu beurteilen. Dieser Überblick bezieht sich auf einzelne Kreditnehmer:innen und, im Falle von Unternehmen, auf die Unternehmen im Konsolidierungskreis einer Gruppe.
- Der Nachweis der Rückzahlungsfähigkeit, womit die Gesamtheit der Informationen bei der Bank zum Zeitpunkt der Kreditvergabe im Hinblick auf das Vermögen, den Cashflow und das Zahlungsverhalten des Kreditnehmers oder der Kreditnehmerin umfasst sind.

Mit dem Erfordernis des Nachweises der Rückzahlungsfähigkeit gehen folgende Detailvorschriften einher:

399 EBA-Leitlinien zur Kreditvergabe und Überwachung (EBA/GL/2020/06).

- (Bank-)Institute und Kreditgeber:innen sollen über ausreichende, genaue und aktuelle Informationen und Daten verfügen, um die Kreditwürdigkeit und das Risikoprofil des Kreditnehmers oder der Kreditnehmerin zu beurteilen.
- Diese Informationen werden durch notwendige und angemessene Nachweise gestützt.
- Wenn die Kredit gebenden Institute die Genauigkeit und Zuverlässigkeit der Informationen und Daten anzweifeln, sollten sie die gebotenen Überprüfungen vornehmen, beim oder bei der Kreditnehmer:in und bei Dritten (zB Behörden, relevanten Datenbanken) in angemessener Weise Erkundigungen einholen und die eingeholten Informationen und Daten auf angemessene Weise verifizieren.
- Die Institute sollten dafür sorgen, dass die für die Analyse verwendeten finanziellen Prognosen realistisch und angemessen sind. Diese Prognosen sollten zumindest historische Finanzdaten in die Zukunft projizieren. Die Institute sollten prüfen, ob diese Prognosen mit den Erwartungen des Instituts im Hinblick auf die Entwicklung der Wirtschaft und des Markts in Einklang stehen. Bestehen erhebliche Zweifel an der Zuverlässigkeit dieser Finanzprognosen, sollten die Institute eigene Prognosen bezüglich der Finanzlage und Rückzahlungsfähigkeit des Kreditnehmers oder der Kreditnehmerin erstellen.

Insgesamt legen die Leitlinien somit einen sehr hohen Maßstab an die Verfügbarkeit von Daten sowie die Prognosequalität an. In der Praxis bedeutet dies, dass Banken folgende wesentliche Unterlagen und Einschätzungen benötigen:

- Wirtschaftliche Unterlagen, aus denen die aktuelle Situation des Unternehmens sowie die Entwicklung der jüngeren Vergangenheit hervorgehen
- Projektbeschreibungen und Prognoserechnungen
- Eine Beschreibung der signifikanten Risiken und möglicher Negativszenarien

Da es sich bei Projekten der Kreislaufwirtschaft typischerweise um neuartige Geschäftsmodelle und -vorhaben handelt, fehlt Kreditinstituten in der Regel eine robuste Datenbasis für die wirtschaftliche Beurteilung. Dies führt einerseits dazu, dass Banken tendenziell konservative Annahmen treffen (müssen). Erschwerend kommt andererseits dazu, dass Banken üblicherweise nicht über das erforderliche technische Wissen in-house verfügen und daher entsprechende Beratungsleistungen zukaufen müssen.

Bei der Beurteilung der „Bankfähigkeit" oder „bankability" eines Finanzierungsvorhabens prüft die Bank konkret, ob das Unternehmen ausreichend Daten und Unterlagen vorlegen kann, ob das zu finanzierende Vorhaben ausreichend realistisch und die Erfolgschancen ausreichend prognostizierbar sind und damit, ob es der Bank einerseits erlaubt ist und es andererseits ökonomisch darstellbar ist, dieses Vorhaben zu finanzieren.

Eine weitere Herausforderung der Finanzierung von kreislaufwirtschaftlichen Geschäftsmodellen kann sein, dass Umwelt- und Klimarisiken nicht voll eingepreist werden. Während die „klassische" Bonitätsanalyse (damit ist die Beurteilung der Kreditfähigkeit unter Berücksichtigung von makroökonomischen Erwartungen sowie der finanziellen und nicht-finanziellen Ausgangslage des Unternehmens gemeint) langjährig etabliert ist, steckt die Analyse von Umwelt- und Klimarisiken vergleichsweise noch in den Kinderschuhen. Dies gilt besonders für die sogenannten transitorischen Risiken. Daraus folgt, dass risikoreduzierende Effekte der Kreislaufwirtschaft wie zB die Vermeidung von Rohstoffknappheit oder von steigenden Rohstoffpreisen unter Umständen nicht oder nicht zur Gänze in die Betrachtung einfließen.

Abseits der Zahlen ist es wichtig, dass das Kreditinstitut aufgrund der Unterlagen versteht, welche Klima- und Umweltrisiken adressiert werden und inwiefern die Finanzierung zu seinen Nachhaltigkeitsbestrebungen im Finanzierungsportfolio beiträgt. Banken sind bestrebt, langfristig immer weniger bzw in Zukunft keine Finanzierungen mehr in ihren Büchern zu haben, die beispielsweise im Sinne der inhaltlichen Kriterien der EU-Taxonomie-Verordnung nicht nachhaltig sind.

Ein weiteres Hemmnis für die Bankenfinanzierung stellen die Cashflow-Profile von kreislaufwirtschaftlichen Nutzungsmodellen dar. Oft hohe Anfangsinvestitionen kombiniert mit neuartigen Ertragsstrukturen wie zB bei Product-as-a-service-Geschäftsmodellen stellen bestehende Finanzierungsinstrumente und Bewertungsmodelle vor Herausforderungen. Unter Umständen sind Cashflows in späteren Nutzungsjahren zwar erwartbar, jedoch noch nicht vertraglich abgesichert.

Andererseits werden positive Aspekte der Kreislaufwirtschaft unter Umständen nicht oder ebenfalls nur sehr vorsichtig berücksichtigt. Die Kreditlaufzeit orientiert sich vorrangig an der wirtschaftlichen Nutzungsdauer des Finanzierungsgegenstandes, wobei Institute Laufzeitobergrenzen in ihren Richtlinien vorsehen. Soweit durch ein Projekt der Kreislaufwirtschaft die wirtschaftliche Nutzungsdauer erhöht wird, kann dies eine längere Kreditlaufzeit rechtfertigen. Bei gleichmäßiger Kreditrückzahlung über die Laufzeit würde dies, ceteris paribus, zu einer geringeren jährlichen Belastung führen und damit die Leistbarkeit des Kredits verbessern. Daher ist es sinnvoll, diesen Aspekt in den Finanzierungsgesprächen argumentativ zu untermauern. Insbesondere in jenen Fällen, in denen eine mögliche längere Laufzeit von den bestehenden Kreditvorgaben erfasst wird, kann diese Diskussion zielführend sein.

Am folgenden fiktiven Fall soll das scheinbare Dilemma bei der Finanzierung von Geschäftsmodellen der Kreislaufwirtschaft exemplarisch herausgearbeitet werden.

Die Herausforderung am Beispiel der kaskadischen Nutzung von Batteriespeichern

Wenn ein Unternehmen einen Kredit bei einer Bank beantragt, bewertet die Bank das Risiko, dass der Kredit nicht zurückgezahlt wird und es zu einem Zahlungsausfall kommt. Dieser Logik folgend müsste ein hoher Restwert am Ende der geplanten Kreditlaufzeit einen positiven Effekt auf die Risikobewertung der Bank haben, denn im Falle ausbleibender Rückzahlungen aus beispielsweise laufenden Cashflows würde ja der Restwert als Sicherheit dienen. Banken sind jedoch verpflichtet, die Finanzierbarkeit ohne diese Sicherheit abzubilden. Die Besicherung ist gewissermaßen der Plan B.

Am Beispiel einer kaskadischen Nutzung als kreislaufwirtschaftlichem Geschäftsmodell zeigt sich die sich daraus ergebende Herausforderung deutlich:

Ein Batteriespeicher kann im Laufe seines physischen Lebens (von der Erstnutzung bis zum Recycling) mehrere Nutzungsphasen durchlaufen – beispielsweise von 100 % bis 80 % Ladekapazität als Batterie in einem Elektroauto, danach als Pufferspeicher in einem Industriebetrieb und zum Ende der Lebenszeit als günstiger Speicher für eine PV-Anlage in einem privaten Eigenheim. Im klassischen Ansatz würde diese Batterie über die Laufzeit der ersten Nutzung im Elektrofahrzeug finanziert werden. Eine Bank würde den Restwert (den monetären Wert einer zweiten und dritten Nutzung) außer Acht lassen (müssen). Wenn nur der erste Nutzungszyklus der Batterie im Elektroauto von der Bank betrachtet wird, ist die Finanzierung nur in dieser verkürzten Nutzungsphase möglich. Das könnte dieses kaskadische Nutzungsmodell wirtschaftlich unfinanzierbar machen.

Tipp: Hier empfiehlt sich eine enge Partnerschaft zwischen einer aufgeschlossenen Bank und Kreditwerber:innen, um diese Herausforderung gemeinsam zu lösen.

3.1.13.4. Praktische Tipps: Wie Unternehmen die Kreislaufwirtschaft als Argument bei der Bank nutzen können

Cashflow-Modelle verständlich darstellen

Banken reagieren positiv auf regelmäßige, stabile Einnahmeströme. Unternehmen sollten daher ihr kreislaufwirtschaftliches Geschäftsmodell so aufbereiten, dass die Banken die Höhe und Stabilität der Cashflows leicht nachvollziehen können und damit potenziell die Risiken weniger hoch einschätzen.

Risikominderung durch Kreislaufwirtschaft verdeutlichen

Unternehmen sollten beim Kreditgespräch gezielt die Risikominderung durch die Kreislaufwirtschaft betonen. Dazu gehört zB, dass sie weniger abhängig von schwankenden Rohstoffpreisen sind. Außerdem können kreislaufwirtschaftliche Geschäftsmodelle wirtschaftliche Abschwünge besser abfedern – etwa dann, wenn statt einmaliger Verkäufe regelmäßige Einnahmen durch Miet-, Leasing- oder Serviceangebote erzielt werden.

Mehrfachnutzungs-Vorteile klar ausarbeiten

Unternehmen sollten in ihrer Finanzplanung den erwarteten Restwert von Produkten oder Materialien am Ende der Kreditlaufzeit klar darstellen. Dabei ist es hilfreich, auf konkrete Konzepte wie eine zweite, dritte oder sogar mehrfache Nutzung (kaskadische Nutzung) hinzuweisen. Auch Aspekte wie Wiederverwendbarkeit, Recyclingfähigkeit oder die Möglichkeit der Wiederaufbereitung stärken die Werthaltigkeit. Ergänzend sollten funktionierende Rücknahmesysteme aufgezeigt werden, die sicherstellen, dass Materialien oder Produkte tatsächlich zurückgeführt und weiterverwendet werden können.

Nachhaltigkeitsstrategie als Wettbewerbsvorteil kommunizieren

Viele Banken haben eigene Nachhaltigkeitsrichtlinien für die Kreditvergabe. Wenn ein Unternehmen nachweisen kann, dass das Geschäftsmodell zur Erreichung von Klimazielen oder Ressourcenschonung beiträgt, kann das die Position im Kreditgespräch verbessern.

3.1.13.5. Fazit: Banken als Partner für die Kreislaufwirtschaft gewinnen

Kreislaufwirtschaft bietet nicht nur ökologische, sondern auch finanzielle Vorteile. Ein hoher Restwert, stabile Einnahmeströme und eine geringere Rohstoffabhängigkeit machen Unternehmen aus Sicht der Bank attraktiver.

Unternehmen, die diese Vorteile klar kommunizieren, erhöhen ihre Chancen auf eine Finanzierung und bessere Konditionen. Banken wiederum profitieren von stabileren Geschäftsmodellen und einem geringeren Risiko – eine klassische Win-Win-Situation.

Die Kreislaufwirtschaft ist also nicht nur ein Modell für eine nachhaltigere Zukunft, sondern auch eine kluge Finanzstrategie. Unternehmen, die die Mechanismen der Bankfinanzierung verstehen und die Vorteile der Kreislaufwirtschaft klar hervorheben können, werden im Wettbewerb um Finanzierung bessere Karten haben.

3.2. Designstrategien

3.2.1. Design for Circularity

Clemens Dus/Ronja Grossar

3.2.1.1. Design im Wandel

Die Rolle des Designs ist einer konstanten und konsequenten Entwicklung unterzogen und somit auch dessen Verantwortung. So ringt das Design seit der Moderne darum, in der Gesellschaft nicht nur als Styling gesehen und als reine Marketingmaßnahme eingesetzt, sondern als echtes Problemlösungstool anerkannt zu werden. Das reicht von der Funktion als oberste Prämisse, ***form follows function***[400], über das user centered design, welches Nutzer: innen und Nutzen in den absoluten Fokus stellt, also ein ***form follows us***, bis zu der Erkenntnis, dass Design mit einer systemischen Betrachtungsweise auch einen wesentlichen Beitrag zur Erhaltung des Planeten leisten könnte, also ***form follows the planet***.

Designer:innen sind Lösungsspezialisten, die durch die Kombination aus Beobachtung und Empathie, Visionsentwicklung und deren rasche Visualisierung zu greifbaren Lösungen kommen, die wiederum evaluiert und ausgefeilt werden. Sie haben das Potenzial, durch ihre querdenkenden Ansätze radikale Innovationen hervorbringen zu können, mit dem Ziel, die Bedürfnisse der Gesellschaft mit denen der Natur in Einklang zu bringen. Circular Design begreift sich somit als integrativer Ansatz, der Nachhaltigkeit und Ressourcenschonung in den Mittelpunkt stellt und am Anfang der Prozesse steht.

3.2.1.2. Systeme neu gestalten

3.2.1.2.1. Produkte, Dienstleistungen, Geschäftsmodelle

„The scale of what we're designing has shifted from products, to companies, to economic systems."[401]

Den ökologischen und wirtschaftlichen Wert von Materialien auf einem möglichst hohen Niveau zu halten oder sogar davon zu entkoppeln, um immateriellen Wert zu generieren, ist eine grundlegende Aufgabe in der Gestaltung zirkulärer Produkte als Teil einer Kreislaufwirtschaft. Dieses Ziel zu erreichen ermöglichen konkrete Ansätze wie das Design für die Reparierbarkeit, für Remanufacturing oder für die Rücknahme. Die von den Prinzipien der Kreislaufwirtschaft abgeleiteten Designstrategien, wie sie auch in den Circular Design Rules zusammengefasst sind, verdeutlichen, dass die systemischen Zusammenhänge einen wesentlichen Einfluss auf die Gestaltung von Produkten nehmen und damit auch Dienstleistungen, Geschäftsmodelle bis hin zu ganzen Unternehmen einer Neugestaltung unterzogen werden müssen. Circular Design ist somit ein wichtiger Treiber einer weitreichenden Transformation des Wirtschaftssystems.

400 Sullivan, 1896, The Tall Office Building Artistically Considered.
401 Circular Design Guide, IDEO and Ellen MacArthur Foundation, https://www.ellenmacarthurfoundation.org/circular-design-guide/overview, abgerufen am 31.1.2025.

3.2.1.2.2. Ziele des Circular Designs

Im Kontext der Produktentwicklung verfolgt Circular Design das Ziel, den gesamten Lebenszyklus von Produkten so zu gestalten, dass Materialien möglichst hochwertig erhalten bleiben und sowohl Abfälle als auch Schadstoffemissionen vermieden werden. Während bisher der Fokus für das Design vorrangig auf dem erfolgreichen Absatz von Konsumgütern lag, rückt im Rahmen der Kreislaufwirtschaft zunehmend die Langlebigkeit von Produkten in den Mittelpunkt. Dies erfordert die Integration verschiedener Strategien wie Reparierbarkeit, Upgrades, Updates und Refurbishment, die als zentrale Bestandteile neue Produkt-Service-Systeme erschaffen.

Die weitreichendste Forderung im Circular Design, wie sie von der Ellen MacArthur Foundation formuliert wurde, ist die Regeneration natürlicher Systeme. Die Umsetzung der Kreislaufwirtschaft setzt an einem planetaren Zustand an, der nicht nur ein nachhaltiges Wirtschaften für zukünftige Generationen erfordert, sondern auch einen restaurativen Umgang mit natürlichen Ressourcen notwendig macht. Dies bedeutet, dass unternehmerische Aktivitäten nicht nur so gestaltet sein sollten, dass negative Auswirkungen auf die Umwelt minimiert werden, sondern sie aktiv zur Wiederherstellung und Stärkung natürlicher Ökosysteme beitragen müssen.[402]

3.2.1.2.3. Circular Design als Innovationstreiber

Damit die Transformation zur Kreislaufwirtschaft gelingt, müssen nahezu alle Prozesse, Produkte und Geschäftsmodelle nach ihren Prinzipien neu- oder umgestaltet werden. Während die Anforderungen und Gestaltungsprinzipien auf den ersten Blick einschränkend wirken mögen, schaffen sie gleichzeitig einen klaren Rahmen, der gezielte Innovationen ermöglicht. Diese Herausforderung als Chance zu begreifen und aktiv als Gestaltungsaufgabe anzunehmen, ist entscheidend für die Entwicklung nachhaltiger und zukunftsfähiger Lösungen.

Um Produkte so zu gestalten, dass sie so lange wie möglich in Gebrauch bleiben, müssen sie sowohl physisch als auch emotional langlebig gestaltet sein. Dies umfasst die Anpassungsfähigkeit an veränderte Bedürfnisse der Nutzer:innen. Robustheit und die Möglichkeit zur Reparatur, Aufbereitung und Aufrüstung, beispielsweise durch modulare Designs, fördern die Langlebigkeit und den Werterhalt der Produkte. Am Ende ihrer Nutzungsdauer sollten die Produkte leicht zerlegbar sein, sodass die Materialien wieder in den Produktionskreislauf zurückgeführt werden können.

3.2.1.3. Der Designprozess

3.2.1.3.1. Das Designbriefing

Der Aufbau eines gemeinsamen Verständnisses und einer klaren Kommunikationsbasis ist entscheidend für die erfolgreiche Umsetzung zirkulärer Strategien. Ein wesentliches

402 Ellen MacArthur Foundation (2024): "Circular Economy Principles". URL: https://www.ellenmacarthurfoundation.org/circular-economy-principles.

Instrument am Anfang des gemeinsamen Prozesses ist das Designbriefing, das als initialer Leitfaden die grundlegenden Anforderungen und Ziele für eine kreislauforientierte Produktentwicklung definiert. Es fungiert als zentrale Kommunikationsschnittstelle zwischen Auftraggeber und Designteam, um sicherzustellen, dass die kreativen Lösungen den Erwartungen entsprechen. Im Kontext der Kreislaufwirtschaft steht das Briefing am Anfang eines frühen Einbezugs in den Entwicklungsprozess und bietet dementsprechend noch eine große Offenheit: Bestehende Logiken des linearen Wirtschaftens müssen hinterfragt und aufgebrochen werden können, um tatsächlich systemverändernde Lösungen zu ermöglichen.

3.2.1.3.2. Designing the RIGHT Thing

Um im Entwicklungsprozess für systemische Änderungen offen zu sein und damit alle Möglichkeiten erfolgreicher Neuerungen im Sinne der Kreislaufwirtschaft zu nutzen, bedarf es eines frühen Einbezugs von Design. Der vom British Design Council als „Double Diamond" visualisierte Designprozess verdeutlicht, dass die Gestaltung eines konkreten Produkts lediglich die zweite Hälfte des strategischen Vorgehens ausmacht. Vorangestellt ist die Auseinandersetzung mit der grundlegenden Frage nach dem tatsächlichen Problem und dem **richtigen Nutzen**. Erst wird sichergestellt, dass das Richtige im Sinne des Effektiven getan wird, bevor es richtig, also effizient, umgesetzt wird.

3.2.1.3.3. Designing THINGS right

Die Beantwortung dieser Frage erfolgt durch eine offene Recherchephase, die darüber hinaus die Grundlage für informierte Designentscheidungen im weiteren Prozess bildet und an deren Ende die Problemdefinition steht. Diese formuliert den Rahmen für eine weitere Öffnung gegenüber Ideen und konvergiert in einer passgenauen Lösung am Ende des Prozesses.[403] Der selbst gesetzte Bezugsrahmen dieses Vorgehens im Circular Design – ein sich im Wandel befindliches Wirtschaftssystem – macht deutlich, dass es ein iteratives Vorgehen sein muss, bei dem Testung und Evaluationen kontinuierlich Anpassungen fordern.

403 Bakker, Hollander, Hinte & Zijlstra (2014). Products that last. product design for circular business models. Delft: TU Delft library.

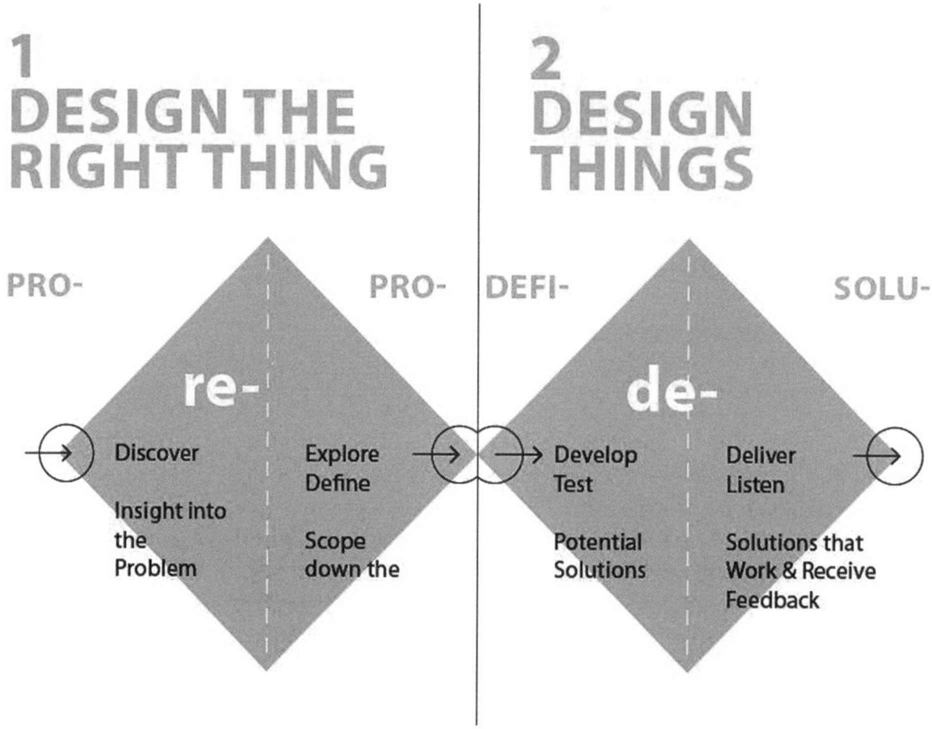

Abb 21: Double Diamond Design Process, vom British Design Council entwickelt, nach dem Divergenz-Konvergenz-Modell von Béla Heinrich Bánáthy [Quelle: ©Institute of Design Research Vienna][404]

3.2.1.4. Stakeholder im Designprozess

Der beschriebene Prozess ist nicht allein Aufgabe des Designteams, sondern erfordert die Einbindung unterschiedlicher Wissens- und Entscheidungsträger:innen, um systemverändernde Maßnahmen erfolgreich umzusetzen. Die Perspektivvielfalt durch den Stakeholder-Einbezug ermöglicht den Problemraum zu definieren und gezielte Lösungen abzuleiten, die ein ganzheitliches Ökosystem mitdenken – sowohl innerhalb des Unternehmens, etwa durch Einkauf, Vertrieb und Entwicklung, als auch extern durch lokale Zulieferer, Dienstleister und Akteure der Wertstoffsammlung. Dieses Netzwerk basiert auf einem gemeinsamen Verständnis, das durch geteilte Zielbilder und gezielte Kommunikationsmaßnahmen gefördert wird. Hierbei kann Design eine zentrale Rolle spielen, indem es Zwischenergebnisse durch Zielbilder und Prototypen visuell und haptisch erfahrbar macht und damit den gemeinsamen Diskurs konkretisiert und anregt. So wird eine gemeinsame Sprache im Sinne einer *Circular Literacy* etabliert und die Zusammenarbeit entlang der gesamten Wertschöpfungskette unterstützt.

404 Double Diamond Design Process. British Design Council nach dem Divergenz-Konvergenz Modell von Béla Heinrich Bánáthy (1996).

3.2.1.5. Methoden im Circular Design

Circular Design als Werkzeug der Gestaltung integriert eine Vielzahl methodischer Ansätze, um Produkte, Dienstleistungen und Geschäftsmodelle zirkulär zu gestalten. Eine bekannte Vorgehensweise ist das Design Thinking, das durch iterative Prozesse und den Einbezug verschiedener Stakeholder, sei es in co-kreativen Prozessen oder durch Interviews, nachhaltige Lösungen entwickelt[405], die stets am effektiven Nutzen orientiert sind. Ergänzt durch Methoden wie System Mapping, Life Cycle Thinking und Circular Business Canvas können Unternehmen nicht nur ressourcenschonende Produkte und Services entwerfen, sondern auch neue zirkuläre Wertschöpfungsmodelle erschließen.

Ein spezifisches Werkzeug ist der „Service Design Blueprint“, der zur Visualisierung und Strukturierung von Dienstleistungen und Prozessen dient – insbesondere in zirkulären Geschäftsmodellen. Ursprünglich von Shostack 1984 entwickelt, schafft diese Methode Transparenz über Abläufe, Interaktionen und Ressourcen entlang der gesamten Servicekette.[406] Im Kontext des Circular-Designs ermöglicht sie eine gezielte Analyse von Material- und Informationsflüssen sowie eine systematische Gestaltung der Schnittstellen zwischen Nutzern, Unternehmen und Partnern. Besonders für Product-Service-Systems (PSS), wie Miet-, Sharing- oder Reparaturmodelle, trägt der Service Design Blueprint dazu bei, die Nutzererfahrung zu optimieren und die effiziente Rückführung von Produkten in den Kreislauf sicherzustellen[407].

3.2.1.6. Herausforderungen und Chancen bei der Implementierung von Circular Design

Die erfolgreiche Umsetzung von Circular Design erfordert tiefgreifende Veränderungen auf mehreren Ebenen. Eine zentrale Herausforderung liegt in der Unternehmenskultur: Unternehmen müssen lineare Denk- und Produktionsweisen hinterfragen und eine zirkuläre Perspektive in ihre Strategien integrieren. Dies erfordert die Förderung einer offenen Innovationskultur, in der das methodische Vorgehen aus dem Designprozess angewendet werden kann und neue Lösungen erprobt werden können. Ein weiterer entscheidender Faktor ist die Qualifikation von Mitarbeitenden in Strategie- und Entwicklungsprozessen. Circular Design verlangt ein erweitertes Kompetenzprofil, das über klassische Produktgestaltung hinausgeht, Kenntnisse in Materialwissenschaft, Systemdenken und nachhaltigen Geschäftsmodellen umfasst, aber auch methodisches und strategisches Vorgehen. Die Ausbildung und kontinuierliche Weiterbildung von Designer:innen und weiteren an der Produktentwicklung beteiligten Personen spielt daher eine essenzielle Rolle bei der erfolgreichen Implementierung zirkulärer Designstrategien.

Teil der Innovationskultur ist auch der Umgang mit Unsicherheit, die bei der Entwicklung neuer Produkte, Dienstleistungen oder Geschäftsmodelle im Rahmen der Transformation zu einer Kreislaufwirtschaft einhergeht. Erst im Laufe der Entwicklung und

405 Brown, T. (2009). Change by design: How design thinking creates new alternatives for business and society. Harper Business.

406 Shostack, G. L. (1984). Designing services that deliver. Harvard Business Review. https://hbr.org/1984/01/designing-services-that-deliver, abgerufen am 29.7.2025.

407 Stickdorn, M., Hormess, M. E., Lawrence, A., & Schneider, J. (2018). This Is Service Design Doing: Applying Service Design Thinking in the Real World. O'Reilly Media, Inc.

Testung der Annahmen und Prototypen konkretisiert sich die Umsetzung. Wird diesen Herausforderungen richtig begegnet, bietet Circular Design große Chancen: Es ermöglicht Unternehmen nicht nur, Ressourcen effizienter zu nutzen und gesetzliche Anforderungen frühzeitig zu erfüllen, sondern auch neue Märkte zu erschließen und langfristige Wettbewerbsfähigkeit zu sichern.

3.2.1.7. Kompetenzen im Design für eine Kreislaufwirtschaft

3.2.1.7.1. Nachhaltigkeit als oberstes Paradigma

Nachhaltigkeitsbewusstsein

Grundvoraussetzung für eine gelingende Umsetzung der kreislaufwirtschaftlichen Ziele ist ein umfassendes Verständnis der Prinzipien, Werte, Ziele und systemischen Zusammenhänge der Nachhaltigkeit. Im Bewusstsein der diesbezüglichen Anforderungen und Effekte lässt sich schon während des Prozesses eine richtige Vorgehensweise berücksichtigen.

In der Circular Economy im Speziellen bedeutet dies, die Prinzipien der biologischen und technischen Kreisläufe zu verstehen, und die Regeln der 10 Rs zu kennen und diese auch über nachfolgende Nutzungsmöglichkeiten des Objekts, dessen Komponenten oder nur der Materialien anzudenken.

Für eine richtige Einschätzung der Umweltauswirkungen über mehrere Nutzungszyklen hinweg stehen diverse Methoden und Werkzeuge in unterschiedlichen Intensitätsgraden zur Verfügung, von den bewusst niederschwelligen Circular Design Rules bis zu umfangreichen Life Cycle Assessments oder Cradle-to-Cradle-Zertifizierungen.

Dabei sind auch diverse Effekte und Auswirkungen zu verstehen, vorauszudenken und zu berücksichtigen, wie zB Boomerang-/Rebound-Effekte, die ökologische Einsparungen von Produkten verhindern können, weil Letztere aus „gutem Gewissen" übermäßig oder falsch genutzt werden. Dabei hilft, diese in ökologische Produkt-Servicesysteme einzubetten oder Nutzungskonzepte in ihrer Gesamtheit neu zu denken, die diesen Effekten gezielt entgegensteuern.

Nachhaltigkeits-Ausbildung

Eine grundlegende Ausbildung in den Themen der Nachhaltigkeit sollte als Basis jeder Designausbildung noch vor den weiteren Spezialisierungen erfolgen.

Damit hier wirkungsvoll auf Augenhöhe kommuniziert werden kann, ist dies eine übergreifende Forderung auch für alle angrenzenden Disziplinen.[408] Speziell wichtig ist dies in den Wirtschaftsbereichen (Produktmanagement und Marketing), damit die Anforderungen und Eingliederung des Designprozesses richtiggestellt werden können, Styling und Verkaufszahlen sekundär sind und somit die volle Wirkung erzielt werden kann. Aber auch die technischen Ausbildungen der Produktions- und Materialwissenschaft müssen darin einen Konsens finden, damit alle die gleichen nachhaltigen Ziele verfolgen können.

408 Michael Leube, The Future Designer: Anthropology Meets Innovation in Search of Sustainable Design, Routledge Earthscan, 2024.

3.2.1.8. Soziale Kompetenzen

Interdisziplinäre Kommunikation & Kooperation

Die Basis allen guten Designs liegt in einer guten Kommunikation, wobei den Designer:innen die vermittelnde Aufgabe zukommt, sich nach außen als Vertreter:innen der Auftraggeber:innen zu geben, aber im Kern als Advokaten der Nutzer:innen und eben des Planeten zu wirken. Circular Design erfordert zudem die Zusammenarbeit mit Fachleuten aus verschiedenen Disziplinen, wie Ingenieuren der Materialwissenschaften und Produktion, Marketingexperten und Nachhaltigkeitsspezialisten.

Wie oben erwähnt handelt es sich dabei um integrative, partizipative Prozesse. Das beginnt bei der Erstellung eines klaren Briefings im Einklang mit dem Kunden, geht über die Einbindung der Nutzer:innen bereits bei der Problemevaluierung bis zu den technisch exakten Absprachen mit der Produktion. Die frühe Einbindung der Nutzer:innen ermöglicht nicht nur das Arbeiten an einer effektiven Lösung, sondern auch die Chance auf eine große Akzeptanz am Markt.

Designer:innen haben aufgrund ihres guten Überblickes der unterschiedlichen Aspekte hier die Chance, sich von reinen Produktgestalter:innen zu disziplinübergreifenden Mediator:innen und Koordinator:innen im Gesamtprozess zu entwickeln. Durch die Anforderungen der intensiven Stakeholderprozesse ist eine Vorbildung in diesbezüglichen Methoden wie World Cafe, Systemisch Konsensieren, Future Search etc von Vorteil.

Beobachtung & Empathie

Gute Designer:innen sind Meister:innen der Empirie gepaart mit Empathie. Sie beobachten, befragen, hören gut zu und fühlen sich in die Nutzer:innen in ihrem Nutzungsverhalten hinein und definieren das Problem, das es zu lösen bzw den Nutzen, den es zu generieren gilt, gemeinsam neu. Aus einer guten Beobachtung ergibt sich meist schon die Lösung und die Chance, radikal innovative Ansätze zu finden und mit einer guten Nutzungserfahrung (User Experience) zu verbinden.

3.2.1.9. Visionäres Denken

Visionsentwicklung

Aus diesen Einsichten werden Visionen entwickelt, die zukünftige Möglichkeiten der Entwicklung mit berücksichtigen. Die Methode des Backcasting gepaart mit den bekannten Kreativmethoden wie Brainstorming etc hat sich dabei als wirkungsvoll erwiesen. Dabei stellt man sich den Wunschzustand vor und wie es idealerweise dazu gekommen sein kann, und kombiniert dies dann mit dem aktuellen Möglichkeitsspektrum. Dabei bleibt der Nutzen immer der Hauptfokus – aber stets mit der Brille der Nachhaltigkeit und den möglichen Effekten auf die Umwelt.

Vorausschauendes Denken in Lebenszyklen

Die große Aufgabe ist hier nicht nur, einen Überblick über die aktuell neuesten Entwicklungen zu haben und den gesamten Lebenszyklus eines Produkts zu bewerten – von der Beschaffung der Materialien über die Herstellung und Nutzung bis hin zur Entsorgung oder Wiederverwertung (Life Cycle Thinking), sondern auch die etwaigen zukünftigen Recyclingmethoden mitzudenken und möglichst weitgreifend mehrfache Nutzungszyklen der Materialien vorauszudenken.

Visualisierung

Eine rasche Visualisierung, sei es visuell, haptisch oder auch in Rollenspielen, schafft eine Diskussionsbasis, die es allen Beteiligten ermöglicht, ihre Wünsche und Bedenken zu formulieren und so rasch zu einem Prototypen zu gelangen, der dann wiederum ausführlich getestet und verbessert werden kann, bevor die Lösung auf den Markt trifft. Idealerweise kann der Nutzen durch ein Service abgedeckt werden, das keiner neuen Produkte bedarf.

3.2.1.10. Technisches Verständnis

Material & Produktionsmethoden

Bedarf es zur Erfüllung des Nutzens der Produktion von Objekten, entscheidet die geplante Nutzungs- und Produktlebensdauer die angemessene Materialwahl. Hier entscheidet sich, welche Materialien in welchem Kreislauf (biologisch/technisch) geführt werden können, je nachdem, ob eine möglichst schnelle Rückführung in diese oder eine lange Nutzung vorteilhaft ist. Designer:innen passen die Konstruktion an die entsprechende Produktionsmethode an, um mit möglichst wenig Material den größtmöglichen Effekt zu erzielen. Dafür müssen Designer:innen up-to-date sein mit den aktuell erhältlichen Primär- und bevorzugten Sekundärmaterialien sowie deren effizienter Einbindung in die Produktionsprozesse.

Systemisches Denken

Damit Lösungen effektiv ein- und nachhaltig umgesetzt werden können, brauchen Designer:innen zudem ein gutes Verständnis des Produkts oder Systems als Teil eines größeren Kreislaufs und aller angrenzenden Systeme, politischen Rahmenbedingungen, rechtlichen und wirtschaftlichen Aspekte der Kreislaufwirtschaft. Angefangen von den möglichen Ressourcen des Auftraggebers sowie der Region (Material-, Produktionsmöglichkeiten) über die Bedürfnisse der betroffenen Gesellschaft bis zu den (lokalen) Entsorgungssystemen. So ist es zB wenig effektiv, biologische Stoffe einzusetzen, die für eine Verrottung einer industriellen Kompostieranlage bedürfen, wenn diese nicht vorhanden ist, oder hochwertige Kunststoffe, die in der Recyclinganlage nicht herausgetrennt werden, da die thermische Verwertung zum Betrieb einer Fernwärmeanlage bevorzugt wird.

Auch systemische Besonderheiten, wie zB Kaskadeneffekte, Trägheit, Ursache-Wirkungs-Ketten, Rückkopplungsschleifen und Tipping-Point sind wesentliche Konzepte im Systemdenken. Diese Kompetenz erfordert den Einsatz von partizipativen Systemansätzen und Werkzeugen, die die Modellierung und Systemanalyse unterstützen, um die manchmal komplexen Verbindungen und Ströme zwischen den verschiedenen Knotenpunkten eines Systems zu verstehen und zu analysieren.[409]

409 Circular Economy Competencies for Design, Deborah Sumter, Jotte de Koning, Conny Bakker and Ruud Balkenende, MDPI, Basel, 2020.

Unterstützende Methoden dazu sind etwa Circularity Thinking, Circularity Compass oder Circularity Grid[410].

Nochmals zu betonen ist, dass Designer:innen diese Aufgaben nicht alle alleine stemmen müssen oder können. Daher sind eine gute Vernetzung und Austausch zwischen den Systemen essentiell für ein Gelingen.

3.2.2. Circular Design Rules

Ronja Grossar/Felix Reiterer

3.2.2.1. Das Innovationstool für zirkuläres Produktdesign

Die Circular Design Rules (CDR)[411] des Institute of Design Research Vienna (IDRV) bieten eine klare und praxisorientierte Anleitung, um Produkte für eine zirkuläre Wirtschaft zu gestalten. Als digitales Tool[412] unterstützt es Designer:innen und Unternehmen dabei, zentrale Prinzipien der Kreislaufwirtschaft frühzeitig in den Produktentwicklungsprozess einzubinden und innovative Lösungen zu erarbeiten. Das Regelwerk wurde 2021 mit Unterstützung der Wirtschaftsagentur Wien, des österreichischen Bundesministeriums für Klimaschutz und in Zusammenarbeit mit designaustria entwickelt und beinhaltet neun zentrale Gestaltungsregeln, die aus einer umfassenden Analyse bestehender Designansätze hervorgegangen sind.

Dabei wurden zirkuläre Designstrategien von Frameworks – wie zB Cradle to Cradle, die 10R der österreichischen Kreislaufwirtschaftsstrategie oder dem Circular Design Toolkit der Ellen MacArthur Foundation – thematisch geclustert und in ein niederschwelliges und leicht verständliches Format überführt, um zu vermitteln, wo Design ansetzen muss, um Produkte kreislauffähig zu gestalten. Die Zielgruppe bilden alle am Produktentwicklungsprozess beteiligten Akteure sowie Personen in der Ausbildung, die ein grundlegendes Verständnis für Circular Design erwerben und anwenden sollten.

Ursprünglich wurde das Framework für ein Unternehmen entwickelt, um interne Designprozesse stärker auf die Prinzipien der Kreislaufwirtschaft auszurichten. Infolgedessen zeigte sich jedoch das Potential, die Circular Design Rules für eine breitere Anwendung zugänglich zu machen. Im Sinne des Open-Source-Grundprinzips des IDRV wurde das Tool so konzipiert und weiterentwickelt, dass es in einer allgemein anwendbaren Version Designer:innen, Unternehmen und Bildungseinrichtungen als offene Ressource zur Verfügung steht, um nachhaltige Gestaltungsansätze in unterschiedlichen Branchen zu fördern.

3.2.2.2. Der Einstieg über die drei Kategorien

Die Circular Design Rules gliedern sich in die drei Hauptkategorien *„Material"*, *„Komponenten"* und *„Service"*. Diese Struktur hilft dabei, den Fokus individuell anzupassen –

410 Blomsma, F.; Brennan, G. Circularity Thinking: Systems thinking for circular product and business model (re)design-Identifying waste flows and redirecting them for value creation and capture. In Designing for the Circular Economy; Charter, M., Ed.; Routledge, Taylor & Francis Group: London, UK, 2018; pp 133–147.

411 Gründl/Grossar, Circular Design Rules – Version 1.0 Product Design, 2021.

412 Gründl/Grossar/Reiterer, Circular Design Rules – Version 2.0 Product Design, 202, cdr.tools (31.1.2025).

sei es auf nachhaltige Materialauswahl, die Entwicklung neuer Services oder auf technische Komponenten. Eine festgelegte Reihenfolge gibt es dabei nicht. Erst das Zusammenspiel aller Kategorien ermöglicht eine funktionierende Kreislaufwirtschaft, indem zentrale Faktoren wie Rezyklierbarkeit, Zerlegbarkeit und Rücknahmesysteme erfolgreich zusammenwirken können. Das Tool ermöglicht einen individuellen Einstieg in eine der drei Kategorien und begleitet den Gestaltungsprozess durch einen Dreischritt von Maßnahmen für jede der Regeln: von unmittelbar umsetzbaren Ansätzen bis hin zu ambitionierten Zielen. So bietet es Orientierung auf dem Weg der Realisierung eines zirkulären Produkts oder setzt den Rahmen, um innovativen Lösungen zu erarbeiten.

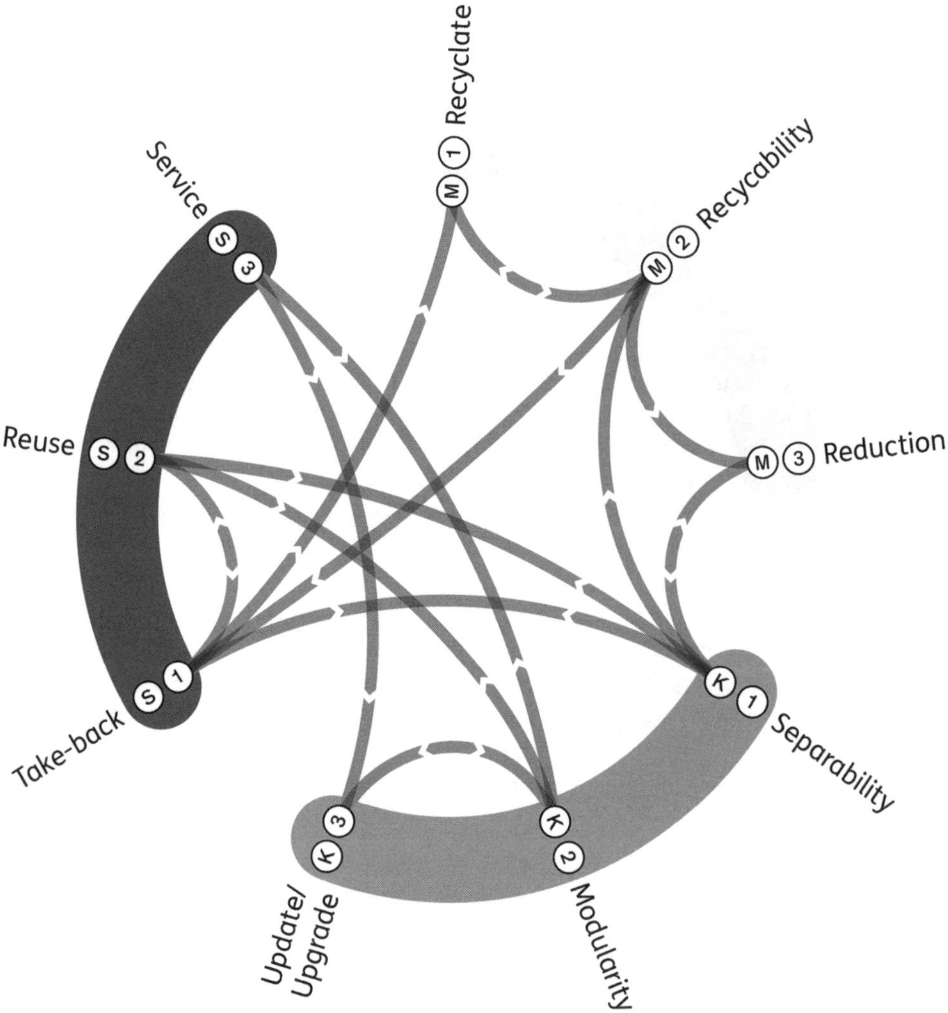

Abb 22: Die Regeln sind über die Kategorien „Material", „Komponenten" und „Service" hinweg miteinander vernetzt [Quelle: ©Institute of Design Research Vienna]

3.2.2.2.1. Das Material

Bei der Gestaltung von Produkten für die Kreislaufwirtschaft rückt die Materialwahl verstärkt in den Fokus und bietet durch Materialinnovationen Möglichkeiten, neue Anwendungsbereiche zu erschließen. Die Tatsache, dass Menschengemachtes die Biomasse bereits übersteigt, legt nahe, dass vorrangig vorhandene Sekundärmaterialien in der Neuproduktion eingesetzt werden sollten, um vor allem Stoffe im technischen Kreislauf zu belassen. Alternativ kann es bedeuten, nachwachsende und nachhaltige Rohstoffe zu nutzen, die in einem biologischen Kreislauf verbleiben. Entscheidend ist, dass beim Denken in Kreisläufen nicht nur der Ursprung der Materialien, sondern auch deren Nachnutzung bis hin zur Abbaubarkeit oder Wiederaufbereitung berücksichtigt werden, um zirkuläre und möglichst hochwertige Materialkreisläufe zu schaffen.

Gestalten Sie das Produkt aus erneuerbaren Materialien oder Rezyklat: Die Verwendung erneuerbarer oder recycelter Materialien ist ein Kernprinzip des Circular Designs und zielt darauf ab, den Bedarf an Primärressourcen zu reduzieren oder nachwachsende Rohstoffe zu nutzen, um die Umweltbelastung zu minimieren.

Gestalten Sie das Produkt aus recycelbaren oder biologisch abbaubaren Materialien: Materialien sollten so ausgewählt werden, dass sie am Ende ihrer Nutzungsdauer entweder effizient recycelt oder problemlos in natürliche Kreisläufe zurückgeführt werden können, ohne dabei schädliche Rückstände zu hinterlassen. Dabei sollten nicht bloß die theoretische Wiederverwendung der benutzten Wertstoffe berücksichtigt werden, sondern auch die tatsächliche Umsetzung in den bestehenden Abfall- und Recycling-Systemen.

Gestalten Sie das Produkt mit einfachen Materialien: Eine reduzierte Materialkomplexität, wie sie bei Mischgeweben, Kompositen oder Oberflächenbeschichtungen vorkommt, verringert die Notwendigkeit aufwändiger Trennprozesse am Ende der Lebensdauer des Produkts, was den Recyclingprozess effizienter und ressourcenschonender macht. Die Transparenz über die verwendeten Materialien kann ebenfalls ein hochwertiges Recycling ermöglichen.

3.2.2.2.2. Die Komponenten

Modularität und die Zerlegbarkeit von Produkten in ihre Komponenten erweisen sich als zentrale Gestaltungsprinzipien im Circular Design. Die Möglichkeit, Teile des Produkts auszutauschen oder zu ergänzen, gewährleistet eine langfristige Nutzung von Produkten, indem die Reparatur und Instandhaltung, aber auch Produkterweiterungen und Produktverbesserungen unterstützt werden. Auch das Re-Manufacturing – bei dem bereits genutzte Komponenten und Bauteile der Produkte wieder in den Produktionsprozess zugeführt werden – kann dadurch erst ermöglicht werden. Auf Komponentenebene braucht es Designinnovationen, die gewährleisten, dass Produkte lange attraktiv bleiben, dem technischen Fortschritt laufend angepasst und wieder in Produktionsprozesse eingebracht werden können. Eine Aufgabe im Sinne des Circular Designs ist es deshalb, sich möglichst viele Kombinationen der verwendeten oder auch zukünftigen Komponenten vorzustellen und daraus neue und offene Produktsysteme zu gestalten. Standardisierte Komponenten, aber auch neue Technologien zur lokalen Produktion, erleichtern die Anpassung an neue Anforderungen und können die Nutzer:innen zur Mitgestaltung ermächtigen.

Gestalte die Zerlegbarkeit des Produkts: Ein zerlegbares Produktdesign erlaubt eine einfache Trennung der Komponenten, was nicht nur die Reparatur, sondern auch das Recycling und die

Wiederverwertung einzelner Teile fördert. Dies reduziert den Materialaufwand, da einzelne Komponenten wiederverwendet statt neu produziert werden, was die Umweltbelastung verringert und die Kreislaufwirtschaft unterstützt.

Gestalte das Produkt modular: Modulare Produkte bestehen aus standardisierten Komponenten, die flexibel kombiniert und ausgetauscht werden können, was ihre Anpassungsfähigkeit und Langlebigkeit erhöht. Diese Modularität vereinfacht auch zukünftige Produktverbesserungen, da einzelne Module ersetzt werden können, ohne das gesamte Produkt auszutauschen.

Gestalte Updates und Upgrades für das Produkt: Ein Design, das auf Upgrades und Updates ausgelegt ist, erlaubt es, Produkte an technologische Fortschritte oder veränderte Anforderungen anzupassen, ohne sie vollständig ersetzen zu müssen. Dies stellt sicher, dass Produkte länger im Gebrauch bleiben, indem sie stets aktuell und funktionsfähig sind.

3.2.2.2.3. Der Service

Produkte müssen, um kreislauffähig gestaltet zu sein, in Systeme eingebettet werden. Durch die Gestaltung von **Produkt-Service-Systemen** lassen sich neue Konsummuster und Märkte erschließen, die auf Serviceleistungen ohne Verzicht, aber Schonung der Ressourcen basieren. Für das Design heißt das, über die Produktgestaltung hinaus Designkonzepte zu entwickeln, die das Produkt über den gesamten Lebenszyklus begleiten und somit beispielsweise auch die Rücknahme regeln. Von dieser Situation ausgehend werden auch Recyclingszenarien, Remanufacturing oder die Nutzung eines Zweitmarktes zum Gegenstand der Gestaltung. Weiter können neue Produkt-Service-Systeme einer Vielzahl von Nutzer:innen einen Mehrwert bieten und damit für Hersteller:innen neue Geschäftsmodelle eröffnen. Bleibt das Produkt im Besitz der Anbieter:innen, ist darüber hinaus der Weg zur Wiederverwendung von Komponenten oder Materialien in der Produktion kurz. Es sollte daher in der Verantwortung der Hersteller:innen liegen, den Kreislauf zu schließen. Wenn das System, in dem Produkte, Komponenten oder Materialien in höchster Qualität im Kreislauf bleiben, erst einmal von den Hersteller:innen oder in Kooperation mit Partner:innen geschaffen ist, kann auch eine kurze Nutzungsdauer dem Ziel der Kreislaufwirtschaft gerecht werden.

Gestalte die Rücknahme des Produkts: Die Rücknahmegestaltung umfasst Prozesse und Systeme, die es ermöglichen, Produkte nach ihrer Nutzungsdauer effizient zurückzuführen, um Materialien und Komponenten zu sammeln und wiederzuverwenden und dadurch Abfall zu vermeiden.

Gestalte die Wiederverwendung von Produkten: Ein Design, das auf Langlebigkeit und Wiederverwendung ausgerichtet ist, ermöglicht es, Produkte oder Komponenten nach ihrer ersten Nutzung erneut in den Kreislauf zu bringen. Dies verlängert die Lebensdauer des Produkts und verringert den Bedarf an neuen Rohstoffen.

Gestalte das Produkt als Service: Produkt-Service-Systeme bieten Nutzer:innen Zugang zu Produkten als Service, ohne dass diese das Eigentum übernehmen müssen. Solche Modelle fördern die Ressourcenschonung, indem sie den Anbietern die Kontrolle über das Produkt erhalten und so eine gezielte Rücknahme und Wiederverwendung ermöglichen.

3.2.2.3. Die Anwendung

Das webbasierte Tool[413] begleitet die Nutzer:innen durch alle neun Regeln. Dabei werden bei jedem Designgrundsatz drei Fragen gestellt, um zu eruieren, inwieweit das jeweilige Prinzip in der Gestaltung umgesetzt wird. Die Fragen sind dabei aufeinander aufbauend und reichen von unmittelbaren und leicht umsetzbaren Ansätzen zu ambitionierten langfristigen Zielen, die eine nachhaltige und umfassende Umsetzung zirkulärer Praktiken gewährleisten sollen. Durch diese gestufte Vorgehensweise bietet das Tool eine klare Orientierung auf dem Weg zur Realisierung eines zirkulären Produkts und unterstützt Designer:innen sowie Unternehmen dabei, systematisch und zielgerichtet vorzugehen.

Ein Bewertungsprozess zur Selbstreflexion

Das Innovations-Tool ist kostenfrei zugänglich und für alle Beteiligten am Gestaltungsprozess nutzbar, unabhängig von ihrer Position oder ihrem Erfahrungsniveau im Bereich des Circular Designs. Nutzer:innen können ihre Projekte einfach online erfassen und durchlaufen den Bewertungsprozess. Am Ende des Prozesses wird ein Scoring generiert, das die Kreislauffähigkeit des Produkts auf einen Blick darstellt. Dieses Scoring basiert auf einer Selbsteinschätzung und soll nicht als Zertifizierung verstanden werden, sondern vielmehr als Werkzeug zur Selbstreflexion und kontinuierlichen Verbesserung. Unter der Bewertung in jeder der Kategorien finden sich dazu auch Vorschläge, wie derzeitige nicht-zirkuläre Aspekte verbessert werden können.

Sichtbarkeit der Ergebnisse

Eine weitere Funktionalität des Tools ist die Möglichkeit, die Ergebnisse anonym zu speichern und als URL jederzeit abzurufen. Dies unterstützt einerseits die Nutzung als Innovationstool, indem Teams und Stakeholder ihre Erkenntnisse untereinander teilen können. Andererseits kann das Tool auch gezielt zur Analyse bestehender Produkte und Designs herangezogen werden. Durch diese Funktion wird es möglich, systematisch Schwachstellen in der Kreislauffähigkeit aufzudecken und fundierte Maßnahmen zur Verbesserung abzuleiten. Unternehmen, Designer:innen und Forscher:innen können das Tool nutzen, um Produkte aus dem Markt kritisch zu hinterfragen und deren Kreislaufpotenzial sichtbar zu machen.

Es dient somit nicht nur als Planungs- und Innovationswerkzeug für neue Produktentwicklungen, sondern auch als Analyse- und Kommunikationstool, um aufzuzeigen, in welchen Bereichen bestehende Produkte noch Optimierungsbedarf haben. So kann es dabei helfen, Designentscheidungen zu hinterfragen, Verbesserungsstrategien zu entwickeln und den Dialog über nachhaltige Gestaltung in Unternehmen, Bildungseinrichtungen oder innerhalb interdisziplinärer Teams zu fördern.

413 Die Circular Design Rules 2.0 sind als kostenloses Web-Tool unter cdr.tools verfügbar. Nutzer:innen beantworten drei Fragen pro Regel und erhalten eine Selbsteinschätzung ihres Produkts sowie Verbesserungsvorschläge.

4. Technologien und Digitalisierung

4.1. Digitale Lösungen

4.1.1. Einsatzmöglichkeiten von Künstlicher Intelligenz

John von Stamm/Antoine Gaillard

Digitalisierung spielt in der Kreislaufwirtschaft eine Schlüsselrolle: Durch moderne Technologien und intelligentes Datenmanagement lassen sich Stoffströme präziser erfassen, analysieren und steuern. Besonders Künstliche Intelligenz (KI) bietet hier neue Möglichkeiten, etwa durch automatisierte Prozesse, Prognosemodelle oder die Analyse komplexer Datenmuster zur Optimierung von Sammel-, Sortier- und Recyclingprozessen. So leistet KI einen wichtigen Beitrag zur Umsetzung zirkulärer Wirtschaftsweisen.

Dieses Kapitel erläutert zunächst die Begriffe KI und Kreislaufwirtschaft, um ein gemeinsames Verständnis zu schaffen. Anschließend werden Anwendungsbeispiele entlang des Produktlebenszyklus vorgestellt – von der Entwicklung über Nutzung und Rücknahme bis zum Recycling. Abschließend werden die wichtigsten Erfolgsfaktoren für die Implementierung von KI zusammengefasst.

4.1.1.1. Grundlagen der Künstlichen Intelligenz (KI)

KI bezeichnet Technologien, die in der Lage sind, menschenähnliche kognitive Fähigkeiten wie Lernen, Urteilen oder Problemlösen zu simulieren. Sie bildet damit die Grundlage für zahlreiche datenbasierte Anwendungen, die in komplexen Entscheidungssituationen unterstützen oder Prozesse automatisieren. Schmid et al. (2021) klassifizieren KI-Technologien anhand von **Methoden** und **Fähigkeiten**[414]. Methodisch werden dabei drei Ansätze unterschieden: symbolische, subsymbolische und hybride Verfahren.

Symbolische KI arbeitet auf Basis expliziter Regeln und Wissensdarstellungen. Sie folgt festen, logisch nachvollziehbaren Strukturen, etwa in Form von Wenn-Dann-Regeln oder Entscheidungsbäumen. Diese Form der KI eignet sich vor allem für Anwendungen, in denen transparente und nachvollziehbare Entscheidungen gefragt sind – etwa in Diagnose- oder Expertensystemen.

Subsymbolische KI hingegen basiert auf statistischen Verfahren und maschinellem Lernen (Machine Learning). Sie erkennt Muster in großen Datenmengen und ist in der Lage, komplexe Zusammenhänge zu modellieren, ohne dass diese zuvor explizit programmiert wurden. Maschinelles Lernen befähigt Systeme dazu, aus historischen Daten zu lernen und Vorhersagen für zukünftige Entwicklungen zu treffen, zB für Predictive Analytics in Geschäftsprozessen oder Wartungssystemen. Dabei lassen sich folgende Lernmethoden unterscheiden:

- Beim überwachten Lernen (Supervised Learning) werden Modelle mit beschrifteten Datensätzen trainiert. Sie lernen dabei, Muster zu erkennen – etwa zur Qualitätskontrolle oder zur Erkennung von Anomalien in Produktionsprozessen.

414 Schmid, T., Hildesheim, W., Holoyad, T., & Schumacher, K. (2021). The AI methods, capabilities and criticality grid: A three-dimensional classification scheme for artificial intelligence applications. KI – Künstliche Intelligenz, 35(4), 425–440. https://doi.org/10.1007/s13218-021-00736-4.

- Das unüberwachte Lernen (Unsupervised Learning) arbeitet mit unbeschrifteten Daten. Hier identifizieren Algorithmen selbstständig Strukturen oder Cluster – beispielsweise zur Optimierung industrieller Prozesse.
- Eine dritte Form ist das bestärkende Lernen (Reinforcement-Learning). Dabei lernen sogenannte Agenten durch Interaktion mit ihrer Umgebung. Sie verbessern ihr Verhalten durch ein Belohnungssystem, was insbesondere bei der Robotiksteuerung und der adaptiven Regelung von Fertigungsprozessen zum Einsatz kommt.

Deep Learning ist eine spezialisierte Form des maschinellen Lernens, die auf Künstlichen Neuronalen Netzen (KNN) basiert und oft für Bilderkennung, Sprachverarbeitung und Simulation von komplexen Szenarien genutzt wird. So nutzen Modelle wie Large-Language-Models (LLMs) KNN, um Texte, Bilder oder Sprachdateien zu generieren.

Hybride Ansätze kombinieren symbolische und subsymbolische Methoden. Ziel ist es, die Leistungsfähigkeit datengetriebener Verfahren mit der Erklärbarkeit symbolischer Logiksysteme zu verbinden. Diese Kombination gewinnt zunehmend an Bedeutung, insbesondere in sicherheitskritischen oder regulierten Anwendungsbereichen.

Neben der methodischen Einteilung lässt sich Künstliche Intelligenz auch nach ihren grundlegenden funktionalen Fähigkeiten beschreiben. Ein etabliertes Modell unterscheidet dabei vier Hauptfunktionen, die viele KI-Systeme in unterschiedlicher Ausprägung kombinieren:

Wahrnehmung (Sense): KI-Systeme können Umgebungsdaten erfassen – etwa durch Sensoren, Kameras oder Mikrofone. Diese Fähigkeit bildet die Grundlage vieler Anwendungen, zB in der Bildverarbeitung, bei der Erkennung von Objekten oder beim Monitoring von Produktionsprozessen.

Verarbeitung und Verstehen (Process and Understand): Die aufgenommenen Daten werden analysiert, interpretiert und in einen sinnhaften Zusammenhang gebracht. Hier kommen Methoden wie maschinelles Lernen oder Sprachverarbeitung zum Einsatz – etwa bei der Analyse von Fehlerbildern, der Qualitätsbewertung oder in Predictive-Maintenance-Systemen.

Handeln (Act): Auf Basis der verarbeiteten Informationen können KI-Systeme automatisiert Entscheidungen treffen oder Prozesse steuern. Dies ist zB in der Robotik oder bei der automatisierten Sortierung von Wertstoffen im Recyclingbereich von zentraler Bedeutung.

Kommunikation (Communicate): Schließlich sind moderne KI-Systeme in der Lage, mit Menschen oder anderen Maschinen zu kommunizieren – etwa durch Text, Sprache oder visuelle Interfaces. Diese Fähigkeit wird in Assistenzsystemen, Chatbots oder auch in Mensch-Maschine-Schnittstellen in der Industrie genutzt.

4.1.1.2. Kreislauffähiges Wertschöpfungssystem

Die Kreislaufwirtschaft zielt darauf ab, Produkte und Materialien so lange wie möglich im Umlauf zu halten, um Ressourcen zu schonen und Abfälle zu vermeiden. Grundlage dafür sind datenbasierte Wertschöpfungssysteme mit ihren digitalen Informationsflüssen, die entlang des gesamten Produktlebenszyklus entstehen – von der Gestaltung über die Nutzung bis hin zum Recycling. Bereits in der Designphase werden wichtige Daten zu Materialien und Reparaturfähigkeit erfasst, während in der Produktion Informationen über Verbrauch, Qualität und Effizienz anfallen. Auch während der Nutzung liefern vernetzte Produkte Daten, etwa zur Leistung oder zum Wartungsbedarf. Besonders kritisch ist die Rückführung, bei der Informationen über Zustand und Zusammensetzung über den weiteren Verbleib entscheiden. Im Recycling schließlich geben Daten über Sortierung und Materialreinheit Aufschluss über die Qualität der zurückgewonnenen Rohstoffe. Erst durch diese kontinuierlichen Datenströme wird die Kreislaufwirtschaft technisch umsetzbar und wirtschaftlich steuerbar.

Die folgende Abbildung beschreibt die unterschiedlichen Bereiche, in denen Daten in der zirkulären Wertschöpfung erzeugt werden:

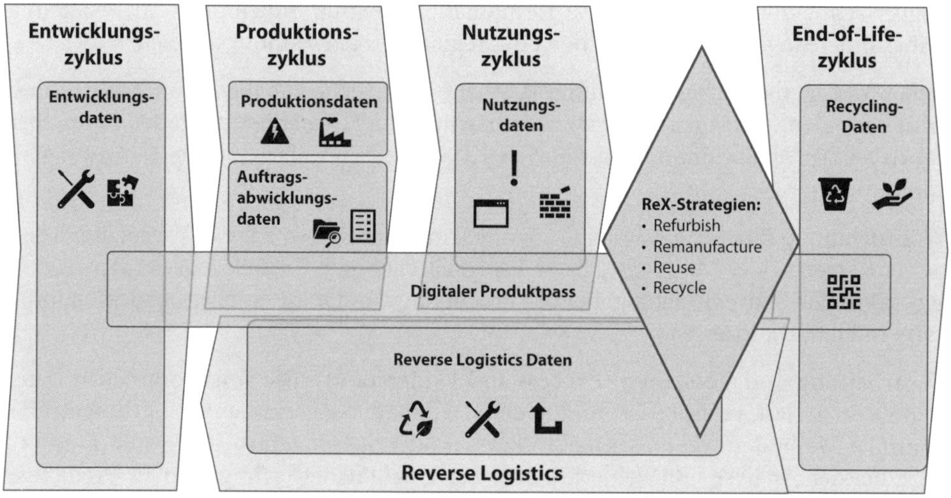

Abb 23: Datenerzeugung in der werterhaltenden Kreislaufwirtschaft [Quelle: Gaillard u. Perau, 2023, S 96[415]]

4.1.1.3. Einsatz von KI in Bereichen der kreislauffähigen Wertschöpfung

Die rasche Entwicklung von Künstlicher Intelligenz (KI) hat das Potenzial, die Umsetzung zentraler Prinzipien der Kreislaufwirtschaft grundlegend zu verändern. Wie eine umfassende Analyse aktueller Studien und Projekte zeigt[416], eröffnen KI-Technologien, ebenso wie eine systematische Literaturübersicht zur Rolle von KI im Kontext zirkulärer Wertschöpfung, vielfältige Anwendungsmöglichkeiten entlang sämtlicher Phasen der Wertschöpfungskette.

415 Gaillard, A., & Perau, M. (2023). Digital Transformation of Circular Economy for Industrial Sustainability. UdZ – The Data-driven Enterprise, 3(1), 92–97. https://epub.fir.de/frontdoor/index/index/docId/2805, abgerufen am 30.7.2025.

416 Kaya, P. H. (2024). Can artificial intelligence accelerate the transition to a circular economy? Eurasian Research Journal, 6(3), 7–19. https://doi.org/10.53277/2519-2442-2024.3-01, abgerufen am 30.7.2025.

So ermöglicht KI beispielsweise die intelligente Steuerung und Optimierung von Materialflüssen, unterstützt eine modulare und reparaturfreundliche Produktgestaltung und trägt zur ressourcenschonenden Nutzung von Materialien und Energie bei. Diese datengestützten Ansätze leisten einen wichtigen Beitrag zur Erhöhung der Produktlebensdauer sowie zur Verbesserung von Wiederverwendbarkeit und Recyclingfähigkeit. Darüber hinaus wird KI gezielt eingesetzt, um Prozesse zu automatisieren, Lebenszyklen aktiv zu verlängern und Umweltauswirkungen messbar zu reduzieren. Das folgende Kapitel beleuchtet, in welchen konkreten Anwendungsbereichen KI bereits heute zur Transformation von linearen hin zu zirkulären Wertschöpfungsstrukturen beiträgt und welches Potenzial noch ungenutzt bleibt.

4.1.1.3.1. KI-Einsatz in der zirkulären Entwicklung

In der Entwicklungsphase steht die Gestaltung nachhaltiger Produkte und Prozesse im Mittelpunkt. KI spielt eine Schlüsselrolle bei der Implementierung von Prinzipien der Kreislaufwirtschaft, insbesondere durch die Optimierung von modularen Designs und ressourceneffizienten Prozessen. Diese Technologien fördern die Langlebigkeit und Wiederverwendbarkeit von Produkten, indem sie datengetriebene Ansätze und innovative Designs integrieren:

- **Produktdesign für die Kreislaufwirtschaft:** Durch den Einsatz von KI können Stoffströme analysiert und Produkte so gestaltet werden, dass sie leichter recycelt werden können. Ein Beispiel ist das vom Fraunhofer-Institut und der TU Darmstadt geleitete Projekt K3I-Cycling[417], das die Nachhaltigkeit von Kunststoffverpackungen mittels KI verbessert. Zusätzlich beschreibt eine Fallstudie[418], wie KI durch modulare Designs und Materialanalysen die Wiederverwendbarkeit verbessert. Die Ökodesign-Verordnung der Europäischen Kommission bietet einen festen Kriterienrahmen, wonach sich KI-Modelle richten können[419].
- **Simulation und Prototyping:** KI-gestützte Simulationen unterstützen die Entwicklung von Prototypen, die auf Langlebigkeit und Reparaturfähigkeit ausgelegt sind. Autodesk setzt KI insbesondere im Bereich des generativen Designs ein, um nachhaltige Materialien und Strukturen für Prototypen zu entwickeln. Dabei analysiert die KI die Designparameter und schlägt ressourceneffiziente, langlebige und funktionsoptimierte Lösungen vor. Dadurch kann der Materialverbrauch minimiert und gleichzeitig die Produktleistung maximiert werden.
- **Materialentwicklung für effizienteres Recycling:** Die KI-gestützte Analyse von Materialeigenschaften ermöglicht die Identifikation ressourcenschonender Alternativen. Neue Materialien werden so auf Wiederverwendbarkeit und Recyclingfähigkeit optimiert. Ein Beispiel für den Einsatz von KI in der Materialentwicklung ist die

417 K3I-Cycling (Ed) (n.d.). K3I-Cycling – Kreislaufschließung. https://ki-hub-kunststoffverpackungen.de/k3i-cycling/ueber, abgerufen am 30.7.2025.

418 Ghoreishi, M., & Happonen, A. (2020). Key enablers for deploying artificial intelligence for circular economy embracing sustainable product design: Three case studies. AIP Conference Proceedings, 2233(1), 050008. https://doi.org/10.1063/5.0001339, abgerufen am 30.7.2025.

419 European Commission. (Ed) (n.d.). The legislative framework – Ecodesign and energy label. Energy Efficient Products. https://energy-efficient-products.ec.europa.eu/ecodesign-and-energy-label/legislative-framework_en, abgerufen am 30.7.2025.

Arbeit von CYCLOPS[420]. Auch die BASF nutzt KI, um chemische Prozesse zu optimieren, insbesondere durch die Entwicklung von Modellen, die chemische Reaktionen vorhersagen, recycelbare Materialkombinationen identifizieren und energieintensive Produktionsschritte minimieren[421]. Diese datengetriebenen Ansätze ermöglichen eine effizientere Ressourcennutzung und tragen aktiv zur Förderung geschlossener Stoffkreisläufe bei.

4.1.1.3.2. KI-Einsatz in der zirkulären Produktion

In der Produktionsphase spielt KI eine zentrale Rolle, um Prozesse zu optimieren und Abfälle zu reduzieren:

- **Qualitätskontrolle und Fehlererkennung:** KI-gestützte Systeme identifizieren Produktionsfehler in Echtzeit, indem sie Bildverarbeitungsalgorithmen und maschinelles Lernen nutzen, um Abweichungen und Defekte frühzeitig zu erkennen. Darüber hinaus setzt BMW KI-gestützte Kamerasysteme zur detaillierten Analyse der Materialqualität von recycelten Bauteilen ein[422]. Diese Systeme stellen sicher, dass die wiederverwendbaren Materialien den hohen Qualitätsstandards der Kreislaufwirtschaft entsprechen, indem sie präzise Daten über die Materialzusammensetzung und -struktur liefern, die in der Fahrzeugproduktion verwendet werden.
- **Demontageplanung und -steuerung:** KI-gestützte Systeme unterstützen die Planung und Steuerung von Demontageprozessen, um Materialien und Bauteile effizient zurückzugewinnen. Beispielsweise werden in Unternehmen wie REMADE KI-gestützte Werkzeuge eingesetzt, um Demontageprozesse zu optimieren und Cores für die Wiederverwendung vorzubereiten[423].
- **Verschleißprognose als Vorbereitung für die Produktion:** Im Projekt DiCES wird untersucht, wie eine Verschleißprognose basierend auf Betriebsdaten eine genauere Vorhersage des Aufbereitungsaufwands einer Waschmaschine ermöglicht, damit bereits im Vorfeld die richtige Kreislaufwirtschaftsstrategie ausgewählt werden kann[424]. Die Expertinnen für Produktinnovation der Firma Miele & Cie. KG, Dr. Svenja Spindeldreier und Dr. Sibylle Legner, beschreiben den Einsatz von KI wie folgt: „Der Einsatz von KI kann die Effizienz in der Kreislaufwirtschaft steigern und deren Erfolgschancen erhöhen. Ein Beispiel, das wir in unserem Forschungsprojekt DiCES betrachten, ist die datengestützte Verschleißprognose, durch die wir frühzeitig den Aufbereitungsaufwand abschätzen können."
- **Wiederverwendungsquote von Cores:** KI analysiert die Qualität von gebrauchten Cores, um deren Wiederverwendungspotenzial zu bewerten und zu maximieren. Un-

420 Wuppertal Institut. (Ed) (n.d.). CYCLOPS. https://wupperinst.org/p/wi/p/s/pd/1910, abgerufen am 30.7.2025.

421 BASF. (Ed) (2025). BASF and research partners collaborate to optimize mechanical recycling of plastics. https://promotions.basf.com/news-and-releases/basf_and_research_partners_collaborate_to_optimize_mechanical_recycling_of_plastics, abgerufen am 30.7.2025.

422 Valantic. (Ed) (2024). KI bei BMW und Audi: Autos melden Fehler in der Fertigung. https://www.valantic.com/de/digital-now/ki-bei-bmw-und-audi-autos-melden-fehler-in-der-fertigung/, abgerufen am 30.7.2025.

423 REMADE INSTITUTE (Eds.) (n.d.). https://remadeinstitute.org/, abgerufen am 30.7.2025.

424 Perau, M., & Gaillard, A. (2023). DiCES: Digital Transformation of Circular Economy for Industrial Sustainability. https://epub.fir.de/frontdoor/index/index/docId/2805, abgerufen am 30.7.2025.

ternehmen wie Caterpillar setzen solche Systeme ein, um die Wiederverwendungsquote in der Wiederaufbereitungsindustrie zu erhöhen[425].

- **Abfallmanagement in der Produktion:** Ein weiteres zentrales Thema ist das Abfallmanagement in der Produktion. KI-gestützte Robotersysteme identifizieren und sortieren Abfälle wie Plastik, Glas oder Metall automatisch. Studien zeigen, dass dadurch die Recyclingquote deutlich erhöht und die Umweltbelastung durch die Produktion reduziert werden kann[426].

4.1.1.3.3. KI-Einsatz in der Nutzung

KI unterstützt zentrale Maßnahmen, um Produkte während ihrer Nutzung nachhaltig und ressourcenschonend zu gestalten. Sie trägt wesentlich dazu bei, Materialien effizient zu nutzen und Produktlebenszyklen zu verlängern:

- **Datengetriebene Nutzungsanalyse:** KI analysiert Daten aus der Produktnutzung, um personalisierte Empfehlungen zur optimalen Nutzung zu geben. Ein Beispiel hierfür ist die KI-gestützte Analyse von Miele-Haushaltsgeräten, um dem Kunden ein Austauschangebot anzubieten, das die beste ökonomische und ökologische Kreislaufwirtschaftsstrategie unterstützt[427].
- **Nutzungsbasierte Wartung:** Mithilfe von KI werden Wartungspläne auf Basis der tatsächlichen Nutzung erstellt, um die Lebensdauer von Produkten zu maximieren. Beispiele finden sich bei BMW, wo KI eingesetzt wird, um Wartungsintervalle in der Fahrzeugmontage zu optimieren[428].
- **Verschleißvorhersage in der Nutzung:** KI-Modelle analysieren Daten über Belastungen und Nutzungsmuster, um den Verschleiß von Bauteilen vorherzusagen und eine rechtzeitige Wartung oder einen Austausch zu ermöglichen. Dies wird beispielsweise von Unternehmen wie SKF genutzt, um Lager und andere mechanische Teile proaktiv zu warten[429].

4.1.1.3.4. KI-Einsatz in der Rückführung

KI-gestützte Technologien optimieren die Logistik für die Sammlung von Produkten:

- **Optimierung von Transportwegen:** KI-Algorithmen planen Logistikrouten effizient, um Transportwege zu minimieren und Kosten zu senken. Das Unternehmen REMONDIS setzt KI-basierte Systeme ein, um die Routen von Müllfahrzeugen zu

---

425 Ridley, S. J., & Ijomah, W. L. (2015). A novel pre-processing inspection methodology to enhance productivity in automotive product remanufacture: An industry-based research of 2196 engines. Journal of Remanufacturing, 5(1), 1–12. https://doi.org/10.1186/s13243-015-0017-4, abgerufen am 30.7.2025.

426 Noman, A. A., Akter, U. H., Pranto, T. H., & Haque, A. B. (2022). Machine learning and artificial intelligence in circular economy: A bibliometric analysis and systematic literature review. Annals of Emerging technologies in Computing (AETiC), 6(2), 13-40. https://arxiv.org/abs/2205.01042, abgerufen am 30.7.2025.

427 FIR e. V. an der RWTH Aachen. (Ed.) DiCES. https://project-dices.de/, abgerufen am 30.7.2025.

428 BMW (Ed) (2023). [Pressemitteilung] Smarte Wartung mittels Künstlicher Intelligenz. https://www.press.bmwgroup.com/deutschland/article/detail/T0438145DE/smarte-wartung-mittels-kuenstlicher-intelligenz?language=de, abgerufen am 30.07.2025

429 SKF. (Ed) (2020, November 2). Vollkommen neue Möglichkeiten dank zustandsabhängiger Instandhaltung auf ML-Basis. https://www.skf.com/de/news-and-events/news/2020/2020-11-02-machine-learning-based-predictive-maintenance-changes-the-game, abgerufen am 30.7.2025.

optimieren[430]. Durch die Analyse von Echtzeitdaten wie Verkehrslage und Abfallaufkommen können die Sammelrouten effizienter gestaltet werden. Dies führt zu einer Reduzierung des Kraftstoffverbrauchs und des CO_2-Ausstoßes.
- **Vorhersage von Rücklaufmengen:** Cisco arbeitet mit DHL zusammen, um neue Netzwerke zur Unterstützung der Kreislaufwirtschaft aufzubauen[431]. Ziel der Partnerschaft ist es, die Wiederverwendung, Wiederaufbereitung oder das Recycling von gebrauchten Elektronikgeräten zu ermöglichen. Durch den Einsatz von KI-gestützten Analysen können Rücklaufmengen besser vorhergesagt und Recyclingquoten maximiert werden.

4.1.1.3.5. KI-Einsatz in der End-of-Life- und Recycling-Phase

Am Ende des Lebenszyklus eines Produkts kommen KI-gestützte Technologien bei der Wiederverwertung und Aufbereitung von Altmaterialien zum Einsatz:

- **Recyclingprozesse:** KI wird eingesetzt, um Materialien effizient zu sortieren und zu recyceln. So nutzt das Projekt CYCLOPS des Wuppertal Instituts digitale Zwillinge, um das Kunststoffrecycling zu optimieren[432].
- **Sortiertechnologien:** KI-gestützte Systeme erkennen und trennen verschiedene Materialarten, um den Recyclingprozess zu verbessern. Ein Beispiel ist Tomra, ein Unternehmen, das KI-basierte Sortiertechnologien für Kunststoffe und Metalle einsetzt. Das Unternehmen Veolia nutzt KI, um Wertstoffströme zu analysieren und Recyclingprozesse effizienter zu gestalten[433].
- **Materialrückgewinnung:** Durch den Einsatz von KI bzw Bildverarbeitung können wertvolle Rohstoffe aus Altprodukten gewonnen und für neue Anwendungen genutzt werden. Unternehmen wie Apple nutzen KI, um mit Robotern wie „Daisy" wertvolle Materialien wie seltene Erden aus Altgeräten zurückzugewinnen[434].

4.1.1.4. Erfolgsfaktoren bei der Implementierung von KI

Die zuvor beschriebenen Optimierungspotenziale verdeutlichen, dass die Implementierung von KI in der Kreislaufwirtschaft Vorteile bieten kann. Um diese Potenziale zu nutzen, müssen jedoch verschiedene technologische, unternehmensstrategische, soziale und regulatorische Erfolgsfaktoren berücksichtigt werden.

430 Initiative Frosch. (Ed) (2023). KI für Recycling: Wie Künstliche Intelligenz den Klimaschutz fördert. https://initiative-frosch.de/ki-fuer-recycling-wie-kuenstliche-intelligenz-den-klimaschutz-foerdert/, abgerufen am 30.7.2025.

431 DHL. (Ed) (n.d.). Cisco builds new networks to support its circular economy. https://www.dhl.com/global-en/delivered/responsibility/cisco-builds-new-networks-to-support-its-circular-economy.html, abgerufen am 30.7.2025.

432 Wuppertal Institut. (Ed.) (2021). CYCLOPS Circularity Optimisation for Plastics: Konzeption und Vorentwicklung eines digitalen Unterstützungssystems zur passgenauen Aufbereitung und zielgerichteten Rückführung von Sekundärkunststoffen in hochwertige Anwendungen. https://wupperinst.org/p/wi/p/s/pd/1910, abgerufen am 30.7.2025.

433 RECYCLEYE (Ed) (n.d.). Veolia setzt einen KI-gesteuerten Roboterarm ein, um Recyclingprozesse in ihrer Anlage in Southwark zu verbessern. https://recycleye.com/de/veolia-installiert-roboter-in-southwark/?utm_source=chatgpt.com, abgerufen am 30.7.2025.

434 Heffernan, M. (2024). Apple's iPhone recycling robot shifts gears. E-Scrap News. https://resource-recycling.com/e-scrap/2024/06/13/apples-iphone-recycling-robot-shifts-gears/, abgerufen am 30.7.2025.

Ein zentraler technologischer Erfolgsfaktor ist die Datenqualität und -verfügbarkeit. Hochwertige und standardisierte Daten sind essenziell für die Effizienz von KI-Algorithmen[435]. Besonders in der Kreislaufwirtschaft spielen ERP-Systeme und der Digitale Produktpass (DPP) eine wichtige Rolle, da sie eine transparente Material- und Recyclingverfolgung ermöglichen[436]. Neben der Datenverfügbarkeit ist eine robuste IT-Infrastruktur entscheidend[437]. Einen weiteren Faktor stellt die Interoperabilität zwischen verschiedenen Systemen dar. Standardisierte Schnittstellen und Datenprotokolle erleichtern den Austausch zwischen unterschiedlichen Akteuren in der Kreislaufwirtschaft und sorgen für eine effizientere Nutzung von KI-basierten Lösungen[438].

Neben den technologischen Aspekten spielen unternehmensstrategische Faktoren eine entscheidende Rolle. Eine erfolgreiche KI-Implementierung setzt eine klare Unternehmensstrategie und Roadmap voraus[439]. Unternehmen müssen langfristige Ziele definieren und eine strukturierte Vorgehensweise zur Integration von KI entwickeln. Der Einsatz bereits vorhandener KI-Technologien kann die Implementierung beschleunigen, während Machbarkeitsstudien und Pilotprojekte das Risiko von Fehlinvestitionen minimieren[440]. Auch wirtschaftliche und finanzielle Aspekte sind zu berücksichtigen. Der Zugang zu Finanzmitteln stellt insbesondere für KMU eine Herausforderung dar, weshalb staatliche Förderprogramme oder branchenspezifische Investitionen entscheidend sein können. Gleichzeitig trägt KI durch Effizienzsteigerung zur Kostensenkung bei, wodurch sich Investitionen langfristig amortisieren können. Ein weiterer Erfolgsfaktor ist die Zusammenarbeit zwischen Unternehmen, Forschungseinrichtungen und politischen Akteuren[441]. Zudem sind Governance-Mechanismen notwendig, um die Einhaltung regulatorischer Vorschriften sicherzustellen und eine transparente Nutzung von KI zu gewährleisten.

---

435 Roberts, H., Zhang, J., Bariach, B., Cowls, J., Gilburt, B., Juneja, P., Tsamados, A., Ziosi, M., Taddeo, M., & Floridi, L. (2024). Artificial intelligence in support of the circular economy: Ethical considerations and a path forward. AI & Society, 39, 1451–1464. https://doi.org/10.1007/s00146-022-01596-8, abgerufen am 30.7.2025.

436 Rilling, L., & Schneider, A. (2023). Intelligente Kreislaufwirtschaft: Wie Künstliche Intelligenz nachhaltige Prozesse unterstützen kann (Faktenblatt). Mittelstand 4.0-Kompetenzzentrum eStandards. https://www.mittelstand-digital-wertnetzwerke.de/fileadmin/user_upload/Materialien/Wissensbox/Faktenblatt_Intelligente_Kreislaufwirtschaft.pdf, abgerufen am 30.7.2025.

437 Langley, D., Rosca, E., Angelopoulos, M., Kamminga, O., Hooijer, C. (2023). Orchestrating a smart circular economy: Guiding principles for digital product passports. Jorunal of Business Research, 169, 114259. https://doi.org/10.1016/j.jbusres.2023.114259, abgerufen am 30.7.2025.

438 Jensen, H.H. (2025). Data-Driven-Circularity – The Brain of a Circular Economy. Circular Economy Opportunities and Pathways for Manufacturers. Future of Business and Finance. Springer, Cham., 389-412. https://doi.org/10.1007/978-3-031-75279-7_15, abgerufen am 30.7.2025.

439 Singh, J. P. (2023). Artificial intelligence in circular economies: A pathway to sustainable resource management. International Journal of Science and Research (IJSR), 12(12), 1128–1131. https://dx.doi.org/10.21275/SR231214040053, abgerufen am 30.7.2025.

440 Friedrich, R. et al (2021). Potenziale der schwachen künstlichen Intelligenz für die betriebliche Ressourceneffizienz. Studie im Auftrag des Bundesministeriums für Umwelt, Naturschutz und nukleare Sicherheit. https://www.ressource-deutschland.de/fileadmin/user_upload/1_Themen/h_Publikationen/Studien/VDI-ZRE_Studie_KI-betriebliche-Ressourceneffizienz_Web_bf.pdf, abgerufen am 30.7.2025.

441 Sánchez-García, E., Martínez-Falcó, J., Marco-Lajara, B., & Manresa-Marhuenda, E. (2024). Revolutionizing the circular economy through new technologies: A new era of sustainable progress. Environmental Technology & Innovation, 33, 103509. https://doi.org/10.1016/j.eti.2023.103509, abgerufen am 30.7.2025.

Soziale Faktoren sind ebenfalls essenziell für eine erfolgreiche KI-Implementierung. Die Akzeptanz neuer Technologien innerhalb der Belegschaft ist ein zentraler Aspekt, da häufig Widerstände gegenüber KI-basierter Automatisierung auftreten. Die Schulung von Mitarbeitenden und die Bereitstellung von Weiterbildungsprogrammen sind daher unerlässlich, um die digitale Kompetenz innerhalb von Unternehmen zu stärken. Die Entwicklung spezialisierter KI-Teams innerhalb von Unternehmen kann die Effizienz der Implementierung weiter steigern.

Die regulatorischen Rahmenbedingungen bilden eine entscheidende Grundlage für die breite Anwendung von KI in der Kreislaufwirtschaft. Eine besondere Herausforderung stellt der Datenschutz und die Rechtsklarheit im Umgang mit KI-gestützten Daten dar. Klare gesetzliche Regelungen zum Datenschutz und zum Datenaustausch sind erforderlich, um Vertrauen in KI-Technologien zu schaffen. Zudem sollten politische Anreize und Förderprogramme bereitgestellt werden, um die Skalierung von KI-Technologien in der Kreislaufwirtschaft zu unterstützen. Ein weiterer Aspekt ist die Einführung von Standards zur Berechnung der Umweltauswirkungen von KI, um sicherzustellen, dass der ökologische Nutzen von KI tatsächlich die durch ihre Nutzung entstehenden Emissionen übersteigt.

4.1.2. Vertrauen durch Technologie: Wie Blockchain und IoT die Kreislaufwirtschaft ermöglichen

Stefan Grüll

4.1.2.1. Die Herausforderung

Die Kreislaufwirtschaft verspricht, Produkte möglichst lange in Nutzung und Materialien im Umlauf zu halten. Damit das gelingt, müssen wesentliche Eigenschaften – etwa Qualität, Herkunft oder Recyclingfähigkeit – nicht nur erfasst, sondern über Wertschöpfungsstufen und Nutzungszyklen verlässlich erhalten bleiben. Genau hier liegt eine zentrale Herausforderung: die Authentizität und Integrität dieser Informationen über global verteilte, oft intransparente Lieferketten hinweg sicherzustellen.

4.1.2.1.1. Verifizierbare Datenbasis

Blockchain-Technologie schafft einen verteilten *Trust Layer* für material- oder produktbezogene Daten. Mittels kryptografischer Hashwerte – digitale Fingerabdrücke eines Datensatzes – lassen sich Informationen unveränderlich dokumentieren. Diese Hashwerte werden auf vielen Knoten gespeichert, sodass sie langfristig unabhängig verifizierbar bleiben. Die zugrunde liegenden Daten verbleiben dabei in den Systemen der Akteure – etwa in ERP-Systemen oder sektoralen Daten-Ökosystemen. Trotzdem ist die vollständige Auditierbarkeit sichergestellt: Jede Information lässt sich gegen ihren digitalen Fingerabdruck überprüfen.

4.1.2.1.2. Nachweisführung von Lieferketten

In einem zweiten Schritt lassen sich auch Bewegungsdaten oder Produktionsschritte als Transaktionen direkt auf der Blockchain abbilden. So entsteht eine durchgängige *Traceability* – nicht nur entlang von Lieferketten, sondern auch über komplexe Fertigungsprozesse hinweg. Diese Transparenz erlaubt es, etwa Recyclinganteile plausibel über Massenbilanzen abzuleiten. Voraussetzung dafür ist die Fähigkeit aller beteiligten Systeme, transaktionsfähig mit der Blockchain zu kommunizieren – bei gleichzeitiger Sicherung der Datensouveränität durch Technologien wie Zero-Knowledge-Proofs.

4.1.2.2. Eigentum und Rücknahme neu denken

Wenn Materialdaten verifizierbar und Transaktionen transparent sind, lassen sich darauf aufbauend digitale Eigentumstitel erzeugen – zB sogenannte Asset-Referenz-Token (ART). Über Smart Contracts können Rücknahmegarantien, Eigentumsübertragungen oder zirkuläre Nutzungsrechte rechtssicher abgebildet werden. So entstehen neue Geschäftsmodelle wie Material-as-a-Service, in denen Material nicht verkauft, sondern für eine definierte Nutzungsdauer bereitgestellt und anschließend zurückgeführt wird – rechtlich abgesichert und operativ steuerbar.

4.1.2.3. IoT als Bindeglied zur Automatisierung

Mit Blockchain-verifizierten Daten entstehen digitale Identitäten für Produkte und Materialien – mit Informationen zu Herkunft, Qualität und Eigentum. Diese Identitäten können direkt mit Maschinen kommunizieren. In modernen Recyclinganlagen etwa ermöglichen Sensorik und IoT-Systeme, dass Materialien automatisch identifiziert, klassifiziert und in hochwertige Verwertungsprozesse überführt werden. Die Kreislaufwirtschaft wird damit nicht nur digital nachvollziehbar, sondern operativ automatisierbar.

Praxisbeispiel: Der Digitale Materialpass von S1Seven GmbH

S1Seven GmbH stellt die Infrastruktur, mit der materialbezogene Angaben – etwa Material-, Nachhaltigkeitseigenschaften oder Konformitätserklärungen – digital notarisiert und maschinenlesbar verfügbar gemacht werden können. Der Digitale Materialpass (DMP) fungiert dabei als verifizierbarer Beleg – vergleichbar mit einer Rechnung für Werte oder einem Lieferschein für Menge. Unabhängig davon, wie diese Belege ausgetauscht werden, ist ihre Integrität durch Blockchain-basierte Prüfsummen jederzeit belegbar – mit minimalem Implementierungsaufwand aus vorhandenen Softwaresystemen schafft dieses Konzept eine skalierbare Grundlage für Kreislaufwirtschaft in industriellen Lieferketten.

4.1.3. Digitale Plattformen der Kreislaufwirtschaft: Fachkräfte, Know-how und Mitbestimmung als wesentliche Elemente

Fridolin Wenny/Michael Soder

Ohne digitale Plattformen gibt es keine zirkuläre Wirtschaft. Transparenz, ein stabiler Zugang zu qualitativen Daten und eine effiziente Vernetzung von Akteuren entlang der gesamten Wertschöpfungskette sind Voraussetzungen für das Funktionieren von Geschäftsmodellen, die auf Wiederverwendung, Recycling und Ressourcenschonung basieren. Während in der bisherigen Literatur vorrangig die technischen Funktionalitäten und Herausforderungen thematisiert wurden, rücken administrative und organisatorische Aufgabenstellungen in den Vordergrund. Insbesondere die Verfügbarkeit von qualifizierten Fachkräften, der Aufbau und Transfer von notwendigem Know-how sowie die betriebliche Mitbestimmung haben eine wachsende Bedeutung.

4.1.3.1. Digitale Plattformen als zentrale Werkzeuge in einer Kreislaufwirtschaft

Digitale Plattformen sind für Unternehmen unverzichtbar, um die Konzepte der Kreislaufwirtschaft (Circular Economy, CE) wirkungsvoll umzusetzen. Als digitale Vermittlungsstellen für Produkte, Daten und Dienstleistungen erleichtern sie eine optimale Ressourcennutzung, unterstützen nachhaltige Geschäftsmodelle und helfen dabei, gesetzliche Vorgaben zu erfüllen. Durch die Erfassung von Material- und Produktinformationen in Echtzeit (beispielsweise mittels IoT-Sensoren und KI-basierter Analysen) ermöglichen sie eine automatisierte Abstimmung von Angebot und Nachfrage und gewährleisten zugleich die lückenlose Rückverfolgbarkeit über den gesamten Produktlebenszyklus[442]. Auf diese Weise schaffen sie Transparenz in Bezug auf Ressourcenströme, Abfallmengen und CO_2-Emissionen, was sowohl operative Entscheidungen als auch die Erfüllung von Berichtspflichten vereinfacht.

4.1.3.1.1. Mehrwert digitaler Plattformen in der Kreislaufwirtschaft für Unternehmen und Beschäftigte

Digitale Plattformen bieten Unternehmen und Beschäftigten viele Vorteile. Zum einen ermöglichen plattformgestützte Kreislaufstrategien eine deutliche Effizienzsteigerung und Kostensenkung, da sie die Ressourceneffizienz erhöhen und Material- sowie Energiekosten reduzieren[443]. Insbesondere bei kritischen Rohstoffen tragen Plattformen durch Echtzeitdaten zur Versorgungssicherheit bei, indem sie Nachfrageschwankungen zeitnah erkennen und die Beschaffung entsprechend anpassen.[444] Darüber hinaus eröffnen sich neue Umsatzquellen in den Bereichen Wartung, Wiederaufbereitung und Rücknahme gebrauchter Produkte, da Betreiber:innen nun das Lifecycle-Management digital abbilden und monetarisieren können[445]. Die Verfügbarkeit von Echtzeitdaten erlaubt eine präzisere Steuerung von Produktionsprozessen, was nicht nur Lager- und Transportkosten reduziert, sondern auch Betriebskosten langfristig senkt.[446]

Ein weiterer wesentlicher Mehrwert liegt in der Entwicklung neuer Geschäftsmodelle. Forschungsarbeiten zeigen, dass digitale Plattformen die Einführung von Product-as-a-Service- oder Pay-per-Use-Modellen beschleunigen, weil sie geschlossene Lieferketten (Closed-Loop Supply Chains) ermöglichen, die auf langfristige Kundenbeziehungen und nachhaltige Nutzung abzielen. Plattformen wie Cirplus oder Loog vernetzen beispielsweise Anbieter recycelter Materialien mit Abnehmenden, wodurch Materialkosten

---

442 Vgl Jensen, H. (2022) How digitalization can help build a circular economy ecosystem, https://www.weforum.org/stories/2022/08/why-a-global-circular-economy-requires-a-digital-business-ecosystem/, abgerufen am 2.6.2025.

443 Vgl Terra Institute. (2024). Digitale Plattformen der Kreislaufwirtschaft. Terra Institute, Körppen, T., Ullrich, A., Böttcher, T., & Krcmar, H. (2024). How Digital Platforms can Foster a Circular Economy. In Proceedings of the Pacific-Asia Conference on Information Systems (PACIS 2024).

444 Vgl Bassi, F., & Guidolin, M. (2021). Resource efficiency and Circular Economy in European SMEs: Investigating the role of green jobs and skills. arXiv.

445 Vgl Phung, C. G. (2023). Implications of the circular economy and digital transition on skills and green jobs in the plastics industry. Science Reports.

446 Vgl Woschank, M., Rauch, E., & Zsifkovits, H. (2020). A Review of Further Directions for Artificial Intelligence, Machine Learning, and Deep Learning in Smart Logistics. Sustainability, 12(9), 3760.

gesenkt werden und zugleich die Nachfrage nach hochwertigen Sekundärrohstoffen steigt. Solche Marktplätze tragen dazu bei, dass Unternehmen den eigenen ökologischen Fußabdruck reduzieren können, ohne auf wirtschaftliche Rentabilität zu verzichten.

Darüber hinaus verbessern digitale Plattformen die Compliance und Berichterstattung, indem sie relevante Umwelt- und Sozialdaten zentral erfassen und bereitstellen. Dies ist insbesondere im Kontext der EU-Richtlinien, wie der Corporate Sustainability Reporting Directive (CSRD), von großer Bedeutung, da verbindliche Reporting-Anforderungen zunehmend umfassende, zertifizierte Daten verlangen[447] (Unternehmen können somit ihre Nachhaltigkeitsberichterstattung effizienter gestalten und gleichzeitig Auditierbarkeit sowie Transparenz entlang der Lieferkette sicherstellen).

Schließlich fördern digitale Technologien innerhalb der Kreislaufwirtschaft Innovation und Beschäftigung. Die EU verknüpft ihre Kreislauf- und Digitalagenda („Twin Transition") ausdrücklich mit einem „gerechten Übergang" und verfolgt damit klare Beschäftigungsziele. Durch die Integration von IoT-Sensorik, Datenanalyse und Plattformmanagement entstehen neue Arbeitsplätze in Bereichen wie Datenanalyse, nachhaltigem (Produkt-)Design sowie in der Wartung und Wiederaufbereitung kreislauffähiger Produkte und deren Komponenten und Rohstoffen[448]. Diese Entwicklung eröffnet Beschäftigten die Möglichkeit, sich in zukunftsorientierten Feldern weiterzuentwickeln und aktiv an der Gestaltung einer nachhaltigen Wirtschaft teilzunehmen.

4.1.3.2. Die Schlüsselelemente Fachkräfte und Know-how

Die Implementierung und der Betrieb digitaler Plattformen für die Kreislaufwirtschaft erfordern ein breites Spektrum an Fachwissen. Zum einen sind IT-Spezialist:innen gefragt, die in der Lage sind, komplexe Architekturen mit IoT-Sensorik und KI-gestützten Analysen aufzubauen und zu betreiben. Zum anderen steigt der Bedarf an Materialwissenschaftler:innen und Recyclingexpert:innen, die die Qualität von Sekundärrohstoffen beurteilen und valide Datengrundlagen für Plattform-Algorithmen liefern.

Empirische Studien zeigen, dass insbesondere kleine und mittlere Unternehmen (KMU) in Europa häufig keine Beschäftigten haben, die gezielt für „Green Jobs" und Kreislaufwirtschaftskompetenzen eingestellt wurden. Ein Fehlen entsprechender Fachkräfte ist dabei signifikant korreliert mit einer geringeren Wahrscheinlichkeit, ressourceneffiziente Praktiken im Unternehmen umzusetzen. Darüber hinaus betonen *Phung*[449] *und Körppen et al*[450], dass die Verknüpfung von digitalem Know-how und Kreislaufwirtschaftskompetenzen eine seltene, aber entscheidende Kombination darstellt, um digitale Plattformen effektiv zu nutzen.

---

447 Vgl Ogolla, S., Klöpper, M., Send, H., Straub, T., Hard, V., & Grünenberg, J. (2020). Digitale Partizipationsplattformen und betriebliche Mitbestimmung (Study 443). Hans-Böckler-Stiftung.

448 Vgl Phung, C. G. (2023). Implications of the circular economy and digital transition on skills and green jobs in the plastics industry. Science Reports.

449 Vgl Phung, C. G. (2023). Implications of the circular economy and digital transition on skills and green jobs in the plastics industry. Science Reports.

450 Vgl Körppen, T., Ullrich, A., Böttcher, T., & Krcmar, H. (2024). How Digital Platforms can Foster a Circular Economy. In Proceedings of the Pacific-Asia Conference on Information Systems (PACIS 2024).

Diese Ausgangslage stellt auch die Personalabteilungen vor neue Herausforderungen, da der Wettbewerb um entsprechend qualifizierte Fachkräfte bereits intensiv ist und weiter zunehmen wird. Bereits heute übersteigt in vielen Regionen Europas die Nachfrage nach spezifischen Fachkräften das vorhandene Angebot, insbesondere dann, wenn neben technischem Know-how Kenntnisse in Materialkreisläufen oder Recyclingprozessen erforderlich sind. Verschärft wird diese Situation nicht zuletzt auch durch einen Mangel an Absolvent:innen mit interdisziplinären Profilen. Eine zunehmende Digitalisierung führt zudem dazu, dass traditionelle Berufsprofile neu definiert werden müssen. Fachkräfte, die beispielsweise bisher nur in der Produktion tätig waren, werden zunehmend in digitalen Projektteams benötigt, um Prozesse datengetrieben zu optimieren.

Die Aufgaben und Schwerpunktsetzungen von Personalverantwortlichen und Personalabteilungen werden sich dadurch verändern, da sie einerseits gezielte Maßnahmen setzen müssen, um qualifiziertes Personal zu akquirieren und Fachkräfte langfristig an das Unternehmen zu binden. Hinsichtlich des Maßnahmenportfolios müssen Personalverantwortliche insbesondere auf eine verstärkte Kooperation mit Hochschulen und Forschungseinrichtungen in der Entwicklung praxisnaher Studiengänge und dualer Studienformate, interner Weiterbildungsprogramme und Partnerschaften und Plattformanbietern fokussieren.

4.1.3.2.1. Know-how als wichtigste Ressource im Umgang mit digitalen Plattformen

Damit digitale Plattformen für die Kreislaufwirtschaft reibungslos zusammenspielen, sind Kenntnisse in API-Design, IT-Sicherheit (insbesondere DSGVO-konforme Datenspeicherung) und cloudbasierten Architekturen unerlässlich. Fehlt dieses technische Know-how, bleiben viele Plattformfunktionen ungenutzt. Jedoch reicht ein vertieftes reines technisches Fachwissen nicht aus. Darüber hinaus müssen administrative und organisatorische Prozesse und Monitoring- und Qualitätssicherungsprozesse umgestaltet werden. Ein weiterer wesentlicher Aspekt sind die regulatorischen Anforderungen, etwa durch den Digital Product Passport und die Corporate Sustainability Reporting Directive (CSRD), die detaillierte Dokumentationspflichten vorschreiben; Compliance-Expert:innen müssen diese Vorschriften in die Funktionalitäten der Plattform integrieren. *Phung*[451] zeigt jedoch, dass in vielen europäischen KMU Fachkräfte mit Umwelt- und Kreislaufkompetenz fehlen, was systematische Materialflussanalysen und Produktlebenszyklusbewertungen erschwert und somit den Nutzen digitaler Plattformen einschränkt. Der gezielte Aufbau von Know-how in Recyclinglogistik und Umweltrecht ist daher eine Priorität. Um die stetig wachsenden Anforderungen abzudecken, sind ein systematisches Wissensmanagement und ein kontinuierliches Lernen im Unternehmen unverzichtbar. Zentralisierte Wissensdatenbanken, in denen Projektberichte, Best Practices und technische Dokumentationen abgelegt sind, stellen sicher, dass Erfahrungen aus Pilotprojekten nicht verloren gehen. Interdisziplinäre Cross-Functional-Teams aus IT, Produktion, Einkauf und Nachhaltigkeitsmanagement bündeln dabei unterschiedliche Expertise und fördern den abteilungsübergreifenden Wissenstransfer. Da viele KMU

451 Vgl Phung, C. G. (2023). Implications of the circular economy and digital transition on skills and green jobs in the plastics industry. Science Reports.

bislang keine dedizierten Wissensmanagement-Teams besitzen, ist eine organisatorische Verankerung des kontinuierlichen Lernens die Voraussetzung dafür, digitale Plattformen langfristig effizient zu betreiben. Der Erfolg digitaler Plattformen hängt letztlich davon ab, dass nicht nur Expert:innen, sondern alle relevanten Mitarbeitenden die notwendigen Fähigkeiten erwerben. Endanwender-Schulungen in Beschaffung, Produktion und Logistik, die praxisnahe Übungsszenarien anbieten (zB Bestellung von Sekundärrohstoffen), gewährleisten, dass Plattformtools korrekt genutzt werden. Train-the-Trainer-Modelle können es erfahrenen Plattformmanager:innen ermöglichen, Multiplikator:innen auszubilden, die das Wissen dezentral weitergeben und so die Skalierbarkeit der Schulungsmaßnahmen sicherstellen.

4.1.3.3. Die Transformation des Wirtschaftens: Digital, nachhaltig und menschenzentriert

Die Dimensionen Fachkräfte, Know-how und Mitbestimmung bedingen einander und bilden die Basis für erfolgreiche digitale Plattformen in der Kreislaufwirtschaft. Nur wenn qualifizierte Fachkräfte ihr technisches und kreislaufwirtschaftliches Wissen einbringen, lässt sich dieses Know-how in operative Strukturen übersetzen. Die Mitbestimmung sorgt dafür, dass Beschäftigte aktiv an der Gestaltung der Plattformen beteiligt werden und ihr Praxiserlebnis einfließen lassen. Synergien entstehen insbesondere dann, wenn IT-Entwickler:innen und Recyclingexpert:innen gemeinsam Anforderungen definieren, während Betriebsrat und Geschäftsführung transparente Regeln zur Datenspeicherung und Datennutzung aushandeln – und ein solches Zusammenspiel auch in den Prozessen abgebildet wird. Nur so kann auch ein lernfähiges Netzwerk entstehen, das Plattformen effizient betreibt und bedarfsgerecht weiterentwickelt.

Für die strategische Personal- und Qualifizierungsplanung ist daher eine frühzeitige Bedarfsanalyse essenziell: Unternehmen prüfen, welche IT-Spezialist:innen (zB Data Scientists, Blockchain-Entwickler:innen) und Kreislaufexpert:innen (zB Recycling-Ingenieur:innen) benötigt werden und entwickeln langfristige Kompetenzfahrpläne. Kooperationen mit Hochschulen und Forschungsinstituten helfen, Nachwuchskräfte praxisnah auszubilden und für plattformbezogene Projekte zu gewinnen. Ein systematisches Wissensmanagement – über Communities of Practice, digitale Wissensplattformen und regelmäßige Evaluation anhand klar definierter KPIs (etwa Recyclingquote oder Anzahl erfolgreicher Plattformtransaktionen) – sichert den nachhaltigen Know-how-Aufbau.

Für tragfähige und stabile Prozesse des betrieblichen Wandels ist Mitbestimmung ein wesentlicher Baustein. Sie kann im Changemanagement-Prozess gestärkt werden, wenn Betriebsrät:innen frühzeitig in die Konzeptionsphase eingebunden werden. Dies ist ein besonders wichtiger Schritt, um frühzeitig die mit der Veränderung verbundenen Ängste anzusprechen und aufzulösen. Ähnliches gilt für die Umstellung von Produktionsprozessen. Transparente Vereinbarungen legen fest, welche Daten zu welchem Zweck erhoben und verarbeitet werden, etwa in aggregierter Form zum Schutz sensibler Produktionskennzahlen. In partizipativen Prozessen entwickeln Beschäftigtenvertretungen neue Arbeitszeitmodelle, die Homeoffice und Videokonferenzen über die Plattform berücksichtigen. Solche Regeln können dazu beitragen, Vertrauen zu schaffen und langfristig Akzeptanz zu sichern.

4.1.4. Transparenz als Schlüssel zur Kreislaufwirtschaft: Der Digitale Produktpass

Verena Halmschlager

4.1.4.1. Transparenz als Grundlage zirkulärer Wertschöpfung

Für eine funktionierende Kreislaufwirtschaft ist Transparenz – im Sinne von vollständigen, verlässlichen und leicht zugänglichen Informationen über die Materialien, Bestandteile und Nachhaltigkeit von Produkten – von zentraler Bedeutung. Fehlt diese Transparenz, werden zentrale Prozesse wie Wiederverwendung, Reparatur und Recycling erheblich erschwert. Transparenz ist daher nicht nur ein technischer Anspruch, sondern ein entscheidender Faktor für nachhaltige Wertschöpfung.

Angesichts zunehmender gesetzlicher und gesellschaftlicher Anforderungen wird die Bereitstellung von strukturierten Informationen entlang der gesamten Wertschöpfungskette eine Notwendigkeit. Mit der neuen **Ökodesign-Verordnung für nachhaltige Produkte** (2024/1781 – ESPR)[452], die im Juli 2024 in Kraft getreten ist, wird ein weiterer Schritt in Richtung nachhaltiger Wirtschaft gegangen: Unternehmen sind künftig verpflichtet, Nachhaltigkeitsinformationen – etwa zur Umweltverträglichkeit, Energieeffizienz oder Rezyklierbarkeit – systematisch zu erfassen und bereitzustellen. Diese Anforderungen bringen neue Herausforderungen mit sich, eröffnen aber zugleich Chancen für Unternehmen.

4.1.4.2. Der Digitale Produktpass – Strukturgeber zirkulärer Informationsflüsse

Der **Digitale Produktpass (DPP)** spielt eine Schlüsselrolle bei der Umsetzung der EU-Strategie für nachhaltige Produkte und fördert mehr Transparenz entlang der gesamten Wertschöpfungskette. Er umfasst strukturierte Informationen über Produkte entlang ihres gesamten Lebenszyklus – von der Herstellung über Nutzung und Wartung bis hin zur Wiederverwertung oder Entsorgung. Der DPP ist in der Ökodesign-Verordnung verankert und wird ab 2027 schrittweise für unterschiedliche Produktgruppen verbindlich.

4.1.4.2.1. Technische und inhaltliche Grundlagen

Die Umsetzung des DPP basiert auf zwei Dimensionen:

- **DPP-System:** Die technische Infrastruktur, inkl Datenformate, Kommunikationsprotokolle und Zugriffskonzepte. Die Standards werden von CEN/CENELEC im Auftrag der EU-Kommission entwickelt[453] und sollen technologieoffen, maschinen- und menschenlesbar sowie kostenfrei zugänglich sein.
- **DPP-Daten:** Die konkreten Informationen, die bereitgestellt werden müssen, werden produktspezifisch in delegierten Rechtsakten festgelegt. Grundlage sind die 16 Ökodesignkriterien der Verordnung – darunter Reparierbarkeit, Rezyklierbarkeit, Ener-

452 Verordnungstext der Ökodesign-Verordnung für nachhaltige Produkte: https://eur-lex.europa.eu/eli/reg/2024/1781/oj?locale=de, abgerufen am 03.10.2025.

453 Standardisierungsauftrag der Europäischen Kommission: https://ec.europa.eu/transparency/documents-register/detail?ref=C(2024)5423&lang=de, abgerufen am 3.10.2025.

gieeffizienz oder das Vorkommen gefährlicher Stoffe[454]. Welche Kriterien jeweils verpflichtend sind, wird produktspezifisch geregelt. Darüber hinaus gibt es sogenannte horizontale Maßnahmen, die produktübergreifende Anforderungen regeln.

Folgende weitere Aspekte werden für den DPP in der Ökodesign-Verordnung definiert:

- Der DPP wird über digitale Schnittstellen bzw **Datenträger** bereitgestellt (zB QR-Code, NFC oder RFID).
- Relevante Daten werden je nach **Zugriffsrechten** unterschiedlichen Stakeholdern zur Verfügung gestellt.
- Der DPP soll nicht nur **statische**, sondern auch **dynamische Daten** enthalten. Bei Reparaturen könnten beispielsweise bestehende Produktinformationen im DPP aktualisiert werden.
- Für die Erstellung des DPP ist grundsätzlich der **Inverkehrbringer eines Produkts verantwortlich** – der DPP soll nach aktuellem Stand unabhängig von der Unternehmensgröße verpflichtend sein.
- Die Daten im DPP werden **dezentral gespeichert**. Zusätzlich ist eine Sicherung der Daten über zertifizierte Backup-Provider verpflichtend.
- Ein Produkt, das unter eine entsprechende Verordnung fällt, darf künftig nur noch mit **gültigem DPP** auf dem EU-Binnenmarkt in Verkehr gebracht werden.

4.1.4.2.2. Relevante Produktgruppen

Ein erster **Arbeitsplan der EU-Kommission** zur Umsetzung der Ökodesign-Verordnung wurde im April 2025[455] veröffentlicht. Dieser listet jene Produktgruppen auf, für die in den kommenden Jahren (ab 2027) verbindliche Regelungen entwickelt werden sollen:[456]

Endprodukte:	Textilien und Bekleidung, Möbel, Reifen, Matratzen
Zwischenprodukte:	Eisen und Stahl, Aluminium

Darüber hinaus sieht der Arbeitsplan auch erste horizontale Anforderungen vor, die **produktgruppenübergreifend** gelten[457]:

- Reparierbarkeit (inkl Reparierbarkeitsbewertung)
- Recyclinganteil und Recycelbarkeit von Elektro- und Elektronikgeräten

4.1.4.3. Strategische Vorbereitung in der Unternehmenspraxis

Die Einführung des DPP wird für viele Unternehmen herausfordernd sein – insbesondere für Inverkehrbringer von Produkten, die bislang nur wenige produktbezogene Daten

454 Vollständige Liste siehe Verordnungstext Artikel 5.

455 5-jähriger Arbeitsplan der Europäischen Kommission: https://environment.ec.europa.eu/document/download/5f7ff5e2-ebe9-4bd4-a139-db881bd6398f_en?filename=FAQ-UPDATE-4th-Iteration_clean.pdf, abgerufen am 3.10.2025.

456 Neben der Ökodesign-Verordnung gibt es auch weitere europäische Gesetzgebungen, in denen ein Digitaler Produktpass vorgesehen ist – beispielsweise die Batterieverordnung sowie die Bauprodukteverordnung.

457 Diese Anforderungen sollen auch ausgewählte energieverbrauchsrelevante Produkte, elektronische Geräte und IKT-Produkte betreffen.

erfassen oder bereitstellen und über einen geringen Digitalisierungsgrad verfügen. Nach Inkrafttreten der Verordnung gilt in der Regel eine Übergangsfrist von 18 Monaten zur Umsetzung der Anforderungen. Für viele Unternehmen stellt dieser Zeitraum eine anspruchsvolle Frist dar. Aus diesem Grund ist es für Unternehmen relevant, sich **rechtzeitig darauf vorzubereiten**. Im Folgenden einige praxisorientierte Schritte für Inverkehrbringer von Produkten:

1. **Aktuelle Entwicklungen verfolgen**
   Die Informationslage zum DPP ist dynamisch. Bis die delegierten Rechtsakte vorliegen, sollten betroffene Unternehmen Entwicklungen verfolgen – sowohl EU-Veröffentlichungen als auch produktspezifische Verordnungen. Fachverbände und Branchennetzwerke bieten Informationen und Austauschmöglichkeiten. Auch Pilotprojekte oder die Teilnahme an Forschungsinitiativen können helfen, praktische Anforderungen besser zu verstehen. Besonders relevant ist im ersten Schritt auch zu klären, welche Rolle man im DPP einnimmt, also ob man Inverkehrbringer von einem Produkt ist und daher einen DPP erstellen muss, oder nur Daten für den DPP bereitstellen muss.
2. **Organisatorische Voraussetzungen schaffen**
   Die Einführung des DPP erfordert interdisziplinäre Zusammenarbeit. Ein DPP-Team – zB aus Mitarbeiter:innen der Bereiche Nachhaltigkeit, IT, Produktmanagement und Supply Chain – kann relevante Aufgaben bündeln. Die Benennung eines DPP-Verantwortlichen erleichtert außerdem die Koordination und Pflege konsistenter, aktueller Produktdaten.
3. **Produktinformationen vorbereiten**
   Unternehmen sollten eine strukturierte Bestandsaufnahme ihrer vorhandenen Produktdaten durchführen: Welche Informationen liegen bereits vor, welche fehlen noch? So lässt sich der zusätzliche Aufwand realistisch einschätzen. Als Orientierung dienen die 16 Kriterien der Ökodesign-Verordnung.
4. **Systeme und Schnittstellen prüfen**
   Unternehmen sollten prüfen, welche DPP-relevanten Daten bereits digital erfasst sind, in welchen Systemen sie gespeichert werden (zB ERP, PLM) und wie gut diese Systeme miteinander verknüpft sind. Besonders wichtig ist die Anbindung an Lieferantensysteme, da viele benötigte Daten von extern kommen. Der Einsatz offener, standardisierter Datenformate erleichtert den Datenaustausch und ermöglicht eine flexible, zukunftssichere Systemintegration.
5. **Einbeziehung von Vorlieferanten und Kunden**
   Viele der erforderlichen Daten für den DPP stammen von Zulieferern, weshalb es sinnvoll ist, diese frühzeitig einzubeziehen. Ein standardisierter Datenaustausch zwischen den Unternehmen kann hier den gesamten Prozess effizienter gestalten und sicherstellen, dass alle benötigten Informationen in der richtigen Form vorliegen.
6. **Externe Unterstützung in Anspruch nehmen**
   Die DPP-Umsetzung muss nicht ausschließlich intern erfolgen. Erfahrungsaustausch, Workshops oder Pilotprojekte helfen beim Einstieg. DPP-Dienstleister (sogenannte DPP-Service-Provider oder DPPSP) unterstützen Unternehmen bei IT-Integration, Datenerhebung und -pflege und stellen häufig standardisierte Plattformlösungen bereit, in die Unternehmen ihre Produktdaten über benutzerfreundliche Schnittstellen einpflegen können.

4.1.4.4. Bestehende Lösungen

Da die technischen Spezifikationen des DPP sowie die produktspezifischen Datenanforderungen noch nicht abschließend definiert sind, ist es zurzeit noch schwierig, konkrete und vollständige Beispiele für die Umsetzung des DPP zu nennen. Dennoch existieren bereits Ansätze und Systeme, die in ihrer Funktionalität dem zukünftigen DPP nahekommen könnten und als Orientierung dienen können:

- **ZVEI – DPP 4.0:**
  Verschiedene Unternehmen aus der Elektronikindustrie arbeiten beispielsweise mit einem System auf Basis der Asset Administration Shell (AAS), das eine strukturierte Erfassung und Verwaltung von Produktdaten ermöglicht.
- **Schneider Electric – Spherity:**
  In Zusammenarbeit mit dem DPP-Service-Provider Spherity entwickelte Schneider Electric eine Plattformlösung zur benutzerfreundlichen Integration von Produktinformationen.
- **GS1 – DPP-Prototypen:**
  Die Organisation GS1 stellt auf ihrer Website DPP-Prototypen für unterschiedliche Produkte bereit, zur Entwicklung eigener DPP-Systeme nach standardisierten Verfahren.
- **CIRPASS-2:**
  Das europäische Leuchtturmprojekt *CIRPASS-2*[458] untersucht den DPP anhand von 13 konkreten Use Cases in den Bereichen Textilien, Elektronik, Reifen und Bauprodukte und entwickelt eine referenzfähige IT-Architektur für den DPP, bei der semantische Datenmodelle und Interoperabilität im Mittelpunkt stehen. Außerdem bietet *Circular Data*[459] eine Netzwerkplattform, die es Akteuren im Umfeld des DPP ermöglicht, sich zu vernetzen und Informationen sowie Best Practices auszutauschen.
- **Digitaler Materialpass:**
  Zur Nachverfolgung von Produkt- und Nachhaltigkeitsinformationen bei Zwischenprodukten wie Stahl oder Eisen werden bereits sogenannte *digitale Materialpässe* entwickelt. Das österreichische Unternehmen S1SEVEN hat beispielsweise bereits solche Systeme implementiert, unter anderem auf Basis der Blockchain-Technologie.

4.1.4.5. Herausforderungen und Chancen

Die Umsetzung des DPP stellt insbesondere kleine und mittelständische Unternehmen vor **erhebliche Hürden**: Erfassung, Aufbereitung und Bereitstellung strukturierter Produktdaten, interne IT-Kompetenzen sowie zusätzlicher finanzieller und organisatorischer Aufwand müssen eingeplant werden. Oft fehlen nötige Informationen oder sie liegen nicht im passenden Format vor, sodass Prozesse und Systeme angepasst werden müssen. Aufwand und Komplexität hängen dabei von den noch nicht abschließend definierten DPP-Anforderungen ab. Auch Fragen der Standardisierung und Interoperabilität mit externen Partnern sind zu klären.

458 CIRPASS-2 Homepage: https://cirpass2.eu/, abgerufen am 3.10.2025.
459 Circular Data Plattform: https://www.circular-data.org/, abgerufen am 3.10.2025.

Trotz dieser Herausforderungen eröffnet der DPP **große Potenziale**: Die dokumentierten Daten lassen sich nicht nur zur Einhaltung regulatorischer Vorgaben nutzen, sondern auch zur Optimierung interner Abläufe, Steigerung der Materialeffizienz und Entwicklung datengetriebener Geschäftsmodelle. Transparente Produktinformationen fördern nachhaltigere Lieferketten und fundierte Materialentscheidungen. Darüber hinaus ermöglicht der DPP neue digitale Services – etwa Wartungs- und Reparaturanleitungen oder Umweltbewertungen –, die zur Verlängerung der Produktlebensdauer und zur Stärkung der Kundenbindung beitragen. Insgesamt schafft der DPP nicht nur Pflichten, sondern auch strategische Chancen im wachsenden Markt für nachhaltige Wertschöpfungssysteme.

4.1.4.6. Fazit und Ausblick

Der Digitale Produktpass stellt ein zentrales Instrument zur Förderung einer nachhaltigen und zirkulären Wirtschaft dar. Die politische Richtung ist eindeutig: Der DPP wird kommen und betrifft mittelfristig eine Vielzahl von Produktgruppen. Eine **frühzeitige Auseinandersetzung** ermöglicht es Unternehmen, notwendige Anpassungen schrittweise vorzunehmen und spätere Umsetzungsaufwände zu minimieren. Angesichts noch offener technischer und inhaltlicher Spezifikationen ist es ratsam, flexible Strukturen zu schaffen und einen lernorientierten Ansatz zu verfolgen.

Auch wenn der Übergang zu einer kreislauforientierten Wirtschaftsweise ein langfristiger Prozess ist, markiert der DPP einen **wesentlichen Entwicklungsschritt**. Unternehmen, die frühzeitig Transparenz schaffen und systematisch Daten erheben, können nicht nur regulatorischen Anforderungen entsprechen, sondern auch Potenziale zur Effizienzsteigerung, zur Entwicklung neuer Dienstleistungen und zur Stärkung ihrer Wettbewerbsfähigkeit nutzen.

4.2. Recycling-Technologien

4.2.1. Möglichkeiten und Grenzen des Recyclings

Sabine Nadherny-Borutin

4.2.1.1. Überblick Recyclingtechnologien

Recycling ist das technologische Rückgrat einer funktionierenden Kreislaufwirtschaft. Dieses Kapitel fokussiert auf die zugrundeliegenden technischen Verfahren und bietet damit einen klar strukturierten Einstiegspunkt in die Recyclinglandschaft. Europa verfügt über ein breites Spektrum an Technologien, von etablierten Methoden bis hin zu hochinnovativen Ansätzen. Grundlegend zu unterscheiden sind mechanisches, physikalisches, chemisches und enzymatisches Recycling, wobei alle Ansätze unterschiedliche Chancen und Herausforderungen mit sich bringen.

4.2.1.1.1. Mechanisches Recycling

Mit über 80 % Marktanteil in Europa ist das mechanische Recycling der dominierende Ansatz[460]: Kunststoffe, Metalle und andere Materialien werden zerkleinert, gewaschen

460 Plastics Europe, Recycling von Plastik und Kunststoffabfällen, https://plasticseurope.org/de/nachhaltigkeit/kreislaufwirtschaft/recycling/, abgerufen am 20.6.2025.

und wieder eingeschmolzen. Hohe Inputreinheit ist jedoch entscheidend – bereits 5 % Fremdmaterialien (Verunreinigungen, Anhaftungen oder Verbundanteile) beeinträchtigen die Qualität und damit die Eignung der Rezyklate, etwa für Lebensmittelverpackungen, erheblich und erhöhen damit die Aufwände, die für einen hochwertigen Closed-Loop betrieben werden müssen, um ein Vielfaches.[461]

4.2.1.1.2. Physikalisches Recycling

Europa setzt auf ein mannigfaltiges Portfolio physikalischer Verfahren für einzelne Werkstoffe:

- **Kunststoffe:** Die Dissolution-Technologie erlaubt eine selektive Rückgewinnung von Polymeren ohne chemische Veränderung.[462]
- **Metalle:** Elektrohydrometallurgische Verfahren eröffnen neue Wege zur Rückgewinnung seltener Erden aus Elektronikschrott, etwa Neodym aus Festplattenmagneten.
- **Glas:** Mit Lasertechnik können Beschichtungen kalt abgelöst werden, wodurch die chemische Reinheit von Altglas erhalten bleibt.
- **Batterien:** Das Direktrecycling von Kathodenmaterialien reduziert den Bedarf an Primärrohstoffen erheblich

4.2.1.1.3. Chemisches Recycling

Verfahren wie Pyrolyse, Hydrocracken oder Solvolyse zerlegen komplexe Materialverbünde, etwa Baumwoll-Polyester-Textilien oder Multilayerverpackungen, in chemische Grundbausteine und erweitern so die Anwendungsfelder. Der Energieaufwand ist derzeit jedoch 3- bis 5-mal höher als bei der Herstellung von Virgin-Materialien.

4.2.1.1.4. Enzymatisches Recycling

Biotechnologische Ansätze nutzen spezialisierte Enzyme, um beispielsweise PET bei milden Temperaturen in Monomere zu zerlegen. In Laborexperimenten werden Depolymerisationsraten von bis zu 98 % binnen 24 Stunden erreicht. Die Herausforderung ist jedoch eine stabile Skalierung auf industrielle Maßstäbe.[463]

Parallel zu diesen Recyclingtechnologien bleibt die Energierückgewinnung (Elektrizität und Wärme) – 2021 wurden über 16 Millionen Tonnen Kunststoffabfälle in der EU thermisch verwertet.[464, 465] Zwar sind bereits über 60 Advanced-Recycling-Anlagen in

461 Dominik Bechlarz, Der große Überblick zum Kunststoffrecycling, https://www.plastverarbeiter.de/verarbeitungsverfahren/kunststoffrecycling/der-grosse-ueberblick-zum-kunststoffrecycling-519.html, abgerufen am 20.6.2025.

462 Plastics Europe, Recycling von Plastik und Kunststoffabfällen, https://plasticseurope.org/de/nachhaltigkeit/kreislaufwirtschaft/recycling/, abgerufen am 20.6.2025.

463 Dominik Bechlarz, Der große Überblick zum Kunststoffrecycling, https://www.plastverarbeiter.de/verarbeitungsverfahren/kunststoffrecycling/der-grosse-ueberblick-zum-kunststoffrecycling-519.html, abgerufen am 20.6.2025.

464 Europäisches Parlament, single use plastics, https://environment.ec.europa.eu/topics/plastics/single-use-plastics_en, abgerufen am 20.6.2025.

465 Europäisches Parlament, Plastikmüll und Recycling in der EU: Zahlen und Fakten https://www.europarl.europa.eu/topics/de/article/20181212STO21610/plastikmull-und-recycling-in-der-eu-zahlen-und-fakten, abgerufen am 20.6.2025.

Europa installiert[466], doch ihre Kapazität reicht bislang nur für einen Bruchteil der Abfallströme. Außerdem fehlt es in vielen europäischen Ländern an modernen Recyclinganlagen und -systemen. Dadurch landen recycelbare Materialien häufig auf Deponien oder werden verbrannt, anstatt als wertvolle Rohstoffe zurück in den Wirtschaftskreislauf zu gelangen.

4.2.1.2. Herausforderungen

Die Umsetzung einer Kreislaufwirtschaft in Europa stößt auf strukturelle, rechtliche und technologische Hürden, die insbesondere durch lineare Materialströme und Ressourcenineffizienz geprägt sind.[467] Folgende Aspekte verdeutlichen die Grenzen des aktuellen Systems:

4.2.1.2.1. Technologische Herausforderungen

4.2.1.2.1.1. Materialqualität und Prozesseffizienz

Verschmutzung

Organische Reste in Verpackungen können die Ausbeute mechanischer Verfahren um bis zu 40 % senken und machen aufwändige Heißwäsche erforderlich, die wiederum 25–35 % der Recyclingkosten verursacht. Pilotprojekte zeigen: Oxidative Waschzusätze können den Energiebedarf um 20 % senken.[4] Ein weiteres Risiko stellen toxische Stoffe in recycelten Materialien dar, da vielfach einheitliche Qualitätsstandards fehlen, beispielsweise für Flammschutzmittel in Holzbauprodukten. Zudem existiert kein einheitlicher Überwachungsrahmen, der Schlüsselaspekte wie kreislauforientiertes Produktdesign ausreichend berücksichtigt.

Materialkomplexität

Die zunehmend komplexe Materialzusammensetzung moderner Produkte, insbesondere bei Elektronik und Verpackungen, erschwert die Trennung, Sortierung und das Recycling erheblich.[9] Viele Prozesse führen zu Downcycling, wobei der Wert des recycelten Materials sinkt. Beispielsweise erfordern Carbonfaser-Verbunde pyrolytische Verfahren, die jedoch die mechanische Leistungsfähigkeit der Fasern um bis zu 20 % verringern. Mikroverkapselte Klebstoffe in Elektronikbauteilen erschweren die Rückgewinnung von Edelmetallen. Recyclingfreundliche Produktdesigns, wie modularer Aufbau oder die Vermeidung toxischer Stoffe, sind noch nicht flächendeckend etabliert und nur für wenige Produkte mit oft zu langen Übergangszeiten verpflichtend vorgeschrieben.

Sortenreinheit

Die Sortierung ist entscheidend für hochwertiges Recycling und die Qualität der gewonnenen Sekundärrohstoffe. Gemischte Sammelsysteme und veraltete Technologien begrenzen jedoch die Effizienz dieses Prozesses erheblich. In Europa existieren hier erhebliche Unterschiede, insbesondere durch die verwendeten Sammelinfrastrukturen und

466 Lars Krause, Aylin Özgen, Jasper Kern, Sreeparna Das, Michael Carus and Achim Raschka, Mapping of Advances Plastic Waste Recycling Technologies and their global Capacities, February , nova Institut GmbH, 2024.

467 Emma Väre, Barriers to the circularity of single-use plastic food packaging in the european union, https://stopp-project.eu/wp-content/uploads/2024/09/Barriers-to-the-circularity-of-single-use-plastic-food-packaging-in-the-Eu.-Union.pdf, abgerufen am 20.6.2025.

die Zuständigkeiten auf nationaler und lokaler Ebene. Dabei spielen Hol- und Bringsysteme sowie die Kompetenzverteilung zwischen Bund, Ländern und Kommunen eine zentrale Rolle. Während beispielsweise England auf „Store Drop-Off" für z.B. flexible Kunststofffolien aus dem Verpackungsbereich setzt, werden in Deutschland Papier, Glas, Metall und Kunststoffverpackungen von zu Hause abgeholt und Glasverpackungen müssen zum nächsten Glascontainer gebracht werden.[468]

Unzureichende Sortierung führt zu signifikanten Qualitätsverlusten: Während PET-Schalen in Großbritannien, Frankreich und Spanien separat recycelt werden, landen PP-Folien in anderen Ländern in Mischfraktionen und werden oft nur thermisch verwertet. Norwegen verzichtet komplett auf eigene Sortieranlagen und lässt seine Abfälle hauptsächlich in Schweden oder Deutschland sortieren, was die Rückführung in hochwertige lokale Kreisläufe erschwert. Dänemark hingegen setzt primär auf thermische Verwertung statt auf Materialrecycling.

Aber auch hier sind technologische Grenzen gesetzt: Selbst modernste Nahinfrarot-Technologien erkennen bislang nur 8–12 Kunststoffarten zuverlässig. Bei Elektroschrott sinkt die Rückgewinnung seltener Erden aufgrund mikroskopischer Verunreinigungen auf unter 15 %.[469] Investitionen in moderne automatisierte Trennungstechnologien sind dringend notwendig, um die Materialreinheit zu erhöhen und Downcycling zu vermeiden.

Downcycling

Viele Recyclingprozesse führen zu einem Downcycling, bei dem der Wert des recycelten Materials im Vergleich zum Originalprodukt sinkt – ein Qualitätsverlust.[470] Beispielsweise verkürzen sich Polymere mit jedem Zyklus des mechanischen Recyclings, Verunreinigungen nehmen zu, ebenso ergeben sich aus der zunehmenden Mischung verschiedenster Additive (Zusatzstoffe) Probleme bezüglich der Leistungsfähigkeit der Materialien. Dies hat etwa Auswirkungen auf Produktanforderungen für Zulassung, mechanische Beständigkeit oder optische Anforderungen. Bei Metallen wie Aluminium begrenzen Legierungsrückstände die Zahl sinnvoller Recyclingzyklen auf maximal sieben.[10]

4.2.1.2.1.2. Wirtschaftlichkeit und Skalierung

Die hohen Kosten für Abfallsammlung, -trennung und -verarbeitung sowie teilweise ineffiziente Technologien begrenzen das wirtschaftliche Potenzial des Recyclingsystems erheblich.[471] Unsicherheiten durch verschärfte Regulierungen und fehlende langfristige Rechtssicherheit erschweren Investitionen und Innovationen, da Produktionsanlagen mehrere Jahre Vorlaufzeit erfordern. Diese Gefahr bezüglich Rentabilität kreislauforientierter Ansätze begünstigt kurzfristige Gewinnorientierung zu Lasten nachhaltiger Lösungen. Besonders problematisch ist, dass die Primärproduktion vieler Materialien

468 Interzero Recycling Alliance GmbH, Recyclingfähigkeit über die Grenzen hinaus – ein Ländercheck, https://www.lizenzero.de/blog/recyclingfaehigkeit-ueber-die-grenzen-hinaus-ein-laendercheck/, abgerufen am 20.6.2025.

469 Udo Zweckerl, Recycling vs. Wiederverwendung: Unterschiede erklärt, https://www.umfis.de/recycling-vs-wiederverwendung/, abgerufen am 20.6.2025.

470 Davide Chiaroni, The Parliament, Political Holdings Limited, https://www.theparliamentmagazine.eu/news/article/towards-a-circular-economy-redefining-recycling-in-the-eu, abgerufen am 20.6.2025.

471 Messe München, Die aktuellen Herausforderungen der Kreislaufwirtschaft meistern, DETAIL Architecture GmbH, https://www.recyclingmagazin.de/2023/11/17/die-aktuellen-herausforderungen-der-kreislaufwirtschaft-meistern/, abgerufen am 20.6.2025.

(zB Metalle, Kunststoffe, Glas) oft günstiger bleibt als deren Recycling, wodurch der wirtschaftliche Anreiz für Kreislauflösungen wenig attraktiv erscheint. (Beispielsweise erwähnt: Bauindustrie – nur 13 % der Gesteinskörnung stammen aus Recycling, obwohl jährlich 220 Mio Tonnen Bauabfälle anfallen und Elektroaltgeräte [EAG] – 2021 wurden nur 38,6 % gesammelt; weit unter dem EU-Ziel von 65 %).[472]

Während mechanisches Recycling kostengünstig ist, bleibt chemisches Recycling bei den aktuellen Kostenmodellen wenig rentabel (4- bis 6-mal teurer) und wird erst bei hohen Recyclingquotenvorgaben oder massiven Rohstoffengpässen wirtschaftlich attraktiv.[473] Ebenso hemmen fehlende Standards – etwa für Massenbilanzierungen im chemischen Recycling – und die Herausforderungen bei der Skalierung enzymatischer Verfahren. Die schwankenden Preise für Rohstoffe und Energie erhöhen die Unsicherheit und schmälern die Rentabilität. Europäische Recyclingunternehmen kämpfen zudem mit höheren Kosten und Wettbewerbsnachteilen im internationalen Vergleich (60 % höhere Stromkosten, 35 % höhere Arbeitskosten und bis zu fünfmal höhere Versorgungskosten im Vergleich zu chinesischen Wettbewerbern)[474].

Weitere wirtschaftliche Hürden

- Energiebedarf: Beispielsweise benötigt das Schmelzen von Stahlschrott 6–8 MWh pro Tonne.
- Logistik: Dezentralisierte Sammelsysteme, insbesondere bei Textilien, verursachen bis zu 40 % der Gesamtkosten.[8]
- Chemisches Recycling wird erst ab 2027 als „grüne Investition" nach EU-Taxonomie anerkannt – ein Hemmnis für die Finanzierung neuer Anlagen.[14]
- REACH-Anforderungen für Schadstoffnachweise erschweren den Einsatz recycelter Materialien.
- Die EU-Ökodesign-Verordnung priorisiert Langlebigkeit, wodurch recyclingfreundliche Demontage teils in den Hintergrund tritt.

4.2.1.2.2. Nutzerverhalten und Märkte

Der Transformationsprozess hin zur Kreislaufwirtschaft bietet große Chancen, wird jedoch durch traditionelle Strukturen und fehlende Bürgerbeteiligung gebremst. Eine zentrale Aufgabe bleibt es, nachhaltigen Konsum zu fördern und Vorurteile gegenüber recycelten Produkten abzubauen. Damit Recycling wirksam wird, braucht es mehr Wissen über Abfallvermeidung, gesetzliche Vorgaben und die Vorteile eines guten Abfallmanagements. Vielen ist nicht ausreichend bekannt, was ein Abfallwirtschaftskonzept ist, wann es gesetzlich vorgeschrieben wird und welchen konkreten Mehrwert es bietet.

472 Dr. Ubbo Assmus, Patrick Diede, Lukas Hoffmann, Dominik Lienen, lawcode GmbH, Kreislaufwirtschaft. nachhaltiges Wachstum und Ressourcenschonung, https://www.lawcode.eu/blog/kreislaufwirtschaft/, abgerufen am 20.6.2025.

473 Packaging Europe LTD, High costs, low demand, and imports stall Europe's plastic recycling capacity, https://packagingeurope.com/news/high-costs-low-demand-and-imports-stall-europes-plastic-recycling-capacity/12212.article, abgerufen am 20.6.2025.

474 Europäisches Parlament, Elektro- und Elektronikschrott in der EU: Zahlen und Fakten, https://www.europarl.europa.eu/topics/de/article/20201208STO93325/elektroschrott-in-der-eu-zahlen-und-fakten-infografik, abgerufen am 20.6.2025.

Die Komplexität des Themas Recycling und Abfallwirtschaft stellt eine große Herausforderung für die Vermittlung an verschiedene Altersgruppen und Bildungsniveaus dar. Die unterschiedlichen Recyclingstrategien und -vorschriften in den verschiedenen europäischen Ländern und Regionen führen oft zu Unsicherheit – hier ist Aufklärung gefragt. Nur durch klare Information und aktives Mitwirken aller können Ressourcen geschont und die Umwelt wirkungsvoll geschützt werden. Jede Veränderung beginnt mit Wissen und Engagement.

Der erste Schritt – die effektive Sammlung von recycelbaren Materialien wird durch mangelndes Wissen erheblich erschwert. Trotz verbesserter Sammelsysteme landet ein großer Teil recyclingfähiger Abfälle weiterhin in der Müllverbrennung.

- Fehlwürfe kontaminieren bis zu 20 % der Kunststoffabfälle.[1]
- 60 % der Haushalte lagern Altgeräte ungenutzt.[475]
- Die Nutzungsdauer von Textilien ist seit 2000 um 20 % gesunken.[16]
- 67 % der Unternehmen meiden Rezyklate aus Qualitätsbedenken, obwohl Studien eine gleichwertige Leistung in 89 % der Anwendungen zeigen.[476]
- Kleine und mittlere Unternehmen kämpfen oft mit Know-how- und Finanzierungsdefiziten beim Technologietransfer.

4.2.1.3. Zukunftspotenziale durch Innovationen

- **Materialdiagnostik 4.0:** Hyperspektralkameras ermöglichen Echtzeit-Identifikation von Materialzusammensetzungen. Blockchain-basierte Stoffstrombilanzen sichern die Transparenz von Rezyklaten.
- **Künstliche Intelligenz und Robotik in der Sortierung:** KI-gestützte Sortieranlagen erreichen bis zu 96 % Genauigkeit – auch bei schwarzen Kunststoffen. Durch selbstlernende Algorithmen sinkt die Fehlsortierungsrate in Pilotanlagen um 30 %. Roboterarme mit Kraftrückkopplung ermöglichen das sortenreine Herauslösen empfindlicher Bauteile.[10]
- **Design for Recycling:** Monomaterial-Designs und biokompatible Klebstoffe eröffnen neue Horizonte für recyclingfreundliche Produktgestaltung.
- **Digitaler Produktpass (DPP):** Der DPP dokumentiert Materialströme und senkt Demontagezeiten signifikant. Modellrechnungen prognostizieren eine Recyclingquote von bis zu 92 % bei Lithium-Ionen-Batterien.[18]
- **Hybridverfahren:** Durch Kombination mechanischer und chemischer Verfahren lassen sich selbst komplexe Mischabfälle zu 85 % stofflich verwerten.[477, 478]

475 Die Bundesregierung, Kreislaufwirtschaft, Herausforderungen und Wege der Transformation, https://www.bundesregierung.de/resource/blob/975274/2267582/41d556399a506f2b1bf06fdeb80428d2/2024-03-27-transformationsbericht-kreislaufwirtschaft-data.pdf?download=1 (Die Bundesregierung, Bundesrepublik Deutschland, 2023, Herausforderungen und Wege der Transformation), abgerufen am 20.6.2025.

476 De Ubbo Assmus, Patrick Diede, Lukas Hoffmann, Dominik Lienen, lawcode GmbH, Kreislaufwirtschaft: Nachhaltiges Wachstum und Ressourcenschonung, https://www.lawcode.eu/blog/kreislaufwirtschaft/, abgerufen am 20.6.2025.

477 Basilicom GmbH, Kreislaufwirtschaft und Recyclingfähigkeit, der digitale Produktpass als Schlüssel zur Kreislaufwirtschaft, https://basilicom.de/de/digitaler-produktpass/kreislaufwirtschaft, abgerufen am 20.6.2025.

478 European Environment Agency, Die Förderung eines hochwertigen Recyclings wird die Kreislaufwirtschaft vorantreiben, https://www.eea.europa.eu/de/highlights/die-foerderung-eines-hochwertigeren-recyclings, abgerufen am 20.6.2025.

4.2.1.4. Handlungsleitfaden für Unternehmen

4.2.1.4.1. Technologieauswahl

Abfallzusammensetzung, Outputqualität und lokale Gegebenheiten bestimmen die Wahl des geeigneten Verfahrens:

- Mechanisches Recycling bei homogenen Strömen.
- Chemisches Recycling bei gemischten Abfällen.
- Enzymatische Verfahren bei spezifischen Materialanforderungen.

Skalierungspfade und Wirtschaftlichkeitsanalysen wie Life Cycle Costing und Hybridmodelle bieten fundierte Entscheidungsgrundlagen.

4.2.1.4.2. Organisationsmodelle

- Eigenrecycling lohnt ab 8.000–10.000 Tonnen Materialvolumen pro Jahr.[16]
- Branchenkooperationen und Industriesymbiosen eröffnen neue Wege zur Effizienzsteigerung.
- Pre-Commercial Procurement erleichtert die Entwicklung innovativer Technologien.

4.2.1.4.3. Produktdesign-Strategien

Monomaterialien, modulare Architekturen und digitale Materialpässe erleichtern das spätere Recycling und steigern die Wertschöpfung.

4.2.1.5. Fazit: Recycling als systemische Transformation

Hochwertiges Recycling ist keine Zukunftsvision – die Technologien sind da. Entscheidend für den Erfolg sind:

- Hybridisierung: Kombination mechanischer, chemischer und biologischer Verfahren.
- Datenintegration: Von KI-gestützten Sortieranlagen bis zum digitalen Produktpass.
- Kooperative Ökosysteme: Gemeinsame Standards und geteilte Infrastrukturen.
- Regulatorische Klarheit: Verlässliche politische Rahmenbedingungen.
- Unternehmen sind gut beraten, Recycling nicht als isolierten Prozess, sondern als strategisches Asset zu verstehen – mit Fokus auf Rezyklatqualität, vernetzten Partnerschaften und intelligent gesteuerten Materialströmen.
- Transfer in die Praxis: Branchenindividuelle Roadmaps geben die Richtung vor:
- Metallverarbeitung: LIBS-Spektroskopie zur Schrottklassifizierung.
- Textilindustrie: Enzymatische Depolymerisationsanlagen für Mischtextilien.
- Bauwirtschaft: BIM-gestützte Recyclingprotokolle für mineralische Baustoffe.

4.2.2. Die Recyclingfähigkeit von Produkten aus abfallwirtschaftlicher Sicht

Roland Pomberger/Thomas Nigl

4.2.2.1. Einleitung

Immer mehr Produkte werben mit den Attributen „recyclingfähig" oder „kompostierfähig" und signalisieren den Konsumenten damit besondere Umweltverträglichkeit. Aus

Sicht der Abfallwirtschaft ist die Frage berechtigt, ob diese Produkte wirklich recycelt werden und wie sie sich in unserem REALEN abfallwirtschaftlichen System verhalten.

4.2.2.2. Rahmenbedingungen

Derzeit wird die Diskussion zum Thema Recyclingfähigkeit weitgehend auf Verpackungen und hier im Speziellen auf Kunststoffverpackungen reduziert. Kunststoffverpackungsabfälle stellen aber nur einen relativ kleinen Abfallstrom dar, auf Österreich bezogen nur etwa 3,7 % der Siedlungsabfälle oder 0,25 % aller Abfälle. Allerdings zeigt sich, dass gerade Produkte aus Kunststoff, und hier besonders die Kunststoffverpackungen, noch nicht jene Recyclingquoten erreichen konnten wie Produkte aus anderen Werkstoffen. Es ist evident, dass der Werkstoff Kunststoff in Hinblick auf seine Kreislauffähigkeit noch deutliches Nachholpotenzial aufweist.

Die Reduktion der Diskussion auf Kunststoffprodukte greift allerdings zu kurz. Wenn wir mehr rezyklieren wollen, müssen wir alle Produkte, in ihrer Recyclingfähigkeit verbessern, insbesondere jene, die zu Siedlungsabfall werden. Die Forderung nach verbesserter Recyclingfähigkeit ist grundsätzlich an alle Produkte zu stellen, allerdings gelten gesetzliche Vorgaben an die Recyclingfähigkeit, ausgedrückt durch Sammel- und Verwertungsquoten nur für bestimmte Produkte bzw deren Abfallströme.

Die Erhöhung der Recyclingquote stellt dabei ein maßgebliches Instrument der Europäischen Union und deren Mitgliedstaaten dar, um insbesondere Treibhausgas-Einsparungen zu erreichen. Die neuen EU-weiten Rahmenbedingungen basieren maßgeblich auf dem EU-Kreislaufwirtschaftspaket und auf der EU Plastics Strategy, die sich auch in entsprechenden Aktionsplänen und nicht zuletzt im Abfallwirtschaftsgesetz niederschlagen.

4.2.2.3. Was ist Recyclingfähigkeit?

Der Begriff „Recyclingfähigkeit“ kann aus Sicht der Abfallwirtschaft definiert werden als Fähigkeit eines Produkts, nach einer getrennten Sammlung und/oder abfalltechnischen Aufbereitung einer stofflichen Wiederverwertung zugeführt zu werden.

Die Recyclingfähigkeit kann für grundsätzlich für alle physischen Produkte festgestellt werden. Sie ist ein individuelles Attribut und als graduelle Kennzahl Ausdruck und Instrument von Produktverantwortung. Die Bewertung der Recyclingfähigkeit wird im Wesentlichen von zwei Parametern bestimmt: der Beschaffenheit der Erzeugnisse und den realen Verwertungswegen nach Gebrauch. Recyclingfähigkeit ist keine theoretische Eigenschaft. Richtig verstanden wird hiermit die stoffliche Eignung eines Erzeugnisses abgebildet, im Rahmen etablierter Erfassungs- und Verwertungsstrukturen zur Schließung von Stoffkreisläufen beizutragen.

Gerade für Verpackungen bestehen verschiedene Definitionen, die sich in ihren Grundaussagen weitgehend decken:

> Um als recyclingfähig zu gelten, müssen Produkte folgenden Kriterien entsprechen: Das eingesetzte Material wird durch länderspezifische sowie regionalspezifische Sammelsysteme erfasst und kann nach Stand der Technik sortiert werden. Weiters wird es in einem Recyclingprozess nach Stand der Technik verwertet. Die daraus gewonnenen Sekundärrohstoffe haben ein Marktpotential, um als Ersatz materialidenter Neuware verwertet zu werden.[479]

479 ECR Austria (2020) Packaging Design for Recycling.

> Recyclingfähigkeit in diesem Dokument bezieht sich im Unterschied zum Recyclingbegriff des KrWG immer auf ein hochwertiges und werkstoffliches Recycling. Diese Recyclingfähigkeit ist die grundsätzliche und graduelle Eignung einer Verpackung, nach Durchlaufen industriell verfügbarer Rückgewinnungsprozesse Neuware in werkstofftypischen Anwendungen zu substituieren.[480]

> Recyclingfähigkeit ist die individuelle graduelle Eignung einer Verpackung oder eines Erzeugnisses, in der Nachgebrauchsphase tatsächlich materialidentische Neuware zu substituieren; ‚tatsächlich' meint hierbei, dass Erfassungs- und Verwertungsstrukturen im industriellen Maßstab die Voraussetzung bilden.[481]

Kernpunkte bei diesen Definitionen sind einerseits die „*werkstofftypische bzw. materialidente Substitution von Neuware*" und andererseits das „*tatsächliche Durchlaufen von Recyclingprozessen*". Das Material muss also „*wirklich*" gesammelt, sortiert und werkstofflich verwertet werden.

Die Anforderung der „*materialidenten Substitution von Neuware*" ist für Verpackungen durchaus nachvollziehbar, und stellt hier ein anstrebenswertes Ziel dar. Es ist allerdings zu hinterfragen, ob diese Anforderung grundsätzlich auch beim Recycling anderer Produkte aufrechtzuerhalten ist. Außerhalb des Verpackungsbereiches besteht eine viel größere Materialvielfalt, sodass die stoffliche Verwertung zu Rezyklaten, Regeneraten, Blends oder Legierungen, die in Standardanwendungen jeweils korrespondierendes Neumaterial ersetzen können, vielfach besonders schwierig ist und daher andere Anwendungen oder auch rohstoffliches Recycling erforderlich machen könnten.

4.2.2.4. Recyclingfähigkeit aus Sicht der Abfallwirtschaft

Am Ende des Lebenszyklus eines Produktes wird dieses zu Abfall und idR zu einem Teil eines Abfallgemisches. Für bestimmte Abfälle wurden getrennte Sammelsysteme eingeführt, für den Rest stehen gemischte Abfallarten wie zB gemischter Siedlungsabfall (Restmüll), Sperrmüll oder Gewerbeabfall zur Verfügung. Dabei zeigt sich, dass derzeit fast ausschließlich getrennt erfasste Altstoffe einem Recycling zugeführt werden. Für verwertbare Fraktionen in den gemischten Siedlungsabfällen gibt es derzeit keine verfügbare Rückgewinnung mit Ausnahme von Metallfraktionen.

Für die getrennt erfassten Altstoffe führt die Abfallwirtschaft die Prozessschritte Sammlung, Sortierung und Aufbereitung durch und erzeugt idR Wertstoffkonzentrate. Diese werden werkstoffspezifisch in Recyclinganlagen zu Rezyklaten, Regeneraten, Blends oder Legierungen verarbeitet und als Sekundärprodukte vermarktet.

Ein maßgeblicher Einflussfaktor auf die Recyclingfähigkeit eines Produkts stellt der reale abfallwirtschaftliche Prozess dar, dem es zugeführt wird. Heutige Aufbereitungs- und Sortieranlagen stellen komplexe Prozessketten dar, in denen, neben einer (selektiven) Vorzerkleinerung, Klassierung, Windsichtung, sowie Magnet- und Wirbelstromscheidung, meist sensorgestützte Sortieraggregate eingesetzt werden. Aufbau und Zusammensetzung solcher Prozessketten sind entscheidende Kriterien für den Verbleib des Abfalls, bzw ehemaliger Produkte, in den jeweils entstehenden Outputfraktionen (zB Restfrak-

480 Stiftung Zentrale Stelle Verpackungsregister (2019) Mindeststandard für die Bemessung der Recyclingfähigkeit von systembeteiligungspflichtigen Verpackungen gemäß § 21 Abs. 3 VerpackG.

481 cyclos-HTP (2019) Prüfung und Testierung der Recyclingfähigkeit – Anforderungs- und Bewertungskatalog des Institutes cyclos-http zur EU-weiten Zertifizierung.

tion, Fraktion zur thermischen Verwertung, Vorkonzentrate fürs Recycling). Ein recyclinggerechtes Produktdesign kann also nur vorliegen, wenn nicht nur die prinzipielle Recyclingfähigkeit der einzelnen Bestandteile eines Produkts gegeben ist, sondern auch die Rückgewinnung aus dem jeweiligen abfallwirtschaftlichen System, inklusive Sammlung, Aufbereitung, Vorsortierung und dem eigentlichen Recycling, erfolgen kann. Insbesondere der Aspekt der Vorbehandlung (Aufbereitung und Vorsortierung von Abfallströmen) wird aktuell aber nicht ausreichend bei der Feststellung eines recyclinggerechten Produktdesigns berücksichtigt.

Um die bisherigen Recyclingquoten zu erhöhen, muss neben der Verbesserung von Aufbereitungstechnologien vorrangig die Recyclingfähigkeit von Produkten gesteigert werden.

4.2.2.5. Abfallwirtschaftliche Strategien um mehr zu recyclen

Um die Recyclingquoten zu erhöhen, stehen grundsätzlich mehrere abfallwirtschaftliche Strategien zur Verfügung:

1. **Mehr sammeln:** Dadurch werden auch mehr verwertbare Abfälle gesammelt.
2. **Genauer sortieren:** Durch höhere Sortiertiefe steigert sich das „*Inhaltsausbringen*", dh ein höherer Anteil des Verwertbaren wird tatsächlich durch Sortierung erfasst und als Konzentrat ausgeschleust.
3. **Anteil des Verwertbaren steigern:** Wenn der Anteil der recyclingfähigen Partikel im Sortiergut (Wertstoffpotenzial) steigt, so kann durch bestehende Sortiertiefe ein höheres Masseausbringen erreicht werden.

Ganz vereinfacht lässt sich der Erfolg der Sortiertechnik auf folgende Grundsätze reduzieren:

- „Was nicht gesammelt wurde, kann ich nicht sortieren"
- „Was nicht drin ist, kann ich nicht rausholen"
- „Was nicht erkennbar ist, kann ich auch nicht rausholen"

Für den Bereich der Kunststoffverpackungsabfälle wurde in den letzten Jahren die Sortiertiefe (entspricht weitgehend dem technischen Begriff des Inhaltsausbringens) in den Sortieranlagen deutlich gesteigert (von ca 35 % auf über 50 %). Eine weitere Steigerung scheint nur machbar, wenn das Wertstoffpotential (dh der Anteil an recyclingfähigen Teilen) gesteigert werden kann. Dies kann von der Abfallwirtschaft nicht beeinflusst werden, es ist die Aufgabe der Hersteller und des Handels, den Einsatz recyclingfähiger Verpackungen zu steigern. Geeignete Lizensierungssysteme, die recyclingfähige Produkte bevorzugen, würden diese Entwicklung sicherlich sehr positiv unterstützen.

Für die Vielzahl an Produkten außerhalb der Verpackungen bestehen derzeit mit einigen Ausnahmen (zB Elektroaltgeräte, Altfahrzeuge, Batterien) keine Sammel- und Verwertungsquoten. Natürlich ist eine Quote ein starkes gesetzliches Werkzeug, um Herstellerverantwortung verpflichtend zu machen. Solange keine verpflichtenden Quoten bestehen, können Hersteller und Handel das Qualitätsmerkmal „*Recyclingfähig*" völlig frei verwenden. Dass damit bereits heute Täuschung und Missbrauch erfolgt, ist bei der Sichtung von „*recyclingfähigen*" Produkten offensichtlich.

4.2.2.6. Stufenmodell der Recyclingfähigkeit

Die **theoretische Recyclingfähigkeit** prüft die Produkte im Originalzustand und in der Regel auf Basis des Materials. Eine Einstufung als recyclingfähig bedeutet dann auch nicht, dass dieses Produkt als Abfall tatsächlich recyclingfähig ist.

Werden die Prüfung der technischen Erkennbarkeit durch geeignete Sensoren und die Ausschleusbarkeit in realen Maschinen und Anlagen berücksichtigt, so können wir eine **technische Recyclingfähigkeit** feststellen. Recycling wäre dann technisch machbar.

In einem regionalen Kontext kann dann die Frage beantwortet werden, ob das Produkt tatsächlich gesammelt wird, ob die regionale Sortieranlage dieses Produkt als Wertstoff tatsächlich ausschleust und ob für diese Fraktion ein realer Markt besteht. Des Weiteren ist zu klären, ob auch das nachfolgende Recyclingverfahren diesen Wertstoff weitgehend in sein Sekundärprodukt überführt. Sind diese Voraussetzungen gegeben so besteht **reale Recyclingfähigkeit** (siehe Abb 24)[482].

Im Extremfall kann die theoretische Recyclingfähigkeit hoch, aber die technische und damit auch die reale Recyclingfähigkeit null sein. Auch der Fall, dass die theoretische und die technische Recyclingfähigkeit hoch sind, aber die reale Recyclingfähigkeit null ist, ist durchaus möglich. Dies wäre der Fall, wenn ein recyclingfähig designtes Produkt, das sortier- und recyclingfähig ist, in einer Region einfach nicht gesammelt wird.[483]

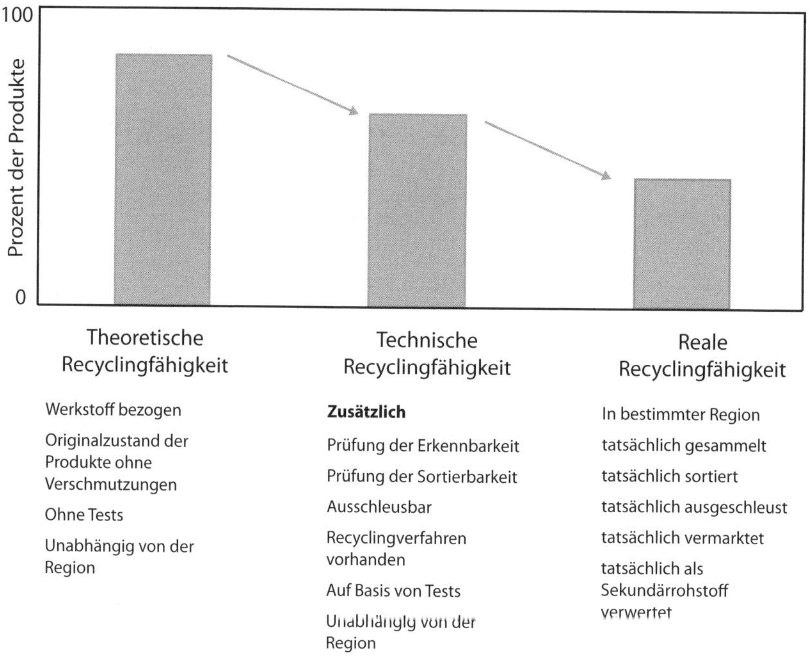

Abb 24: Zusammenhang zwischen theoretischer, technischer und realer Recyclingfähigkeit

482 Pomberger, R. (2021) Über theoretische und reale Recyclingfähigkeit. Österreichische Wasser- und Abfallwirtschaft 73, 24–35 (2021).

483 Pomberger, R.; Bezama, A. (2024) About theoretical, technical and real recyclability, Waste Management & Research, 2024, Vol 42.

4.2.2.7. Ökomodulation

Erweiterte Produzentenverantwortung („*Extended Producer Responsibility*", EPR) dehnt die Verantwortung des Herstellers für die Umweltauswirkungen eines Produktes auf den gesamten Lebenszyklus (Herstellung, Nutzung, Reparatur, Entsorgung, Behandlung und Rückführung als Sekundärrohstoff) aus. Zumeist sind damit Rücknahme- und Verwertungspflichten im Rahmen von Sammel- und Verwertungssystemen verbunden. EPR wird derzeit in der EU vor allem auf Verpackungen, Elektro- und Elektronikaltgeräte, Lampen, Batterien, Altfahrzeuge und Reifen angewendet.

Eine wichtige Lenkungsmaßnahme ist die Bevorzugung von recyclingfähigen Produkten bei den Lizenzentgelten von Sammel- und Verwertungssystemen. Es ist wohl logisch, dass reale Recyclingfähigkeit (und nicht nur die theoretische) beim Lizenzentgelt bevorzugt werden muss. Differenzierte Lizenztarife schaffen einen Anreiz für die recyclinggerechte Produktgestaltung und den hohen Einsatz von Recyclingrohstoffen. Nicht recyclingfähige Produkte sollten in eine **schmerzhaft teurere** Lizenzierungsklasse fallen. Damit kann bei den Produzenten und im Handel ein wirkungsvoller Lenkungseffekt erzielt werden. Recyclingfähigkeit bei Produkten privilegieren und nicht recyclingfähige Produkte teurer machen, erscheint als wichtigste Lenkungsmaßnahme.

4.2.2.8. Resümee

Zukünftig sollten wir die Recyclingfähigkeit neu definieren und auf die REALE RECYCLINGFÄHIGKEIT achten. Erkennbarkeit und Sortierfähigkeit, aber auch das Vorhandensein und die Eignung von Sammelsystemen sind unbedingt zu berücksichtigen. Die Prüfung der Recyclingfähigkeit muss auch durch experimentelle Tests abgesichert werden.

Wenn wir zukünftig mehr und besser recyclingfähige Produkte in unseren abfallwirtschaftlichen Anlagen finden, werden wir technisch auch in der Lage sein, diese zu separieren und zu verwerten. Der Gesetzgeber ist aufgerufen, für diese Privilegierung von recyclingfähigen Produkten die geeigneten Rahmenbedingungen und Anreizsysteme zu schaffen. Ökomodulation ist dazu ein wirksames Mittel.

4.2.3. Mechanisches Recycling

Robert Kirchner

4.2.3.1. Grundlagen des Mechanischen Recyclings

Das mechanische Recycling, auch als werkstoffliches Recycling bezeichnet, umfasst die Wiederaufbereitung von Abfällen durch physikalische Prozesse wie beispielsweise Sortieren, Zerkleinern, Waschen oder Schmelzen. Ein wichtiges Merkmal des mechanischen Recyclings ist, dass die chemische Struktur des behandelten Materials bzw des Werkstoffs unverändert bleibt. Mechanisches Recycling ist eine der am weitesten verbreiteten Methoden zur Rückgewinnung von Wertstoffen, die üblicherweise bei Metallen, Kunststoffen, Glas oder Papier zum Einsatz kommt. Ausschlaggebend für die Eignung eines Materials für das mechanische Recycling sind dessen chemisch-physikalische Eigenschaften, insbesondere die Bindungsverhältnisse innerhalb eines Materials bzw zu anderen Materialien bei Verbundwerkstoffen[484].

Ziel des mechanischen Recyclings ist es, Sekundärrohstoffe zu gewinnen, die qualitativ so hochwertig sind, dass diese als Ausgangsmaterial für neue Produkte dienen können. Der mechanische Recyclingprozess von Abfällen zu Sekundärrohstoffen lässt sich grob in zwei Phasen einteilen:

- Mechanische Aufbereitung
- Herstellung der Sekundärrohstoffe

4.2.3.1.1. Mechanische Aufbereitung

Die mechanische Aufbereitung stellt eine zentrale Phase im mechanischen Recycling dar und dient dazu, das Material so vorzubereiten, dass dieses in Folge effizient zu qualitativ hochwertigen Sekundärrohstoffen weiterverarbeitet werden kann. Die mechanische Aufbereitung umfasst verschiedene Teilprozesse, die in der Praxis oftmals in kaskadierten Aufbereitungsschritten zur Anwendung kommen.

4.2.3.1.2. Zerkleinerung

In der mechanischen Aufbereitung erfüllen Zerkleinerungsverfahren mehrere wesentliche Aufgaben. Zum einen sollen bestehende Materialverbindungen durch mechanische Beanspruchung gezielt aufgeschlossen werden (Aufschlusszerkleinerung). Zum anderen ist es Ziel, spezifische Stückgrößen, Stückformen oder Korngrößenverteilungen zu erzeugen, die in nachgeschalteten Klassier- oder Sortierverfahren effizient weiterverarbeitet werden können.

Ein optimaler Aufschluss liegt dann vor, wenn sich Verbindungen genau an den Kontaktstellen der einzelnen Bauteile bzw Werkstoffe trennen lassen. Diese Bedingungen treten überwiegend bei lösbaren Verbindungstechniken wie Gewinde-, Schraub-, Stift-, Welle-Nabe-, Press- oder Schnappverbindungen auf, da hierbei die mechanische Beanspruchung zu einem gezielten Bruch an der Verbindungsstelle mit Form- oder Kraftschluss führt. Demgegenüber weisen Verbindungen mit Stoffschluss (zB Klebe-, Löt- oder Schweißverbindungen) oftmals eine höhere Festigkeit als die verbundenen Werkstoffe selbst auf, sodass die Bruchstelle nicht exakt an der Verbindung, sondern innerhalb des Materials liegt, und der Aufschlussgrad somit geringer ist.

Die Zerkleinerung der Materialien bzw Verbindungselemente erfolgt mittels Druck-, Schlag-, Prall-, Scher-, Schneid-, Zug- oder Biegebeanspruchung. Durch die Krafteinwirkung entstehen entweder Spröd- oder Zähbrüche. Sprödbrüche sind nahezu verformungslose Brüche, bei Zähbrüchen geht eine plastische Verformung einher. Verfahrensseitig wird der Sprödbruch bevorzugt, da dieser mit einem höheren Aufschlussgrad einhergeht. In der Praxis zeigen die meisten Materialien im Zerkleinerungsprozess eher ein zähes Bruchverhalten. Ein Beispiel für Materialien mit sprödem Bruchverhalten sind Baurestmassen wie Beton, Ziegel oder Naturstein[485].

---

484 Vgl Betz/Hermann/Bulach/Hermann/Dieroff/Mehlhart/Müller/Wiesemann in Umweltbundesamt (Hrsg), Prüfung konkreter Maßnahmen zur Steigerung der Nachfrage nach Kunststoffrezyklaten und rezyklathaltigen Kunststoffprodukten, in Texte 128/2022 (2022), 72.

485 Vgl Martens/Goldmann, Recyclingtechnik. Fachbuch für Lehre und Praxis, in Springer Vieweg (2016), 13–21.

4.2.3.1.3. Klassierung

Unter Klassierung wird die Trennung eines Gemisches aus unterschiedlichen Stückgrößen in einzelne definierte Korngrößenklassen verstanden, um so eine möglichst homogene Fraktion zu erzielen. Verfahren, die bei der Klassierung zum Einsatz kommen, sind beispielsweise Siebung, Windsichtung oder Schwimm-Sink-Verfahren.

Siebklassierung

Die Siebklassierung stellt das bedeutendste Verfahren zur Trennung von größeren und mittleren Stückgrößen dar. Das zu klassierende Material bewegt sich dabei auf einer perforierten Trennfläche (Siebboden), dessen Öffnungsgrößen der gewünschten Trennkorngröße entsprechen. Während des Siebvorgangs gelangt das feinkörnige Material (Feingut) durch die Öffnungen in den Siebdurchlauf, während grobe Partikel (Grobgut) als Siebüberlauf auf der Siebfläche verbleiben. Beide Fraktionen weisen jeweils eine bestimmte Korngrößenverteilung auf. Bei der Siebung treten oftmals zusätzliche Sortiereffekte auf. Beispielsweise befinden sich spröde Materialien nach der Zerkleinerung vorwiegend im Feingut, während elastische oder stabile Materialien oft weniger stark zerkleinert werden und somit im Grobgut verbleiben. In der Klassierung kommt es dann zur Auftrennung dieser beiden Fraktionen.

Sortierung

Ziel der Sortierung ist die Trennung unterschiedlicher Materialfraktionen nach physikalischen oder chemischen Eigenschaften. Je nach Material kommen dabei unterschiedliche Verfahren bzw Technologien zum Einsatz.

Magnetabscheidung

Die Magnetabscheidung ist ein weit verbreitetes Verfahren in der Aufbereitung und Sortierung von Abfällen. Dabei werden magnetisierbare Bestandteile aus einem Materialstrom abgetrennt. Ziel des Verfahrens ist es, ferromagnetische Metalle und Legierungen wie Eisen- oder Nickelwerkstoffe zu separieren. Die eingesetzten Magnetscheider nutzen entweder Elektro- oder Permanentmagnete. Der Materialstrom wird dabei über eine bewegte Transportfläche (Förderband) durch Magnetsegmente geleitet, die über oder unter der Fläche positioniert sind. Die Magneten heben die magnetisierbaren Stücke aus dem Materialstrom heraus oder lenken diese ab[486].

Wirbelstromsortierung

Die Wirbelstromsortierung stellt eine Spezialtechnologie im Bereich der Sortierung dar. Bei diesem Verfahren wird das Prinzip der elektromagnetischen Induktion genutzt, um elektrisch leitende Materialien (nicht-ferromagnetische Metalle) von nicht-leitenden Materialien abzutrennen.

Bei der Wirbelstromsortierung erzeugt ein rotierendes Magnetfeld in den elektrisch leitfähigen Metallteilchen sogenannte Wirbelströme, deren Magnetfelder dem erzeugten Magnetfeld entgegenwirken. Dadurch entsteht eine abstoßende Kraftwirkung, die es

486 Vgl Martens/Goldmann, Recyclingtechnik. Fachbuch für Lehre und Praxis, in Springer Vieweg (2016), 41–49.

erlaubt, Zielfraktionen effizient aus einem Materialstrom abzutrennen. Das Verfahren der Wirbelstromsortierung eignet sich besonders für die Abtrennung von Aluminiumverpackungen, gewinnt aber zunehmend bei der Sortierung von Elektronikschrott, Müllverbrennungsschlacken oder feinkörnigen Shredderfraktionen an Bedeutung[487].

Nahinfrarotsortierung (NIR-Sortierung)

Die Nahinfrarot-Sortierung (NIR-Sortierung) ist eine weit verbreitete Technologie zur automatisierten Erkennung und Abtrennung von Kunststoffen aus Abfallströmen anhand ihrer chemischen Zusammensetzung.

Die Funktionsweise der NIR-Sortierung basiert auf dem Prinzip der Nahinfrarot-Spektroskopie, die Materialien anhand ihrer molekularen Struktur analysiert. Das Sortiermaterial wird üblicherweise auf einem Förderband unter einer Nahinfrarotkamera transportiert. Die Kamera sendet Licht im Wellenlängenbereich zwischen 780 und 2500 nm aus. Die Kunststoffoberflächen reflektieren diese Strahlung unterschiedlich, wodurch eine charakteristische spektrale Signatur entsteht. Anhand eines Detektors wird diese spektrale Signatur erfasst und mit hinterlegten Referenzwerten für Zielfraktionen abgeglichen. Wird eine Zielfraktion identifiziert, so wird diese über Druckluftdüsen aktiviert und vom Abfallstrom separiert.

Die Technologie kommt insbesondere in der Sortierung von Leichtverpackungen, beispielsweise zur Abtrennung von Polypropylen(PP)-oder Polyethylenterephthalat(PET)-Verpackungen sowie in der Aufbereitung von Kunststoffen aus Elektro- und Elektronikgeräten zur Identifikation und Aussortierung von Kunststoffen mit recyclingunverträglichen Additiven (zB Flammhemmer in ABS) zum Einsatz.

Reinigung

Die Reinigung stellt einen weiteren Teilprozess in der mechanischen Aufbereitung dar. Durch diesen Prozess werden Störstoffe und Verunreinigungen wie organische Rückstände (Lebensmittelanhaftungen, Ölverunreinigungen, Farb- und Klebstoffreste etc) entfernt. Allgemein wird zwischen einer Trocken- und einer Nassreinigung unterschieden. Bei der Trockenreinigung werden die Materialien durch Siebung oder Wirbelstromscheidung von leichten Verunreinigungen wie beispielsweise Staub gereinigt. Bei der Nassreinigung werden stärker anhaftende Verunreinigungen oder Fremdstoffe, wie beispielsweise Kleber, Fette oder Farbpartikel, in Waschanlagen entfernt.

4.2.3.2. Herstellung der Sekundärrohstoffe

Nach der mechanischen Aufbereitung erfolgt die Umwandlung der aufbereiteten Abfallstoffe in vermarktbare Sekundärrohstoffe, die wiederum in einem Produktionsprozess zur Herstellung neuer Produkte eingesetzt werden können. Im folgenden Kapitel sollen gängige Behandlungsverfahren bzw Zielfraktionen für industrielle Fertigungsverfahren dargestellt werden.

487 Vgl Martens/Goldmann, Recyclingtechnik. Fachbuch für Lehre und Praxis, in Springer Vieweg (2016) 50.

4.2.3.2.1. Extrusion

Durch die Extrusion können aus aufbereiteten thermoplastischen Kunststoffabfällen (Flakes) Regranulate hergestellt werden. Dabei wird das gereinigte Material in einem Extruder erhitzt und verflüssigt. Während des Transportes durch den Extruder wird der geschmolzene Kunststoff gemischt und homogenisiert, um eine gleichmäßige Konsistenz zu erreichen. Im Anschluss werden Gase oder flüchtige Bestandteile entfernt. Abschließend wird der geschmolzene Kunststoff durch eine Düse in die gewünschte Form gepresst. Die Extrusion ermöglicht die Herstellung von Regranulaten für die kunststoffproduzierende Industrie[488].

4.2.3.2.2. Schmelzbehandlung

Die Schmelzbehandlung ist ein zentraler Prozess im Recycling von metallischen Werkstoffen wie Aluminium, Kupfer, Nickel, Stahl sowie für Legierungen oder Verbindungen mehrerer metallischer Werkstoffe. Dabei werden die metallischen Abfälle bzw Altschrotte in speziellen Öfen, wie beispielsweise Elektrolichtbogenöfen oder Induktionsöfen, erhitzt, bis diese ihre Schmelztemperatur erreichen und in eine flüssige Phase übertreten. Nach dem Schmelzprozess wird die Altmetallschmelze mittels elektrochemischer Prozesse gereinigt.[489]

4.2.3.2.3. Ausgewählte Zielfraktionen

Regranulate für die Kunststoffproduktion

Regranulate sind kleinteilige Kunststoffkörner, die aus recycelten thermoplastischen Kunststoffabfällen hergestellt und als Rohmaterial in der kunststoffproduzierenden Industrie eingesetzt werden können. Die Klassifizierung der Regranulate erfolgt in der Regel auf Basis des primär vorliegenden Kunststoffwerkstoffes, wie beispielsweise Acrylnitril-Butadien-Styrol-Copolymere (ABS), Polyethylenterephthalat (PET) oder Polypropylen (PP). Ein ausschlaggebender Faktor in Bezug auf die Qualität von Regranulaten ist der Grad an Verunreinigung. Je geringer die Verunreinigung, desto hochwertiger das Regranulat. Für kontaktsensitive Anwendungen im Lebensmittel- oder Kosmetikbereich sind beispielsweise sehr hohe Reinheitsgrade erforderlich[490].

Sekundärmetallschmelzen für die Metallindustrie

Sekundärmetallschmelzen sind flüssige Metalle, die in der Metallverarbeitung eine zentrale Rolle einnehmen. Sie werden je nach Zusammensetzung und Verwendungszweck klassifiziert. Für eine hohe Qualität müssen Sekundärmetallschmelzen möglichst homogen sein und über einen hohen Reinheitsgrad verfügen.

488 Vgl Neubauer/Stoifl/Tesar/Thaler in Umweltbundesamt (Hrsg), Sortierung und Recycling von Kunststoffabfällen in Österreich: Status 2019, in Report REP-0744 (2021) 105.

489 Vgl Martens/Goldmann, Recyclingtechnik. Fachbuch für Lehre und Praxis, in Springer Vieweg (2016) 109.

490 Vgl Neubauer/Stoifl/Tesar/Thaler in Umweltbundesamt (Hrsg), Sortierung und Recycling von Kunststoffabfällen in Österreich: Status 2019, in Report REP-0744 (2021) 32.

Sekundärfasersuspensionen für die Papierindustrie

Sekundärfasersuspensionen sind zähflüssige Mischungen aus recycelten Altpapierfasern. Diese Fasern sind in der Regel kürzer als frische Holzfasern und verkürzen sich mit jedem Recyclingzyklus weiter. Da dies die Festigkeit des Papiers beeinträchtigt, werden den Sekundärfasersuspensionen bei der Papierherstellung Frischfasern beigemengt, um die entsprechende Qualität zu gewährleisten. Sekundärfasern haben in der Papierindustrie ein breites Anwendungsspektrum und werden beispielsweise für Verpackungsmaterialien wie Wellpappen oder Kartonagen, für Hygieneprodukte wie Taschentücher oder Toilettenpapier oder als Bestandteil von Dämmstoffen eingesetzt.

Fallbeispiel: Mechanisches Recycling von starren Kunststoffverpackungen

Im folgenden Kapitel werden die einzelnen Prozessschritte, die zur Herstellung von Kunststoffregranulat aus starren Kunststoffverpackungsabfällen erforderlich sind, kurz dargestellt und erörtert.

Schritt 1: Sammlung

Sammlung der starren Kunststoffverpackungsabfälle entweder im Bring- oder Holsystem mittels Abfallsammelfahrzeug. Transport zur Sammelstelle, Umladung auf LKW für den Transport zur Sortieranlage (gepresst in Ballen oder in loser Schüttung).

Schritt 2: Leichtverpackungssortierung

Die gesammelten Leichtverpackungen werden in die einzelnen Zielfraktionen wie beispielsweise Polyolefin-Hohlkörper oder PET-Hohlkörper sortiert, zu Ballen gepresst und für den Transport zum Recyclingbetrieb bereitgestellt. Bei der Leichtverpackungssortierung werden oftmals manuelle (Entfernung grober Verunreinigungen bzw Nachsortierung von Wertstofffraktionen) und automatisierte Prozessschritte kombiniert. Gängige Aggregate sind Trennsiebe, Folienabscheider, ballistische Separatoren oder NIR-Sortierautomaten[491].

Schritt 3: Zerkleinerung

Die aussortierten und gepressten Wertstoffballen werden zum Recyclingbetrieb transportiert, die Ballen dort geöffnet und die Kunststoffhohlkörper mittels Shredder oder Schneidmühle zerkleinert und anschließend mittels Sieb klassiert. Dieser Prozess ermöglicht die Herstellung homogenisierter Flakes.

Schritt 4: Waschen

Zur Entfernung von Verunreinigungen und Anhaftungen (Öle, Fette, Lebensmittelreste oder Farben) werden die Flakes anschließend gewaschen. Als Waschmittel wird in der Regel Wasser unter Beigabe von Waschzusätzen verwendet. Teilweise kommen auch organische Lösungsmittel oder Laugen (Natronlauge) zur Anwendung.

Schritt 5: Flake-Sortierung

Die homogenisierten und gewaschenen Flakes werden anschließend sortiert, um einerseits feinteilige Fremdstoffe zu entfernen und andererseits, um verträgliche Kunststoffsortenmischungen herzustellen. Bei diesem Prozessschritt kommen Sortiertechnologien wie sensorgestützte NIR-Sortierung oder physikalische Schwimm-Sink-Trennverfahren zum Einsatz[492].

Schritt 6: Extrusion

Nach Abschluss der Zerkleinerungs-, Klassier-, Wasch- und Sortierprozesse stehen sortenreine Kunststoff-Flakes zur Verfügung, die mittels Extrusionsverfahren eingeschmolzen und in Regranulate umgewandelt werden. Je nach Anwendungsform werden dem Extrusionsverfahren diverse Additive beigemengt[493].

491 Vgl Dorn/Fabian in Umweltbundesamt (Hrsg), Teilbericht. Praxis der Sortierung und Verwertung von Verpackungen im Sinne des § 21 VerpackG 2022/2023, in Texte 121/2024 (2024) 50.

492 Vgl Martens/Goldmann, Recyclingtechnik. Fachbuch für Lehre und Praxis, in Springer Vieweg (2016) 285–286.

493 Vgl Neubauer/Stoifl/Tesar/Thaler in Umweltbundesamt (Hrsg), Sortierung und Recycling von Kunststoffabfällen in Österreich: Status 2019, in Report REP-0744 (2021) 105.

4.2.4. Chemisches Recycling

Susanne Gfatter

4.2.4.1. Was ist chemisches Recycling?

Es wurden in den letzten Jahren erhebliche Fortschritte beim mechanischen Recycling erzielt, doch kann das mechanische Recycling oft aufgrund der mit jedem Recyclingzyklus abnehmenden Qualität der Polymere nicht endlos wiederholt werden. Daher wird es auch in Zukunft immer Alt-Kunststoff-Ströme geben, die nicht mechanisch recycelt werden können.

Beim chemischen Recycling, auch rohstoffliches Recycling genannt, werden Kunststoffabfälle in ihre chemischen Grundbausteine, die Monomere, zerlegt, die wiederum zu neuen Polymeren zusammengebaut werden können. Streng genommen ist daher das chemische Recycling von lösemittelbasierten Verfahren zu unterscheiden, bei denen die Polymerkette intakt bleibt. Im Folgenden wird auf beide Verfahren eingegangen, da sie beide zur Erreichung der Recyclingziele benötigt werden.

4.2.4.2. Technische Begrifflichkeiten und Verfahren

Es gibt mittlerweile zahlreiche Verfahren, die sich je nach Kunststofftyp und Zielprodukt unterscheiden. Und die Technologen entwickeln sich stetig weiter – wobei es neben der Zerlegung in Monomere und dem Erhalt der kompletten Polymerkette jegliche Art von Mischformen gibt, wo beispielsweise nur teilweise Zerlegung stattfindet und als Zielprodukt Oligomere unterschiedlicher Größe entstehen.[494]

4.2.4.2.1. Chemisches oder rohstoffliches Recycling

Beim chemischen Recycling werden die Polymerketten bei hoher Temperatur zerlegt und die entstehenden Bestandteile wieder als Rohstoffe in chemische Prozesse rückgeführt. Diese Monomere können in weiteren Prozessschritten zu hochwertigen Kunststoffen zusammengefügt werden – in einer Qualität, die der von Primärkunststoffen entspricht.

Als mögliche chemische Recyclingtechniken kommen Pyrolyse, Vergasung oder Verflüssigung (zB Verölung oder Solvolyse) in Betracht. Auch zB der Einsatz von Kunststoffabfällen als Reduktionsmittel im Hochofenprozess wird dem rohstofflichen Recycling zugerechnet.

Abhängig vom Verfahren des chemischen Recyclings sind die erzeugten Produkte unterschiedlich. Während die Solvolyse die Polymerketten in Monomere zerlegt, werden bei Verölung und Pyrolyse verschieden zusammengesetzte Kohlenwasserstoffmischungen erzeugt. Vergasungstechnologien hingegen erzeugen ein Synthesegas (Syngas), welches über mehrere darauffolgende Schritte (zB Fischer-Tropsch-Synthese) wiederum zu Kohlenwasserstoffen umgesetzt wird und so ebenfalls als Grundstoff für die Industrie dienen kann.[495]

494 Umweltbundesamt, 2025, Chemisches Recycling von Kunststoffen – „Thermochemisches Recycling von Kunststoffen Bewertung und Einordnung, https://www.umweltbundesamt.de/sites/default/files/medien/2503/dokumente/02_01_vogel.pdf, abgerufen am 30.7.2025.

495 Umweltbundesamt, 2020, Chemisches Recycling, https://www.umweltbundesamt.de/publikationen/chemisches-recycling, abgerufen am 30.7.2025.

4.2.4.2.2. Lösemittelbasierte Recyclingverfahren

Diese Verfahren gehören zur Kategorie des dissolutiven oder selektiven Recyclings. Dabei werden Kunststoffe mit spezifischen Lösemittelgemischen in Lösung gebracht, um sie von ihren Zusatzstoffen, wie Additiven, Farben oder anderen Kunststoffen, abzutrennen. So bleibt die Polymerstruktur der Kunststoffe erhalten, und der hochreine Kunststoff kann weiterverwendet werden.[496]

Als Beispiel sei hier die PolyStyreneLoop-Anlage zu nennen, mit der stark verschmutzte und Schadstoffe, wie Flammhemmer, enthaltendes Alt-Polystyrol, vornehmlich aus dem Abbruchbereich, aufgereinigt werden kann. Die Demonstrationsanlage PolyStyreneLoop in Holland erhält auch Material aus Österreich.[497]

4.2.4.3. Anlagen in Österreich

4.2.4.3.1. ReOil®-Anlage

Beim ReOil® Verfahren handelt es sich um ein Pyrolyse-Verfahren: schwer verwertbare Kunststoffe, die sich nicht für das mechanische Recyceln eignen, werden über mehrere Prozessschritte bei 400 °C zu Pyrolyseöl. Das gewonnene Pyrolyseöl kann direkt in bestehende petrochemische Prozesse eingespeist werden und dient als Rohstoff für neue Basischemikalien, wie Ethylen oder Propylen. Diese werden weiter zu Polymeren (Polyethylen, Polypropylen) verarbeitet.

Die innovative ReOil-Anlage der OMV in Schwechat kann jährlich bis zu 16.000 Tonnen gemischte Kunststoffabfälle, wie Polyethylen (PE), Polypropylen (PP), Polystyrol (PS) verwerten.[498]

4.2.4.3.2. SynCycle-Anlage

SynCycle verfolgt das Ziel, aus nicht verwertbaren Stoffströmen, die beim mechanischen Recycling anfallen, Vorkonzentrate zu gewinnen. Diese können anschließend als Rohstoff für neue Kunststoffe oder chemische Produkte verwendet werden. Als Input dienen gemischte Kunststoffabfälle, insbesondere Polyolefine.

Die Kerntechnologie von SynCycle ist der sogenannte T:Cracker, ein thermochemischer Reaktor, der Kunststoffabfälle in Pyrolyseöl umwandelt.[499]

4.2.4.4. Bedeutung und Nutzen

Beim chemischen und lösemittelbasierten Recycling kommt eine Vielzahl an unterschiedlichen Eingangsmaterialien zum Einsatz. Die Verfahren sind in der Lage, kontaminierte und/oder gemischte Kunststoffabfälle zu verarbeiten, die sonst in der Verbrennung oder auf der Deponie landen würden. Die dabei entstehenden Rohstoffe können zur Herstellung von neuwertigen Kunststoffen für hochwertige Anwendungen (zB Lebensmittelkontaktmaterialien) eingesetzt werden.

---

496 Fraunhofer IVV, 2025, Lösemittelbasiertes Kunststoff-Recycling, https://www.ivv.fraunhofer.de/de/recycling-umwelt/kunststoff-recycling-mit-loesemittel.html, abgerufen am 30.7.2025.

497 https://www.psloop.eu/, abgerufen am 30.7.2025.

498 https://www.omv.com/de/expertise/chemicals/reoil, abgerufen am 30.7.2025.

499 SynCycle, https://www.extrusion-world.com/d/neuausrichtung-der-syncycle-aktivitaeten-bei-nge-und-bdi/, abgerufen am 30.7.2025.

Ein weiterer Vorteil ist, dass bei diesen Verfahren (anders als bei mechanischen Verfahren) organische Schadstoffe (wie zB Lebensmittelreste) zerstört werden. Weiters werden beim chemischen bzw lösemittelbasierten Recycling anorganische Zusatzstoffe wie Füll- und Farbstoffe sowie andere Additive (zB Weichmacher), die je nach Konzentration die Qualität des Rezyklats beeinflussen und daher dessen Verwendbarkeit einschränken, entfernt – was das mechanische Recycling nicht leisten kann.

4.2.4.4.1. Komplettierung der Recyclingtechnologien

Chemisches und lösemittelbasiertes Recycling ergänzen die Kunststoff-Recyclingoptionen, indem sie Kunststoffabfallströme verarbeiten, die für mechanisches Recycling nicht geeignet sind. In einer funktionierenden Kreislaufwirtschaft werden alle Recyclingtechnologien benötigt, um hohe Recyclingziele zu erreichen. Auch in Fällen, in denen der Kunststoffabfall eine Mischung aus verschiedenen Kunststoffen enthält und/oder verunreinigt ist, ist chemisches und lösemittelbasiertes Recycling die Technologie der Wahl.

4.2.4.4.2. Erreichen der Recyclingziele

Die fristgerechte Umsetzung der hohen EU-Recyclingziele stellt für den Kunststoffverpackungssektor eine besondere Herausforderung dar. Diese ambitionierten Ziele sehen bis 2025 eine Recyclingquote für Kunststoffverpackungen von 50 % vor, die bis 2030 auf 55 % steigen soll. Zudem sollen Rezyklateinsatzquoten von mindestens 30 % Rezyklatanteil in Kunststoffverpackungen erreicht werden. Mit der Ergänzung chemischer und lösemittelbasierter Recyclingtechnologien sind diese Ziele schaffbar.

Zudem müssen bis 2029 90 % der Einweg-Getränkebehälter aus Kunststoff bis zu drei Litern getrennt gesammelt und somit auch recycelt werden.

In Anbetracht der aktuellen österreichischen Kunststoffverpackungsrecyclingquote, welche sich auf 25 % beläuft, wird die vorgegebene Steigerung vielfältiger Maßnahmen bedürfen, die auf den verschiedensten Ebenen ansetzen.[500]

4.2.4.4.3. Breiter Einsatz

Chemisches und lösemittelbasiertes Recycling erzeugt Sekundärrohstoffe, die zur Herstellung von Kunststoffen verwendet werden, die meist die gleiche Qualität aufweisen wie die aus neuem Ausgangsmaterial hergestellten Kunststoffe. Dieser recycelte Kunststoff kann daher in hochwertigen Anwendungen wie Lebensmittelverpackungen, Kühlschrankteilen und in Teilen für den Automobilsektor verwendet werden, die teilweise Rezyklaten aus dem mechanischen Recycling verwehrt sind.

4.2.4.5. Ökobilanz (LCA)

Ökobilanzen, die das chemische Recycling mit der thermischen Verwertung vergleichen, zeigen positive Ergebnisse für das chemische Recycling, da es weniger Kohlenstoff

500 Bundes-Abfallwirtschaftsplan, https://www.bmluk.gv.at/themen/klima-und-umwelt/abfall-und-kreislaufwirtschaft/abfallwirtschaft/bundes_awp.html, abgerufen am 30.7.2025.

emittiert. Chemisches Recycling kann die mit der Verbrennung und der konventionellen Produktion von Ausgangsmaterialien verbundenen Emissionen eliminieren.[501]

Die ReOil®-Anlage besitzt eine ISCC PLUS Nachhaltigkeitszertifizierung, die im Bereich recycelter und biobasierter Materialien anerkannt wird. Sie ermöglicht die Rückverfolgbarkeit entlang der Lieferkette und bestätigt, dass Unternehmen Umwelt- und Sozialstandards einhalten. Konformität mit der Zertifizierung bedeutet, dass für jede Tonne zirkulären Rohstoffs, die der ReOil®-Anlage anstelle fossiler Rohstoffe zugeführt wird, ein bestimmter Anteil des produzierten Materials als zirkulär klassifiziert werden kann. Dieser Massenbilanzansatz ermöglicht die bilanzielle Zuordnung und Dokumentation des Rezyklat-Anteils in chemisch recycelten Kunststoffen. Auf europäischer Ebene wird aktuell mit ambitionierten Recyclingzielen für Einweg-Getränkeflaschen ein Grundstein für transparente und faire Massenbilanzverfahren gelegt.[502]

Für PolyStyreneLoop wurde vom TÜV Rheinland eine Lebenszyklusanalyse (LCA) durchgeführt, um zu bewerten, wie PolyStyreneLoop im Vergleich zur Verbrennung abschneidet. Die Studie ergab, dass sich der CO_2-Fußabdruck bei der Wahl von PolyStyreneLoop fast halbiert. Pro Tonne PS-Schaumstoff, der mit PolyStyreneLoop behandelt wird, werden umgerechnet 3 Tonnen CO_2 eingespart.[503]

4.2.4.6. Herausforderungen

Regulatorisch gibt es nach wie vor Hürden, da das chemische Recycling in der EU-Gesetzgebung und auch in den Mitgliedstaaten nicht überall als gleichwertig zum mechanischen Recycling anerkannt wird.

Die Pyrolyse wird in der Regel bei hohen Temperaturen durchgeführt und ist dadurch teilweise energieintensiver als mechanisches Recycling. Durch den Einsatz spezifischer Katalysatoren kann der Energieverbrauch reduziert werden.

4.2.4.7. Marktentwicklung

Laut der Unternehmensberatung Roland Berger könnte die globale Kapazität für chemisches Recycling, insbesondere die Pyrolyse-Verfahren, bis 2030 auf 9,9 Mio Tonnen steigen – ein jährliches Wachstum von über 35 %. Besonders in Europa wird ein starkes Wachstum erwartet, auch wegen der neuen EU-Verpackungsverordnung, die Rezyklateinsatzquoten vorschreibt.[504]

501 Cefic, 2020, Chemical Recycling: Greenhouse gas emission reduction potential of an emerging waste management route, https://cefic.org/resources/chemical-recycling-greenhouse gas emission reduction potential of an-emerging-waste-management-route-commissioned-by-study-review/, abgerufen am 30.7.2025.

502 OMV-Nachhaltigkeitsbericht 2023, https://www.psloop.eu/wp-content/uploads/2020/04/Life-Cycle-Assessment-of-ETICS-PSLoop_final-results.pdf, abgerufen am 30.7.2025.

503 Life Cycle Assessment End of Life Treatment of Expandable Polystyrene, https://www.psloop.eu/wp-content/uploads/2020/04/Life-Cycle-Assessment-of-ETICS-PSLoop_final-results.pdf, abgerufen am 30.7.2025.

504 Euwid, 2025, Chemisches Recycling Bewertung Roland Berger, https://www.euwid-recycling.de/news/wirtschaft/chemisches-recycling-roland-berger-haelt-jaehrliches-wachstum-von-mehr-als-35-prozent-fuer-moeglich/, abgerufen am 30.7.2025.

5. Materialien und Ressourcenmanagement

5.1. Regenerative Ressourcen

5.1.1. Nachwachsende Ressourcen und deren Management

Willi Haas

Die Kreislaufwirtschaft fokussiert mit der 10-R-Strategie auf mineralische und fossile Rohstoffe, also vor allem auf Baumaterialien, Metalle und Plastik. Nachwachsende Rohstoffe[505] sind zwar ebenfalls Teil kreislaufwirtschaftlicher Definitionen, aber abgesehen von rezyklierbarem Papier und pflanzlichen Textilfasern weit weniger im Fokus. Vor allem deren spezielle Eigenschaft der Regenerationsfähigkeit und der damit verbundenen potenziellen Kreisläufe über natürliche Ökosysteme findet nur wenig Beachtung. Das schlägt sich auch im Monitoring der Kreislaufwirtschaft nieder, das in der Regel die Erneuerbarkeit von biogenen Ressourcen bzw die Regenerationsfähigkeit von Ökosystemen außer Acht lässt[506]. Es wird oft ganz einfach davon ausgegangen, dass nachwachsende Rohstoffe per se harmlos und selbstverständlich kreisläufig sind, und weiter, dass ihre Verbrennung karbonneutral ist. Gleichzeitig steigt in der Energiewende mit ihrem Fokus auf erneuerbare Energiequellen die Nachfrage nach biotischen Materialien. Und mit den Debatten und Strategien rund um die Bioökonomie ist nahezu ein Nachfrage-Boom nach nachwachsenden Rohstoffen entstanden. Grund genug, nachwachsende Rohstoffe im Lichte der Kreislaufwirtschaft kritisch zu betrachten.

5.1.1.1. Die Rückblende: biomasse-basierte Ökonomien

Ein Blick in die Welt rund um 1900 ergibt in Bezug auf nachwachsende Rohstoffe ein durchaus interessantes Bild (Abb 25). Von den 7,6 Gt aller gesellschaftlich prozessierten Materialien pro Jahr waren rund 70 % bzw 5,3 Gt Biomasse. Nur rund 1 Gt davon war für die Verwendung als Material genutzt worden. Das Gros wurde für Heizzwecke (Brennholz) sowie für die menschliche Ernährung und Tierfutter verwendet. Letzteres versorgte auch eine große Zahl an Pferden, die für den Personen- und Gütertransport eine große Rolle spielten. Ein Vergleich der Materialflüsse von 1900 mit 2015 zeigt hier zwei große Änderungen. Erstens hat sich der Einsatz nachwachsender Rohstoffe absolut, also in Gt, mehr als vervierfacht. Zweitens ist der Anteil an Biomasse am gesamten Materialeinsatz von 70 % auf rund 25 % geschrumpft[507].

505 Hier werden nachwachsende Rohstoffe, Biomasse und biogene Materialien als Synonym verwendet.

506 Navare, Kranti, Bart Muys, Karl C. Vrancken, und Karel Van Acker. „Circular Economy Monitoring – How to Make It Apt for Biological Cycles?“ Resources, Conservation and Recycling 170 (Juli 2021): 105563. https://doi.org/10.1016/j.resconrec.2021.105563, abgerufen am 30.7.2025.

507 Haas, Willi, Fridolin Krausmann, Dominik Wiedenhofer, Christian Lauk, und Andreas Mayer. „Spaceship Earth's Odyssey to a Circular Economy – a Century Long Perspective“. Resources, Conservation and Recycling 163 (Dezember 2020): 105076. https://doi.org/10.1016/j.resconrec.2020.105076, abgerufen am 30.7.2025.

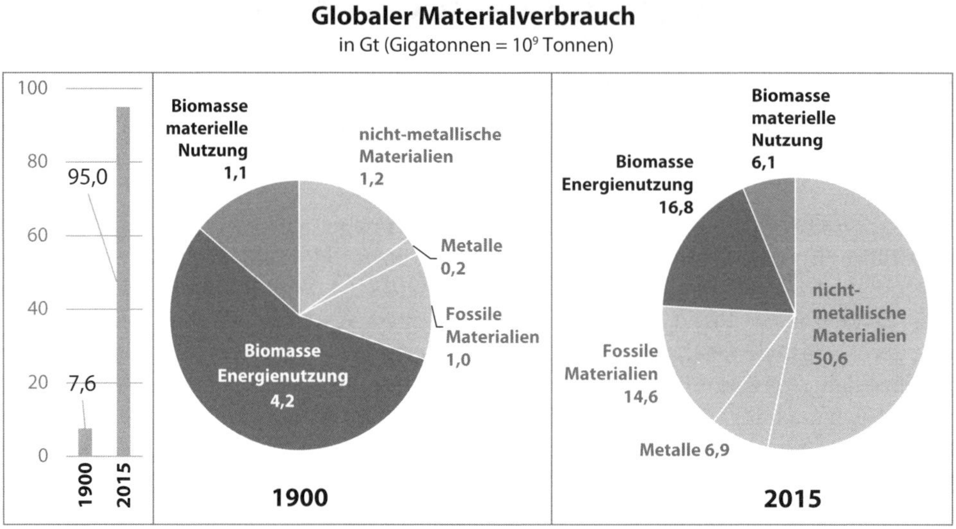

Abb 25: Nachwachsende Rohstoffe im globalen Materialverbrauch [Quelle: Haas ua 2020[3], eigene Darstellung]

5.1.1.2. Nachwachsende Rohstoffe und planetare Grenzen

Der absolute Zuwachs kommt allerdings mit enormen ökologischen Kosten. 2023 hat eine Untersuchung gezeigt[508], dass sechs der neun planetaren Grenzen für einen sicheren Handlungsspielraum der globalen Gesellschaft bereits überschritten wurden. Fünf von diesen sechs stehen im direkten Zusammenhang mit nachwachsenden Rohstoffen. Dies sind der Verlust der Artenvielfalt, Landnutzungsänderungen, Veränderungen im Süßwasserkreislauf, die nicht-nachhaltige Disruptionen biogeochemischer Phosphor- und Stickstoffkreisläufe und der Klimawandel. Das Überschreiten beim Klimawandel wird von mehreren Wirkmechanismen der nachwachsenden Rohstoffe angetrieben. Neben Entwaldung, Trockenlegung von Feuchtgebieten und Methanemissionen aus der Tierhaltung sind zudem die verschiedenen gesellschaftlichen Prozessierungsschritte wie Landbearbeitung, Düngung und Schädlingsbekämpfung, Ernte, Verarbeitung, Verteilung und Entsorgung mit dem Verbrauch fossiler Energieträger verbunden. Beim globalen Ernährungssystem gehen Studien davon aus, dass dieses in Summe für etwa ein Drittel der anthropogen verursachten Treibhausgas-Emissionen verantwortlich ist[509]. Insofern ist die Verwendung nachwachsender Rohstoffe auch für das Überschreiten der planetaren Grenze des Klimawandels maßgeblich mitverantwortlich.

508 Richardson, Katherine, Will Steffen, Wolfgang Lucht, Jørgen Bendtsen, Sarah E. Cornell, Jonathan F. Donges, Markus Drüke, ua „Earth beyond six of nine planetary boundaries". Science Advances 9, Nr 37 (13. September 2023): eadh2458. https://doi.org/10.1126/sciadv.adh2458, abgerufen am 30.7.2025.

509 Crippa, M., E. Solazzo, D. Guizzardi, F. Monforti-Ferrario, F. N. Tubiello, und A. Leip. „Food Systems Are Responsible for a Third of Global Anthropogenic GHG Emissions". Nature Food 2, Nr. 3 (März 2021): 198–209. https://doi.org/10.1038/s43016-021-00225-9, abgerufen am 30.7.2025.

5.1.1.3. Bewertungskriterien für biogene Kreisläufe

Dass nachwachsende Rohstoffe ihren Anteil am Überschreiten von fünf der sechs bereits überschrittenen planetaren Grenzen haben, macht es erforderlich, die Bewertungskriterien der Kreislaufwirtschaft zu hinterfragen. Diese sind nämlich meist nicht geeignet, um die Kreisläufigkeit von biogenen Kreisläufen zu bewerten. Eine Nachschärfung der Kriterien für die spezifischen Merkmale biogener Kreisläufe ist daher geboten.

Navare ua fassen die Kriterien für eine zirkuläre und nachhaltige Nutzung so zusammen[510]:

- Sicherstellen der Erneuerbarkeit biologischer Ressourcen vor allem durch nachhaltige Erzeugungspraktiken in Land- und Forstwirtschaft.
- Potenzial der kaskadischen Nutzung von biogenen Materialien durch optimale Verwendungswege ausschöpfen (absteigender Nutzwert).
- Konsequenter biologischer Abbau und naturverträgliche Rückführung in die Biosphäre am Ende des Lebenszyklus zur Schließung des Nährstoffkreislaufes durch
  - Trennbarkeit und biologische Abbaubarkeit des biogenen Abfalls,
  - weitgehende Vermeidung der Vermischung mit gefährlichen Stoffen entlang des Lebenszyklus ,
  - Rückführung von Nährstoffen möglichst an Ort und Stelle der Entnahme und in einem Umfang, der die Regeneration des Ökosystems aufrechterhält.
- Minimieren aller Umweltauswirkungen bei der Ressourcengewinnung biogener Kreisläufe inklusive der Landnutzung und Landnutzungsänderungen auf die Ökosystemleistungen unter Berücksichtigung der globalen Klimaauswirkungen der nutzungsbedingt veränderten Kohlenstoffbilanz.

Gleichzeitig ist bereits festzustellen, dass das Überschreiten der fünf planetaren Grenzen eindeutig darauf hinweist, dass eine Reduktion der Nutzung nachwachsender Rohstoffe erforderlich ist. Damit wird nochmals unterstrichen, dass auch für nachwachsende Rohstoffe die obersten Prioritäten der Kreislaufwirtschaft, nämlich verweigern (refuse), überdenken (rethink) und reduzieren (reduce),[511] vordringlich adressiert werden müssen, wollen wir in den sicheren Handlungsspielraum der Menschheit zurückkehren und die Risiken klein halten. Dies verlangt danach, nachfrageseitige Interventionsoptionen in den Blick zu nehmen. Zur Diskussion bietet sich eine in 3 Gruppen zusammengefasste Form der 10-R-Strategien der Kreislaufwirtschaft an, nämlich in Verkleinern (K), Verlangsamen (L) und Schließen von Kreisläufen (S)[512].

---

510 Navare ua, „Circular Economy Monitoring – How to Make It Apt for Biological Cycles?".

511 Morseletto, Piero. „Targets for a Circular Economy". Resources, Conservation and Recycling 153 (Februar 2020): 104553. https://doi.org/10.1016/j.resconrec.2019.104553, abgerufen am 30.7.2025; Potting, José, Marko Hekkert, Ernst Worrell, und Aldert Hanemaaijer. „Circular Economy: Measuring Innovation in the Product Chain". The Hague: PBL Netherlands Environmental Assessment Agency, 2017. https://dspace.library.uu.nl/handle/1874/358310, abgerufen am 30.7.2025.

512 Schinko, Thomas, Barbara Smetschka, und Karl Steininger. „Chapter 4. Provision of Goods and Services in a Climate-Resilient Economy via Materials, Energy and Work". Verlag der Österreichischen Akademie der Wissenschaften, 17. Juni 2025. https://doi.org/10.1553/aar2-ch4, abgerufen am 30.7.2025.

5.1.1.4. Biogene Materialflüsse in Österreich

Um Handlungsoptionen systematisch und in ihrer Bedeutung für eine nachhaltige Ressourcennutzung zu diskutieren, ist es lohnend, biogene Materialflüsse auf der Systemebene der österreichischen Ökonomie zu erfassen. Dabei werden in Analogie zur volkswirtschaftlichen Gesamtrechnung alle Aktivitäten von der Entnahme, der Verteilung, der Produktion bis zu Konsum und Entsorgung bzw Recycling in biophysischen Größen, also in Tonnen, erhoben und dargestellt. Hier werden die biogenen Flüsse als biogene Kohlenstoffflüsse (C-Flüsse) für Österreich für das Jahr 2020 dargestellt. Das hat den Vorteil, dass dies die Massenbilanzierung vereinfacht und leichter nachvollziehbar macht. Der Hintergrund dazu ist, dass unterschiedliche Wasseranteile verschiedener biogener Materialien die Vergleichbarkeit erschweren. Paradeiser, Weintrauben, Holzbrett oder Baumwolle haben extrem unterschiedliche Wassergehalte von 90 % im ersten Fall bis unter 10 % im letzten Fall[513]. Zudem wird durch den stark variierenden Wassergehalt von der Entnahme aus der Natur bis zum Produkt und zur Retournierung an die Natur eine massenbilanzierte Materialflussrechnung schnell unübersichtlich. Deswegen ist es speziell bei einem Fokus auf biogene Materialien wesentlich einfacher, die Flüsse entweder in Trockensubstanz oder eben wie hier als Kohlenstoffflüsse darzustellen.

Zur leichteren Interpretation von Kohlenstoffflüssen hier ein Beispiel zu Holz, bei dem der durchschnittliche C-Anteil sowie andere Bestandteile des biogenen Produkts Holz dargestellt werden (siehe Abb 26).

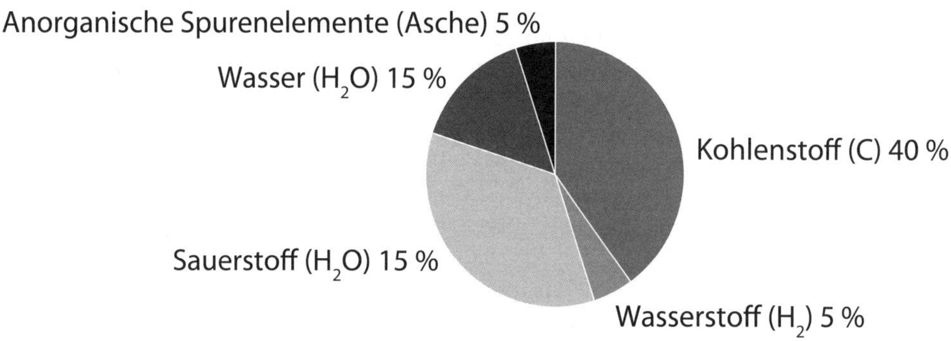

Abb 26: Chemische Zusammensetzung von Holz in Gewichtsprozenten [Quelle: Krausmann ua 2018[514]]

In Österreich wurden im Jahr 2020 mit den biogenen Materialien 23,4 Mt C der Natur entnommen bzw importiert[515]. Zusätzlich ist der Wald als Kohlenstoff-Senke um 0,8 Mt C gewachsen (siehe Abb 27). Am Beispiel Holz hier eine kurze Lesehilfe des Diagramms

513 Krausmann, Fridolin, Helga Weisz, Nina Eisenmenger, Helmut Schütz, Willi Haas, und Anke Schaffartzik. Economy-wide Material Flow Accounting Introduction and Guide. Vienna: Institute of Social Ecology, 2015, abgerufen am 30.7.2025.

514 Krausmann, Fridolin, Christian Lauk, Willi Haas, und Dominik Wiedenhofer. „From Resource Extraction to Outflows of Wastes and Emissions: The Socioeconomic Metabolism of the Global Economy, 1900–2015". Global Environmental Change 52 (September 2018): 131–40. https://doi.org/10.1016/j.gloenvcha.2018.07.003, abgerufen am 30.7.2025.

von links nach rechts. Insgesamt stehen in Österreich 12,8 Mt C Holz zur Verfügung (5,4 Importe, 5,6 Ernte und 1,8 aus anderen Quellen [zB Altholz]). Von diesen werden 2,4 Mt C als Holz exportiert, 6,2 Mt C energetisch und 3,5 Mt C werden als Material genutzt (zB Möbel oder Bauholz). Weiters fallen nach der Ernte noch 0,7 Mt C Totholz und Ernterückstände an.

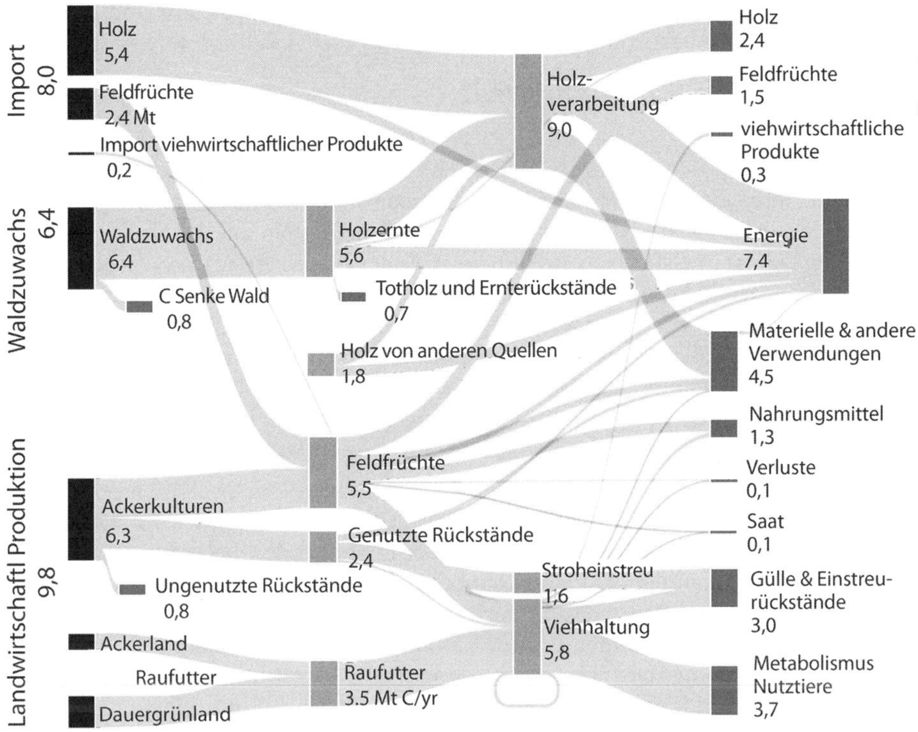

Abb 27: Flussdiagramm der biogenen Flüsse in Österreich im Jahr 2020 dargestellt als Karbonflüsse (C) in Millionen Tonnen [Quelle: Erb ua 2025[516], adaptierte Darstellung]

Die Darstellung enthält nun nur die Flüsse selbst, nicht aber welche Treibhausgas-Emissionen damit verbunden sind. Dem Ernährungssystem werden Treibhausgas-Emissionen von etwa 21,5 Mt CO2eq zugeschrieben. Der Holzernte, Transport und Verarbeitung etwa 0,5 Mt CO2eq.

515 Erb, Karlheinz, Ulrike Tappeiner, und Wilfried Winiwarter. „Chapter 2. Climate change, land use, ecosystem services and health". Verlag der Österreichischen Akademie der Wissenschaften, 17. Juni 2025. https://doi.org/10.1553/aar2-ch2, abgerufen am 30.7.2025.

516 Erb, Tappeiner, und Winiwarter.

5.1.1.5. Ein Kreislaufwirtschaftsfokus auf biogene Materialflüsse

Werfen wir nun mit einem Kreislaufwirtschaftsfokus einen kritischen Blick auf die biogenen Materialflüsse Österreichs. Dazu bedienen wir uns der eingangs diskutierten Interventionsoptionen der 10-R-Strategien, zusammengefasst in den Gruppen Verkleinern (K), Verlangsamen (L) und Kreislaufschließung (S). Letzteres ist allerdings keine komplette Schließung der Kreisläufe, das ist thermodynamisch nicht möglich, sondern eine verstärkte Schließung, bei der Trade-Offs wie erhöhter Energieaufwand oder zusätzliches Material für Ausrüstungen zur Aufbereitung berücksichtigt werden müssen.

5.1.1.5.1. Verkleinern (K): Wo ansetzen?

5.1.1.5.1.1. Holz

Für Holz und Holzprodukte sind hier einmal Papierprodukte zu nennen. Österreich ist ein Großimporteur von Holz. Holzimporte betragen mehr als 20 % der in Österreich verarbeiteten biogenen Materialflüsse. Hier fokussieren wir aber auf die Nachfrageseite. Der Papierkonsum ist in Österreich auf hohem Niveau und beispielsweise Werbematerial hat sehr hohe Streuverluste, dh für viele Empfänger:innen ist es eine unverlangte Zusendung. Im Jahr 2020 war der Papierverbrauch pro Kopf in Österreich und Deutschland deutlich über 200 kg. Allerdings kommen Länder wie Großbritannien, Niederlande, Schweden oder Slowenien mit ca 110 bis 150 kg pro Kopf aus. In Norwegen sind es nur 82 kg. Einsparpotenziale liegen daher auf der Hand und können hier in der Größenordnung von 0,4 Mt C liegen, wenn der Papierkonsum halbiert wird.

Ein anderer Bereich liegt bei der Holzverwendung im Gebäudesektor. Hier wird oft propagiert, dass ein Umstieg auf Holzbauweise im Neubau im Sinne des Klimaschutzes einen hohen Nutzen bringt. Angesichts der ständig steigenden beheizten Fläche pro Kopf in Österreich ist aber der Neubau auf unbebautem Land insgesamt in Frage zu stellen. Das erfordern auch die Einhaltung der Bodenverbrauchsziele des Regierungsübereinkommens[517], die verpflichtenden Pariser Klimaziele und die Kreislaufwirtschaftsstrategie der Bundesregierung. Die Herausforderung liegt darin, wie vorhandene Gebäude besser genutzt werden können, wie Leerstand reduziert, wie Wohnungswechsel ohne monetäre und Qualitätsverluste gestaltet und wie Umnutzungen (zB von Büro- zu Wohnfläche) erfolgen können[518]. Ein erheblicher Anteil der 3,5 Mt C für die materielle Verwendung steht im direkten oder indirekten Zusammenhang mit Neubautätigkeiten. Reduktionen in der Größenordnung von 1 Mt C wären hier jedenfalls realisierbar[519].

Ein weiteres Beispiel der Reduktion ist ein Nebeneffekt, der auftritt, wenn Häuser thermisch renoviert werden. Das reduziert gleichzeitig auch die Nachfrage nach Brennholz, Pellets und Hackschnitzeln.

---

517 Bundeskanzleramt. „Jetzt das Richtige tun. Für Österreich. Regierungsprogramm 2025-2029“. Regierungsprogramm. Wien, 2025. https://www.bmj.gv.at/ministerium/Regierungsdokumente.html, abgerufen am 30.7.2025.

518 Schinko, Smetschka, und Steininger, „Chapter 1. Provision of Goods and Services in a Climate-Resilient Economy via Materials, Energy and Work“; Eisenmenger, Nina, André Baumgart, Fridolin Krausmann, und Willi Haas. „Ressourcennutzung in Österreich 2024“. Wien, 2024. https://www.bmf.gv.at/themen/bergbau/mineralrohstoffpolitik/oesterreich/ressourcennutzung-in-oesterreich.html, abgerufen am 30.7.2025; Haas, W., André Baumgart, Nina Eisenmenger, Doris Virág, Geral Kalt, Mark Sommer, Kurt Kratena, und Ina Meyer. „How Decarbonization and the Circular Economy Interact: Benefits and Trade-Offs in the Case of the Buildings, Transport, and Electricity Sectors in Austria“. Journal of Industrial Ecology n/a, Nr. n/a (2025). https://doi.org/10.1111/jiec.13619, abgerufen am 30.7.2025.

519 Haas u. a., „How Decarbonization and the Circular Economy Interact“.

5.1.1.5.1.2. Nahrungsmittel

Die neuen Ernährungsempfehlungen sehen aus Gesundheitsgründen einen deutlich reduzierten Anteil an Fleischkonsum gegenüber den Essensgewohnheiten in Österreich vor[520]. Eine gesunde Ernährungsumstellung reduziert die Nachfrage an nachwachsenden Rohstoffen und die Treibhausgasemissionen. Eine entschieden betriebene Politik könnte durch Preissignale, Beratungen im Gesundheitssystem, Regulierungen der Werbung[521] und Veränderungen in der Angebotsstruktur vom Regal bis zur Kantine je nach Intensität 20–70 % der 9,8 Mt C der landwirtschaftlichen Produktion einsparen. Wie Studien für das Treibhausgas-Reduktionspotenzial belegen, liegt das Potenzial hier in einer ähnlichen Größenordnung[522].

Auch wenn die Lebensmittelabfälle auf der Output-Seite keine große Rolle spielen, könnte eine Halbierung der Abfälle 0,2–0,4 Mt C an landwirtschaftlicher Produktion einsparen.

5.1.1.5.2. Verlangsamen (L): Wo geht es zu schnell?

5.1.1.5.2.1. Holz

Das erste große Potenzial, das hier auffällt, ist der Anteil von 30 % der nachwachsenden Rohstoffe (7,4 Mt C), die energetisch verwertet werden. 3,3 Mt C stammen aus der Holzverarbeitung, 1,6 Mt C aus der Ernte und 0,7 Mt C von Importen. Hier sollte die kaskadische Nutzung deutlichen Vorrang bekommen, dh die thermische Verwertung ist nur die letzte Option. Potenziale sollten hier dringend abgeschätzt werden, um dann im nächsten Schritt lineare Pfade durch Hürden zu erschweren und kaskadische Nutzungen durch Anreize zu fördern.

Ein anderer Ansatz ist bei Holzprodukten auf Langlebigkeit und hohe Qualität zu setzen. ZB bei Möbeln statt auf Billigstprodukte durch Anreize auf gut verarbeitete und ansprechende Produkte zu setzen.

5.1.1.5.2.2. Textilien

Mit der Fast-Fashion und der Billigproduktion hat sich das Segment von Textilien mit sehr kurzer Lebensdauer stark vergrößert. Hier gibt es zahlreiche Ansatzpunkte, die Textilflüsse zu verlangsamen und den Second-Hand-Markt zu fördern[523].

---

520 Bundesministerium Soziales, Gesundheit, Pflege und Konsumentenschutz. „Österreichische Ernährungsempfehlungen NEU", 2024. https://www.sozialministerium.at/Themen/Gesundheit/Ernährung/Österreichische-Ernährungsempfehlungen-NEU.html, abgerufen am 30.7.2025.

521 Siehe „What counts as junk food in upcoming UK advert Ban", BBC vom September 2024. https://www.bbc.com/news/articles/cp3d33l53r9o, abgerufen am 1.10.2025.

522 Zhang, Mingrui, Jing-Chun Feng, Liwei Sun, Pian Li, Yanyan Huang, Si Zhang, und Zhifeng Yang. „Individual Dietary Structure Changes Promote Greenhouse Gas Emission Reduction". Journal of Cleaner Production 366 (September 2022): 132787. https://doi.org/10.1016/j.jclepro.2022.132787, abgerufen am 30.7.2025; Willett, Walter, Johan Rockström, Brent Loken, Marco Springmann, Tim Lang, Sonja Vermeulen, Tara Garnett, u. a. „Food in the Anthropocene: The EAT–Lancet Commission on Healthy Diets from Sustainable Food Systems". The Lancet 393, Nr. 10170 (Februar 2019): 447–92. https://doi.org/10.1016/S0140-6736(18)31788-4, abgerufen am 30.7.2025.

523 Hammerl, Lara Anna. „Textile Stoffströme: Eine Analyse des österreichischen Textilsystems für das Jahr 2021". Social Ecology Working Paper. Wien, 2024. https://boku.ac.at/fileadmin/data/H03000/H73000/H73700/Publikationen/Working_Papers/WP_199_Web_Hammerl_neu.pdf, abgerufen am 30.7.2025.

5.1.1.5.3. Kreisläufe schließen (S): Wo sind die Lücken?

Hier werden einige Aspekte herausgegriffen, nämlich solche, wo lineare Flüsse von C, N und P vermehrt zirkulär gestaltet werden können.

Zunächst geht es um die Verbesserung des Managements organischen Düngers. Der im organischen Dünger enthaltene Kohlenstoff soll zum Humusaufbau in den Böden maximiert und die Kohlenstoff-Emission in die Atmosphäre minimiert werden. Derzeit stammt ein großer Anteil des als kritisch eingestuften Rohstoffs Phosphor für die Düngung aus Lagerstätten, also folgt einem linearen Modell. Eine systematische Diskussion von Optionen für eine simultane Verbesserung für N- und P-Kreisläufe wird von Tanzer ua auf Basis einer detaillierten Materialflussrechnung geführt[524]. Die Analyse zeigt, dass die Netto-Importe des Phosphors zur Hälfte in den Boden gelangen, zu 40 % im Abfall landen und zu 10 % im Wasser. Die Netto-Importe des Stickstoffs gehen zu 80 % in die Atmosphäre. Die Optionen zur Optimierung mit vielen positiven Synergie-Effekten reichen von Maßnahmen zur Verbesserung der Nährstoffrückgewinnung und -verwertung (zB aus Asche- und Klärschlamm), der Reduktion der Düngemittelverwendung und der Reduktion von umweltbelastenden Emissionen (zB Reduktion der Emissionen bei der Gülle-Lagerung).

Der hohe Anteil an Futtermittelimporten und damit an teils kontinentalen Nährstoff-Verlagerungen stellt sich einer Kreislaufführung ebenfalls in den Weg. Kürzere Wege schaffen einfach mehr Möglichkeiten der Kreislaufführung ohne überbordenden Energieeinsatz für den Transport.

Ein anderes Thema ist der derzeit noch sehr hohe Einsatz fossiler Energieträger vor allem in der landwirtschaftlichen Produktion und der Herstellung von Geräten und Inputs (zB Düngemittel).

5.1.1.6. Schlussfolgerungen: Weniger, länger und effizienter nutzen

Kreislaufwirtschaftsstrategien inkludieren biogene Stoffflüsse auf einer definitorischen Ebene. Kommt es allerdings zu konkreten Maßnahmen, sind diese wenig belichtet. Dies ist einerseits dem Umstand geschuldet, dass im Gegensatz zu nachwachsenden Rohstoffen nicht-erneuerbare Ressourcen „lediglich" Strategien innerhalb des sozio-ökonomischen Systems erfordern. Auch wenn dieses nicht leicht zu steuern ist, so liegt es aber doch im Blickfeld gesellschaftlichen Handelns. Im Gegensatz dazu erfordern nachwachsende Rohstoffe den Blick über den Rand des sozio-ökonomischen Systems hinaus auf Ökosysteme. Diese sind oft schon vorbelastet, gleichzeitig sollen diese aber nur innerhalb der Grenzen der Regenerierbarkeit genutzt werden. Dies kann aufgrund der kleinräumigen Heterogenität leicht zu Überforderungen führen. Da ist es dann einfacher, nachwachsende Rohstoffe unkritisch und pauschal als nachhaltig einzustufen. Das ist aber keineswegs der Fall. Daher ist die oberste Priorität auch hier weniger, länger und effizienter zu

524 Tanzer, Julia, Ottavia Zoboli, Matthias Zessner, und Helmut Rechberger. „Filling Two Needs with One Deed: Potentials to Simultaneously Improve Phosphorus and Nitrogen Management in Austria as an Example for Coupled Resource Management Systems". Science of The Total Environment 640–641 (November 2018): 894–907. https://doi.org/10.1016/j.scitotenv.2018.05.177, abgerufen am 30.7.2025.

nutzen. Die Diskussion der biogenen Flüsse in Österreich hat viele Ansatzpunkte aufgezeigt. Aber hier ist noch viel inter- und transdisziplinäre Analysearbeit zu leisten, um das Feld gut zu strukturieren. Eine kritische Perspektive erfordert es jedenfalls, neben der Regenerationsfähigkeit der Ökosysteme Synergien und nachteilige Auslagerungseffekte auf Klima, Artenvielfalt und soziale Gerechtigkeit in den Blick zu nehmen.

5.1.2. Energie und Kreislaufwirtschaft als Gamechanger

Karl Kienzl/Heike Zimmermann-Timm

5.1.2.1. Einleitung – Relevanz der Kreislaufwirtschaft für nachhaltiges Wirtschaften

Eine ausreichende Versorgung unserer Wirtschaft und Gesellschaft mit Energie und Rohstoffen ist eine zunehmende Herausforderung. Um dies zu gewährleisten, wurde von der Europäischen Kommission der Aktionsplan *Circular Economy* ins Leben gerufen. Nationale Kreislaufstrategien in Deutschland (BMUV 2024[525]) und Österreich (BMK 2022[526]) konkretisieren diese Ziele.

Es ist unbestritten, dass unser Planet nur begrenzt Rohstoffe für die Produktion zur Verfügung hat. Diese bio-physikalischen Grenzen werden zunehmend überschritten[527]. Wenn wir mittel- bis langfristig Güter produzieren wollen, müssen wir lernen, mit den verfügbaren Ressourcen auch auszukommen.

Das Prinzip der Kreislaufwirtschaft bedeutet daher eine vehemente Abkehr unserer noch immer existenten Wegwerfgesellschaft.

5.1.2.2. Herausforderungen bei der Implementierung der Kreislaufwirtschaft

Der erste Schritt für ein Unternehmen ist eine Potenzialanalyse des Geschäftsmodells, um zu prüfen, ob und wie Kreislaufwirtschaft im eigenen Unternehmen umgesetzt werden kann. Der Austausch mit anderen Unternehmen ist dabei unerlässlich, um entlang der eigenen Wertschöpfungskette den Ersatz von Primärrohstoffen durch Abfälle anderer Unternehmen auszuloten. Es braucht letztlich einen ökonomisch gleichberechtigten Sekundärrohstoffmarkt, um die oftmals noch billigeren Primärrohstoffe zu ersetzen. Das kann durch legistische Maßnahmen wie Internalisierung externer Kosten (Umweltschäden bei Gewinnung, Produktion und Entsorgung, Transportmittel und -wege, Entsorgungskosten, …) oder Besteuerung von Primärrohstoffen ermöglicht werden.

Auch in der Kreislaufwirtschaft gibt es kaum vollständig geschlossene Systeme. Selbst bei sorgfältiger Nutzung und Wiederverwertung entstehen mit der Zeit Stoffströme, die

525 BMUV, Nationale Kreislaufwirtschaftsstrategie, 4.12.2024, https://www.bmuv.de/download/nationale-kreislaufwirtschaftsstrategie-nkws, abgerufen am 14.4.2025.

526 BMK, Österreich auf dem Weg zu einer nachhaltigen und zirkulären Gesellschaft – Die österreichische Kreislaufwirtschaftsstrategie, 7.12.2022, https://www.bmimi.gv.at/dam/jcr:9377ecf9-7de5-49cb-a5cf-7dc3d9849e90/Kreislaufwirtschaftsstrategie_2022_230215.pdf, abgerufen am 14.4.2025.

527 Richardson/Steffen/Lucht/Bendtsen/Cornell/Donges/Drüke/Fetzer/Bala/von Bloh/Feulner/Fiedler/Gerten/Gleeson/Hofmann/Huiskamp/Kummu/Mohan/Nogués-Bravo/Petri/Porkka/Rahmstorf/Schaphoff/Thonicke/Tobian/Virkki/Wang-Erlandsson/Weber/Rockström. Earth beyond six of nine planetary boundaries. Science Advances (2023), https://doi.org/10.1126/sciadv.adh2458, abgerufen am 14.4.2025.

nicht mehr recycelbar sind und allenfalls noch thermisch verwertet werden können. Daher wird auch künftig der Bedarf an Primärrohstoffen bestehen. Deren nachhaltige und verantwortungsvolle Gewinnung muss ebenso hohe Priorität haben wie der Schutz und Erhalt unseres Naturkapitals.

Für die Rohstoffversorgung in der Kreislaufwirtschaft gelten folgende Grundsätze: Der Rohstoffbedarf soll künftig prioritär aus nachhaltigen Sekundärquellen gedeckt werden, dann aus nachhaltigen erneuerbaren Quellen und nur der verbleibende Rest aus nicht erneuerbaren Quellen. Wobei jeweils vorrangig jene Rohstoffquellen genutzt werden sollen, die hohen sozialen, menschenrechtlichen und ökologischen Standards genügen.

5.1.2.2.1. Überblick über erneuerbare Energien und ihre Rolle im Klimaschutz

Erneuerbare Energien leisten einen unverzichtbaren Beitrag zum Klimaschutz, da sie eine kohlenstoffarme Alternative zu fossilen Energieträgern bieten. Sie müssen jedoch unter Berücksichtigung ökologischer und sozialer Aspekte ausgebaut werden.

Der Energiesektor ist mit 38,34 % weltweit eine der Hauptquellen von Treibhausgasemissionen, die zur globalen Erwärmung beitragen[528]. Der Ausbau erneuerbarer Energien, wie Wind-, Solar- und Wasserkraft, Biomasse und Geothermie, ermöglicht eine Reduktion der Emissionen und trägt entscheidend zur Erreichung der Klimaziele bei.

Photovoltaik und Windkraft gehören derzeit zu den am schnellsten wachsenden erneuerbaren Technologien, da ihre Kosten in den letzten Jahren erheblich gesunken sind. Der Anteil der erneuerbaren Energien am Bruttoendenergieverbrauch lag in Deutschland bei 22 %, in Österreich bei 33,4 %[529]. In Deutschland war unter den erneuerbaren Energien die Windenergie mit 31 % der wichtigste Energieträger[530]. Diese Technologien sind nicht nur emissionsarm, sondern auch nahezu unbegrenzt verfügbar. In Österreich hat traditionell die Wasserkraft einen hohen Anteil am Energiemix, im Jahr 2023 betrug dieser bereits 61 %. Zusätzliche Möglichkeiten bieten Biomasse und Geothermie.

Für einen erfolgreichen Übergang zu einer klimafreundlichen Energieversorgung sind politische und wirtschaftliche Rahmenbedingungen entscheidend. Fördermaßnahmen, CO_2-Bepreisung, Investitionen in Speichertechnologien sowie Netzausbau sind erforderlich, um eine zuverlässige und effiziente Nutzung sicherzustellen. Nur durch einen konsequenten Ausbau der erneuerbaren Energien und eine nachhaltige Integration in das Energiesystem können diese ihr volles Potenzial im Klimaschutz entfalten. Das *Erneuerbare-Energien-Gesetz* (EEG) in Deutschland[531] sieht vor, bis 2030 den Anteil der erneuerbaren Energien auf mindestens 80 % zu erhöhen. Das *Erneuerbaren-Ausbau-Gesetz* (EAG) in Österreich[532] hat zum Ziel, den Anteil der erneuerbaren Energien an der Stromproduktion bis 2030 auf 100 % zu steigern und bis 2040 die Klimaneutralität des Landes zu erreichen.

528 Statista, 2025, https://de.statista.com/, abgerufen am 30.1.2025.
529 Umweltbundesamt, Treibhausgasemissionen, 2024, www.umweltbundesamt.de, abgerufen am 30.1.2025.
530 Ebd.
531 BMJ, EEG, 21.7.2014, https://www.gesetze-im-internet.de/eeg_2014/, abgerufen am 12.2.2025.
532 BKA, EAG, 17.3.2021, https://www.ris.bka.gv.at/GeltendeFassung.wxe?Abfrage=Bundesnormen&Gesetzesnummer=20011619, abgerufen am 12.2.2025.

5.1.2.2.2. Auswirkungen der Energieproduktion auf die Biodiversität

Erneuerbare Energien bieten Vorteile, es gibt aber auch Auswirkungen der Energieproduktion auf die Biodiversität.

Windkraftanlagen können durch Kollisionen von Vögeln und Fledertieren mit Rotorblättern zur Gefährdung von Tieren führen und auch auf das Pflanzenwachstum und Bodenbedingungen Einfluss nehmen[533, 534]. Laufende Entwicklungen in der Technik und im Betrieb von Windkraftanlagen tragen dazu bei, dieses Risiko zu minimieren. So hat das *Zentrum für Signal- und Nachrichtentechnik* (ZSN) der Schweiz das *BirdScan MV1 Radar* entwickelt[535]: Befinden sich zu viele Vögel in einer bestimmten Höhe, veranlasst das System automatisch das Stoppen der Windkraftanlage. Sobald der Vogelzug abnimmt, können die Rotoren wieder kreisen.

Großflächige Solaranlagen erfordern Landnutzungsänderungen. Etwa 0,1 % der landwirtschaftlichen Flächen in Deutschland sind mit Solaranlagen belegt[536]. Diese können zur Zerstörung der natürlichen Bodenfunktion führen und auch Einfluss auf die Biodiversität nehmen[537]. Welche Möglichkeiten es gibt, dem entgegenzuwirken, zeigt das Beispiel der Vitivoltaik in den Sonderkulturen der *Hochschule Geisenheim*, wo Sonderkulturen unter Berücksichtigung der Biodiversität und Nutzung der Photovoltaik kultiviert werden[538]. Eine weitere Möglichkeit zur Reduzierung des Flächenverbrauchs bietet die Installation von schwimmenden Photovoltaikanlagen (Floating PV) auf künstlichen Gewässern. In Deutschland beträgt die derzeit installierte Leistung von Floating-PV-Anlagen etwa 21 Megawatt, mit weiteren 62 Megawatt in Planung oder im Bau. Mögliche Auswirkungen auf die Gewässer werden untersucht[539].

Der Bau von Staudämmen und Wasserkraftwerken führt zur Fragmentierung von Lebensräumen und wirkt damit auf die Struktur und Funktion der Fließgewässer, daher sollte gerade die Förderung von Kleinwasserkraftanlagen mit geringer Effizienz vor der Planung kritisch reflektiert werden[540].

Die lokale Zerstörung ist bei der geothermischen Energiegewinnung im Regelfall gering, die Auswirkungen auf die Biodiversität, insbesondere im Grundwasser, wurden bisher kaum untersucht[541].

533 Gao/Wu/Qiu/Mei/Yao/Meng/Liu, The impact of wind energy on plankton biomass production in China, Scientific Reports 13, Article number: 22366 (2023).

534 Hurst/Biedermann/Dietz C./Dietz M./Reers/Karst/Petermann/Schorcht/Brinkmann,Windkraft im Wald und Fledermausschutz. Überblick über den Kenntnisstand und geeignete Erfassungsmethoden und Maßnahmen, in Voigt (Hrsg), Evidenzbasierter Fledermausschutz in Windkraftvorhaben (2020) 29.

535 ZHAW Zürcher Hochschule für Angewandte Wissenschaften, BirdScan MV1 Radar – Vogelfreundlichere Windenergie dank Bird Radar, https://www.zhaw.ch/de/engineering/institute-zentren/isc/referenzprojekte/birdscan-mv1-radar, abgerufen am 10.2.2025.

536 Wirth/Bruelheide/Farwig/Marx/Settele, Faktencheck Artenvielfalt (2024).

537 Helbig/Auerwald/Gödecke/Henke/Stadtmann/Frey-Wehrmann, Bodenschutz 2022, 126.

538 Strub/Wittke/Trommsdorff/Stoll/Kammann/Loose, Assessing the economic performance of agrivoltaic systems in vineyards – framework development, simulated scenarios and directions for future research, Frontiers in Horticulture 3 2024, 1.

539 Mehl/Mehl/Kühl/Johnson/Bunzel, Schwimmende PV-Anlagen: Auswirkungen auf Arten, Lebensräume und Landschaftsbild. BfN – Schriften 685 (2024).

540 Mehl/Iwanowski/Hoffmann/Pusch, Einfluss von Wasserkraftanlagen auf den ökologischen Zustand von Fließgewässern in Deutschland, Wasser und Abfall 25 2023, 35.

541 Spengler/Hahn, Thermostress. Ökologisch begründete, thermische Schwellenwerte und Bewertungsansätze für das Grundwasser, Korrespondenz Wasserwirtschaft 9 2018, 521.

Die Energiegewinnung durch Biomasse, wie Pflanzen, Holz oder landwirtschaftliche Abfälle, kann negative Auswirkungen auf die Biodiversität haben, wenn sie in Form von Monokulturen vonstattengeht und damit zu einer Verarmung der Fruchtfolge und Landschaftsstruktur führt[542].

Trotz der oben genannten ökologischen Herausforderungen bieten erneuerbare Energien eine notwendige Alternative zu den fossilen Energieträgern. Ein nachhaltiger Weg der Energiegewinnung ist unerlässlich, wenn der Mensch seinen Lebensstandard langfristig sichern und gleichzeitig die ökologischen Belastungsgrenzen des Planeten respektieren will. Es braucht daher eine zukunftsfähige Balance zwischen Energiebedarf und Naturschutz.

5.1.2.2.3. Effizienzsteigerung und Kreislaufwirtschaft in Energiesystemen

Effizienzsteigerung und Kreislaufwirtschaft sind zwei wichtige Aspekte, um die Nachhaltigkeit und Leistungsfähigkeit im Bereich der erneuerbaren Energien zu maximieren. Beide Aspekte spielen eine wichtige Rolle in der Transformation.

Wichtige Ansätze dafür sind technologische Innovationen, die zur Steigerung der Energieausbeute, zu Fortschritten in den Speichertechnologien und zur intelligenten Steuerung der Stromnetze beitragen.

Kreislaufwirtschaft im erneuerbaren Energiesystem bedeutet, dass Materialien am Ende ihrer Lebensdauer möglichst oft wiederverwendet werden. Ist dies technisch nicht mehr machbar, sollten sie letztendlich thermisch verwertet werden. Daher braucht es wiederverwendbare und langlebige Materialien, die biobasiert und recyclingfähig sind, sowie eine entsprechende Berücksichtigung im Produktdesign.

Beispiele und Kriterien für „Circular Design" finden sich etwa beim *Österreichischen Umweltzeichen*[543], beim *Institute of Design Research Vienna*[544] oder beim deutschen *Ecochain*[545], um nur einige zu nennen.

5.1.2.3. Politische und gesellschaftliche Rahmenbedingungen

5.1.2.3.1. Internationale und nationale Gesetzgebung

Die *Agenda 2030 für nachhaltige Entwicklung* und das *Pariser Klimaabkommen* setzen globale Rahmenbedingungen für eine nachhaltige Transformation.[546, 547] Der *European Green Deal* strebt ein klimaneutrales Europa bis 2050 an und umfasst Maßnahmen zu Klimaschutz, sauberer Energie und Kreislaufwirtschaft.[548, 549]

542 Wirth/Bruelheide/Farwig/Marx/Settele, Faktencheck Artenvielfalt (2024).

543 Österreichisches Umweltzeichen, Circular Design Rules, https://www.umweltzeichen.at/de/produkte/start/circular-design-rules, abgerufen am 12.2.2025.

544 IDRV, https://www.idrv.org/, abgerufen am 12.2.2025.

545 Ecochain, Handbuch: Ökodesign, nachhaltiges Design, Zirkuläres Design – Was ist der Unterschied?, 28.11.2023, https://ecochain.com/de/blog/handbuch-ecodesign-nachhaltiges-design-circular-design-was-ist-der-unterschied/, abgerufen am 12.2.2025.

546 Helbig/Auerwald/Gödecke/Henke/Stadtmann/Frey-Wehrmann, Bodenschutz 2022, 126.

547 Strub/Wittke/Trommsdorff/Stoll/Kammann/Loose, Assessing the economic performance of agrivoltaic systems in vineyards – framework development, simulated scenarios and directions for future research, Frontiers in Horticulture 3 2024, 1.

548 Mehl/Iwanowski/Hoffmann/Pusch, Einfluss von Wasserkraftanlagen auf den ökologischen Zustand von Fließgewässern in Deutschland, Wasser und Abfall 25 2023, 35.

549 Spengler/Hahn, Thermostress. Ökologisch begründete, thermische Schwellenwerte und Bewertungsansätze für das Grundwasser, Korrespondenz Wasserwirtschaft 9 2018, 521.

Der *Kreislaufwirtschaftsaktionsplan* (CEAP – Circular Economy Action Plan) ist ein wesentlicher Bestandteil des *Green Deals* und zielt auf die Entkopplung von Wirtschaftswachstum und Ressourcennutzung ab.

Auf nationaler Ebene wurden in Deutschland (BMUV 2024) und Österreich (BMK 2022) Kreislaufstrategien beschlossen, die den Weg für eine ressourcenschonende Wirtschaft weisen. Ziel ist es, den Primärrohstoffverbrauch zu senken und geschlossene Stoffkreisläufe zu ermöglichen, um zur Klimaneutralität beizutragen.

5.1.2.3.2. Förderung einer interdisziplinären und intersektoralen Zusammenarbeit

Die Kreislaufwirtschaft erfordert branchen- und disziplinübergreifende Zusammenarbeit. Unternehmen müssen entlang der Wertschöpfungskette kooperieren, um Ressourcen effizient zu nutzen und innovative Lösungen zu entwickeln. Initiativen in Deutschland und Österreich vernetzen Akteur:innen aus Wirtschaft, Wissenschaft und Politik, um Best Practices zu fördern. Politische Maßnahmen wie Recyclingquoten, steuerliche Anreize und Produktverantwortung schaffen Rahmenbedingungen für eine ressourcenschonende Wirtschaft.

5.1.2.3.3. Rahmenbedingungen in Unternehmen

Die Umstellung auf Kreislaufwirtschaft ist für Unternehmen eine Herausforderung, da sie zunächst Investitionen erfordert, sich aber mittel- bis langfristig wirtschaftlich auszahlt. Das Engagement des Managements ist für den Erfolg der Umstellung essenziell.

Grundlage ist eine Analyse der Kreislauffähigkeit des Geschäftsmodells, um Sekundärrohstoffe optimal zu nutzen und Schadstoffe zu vermeiden.

Maßnahmen sollten gemeinsam mit den Mitarbeitenden entwickelt werden, da ihre Einbindung für eine erfolgreiche Transformation entscheidend ist.

Digitale Technologien spielen eine Schlüsselrolle, indem sie Materialflüsse transparenter machen und Wiederverwertung erleichtern.

5.1.2.3.4. Bildung und öffentliches Bewusstsein

Bildung und Bewusstseinsbildung sind zentral für die Kreislaufwirtschaft[550]. Bildungsprogramme sollten für alle Menschen, von der Kindheit bis in das Erwachsenenalter, die Prinzipien der Kreislaufwirtschaft vermitteln, um eine Sensibilisierung für dieses wichtige Thema zu fördern und ein verändertes Handeln zu forcieren.

5.1.2.4. Ausblick

Die Kreislaufwirtschaft bietet Unternehmen die Chance, Ressourcen zu sichern, Umweltbelastungen zu reduzieren und wirtschaftliche Potenziale zu erschließen. Dafür sind Politik, Wirtschaft und Konsument:innen gleichermaßen gefordert: Es braucht klare Rahmenbedingungen, innovative Geschäftsmodelle und nachhaltige Kaufentscheidungen.

---

550 Zimmermann-Timm, Mehr Bildung für einen besseren Klimaschutz, in: Lozan/Breckle/Graßl/Kuttler/Matzarakis. Warnsignal Klima. Die Städte. Wissenschaftliche Auswertungen in Kooperation mit GEO (2019) 293.

Eine energieeffiziente Kreislaufwirtschaft erfordert Investitionen in Infrastruktur und Forschung. Technologische Innovationen wie Smart Grids, Sektorkopplung und digitale Lösungen sind essenziell, um Energieflüsse zu optimieren und eine klimafreundliche Wirtschaft zu etablieren.

Eine nachhaltige Kreislaufwirtschaft ist nur mit erneuerbaren Energien möglich. Politik, Unternehmen und Wissenschaft müssen gemeinsam an einer ressourcenschonenden und energieeffizienten Transformation arbeiten.

5.2. Ressourcenmanagement und Materialeffizienz

5.2.1. Input-basierte Produktportfolio Analyse für krisenfittere Unternehmen

Willi Haas

Mittlerweile ist es klar geworden, dass die vielen aufeinanderfolgenden und sich teils überlagernden Krisen keine Ausnahmeerscheinungen sind. Vielmehr müssen wir uns mittelfristig auf „Störungen" oder Herausforderungen im Alltagsgeschehen einstellen. Die planetare Dreifach-Krise bestehend aus Klimawandel, Verlust an Artenvielfalt und Verschmutzung[551] wird uns häufiger und heftiger treffen als in der Vergangenheit. Geopolitische Verwerfungen und Pandemien sind ebenso wieder wahrscheinlicher geworden. Gleichzeitig ist es unwahrscheinlich, dass sich uns bekannte Krisen einfach wiederholen oder sich diese in Art, Intensität und Dauer im Vorhinein gut einschätzen lassen. Wollen wir in unseren Geschäftsaktivitäten krisenfitter werden, können wir uns daher weniger mit einer spezialisierten Strategie vor einer konkreten Störung wappnen; auf das weisen Erkenntnisse aus der Biologie (K- und R-Strategen)[552] und der Unternehmensplanung[553] hin. Vielmehr benötigen wir im unternehmerischen Umfeld Strategien großer Bandbreite. Auch hier gibt es anfälligere und robustere Umgestaltungen bei der Veränderung der Geschäftsstrategie, dh bei der Veränderung der Systemeigenschaften einer Organisation.

Es liegt auf der Hand, dass diese Grundüberlegungen sehr viel mit einer unternehmerischen Kreislaufwirtschaftsstrategie zu tun haben. Dies trifft umso mehr zu, wenn die Kreislaufwirtschaftsstrategie nicht nur mit Recycling assoziiert wird, sondern vor allem mit einem Reduzieren und Verlangsamen der Material- und Energieflüsse[554]. Nun

551 UNEP IRP. (2024). Global Resources Outlook 2024: Bend the Trend – Pathways to a liveable planet as resource use spikes. International Resource Panel. https://wedocs.unep.org/20.500.11822/44901, abgerufen am 30.7.2025.

552 Jeschke, J. M., Gabriel, W., & Kokko, H. (2008). R-Strategist/K-Strategists. In S. E. Jørgensen & B. D. Fath (Hrsg.), Encyclopedia of Ecology (S. 3113–3122). Academic Press. https://doi.org/10.1016/B978-008045405-4.00648-0, abgerufen am 30.7.2025; Yin, Q., Sun, Y., Li, B., Feng, Z., & Wu, G. (2022). The r/K selection theory and its application in biological wastewater treatment processes. Science of The Total Environment, 824, 153836. https://doi.org/10.1016/j.scitotenv.2022.153836, abgerufen am 30.7.2025.

553 Remmers, F. (2020). Unternehmerische Resilienz (nicht nur) in Krisenzeiten durch Corporate Integrity Controlling (CICO). In A. Brink, B. Hollstein, C. Neuhäuser, & M. C. Hübscher (Hrsg.), Lehren aus Corona (S 205–214). Nomos Verlagsgesellschaft mbH & Co KG. https://doi.org/10.5771/9783748909460-205.

554 Kirchherr, J., Yang, N.-H. N., Schulze-Spüntrup, F., Heerink, M. J., & Hartley, K. (2023). Conceptualizing the Circular Economy (Revisited): An Analysis of 221 Definitions. Resources, Conservation and Recycling, 194, 107001. https://doi.org/10.1016/j.resconrec.2023.107001, abgerufen am 30.7.2025; Morseletto, P. (2020). Targets for a circular economy. Resources, Conservation and Recycling, 153, 104553. https://doi.org/10.1016/

könnte man an dieser Stelle einwenden, Reduzieren und Verlangsamen schrumpft auch den Umsatz. Klar, das könnte ein nachteiliger Effekt sein, aber eine kluge kreislauforientierte Resilienz-Strategie sucht nach den Entkoppelungsmöglichkeiten des Material- sowie Energieverbrauchs vom finanziellen Ergebnis eines Unternehmens. Auf EU-Ebene gilt das Decoupling schon lange als erstrebenswerter (Aus)Weg, um Wirtschaftswachstum mit einer Reduktion der Umweltbelastungen zu vereinbaren[555]. Das gelingt relativ, dh Umweltbelastungen steigen weniger stark als das BIP. Aber eine absolute Entkoppelung, dh, dass die Umweltbelastungen auch bei Wachstum an und für sich sinken, gelingt bestenfalls in Nischen[556]. Nun lassen sich anspruchsvolle Strategien auf der Ebene der EU, einem der großen und demokratisch geprägten Wirtschaftsräume mit diversen teils mächtigen Akteuren, nur schleppend und moderater umsetzen als ursprünglich geplant. Unternehmen befinden sich zweifelsfrei auch in komplexen Umwelten, allerdings sind sie strategiefähiger. Daher ist ein Decoupling auf unternehmerischer Ebene weit aussichtsreicher.

Im vorliegenden Kapitel wird nun ein Vorschlag gemacht, wie das Produktportfolio mit seinen Abhängigkeiten bewertet werden kann. Sodann, und das ist wohl der entscheidende Schritt, wie beispielhaft der Material- und Energieverbrauch in Produkten durch einen höheren Dienstleistungsanteil substituiert werden kann. Dann, wie dieser gesteigerte Dienstleistungsanteil auch mit einer Verlängerung der Produktlebensdauer kombiniert werden kann und schließlich, wie die verstärkte Nutzung von Sekundärrohstoffen, eine Strategie, die erst durch die beiden vorgelagerten Schritte an Bedeutung gewinnt, ergänzend unterstützt. Das erhöht die Krisenfestigkeit bezüglich globaler Lieferketten von Rohstoffen und vor allem auch solchen, die als kritisch einzustufen sind (von Aluminium über Lithium bis zu seltenen Erden)[557]. Auch Energieträger müssen wohl in einem komplexen globalen Konkurrenzgefüge als kritische Ressource eingestuft werden. Eine kluge Reduktion des Ressourceneinsatzes erhöht die Abhängigkeit von Exper-

j.resconrec.2019.104553, abgerufen am 30.7.2025; Potting, J., Hekkert, M., Worrell, E., & Hanemaaijer, A. (2017). Circular Economy: Measuring innovation in the product chain (S. 46). PBL Netherlands Environmental Assessment Agency. https://dspace.library.uu.nl/handle/1874/358310, abgerufen am 30.7.2025.

555 European Environment Agency. (2021). Growth without economic growth. Publications Office. https://data.europa.eu/doi/10.2800/781165, abgerufen am 30.7.2025.

556 Haberl, H., Wiedenhofer, D., Virág, D., Kalt, G., Plank, B., Brockway, P., Fishman, T., Hausknost, D., Krausmann, F. P., Leon-Gruchalski, B., Mayer, A., Pichler, M., Schaffartzik, A., Sousa, T., Streeck, J., & Creutzig, F. (2020). A systematic review of the evidence on decoupling of GDP, resource use and GHG emissions, part II: Synthesizing the insights. Environmental Research Letters. https://doi.org/10.1088/1748-9326/ab842a, abgerufen am 30.7.2025; Otero, I., Farrell, K. N., Pueyo, S., Kallis, G., Kehoe, L., Haberl, H., Plutzar, C., Hobson, P., García-Márquez, J., Rodríguez-Labajos, B., Martin, J.-L., Erb, K.-H., Schindler, S., Nielsen, J., Skorin, T., Settele, J., Essl, F., Gómez-Baggethun, E., Brotons, L., … Pe'er, G. (2020). Biodiversity policy beyond economic growth. Conservation Letters, 13(4), e12713. https://doi.org/10.1111/conl.12713, abgerufen am 30.7.2025.

557 European Parliament. Directorate General for Parliamentary Research Services. (2024). The role of research and innovation in ensuring a safe and sustainable supply of critical raw materials in the EU. Publications Office. https://data.europa.eu/doi/10.2861/54343, abgerufen am 30.7.2025; van Gaalen, J. M., & Chris Slootweg, J. (2025). From Critical Raw Materials to Circular Raw Materials. ChemSusChem, 18(2), e202401170. https://doi.org/10.1002/cssc.202401170, abgerufen am 30.7.2025; Verordnung (EU) 2024/1252 des Europäischen Parlaments und des Rates vom 11. April 2024 zur Schaffung eines Rahmens zur Gewährleistung einer sicheren und nachhaltigen Versorgung mit kritischen Rohstoffen und zur Änderung der Verordnungen (EU) Nr. 168/2013, (EU) 2018/858, (EU) 2018/1724 und (EU) 2019/1020Text von Bedeutung für den EWR., Pub. L. No. 2024/1252, 1252 2024 (2024). https://eur-lex.europa.eu/legal-content/DE/TXT/PDF/?uri=OJ:L_202401252, abgerufen am 30.7.2025.

tise und Wissensmanagement. Diese sind allerdings in weit unmittelbarerer Kontrolle von Unternehmen. Das Kapitel ist somit eine Art Kompass, wie das finanzielle Ergebnis vom Ressourceneinsatz und den Umweltbelastungen entkoppelt und Unternehmen krisenfitter gemacht werden können.

5.2.1.1. Die Analyse des Produktportfolios

Unternehmen sind sehr unterschiedlich hinsichtlich ihres Einkaufs, der Art der Produkte, der Technologien und der internen Organisation. Angesichts der Krisen werden Unternehmen zunehmend gefordert, intern diversifiziertere Expertise und über die Zuständigkeiten hinausgehende Kommunikationskulturen zu entwickeln. Eine positive Fehlerkultur während eines „Learning-by-doing"-Zugangs ist dafür erforderlich (zyklisches Planen, Umsetzen, Überprüfen, Nachbessern/Verwerfen). Hier folgen einige Vorschläge zur Portfolio-Analyse für Geschäftsfelder bzw Produkte, die solche Strategien inspirieren und Unternehmen durch Kreislaufwirtschaftsprinzipien krisenfitter machen sollen.

Zunächst, so mein Vorschlag, ist ein guter Überblick aufbauend auf einer Kosten- bzw Deckungsbeitragsrechnung von Vorteil, um Prioritäten setzen zu können. Aber auch, um Synergien und Zielkonflikte zwischen verschiedenen Geschäftsbereichen oder Produktgruppen erkennen zu können.

5.2.1.1.1. Prioritäten setzen und Kostenanteile aufzeigen

Zunächst können die Geschäftsfelder bzw Produktgruppen nach Umsatz sortiert werden (siehe 1. in Abb 28). Im Beispiel werden dann die drei umsatzstärksten bezüglich Kostenarten aufgeteilt (siehe 2. in Abb 28). In diesem ist ersichtlich, dass das umsatzstärkste Geschäftsfeld (B) vergleichsweise geringe Kosten für Energie und Rohstoffe bzw zugekaufte Komponenten (Material) aufweist, aber einen hohen Fixkostenanteil. Bei Geschäftsfeld A verhält es sich ähnlich, wobei dies sehr personalkostenintensiv ist. Schließlich ist Geschäftsfeld D sehr energie- und materialkostenintensiv. Aber erst eine weitere Dekomposition ermöglicht eine verbesserte Einschätzung (siehe 3. in Abb 28).

5.2.1.1.2. Dekomposition der Kostenanteile durchführen

B und D haben demgemäß bei den relativ hohen Energiekosten auch einen hohen Anteil fossiler Energieträger. A schneidet hier günstig ab – geringer Energiekostenanteil mit bereits relativ hohem Einsatz von Ökostrom. Bei den Rohstoffen bzw Komponenten gilt es nun darauf zu achten, wie hoch der Anteil der Primär- bzw Sekundärrohstoffe bei den Kosten ist. Dann weiter, inwieweit diese aus kritischen Rohstoffen bestehen. Die EU-Kommission hat eine Liste von 34 kritischen Rohstoffen veröffentlicht[558]. Beispiele sind Bauxit, Kupfer, Lithium, Magnesiummetall, Mangan, Nickel, Metalle der Platingruppe, seltene Erdmetalle für Magnete (Nd, Pr, Tb, Dy, Gd, Sm und Ce) und Titanmetall.

558 European Union. (2023). EUR-Lex—52023PC0160—EN – EUR-Lex. https://eur-lex.europa.eu/legal-content/DE/TXT/PDF/?uri=CELEX%3A52023PC0160, abgerufen am 30.7.2025.

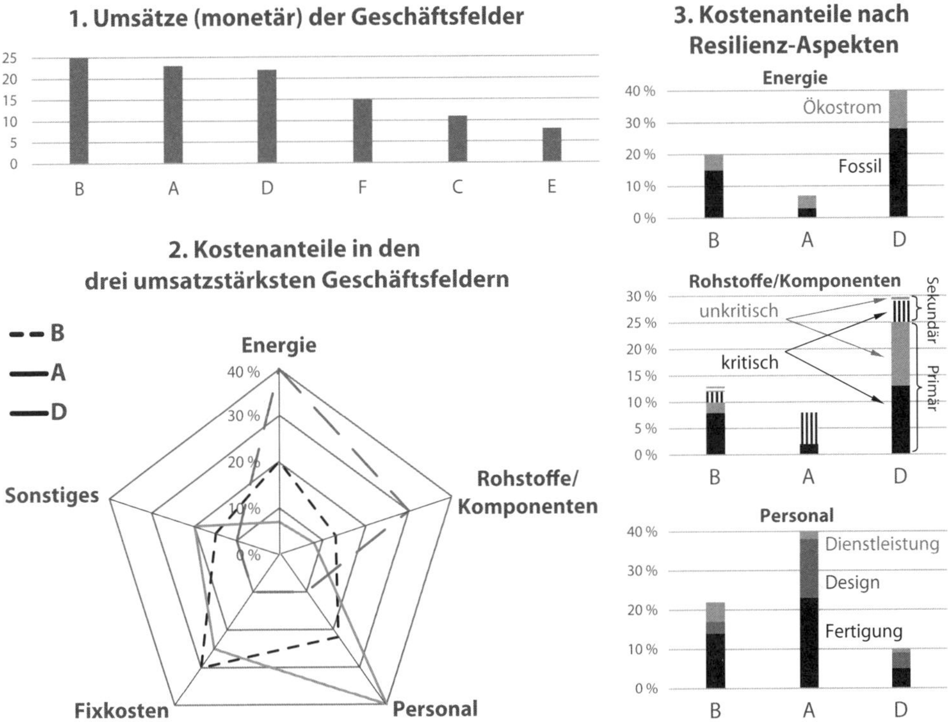

Abb 28: Drei-Schritt-Analyse des Produktportfolios zur Einschätzung der Krisenanfälligkeit [Quelle: eigene Darstellung]

In diesem Fall zeigt Geschäftsfeld A ein interessantes Bild. Zwar sind die eingesetzten Rohstoffe bzw Komponenten zu 100 % als kritisch einzustufen, vergleichsweise ist der Anteil an Kosten jedoch gering und wird zu einem großen Teil aus Sekundärrohstoffen bezogen. Ob das nun bedenklich ist, ist natürlich erst im konkreten Kontext beurteilbar. Aber das bietet nun einen guten Ausgangspunkt dafür, wo innovative Strategien entwickelt werden sollten. Um das Bild noch abzurunden, werden hier noch die Personalkosten aufgeschlüsselt. Diese liegen in der Fertigung, im Design der Produkte bzw auch in Dienstleistungen, wenn zB für Produkte Wartungsverträge abgeschlossen wurden.

5.2.1.2. Die Strategien zur Erhöhung der Resilienz ausloten

Nun wechseln wir für Innovationsstrategien von einer monetären auf eine materielle Perspektive, weil die Kreislaufwirtschaft zahlreiche Möglichkeiten für einen anderen Umgang mit Material anbietet. Diese sind in sogenannten 3-R-, 6-R-, 9-R- oder oft auch 10-R-Strategien zusammengefasst[559]. Die ausführlichste Variante ist zB „refuse, rethink,

559 BMK. (2022). Österreich auf dem Weg zu einer nachhaltigen und zirkulären Gesellschaft. https://www.bmk.gv.at/themen/klima_umwelt/abfall/Kreislaufwirtschaft/strategie.html; Haas, Wi., & Baumgart, A. (2025). Cross-chapter Box 3. Circular Economy. In Sachstandsbericht Klimawandel 2025. Springer.; Potting et al, 2017

reduce, reuse, repair, refurbish, remanufacture, repurpose, recycle and recover“[560]. Da man in der Praxis durch die vielen Rs, wie sie in der englischsprachigen Literatur genannt werden, schnell verloren gehen kann, biete ich hier eine vereinfachte Form an.

Strategien der Kreislaufwirtschaft zielen im Wesentlichen auf

- kleinere,
- erneuerbarere,
- langsamere und
- geschlossenere

Material- und Energieflüsse ab.

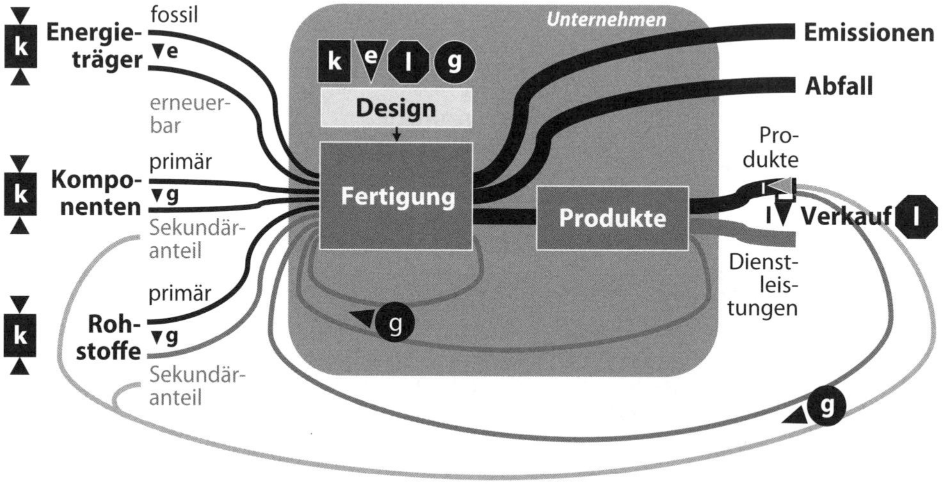

k kleiner	e erneuerbarer	l langsamer	g geschlossener
• leichtere Konstruktion • weniger Produkt-verkäufe durch Sharing, Verleih • weniger Energie	Umstieg von fossilen Energieträgern auf erneuerbare eg Ökostrom	Dienstleistungen: • langlebigere Produkte durch besseres Design • Reparaturangebote • Leasing	• höherer Sekundäranteil • Produktrückholungen • Recycling Produktionsabfälle • rezyklierbare Produkte

Abb 29: Strategien der Kreislaufwirtschaft verortet in den Material- und Energieflüssen von Produkten, Produktgruppen oder Geschäftsfeldern von Unternehmen [Quelle: eigene Darstellung]

5.2.1.2.1. Kleiner: Reduktionsstrategien von Material- und Energieflüssen

Was könnten nun Strategien sein, die weniger Material und Energie erfordern? Eine Strategie ist, dass das gleiche Produkt „schlanker“ produziert wird (Abb 29: siehe k). Wir kennen solche Beispiele aus der Automobil- und Unterhaltungsindustrie. Fahrzeuge können kleiner gebaut werden, freilich, es kann auch das Gegenteil passieren. Die Ent-

560 Morseletto, 2020.

wicklung der SUVs hat jedenfalls die Krisenanfälligkeit der Branche eher vergrößert. Kleine Autos bzw sogenannte Micro-Autos kommen mit weit weniger Material aus und reduzieren damit die Abhängigkeit von reibungslosen Lieferketten. Auch in der Unterhaltungselektronik gibt es Beispiele, bei denen Fernseher drastisch weniger Material verbrauchen. Allerdings gilt es hier den sogenannten Circular Economy Rebound[561] zu vermeiden, dass also die Produkte bei gleicher Bildschirmdiagonale zwar weniger Material und Energie benötigen, aber immer größere Bildschirmdiagonalen die Einsparungen wieder mehr oder weniger kompensieren.

Eine andere Strategie wurde in der sogenannten Performance Economy[562] entwickelt, in der Waren (oder Moleküle) als Dienstleistungen über Miet-, Leasing- und Sharing-Geschäftsmodelle verkauft werden[563]. Das Produkt mit seinen enthaltenen Ressourcen bleibt im Eigentum des Unternehmens, das somit die Verantwortung für das Funktionieren trägt. Ein Produkt kann dann von mehreren Nutzer:innen verwendet werden, statt dass pro Nutzer:in ein Produkt verkauft wird. Die Performance Economy ermöglicht es somit, dass auch Suffizienz im Geschäftsmodell Gewinne erwirtschaften kann (zB durch weniger Produkte oder Abfallvermeidung). Bei diesen Möglichkeiten gilt es jedenfalls darauf zu achten, dass der Bedarf nach kritischen Rohstoffen ebenso deutlich reduziert wird und nicht bei einer mengenmäßigen Reduktion neue Abhängigkeiten durch die Kritikalität entstehen. Zentral für Reduktionsstrategien ist, dass das Business-Modell Hand in Hand mit dem Eco-Design des Produktes entwickelt wird.

5.2.1.2.2. Erneuerbarer: Wenn Energie und Material aus erneuerbaren Quellen kommen

Wenn fossile Energieträger durch Energie aus erneuerbaren Quellen ersetzt werden, kann das den Materialinput deutlich reduzieren. Das prominenteste Erneuerbaren-Beispiel hier ist Ökostrom, also Strom aus Windkraft, Solaranlagen oder Wasserkraft. Kaftwerke mit Biomasse oder Biogas sind kalorische Kraftwerke, allerdings im Vergleich zu fossilen mit einem höheren Materialdurchsatz, da Biomasse eine geringere Energiedichte als fossile Energieträger aufweist. Egal ob Wind-, Solar-, Wasserkraft- oder Biomasseanlagen, diese haben, wenn auch weniger als fossil-betriebene, jeweils ihre spezifischen Folgen für die Umwelt (zB beim Bergbau, durch Störung von Ökosystemen, Landnutzungsänderungen oder Disruption von P- und N-Kreisläufen). Die Verfügbarkeit von Ökostrom kann aufgrund der Volatilität in der Erzeugung, durch Versorgungsengpässe von kritischen Rohstoffen für die Anlagen oder durch umweltpolitische Auflagen im Zusammenhang mit neuen ökologischen Krisen knapp werden. Daher gilt, auch Ökostrom so sparsam wie möglich zu nutzen. Auch Materialien können aus erneu-

561 Zink, T., & Geyer, R. (2017). Circular Economy Rebound. Journal of Industrial Ecology, 21(3), 593–602. https://doi.org/10.1111/jiec.12545, abgerufen am 30.7.2025.

562 Stahel, W. R. (2016). The circular economy. Nature, 531(7595), 435–438. https://doi.org/10.1038/531435a, abgerufen am 30.7.2025.

563 zum Verhältnis Kreislaufwirtschaft und Performance Economy siehe Wiedenhofer, D., Wieland, H., Leipold, S., Aoki-Suzuki, C., Watari, T., Aguilar-Hernandez, G. A., Graf, S., Edelenbosch, O. Y., Zanon-Zotin, M., Kaufmann, L., Fortes, P., Haas, W., & Streeck, J. (2025). The Circular Economy and Climate Change: The State of National and Global Evidence on Mitigation Potential. Annual Review of Environment and Resources. https://doi.org/10.1146/annurev-environ-111523-102441, abgerufen am 30.9.2025.

erbaren Quellen kommen. Die wachsende Nachfrage nach erneuerbaren Rohstoffen überstrapaziert allerdings bereits jetzt die Regenerationsfähigkeit der Ökosysteme und es muss im Einzelfall geprüft werden, ob die Substitution mit nachwachsemden Rohstoffen die bessere und langfristig zuverlässigere Lösung ist.

5.2.1.2.3. Langsamer: Auch Produkte können länger oder mehrmals leben

Qualitätvolle Produkte leben länger und können durch modulare Bauweise auch bessere Reparatureigenschaften haben. Gute Wartungsangebote, gut zugängliche Reparaturdatenbanken, lange Verfügbarkeit von Ersatzteilen und In-house-Service-Angebote ermöglichen Produkten ein längeres Leben. Aber ausgediente Produkte können auch noch ein zweites Leben erfahren. Beispielsweise gab es in der Stadt Frankfurt am Main vor dem Ersten Weltkrieg eine Einrichtung namens „Altwerk“, die sich darauf spezialisierte, alte Produkte zu reparieren oder, wenn dies nicht mehr möglich war, sie zu anderen Produkten umzubauen[564]. Kostbares und daher teures Material führte dazu, dass aus altem, von mehreren Personen abgetragenem Gewand wie einer Hose eine Kappe wurde oder wenn auch das nicht mehr möglich war, dann eben die Bekleidung einer hölzernen Vogelscheuche. Aktuellere Beispiele sind flexible modulare Möbel für sich verändernde Bedürfnisse, refurbed elektronische Produkte, Akkus von e-Autos mit nachlassender Kapazität als stationäre Stromspeicher, Autoreifen als Ausgangsstoff für Sandalen oder umgearbeitete Blechdosen als Dekorationsgegenstände oder auch Kunstwerke. Im Produktdesign kann so eine sekundäre Verwendung jedenfalls schon mitgedacht werden und die Wertschöpfung aus Materialien und Produkten erhöhen.

5.2.1.2.4. Geschlossener: Das Schließen von Kreisläufen

Recycling ist wohl die bekannteste, aber auch eine immer wieder problematische Strategie. Im engeren Sinne sollte aus den gesammelten Altprodukten wieder ein neues Produkt gleicher Qualität hergestellt werden. Das ist aber oft mit Verlusten und viel Aufwand für Transport, Sortierung und Aufbereitung verbunden und die Rohstoffqualität entspricht oft nicht den Ansprüchen für die Neuverarbeitung. Daher sind Rückholangebote (zB mit Pfand), das Recycling von Produktionsabfällen oder sogenannte Industrial-Symbiosis-Plattformen (der Abfall eines Unternehmens ist der Rohstoff eines anderen) besonders attraktiv. Kriterien sind kurze Wege, möglichst einheitliche Abfallquellen mit bekannter Qualität und Material-Kombinationen, die mechanisch leicht trennbar sind. Ein anderer Zugang ist, beim Einkauf von Rohstoffen und Komponenten auf einen hohen Sekundäranteil zu achten.

5.2.1.3. Benefits von kleiner, erneuerbarer, langsamer und geschlossener

All diese Strategien brauchen mehr Kapazität im Design, in der zuständigkeitenübergreifenden Kommunikation und mehr Personal für Dienstleistungen. Das Argument hier ist, dass eine Zukunft mit vielen Unwägbarkeiten bezüglich Energie- und Materialversorgung viele Risiken für die Geschäftsentwicklung mit sich bringt. Die reibungslose Versorgung ist alles andere als sicher. Mit Lieferengpässen – wie zB von kritischen Rohstoffen – muss gerechnet werden, sei es aus geopolitischen Spannungen, aus Markt-

564 Reith, R. (2001). Recycling–Stoffströme in der Geschichte. Roderer.

verwerfungen oder aufgrund von Folgen der planetaren Dreifach-Krise. Die hier beschriebenen Strategien können das Risiko reduzieren und in schwierigen Zeiten einen Wettbewerbsvorteil schaffen. Es erfordert aber auch mehr Kompetenz und mehr gut qualifiziertes Personal, um den Dienstleistungsanteil am Umsatz zu erhöhen. Eine Dienstleistungsorientierung ist auch für Österreich ein Weg für weniger Materialverbrauch, mehr und besser bezahlte Beschäftigung und eine höhere Wertschöpfung[565]. Im Unternehmen ermöglichen mehr Dienstleistungen aber auch mehr Kundenbindung und jedenfalls eine Abkehr vom linearen Take-Make-Use-Waste-Modell. Das ist das Rückgrat für ein krisenfitteres und umweltfreundlicheres Business-Modell.

5.2.2. Rohstoffbilanz als strategischer Kompass: Wie systematische Materialfluss-Analysen den Übergang zur Kreislaufwirtschaft ermöglichen

Arthur Erdem

5.2.2.1. Einleitung

Die Art und Weise, wie wir weltweit mit Rohstoffen umgehen, hat entscheidenden Einfluss auf unser ökonomisches und ökologisches Gleichgewicht. In einer Zeit, in der Konsum und Produktion in rasantem Tempo zunehmen, wird rasch deutlich, dass lineare Strategien – also Rohstoffe entnehmen, Produkte herstellen und diese schließlich entsorgen – an ihre Grenzen stoßen. Nicht nur endliche Ressourcen und die steigenden Umweltbelastungen sind Auslöser dafür, dass Unternehmen, politische Akteure und die Gesellschaft insgesamt den Blick auf nachhaltigere Lösungen richten.

Eine zentrale Grundlage hierfür bildet die Rohstoffbilanz: Sie zeigt systematisch auf, welche Mengen an Primär- und Sekundärmaterialien in einem Prozess, einem Betrieb oder einer gesamten Volkswirtschaft eingesetzt werden, wie sie durch verschiedene Stationen des Lebenszyklus fließen und wo letztlich wertvolle Materialien verloren gehen könnten. Durch diese Bilanzierung erhalten wir nicht nur Transparenz über den Ressourceneinsatz und die damit verbundenen Umweltwirkungen, sondern auch konkrete Ansatzpunkte für Effizienzsteigerungen, Kostensenkungen und innovative Geschäftsmodelle im Rahmen einer Kreislaufwirtschaft. Mit diesem Kapitel erhalten Sie einen ersten Überblick über Wesen und Bedeutung der Rohstoffbilanz und es zeigt, warum die Rohstoffbilanz für Unternehmen wie für Gesellschaften zu einem unverzichtbaren Steuerungsinstrument geworden ist.

5.2.2.2. Einordnung: Rohstoffbilanz im Kontext globaler Materialflüsse

5.2.2.2.1. Globale Perspektive

Der weltweite Ressourcenbedarf hat sich in den letzten Jahrzehnten enorm beschleunigt. Nach Schätzungen des International Resource Panel (IRP)[566] stieg der globale Material-

565 Meyer, I., Sommer, M., Kratena, K., Baumgart, A., Eisenmenger, N., & Haas, W. (2024). Dekarbonisierung und Kreislaufwirtschaft. Ökonomische und biophysische Effekte verschiedener Szenarien. WIFO-Monatsberichte, 6, 345–358. https://www.wifo.ac.at/publication/269098/, abgerufen am 30.7.2025.

566 IRP-Bericht 2019.

verbrauch (einschließlich Biomasse, Mineralien, Metalle und fossile Energieträger) von etwa 22 Mrd Tonnen im Jahr 1970 auf über 100 Mrd Tonnen im Jahr 2020 – eine Verfünffachung innerhalb von rund 50 Jahren. Ohne konsequente Gegenmaßnahmen wird dieser Trend laut IRP-Prognosen weiter anhalten, was die planetarischen Belastungsgrenzen immer stärker beansprucht.

Bedeutung für Rohstoffbilanzen

- **Globale Ebene:** Mithilfe von Statistikdaten (UN, Eurostat, OECD) lassen sich ressourcenintensive Wirtschaftszweige identifizieren und Politikempfehlungen formulieren, die auf Ressourcenschonung und Klimaschutz abzielen. Beispielsweise untersuchen Economy-wide Material Flow Accounts (EW-MFA) den Materialbedarf ganzer Volkswirtschaften.
- **Unternehmensebene:** In einer zunehmend globalisierten Lieferkette werden Rohstoffe oft fernab der eigentlichen Produktionsstätte abgebaut. Eine präzise Rohstoffbilanz erfordert daher den Blick auf Vorlieferanten und Sub-Zulieferer, um Kostenrisiken (Preisschwankungen, Lieferengpässe) sowie ökologische und soziale Auswirkungen (zB bei der Rohstoffgewinnung) abzuschätzen.

5.2.2.3. Methoden und Verfahren aus der Materialflussanalyse (MFA)

5.2.2.3.1. Überblick über die MFA

Die Materialflussanalyse (MFA) ist eine wissenschaftliche Methode, um sämtliche Roh- und Stoffströme in einem definierten System zu erfassen, zu quantifizieren und zu visualisieren (Brunner & Rechberger, 2004)[567]. Man unterscheidet mehrere Ebenen:

- Economy-wide MFA (EW-MFA): Betrachtet die Materialflüsse einer ganzen Volkswirtschaft. Dabei wird erfasst, wie viel Primärmaterial importiert, intern verarbeitet und schließlich exportiert oder entsorgt wird.
- Substance Flow Analysis (SFA): Konzentriert sich auf spezifische Stoffe (zB Kupfer, Phosphor, Plastik) über sämtliche Lebenswegphasen (Rohstoffgewinnung, Produktion, Nutzung, End-of-Life).
- Process-based MFA: Untersucht Abläufe in einzelnen Unternehmen, Fabriken oder entlang einer Lieferkette.
- Sankey-Diagramme sind ein gängiges Visualisierungswerkzeug, um Eingangs-, Ausgangs- und Verlustströme anschaulich darzustellen.

5.2.2.3.2. Input-Output-Analyse (IOA) als spezieller Ansatz

Während die MFA vor allem auf physische Materialmengen fokussiert, zielt die Input-Output-Analyse (IOA) in der Volkswirtschaftslehre darauf ab, Güter und Geldströme zwischen verschiedenen Sektoren (zB Landwirtschaft, Industrie, Dienstleistungen) zu erfassen. In der ökologischen Erweiterung der IOA wird unterschieden, wie viel Material, Energie oder Emissionen einem Produktionsprozess zugeordnet werden können. So lassen sich Rückschlüsse ziehen auf:

567 Brunner, P.H./Rechberger, H. (2004): Practical Handbook of Material Flow Analysis.

- Indirekte Materialverbräuche in vorgelagerten Sektoren (zB Stahl- und Kunststoffherstellung für die Automobilindustrie).
- Versteckte Flüsse (Embodied Energy/Emissions) in importierten Zwischen- und Fertigwaren.
- Für eine Rohstoffbilanz ergibt sich aus der IOA die Möglichkeit, regionale oder sektorspezifische Effekte sichtbar zu machen und Wechselwirkungen zwischen verschiedenen Sektoren zu modellieren. Unternehmen können dabei ihre Input-Output-Strukturen genauer verfolgen, um Hotspots (hoher Ressourcen- oder Energiebedarf) zu identifizieren.

5.2.2.3.3. Relevanz der MFA für die Rohstoffbilanz

Die in MFA und IOA ermittelten Daten reichen über eine pure Auflistung von Ein- und Ausgangsmengen hinaus. Sie ermöglichen:

- Qualitätsanalysen (zB Erfassung von Downcycling, Kontaminationen oder toxischen Additiven).
- Prognosemodelle (etwa: Wie ändert sich der Primärrohstoffbedarf, wenn die Sammelquote für Altpapier oder Metallschrott steigt?).
- Strategische Engpassidentifikation (zB welcher Rohstoff könnte mittelfristig knapp werden und welche Recycling-Potenziale bestehen?).

5.2.2.3.4. Circular Footprint Formula (CFF) und Product Environmental Footprint (PEF)

5.2.2.3.4.1. Hintergrund zum PEF

Der Product Environmental Footprint (PEF) ist ein von der Europäischen Kommission (2013)[568] entwickelter Rahmen für die Ökobilanzierung, der helfen soll, die Umweltleistung vergleichbar zu machen. Anders als in klassischen Ökobilanzen wird hier die Vergleichbarkeit der Ergebnisse priorisiert, weshalb es detaillierte Vorgaben für Systemgrenzen, Datenquellen und Allokationsregeln gibt.

5.2.2.3.4.2. Ziel der Circular Footprint Formula (CFF)

Im Rahmen des PEF-Konzepts wurde die Circular Footprint Formula (CFF) entwickelt. Sie zielt darauf ab, die Aufteilung von Lasten und Gutschriften zwischen mehreren Produktlebenszyklen zu regeln, wenn Materialien recycelt, wiederverwendet oder energetisch verwertet werden. Typische Schlüsselparameter sind:

- R1: Anteil recycelter Materialien im Input.
- R2: Anteil des Produkts, der nach Nutzung tatsächlich erneut recycelt wird.
- Qsin/Qp und Qsout/Qp: Qualitätsfaktoren für eingehendes bzw ausgehendes Sekundärmaterial im Vergleich zum Neumaterial.

568 Europäische Kommission (2013): Empfehlung 2013/179/EU zum Product Environmental Footprint.

Beispiel zur Circular Footprint Formula (CFF): Wie man Lasten und Gutschriften für recycelte Materialien in der Praxis berechnet

Im Folgenden zeigen wir ein fiktives Rechenbeispiel, das verdeutlicht, wie diese Kenngrößen in einer CFF-Berechnung einfließen und welche Konsequenzen sich daraus für die Bewertung der Umweltauswirkungen ergeben.

Ein Verpackungsbeispiel – Ausgangssituation

Angenommen, ein Unternehmen stellt 100 kg einer Kunststoffverpackung (zB PET-Folie) her. Dabei wird bereits recyceltes Material eingesetzt und am Ende der Nutzung sollen Teile der Verpackung erneut im Kreislauf landen. Die relevanten Parameter lauten:

R1 = 0,40

Das bedeutet, dass 40 % des Inputs aus recyceltem PET stammt.

R2 = 0,60

Nach der Nutzung werden 60 % der Verpackung dem Recyclingprozess zugeführt.

Qsin / Qp = 0,80

Die Qualität des eingehenden Sekundärmaterials (Qsin) entspricht 80 % der Qualität von Neuware (Qp). Beispielsweise kann dieses recycelte PET nicht für jede Primäranwendung genutzt werden (leichte Qualitätsminderung).

Qsout / Qp = 0,70

Das nach der Nutzung anfallende recycelte Material (Qsout) weist im Vergleich zum Neumaterial (Qp) eine Qualität von 70 % auf; zB sind bestimmte Polymerketten stärker abgebaut.

Grundidee der Formel

Die CFF will die Umweltauswirkungen (bzw „Burden") und Gutschriften für Recycling zwischen Input und Output fair verteilen. Ein vereinfachtes (und nicht in allen Details offizielles) Formelgerüst für die Umweltbelastung (PEF)[569] könnte lauten:

$$\mathbf{PEF_{Gesamt} = PEF_{Produktion} + A \times PEF_{RecyclingInput} - B \times} \; PEF_{Substitution}$$

In der (vereinfachten) Circular Footprint Formula kommen die Faktoren R1, R2, Qsin/Qp, Qsout/Qp[570] ins Spiel, um festzulegen, welcher Anteil der Umweltauswirkungen dem aktuellen Lebenszyklus zugerechnet wird und welcher Anteil als Gutschrift oder Belastung an nachfolgende Lebenszyklen übergeht.

A und B sind Allokationsfaktoren, die (stark vereinfacht) die Lasten für das Einsetzen von Sekundärmaterial (Input) bzw das Zurverfügungstellen von recyceltem Output an die nächste Generation angeben.

Beispielrechnung (vereinfacht)

Input-Seite

Wir verwenden 100 kg PET, davon sind 40 kg recyceltes PET (R1 = 0,40) und 60 kg Neuware.

Das Sekundärmaterial (40 kg) hat eine Qualitätsstufe von 0,80 (Qsin/Qp = 0,80). Dh es kann bestimmte Anwendungen des Neu-PET nicht ersetzen, ist jedoch zu 80 % gleichwertig.

Je nach CFF-Konzept wird nun ein Teil der Umweltbelastung dem recycelten Input zugeschrieben (zB Energie für das Waschen, Sortieren), ein anderer Teil wird dem vorherigen Lebenszyklus angerechnet, der das Material bereitgestellt hat.

Output-Seite

Nach Gebrauch werden von 100 kg Verpackung 60 kg wieder recycelt (R2 = 0,60).

---

569 Die offizielle Circular Footprint Formula in den PEF-Leitfäden ist relativ ausführlich und enthält mehrere Parameter (zB α,A,R1,R2,Qs/Qp).

570 R1: Wie viel recyceltes Material wird eingesetzt? R2: Wie viel Material wird am Lebensende tatsächlich recycelt? Q_s,in / Q_p: Wie hochwertig ist das eingesetzte Sekundärmaterial im Vergleich zu Neuware? Q_s,out / Q_p: Wie hochwertig ist das aus dem Produkt gewonnene Sekundärmaterial im Vergleich zu Neuware?

Die Qualität des recycelten Outputs beträgt 70 % (Qsout/Qp = 0,70). Damit wird nur ein Teil der Primärware substituiert, weil das Rezyklat für manche Anwendungen nicht geeignet ist (zB für High-End-Food-Contact-Anwendungen).

Hier „verdient" das Unternehmen eine Gutschrift, weil es der nächsten Produktgeneration einen Teil recycelten PETs bereitstellt. Allerdings fällt diese Gutschrift wegen der Qualitätsminderung (70 %) geringer aus, als wenn das recycelte Material 100 % Neuware-Qualität hätte.

Konsequenzen und Interpretation

- Rezyklat im Input (R1): Das Unternehmen profitiert teilweise von reduzierten Umweltauswirkungen, da Recycling-Input meist energieärmer herzustellen ist als Neumaterial. Gleichzeitig übernimmt es einen gewissen „Burden", weil das Rezyklat evtl gereinigt oder sortiert werden musste. Die CFF definiert, wie hoch dieser Anteil ist.
- Recycelter Output (R2): Je höher dieser Anteil, desto größer sind die potenziellen Gutschriften, weil man der nachfolgenden Generation Sekundärmaterial bereitstellt. Allerdings wird dies durch den Qualitätsfaktor (Qsout/Qp) relativiert. Ein Output-Rezyklat von nur 70 % Qualität ersetzt nur anteilig Neuware, weshalb die Gutschrift kleiner ausfällt.
- Allokation von Umweltauswirkungen: Die CFF sorgt dafür, dass die „Belastung" durch Herstellung und Wiederaufbereitung zwischen dem aktuellen und nachfolgenden Lebenszyklus aufgeteilt wird. Ziel ist zu vermeiden, dass ein Produkt, das viel Recyclingmaterial nutzt, unverhältnismäßig stark belastet wird, oder umgekehrt, dass ein Produkt, das Recycling-Output bereitstellt, zu stark entlastet wird.

Praktische Hinweise für Unternehmen

- Datenerhebung: Wer die CFF anwenden will, braucht genaue Angaben zu R1, R2 und den Qualitätsfaktoren Qsin/Qp, Qsout/Qp. Oft fehlt es an klaren Daten zum „realen" Recyclingoutput oder zu Materialverlusten in Sortieranlagen.
- Abstimmung mit Lieferkette: Da die CFF-Parameter Input- und Output-Seiten verknüpfen, ist ein Austausch mit Vor- und Nachstufen in der Wertschöpfungskette hilfreich.
- Geschäftsmodell: Eine höhere R2-Quote (zB 70 % statt 60 %) kann sich lohnen, wenn die Gutschriften hoch genug sind – gleichzeitig braucht es ein Mehrwegsystem oder leistungsstarke Sammel- und Sortierprozesse.
- Beispiel: Ein Getränkehersteller könnte den Deckel auf ein recycelbares PP-Monodesign umstellen und die Flaschen auf rPET erhöhen. Das steigert R1 (Input-Seite) und kann durch eine optimierte Pfandlogistik R2 maximieren. Gleichzeitig müsste das Unternehmen klären, wie hoch die Qualität des rPET-Outputs ist (Qsout/Qp).

Mehr als nur eine Formel

Die Circular Footprint Formula (CFF) geht über einfache Recyclingquoten hinaus und versucht, Lasten und Gutschriften über mehrere Produktlebenszyklen fair zu verteilen. Sie verlangt detaillierte Daten, klare Kommunikation entlang der Lieferkette und ein Verständnis für die Qualitätsfaktoren (Qs), die darüber entscheiden, wie viel Neumaterial tatsächlich substituiert werden kann. Damit fungiert die CFF als Leitplanke für Unternehmen, die ihre Umweltbelastung in einer Kreislaufperspektive realistisch bilanzieren möchten – und schafft Anreize für höhere Recyclinganteile, bessere Sammelsysteme und einen gewissen Innovationsdruck im Bereich Materialsicherheit und -qualität.

5.2.2.3.4.3. Anwendung in der Rohstoffbilanz

Die CFF ist für Unternehmen oder Branchen interessant, die in ihrer Rohstoffbilanz sowohl den aktuellen Einsatz von Primär- und Sekundärstoffen als auch die potenziellen zukünftigen Kreisläufe berücksichtigen möchten. Beispielsweise können Firmen den Vorteil eines hohen Rezyklatanteils in ihren Produkten quantifizieren („Gutschrift" für das nächste Leben des Materials) und gleichzeitig Aufwendungen (zB für das Recycling) anrechnen. In einer konsistenten Rohstoffbilanz, die sich an PEF-Kriterien orientiert, wird sichtbar:

- Wie hoch ist der Anteil des recycelten Materials (R1)?
- Welche Sammel- und Verwertungswege ermöglichen eine Wiederverwendung des Materials (R2)?
- Wie beeinflusst das Qualitätsniveau des Rezyklats (Qsin, Qsout) die Möglichkeit eines echten Closed Loops?

So lassen sich nicht nur Massenströme, sondern auch Umweltauswirkungen in die Entscheidungsfindung integrieren.

5.2.2.3.5. Sektorspezifische Beispiele

5.2.2.3.5.1. Bauwesen und mineralische Rohstoffe

GlobalABC (Global Alliance for Buildings and Construction) zufolge ist das Bauwesen weltweit für rund 40 % des Ressourcen- und Energieverbrauchs verantwortlich. Jährlich werden 40–50 Mrd Tonnen Sand (UN Environment) entnommen, um Bauvorhaben zu realisieren. Eine Rohstoffbilanz für ein Bauunternehmen erfordert daher die Erfassung von Zement, Sand, Kies, Armierungsstahl etc sowie die Graue Energie und den Verbleib von Abbruchmaterialien (zB Aufbereitung zu Sekundärbaustoffen).

5.2.2.3.5.2. Textilindustrie

Die Textil- und Bekleidungsbranche verbraucht erhebliche Mengen an Fasermaterial (Baumwolle, Polyester) und Chemikalien beim Färben. Nur < 1 % der global anfallenden Alttextilien findet aktuell den Weg in Textile-to-textile-Recycling[571]. Eine Detail-MFA oder Input-Output-Analyse kann offenlegen, wie viel Primärfasern statt Sekundärfasern eingesetzt werden und wo die Verluste auftreten (Produktion, Zuschnitt, End-of-Life).

5.2.2.3.5.3. Elektroschrott

Jährlich fallen laut Global E-waste Monitor (UN) rund 54 Mio Tonnen Elektroschrott an; weniger als 20 % davon werden ordnungsgemäß recycelt. Eine Rohstoffbilanz oder SFA (Substance Flow Analysis) für E-Schrott zeigt, in welchen Geräten Edelmetalle (Gold, Palladium) und Seltene Erden (zB Neodym) „gebunden“ sind. Unternehmen wie Apple und Fairphone entwickeln Rücknahmesysteme und setzen auf Refurbishing-Prozesse, um die Materialkreisläufe zu schließen.

5.2.2.3.6. Kennzahlen und Indikatoren für die Rohstoffbilanz

5.2.2.3.6.1. Überblick

- **DMC (Domestic Material Consumption):** Der Inlandsmaterialverbrauch (ohne vorgelagerte „versteckte“ Flüsse).
- **RMC (Raw Material Consumption):** Inklusive Rohstoff-Verbräuche im Ausland für importierte Waren.

571 Ellen MacArthur Foundation, A New Textiles Economy: Redesigning Fashion’s Future (2017).

- **TMR (Total Material Requirement):** Umfasst neben direkt verwendeten Materialien auch Abraum und indirekte Flüsse.
- **CMU (Circular Material Use Rate):** Anteil des wieder in den Wirtschaftskreislauf eingebrachten Sekundärmaterials.

5.2.2.3.6.2. Unternehmenskennzahlen

Rezyklatanteil: Prozentsatz an Sekundärmaterial in Produkten oder Verpackungen.

Material Productivity: Umsatz oder Wertschöpfung pro Einheit eingesetzten Materials.

CO_2-intensity: Treibhausgas-Emissionen pro Tonne verarbeiteter Rohstoffe.

Beispiel „Material Productivity"

Material Productivity: Umsatz oder Wertschöpfung pro Einheit eingesetzten Materials

Material Productivity (auch „Materialeffizienz" genannt) beschreibt, wie viel Ertrag – sei es Umsatz oder Wertschöpfung – ein Unternehmen pro eingesetzter Materialmenge generiert. Anders formuliert: Wie groß ist der ‚Output' (in Form von Erlösen oder Wertschöpfung) pro ‚Input' (in Tonnen, Kilogramm oder anderen Materialeinheiten)?

Grundverständnis: Ratio aus Wertschöpfung und Materialeinsatz

Die gängigste Definition lautet:

Material Productivity = Umsatz (oder Wertschöpfung)/Materialeinsatz in kg oder t

Ein Unternehmen, das beispielsweise 1000 € Umsatz mit 10 kg Rohmaterial macht, besitzt eine Material Productivity von 100 €/kg. Steigert es seinen Umsatz auf 1.200 €, ohne mehr Material zu verbrauchen, klettert die Kennzahl auf 120 €/kg.

Warum ist das relevant?

- Ressourcenschonung: Eine höhere Material Productivity bedeutet, dass man mit derselben Menge an Rohstoffen mehr „Output" erzielt – man verbraucht weniger Ressourcen pro verkaufter Einheit.
- Kosten- und Wettbewerbsvorteil: Materialeinsatz ist in vielen Branchen einer der größten Kostenblöcke. Wer weniger verbraucht, kann seine Margen steigern.
- Kreislaufwirtschaft: Viele Konzepte der Circular Economy (zB Recycling, Wiederverwendung) sind darauf ausgerichtet, den effektiven Einsatz von Materialien zu erhöhen.

Bezug zur Wertschöpfung

Material Productivity kann auf unterschiedliche „Output"-Größen angewendet werden:

Umsatz

- Mögliche Kennzahl: „€ Umsatz pro kg Material". So lässt sich schnell ablesen, wie viel Erlös aus jedem Kilogramm Rohstoff generiert wird.
- Vorteil: Umsatz ist leicht erfassbar und in fast allen Betrieben bekannt.
- Nachteil: Umsatz enthält teils externe Faktoren wie Absatzpreis, Marktvolatilität, die das Ergebnis verzerren können.

Wertschöpfung (Value Added)

- Meist definiert als Umsatz minus Vorleistungen. Somit wird deutlicher sichtbar, welchen tatsächlichen „Mehrwert" das Unternehmen aus dem Material schafft.
- Für Vergleiche über Branchen hinweg kann dies aussagekräftiger sein, da unterschiedliche Kosten- und Preisstrukturen sich weniger stark auswirken.

Praxis-Tipp: Unternehmen, die stark von zugekauften Vorprodukten abhängen, sollten eher mit „Wertschöpfung pro kg Material" rechnen, weil das reine Umsatzverhältnis sonst stark vom Preis der Vorleistungen beeinflusst wird.

Beispiel zur Veranschaulichung

Stellen wir uns ein Möbelunternehmen vor, das pro Jahr 5000 kg Holz und andere Materialien verbraucht.

- Jahresumsatz: 250.000 €
- Wertschöpfung (Umsatz minus Zukaufkosten): 150.000 €

Material Productivity (bezogen auf Umsatz):

250.000 €/5.000 kg = 50 €/kg

Material Productivity (bezogen auf Wertschöpfung):

150.000 €/ 5.000 kg = 30 €/kg

Das Unternehmen hätte also nach der zweiten Kennzahl (Wertschöpfung) eine „Produktivität" von 30 €/kg Material. Um diese zu steigern, könnte es versuchen, effizientere Fertigungstechniken einzusetzen (weniger Verschnitt) oder hochwertigere Produkte zu entwickeln, die einen höheren Verkaufspreis erzielen, ohne dass deutlich mehr Material anfällt.

Nutzen für das Management

- Kostenreduktion: Mit derselben oder geringeren Materialmenge einen höheren Output zu erzielen, senkt Materialkosten.
- Nachhaltigkeit: Ein hoher Wert an Material Productivity deutet darauf hin, dass das Unternehmen tendenziell ressourcenschonend wirtschaftet – was häufig als Beleg für eine geringere Umweltbelastung gilt.
- Investoren- und Stakeholder-Kommunikation: In ESG- oder Nachhaltigkeitsberichten können Unternehmen belegen, wie sie ihre Materialeffizienz steigern und damit Abfall und CO_2-Ausstoß verringern.

Langfristig korreliert eine höhere Material Productivity oft auch mit einer stabileren Marktposition, da man unabhängiger von Preisschwankungen bei Rohstoffen wird.

Wie erhöht man die Material Productivity?

- Prozessoptimierung: Produktionsabfälle (zB Verschnitt, Ausschuss) minimieren durch Lean Management, Just-in-Time oder digitale Optimierungstools.
- Produktdesign: „Design for Recycling" und modulare Bauweisen – also weniger Material und besser reparierbar.
- Geschäftsmodell: Hin zu Service-/Leasing- oder Refurbishing-Ansätzen, bei denen man länger vom gleichen Material profitiert.
- Kollaboration: Austausch von Sekundärmaterial-Ressourcen in überbetrieblichen Netzwerken – das vermeidet Primärmaterial-Einsatz und stärkt die Kreislauffähigkeit.

Grenzen und Herausforderungen

- Preisschwankungen: Steigt der Marktpreis, steigt scheinbar die Material Productivity (weil Umsatz pro kg höher), auch wenn sich an der physischen Effizienz nichts geändert hat.
- Datenqualität: Eine exakte Erfassung aller Materialeingänge und -ausgänge kann komplex sein, besonders wenn viele Lieferanten involviert sind.
- Materialvielfalt: In manchen Branchen (zB Elektronik) lassen sich kaum einzelne Materialien quantifizieren, weil zu viele Legierungen in geringsten Mengen vorliegen.

Trotzdem bleibt die Kennzahl „Material Productivity" ein wertvolles Steuerungsinstrument, um innerhalb einer Organisation ein Bewusstsein für Materialeffizienz zu schaffen und gezielte Verbesserungen zu planen.

Material Productivity, also das Verhältnis von Umsatz (oder Wertschöpfung) pro eingesetzter Materialeinheit, ist eine aussagekräftige Kennzahl, die in der Kreislaufwirtschaft als Kompass dient. Sie zeigt, wie ressourcenschonend und wirtschaftlich ein Betrieb agiert. Unternehmen, die ihre Material Productivity steigern, bewegen sich in Richtung Effizienz, Innovationsfähigkeit und Nachhaltigkeit. Gleichzeitig sollten sie beachten, dass Marktpreise oder externe Faktoren die Kennzahl beeinflussen und eine alleinige Fixierung auf reine Substitution (zB ein altes

Material durch ein minimal besseres zu ersetzen) Innovation bremsen kann. Erst ein integrierter Ansatz aus Prozessoptimierung, neuem Produktdesign und angepassten Geschäftsmodellen führt zu langfristig hoher Material Productivity und echtem Mehrwert in einer Kreislaufwirtschaft.

5.2.2.3.6.3. Verknüpfung von Material Productivity und der Rohstoffbilanz

Die Material Productivity – sprich das Verhältnis aus Umsatz oder Wertschöpfung pro eingesetzter Materialeinheit – ist eng mit der Rohstoffbilanz verknüpft, welche detailliert erfasst, wie viele Ressourcen ein Unternehmen oder eine Volkswirtschaft verbraucht und in welchen Prozessen sie zum Einsatz kommen. Während die Rohstoffbilanz gewissermaßen das „Was" und „Wie viel" an Materialien über verschiedene Prozessstufen verfolgt, zeigt die Material Productivity das „Wie effizient" bzw „Wie wertschöpfend" dieser Einsatz im Verhältnis zu den Endprodukten ist.

5.2.2.3.7. Rohstoffbilanz: Transparenz über Input, Throughput und Output

Zentrales Ziel einer Rohstoffbilanz ist es, den Fluss von Rohstoffen – ob Primär- oder Sekundärmaterial – systematisch zu erfassen. Dabei werden meist folgende Fragen beantwortet:

- Welche Materialarten (zB Metalle, Kunststoffe, Naturstoffe) gelangen ins Unternehmen?
- Wie werden sie im Produktionsprozess verbraucht, verarbeitet, recycelt oder verworfen?
- Wohin fließt das Material danach? (Abfall, Weiterverarbeitung, Verkauf als Produkt)

Damit bietet die Rohstoffbilanz einerseits die Grundlage, um überhaupt zu erkennen, wo und in welcher Menge Materialien eingesetzt werden und welche Abfall- bzw Verlustmengen anfallen.

5.2.2.3.8. Rolle der Material Productivity in diesem Kontext

Material Productivity stellt einen ökonomischen Filter über diese Materialströme, indem sie die Frage beantwortet: „Welchen wirtschaftlichen Wert (Umsatz oder Wertschöpfung) generiere ich aus einer bestimmten Menge Material?"

Verbesserungspotenzial sichtbar machen

Wenn eine Rohstoffbilanz zB zeigt, dass im Unternehmen 100 t Kunststoff pro Jahr zugekauft und 20 t als Ausschuss entsorgt werden, kann man mit der Material Productivity erkennen, wie effizient oder ineffizient diese 100 t genutzt werden:

Hohe Verluste = niedrige Wertschöpfung pro Tonne → Handlungsbedarf.

Zielgerichtetes Ressourcenmanagement

Die Rohstoffbilanz beschreibt, wo Ressourcen „stecken bleiben" oder ungenutzt verloren gehen. Material Productivity gibt Auskunft über das „wie profitabel" bzw „wie wertschöpfend" der Ressourceneinsatz ist.

Dadurch lassen sich Schwerpunkte setzen: Etwa in Abteilungen mit hohem Materialeinsatz (zB Formenbau, Verpackungslinie) kann ein Unternehmen gezielt Prozessoptimierungen vornehmen, um die Produktivität zu steigern.

Kontrolle über Primär- vs Sekundärmaterial

In einer Rohstoffbilanz kann sichtbar werden, wie viel des Einsatzmaterials bereits aus Recyclingströmen stammt (Sekundärmaterial). Eine steigende Nutzung von Sekundärmaterial kann zwar Umweltauswirkungen senken, hat aber möglicherweise auch Auswirkungen auf die Qualität oder den Umsatz (Stichwort: Qualitätsfaktor).

Die Material Productivity zeigt, ob und inwieweit Sekundärmaterial tatsächlich zu einer höheren oder niedrigeren Wertschöpfung führt. Gelingt es, trotz Rezyklatanteil dieselben Preise zu erzielen, steigt die Profitabilität pro Tonne Material.

5.2.2.3.9. Synergien zur Kreislaufwirtschaft

Sowohl Rohstoffbilanz als auch Material Productivity sind Kerninstrumente der Kreislaufwirtschaft:

Rohstoffbilanz

Deckt ungenutzte Potenziale wie Produktionsabfälle, ineffiziente Transportverpackungen oder fehlende Rücknahme von Sekundärmaterial auf.

Ermöglicht eine komplette Übersicht aller Materialflüsse, was wiederum Voraussetzung ist, um Materialkreisläufe zu gestalten.

Material Productivity

Stellt klar, wie ökonomisch sinnvoll diese Materialflüsse sind. Eine höhere Produktivität kann bedeuten, dass mit denselben Rohstoffen mehr Wert generiert wird – was oft zur Einsparung von Primärmaterialien und Verringerung von Abfällen führt.

Liefert einfache Kennzahlen, die sich in Managemententscheidungen und Reporting (zB ESG oder Nachhaltigkeitsbericht) leicht integrieren lassen und zugleich den Erfolg von Kreislaufmaßnahmen abbilden.

Beispiel

Ein Unternehmen erkennt durch die Rohstoffbilanz, dass pro Jahr 100 t Metall zugekauft und 20 t an Reststücken anfallen. Die Material Productivity liegt bei 500 €/kg. Nach Optimierungen (zB effizientere CNC-Bearbeitung[572], verändertes Design) sinkt der Materialeinsatz auf 80 t, Abfall auf 5 t. Der Umsatz konnte jedoch gehalten werden. Folglich steigt die Material Productivity auf ca 625 €/kg – ein deutliches Signal für die gelungene Kreislauforientierung.

5.2.2.3.10. Einsatz in Unternehmenssteuerung und Innovation

Strategische Steuerung

Anhand der Rohstoffbilanz sieht man jährlich, ob sich die Materialflüsse verschieben, etwa mehr Sekundärmaterial und weniger Primärrohstoffe. Mit dem Material Productivity-Index erkennt man, ob das Unternehmen in Bezug auf Wertschöpfung pro kg erfolgreicher wird.

Management kann Budgets oder Investitionen in Recycling- oder Reuse-Projekte rechtfertigen, wenn es belegen kann, dass dadurch die Produktivität und der Unternehmensgewinn steigen.

---

572 Computerized Numerical Control.

Innovationsanreize

Erhöht sich die Material Productivity nur minimal, deutet das darauf hin, dass vielleicht lediglich Substitution stattgefunden hat. Die Rohstoffbilanz zeigt dann, ob die tatsächlichen Abfälle oder Verluste weiterhin hoch sind.

Ein radikales Redesign oder neue Geschäftsmodelle (Leasing statt Verkauf, Pfandsysteme etc) könnten die Produktivität sprunghaft steigern, was die Rohstoffbilanz sofort sichtbar macht, zB durch verringerte Abfallströme und höhere Wiederverwendungsquoten.

Schnittstelle zu Politik und Gesellschaft

Werden in Nachhaltigkeitsberichten die gesteigerte Material Productivity und eine verbesserte Rohstoffbilanz offenlegt, so kann das als Beleg für gelebte Kreislaufwirtschaft dienen.

Politik und Kunden honorieren solche Entwicklungen möglicherweise durch steuerliche Erleichterungen, Fördermittel, oder höhere Marktakzeptanz.

Die Material Productivity und die Rohstoffbilanz sind eng miteinander verschränkt:

- Die Rohstoffbilanz beschreibt den materiellen Fluss – wie viele Tonnen welcher Rohstoffe ein- und ausgehen.
- Die Material Productivity ergänzt dies um die ökonomische Dimension – welchen Umsatz oder welche Wertschöpfung erziele ich pro Materialeinheit?

Gemeinsam liefern diese beiden Ansätze eine ganzheitliche Sicht: Wie gut gelingt es einem Unternehmen, Materialien ressourceneffizient einzusetzen und gleichzeitig hohe Erlöse oder Mehrwerte zu generieren? Letztlich ist die Kombination beider Instrumente ein zentrales Element, um innerhalb der Kreislaufwirtschaft Potenziale zu erkennen und Innovationen anzustoßen, die nicht nur die Umwelt entlasten, sondern auch betriebswirtschaftliche Erfolge sichern.

5.2.2.3.11. Herausforderungen und Chancen in der Praxis

5.2.2.3.11.1. Datentiefe und Datenqualität

Viele Unternehmen haben keine vollständige Übersicht über die Stoffströme, vor allem, wenn Bauteile oder Halbfabrikate von Zulieferern stammen, deren Rezepturen nicht offengelegt werden. Digitale Produktpässe oder Blockchain-Lösungen könnten zu mehr Transparenz beitragen.

5.2.2.3.11.2. Burden Shifting im Blick

Eine echte Rohstoffbilanz beachtet den gesamten Lebenszyklus und vermeidet die Verschiebung von Belastungen. Beispiel: Ein niedrigerer Materialeinsatz in Phase A kann zu höherem Energieverbrauch in Phase B führen. Die CFF hilft hier, Lasten und Gutschriften zwischen mehreren Lebenszyklen gerecht zu verteilen.

5.2.2.3.11.3. Urban Mining

In Städten und Ballungsräumen existieren große Mengen an Metallen, Kunststoffen und mineralischen Stoffen in Gebäuden, Verkehrswegen und Elektronik. Eine erweiterte

Rohstoffbilanz für urbanes Gebiet – oft als Urban-Mining-Ansatz bezeichnet – ermöglicht, diese sekundären Rohstoffquellen systematisch zu erfassen und zu erschließen.

5.2.2.3.12. Umsetzung im Unternehmen: Best-Practice-Schritte oder ein schrittweises Vorgehen für eine erfolgreiche Rohstoffbilanz und mehr Kreislaufwirtschaft

Um aus den theoretischen Überlegungen zur Rohstoffbilanz konkrete Verbesserungen in Produktion und Lieferkette abzuleiten, ist ein strukturiertes Vorgehen im Unternehmen essenziell. Im Folgenden werden Best-Practice-Schritte beschrieben, die sich als besonders wirkungsvoll erwiesen haben, um Materialflüsse zu analysieren, Optimierungspotenziale aufzudecken und auf ein kreislauforientiertes Wirtschaften hinzuarbeiten.

Materialinventur und Datensammlung

Eine transparente Erfassung aller eingesetzten Materialien – von der Rohstoffquelle bis zum finalen Produkt – schafft die Basis für eine effektive Materialflussanalyse. Nur wenn klar ist, welche Qualitäten, Mengen und Additive zum Einsatz kommen, lassen sich spätere Kreislaufmodelle gezielt umsetzen.

Wie vorgehen?

- Datenstrukturen aufsetzen: Zu Beginn empfiehlt es sich, eine digitale Plattform (ERP-System, spezifische MFA-Software oder eine simple Excel-Lösung) einzurichten, in der sämtliche Materialdaten zentral gepflegt werden.
- Zulieferer einbeziehen: Ein großer Teil der Informationen zur Materialqualität und -herkunft steckt oft in Lieferantendokumentationen oder Produktspezifikationen. Daher sollten im Einkauf klare Vereinbarungen getroffen werden, damit Zulieferer verlässliche Daten (Legierungen, Reinheitsgrade, Additive etc) liefern.
- Cross-funktionale Zusammenarbeit: R&D, Einkauf, Produktion und ggf Nachhaltigkeits- oder Qualitätsmanager:innen definieren gemeinsam, welche Daten benötigt werden, um spätere Kennzahlen (zB Rezyklatanteil) präzise zu erfassen.

Praxis-Tipp: Erstellen Sie eine Art „Material-Checkliste", die jedem neuen Zulieferprodukt beiliegt. So schließen Sie Lücken im Datenfluss und sorgen für durchgängige Qualität.

Analysesoftware und Tools einsetzen

Was ist das Ziel?

Zentral ist, die oft komplexen Datenmengen durch geeignete Software-Tools zu visualisieren und auszuwerten – damit werden die Hauptrisiken, Verluste und Potenziale im Materialkreislauf schnell erkennbar.

Wie vorgehen?

- MFA-Anwendungen oder ERP-Systeme mit Materialmodulen nutzen: Eine integrierte Lösung (zB ein ERP-System mit integriertem Materialtrackingsystem) kann automatische Berichte generieren.

- Sankey-Diagramme und Input-Output-Tabellen erstellen: Ein Sankey-Diagramm zeigt anschaulich, wo entlang der Wertschöpfungskette Materialien abfließen oder recycelt werden. Hierdurch sieht man beispielsweise, ob beim Spritzguss hohe Ausschussraten entstehen oder ob bestimmte Produktionsschritte viel Materialverlust verursachen.
- SelfCheck CRL® (Circular Readiness Level) vom Fraunhofer CCPE.

Praxis-Tipp: Arbeiten Sie mit anwenderfreundlichen Visualisierungen. Komplexe Zahlen in Diagrammen (zB Sankey) vermitteln oft schneller ein „Aha-Erlebnis" als bloße Tabellenspalten.

Rolle und Nutzen des SelfCheck CRL® (Circular Readiness Level) von Fraunhofer CCPE

Eine große Herausforderung bei der Umsetzung dieser Konzepte ist, den Reifegrad der eigenen Prozesse und Materialien hinsichtlich ihrer Kreislauffähigkeit zu erkennen. Hier setzt das SelfCheck CRL® ein, das vom Fraunhofer Cluster of Excellence Circular Plastics Economy (CCPE) entwickelt wurde.[573]

Was ist das SelfCheck CRL®?

- **Online-Tool zur Selbstbewertung:** Unternehmen (oder andere Akteure) geben in einem strukturierten Fragekatalog Auskunft über ihre Produkt- und Materialkreisläufe, die Sammel- und Sortierfähigkeit, das Geschäftsmodell und wichtige Designaspekte (zB Monomaterial vs Verbund).
- **CRL-Bewertung:** Auf Basis der Antworten ermittelt das System einen Score, der zeigt, wo das Unternehmen in puncto Kreislauffähigkeit steht – vom Design über das Geschäftsmodell bis zu Abfall- und Rücknahmesystemen.

Wie unterstützt das Tool bei Material Productivity und Rohstoffbilanz?

Identifikation von Schwachstellen: Das Tool fragt zB ab, ob im Produktdesign problematische Additive stecken oder ob Sammel- und Sortierprozesse existieren. Solche Engpässe werden dann in der Rohstoffbilanz sichtbar (zB durch hohe Verschnittmengen oder Verluste beim Recycling) und wirken sich negativ auf die Material Productivity aus.

Ziele definieren

Was ist das Ziel?

Aus den Befunden der Materialinventur und Analyse-Tools leiten Unternehmen realistische, aber ambitionierte Zielvorgaben ab, die klar und messbar sind (SMART-Prinzip).

Wie vorgehen?

- Konkrete Kennzahlen: Beispielsweise „Reduktion des Einsatzes von Primärmaterial um 15 % innerhalb von 3 Jahren" oder „Erhöhung des Rezyklatanteils auf 30 %".
- KPIs (Key Performance Indicators) für Materialeffizienz und CO_2-Intensität definieren: Dies kann etwa heißen, dass pro Tonne Endprodukt nur noch X kg Primärrohstoffe ein-

573 Fraunhofer CCPE (2021b): Infoflyer SelfCheck CRL® – Circular Readiness Level.

gesetzt werden dürfen oder dass das Produkt mindestens 90 % sortenreines Material enthält.
- Ressourcenplan erstellen: Welche personellen, finanziellen und technischen Mittel braucht es, um diese Ziele zu erreichen?

Praxis-Tipp: Ziele sollten nicht nur auf Papier stehen, sondern in Teamziele einfließen. Etwa kann der Bonus eines Einkaufsleiters an die Erreichung einer Rezyklatquote geknüpft werden.

Maßnahmen entwickeln

Was ist das Ziel?

Aus den definierten Zielen sollen konkrete Maßnahmen abgeleitet werden, um eine kreislauforientierte Produkt- und Prozessgestaltung zu realisieren.

Wie vorgehen?

- Design for Disassembly: Ein Fokus auf leichte Demontage und Trennung von Materialien. ZB Schraub- statt Klebeverbindungen, Kennzeichnung von Legierungen.
- Rücknahmesysteme: Aufbau oder Ausbau von Pfandsystemen, Refurbishing-Programmen (etwa für Haushaltsgeräte) und Kooperationen mit Recyclingbetrieben.

Integration der Circular Footprint Formula (CFF): Ein systematischer Ansatz, um den Sekundärmaterial-Einsatz zu fördern. So lassen sich Vorteile für das Unternehmen (zB weniger Primärkosten) mit ökologischen Zielen kombinieren.

Praxis-Tipp: Binden Sie Abteilungen wie Marketing und Vertrieb ein. Ein Rücknahmesystem ist nur erfolgreich, wenn die Kunden es kennen und nutzen.

Kommunikation und Reporting

- Offenlegung der Rohstoffbilanz in Nachhaltigkeitsberichten und nach ESG-Standards.
- Stakeholder-Dialog, um Kunden und Investoren die Vorteile einer verbesserten Materialeffizienz zu erläutern.

Abschließend

Rohstoffbilanz als Brücke zwischen Materialflussanalyse und Circular Economy

Die Rohstoffbilanz ist mehr als eine bloße Auflistung von Ein- und Ausgängen. Sie profitiert stark von den etablierten Werkzeugen der Materialflussanalyse (MFA) und der Input-Output-Analyse, indem sie sowohl Mengen als auch Qualitäten (zB Recyclingfähigkeit, Downcycling-Grad) erfasst. Die Circular Footprint Formula (CFF) und der Product Environmental Footprint (PEF) erlauben zusätzlich eine Zurechnung von Umweltwirkungen oder Materialgutschriften über mehrere Lebenszyklen hinweg.

Damit wird die Rohstoffbilanz zum zentralen Instrument auf dem Weg zur Kreislaufwirtschaft: Sie deckt vorhandene Ressourcenschwachstellen auf, schafft Transparenz über Effizienzgewinne und vermeidet Burden Shifting. Ob im Bauwesen, in der Textilindustrie oder bei Elektronikgeräten – stets bilden solide Datengrundlagen, systemisches

Denken und klare Ziele die Pfeiler für eine zukunftsfähige, kreislauforientierte Rohstoffnutzung.

Eine Rohstoffbilanz ist mehr als nur ein Reporting-Instrument; sie kann zum strategischen Kompass für eine nachhaltig orientierte Wertschöpfung werden. Von der Materialinventur über Ziele und Maßnahmen bis zur Kommunikation entsteht ein iterativer Kreislauf, in dem regelmäßig evaluiert und nachjustiert wird. Politik und Gesellschaft fordern zunehmend mehr Transparenz und Rezyklierbarkeit, Gesetzgeber setzen auf Pfandsysteme, CO_2-Bepreisung und Suffizienzpolitik[574]. **Unternehmen sollten diese Entwicklung aktiv aufgreifen und durch die vorgestellten Best-Practice-Schritte sicherstellen, dass sie nicht nur auf externe Vorgaben reagieren, sondern intern echte Innovation und Kreislaufmodelle etablieren.**

5.2.2.4. Wichtige Quellen und Institutionen

- **Eurostat**
  Betreibt die Economy-wide Material Flow Accounts (EW-MFA) für die EU-Mitgliedstaaten.
  Veröffentlicht Kennzahlen wie DMC (Domestic Material Consumption), RMC (Raw Material Consumption) und CMU (Circular Material Use Rate).
- **OECD (Organisation for Economic Co-operation and Development)**
  Erstellt regelmäßig Statistiken zu Material Productivity und Material Intensity (Materialproduktivität und Materialintensität). Gibt Richtlinien für Material Flow Analysis (MFA – Materialflussanalyse) heraus, die auf nationaler und sektoraler Ebene angewandt werden können.
- **UNEP/International Resource Panel (IRP)**
  Veröffentlicht Reports wie den Global Resources Outlook, die globale Ressourcennutzung und künftige Engpässe beleuchten. Analysiert unter anderem den Handlungsansatz (Decoupling of resource use from economic growth – Wirtschaftswachstum, unabhängig vom Materialverbrauch).
- **USGS (United States Geological Survey)**
  Jährlich aktualisierte Minerals Commodity Summaries mit Daten zu Fördermengen, Reserven und Materialflüssen wichtiger Rohstoffe (zB Eisen, Bauxit, Seltene Erden).
- **World Steel Association, International Aluminium Institute**
  Branchenverbände für Metalle, die Informationen zu Recyclingquoten, Neuproduktion und Materialströmen bereitstellen.
- **FAO (Food and Agriculture Organization)**
  Dokumentiert weltweit Produktions- und Erntestatistiken für biobasierte Rohstoffe (zB Holz, Baumwolle, Agrarprodukte). Relevanz für wachsende Bioökonomie-Ansätze.
  Aus diesen Datenbanken können Länder, Branchen und Unternehmen Benchmarks für ihre Rohstoffbilanz ableiten – etwa hinsichtlich des Anteils an Sekundärmetallen oder der Abhängigkeit von Rohstoffimporten.

574 ZI27 Suffizienzpolitik (2023): Suffizienzpolitik als Booster zum Erreichen der Klimaschutzziele. Wuppertal Institut.

5.2.2.5. Wichtige Referenzen und Links

- Economy-wide Material Flow Accounts (EW-MFA) – Eurostat-Datenbank: https://ec.europa.eu/eurostat
- OECD Material Resources – Statistiken und Analysen: https://www.oecd.org/environment/indicators-modelling-outlooks/material-resources.htm
- UNEP/IRP (International Resource Panel) – Reports, z. B. „Global Resources Outlook“: https://www.resourcepanel.org/reports
- USGS Mineral Commodity Summaries – Förderdaten und Verbrauch: https://www.usgs.gov/centers/nmic/mineral-commodity-summaries
- World Steel Association – Steel Statistical Yearbook: https://worldsteel.org/
- Global E-waste Monitor – United Nations University: https://globalewaste.org/
- GlobalABC (Global Alliance for Buildings and Construction) – Jahresberichte zum Bausektor: https://globalabc.org/
- FAO – Daten zu Agrar- und Forststatistiken: https://www.fao.org/faostat/en/

5.2.2.6. Glossar

Glossar mit den wichtigsten Begriffen rund um das Thema Rohstoffbilanz. Diese Sammlung soll Ihnen helfen, die wichtigsten Konzepte, Kennzahlen und Methoden aufzuzeigen.

1. Materialflussanalyse (MFA)

Definition

Die Materialflussanalyse ist eine systematische Methode, um alle relevanten Stoff- und Energieströme innerhalb eines definierten Systems (zB Unternehmen, Region, Produktlebenszyklus) zu erfassen, zu quantifizieren und darzustellen.

Nutzen

- Identifizierung von Stoffströmen, -quellen und -senken
- Basis für Effizienzsteigerungen und Ressourceneinsparungen
- Entscheidungsgrundlage für Management und Politik

2. TMR (Total Material Requirement)

Definition

„Gesamtrohstoffaufwand“ oder „Total Material Requirement“ erfasst die Gesamtmasse aller direkt und indirekt verwendeten Ressourcen, die zur Herstellung eines Produkts, für einen Prozess oder einen Wirtschaftsraum benötigt werden. Im Fokus stehen dabei auch verdeckte Flüsse, wie zB Abraum im Bergbau.

Nutzen

- Ganzheitliche Betrachtung des Ressourcenaufwands
- Aufdeckung „unsichtbarer“ Ressourceneinsätze in Vorstufen

3. Direkte und indirekte Materialflüsse

Definition

Direkte Flüsse sind jene Rohstoffe und Materialien, die unmittelbar in Produktion bzw Konsum eingehen (zB Metall, Holz, Kunststoffe).

Indirekte Flüsse umfassen die zusätzlichen Materialien, die bei der Bereitstellung der direkten Flüsse anfallen (zB Abraum, Energieaufwand, Nebenprodukte).

Nutzen

- Unterscheidung zwischen sichtbarem und „verstecktem" Ressourcenverbrauch
- Grundlage für umfassende Nachhaltigkeitsanalysen

4. DMC (Domestic Material Consumption)

Definition

Der inländische Materialverbrauch (Domestic Material Consumption) misst die direkt verbrauchten Materialien in einer Volkswirtschaft – also Abbau (Inland) plus Importe minus Exporte.

Nutzen

- Zeigt, wie hoch der eigene Bedarf einer Volkswirtschaft an Rohstoffen ist
- Grundlage für nationale Ressourceneffizienzstrategien

5. RME (Raw Material Equivalent)

Definition

Das Rohstoffäquivalent (Raw Material Equivalent) gibt an, wie viele Rohstoffe im In- und Ausland für die Herstellung eines importierten oder exportierten Produktes benötigt wurden.

Nutzen

- Berücksichtigt die globale Wirkung von Handelsströmen
- Schärft den Blick auf versteckte Flüsse in importierten Waren

6. MIPS (Material Input per Service Unit)

Definition

„Material Input pro Serviceeinheit" (MIPS) ist ein Konzept, bei dem der Gesamtmaterialaufwand (einschließlich versteckter Flüsse) ins Verhältnis zur erbrachten Dienstleistung (Service) oder Nutzleistung gesetzt wird.

Nutzen

- Vergleich unterschiedlicher Produkte/Dienstleistungen hinsichtlich Ressourceneffizienz
- Förderung der Idee „Nutzen statt besitzen"

7. Ressourcen-Rucksack (Umweltrucksack/Ökologischer Rucksack)

Definition

Dieser Begriff beschreibt die Differenz zwischen dem Gesamtmaterialaufwand (einschließlich aller indirekten Flüsse) und der eigentlichen Masse eines Endprodukts.

Beispiel: Ein Laptop wiegt 2 kg, hat aber einen Ressourcen-Rucksack von einigen Hundert Kilogramm, bedingt durch den Abbau von Rohstoffen, Transport, Energieaufwand etc.

Nutzen

- Verdeutlicht, wie viel „verstecktes Material" in einem Produkt steckt
- Sensibilisiert für Ressourcenverbräuche, die nicht auf den ersten Blick sichtbar sind

8. Umweltauswirkungen (zB CO_2-Fußabdruck)

Definition

Beschreibt die Gesamtheit der Emissionen bzw Auswirkungen auf die Umwelt, die durch bestimmte Aktivitäten, Produkte oder Organisationen entstehen (zB der CO_2-Fußabdruck).

Nutzen

- Zeigt, welche Klimagase ausgestoßen werden (nicht nur CO_2, sondern zB auch Methan, Lachgas)
- Hilft bei der Strategieentwicklung zur Reduktion von Emissionen

9. Ressourceneffizienz

Definition

Ressourceneffizienz bedeutet, mit möglichst geringem Rohstoff- und Energieeinsatz einen bestimmten Nutzen (Produkt, Dienstleistung) zu erzielen.

Nutzen

- Kostensenkung durch Materialeinsparungen
- Wettbewerbsvorteil und positiver Beitrag zur Nachhaltigkeit

10. Ressourcenschonung/Ressourcenschutz

Definition

Maßnahmen, die darauf abzielen, den Einsatz von Rohstoffen und deren Umweltbelastung zu minimieren. *Beispiele*: Recycling, längere Nutzungszeiten, Kreislaufwirtschaftskonzepte.

Nutzen

- Langfristige Sicherung von Rohstoffen
- Reduktion der Umweltbelastungen und Kosten

11. Kreislaufwirtschaft (Circular Economy)

Definition

Wirtschaftskonzept, bei dem der Lebenszyklus von Produkten so gestaltet wird, dass Ressourcen möglichst lange genutzt und am Ende bestmöglich wiederverwendet oder recycelt werden.

Nutzen

- Minimierung von Abfällen durch geschlossene Stoffkreisläufe
- Förderung nachhaltiger Produktentwicklungen (zB Langlebigkeit, Reparaturfähigkeit)

12. Life Cycle Assessment (LCA)

Definition

Die Lebenszyklusanalyse (LCA) ist eine systematische Methode zur Bewertung der Umweltauswirkungen eines Produkts oder Prozesses über dessen gesamte Lebensdauer (von Rohstoffabbau und Produktion bis zur Entsorgung).

Nutzen

- Ermittlung von Hotspots in der Wertschöpfungskette
- Grundlage für Verbesserungsmaßnahmen und Produktoptimierungen

13. Mass Flow Analysis (Massenstromanalyse)

Definition

Untersucht auf einer aggregierten Ebene die Massenströme von Rohstoffen und Produkten, um die Gesamtbilanz eines Systems (zB regionale, nationale Wirtschaft) darzustellen.

Nutzen

- Unterstützung bei politischen und unternehmerischen Entscheidungen
- Identifikation kritischer Ressourcenströme

14. Entkoppelung (Decoupling)

Definition

Beschreibt die Trennung von Wirtschaftswachstum und Ressourcenverbrauch bzw Umweltbelastungen. Ziel ist es, dass die Wirtschaft wächst, ohne den Verbrauch von Rohstoffen und Emissionen entsprechend zu steigern.

Nutzen

- Schafft nachhaltiges Wirtschaftswachstum
- Reduziert ökologische Folgen

15. Rohstoffknappheit (Resource Scarcity)

Definition

Bezieht sich auf die begrenzte Verfügbarkeit bestimmter Rohstoffe (zB Seltene Erden, fossile Energieträger) und die potenzielle Versorgungsunsicherheit, wenn die Nachfrage höher als das Angebot ist.

Nutzen

- Bewusstsein für strategische Bedeutung einzelner Rohstoffe
- Anstoß für alternative Materialien, Recycling und Substitution

16. Resource Footprint (Material Footprint)

Definition

Der Material-Fußabdruck betrachtet, wie viele Rohstoffe insgesamt verbraucht werden, um die Endnachfrage (zB Konsum) eines Landes oder Unternehmens zu decken.

Nutzen

- Messung der globalen Auswirkungen von Konsum und Produktion
- Identifikation von Einsparpotenzialen entlang komplexer Lieferketten

5.2.3. Die Rolle der Materialwahl in der Kreislaufwirtschaft

Arthur Erdem

5.2.3.1. Einleitung

Die Diskussion um die Transformation zu einer Kreislaufwirtschaft hat in den vergangenen Jahren erheblich an Dynamik gewonnen. Dabei wird oft verkannt, dass der materielle Sockel unserer Wirtschaft nicht allein durch Recycling zu dekarbonisieren ist, sondern durch vorausschauende Materialwahl. Die Materialauswahl entscheidet über die Rezyklierbarkeit, Ressourceneffizienz, toxikologische Unbedenklichkeit, Lebensdauer und letztlich die Systemkompatibilität eines Produktes mit dem Ziel der Circular Economy.[575]

5.2.3.1.1. Strategische Bedeutung der Materialwahl im System der Circular Economy

In klassischen linearen Wertschöpfungsketten steht die Materialwahl im Zeichen funktionaler und kostenbezogener Optimierung. Die Kreislaufwirtschaft erfordert hingegen eine systemische Perspektive, in der Rückführung, Nutzungsintensität, Demontierbarkeit und Langzeitverfügbarkeit zentrale Kriterien sind. Allwood (2014) beschreibt eine strategische Hierarchie von Maßnahmen, in der Recycling lediglich als drittbeste Lösung figuriert[576]. Vorrang haben Reduktion, Verlängerung der Lebensdauer und Wiederverwendung.

5.2.3.1.2. Bewertungsmodelle: Von Ökobilanz bis Criticality Index

Für eine fundierte Materialwahl existieren heute methodisch ausgereifte Instrumente, die ökologische, ökonomische und geopolitische Parameter integrieren. Ljungberg (2007) schlägt eine Typologie von Materialien nach strukturellen und stofflichen Merkmalen vor, ergänzt durch Bewertungsansätze wie DFE (Design for Environment), MIPS (Material Input per Service Unit) und Ökobilanzen[577] . Ferro und Bonollo (2019) führen darüber hinaus den Criticality Index (CIA) ein, der die Risikoexposition gegenüber kritischen Rohstoffen quantifiziert[578]. Dieser CIA wird als gewichteter Index aggregiert aus Kriterien wie Abundanz, geopolitischer Konzentration, Recyclingrate und ökonomischer Bedeutung.

---

575 ECR Austria (2020): Nachhaltigkeitsbewertung von Verpackungen.

576 Allwood, J. M. (2014): Squaring the Circular Economy. In: Handbook of Recycling, Kap 30, S 447–466.

577 Ljungberg, L. Y. (2007): Materials selection and design for development of sustainable products. In: Materials and Design 28, S 466–479.

578 Ferro, P.; Bonollo, F. (2019): Materials selection in a critical raw materials perspective. In: Materials and Design 177, 107848.

Beispiel

Fallbeispiel aus Ferro & Bonollo (2019): Substitution eines Hochleistungsstahls durch eine Aluminiumlegierung

Im Rahmen ihrer methodischen Weiterentwicklung des Criticality Index (CIA) analysieren Ferro & Bonollo (2019) ein konkretes Substitutionsszenario: Ein hochfester Stahl, wie er typischerweise in Strukturbauteilen verwendet wird, soll durch eine aluminiumdominierte Legierung ersetzt werden, um Gewichtseinsparungen zu erzielen.

Bewertungsdimensionen im CIA

Die beiden Materialien werden anhand folgender Kriterien verglichen:

- Abundanz (weltweite Verfügbarkeit),
- geopolitische Konzentration der Förderländer,
- Recyclingrate,
- ökonomische Bedeutung.

Ergebnisse

Die aluminiumdominierte Legierung zeigt im Vergleich:

- eine deutlich geringere Risikoexposition hinsichtlich geopolitischer Konzentration (da Bauxitvorkommen globaler gestreut sind als bestimmte Legierungselemente in Hochleistungsstählen),
- eine bessere Recyclinginfrastruktur,
- jedoch auch leichte Nachteile in der mechanischen Leistungsfähigkeit, etwa bzgl Festigkeit und Temperaturbeständigkeit.
- Der aggregierte CIA-Wert halbiert sich im Vergleich zum Hochleistungsstahl, was bedeutet, dass das Substitutionsmaterial als geopolitisch und wirtschaftlich robuster einzustufen ist.

Implikation

Dieses Beispiel zeigt exemplarisch, wie die Integration geopolitischer und ökonomischer Parameter die Materialwahl strategisch beeinflussen kann. Zwar ist Aluminium in der Herstellung energieintensiver, doch seine geringere kritische Abhängigkeit und hohe Rezyklierbarkeit kompensieren dies im Kontext langlebiger Produkte.

5.2.3.1.3. Technische und politische Herausforderungen

Die Umsetzung zirkulärer Materialwahlmodelle in der Praxis scheitert häufig an mangelnder Integration in Produktentwicklungstools sowie an fehlenden wirtschaftlichen Anreizen. Wie Allwood betont, ist Material in vielen Industrien zu billig im Verhältnis zu Arbeit - eine paradoxe Verzerrung[579]. Zudem verhindern unstandardisierte Schnittstellen, etwa bei Komponenten im Maschinenbau oder der Bauindustrie, eine Wiederverwendung auf Modulebene.

5.2.3.1.3.1. Beispielhafte Illustration – basierend auf Allwood (2014)

Industrie: Maschinenbau und Bauwirtschaft

Allwood (2014) verweist mehrfach auf strukturelle Hindernisse, die eine zirkuläre Nutzung von Materialien und Komponenten erschweren. Eines seiner zentralen Argumente lautet, dass Materialien in vielen Industrien zu billig sind im Vergleich zur menschlichen Arbeitskraft, was dazu führt, dass Demontage, Reparatur oder Wiederverwendung wirtschaftlich unattraktiv bleiben. Dieses Missverhältnis hemmt zirkuläre Praktiken, obwohl sie ökologisch sinnvoll wären.

579 Allwood, J. M. (2014), aaO, S 450–456.

Beispielhafte Anwendung

In der Bauindustrie etwa werden Betonträger, Fensterrahmen oder Dämmstoffmodule so miteinander verbunden, dass eine spätere Trennung technisch möglich, aber wirtschaftlich nicht sinnvoll ist. Die Arbeitskosten für den Ausbau und die Wiederaufbereitung übersteigen häufig den Materialwert – insbesondere bei unstandardisierten Bauteilen. Gleiches gilt für Maschinenkomponenten, bei denen fehlende Normierungen eine Wiederverwendung behindern.

Folge

Selbst hochwertige Materialien wie Aluminium oder Stahl werden häufig nicht als Ganzes wiederverwendet, sondern bestenfalls eingeschmolzen – mit entsprechendem Energieaufwand und Qualitätsverlust (Downcycling).

5.2.3.1.4. Szenarienbasierte Modellierung – Anwendung und Grenzen

Mittels Materialflussanalyse (MFA), LCA und Circularity Indicators lassen sich Materialpfade und Verluste modellieren. Allerdings erfordert die praktische Anwendung dieser Instrumente geeignete Daten, klar definierte Systemgrenzen und belastbare Annahmen. Ferro und Bonollo zeigen etwa, wie sich bei der Substitution eines Hochleistungsstahls durch eine aluminiumdominierte Legierung der CIA halbieren lässt – jedoch zu Kosten der mechanischen Performance.[580] Ferro & Bonollo (2019) zeigen in einem quantitativen Beispiel, wie sich bei der Substitution eines Hochleistungsstahls durch eine aluminiumdominierte Legierung der aggregierte Criticality Index nahezu halbieren lässt. Dieser Vorteil hinsichtlich geopolitischer und wirtschaftlicher Versorgungsrisiken geht jedoch mit substanziellen Einbußen bei der mechanischen Leistungsfähigkeit einher.

Dieses Beispiel macht deutlich: Das Primat „Material follows Function“ bleibt insbesondere in sicherheits-, funktions- und belastungskritischen Anwendungen unverrückbar. Eine Materialwahl, die vorrangig oder ausschließlich unter dem Vorzeichen der Kritikalitätsvermeidung oder Zirkularität getroffen wird, ohne funktionale Anforderungen zu erfüllen, gefährdet nicht nur die Produktqualität, sondern auch die Integrität ganzer Systeme.

Ein rein einseitiger Fokus auf Materialkritikalität kann zu systemischen Verwerfungen führen – etwa durch erhöhte Reparatur- und Wartungszyklen, durch Materialversagen im Betrieb oder durch sicherheitsrelevante Defizite. Solche indirekten Folgewirkungen können Nachhaltigkeitsgewinne im Materialeinsatz schnell kompensieren oder sogar ins Gegenteil verkehren.

Zirkularität darf daher nicht isoliert gedacht werden, sondern erfordert interdisziplinäre Innovationspfade, die Nachhaltigkeit und Leistungsfähigkeit in produktiver Spannung zusammendenken. Die Forschung ist hier gefordert, neue Werkstofflösungen, smarte Verbundmaterialien und adaptive Designkonzepte zu entwickeln, die beide Pole – Ressourcenschonung und technische Eignung – miteinander verbinden. Wo solche Materi-

580 Ferro & Bonollo (2019), aaO, S 5–6, Fallbeispiel Al-Legierung vs Stahl.

alien nicht verfügbar sind, müssen sie gezielt neu erfunden, skaliert und zugänglich gemacht werden. Zirkuläre Materialwahl wird damit zur Zukunftsaufgabe – nicht nur der Technik, sondern des Systems als Ganzem.

5.2.3.1.4.1. Handlungsempfehlungen für Industrie und Politik

Für Unternehmen empfiehlt sich die frühzeitige Integration materialkritischer Indikatoren in die Produktentwicklung (zB CIA, MCI), die Nutzung digitaler Produktpässe und die Modularisierung für spätere Reuse-Strategien. Politisch sollten Steuerungsinstrumente wie Ressourcensteuern, Rezyklatquoten oder die Pflicht zur Demontierbarkeitsbewertung eingeführt werden. Die EU-Verordnung zur Ökodesignrichtlinie (ESPR) ist hier ein erster Schritt.[581]

Systematische Handlungsempfehlungen für Unternehmen

Materialbewertung systematisch in die Frühphase der Produktentwicklung integrieren

Aufbauend auf Ferro & Bonollo (2019) sollten Unternehmen materialkritische Indikatoren wie den CIA (Criticality Index) oder den MCI (Material Circularity Indicator) als feste Entscheidungskriterien in der Design- und Entwicklungsphase etablieren. Das bedeutet: Schon beim Lastenheft und bei ersten Konstruktionsentwürfen werden neben Kosten und Funktionalität auch Versorgungsrisiken, Rezyklierbarkeit und geopolitische Abhängigkeiten bewertet.

Einführung digitaler Produktpässe zur Nachverfolgbarkeit von Materialien

Analog zu den Anforderungen aus der ESPR-Verordnung der EU-Kommission (2023) ist es ratsam, Materialdaten über den gesamten Lebenszyklus eines Produkts digital dokumentiert und zugänglich zu machen. Das ermöglicht sowohl Downstream-Partnern als auch dem eigenen Unternehmen fundierte Reuse-, Repair- oder Recyclingstrategien.

Modularisierung von Produkten zur Erleichterung von Austausch und Wiederverwendung

Wie Ljungberg (2007) betont, ist Modularität eine Schlüsselstrategie für nachhaltige Produktgestaltung. Standardisierte Schnittstellen, trennbare Materialverbindungen und leicht ersetzbare Komponenten erhöhen nicht nur die Produktlebensdauer, sondern erleichtern auch Demontage, Wartung und stoffliche Rückführung.

Verknüpfung von LCA, MIPS und Circularity Metrics für ganzheitliche Entscheidungen

- Unternehmen sollten auf eine Kombination verschiedener Bewertungsansätze setzen: Ökobilanzmethoden (LCA), MIPS-Werte (Materialaufwand pro Nutzungseinheit) und zirkuläre Indikatoren (zB MCI oder GRI). Dadurch werden ökologische, ökonomische und zirkularitätsbezogene Aspekte in einer integrierten Entscheidungslogik berücksichtigt.

581 EU-Kommission (2023): Regulation on Ecodesign for Sustainable Products (ESPR).

- Forschungspartnerschaften zur Entwicklung alternativer Werkstoffe und Prozesse fördern: In Fällen, in denen bestehende Materialien entweder funktional oder aus Nachhaltigkeitssicht unzureichend sind, sollten Unternehmen aktiv in Open Innovation, branchenübergreifende F&E-Konsortien oder universitäre Kooperationen investieren. Ziel ist die Entwicklung neuartiger Materialien mit optimierten Profilen hinsichtlich Funktionalität und Ressourcenkritikalität.

5.2.3.1.5. Kritische Analyse aktueller Zirkularitätsmetriken für die Materialwahl

Im Zuge der Transformation zu einer Kreislaufwirtschaft wird verstärkt versucht, Materialwahlprozesse über sogenannte Circularity Metrics zu operationalisieren. Doch wie die umfassende Review-Studie von Corona et al (2019) zeigt, erfüllen die aktuell eingesetzten Indikatoren nur in Ausnahmefällen die ganzheitlichen Anforderungen an Nachhaltigkeit. Besonders problematisch ist die Fokussierung vieler Indikatoren auf reine Masseflüsse, ohne Aspekte wie Qualität, Downcycling, Emissionen, soziale Wirkungen oder kritische Rohstoffabhängigkeiten zu integrieren[582].

So listet die Studie acht zentrale Anforderungen an valide Zirkularitätsmetriken auf (vgl Box 1, S 4 in Corona et al, 2019), darunter Ressourcenschonung, Emissionsminderung, Recyclingfähigkeit, Produktnutzungsintensität sowie sozioökonomische Kriterien wie Arbeitsplatzwirkung oder soziale Wohlfahrt. Kaum ein Index deckt mehr als vier dieser Anforderungen vollständig ab[583].

Gültigkeitsanforderungen für die Bewertung von CE-Kennzahlen (Circular Economy)

1. Verringerung des Ressourceneinsatzes, insbesondere seltener Ressourcen
2. Reduzierung der Emissionsniveaus (Schadstoffe und Treibhausgasemissionen)
3. Verringerung von Materialverlusten und Abfällen
4. Erhöhung des Einsatzes erneuerbarer und recycelter Ressourcen
5. Maximierung des Nutzens und der Haltbarkeit von Produkten
6. Schaffung lokaler Arbeitsplätze auf allen Qualifikationsstufen
7. Wertschöpfung und gerechte Wertverteilung
8. Steigerung des gesellschaftlichen Wohlbefindens

582 Corona, B. et al (2019): Towards sustainable development through the circular economy – A review and critical assessment on current circularity metrics. Resources, Conservation & Recycling 151, 104498.

583 Ebenda, Box 1 und Tabelle 4.

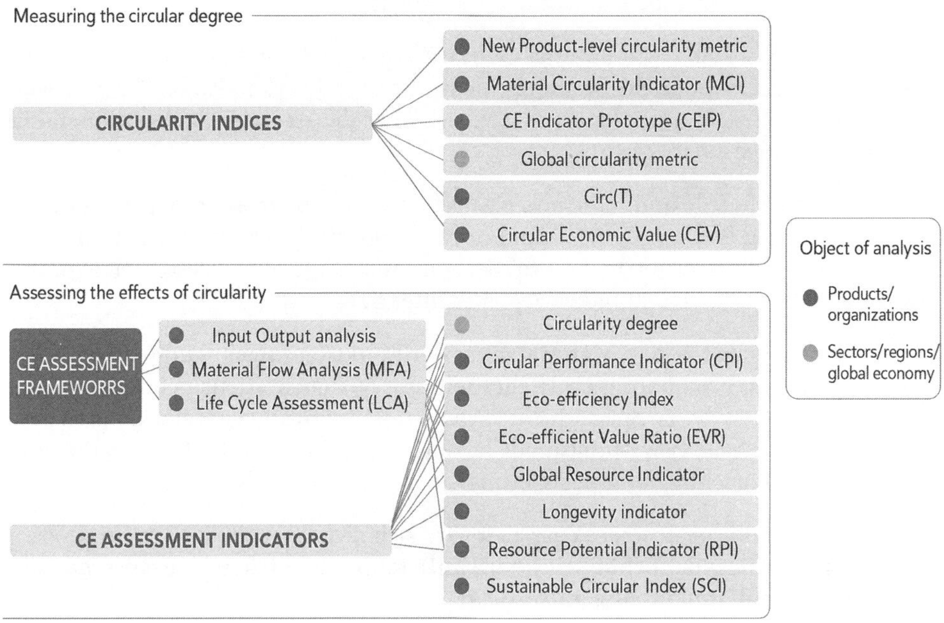

Abb 30: Classification of reviewed circularity metrics [*Additional indicators applied within the assessment frameworks are described in detail in Corona, B. et al (2019): Towards sustainable development through the circular economy – A review and critical assessment on current circularity metrics. Resources, Conservation & Recycling 151, 104498. Tabelle 4]

Ein zentrales Problem zeigt sich bei der Bewertung von Open-Loop-Recyclingprozessen, bei denen Materialien nach dem Gebrauch nicht wieder im selben Produkt, sondern in minderwertigeren Anwendungen landen. Die fehlende Berücksichtigung von Qualitätseinbußen – etwa bei thermoplastischen Polymeren oder Verbundwerkstoffen – führt zu systematischen Verzerrungen. Nur wenige Indikatoren wie Circ(T) oder CPI integrieren entsprechende Korrekturfaktoren für Sekundärmaterialien[584].

Zudem divergieren Bewertungslogiken stark: Während der Material Circularity Indicator (MCI) auf eine 50:50-Zuweisung von Umweltwirkungen zwischen Primär- und Sekundärprodukt setzt, fordern Branchenakteure wie die Stahlindustrie ein 0:100-Substitutionsmodell, bei dem die Recyclingleistung dem Ursprungsprodukt zugerechnet wird.[585] Diese Diskrepanzen erschweren eine konsistente Bewertung von Materialwahlstrategien erheblich.

Empfohlen wird daher eine kombinierte Anwendung verschiedener Bewertungsansätze. So bietet die Kombination aus Ökobilanzmethodik (LCA, zB PEF), dem Criticality Index (CIA) und Indikatoren wie dem Global Resource Indicator (GRI) eine robuste Bewertungsgrundlage, die sowohl ökologische, geopolitische als auch ökonomische Aspekte in-

584 Ebenda, S 11.
585 Ebenda, S 10, Diskussion zu MCI vs Substitutionsansatz.

tegriert. Die Validität zirkulärer Materialentscheidungen hängt entscheidend von der Differenziertheit der verwendeten Bewertungsmodelle ab[586].

Die Materialwahl ist kein nachgelagerter Optimierungsschritt, sondern eine **vorausschauende Systementscheidung**. Sie bestimmt nicht nur über Rezyklierbarkeit, Lebensdauer und Ressourceneffizienz eines Produkts, sondern über die **strukturelle Anschlussfähigkeit** an eine künftige Kreislaufwirtschaft.

Die analysierten Modelle und Indikatoren zeigen, dass eine **differenzierte, multidimensionale Bewertung** längst **möglich** – und notwendig – ist. Doch sie entfaltet ihre Wirkung erst dann voll, wenn sie in die **praktischen Entscheidungsprozesse** von Produktentwicklung, Beschaffung und Industriepolitik **integriert** wird.

Dabei bleibt der Maßstab klar: **Material muss der Funktion folgen – und zugleich den Anforderungen an Nachhaltigkeit, Sicherheit und Systemresilienz genügen**. Wo bestehende Materialien diesen Spagat nicht leisten, muss Innovation ansetzen: durch neue Werkstoffe, durch neue Bewertungsmodelle, durch neue Formen der Kooperation zwischen Industrie, Forschung und Regulierung.

Die stoffliche Grundlage unserer Wirtschaft wird sich nicht von selbst wandeln. Doch in der **Materialwahl** liegt der **Schlüssel**, sie **zukunftsfähig** zu gestalten – **vorausschauend, verantwortungsvoll und intelligent vernetzt**.

5.2.3.2. Glossar

Begriff	Definition
Circular Economy (CE)	Ein Wirtschaftsmodell, das darauf abzielt, Materialkreisläufe zu schließen und den Ressourcenwert möglichst lange zu erhalten.
Materialwahl	Die bewusste Entscheidung für bestimmte Werkstoffe in der Produktentwicklung, mit Auswirkungen auf Recyclingfähigkeit, Lebensdauer und Umweltwirkung.
Design for Environment (DFE)	Ein Gestaltungsansatz, bei dem Umweltaspekte bereits in der Produktentwicklung berücksichtigt werden.
Material Input per Service Unit (MIPS)	Ein Maß für den Ressourceneinsatz pro erbrachter Dienstleistungseinheit.
Ökobilanz (LCA)	Lebenszyklusanalyse zur Bewertung der Umweltauswirkungen eines Produkts oder Prozesses über seinen gesamten Lebensweg.
Criticality Index (CIA)	Ein Indikator, der das Risiko der Versorgung mit kritischen Rohstoffen anhand von Kriterien wie Abundanz, geopolitischer Lage und Recyclingfähigkeit bewertet.

586 Ebenda, S 12f, Empfehlung zur Kombination aus LCA, CIA und GRI.

Begriff	Definition
Material Circularity Indicator (MCI)	Ein Maß für den Grad der Zirkularität eines Produktes, basierend auf Materialnutzung und Recycling.
Open-Loop-Recycling	Ein Recyclingprozess, bei dem Materialien in anderen Produkten oder Branchen wiederverwendet werden, oft mit Qualitätsverlust.
Downcycling	Wiederverwertung von Materialien mit Qualitätsverlust, wodurch sie in minderwertigeren Produkten enden.
Modularisierung	Das Design von Produkten in austauschbaren Modulen, um Reparatur, Wiederverwendung und Recycling zu erleichtern.
Digitaler Produktpass	Ein digitales Informationssystem, das Material- und Produktinformationen entlang der gesamten Wertschöpfungskette bereitstellt.
Global Resource Indicator (GRI)	Ein Indikator zur Bewertung der Ressourceneffizienz und Umweltauswirkungen von Materialien im globalen Kontext.
ESPR (Ecodesign for Sustainable Products Regulation)	EU-Verordnung zur Förderung nachhaltiger Produktgestaltung, einschließlich Anforderungen an Demontierbarkeit und Materialwahl.
Materialflussanalyse (MFA)	Quantitative Analyse von Stoffströmen innerhalb eines definierten Systems zur Identifikation von Verlusten und Potenzialen für Zirkularität.
Circ(T)	Eine Circularity-Metrik, die Korrekturfaktoren für Qualitätsverluste bei Sekundärmaterialien berücksichtigt.
CPI (Circular Performance Indicator)	Ein Bewertungsindikator, der sowohl quantitative als auch qualitative Aspekte der Kreislauffähigkeit eines Materials erfasst.

Tab 4: Glossar – Begriffe und Definitionen

5.2.4. Life Cycle Assessment (LCA)

Werner Kössler

5.2.4.1. Einleitung

Der Übergang von einer linearen zu einer zirkulären Wirtschaft stellt einen der bedeutendsten Paradigmenwechsel in der modernen Industriegeschichte dar.[587] Da Unterneh-

587 Ellen MacArthur Foundation. (2021). Einführung in die Kreislaufwirtschaft – Überblick. Ellen MacArthur Foundation.

men und politische Entscheidungsträger zunehmend die Prinzipien der zirkulären Wirtschaft übernehmen, gewinnt der Bedarf an robusten Analysetools zur Steuerung und Validierung dieser Initiativen zunehmend an Bedeutung. Die Ökobilanz (Life Cycle Assessment, LCA gemäß ISO 1404x Reihen) erweist sich in diesem Zusammenhang als entscheidende Methode, da sie einen umfassenden Rahmen für die Bewertung der Umweltauswirkungen über den gesamten Lebenszyklus von Produkten und Prozessen hinweg bietet. Die Lebenszyklusanalyse und die Ökobilanz beschreiben im Grunde die gleichen Verfahren und werden daher hier synonym genannt. Beides sind Methoden zur systematischen Erfassung und Bewertung der Umweltauswirkungen eines Produkts (Prozesses) oder einer Dienstleistung über den gesamten Lebenszyklus hinweg, entscheidend dabei sind folgende Rahmensetzungen:

- Die Analyse von der Rohstoffgewinnung über die Produktion und Nutzung bis zur Entsorgung
- Die Erfassung aller relevanten Stoff- und Energieflüsse entlang dieses Lebenszyklus
- Die Bewertung der verschiedenen Umweltwirkungen (wie Treibhauseffekt, Versauerung, Eutrophierung etc.) mit anerkannten Faktoren

Das 10-R-Modell bzw die 10-R-Strategien – bestehend aus Ablehnen, Überdenken, Reduzieren, Wiederverwenden, Reparieren, Aufarbeiten, Wiederaufbereiten, Umfunktionieren, Recyceln und Rückgewinnen – bietet einen hierarchischen Ansatz zur Umsetzung von Strategien für die Kreislaufwirtschaft.

In diesem Kapitel wird untersucht, wie die Ökobilanz im Rahmen jeder dieser Strategien effektiv angewendet werden kann. Als Ergebnisse werden die jeweiligen Erkenntnisse, die zur Entscheidungsfindung und Folgenabschätzung beitragen, hervorgehoben.

5.2.4.2. Theoretischer Rahmen von Ökobilanz und 10-R-Strategien

5.2.4.2.1. Methodik der Ökobilanz

Die Ökobilanz folgt einer standardisierten Methodik, die in den Reihen der ISO 14040 und 14044 definiert ist und aus vier Hauptphasen besteht:

1. Ziel- und Umfangsdefinition (Was soll berechnet werden und wo sind die Bilanzgrenzen?)
2. Bestandsanalyse/Sachbilanz (Erhebung der Material- und Energiedaten; Input/Output)
3. Folgen-/Wirkungsabschätzung (Anwenden der Wirkungsindikatoren zu Input/Output)
4. Auswertung/Bewertung der Ergebnisse

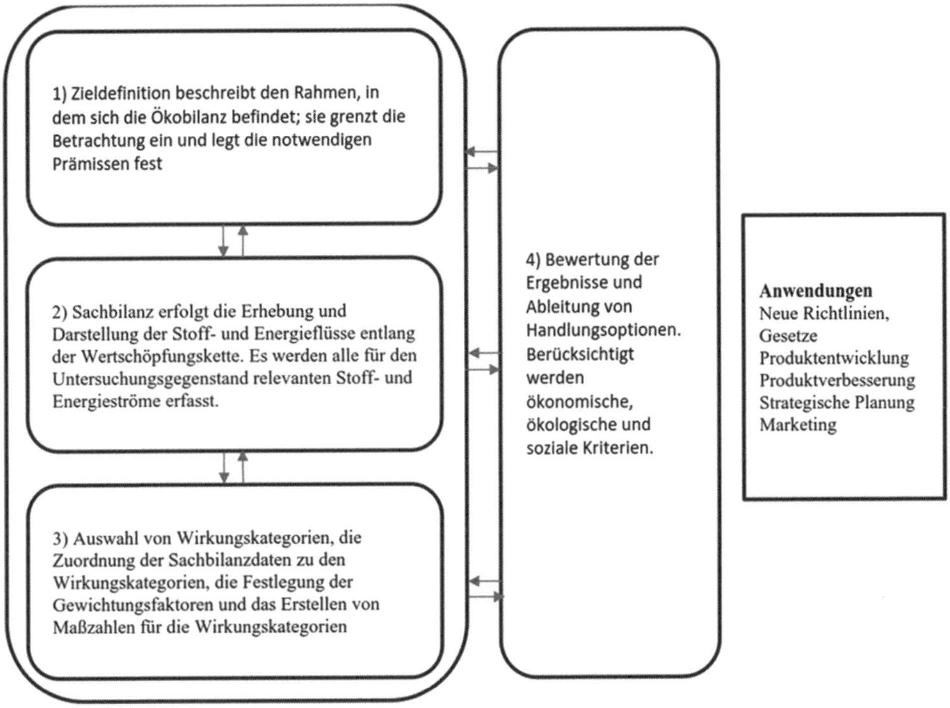

Abb 31: Phasen einer LCA, ISO 14040 [Quelle: International Organization for Standardization]

Diese normativen Elemente der LCA bieten die Möglichkeit zur Anwendung eines strukturierten Ansatzes zur Bewertung der Umweltauswirkungen über den gesamten Lebenszyklus von Produkten oder Dienstleistungen, von der Rohstoffgewinnung über die Produktion oder Anwendung bis hin zur Entsorgung („Von der Wiege bis zur Bahre")[588].

5.2.4.2.2. Die 10-R-Strategie der Kreislaufwirtschaft

Das Modell stellt eine Hierarchie von Kreislaufwirtschaftsstrategien dar, geordnet nach dem höchsten bis hin zum niedrigsten potenziellen Umweltnutzen. Auf das Modell wird im Detail an anderer Stelle in diesem Buch eingegangen (Kapitel 2.5.), hier werden mögliche Anwendungen von LCAs an den strategischen Elementen erläutert.

5.2.4.3. Anwendung der Ökobilanz an den 10-R-Strategien

In diesem Kapitel werden nun exemplarisch Erkenntnisse aufgelistet, die sich aus der Anwendung der Methodik der Ökobilanz an die 10-R-Strategien ergeben.

588 ISO. (2006). ISO 14040:2006 Umweltmanagement – Ökobilanz – Grundsätze und Rahmenbedingungen. Internationale Organisation für Normung.

5.2.4.3.1. Ablehnen und neu denken

Die Ökobilanz liefert Erkenntnisse für die übergeordneten Strategien des „Verweigerns und Umdenkens" durch die:

- Quantifizierung der Umweltvorteile durch die Vermeidung bestimmter Materialien oder Produkte
- Evaluierung alternativer Geschäftsmodelle und Sharing-Economy-Ansätze
- Beurteilung der Auswirkungen von Produkt-Dienstleistungssystemen
- Identifizierung von Hotspots, an denen die Ablehnung oder Überarbeitung aktueller Praktiken den größten Nutzen bringen würde

5.2.4.3.2. Reduzieren und wiederverwenden

Eine LCA unterstützt mögliche Reduzierungs- und Wiederverwendungsstrategien durch die:

- Analyse von Ressourceneffizienzverbesserungen in Produktionsprozessen
- Bewertung der Umweltvorteile einer Verlängerung der Produktlebensdauer
- Vergleiche von Szenarien mit Einmal- und Mehrfachverwendung
- Bewertung der Auswirkungen unterschiedlicher Nutzungsmuster und -intensitäten

5.2.4.3.3. Reparatur, Aufarbeitung und Wiederaufbereitung

Die Ökobilanz liefert wichtige Entscheidungsgrundlagen für die übergeordneten Strategien von Reparatur, Aufarbeitung und Wiederaufbereitung durch:

- den Vergleich der Umweltauswirkungen von Reparatur und Austausch
- die Bewertung der Vorteile verschiedener Sanierungsansätze
- die Bewertung der Umweltvorteile der Wiederaufbereitung gegenüber der Neuproduktion
- eine Identifikation optimaler Eingriffspunkte für die Produktwartung

5.2.4.3.4. Wiederverwenden, recyceln und zurückgewinnen

Für End-of-Life-Strategien bietet die Ökobilanz einen Mehrwert durch eine:

- Analyse verschiedener Recyclingtechnologien und ihrer jeweiligen Umweltauswirkungen
- Bewertung der Vorteile der Materialrückgewinnung gegenüber der Energierückgewinnung
- Beurteilung der Qualität von Recyclingmaterialien und ihrer Ver- bzw Anwendungen
- Vergleich verschiedener Abfallbehandlungsmöglichkeiten

5.2.4.4. Methodische Überlegungen zur Anwendung der LCA

In diesem Kapitel werden nun methodische Überlegungen zur Anwendung von LCAs entlang der 10-R-Strategien des Modells angestellt[589].

589 Kirchherr, J., Reike , D., & Hekkert, M. (2017). Konzeptualisierung der Kreislaufwirtschaft: Eine Analyse von 114 Definitionen. Resources, Conservation and Recycling, 127, 221–232.

5.2.4.4.1. Definition der Systemgrenzen

Die Multi-Lebenszyklus-Integration erfordert eine Erweiterung der traditionellen Grenzen, um mehrere Nutzungszyklen miteinzubeziehen, Zwischenstadien im Lebenszyklus zu berücksichtigen, Qualitätseinbußen über mehrere Zyklen hinweg zu behandeln und Kaskadennutzungseffekte zu integrieren.

Außerdem sind spezifische Allokationsverfahren für multifunktionale Outputs zu entwickeln, um die vermiedene Produktion in Szenarien der Wiederverwendung zu berücksichtigen und um Open-Loop- versus Closed-Loop-Recycling zu unterscheiden zu können.

Zudem spielen auch geografische Systemgrenzen eine wichtige Rolle, da regionale Unterschiede in Energiesystemen und im Abfallmanagement, grenzüberschreitende Materialflüsse und die Verfügbarkeit lokaler Infrastruktur berücksichtigt werden müssen.

5.2.4.4.2. Definition der Funktionseinheiten

Die Definition der Funktionseinheiten muss entsprechend angepasst werden, indem unter anderem auch von produktbasierten zu servicebasierten Funktionseinheiten übergegangen wird. Qualitäts- und Leistungsparameter müssen integriert werden und der Einfluss des Nutzerverhaltens auf die funktionale Äquivalenz ist zu berücksichtigen.

Zudem erfordert die mehrfunktionale Betrachtung auch die Behandlung primärer und sekundärer Funktionen sowie die Integration von kaskadierenden Nutzungsszenarien.

5.2.4.4.3. Datenqualität und -verfügbarkeit

Die primäre Datenerhebung erfordert die Entwicklung spezifischer Datenerfassungsprotokolle (hier wird insbesondere dem digitalen Produktpass eine bedeutende Rolle zukommen), die Standardisierung von Datenformaten und die Integration von Überwachungssystemen in Echtzeit.

Bestehende LCA-Datenbanken müssen konsequent um kreislaufwirtschaftliche Datensätze erweitert werden und es sind Methoden zur Unsicherheitsbewertung zu entwickeln.

Datenlücken und Unsicherheiten sollten standardisiert behandelt werden, insbesondere bei neuen Technologien und Prozessvarianten.

5.2.4.4.4. Methoden zur Folgenabschätzung

Hier werden spezifische, kreislauforientierte Indikatoren benötigt, wie Kennzahlen zur Ressourceneffizienz, Indikatoren zur Beurteilung der Zirkularität und der damit möglicherweise verbundenen Qualitätsverschlechterung von Materialien.

Zeitliche Überlegungen umfassen die Methoden zur kurz-/mittel-/langfristigen Wirkungsmodellierung und zur Integration von zukünftigen Szenarien in die Entscheidungsfindung[590].

590 Potting, J., Hekkert, M., Worrell, E., & Hanemaaijer , A. (2017). Kreislaufwirtschaft: Innovationsmessung in der Produktkette. PBL Niederländische Agentur für Umweltverträglichkeitsprüfung.

5.2.4.4.5. Interpretationsrahmen

Der Interpretationsrahmen umfasst die Entscheidungsanalysen zur Integration ökologischer, ökonomischer und sozialer Kriterien sowie das Gewichtungsschema für die Prioritäten der Kreislaufwirtschaft und zu Methoden der Trade-off-Analysen.

Die Integration von sozialen und wirtschaftlichen Indikatoren ist hier wichtig. Es sind integrierte Bewertungsrahmen sowie einheitliche Wirtschaftlichkeitsindikatoren und Kennzahlen zur sozialen Akzeptanz zu entwickeln.

5.2.4.5. Fallstudien und Ergebnisse aus Ökobilanzen

Abschließend werden nun Fallbeispiele angeführt, die Ergebnisse aus Ökobilanzen enthalten.

Für den **Elektroniksektor** zeigen Lebenszyklusanalysen von Smartphones, dass modulare Designs im Vergleich zu herkömmlichen Designs eine um 28 % geringere Umweltbelastung über den gesamten Lebenszyklus aufweisen, die Gerätelebensdauer um durchschnittlich 2,2 Jahre verlängern und zu einer Reduzierung des Elektroschrotts um 42 % führen.

Die Analyse von Reparatur und Wiederaufbereitung zeigt, dass professionelle Reparaturen die Smartphone-Lebensdauer um 2,5 Jahre verlängern, den CO_2-Fußabdruck im Vergleich zur Produktion neuer Geräte um 84 % reduzieren und den Wasserverbrauch durch Wiederverwendung von Komponenten um 58 % senken.

Die automatisierte Demontage steigert die Edelmetallrückgewinnung um 34 % und spezialisierte Recyclingverfahren erreichen eine 96 %ige Rückgewinnungsrate für die in den Geräten enthaltenen Seltenen Erden.

In der **Textilindustrie** hat die Studie über eine Pilotanlage zum chemischen Recycling von Polyester-Baumwollmischungen gezeigt, dass eine 94%ige Faserrückgewinnungsrate erreicht wird und die Qualitätsbewertung der zurückgewonnenen Materialien ergab eine Entsprechung von 88 % im Vergleich zu Neuware. Eine vergleichende Ökobilanz von Eigentums- und Mietmodellen zeigt eine 45 % geringere Umweltbelastung pro Nutzung. Durch Logistikoptimierungen wurden die Transportemissionen um 32 % reduziert. Zero-Waste-Design-Ansätze haben durch Schnittoptimierung den Schnittabfall um 85 % reduziert.

Im **Automobilsektor** zeigte eine detaillierte Analyse von Wiederaufbereitungsstrategien einen 85%igen Materialerhalt im Vergleich zur Neuproduktion, einen um 68 % reduzierten Energieverbrauch und Qualitätstests zeigten eine 97%ige Leistungsübereinstimmung mit neuen Komponenten bei gleichzeitiger Kosteneinsparung von 40–50 %.

Bei Elektrofahrzeugen kann durch das zweite Leben der Batterie im stationären Einsatz, eine um 12 Jahre verlängerte Lebensdauer erreicht werden.

5.2.4.6. Zukünftige Entwicklungen und Herausforderungen

5.2.4.6.1. Methodische Entwicklung

Zu den Bereichen, die einer weiteren Entwicklung bedürfen, gehören jene, die eine breitere Integration sozialer und ökonomischer Aspekte in die Betrachtungen forcieren.

Auch die angepasste Entwicklung kreislaufwirtschaftlicher und damit spezifischer Wirkungskategorien ist vonnöten. Des Weiteren sind einmal mehr die Verbesserung der Datenqualität und -verfügbarkeit als Schlüsselkriterien für zukünftige Optimierungen zu nennen.

5.2.4.6.2. Regulatorischer Rahmen

In der EU prägen mehrere wichtige Vorschriften und Initiativen den Rahmen für die Kreislaufwirtschaft. Diese Vorgaben implizieren auch die Anwendung von Ökobilanz-Methoden. Es waren dies die Offenlegungsverpflichtungen nach CSRD, insbesondere definiert im Standard ESRS E5, mit Angaben zur Kreislaufwirtschaft und Ressourcenabflüssen. Aktuell (Stand Juni 2025) ist unklar, welche Verpflichtungen erhalten bleiben. Unternehmen würden hierin aufgefordert, umfassende Informationen über ihre Ressourcenzuflüsse bereitzustellen, wie zB das Kreislaufpotenzial der Rohstoffe, unabhängig davon, ob es sich um erneuerbare oder nicht erneuerbare Ressourcen handelt.

Zum anderen werden die Unternehmen verpflichtet, detaillierte Angaben zu den Ressourcenabflüssen zu machen. Als weitere Vorgabe zu erwähnen ist der EU-Aktionsplan zur Kreislaufwirtschaft (2020). Er legt die Ziele für nachhaltiges Produktdesign fest und konzentriert sich auf ressourcenintensive Sektoren wie Elektronik, Batterien, Verpackungen.

Festgehalten wird darin auch das „Recht auf Reparatur“ und er strebt als Ziel eine Verdoppelung der Kreislaufmaterialnutzungsrate bis 2030 an.

Die Ökodesign-Richtlinie verpflichtet Hersteller zur Beachtung von Haltbarkeit, Reparaturfähigkeit und Recyclingfähigkeit von Produkten und sie legt die Mindestanforderungen für Ressourceneffizienz fest.

Vorschriften, die eine Anwendung von LCA unmittelbar verlangen, sind jene Regularien zur Berechnung des Umweltfußabdrucks von Produkten (PEF), die auf standardisierten Methoden zur Berechnung fußen und für bestimmte Produktkategorien obligatorisch sind. Diese zielen darauf ab, Greenwashing durch standardisierte Offenlegungskriterien zu verhindern.

5.2.4.7. Fazit

Die Ökobilanz erweist sich als unverzichtbares Instrument zur Förderung von Initiativen zur Kreislaufwirtschaft im Rahmen des 10-R-Modells. Ihr systematischer Ansatz zur Bewertung von Umweltwirkungen liefert wichtige Erkenntnisse für die Entscheidungsfindung auf allen Hierarchieebenen der Kreislaufwirtschaft. Zwar bestehen weiterhin methodische Herausforderungen, insbesondere in Bezug auf die Datenverfügbarkeit und die Definition der Systemgrenzen, doch ist der Beitrag der Ökobilanz zum Verständnis und zur Optimierung von Kreislaufstrategien für die Erreichung einer nachhaltigen Ressourcennutzung von grundlegender Bedeutung.

Die Integration von Ökobilanzen in das 10-R-Modell bietet eine leistungsstarke Kombination zur Unterstützung der Umsetzung der Kreislaufwirtschaft und ermöglicht es Unternehmen, fundierte Entscheidungen auf der Grundlage quantitativer Umweltbewertungen zu treffen.

Die künftige Entwicklung von Ökobilanzmethoden, die speziell auf die Anwendungen der Kreislaufwirtschaft zugeschnitten sind, wird ihren Nutzen bei der Unterstützung des Übergangs zu nachhaltigeren Produktions- und Konsummustern weiter steigern.

5.2.5. Materialflussanalyse – Grundlagen, Methoden und Anwendungen

Sophie Kieselbach

5.2.5.1. Einleitung

Die Materialflussanalyse (MFA) ist ein systematisches Verfahren zur quantitativen Erfassung und Analyse von Stoffströmen innerhalb eines definierten Systems. Sie dient der Identifikation von Ressourceneffizienzpotenzialen, Umweltbelastungen und der Unterstützung nachhaltiger Entscheidungsprozesse in Industrie, Politik und Wissenschaft.[591]

MFA kann auf mehreren Ebenen (gesellschaftlich – unternehmerisch – universitär) angewandt werden. Viele Länder erstellen zB nationale Materialflusskonten, um Ressourceneffizienz und Umweltwirkungen zu bewerten.[592] MFA ist auch ein zentrales Werkzeug zur Planung von Urban Mining-Strategien und zur Förderung der Kreislaufwirtschaft.[593]

In Unternehmen wird MFA vor allem zur Optimierung von Produktionsprozessen, Abfallvermeidung und zur Identifikation von Recyclingpotenzialen genutzt.[594] Ziel ist es immer, Materialflüsse zu erkennen, um Optimierungspotentiale verstehen zu können. Dies ist vor allem im Zusammenhang mit der Circular Economy von Bedeutung.[592]

5.2.5.2. Wozu wird eine MFA durchgeführt?

MFA werden in Unternehmen in vielfältiger Weise eingesetzt, insbesondere zur Optimierung von Produktions- und Logistikprozessen.[595] Im Folgenden werden einige Anwendungsfälle diskutiert.

5.2.5.2.1. Optimierung von Produktionsabläufen

Unternehmen nutzen MFA, um Transport- und Lagerprozesse systematisch zu erfassen und zu verbessern. Durch die Analyse der Materialströme vom Wareneingang über die Produktion bis zum Warenausgang lassen sich:

- Durchlaufzeiten verkürzen,
- Lagerbestände reduzieren,
- Engpässe identifizieren,
- Produktionslayouts optimieren.[596]

591 Brunner, P. H., & Rechberger, H. (2016). Practical Handbook of Material Flow Analysis. CRC Press.
592 Eurostat. (2023). Material flow accounts. Eurostat Website.
593 Addis, M. C., et al (2025). Global Material Flow of Macro- and Microplastics to Support a Circular Economy. Wiley.
594 Nakamura, S., & Kondo, Y. (2023). Material Flow Analysis. In: A Practical Guide to Industrial Ecology. Springer.
595 Nylund, H., & Lanz, M. (2020). Material Flow Analysis. In: Responsible Consumption and Production. Springer.
596 Die 10 besten Materialflussplanung Software (2025).

5.2.5.2.2. Reduktion von Überbeständen und Kosten

MFA hilft, unnötige Transporte, Doppelbewegungen und Überbestände zu erkennen. Diese führen oft zu versteckten Kosten, die durch gezielte Maßnahmen reduziert werden können.[597]

5.2.5.2.3. Planung neuer Fabriklayouts

Die Ergebnisse einer MFA dienen als Grundlage für die Gestaltung effizienter Fabriklayouts. Dabei werden Materialflüsse so geplant, dass sie möglichst kurz, direkt und störungsfrei verlaufen.[598]

5.2.5.2.4. Nachhaltigkeit und Ressourceneffizienz

MFA wird eingesetzt, um Ressourcenverbräuche (zB Energie, Wasser, Rohstoffe) zu analysieren und Umweltwirkungen zu reduzieren. Dies ist besonders relevant im Kontext von Umweltzertifizierungen (zB ISO 14001)[599].

5.2.5.3. Welche methodischen Ansätze gibt es?

In der MFA gibt es verschiedene methodische Ansätze, die je nach Zielsetzung, Systemgrenze und Datenverfügbarkeit eingesetzt werden. Unten beschrieben werden die fünf meistverwendeten MFA-Methoden.[597]

5.2.5.3.1. Input-Output-Analyse (IOA)

Diese Methode basiert auf volkswirtschaftlichen Input-Output-Tabellen und quantifiziert Stoffflüsse zwischen Wirtschaftssektoren. Sie ist besonders nützlich auf nationaler oder sektoraler Ebene.

5.2.5.3.2. Prozessbasierte MFA

Hierbei werden einzelne Prozesse oder Produktionssysteme detailliert analysiert. Die Methode basiert auf physikalischen Stoffbilanzen (Massenerhaltung).[597]

5.2.5.3.3. Substanzflussanalyse (SFA)

Ein Spezialfall der MFA, bei dem der Fokus auf einem bestimmten chemischen Element oder einer Substanz liegt (zB Phosphor, Quecksilber).[598]

5.2.5.3.4. Dynamische MFA (dMFA)

Diese Methode erweitert die MFA um zeitliche Dimensionen. Sie modelliert Stoffflüsse über längere Zeiträume und berücksichtigt Lagerveränderungen.[599]

5.2.5.3.5. Hybrid-MFA

Kombiniert verschiedene Methoden, zB Prozessdaten mit Input-Output-Daten oder MFA mit Lebenszyklusanalyse (LCA).[600]

---

597 Brunner, P. H., & Rechberger, H. (2016). Practical Handbook of Material Flow Analysis. CRC Press.
598 Nylund, H., & Lanz, M. (2020). Material Flow Analysis. In: Responsible Consumption and Production. Springer.
599 Nakamura, S., & Kondo, Y. (2023). Material Flow Analysis. In: A Practical Guide to Industrial Ecology. Springer.
600 Brunner, P. H., & Rechberger, H. (2016). Practical Handbook of Material Flow Analysis. CRC Press.

5.2.5.4. Wie läuft eine MFA ab?

Die üblichen Schritte umfassen:

a. Zieldefinition
b. Definition der Systemgrenzen
c. Datensammlung
d. Modellierung
e. Bilanzierung und Analyse
f. Interpretation und Maßnahmensetzung[600]

5.2.5.4.1. Zieldefinition

Die MFA verfolgt das zentrale Ziel, Stoffströme innerhalb eines definierten Systems systematisch zu erfassen, zu quantifizieren und zu analysieren,[601] um fundierte Entscheidungen im Hinblick auf Ressourceneffizienz und Umweltwirkungen treffen zu können.

Im Kern basiert MFA auf dem Prinzip der Massenerhaltung: Alle Stoffe, die in ein System eingehen, müssen entweder im System verbleiben (zB als Lagerbestand) oder es in Form von Produkten, Emissionen oder Abfällen wieder verlassen. Durch diese Bilanzierung lassen sich Ineffizienzen, Verluste und Potenziale zur Rückgewinnung identifizieren.

Die Zielsetzungen lassen sich in drei Hauptbereiche gliedern:

1. **Transparenz schaffen:** MFA macht komplexe Stoffflüsse sichtbar und nachvollziehbar. Dies ist besonders wichtig in industriellen Prozessen, urbanen Infrastrukturen oder nationalen Wirtschaftssystemen, wo viele Stoffströme gleichzeitig ablaufen.
2. **Ressourceneffizienz steigern:** Durch die Identifikation von Materialverlusten, unnötigen Lagerungen oder ineffizienten Prozessen können Unternehmen und Organisationen gezielt Maßnahmen zur Optimierung ergreifen – etwa durch Recycling, Substitution oder Prozessanpassungen.
3. **Umweltwirkungen reduzieren:** MFA liefert die Grundlage für ökologische Bewertungen, etwa im Rahmen von Umweltmanagementsystemen oder Nachhaltigkeitsstrategien. Sie hilft, Emissionen und Abfälle zu minimieren und die Kreislaufwirtschaft zu fördern.

5.2.5.4.2. Definition der Systemgrenzen

Die Definition der Systemgrenzen ist ein zentraler Schritt in der MFA, da sie bestimmt, welche Stoffflüsse berücksichtigt werden und welche nicht.[600] Eine klare und konsistente Abgrenzung ist entscheidend für die Aussagekraft und Vergleichbarkeit der Analyse.

Die wichtigsten Dimensionen zur Definition der Systemgrenzen:

Räumliche Systemgrenze

Diese legt fest, wo die Analyse stattfindet.

- Ein Unternehmen oder Werk
- Eine Stadt oder Region

601 Nakamura, S., & Kondo, Y. (2023). Material Flow Analysis. In: A Practical Guide to Industrial Ecology. Springer.

- Ein ganzes Land
- Ein globales System (zB weltweite Kupferflüsse)

Zeitliche Systemgrenze

Diese bestimmt, über welchen Zeitraum die Stoffflüsse betrachtet werden:

- Ein Tag, Monat oder Jahr (zB Jahresbilanz)
- Mehrere Jahre (zB für dynamische MFA)
- Lebensdauer eines Produkts

Funktionale Systemgrenze

Diese beschreibt, welche Prozesse oder Aktivitäten im System enthalten sind:

- Nur Produktion oder auch Transport, Nutzung und Entsorgung?
- Nur direkte Stoffflüsse oder auch indirekte (zB Energie, Hilfsstoffe)?

Stoffliche Systemgrenze

Diese legt fest, welche Materialien oder Substanzen betrachtet werden:

- Einzelne Elemente (zB Phosphor, Kupfer)
- Produktgruppen (zB Kunststoffe, Metalle)
- Gesamte Materialkategorien (zB alle mineralischen Rohstoffe)

Organisatorische Systemgrenze

Relevant bei Unternehmensanalysen: Bezieht sich die Analyse auf ein einzelnes Werk, eine Abteilung oder den gesamten Konzern?

5.2.5.4.3. Datensammlung

Sobald Ziel und Systemgrenzen klar definiert sind, müssen dementsprechend Daten gesammelt werden.

Die Datensammlung ist eine der zentralen und zugleich anspruchsvollsten Phasen der MFA. Die Qualität der Analyse hängt maßgeblich von der Verfügbarkeit, Genauigkeit und Konsistenz der verwendeten Daten ab. Eine sorgfältige Planung und Durchführung der Datenerhebung ist daher unerlässlich.

In der MFA werden verschiedene Datenquellen genutzt, darunter:

- Primärdaten: Direkt im Unternehmen erhoben, zB durch Messungen, Interviews oder Betriebsdatenerfassung.
- Sekundärdaten: Bereits vorhandene Daten, zB aus Umweltberichten, Statistiken, wissenschaftlicher Literatur oder Datenbanken (zB Eurostat, LCA-Datenbanken wie Ecoinvent).
- Schätzwerte: Wenn keine genauen Daten verfügbar sind, werden Annahmen oder Näherungswerte verwendet.

Typische Daten umfassen:

- Inputmengen (Rohstoffe, Energie, Wasser)
- Outputmengen (Produkte, Emissionen, Abfälle)

- Lagerveränderungen
- Prozessverluste

Da diese Daten meist nicht in dieser Konstellation in einem System erfasst werden, kann die Datensammlung mit verschiedenen Schwierigkeiten verbunden sein.

- Datenlücken: Nicht alle Stoffflüsse sind messbar oder dokumentiert. Besonders bei indirekten Flüssen (zB Hilfsstoffe, Emissionen) fehlen oft verlässliche Daten.
- Inkompatible Einheiten: Daten liegen in unterschiedlichen oder gar keinen Maßeinheiten vor (zB Volumen vs Masse oder Euro vs Masse) und müssen konvertiert werden.
- Unvollständige Systemabdeckung: Oft werden nur Teilbereiche eines Systems erfasst.
- Ungenaue Daten: Daten werden in verschiedener Qualität erhoben.
- Vertraulichkeit: In Unternehmen sind viele Daten sensibel oder unterliegen dem Datenschutz und es kann schwierig sein, darauf Zugriff zu bekommen.
- Zeitliche Inkonsistenz: Daten aus verschiedenen Jahren oder Perioden lassen sich schwer vergleichen.
- Subjektive Schätzungen: Wenn keine Messdaten vorliegen, können Annahmen stark variieren und Unsicherheiten erzeugen.

Um diese Herausforderungen zu meistern, sollten folgende Punkte beachtet werden:

- Frühzeitige Planung: Bereits bei der Zieldefinition sollte geklärt werden, welche Daten benötigt werden und woher sie kommen, Verantwortlichkeiten sollten klar und abgesprochen sein. Im besten Fall gibt es einen klaren Projektplan
- Transparente Dokumentation: Alle Datenquellen, Annahmen und Umrechnungen sollten nachvollziehbar dokumentiert werden.
- Einheitliche Maßeinheiten: Alle Daten sollten in konsistente Einheiten (zB kg, t) überführt werden, die Überführung sollte transparent und nachvollziehbar sein
- Validierung: Daten sollten durch Plausibilitätsprüfungen oder Vergleich mit Literaturwerten validiert werden.
- Unsicherheitsanalyse: Bei ungenauen Daten sollten Unsicherheiten quantifiziert und in der Interpretation berücksichtigt werden.

5.2.5.5. Modellierung

Wie immer kann auf tägliche Werkzeuge wie Excel für die Durchführung einer MFA zurückgegriffen werden. Allerdings ist diese – vor allem bei komplexeren Systemen – fehleranfällig. In den letzten Jahren hat sich eine Vielzahl spezialisierter Softwareprodukte etabliert, die Unternehmen und Forschungseinrichtungen bei der Erfassung, Modellierung und Auswertung von Stoffströmen unterstützen. Bekanntere Softwarelösungen sind unter anderem STAN (SubSTance flow Analysis[602]), ipolog[603] oder LFS.mfc.[604]

Bei der Wahl der passenden MFA-Software sollten folgende Kriterien berücksichtigt werden:

602 https://www.stan2web.net, abgerufen am 1.8.2025.
603 https://www.ipolog.ai/planungsbereiche/materialflussanalyse-software/, abgerufen am 1.8.2025.
604 https://www.softwareabc24.de/materialflussplanung-software/, abgerufen am 1.8.2025.

- Zielgruppe: Wissenschaftlich, industriell, oder andere Anwendungsfälle
- Komplexität des Systems: Reicht ein einfaches Bilanzierungsmodell oder ist eine dynamische Simulation nötig?
- Datenintegration: Können ERP-, MES- oder IoT-Daten eingebunden werden?
- Visualisierung: Wird eine grafische Darstellung der Flüsse benötigt?
- Kosten und Lizenzmodell: Open Source vs kommerzielle Lizenz

Schlussendlich hängt die Auswahl der richtigen Software stark vom Anwendungsfall ab.

5.2.5.6. Bilanzierung und Analyse

Die Bilanzierung und Analyse in der MFA stellen den zentralen Kern der Methode dar, denn sie ermöglichen es, die gesammelten Daten systematisch zu strukturieren, zu bewerten und daraus fundierte Schlussfolgerungen zu ziehen.

Ziel ist es, für jeden Prozessknoten eine vollständige Stoffbilanz zu erstellen, bei der die Summe der Eingänge gleich der Summe der Ausgänge plus oder minus der Lagerveränderung ist. In der Praxis zeigt sich jedoch häufig, dass es zu Bilanzdifferenzen kommt, etwa durch unvollständige Daten, Messfehler oder unberücksichtigte Stoffströme.

Diese Differenzen müssen identifiziert, quantifiziert und – wenn möglich – durch Plausibilitätsprüfungen oder ergänzende Datenquellen korrigiert werden. Ein wichtiger Bestandteil der Analyse ist daher die Unsicherheitsbewertung, bei der die Genauigkeit der Daten und die Auswirkungen von Schätzungen oder Annahmen auf das Gesamtergebnis untersucht werden. Methoden wie Monte-Carlo-Simulationen oder Sensitivitätsanalysen helfen dabei, die Robustheit der Ergebnisse zu bewerten.

Nach der Bilanzierung folgt die eigentliche Analyse, bei der die Stoffflüsse interpretiert und hinsichtlich ihrer ökologischen, ökonomischen oder technischen Relevanz bewertet werden. Dabei können beispielsweise Ineffizienzen im Materialeinsatz, hohe Verluste in bestimmten Prozessschritten oder Potenziale für Recycling und Rückgewinnung identifiziert werden. Auch Hotspots – also Prozesse oder Stoffe mit besonders hoher Umweltrelevanz – lassen sich auf diese Weise erkennen.

Die Analyse kann zudem durch Visualisierungen wie Sankey-Diagramme oder Flussnetzwerke unterstützt werden, die komplexe Zusammenhänge anschaulich darstellen. In vielen Fällen dient die Analyse auch als Grundlage für Szenarienvergleiche, bei denen alternative Prozessgestaltungen oder politische Maßnahmen simuliert und hinsichtlich ihrer Auswirkungen auf die Stoffflüsse bewertet werden.

Insgesamt ist die Bilanzierung und Analyse in der MFA ein iterativer Prozess, der häufig mehrere Durchläufe erfordert, um ein konsistentes und aussagekräftiges Modell zu erstellen. Dabei ist es entscheidend, alle Annahmen und Unsicherheiten transparent zu dokumentieren und die Ergebnisse im Kontext der definierten Systemgrenzen und Zielsetzungen zu interpretieren.

5.2.5.7. Abgrenzung zur Lebenszyklusanalyse (LCA)

Obwohl MFA und Lebenszyklusanalyse (LCA) beide Werkzeuge der Umwelt- und Nachhaltigkeitsbewertung sind, unterscheiden sie sich in Zielsetzung, Methodik und Anwendungsbereich deutlich. Eine klare Abgrenzung ist wichtig, um die jeweiligen Stärken gezielt einsetzen zu können.

Die MFA konzentriert sich auf die quantitative Erfassung und Analyse von Stoffströmen innerhalb eines definierten Systems. Ihr Hauptziel ist es, Stoffflüsse transparent zu machen, Ineffizienzen zu identifizieren und Entscheidungsgrundlagen für ein nachhaltiges Ressourcenmanagement zu liefern.

Im Gegensatz dazu verfolgt die LCA einen ganzheitlichen Umweltbewertungsansatz. Sie analysiert die Umweltauswirkungen eines Produkts oder Prozesses über seinen gesamten Lebenszyklus hinweg – von der Rohstoffgewinnung über Produktion, Nutzung bis zur Entsorgung („cradle to grave"). Dabei werden verschiedene Wirkungskategorien wie Treibhauspotenzial, Versauerung oder Eutrophierung berücksichtigt.

Trotz ihrer Unterschiede sind MFA und LCA komplementär.[605] MFA liefert detaillierte Stoffstromdaten, die als Input für LCA dienen können. Umgekehrt kann LCA helfen, die Umweltrelevanz einzelner Stoffflüsse aus einer MFA zu bewerten. In der Praxis werden beide Methoden zunehmend integriert, um fundierte Entscheidungen in der Umwelt- und Ressourcenpolitik zu ermöglichen.

5.2.6. Abfallforensik und Wertstofftransfer

Christian Zafiu/Marion Huber-Humer

Die Abfallforensik als neues Teilgebiet der Abfall- und Kreislaufwirtschaft hat zum Ziel, saubere Materialkreisläufe zu forcieren und zu optimieren. Dieses Ziel wird einerseits mittels Identifikation und Quantifizierung von Kontaminationen in Abfallströmen sowie der Suche nach deren Quelle und der Konsequenzen eines Transports in die Umwelt erreicht. Andererseits werden Wertstoffe in Abfallströmen identifiziert und Methoden zu deren Rückgewinnung entwickelt. Beides zielt darauf ab, Abfälle sicher und effizient zu behandeln und Stoffkreisläufe bestmöglich und hochwertig zu schließen.

Werkzeuge der Abfallforensik sind quantitative und qualitative chemische Analysen, Sortieranalysen, Laborsimulationsexperimente bis hin zu Freilandversuchen. Als solches vereint die Abfallforensik bereits bestehende, konventionelle Werkzeuge der Abfallwirtschaft mit innovativen Analyseansätzen aus anderen Disziplinen, wie zu Beispiel aus den Life-Sciences, wodurch die Erweiterung um Forschungsaspekte hinsichtlich des Ursprungs und der Auswirkungen von Schad- und Wertstofftransfers ermöglicht wird. Ein namentlich nahes Feld der Abfallforensik ist die Umweltforensik. Diese beschäftigt sich mit der Aufklärung von Umweltverbrechen im rechtlichen Sinne und wird vorwiegend von der Exekutive angewandt. Im Gegensatz dazu handelt es sich bei der Abfallforensik um ein akademisches Feld, vorerst ohne rechtlichen Bezug, wobei die Werkzeuge und Fragestellungen beider Felder überlappen können.

605 Nylund, H., & Lanz, M. (2020). Material Flow Analysis. In: Responsible Consumption and Production. Springer.

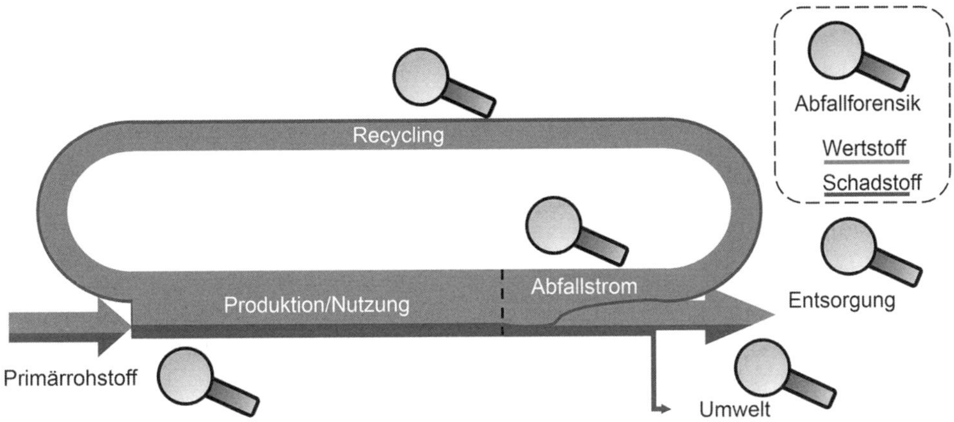

Abb 32: Schematische Darstellung der Einsatzbereiche der Abfallforensik (symbolisiert durch die Lupe) in der Kreislaufwirtschaft (ohne Größenverhältnis) [Quelle: Eigene Darstellung]

Im aktuellen Umbauprozess der Wirtschaft, vom linearen System, in dem Materialien am Ende ihrer Lebenszeit als Abfälle ausgeschleust bzw vorwiegend deponiert und nicht mehr genutzt werden, hin zur Kreislaufwirtschaft, die darauf abzielt, die Materialien möglichst hochwertig wiederzuverwenden und lange im anthropogenen Kreislauf zu halten, nimmt die Abfallforensik eine wichtige Rolle ein. Die Abfallwirtschaft liegt damit aber in einem Spannungsfeld, da einerseits darauf abgezielt wird, dass eine möglichst große Menge an Materialien aus Abfallströmen recycelt wird, aber andererseits die produzierende Industrie immer höhere Qualitätsstandards für Grundstoffe auf Grund der Komplexität der Produkte sowie höherer Standards benötigt. Diese Standards beziehen sich sowohl auf Materialeigenschaften als auch auf Grenzwerte für potenziell schädliche Substanzen. Diese Anforderungen setzen klar definierte Grundmaterialien voraus, um hochwertige Produkte herstellen zu können, wobei diese den Einsatz von recycelten Materialien für viele Anwendungen deutlich erschweren bis ausschließen. Ein Grund dafür ist, dass viele Abfallströme sehr heterogen sind und die gewünschten Materialien/Wertstoffe sich nicht ausreichend oder nur mit großem Aufwand und Energieeinsatz verbunden mit hohen Kosten von störenden oder potentiell gefährlichen Stoffen abtrennen lassen.

Ein bewährtes Konzept, um Materialien für ein hochwertiges Recycling zu erhalten, ist die getrennte Sammlung von Abfällen, mit der es möglich ist, Materialarten, die sich in homogener Form und ausreichender Menge auf dem Markt befinden, bereits an der Quelle von störenden Stoffen und anderen Abfallfraktionen zu erhalten. Alltagsbeispiele mit langer Sammeltradition sind Glas, Metall und Papier, für die bereits früh Aufbereitungs- und Recyclingverfahren entwickelt wurden, da diese den ursprünglichen Produktionstechnologien sehr ähneln. Trotz der getrennten Sammlung müssen häufig Stör- und Schadstoffe von den Abfällen abgetrennt werden, bevor das Material recycelt wird. Diese werden ua durch Fehlwürfe (zB Entsorgung von Batterien in Altmetallcontainern) verursacht oder durch eine unsachgemäße Verwendung von Produkten in der Nutzungsphase, wie zB Lagerung von Mineralölen in Lebensmittelbehältnissen, was zu verunreinigten Verpackungsmaterialien führt. Da solche Schadstoffe oft nicht vollständig während des Aufbereitungs- oder Recyclingprozesses entfernt werden können, ist es möglich, dass diese unbeabsichtigt in Sekundärrohstoffe und neue Produkte verschleppt werden. Derart belastete Abfälle müssen ausgeschleust und als gefährliche Abfälle entsorgt werden, wobei wertvolle Materialien dabei verloren gehen können. Solche „verschleppten Kontaminationen", aber auch der Materialverlust können vermieden werden, wenn deren Quelle bekannt ist. Hier ist die Abfallforensik ein wichtiges Mittel, um auf Basis von Erhebungen und Analysen Stoffe und ihre Quellen zu identifizieren und Vermeidungsmaßnahmen vorzuschlagen.

Ein aktuell interessanter Abfallstrom für die Abfallforensik ist biogener Abfall aus der kommunalen Sammlung. Biogene Abfallströme werden in Österreich verordnungsgemäß vorwiegend getrennt gesammelt, wobei diese Fraktion vor allem im städtischen Umfeld mit hohen Fehlwurf- und Störstoffanteilen zu kämpfen hat. Allerdings werden nach wie vor große Mengen (33,4 % des Gesamtrestmülls sind Lebensmittelabfälle und Organik) auch über den Restmüll entsorgt[606], wodurch einerseits der Stoffstrom Probleme in der Abfallbehandlung des Restmülls verursacht bzw andererseits die wertvolle Ressource verloren geht. Im Restmüll verursachen biogene Abfälle Anhaftungen an anderen Abfällen, die sich dann bei einer Sortierung nur noch schwer trennen lassen. Im Falle einer Deponierung muss der Abfall mechanisch-biologisch vorbehandelt werden, um die biologische Reaktivität und daraus resultierende, klimaschädigende Deponiegasemissionen zu reduzieren, und im Falle der Verbrennung reduziert der hohe Wassergehalt der biogenen Abfälle den Brennwert des Abfalls. Zielführende Behandlungsoptionen für biogene Abfälle sind die anaerobe Behandlung, bei der Biogas erzeugt werden kann, und die Kompostierung, bei der Kompost als Bodenverbesserer entsteht[607]. Die Voraussetzung für diese Behandlungsformen ist allerdings die Einhaltung von niedrigen Schad- und Ballaststoffwerten, um eine Verunreinigung von landwirtschaftlichen Flächen zu vermeiden. Biogene Abfälle werden vor allem durch Kunststoffprodukte kontaminiert. Aus Sortieranalysen von Biomüllcontainern lässt sich feststellen, dass überwiegend Lebensmittelverpackungen, die gemeinsam mit verdorbenen Lebensmitteln entsorgt werden, und Kunststoffbeutel, die zur bequemeren Vorsammlung der Abfälle im Haushalt verwendet werden, den biogenen Abfallstrom kontaminieren. Als Gegenmaßnahme kann beispielsweise die flächendeckende Einführung von kompostierbaren Kunststoffbeuteln genannt werden. Eine solche Maßnahme wurde im Jahr 2020 in Österreich auch mit dem sogenannten „Plastiksackerlverbot"[608] umgesetzt, indem der Verkauf von sehr dünnen Kunststoffbeuteln durch den Handel verboten wurde und nur noch kompostierbare Alternativen angeboten werden darf. In weiterer Folge wird auch auf EU-Ebene mit der neuen Verpackungsrichtlinie festgelegt, dass zukünftig bestimmte Kunststoffverpackungen zwingend aus kompostierbaren Materialien hergestellt werden

606 Statusbericht (2024): Die Bestandsaufnahme der Abfallwirtschaft in Österreich. Statusbericht 2024 für das Referenzjahr 2022. Unter Mitarbeit von Antonia Bernhardt, Christian Brandstätter, Carina Broneder, Catherine Gold, Christian Neubauer, Judith Oliva et al Hrsg v Bundesministerium für Klimaschutz, Umwelt, Energie, Mobilität. Bundesministerium für Klimaschutz, Umwelt, Energie, Mobilität; Sektion V. Wien. Online verfügbar unter https://www.bmk.gv.at/themen/klima_umwelt/abfall/aws/bundes_awp/bawp2023.html, abgerufen am 14.2.2025.

607 Kompostverordnung, BGBl II 2001/292.

608 AWG, BGBl I 2002/102.

müssen. Jedenfalls sollen zukünftig Teebeutel und Etiketten sowie Kaffeekapseln, sofern diese nicht materialspezifisch recycelt werden, aus kompostierbaren Materialien hergestellt werden[609]. Diese Verpackungsarten wurden in biogenen Abfällen als große Kunststoffquellen identifiziert, die auch auf Grund ihrer Größe und Form weder bei der Vorbehandlung (zB Windsichtung) des Rottematerials entfernt werden können, noch konnten Fragmente bei der Nachbehandlung (zB Siebung) effizient getrennt werden. In Form von Fragmenten verblieben die Kunststoffe im Kompost[610]. Innerhalb der Verpackungsrichtlinie wird den Mitgliedstaaten eingeräumt, weitere Verpackungsarten in die Kategorie der zukünftig kompostierbaren Kunststoffverpackungen hinzuzufügen. Für die Entscheidung, ob und welche Verpackungskategorien zukünftig aus kompostierbaren Kunststoffen gefertigt werden sollen, könnte durch abfallforensische Untersuchungen die Zuordnung der Kunststoffverpackungen zu bestimmten Produktgruppen (zB Folienverpackung von Gemüse) durchgeführt werden und eine Daten- und Entscheidungsbasis für regulatorische Maßnahmen, zB auch im Rahmen einer erweiterten Produzentenverantwortung, aufbereitet werden.

Abfallforensische Untersuchungen werden auch eingesetzt, um die Datenbasis für Entscheidungen über die technischen Behandlungsoptionen von Abfällen zu schaffen. Hier kann man wieder auf das Beispiel von Gärresten aus Biogasanlagen zurückgreifen. Solche Anlagen bevorzugen biogene Abfälle mit hohem Proteingehalt und werden häufig mit gewerblichen Abfällen, zB aus Großküchen oder Restaurants, beliefert. Häufig erfolgt nur eine sehr ungenaue Trennung der Abfälle von Verpackungen, wodurch große Mengen an Kunststoffen in die Biogasanlagen gelangen und in Gärresten verbleiben. Gärreste sind wiederum ein erlaubtes Inputmaterial für die Kompostierung, können aber bei einer zu großen Kunststoffbelastung die Qualität des Komposts herabsetzen, sodass er nicht mehr in der Landwirtschaft eingesetzt werden kann[611]. Durch die Datengrundlage wird es möglich zu planen und Maßnahmen zu treffen, um die Sammelqualität zu erhöhen oder Investitionen in Anlagen zur technischen Abtrennung von Störstoffen zu tätigen.

Zusätzlich zur Identifikation von Störstoffen selbst kann die Abfallforensik auch zur Überprüfung des Erfolges von Maßnahmen eingesetzt werden. Im Falle des Plastiksackerlverbots könnte die Überprüfung sowohl produktseitig mittels Zertifikatbeschriftung (zB Kompostierbarkeit, EN13432) an den Produkten im Handel oder im Zuge einer Sortierung im Abfall erfolgen. Beide Varianten haben Vorteile, während die Überprüfung im Handel ohne Analysegeräte erfolgen kann, ist es häufig nicht möglich, die Zertifikate auf Kunststoffen, die in Biotonnen entsorgt wurden, zu identifizieren. Andererseits können im stationären Handel Produkte, die nur über den Onlinehandel vertrieben werden, nicht überprüft werden und die tatsächlich von Endkund:innen entsorgten Mengen können nur mittels Sortierung und Identifizierung in Abfällen erfasst

609 Presseraum Europäisches Parlament, Neue EU-Vorschriften: weniger Verpackungen, mehr Wiederverwendung und Recycling; https://www.europarl.europa.eu/news/de/press-room/20240419IPR20589/neue-eu-vorschriften-weniger-verpackungen-mehr-wiederverwendung-und-recycling, abgerufen am 12.2.2025.

610 Zafiu/Binner/Hirsch/Vay/Huber-Humer, Makro- und Mikrokunststoffe in österreichischen Komposten. Österr Wasser- und Abfallw 2020, 72 (9–10), 410.

611 Vay/Binner/Huber-Humer/Zafiu, Bewertung von Gärresten als Input für die Kompostierung: Untersuchung von Nähr-, Ballast- und Schadstoffen. Österr Wasser- und Abfallw 2024, 76 (9–10), 418.

werden. Alternativ kann die instrumentelle Identifikation mittels Infrarot-Spektroskopie an den sortierten Kunststoffen erfolgen.

Die Identifikation von Kunststoffarten spielt auch im Kunststoffrecycling eine große Rolle, da aktuell nur nach dem Polymertyp selbst fraktioniert wird und einige Eigenschaften, wie zB schwarze Farben, die Sortierung behindern. Ein innovativer Ansatz ist dabei die Verwendung von Markern, die in Sortieranlagen messbar sind und es erlauben, Kunststoffprodukte unabhängig vom Polymertyp selbst zu sortieren[612]. Die in den Markern kodierten Informationen könnten dabei zu Fraktionierungen auf Produkt- und Herstellerebene führen, wodurch die Kunststoffe den Herstellern wieder für Rezyklate zur Verfügung gestellt werden könnten. Ein solcher Vorgang hätte den Vorteil, dass Kunststoffeigenschaften, wie zB die Farbe, nicht mehr vom Hersteller eingestellt werden müssten, da der Farbton dem des ursprünglichen Produkts entspricht. Die Auswahl der Marker muss sich aber wirtschaftlich rechnen und darf dabei auch nicht die Produkteigenschaften beeinträchtigen, wodurch derzeit nur wenige Marker in Frage kommen.[613, 614] Aus Sicht der Abfallforensik ist es wichtig, dass solche Marker in der Prozesskette nicht verloren gehen und im Falle eines Austritts aus dem Produkt zu keinen Gesundheits- oder Umweltschäden führen. Ein weiteres Feld der Abfallforensik ist die Untersuchung des Verhaltens von neuen biologisch abbaubaren Materialien oder Produkten in abfallwirtschaftlichen Anlagen und Behandlungsprozessen. Simulationen können dabei unter anaeroben und aeroben Bedingungen durchgeführt werden, um Probleme und Gefahren vorab festzustellen und dem Vorsorgeprinzip gerecht zu werden. Beispiele dafür sind aufkommende Additive, die bisher persistente Kunststoffe abbaubar machen sollen. Solche Additive hätten den Vorteil, dass traditionelle Kunststoffe mit den bestehenden Produktionsanlagen hergestellt werden könnten ohne zusätzliche Investitionen zu tätigen oder Einbußen bei der Materialqualität hinnehmen zu müssen. Um die Frage zu klären, wie sich diese Kunststoffe tatsächlich hinsichtlich ihrer Abbaubarkeit verhalten, wurden Untersuchungen unter anaeroben und aeroben Bedingungen durchgeführt[615]. Die Versuche zeigten, dass während einer Kompostierungssimulation diese Kunststoffe nur oberflächlich chemische Unterschiede aufwiesen, aber innerhalb von 12 Wochen keine signifikante Gewichtsreduktion messbar war. In einem Vergärungsversuch wurde eine geringe Gewichtsreduktion für Polyethylenterephthalat gefunden. Während der Vergärung verursachten alle Kunststoffe höhere Gasbildungen, als die biogenen Abfälle alleine gebildet hätten. Die verstärkte Gasbildung ist zwar positiv für Vergärungsanlagen, da größere Biogasausbeuten erhalten werden können, weist aber negative Eigenschaften im Falle der Deponierung (in Österreich nicht mehr zulässig, aber weltweit nach wie vor einer der größten Entsorgungswege) solcher Kunststoffabfälle auf, während im Falle der thermi-

612 Woidasky/Sander/Schau/Moesslein/Wendler/Wacker/Gao/Kirchenbauer/Kumar/Busko/Howard/Richards/Bryce/Turshatov/Wiethoff, Lang-Koetz, Inorganic fluorescent marker materials for identification of post-consumer plastic packaging. Resources, Conservation and Recycling 2020, 161, 104976.

613 Olscher/Jandric/Zafiu/Part, Evaluation of Marker Materials and Spectroscopic Methods for Tracer-Based Sorting of Plastic Wastes. Polymers 2022, 14 (15), 3074.

614 Jandric/Olscher/Zafiu/Lielacher/Lechner/Lassenberger/Part, Adding Rare Earth Oxide Markers to Polyoxymethylene to Improve Plastic Recycling through Tracer-Based Sorting. Polymers 2024, 16 (18), 2591.

615 Zafiu/Binner/Höck/Świechowski/Huber-Humer, Study on the degradability of plastics with prodegradant additives during anaerobic and aerobic biological waste treatment processes. J Mater Cycles Waste Manag 2023, 25 (6), 3545.

schen Behandlung solcher Kunststoffe weder Vor- noch Nachteile entstehen. Die Gasbildung und Masseänderung zeigt aber in solchen Fällen, dass ein langsamer Abbau in der Umwelt unter anaeroben Bedingungen passieren könnte, was zur Bildung von Mikrokunststoffen führen kann, die weitere Umweltprobleme verursachen können[616]. Abfallforensische Ansätze erlauben es hier, neue Produktarten vorsorglich auf deren Verhalten in der abfallwirtschaftlichen Praxis und in der Umwelt zu prüfen und Empfehlungen zu ihrer Verwendung, Verwertung und Entsorgung zu geben.

Eine weitere abfallforensische Fragestellung ist die Untersuchung der Ausschleusung von gefährlichen Chemikalien in technischen Kunststoffen aus Abfallströmen. Zu diesen zählen bromierte Flammhemmer, die lange Zeit als Additive in Kunststoffen, die für Elektrogeräte eingesetzt werden, Anwendung fanden. Auf Grund der persistenten und toxischen Eigenschaften dieser Additive wurde der Einsatz vieler Einzelsubstanzen verboten[617]. Es wurde aber von den Behörden erkannt, dass das Verbot des Einsatzes dieser Flammhemmer in neuen Kunststoffprodukten nur ein Teil der Lösung ist, da technische Kunststoffe bereits früh recycelt wurden und dadurch die Gefahr besteht, dass mittlerweile verbotene Substanzen und kontaminierte Materialien immer noch im Kreislauf gehalten werden. Regulatorisch wurde diese Lücke über Begrenzung von gefährlichen Substanzen in Elektro- und Elektronikgeräten geschlossen, wodurch auch rezyklierte Materialien Grenzwerte einhalten müssen, wenn sie in Elektrogeräten eingesetzt werden[618]. In der Konsequenz müssen Rezyklate, die die Grenzwerte nicht einhalten, als gefährliche Abfälle entsorgt werden. Die Einhaltung der Grenzwerte und die Ausschleusung der bromierten Flammhemmer konnte mittels Sortieranalysen und innovativer instrumenteller Analytik für ausgewählte Elektroaltgeräte gezeigt werden[619]. In dieser Studie wurden Elektroaltgeräte aus unterschiedlichen Kategorien aus einem Sammelzentrum bezogen und demontiert, um die einzelnen Kunststoffteile zu identifizieren und deren Produktionsdatum sowie die Kunststoffart in der Prägung zu ermitteln. Der Bromgehalt in den Kunststoffen wurde mittels Röntgenfluoreszenzanalyse ermittelt, mit der chemische Elemente zerstörungsfrei quantitativ gemessen werden können. Die Analysen zeigen, dass wesentlich weniger Brom in neueren Kunststoffprodukten zu finden war als in älteren und somit kann die Wirkung der Regulierung bestätigt werden[620]. Sortieranalysen, die mehrere Produktkategorien umfassen, erlauben es auch jene Produkte zu identifizieren, die immer noch die höchste Schadstoffmenge aufweisen und jene, die unter den Grenzwerten liegen. Gründe für diese Unterschiede sind einerseits verschieden lange Produktlebenszyklen und andererseits auch die Kontrollen und Regeln an den tatsächlichen Produktions-

616 Thompson/Courtene-Jones/Boucher/Pahl/Raubenheimer/Koelmans, Twenty years of microplastic pollution research-what have we learned? Science 2024, 386 (6720), eadl2746.

617 SSC: Stockholm convention on persistent organic pollutions (POPs). In: Secretariat of the Stockholm Convention. Switzerland. http://chm.pops.int/TheConvention/Overview/TextoftheConvention/tabid/2232/, zuletzt geprüft am 12.02.2025.

618 VO (EU) 2011/65 Abl 2011/174, 88.

619 Jandric/Part/Fink/Cocco/Mouillard/Huber-Humer/Salhofer/Zafiu, Investigation of the heterogeneity of bromine in plastic components as an indicator for brominated flame retardants in waste electrical and electronic equipment with regard to recyclability Journal of Hazardous Materials 2019, 390.

620 Jandric/Part/Fink/Huber-Humer/Salhofer/Zafiu Bromierte Flammschutzmittel in Elektroaltgeräten: Untersuchung der Brom-Konzentration nach Kunststofftypen und Gerätekategorien mittels Röntgenfluoreszenzanalyse Österr Wasser- und Abfallw 2020, 72 (1–2), 68.

standorten, die sich häufig außerhalb der EU befinden. Solche Informationen können nützlich sein, um Analysenschwerpunkte bei unterschiedlichen Abfallkategorien zu setzen, die mit höherer Wahrscheinlichkeit Kontaminationen aufweisen.

Die Abfallforensik wird als Teil der Abfall- und Kreislaufwirtschaft zukünftig eine immer wichtigere Rolle spielen, wenn Recyclingraten gesteigert werden sollen, ohne Einbußen hinsichtlich des Gesundheits- und Umweltschutzes sowie bei der Qualität der Materialeigenschaften hinzunehmen. Da wir erst am Anfang der Kreislaufführung von Ressourcen stehen, sind uns derzeit vermutlich auch noch gewisse hemmende Faktoren nicht vollumfänglich bewusst, wie inhomogene Abfallströme, dissipative Materialverluste und Schadstofftransfers. Ein immer häufigeres Thema im Umwelt- und Abfallwirtschaftsbereich sind sogenannte „Emerging Pollutants", die Schadstoffe bezeichnen, die sich bereits in Produkten oder der Umwelt befinden und lange Zeit nicht als solche erkannt wurden bzw nicht detektiert werden konnten. Zu diesen zählen prominente Beispiele wie Mikrokunststoffe und Per- und Polyfluorierte Organische Verbindungen (PFAS, PFOS etc). In diesen Fällen wird es auch zukünftig wichtiger werden, die Quellen und kontaminierte Abfälle zu identifizieren und Maßnahmen zur Verhinderung der Kontamination und der kontrollierten und sicheren Schadstoffausschleusung zu entwickeln, die nach abfallforensischen Prinzipien erfolgen und überwacht werden sollten.

5.2.7. Carbon Capture and Utilisation (CCU) – Schlüsseltechnologie für die nachhaltige Industrie

Christopher vom Berg

Carbon Capture and Utilisation (CCU) steht für die Abscheidung von Kohlendioxid (CO_2) aus industriellen Prozessen oder der Atmosphäre (dann spezifischer: Direct Air Capture) und dessen anschließende stoffliche Nutzung. CCU ist weit mehr als eine Brückentechnologie oder ein Instrument zur Kohlenstoffentfernung – es ist eine zentrale Säule für die Defossilisierung der Industrie, die Kreislaufwirtschaft und die nachhaltige Transformation der Wertschöpfungsketten.

5.2.7.1. Warum CCU unverzichtbar ist

CO_2 als Rohstoff: Die Grundlage für eine zukunftsfähige Industrie Kohlenstoff bleibt auch in einer klimaneutralen Zukunft ein unersetzlicher Rohstoff, insbesondere für die Chemie-, Kunststoff- und Baustoffindustrie. Während der Energiesektor weitgehend elektrifiziert und „dekarbonisiert" werden kann, benötigen viele Produkte weiterhin Kohlenstoff als molekularen Baustein. CCU ermöglicht es, CO_2 als Rohstoff wieder im Kreis zu führen, den Rohstoff-Bedarf durch nicht-fossile Quellen zu decken und dabei fossile Rohstoffe zu ersetzen[621].

621 vom Berg, C., & Carus, M. (2023). Making a Case for Carbon Capture and Utilisation (CCU) – It Is Much More Than Just a Carbon Removal Technology. Renewable Carbon Initiative (Ed), Hürth. https://doi.org/10.52548/VYKR3129, abgerufen am 1.8.2025.

Vorteile von CCU im Überblick

- **Substitution fossiler Rohstoffe:** CCU stellt erneuerbaren Kohlenstoff bereit und ersetzt so fossile Quellen in Sektoren, die langfristig Kohlenstoff als Rohstoff benötigen.
- **Defossilisierung Kohlestoff-abhängiger Sektoren wie der Chemieindustrie:** Nur durch die Kombination von Recycling, Biomasse und CCU kann der gesamte Bedarf an Kohlenstoff nachhaltig gedeckt werden. Szenarien für 2050 sehen vor, dass CCU etwa 25 % des globalen Kohlenstoffbedarfs für Chemikalien und Materialien abdecken könnte, Recycling etwa 55 % und Biomasse rund 20 %[622].
- **Minderung der Emissionslücke:** CCU reduziert die Emissionslücke – gemeint ist die Differenz von entstehenden Emissionen zum tatsächlichen Erreichen von Netto-Null-Emissionen – indem es erneuerbaren Kohlenstoff auffängt, bereitstellt und so die Nutzung fossiler Rohstoffe und die damit verbundenen Emissionen vermeidet.
- **Kreislaufwirtschaft und nachhaltige Kohlenstoffkreisläufe:** CCU ermöglicht es, Kohlenstoff im Kreislauf zu halten, was die Kreislaufwirtschaft stärkt und die Abhängigkeit von frischen fossilen Ressourcen reduziert.
- **Innovationsmotor und Wertschöpfung:** Die Entwicklung und Skalierung von CCU-Technologien fördert Innovationen, schafft neue Geschäftsmodelle und Arbeitsplätze und stärkt die regionale Wertschöpfung.
- **Unabhängigkeit und Versorgungssicherheit:** CO_2 ist überall auf der Welt verfügbar – aus Industrieabgasen, Abfallströmen oder direkt aus der Luft (Direct Air Capture, DAC). So können Regionen unabhängig von fossilen Rohstoffimporten werden.
- **Effiziente Nutzung erneuerbarer Energien:** CCU trägt zur Stabilisierung erneuerbarer Energiesysteme bei, indem Überschussstrom in chemische Energieträger wie Methanol oder synthetische Kraftstoffe umgewandelt wird, die sich leichter speichern und transportieren lassen als zB Wasserstoff.
- **Reduktion von Scope-3-Emissionen:** CCU ist entscheidend, um die indirekten Emissionen entlang der gesamten Wertschöpfungskette (Scope 3) zu adressieren, da es Emissionen am Ende der Wertschöpfungskette auffängt und die Kreislaufführung von Kohlenstoff ermöglicht.

Klimaschutzpotenzial und Ökobilanz

CCU-basierte Produkte können die Treibhausgasemissionen gegenüber fossilen Alternativen bereits heute um 50–90 % senken, sofern die eingesetzte Energie aus erneuerbaren Quellen stammt[623]. Lebenszyklusanalysen (LCA) belegen, dass – insbesondere bei der Nutzung von biogenem oder atmosphärischem CO_2 – Reduktionen von bis zu 90 % möglich sind. Selbst bei der Nutzung von CO_2 aus fossilen Punktquellen lassen sich noch erhebliche Einsparungen erzielen, solange dadurch fossile Rohstoffe substituiert werden.

622 Kähler, B., vom Berg, C., Carus, M., & Dammer, L. (2023). Renewable Carbon as a Guiding Principle for Sustainable Carbon Cycles. Renewable Carbon Initiative (Ed.), Hürth. https://doi.org/10.52548/CXFS7519, abgerufen am 1.8.2025.

623 Sapart, C. J., Arning, K., Badrow, A., Breyer, C., Dibenedetto, A., Erkman, S., Hills, C. D., Léonard, G., Reis-Machado, A. S., Mertens, J., Nizou, S., Pant, D., & Vente, J. (2022). Climate Change Mitigation: The contribution of Carbon Capture and Utilisation (CCU). 16th International Conference on Greenhouse Gas Control Technologies, GHGT-16, 23rd–27th October 2022, Lyon, France.

Breite Anwendungsfelder von CCU

Die Vielfalt der CCU-Produkte wächst rasant. Beispiele sind:

- Kunststoffe und Polymere
- Synthetische Kraftstoffe (zB für Luft- und Schifffahrt)
- Chemikalien wie Methanol, Ethanol, Ammoniak
- Baumaterialien (zB CO_2-mineralisierte Baustoffe)
- Trockeneis, Kühlmittel, Reinigungsmittel und sogar Proteine

Im Bausektor etwa ermöglicht CCU die Herstellung von klimaneutralem Beton durch CO_2-Mineralisierung – ein Markt mit einem Potenzial von bis zu 10 Gigatonnen CO_2 pro Jahr bis 2050[624].

CCU als Enabler für die Energiewende

Die Integration erneuerbarer Energien in das Energiesystem ist eine Herausforderung, da Wind- und Sonnenenergie fluktuieren. CCU ermöglicht es, Überschussstrom in chemische Energieträger umzuwandeln, die saisonal und über große Distanzen transportiert werden können. Methanol, als eines der sinnvollsten Produkte aus CO_2, und andere CCU-basierte Moleküle sind darüber hinaus einfacher zu handhaben als Wasserstoff und nutzen bestehende Infrastrukturen.

Kreislaufwirtschaft und nachhaltige Kohlenstoffkreisläufe

Selbst bei maximaler Recyclingquote (wird auf 50–70 % geschätzt) gehen entlang der Wertschöpfungsketten immer Kohlenstoffverluste einher[625]. CCU schließt diese Lücke, indem es „frischen" Kohlenstoff aus CO_2 bereitstellt, der aus Punktquellen oder der Atmosphäre stammt, ohne neue fossile Ressourcen zu erschließen. So entsteht ein nachhaltiger, geschlossener Kohlenstoffkreislauf.

Regionale Selbstversorgung und Landnutzungseffizienz

CCU ermöglicht eine lokale Rohstoffversorgung, unabhängig von fossilen oder biogenen Importen. Solarbasierte CCU-Anlagen sind zudem bis zu 40-mal effizienter in der Flächennutzung als Bioenergiepflanzen, da Photovoltaik einen deutlich höheren Wirkungsgrad bei der Umwandlung von Sonnenenergie in nutzbare Energie und Kohlenstoffträger aufweist[626].

Innovationsförderung und wirtschaftliche Chancen

Die Transformation hin zu CCU-basierten Wertschöpfungsketten eröffnet neue Märkte, fördert Start-ups und sichert langfristig Wertschöpfung und Beschäftigung. Europa

---

624 Sick, V., Stokes, G., & Mason, C. M. (2022a). CO_2 Utilization and Market Size Projection for CO_2-treated Construction Materials. Frontiers in Climate, 4. https://doi.org/10.3389/fclim.2022.886122, abgerufen am 1.8.2025.

625 vom Berg, C., & Carus, M. (2023). Making a Case for Carbon Capture and Utilisation (CCU) – It Is Much More Than Just a Carbon Removal Technology. Renewable Carbon Initiative (Ed.), Hürth. https://doi.org/10.52548/VYKR3129, abgerufen am 1.8.2025.

626 Searchinger, T., Beringer, T., & Strong, A. (2017). Does the world have low-carbon bioenergy potential from the dedicated use of land? Energy Policy, 110, 434–446. https://doi.org/10.1016/j.enpol.2017.08.016, abgerufen am 1.8.2025.

könnte durch die konsequente Förderung von CCU eine globale Führungsrolle in einer klimaneutralen Industrie einnehmen.

Herausforderungen und politische Rahmenbedingungen

Trotz der vielfältigen Vorteile wird CCU bislang nur begrenzt eingesetzt. Gründe sind:

- Hoher Energiebedarf – CCU ist energieintensiv und nur mit erneuerbaren Energien nachhaltig.
- Fehlende oder inkonsistente politische Unterstützung und Fördermechanismen.
- Starke Konkurrenz etablierter fossiler Industrien und fehlende Lobby für CCU.

Um CCU als Schlüsseltechnologie zu etablieren, braucht es:

- Klare Quoten und Zielvorgaben für CCU-basierte Produkte, analog zu denen für Wasserstoff oder CCS.
- Massive Investitionen in erneuerbare Energien und Infrastruktur.
- Einen verlässlichen regulatorischen Rahmen, der CCU als strategische Zukunftstechnologie anerkennt und fördert.

5.2.7.2. CCU und CCS: Unterschiede und strategische Prioritäten

CCU und **CCS** (Carbon Capture and Storage) beginnen beide mit der Abscheidung von CO_2, verfolgen aber unterschiedliche Ziele:

- **CCU** nutzt das abgeschiedene CO_2 als Rohstoff für Produkte und hält Kohlenstoff im Kreislauf. Dadurch werden fossile Rohstoffe substituiert und Emissionen vermieden.
- **CCS** speichert CO_2 dauerhaft in geologischen Formationen, um unvermeidbare oder historische Emissionen auszugleichen.

Solange noch fossiler Rohstoffbedarf besteht, sollte die Priorität darauf liegen, diesen Bedarf durch nicht-fossile Quellen (Recycling, Biomasse, CCU) zu ersetzen. Erst wenn der Kohlenstoffbedarf vollständig über erneuerbare Quellen abgedeckt ist, ist es sinnvoll, CCS einzusetzen, um das CO_2-„Plus" in der Atmosphäre auszugleichen und unvermeidbare Emissionen zu adressieren.

CCS ist damit vor allem für die Kompensation unvermeidbarer Emissionen und zur CO_2-Entnahme aus der Atmosphäre (dann Carbon Dioxide Removal, CDR) notwendig – CCU hingegen ist der Schlüssel zur Defossilisierung und Kreislaufführung des Kohlenstoffs in der Industrie.

5.2.7.3. Fazit

CCU stellt weit mehr dar als eine reine Klimaschutzmaßnahme: Es ist eine systemische Lösung für die nachhaltige Transformation der Industrie, erhöhte Unabhängigkeit von fossilen Rohstoffen, die Integration erneuerbarer Energien und den Aufbau zirkulärer Wertschöpfungsketten. Die Politik sollte CCU als strategische Schlüsseltechnologie anerkennen und fördern, um die Emissionslücke zu schließen, Innovationen zu ermöglichen und Europas Wettbewerbsfähigkeit zu sichern. Die vollständige Defossilisierung der Industrie ist ohne CCU nicht möglich – und je schneller CCU skaliert wird, desto kleiner wird die verbleibende Emissionslücke, die später durch CCS und CDR geschlossen werden muss.

5.2.8. Industrielle Symbiose

Sonja Siegl

5.2.8.1. Einleitung

Ein zentraler Ansatz zur Umsetzung der Kreislaufwirtschaft auf industrieller Ebene ist die „industrielle Symbiose“. Dabei handelt es sich um ein Konzept aus der industriellen Ökologie, das industrielle Prozesse als vernetzte Ökosysteme betrachtet, in denen Abfälle und Nebenprodukte eines Unternehmens als Ressourcen für andere genutzt werden können. Der Begriff hat seinen Ursprung in der Biologie, in der „Symbiose“ als eine Gemeinschaft unterschiedlicher Organismen in einer für beide Seiten vorteilhaften Beziehung definiert wird. Ähnlich wie in der Natur entstehen symbiotische Beziehungen zwischen Unternehmen, die Materialien, Energie, Infrastruktur oder auch Informationen zum gegenseitigen Nutzen miteinander austauschen. Beispiele aus der Praxis zeigen, dass gut funktionierende industrielle Symbiosen dazu beitragen können, Unternehmen wirtschaftlich wettbewerbsfähiger und gleichzeitig umweltfreundlicher zu machen.[627, 628, 629]

5.2.8.2. Kernelemente der industriellen Symbiose

Das Konzept der industriellen Symbiose wurde in der wissenschaftlichen Literatur erstmals vor ca 35 Jahren als solches beschrieben. Damals wurde die Idee von „industriellen Ökosystemen“ vorgestellt, in denen der Energie- und Materialverbrauch optimiert wird und die Abfallprodukte eines Prozesses als Rohstoffe für einen anderen Prozess dienen und dabei die Auswirkungen der Industrie auf die Umwelt reduzieren.[630] Das Interesse der Forschung, Wirtschaft und Politik an diesem Konzept hat sich seitdem stetig weiterentwickelt. Viele Industriezweige, darunter die Zement- und Chemieindustrie, haben diese oder ähnliche Prinzipien jedoch bereits seit vielen Jahren in ihre Standardarbeitsverfahren integriert und es gibt zahlreiche Beispiele für historisch gewachsene industrielle Symbiosen. Aus der umfangreichen wissenschaftlichen Literatur sowie den Strategien, Berichten und Empfehlungen der Europäischen Kommission haben sich die folgenden Punkte als wesentliche Elemente der industriellen Symbiose herauskristallisiert:[631, 632]

- **Intersektorale Kooperation:** Die Zusammenarbeit erfolgt branchenübergreifend und vernetzt verschiedene, traditionell getrennte, Industriezweige sowie unabhängige Unternehmen miteinander.
- **Ressourcenoptimierung:** Abfall- oder Nebenprodukte eines Unternehmens werden als sekundäre Rohstoffe für ein anderes Unternehmen verwendet. Energie, beispielsweise in Form von Abwärme, wird innerhalb des industriellen Netzwerkes weitergegeben. Auch die Kaskadennutzung von Wasser lässt sich überbetrieblich vorteil-

627 Chertow, Industrial Symbiosis: Literature and Taxonomy, Annual Review of Energy and the Environment 2000, 313.
628 Castellet-Viciano/Hernández-Chover/Bellver-Domingo/Hernández-Sancho, Industrial Symbiosis: A Mechanism to Guarantee the Implementation of Circular Economy Practices, Sustainability 2022, 15872.
629 Schwarz/Steininger, Implementing nature's lesson: The industrial recycling network enhancing regional development, Journal of Cleaner Production 5, 47.
630 Frosch/Gallopoulos, Strategies for Manufacturing, Scientific American 1989, 144.
631 CEN, Industrial Symbiosis: Core Elements and Implementation Approaches, CWA 17354 2018.
632 Rodin/Jauschnik/Moser, Industrial Symbiosis success and deterrent factors. CORALIS Consortium 2021.

haft umsetzen. Durch den Austausch dieser Ressourcen innerhalb des Netzwerkes erfolgt deren Nutzung effizienter als für einzelne Unternehmen separat.

- **Gemeinsame Bereitstellung von Versorgungsleistungen und Dienstleistungen:** Unternehmen kooperieren bei allgemeinen Versorgungsleistungen wie Energie, Wasser, Dampf, Druckluft, Kühlung oder Abwasseraufbereitung, wodurch Kosten gesenkt und Ressourcen effizienter genutzt werden. Das Gleiche gilt für die kollektive Bereitstellung von logistischen, administrativen oder technischen Dienstleistungen wie geteilte Transport- und Logistikzentren, kollektive Wartungsdienste oder gemeinsames Abfallmanagement.
- **Austausch nicht-materieller Ressourcen:** Der Austausch von Information, Know-how, Expertise und Technologien ermöglicht Unternehmen, voneinander zu lernen und Innovationspotenziale auszuschöpfen. Durch die Weitergabe von Wissen und technischen Lösungen können Produktionsprozesse optimiert, neue Synergien geschaffen und nachhaltige Praktiken gefördert werden.
- **Wirtschaftlicher Nutzen:** Unternehmen beteiligen sich vor allem dann an industriellen Symbiosen, wenn sie dadurch Kosten senken, neue Einnahmequellen erschließen oder ihre Ressourceneffizienz steigern können.
- **Geografische Nähe:** Die räumliche Nähe zwischen Unternehmen erleichtert den Austausch von Ressourcen, reduziert Transportkosten und ermöglicht eine effizientere Zusammenarbeit innerhalb der industriellen Symbiose. Dieses Element wird oft als Erfolgsfaktor beschrieben, ist aber kein zwingendes Kriterium, es gibt auch Beispiele für erfolgreiche industrielle Symbiosen, bei denen die Unternehmen nicht in unmittelbarer Nähe situiert sind.

Diese Kernelemente der industriellen Symbiose sind in Abb 33 zusammengefasst.

Der gegenseitige Nutzen bzw die Synergien, die durch die industrielle Symbiose für die teilnehmenden Unternehmen entstehen, können dabei in unterschiedlichen Formen auftreten. Bei sogenannten **Substitutions-Synergien** handelt es sich um den Austausch von Material- oder Energieströmen, bei denen der Output eines Unternehmens oder eines industriellen Prozesses Teil des Inputs eines anderen Unternehmens ist (zB Austausch von Nebenprodukten, Abfällen, Abwärme usw). Im Gegensatz dazu gibt es bei **Mutualitäts-Synergien** keinen Material- oder Energiefluss, die Synergien ergeben sich durch die gemeinsame Nutzung von Dienstleistungen, Einrichtungen oder Infrastrukturen (zB Energieversorgung oder Abfallbehandlung, Notfallplanung, Ausbildung, Logistik und Transport). Unter **Genesis-Synergien** versteht man schließlich die Entwicklung neuer Geschäftsmodelle, um den Wiederverwendungsbedarf eines Materialflusses oder Unternehmens zu decken.[633]

Industrielle Symbiose-Beziehungen unterscheiden sich zudem auch durch ihren Entstehungsprozess beziehungsweise der Art des Managements (zB wo die Verantwortung für die Ermittlung und Umsetzung von Kooperationsmöglichkeiten liegt). **Selbstorganisierte Netzwerke** (oft historisch gewachsen) entstehen spontan durch direkte Zu-

633 Castellet-Viciano/Hernández-Chover/Bellver-Domingo/Hernández-Sancho, Industrial Symbiosis: A Mechanism to Guarantee the Implementation of Circular Economy Practices, Sustainability 2022, 15872.

sammenarbeit zwischen Unternehmen. **Vermittelte Netzwerke** werden durch Dritte koordiniert und können auf lokaler, regionaler oder nationaler Ebene existieren. **Geplante Netzwerke** werden nach einem zentralen Plan bzw einer zentralen Vision gebildet, die die Ansiedlung neuer Unternehmen in eigens dafür errichteten Industriegebieten vorsieht, die im Allgemeinen gemeinsame Infrastrukturen und Dienstleistungen anbieten.[634]

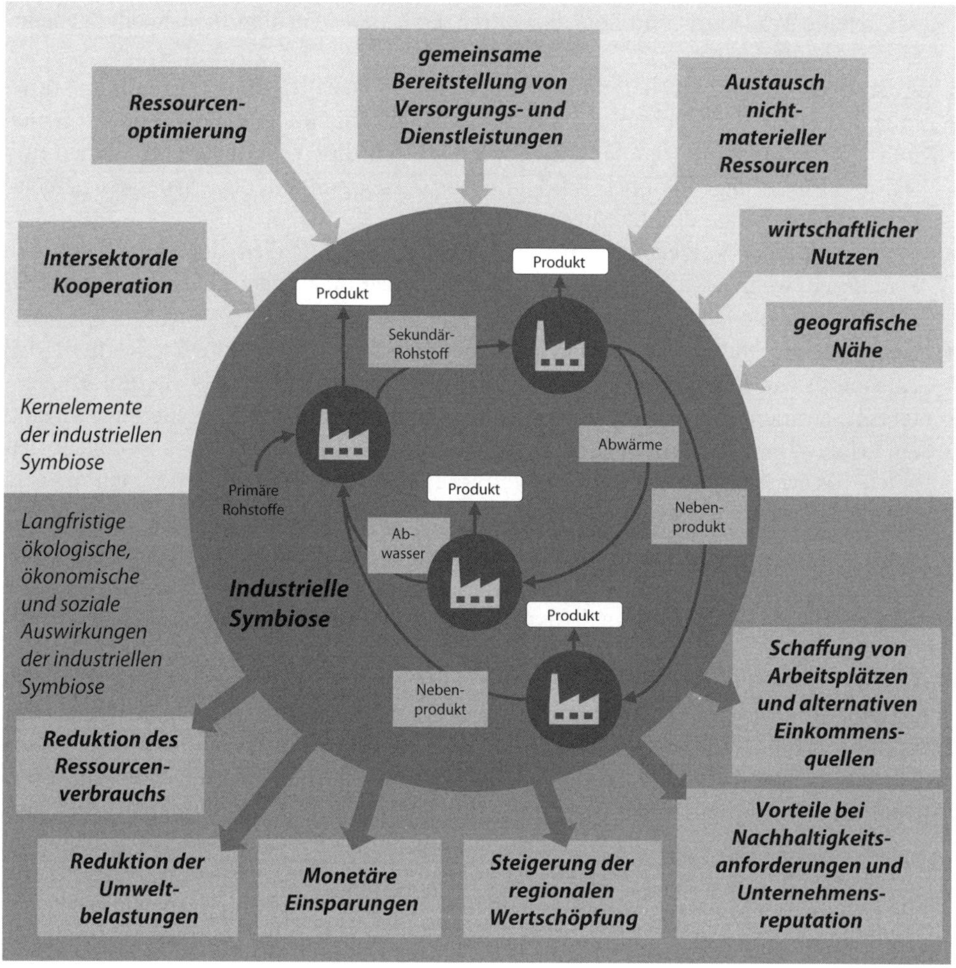

Abb 33: Schematische Darstellung eines industriellen Symbiose-Netzwerks, sowie der Kernelemente der industriellen Symbiose als auch der langfristigen ökologischen, ökonomischen und sozialen Auswirkungen [Quelle: eigene Darstellung]

634 Domenech/Doranova/Smith, Cooperation fostering industrial symbiosis: market potential, good practice and policy actions: final report. 2018.

5.2.8.3. Positive Auswirkungen der industriellen Symbiose

Die industrielle Symbiose bietet zahlreiche Vorteile für Unternehmen, Regionen und die Umwelt, indem sie eine effizientere Nutzung von Ressourcen ermöglicht. Die folgenden Punkte fassen die positiven Auswirkungen dieser kooperativen Wirtschaftsweise auf Umwelt, Wirtschaft und Gesellschaft zusammen.[635]

- **Reduktion des Ressourcenverbrauchs:** Die Nutzung von Abfällen und Nebenprodukten als sekundäre Rohstoffe sowie von Abwärme verringert den Bedarf an primären Rohstoffen (sowie deren Transport), Energie und Wasser, was die Ressourcensicherheit erhöht und Abhängigkeiten von knappen oder importierten Materialien reduziert. Dadurch wird eine nachhaltigere und widerstandsfähigere Industrie geschaffen.
- **Reduktion der Umweltbelastungen:** Sowohl die Substitution von primären durch sekundäre Rohstoffe, der verringerte überregionale Verkehr, als auch die reduzierte bzw vermiedene Entsorgung von Abfällen oder Abwasser bzw die effizientere Nutzung von Energie und Materialien im Netzwerk reduziert die Belastung der Umwelt durch CO_2-Emissionen, Schadstoffausstöße sowie die Zerstörung von natürlichen Lebensräumen.
- **Monetäre Einsparungen:** Unternehmen profitieren von geringeren Rohstoff- und Energiekosten, da Ressourcen effizienter genutzt und Abfälle vermieden werden. Zusätzlich können Steueranreize oder Fördermittel für ressourcenschonende Produktionsweisen finanzielle Vorteile bringen.
- **Steigerung der regionalen Wertschöpfung:** Industrielle Symbiose fördert innovative Geschäftsmodelle und stärkt regionale Wirtschaftskreisläufe, indem Unternehmen lokale Synergien nutzen. Dies kann zu neuen Geschäftsfeldern, stabileren Lieferketten und einer resilienteren regionalen Wirtschaft führen.
- **Vorteile bei Nachhaltigkeitsanforderungen und Unternehmensreputation:** Durch eine ressourceneffiziente und umweltfreundliche Produktion erfüllen Unternehmen leichter gesetzliche Nachhaltigkeitsanforderungen, wie sie in der EU-Taxonomie oder der Nachhaltigkeitsberichterstattung gefordert werden. Gleichzeitig verbessert sich ihr Image als verantwortungsbewusstes und zukunftsorientiertes Unternehmen.
- **Schaffung von Arbeitsplätzen und alternativen Einkommensquellen:** Neue Geschäftsmodelle und Synergien innerhalb der industriellen Symbiose führen zu zusätzlichen Beschäftigungsmöglichkeiten in Recycling, Logistik und Umwelttechnologien. Dies fördert wirtschaftliches Wachstum und eröffnet neue Einkommensquellen für Unternehmen und Fachkräfte.

Die langfristigen ökologischen, ökonomischen und sozialen Auswirkungen der industriellen Symbiose sind ebenfalls in Abb 33 dargestellt.

Internationale und nationale Best-Practice-Beispiele

Das dänische Industriestadtgebiet Kalundborg ist eines der bekanntesten Beispiele für industrielle Symbiose. Seit den 1960er-Jahren haben sich dort zwischen neun lokalen Hauptakteuren sowie weiteren Akteuren innerhalb und außerhalb der Kommune zahlreiche physische Verflechtungen bzw symbiotische Beziehungen entwickelt. Es handelt sich dabei um ein Kraft-

635 CEN, Industrial Symbiosis: Core Elements and Implementation Approaches, CWA 17354 2018.

werk, eine große Ölraffinerie, ein Pharma- und Biotechnologieunternehmen, einen Gipsplattenhersteller, ein Bodensanierungsunternehmen und die Gemeinde Kalundborg. Interessante Beispiele sind die Lieferung von Prozessdampf aus dem Kraftwerk an das Pharma- und Biotechnologieunternehmen und an die Ölraffinerie, die Bereitstellung von gipshaltigen Rohstoffen aus dem Wäscher des Kraftwerksabwassers an den Gipsplattenhersteller und der Verkauf von überschüssiger Hefe aus der Insulinherstellung des Pharma- und Biotechnologieunternehmens zur Verwendung als hochwertiges Tierfutter. Das Netzwerk hat sich in den letzten sechs Jahrzehnten organisch entwickelt, wobei gemeinsame Projekte ins Leben gerufen wurden, wenn der Business Case und die Zusammenarbeit vielversprechend waren. Diese Projekte enden jedoch, wenn der Business Case nicht mehr rentabel ist.[636] Die jährlichen ökonomischen Einsparungen werden mit insgesamt 24 Mio € sowie zusätzlich 14 Mio € an sozioökonomischen Einsparungen beziffert. Darüber hinaus werden 635.000 Tonnen CO_2; 3,6 Mio m³ Wasser; 100 GWh an Energie und 87.000 Tonnen Material eingespart.[637]

Auch in Österreich finden sich zahlreiche, teilweise historisch gewachsene Industriestandorte, an denen das Konzept der industriellen Symbiose gelebt wird.

In Lenzing wird beispielsweise in einer Bioraffinerie Holz zu Zellstoff und weiter zu verschiedenen Fasern verarbeitet. Zusätzlich werden aus den Nebenprodukten eine Reihe von Feinchemikalien (Essigsäure, Xylose, Furfural, Lignosulfonat) für den Food- und Non-food-Sektor gewonnen. Der stofflich nicht weiter verwertbare Anteil der Biomasse dient der erneuerbaren Energieerzeugung und versorgt mehrere Unternehmen am Standort.[638]

Im Industriepark Pischelsdorf kooperieren derzeit Unternehmen aus den Bereichen (Spezial-)Chemikalien, Bioethanol, Futter- und Düngemittel, technische Gase sowie Transport. Diese Unternehmen teilen sich nicht nur einen Energiekreislauf, sondern auch Logistikdienstleistungen, Werkstätten und eine Betriebsfeuerwehr. Neben der Nutzung von Nebenprodukten als sekundäre Rohstoffe wird auch das bei der Bioethanol-Produktion anfallende CO_2 von einem anderen Unternehmen für Anwendungen in der Lebensmittel- und Getränkeindustrie aufbereitet.[639]

5.2.8.4. Barrieren und Erfolgsfaktoren

Zu den wichtigsten **Barrieren** für die industrielle Symbiose gehören **wirtschaftliche, organisatorische, legislative, technische und kommunikative Herausforderungen**. Lange Amortisationszeiten entsprechen oft nicht den Unternehmensrichtlinien, was Investitionen erschwert ebenso wie Unsicherheiten über die Rentabilität. Zudem bestehen häufig noch keine etablierten Geschäftsbeziehungen zwischen potenziellen Partnern in einem Industriepark oder einer Region und damit mangelt es an Vertrauen, langfristige Kooperationen einzugehen. Das Fehlen kohärenter politischer Strategien zu Energie, Ressourcen und nachhaltiger Produktion erhöht das Investitionsrisiko. Außerdem erschweren regulatorische Unsicherheiten, insbesondere im Abfallrecht, oft den Austausch von Materialien, da die Klassifizierung von Nebenprodukten bzw das Abfallende nicht immer eindeutig geregelt ist. Technische Herausforderungen entstehen beispielsweise durch notwendige bauliche Anpassungen oder zusätzliche Prozesstechnik, die für die Umwandlung von Nebenprodukten zu sekundären Rohstoffen benötigt werden. Da-

---

636 Harper/Graedel, Industrial ecology: a teenager's progress, Technology in Society 2004, 433.

637 European Circular Economy Stakeholder Platform, Kalundborg Symbiosis: six decades of a circular approach to production https://circulareconomy.europa.eu/platform/en/good-practices/kalundborg-symbiosis-six-decades-circular-approach-production, abgerufen am 31.3.2025.

638 Lenzing AG, Geschäfts- und Nachhaltigkeitsbericht 2023 Lenzing Gruppe. Lagebericht, 2024.

639 Donau Chemie Group, Industriepark Pischelsdorf: Ein Ort der Synergieeffekte https://blog.donau-chemie-group.com/blog-posts/Industriepark-Pischelsdorf, abgerufen am 31.3.2025.

rüber hinaus erfordert industrielle Symbiose die Offenlegung sensibler Geschäftsdaten, wie etwa Energieverbrauchsdaten, was Unternehmen zögern lässt.[640, 641]

Zu den wichtigsten **Erfolgsfaktoren** zählen vor allem die **geografische Nähe** der beteiligten Unternehmen, ein **starkes Netzwerk**, **regulatorische Rahmenbedingungen** sowie **wirtschaftliche Anreize**. Die Lage in einem Industriepark und die Vielfalt der ansässigen Unternehmen bieten zahlreiche Synergiemöglichkeiten. Ein aktiver Parkbetreiber (bei vermittelten/geplanten Netzwerken) sowie Kooperationen mit Forschungseinrichtungen und Universitäten unterstützen die Entwicklung organisatorischer und technischer Lösungen. Gesetzliche Vorgaben zur Reduktion von Abfallströmen können industrielle Symbiose begünstigen. Staatliche Maßnahmen können durch Bürokratieabbau, gezielte Anreize und die Förderung von technologischer Innovation unterstützend wirken. Bereits etablierte und gelebte Unternehmensstrategien, die auf Energie- und Ressourceneffizienz abzielen, erleichtern die Integration entsprechender Maßnahmen innerhalb eines Unternehmens. Zudem erwarten Unternehmen durch industrielle Symbiose eine Senkung der Kosten für das Management von Reststoffen, insbesondere für die Entsorgung von Abfallströmen.[642, 643, 644]

Die Umsetzung industrieller Symbiose (bei vermittelten/geplanten Netzwerken) erfolgt typischerweise in zwei Phasen: Vor der Implementierung erfolgt die Analyse des Umfelds, die Datensammlung, die Identifikation von Synergien sowie die Bewertung von Geschäftsmodellen und die Erstellung eines Aktionsplans. Nach der Implementierung werden die entstandenen Synergien überwacht, Umwelt- und Wirtschaftseffekte gemessen sowie Netzwerke optimiert und erweitert, um langfristige Stabilität zu gewährleisten. Ein ausgewogenes Netzwerk von Unternehmen ist dabei essenziell: Während zu viele Teilnehmer die wirtschaftliche Rentabilität senken können, macht eine zu geringe Anzahl das System anfälliger für Störungen.[645]

5.2.8.5. Fazit

Industrielle Symbiose bietet ein enormes Potenzial zur Reduktion des Ressourcenverbrauchs und der Umweltbelastungen in der Industrie. Durch intersektorale Zusammenarbeit, effiziente Ressourcennutzung und strategische Planung entstehen geschlossene Materialkreisläufe, die sowohl ökologische als auch ökonomische Vorteile mit sich bringen. Angesichts wirtschaftlicher Anreize wie Kostensenkungen, Risikominimierung und zusätzlicher Einnahmequellen sowie des steigenden Drucks zur Emissionsreduktion wird die industrielle Symbiose in Zukunft an Bedeutung gewinnen. Neue digitale Plattformen, innovative Geschäftsmodelle und gezielte politische Maßnahmen können Hemmnisse abbauen und die Umsetzung erleichtern, während verstärkte Forschung und Entwicklung weitere Kooperationsmöglichkeiten erschließen.

640 Rodin/Jauschnik/Moser, Industrial Symbiosis success and deterrent factors. CORALIS Consortium 2021.

641 Luciano et al, Potential Improvement of the Methodology for Industrial Symbiosis Implementation at Regional Scale, Waste and Biomass Valorization 2016, 1007.

642 Rodin/Jauschnik/Moser, Industrial Symbiosis success and deterrent factors. CORALIS Consortium 2021.

643 CEN, Industrial Symbiosis: Core Elements and Implementation Approaches, CWA 17354 2018.

644 Luciano et al, Potential Improvement of the Methodology for Industrial Symbiosis Implementation at Regional Scale, Waste and Biomass Valorization 2016, 1007.

645 Castellet-Viciano/Hernández-Chover/Bellver-Domingo/Hernández-Sancho, Industrial Symbiosis: A Mechanism to Guarantee the Implementation of Circular Economy Practices, Sustainability 2022, 15872.

5.2.9. Die Rolle der Abfallwirtschaft in der Kreislaufwirtschaft

Roland Pomberger/Daniel Resch

5.2.9.1. Die österreichische Abfallwirtschaft

Die österreichische Abfallwirtschaft ist ein wichtiger Sektor der Daseinsvorsorge und Rohstoffversorgung, sowie ein zentraler Bereich der heimischen Infrastruktur.

Zu den **Kernaufgaben** und -kompetenzen der Abfallwirtschaft zählen:

- Bereitstellung logistischer und technischer Infrastruktur für eine umweltkonforme Sammlung und Behandlung von Abfällen
- Etablieren sauberer (von Schadstoffen befreiter) Kreisläufe der Sekundärrohstoffe
- Herstellung und Vorhaltung von Sekundärrohstoffen
- Fähigkeit, mit diffusen, gemischten Stoffströmen umzugehen
- Ausschleusung von Schadstoffen bzw nicht recyclingfähiger Materialien und Sicherung letzter Senken
- Fundiertes Know-how, sich im „Rechtsrahmen Abfall“ bewegen zu können
- Flexibilität und Resilienz, um auf Änderungen der Abfallströme, neue Abfälle und die Bedürfnisse der Verwerter/Produzenten reagieren zu können

In den letzten Jahrzehnten hat sich die Abfallwirtschaft von einer einfachen Beseitigungswirtschaft zu einer Branche weiterentwickelt, die hochtechnologisiertes Ressourcenmanagement auf vielen unterschiedlichen Verwertungsebenen garantiert.

2022 behandelten rund 3.500 Anlagen in Österreich ein Abfallaufkommen von 73,9 Mio Tonnen, wobei Aushubmaterialien mit 59 % dabei den größten Anteil einnehmen. 2.998 Unternehmen mit 31.573 Beschäftigten erwirtschafteten im Jahr 2023 9,17 Mrd € an Umsatzerlösen.

Die Abfallwirtschaft wächst überdurchschnittlich. Im Zehn-Jahres-Vergleich zeigt sich ein Anstieg der Umsatzerlöse um 79 %. Vor dem Hintergrund der intensiven wirtschaftlichen Vernetzung der Abfallwirtschaft in der österreichischen Volkswirtschaft werden wertvolle Impulse gesetzt. Davon profitieren weitläufige Wertschöpfungsketten, welche viele Produktions- und Dienstleistungsunternehmen, den Handel oder die Bauwirtschaft umfassen. Die Abfallwirtschaft bildet mit ihren Technologielieferant:innen der Umwelttechnik eine wichtige Symbiose. Sie ist somit schon seit langem eine zentrale, tragende Säule der Kreislaufwirtschaft.

Insgesamt werden 34 % des gesamten Abfallaufkommens sowie 62 % aller in Österreich anfallenden Siedlungsabfälle recycelt. Besonders hohe Recyclingraten gibt es bei Altstoffen wie zB bei Metall-, Papier- und Glasabfällen.

5.2.9.2. Abfallhierarchie

Die wichtigste gesetzliche Grundlage für die Abfallwirtschaft in Österreich bildet das Abfallwirtschaftsgesetz 2002 (AWG 2002). Das AWG verfolgt die Ziele, schädliche oder nachteilige Einwirkungen durch Abfall auf die Umwelt zu verhindern sowie wertvolle Sekundärrohstoffe und Energie bereitzustellen. Gleichzeitig soll Abfall vermieden sowie natürliche Ressourcen eingespart werden. Diese Ziele sollen gemäß den Grundsätzen der Abfallhierarchie umgesetzt werden.

An oberster Stelle der abfallwirtschaftlichen Grundsätze liegen die Abfallvermeidung sowie die Vorbereitung zur Wiederverwendung. Erst dann sollen Abfälle recycelt, einer sonstigen Verwertung zugeführt oder beseitigt werden.

5.2.9.3. Beitrag der Abfallwirtschaft zur Kreislaufwirtschaft

In Österreich wurde 2022 mit der **österreichischen Kreislaufwirtschaftsstrategie** der Weg zu einer nachhaltigen, zirkulären Gesellschaft skizziert. Ziel ist es, die österreichische Wirtschaft und Gesellschaft bis 2050 in eine nachhaltige Kreislaufwirtschaft umzugestalten. Damit dies gelingt, wurden zehn Kreislaufwirtschaftsgrundsätze (R-Grundsätze) definiert. Der Abfallwirtschaft kommt dabei als zentraler Bestandteil der Kreislaufwirtschaft eine herausragende Verantwortung zu.

Die grundlegenden Methoden des **Refuse, Rethink und Reduce** mit dem Ziel einer intelligenten Erstellung und Nutzung von Produkten sowie von Infrastruktur-Komponenten sind der Sphäre der Produktentwicklung zuzuordnen und befinden sich somit **außerhalb** des direkten Wirkungsbereiches der Abfallwirtschaft.

Auch **Reuse, Repair, Refurbish, Remanufacture und Repurpose** sind nur teilweise der erweiterten Abfallwirtschaft zuzuordnen, wobei sich die Aktivitäten oftmals in einem **Übergangsbereich** zwischen (noch) Produkt und (schon) Abfall bewegen. Reuse ist dabei ein unverzichtbares Modell für funktionierende Kreislaufwirtschaft. Reparieren, Wieder- und Weiterverwenden verlängern die Lebensdauer der Produkte, Komponenten und Infrastruktur, schützen so unsere Ressourcen und helfen Abfälle sowie CO_2-Emissionen zu vermeiden. Diese Aktivitäten werden oftmals vom Gebrauchtwarenbereich oder von Sozialprojekten wahrgenommen. Am Ende der Nutzungsphase angelangt werden aber auch diese zu Abfall und werden in einer Kreislaufwirtschaft verwertet (Recover) oder recyclet. Auf die gesamte Abfallmenge, die schlussendlich in der Abfallwirtschaft behandelt werden muss, hat Reuse jedoch langfristig gesehen nur einen relativ geringen Einfluss.

Recycling und Recover sind die Kernaufgaben der klassischen Abfallwirtschaft. Beide Aufgaben werden von kommunalen wie privaten Abfallwirtschaftsunternehmen, Sammel- und Verwertungssystemen sowie spezialisierten Recycling- und Industrieunternehmen wahrgenommen. Primäres Ziel ist es die eingesetzten Materialien zu verwerten bzw Sekundärrohstoffe herzustellen. Nur jene Abfälle, welche sich nicht für eine stoffliche Verwertung eignen, werden energetisch verwertet oder deponiert.

Die **Beseitigung** befindet sich als Methode außerhalb der Kreislaufwirtschaft, muss aber für nicht verwertbare Abfälle trotzdem bereitgestellt werden. Die Vorstellung, dass keine zu beseitigenden Abfälle anfallen und alle Materialien im Kreis geführt werden können, muss aus der langjährig praxiserprobten Sicht der Abfallwirtschaft und -industrie als unmögliche Wunschvorstellung bezeichnet werden. **„Jedes Produkt wird Abfall – es ist nur eine Frage der Zeit.“**

Aufgrund dieser Sachverhalte ist eine gut funktionierende, innovative Abfallwirtschaft auch die Grundvoraussetzung für eine funktionierende Kreislaufwirtschaft.

Die Kernkompetenz der Abfallwirtschaft liegt dabei in der grundlegenden Fähigkeit, diffus verteilte Materialien wieder zusammenzuführen – dh zu sammeln und zu konsolidieren – und diese Materialien in eigenen Abfallbehandlungsanlagen so aufzubereiten, dass diese in Verwertungsanlagen eingebracht werden können. Eine wesentliche Zukunftsaufgabe der Abfallwirtschaft wird auch die regelmäßige Rückmeldung an die produzierende Industrie zu neuen innovativen Möglichkeiten und allfälligen Grenzen der Materialaufbereitung für kreislauffähige Prozesse und Produkte darstellen. Darüber hinaus wird es auch in Zukunft erforderlich sein, diverse Schadstoffe aus dem Verwertungskreislauf auszuschleusen. Für diese teils problematischen Stoffe muss es auch weiterhin die Möglichkeit zur umweltgerechten Beseitigung geben.

5.2.9.4. Reduktion von CO_2-Emissionen

Die Abfallwirtschaft als wesentlicher Akteur der Kreislaufwirtschaft trägt auch wesentlich zur Reduktion von CO_2-Emissionen in Österreich bei. Durch Maßnahmen wie Abfallvermeidung, Materialrecycling, Energiegewinnung aus Abfällen und der Reduktion bis hin zum Verbot der Deponierung nicht vorbehandelter, biologisch abbaubarer Abfälle wird nicht nur der Klimawandel bekämpft, sondern auch eine nachhaltigere Ressourcennutzung gefördert.

Die enge Verzahnung der Abfallwirtschaft mit anderen Sektoren der Kreislaufwirtschaft ist entscheidend, um die CO_2-Reduktionen und damit die Klimaziele Österreichs zu erreichen. Die Abfallwirtschaft ist ein essentieller Treiber, um Materialkreisläufe zu schließen und die Abhängigkeit von nicht erneuerbaren Ressourcen zu verringern. Durch den Einsatz von Sekundärrohstoffen und den daraus resultierenden Substitutionseffekten konnten bereits im Jahr 2014 9,7 Mio Tonnen CO_2-Äquivalente eingespart werden. Die Beiträge der Abfallwirtschaft in Bezug auf die CO_2-Einsparung durch die Bereitstellung von Sekundärrohstoffen sowie die gezielte Lenkung von Abfallströmen sind in Zukunft bei der Zuweisung von CO_2-Gutschriften zu berücksichtigen.

5.2.9.5. Erhöhung der Zirkularitätsrate und der Beitrag der Abfallwirtschaft

Aktuell beträgt die – durch Eurostat berechnete – Zirkularitätsrate für Österreich für 2023 14,3 %. Der Indikator der Zirkularitätsrate bezeichnet dabei den Anteil des wiederverwendeten Materials am gesamten Materialeinsatz (Circular Material Use Rate, CMU). Die in Österreich im Kreislauf geführten Materialflüsse stammen weitestgehend aus der Abfallbehandlung und Verwertung und sind de facto der Abfallwirtschaft zuzuordnen.

Die Abfallwirtschaft bildet somit den aktuell größten Teil der operativen Kreislaufwirtschaft in Österreich ab.

In Bezug auf die inländische Rohstoffentnahme Österreichs (124 Mio t/a) trägt die klassische Abfallwirtschaft durch die Verwertung von Sekundärrohstoffen im Ausmaß von 20 Mio Tonnen pro Jahr bei, dies entspricht einem Substitutionsanteil von ca 16,1 %.

Im Vergleich dazu umfasste der Bereich Reuse, Repair, Refurbish, Remanufacture und Repurpose im Jahr 2023 rund 53.000 Tonnen.

5.2.9.6. Potentiale zur Steigerung von Sekundärrohstoffmengen

Konkrete Potentiale zur Erweiterung und Steigerung der Sekundärrohstoffmengen sowie der Erhöhung zirkulär geführter Materialien und Rohstoffe in Österreich liegen aus Sicht der Abfallwirtschaft vor allem in den folgenden Bereichen:

5.2.9.6.1. Siedlungsabfall

Bioabfälle, Verpackungen, Papier und Textilien im Siedlungsabfall

Aktuelle Restmüllanalysen zeigen, dass nach wie vor große Mengen an verwertbaren Fraktionen (Altstoffen) im Restmüll enthalten sind. Durch eine verbesserte getrennte Sammlung der gemischten Siedlungsabfälle könnten somit pro Jahr zusätzlich rund 250.000 Tonnen Sekundärrohstoffe gewonnen werden. Einen wesentlichen Anteil dieses Potentials (bis zu 35 %) bildet dabei der Bereich der biogenen Abfälle.

Reuse, Repair, Refurbish, Remanufacture, Repurpose von Siedlungsabfall

Durch eine Verlängerung der Nutzungsdauer von Produkten könnten bis zu 10 % des gemischten Siedlungsabfalls vermieden werden. In diesem sehr optimistischen Ansatz könnte damit pro Jahr eine Menge von ca 200.000 Tonnen an Rohstoffen im Materialkreislauf erhalten bleiben.

5.2.9.6.2. Industrielle Rohstoffe

Bei Metallabfällen, Glas und Papier wird bereits ein sehr hohes Verwertungsniveau erreicht. Potenziale zur Rohstoffgewinnung in diesem Bereich bestehen noch bei industriellen Reststoffen wie zB bei Aschen, Schlacken und Stäuben aus der Industrie.

5.2.9.6.3. Bodenaushub

Derzeit werden noch immer 27 Mio Tonnen Bodenaushub pro Jahr beseitigt und damit nicht im Kreislauf geführt. Die verstärkte Nutzung dieser Mengen könnte einen signifikanten Beitrag zur Erhöhung der Zirkularitätsrate leisten. Großes Potenzial in diesem Zusammenhang bietet auch die die Wiederverwendung von Tunnelausbruchmaterial.

5.2.9.6.4. Abfälle der Energiewende

Aus PV-Anlagen, Windrädern und Energiespeichersystemen sind, aufgrund der aktuell laufenden Transformation des Energiesektors, in Zukunft große Abfallströme zu erwarten. Allein die globale Nachfrage nach Batterien wird sich in den kommenden fünf Jahren verdreifachen. Zu einem großen Teil bestehen diese Produkte aus wertvollen, insbesondere auch aus kritischen Rohstoffen.

5.2.9.6.5. Branchen- und produktspezifische Kreisläufe

Branchen- und produktspezifische Kreisläufe bieten sich insbesondere im Bauproduktebereich an und sollten besonders gefördert werden.

5.2.9.7. Forderungen der Abfallwirtschaft für die Implementierung der Kreislaufwirtschaft in Österreich

Die Abfallwirtschaft ist ein zentraler Bestandteil der Kreislaufwirtschaft. Um diese zu implementieren und in den kommenden Jahren zu forcieren, sind aus Sicht der Abfallwirtschaft folgende Punkte zu berücksichtigen:

- **Produkte neu gestalten**
  Produkte müssen umweltgerecht gestaltet werden (Eco-Design) mit dem Ziel, eine zukünftige Kreislaufführung zu erleichtern. Der digitale Produktpass kann dazu alle relevanten Informationen für eine Aufbereitung und Kreislaufführung bereitstellen.
- **Sekundärrohstoffe fördern**
  Durch verpflichtende Recyclingquoten, ein Deponierungsverbot oder besondere Fördermaßnahmen für recyclebare Abfälle sollen das Angebot, aber auch die Nachfrage nach Sekundärrohstoffen gefördert werden. Die Kreislaufwirtschaft muss zudem im Vergabeverfahren von öffentlichen Auftraggebern, zB durch Priorisierung von Sekundärrohstoffen, stärker Berücksichtigung finden.
- **Abfallrecht weiterentwickeln**
  - **Abfallende forcieren**
    Abfallende-Verordnungen sollen verstärkt eingesetzt und der grenzübergreifende Einsatz von Sekundärmaterialien in Produktionsprozessen ermöglicht und Benachteiligungen beseitigt werden.
  - **Benachteiligung von Sekundärrohstoffen aufheben**
    Derzeit werden Sekundärrohstoffe vielfach im Vergleich zu primären Rohstoffen benachteiligt. Es ist für Unternehmen viel einfacher und risikoloser, Primärrohstoffe einzusetzen und auf Kreislaufführung zu verzichten. Zukünftig sollten Sekundärrohstoffe mit Privilegien (zB durch eine eigene Förderschiene) ausgestattet werden, um Kreislaufführung besonders zu attraktivieren.
  - **Qualitätskriterien gemäß der Verwendung von Sekundärrohstoffen regeln**
    Wiederverwendbarkeit von Sekundärrohstoffen basiert auf strengen gesetzlichen Regelungen hinsichtlich ihrer Materialeigenschaften. Dies ist dann sinnvoll, wenn sie direkt (zB als Baumaterial) eingesetzt werden. Wenn Sekundärrohstoffe als Materialien in chemischen Prozessen verwendet werden und daraus Produkte entstehen, sollte künftig die Qualitätssicherung und -überprüfung des hergestellten Zielproduktes ausreichende Sicherheit und Garantie bieten.
- **Ökonomischer Ansatz**
  Es müssen ökonomische Anreize (Besserstellung) für die Verwertung und Kreislaufführung von Rohstoffen im Vergleich zu anderen Behandlungsverfahren gesetzt werden.
- **Innovationen fördern**
  Grundlagenforschung und angewandte Forschung mit dem Schwerpunkt Kreislaufwirtschaft müssen gefördert werden.
- **Aufbau von branchenübergreifenden Netzwerken**
  Durch den Aufbau von branchenübergreifenden Netzwerken soll der Wissensaustausch verstärkt und die Kreislaufwirtschaft weiterentwickelt werden.

Mit der Umsetzung dieser zentralen Forderungen aus der österreichischen Abfallwirtschaft können wertvolle Impulse für den Start und die Verwirklichung einer Kreislaufwirtschaft in unserem Land gesetzt und gemeinsam ein zirkuläres Wirtschaftsmodell realisiert werden.[646]

5.2.10. Future Waste – Abfälle von morgen verstehen und gestalten

Thomas Nigl/Roland Pomberger

5.2.10.1. Einleitung

Der Begriff „Future Waste", also zukünftige Abfälle oder Abfälle der Zukunft, beschreibt eine neue Klasse von Abfällen, die in der Regel durch technologische Entwicklungen entstanden sind oder entstehen werden. In Zeiten rapiden technischen Fortschritts und zunehmender Ressourcenknappheit ist es unerlässlich, sich mit diesen zukünftigen Abfallströmen frühzeitig auseinanderzusetzen. Die Diskussion um Future Waste gewinnt an Bedeutung, weil sich Stoffströme, Produktdesigns und Nutzungsmuster stetig und immer rascher verändern, und mit ihnen die Herausforderungen für moderne abfall- und kreislaufwirtschaftliche Systeme und Lösungen.

5.2.10.2. Future Waste in der wissenschaftlichen Fachliteratur

In der wissenschaftlichen Literatur zeigt die Recherche des Begriffs „Future Waste" eine starke Zunahme im Laufe der letzten Jahrzehnte (Abb 34). Einerseits geht dies einher mit der Einführung und Entwicklung des wissenschaftlichen Fachbereichs Abfallwirtschaft seit den späten 1980er- bzw frühen 1990er-Jahren, andererseits spiegelt es die Zunahme an Forschungsaktivitäten in dieser jungen und angewandten Wissenschaftsdisziplin wider.

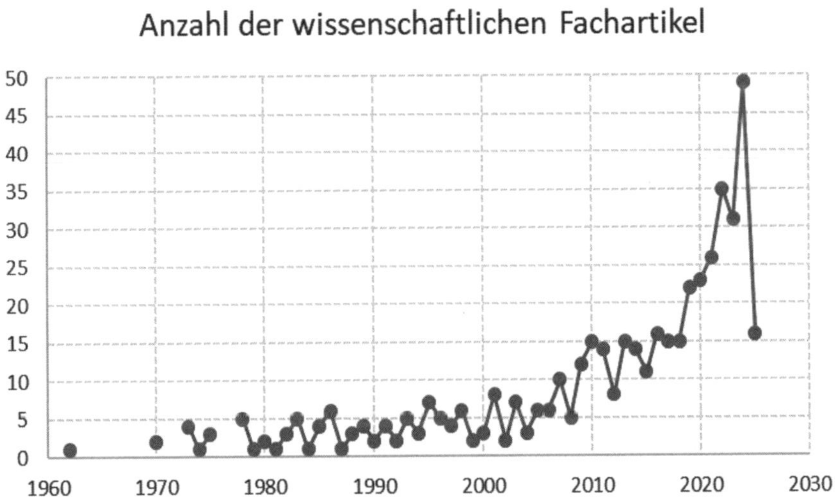

Abb 34: Zeitlicher Verlauf der Anzahl wissenschaftlicher Fachartikel mit dem Suchbegriff „Future Waste" in Titel, Abstract und/oder Keywords [Quelle: eigene Darstellung der Autoren basierend auf einer Literaturauswertung mit Scopus, Mai 2025]

646 Quellen: ÖWAV (2025). Die Rolle der Abfallwirtschaft in der Kreislaufwirtschaft. Positionspapier des Österreichischen Wasser- und Abfallwirtschaftsverbandes (ÖWAV); Pomberger, R. (2024). Potenziale und Grenzen der (abfallwirtschaftlichen) Kreislaufwirtschaft. In: Pomberger et al (Hrsg) Recy & DepoTech 2024: Vorträge-Konferenzband zur 17. Recy & DepoTech-Konferenz.

Das genauere Literaturstudium zeigt jedoch, dass die allermeisten Artikel den Begriff Future Waste nicht definieren. In der Regel wird der Begriff lediglich verwendet, um zukünftige Abfälle, Sammel- und Verwertungssysteme, Behandlungs- und Recyclingverfahren im Kontext des Artikels zu beschreiben. In einigen Fällen geht es zwar um Abfälle im Sinne dieses Beitrags, jedoch nur um ausgewählte Forschungsaspekte, nicht um einen ganzheitlichen Forschungsansatz. Eine Ausnahme bilden hier Pomberger und Ragossnig (2014)[647], die sich erstmals mit der Charakteristik von Future Waste(s) beschäftigen, einen ersten Definitionsversuch wagen und den Begriff damit wissenschaftlich einführen.

5.2.10.3. Definition von Future Waste

Grundmerkmale von Future Waste

Pomberger und Ragossnig (2014) definieren Future Waste als Abfall, der drei wesentliche Merkmale aufweist:

- Wissenschaftlich-technologischer Fortschritt: Das Produkt bzw das Material basiert auf neuen wissenschaftlichen oder technologischen Entwicklungen.
- Technologische Komplexität: Future Waste ist oft schwer zu recyceln, da es sich um komplexe, heterogene Produkte handelt.
- Eintritt in den anthropogenen Lagerbestand: Die Produkte weisen steigende Nutzungsraten auf und werden in absehbarer Zeit als Abfall anfallen.

Charakteristika und Kriterien von Future Waste

Neben den drei Grundmerkmalen, die auf die meisten gängigen Future Wastes zutreffen, gibt es eine Reihe zusätzlicher Charakteristika und Kriterien zur Identifikation und Beschreibung:

- Die voranschreitende Marktdurchdringung mit teils stark steigenden Wachstumsraten und den oft erheblichen Lebensdauern der Produkte (zB PV-Module) führen dazu, dass zukünftige Abfallmengen aufwendige Prognosemodelle erfordern[648]. Kreislaufwirtschaftliche Bestrebungen, Nutzungsdauern darüber hinaus zu verlängern (zB Second Life), erschweren diese Prognosen.
- Aus der typischerweise hohen Dynamik in der Produktentwicklung und auftretenden Technologiesprüngen erwächst eine schnelle Weiterentwicklung in Bauart und Materialzusammensetzung (zB Veränderungen der Kathodenmaterialien und Zusammensetzungen bei Lithium-Ionen-Batterien).
- Spezifisch für Future Waste ist auch, dass die tatsächliche Lebensdauer der Produkte oft mehr vom raschen Technologiewandel abhängt als von den geplanten Lebensdauern oder Defektraten. Ein Beispiel dafür ist das effizienzgetriebene Repowering bei großen PV-Anlagen.

---

647 Pomberger, R. und Ragossnig, A. (2014): Future waste – waste future. Waste Management & Research. 2014; 32(2):89-90. DOI: 10.1177/0734242X14521344.

648 Dobra, T., Wellacher, M. und Pomberger, R. (2020). End-of-Life Management of Photovoltaic Panels in Austria: Current Situation and Outlook. Detritus, 10, 75–81. https://doi.org/10.31025/2611-4135/2020.13915, abgerufen am 1.8.2025.

- Hohe Komplexität der Produkte, etwa in Aufbau, Zusammensetzung und Verbundtechnik der Future-Waste-Produkte oftmals einhergehend mit hoher Kritikalität der enthaltenen Rohstoffe.
- Anfangs herrscht nicht selten ein Mangel an rechtlicher Einordnung; es fehlen oft eindeutige Abfallschlüsselnummern oder spezifische regulatorische Vorgaben.
- Fehlende Erfassungs- und Recyclinginfrastruktur: Für viele Future Wastes existieren (noch) keine etablierten Sammel- und Verwertungsrouten, geschweige denn spezifische Recyclingverfahren.
- Erhöhtes Potenzial für Umwelt- oder Sicherheitsrisiken: Neue Materialien können unerforschte Risiken in Bezug auf Entsorgung, Wiederverwertung oder Umweltverhalten bergen.

Die Kriterien sind keineswegs taxativ zu verstehen, verdeutlichen jedoch, dass Future Waste kein statischer Begriff ist, sondern sich über die Zeit mit technischen und gesellschaftlichen Entwicklungen verändert.

5.2.10.4. Bedeutung der Forschung zu Future Waste

Die Frage nach der Bedeutung dieses Forschungsbereichs ist auch die Frage nach dem Warum? Seit Jahrzehnten ist die Gesetzgebung gemüht, Vorsorge- und Verursacherprinzip mehr Gewicht zu verleihen. Das Resultat ist ein mittlerweile recht unübersichtliches Sammelsurium an Rechtsmaterien und reicht von der erweiterten Produzentenverantwortung über spezifische Recycling- und Wiedereinsatzquoten bis hin zu eher allgemeinen Ecodesign-Verordnungen. Diese Bemühungen können jedoch nicht darüber hinwegtäuschen, dass Rechtsvorschriften und Leitlinien oftmals an global-wirtschaftlichen Rahmenbedingungen (zB Lieferketten) scheitern, und auch den Widerspruch zwischen konsequent angewandtem Vorsorgeprinzip und radikal disruptiven oder rasch aufeinander folgenden inkrementellen Innovationen können diese nicht auflösen. Insbesondere Letzteres ist für Future Waste höchst relevant, da diese nicht selten komplette technologische Neuerungen darstellen.

Perspektivwechsel – vom Produkt zum Abfall

Eine konsequente und strukturierte Ausgestaltung von Forschung und Entwicklung zu Future Waste ist daher von großer Bedeutung für eine proaktive Kreislaufwirtschaft und eine resiliente Abfallwirtschaft. Sie ermöglicht es, frühzeitig die nötigen Recyclingtechnologien und Verwertungsrouten zu erforschen und zu entwickeln, nötige Infrastruktur und rechtliche Rahmenbedingungen zu entwickeln bzw anzupassen und Materialkreisläufe zu schließen oder besser Ressourcen von Beginn an in geschlossenen Kreisläufen zu halten, noch bevor große Abfallmengen tatsächlich anfallen.

Zudem hilft die Auseinandersetzung mit Future Waste, das Design-for-Recycling zu fördern, also Produkte so zu gestalten, dass sie leichter erkannt, sortiert, behandelt und recycelt werden können. Der vorausschauende Umgang mit zukünftigen Abfällen ist ein Schlüssel zur nachhaltigen Ressourcenbewirtschaftung und zur Erreichung europäischer und globaler Klimaziele.

5.2.10.5. Herausforderungen für Wissenschaft und Industrie

Aus Sicht der Forschung ist insbesondere in frühen Phasen der Zugang zu Versuchsmaterial des relevanten Future Waste schwierig oder mit erheblichen Kosten und Aufwand verbunden. Probematerial ist oftmals nur sehr selektiv verfügbar und daher eingeschränkt repräsentativ.

Aufgrund der nicht klaren technologischen Reife und der hohen Dynamik bei der Weiterentwicklung stehen abfallwirtschaftliche Unternehmen vor der Frage, wann am besten in Forschung und Entwicklung zu investieren sei, denn sowohl das „zu früh" als auch das „zu spät" ist mit erheblichen Risiken behaftet. Durch die anfangs geringen Mengen beschäftigen sich in der ersten Phase nur wenige Marktteilnehmer mit Future Waste. Das dabei erlangte Nischenwissen geht mit entsprechend hohen Entwicklungsrisiken einher. Keineswegs kann dabei auf eine vollständige abfall- bzw kreislaufwirtschaftliche Wertschöpfungskette oder ein großes Netzwerk vertraut werden. Vielmehr wirken Lücken als einschränkend für die erforderlichen ganzheitlichen Lösungen.

5.2.10.6. Fallbeispiele

Beispiele für Future Waste sind mannigfaltig, so hatten Pomberger und Ragossnig (2014) neben Nano-Materialien, Lithium-Ionen-Batterien, Windkraftanlagen und PV-Modulen auch andere Komponenten erneuerbarer Energieträger oder -systeme im Sinne. Im Folgenden wird auf drei näher eingegangen:

Wasserstofftechnologien

Grüner Wasserstoff ist als nachhaltiger Energieträger insbesondere für die Industrie, aber auch für andere Sektoren von erheblicher Relevanz in der Defossilisierung. Allein der prognostizierte Bedarf der Eisen- und Stahlmetallurgie ist enorm. Aktuell stehen wir jedoch erst am Beginn großer Ausbauvorhaben bei Elektrolyseanlagen bzw Netztransformation – weshalb Rücklaufmengen, etwa bei ausgedienten Elektrolyseuren, noch nicht vorhanden sind. Die Erforschung und Entwicklung spezifischer Recyclingverfahren für H_2-Technologie-Komponenten befindet sich daher erst im Labormaßstab.

Photovoltaik-Module

Nach Jahrzehnten kontinuierlicher Weiterentwicklung erlebten die PV-Module, welche als die zentralen Hoffnungsträger der Energiewende bezeichnet werden, in den letzten Jahren einen regelrechten Boom bei Neuinstallationen. Forschung und Entwicklung zu spezifischen Recyclingverfahren gibt es in einer großen Bandbreite, aktuell sind Prototypenanlagen im Pilotmaßstab in Planung und in Errichtung.

Lithium-Ionen-Batterien

Lithium-Ionen-Batterien waren möglicherweise der Inbegriff von Future Waste in den letzten Jahrzehnten. Seit der Markteinführung 1992 hat die Technologie rasante Fortschritte gemacht, die in ihrer Geschwindigkeit und Dynamik seinesgleichen sucht. War es anfangs die schrittweise Eroberung verschiedener Elektro- und Elektronikproduktgruppen, legte die Technologie den Grundstein für die laufende Elektrifizierung und Transformation des Mobilitätssektors. Recyclingverfahren sind vorhanden, werden aktuell regulativ und qualitativ optimiert und sind im industriellen Maßstab umgesetzt. Zukünftig nötig ist vor allem die bedarfsorientierte weitere Skalierung der Recyclingrouten.

5.2.10.7. Konzept ganzheitlicher Future-Waste-Forschung

Ähnlich wie andere Bereiche abfallwirtschaftlicher Entwicklung, läuft auch die zeitliche Entwicklung von Future Waste in Phasen ab. Abb 35 zeigt eine schematische zeitliche Abfolge von Future-Waste-Eigenschaften in drei Phasen. Die oben beschriebenen Fallbeispiele sollen dieses Konzept exemplarisch verdeutlichen. Dieses Konzept erweist sich als nützlich bei der Einordnung neuer Future Wastes, um in der Folge Flaschenhälse und Wissenslücken zu identifizieren und in Forschung und Entwicklung möglichst ganzheitliche Ansätze zu verfolgen.

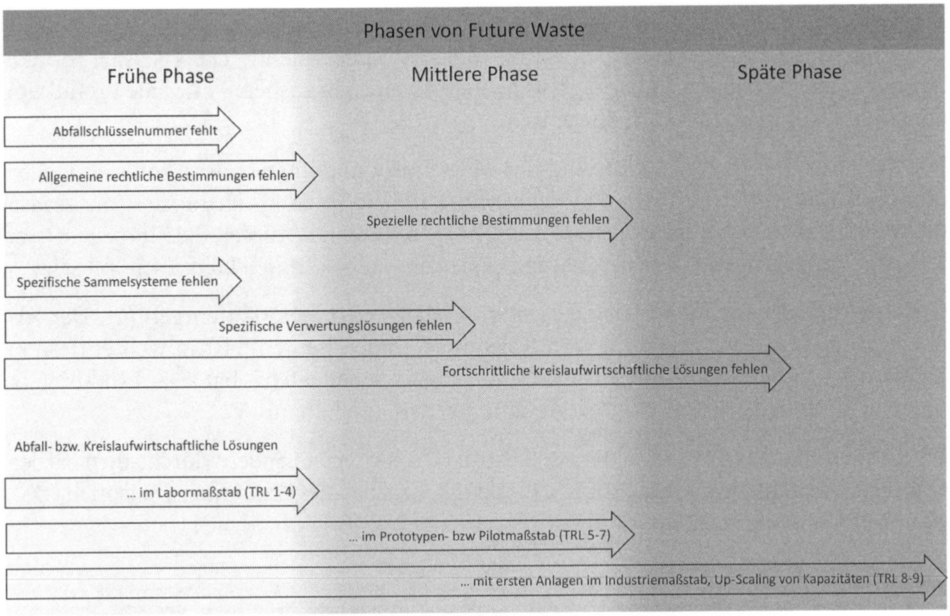

Abb 35: Schematische Darstellung der zeitlichen Abfolge von Future Waste-Eigenschaften in drei Phasen [Quelle: eigene Darstellung der Autoren]

5.2.10.8. Fazit

Future Waste ist mehr als nur ein zukünftiger Abfall – bei konsequenter Betrachtung und Herangehensweise bietet sich ein hier konzeptionell vorgestellter Forschungsansatz, der es erlaubt, die Herausforderungen von morgen schon heute zu adressieren. Mit dem Blick nach vorn und einer fundierten wissenschaftlichen Basis können Lösungen entwickelt werden, die nicht nur ökologisch, sondern auch ökonomisch tragfähig sind.

Jedoch ist Future Waste ein neues Forschungsgebiet in einer vergleichsweise jungen Wissenschaftsdisziplin. Die Erforschung und Beschreibung systematischer Zusammenhänge und die konzeptionelle Weiterentwicklung sind daher von großer Bedeutung, um in Zukunft die hochtechnologischen und interdisziplinären Herausforderungen, die Future Wastes begleiten, bewältigen zu können.

5.3. Circular Supply Chain

5.3.1. Widerstandskraft durch Wandel: Lieferketten strategisch und zirkulär gestalten

Gregor Gluttig

5.3.1.1. Einleitung

Unser derzeitiges Wirtschaftssystem basiert in weiten Teilen auf geplanter Obsoleszenz. Bereits 1924 trafen sich führende Glühbirnenhersteller wie Osram, General Electric und Philips in Genf und beschlossen, die Lebensdauer ihrer Produkte auf 1.000 Stunden zu senken – allein mit dem Ziel, mehr Umsatz zu generieren. Diese Absprache ging als „Phoebus-Kartell" in die Geschichte ein.[649] Die dahinterstehende Denkweise, Produkte bewusst kurzlebig zu gestalten, prägt bis heute zahlreiche Branchen – etwa die Produktion von Smartphones oder Haushaltsgeräten.

Mit der industriellen Revolution und der Massenproduktion stieg der Wohlstand, allerdings auf Kosten der Umwelt und der verfügbaren Ressourcen. Heute sind die Konsequenzen sichtbar: Wichtige Rohstoffe wie Zink, Wolfram und Kupfer, die für die Bau- und Elektronikindustrie und die Energiewende essenziell sind, könnten bald erschöpft sein.

Gleichzeitig hat die Globalisierung zu stark verlängerten Lieferketten geführt. Der Abbau und die Weiterverarbeitung von Rohstoffen finden heute meist in weit entfernten Ländern statt. Dieses Outsourcing – im Sinne von Skaleneffekten – hat zwar Produktionsprozesse optimiert, aber auch neue Abhängigkeiten geschaffen.

Bis ein Halbleiterchip alle Produktionsschritte in verschiedenen Ländern durchlaufen hat, legt er im Durchschnitt eine Strecke zurück, die dem 2,5-Fachen des Erdumfangs entspricht.[650]

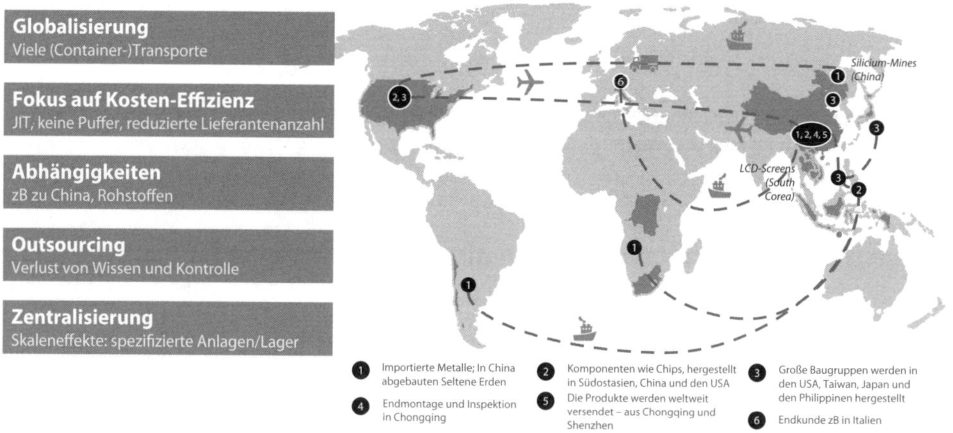

Abb 36: Beispielhafte Lieferkette der Computerindustrie [Quelle: eigene Darstellung des Autors]

649 https://www.diepresse.com/1382381/gluehbirnen-kartell-der-geplante-defekt, abgerufen am 1.8.2025.

650 https://www.zvei.org/fileadmin/user_upload/Presse_und_Medien/Pressebereich/2024-092_ZVEI-Studie_Halbleiterfoerderung-rechnet-sich-volkswirtschaftlich/ZVEI_Mikroelektronik_Studie_v19.pdf, abgerufen am 1.8.2025.

5.3.1.2. Globale Lieferketten sind störanfällig

Diese weltweiten Lieferketten sind äußerst anfällig für Unterbrechungen. Einige Beispiele verdeutlichen das: 2022 führten Produktionsausfälle bei ukrainischen Kabelbaumherstellern nach der russischen Invasion zu Stillständen bei deutschen Automobilkonzernen.[651] Die Blockade des Suezkanals im Jahr 2021 oder die Niedrigwasserphasen des Rheins 2018 und 2022,[652]zeigen ebenfalls, wie leicht zentrale Logistikwege gestört werden können. Zusätzlich verschärfen Handelskonflikte und steigende Zölle die Situation.

5.3.1.2.1. Mögliche Strategien zur Bildung resilienter Lieferketten

Ziel muss es sein, resiliente Lieferketten zu gestalten. Diese zeichnen sich dadurch aus, dass sie Störungen besser abfedern können. Dabei geht es nicht nur darum, Ausfallzeiten zu verkürzen, sondern auch die Auswirkungen möglicher Disruptionen zu minimieren.

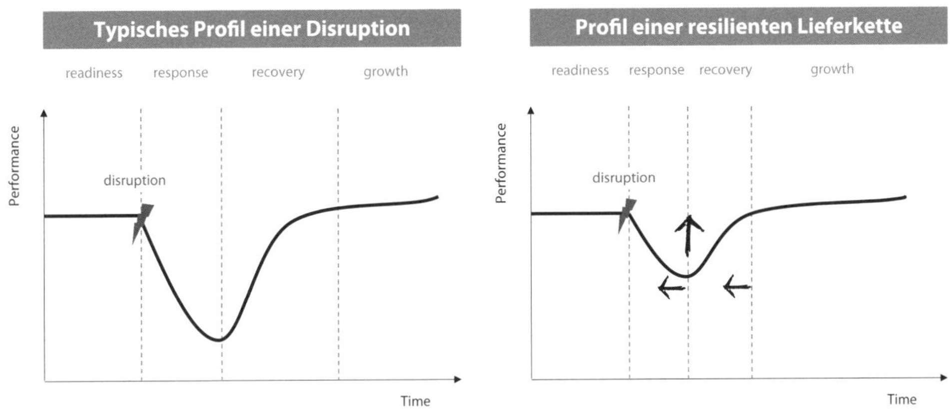

Abb 37: Beispielhafte Darstellung resilienter Lieferketten [Quelle: eigene Darstellung des Autors]

Eine resiliente Lieferkette verfügt über vier zentrale Merkmale:

- Transparenz bedeutet, dass Ereignisse und Muster in der Lieferkette verfolgt und überwacht werden können – idealerweise schon, bevor sie eintreten. So können Probleme identifiziert und angegangen werden, bevor sie sich auswirken.
- Flexibilität meint die Fähigkeit, sich rasch an veränderte Umstände anzupassen, ohne die Betriebskosten erheblich zu erhöhen. So können kritische Unterbrechungen oder plötzliche Veränderungen abgefedert werden.
- Zusammenarbeit bezeichnet die Fähigkeit, mit Partnern in der Lieferkette auf Basis vertrauensvoller, symbiotischer Beziehungen effektiv zusammenzuarbeiten – um Störungen vorzubeugen und gemeinsame Ziele zu erreichen.
- Kontrolle bedeutet, über robuste Richtlinien und Kontrollmechanismen zu verfügen, die sicherstellen, dass Prozesse eingehalten und kontinuierlich überwacht werden.

651 https://www.handelsblatt.com/unternehmen/industrie/ukraine-krieg-autohersteller-helfen-zulieferern-bei-verlagerung-der-produktion/28161752.html, abgerufen am 1.8.2025.

652 https://www.bundeswehr.de/de/organisation/marine/aktuelles/ever-given-suezkanal-blockade-strategische-empfindlichkeit-5046942 sowie https://www.iksr.org/de/oeffentliches/dokumente/archiv/fachberichte/fachberichte-einzeldarstellung/299-bericht-zum-niedrigwasser-und-duerreereignis-des-jahres-2022, abgerufen am 1.8.2025.

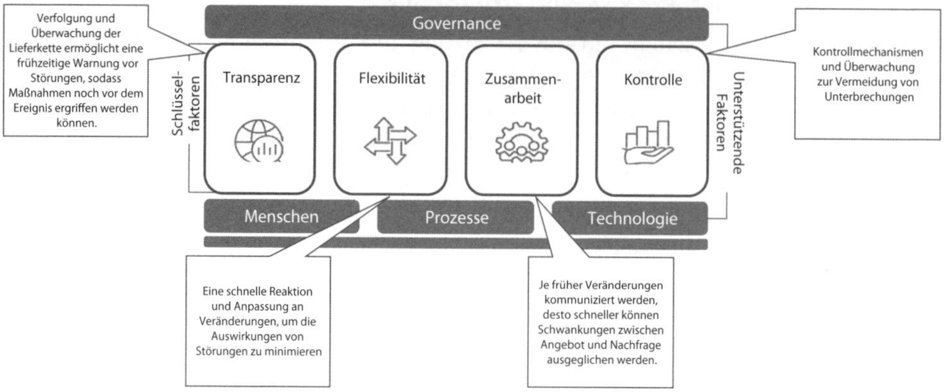

Abb 38: Merkmale einer resilienten Lieferkette [Quelle: eigene Darstellung des Autors]

Doch wie lässt sich diese Resilienz konkret umsetzen? Ein praxisorientierter Ansatz in sechs Schritten zeigt, wie Unternehmen ihre Lieferketten gezielt widerstandsfähiger gestalten können:

5.3.1.2.2. Lösungsansätze für widerstandsfähige Lieferketten

1. **Transparenz schaffen**
   Derzeit kennen nur rund 2 % der Unternehmen die vollständige Struktur ihrer Lieferketten – bis hin zu Sub-Sub-Lieferanten. Ein tiefes Verständnis der eigenen Bezugsquellen ist jedoch essenziell. Empfehlenswert ist ein sogenanntes *Tier-n-Mapping*, also die Darstellung der Lieferkette kritischer Teile bis zum Rohstofflieferanten.
2. **Risikobewertung durchführen**
   Unternehmen sollten Lieferanten und kritische Infrastrukturen – etwa Häfen oder Wasserstraßen – im Hinblick auf potenzielle Störungen analysieren. Der Rhein beispielsweise ist für die Chemieindustrie von zentraler Bedeutung. Lieferanten aus Südostasien bergen Risiken durch Naturkatastrophen. Mit etwa 12 % des weltweiten Handelsvolumens, das durch ihn verläuft, ist der Suezkanal ein hochsensibles Nadelöhr im globalen Liefernetz. Aus der Vielzahl möglicher Risiken gilt es, die relevanten herauszufiltern.

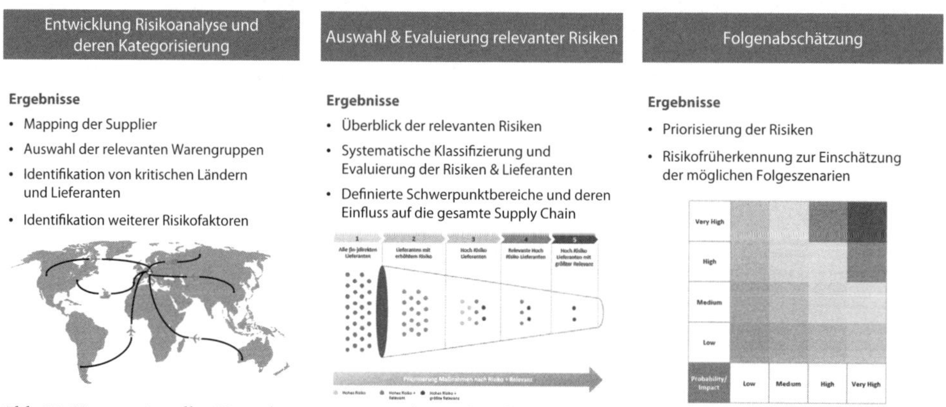

Abb 39: Konzeptionelles Vorgehen in einer Risikoanalyse [Quelle: eigene Darstellung des Autors]

3. **Lieferanten segmentieren**
Je nach Kritikalität sollten unterschiedliche Strategien verfolgt werden – etwa langfristige Partnerschaften, Diversifizierung von Bezugsquellen, Aufbau lokaler Alternativen oder alternative Transportwege. Eine Segmentierung kann anhand von Kriterien wie Risiko, Kritikalität, Verhandlungsposition, Austauschbarkeit oder Wertschöpfungsbeitrag erfolgen.
4. **Risikomaßnahmen definieren**
Für diese in Punkt 3 erarbeiteten Lieferantensegmente werden gezielte Maßnahmen definiert. So lassen sich Ressourcen effizient einsetzen, um maximale Wirkung zu erzielen. Ein *Supplier Code of Conduct* kann bereits viele Risiken branchenübergreifend mindern. Bei Hochrisiko-Lieferanten lohnt sich ein mehrstufiges, systemgestütztes Risikomanagement mit Echtzeit-Monitoring. Dabei analysieren Softwarelösungen etwa Social-Media-Daten aus der gesamten Lieferkette und generieren automatisch Warnmeldungen – zB bei Streikgefahr, Umweltverstößen oder Naturkatastrophen.

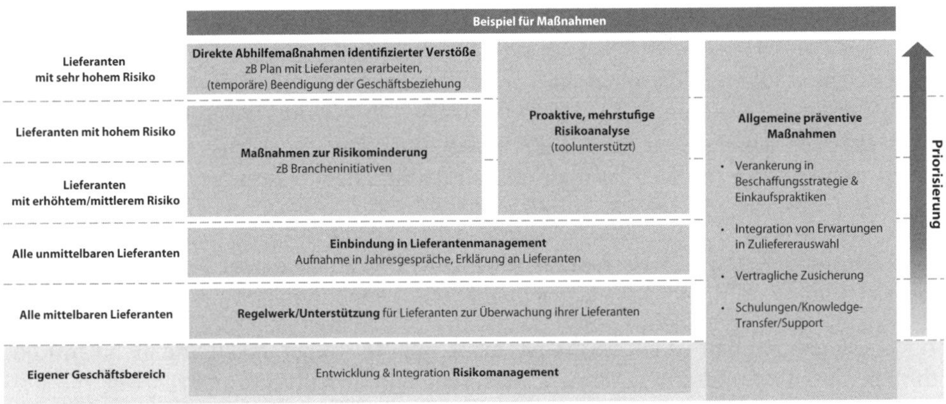

Abb 40: Beispielhafte Maßnahmen – unterteilt nach Lieferantensegment [Quelle: eigene Darstellung des Autors]

5. **Center of Excellence aufbauen**
Ein solches Kompetenzzentrum stärkt die interne Zusammenarbeit, definiert Standards und stellt Werkzeuge zur Bewertung von Lieferantenrisiken sowie zur Integration und Risikominderung bereit.
6. **Monitoring und Kennzahlen etablieren**
Ein wirksames Risikomanagement endet nicht bei der Umsetzung erster Maßnahmen – es braucht eine kontinuierliche Überwachung und Bewertung, um Lieferketten dauerhaft resilient zu halten. Dafür müssen passende **Kennzahlen (KPIs)** sowie **Zielgrößen** definiert werden, die Fortschritte messbar machen und als Frühwarnsystem dienen.
Wichtig ist dabei, sowohl **strategische als auch operative KPIs** zu berücksichtigen – etwa in den Bereichen Risikoabsicherung, Nachhaltigkeit und Lieferantenintegration. Durch regelmäßiges Reporting lassen sich Entwicklungen frühzeitig erkennen, Maßnahmen gezielt nachsteuern und Erfolge transparent dokumentieren – gegenüber internen Stakeholdern wie auch regulatorischen Anforderungen.

5.3.1.2.3. Beispielhafte KPIs

- Prozentanteil der Lieferanten, die den Supplier Code of Conduct unterzeichnet haben – als Indikator für ethische und soziale Standards.
- Prozent des risikominimierten Einkaufsvolumens – zeigt, wie gut kritische Beschaffungsrisiken abgesichert wurden.
- Prozentanteil eingekaufter Produkte, die aus Sekundärrohstoffen oder recycelten Materialien bestehen – misst den Fortschritt in Richtung zirkulärer Beschaffung.
- Prozent der Lieferanten mit dokumentierten CO_2-Emissionen und messbaren Reduktionszielen – als Beitrag zu klimabezogener Transparenz.
- Prozent des Einkaufsvolumens bei lokalen Lieferanten – wichtig für regionale Wertschöpfung, Resilienz und soziale Nachhaltigkeit.
- Durchschnittliche Reaktionszeit auf kritische Lieferantenwarnungen (zB durch Monitoring-Tools) – ein Frühindikator für Agilität in der Störungsbewältigung.

5.3.1.3. Vom Reagieren zum Vorbeugen: Kreislaufwirtschaft als strategischer Hebel

Doch Resilienz allein reicht nicht aus, wenn Unternehmen weiterhin in einem linearen Wirtschaftsmodell agieren, das auf Verbrauch statt auf Wiederverwendung ausgelegt ist. Wer echte Unabhängigkeit und Zukunftsfähigkeit erreichen will, muss noch einen Schritt weitergehen: hin zu einem zirkulären Ansatz, der Ressourcen im Kreislauf hält und globale Abhängigkeiten strukturell reduziert.

Hier kommt die Kreislaufwirtschaft ins Spiel – nicht als „nice to have", sondern als strategisches Fundament für eine stabile, nachhaltige und unabhängige Wirtschaft.

Die Kreislaufwirtschaft ist ein zentraler Hebel, um die Abhängigkeit von globalen Rohstofflieferanten zu reduzieren. Je mehr Materialien innerhalb Europas recycelt und wiedergenutzt werden, desto unabhängiger wird die Region – und desto stabiler werden ihre Lieferketten.

Genau hier setzt der *Clean Industrial Deal* der EU[653] an. Er zielt darauf ab, die Wettbewerbsfähigkeit europäischer Unternehmen zu stärken und die Abhängigkeit von kritischen Rohstoffen zu verringern. Vorgeschlagen ist ua die Einrichtung eines europäischen Zentrums für kritische Rohstoffe, um Einkaufsvorteile zu bündeln. Ein spezieller Rechtsrahmen soll zudem sicherstellen, dass seltene Materialien effizient genutzt, länger im Kreislauf gehalten und verstärkt wiederverwendet werden.

5.3.1.4. Fazit

Unternehmen sollten daher nicht nur auf regulatorischen Druck reagieren – sondern aus wirtschaftlicher Weitsicht aktiv werden. Resiliente Lieferketten sind kein reines Compliance-Thema, sondern ein zentraler Erfolgsfaktor in einer zunehmend unsicheren Welt.

---

653 https://commission.europa.eu/document/download/9db1c5c8-9e82-467b-ab6a-905feeb4b6b0_en?filename=Communication%20-%20Clean%20Industrial%20Deal_en.pdf&prefLang=de.

5.3.2. Kreislaufwirtschaft im Einkauf

Ines Sturm-Biela

5.3.2.1. Die Rolle des Einkaufs auf dem Weg zur Kreislaufwirtschaft

Der Einkauf spielt eine große Rolle, wenn es darum geht, Kreislaufwirtschaft in Organisationen zu verankern. Bei der Wahl der Produkte, Komponenten oder Rohstoffe wird gleichzeitig mitentschieden, wie viele Ressourcen benötigt werden, wie lange und intensiv die Nutzung erfolgen kann sowie ob bzw. zu welchem Anteil eine Rückführung in Ressourcenkreisläufe möglich ist. Damit wird auch determiniert, welche Wirtschaftspraktiken sich am Markt durchsetzen können. Der größte Anteil der unternehmerischen Umweltauswirkungen entsteht in den meisten Branchen außerhalb der Unternehmensgrenzen durch Aktivitäten von Akteur:innen der vor- oder nachgelagerten Wertschöpfungsketten. Bei einem durchschnittlichen Produkt im Lebensmittelhandel entstehen beispielsweise etwa 75–90 % der Emissionen in der vorgelagerten Lieferkette, bevor es in den Verkauf gelangt. Nachhaltigkeitsaspekte im Einkauf zu berücksichtigen ist folglich eine wichtige Stellschraube, um die Umweltauswirkungen des Unternehmens zu optimieren.[654]

Laut UNDP bedeutet nachhaltiger Einkauf sicherzustellen, dass die erworbenen Produkte und Dienstleistungen so nachhaltig, die Umweltbelastung so gering und die sozialen Auswirkungen so positiv wie möglich sind.[655] Gleichzeitig müssen auch die Gebote der Wirtschaftlichkeit und Zweckmäßigkeit berücksichtigt werden,[656] damit Unternehmen langfristig erfolgreich sein können. Die Auswahlmöglichkeiten werden gleichzeitig durch die Verfügbarkeit von Lösungen am Markt und ökonomische Kriterien beschränkt. Einkaufsverantwortliche agieren somit in einem dynamischen Spannungsfeld und müssen unterschiedliche Anforderungen abwägen und ausbalancieren.

Die Europäische Kommission definiert zirkulären Einkauf als einen Prozess, durch den Organisationen Dienstleistungen und Produkte erwerben, die zu einem geschlossenen Energie- und Materialkreislauf innerhalb der Lieferketten beitragen und gleichzeitig negative Umweltauswirkungen und Abfall über den gesamten Lebenszyklus minimieren oder bestenfalls gänzlich vermeiden.[657] Bei der Transformation der Gesellschaft zurück zur Kreislaufwirtschaft – denn unsere Vorfahr:innen agierten bereits nach den zugrundeliegenden Prinzipien – müssen diese Aspekte stärker in das Bewusstsein von Entscheidungsträger:innen geholt und Kaufentscheidungen ganzheitlich gedacht werden.

654 Vgl. M Tidy, X Wang, M Hall, The role of Supplier Relationship Management in reducing Greenhous Gas emissions from food supply chains: supplier engagement in the UK supermarket sector, 2016, https://research-information.bris.ac.uk/ws/portalfiles/portal/51792944/JCLP_6296_MANUSCRIPT_FINAL_SUBMITTED_VERSION_16.10.15.pdf, abgerufen am 20.2.2025.

655 Vgl UNDP, Sustainable Procurement, https://www.undp.org/accountability/social-and-environmental-responsibility/sustainable-procurement, abgerufen am 20.2.2025.

656 Vgl naBe-Plattform, Was ist nachhaltige Beschaffung?, https://www.nabe.gv.at/was-ist-nachhaltige-beschaffung/?utm_source=chatgpt.com, abgerufen am 20.2.2025.

657 Vgl. European Commission, PUBLIC PROCUREMENT FOR A CIRCULAR ECONOMY, 2017, https://circulareconomy.europa.eu/platform/sites/default/files/knowledge_-_public_procurement_circular_economy_brochure.pdf, abgerufen am 20.2.2025.

5.3.2.2. Wie Kreislaufwirtschaft im Einkauf umgesetzt wird

Beim zirkulären Einkauf werden die Prinzipien der Kreislaufwirtschaft in den Einkaufsentscheidungen berücksichtigt.[658] Dies kann an unterschiedlichen Punkten des Einkaufsprozesses geschehen, wobei mehrere Ansätze gleichzeitig gewählt werden können. Die nachfolgend beschriebenen Ansätze beziehen sich auf die Vorgaben des Bundesvergabegesetzes[659] für öffentliche Auftraggeber:innen, sind aber auch für nicht-öffentliche Unternehmen hilfreich:

- **Leistungsbeschreibung**
  Leistungsbeschreibungen legen fest, welches Produkt oder welche Dienstleistung bezogen wird. Werden Kreislaufwirtschaftskriterien in der Leistungsbeschreibung verankert, müssen diese von den Lieferant:innen in jedem Fall erfüllt werden. Die Leistungsbeschreibung eignet sich deshalb vorwiegend in bereits gut entwickelten Märkten, da andernfalls viele potenzielle Lieferant:innen ausscheiden, was den Wettbewerb stark reduzieren kann. Um mehr Offenheit für innovative Lösungsansätze zu ermöglichen, können Einkäufer:innen eine funktionale Leistungsbeschreibung wählen. Dabei wird die gewünschte Funktion möglichst genau beschrieben, allerdings kaum oder wenige Vorgaben in Bezug auf die konkrete Lösung gemacht. Potenzielle Lieferant:innen können dadurch neue, noch unbekannte Lösungsansätze anbieten.
- **Zuschlagskriterien**
  Zuschlagskriterien beziehen sich auf die zu beschaffenden Leistungen oder Produkte, müssen jedoch nicht verpflichtend erfüllt werden. Sie wirken sich positiv auf die Kalkulation des Preis-Leistungs-Verhältnisses aus, wenn Bieter:innen diese erfüllen können. In der Praxis können also Bieter:innen mit einer besseren Bewertung ihres Angebots rechnen, sofern sie die Zuschlagskriterien erfüllen. Kreislaufwirtschaftsaspekte in Zuschlagskriterien abzubilden, bietet sich insbesondere in Märkten an, auf der zirkuläre Leistungen noch kaum verfügbar sind. Bieter:innen mit zirkulären Lösungen werden so positiver bewertet und Mitbewerber:innen werden gleichzeitig nicht von der Teilnahme ausgeschlossen. Mit Hilfe von Zuschlagskriterien senden Einkäufer:innen wichtige Zeichen an diese Märkte, mehr zirkuläre Ansätze zu entwickeln bzw anzubieten.
- **Eignungskriterien bzw Auswahlkriterien**
  Bei Eignungs- und Auswahlkriterien handelt es sich um Anforderungen, die bestimmte Fähigkeiten der Bieter:innen statt die Lösung selbst betreffen. Nichtsdestotrotz sollten zumindest bei öffentlichen Auftraggeber:innen die gewählten Kriterien mit der Lösung in einem sachlichen Zusammenhang stehen. Eignungskriterien legen die Mindestanforderungen für Bewerber:innen fest, während mittels Auswahlkriterien höhere Fähigkeiten gewürdigt werden können.
- **Vertragsbestimmungen**
  Einen interessanten Ansatz bieten auch Vertragsbestimmungen, um Kreislaufwirtschaft voranzutreiben. Die Vertragsbestimmungen beinhalten Anforderungen, die

658 Wie oben.
659 Vgl Bundeskanzleramt, Bundesvergabegesetz (BVergG 2018), https://www.ris.bka.gv.at/GeltendeFassung.wxe?Abfrage=Bundesnormen&Gesetzesnummer=20010295, abgerufen am 20.2.2025.

während der Erbringung der Leistung zu erfüllen sind, wie beispielsweise soziale und ökologische Bestimmungen. Vertragsbestandteile können unmittelbar relevant sein oder sich auf die Zukunft beziehen. Beziehen diese sich auf die Zukunft, können unter anderem Nachhaltigkeitsziele festgelegt werden, die während der Vertragslaufzeit erreicht werden sollen, zB die Erhöhung des Recyclinganteils im Produkt. Damit kann der technische Fortschritt während der Zusammenarbeit vorangetrieben und Lieferant:innen zur kontinuierlichen Weiterentwicklung angehalten werden.

5.3.2.3. Die 10Rs für den Einkauf

Eines der zentralen Modelle der Kreislaufwirtschaft sind die sogenannten 10Rs.[660] Im Folgenden wird der ÖBB-10R-Framework für Circular Procurement aus dem Jahr 2023 beschrieben, welcher die R-Grundsätze für die Einkaufspraxis übersetzt:

- Refuse (Verweigern): Produkte werden überflüssig, da der Produktnutzen anders erbracht wird.
  Ansätze für den Einkaufsprozess: In dieser Stufe prüft der Einkauf, ob das Produkt sowie alle Produktbestandteile tatsächlich benötigt werden. Möglicherweise verfügt das Unternehmen bereits über ein ähnliches Produkt oder bestimmte Bestandteile werden nicht benötigt.
  Beispiel: Eine Mitarbeiterin möchte einen Bürostuhl bestellen. Anstatt automatisch Armlehnen und eine Nackenstütze mitzubestellen, klärt der Einkauf ab, welche Bestandteile die Kollegin tatsächlich benötigt. Die Mitarbeiterin meldet ein, dass sie weder Armlehnen noch eine Nackenstütze nutzen möchte, was zu Ressourcen- und Kosteneinsparungen führt.
- Rethink (Neu denken): Innovativere, nachhaltigere Produkte werden genutzt oder die Nutzungsintensität durch innovative Ansätze intensiviert.
  Ansätze für den Einkaufsprozess: Mit Hilfe von Marktrecherche und Trendscouting können innovative Lösungsansätze identifiziert und berücksichtigt werden. Geeignete Quellen zur Identifikation solcher Lösungen sind unter anderem Gespräche mit potenziellen Lieferant:innen, Messen und Veranstaltungen oder die Medienberichterstattung. Zudem können auch funktionale Leistungsbeschreibungen genutzt werden, um Bieter:innen mit innovativen Lösungsansätzen die Teilnahme an der Ausschreibung zu ermöglichen.
  Beispiel: Eine Mitarbeiterin möchte einen Bürostuhl bestellen. Bei der Marktrecherche stößt der Einkauf auf einen innovativen Bürostuhl, der sich durch eine ausgesprochen hohe Langlebigkeit, eine beeindruckende Anpassungsfähigkeit, ein innovatives Reparaturkonzept und hohe Materialgesundheit auszeichnet. Zudem gibt es ein neuartiges Konzept zur Weiternutzung des Stuhls, sollte er einmal nicht mehr im Unternehmen benötigt werden. Im Design unterscheidet sich dieser deutlich von herkömmlichen Stühlen, was den Vergleich mit anderen Lösungen erschwert.

660 Vgl Bundesministerium Klimaschutz, Umwelt, Energie, Mobilität, Innovation und Technologie, Österreich auf dem Weg zu einer nachhaltigen und zirkulären Gesellschaft – Die österreichische Kreislaufwirtschaftsstrategie, 2022, https://www.bmimi.gv.at/themen/klima_umwelt/abfall/Kreislaufwirtschaft/strategie.html, abgerufen am 31.1.2025.

- Reduce (Reduzieren): Es wird besonderes Augenmerk auf eine hohe Ressourceneffizienz gelegt.
  Ansätze für den Einkaufsprozess: Zur Berücksichtigung eines effizienten Ressourceneinsatzes stehen unterschiedliche Instrumente zur Verfügung. Beispielsweise können die Total Cost of Ownership (TCO), also die geschätzten Gesamtkosten des Produktes während des Produktlebenszyklus, kalkuliert werden. Diese geben Aufschluss darüber, mit welchem Ressourcenverbrauch während der Nutzung zu rechnen ist. Zudem eignen sich Ansätze wie eine Leichtbauweise oder der ökologische Fußabdruck des eingesetzten Materials dazu, Ressourceneinsätze merklich zu reduzieren.
  Beispiel: Ein innovativer Bürostuhl, der sich durch eine besonders hohe Nachhaltigkeitsperformance auszeichnet, geht mit höheren Anschaffungskosten einher. Durch Berechnung der TCO wird allerdings klar, dass sich durch die hohe Lebensdauer und kostengünstige Reparierbarkeit über den Produktlebenszyklus niedrigere Kosten ergeben.
- Reuse (Weiternutzen): Funktionstüchtige Produkte werden erneut eingesetzt.
  Ansätze für den Einkaufsprozess: Um Reuse praktisch umsetzbar zu machen, ist zunächst eine hohe Qualität der Produkte nötig. Eine möglichst lange Nutzungsdauer kann mit längeren Garantiezeiten und produktabhängigen Qualitätskriterien sichergestellt werden. Auf der anderen Seite sollten bei neuen Ausschreibungen bereits verfügbare Produkte mitberücksichtigt werden, anstatt sofort neu zu kaufen.
  Beispiel: Ein Unternehmen möchte ein neues Büro einrichten und legt dabei Wert auf ein edles Design. Es ist bereits im Besitz hochwertiger Bürostühle, die sich noch in einem sehr guten Zustand befinden. Der Einkauf legt deshalb in der Ausschreibung fest, dass die bestehenden Bürostühle in das Designkonzept aufgenommen und dieses auf sie abgestimmt werden soll, anstatt neue Stühle zu kaufen.
- Repair (Reparieren) : Beschädigte Produkte werden repariert.
  Ansätze für den Einkaufsprozess: Bei Ausschreibungen werden Informationen zur Reparatur von Produkten eingeholt. Ansätze dafür bietet unter anderem der Reparatur-Index aus Frankreich. Dieser bewertet anhand von fünf Kriterien die Reparierbarkeit von Produkten. Bei den fünf Kriterien handelt es sich um Dokumentation, einfache Zerlegbarkeit/Demontage, Verfügbarkeit von Ersatzteilen, Ersatzteilpreis sowie produktspezifische Aspekte.[661] In die Kaufentscheidung kann eine Demonstration und Bewertung des Reparaturprozesses einfließen. Auch das Recht, bei Bedarf selbst Ersatzteile mittels 3D-Druck herzustellen, kann ein Ansatz sein, um die Reparierbarkeit zu vereinfachen und die Schnelligkeit der Reparatur zu erhöhen. Dieser wird insbesondere bei teuren und langlebigen Maschinen relevant. Ein alternativer Ansatz ist es, einen Wartungsvertrag aufzusetzen.

  Beispiel: Ein Unternehmen schreibt hochwertige neue Bürostühle aus. Für die Bewertung der Angebote lässt sich der Einkauf von den Bietern ein Instandhaltungs-/Reparaturkonzept inklusive der Kosten vorlegen.

661 Vgl Runder Tisch Reparatur, Der französische Reparaturindex, https://runder-tisch-reparatur.de/reparaturindex/, abgerufen am 25.2.2025.

- Refurbish (Erneuern): Alte Produkte werden auf den neuesten Stand gebracht. Ansätze für den Einkaufsprozess: Beim Refurbishment arbeitet das Unternehmen bereits bestehende Ressourcen auf. Dabei kann es sich um alte Produkte aus dem eigenen Besitz oder um Produkte handeln, die zunächst im Eigentum anderer Unternehmen stehen. Nach einem Refurbishment erwecken Produkte häufig sogar den Eindruck eines neuen Produktes.
  Beispiel: Ein Unternehmen möchte ein neues Büro einrichten und legt dabei Wert auf ein edles Design. Es ist bereits im Besitz hochwertiger Bürostühle, die allerdings bereits in die Jahre gekommen sind und erneuert werden müssen. Der Einkauf legt deshalb in der Ausschreibung fest, dass die bestehenden Bürostühle in das Designkonzept aufgenommen und dieses auf sie abgestimmt werden soll, anstatt neue Stühle zu kaufen. Gleichzeitig sollen die Bürostühle aber eine neue Polsterung, einen neuen Bezug und neue Rollen erhalten.
- Remanufacture (Wiederaufbereiten): Bestandteile von defekten Produkten werden für neue Produkte mit derselben Funktion verwendet.
  Ansätze für den Einkaufsprozess: Bei diesem Schritt berücksichtigt der Einkauf noch funktionstüchtige Komponenten im Unternehmen, die derzeit noch Teil von defekten Produkten sind. Diese nimmt er entweder nicht in die Ausschreibung auf, um sie später selbst einzubauen, oder er legt fest, dass die Lieferant:innen den Einbau übernehmen.
  Beispiel: Ein Unternehmen benötigt neue Bürostühle, da die alten bereits in einem sehr schlechten Zustand sind. Allerdings wurden die Armlehnen vor nicht allzu langer Zeit erneuert und sollen weitergenutzt werden. Das Unternehmen bestellt deshalb Bürostühle ohne Armlehnen und die Mitarbeiter:innen verwenden die Armlehnen der alten Bürostühle, wodurch das Unternehmen Kosten spart.
- Repurpose (Anders weiternutzen): Bestandteile von defekten Produkten werden für neue Produkte mit einer anderen Funktion verwendet.
  Ansätze für den Einkauf: Bei diesem Schritt berücksichtigt der Einkauf ebenfalls noch funktionstüchtige Komponenten im Unternehmen, die derzeit Teil von defekten Produkten sind. Allerdings zieht er dafür auch Produkte in Betracht, die grundsätzlich eine andere Funktion erfüllen. Auch können Teile, in deren Besitz das Unternehmen bereits ist, in der Ausschreibung ausklammern oder festlegen, dass die Lieferant:innen den Einbau übernehmen.
  Beispiel: Ein Unternehmen benötigt neue Rollcontainer für das Büro. Da im Lager noch funktionstüchtige Rollen aus ausgemusterten Bürostühlen vorhanden sind, die mit den neuen Containern ebenfalls kompatibel sind, entscheidet sich das Unternehmen dafür, die Container ohne Rollen zu bestellen und die vorhandenen Rollen einzusetzen.
- Recycle (Recycling): Materialien werden aufbereitet, um sie wieder in den Rohstoffkreislauf zurückzuführen.
  Ansätze für den Einkauf: Der Einkauf kann aktiv den Einsatz von Sekundärrohstoffen unterstützen, indem er entweder einen bestimmten Recyclinganteil in der Leistungsbeschreibung festlegt oder eine bessere Bewertung für einen höheren Recyclinganteil vergibt. Zur Steigerung des Recyclings am Ende der Lebensdauer wird auch die Recyclingfähigkeit des Produktes Teil der Ausschreibung. Recyclingfähigkeit ist die *„Fä-*

higkeit eines Produkts, nach einer getrennten Sammlung und/oder abfalltechnischen Aufbereitung einer stofflichen Wiederverwertung zugeführt zu werden." Wichtig für die Recyclingfähigkeit ist die Möglichkeit der möglichst sortenreinen Trennung und die tatsächliche Eignung für die Systeme der Abfallwirtschaft.[662]

- Recover (Thermische Verwertung): Das Produkt wird thermisch verwertet und die Energie zurückgewonnen.
  Ansätze für den Einkauf: Bei der thermischen Verwertung können schädliche Rückstände entstehen, die die Umwelt sowie die menschliche Gesundheit belasten. Um dies zu verhindern, sollte bereits beim Kauf von Produkten möglichst auf Schadstofffreiheit geachtet werden. Erreicht werden kann dies beispielsweise durch Produktzertifizierungen.[663]
  Beispiel: Ein Unternehmen kauft neue Bürostühle für seine Mitarbeiter:innen. Der Einkauf nimmt ein staatlich anerkanntes Produktzertifikat oder einen gleichwertigen Nachweis als Anforderung auf, welches unter anderem gefährliche Schadstoffe ausschließt.

5.3.2.4. Kreislaufwirtschaft breitenwirksam verankern

Um Kreislaufwirtschaft möglichst breit im Einkauf zu verankern, ist aufgrund der limitierten Ressourcen, die Unternehmen normalerweise zur Verfügung stehen, eine gute Durchmischung zwischen Ausschreibungen mit höherem und niedrigerem Innovationsgrad wichtig. Ansätze wie beispielsweise die Verlängerung der Garantien, die Reparierbarkeit oder der Recyclinganteil lassen sich z.B. meist mit überschaubarem Aufwand umsetzen. Im Gegensatz dazu benötigen innovative Ausschreibungen beispielsweise mit funktionalen Ausschreibungskriterien mehr Zeitressourcen und mitunter auch zusätzliche Begleitung von externen Fachexpert:innen. Förderlich ist ein impactorientierter Zugang, um bestmögliche Resultate zu erzielen. Beispielsweise sind Projekte mit einem erhöhten ökologischen Fußabdruck, Versorgungssicherheits- oder Nachhaltigkeitsrisiko zu priorisieren. Damit folgen Unternehmen auch den Priorisierungsansätzen der Europäischen Union, welche im Zuge der Corporate Sustainability Due Diligence Directive oder der Corporate Sustainability Reporting Directive ausgearbeitet wurden.

Die Umstellung auf Kreislaufwirtschaft ist ein Unterfangen, welches nur in abteilungsübergreifender Zusammenarbeit gemeistert werden kann. Der Einkauf legt gemeinsam mit den Bedarfsträger:innen mit der Gestaltung der Ausschreibung sowie der Kaufentscheidung zwar fest, wie zirkulär ein Produkt gestaltet ist, dabei handelt es sich jedoch lediglich um ein Potenzial. Nur wenn Manager:innen, Instandhaltungsbeauftragte, Nutzer:innen und Abfallverantwortliche zusammenarbeiten, kann dieses Potenzial tatsächlich gehoben werden. Wenn ein zirkuläres Produkt nach einer kurzen Nutzungsdauer doch nur im Hausmüll landet, hat sich die Mühe am Ende nicht gelohnt. Deshalb braucht es geeignete Prozesse und die richtige Infrastruktur, um Zirkularität tatsächlich praxiswirksam zu verankern. In vielen Unternehmen bedeutet das, auch die Unternehmensprozesse auf Basis der Prinzipien der Kreislaufwirtschaft neu zu denken.

662 Roland Pomberger, Über theoretische und reale Recyclingfähigkeit, 2020, https://link.springer.com/article/10.1007/s00506-020-00721-5, abgerufen am 28.2.2025.

663 Vgl Umweltzeichen, Bitte tief einatmen, https://www.umweltzeichen.at/de/produkte/bau/bitte-tief-durchatmen, abgerufen am 28.2.2025.

Die Kooperation mit weiteren Unternehmen innerhalb der Wertschöpfungskette oder dem Mitbewerb ist ebenfalls eine wirksame Strategie, um einen erfolgreichen zirkulären Materialfluss zu ermöglichen. Investitionen in neue, zirkuläre Geschäftsmodelle lohnen sich in vielen Fällen erst, wenn eine Mindestmenge von Materialien bereitgestellt werden kann. Umso wichtiger ist es, Kräfte zu bündeln und gemeinsam am Ressourcenfluss mit zu partizipieren.[664]

5.3.3. Integrative Reverse-Supply-Chain in der Praxis

Stefanie Berninger/Martin Perau

5.3.3.1. Einleitung

Die Umsetzung einer industriellen Kreislaufwirtschaft kann nur durch eine wettbewerbsfähige Rückführung und Wiedereinbringung von Produkten ermöglicht werden. Diese beiden Prozesse sind essenzielle Bestandteile einer Reverse-Supply-Chain. Der Prozess der Rückführung umfasst dabei den Materialfluss von Altprodukten vom Kunden zum Aufbereitungsort. Der Prozess der Wiedereinführung beinhaltet den Fluss von aufgearbeiteten Materialien, Komponenten und Produkten hin zum neuen Einsatzort. Das folgende Modell illustriert die unterschiedlichen Pfade, die ein Altprodukt innerhalb der Reverse-Supply-Chain nehmen kann.

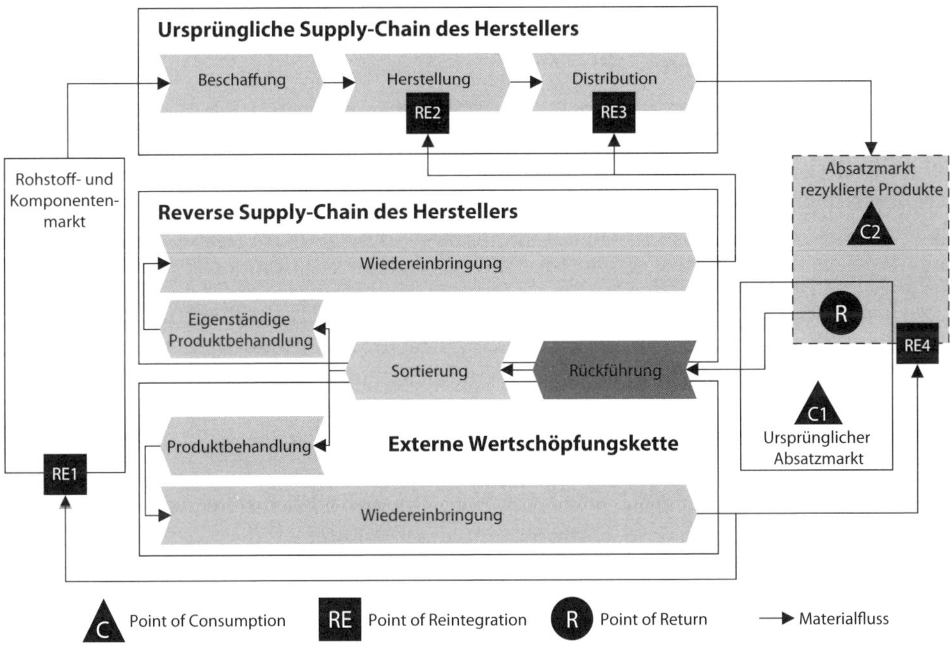

Abb 41: Integrative Reverse-Supply-Chain[665]

664 Vgl Austrian Airlines, CAT, ÖBB, Post, SALESIANER, Wiener Linien, „Zweites Leben für die 1er-Panier": Schulterschluss bei textiler Kreislaufwirtschaft, https://www.ots.at/presseaussendung/OTS_20250317_OTS0047/zweites-leben-fuer-1er-panier-schulterschluss-bei-textiler-kreislaufwirtschaft, abgerufen am 17.3.2025.

665 In Anlehnung an Novoszel, Gestaltung einer integrativen Reverse Supply Chain (2012), S. 83

Die ursprüngliche, lineare Supply-Chain eines Herstellers kann in die Prozessschritte Beschaffung, Herstellung und Distribution unterteilt werden und steuert den Material- und Informationsfluss vom Rohstoff- und Komponentenmarkt bis zum Absatzmarkt. Die anschließenden Prozessschritte der Reverse-Supply-Chain können im Allgemeinen danach unterschieden werden, ob der ursprüngliche Hersteller eine rückwärtsgerichtete Wertschöpfungskette besitzt, oder ob diese losgelöst vom ursprünglichen Hersteller gesteuert wird.

> Ein Beispiel für eine Reverse-Supply-Chain eines Herstellers ist die Firma Lorenz GmbH & Co KG, die Messgeräte zurücknimmt und wiederaufbereitet – mit dem Ziel, diese anschließend als Teil ihres Produktportfolios wieder an Kunden zu verkaufen[666]. Dahingegen ist die Firma Recover-E ein Beispiel für eine externe, vom originären Hersteller losgelöste Wertschöpfungskette, die gebrauchte Elektronikprodukte wie Laptops erwirbt, wiederaufbereitet und weiterverkauft[667].

Der Absatzmarkt, der in der linearen Wirtschaft dem ursprünglichen Point of Consumption (C1) entspricht, ist der Ausgangspunkt der Reverse-Supply-Chain. Der erste Schritt in dieser Kette ist die Rückführung gebrauchter Produkte. Dieser Punkt ist entscheidend, da er einen kontinuierlichen Materialfluss für die nachgelagerten Prozessschritte sicherstellen muss und den größten Unterschied zur linearen Supply-Chain darstellt. Die Rückführung kann nach verschiedenen Prinzipien realisiert werden, die im nachfolgenden Kapitel detailliert erläutert werden. Diese Prinzipien unterscheiden sich insbesondere darin, wo das Altprodukt physisch zurückgegeben wird (Point of Return) und wer die Produktrückgabe initiiert.

An den Schritt der Rückführung schließt der Prozess der Sortierung an. Dieser beginnt mit dem Empfang des Produkts, einer ersten Sichtung und Reinigung. Anschließend erfolgt die Zerlegung in kleinere Einheiten, wie zum Beispiel Motor und Sitze bei einem Kraftfahrzeug. Diese werden mit entsprechenden Prüfmechanismen inspiziert und gegebenenfalls weiter zerlegt und gereinigt, bis schließlich eine Sortierung stattfindet, die die Materialströme zu den geeigneten Weiterverwertungsoptionen weiterleitet.[668]

Die Produktbehandlung bildet das Kernstück der Kreislaufwirtschaft und wird in verschiedenen Kapiteln dieses Buches intensiv betrachtet und diskutiert. Im Kontext der Reverse-Supply-Chain ist insbesondere zu unterscheiden, welche Art des Outputs die Produktbehandlung erzeugt. Die Produktbehandlung kann dazu dienen, Rohstoffe zu gewinnen, was der aktuell am häufigsten vorkommenden R-Strategie, dem Recycling, entspricht[669]. Eine höhere Wertschöpfung wird erreicht, wenn einzelne Komponenten des Altprodukts, wie zB Motoren, wiederaufbereitet und als Komponenten bereitgestellt werden (Remanufacturing) oder Altprodukte so aufbereitet werden, dass sie wieder verkaufsfähig sind (Refurbishment).

666 Lorenz GmbH & Co. KG (Ed.). Ressourceneffizienz und Kreislaufwirtschaft, https://www.lorenz-meters.de/cms/wissenswertes/ressourceneffizienz-und-kreislaufwirtschaft/, abgerufen am 3.2.2025).

667 Kimmel, H, Case Study, https://www.remanufacturing.eu/studies/1c46b67bae92af4df024.pdf, abgerufen am 3.2.2025.

668 Novoszel, Gestaltung einer integrativen Reverse Supply Chain 95 ff.

669 Stumpf/Schöggl/Baumgartner, Climbing up the circularity ladder? – A mixed-methods analysis of circular economy in business practice, Journal of Cleaner Production 2021, 128158. DOI: https://doi.org/10.1016/j.jclepro.2021.128158.

Im Anschluss an die Produktbehandlung folgt der Prozess der Wiedereinbringung, dessen Ziel es ist, Waren einem erneuten Lebenszyklus zuzuführen. Abhängig vom Output der Wiederaufbereitung (Materialien, Komponenten oder Produkte) und dem Ort der Produktbehandlung (beim Hersteller oder extern) kann auch hier der Materialfluss unterschiedliche Wege nehmen. So können Komponenten oder Materialien, die aufbereitet wurden, am Rohstoff- und Komponentenmarkt angeboten werden. Diese werden durch den klassischen linearen Beschaffungsprozess von einem Hersteller erneut eingekauft und in der Produktion wiederverwendet (Point of Reintegration 1).

Ein Beispiel hierfür ist das Start-up Cylib, das Batterien recycelt und die gewonnenen Rohstoffe als Alternative zu herkömmlichen Materialien am Rohstoffmarkt anbietet[670]. Falls der ursprüngliche Hersteller eine eigene Reverse-Supply-Chain besitzt, besteht die Möglichkeit, dass aufbereitete Komponenten direkt in den ursprünglichen Herstellungsprozess integriert werden (Point of Reintegration 2). Zusätzlich können vom Hersteller wiederaufbereitete Produkte direkt unter Nutzung des bestehenden Distributionsnetzwerkes verkauft werden (Point of Reintegration 3). Bei einer externen Wertschöpfungskette hingegen werden die aufbereiteten Produkte eigenständig dem Absatzmarkt für rezyklierte Produkte (C2) zugeführt, wie das beschriebene Beispiel der Firma Recover-E zeigt (Point of Reintegration 4). Die wiederaufbereiteten Elektronikprodukte werden – unabhängig vom ursprünglichen Hersteller – direkt an neue Endkunden verkauft[671].

5.3.3.2. Rücknahmesysteme in der Praxis

Eine erfolgskritische Kernaufgabe des Reverse-Supply-Chain-Managements ist eine effiziente Gestaltung und Abwicklung der rückwärtsgerichteten Material- und Informationsströme vom Kunden hin zum Ort der Produktbehandlung. Dieses Kapitel fokussiert die Ausgestaltung der Rücknahmesysteme und somit der Materialströme, bevor im darauffolgenden Kapitel betrachtet wird, welche Optimierungspotenziale sich durch Digitalisierung aus den Daten der Informationsströme ergeben.

Die Rückführung (siehe Abb 42) umfasst dabei die Schritte der Akquisition, Sammlung und gegebenenfalls Zwischenlagerung der Altproduktströme. Ziel des Reverse-Supply-Chain-Managements ist es, durch eine gezielte Steuerung und Einflussnahme, beispielsweise durch den Einsatz von Anreizsystemen, eine optimale Auslastung des Rücknahmesystems in Koordination mit dem Absatzmarkt für aufgearbeitete Produkte zu erreichen. Dabei kann in Abhängigkeit vom physischen Ort der Produktrückgabe zwischen Bring- und Hol-Systemen unterschieden werden. Ein weiteres Unterscheidungsmerkmal ist die Steuerung des Rückführungsprozesses, entweder nach dem Pull- oder Push-Prinzip. In Abb 42 sind die verschiedenen Optionen der Rücknahme dargestellt, welche nachfolgend detaillierter beschrieben werden.

670 cylib GmbH (Ed), Unser Prozess, https://www.cylib.de/uber-uns, abgerufen am 3.2.2025).

671 Kimmel, H, Case Study, https://www.remanufacturing.eu/studies/1c46b67bae92af4df024.pdf, abgerufen am 3.2.2025).

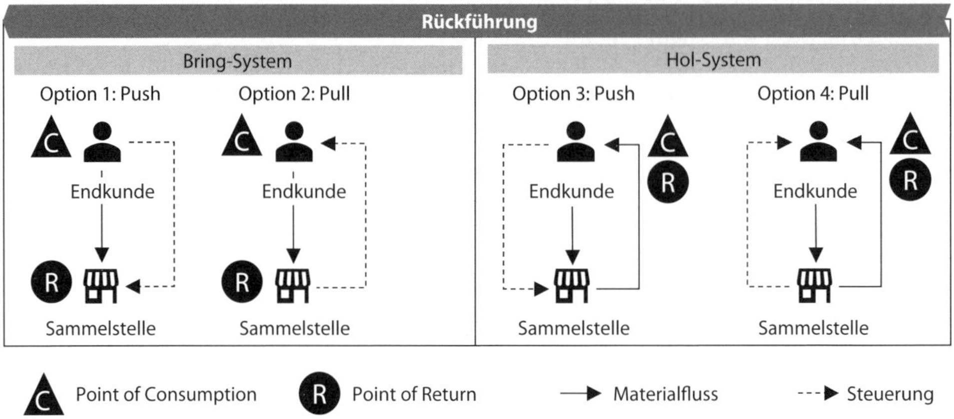

Abb 42: Übersicht der Rückgabesysteme[672]

Beim Bring-System gibt der Kunde das Altprodukt selbständig an einen Sammelpunkt, zB im Einzelhandel oder per Post, ab. Da beim Bring-System der Kunde den initialen Transport durchführt, ist dieses Rücknahmesystem beschränkt auf kleinere bzw gut zu transportierende Produkte und die Sammelpunkte üblicherweise in räumlicher Nähe zum Kunden. Typische Produkte, die im Bring-System zurückgeführt werden, sind kleinere Elektronikprodukte wie Mobiltelefone oder Küchenutensilien wie Pfannen. Bei Empfang des Produktes wird an der Sammelstelle geprüft, ob dieses für eine Rücknahme autorisiert ist, dh vorher festgelegte Anforderungen wie gültiger Rückgabezeitraum, Produkteigenschaften wie Mindest-/Höchstalter etc erfüllt sind[673]. Beim Auslöser für die Rückführung kann unterschieden werden, ob der Kunde selbst Initiator ist und ohne Beeinflussung den Zeitpunkt der Rückgabe selbst bestimmt (Option 1 Bring – Push). Dies ist beispielsweise bei der Rückgabe alter Haushaltsbatterien im Einzelhandel oder Entsorgen von nicht mehr gewollter Kleidung in Altkleidercontainern der Fall. Wird der Zeitpunkt der Rückführung hingegen durch Anreizsysteme beeinflusst, handelt es sich um ein (vom Produktrücknehmer) gesteuertes Bring-Pull-System (Option 2)[674]. Ein Beispiel hierfür wäre eine Alt-gegen-Neu-Aktion für Küchenpfannen, bei der den Kunden Rabatte für ein Neuprodukt gewährt werden, wenn sie gleichzeitig ein altes Produkt zurückgeben. Beim Hol-System werden die Altprodukte beim Kunden abgeholt und dann zu einem Sammelzentrum transportiert. Der Point of Return entspricht somit dem Point of Consumption. Dazu wird zunächst der Rückgabezeitpunkt terminiert und dann die Abholung beim Kunden und der Transport zum Sammelpunkt durch den Hersteller oder externen Verwerter koordiniert[675]. Da der Transport des Altproduktes durch professionelle Logistikdienstleister erfolgt, können auch größere Produkte abgewickelt werden. Typische Produkte sind beispielsweise Weiße Haushaltswaren wie Waschmaschinen im Konsumentenbereich oder Produktionsmaschinen im Business-to-Business-Bereich.

672 In Anlehnung an Novoszel, Gestaltung einer integrativen Reverse Supply Chain, S. 93.
673 Novoszel, Gestaltung einer integrativen Reverse Supply Chain 93.
674 Novoszel, Gestaltung einer integrativen Reverse Supply Chain 76.
675 Novoszel, Gestaltung einer integrativen Reverse Supply Chain 76.

Grundsätzlich muss beim Hol-System zunächst durch den Hersteller bzw externen Verwerter lokalisiert werden, wo sich die Altproduktquellen befinden. Erfolgt die Kontaktaufnahme durch den Kunden, weil dieser beispielsweise eine Maschine retrofitten lassen möchte, handelt es sich um ein Hol-Push-System (Option 3). Der Wiederaufbereiter, oft der ursprüngliche Hersteller, stimmt dann mit dem Kunden den Zeitpunkt der Abholung ab und stellt eventuell für den Übergangszeitraum eine Ersatzmaschine zur Verfügung. Lokalisiert und kontaktiert der Wiederaufbereiter hingegen aktiv den Kunden, handelt es sich um ein Hol-Pull-System (Option 4). Ein Beispiel dafür ist das Rückkaufprogramm für Büroschreibtische der Firma Desko, bei dem der ursprüngliche Hersteller seinen Kunden einen Restwert für deren gebrauchte Büroeinrichtung anbietet[676].

Eine Besonderheit stellen regelmäßige Produktrücknahmen aufgrund von Subskriptionsmodellen dar. Durch vorherige vertragliche Vereinbarung ist hier bereits festgelegt, dass das Produkt nach einer gewissen Nutzungsdauer und Nutzungsumfang (zB Laufleistung) von Kunden an den Hersteller zurückgegeben wird. Dabei können sowohl Bring- wie auch Hol-Systeme zum Einsatz kommen. Typische Produkte eines Subskriptionsmodells sind technisch komplexe Produkte wie beispielsweise Flugzeugturbinen.

Entsprechend dem weiter oben beschriebenen Reverse-Supply-Chain-Models unterscheiden sich die Rücknahmesysteme organisatorisch und in der physischen Ausführung aufgrund der beteiligten Akteure, des Zentralisierungsgrads und des Integrationsgrads mit der vorwärts gerichteten Supply-Chain des ursprünglichen Herstellers[677]. Dabei können die Schritte der Rückführung und anschließenden Sortierung durchaus mehrfach und durch unterschiedliche Akteure erfolgen, bis der eigentliche Wiederaufarbeitungsprozess beginnt. Es ist üblich, dass Altprodukte über mehrere Sammelzentren immer weiter konsolidiert und teilweise vorselektiert werden, speziell wenn die Kunden geografisch weit verteilt sind. Im Folgenden werden die mit dem Materialstrom einhergehenden notwendigen Informationen beschrieben und welche Potenziale durch die Digitalisierung in der Reverse-Supply-Chain zukünftig möglich sind.

5.3.3.3. Potenziale der Digitalisierung

Kritische Merkmale der Reverse-Supply-Chain sind der schwer vorhersehbare Zeitpunkt der Produktrückführung, der schwankende Zustand der zurückgeführten Produkte sowie die Quantifizierung und Abwägung des ökonomischen und ökologischen Nutzens der Wiederaufbereitung. Mittels des geschickten Einsatzes von digitalen Technologien können diese Herausforderungen der Reverse-Supply-Chain adressiert und somit eine wettbewerbsfähige Umsetzung ermöglicht werden. Hervorzuheben sind insbesondere zwei Ansätze, die im Forschungsprojekt DiCES am Beispiel des Produkts der Waschmaschine industrienah angewendet werden.[678]

676 Kuipers (Ed), DESKO – Office desks, https://www.remanufacturing.eu/studies/c9bd9e93068d38ea51df.pdf, abgerufen am 4.2.25.

677 Novoszel, Gestaltung einer integrativen Reverse Supply Chain 74 f.

678 Gaillard/Perau/Özkan (2024), DiCES: Kreislaufwirtschaft realisieren / DiCES: Realising the Circular Economy. UdZ – The Data-driven Enterprise 4(2), S 46–52, https://epub.fir.de/frontdoor/index/index/docId/3473, abgerufen am 24.1.2025.

Ein Verschleißprognosemodell dient der Prognose des Rückführzeitpunktes und des Produktzustands bei der Rückführung. Dies ermöglicht es Unternehmen, Rückführungsprozesse besser zu planen, Unsicherheiten hinsichtlich der Altproduktmengen zu reduzieren und den Zustand der Produkte bereits vor der Rückführung zu kennen. Das Verschleißprognosemodell nutzt Methoden der Künstlichen Intelligenz, um den Verschleiß des Produkts auf Basis von Nutzungsdaten, vergleichbaren Produkten und Berichten des Kundendienstes zu prognostizieren. Diese Prognose wird sowohl für das gesamte Produkt als auch für einzelne Komponenten durchgeführt, um diese anschließend in Verschleißklassen einzuteilen. Anhand der Klassifikation der Komponenten können bereits einige Aufbereitungsstrategien für das Produkt ausgeschlossen werden. Beispielsweise wird eine Variante des Refurbishments, bei der der Motor wiederverwendet werden soll, ausgeschlossen, wenn dieser einer bestimmten Verschleißklasse zugeordnet wurde. Darüber hinaus können die Komponenten basierend auf ihrer Klassifikation in der Materialbedarfsplanung des ursprünglichen Herstellers berücksichtigt werden.

Neben der Prognose der Produktzustände ist die Auswahl der optimalen Aufbereitungsstrategie von zentraler Bedeutung für die Reverse-Supply-Chain. Dazu dient ein datenbasiertes Entscheidungsmodell, das die Aufbereitungsstrategien hinsichtlich ökonomischer und ökologischer Kriterien bewertet und so die Auswahl einer passenden Strategie ermöglicht. Das Entscheidungsmodell basiert auf einem modularen Berechnungsansatz, der es ermöglicht, alle Aktivitäten entlang der gesamten Prozesskette, von der Abholung (Point of Entry) bis hin zur finalen Aufbereitung und Montage beim Hersteller, zu berücksichtigen. Dabei werden Kosten und CO_2-Emissionen für die einzelnen Aktivitäten berechnet, die dann je nach Aufbereitungsstrategie zu einem Gesamtwert addiert werden können. Diese Kennwerte werden anschließend mit vom Unternehmen definierten Grenzwerten verglichen, um die Aufbereitungsstrategien ausschließen zu können, die dem Unternehmen keinen ausreichenden Mehrwert bieten. Abschließend werden die Strategien, die der Überprüfung standgehalten haben, nach ihren Kennwerten priorisiert, um die optimale Strategie auszuwählen.

Die Kombination dieser beiden Ansätze ermöglicht eine präzisere Planung der Rückführprozesse, indem der Umgang mit dem Altprodukt bereits im Voraus festgelegt wird, wodurch die Unsicherheit – als größte Herausforderung einer Reverse-Supply-Chain – reduziert wird.

5.3.4. Pfand und Rückführung

Sarah Warscher

5.3.4.1. Einwegpfand als Instrument des Closed-loop-Recyclings

Die Diskussion rund um die Einführung eines Pfandsystems auf Einweggetränkeflaschen und -dosen wurde in Österreich in den Jahren 2020 und 2021 sehr kontrovers geführt. Während es aus manchen Bereichen der Wirtschaft massiven Widerstand gab, war es gerade die Getränkeindustrie, die die Einführung des Einwegpfandes unterstützte und damit zu einer politischen Einigung beitrug. Der Umstand, dass die betroffene Industrie selbst dieses neue System unterstützte, mag auf den ersten Blick verwundern, lässt sich jedoch bei Betrachtung der rechtlichen Rahmenbedingungen einfach erklären.

5.3.4.1.1. Europäische Rahmenbedingungen

In der Einwegkunststoff-Richtlinie der EU[679] wird eine verpflichtende Getrenntsammelquote für Einweg-Kunststoffgetränkeflaschen von 77 % ab 2025 und 90 % ab dem Jahr 2029 festgelegt. Hintergrund dieser Regelung war bzw ist der Umstand, dass Kunststoffgetränkeflaschen zu den am häufigsten an europäischen Stränden gelitterten[680] Abfällen zählen. Auch wenn sich die Mitgliedstaaten in den Verhandlungen nicht unmittelbar auf ein verpflichtendes Pfandsystem einigen konnten, stellten sie seine Einführung de facto durch die derart hohe Sammelquote verbunden mit einer verpflichtenden Mindestrezyklatquote[681] für PET-Getränkeflaschen sicher. Weil manche Mitgliedstaaten erwogen, die Sammelquoten durch Nachsortieren zu erreichen, stellte die EU-Kommission klar, dass ein Aussortieren aus dem Restmüll nicht als „getrennt gesammelt" im Sinne der Einwegkunststoff-RL gilt. Damit wurde deutlich, dass eine Zielerreichung nur mit der Einführung eines Pfandsystems möglich sein wird.

5.3.4.1.2. Rechtliche Umsetzung in Österreich

In Österreich wurde die Einwegkunststoff-RL sowie die Einführung eines Pfandsystems für Einwegkunststoffgetränkeflaschen und -dosen mit der AWG-Novelle Kreislaufwirtschaftspaket[682] im Herbst 2021 umgesetzt.

Die Details des Pfandsystems wurden in einem zweiten Schritt mit allen wesentlichen Stakeholdern erarbeitet. Hierbei wurden neben den Interessenvertretern der Wirtschaftskammer Österreich und der Arbeiterkammer auch Unternehmen der Getränkeindustrie und des Lebensmitteleinzelhandels eingebunden. Dieser Prozess wurde vom damals zuständigen Klimaschutzministerium geleitet und wissenschaftlich von Mitarbeiter:innen des Instituts für Abfall- und Kreislaufwirtschaft der BOKU[683] begleitet. Die erarbeiteten Rahmenbedingungen wurden dann in der Pfandverordnung für Einweggetränkeverpackungen[684] festgeschrieben.

Hierbei wurde festgelegt, dass das Pfandsystem von einer nicht auf Gewinn gerichteten zentralen Stelle in Form einer GmbH zu organisieren ist, die im Eigentum der Getränkeindustrie (bzw aller Erstinverkehrsetzer) und des Lebensmittelhandels (bzw aller Rücknehmer) steht. Zu diesem Zweck wurde die EWP Recycling Pfand Österreich gGmbH (im Folgenden: EWP) als zentrale Stelle vom Trägerverein Einwegpfand gegründet, der als Eigentümer fungiert und allen Erstinverkehrsetzern und Rücknehmern offen steht. Die EWP ist für die gesamte Organisation des Pfandsystems zuständig. Die Aufgaben reichen ua von der Registrierung der Pfandgebinde und Rückgabeautomaten bis zur Abholung der Säcke der manuellen Rücknehmer, von der Zählung und Sortierung der Gebinde bis zum Clearingprozess, von der Bereitstellung der sortierten Gebinde an die Erstinverkehrsetzer

679 Richtlinie (EU) 2019/904 des Europäischen Parlaments und des Rates vom 5.6.2019 über die Verringerung der Auswirkungen bestimmter Kunststoffprodukte auf die Umwelt.

680 Littering ist das achtlose Wegwerfen von Abfällen in der Natur bzw Umgebung.

681 Die Mindestrezyklatquote in PET-Getränkeflaschen beträgt ab 2025 25 % und ab 2030 30 % (Art 6 Abs 5 RL (EU) 2019/904).

682 Bundesgesetz, mit dem das Abfallwirtschaftsgesetz 2002 geändert wird (AWG-Novelle Kreislaufwirtschaftspaket), BGBl I 2021/200.

683 Universität für Bodenkultur Wien.

684 BGBl II 2023/283.

bis zur Meldung der Recyclingmassen an die Behörde. Dem Ministerium[685] kommen umfangreiche Aufsichts- und Kontrollrechte über die zentrale Stelle zu.

5.3.4.1.3. Vorkaufsrecht der Getränkeindustrie

Ein wesentlicher Vorteil des Pfandsystems ist der reine Materialstrom, der generiert wird. Sowohl die PET-Getränkeflaschen als auch Aludosen sind hervorragend für hochwertiges Recycling geeignet und ein begehrter Wertstoff. Gerade vor dem Hintergrund der Verpflichtung der Getränkeindustrie, in PET-Getränkeflaschen 25 bzw 30 % Rezyklat einzusetzen, war es notwendig, dieser den Zugriff auf das Rezyklat zu sichern. Zusätzlich kann durch das Vorkaufsrecht der Getränkeindustrie sichergestellt werden, dass Rezyklat aus PET-Getränkeflaschen in einem geschlossenen Kreislauf (closed loop) geführt und gehalten wird. Andere Einsatzbereiche des PET-Rezyklats, wie etwa Textilien, entziehen auf Grund der noch fehlenden Recyclinginfrastruktur und -technologie (va von Mischfasern) dem Kreislauf nach einmaliger Verwendung den Wertstoff und sind daher als weniger erstrebenswert zu beurteilen.

Aus diesem Grund sieht die österreichische Pfandverordnung für Einweggetränkeverpackungen ein Vorkaufsrecht der Erstinverkehrsetzer (Getränkeindustrie) von 90 % der gesammelten, sortierten Pfandgebinde vor. Selbstverständlich ist auch ein Verzicht auf die Inanspruchnahme des Vorkaufsrechts möglich.[686]

> **Vorkaufsrecht**
>
> Die zentrale Stelle hat jedem Erstinverkehrsetzer anteilsmäßig die sortierten Einweggetränkeverpackungen je Material und Farbe zum Kauf zu marktüblichen Preisen anzubieten. Die jeweiligen Preise sind zu veröffentlichen. Der Anteil bestimmt sich aus den vom jeweiligen Erstinverkehrsetzer in Verkehr gesetzten, gesammelten Einweggetränkeverpackungen. Das Vorkaufsrecht ist auf 90 % der sortierten Einweggetränkeverpackungen beschränkt.[687]

Durch die Beschränkung des Vorkaufsrechts auf 90 % der Sammelware wird sichergestellt, dass auch neue Marktteilnehmer von Anfang an Zugriff auf Rezyklat haben, um ihre Mindestrezyklatquote erfüllen zu können.

5.3.4.2. Umsetzung in der Praxis

5.3.4.2.1. Sammelware

In den Sortieranlagen werden die retournierten leeren Gebinde nach Materialarten bzw Farben sortiert (Aluminium, PET transparent, PET grün, PET blau und PET bunt) und zu Ballen gepresst. Die Ballen werden mit Ballendrähten aus Stahldraht zusammengefasst, um eine effiziente und fachgerechte Logistik (Lagerung, Be- und Entladung etc) zu ermöglichen. Der Mengenanspruch aus dem Vorkaufsrecht ergibt sich aus den Produktstammdaten der Erstinverkehrsetzer gemäß Registrierung im EWP-Portal (Gewicht & Materialart) und der Anzahl der zurückgenommenen Sammelware. Die EWP

685 Bundesministerium für Land- und Forstwirtschaft, Klima- und Umweltschutz, Regionen und Wasserwirtschaft.

686 Die sortierte Sammelmasse, die nicht über das Vorkaufsrecht veräußert wird, wird über Online-Auktionen nach vorangegangener Bekanntgabe angeboten. Den Zuschlag erhält das beste Angebot.

687 § 19 Pfandverordnung für Einweggetränkeverpackungen (BGBl II 2023/283).

gibt den Erstinverkehrsetzern monatlich die Mengenansprüche pro Materialart bekannt und das Vorkaufsrecht kann anteilig oder zur Gänze pro Materialart und Farbe in Anspruch genommen werden. Das begehrteste transparente PET können somit nur Erstinverkehrsetzer erwerben, die dieses auch in Verkehr gesetzt haben. Da buntes PET einen eingeschränkteren Einsatzbereich hat, besteht nunmehr auch ein Anreiz, auf besser recyclingfähige[688] Farben zu setzen.

5.3.4.2.2. Preisermittlung

Die sortierten Einweggetränkeverpackungen werden den Erstinverkehrsetzern zu marktüblichen Preisen angeboten. Die Preise werden je Sammelware monatlich ermittelt und auf der EWP-Website veröffentlicht.

- PET: Für die PET-Preisermittlung wird ein weit verbreiteter Index in der Kunststoffbranche, der ICIS-Bericht, verwendet. Dieser Index wird als Kalkulationsbasis für recyceltes Polyethylenterephthalat (RPET) („ICIS RPET Report") herangezogen.
- Aluminium: Für die Preisermittlung der Aluminiumballen werden die Börsenwerte der London Metal Exchange (LME) („Metallbörse") herangezogen.

5.3.4.2.3. Meldepflichten

Um das Ziel des Closed-loop-Recyclings zu erreichen (Flasche zu Flasche und Dose zu Dose), haben die Erstinverkehrsetzer die gekauften sortierten Ballen einem hochwertigen Recycling zuzuführen. Die im Rahmen des Vorkaufsrechts übernommenen und dem jeweiligen Recycler übergebenen Massen je Packstoff, die Bezeichnung und Anschrift der Recyclinganlage und die jeweils recyclierten Massen je Packstoff sind der EWP zu melden, die diese Daten wiederum an das Ministerium weitergibt. Zusätzlich ist von den Erstinverkehrsetzern der Anteil des in PET-Einweggetränkeflaschen eingesetzten Rezyklats zu melden.

5.3.4.3. Ökomodulation der Produzentengebühr

Die Ökomodulation ist ein Steuerungsinstrument, um Produzenten einen Anreiz zu geben, ihre Produkte recyclingfähig zu gestalten – „design for recycling" ist hierfür das bekannte Schlagwort. In der Pfandverordnung für Einweggetränkeverpackungen ist festgelegt, dass *„eine Differenzierung der Produzentenbeiträge nach ökologischen Gesichtspunkten vorzunehmen"*[689] ist.

Produzenten haben Gebinde, die dem Pfandsystem unterliegen[690], zu registrieren. Hierfür sind Muster an die EWP zu übermitteln und diese ermittelt das Gewicht und bewertet die Recyclingfähigkeit des Gebindes. Im Produzenten-Handbuch der EWP sind die Kriterien für die Bewertung der Recyclingfähigkeit detailliert aufbereitet und es wird nach fünf Performanceklassen unterschieden.[691]

688 Farbgemische dunkler Farben können nicht mehr für helle Produkte eingesetzt werden.
689 § 10 Abs 2 Pfandverordnung für Einweggetränkeverpackungen (BGBl II 2023/283).
690 Kunststoffgetränkeflaschen und Getränkedosen mit einem Fassungsvermögen von 0,1–3 Litern.
691 Produzenten-Handbuch Version 1, Februar 2024; https://www.recycling-pfand.at/downloads/produzenten-handbuch-v1-februar2024.pdf?1708329122, abgerufen am 26.6.2025.

Für Einweggetränkegebinde, deren Recyclingfähigkeit unter 70 % beträgt, ist ein um 60 % erhöhter Produzentenbeitrag zu leisten, während Gebinde, deren Recyclingfähigkeit über 90 % liegt, keinen Zuschlag zu bezahlen haben.[692] Bei der Festlegung der Höhe der Ökomodulationsaufschläge war die Erreichung eines Lenkungseffekts ein wichtiges Entscheidungskriterium.

Durch das Instrument der Ökomodulation soll sichergestellt werden, dass grundsätzlich gut recyclingfähige Getränkegebinde nicht durch dunkle Farben, Full-Sleeves oder andere Komponenten weniger recyclingfähig werden und dadurch Material dem Kreislauf entzogen wird. Die Ökomodulation soll zukünftig neben der Recyclingfähigkeit auch das Gewicht der Getränkeverpackungen berücksichtigen.

Ziel der dargestellten Facetten des Pfandsystems ist es, den Unternehmen hochwertiges Sammelmaterial zur Verfügung zu stellen, um ihnen bestmögliches Recycling zu ermöglichen.

692 70–79,9: 30 % Aufschlag; 80–89,9: 10 % Aufschlag.

6. Kreislaufwirtschaft im Unternehmen

6.1. Zielsetzung und strategische Planung

6.1.1. Von der Vision zu Zielsetzung und Maßnahmenplänen

Fabio Damm/Johannes Klinglmayr

6.1.1.1. Einleitung

Transformationen zur Kreislaufwirtschaft nehmen ihren Ursprung oft in inspirierenden Visionen von nachhaltigem Wirtschaften, Maßnahmen zur Ressourcenschonung und der Herstellung qualitativ hochwertiger Produkte. In der Anfangsphase werden solche Visionen von Unternehmen mit großem Engagement skizziert, jedoch werden sie auch oft schnell von einer harten Realität eingeholt. Zu dieser Realität zählen interne Widerstände, technologische Barrieren, legislative Hürden sowie die notwendige Koordination des gesamten Wertschöpfungs-Ökosystems. Um von einer Vision zu konkreten Zielsetzungen und praktikablen Maßnahmenplänen zu gelangen, sind zudem oft fundamentale Änderungen am Geschäftsmodell erforderlich, inklusive weitreichenden Anpassungen entlang der bisherigen Wertschöpfungskette. Da eine Transformation hin zu mehr Kreislaufwirtschaft in einem Unternehmen allerdings nicht von einem Tag zum anderen erfolgt, ist ein strategisches Vorgehen gefragt, das die jeweiligen Rahmenbedingungen unterschiedlicher Organisationsformen, -größen, und -strukturen berücksichtigt. Allgemeingültige „Rezepte" sind daher nur bedingt anwendbar, da die Unternehmenspraxis in der Regel zu komplex ist, um allgemeingültige Lösungen zu ermöglichen.

Vor diesem Hintergrund ist das nachfolgende Kapitel zu betrachten: Wir beleuchten – im Sinne der Erschließung eines Möglichkeitsraumes – drei verschiedene strategische Pfade, um von einer Vision zu konkreten Maßnahmenplänen zu kommen: den „Top-Down-Ansatz" mit starkem Commitment und finanzieller Unterstützung der Geschäftsführung, den „Bottom-Up-Ansatz" durch Kollaboration mit Ökosystem-Partnern in kleineren Projekten sowie den „Sideways-In-Ansatz", der das Innovationsrisiko bei Transformationsprozessen hin zu mehr Kreislaufwirtschaft beispielsweise durch Forschungsförderungen abfedert. Diese unterschiedlichen Innovations- & Transformationspfade ermöglichen es Unternehmen, Ziele in der Kreislaufwirtschaft schrittweise und entsprechend ihren spezifischen Rahmenbedingungen und Visionen in konkrete Maßnahmenpläne zu überführen und umzusetzen. Bevor wir uns diesen drei Pfaden widmen, wollen wir uns eingangs noch in aller Kürze mit dem Thema der Vision an sich und deren Rolle zu mehr Kreislauffähigkeit beschäftigen.

6.1.1.2. Visionen als Ausgangspunkt zu mehr Kreislauffähigkeit

Aus Sicht des strategischen Managements stellt die Vision oder ein Leitbild in gleichem Maße das Selbstverständnis und das „erwünschte" Zukunftsbild einer Organisation dar. Visionen erfüllen in der Regel drei Grundfunktionen: Erstens stellen Sie eine Art Kompass für strategische Entscheidungen dar (man denke beispielsweise an das ursprüngliche Leitbild von Microsoft: „Einen Computer mit Microsoft auf jedem Schreibtisch der Welt"). Zweitens ermöglichen effektive Visionen – analog zur Funktionsweise eines

Magneten – die Bemühungen und Ressourcen des Unternehmens auf das gewählte Ziel auszurichten[693]. Letztlich fungieren Visionen als Einladung an Stakeholder, sich auf eine gemeinsame Reise zu begeben. Dies erfolgt durch die Schaffung verbindender Narrative, die über rein wirtschaftliche Ziele hinausgehen und den gesellschaftlichen Nutzen der jeweiligen Unternehmung betont.

Eine wirkungsvolle Vision vereint demnach zwei wesentliche Aspekte: die Entwicklung eines konkreten, greifbaren und erreichbaren Zukunftsbildes sowie eines inspirierenden Möglichkeitsraums, der Menschen begeistert und dazu anregt, über den Status quo hinauszudenken. Anders ausgedrückt: Eine Vision soll zukunftsweisend sein, während sie in der Realität verankert bleibt[694]. Im Kontext der Kreislaufwirtschaft besteht die zusätzliche Herausforderung, Transformation und Kontinuität in der Vision zu verbinden. Eine auf die Kreislaufwirtschaft ausgerichtete Vision sollte ein Bild davon zeichnen, wie das Unternehmen in einer Welt begrenzter Ressourcen operiert, wie es gedenkt, diese Ressourcen möglichst lange im Wert zu erhalten, wie es durch vorausschauende Designentscheidungen Wertstoffe im System erhält und wie es wirtschaftlichen Erfolg unabhängig vom Verbrauch natürlicher Ressourcen erzielt. Es sei jedoch angemerkt, dass eine Vision an sich noch keine Auskunft über die strategischen Optionen gibt, die den Weg dorthin ebnen!

Visionen im Kontext von Kreislaufwirtschaft

Dass Visionen nicht ausschließlich auf Unternehmensebene ausgearbeitet werden müssen, um für Unternehmen relevant zu sein, haben wir bei einem gemeinsamen Projekt mit internationalen Künstler:innen im Rahmen des renommierten Ars-Electronica-Festivals erörtert. Über mehrere Workshops hinweg wurde die Zukunftsvision der „Spiral Economy" erarbeitet: einer möglichen Zukunft, in der sich wirtschaftliches Handeln nicht „im Kreis" bewegt, sondern durch Innovation und Wertsteigerung neue Qualitätsebenen und Ressourceneffizienz erreicht (siehe Abb 43). In den Projekten mit unseren Geschäftskund:innen dient diese Vision seitdem als Ausgangsbasis für ein gemeinsames Verständnis und Zielbild beim Thema Kreislaufwirtschaft!

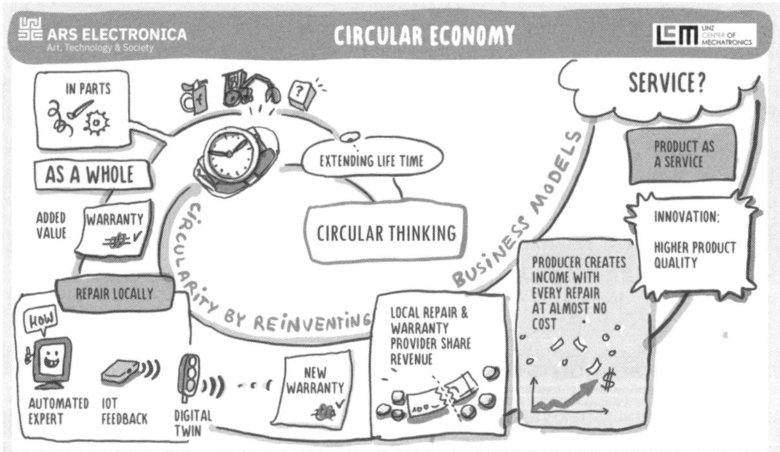

Abb 43: Beispiel einer visualisierten Kreislaufwirtschaftsvision [Erstellerin: Nina Dietrich]

693 Collis/Rukstad, Can You Say What Your Strategy Is?, Harvard Business Review 2008.
694 Reisinger/Gattringer/Strehl, Strategisches Management: Grundlagen für Studium und Praxis.

6.1.1.3. Strategiepfade als Brücke zur Implementierung

Am Weg von der Kreislauf-Vision zur Umsetzung sind Unternehmen mit einer Vielzahl von Entscheidungen konfrontiert. Aus der Forschung geht hervor, dass erfolgreiche Transformationen zur Kreislaufwirtschaft in unterschiedlichen Formen auftreten können. Diese reichen von der grundlegenden Neuausrichtung des eigenen Geschäftsmodells über die sukzessive Einführung kreislauffähiger Produkte bis hin zur Akquisition und Integration von Startups[695]. Für die erfolgreiche Implementierung dieser unterschiedlichen Formen der Geschäftsmodellinnovation sind jeweils passende Implementierungsansätze erforderlich. Die nachfolgenden „strategischen Pfade" stellen ein Orientierungsraster dar, um Visionen der Kreislaufwirtschaft systematisch und entsprechend spezifischer Rahmenbedingungen in die Realität umzusetzen.

	Top-Down-Ansatz	Bottom-Up-Ansatz	Sideways-In-Ansatz
Vision & Treiber	Management treibt umfassende Transformation des Geschäftsmodells	Mitarbeiter & Teams entwickeln konkrete Lösungen mit Ökosystempartner:innen	Systematische Innovation durch strategische Partnerschaften
Ressourcen & Umsetzung	Hohe finanzielle Investitionen und Management-Kapazitäten erforderlich	Begrenzte Ressourcen für einzelne Pilotprojekte und Experimente	Geteilte Ressourcen durch externe Partner:innen und Fördermittel
Erfolgsfaktoren	Langfristige Unterstützung der Führungsebene und klare strategische Ausrichtung	Erfolgreiche Pilotprojekte als Basis für schrittweise Entwicklung	Geeignete Lead-Customer und Förderinstrumente zur Risikominimierung

Tab 5: Übersicht Strategiepfade

6.1.1.3.1. Top-Down-Ansatz: Von der Führungsebene angetrieben

In der Regel erweist sich die Wahl eines Top-Down-Ansatzes als adäquat für etablierte Unternehmen, die sich durch ihre Vision einer radikaleren Veränderung im Geschäftsmodell verschreiben. Ein solcher Pfad mündet in der Regel in Veränderungen im Zusammenhang mit Wertschöpfung und Nutzenversprechen. Um auf diesem Pfad erfolgreich zu sein, sind ausreichend finanzielle und soziale Ressourcen erforderlich (beispielsweise für Investitionen in neue Technologien, den Ausbau und die Entwicklung von notwendiger Infrastruktur oder die Schulung von Mitarbeiter:innen). Zudem sind entsprechendes Durchhaltevermögen und Stabilität auf Entscheidungsebene erforderlich.

In der Regel sind etablierte Unternehmen von Veränderungen dieser Art betroffen, die beispielsweise eine Transformation ihres Geschäftsmodells anstreben (siehe Beispielbox: „Von linearen zu kreislauffähigen Dienstleistungen"). Dabei gilt es zu beachten, dass

695 Geissdoerfer/Pieroni/Pigosso/Soufani, Circular business models: A review. Journal of Cleaner Production 2020, 277.

solche Vorgehensweisen mit nicht von der Hand zu weisenden Herausforderungen verknüpft sind: interne Widerstände, konkurrierende Prioritäten sowie mögliche Ressourcenkämpfe auf der einen Seite, die Koordination der Veränderungen über Partner:innen in der Lieferkette und anderen Stakeholder-Gruppen hinweg auf der anderen Seite verlangen nach gutem Führungsverhalten und Management-Entscheidungen[696].

Unternehmen können eine Dynamik in Richtung der Umsetzung von Kreislaufvisionen erzeugen, indem sie beispielsweise gezielte strategische Investitionen in unterschiedliche „Leuchtturmprojekte“ tätigen. Ein Hersteller von Kühlgeräten könnte beispielsweise in einer Abteilung ein „Product-as-a-Service“ entwickeln, während in einer weiteren Abteilung Rücknahmesysteme erprobt und in einer dritten Abteilung Wiederaufbereitungsprozesse erforscht werden. Eine solche zeitgleiche Umsetzung unterschiedlicher Kreislaufwirtschafts-Initiativen schafft eine „Sandbox“, in der Unternehmen systematisch Erfahrungen sammeln und Kompetenzen entwickeln. Die Stärken eines Top-Down-Ansatzes kommen insbesondere dann zur Geltung, wenn Unternehmen ihr Business Model grundlegend überdenken wollen oder müssen – sei es aus strategischer Überzeugung oder in Reaktion auf veränderte Markt- und Umweltbedingungen.

Fiktives Beispiel „Top-Down-Ansatz“: „Von linearen zu kreislauffähigen Dienstleistungen“

Die mittelständische ServiceTechGmbH, ein Facility-Management-Unternehmen mit ca 180 Mitarbeitenden, befand sich im Jahr 2020 an einem Scheideweg: Die neu bestellte Geschäftsführerin wollte das bestehende Geschäftsmodell einer kritischen Prüfung unterziehen und das Unternehmen von einem klassischen Wartungsdienstleister zu einem ganzheitlichen Partner für nachhaltige Gebäudebewirtschaftung umwandeln. Die ServiceTechGmbH generierte im Wesentlichen Erlöse durch ungeplante Reparaturen und den Austausch von Anlagen. Die neue Vision („Vom Teil des Problems zum Teil der Lösung“) zielte darauf ab, die Lebensdauer der Gebäudetechnik zu maximieren und die Kunden bei diesem Prozess zu unterstützen. Die Transformation sah die Investition in drei Schlüsselbereiche vor: den Aufbau von Kompetenzen im Bereich „Predictive Maintenance“, beispielsweise durch den Einsatz von Sensoren und Analysetools; die Einrichtung eines internen Kompetenzzentrums für die Aufarbeitung und Modernisierung älterer Anlagen; sowie die Etablierung eines Programms zur Wiederverwendung von Komponenten, die nicht mehr aufgearbeitet werden konnten. Bei der ServiceTechGmbH wurden dementsprechende Investitionen in die Umschulung ihrer Techniker getätigt sowie Fachexperten und Beratungsunternehmen für Kreislaufwirtschaft herangezogen die bei der Entwicklung neuer Serviceangebote unterstützend tätig waren.

6.1.1.3.2. Bottom-Up-Ansatz: Kollaboration mit Ökosystem-Partner:innen

Die Transformation zur Kreislaufwirtschaft muss nicht zwangsläufig „von oben herab“ passieren. Ein solcher Wandel kann auch durch spezifische Pilotprojekte, unternehmensübergreifend und von der Unternehmensbasis „von unten herauf“ entstehen. Anstelle von umfassenden Transformationsprogrammen fokussiert sich ein Unternehmen hierbei auf konkrete Umsetzungsprojekte mit überschaubarem Umfang. Diese fungieren als Keimzellen für weiterreichende Veränderungen. Ein wesentliches Merkmal dieses Ansatzes ist das Lernen durch praktische Projekterfahrung. Anstelle von Frame-

696 Geissdoerfer/Santa-Maria/Kirchherr/Pelzeter, Drivers and barriers for circular business model innovation, Business Strategy and the Environment 2023, 32(6), 3814–3832.

works, Strategien und Konzepten stehen konkrete Use Cases im Mittelpunkt, die unter anderem mit Partner:innen aus dem Wertschöpfungsökosystem entwickelt und umgesetzt werden. Die Anwendung solcher Use Cases kann vielfältige Formen annehmen, wie beispielsweise die gemeinsame Entwicklung kreislauffähiger Komponenten mit Zulieferern, Pilotprojekte zur Produktrücknahme mit ausgewählten Kunden oder die Erschaffung gemeinsamer Plattformen zum Austausch von Dienstleistungen.

Die Effektivität eines solchen „Bottom-Up-Ansatzes" ist maßgeblich abhängig von der Qualität der Zusammenarbeit zwischen Projektpartner:innen. Ein entscheidender Faktor ist hierbei eine offene Kommunikationskultur, klar definierte gemeinsame Ziele und eine faire Aufteilung der Aufgaben. Je besser ein Unternehmen in der Lage ist, die unterschiedlichen Interessen und Fähigkeiten der Ökosystempartner zusammenzubringen, desto größer die Chancen auf ein erfolgreiches Umsetzungsprojekt. Gerade im Kontext der Kreislaufwirtschaft sind ein Umdenken und die Bereitschaft etablierte Prozesse zu hinterfragen zwingend notwendig. Ein partnerschaftlicher Dialog kann dabei helfen, kreative Ansätze zu entwickeln, beispielsweise wenn es darum geht, Produkte upgradebar oder recyclingfähig zu machen. In diesem Zusammenhang hat sich die Einbindung eines unabhängigen „Mediators" mit Erfahrung in der Gestaltung solcher Prozesse bewährt. Dieser sollte in der Lage sein, die Perspektiven der Partner:innen zu erheben und zusammenzuführen und eventuelle Kommunikationshürden abzubauen.

Der Bottom-Up-Ansatz zeichnet sich durch seine Praxisnähe und das Potenzial zur schrittweisen Skalierung aus. Erfolgreiche Pilotprojekte liefern nicht nur wertvolle Einblicke in das vorhandene Transformationspotenzial eines Unternehmens, sondern erzeugen auch die notwendige Überzeugungskraft für weitere, größere Veränderungen. Wenn ein Use Case demonstriert, dass Kreislaufwirtschaft funktioniert und auch für das Unternehmen einen Mehrwert schafft, öffnet dies Türen für weiterreichende Initiativen. Die Wahl eines „Bottom-Up-Ansatzes" ermöglicht somit einen pragmatischen, iterativen Weg zur Kreislaufwirtschaft, der durch konkrete Erfolgsbeispiele Veränderungen von innen heraus vorantreibt. Er kann strategische Initiativen auf der Top-Down-Ebene ergänzen und findet insbesondere in den frühen Phasen des Transformationsprozesses Anwendung.

Fiktives Beispiel „Bottom-Up-Ansatz": „‚Test-Before-Invest' Ökosystem-Kollaborationen"

Um erste Erfahrungen beim Thema Kreislaufwirtschaft zu sammeln, setzte die Innovationsabteilung der AutomateCO auf einen Bottom-Up-Prozess mit externer Prozessbegleitung. In Interviews und Workshops mit Produktverantwortlichen entstand eine „Landkarte" potenzieller Use Cases. Zunächst war der Fokus auf das Lebenszyklusende der Produkte gerichtet, doch durch die systematische Analyse entwickelte sich ein ambitionierterer Ansatz: Kreislauffähigkeit sollte bereits in der Designphase berücksichtigt werden. Nach sorgfältiger Evaluation fiel die Wahl auf die Wiederaufbereitung sicherheitskritischer Komponenten, die bisher nach Erstnutzung ausgemustert wurden. Mit einem langjährigen Zulieferer entwickelte AutomateCo ein ergänzendes Geschäftsmodell für ein „zweites Leben" dieser Bauteile. Trotz anfänglicher Skepsis konnte der Zulieferer durch die Aussicht auf eine geteilte Wertschöpfung für das Projekt gewonnen werden. Das Pilotprojekt zur Rücknahme und Wiederaufbereitung der Komponenten zeigte erste vielversprechende Ergebnisse: Die Materialkosten konnten reduziert werden und das Feedback erster Kunden war positiv. Basierend auf diesen Erfahrungen beschloss die Geschäftsführung, weitere Use Cases zu verfolgen und eine kleine Arbeitsgruppe für „Circular Design" einzurichten, um das Thema kontinuierlich voranzutreiben.

6.1.1.3.3. Sideways-In-Ansatz: Lead-Customer & Forschungsförderungen zur Reduktion von Innovationsrisiken

Ein „Sideways-In-Ansatz“ stellt die Synthese der Top-Down- und Bottom-Up-Herangehensweise dar. Das Innovationsrisiko wird dabei durch strategische Partnerschaften und gezielte Förderungen reduziert. Im Gegensatz zu den vorherigen beiden Ansätzen liegt der Fokus hier auf der systematischen Erarbeitung von Lösungen beim Thema Kreislaufwirtschaft in einem geschützteren Umfeld, bevor diese weiter ausgerollt werden. Wesentliche Faktoren in diesem Zusammenhang sind sogenannte „Lead Customer“ – Kooperationspartner:innen, mit denen erste Umsetzungsschritte erprobt werden können. Diese Partner:innen können aus dem bestehenden Wertschöpfungs-Ökosystem stammen, durch Bedarfe bei öffentlichen Fördergebern abgedeckt oder sogar im eigenen Unternehmen angesiedelt sein. Der Vorteil dieses Pfades liegt in der Möglichkeit, zu lernen und Erfahrungen zu sammeln bei gleichzeitiger Aufteilung der Investitionsrisiken.

Dieser Ansatz ist daher besonders geeignet für Situationen, in denen regulatorische Änderungen oder technologische Unsicherheiten eine schrittweise, systematische Transformation erfordern. Unternehmen wird so die Möglichkeit eröffnet, notwendige Kompetenzen aufzubauen – vom technischen Know-how über neue Serviceprozesse bis hin zu veränderten Kundenbeziehungen. Für eine nachhaltige Einführung ist das Einbinden des Kunden in den Umsetzungsprozess essentiell. Kann kein aktueller Kunde gefunden werden, können öffentliche Auftraggeber diese Funktion übernehmen. In den USA existieren bereits etablierte Instrumente, wie sie beispielsweise die Defence Advanced Research Project Agency (DARPA) entwickelt hat. Für Europa besteht dahingehend noch weiterer Handlungsbedarf. Darüber hinaus ist der Erfolg einer solchen strategischen Herangehensweise stark vom gewählten Anwendungskontext abhängig: Je klarer umrissen der Nutzungsraum und je geringer die externen Abhängigkeiten, desto einfacher gestaltet sich die Umsetzung. Der Sideways-In-Ansatz stellt somit einen wichtigen strategischen Pfad dar, um den Übergang zur Kreislaufwirtschaft systematisch, pragmatisch, partnerschaftlich und daher mit reduziertem Risiko zu begehen.

Fiktives Beispiel „Sideways-In-Ansatz“: „Förderungen mit Lead-Customer zur Risikominimierung“

Die Industrietechnik-GmbH, ein mittelständischer Hersteller von Industriekompressoren, stand vor der Herausforderung strengerer EU-Regularien, die künftig den Einsatz bestimmter Chemikalien verbieten würden. Dies erforderte signifikante Produkt- und Produktionsveränderungen, die nur mit detailliertem Wissen über tatsächliche Anwendungsanforderungen realisierbar waren. Da diese Entwicklungskosten nicht über das bestehende Geschäftsmodell eingepreist werden konnten, suchte die Industrietechnik-GmbH einen „Lead-Customer“. Mit der PharmaAG entwickelte das Unternehmen ein „Cooling-as-a-Service“-Modell: Die PharmaAG bezog für eine festgelegte Zeitspanne zu einem monatlichen Festpreis eine Kühlleistung, wobei die Industrietechnik-GmbH die volle Verantwortung für die technische Umsetzung behielt. Diese Konstellation schuf einen „geschützten Innovationsraum“: Gestützt durch Forschungsförderungen entwickelte die Industrietechnik-GmbH gemeinsam mit einem Forschungs- & Entwicklungsinstitut neue Sensoriksysteme zur Echtzeitüberwachung der Anlagen. Die gewonnenen Daten flossen direkt in die Entwicklung einer umweltfreundlicheren Kompressorengeneration ein, während parallel die organisatorischen Fähigkeiten für ein servicebasiertes Geschäftsmodell aufgebaut wurden. Nach zwei Jahren hatte man nicht nur die technischen Grundlagen für eine Transformation zur Kreislaufwirtschaft geschaffen, sondern auch ein skalierbares „As-a-Service“-Angebot entwickelt.

6.1.1.4. Ableitung von Maßnahmenplänen & Schritte zur Implementierung

Wie bereits zu Beginn dargelegt, steht die Unternehmensrealität aufgrund ihrer Vielfältigkeit und Komplexität oftmals vor der Tatsache, dass strategische Einheitslösungen kaum anwendbar sind, insbesondere betrifft dies auch den Bereich Kreislaufwirtschaft. Ähnliches gilt auch für die Maßnahmenplanung im Zuge der verschiedenen Herangehensweisen: Zunächst sollte das Möglichkeitsspektrum geöffnet und anschließend die für die vorliegenden organisatorischen Rahmenbedingungen passenden Lösungen entworfen werden.

Zu Beginn eines Top-Down-Ansatzes steht meist eine umfassende Bestandsaufnahme: Wo befinden wir uns in Sachen Kreislaufwirtschaft? Welche unserer Services, Produkte, Prozesse und Geschäftsmodelle sind bereits zirkulär? Wo sehen wir das größte Potenzial? Mit Tools des strategischen Managements, wie der Sustainability Balanced Scorecard[697] oder dem EFQM-Modell.[698] werden daraufhin Ziele und Maßnahmen systematisch aus der Kreislauf-Vision abgeleitet und in die Organisation heruntergebrochen. Wichtig bei einer solchen Herangehensweise ist die Berücksichtigung der Befähigung der von diesem Wandel Betreffenden, wie dies ausführlicher in Kap 6.2.2. „Transformation & Veränderungsmanagement" erläutert wird.

Bottom-up-Initiativen hingegen leben von agilen, kollaborativen Methoden. Teams mit unterschiedlichen funktionalen Hintergründen arbeiten konkret an Use-Cases miteinander. Hier ist es essenziell, den Rahmen zu schaffen, in dem sich ein solches Engagement entfalten lässt – entweder über die Bereitstellung von Zeit, Ressourcen, externen Netzwerken sowie dem nötigen Freiraum, experimentieren – und auch scheitern – zu dürfen. Klar definierte Use-Cases mit messbarem Mehrwert, aktive Einbindung relevanter Stakeholder von Beginn an, systematische Dokumentation und kontinuierliches Lernen sowie schrittweise Skalierung erfolgreicher Pilotaktivitäten sind hier die Schlüssel auf dem Weg zu mehr Kreislaufwirtschaft.

Die Implementierung eines Sideways-In-Ansatzes stellt einen partnerschaftlichen und strukturierten Prozess dar, der mit der Identifikation eines Produkts oder Services, das kreislauffähig(er) gemacht werden soll, beginnt. Es folgt die Sondierung eines geeigneten Lead Customers, mit dem – idealerweise unter Zuhilfenahme von Förderinstrumenten – konkrete Lösungen entwickelt und erprobt werden. Eine Zusammenarbeit sollte dabei strukturiert und zielgerichtet erfolgen. Klar definierte Projektziele, messbare Meilensteine und Verantwortlichkeiten sind essenziell, um solche komplexen Kollaborationen zum Umsetzungserfolg zu bringen. Die Implementierung beim Sideways-In-Ansatz kann man daher als strukturierten, partnerschaftlichen und – vor allem – risikoreduzierenden Weg bezeichnen, der durch Co-Creation und iterative Pilotprojekte mit Lead-Kunden einen Einstieg oder die Forcierung von Kreislaufvorhaben effizient bewerkstelligen kann.

Ausgeklammert haben wir in diesem Kapitel bis hierher die zahlreichen Hürden und Herausforderungen, die bei der Umsetzung auftreten können und werden. Eine aktuelle Studie der Universität St. Gallen zeigt auf, dass Unternehmen bei der Implementierung

697 Hansen/Schaltegger, The Sustainability Balanced Scorecard: A Systematic Review of Architectures, Journal of Business Ethics 2016, 133(2), 193–221.
698 EFQM, The EFQM-Modell. https://efqm.org/, abgerufen am 4.3.2025.

von Kreislaufwirtschaft mit verschiedenen internen Barrieren, wie zB Risikoaversion und Ressourcenmangel sowie externen Hürden wie technologischer Unreife oder legislativen Herausforderungen konfrontiert sind[699]. Die Wahl des passenden strategischen Pfades – ob Top-Down, Bottom-Up oder Sideways-In – sollte in diesem Zusammenhang die zu erwartenden Barrieren berücksichtigen, um die eigene Vision in Richtung zu mehr Kreislaufwirtschaft realisieren zu können.

6.1.2. Schlüsselkennzahlen und Messmethoden

Fabian Holly/Sarah Carniello

6.1.2.1. Einleitung

Der Übergang zur Kreislaufwirtschaft (Circular Economy, CE) stellt einen grundlegenden Paradigmenwechsel im Ressourcenmanagement dar, ausgelöst durch ökologische Herausforderungen wie Klimawandel, Ressourcenverknappung und Biodiversitätsverlust. Die Wirksamkeit von Kreislaufwirtschaftsinitiativen zu messen ist entscheidend für politische Entscheidungsträger, Unternehmen und die Forschung, um den Wandel gezielt zu steuern. Auf Unternehmensebene ist die Bewertung der Kreislaufwirtschaftsleistung komplex, da sie wirtschaftliche, ökologische und soziale Dimensionen umfasst. Standardisierte Leistungsindikatoren (KPIs) sind notwendig, um Fortschritte messbar zu machen und Best Practices zu identifizieren. Die Analyse fokussiert auf Unternehmens- und Produktebene, makroökonomische Aspekte bleiben unberücksichtigt.

Zur Bewertung zirkulärer Wertschöpfungsketten kommen methodische Ansätze wie Materialflussanalysen, Ökobilanzen, Reifegradmodelle und Geschäftsmodellbewertungen zum Einsatz. Diese erlauben die Definition spezifischer Kennzahlen, etwa zur Effizienz im Ressourceneinsatz, Abfallvermeidung und Rückführungsquoten. Solche Metriken sind nicht nur für unternehmerische Entscheidungen relevant, sondern auch für Investoren, Regulierungsbehörden und das Lieferkettenmanagement.[700]

Dieses Kapitel beleuchtet zentrale Bewertungsmethoden und erläutert Schlüsselindikatoren, die Unternehmen zur systematischen Analyse und Optimierung ihrer Fortschritte in der Kreislaufwirtschaft nutzen können.

6.1.2.2. Schlüsselindikatoren

Mit der zunehmenden Verbreitung von Kreislaufwirtschaftsthemen in unser Wirtschaftssystem gewinnen Metriken und Methoden an Bedeutung, die solche Themen bewerten. Indikatoren sind ein entscheidender Teil jeder Strategie; sie können Szenarien vergleichen und somit die Entscheidungsfindung erleichtern, den Fortschritt der Umsetzung messen oder die Erreichung der Ziele prüfen. In diesem Kapitel werden die grundsätzlichen Merkmale der Indikatoren beschrieben und einige Indikatoren aus der Literatur vorgestellt. Die Rolle von Normen und Standards in der Definition und Auswahl der Indikatoren schließt das Kapitel ab.

699 Takacs/Brunner/Frankenberger, Barriers to a circular economy in small- and medium-sized enterprises and their integration in a sustainable strategic management framework, Journal of Cleaner Production 2022, 362.

700 Eisenreich et al, Toward a circular value chain: Impact of the circular economy on a company's value chain processes, Journal of Cleaner Production (2022).

6.1.2.2.1. Anforderungen an und Eigenschaften von Indikatoren

Ein geeigneter Indikator muss über eine präzise Definition hinaus bestimmte Anforderungen erfüllen.[701]

Folgende Merkmale sind erforderlich:

1. Steht im Einklang mit den Prinzipien der Kreislaufwirtschaft und nimmt eine systemische Perspektive über die gesamte Wertschöpfungskette ein
2. Basiert auf Lebenszyklusdenken sowie klaren räumlichen und zeitlichen Grenzen
3. Erfasst sowohl Ressourcennutzung (zB Materialflüsse) als auch Auswirkungen der Umstellung auf ein zirkuläres System – durch spezifische Kreislauffähigkeitskennzahlen oder ergänzende Instrumente wie LCA

Darüber hinaus ist ein geeigneter Indikator verständlich, datenbasiert, transparent sowie mit anderen Systemen vergleichbar. Diese Anforderungen sind bei der Auswahl und Entwicklung von Indikatoren zur Messung der Kreislaufwirtschaft zwingend zu berücksichtigen.

Tab 6 enthält Kriterien, die zur systematischen Auswahl herangezogen werden können. Diese Klassifizierung dient als Orientierung und Checkliste. Eine beispielhafte Auswahl von Produktindikatoren findet sich in Tab 7.

Kriterien	Möglichkeiten	Aspekte für die Auswahl
Ebene der Betrachtung	Mikro (Organisation/Produkt) – Meso (Gewerbepark – Lieferkette) – Makro	In diesem Kapitel wird nur die Mikroebene betrachtet
Erfasste Ressourcenkreise und CE Strategien	Alle R-Strategien und Ressourcenströme	Aus relevanten Strategien und Zielen abgeleitet
Umfang der Betrachtung	Direkt (Ressourcenflüsse) oder indirekt (Auswirkung auf Umwelt, Wirtschaft, Gesellschaft)	Materialflussanalyse als Mindestanforderung einer Bewertung; weiterführende Analyse der Auswirkungen soll die Messung direkter Aspekte ergänzen und in die Bewertung der Ergebnisse einfließen (ISO)
Zeitliche Perspektive	Vergangenheit (ex post, ex durante), Zukunft (ex ante)	Ex ante: verschiedene Szenarien werden untersucht Ex durante: der Fortschritt wird gemessen Ex post: die Erreichung der Ziele wird geprüft

701 Linder et al, A Metric for Quantifying Product-Level Circularity, Journal of Industrial Ecology (2017) 545.

Kriterien	Möglichkeiten	Aspekte für die Auswahl
Anwendung der Ergebnisse	Interne oder externe Zwecke, offiziell (Normen, Jahresberichte) oder inoffiziell (PR, Vorträge usw)	Geplante Verwendung der Indikatoren, die wiederum von der Verfügbarkeit und Qualität der Daten, dem Aufwand für die Berechnung und der Vertraulichkeit beeinflusst wird
Gültigkeit	Allgemein/Spezifisch	Sektorunabhängige Indikatoren sind allgemein bekannt und leichter zu kommunizieren. Sie sind für jedes Unternehmen und Produkt anwendbar Sektorspezifische Indikatoren sind geeignet, um spezifische Aspekte der Branche hervorzuheben; diese sind von den aktuellen Merkmalen der Branche (Stand der Technik, Geschäftsmodelle, Supply Chain) geprägt
Dimension	Einziger Indikator – Satz von Indikatoren – Framework	Ein oder wenige Indikator(en) ist/sind für Monitoringzwecke geeignet und für schnelle Entscheidungsfindung (zB unter mehreren technischen Optionen) Mehrere Indikatoren oder Frameworks sind für tiefgehende Analyse und Diskussion unter Experten geeignet, da sie mehrere Aspekte beleuchten
Art	Qualitativ – Quantitativ	Quantitative Indikatoren erleichtern die Vergleichbarkeit zwischen Optionen und werden als zuverlässiger und objektiv empfunden Qualitative Indikatoren fordern wenige Messdaten und sind für bestimmte Aspekte unerlässlich (zB Wahrnehmung einer Maßnahme unter Konsumenten)

Tab 6: Wichtigste Merkmale von Indikatoren[702]

702 Saidani et al, A taxonomy of circular economy indicators, Journal of Cleaner Production (2019) 542.

6.1.2.2.2. Indikatoren und Standards

Zur fundierten Bewertung zirkulärer Strategien bedarf es differenzierter Indikatoren, die über rein quantitative Ressourcendaten hinausgehen und verschiedene Dimensionen der Kreislaufwirtschaft abbilden. Neben stofflichen Flüssen – wie Material-, Wasser- oder Energieeinsatz – gewinnen qualitative Aspekte wie die Reparierbarkeit, Wiederverwendbarkeit oder das Ökodesign zunehmend an Bedeutung. Auch die Integration finanzwirtschaftlicher Kennzahlen, etwa zur Bewertung von Lieferkettenabhängigkeiten oder wirtschaftlichen Potenzialen zirkulärer Geschäftsmodelle, rückt stärker in den Fokus.[703]

Ein strukturierter Rahmen zur Auswahl und Anwendung solcher Indikatoren wird durch die ISO 59020 bereitgestellt, die insbesondere für produzierende Unternehmen eine praxisorientierte Orientierung bietet. Als Teil des neuen Normenwerks zur Kreislaufwirtschaft bietet sie eine systematische Taxonomie zur Messung der Kreislauffähigkeit von Systemen unterschiedlicher Größenordnung. Die Norm unterscheidet dabei zwischen verpflichtenden Indikatoren – insbesondere zur Erfassung von Ressourcenzuflüssen und -verlusten – und ergänzenden Indikatoren, die strategische Maßnahmen der Kreislaufwirtschaft auf betrieblicher und produktspezifischer Ebene bewerten.

Drei zentrale Merkmale der ISO 59020 sind hervorzuheben:

- Systemübergreifende Anwendbarkeit: Die definierten Indikatoren lassen sich auf Organisationen, Produkte und gesamte Wertschöpfungssysteme anwenden – unabhängig von Branche oder Unternehmensgröße.
- Erweiterter Ressourcenbegriff: Neben Materialien werden auch Energie- und Wasserflüsse erfasst, was eine ganzheitliche Betrachtung der Ressourcennutzung ermöglicht.
- Wirkungsorientierung: Die Norm empfiehlt ausdrücklich die Bewertung der Auswirkungen zirkulärer Maßnahmen auf ökologische, ökonomische und soziale Zielgrößen.[704]

Aktuelle Entwicklungen auf regulatorischer und wirtschaftlicher Ebene zielen zunehmend auf eine Standardisierung von Bewertungsmethoden ab, um Transparenz, Vergleichbarkeit und Vertrauen in die Bewertung zirkulärer Maßnahmen zu stärken.

Indikator	Grundidee	Umfang	Benötigte Daten	Verwendungszwecke (exemplarisch)
Circular Economy Performance Indicator (CEPI)[705] Recyclability Benefit Rate (RBR)[706]	Verschiedene Optionen für die Abfallbehandlung werden unter Berücksichtigung der ökologischen Vorteile verglichen	Umweltauswirkungen	Life Cycle Assessment	Steuerung von Abfallströmen

703 ISO 59020:2024, Circular economy — Measuring and assessing circularity performance, International Organization for Standardization, (2024) 8.

704 ISO 59020:2024, Circular economy — Measuring and assessing circularity performance, International Organization for Standardization, (2024) 7.

705 Huysman et al, Performance indicators for a circular economy: A case study on post-industrial plastic waste, Resources, Conservation and Recycling (2017) 46.

706 Ardente/Mathieux, Identification and assessment of product's measures to improve resource efficiency: the case-study of an Energy using Product, Journal of Cleaner Production (2014) 126.

Indikator	Grundidee	Umfang	Benötigte Daten	Verwendungszwecke (exemplarisch)
Circular Economy Toolkit (CET)[707]	Fragebogen über alle Lebensphasen eines Produkts	Intrinsisch (Materialflüsse)	Qualitative Informationen über den Produktlebenszyklus	Entscheidungsfindung im Unternehmen
Product-Level Circularity Metric (PCM)[708]	Die Zirkularität der einzelnen Rohstoffe wird mit den Aufwänden und Ressourcenverbrauch im Prozess kombiniert	Auswirkung (Erhalten des ökonomischen Wertes)	Bill of Materials, Zirkularität der Rohstoffe, Herstellungsprozess, Kosten in jedem Prozessschritt	CE-Strategien und Optionen auch nach Wirtschaftlichkeit und Umweltauswirkungen zu vergleichen
Circular Economy Index (CEI)[709]	Verhältnis zwischen dem Wert des gewonnenen sekundären Rohstoffs und dem Wert, der in die Recyclinganlage gelangt	Auswirkung (Erhalten des ökonomischen Wertes)	Quantitative Informationen über den zu recycelnden Abfall und den Recyclingprozess	CE-Strategien und Optionen auch nach Wirtschaftlichkeit und Umweltauswirkungen vergleichen
Material Circularity Indicator (MCI)[710]	MCI wird aus Materialflüssen, Materialeffizienz und Nutzungsprofil (Lebensdauer und Nutzungsintensität) berechnet	Intrinsisch (Materialflüsse)	Bill of Materials (BOM), Informationen über EoL-Szenarien und sekundäre Rohstoffe	CE-Strategien und Optionen vergleichen
Material Reutilization Part in Cradle2Cradle (C2C)[711]	Bewertung eines Produkts basierend auf verschiedenen Aspekten	Intrinsisch (Materialflüsse) und Auswirkung (Erhalten des ökonomischen Wertes)	Bill of Materials	Ermittlung der wirtschaftlichen, ökologischen und sozialen Auswirkungen, Zertifizierung

707 Bocken/Evans, Circular Economy Toolkit, http://circulareconomytoolkit.org/, abgerufen am 23.6.2025.

708 Linder et al, A Metric for Quantifying Product-Level Circularity, Journal of Industrial Ecology (2017) 545.

709 Di Maio/Rem, A Robust Indicator for Promoting Circular Economy through Recycling, Journal of Environmental Protection (2015) 1095.

710 Ellen MacArthur Foundation, Circularity Indicators – An Approach to Measuring Circularity, https://content.ellenmacarthurfoundation.org/m/5df196c8314ff61f/original/Circularity-Indicators-Project-Overview.pdf, abgerufen am 23.6.2025.

711 C2C, Impact study: Technical report – Pilot study impact study of the cradle to cradle certified products program, https://c2ccertified.org/, abgerufen am 23.6.2025.

Indikator	Grundidee	Umfang	Benötigte Daten	Verwendungszwecke (exemplarisch)
Eco-efficient Value Ratio (EVR)[712]	Verhältnis zwischen den negativen Umweltauswirkungen (Ökokosten) und dem ökonomischen Wert des Produkts	Auswirkung	Bill of Materials, Umweltauswirkungen, Marktwert des Produkts	Vergleich von Produkten oder Szenarien
Resource Duration Indicator (RDI)[713]	Ressourcenschonung durch Maßnahmen für eine längere Lebensdauer des Produkts (Wartung, Wiederverwendung usw).	Intrinsisch (Materialflüsse)	Aktuelle & verbesserte Lebensdauer	Vergleich von Produkten oder Szenarien

Tab 7: Kreislaufwirtschafts-Indikatoren auf Produktebene

6.1.2.3. Methodische Ansätze zur Messung von Kreislaufwirtschaft

Die Messung der Kreislaufwirtschaftsleistung in Unternehmen erfordert eine Methodik, die quantitative und qualitative Ansätze vereint. Ziel ist es, den Reifegrad zirkulärer Strategien zu erfassen, Material- und Ressourcenkreisläufe abzubilden und Optimierungspotenziale aufzuzeigen. Die Wahl der Methodik hängt von Faktoren wie Unternehmensgröße, Branche, Datenverfügbarkeit und regulatorischen Vorgaben ab.[714]

Eine Leistungsbewertung ist essenziell, um Verbesserungsmaßnahmen gezielt zu steuern, deren Wirksamkeit zu evaluieren und die Ergebnisse transparent an Stakeholder zu kommunizieren.[715]

Indikatoren sind Teil der Kreislaufwirtschafts-Unternehmensstrategie und sollen Unternehmensziele widerspiegeln. Bei der Auswahl sind insbesondere Datenverfügbarkeit und Berechnungsaufwand zu berücksichtigen.

Abb 44 zeigt die Wechselwirkung Strategie-Indikatoren nach ISO 59020.

712 Scheepens et al, Two life cycle assessment (LCA) based methods to analyse and design complex (regional) circular economy systems. Case: making water tourism more sustainable, Journal of Cleaner Production (2016) 257.

713 Franklin-Johnson et al, Resource duration as a managerial indicator for Circular Economy performance, Journal of Cleaner Production (2016) 589.

714 Toşa et al, Digital transformation, incentives, and pro-environmental behaviour: Assessing the uptake of sustainability in companies' transition towards circular economy, Sustainable Production and Consumption (2024) 632.

715 Cagno et al, One Framework to Rule Them All: An Integrated, Multi-level and Scalable Performance Measurement Framework of Sustainability, Circular Economy and Industrial Symbiosis, Sustainable Production and Consumption (2023) 55.

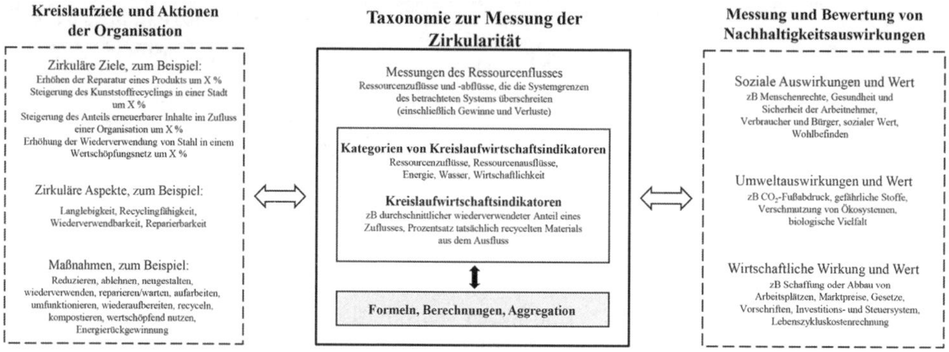

Abb 44:Wechselwirkung Strategie-Indikatoren[716]

6.1.2.3.1. Materialflussanalysen und Effizienz im Ressourceneinsatz – Bewertung

Materialflussanalysen (MFA) erfassen Ressourcenströme innerhalb von Unternehmen oder Wertschöpfungsketten und identifizieren ineffiziente Flüsse zur Optimierung der Ressourcennutzung.[717]

Häufig werden sie mit Life Cycle Assessments (LCA) kombiniert, um Umweltwirkungen über den Produktlebenszyklus hinweg zu bewerten. Ergänzend ermöglichen Input-Output-Analysen die Darstellung kreislauforientierter Strukturen und ihrer wirtschaftlichen Effekte.[718]

Zentrale Indikatoren zur Messung von Materialfluss und Effizienz von Ressourcen umfassen beispielsweise den Material Circularity Indicator (MCI), die Ressourcenproduktivität (RPI) sowie die Recyclingquote. Der MCI, entwickelt von der Ellen MacArthur Foundation[719] und ANSYS Granta, bewertet den Grad der Kreislauffähigkeit von Materialflüssen innerhalb eines Produkts und kann sowohl auf Portfolio- als auch auf Unternehmensebene skaliert werden. Er quantifiziert den Anteil zirkulierender Materialien im Verhältnis zur gesamten Materialnutzung und stellt somit ein essenzielles Maß zur Bewertung der Kreislauffähigkeit von Produkten und Prozessen dar.[720]

Die Ressourcenproduktivität (RPI) beschreibt hingegen die Effizienz, mit der natürliche Rohstoffe in wirtschaftliche Güter und Dienstleistungen umgewandelt werden. Hierbei

716 ISO 59020:2024, Circular economy – Measuring and assessing circularity performance, International Organization for Standardization, (2024) 15.

717 Klöpffer, The Hitch Hiker's Guide to LCA – An orientation in LCA methodology and application, The International Journal of Life Cycle Assessment (2006) 142.

718 Saidini et al, Benchmark of Circularity Indicators and Links with Life Cycle Assessment, E3S Web of Conferences (2022).

719 Ellen MacArthur Foundation, Circularity Indicators – An Approach to Measuring Circularity, https://content.ellenmacarthurfoundation.org/m/5df196c8314ff61f/original/Circularity-Indicators-Project-Overview.pdf, abgerufen am 23.6.2025.

720 Goddin et al, Circularity Indicators: An Approach to Measuring Circularity, Methodology, DOI: 10.13140/RG.2.2.29213.84962 (2019).

werden die Stoffflussanalyse (SFA) und die Effizienz im Ressourceneinsatz (RP) miteinander verknüpft.[721]

RPI verdeutlicht den Zusammenhang zwischen Ressourceneinsatz, wirtschaftlichem Wachstum und ökologischen Auswirkungen. Eine hohe Ressourcenproduktivität signalisiert eine nachhaltige Wertschöpfung, die durch optimierte Rohstoffnutzung und gesteigerte Effizienz gekennzeichnet ist.[722] Die Recyclingquote gibt das Verhältnis von recycelten Materialien zu den insgesamt anfallenden Abfällen oder potenziell wiederverwertbaren Materialien an. Eine hohe Recyclingquote ist ein Indikator für eine effektive Rückführung von Wertstoffen in den Produktionskreislauf und trägt maßgeblich zur Schließung von Materialkreisläufen bei.[723]

6.1.2.3.2. Reifegradmodelle zur Bewertung der Kreislaufwirtschaft

Reifegradmodelle ermöglichen eine qualitative Bewertung des Kreislauffähigkeitsfortschritts, basierend auf strukturierten Fragebögen und Bewertungsmatrizen zur Analyse kreislaufwirtschaftlicher Maßnahmen. Das Modell von Schild ordnet Unternehmen mithilfe von Likert-Skalen verschiedenen Reifegradstufen zu.[724]

Ergänzend bietet das Circular-Transition-Indicator (CTI)-Framework des World Business Council for Sustainable Development (WBCSD) einen etablierten Ansatz zur Messung des zirkulärenFortschritts von Organisationen . Die strukturierte Anwendung solcher Frameworks erleichtert zudem den Zugang zu interner und externer Finanzierung nachhaltiger Initiativen.[725]

Typischerweise bestehen Reifegradmodelle aus drei bis sechs Stufen, die eine schrittweise Entwicklung von Fähigkeiten und Steuerungsmechanismen abbilden.[726] Die hierarchische Struktur erlaubt eine schrittweise Prozessverbesserung, wobei jede Stufe durch spezifische Charakteristika und Umsetzungsmaßnahmen definiert ist.[727]

6.1.2.3.3. Methoden zur Messung von Umweltaspekten

Kreislaufwirtschafts-Strategien zielen auf die Reduktion von Umweltauswirkungen ab, können jedoch potenzielle Zielkonflikte beinhalten. Daher ist eine ergänzende Umweltbewertung stets empfohlen.

---

721 Bleischwitz/Welfens/Zhang, Sustainable Growth and Resource Productivity Economic and Global Policy Issues (2009).

722 Bleischwitz, International economics of resource productivity – Relevance, measurement, empirical trends, innovation, resource policies, International Economics and Economic Policy (2010) 227.

723 Haupt/Zschokke, How can LCA support the circular economy?, The International Journal of Life Cycle Assessment (2017) 832.

724 Schild et al, Entwicklung eines Bewertungsmodells zur Erhebung des und Reifegrades produzierender Unternehmen (2024).

725 Saidini et al, Benchmark of Circularity Indicators and Links with Life Cycle Assessment, E3S Web of Conferences (2022).

726 Ahlemann/Schröder/Teutenberg, Kompetenz- und Reifegradmodelle für das Projektmanagement: Grundlagen, Vergleich und Einsatz (2005).

727 Fraser/Moultrie/Gregory, The use of maturity models/grids as a tool in assessing product development capability, IEEE International Engineering Management Conference (2002) 244.

Die Literatur schlägt Methoden zur ganzheitlichen Bewertung aller drei Nachhaltigkeitsdimensionen vor, etwa das „Circular Life Cycle Sustainability Assessment" nach Luthin[728] und die Anwendung der Multi Criteria Decision Analysis (MCDA).[729]

Damit die Auswirkungen von Kreislaufstrategien in Bezug auf ökonomische, soziale und ökologische Aspekte erfasst werden können, müssen Indikatoren über produktspezifische Merkmale wie Haltbarkeit, Wiederverwertbarkeit und Reparierbarkeit hinaus erweitert werden. Somit stellt die Bewertung des Kreislaufes nicht nur eine Messung der Kreislauffähigkeit dar, sondern umfasst ebenso eine weitreichende Wirkungsanalyse. Hierbei muss die Analyse der gewählten Systemebene (Makro-, Meso- oder Mikroebene) mit den definierten Systemgrenzen übereinstimmen. Die Methoden der Lebenszyklusanalyse (LCA), der Lebenszykluskostenanalyse (LCC), der sozialen Lebenszyklusanalyse (s-LCA) sowie der integrierten Lebenszyklus-Nachhaltigkeitsbewertung (LSCA) bieten insbesondere auf Produktebene ein fundiertes Instrumentarium zur umfassenden Erfassung und Bewertung der Auswirkungen kreislauforientierter Strategien.[730]

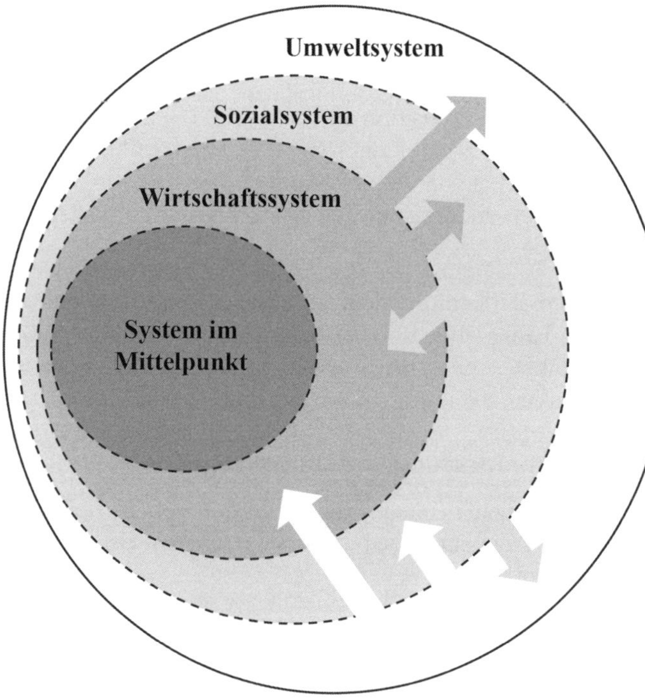

Abb 45: System im Fokus der Bewertung und seine Beziehung mit den umgebenden Systemen[731]

728 Luthin/ Traverso/ Crawford, Circular life cycle sustainability assessment: An integrated framework, Journal of Industrial Ecology (2024) 41.

729 Niero/Kalbar, Coupling material circularity indicators and life cycle based indicators: A proposal to advance the assessment of circular economy strategies at the product level, Resources, Conservation and Recycling (2019) 305.

730 ISO 59020:2024, Circular economy – Measuring and assessing circularity performance, International Organization for Standardization, (2024) 9.

731 ISO 59020:2024, Circular economy – Measuring and assessing circularity performance, International Organization for Standardization, (2024) 9.

6.1.2.3.4. Betriebswirtschaftliche Bewertungsmethoden

Neben materialflussbasierten und qualitativen Ansätzen stellt die ökonomische Analyse der mit der Implementierung kreislauforientierter Maßnahmen verbundenen Kosten und Nutzen einen zentralen Bestandteil der wirtschaftlichen Bewertung zirkulärer Geschäftsmodelle dar. Etablierte Methoden ermöglichen eine fundierte ökonomische Beurteilung, darunter die Total Cost of Ownership (TCO), der Return on Circular Investment (RoCI) sowie die Lebenszykluskostenanalyse (LCC).

Die TCO erfasst sämtliche mit einem Produkt verbundenen Kosten über dessen gesamte Lebensdauer hinweg. In der Kreislaufwirtschaft dient TCO als Instrument zur Bewertung der ökonomischen Effekte von Maßnahmen, die auf eine optimierte Ressourcennutzung abzielen, insbesondere Wartung, Reparatur und Wiederverwendung, die langfristig zur Kostensenkung und Ressourcenschonung beitragen.[732]

Der Return on Circular Investment (RoCI) ermöglicht eine Evaluierung der Wirtschaftlichkeit von Investitionen in Strategien der Kreislaufwirtschaft. Ziel dieser Investitionen ist es, die Effizienz im Ressourceneinsatz zu steigern, Abfallmengen zu reduzieren und negative Umweltauswirkungen zu minimieren, während wirtschaftliche Vorteile generiert werden.[733]

Die Lebenszykluskostenanalyse (LCC) ermöglicht eine monetäre Bewertung sämtlicher Kosten eines Produkts oder einer Dienstleistung über den gesamten Lebenszyklus. Im Gegensatz zu linearen Modellen erlaubt sie die Analyse finanzieller Implikationen zirkulärer Alternativen und unterstützt die Identifikation unterschiedlicher Kostenarten.[734]

6.1.2.3.5. Digitale Technologien zur Verbesserung der Messbarkeit

Digitale Technologien verbessern Verfügbarkeit und Genauigkeit von Daten und ermöglichen die präzise Analyse von Ressourcenflüssen als Basis datenbasierter, nachhaltiger Entscheidungen. Ein integrativer Rahmen, der digitale Transformation, zirkuläre Indikatoren und Nachhaltigkeit verknüpft, ist entscheidend zur Steigerung der Leistungsfähigkeit der Kreislaufwirtschaft.[735]

Zentrale Technologien sind Internet of Things (IoT), das eine präzise Überwachung von Ressourcenflüssen ermöglicht, künstliche Intelligenz (KI), die datenbasierte Optimierungen von zirkulären Prozessen unterstützt, Blockchain-Technologie, die Transparenz und Rückverfolgbarkeit entlang des Produktlebenszyklus gewährleistet, sowie Robotik, die durch Automatisierung zur Effizienzsteigerung und Abfallreduktion beiträgt.[736]

732 Ellram, A Framework for Total Cost of Ownership, The International Journal of Logistics Management (1993) 49.

733 Ozili, Circular Economy, Banks, and Other Financial Institutions: What's in It for Them?, Circular Economy and Sustainability (2021) 787.

734 Larsen et al, What are the challenges in assessing circular economy for the built environment? A literature review on integrating LCA, LCC and S-LCA in life cycle sustainability assessment, LCSA, Journal of Building Engineering (2022).

735 Payer/Quelhas/Bergiante, Framework to supporting monitoring the circular economy in the context of industry 5.0: A proposal considering circularity indicators, digital transformation, and sustainability, Journal of Cleaner Production (2024).

736 Varriale et al, Industry 5.0 and Triple Bottom Line Approach in Supply Chain Management: The State-of-the-Art, Sustainability (2023).

Digitalisierung steigert nicht nur die betriebliche Effizienz, sondern erweitert auch die analytischen und systemischen Möglichkeiten zur Bewertung kreislauforientierter Wirtschaftsansätze.

6.1.2.3.6. Herausforderungen und Grenzen der Messbarkeit

Die Bewertung des Kreislaufwirtschafts-Fortschritts ist zentral zur Analyse der Wirksamkeit von Strategien sowie der Identifikation von Verbesserungspotenzialen. Trotz zahlreicher Methoden bleibt diese Bewertung methodisch anspruchsvoll, da standardisierte Indikatorensysteme und ein kohärenter Bewertungsrahmen fehlen.[737]

Die Heterogenität in der Anwendung von Indikatoren zur Ressourcennutzung und zirkulären Prozessen führt zu methodischen Inkonsistenzen und erschwert die Vergleichbarkeit sektorübergreifender Ergebnisse.[738]

Auf betrieblicher Ebene stehen insbesondere kleine und mittelständische Unternehmen vor administrativen und finanziellen Herausforderungen,[739] während größere Unternehmen durch regulatorische Rahmenbedingungen in der Skalierung zirkulärer Geschäftsmodelle eingeschränkt werden.[740]

Zusätzlich erschweren divergierende Stakeholder-Interessen die Entwicklung einheitlicher Bewertungsansätze.[741]

6.1.2.4. Zusammenfassung und Fazit

Die systematische Messung der Kreislaufwirtschaft erfordert geeignete Indikatoren und Methoden, die sowohl Ressourcenzu- und -abflüsse als auch strategische und wirtschaftliche Aspekte abbilden. Dieser Beitrag skizziert zentrale Anforderungen an Indikatoren, methodische Ansätze wie Materialflussanalysen, Reifegradmodelle und betriebswirtschaftliche Verfahren sowie den Nutzen digitaler Technologien. Die ISO 59020 bietet hierfür einen normativen Rahmen.

Es zeigt sich, dass die Wahl geeigneter Indikatoren kontextabhängig ist und strategisch auf Ziele, Datenlage und Umsetzbarkeit abgestimmt werden muss. Eine Kombination verschiedener Methoden ermöglicht eine fundierte Bewertung zirkulärer Leistungen. Standardisierte Ansätze und digitale Lösungen unterstützen Unternehmen zunehmend dabei, Fortschritte transparent zu erfassen und gezielt zu steuern. Indikatoren leisten damit einen wesentlichen Beitrag zur operativen und strategischen Umsetzung der Kreislaufwirtschaft.

737 Pakula et al, Comparative measurements of circular economy performance among European countries: Reviewing approaches and limitations, Journal of Environmental Management (2025).

738 Larsen et al, What are the challenges in assessing circular economy for the built environment? A literature review on integrating LCA, LCC and S-LCA in life cycle sustainability assessment, LCSA, Journal of Building Engineering (2022).

739 Garcés-Ayerbe et al, Is It Possible to Change from a Linear to a Circular Economy? An Overview of Opportunities and Barriers for European Small and Medium-Sized Enterprise Companies, International Journal of Environmental Research and Public Health (2019)

740 Bleischwitz, International economics of resource productivity – Relevance, measurement, empirical trends, innovation, resource policies, International Economics and Economic Policy (2010) 227.

741 De Jesus/ Mendonça, Lost in Transition? Drivers and Barriers in the Eco-innovation Road to the Circular Economy, Ecological Economics (2018) 75.

6.1.3. Berichtspflichten und Steuerung im Kontext der Kreislaufwirtschaft

Julia Fessler/Julia Schwarzbauer/Sabine Schlögl

6.1.3.1. Berichtspflichten Kreislaufwirtschaft – ESRS E5 und VSME

Mit Inkrafttreten der Corporate Sustainability Reporting Directive (CSRD)[742] gelten für betroffene Unternehmen umfassende Offenlegungspflichten zu ESG-Themen. Der European Sustainability Reporting Standard[743] (ESRS) E5 widmet sich explizit der Ressourcennutzung und Kreislaufwirtschaft. Er verpflichtet Unternehmen, qualitative und quantitative Informationen zu Stoffströmen, Kreislaufstrategien und Zielverfolgung offenzulegen. Unternehmen, die nicht nach CSRD bzw ESRS berichten müssten, ist es dienlich, sich an freiwilligen Standards wie dem VSME der EFRAG zu orientieren oder diese anzuwenden.

Die folgende Tabelle zeigt Anforderungen der European Sustainability Reporting Standards (ESRS) und des Voluntary Small and Medium Enterprise European Sustainability Reporting Standard (VSME)[744] im Vergleich:

ESRS-E5-Angabepflichten		VSME-Angabepflichten	
IRO-1	Beschreibung des Wesentlichkeitsprozesses	B2	Allgemeine Informationen ggf zum Thema Kreislaufwirtschaft, zB Ziele
E5-1	Konzepte		Grundsätze Kreislaufwirtschaft
E5-2	Maßnahmen und Mittel		Abfallaufkommen und -arten
E5-3	Ziele		Anteil Recycling oder Wiederverwendung
E5-4	Ressourcenzuflüsse		Materialströme (nur in materialintensiven Sektoren)
E5-5	Ressourcenabflüsse inkl Abfall		
E5-6	Erwartete finanzielle Effekte		

Quelle: Delegierte Verordnung (EU) 2023/2772 der Kommission vom 31. Juli 2023

Quelle: VSME-Standard vom Dezember 2024, eigene Übersetzung

Tab 8: Vergleich ESRS- und VSME-Angabepflichten

742 Europäische Union (2022). Directive (EU) 2022/2464 of the European Parliament and of the Council of 14 December 2022. https://eur-lex.europa.eu/legal-content/DE/TXT/?uri=CELEX:32022L2464, abgerufen am 3.8.2025.

743 EFRAG (2023/2024). Set 1 of ESRS: Final Delegated Act and individual standards. https://www.efrag.org/lab3, abgerufen am 3.8.2025.

744 EFRAG (Entwurf Dezember 2024). Voluntary SME Sustainability Reporting Standard (VSME). https://www.efrag.org/News/Project-547/VSME-Public-Consultation, abgerufen am 3.8.2025.

In den ESRS (Stand 2023) sind insgesamt 48 Datenpunkte (qualitativer und quantitativer Natur) im Standard E5: Ressourcennutzung und Kreislaufwirtschaft für die Berichterstattung im Falle einer Wesentlichkeit angeführt.

Bereich	Inhalt
E5-1 Strategien	Bericht über die kreislaufwirtschaftsbezogenen Strategien der Organisation
E5-2 Maßnahmen und Mittel	Erläuterung der Maßnahmen innerhalb der Organisation zu Kreislaufwirtschaft und die zugewiesenen Ressourcen zur Durchführung dieser Maßnahmen
E5-3 Ziele	Bericht über die Ressourcennutzung der Organisation und Ziele in Bezug auf die Kreislaufwirtschaft zB Offenlegung, wie sich das Ziel auf die Erhöhung des Anteils der Verwendung von kreislauforientierten Materialnutzungsraten bezieht (semi-narrativ)
E5-4 Ressourcenzuflüsse	Gewährung von Einblicken in die materiellen Ressourcenströme des Unternehmens – zum Verständnis des Ressourcenverbrauchs im Rahmen der eigenen Tätigkeiten und der Wertschöpfungskette des Unternehmens. zB Prozentsatz der wiederverwendeten oder recycelten Sekundärkomponenten, Sekundärzwischenprodukte und Sekundärmaterialien (Prozent)
E5-5 Ressourcenabflüsse	Gewährung von Einblicken in die Materialabflüsse der Organisation, einschließlich Abfall, und den Beitrag zu einer Kreislaufwirtschaft, der sich aus der Gestaltung von Kreislaufbetrieben und -produktionen sowie der tatsächlichen Wiederverwendung von Produkten und Materialien und Abfallmanagementstrategien ergibt zB erzeugter Abfall insgesamt (Masse), Anteil des recycelbaren Anteils in Produkten (Prozent)
E5-6 Erwartete finanzielle Auswirkungen	Aufzeigen der finanziellen Auswirkungen, die sich für das Unternehmen aus der Ressourcennutzung und Kreislaufwirtschaft durch Risiken und Chancen ergeben zB reduzierte Kosten durch Abfallreduzierung

Tab 9: Übersicht ESRS-E5-Anforderungen Kreislaufwirtschaft

Ressourcenzuflüsse

Rohstoffe, zugehörige Prozessmaterialien (zB Schmierstoffe) und Halbfertigwaren oder -teile; „unter Angabe von kritischen Rohstoffen* und Seltenen Erden"

ESRS E5-4 Datenpunkte

- Gesamtgewicht der verwendeten **Produkte** sowie technischer und biologischer **Materialien**
- **biologische Materialien** in % (inkl Biokraftstoffen), die für nicht energetische Zwecke verwendet werden) Biologisch (≠ erneuerbar!) und nachhaltig beschafft → Angabe des Zertifizierungssystems, zB ISCC (Biokraftstoffe), PEFC/FSC (Wald), RSPO (Palmöl)
- Gesamtgewicht der **wiederverwendeten oder recycelten** sekundären Komponenten, Produkte und Materialien absolut und in %

* Kritische Rohstoffe gem Critical Raw Materials Act – derzeit zB Antimon, Arsen, Bauxit, Baryt, Beryllium, Bismut, Bor, Kobalt, Kokskohle, Kupfer, Seltene Erden, Lithium, Magnesium, Mangan, natürlicher Graphit etc

Praxis-Anmerkungen

- Materialien inkl Verpackung
- Gewicht gem Originalzustand beim Bezug (zB nicht das Trockengewicht)
- Doppelzählungen ausschließen!
- Nenner für %-Werte: Gesamtgewicht der Materialien

Abb 46: Beispiel Daten Ressourcenzuflüssen ESRS E5-4 [Quelle: eigene Darstellung]

Im VSME-Standard (Stand Dezember 2024) sind weniger Datenpunkte angeführt (vgl VSME B7 – Resource use, circular, economy and waste). Diese Datenpunkte müssen gem aktuellem Standard in jedem Fall von allen Unternehmen unabhängig einer Wesentlichkeitsanalyse angeführt werden:

B7 – Ressourcennutzung, Kreislaufwirtschaft und Abfallmanagement
• Beschreibung Anwendung Kreislaufwirtschaftsprinzipien (ja/nein + Beschreibung) • Abfallmengen gesamt (gefährlich/ungefährlich) • Menge recycelter und/oder wiederverwendeter Abfälle • Massenströme relevanter Materialien (inkl Rohstoffe, Hilfsstoffe, Einsatzstoffe, Halbfertigprodukte oder andere (ausgenommen Energiequellen und Wasser)

Tab 10: Übersicht VSME-Anforderungen Kreislaufwirtschaft

Beide Standards können als Steuerungsinstrumente verstanden werden, die Unternehmen dabei unterstützen, zirkuläre Ansätze strategisch zu verankern und ihre Wirksamkeit transparent zu machen.

6.1.3.1.1. Monitoring als Grundlage für Steuerung und Kommunikation

Monitoring bedeutet, relevante Kennzahlen systematisch zu erfassen, zu bewerten und daraus Maßnahmen abzuleiten. Im Kontext der Kreislaufwirtschaft stehen dabei insbesondere Materialflüsse, Abfallvermeidung, Produktgestaltung und Ressourceneffizienz im Fokus.

Diese Daten bilden die Basis für die interne Steuerung und externe Rechenschaft. Erfolgreiches Monitoring berücksichtigt sowohl absolute als auch relative Kennzahlen, Zielwerte und Abweichungen.

Ein integrativer Ansatz, der Nachhaltigkeit, Einkauf, Produktion und Reporting verknüpft, erlaubt Unternehmen nicht nur regulatorische Anforderungen zu erfüllen, sondern auch Optimierungspotenziale zu erkennen, Kosten zu senken und Innovationschancen zu identifizieren.

6.1.3.1.2. Wie Ergebnisse wirksam kommunizieren?

Nach innen unterstützt die Kommunikation von Ergebnissen das Nachhaltigkeitsmanagement, motiviert Mitarbeitende und fördert innovationsfreundliche Kultur. Nach außen stärkt sie Glaubwürdigkeit, Kundenbindung und Positionierung im Markt.

Gute Kommunikation zur Kreislaufwirtschaft zeichnet sich aus durch:

- Klare Visualisierungen (zB Stoffflussdiagramme, Ziel-Fortschrittsbalken)
- Storytelling rund um Produktinnovationen oder Designentscheidungen
- Transparenz zu Herausforderungen, Zielkonflikten und offenen Fragen

Vermeiden Sie es, zu viele Details auf einmal zu kommunizieren. Besser: eine Kernaussage wählen und diese verständlich und nachvollziehbar aufbereiten.

6.1.3.1.3. Kommunikation im Zusammenhang mit Green Claims

Künftig müssen alle freiwilligen umweltbezogenen Aussagen – etwa „biologisch abbaubar", „klimaneutral", „recycelbar" oder „nachhaltig produziert" – belegt, transparent erklärt und überprüfbar sein. Die Richtlinie definiert Mindestanforderungen an die Substanz solcher Aussagen sowie an die zugrunde liegenden Nachweise.

Für die unternehmerische Praxis bedeutet das: Wer Aussagen zur Kreislauffähigkeit von Produkten, Verpackungen oder Geschäftsmodellen trifft, muss diese wissenschaftlich fundiert belegen können. Grundlage können Lebenszyklusanalysen, Produkttests, Zertifizierungen oder Kennzahlen aus dem ESRS-Monitoring sein.

Zentrale Anforderungen der Green Claims Directive:

- Aussagen müssen durch wissenschaftliche Belege und Daten gestützt sein.
- Umweltwirkungen müssen über den gesamten Lebenszyklus betrachtet werden.

- Irreführende oder vage Begriffe (zB „umweltfreundlich“ oder „biologisch“) sind ohne Kontext und nachgewiesene Dokumentation unzulässig.
- Vergleiche mit anderen Produkten müssen objektiv und nachvollziehbar dargestellt sein.

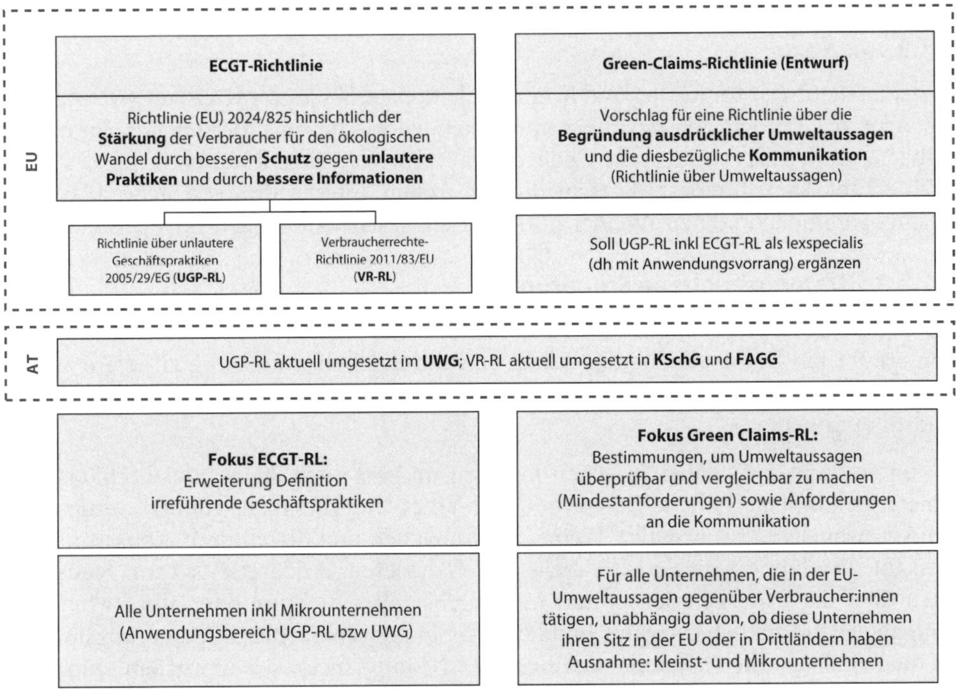

Abb 47: Übersicht Richtlinien gegen Greenwashing [Quelle: eigene Darstellung]

Die Green Claims Directive steht in engem Zusammenhang mit der CSRD und den ESRS: Nachhaltigkeitsberichte werden zunehmend zur Belegquelle für öffentlich kommunizierte Aussagen. Unternehmen sind gut beraten, ihre externe Kommunikation an die Anforderungen der Richtlinie anzupassen und Claims bereits heute auf ihre Nachvollziehbarkeit und Prüfbarkeit hin zu überprüfen.

Aktuell sehen wir Klagen vor allem im Bereich Klima (siehe sogleich das Beispiel), diese könnten aber zukünftig vermehrt Aussagen zur Kreislaufwirtschaft, zB Kreislaufwirtschaftsfähigkeit, betreffen. Bevor auf Websites oder Produkten Aussagen zur Kreislauffähigkeit, Recyclingfähigkeit oder Umweltfreundlichkeit kommuniziert werden, sollten diese Begriffe im Zusammenhang mit der ECGT[745] und der Green Claims Directive[746] geprüft werden.

745 „Die Richtlinie (EU) Nr 2024/825 zur Stärkung der Verbraucher für den ökologischen Wandel“: eur-lex.europa.eu/legal-content/DE/TXT/?uri=CELEX:32024L0825, abgerufen am 3.8.2025.

746 Europäische Kommission (2023). Proposal for a Directive on substantiation and communication of explicit environmental claims (Green Claims Directive). https://environment.ec.europa.eu/publications/proposal-directive-green-claims_en, abgerufen am 3.8.2025.

Beispiel Klima

Nach einer Klage des Vereins für Konsumenteninformation (VKI) wurde eine österreichische Brauerei aufgrund des Verbreitens falscher Claims, also wegen Greenwashing verurteilt. Das Brauunternehmen hatte das Bier mit der Behauptung „CO_2-neutral gebraut" auf seinen Etiketten angepriesen. Die Konsequenz: Alle Bierflaschen müssen neu etikettiert werden, mit „CO_2-neutral gebrautem Bier" darf die Brauerei nicht mehr werben.[747]

6.1.3.1.4. Fazit

Berichterstattung, Monitoring und Kommunikation greifen in der Kreislaufwirtschaft ineinander. Sie ermöglichen es Unternehmen, regulatorische Anforderungen nicht nur zu erfüllen, sondern als strategische Chance zu nutzen. Wer die relevanten Daten systematisch erhebt, kann fundierte Entscheidungen treffen, interne Prozesse steuern, externe Partner einbinden und den Wandel zu zirkulären Geschäftsmodellen aktiv gestalten.

6.1.3.2. Datengetriebene Steuerung

Datengetriebene Steuerung in der Kreislaufwirtschaft beschreibt die gezielte Nutzung von erhobenen Daten entlang des gesamten Produktlebenszyklus, um zirkuläre Strategien – wie Wiederverwendung, Reparatur und Recycling – gezielt zu planen, umzusetzen und zu optimieren.

Zu unterscheiden ist dabei zwischen internen und externen Steuerungsmechanismen: Einerseits können erhobene Daten innerhalb eines Unternehmens genutzt werden, um Emissionsquellen und negative Treiber auszumachen und diese durch Anpassung von Einkauf, Produktion und/oder Vertrieb zu reduzieren. Andererseits kann Steuerung auch über die Unternehmensgrenze hinausgehen und mehrere oder alle Stakeholder entlang des Produktlebenszyklus inkludieren. Ein typischer externer Steuerungsmechanismus sind rechtliche Rahmenbedingungen (Compliance), wie Vorgaben zum Umgang mit gefährlichen Abfällen oder Recyclingquoten. Diese sind besonders wirksam, da sie nicht nur dazu führen, dass finanzielle Mittel mobilisiert werden, sondern auch, da sie als Kommunikationsgrundlage für unternehmensübergreifende Kooperation dienen und dadurch Basis und Motor für nachhaltige Innovation sind.

747 Verein für Konsumenteninformation (VKI) (2023). Presseaussendung zur CO_2-neutral-Brauerei-Werbung; https://vki.at/greenwashing-urteil-vki-gewinnt-verfahren-gegen-brau-union/66735, abgerufen am 3.8.2025.

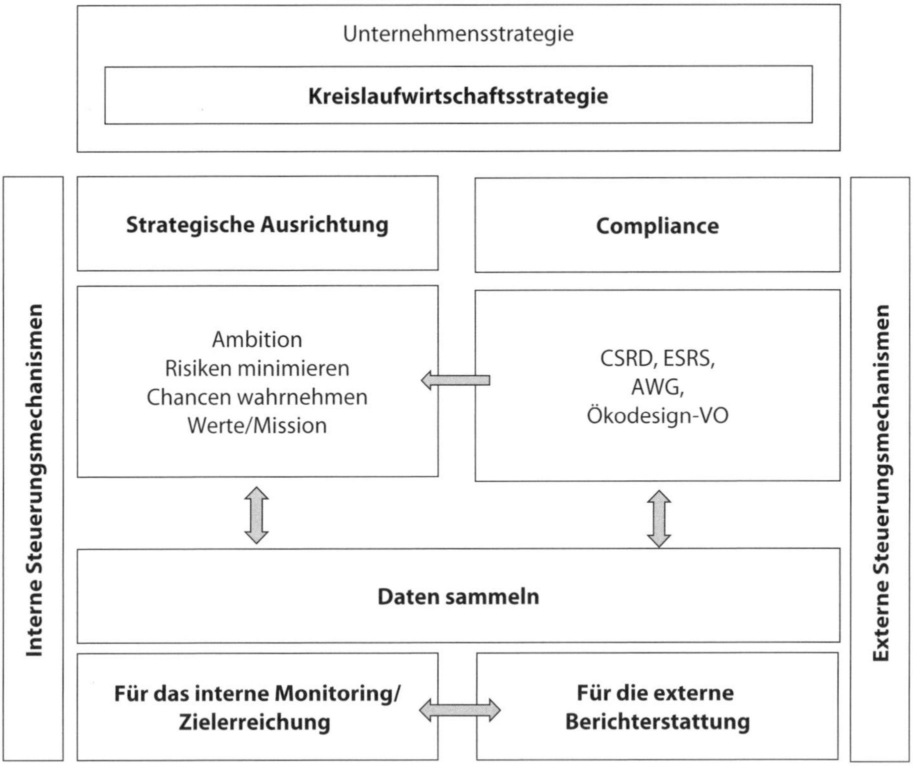

Abb 48: Steuerungsmechanismen [Quelle: eigene Darstellung]

Dabei spielt neben manuell erfassten Daten die automatisierte Datenerfassung eine immer wichtigere Rolle. Dafür werden beispielsweise digital erfasste Daten aus Einkauf und Vertrieb (inkl Digitalen Produktpässen) und Sensor- oder Maschinendaten der Produktion genutzt und bei Bedarf verschränkt. Ziel ist es, mehr Informationen über Emissionsquellen und Stoffströme zu gewinnen, um diese für fundierte und wirkungsorientierte Entscheidungen zu nutzen.

Daten	Quellen	Abteilungen
Ressourcenverbrauch	ERP-System, Belege	Einkauf, Produktion
Abfall	Abrechnungen, Abfallmanagement-System, ERP-System	Abfallbeauftragte, QM, Produktion, Umweltmanagement, Facility Management
Kreislauffähigkeit von Produkten	LCAs, EPDs, Produktdokumentationen, Lieferantenauskünfte	Engineering/Entwicklung, QM, Produktion, Produktmanagement

Abb 49: Übersicht mögliche Datenquellen

Was relevante Kennzahlen sind, ist stark von der Branche und Struktur des Unternehmens bzw der Organisation abhängig. Je nach Use Case kann ein absoluter Wert, ein relativer Wert im Verhältnis zu einem Basisjahr oder ein Intensitätswert, relativ zu einer Referenzgröße wie Umsatz oder Stückzahl sinnvoll sein.

Im folgenden Kapitel werden exemplarisch einige sinnvolle Kennzahlen der datengetriebenen Steuerung angeführt. Gemeinsam ist allen Bereichen, dass durch die Definition und das Monitoring passender Kennzahlen relevante Handlungsfelder definiert und die Wirksamkeit von Maßnahmen quantifiziert werden können. Das ist die Basis, um Optimierungspotentialen nutzen zu können.

6.1.3.2.1. Ressourcenzuflüsse

Ressourcenzuflüsse sind alle Materialströme, die in das Unternehmen kommen, üblicherweise also die eingekauften Produkte oder Materialien. Nachhaltige Einkaufsoptimierung durch eine klare Einkaufspolicy ist dabei nicht nur ökologisch, sondern auch wirtschaftlich und strategisch sinnvoll.

Zu den Vorteilen gehören folgende Aspekte:

- **Risikominimierung und Resilienzsteigerung**
  Eine präzisere Kenntnis von Stoffströmen, Lieferketten und kritischen Materialien reduziert Abhängigkeiten und verbessert die Krisenfestigkeit der Beschaffung.
- **Kostenoptimierung über den gesamten Lebenszyklus**
  Durch die Einbeziehung von Lebenszykluskosten anstelle reiner Anschaffungskosten können langfristig Einsparungen erzielt werden – etwa bei Wartung oder durch die Einsparung von Kosten für Neukauf und Entsorgung beim Ersatz. Dies ist beispielsweise beim Einkauf von Maschinen oder Maschinenteilen für die Produktion relevant.
- **Innovative Geschäftsmodelle und neue Erlösquellen**
  Zirkuläre Angebote wie Leasing, Sharing oder Remanufacturing können basierend auf Analysen der umfassenden Einkaufsdaten entwickelt werden. Datengetriebener Einkauf kann aktiv dazu beitragen, dass Produkte so beschafft werden, dass sie langlebig, modular und rückführbar sind. Durch gezielte Lieferantenauswahl, vertragliche Regelungen (zB Rücknahme oder Eigentumsverhältnisse) und Transparenz über Produktlebenszyklen wird der Einkauf zum Mitgestalter in der Strategieentwicklung.
- **Wettbewerbsvorteil durch Nachhaltigkeit**
  Transparente Daten über Materialherkunft, Zirkularität und ESG-Performance stärken die Marke, erhöhen die Attraktivität für Kunden, Geschäftspartner, Investoren, Aufsichtsbehörden und Fördergeldgeber sowie bei Ausschreibungen.

Im Kontext der Kreislaufwirtschaft sind dabei Kennzahlen wie Anteil an biologischen, recycelten oder wiederverwendeten Materialien, Anteil an reparierbaren Produkten/ Komponenten, Anteil von besorgniserregenden Stoffen oder CO_2e-Intensität pro eingekaufter Produkteinheit relevant. Als Entscheidungsbasis für den Einkauf von Produkten kann weiters strukturell von Anschaffungskosten auf Lebenszykluskosten (engl „Life Cycle Costing“, LCC)[748] umgestellt werden. Neben der Bewertung von einzelnen Pro-

748 Europäische Kommission, Leitfäden zu umweltorientierter öffentlicher Beschaffung. https://ec.europa.eu/environment/gpp/lcc.htm, abgerufen am 3.8.2025.

dukten oder Produktgruppen kann im Einkauf auch auf Unternehmensebene bewertet werden: Als Kennzahl also beispielsweise der Anteil zertifizierter oder nachhaltiger Lieferanten.

6.1.3.2.2. Produktentwicklung und Produktion

Für produzierende Unternehmen kann datengetriebene Steuerung sowohl im Bereich der Produktentwicklung (Ökodesign: „Design for Recycling" oder „Design for Disassembly") als auch im Bereich des Produktionsprozesses selbst sinnvoll sein. Auch hier gibt es sowohl ökologische als auch ökonomische Vorteile

- **Optimierung des Materialeinsatzes**
  Reduktion der benötigten Materialmenge durch Anpassung des Produktdesigns oder Umstieg auf andere Materialien. Beispielsweise durch bewusste Lufteinschlüsse im Produkt, die die Funktionalität des Produktes nicht einschränken, verbessertes Verpackungsdesign oder den Umstieg von primären, fossilen auf recycelte oder erneuerbare Inputmaterialien.
- **Höhere Flexibilität in der Produktion**
  Modulare bzw leicht anpassbare Produkte vereinfachen bei Bedarf die Umstellung auf Alternativen, beispielsweise bei Lieferengpässen.
- **Abfallvermeidung und In-house Recycling**
  Geringere Kosten bei Materialeinkauf und Abfallentsorgung durch effizientere Nutzung des Inputmaterials. Beispielsweise können in der Kunststoffindustrie Spritzgussabfälle einerseits durch bessere Prozessführung reduziert und andererseits unvermeidbare Abfälle aufbereitet und erneut eingesetzt werden.
- **Qualitätssicherung**
  Die Erfassung, Analyse und Dokumentation von Daten aus der Produktentwicklung und dem Produktionsprozess ermöglicht die frühzeitige Erkennung von Prozessfehlern, Störfällen und Wartungsbedarf. Beispielsweise können bei einem In-line-Monitoring in Produktionsanlagen Abweichungen vom Regelfall automatisiert erhoben und gemeldet werden.
- **Dokumentation und Kommunikation**
  Produktionsdaten sind erforderlich für Produktdatenblätter und (digitale) Produktpässe sowie zum Nachweis der Einhaltung von Vertragsvereinbarungen oder von gesetzlichen Vorgaben. Außerdem können die Analysen der erfassten Daten zur betrieblichen Kommunikation und für Marketing genutzt werden. Unternehmen können so nachweisen, dass ihre Claims nicht als „Greenwashing" einzuordnen sind.

Sinnvolle Kennzahlen können neben spezifischen KPIs für Produktionsprozesse folgende sein: Anteil der Produkte, die Anforderungen der Ökodesignrichtlinie[749] oder weitere Anforderungen an Ökodesign erfüllen, Rezyklateinsatzquote oder Anteil der reparierbaren oder recyclingfähigen Produkte an der Gesamtproduktion.

749 Richtlinie 2009/125/EG des Europäischen Parlaments und des Rates. https://eur-lex.europa.eu/legal-content/DE/TXT/?uri=CELEX:32009L0125, abgerufen am 3.8.2025.

6.1.3.2.3. Ressourcenabflüsse

Ressourcenabflüsse sind alle Materialströme, die das Unternehmen verlassen, üblicherweise also verkaufte Produkte (Halbzeuge und Materien), Nebenprodukte und Abfälle.

- **Optimierung des Produktportfolios**
  Quantifizierung der Absatzstärke von nachhaltigen Produkten im Vergleich zu konservativen Alternativen und den jeweils erzielten Margen kann als eine der Entscheidungsgrundlagen für die Entwicklung des künftigen Produktportfolios genutzt werden.
- **Optimierung von Abfallströmen**
  Mit Daten zu Abfallarten, -mengen und -ursachen lassen sich Abfallströme analysieren, Hotspots identifizieren und gezielt Maßnahmen ergreifen (zB durch Prozessanpassung oder Materialsubstitution). Durch die Kostenbetrachtung pro Mengeneinheit verschiedener Abfallströme lassen sich jene Bereiche identifizieren, in denen Ressourceneffizienzmaßnahmen besonders wirtschaftlich wirken.
- **Nutzung von industriellen Symbiosen**
  Abfall kann als Substitutionsmaterial ein sinnvoller Input für ein anderes Unternehmen sein. In der Stahlproduktion werden Kunststoffabfälle beispielsweise als Reduktionsmittel eingesetzt, sie reduzieren dadurch den Bedarf an fossilen Kohlenstoffträgern. Um die Vermarktung zu erleichtern, kann es sinnvoll sein, einen Abfallstrom als Nebenprodukt deklarieren zu lassen. Besonders häufig ergeben sich solche Kooperationen in Industrieparks, da nur geringe Logistikkosten auftreten.

Als Kennzahlen für Ressourcenabflüsse eignen sich beispielsweise Abfallintensität, Recyclingquote, Verwertungsgrad, Materialeffizienz oder CO_2-Emissionen pro verkaufter Einheit.

6.1.3.2.4. Erweiterte Herstellerverantwortung

Die erweiterte Herstellerverantwortung (EPR) verpflichtet Unternehmen dazu, über den Verkauf hinaus auch Verantwortung für die Rücknahme, Verwertung und umweltgerechte Entsorgung ihrer Produkte zu übernehmen. In Deutschland und Österreich ist EPR gesetzlich verankert – ua im Elektro- und Elektronikgerätegesetz (ElektroG)[750], der Verpackungsverordnung (VerpackV)[751] und dem Batteriengesetz (BattG)[752].

- **Konzipierung von Produktkreisläufen**
  Daten über verkaufte Mengen, Materialzusammensetzung und Lebensdauer ermöglichen eine gezielte Planung von Rücknahme-, Reparatur- oder Refurbishment-Programmen.
- **Zielgerichtete Kostensteuerung und Gebührentransparenz**
  Datenbasierte Erfassung und Auswertung von in Verkehr gebrachten Mengen, Materialarten und Produktkategorien ermöglicht eine präzisere Kalkulation der anfallenden EPR-Gebühren.

750 Bundesgesetzblatt Deutschland. https://www.gesetze-im-internet.de/elektrog_2015/, abgerufen am 3.8.2025.
751 Verpackungsverordnung (VerpackV). Deutschland – veraltet, heute Verpackungsgesetz (VerpackG). https://www.gesetze-im-internet.de/verpackg/, abgerufen am 3.8.2025.
752 Batteriengesetz (BattG). https://www.gesetze-im-internet.de/battg_2020/, abgerufen am 3.8.2025.

- **Automatisierte Erfüllung von Melde- und Nachweispflichten**
  Gesetzliche Vorgaben erfordern häufig die Meldung spezifischer Daten. Wird die Datenerhebung systematisch und automatisiert in betriebliche Prozesse integriert, lassen sich Berichtspflichten gegenüber Behörden, Systemen, Kunden oder Auditoren effizient erfüllen. Gleichzeitig entsteht die Möglichkeit, Zielabweichungen frühzeitig zu erkennen und durch geeignete Maßnahmen proaktiv gegenzusteuern. Dazu zählen beispielsweise Sammel- und Verwertungsquoten.

Die erweiterte Herstellerverantwortung kann durch verschiedene Kennzahlen quantifiziert werden. Darunter die in Verkehr gebrachte Menge pro Produktkategorie, die Recyclingquote pro Produkt- oder Materialgruppe, die Rücklaufquote – also der Anteil der zurückgeführten Produkte/Verpackungen im Verhältnis zur Gesamtmenge –, die EPR-Gebühren pro Einheit (Masse, Volumen oder Stückzahl), der jeweilige Anteil der Verwertungswege (wiederverwendet, recycelt, thermisch verwertet, deponiert) oder die eingesparten CO_2-Äquivalente durch Rücknahme und Recycling.

6.1.3.2.5. Fazit

Datengetriebene Steuerung ist kein Selbstzweck, sondern ein entscheidender Hebel, um Kreislaufwirtschaft im Unternehmen strategisch und wirksam zu verankern. Wer Materialflüsse, Emissionen und Produktlebenszyklen systematisch erfasst, analysiert und in Entscheidungen einbindet, kann Ressourcen gezielter einsetzen, regulatorische Anforderungen erfüllen und zirkuläre Geschäftsmodelle auf- oder ausbauen.

Dabei zeigt sich: Die richtigen Kennzahlen ermöglichen nicht nur Transparenz, sondern sind auch Voraussetzung für operative Exzellenz, Innovationsfähigkeit und Wettbewerbsvorteile. Besonders in Zeiten steigender regulatorischer Anforderungen – etwa durch digitale Produktpässe oder verschärfte Berichtspflichten – gewinnen automatisierte, qualitätsgesicherte Datenprozesse an Bedeutung.

6.1.4. Die ISO-Normenreihe zur Kreislaufwirtschaft erfolgreich nutzen: Strategien zur Integration im europäischen Kontext

Birgit Gahleitner

6.1.4.1. Einleitung

Im Mai 2024 veröffentlichte die Internationale Organisation für Normung (International Standardisation Organisation, ISO) die ersten drei Standards der neuen Normenserie zur Kreislaufwirtschaft: ISO 59004[753], ISO 59010[754] und ISO 59020[755]. Diese Normen bieten Unternehmen klare Leitlinien für die Integration der Kreislaufwirtschaft in ihre Geschäftsstrategien. ISO 59004 definiert Begrifflichkeiten, Prinzipien und Rahmenbedingungen für die Umsetzung zirkulären Wirtschaftens, ISO 59010 beschreibt den Übergang zu zirkulären Geschäftsmodellen und Wertenetzwerken und ISO 59020 liefert konkrete Leitlinien für die Messung und Bewertung der Zirkularitätsleistung.

753 ISO 59004:2024 „Circular Economy – Vocabulary, principles and guidance for implementation.
754 ISO 59010:2024 „Circular Economy – Guidance on the transition of business models and value networks".
755 ISO 59020:2024 „Circular Economy – Measuring and assessing circularity performance".

Die Normen stehen in engem Zusammenhang mit zentralen regulatorischen Maßnahmen der EU, die den Übergang zur Kreislaufwirtschaft als strategisches Ziel verankern. Dazu gehören die Taxonomie-Verordnung[756], die Corporate Sustainability Reporting Directive (CSRD)[757] mit den European Sustainability Reporting Standards (ESRS)[758] oder auch die Ökodesign-Richtlinie[759] und die Green Claims Directive[760].

Dieser Beitrag beleuchtet die Parallelen zwischen den verschiedenen EU-Instrumenten zur Umsetzung des Green Deals[761] und zeigt, wie Unternehmen die ISO-Normen gezielt nutzen können, um ihre Geschäftsmodelle nachhaltig auszurichten, Berichtspflichten zu erfüllen und von den ökologischen sowie wirtschaftlichen Vorteilen der Kreislaufwirtschaft zu profitieren.

6.1.4.2. Überblick über die ISO-Normenreihe zur Circular Economy

6.1.4.2.1. ISO 59004: Grundlagen der Kreislaufwirtschaft

Die ISO 59004 etabliert als Grundlagendokument ein einheitliches Verständnis der Kreislaufwirtschaft und ihrer Prinzipien. Dabei definiert sie nicht nur zentrale Begriffe, sondern liefert auch einen umfassenden und dennoch flexiblen Rahmen für die praktische Implementierung. Bei einem Vergleich der Definition der Kreislaufwirtschaft in der ISO 59004 mit den Umweltzielen der Taxonomie-Verordnung bzw der ESRS fällt ins Auge, dass durch zirkuläres Wirtschaften all diese Zielsetzungen der Europäischen Union adressiert werden.

Die Norm beschreibt folgende sechs Prinzipien der Kreislaufwirtschaft[762]:

- **Systemdenken:** Organisationen nehmen eine Lebenszyklusperspektive ein und wenden bei der Betrachtung ihrer Auswirkungen auf ökologische, soziale und wirtschaftliche Systeme einen langfristigen Ansatz an.
- **Wertschöpfung:** Unternehmen regenerieren, erhalten oder schaffen Werte, indem sie effektive Lösungen zur Verfügung stellen, die zu sozioökonomischen und ökologischen Werten beitragen und Ressourcen effizient nutzen.
- **Gemeinsame Nutzung von Werten:** Organisationen und Stakeholder arbeiten entlang der Wertschöpfungskette oder des Wertschöpfungsnetzwerks auf inklusive und gleichberechtigte Weise zum Nutzen und Wohl der Gesellschaft zusammen, indem sie den mit der Bereitstellung einer Lösung geschaffenen Wert teilen.
- **Verfügbarkeit von Ressourcen:** Organisationen managen Ressourcenbestände und -ströme auf nachhaltige Weise, um einen Beitrag zur Zugänglichkeit und dauerhaften Verfügbarkeit von Ressourcen für heutige und künftige Generationen zu leisten und die Risiken zu verringern, die mit der Abhängigkeit von Primärressourcen verbunden sind.
- **Rückverfolgbarkeit von Ressourcen:** Organisationen sammeln und verwalten Daten, um die Rückverfolgung von Ressourcen durch ihre Wertschöpfungsketten zu ermöglichen und sind für die Weitergabe relevanter Informationen an interessierte Parteien verantwortlich.

756 Verordnung (EU) 2020/852.
757 Verordnung (EU) 2022/2464.
758 Delegierte Verordnung (EU) 2023/2772.
759 Verordnung (EU) 2024/1781.
760 Richtlinie (EU) 2024/825.
761 COM(2019) 640 final.
762 Übersetzung aus dem englischen Originaltext der ISO 59004:2024: B. Gahleitner.

- **Resiliente Ökosysteme:** Organisationen entwickeln und implementieren Praktiken und Strategien, die die Widerstandsfähigkeit und Regeneration von Ökosystemen und ihrer biologischen Vielfalt schützen und dazu beitragen, negative Auswirkungen zu minimieren und die planetaren Grenzen zu berücksichtigen.

Diese Prinzipien werden sowohl für Produkte und Dienstleistungen als auch für Prozesse und Geschäftsmodelle angewendet. Um die Anwendungsbereiche für die Grundregeln der Kreislaufwirtschaft nicht immer einzeln aufzählen zu müssen, werden sie in der ISO 59000-Serie unter dem Begriff ***„zirkuläre Lösungen“*** zusammengefasst.

Vor allem unter dem Titel des *„Value Sharing“* bzw der *„inklusiven und gerechten Zusammenarbeit“*[763] wird auch die **soziale Nachhaltigkeit als integraler Bestandteil der Kreislaufwirtschaft** beschrieben. Auch hier kann eine Parallele zum Green Deal gezogen werden: Im europäischen Pakt soll die Zielsetzung eines fairen Übergangs (*just transition*) gewährleisten, dass auf dem Weg zu einer wettbewerbsfähigen, kreislauforientierten EU-Wirtschaft keine Personen und keine Regionen zurückgelassen werden bzw „auf der Strecke bleiben“.

Zusätzlich rückt die ISO 59004:2024 die **zentrale Bedeutung der Zusammenarbeit aller Akteur:innen** innerhalb der jeweiligen Organisation und entlang der gesamten Wertschöpfungskette bzw darüber hinaus in sogenannten „Wertenetzwerken“ in den Fokus.

Der in der ISO 59004 vorgeschlagene flexible Rahmen zur Umsetzung der Kreislaufwirtschaft weist einige Parallelen zur CSRD bzw. den ESRS auf (siehe auch Abb 50). Die Analyse und Bewertung des Kontextes und der Ausgangssituation entspricht der **Wesentlichkeitsanalyse laut CSRD bzw ESRS.** Die Festlegung von strategischen Zielen findet sich in den ESRS unter dem Titel „Strategie und Geschäftsmodell“ wieder, und die Maßnahmen und Aktivitäten zur Verbesserung der Zirkularitätsleistung im Umsetzungsplan der ISO 59004 können als Pendant zu den unter dem Titel des Managements der Auswirkungen, Risiken und Chancen (*„Impacts, Risks and Opportunities“*, IRO) geforderten Angaben gesehen werden.

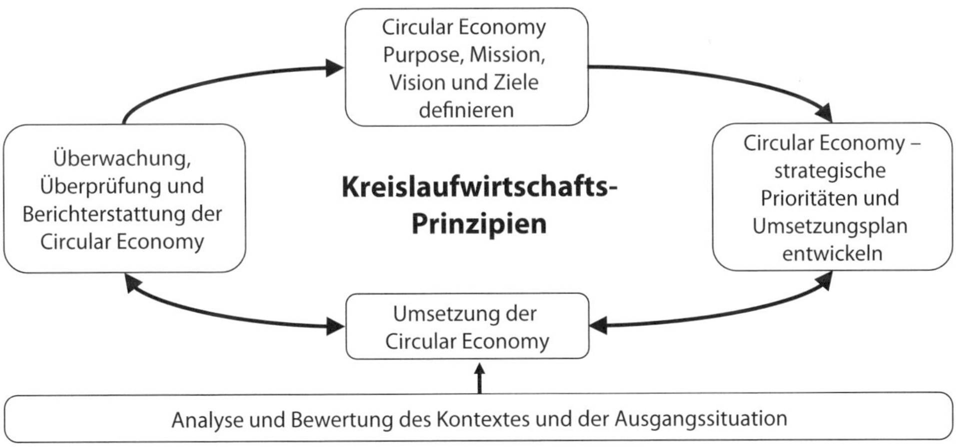

Abb 50: Flexibler Rahmen für die Umsetzung der Kreislaufwirtschaft nach ISO 59004:2024 [Übersetzung und Darstellung: B. Gahleitner]

763 ISO 59004:2024, S 16.

Unternehmen, die die ISO 59004 frühzeitig als Leitfaden für den Übergang zu einer kreislauforientierten Wirtschaftsweise anwenden, können daher auch für die Nachhaltigkeitsberichterstattung profitieren, und vor allem durch ihre strategische Ausrichtung entlang der Nachhaltigkeitsziele des Green Deals bzw im Einklang mit den europäischen Regularien erhebliche (auch ökonomische) Vorteile lukrieren.

6.1.4.2.2. ISO 59010: Von linear zu zirkulär: Transformation von Geschäftsmodellen

Die ISO 59010:2024 bietet einen wirtschaftsorientierten Leitfaden mit Handlungsanleitungen für den Übergang zu zirkulären Geschäftsmodellen und Wertenetzwerken durch das Setzen ambitionierter Ziele, die Auswahl der Circular Economy-Aspekte, die adressiert werden müssen, und die konkrete Umsetzung der geplanten Maßnahmen und Aktivitäten. Dafür schlägt der ISO-Standard ein dreistufiges Vorgehen vor, das folgende Schritte vorsieht:

6.1.4.2.2.1. Analyse des bestehenden Geschäftsmodells und Wertenetzwerks

Hier soll – ganz ähnlich wie in der Analyse der doppelten Wesentlichkeit gemäß den ESRS gefordert – der Status quo des Unternehmens in Bezug auf die Kreislaufwirtschaft analysiert werden. Dabei sollen die Ausgangssituation, die Wesentlichkeit der Zirkularitätsaspekte und die aktuelle Zirkularitätsleistung betrachtet werden. Die in dieser ersten Analysephase gewonnenen Informationen stellen die Basis für den zweiten Schritt dar.

6.1.4.2.2.2. Bestimmen der CE-Strategie

In dieser Phase wird die Circular-Economy-Strategie entwickelt, indem die in der Analysephase erkannten Potenziale und Chancen als Ausgangsbasis für die Festlegung einer langfristigen und vorausschauenden Nachhaltigkeitsstrategie inklusive Nutzung von wirtschaftlichen Rationalisierungs- und Effizienzpotenzialen verwendet werden.

Auch hier kann eine eindeutige Querverbindung zu den ESRS hergestellt werden: Die identifizierten Auswirkungen, Risiken und Chancen („Impacts, Risks and Opportunities"; IRO) sind für alle als wesentlich erkannten Nachhaltigkeitsaspekte zu berichten.

6.1.4.2.2.3. Definition von Zielen, Maßnahmen und Zeitplänen

Für die Realisierung der Circular-Economy-Strategie sollten (Teil-)Ziele, Maßnahmen, Zeitpläne und die für die Umsetzung erforderlichen Ressourcen definiert werden. Dabei sind das Wertversprechen und die Elemente des betreffenden Geschäftsmodells, das zirkulärer werden soll, zu berücksichtigen. Der Fokus sollte dabei auf die beabsichtigte Änderung, das erwartete Ergebnis und die Ausrichtung an den Circular-Economy-Prinzipien gerichtet werden. Nach erfolgter Umsetzung wird der Fortschritt anhand von geeigneten, aussagekräftigen Indikatoren gemessen und für die Kommunikation mit den (internen und externen) Stakeholdern verwendet.

Die ISO 59010 bietet somit konkrete Handlungsanleitungen für die Entwicklung kreislauffähiger Produkte und Dienstleistungen sowie für die Gestaltung zirkulärer Wertenetzwerke. Als typische „Guidance"-Norm bietet dieser Standard Unternehmen Leitlinien für die Implementierung verschiedener zirkulärer Ansätze und unterstützt damit die Umsetzung von Sharing-Konzepten und Product-as-a-Service-Modellen sowie die Optimierung von Rücknahme- und Recyclingsystemen.

Die Parallelen der Vorgehensweise laut ISO 59010 zu den in den ESRS unter dem Stichwort „Strategy and Business Model" (SBM) geforderten Angaben zur Strategie und zum Geschäftsmodell hinsichtlich der wesentlichen Nachhaltigkeitsaspekte sind offensichtlich.

6.1.4.3. ISO 59020: Messung und Bewertung von Zirkularitätsleistung

Mit der ISO 59020 wird ein standardisierter Rahmen für die Messung und Bewertung von Zirkularitätsleistung geschaffen. Die Norm definiert konkrete Kennzahlen und Messgrößen, die es Organisationen ermöglichen, ihre Fortschritte im Bereich der Kreislaufwirtschaft systematisch zu erfassen und zu dokumentieren. Besonders relevant sind aussagekräftige Indikatoren zur Zirkularität auch im Kontext der ESRS und der damit verbundenen Pflichten zur Nachhaltigkeitsberichterstattung gemäß CSRD.

Die ISO 59020 definiert einen dreistufigen Prozess für die Messung und Bewertung der Zirkularitätsleistung:

Der **erste Schritt** ist dabei die Festlegung der Grenzen des Systems, das konkret betrachtet bzw über dessen Kreislaufwirtschaftsperformance berichtet werden soll. Der ISO-Standard empfiehlt die Systemabgrenzung anhand der folgenden drei Kriterien:

- **System-Ebene:** regional, lokal, organisationsübergreifend, organisationsintern oder auf Produkt- bzw Dienstleistungsebene
- **Strukturelle Ebene:** Subsystem, Teilgebiet, funktionelle Einheiten, Standorte, Prozesse, Stakeholder, …
- **Handlungsebene:** Design, Reduce, Refuse, Repair, Refurbish, Regenerate, Recycle etc.

Im **zweiten Schritt** schlägt die ISO 59020 die Vorgehensweise für die Zirkularitätsmessung und Datenerfassung vor. Zunächst sollten aussagekräftige Indikatoren festgelegt und die zu erhebenden Daten definiert werden. Nach der Datenerhebung (Messung) erhält man durch Aggregation bzw. Berechnung die erforderlichen Informationen für die im **dritten Schritt** erfolgende, eigentliche Bewertung. Nach der Interpretation bzw Beurteilung der erlangten Informationen sollten entsprechende Maßnahmen zur weiteren Verbesserung der Zirkularitätsleistung abgeleitet und umgesetzt werden. Darüber hinaus sollten die gewonnenen Erkenntnisse und die erhobenen Daten und Informationen als Basis für eine transparente, nachvollziehbare Kommunikation und belegbare Aussagen über die Zirkularitätsleistung der Organisation herangezogen werden.

6.1.4.4. Zusammenspiel der ISO-Normen mit dem europäischen Rechtsrahmen für eine Kreislaufwirtschaft

Die Europäische Union hat sich ambitionierte Klimaschutz- und Nachhaltigkeitsziele gesetzt. Sowohl der unter der Federführung von Kommissionspräsidentin Ursula von der Leyen entwickelte „Green Deal" selbst als auch viele andere mit diesem Pakt für eine nachhaltige, wettbewerbsfähige europäische Wirtschaft in Zusammenhang stehende

Strategien, Regularien und Initiativen setzen dabei explizit auf das Konzept der Kreislaufwirtschaft.

Wie gezeigt, bestehen enge Parallelen zwischen der ISO 59000-Normenreihe und zentralen EU-Regularien, die den Übergang zur Kreislaufwirtschaft fördern: Die in der ISO 59004 definierten Prinzipien stehen im Einklang mit den Umweltzielen der **Taxonomie-Verordnung** und fördern die Umsetzung zirkulärer Wirtschaftsmodelle auf Unternehmensebene. Die standardisierten Mess- und Bewertungsansätze der ISO 59020 erleichtern Unternehmen die Erfüllung ihrer **Berichtspflichten im Rahmen der CSRD und ESRS** erheblich und bieten eine fundierte Grundlage für transparente Nachhaltigkeitskommunikation. Dies unterstützt auch die **Green Claims Directive**[764], die besseren Schutz gegen irreführende Umweltversprechen gewährleistet.

Ein weiteres zentrales EU-Instrument der Kreislaufwirtschaft, dessen praktische Umsetzung durch die ISO-Normen erleichtert wird, ist die **Ökodesign-Richtlinie**[765] (Ecodesign for Sustainable Products Regulation, ESPR). Sie fordert unter anderem für bestimmte Produkte einen digitalen **Produktpass**, der Informationen über die technische Leistung des Produkts, die verwendeten Materialien und ihre Herkunft, Reparaturaktivitäten und Recyclingmöglichkeiten enthalten soll. Als ISO-Pendant kann das **Produkt-Zirkularitätsdatenblatt** (Product circularity datasheet, PCDS) **gemäß ISO 59040**[766] Informationen über ebendiese Umweltauswirkungen im Lebenszyklus Auskunft geben: Die ISO 59040 stellt eine allgemeine Methodik für die Erstellung, den Einsatz und die Weiterentwicklung eines PCDS bei der Beschaffung oder Lieferung von Produkten zur Verfügung. Gemeinsam mit der ebenfalls im Oktober 2024 publizierten ISO 59014[767] über die Nachhaltigkeit und Rückverfolgbarkeit von Sekundärmaterialien bietet die ISO 59040 damit auch wichtige Hilfestellungen im Kampf gegen Greenwashing.

6.1.4.5. Fazit

Die ISO-Normenreihe zur Kreislaufwirtschaft ist ein wertvolles Instrument für Unternehmen, um regulatorische Anforderungen der EU zu erfüllen und zirkuläre Geschäftsmodelle zu entwickeln. Sie bietet Unternehmen einen strukturierten Rahmen für die Umsetzung der ambitionierten EU-Ziele im Bereich der Kreislaufwirtschaft und unterstützt deren praktische Implementierung.

Unternehmen, die sich frühzeitig mit der Umsetzung der ISO-Normen zur Circular Economy beschäftigen und dabei die spezifischen Anforderungen des europäischen Kontexts berücksichtigen, können sich als Vorreiter positionieren und von den wirtschaftlichen und ökologischen Vorteilen der Kreislaufwirtschaft profitieren. Gleichzeitig tragen sie damit zur notwendigen Transformation der europäischen Wirtschaft bei und unterstützen die Erreichung der im Green Deal festgelegten Klimaschutz- bzw Nachhaltigkeitsziele.

764 Richtlinie (EU) 2024/825.
765 Verordnung (EU) 2024/1781.
766 ISO 59040:2024 „Circular Economy – Product circularity datasheet"
767 ISO 59014:2024 „Environmental management and circular economy – Sustainability and traceability of the recovery of secondary materials – Principles, requirements and guidance".

6.1.5. Portfoliomanagement für Kreislaufwirtschaftsprojekte

Andreas Ellenberger

Die Umsetzung von Kreislaufwirtschaft (Circular Economy) ist ein erfolgskritischer Bestandteil der unternehmerischen Weiterentwicklung und umfasst sämtliche Bereiche eines Unternehmens. Um diese systemische Transformation strategisch und wirtschaftlich tragfähig zu gestalten, braucht es eine klare Verbindung zwischen strategischen Zielen und der operativen Umsetzung neuer Arbeitsweisen und Geschäftsmodelle. Das Projektportfoliomanagement (PPFM) nimmt hierbei eine zentrale Rolle ein, indem es sicherstellt, dass Projekte zielgerichtet priorisiert, koordiniert und kontrolliert werden und somit zur Zukunftsfähigkeit des Unternehmens beitragen[768].

6.1.5.1. Hintergrund

Die Entwicklung und Etablierung zirkulärer Lösungen erfordert tiefgreifende Veränderungen bestehender Prozesse und Strukturen. Während kontinuierliche Verbesserung ausreicht, um inkrementelle Fortschritte im linearen Modell zu erzielen, benötigt eine Transformation zur Kreislaufwirtschaft zusätzlich die Umsetzung von Projekten, mit denen diese Änderungen eingeführt und ins operative Tagesgeschäft integriert werden.

Um diese Projekte strategisch zu identifizieren, zu bewerten und ohne Überlastung der Organisation umzusetzen, bedarf es gezielter Steuerung durch das PPFM. Dieses bildet das zentrale Bindeglied, um die Vision und strategische Zielsetzungen in die betriebliche Praxis zu überführen. Nach einem kurzen Einblick in den Zusammenhang von Projekten, Programmen und Portfolios sowie dem Bezug zum Tagesgeschäft beschreibt dieses Kapitel, wie Projekt- und Portfoliomanagement die Umsetzung der Ziele zur Integration von Geschäftsmodellen für die Kreislaufwirtschaft gezielt fördert.

6.1.5.1.1. Portfolio-, Programm- und Projektmanagement

Die für die Weiterentwicklung eines Unternehmens erforderlichen Projekte werden auf drei Ebenen gesteuert, auf Portfolio-, Programm- und Projektebene. „Unter Projektportfolio wird eine Menge von Projekten verstanden, die gemeinsam koordiniert für das Unternehmen einen größeren Nutzen stiften als unabhängig voneinander betrachtet.“[769]

Das PPFM bildet die Brücke zwischen Unternehmensstrategie und operativer Projektdurchführung. Es umfasst das zentrale Management aller Projekte eines Unternehmens oder eines Teilbereichs, um strategische Ziele zu erreichen. Es stellt sicher, dass alle Projekte mit den Unternehmenszielen übereinstimmen bzw sich aus diesen ableiten, bezieht auch die Projektpipeline mit ein und ist die höchste Eskalationsebene während der Durchführung von Projekten.

Das Programmmanagement sorgt für die koordinierte Steuerung zusammenhängender Projekte, die ein strategisches Ziel verfolgen. Dies ist dann relevant, wenn die Transformation zur Kreislaufwirtschaft als ein Programm gesteuert wird, mit dem mehrere Projekte ähnlicher Ausrichtung aufeinander abgestimmt werden.

768 Rietsch, J. (2023): Strategisches Projektportfolio-Management. 3. aktualisierte und überarbeitete Auflage, Freiburg: Haufe Verlag.

769 Patzak, G., Rattay, G. (2017): Projektmanagement. Wien: Linde Verlag, S 489.

Das Projektmanagement wiederum konzentriert sich auf die erfolgreiche Durchführung einzelner Projekte. Betrifft dies Projekte aus dem Portfolio oder Programm zur Transformation zu einer Kreislaufwirtschaft, ist die Verzahnung und Abstimmung mit den übergeordneten Zielen erforderlich. Für jedes Projekt außerhalb des Portfolios ist zu prüfen, ob es einen Beitrag zur zirkulären Transformation leistet – positiv, neutral oder negativ – und in welcher Form es bestehende Nachhaltigkeitsziele unterstützt oder untergräbt.

Ziele und Aufgaben des PPFM

Die wesentlichen Ziele für das PPFM[770] sind:

- Bewertung und Priorisierung von Projekten und Projektanträgen-
- Zusammenstellung eines ausgewogenen Portfolios zur Erreichung der strategischen Ziele
- Genehmigung und fortlaufende Prüfung von Projekten
- Identifizierung von Abhängigkeiten zwischen Projekten sowie zum Tagesgeschäft
- Projektübergreifendes Risikomanagement
- Optimierung der Ressourcenallokation
- Übergreifendes Stakeholdermanagement

Die Kernaufgabe des PPFM besteht darin, ein ausgewogenes Portfolio zu schaffen, das Ressourcen, Risiken, Nutzen und strategische Zielerreichung in Einklang bringt. PPFM stellt sicher, dass die ausgewählten Projekte und Programme auf die strategischen Unternehmensziele einzahlen.

Im Kontext der Kreislaufwirtschaft bedeutet das, zirkuläre Projekte nicht nur zu identifizieren und zu priorisieren, sondern auch deren Umsetzung aktiv zu begleiten. Dabei sind auch Projekte zu berücksichtigen, die indirekt zur Circular Economy beitragen, etwa durch Digitalisierung, neue Materialien oder Serviceangebote.

Ziele für Kreislaufwirtschaftsprojekte

Jedes Kreislaufwirtschaftsprojekt kann als Investition in die Zukunftsfähigkeit des Unternehmens angesehen werden. Der Beitrag zur Erreichung der strategischen Ziele ist eine wichtige Kenngröße, um die Notwendigkeit eines Projekts zu beschreiben. Eine typische Unterscheidung der Projekte sind Business-Projekte zur Entwicklung bestehender und neuer Geschäftsfelder, Effizienzprojekte zur Optimierung des bestehenden Geschäfts und regulatorische Projekte zur Einhaltung von externen Anforderungen. Eine weitere Kategorie sind „Enabler"-Projekte. Diese schaffen eine Infrastruktur oder Wissensbasis für die Umsetzung zirkulärer Lösungen, Umsetzungsprojekte dienen der Ein- oder Weiterführung eines zirkulären Geschäftsmodells.

Die Implementierung von Kreislaufwirtschaftsprojekten erfordert oft tiefgreifende Veränderungen in Unternehmensprozessen und -kulturen. Ein effektives Change Management ist daher unerlässlich, um Widerstände zu überwinden und die notwendige Transformation zu ermöglichen.

770 Basierend auf Axelos (2022): Management of Portfolios. Official Manual, PeopleCert/Axelos.

6.1.5.2. Einordnung von Kreislaufwirtschaftsprojekten

Kreislaufwirtschaft kann aus unternehmerischer Sicht zwei Perspektiven einnehmen:

1. Beitrag zur regionalen/lokalen Kreislaufwirtschaft, indem Angebote zur Förderung und Verstärkung der Kreisläufe bereitgestellt werden (zB Sharing-Plattformen oder Services zur Verlängerung der Nutzung).
2. Instrumente und Strategien der Kreislaufwirtschaft zur internen Weiterentwicklung des Unternehmens nutzen, indem zB Zusatzangebote zur Reparatur oder Wiederaufbereitung von gebrauchten Produkten oder Remanufacturingangebote entwickelt werden

Je nachdem wie umfassend der Anspruch des Unternehmens zur Umsetzung von Kreislaufwirtschaft ist, lassen sich diese Projekte auf drei strategische Arten im Portfolio verankern. Grundsätzlich sollten Kreislaufwirtschaftsprojekte als integraler Bestandteil der Geschäftsstrategie betrachtet werden und nicht als separate Nachhaltigkeitsinitiativen.

Kreislaufwirtschaftsprojekte als eigenes Portfolio

Unternehmen können Kreislaufwirtschaft als eigenständigen Geschäftsbereich mit einem dedizierten Projektportfolio etablieren. Dies ermöglicht eine fokussierte Steuerung und Ressourcenallokation für zirkuläre Initiativen. Dies bietet sich insbesondere für Unternehmen an, die ihre strategische Ausrichtung auf Angebote für die Kreislaufwirtschaft legen.

Umsetzung von Kreislaufwirtschaft als Programm

Die Umsetzung von Kreislaufwirtschaft kann als übergreifendes Programm implementiert werden, das verschiedene Projekte zur Erreichung eines strategischen Ziels koordiniert. Beispiele können die Entwicklung von „Produkt-als-Service"-Angeboten, der Einsatz von Sekundärrohstoffen und recycelten Materialien in unterschiedlichen Produkten oder die optimierte Verwendung von Produktionsabfällen an mehreren Standorten sein.

Mithilfe des Programmmanagements wird sichergestellt, dass die erforderlichen Projekte zur Umsetzung gestartet, abgestimmt und koordiniert werden, Erfahrungen aus einzelnen Projekten weitergegeben werden und der gewünschte Nutzen für das Unternehmen realisiert wird.

Kreislaufwirtschaftsprojekte als Teil des Gesamt- oder Bereichsportfolios

Einzelne Projekte im Rahmen des Gesamtportfolios des Unternehmens oder eines Bereichs beinhalten die Umsetzung von Kreislaufwirtschaft, zB die Nutzung von recycelten Materialien, Einführung eines Rücknahmesystems oder die Änderung von Produktdesigns zu erhöhter Modularität und Reparierbarkeit. Diese Projekte unterstützen die geschäftlichen Ziele und steigern das zirkuläre Denken in der Organisation. Das PPFM legt dabei fest, welcher Anteil des jeweiligen Portfolios aus Projekten zur Unterstützung der Kreislaufwirtschaft bestehen soll und in welcher Form über die Maßnahmen berichtet wird.

Für jedes Projekt des gesamten Portfolios sollte bei der Freigabe geprüft werden, ob es die Erhöhung des Reifegrads bzgl Kreislaufwirtschaft im Unternehmen fördert, dazu beiträgt, neutral ist oder diesen senkt.

6.1.5.3. Projektportfoliomanagement umsetzen

Die in der Anwendung in Unternehmen am weitesten verbreiteten Projektmanagementstandards haben die Elemente für das Portfoliomanagement übergreifend beschrieben, da dies den Rahmen für die Umsetzung von Projekten liefert. Die IPMA®[771] beschreibt 29 Kompetenzfelder für Menschen im PPFM[772], das Project Management Institute (PMI®) hat ein Kompendium an Wissen, Tools und Techniken für die Durchführung von PPFM zusammengestellt[773]. Peoplecert, die den Projektmanagementstandard PRINCE2® weiterentwickeln, haben mit dem PRINCE2 Portfolio Management einen Leitfaden für das Senior Management zur Umsetzung von PPFM entwickelt[774].

In diesem sind die Handlungsfelder für das PPFM auf einen Blick verständlich – und bereits an das zirkuläre Denken angepasst. Anhand der zwei Zyklen im PPFM, der Zusammenstellung des Projektportfolios und der kontinuierlichen Steuerung der Projekte und Programme mit Integration in das Tagesgeschäft, werden die Besonderheiten für das Portfolio von Kreislaufwirtschaftsprojekten vorgestellt.

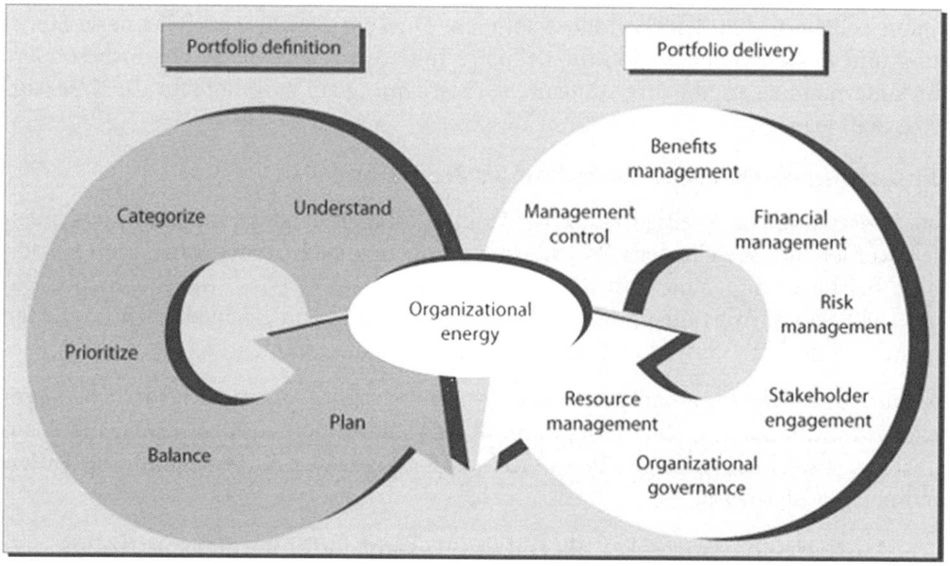

Abb 51: Die Zyklen und Praktiken zur Umsetzung von Portfoliomanagement nach PRINCE2 Portfolio Management [Quelle: Management of Portfolios, Axelos Ltd (2011)]

771 International Project Management Association, vertreten in Österreich durch pma und in Deutschland durch die GPM.

772 International Project Management Association (IPMA) (2015): Individual Competence Baseline for Project, Programme and Portfolio Management (Version 4.0). Van Haren Publishing, 's-Hertogenbosch, Kap 6.

773 Project Management Institute (PMI) (2017): The Standard for Portfolio Management. 4th Edition. Newtown Square, PA.

774 Aus MoP® – Management of Portfolios (2022) –, seit 2024 wird die Methode als PRINCE2 Portfolio Management weiterentwickelt

6.1.5.3.1. In fünf Schritten das Portfolio festlegen

Anhand des Leitfadens „Management of Portfolios" für Best Practices im Portfoliomanagement[775] sind fünf Schritte zur Definition und Zusammenstellung des Projektportfolios empfohlen. Für Kreislaufwirtschaft angewendet, beinhaltet dies die folgenden Kernaktivitäten:

1. Understand: Es wird definiert, was als ein Kreislaufwirtschaftsprojekt angesehen wird und wie es zur Erreichung der strategischen Ziele beiträgt. Im Rahmen dieser Praktice geht es darum, die bereits gestarteten und in der Pipeline befindlichen Initiativen zu sammeln, sich einen Überblick über die aktuelle Projektlandschaft zu verschaffen und sicherzustellen, dass die vorgeschlagenen Projekte einen Beitrag zur Zukunftsfähigkeit liefern.

2. Categorize: Die Initiativen werden gruppiert und kategorisiert. Kategorien können dabei die Art des Projekts (zB Enabler, Prototyp oder Umsetzungsprojekt), regionale oder funktionale Einordnung ins Unternehmen oder die verschiedenen Kreislaufwirtschaftsansätze (zB aus den R-Strategien) sein. Hier wird auch festgelegt, ob es ein dediziertes Kreislaufwirtschaftsportfolio geben wird oder ob einzelne Programme und Projekte in das allgemeine Projektportfolio eingeordnet werden.

3. Prioritize: Auf Basis von definierten Kriterien (zB Nutzen, Kapitalwert, Emissionsreduktion) wird für jede Initiative bewertet, inwieweit diese einen Beitrag zur Unternehmensentwicklung und Erhöhung der Kreislauffähigkeit liefert, welche Aufwände mit der Umsetzung verbunden sind und mit welchem Zeithorizont sie etabliert werden können. Ziel ist es, eine Rangfolge der Initiativen zu erstellen.

4. Balance: Um die Organisation nicht mit Projekten zu überfordern, werden die bereits laufenden Projekte, die Aufwände für das Tagesgeschäft, vorhandene Ressourcen und Kapazitäten sowie die verfügbaren Budgets für die Weiterentwicklung den gewünschten Initiativen gegenübergestellt. Ziel ist es, ein ausgewogenes und machbares Portfolio an Maßnahmen für die nächste betrachtete Periode zu erstellen. Mithilfe einer Portfolio-Map können die Aspekte finanzieller und qualitativer Nutzen inkl Erhöhung der Kreislauffähigkeit, Risiken und Aufwand dargestellt werden. In der vereinfachten Darstellung sind die Aufwände und Risiken durch die Größe der Kreise abgebildet.

775 In 2011 wurde der Leitfaden als MoP® erstmalig publiziert

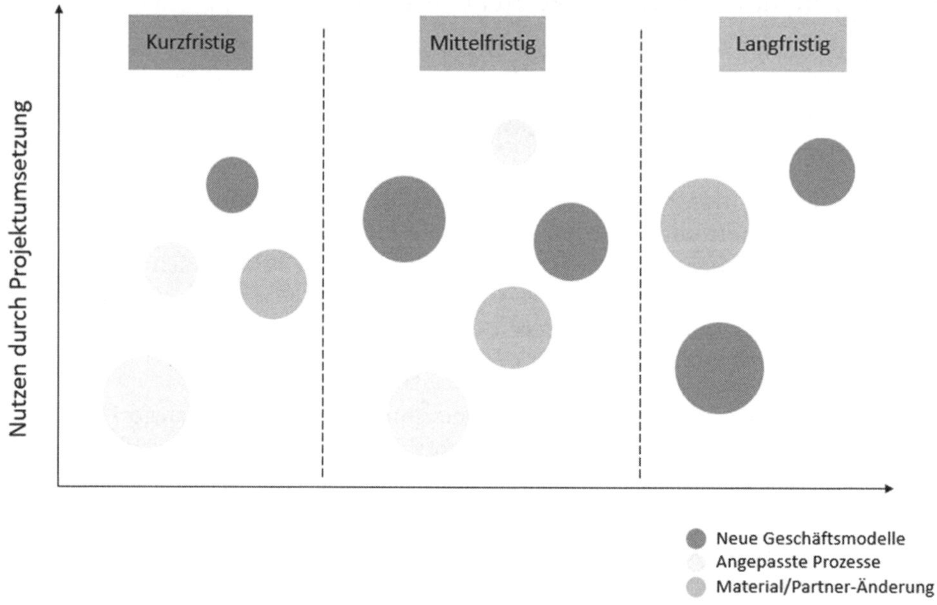

Abb 52: Portfolio Mapping [Quelle: eigene Darstellung]

5. Plan: Das Mapping ist die Grundlage für die Entscheidung durch den Portfolio-Ausschuss, zB die Geschäftsführung beim unternehmensweiten Ansatz, die dann in die Planungen überführt werden. Enthalten ist dabei auch die Auswahl der Initiativen, die im nächsten Jahr als Projekte gestartet werden. Dies beinhaltet die Freigabe von Budgets und die Auswahl von Personen und Partnern, die die Umsetzung sicherstellen. Der langfristige Ausblick ist zudem von Bedeutung für die Kommunikation mit internen und externen Stakeholdern.

6.1.5.3.2. Portfoliomaßnahmen während der Umsetzung der Projekte

Für die erfolgreiche Umsetzung von Kreislaufwirtschaftsprojekten innerhalb eines Portfolios ist es entscheidend, die zentralen Delivery Practices der MoP-Methode bewusst an die besonderen Anforderungen regenerativer und zirkulärer Ansätze anzupassen.

Im Risikomanagement bedeutet das beispielsweise, systemische Risiken wie neue regulatorische Anforderungen, Markt- und Kundenentwicklungen oder dieVeränderung der organisationsinternen oder gesellschaftlichen Akzeptanz von Nachhaltigkeitsmaßnahmen explizit mit einzubeziehen. Die im Nachhaltigkeitsreporting betrachteten Risks & Opportunities[776] sollten gezielt zur Gestaltung des Projektportfolios mit einbezogen werden.

776 Die doppelte Wesentlichkeitsanalyse zur Ermittlung der für die Berichterstattung wesentlichen Nachhaltigkeitsthemen beinhaltet die Definition von IROs (Impacts, Risks, Opportunities), zur Vertiefung siehe Binder, U. (2021): Nachhaltigkeitsberichterstattung in mittelständischen Unternehmen: Vorbereitung, Umsetzung, Praxistipps.

Im BenefitsManagement (Nutzenmanagement) liegt der Fokus darauf, nicht nur ökonomische, sondern auch ökologische und soziale Nutzen klar zu definieren, zu messen, über den gesamten Projektlebenszyklus und die Einführung hinaus zu steuern. Dabei sollten qualitative und langfristige Werte wie Ressourcenschonung, Abfall- und Emissionsreduktion, Biodiversitätserhalt oder Beiträge zur regionalen Kreislaufwirtschaft als ergänzend zu den finanziellen, monetären Nutzen betrachtet werden. Das PPFM sorgt zudem dafür, dass eine übergreifende Kommunikation über die Projekte erfolgt und die Nutzenrealisierung sichergestellt wird.

Ein übergeordnetes Stakeholder-Engagement ist für Kreislaufwirtschaftsprojekte essenziell, da viele Maßnahmen systemübergreifend sind und verschiedene Interessengruppen – von Lieferanten zu Mitarbeitenden über Kund:innen, öffentliche Verwaltung bis hin zu gesellschaftlichen Stakeholdern und Bürger:innen eingebunden werden. Ziel des Stakeholder-Engagements ist es, Widerstände abzubauen und gemeinsames Lernen zu ermöglichen, welches allen Projekten zugutekommt.

Die Praktiken zur Organisational Governance und Management Control sorgen für Transparenz, abgestimmte Entscheidungsstrukturen für Projekte, Programme und Portfolios sowie über Management Dashboards für eine koordinierte Berichterstattung. Für Kreislaufwirtschaftsprojekte wird die strategische Verankerung in der Organisation sichergestellt: Die Governance-Strukturen müssen Nachhaltigkeitsziele widerspiegeln, Verantwortlichkeiten für ökologische und soziale Aspekte klar benennen und durch geeignete Entscheidungsprozesse flankiert werden. Dies umfasst auch die Integration regenerativer Prinzipien in Portfoliopriorisierungen und Entscheidungsframeworks sowie die Sicherstellung, dass Governance nicht nur Compliance, sondern auch Transformation ermöglicht. Ein Standard-Vorgehensmodell für das Kreislaufwirtschaftsprojekte kann genauso entwickelt werden wie Prüfpunkte, die jedes Projekt bzgl zirkulären Vorgehens erfüllen muss.

6.1.5.3.3. Projekte aufsetzen und liefern

Auch auf Projektebene gibt es spezifische Anforderungen für zirkuläre Vorhaben. Abgeleitet aus den Prinzipien der Methode PRINCE2®, die in der aktuellen Version[777] die Festlegung von Nachhaltigkeitszielen für Projekte auf jeder Ebene vorsieht, sorgt die Berücksichtigung der folgenden Faktoren für ein erfolgreiches Kreislaufwirtschaftsprojekt:

Business Case: Projekte für die Kreislaufwirtschaft benötigen eine wirtschaftliche Rechtfertigung für diese Investition analog zu Projekten für die geschäftliche Weiterentwicklung. Der entstehende Nutzen durch zusätzliche Zielgruppen und Absatzmärkte, Einsparungen, erhöhte Kundenbindung, Reduktion von Emissionen oder der Attraktivität für nachhaltigkeitsbewusste Fachkräfte sind wesentliche Treiber für die Umsetzung und gleichzeitig ein Motivationsfaktor für alle am Projekt Beteiligten. Weitere ökologische und soziale Nutzen durch zirkuläre Geschäftsmodelle ergänzen den Business Case. Diesen gegenübergestellt werden Projekt- und Folgekosten für den Betrieb sowie die

777 PeopleCert International [2024]: PRINCE2® 7: Erfolgreiche Projekte managen. Offizielle deutsche Ausgabe, PeopleCert Ltd.

Risiken der Einführung. Die Risiken der Nicht-Umsetzung zirkulärer Lösungen werden ebenfalls betrachtet, um der Geschäftsführung die langfristigen Konsequenzen der Entscheidung zu verdeutlichen.

Organisatorische Verankerung im Business: Ein Lenkungsausschuss für das Projekt, der aus den Entscheider:innen im Management des Unternehmens gebildet wird, sorgt dafür, dass Ressourcen und Menschen zur Umsetzung für das Projekt bereitstehen und die Integration in das operative Geschäft im Fokus bleibt. Die Umsetzung wird an Projektmanager:innen delegiert, jedoch bleibt die Verantwortung für das Projekt beim Business. So wird sichergestellt, dass die Erfordernisse des operativen Geschäfts im Blick bleiben und nach Projektende die Ergebnisse effizient zur Weiterentwicklung des Unternehmens genutzt werden. Das PPFM hilft dabei, den Lenkungsausschuss auszuwählen, die Verantwortlichkeiten für die Integration zirkulärer Leitlinien für alle Projekte zu definieren und die Projektverantwortlichen entsprechend zu trainieren.

Phasenplanung und agiles Arbeiten: Die Aufteilung des Projekts erfolgt in Phasen mit Entscheidungspunkten, an denen der Lenkungsausschuss die nächsten Schritte bewusst freigibt und schafft für die Entscheider Klarheit, in welchen Schritten Ergebnisse zu erwarten sind. Mithilfe von Checklisten kann an diesen Punkten geprüft werden, dass zirkuläre Prinzipien eingehalten werden.

In der Planung von Kreislaufwirtschaftsprojekten sollten dazu adaptive und agile Vorgehensweisen angewendet werden. Zirkuläre Lösungen sind oft komplex, beinhalten viele Stakeholder:innen und erfordern regelmäßige Anpassungen. Es geht nicht darum, eine perfekte Lösung im Voraus zu planen, sondern mit klaren Zielen vorbereitet zu sein, um auf Erkenntnisse im Projektverlauf, Änderungen im Projektumfeld und neues Wissen und Technologien reagieren zu können.

Kontinuierliches Lernen und Feedback: Die agilen Vorgehensweisen unterstützen das gemeinsame Entwickeln mit allen Partnern im Wertschöpfungskreislauf. Minimum Viable Products (MVP)[778] helfen dabei, mit Kundenfeedback die Lösung zu verbessern. Weitere agile Methoden wie Scrum oder Kanban bieten sich für die Projektarbeit an. Das iterative und inkrementelle Arbeiten in enger Abstimmung mit Kooperationspartnern fördert durch Bereitstellen, Testen in der Praxis und Nachjustieren von Lösungen eine feedbackorientierte Entwicklung.

Integration zirkulärer Prinzipien und kooperativer Zusammenarbeit im Projektverlauf: Bereits während des Projekts wird gezielt eingeübt, was später für die erfolgreiche Umsetzung der Kreislaufwirtschaft entscheidend ist: Nicht nur die fachlichen Inhalte, sondern insbesondere auch die kooperative Zusammenarbeit stehen im Mittelpunkt. Ein regeneratives Projektmanagement[779] legt Wert darauf, dass das Projektteam gemeinsam mit allen relevanten Stakeholdern – insbesondere jenen, die später Teil des Wertschöpfungsnetzwerks sein werden – schon im Projektverlauf tragfähige Beziehungen

778 Ein MVP ist eine Entwicklungsstufe eines Produkts oder Services, bei der erstmals reale Tests mit Kunden möglich sind – die Begrifflichkeit wurde im Rahmen von Lean Startup eingeführt, vgl Ries, E. (2012): Lean Startup. München: Redline Verlag.

779 Abgeleitet aus den Prinzipien der regenerativen Führung für Organisationen nach Hutchins/Storm (2023): Regenerative Führung.

und Kooperationsstrukturen aufbaut. Dadurch werden die zirkulären Prinzipien und die kontinuierliche Weiterentwicklung nicht nur theoretisch vermittelt, sondern praktisch gelebt. So wird es leichter, die Projektergebnisse nahtlos in das operative Geschäft zu integrieren, den Nutzen für das Unternehmen zu maximieren und Reibungsverluste bei der Übergabe in den Betrieb deutlich zu reduzieren.

6.1.6. Prozessmanagement in der Kreislaufwirtschaft

Markus Kulmesch

6.1.6.1. Relevanz von Prozessmanagement in der Kreislaufwirtschaft

Wenn Unternehmen Produkte oder Dienstleistungen bereitstellen, stellt sich die zentrale Frage, welche unternehmensinternen Aktivitäten erforderlich sind, um den angestrebten Output zu generieren. Die strukturierte Abfolge von Tätigkeiten, die durch einen definierten Anfang und ein festgelegtes Ende gekennzeichnet ist, wird als Prozess bezeichnet. Prozesse sind zudem inhaltlich abgegrenzt, sodass eindeutig bestimmt wird, welches Ergebnis in welcher Form an den nachfolgenden Schritt übergeben wird. Dabei kann es sich um materielle Komponenten, wie Produkte oder Werkstoffe, handeln, aber auch um immaterielle Elemente, wie Informationen oder dienstleistungsbezogene Tätigkeiten.[780]

Gemäß der ÖNORM ISO 9000:2015 zeichnet sich der langfristige Erfolg eines Unternehmens durch einen kontinuierlichen Verbesserungsprozess aus. Dieser ist nicht nur essenziell, um das bestehende Leistungsniveau zu erhalten, sondern auch, um flexibel auf veränderte interne oder externe Rahmenbedingungen reagieren zu können. Darüber hinaus eröffnet eine konsequente Verbesserung betrieblicher Abläufe neue strategische Möglichkeiten und Wettbewerbsvorteile. Eine besonders wirkungsvolle Maßnahme in diesem Zusammenhang ist die gezielte Optimierung von Prozessen, die darauf abzielt, Effizienzsteigerungen zu realisieren, Ressourcen gezielter einzusetzen und die Gesamtleistung der Organisation nachhaltig zu verbessern.[781]

Angesichts der fortschreitenden Ressourcenverknappung und der steigenden Rohstoffpreise sind Unternehmen zunehmend gefordert, ihre Geschäftsmodelle grundlegend zu transformieren. Dies impliziert eine Abkehr von linearen Wirtschaftssystemen hin zu zirkulären Ansätzen, die auf eine effiziente Nutzung von Ressourcen, die Verlängerung von Produktlebenszyklen sowie eine systematische Rückführung von Materialien in den Wirtschaftskreislauf abzielen, um nur einige Aspekte zu nennen.

In diesem Kontext ist eine umfassende Auseinandersetzung mit den bestehenden Unternehmensprozessen erforderlich, um Optimierungspotenziale zu identifizieren und nachhaltige Lösungsansätze zu entwickeln. Nur durch eine gezielte Prozessoptimierung können Unternehmen langfristige Wettbewerbsvorteile sichern und den steigenden Anforderungen hinsichtlich Ressourceneffizienz gerecht werden.

780 Vgl Wagner, K./Käfer, R. (2017): PQM-Prozessorientiertes Qualitätsmanagement. Leitfaden zur Umsetzung der ISO 9001, 7. Aufl, Göttingen: Springer Gabler, S 4.

781 Vgl Austria Standard (2015): ÖNORM EN ISO 9000: 2015. Qualitätsmangementsysteme – Grundlagen und Begriffe, 2015, o.O., S 13.

6.1.6.1.1. Prozessoptimierung

Im Rahmen von Prozessoptimierungen werden Schritte durchgeführt, um die aktuellen Abläufe systematisch zu analysieren und zu verbessern. Zunächst erfolgt eine detaillierte Prozessanalyse, wodurch der aktuelle Ist-Zustand des Prozesses erfasst und dokumentiert wird. Parallel dazu werden die Anforderungen der Kund:innen (interne und/oder externe) systematisch erhoben, um ein umfassendes Verständnis der Erwartungen an den Prozess zu erlangen. Auf Basis dieser Informationen kann eine Bewertung des Prozesses durchgeführt werden. Die ermittelte Ist-Leistung wird anschließend den identifizierten Kundenanforderungen sowie den Leistungsstandards der Wettbewerber:innen bzw neuen Geschäftsmodellen gegenübergestellt. Durch diesen Vergleich lassen sich potenzielle Abweichungen und Optimierungsbedarfe ableiten, die als Grundlage für gezielte Verbesserungsmaßnahmen dienen.[782]

Möchten Unternehmen ihre Produkte kreislauffähig gestalten, ist eine systematische Prozessanalyse ein essenzielles Instrument zur Identifikation von Optimierungspotenzialen. Durch eine detaillierte Untersuchung bestehender Abläufe können Effizienzsteigerungen, Ressourcenschonung und nachhaltige Wertschöpfungsmöglichkeiten im Sinne der Kreislaufwirtschaft gezielt ermittelt werden.

Diese Analysen können in Form von Prozessworkshops oder Einzelinterviews stattfinden. Bei Prozessworkshops werden Expert:innen aus den Fachbereichen eingeladen und der Prozess in einem gemeinsamen Termin und durch Unterstützung einer neutralen Moderation erstellt. Eine Prozessdarstellung sorgt für ein gemeinsames Verständnis für den Ablauf und zeigt Potenziale zur Verbesserung auf.[783]

6.1.6.1.2. Prozessdarstellungen und Werkzeuge für Analysen

Zur Darstellung von Prozessen stehen unterschiedliche Werkzeuge zur Verfügung. Gängige Darstellungsformen sind beispielsweise die Pfeildarstellung, die Wertstromanalyse sowie die Makigami-Analyse. Sie bieten die Möglichkeit, Prozesse in unterschiedlichen Formen und mit verschiedenem Detaillierungsgrad bedarfsgerecht zu visualisieren. So können sie Projektteams in der Kreislaufwirtschaft helfen, Prozesse hinsichtlich ihres Zirkularitätspotenzials zu analysieren, Abläufe neu zu denken und strukturiert darzustellen – beispielsweise zur internen Kommunikation und Ausrollung kreislauffähiger Prozesse. Sie sind ebenso ein Werkzeug, um Menschen in Change-Prozessen, zB im Kontext der Kreislaufwirtschaft, strukturiert an das Thema heranzuführen und sie konkret einzubinden. Außerdem erlauben sie die Auf- und Vorbereitung von Entscheidungen aller Hierarchiestufen.

Pfeildarstellung: Die Pfeildarstellung eignet sich besonders gut, um umfangreiche Prozesse vereinfacht darzustellen. Sie findet oft Anwendung in der Darstellung von Geschäftsprozessketten und wird in diesem Zusammenhang auch als Wertschöpfungsket-

782 Vgl Becker, T. (2008): Prozesse in Produktion und Supply Chain optimieren, 2. Aufl, Berlin/Heidelberg: Springer, S 35.

783 Vgl Best/Weth (2005) Best, E./Weth, M. (2005): Geschäftsprozesse optimieren. Der Praxisleitfaden für erfolgreiche Reorganisation, 2. Aufl, Wiesbaden: Gabler, S 68 ff.

tendarstellung bezeichnet.[784] Die Darstellung bietet die Möglichkeit, Prozessentwürfe bzw Soll-Zustände in einem ersten Schritt grundlegend abzubilden, bevor diese in der Tiefe weiter ausgearbeitet werden. Diese Grundlagenarbeit ist insbesondere für einen Gesamtblick dienlich und leicht verständlich.

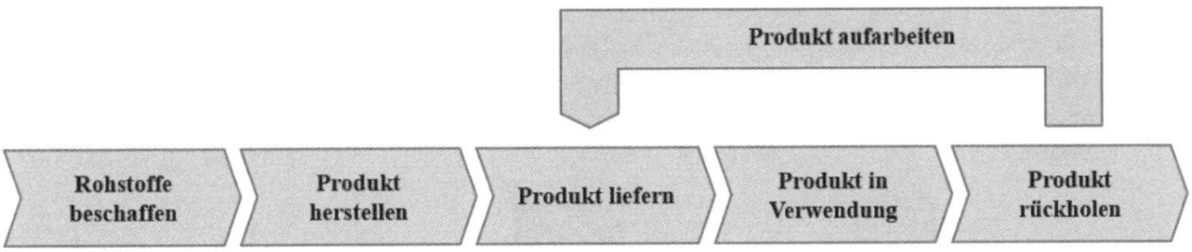

Abb 53: Pfeildarstellung [Quelle: eigene Darstellung]

In einem gemeinsamen Workshop mit den relevanten Fachabteilungen kann basierend auf der Pfeildarstellung diskutiert werden, wie die Produkte nach Erreichen ihrer Lebensdauer nicht entsorgt, sondern zurückgeführt und einer Aufarbeitung unterzogen werden können. Basierend auf den ersten Ideen können weitere Details erarbeitet werden. Daher eignet sich die Pfeildarstellung zum Beispiel bei der Aufbereitung und High-Level-Diskussion von Rückführungslogistiksystemen. Näheres dazu im Kap 8.1.4.3.4.

Wertstromanalyse: Ein wesentlicher Vorteil der Wertstromanalyse liegt in der ganzheitlichen Darstellung des Wertstromes und den darin enthaltenen Ineffizienzen. Dazu zählen zB lange Liegezeiten von Halbzeugen, Ausschussquoten oder hohe Lagerbestände im Prozess. Die Wertstromanalyse ist ein bewährtes Werkzeug im Lean Management und findet oft Anwendung im Bereich der Fertigung. Die Autor:innen Reichert, Cito und Barjasic haben erste Beispiele zur Analyse von Energiemanagement in Produktionsbereichen aufgezeigt.[785]

Die Wertstromanalyse findet jedoch nicht nur Anwendung in der Analyse von IST-Prozessen, sondern auch in der Darstellung der künftigen SOLL-Prozesse mit anschließender Umsetzung der identifizierten Optimierungspotenziale. Insbesondere bei der Gestaltung von Prozessen zur Reparatur, Aufbereitung oder Recycling von Produkten und Sub-Komponenten im Sinne der Kreislaufwirtschaft bietet die Wertstromanalyse eine strukturierte Möglichkeit zur Visualisierung.

Makigami-Analyse: Wie der Name vermuten lässt, hat die Makigami-Analyse ihren Ursprung in Japan und lässt sich mit „Rolle aus Papier“ übersetzen. Sie gehört zu den neuen Methoden der Prozessdarstellung und wird häufig in administrativen Bereichen und in Dienstleistungsorganisationen eingesetzt. Die Darstellung gliedert sich in die folgenden Ebenen: Tätigkeiten, Dokumente und Medien, Analyse der Zeitlinie und identifizierte Probleme. Außerdem können Schnittstellenprobleme visualisiert werden.[786]

784 Vgl Wagner, K./Lindner, A. (2017): Wertstromorientiertes Prozessmanagement. Effizienz steigern, Verschwendung reduzieren, Abläufe optimieren, 2. Aufl, Göttingen: Hanser, S 105.

785 Reichert, D./Cito, C./Barjasic, I. (2018): Lean & Green: Best Practice. Wie sich Ressourceneffizienz in der Industrie steigern lässt, Wiesbaden: Springer Gabler.

786 Vgl. Wagner/Lindner (2017) S 68.

Darüber hinaus kann die Makigami-Analyse um zusätzliche Ebenen erweitert werden, um umfassendere Analysen der Prozesse durchzuführen. Insbesondere das Hinzufügen ökologischer und sozialer Aspekte bietet eine wertvolle Ergänzung, um Nachhaltigkeitskriterien gezielt einzubeziehen und Optimierungspotenziale zu identifizieren, so beispielsweise auch für zirkuläre Praktiken.

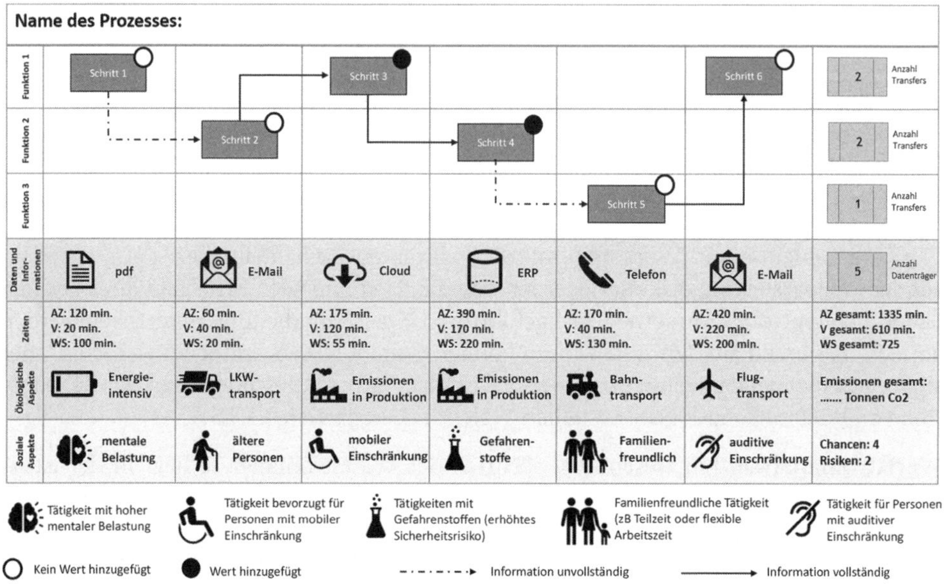

Abb 54: Makigami-Analyse [Quelle: eigene schematische Darstellung]

Ähnlich wie die Wertstromanalyse dient die Makigami-Analyse nicht ausschließlich der Darstellung bestehender IST-Prozesse, sondern kann auch zur Modellierung von SOLL-Prozessen herangezogen werden. Auf dieser Basis lassen sich ebenso Lösungsansätze im Kontext der Kreislaufwirtschaft darstellen.

6.1.6.1.3. Kennzahlen zur Leistungsmessung und kontinuierliche Verbesserung

Zur Beurteilung der Leistungsfähigkeit eines Prozesses sind Kennzahlen unerlässlich. Da Momentaufnahmen allein keine belastbaren Aussagen ermöglichen, ist es erforderlich, die Kennzahlen über einen längeren Zeitraum hinweg zu beobachten. Zeigen sich Auffälligkeiten in ihrer Entwicklung, kann dies auf einen Handlungsbedarf hinweisen. Darüber hinaus lassen sich mit Hilfe von Kennzahlen auch Fortschritte sichtbar machen, die durch umgesetzte Verbesserungsmaßnahmen erzielt wurden.[787] Werden Prozesse im Sinne der Kreislaufwirtschaft angepasst, ist es nicht nur erforderlich, die Prozesse selbst zu verändern, sondern auch geeignete Kennzahlen abzuleiten und zu beobachten. Nur auf diese Weise lassen sich sowohl der Erfolg als auch die kontinuierliche Weiterentwicklung systematisch darstellen und laufend bewerten.

787 Vgl Füermann, T./Dammasch C. (2008): Prozessmanagement. Anleitung zur ständigen Prozessverbesserung, 3. Aufl: Hanser, S 63 ff.

Ist ein Prozess erfasst, optimiert und sind geeignete Kennzahlen zur laufenden Bewertung etabliert, so ist es erforderlich, diesen kontinuierlich weiterzuentwickeln. Der Begriff der kontinuierlichen Verbesserung hat sich im deutschsprachigen Raum als eigenständiges Konzept etabliert und stellt teilweise eine Weiterentwicklung des aus dem Japanischen stammenden Kaizen dar. Kaizen bedeutet wörtlich „Veränderung zum Besseren". Im unternehmerischen Kontext beschreibt Kaizen einen Ansatz, bei dem alle Mitarbeitenden fortlaufend zur Verbesserung von Geschäftsprozessen beitragen.[788] Betrachtet man die Kreislaufwirtschaft als Prozess, ist auch die Erfassung von Kennzahlen zur Erfolgsmessung ein wesentlicher Bestandteil. Denn nur durch Kennzahlen kann bestätigt werden, ob der zirkuläre Prozess das gewünschte Ergebnis erzielt. Besonders relevant ist dies für interne Entscheider:innen wie das Management.

6.1.6.1.4. Conclusio: Kreislauffähigkeit geht nur mit Prozessen

Möchte man Kreislaufwirtschaft in einem Unternehmen etablieren, ist der prozessuale Zugang essenziell. Nur durch die Analyse der aktuellen Abläufe sowie Darstellung künftiger Arbeitsweisen unter Berücksichtigung der Kreislaufwirtschaft können neue Lösungen aufgezeigt werden. Oft greift die Kreislaufwirtschaft in bereits vorhandene Abläufe ein. Wird das Kerngeschäft der Organisation hinsichtlich Zirkularität verändert, geht damit zwangsläufig einher, dass die wertschöpfenden Kernprozesse dahingehend angepasst werden müssen. Ohne eine prozessuale Darstellung und Analyse erweist sich eine erfolgreiche Umsetzung in der Praxis als schwierig bis unmöglich, da die Orientierung fehlt. Die methodische Vorgehensweise und Einbindung verschiedener Stakeholder bei der Gestaltung der neuen Prozesse bringen tragfähigere Lösungen hervor und streben einen gemeinsamen Konsens an. Dadurch kann die Akzeptanz erhöht und der Veränderungsprozess erleichtert werden, der mit der Kreislaufwirtschaft einhergeht und den Erfolg maßgeblich beeinflusst – inklusive Management.

Praxisbeispiel

Jährlich landen allein in Österreich rund 202.800 Tonnen Textilabfälle im Müll, wobei nur etwa ein Fünftel davon über die Altkleidersammlung getrennt erfasst wird. Der überwiegende Teil wird verbrannt; insgesamt werden lediglich rund 17 % wiederverwendet oder recycelt.[789]

Die rund 31.500 Mitarbeiter:innen von Austrian Airlines, City Airport Train (CAT), ÖBB, der Österreichischen Post und der Wiener Linien tragen im Arbeitsalltag Dienstbekleidung, die nach Ende ihrer Lebensdauer recyclingfähig ist. Darüber hinaus werden täglich Tausende Personen mit Miet-Berufsbekleidung über das Unternehmen Salesianer ausgestattet. Das Konsortium hat sich im Rahmen eines gemeinsamen Pilotprojekts das Ziel gesetzt, jährlich rund 50 Tonnen Textilmüll zu vermeiden und an kreislauffähigen Lösungen zu arbeiten.[790] Im folgenden Kapitel werden die Inhalte des Projekts aus Sicht der ÖBB näher erläutert.

Ausgangssituation und Zielsetzung

Die ÖBB stand vor der Herausforderung, dass es nach dem Ende der Lebensdauer der Berufsbekleidung keine geeignete Lösung gab, diese in einen geschlossenen Kreislauf zu überführen. In einem ersten Schritt stellte sich das Unternehmen daher die Frage, welche weiteren Unter-

788 Vgl Wagner, K./Patzak G. (2015), S 96.
789 Vgl Umweltbundesamt: https://www.umweltbundesamt.at/news220207, abgerufen am 4.8.2025.
790 Vgl OTS Presseaussendung: https://www.ots.at/presseaussendung/OTS_20250317_OTS0047/zweites-leben-fuer-1er-panier-schulterschluss-bei-textiler-kreislaufwirtschaft, abgerufen am 4.8.2025.

nehmen in Österreich vor einer ähnlichen Herausforderung stehen könnten, und lud diese zu einer Kooperation ein.

Ziel des Projekts war, an einer gemeinsamen Lösung zu arbeiten, um Dienstbekleidung künftig nicht mehr linear, sondern im Sinne eines kreislauffähigen Systems zu gestalten.

Erhebung IST-Situation

In einem ersten Schritt erfolgte eine systematische Erhebung der aktuell eingesetzten Textilien. Diese wurden hinsichtlich ihrer Materialzusammensetzung und Nutzungshäufigkeit analysiert sowie grafisch aufbereitet. Ziel war es, ein detailliertes Verständnis der vorhandenen Textilien und ihrer stofflichen Eigenschaften zu erlangen.

Ergänzend dazu wurden die gegenwärtigen IST-Prozesse entlang des Lebenszyklus der Dienstbekleidung durch eine Makigami-Analyse erfasst und dokumentiert. Die Analyse dieser Abläufe ermöglichte die Identifikation potenzieller Schwachstellen und zeigte Ansatzpunkte für kreislauffähige Optimierungsmöglichkeiten auf.

In einem weiteren Schritt wurde eine Marktanalyse durchgeführt, um einen Überblick über die derzeit am Markt tätigen Unternehmen zu gewinnen, die Lösungen für die identifizierten Herausforderungen anbieten.

Lösungen erarbeiten

Basierend auf den IST-Prozessen mussten neue Prozesslösungen erarbeitet werden, welche die Textilien in einer Kreislaufwirtschaft führen können. Zu unterscheiden galt es zwischen Prozessen, die alle Unternehmen im Konsortium betreffen und daher gemeinsam diskutiert und erarbeitet wurden, wie die Textillogistik zur weiteren Verarbeitung, und jenen Prozessen, die nur für die ÖBB von Relevanz sind, wie interne Sammelprozesse für die Dienstbekleidung, die bis zu dem Zeitpunkt noch nicht ausreichend vorhanden waren. Ein laufender Austausch zu Best Practices im Sammelprozess führte außerdem dazu, dass jede Organisation ihre Erfahrungen einbringen und von dem Wissen anderer lernen konnte. Mehr zu Coopetition in Kap 8.1.5.

Kommunikation und Ausrollung

Die entwickelten Lösungen – insbesondere Prozesse und begleitende Dokumentationen – wurden in Abhängigkeit ihrer Relevanz als gelenkte Dokumente geführt. Auf diese Weise konnte sichergestellt werden, dass die betroffenen Fachbereiche über Änderungen in den Prozessabläufen informiert wurden. Ergänzend erfolgte die Kommunikation über verschiedene Formate, wie etwa die ÖBB-Mitarbeiterzeitung, interne Informationsveranstaltungen sowie Schulungen der im Prozess involvierten Personen innerhalb der Organisation.

Anhand definierter Kennzahlen, wie beispielsweise Rücknahmemengen je Bundesland, lassen sich darüber hinaus weitere Optimierungspotenziale identifizieren und die Erfolge des Projektes darstellen.

Zum jetzigen Zeitpunkt befindet sich das Projekt in einer zweijährigen Pilotphase. In Zukunft wird der Prozess laufend analysiert, diskutiert und weiter optimiert.

6.2. Transformation und Kommunikation

6.2.1. Transformation und Change-Management

Valerie-Sophie Schönberg

Die Transformation zur Kreislaufwirtschaft stellt Unternehmen vor tiefgreifende strukturelle, strategische und kulturelle Veränderungen. Zirkuläre Geschäftsmodellinnovation (Circular Business Model Innovation, CBMI) steht für tiefgreifenden organisatorischen Wandel – iterativ, co-kreativ und von Unsicherheit geprägt. Damit dieser Wandel gelingt, braucht es professionelles Circular Economy (CE) Change-Management: gezielte

Gestaltung, Steuerung und Verankerung von Veränderung mit Fokus auf Kommunikation, Führung, Motivation und Beteiligung.

Gerade die Transformation selbst bleibt in der Literatur oft abstrakt.[791] Vor diesem Hintergrund ist es wichtig, Erkenntnisse aus der CBMI Praxis in Unternehmen mit der vielschichtigen Change-Management-Literatur und -Praxis zu kombinieren. Dabei werden zentrale Erfolgsfaktoren für CE-Change-Management dargestellt und eine Kontextualisierung der Folgebeiträge des Kapitels unterstützt – von strukturellen Voraussetzungen über spezifische Herausforderungen bis zu strategischer Umsetzung.

6.2.1.1. CBMI als Transformation – von wo wohin?

CBMI beschreibt nicht nur neue Lösungen, sondern den Wandel von Strukturen, Routinen und Wertlogiken. Die Forschung unterscheidet (1) Ausgangsbedingungen, (2) Veränderungsprozess, (3) moderierende Faktoren und (4) Auswirkungen.

- **Ausgangsbedingungen:** Die Treiber für Veränderung können intern und extern sein und lassen sich sieben Kategorien zuordnen: ökologisch, ökonomisch, sozial, institutionell, technologisch, supply-chain-bezogen und organisatorisch.[792] Besonders häufig ist eine übergreifende Nachhaltigkeitsstrategie ein Ausgangspunkt für die zirkuläre Geschäftsmodellinnovation – aber kein Muss.
- **Veränderungsprozess:** Typische Phasen eines CBMI-Prozesses sind das frühzeitige Erkennen und Gestalten ökologischer, technologischer oder regulatorischer Entwicklungen (sensing & shaping), das gezielte Aktivieren und Validieren vielversprechender Geschäftsmodelloptionen (seizing) sowie die entsprechende Neuausrichtung organisationaler Strukturen und Ressourcen (transforming) (vgl Kap 3.1.1.). Die tatsächliche Transformation des Unternehmens hin zu einem zirkulären Geschäftsmodell entspricht auch weniger einem linearen Fahrplan als einem explorativen, iterativen Vorgehen[793], das durch moderierende Faktoren wie Unsicherheit, multiple Stakeholderinteressen und strukturelle Spannungsfelder geprägt ist. Die organisationstheoretische Forschung unterteilt dieses typischerweise in vier Phasen: (1) Initiation (Aufbruch und strategische Verortung), (2) Ideation (Entwicklung erster Konzepte), (3) Integration (organisatorische Verankerung), (4) Implementation (operative Umsetzung und Skalierung). Erfolgsentscheidend sind dabei Experimentierräume, Feedbackschleifen und die kontinuierliche Einbindung relevanter Stakeholder.[794]
- **Ergebnisse des Prozesses:** Diese Transformationslogik unterscheidet sich deutlich von klassischer Geschäftsmodellinnovation, da sie über rein wirtschaftliche Ziele hinausgeht und zugleich ökologische und soziale Wertschöpfung anstrebt.[795] Ganz-

791 Vgl Frishammar/Parida, 2019; Santa-Maria et al, 2022; Pieroni et al, 2019, Cameron/Green, 2019.

792 Santa-Maria et al, How circular is your business model? Developing a framework and indicators for circular business model measurement. In: Journal of Business Research, (2022) 877.

793 Iterative Vorgehensweise: Wiederholend (Duden); Iteration (von lateinisch iterare „wiederholen“) beschreibt allgemein einen Prozess mehrfachen Wiederholens gleicher oder ähnlicher Handlungen zur Annäherung an eine Lösung oder ein bestimmtes Ziel. Dieser Ansatz ermöglicht es, schrittweise Fortschritte zu erzielen und das Projekt kontinuierlich an neue Erkenntnisse oder Feedback anzupassen.

794 Vgl Bocken et al, 2021; Pieroni et al, 2019.

795 Geissdoerfer, Martin et al, The Circular Economy – A new sustainability paradigm? In: Journal of Cleaner Production. (2017).

heitlich gedacht und konsequent umgesetzt, stärkt sie Innovationsfähigkeit, Resilienz und Wettbewerbsposition.[796]

6.2.1.2. Ebenen organisationaler Transformation

Transformation umfasst Geschäftslogik, Struktur und Kultur:

> Transformieren umfasst Praktiken, um unterschiedliche Wege der Skalierung (parallel) zu finden, das neue Geschäftsmodell in den regulären Routinen zu verankern und zugleich kulturellen Wandel zu schaffen, der laufende Experimente für organisatorischen Wandel ermöglicht. Die Kreislaufwirtschaft ist ein fortlaufender Treiber von Geschäftsmodellinnovation und transformiert Geschäftspraktiken schrittweise hin zu höherer Zirkularität.[797]

Diese Perspektive macht deutlich: Die Transformation zur Kreislaufwirtschaft ist kein abgeschlossener Zustand, sondern ein kontinuierlicher Lern- und Anpassungsprozess, der strukturelle wie kulturelle Veränderungen gleichermaßen erfordert.

Kulturwandel als Fundament

Geteilte Werte, Überzeugungen und Verhaltensweisen sind als Bestandteile der Organisationskultur tief verankert. Gerade bei der Einführung zirkulärer Geschäftsmodelle stoßen Unternehmen häufig auf kulturelle Barrieren – etwa, wenn bestehende lineare Erfolgslogiken hinterfragt werden oder wenn der Beitrag zirkulärer Prinzipien zur Wertschöpfung nicht ausreichend kommuniziert wird. Ohne kulturelle Anschlussfähigkeit scheitert CBMI oft an implizitem Widerstand. Führung, Kommunikation und Lernen sind zentrale Hebel.

Strukturen als Ermöglicher – oder Bremse

Struktur meint Aufgaben-, Zuständigkeits- und Steuerungslogik innerhalb einer Organisation. In enger Wechselwirkung mit der Kultur, aber meist schneller veränderbar, beeinflusst sie maßgeblich die Innovationsfähigkeit: Je komplexer und hierarchischer die Struktur, desto schwieriger wird Geschäftsmodellinnovation – besonders im zirkulären Kontext, der flache Strukturen, agile Schnittstellen und bereichsübergreifende Zusammenarbeit verlangt.[798]

Zwischen linearer Trägheit und internen Spannungen

Sowohl Kultur als auch Struktur unterscheiden sich grundsätzlich zwischen linearen und zirkulären Geschäftsmodellen. Zwei organisationsinterne Spannungsfelder gelten dabei als besonders herausfordernd: Einerseits die Trägheit etablierter linearer Geschäftsmodelle – etwa durch Erfolgsabhängigkeiten, eingespielte Routinen oder Widerstände gegenüber dem Neuen (engl Fachbegriff: Organizational Inertia).[799] Andererseits kann

---

796 Vgl Foss/Saebi, 2016; Geissdoerfer et al, 2017; Ghisellini et al, 2016.

797 Bocken/Konietzko, Circular business model innovation in consumer-facing corporations. https://doi.org/10.1016/j.techfore.2022.122076 (2022). 10.

798 Santa-Maria/Vermeulen/Baumgartner, Framing and assessing the emergent field of business model innovation for the circular economy: A combined literature review and multiple case study approach. Elsevier Journal "Sustainable Production and Consumption" https://doi.org/10.1016/j.spc.2020.12.037 (2021). 880. Bashir/Verma, 2019; Foss/Saebi, 2016.

799 Vgl Bashir/Verma, 2019; Zott et al, 2011.

der Spagat zwischen der Fortführung des bestehenden Geschäftsmodells und der Entwicklung zirkulärer Modelle zu kulturellen Spannungen und interner Kannibalisierung führen (engl Fachbegriff: „Organizational Ambidexterity", also die „Beidhängigkeit").[800]

Dreifache Transformation von Geschäftsmodell, Struktur und Kultur

Anders als viele lineare Transformationsprojekte betrifft CBMI nicht nur Teilbereiche, sondern erfordert ein umfassendes Change-Management, das tief in die „DNA" des Unternehmens eingreift – und nur gelingt, wenn Strukturen, Menschen und Geschäftslogiken gemeinsam weiterentwickelt werden. CE-Change-Management reicht dabei weiter als klassische Transformationsprozesse wie M&A oder Reorganisationen: In vielen Fällen sind darüber hinaus eine umfassende Nachhaltigkeitstransformation oder digitale Transformation integriert – etwa durch digitale Produktpässe oder neue datenbasierte Geschäftslogiken.

6.2.1.3. Change-Management-Prozess

Im tatsächlichen Veränderungsprozess verlaufen Emotionen und Leistungskurven selten linear – Unsicherheit, Friktionen oder temporäre Performanceeinbrüche sind Teil des Prozesses.[801] Drei Schlüsselfaktoren entscheiden über den Erfolg: (1) gemeinsames Zielbild, (2) Einbindung relevanter Akteur:innen sowie (3) eine strategische Kommunikation über alle Phasen hinweg.

6.2.1.3.1. Die Phasen

Change-Management-Phasen spiegeln typische Reaktionen von Individuen und Organisationen auf Wandel wider. Das bekannteste Modell aus der Analyse von Gruppendynamiken stammt von Kurt Lewin (1947), der drei zentrale Phasen unterscheidet: Unfreeze (Auftauen), Change (Verändern) und Refreeze (Einfrieren)[802]. Später wurde dies zu detaillierteren Modellen mit 7 bis 8 Phasen ausgebaut[803], ua das praxisorientierte 8-Stufen-Modell von John P. Kotter[804], das besonders Dringlichkeit, Kommunikation und Verankerung betont:

1. Dringlichkeit erzeugen – Problembewusstsein schaffen
2. Führungskoalition bilden – starkes Change-Team aufbauen
3. Vision & Strategie entwickeln – klare Richtung festlegen
4. Vision kommunizieren – regelmäßig, verständlich, glaubwürdig
5. Mitarbeitende befähigen – Hindernisse beseitigen, Handlungsspielräume öffnen
6. Kurzfristige Erfolge erzielen – sichtbare Resultate schaffen
7. Erfolge ausbauen – weitere Veränderungsschritte folgen lassen
8. Veränderungen verankern – neue Kultur, Strukturen und Routinen festigen

800 Vgl Foss/Saebi, 2016; Wittig et al, 2017.
801 Vgl Cummings & Worley, 2009.
802 Lewin, K, Frontiers in Group Dynamics, in: Human Relations, Vol 1(1). (1947). 5–41.
803 Vgl Kotter, J., Leading Change: Why Transformation Efforts Fail, in: Harvard Business Review, (1995); später vertieft in: Leading Change (1996).
804 Kotter, J., Leading Change. Harvard Business School Press. (1996).

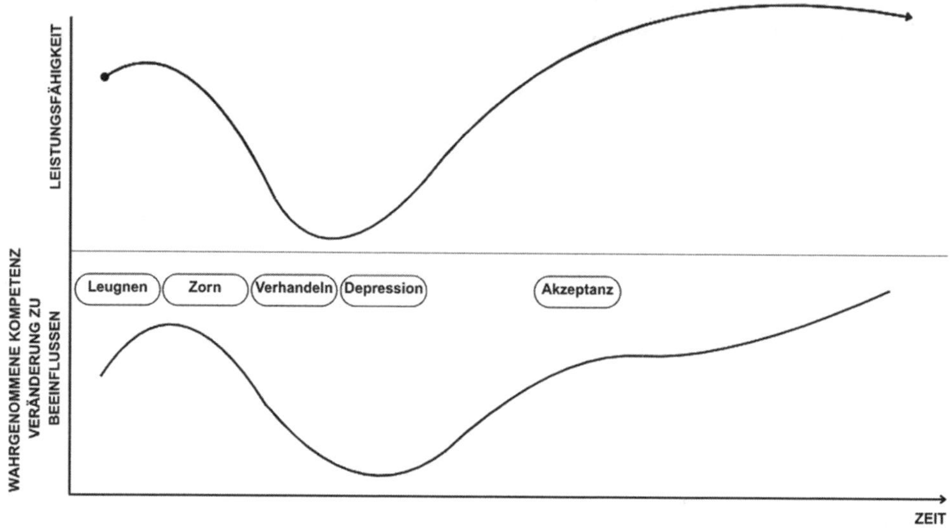

Abb 55: Format „Performance des Unternehmens, Lernkurve und Gefühlslage der Mitarbeitenden entlang Transformationspfad“ [Quelle: nach Cameron/Green, 2019 und Kübler-Ross, 1969]

In der Praxis lässt sich nach Beginn des „Change“ sowohl auf Ebene der Organisation/Gruppe als auch individuell typischerweise ein Leistungsabfall (Performance-Dip) und emotionale Reaktionen wie Schock oder Ablehnung (Lernkurve) beobachten, gefolgt von langsamer Akzeptanz und schließlich Integration des Neuen (siehe Abb 55). Die Dauer variiert stark – je nach Komplexität und Vorbereitung –, kann aber mehrere Monate bis Jahre betragen. Nachfolgend die drei grundlegenden Fragestellungen und entsprechende Ansätze, die elementar für die erfolgreiche Transformation entlang der 8 Phasen sind.

6.2.1.3.2. „Wieso tun wir uns das eigentlich an?“

Ein klares Zielbild schafft Sinn, Orientierung und Motivation. Das „Warum“ kann aus sehr unterschiedlichen Motiven gespeist sein – von regulatorischem Druck über ökonomische Anreize bis hin zu Innovationsführerschaft im eigenen Sektor oder werteorientierter Unternehmensführung. Die Vision wird dabei zur Brücke zwischen makroökonomischer Notwendigkeit (zB Klimaziele, Ressourcenwende) und mikroökonomischer Umsetzung auf Unternehmensebene.[805]

In der Praxis hat sich gezeigt: Ohne Überzeugung, Klarheit und Beteiligung wird jeder Schritt der Transformation zum Kraftakt. Der Erfolg hängt also davon ab, ob das Zielbild „Wozu“ einerseits nachvollziehbar und andererseits ambitioniert genug ist, um unternehmensweit zu wirken. Forschungsarbeiten zeigen, dass gerade im Kontext der Circular Economy partizipativ entwickelte Visionen besonders wirksam sind, da sie individuelle

805 Boons/Montalvo/Quist/Wagner, Sustainable innovation, business models and economic performance: An overview. Journal of Cleaner Production. (2013). 45, 1–8.

Perspektiven und Erfahrungswerte integrieren und so durch gemeinsam getragene Zielbilder auch komplexe Veränderungsprozesse bewerkstelligt werden können.[806, 807]

Wichtig ist auch ein realistischer Erwartungshorizont für den weiteren Weg „Wie" – das Eingeständnis gemeinsamer Lernprozesse stärkt das Vertrauen in den Wandel. Oder wie es ein Nachhaltigkeitsverantwortlicher in der Studie von Santa-Maria et al (2022, S 881) formuliert: „Fangen Sie klein an, machen Sie Pilotprojekte, scheitern Sie schnell (…). Der Wandel zu zirkulären Geschäftsmodellen ist so chaotisch und disruptiv, dass es unmöglich ist, im Vorhinein alles in ein Geschäftsmodell zu gießen."

Das Motto: Wir wissen, wo wir ankommen wollen – aber den Weg dorthin gestalten wir gemeinsam.

6.2.1.3.3. „Wer ist mit an Bord und übernimmt welche Rolle?"

Kreislaufwirtschaft ist ein ko-kreativer Prozess mit neuen Rollen, geteilten Verantwortlichkeiten und verschränkten Wertschöpfungssystemen. Studien und Praxiserfahrung zeigen klar: Ohne gezielte Einbindung relevanter interner und externer Akteur:innen – von Mitarbeitenden über Lieferanten bis zu externen Partner:innen – bleibt die Umsetzung zirkulärer Modelle Stückwerk.[808]

Stakeholder sind dabei nicht nur Unterstützende, sondern auch moderierende Faktoren im Wandel. Ihre frühzeitige, systematische und strategische Einbindung ist zentral (siehe Kap 6.2.3.). Bereits zu Beginn sollte geklärt werden: Wer trägt den Wandel mit? Wer steht ihm skeptisch gegenüber? Und wie lassen sich Widerstände frühzeitig in produktive Beiträge übersetzen?

Interne Widerstände – insbesondere aus Abteilungen, die vom linearen Geschäftsmodell profitieren – werden oft unterschätzt. Ziel ist daher, unterstützende Kräfte zu stärken, kritische Stimmen ernst zu nehmen und möglichst viele aktiv einzubinden. Dazu gehört auch eine klare Rollendefinition: Wer übernimmt die strategische Steuerung? Wer vermittelt zwischen Geschäftsführung und operativer Umsetzung? Wer bringt externes Know-how ein?

Zentral ist zudem das Top-Management. Dessen Engagement wirkt legitimierend, stabilisierend – oder blockierend. Wie transformative Führung gelingt, zeigen Studien: Führungskräfte schaffen psychologische Sicherheit, formulieren überzeugende Visionen, verbinden persönliche und organisationale Ziele – und leben selbst vor, was sie einfordern.[809] Santa-Maria et al (2022) zitieren dazu in ihrer Studie: „The only person you need

806 Brown/Bocken/Balkenende/Pieroni, Charting a course for a sustainable circular economy. Sustainability Science. (2021). 16(3), 1011–1028.

807 Leising/Quist/Bocken, Circular Economy in the building sector: Three cases and a collaboration tool. Journal of Cleaner Production, (2018). 176, 976–989.

808 Fobbe/ Hilletofth, Moving toward a circular economy in manufacturing organizations: the role of circular stakeholder engagement practices. The International Journal of Logistics Management. (2022). 34(2), 417–441. https://doi.org/10.1108/IJLM-03-2022-0143.

809 Musaigwa, M. The Role of Leadership in Managing Change; in: International Review of Management and Marketing. (2023). 13(6).1–9, DOI:10.32479/irmm.13526.

is the CEO – if the CEO is on board, you are there!" Fehlt diese Rückendeckung, wird Change zur reinen Fassade.

Auch operativ braucht es klare Strukturen: Nachhaltigkeitsteams oder bereichsübergreifende Steuergruppen sind wirksam, wenn sie über Mandat, Ressourcen und Entscheidungsbefugnis verfügen. Bewährt haben sich angeglichene Anreizsysteme sowie die Integration neuer Aufgaben in bestehende Rollen – statt zusätzlicher Anforderungen „on top". Deutlich kommunizierte Trennlinien zwischen etabliertem und neuem Geschäftsmodell – etwa durch Corporate Start-ups oder Spin-offs – helfen, Spannungen aus Inertia und Ambidexterity produktiv zu managen.[810]

Ein zentraler Hebel ist gezielte Qualifizierung: Circular Champions verbinden als Multiplikator:innen kulturellen Wandel mit operativer Umsetzung. Ergänzt durch Weiterbildungsformate für Mitarbeitende und Führungskräfte entsteht so echtes Ownership für den Wandel – über Silos und Hierarchieebenen hinweg. Auch externe Stakeholder – etwa Kund:innen, NGOs oder Forschungseinrichtungen – leisten durch Einbindung und Kompetenzaufbau einen wirksamen Beitrag zur Transformation.

6.2.1.3.4. „Man kann nicht nicht kommunizieren"

Veränderung braucht gezielte, ehrliche und konsistente Kommunikation – bleibt sie aus, entstehen Interpretationsspielräume, die Unsicherheit und Widerstand verstärken. Im CE-Change-Management erfüllt strategische Kommunikation drei Funktionen: Sie schafft Transparenz, adressiert bestehende Pfadabhängigkeiten und unterstützt den mentalen Übergang zu einem zirkulären Geschäftsverständnis.

Zentral ist dabei die kognitive Anschlussfähigkeit: Mitarbeitende und Führungskräfte müssen verstehen, was von ihnen erwartet wird – und vor allem, „Wozu" der Wandel dient (Zielbild).[811] Strategische Kommunikation und Leadership haben hier die Aufgabe, die unternehmerischen Ziele, individuellen Zielsetzungen und persönliche Motivation miteinander zu verbinden.[812] Wirkungsvolles Storytelling kann strategische Ziele emotional aufladen und greifbar machen.

Gleichzeitig braucht es Realismus: Kommunikation muss Unsicherheiten offen benennen. Pilotieren, Lernen, Scheitern – all das gehört zum Prozess. Das Eingeständnis kollektiver Lernprozesse stärkt Vertrauen. Erfolgreiche Transformationen kommunizieren daher nicht nur strategisch, sondern auch experimentell: dialogisch, lernoffen und anpassungsfähig.

---

810 Santa-Maria/Vermeulen/Baumgartner, Circular business model innovation: A process framework and a systematic literature review. Business Strategy and the Environment. (2022). 31(3), 867–891. https://doi.org/10.1002/bse.2927.

811 Musaigwa, M. The Role of Leadership in Managing Change; in: International Review of Management and Marketing. (2023). 13(6).1–9, DOI:10.32479/irmm.13526.

812 Cameron/Green, Making Sense of Change Management: A Complete Guide to the Models, Tools and Techniques of Organizational Change, 5th ed., Kogan Page. (2019). 61.

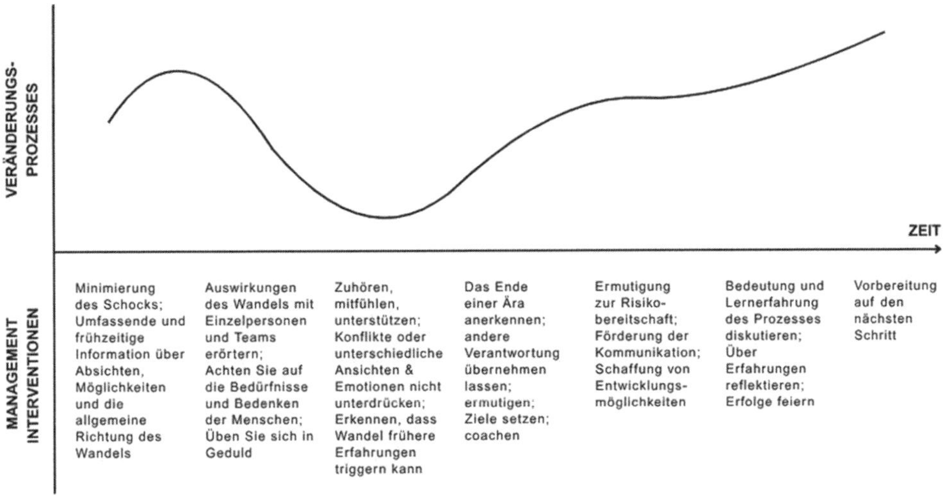

Abb 56: Management Interventionen entlang des Veränderungsprozesses [Quelle: eigene Darstellung nach Cameron & Green, 2019]

6.2.1.4. Die Rolle des Change Managers

Der Change Manager ist eine zentrale Figur in zirkulären Transformationsprozessen. Als Brückenbauer zwischen strategischer Geschäftsmodellinnovation und operativer Umsetzung verbindet er Vision mit Praxis. Dafür braucht es neben Führungskompetenz und systemischem Denken auch kommunikative Stärke, Moderationsfähigkeit und fundierte Projektmanagementfähigkeiten.[813]

- **Prozessverantwortung und methodische Kompetenz:** Der Change Manager steuert Struktur, Abfolge und Dynamik des Veränderungsprozesses – von der Zieldefinition über die Umsetzung bis zur Verstetigung. Methodische Kompetenz in Phasenmodellen, Prozessdesign und Change-Architekturen ist ebenso gefragt wie die Fähigkeit, Schnittstellen zu sichern, partizipative Formate zu begleiten und Entscheidungsprozesse über Bereichsgrenzen hinweg zu moderieren.
- **Systemisches, vernetztes Verständnis:** Eine Schlüsselaufgabe ist die Analyse und Einordnung von internen Ausgangslagen ebenso wie externen Rahmenbedingungen – etwa politischen, regulatorischen oder marktbezogenen Dynamiken. Nur wer die Wechselwirkungen zwischen Machtverhältnissen, organisationalen Routinen und Stakeholderinteressen erkennt und mit einbezieht, kann gezielt Widerstände antizipieren und tragfähige Strategien entwickeln.[814]
- **Leadership und Kommunikation:** Der Change Manager vermittelt gemeinsame Zielbilder, schafft psychologische Sicherheit und übersetzt strategische Vorhaben in

813 Cameron/Green, Making Sense of Change Management: A Complete Guide to the Models, Tools and Techniques of Organizational Change, 5th ed., Kogan Page. (2019).

814 Fobbe/Hilletofth, Moving toward a circular economy in manufacturing organizations: the role of circular stakeholder engagement practices. The International Journal of Logistics Management. (2022). 34(2), 417–441. https://doi.org/10.1108/IJLM-03-2022-0143.

anschlussfähige Narrative. Entscheidend ist dabei nicht nur „Was", sondern „Wie" kommuniziert wird – zur richtigen Zeit, über passende Kanäle, adressatengerecht. Die Zusammenarbeit mit internen Projektverantwortlichen (zB Project Sponsors) ist dabei ebenso zentral wie die Moderation zwischen divergierenden Interessen.

- **Steuerung und Good Governance:** Nicht zuletzt ist der Change Manager auch für die operative Steuerung verantwortlich. Rollen, Zuständigkeiten, Entscheidungs- und Eskalationspfade müssen klar definiert sein – ebenso wie Budgets, Zeitpläne und Contingency-Pläne. Gerade in komplexen, kostenintensiven Transformationen ist eine wirkungsorientierte Steuerung unerlässlich, um den wirtschaftlichen Nutzen des Wandels zu sichern und gegenüber Anspruchsgruppen zu legitimieren.

6.2.1.5. Viele kleine Leute an vielen kleinen Orten …

… die viele kleine Dinge tun, können das Angesicht der Welt verändern.

Die Transformation hin zu einer zirkulären Wirtschaft ist kein rein technischer Prozess, sondern politisch, kulturell, emotional – einfach menschlich. Es braucht daher auch Menschen auf allen Ebenen, die Wandel nicht nur verwalten, sondern mittragen, übersetzen und ermöglichen: Als „Change Agents" prägen sie Haltungen, halten Spannungsfelder aus, lassen Perspektiven zu, schaffen Vertrauen und laden andere dazu ein, Verantwortung zu übernehmen. Mit den richtigen Kompetenzen und Ressourcen ausgestattet, verbinden sie als mutige Möglichmacher:innen Strategie mit Kultur, Struktur mit Sinn und verankern das Zukünftige im Jetzt.

6.2.2. Schritte zur Einführung einer Kreislaufwirtschaft

Fabian Holly

6.2.2.1. Einleitung

Die ökologischen und wirtschaftlichen Herausforderungen des Klimawandels erfordern eine grundlegende Transformation von Produktions- und Konsummustern sowie eine umfassende Neuausrichtung unternehmerischer Strategien. Die Europäische Union verfolgt daher im Rahmen des Green Deals eine Strategie zur Förderung der Kreislaufwirtschaft, um Ressourcennutzungseffizienz zu steigern, den Rohstoffverbrauch zu reduzieren und geschlossene Stoffkreisläufe in wirtschaftliche Prozesse zu integrieren. Unternehmen stehen vor der Aufgabe, diese Prinzipien in ihre Geschäftsmodelle zu integrieren, um langfristig wettbewerbsfähig zu bleiben.[815]

Die gleichzeitige Förderung von wirtschaftlichem Wachstum und Profitabilität unter Berücksichtigung zirkulärer Geschäftsansätze sowie innovativer Technologien stellt Unternehmen vor erhebliche Herausforderungen. Solche Transformationsprozesse sind mit Unsicherheiten behaftet und erfordern beträchtliche Investitionen in interne Ressourcen sowie spezialisierte Kompetenzen.[816]

---

815 Europäische Kommission, Ein neuer Aktionsplan für die Kreislaufwirtschaft – Für ein sauberes und wettbewerbsfähiges Europa (2020).

816 Lacy/Long/Spindler, The Circular Economy Handbook: Realizing the Circular Advantage (2020).

Die Steuerung von Transformations- und Innovationsprozessen gehört seit jeher zu den zentralen Herausforderungen von Unternehmen. In den vergangenen Jahrzehnten haben sich wirtschaftliche und technologische Rahmenbedingungen signifikant gewandelt. Während frühere Umbrüche – etwa die digitale Revolution oder die Verbreitung des Internets – vor allem durch Prozessoptimierung und Automatisierung innerhalb bestehender Strukturen bewältigt wurden, erfordert der Wandel zur Kreislaufwirtschaft eine weitreichendere Anpassung auf strategischer, organisatorischer und technologischer Ebene.[817]

Unternehmen müssen nicht nur kurzfristig auf Marktveränderungen reagieren, sondern ihre Geschäftsmodelle langfristig auf die Prinzipien der Kreislaufwirtschaft ausrichten. Dies bedeutet, Wertschöpfungsketten neu zu gestalten, ressourcenschonende Produktionsprozesse zu implementieren und innovative Partnerschaften entlang des gesamten Produktlebenszyklus einzugehen. Die Transformation zur Kreislaufwirtschaft ist damit nicht nur eine technologische Herausforderung, sondern auch ein strategischer Wandel, der tief in die Unternehmensstrukturen eingreift und neue Geschäftslogiken erfordert.[818]

In der wissenschaftlichen Literatur werden verschiedene Konzepte diskutiert, die Unternehmen dabei unterstützen, kreislauforientierte Strategien in ihre Entscheidungsprozesse zu integrieren.[819]

Manche Konzepte konzentrieren sich auf die Förderung ressourcenschonender Produkte und nachhaltiger Produktionsprozesse.[820] Allerdings reichen Verbesserungsmaßnahmen allein nicht aus, um eine Transformation der Wirtschaft zu realisieren.[821] Vielmehr erfordert der Übergang zu einer Kreislaufwirtschaft eine grundlegende Veränderung der wirtschaftlichen Denkweise und die Abkehr von linearen Wertschöpfungsmodellen.[822] Dieses Kapitel bietet einen praxisorientierten Ansatz, der Unternehmen dabei unterstützt, zirkuläre Systeme zu entwickeln, zu validieren und erfolgreich zu implementieren. Dabei werden zentrale Schritte der Transformation erläutert, um eine nachhaltige und wirtschaftlich tragfähige Umsetzung sicherzustellen.

6.2.2.2. Schrittweise Implementierung zirkulärer Geschäftsmodelle

Zirkuläre Geschäftsmodelle sind der Schlüssel zur erfolgreichen Umsetzung der Kreislaufwirtschaft. Sie ermöglichen es Unternehmen, nachhaltige Wertschöpfungsstrategien zu etablieren, Ressourcen effizienter zu nutzen und Abfallströme zu minimieren.[823]

817 Lindenthal et al, Ideation Patterns für ressourcenzentrierte digitale Innovation, HMD Praxis der Wirtschaftsinformatik (2017) 221.

818 Fischer et al, Vorgehen bei der Entwicklung zirkulärer Geschäftsmodelle, Zeitschrift für wirtschaftlichen Fabrikbetrieb (2025) 54.

819 Mendoza et al, Integrating Backcasting and Eco-Design for the Circular Economy: The BECE Framework, Journal of Industrial Ecology (2017) 526.

820 Bakker et al, Products that go round: exploring product life extension through design, Journal of Cleaner Production (2014) 10.

821 Heyes et al, Developing and implementing circular economy business models in service-oriented technology companies, Journal of Cleaner Production (2018) 621.

822 Lacy/Rutqvist, Waste to Wealth (2015).

823 Harreither et al, Evaluation of Circular Business Models: Using a Multi Criteria Decision Analysis for Decision Support for Manufacturing SMEs, in Sheu, Industrial Engineering and Industrial Management (2024) 183.

Während traditionelle lineare Modelle auf den Zyklus „Take-Make-Use-Waste“ ausgerichtet sind, setzen kreislauforientierte Geschäftsmodelle auf die Verlängerung der Produktlebensdauer, die Wiederverwendung von Materialien und die Optimierung von Ressourcenkreisläufen.[824]

Die Transformation von linearen zu zirkulären Geschäftsmodellen erfordert schrittweise strategische Anpassungen entlang der Wertschöpfungskette. Unternehmen müssen etablierte Prozesse überdenken, neue Technologien integrieren und Marktmechanismen an nachhaltige Prinzipien anpassen.[825] Besonders KMU stehen vor Herausforderungen durch begrenzte Ressourcen und hohe Komplexität. Studien zeigen, dass eine strukturierte Einführung zirkulärer Geschäftsmodelle langfristig nicht nur ökologische Vorteile bietet, sondern auch die wirtschaftliche Resilienz stärkt.[826] Die fünf zentralen zirkulären Geschäftsmodelle bieten unterschiedliche Ansätze, die einzeln oder kombiniert umgesetzt werden können.

Circular Supplies Models	Nutzung erneuerbarer Energiequellen, biobasierter Stoffe oder vollständig wiederverwertbarer Materialien
Resource Recovery Models	Rückführung nutzbarer Materialien oder Energie aus Abfallprodukten, Nebenprodukten oder Produkten am Ende ihrer Lebensdauer
Product Life Extension Models	Verlängerung der Produktnutzungsdauer durch gezielte Designanpassungen sowie durch Reparaturen, Wiederaufbereitung, Modernisierung oder Wiederverkauf
Product-Service Systems	Verknüpfung von physischen Produkten mit immateriellen Dienstleistungen, wobei die Nutzung oder Funktion des Produkts im Vordergrund steht anstelle des Eigentums
Sharing Platforms	Effiziente Ressourcennutzung durch kollaborative Konzepte, die Zugang, Nutzung oder Besitz erleichtern

Tab 11: Die fünf zirkulären Geschäftsmodelle[827]

Besonders für produzierende Unternehmen erweist sich die schrittweise Implementierung als vorteilhaft. Um schnelle Fortschritte zu erzielen, sollten das Circular Supplies Model und das Resource Recovery Model als erste Schritte zur Schaffung geschlossener Ressourcenkreisläufe priorisiert werden. Nach ihrer Etablierung ermöglichen sie die Einführung nutzungsbasierter Modelle wie das Product Life Extension Model oder Product-Service-Systeme, die auf eine intensivere Nutzung und längere Lebensdauer der Produkte abzielen. Die abschließende Integration von Sharing Platforms kann dazu beitragen,

824 Geissdoerfer et al, Circular business models: A review, Journal of Cleaner Production (2020).
825 Fischer et al, Vorgehen bei der Entwicklung zirkulärer Geschäftsmodelle, Zeitschrift für wirtschaftlichen Fabrikbetrieb (2025) 54.
826 Geissdoerfer et al, Circular business models: A review, Journal of Cleaner Production (2020).
827 Lacy/Long/Spindler, The Circular Economy Handbook: Realizing the Circular Advantage (2020).

Ressourcenflüsse weiter zu optimieren und die Nutzungseffizienz branchenübergreifend zu steigern.[828]

Ein zentraler Erfolgsfaktor kreislauforientierter Geschäftsmodelle ist die konsequente Werterhaltung über alle Lebenszyklusphasen. Dies erfordert eine holistische Betrachtung der Akteure und eine detaillierte Analyse von Wertschöpfungsnetzwerken, um Synergien optimal zu nutzen.[829]

6.2.2.3. Die Transformation vom linearen zum zirkulären Modell

Die Transformation zur Kreislaufwirtschaft geht über die Einführung zirkulärer Geschäftsmodelle hinaus und erfordert Anpassungen in Unternehmensstrukturen und -prozessen. Neben technologischen Innovationen sind auch organisatorische, regulatorische, kulturelle und netzwerkbezogene Rahmenbedingungen entscheidend. Unternehmen mit klarer Kreislaufstrategie stärken ihre Widerstandsfähigkeit gegenüber Marktschwankungen und sichern langfristige Wettbewerbsvorteile.[830] Ein systemisches Verständnis dieser Wechselwirkungen ist essenziell.

Technologieeinsatz	Digitalisierung und Automatisierung als Treiber für Ressourceneffizienz und geschlossene Kreisläufe
Organisationsentwicklung	Die Anpassung interner Prozesse und Strukturen zur Förderung zirkulärer Wertschöpfung
Regulatorische Rahmenbedingungen	Anpassung an politische Vorgaben und Förderung durch Anreize und Förderprogramme
Kultureller Wandel	Sensibilisierung und Schulung von Mitarbeitenden zur Förderung einer zirkulären Denkweise
Kooperationen und Netzwerke	Der Aufbau von Partnerschaften entlang der Wertschöpfungskette zur Schaffung von Synergien

Tab 12: Schlüsselfaktoren für die Transformation in eine Kreislaufwirtschaft

Unternehmen, die frühzeitig in die Entwicklung zirkulärer Kompetenzen investieren und eine langfristige Strategie etablieren, profitieren nicht nur von ökologischen Vorteilen, sondern können auch wirtschaftliche Effizienz und Resilienz steigern. Ein integrativer Ansatz, der verschiedene Perspektiven und Strategien kombiniert, kann den Erfolg der Transformation maßgeblich beeinflussen. Diverse wissenschaftliche Konzepte zur Transformation von linearen hin zu zirkulären Geschäftsmodellen, wie das Circular Economy Business Model Framework oder das Circular Economy Transition Frame-

828 Harreither et al, Evaluation of Circular Business Models: Using a Multi Criteria Decision Analysis for Decision Support for Manufacturing SMEs, in Sheu, Industrial Engineering and Industrial Management (2024) 183.

829 Kirchherr/Reike/Hekkert, Conceptualizing the circular economy: An analysis of 114 definitions, Resources, Conservation and Recycling (2017) 221.

830 Heyes et al, Developing and implementing circular economy business models in service-oriented technology companies, Journal of Cleaner Production (2018) 621.

work, adressieren jeweils unterschiedliche Schwerpunkte und Perspektiven. Sie[831, 832, 833] bieten eine strukturierte Herangehensweise zur schrittweisen Umsetzung der Kreislaufwirtschaft.

Das folgende Modell verfolgt einen integrativen Ansatz zur Schaffung eines umfassenden Bezugsrahmens. Es führt die zentralen Elemente der verschiedenen etablierten Konzepte systematisch zusammen und vereint somit wesentliche Erkenntnisse, um eine ganzheitliche Grundlage für die Implementierung zirkulärer Geschäftsstrategien zu schaffen. Durch die strukturierte Abfolge von der Analyse der aktuellen Situation, der Definition einer klaren Vision und der Zielsetzung, der Bewertung von Machbarkeit und Chancen sowie der Erfassung bestehender Kompetenzen und Technologielücken wird ein fundierter Fahrplan entwickelt, der die schrittweise Implementierung, Skalierung und langfristige Tragfähigkeit eines zirkulären Modells gewährleistet.

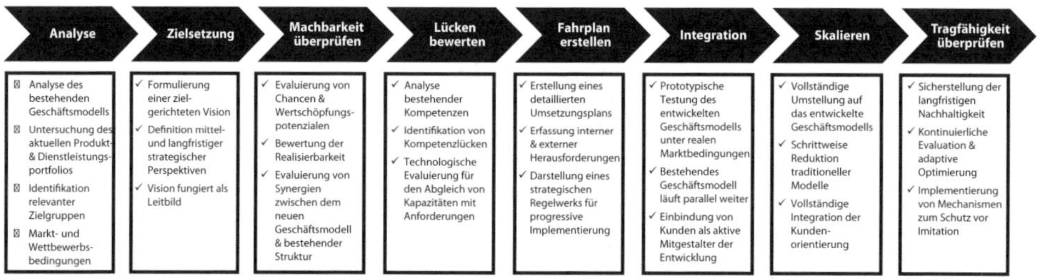

Abb 57: Schrittweiser Transformationsprozess [Quelle: Selbst erstellte Abbildung auf Grundlage von Arponen et al., 2018; Takacs et al., 2020; Wirtz & Daiser, 2018]

6.2.2.3.1. Schritt 1: Analyse der bestehenden Struktur

Wird die Notwendigkeit der Umsetzung einer nachhaltigen Transformation hin zur Neuausrichtung des Geschäftsmodells identifiziert, erfolgt zunächst eine umfassende Analyse des bestehenden Geschäftsmodells. Diese umfasst die Untersuchung des aktuellen Produkt- und Dienstleistungsportfolios, die Identifikation relevanter Zielgruppen sowie die Analyse der Markt- und Wettbewerbsbedingungen. Ziel dieser Analyse ist es, ein fundiertes Verständnis der aktuellen Unternehmenssituation zu erlangen und darauf basierend eine strategische Entscheidungsgrundlage für die zukünftige Entwicklung zu schaffen.[834]

831 Arponen/Simpanen/Töndevold, Circular economy business models for the manufacturing industry – Circular Economy Playbook for Finnish SMEs (2018) 84.

832 Takacs/Stechow/Frankenberger, Business Model Innovation for the Circular Economy, Institut of Management & Strategy, University of St.Gallen (2020).

833 Wirtz/Daiser, Business Model Innovation Processes: A Systematic Literature Review, Journal of Business Models (2018) 40.

834 Wirtz/Daiser, Business Model Innovation Processes: A Systematic Literature Review, Journal of Business Models (2018) 40.

6.2.2.3.2. Schritt 2: Definition einer Vision & Zielsetzung

Der Prozess setzt mit der Formulierung einer klaren und zielgerichteten Vision fort, um die mittel- und langfristigen strategischen Perspektiven zu definieren und die angestrebten Transformationen durch zirkuläre Prinzipien zu konkretisieren. Eine präzise ausgearbeitete Vision dient als Leitbild, das nicht nur eine Orientierung ermöglicht, sondern auch als Fundament für nachgelagerte Entscheidungsprozesse fungiert.[835]

6.2.2.3.3. Schritt 3: Chancen ermitteln & Machbarkeit überprüfen

Die systematische Evaluierung von Chancen und die präzise Bewertung von Wertschöpfungspotenzialen bilden die Grundlage für den nächsten Schritt im Transformationsprozess. Dabei wird das Potenzial zirkulärer Geschäftsmodelle analysiert, um Ineffizienzen aufzudecken und durch kreislauforientierte Maßnahmen zu minimieren.[836]

Anschließend wird die Machbarkeit geprüft, um die Realisierbarkeit und Auswirkungen des Konzepts zu bewerten. Dabei werden Abweichungen und Synergien mit bestehenden Strukturen identifiziert. Während die Analysephase den Status quo erfasst, fokussiert sich die Machbarkeitsprüfung auf die Umsetzung des neuen Modells.[837]

Ein Prototyping ermöglicht die kontinuierliche Validierung der Lösungen hinsichtlich Funktionalität und Markttauglichkeit – ohne direkte Eingriffe ins bestehende Geschäftsmodell. Ein interdisziplinäres Team entwickelt den Prototyp, ergänzt durch strategische Partnerschaften zur Kompetenzoptimierung.[838]

6.2.2.3.4. Schritt 4: Kompetenz- sowie Technologielücken bewerten

Die Implementierung zirkulärer Geschäftsmodelle erfordert eine Analyse bestehender Kompetenzen und Lücken, um gezielte Entwicklungsmaßnahmen und strategische Anpassungen zu ermöglichen. Angesichts des demografischen Wandels und steigender Fluktuation gewinnt effizientes Kompetenzmanagement an Bedeutung.[839]

Gleichzeitig ist eine technologische Evaluierung essenziell, um bestehende Kapazitäten mit den Anforderungen kreislauforientierter Geschäftsmodelle abzugleichen.[840] Digitale Technologien fungieren als Katalysatoren der Nachhaltigkeitstransformation, da regulatorische Vorgaben die Digitalisierung vorantreiben und ökologische, soziale sowie ökonomische Vorteile bringen.[841]

835 Arponen/Simpanen/Töndevold, Circular economy business models for the manufacturing industry – Circular Economy Playbook for Finnish SMEs (2018) 84.

836 Arponen/Simpanen/Töndevold, Circular economy business models for the manufacturing industry – Circular Economy Playbook for Finnish SMEs (2018) 84.

837 Wirtz/Daiser, Business Model Innovation Processes: A Systematic Literature Review, Journal of Business Models (2018) 40.

838 Arponen/Simpanen/Töndevold, Circular economy business models for the manufacturing industry – Circular Economy Playbook for Finnish SMEs (2018) 84.

839 Scheuvens et al, DaWiK – Ein KI-gestützter Ansatz für digitales Wissens- und Kompetenzmanagement: Ein Fallbeispiel aus der Automobilzulieferindustrie, Zeitschrift für wirtschaftlichen Fabrikbetrieb (2024) 788.

840 Arponen/Simpanen/Töndevold, Circular economy business models for the manufacturing industry – Circular Economy Playbook for Finnish SMEs (2018) 84.

841 Schaltegger/ Wagner, Managing and Measuring the Business Case for Sustainability: The Integration of Social, Environmental and Economic Performance (2006).

6.2.2.3.5. Schritt 5: Fahrplan entwerfen

Ein detaillierter Umsetzungsplan erfasst interne und externe Herausforderungen und leitet Maßnahmen zu deren Bewältigung ab. Er dient als strategisches Regelwerk für die schrittweise Implementierung des Geschäftsmodells und strukturiert zeitliche, organisatorische und ressourcenbezogene Anforderungen.[842]

6.2.2.3.6. Schritt 6: Integration & Implementation

In dieser Phase wird das neue Geschäftsmodell unter realen Marktbedingungen getestet, während das bestehende parallel weiterläuft. Pilotkonzepte und innovative Lösungen werden gezielt für Kunden bereitgestellt, die als Mitgestalter eingebunden sind. Eine unternehmensweite kundenorientierte Kultur fördert die Akzeptanz zirkulärer Geschäftsmodelle intern und extern.[843]

Gleichzeitig wird die Vernetzung mit Stakeholdern durch Kooperationen und Partnerschaften intensiviert, um Synergien zu nutzen und ein dynamisches Ökosystem zu etablieren.[844] Die größte Herausforderung liegt in der Abstimmung von Motivation, Kommunikation und Koordination, da die Implementierung oft einen kulturellen Wandel erfordert.[845]

6.2.2.3.7. Schritt 7: Skalieren

In der letzten Transformationsphase werden die neuen Geschäftsmodelle skaliert und das Unternehmen vollständig darauf umgestellt, während traditionelle Modelle schrittweise auslaufen. Die Kundenorientierung ist fest in der Organisation verankert und prägt das gesamte Portfolio.[846] Die Kreislaufwirtschaft fungiert nicht nur als Nachhaltigkeitsstrategie, sondern wird zum strategischen Differenzierungsmerkmal im Wettbewerb. Durch die Integration kreislauforientierten Denkens in Prozesse und Entscheidungsstrukturen entsteht eine holistische Transformation, die effizient im Ressourceneinsatz Geschäftsmodelle fördert.[847]

6.2.2.3.8. Schritt 8: Sicherstellen der langfristigen Tragfähigkeit

Ein zentraler Bestandteil der Umstellung ist die langfristige Sicherung des neuen Geschäftsmodells. Kontinuierliche Evaluation und adaptive Optimierung gewährleisten dessen Tragfähigkeit und Anpassungsfähigkeit an interne sowie externe Faktoren. Zudem schützen effektive Mechanismen vor Imitation und Disintermediation.[848]

---

842 Arponen/Simpanen/Töndevold, Circular economy business models for the manufacturing industry – Circular Economy Playbook for Finnish SMEs (2018) 84.

843 Arponen/Simpanen/Töndevold, Circular economy business models for the manufacturing industry – Circular Economy Playbook for Finnish SMEs (2018) 84.

844 Takacs/Stechow/Frankenberger, Business Model Innovation for the Circular Economy, Institut of Management & Strategy, University of St Gallen (2020).

845 Wirtz/Daiser, Business Model Innovation Processes: A Systematic Literature Review, Journal of Business Models (2018) 40.

846 Arponen/Simpanen/Töndevold, Circular economy business models for the manufacturing industry – Circular Economy Playbook for Finnish SMEs (2018) 84.

847 Takacs/Stechow/Frankenberger, Business Model Innovation for the Circular Economy, Institut of Management & Strategy, University of St.Gallen (2020).

848 Wirtz/Daiser, Business Model Innovation Processes: A Systematic Literature Review, Journal of Business Models (2018) 40.

6.2.2.4. Zusammenfassung und Fazit

Die Transformation zur Kreislaufwirtschaft erfordert umfassende strukturelle Anpassungen über die Einführung zirkulärer Geschäftsmodelle hinaus. Wertschöpfungsstrukturen müssen neugestaltet, Technologien integriert und Marktmechanismen angepasst werden. Das vorgestellte achtstufige Konzept bietet einen theoretischen Rahmen für eine vollständige Implementierung.

Nach der Identifikation der Transformationsnotwendigkeit erfolgt eine Analyse der Unternehmenssituation als Basis für die strategische Neuausrichtung. Eine präzise Vision dient als Orientierung, wirtschaftliche und technologische Potenziale werden bewertet. Kompetenz- und Technologielücken müssen geschlossen werden, um die nötigen Voraussetzungen zu schaffen. Ein detaillierter Fahrplan strukturiert die Umsetzung, beginnend mit Pilotprojekten, die iterativ optimiert und anschließend skaliert werden. Die Ablösung linearer Wertschöpfung etabliert die nachhaltige Strategie. Langfristige Tragfähigkeit wird durch kontinuierliche Evaluation und Anpassung an Markt- und Umweltveränderungen gesichert.

Angesichts globaler ökologischer Herausforderungen ist die Integration nachhaltiger Praktiken essenziell für ein funktionierendes Wirtschaftssystem. Die Destabilisierung ökologischer Gleichgewichte macht Nachhaltigkeit zur fundamentalen Notwendigkeit. Unternehmen, die kreislauforientierte Geschäftsmodelle implementieren, profitieren von regulatorischer Anpassungsfähigkeit, reduzierter Ressourcenabhängigkeit, Wettbewerbsvorteilen und gesteigerter Arbeitgeberattraktivität.

6.2.3. Stakeholder Engagement

Elena Stelzig/Julia Raupp

6.2.3.1. Stakeholder-Engagement – theoretische Grundlagen

Im Kontrast zur Shareholder-Theorie, die maßgeblich von Milton Friedman geprägt wurde und argumentiert, dass die Verantwortung und der primäre Zweck eines Unternehmens die Maximierung des Shareholder-Values[849], ergo des Profits[850] ist, legt die Stakeholder-Theorie[851] den Fokus auf den Wertzuwachs für alle Anspruchsgruppen, die von den Aktivitäten der Organisation betroffen sind. Dazu gehören nicht nur Eigentümer:innen und Investor:innen, sondern auch Mitarbeitende, Kund:innen, Lieferant:innen, die Gesellschaft und die Umwelt.[852] Die Stakeholder-Theorie fordert somit ein integratives Management, das langfristigen Mehrwert für alle relevanten Interessengruppen schafft. Für die Umsetzung der Stakeholder-Theorie gewinnt Stakeholder-Engagement zunehmend an Bedeutung, auch in der Wissenschaft: Leonidou et al[853] definieren Stake-

849 Friedman, M. (1962). Capitalism and Freedom. Chicago: University of Chicago Press, 133.

850 Friedman, M. (1970). The Social Responsibility of Business Is To Increase Its Profits. New York Times Magazine, Sunday, Sept. 13, sec. 6, p 32.

851 Freeman, R. E. (1984). Strategic Management: A Stakeholder Approach. Cambridge University Press.

852 Smith, J. (2003). The Shareholders vs. Stakeholders Debate. MIT Sloan Management Review, 44, 85–91.

853 Leonidou, E., Christofi, M., Vrontis, D., & Thrassou, A. (2020). An integrative framework of stakeholder engagement for innovation management and entrepreneurship development. Journal of Business Research, 119, 245–258.

holder-Engagement als einen co-kreativen Austausch zwischen allen Anspruchsgruppen des Mikro- und Makroumfeldes einer Organisation, mit dem Ziel, die unternehmerische Entwicklungs- und Innovationsfähigkeit zu fördern. Dies betont die aktive Einbindung von Stakeholdern, um Innovationen, Problemlösungen und nachhaltige Wertschöpfung zu fördern. Stakeholder-Engagement bildet damit die Grundlage für eine partizipative und dynamische Interaktion zwischen Organisationen und ihrer Umwelt, die über traditionelle Markttransaktionen hinausgeht und die soziale, ökologische und ökonomische Verantwortung[854] integriert, was wiederum die Basis für nachhaltiges und kreislauffähiges Wirtschaften bildet. Dies wird auch dadurch bekräftigt, dass neben den klassischen Stakeholder-Gruppen auch die Natur zunehmend als „stummer Stakeholder" betrachtet wird, deren Interessen durch Umweltorganisationen oder Expert:innen vertreten werden.[855] Zudem wird immer offensichtlicher, dass verantwortungsbewusstes Leadership auf sozialen und ökologischen Zielsetzungen aufbaut, die auf nachhaltigen und positiven Wandel ausgerichtet sind.[856]

Stakeholder-Engagement bedient dabei drei wesentliche Komponenten:

> Moral, Strategie und Pragmatismus.[857] Auf moralischer Ebene fördert Stakeholder-Engagement gegenseitigen Respekt, Inklusion und Fairness.[858] Strategisch ermöglicht es Wettbewerbsvorteile und eine Verbesserung der operativen Effizienz.[859] Auf pragmatischer Ebene dient es als Werkzeug zur Lösung komplexer Herausforderungen, insbesondere im Bereich der Nachhaltigkeit, wo eine enge Zusammenarbeit erforderlich ist, um innovative, ressourcenschonende Geschäftsmodelle zu entwickeln.

Denn die Einbindung relevanter Interessengruppen schafft die Möglichkeit, Erwartungen, Bedürfnisse und Ressourcen in Balance zu bringen, um Transparenz zu kreieren und in Folge Prioritäten klar zu definieren, Vertrauen aufzubauen und potenzielle Missverständnisse zu vermeiden. Gleichzeitig werden Mechanismen etabliert, um Austausch, Akzeptanz und Unterstützung der unternehmerischen Aktivitäten zu fördern, während Widerstände reduziert werden können. Die fortlaufende Kommunikation mit zentralen Akteuren trägt dazu bei, ein stabiles, konstruktives Umfeld für die organisatorische Zielerreichung zu schaffen. Ziel des Stakeholder-Engagements ist es also, divergierende Interessen der Anspruchsgruppen in Einklang zu bringen, Risiken frühzeitig zu erkennen und die Zusammenarbeit zwischen der Organisation und ihren Interessengruppen zu harmonisieren.[860]

---

854 Clarkson, M. B. E. (1995). A stakeholder framework for analyzing and evaluating corporate social performance. Academy of Management Review, 20(1), 92–117.

855 Reed, M. S., Graves, A., Dandy, N., Posthumus, H., Hubacek, K., Morris, J., Prell, C., Quinn, C. H., & Stringer, L. C. (2009). Who's in and why? A typology of stakeholder analysis methods for natural resource management. Journal of Environmental Management, 90, 1933–1949.

856 Miska, C., & Mendenhall, M. E. (2018). Responsible Leadership: A Mapping of Extant Research and Future Directions. Journal of Business Ethics, 148(1), 117–134.https://doi.org/10.1007/s10551-015-2999-0.

857 Kujala, J., Sachs, S., Lehtimäki, H., & Freeman, R. E. (2022). Stakeholder engagement: Past, present, and future. Business & Society, 61(4), 970–1018.

858 Greenwood, M. (2007). Stakeholder engagement: Beyond the myth of corporate responsibility. Journal of Business Ethics, 74(4), 315–327.

859 Freeman, R. E. (1984). Strategic Management: A Stakeholder Approach. Cambridge University Press.

860 Kujala, J., Sachs, S., Lehtimäki, H., & Freeman, R. E. (2022). Stakeholder engagement: Past, present, and future. Business & Society, 61(4), 970–1018.

Stakeholder können als Akteure definiert werden, die direkt oder indirekt von den Aktivitäten eines Unternehmens betroffen sind oder diese beeinflussen können.[861] Eine konkretere Definition, die auch den Zusammenhang zwischen Stakeholder-Engagement und unternehmerischem Nachhaltigkeitsbestreben belegt, wird bei der Wesentlichkeitsanalyse im Rahmen der Nachhaltigkeitsberichterstattung nach CSRD[862] (corporate sustainability reporting directive) gegeben. Die EFRAG definiert in ihrem Implementierungs-Leitfaden zwei Gruppen von Stakeholdern: Einerseits die direkt Betroffenen – das sind Individuen oder Gruppen, deren Interessen und Bedürfnisse durch die Aktivitäten der Organisation potentiell beeinflusst werden (wie beispielsweise Kund:innen, Lieferant:innen, Mitarbeitende etc) und andererseits die Nutzer:innen der Nachhaltigkeitsberichte, wie beispielsweise Investor:innen, Kreditinstitute, Versicherungen, Gewerkschaften, Forschende etc.

> Stakeholders are those who can affect or be affected by the undertaking. There are two main groups of stakeholders: (a) affected stakeholders: individuals or groups whose interests are affected or could be affected – positively or negatively – by the undertaking's activities and its direct and indirect business relationships across its value chain; and b) users of sustainability statements: primary users of general-purpose financial reporting (existing and potential investors such as lenders and other creditors, including asset managers, credit institutions and insurance undertakings) and other users of sustainability statements, including the undertaking's business partners, trade unions and social partners, civil society and nongovernmental organisations, governments, analysts and academics.[863]

6.2.3.2. Der Stakeholder-Engagement-Prozess

Der Prozess, um Stakeholder in die strategischen, operativen, oder aber taktischen (Nachhaltigkeits-) Entscheidungen der Organisation einzubeziehen, kann anhand von vier Schritten strukturiert werden. Als Erstes werden die Zielsetzungen sowie der Umfang und Ablauf definiert. Darauf folgt die Stakeholder-Identifikation, insbesondere der Akteure, die von den Aktivitäten der Organisation maßgeblich beeinflusst werden und ein Interesse an der Mitgestaltung hegen. Der dritte Schritt besteht darin, die unterschiedlichen Stakeholdergruppen im Detail zu analysieren und zu priorisieren, indem ihre Bedürfnisse, Interessen und ihre Einflussmöglichkeiten eruiert werden. Dabei ist festzuhalten, dass der Prozess iterative Schleifen beinhalten kann, wenn beispielsweise im Zuge des Verständnisaufbaus festgestellt wird, dass weitere Stakeholder integriert werden müssen, um den Status quo und die Zukunftsausrichtung besser einfangen zu können. Dementsprechend würde man von Schritt 3 zuerst auf Schritt 2 gehen, um weitere Perspektiven abzufragen, die ein holistischeres Bild ergeben. Zuletzt folgt dann die Auswahl der Engagement-Methode, die sich nach den anvisierten Zielsetzungen wie auch der Stakeholderpriorisierung orientiert. Diesem Prozess folgend sollten die relevanten Stakeholder ausgesucht und in die Entscheidungsfindung einbezogen werden können.

861 Freeman, R. E. (1984). Strategic Management: A Stakeholder Approach. Cambridge University Press.

862 European Commission (2024). Corporate sustainability reporting. https://finance.ec.europa.eu/capital-markets-union-and-financial-markets/company-reporting-and-auditing/company-reporting/corporate-sustainability-reporting_en.

863 EFRAG (2024). IG 1 Materiality Assessment Implementation Guidance. https://www.efrag.org/sites/default/files/sites/webpublishing/SiteAssets/IG%201%20Materiality%20Assessment_final.pdf, abgerufen am 4.8.2025, S 26.

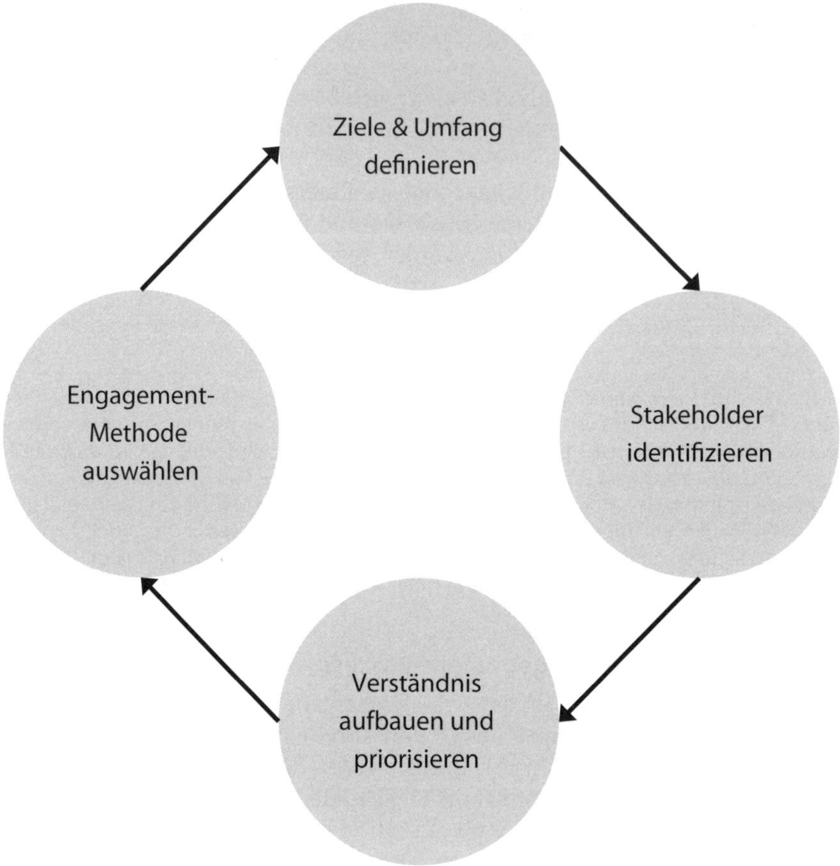

Abb 58: Stakeholder-Engagement-Prozess [Quelle: eigene Darstellung]

Schritt 1: Ziele und Umfang definieren

Ein gut strukturiertes Stakeholder-Engagement beginnt mit der Themenaufarbeitung und der expliziten, daraus abgeleiteten Zielsetzung, dem Verstehen der organisationsinternen Erwartungshaltung sowie einer klaren Definition des Umfangs (in Hinsicht auf benötigte Ressourcen und Zeit). Zielsetzungen können beispielsweise die Verbesserung von Transparenz und Risikomanagement in Bezug auf Nachhaltigkeitsthemen umfassen, oder auf die Förderung gemeinsamer Innovationen mit Stakeholdern abzielen[864], oder aber auch im Rahmen der CSRD-Nachhaltigkeitsberichterstattung erfolgen.[865] Für die Zieldefinition können neben der Strategieausrichtung der Organisation auch unterschiedliche Frameworks oder Standards als Ausgangsbasis dienen, wie beispielsweise die

864 Greenwood, M. (2007). Stakeholder engagement: Beyond the myth of corporate responsibility. Journal of Business Ethics, 74(4), 315–327.

865 EFRAG (2024). IG 1 Materiality Assessment Implementation Guidance. https://www.efrag.org/sites/default/files/sites/webpublishing/SiteAssets/IG%201%20Materiality%20Assessment_final.pdf, abgerufen am 4.8.2025.

Sustainable Development Goals, oder die Global Reporting Initiative.[866] Es ist jedoch sicherzustellen, dass die Zielsetzungen mit der Organisationsstrategie in Einklang stehen. Dementsprechend ist es auch glaubwürdiger, sich auf weniger Ziele zu konzentrieren und den Beitrag dort zu erhöhen, als alle SDG ins Visier zu nehmen. Als Faustregel gilt, dass nicht mehr als drei SDG, die in direktem Zusammenhang mit dem Business-Modell stehen, anvisiert werden sollten. In der folgenden Grafik sind potenzielle Zielsetzungen für den Gesundheitssektor aufgelistet.

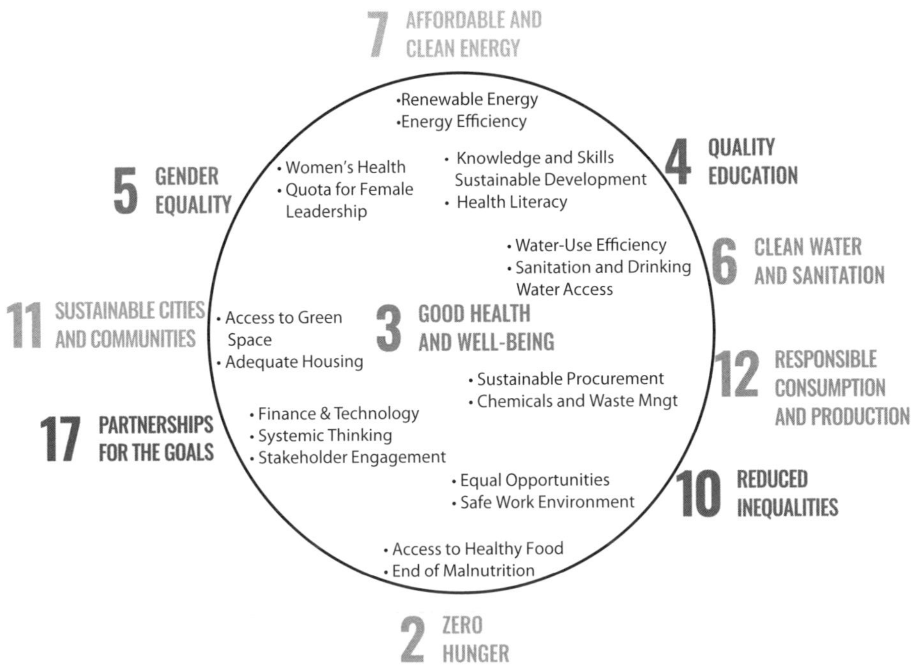

Abb 59: Zielsetzungen nach SDG im Gesundheitssektor [Quelle: Eigene Darstellung in Anlehnung an Steiner et al 2016 und Asnake et al 2016]

Der Umfang des Engagements sollte im Vorfeld festgelegt werden, um Ressourcen effizient zu nutzen und im weiteren Verlauf die eigene sowie auch die Erwartungshaltung der Stakeholder nicht zu enttäuschen und proaktiv steuern zu können. Hinzu kommt, dass das eigene organisationsinterne Team definiert werden muss und die Mitarbeitenden, die zusätzlich zum Kernteam hinzugezogen werden sollen. Erheblich ist, dass dem Stakeholder-Engagement hohe Management Attention entgegengebracht wird und im Kernteam Entscheidungspouvoir vorhanden ist, um die Dinge, die gemeinsam erarbeitet werden, auch umsetzen zu können. Ebenfalls spielt das Timing eine wichtige Rolle,

866 Kirchhoff, K.R., Niefünd, S., von Pressentin, J.A. (2024). CSRD: Die Neufassung der Non-Financial Reporting Directive. In: ESG: Nachhaltigkeit als strategischer Erfolgsfaktor. SDG – Forschung, Konzepte, Lösungsansätze zur Nachhaltigkeit. Springer Gabler, Wiesbaden. https://doi.org/10.1007/978-3-658-43344-4_5.

denn die frühzeitige Einbindung der Stakeholder erhöht die Chancen, dass ein gesamtheitlicher Kontext und Handlungsspielraum geschaffen wird, der über die singuläre Perspektive der Organisation hinausreicht und bei Entscheidungsfindungsprozessen als Grundlage dienen kann.[867]

Schritt 2: Stakeholder-Identifikation

Nachdem Ziele und Umfang in Schritt 1 festgelegt wurden, stellt sich die Frage, wie die relevanten Stakeholder identifiziert werden. Dieser Schritt ist essenziell, da er die Grundlage für alle weiteren Maßnahmen bildet. Die Identifikation relevanter Stakeholder erfolgt durch eine systematische Analyse der Akteure, die von den Aktivitäten der Organisation betroffen sind. Anfangspunkt dafür bietet beispielsweise die Wertschöpfungs- oder Lieferkette, bei der die Akteure anhand ihrer Berührungspunkte mit der Organisation erörtert werden können. Dabei sollten sowohl Akteure, die im Up- als auch im Downstream verankert sind, einbezogen werden. Um auch dem Makro-Umfeld Rechnung zu tragen, können zusätzlich noch die Natur und die Next Generation als Stakeholder hinzugefügt werden, oder weitere betroffene Akteure, wie etwa Gemeinden und Verbände, oder aber auch politische Akteure und Medienvertreter:innen. Es ist auch darauf zu achten, dass Stakeholder unter anderem durchaus kritische Meinungen haben können, oder negativ durch die Aktivitäten beeinflusst sind. Diese Gruppen sinnvoll in den Prozess zu inkludieren ist nicht nur in Hinsicht auf Risiko-Management wichtig, sondern bietet auch die Chance, auf transparente Weise divergierende Bedürfnisse zu harmonisieren und ein holistisches Bild des unternehmerischen Impacts zu kreieren. Im Fall, dass eine Gruppe als Stakeholder identifiziert wird, sollte ein:e Repräsentant:in als Ansprechperson für den weiteren Prozess gewählt werden.

Methoden wie das Stakeholder-Mapping, das neben der Beziehung zur Organisation auch die Stakeholder in Relation zueinander setzt, oder das Power-Interest-Grid (siehe untenstehende Abbildung), helfen dabei, relevante Akteure und Schlüssel-Stakeholder zu identifizieren und greifen auch schon dem nächsten Schritt vor, nämlich die Stakeholder nach ihrem Impact oder Einfluss sowie ihren Interessen zu priorisieren.[868] Eine Erweiterung dieses Ansatzes ist das Salience Model, das zusätzlich die Dringlichkeit und Legitimität von Stakeholder-Anliegen berücksichtigt.[869] Digitale Werkzeuge wie etwa Miro, Mural oder Figma erleichtern die digitale Kooperation mit und Visualisierung von komplexen Stakeholder-Netzwerken.

867 Reed, M. S., Graves, A., Dandy, N., Posthumus, H., Hubacek, K., Morris, J., Prell, C., Quinn, C. H., & Stringer, L. C. (2009). Who's in and why? A typology of stakeholder analysis methods for natural resource management. Journal of Environmental Management, 90, 1933–1949.

868 Ackermann, F., & Eden, C. (2011). Strategic management of stakeholders: Theory and practice. Long range planning, 44(3), 179–196.

869 Mitchell, R.K., Agle, B. R. & Wood, D. J. (1997). Toward a Theory of Stakeholder Identification and Salience: Defining the Principle of Who and What Really Counts, The Academy of Management Review , Oct., 1997, Vol. 22, No. 4, pp 853–886.

Abb 60: Power-Interest Grid [Quelle: eigene Darstellung in Anlehnung an Ackermann & Eden 2011]

Schritt 3: Verständnis aufbauen und Priorisieren

Die Identifikation allein reicht jedoch nicht aus. Es ist ebenso wichtig, die Stakeholderinteressen zu verstehen und die gewonnenen Informationen systematisch zu verarbeiten und langfristig nutzbar zu machen. Es kann beispielsweise hilfreich sein, beim Stakeholder Mapping die am besten vernetzten Knotenpunkte und begünstigenden North-Stars, die als Katalysatoren wirken, sowie auch die kontraproduktiven Stakeholder oder Sperrspitzen, die die Zielerreichung sabotieren könnten, zu markieren. So können Multiplikatoren und zu überwältigende Hindernisse schnell identifiziert und in den weiteren Prozess aktiv inkludiert werden. Auch das Power-Interest-Grid unterstützt, indem es den Einfluss und die unterschiedlichen Interessen dokumentiert und damit auch einen Überblick auf die anzuwendende Kommunikationsstrategie liefert (siehe Abb 60). Je nach gewählter Zielsetzung können die Achsenbezeichnungen im Grid angepasst und eingefügt werden. Handelt es sich beispielsweise um das Ziel „Förderung von gemeinsamer nachhaltiger Innovation", so könnte die x-Achse anstatt „Macht & Einfluss" beispielsweise „Impact zwecks Innovationsfähigkeit" lauten. Für den weiteren Prozess, sollten zumindest Vertreter:innen aus den Feldern „Keep Satisfied" sowie „Engage & Consult" eingeladen werden.

Um die Interessen genauer zu analysieren und auch die Grundbedürfnisse zu erkennen, bietet sich die 5- Why-Methode[870] an, die vor allem bei negativ eingestellten Stakeholdern

870 Digitales Institut (2023). Die 5-Why-Methode. https://digitales-institut.de/die-5-why-methode-eine-effektive-strategie-zur-problemloesung/, abgerufen am 4.8.2025.

auf die Ursachen schließen lässt, was insbesondere bei dem Feld „Keep Satisfied" von Bedeutung ist. Zusätzlich kann ein Stakeholder-Register angelegt werden, das regelmäßig aktualisiert werden sollte, um auf dynamische Veränderungen reagieren zu können. Kategorien für das Register können beispielsweise sein: Intern/Extern, Power/Impact/Einfluss, Interesse, Erwartungshaltung, Positiv/Negativ/Neutral, Expertise, gewählte Kommunikationsstrategie, Kontaktdetails. Als sinnvoll erwiesen hat sich auch eine Zuordnung der Stakeholder zu den jeweiligen Zielen, die in Schritt 1 definiert wurden, um Arbeitsgruppen zu bilden und die Perspektive aller Betroffenen einfangen zu können. Wenn zu einem Ziel sehr viele Stakeholder identifiziert wurden, kann es effizienter sein, sich auf die Extremmeinungen zu konzentrieren, oder die Stakeholder mit ähnlichen Interessen in Segmente zu clustern und Repräsentant:innen je Segment festzulegen. Ebenso essenziell ist es, die organisationseigenen Interessen und Bedürfnisse zu kennen und ggf zu hinterfragen. Ein Framework, das Übersicht über die organisationsinternen sowie auch die Stakeholder-Bedürfnisse schafft, ist das SWANS und OWANS Performance Prism (siehe untenstehende Abbildung), bei dem die Felder für die jeweiligen Stakeholder beispielhaft ausgefüllt wurden.

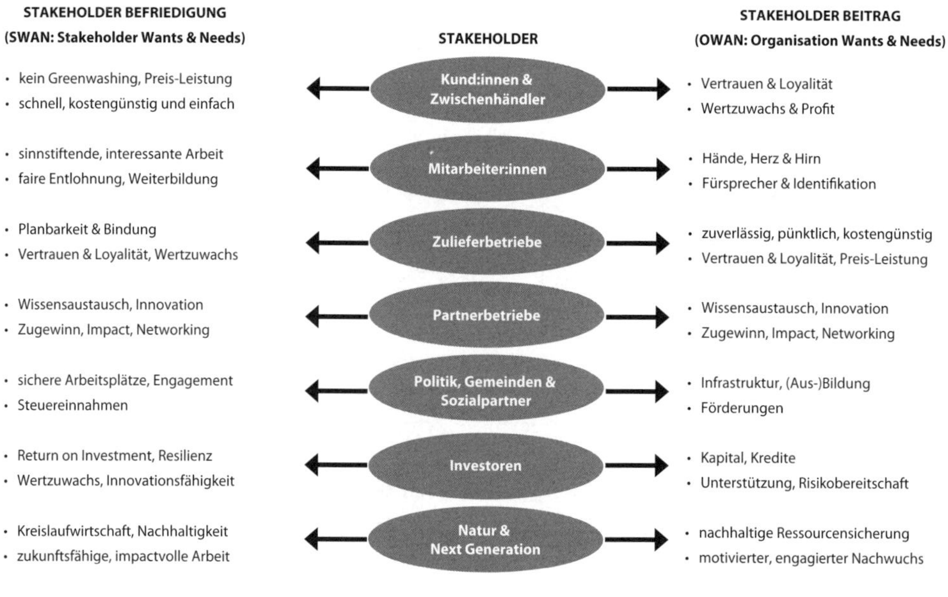

Abb 61: SWANs and OWANs [eigene Darstellung in Anlehnung an Neely, A., entnommen aus Jeffery 2009]

Doch nicht nur die Priorisierung ist entscheidend. Ebenso wichtig ist die Wahl der richtigen Methode, um mit den Stakeholdern in Kontakt zu treten und sie aktiv einzubinden. Bei den top-priorisierten Stakeholdern ist es beispielsweise wichtig, den kontinuierlichen Austausch zu ermöglichen, wie zB durch Roundtables, Advisory-Gremien oder Foren, um langfristig stabile Beziehungen zu etablieren und Vertrauen aufzubauen.[871]

871 WBCSD – World Business Council for Sustainable Development (2021). Boards and their stakeholders: The state of play. https://www.wbcsd.org/resources/boards-and-their-stakeholders/, abgerufen am 4.8.2025.

Schritt 4: Auswahl der Engagement-Methode

Die Wahl der Methode hängt genauso von den spezifischen Umständen und Zielen, wie von der Priorisierung nach Stakeholder-Interesse und Einfluss ab. Mögliche Methoden umfassen Umfragen, die ideal sind, um eine große Anzahl von Stakeholdern effizient einzubinden, sowie Interviews, die sich besonders eignen, um tiefere Einblicke zu gewinnen und Vertrauen aufzubauen. Um Bias, wie beispielsweise soziale Erwünschtheit, vorzubeugen, kann es zielführend sein, externe Interviewer:innen oder Workshop-Moderator:innen in den Prozess einzubeziehen, die nicht in direktem Zusammenhang mit der Organisation stehen und als objektiv von den Stakeholdern wahrgenommen werden.

Allgemein ist festzuhalten, dass Workshops und Fokusgruppen den Austausch und Dialog fördern und den Weg für die gemeinsame Entwicklung von Lösungen bereiten können, während Interviews nützlich sind, um unterschiedliche Perspektiven zu bündeln und tiefgründigere Einsichten in die Lebenswelt der Betroffenen zu erhalten. Um holistische Erkenntnisse aus dem Stakeholder-Engagement bilden zu können, sollten bei Workshops möglichst divergierende Meinungen repräsentiert sein, das heißt eine Vielfalt an unterschiedlichen Stakeholdern mit heterogenen Interessen und Bedürfnissen.

Um eine langfristige Einbindung der Stakeholder und die Befriedigung ihrer Bedürfnisse (im Abgleich mit dem, was mit den vorhandenen Ressourcen erreichbar ist) zu gewährleisten, bieten sich auch Foren, Feedback-Circles oder Advisory-Gremien an, bei denen die Stakeholder aktiv mitgestalten können, was insbesondere bei den Key-Stakeholdern wichtig ist. Hierbei ist zu beachten, dass ausreichend Pouvoir seitens der Organisation anwesend ist, um die gemeinsam erarbeiteten Inhalte auch umsetzen zu können. Um das Interesse und die Motivation hochzuhalten, sollten die Stakeholder zeitnah über den Transformationsfortschritt informiert und up-to-date gehalten werden. Für den Fall, dass eine längerfristige Einbindung angestrebt wird, sollte dies im Voraus geplant und kommuniziert werden.

Abb 62: Stakeholder-Engagement-Methoden [Quelle: eigene Darstellung in Anlehnung an WBCSD 2021 und Ackerman & Eden 2011]

6.2.3.3. Fazit

Die Relevanz von Stakeholder-Engagement zeigt sich besonders in einer Welt, die von zunehmender Komplexität und dynamischen Veränderungen geprägt ist. Unternehmen stehen heute nicht nur in der Verantwortung, wirtschaftliche Interessen zu wahren, sondern auch soziale und ökologische Werte zu schaffen. Somit ist Stakeholder-Engagement nicht nur eine Managementmethode, sondern ein grundlegendes Bekenntnis zu einer nachhaltigeren und gerechteren, kreislauffähigen Zukunft. Organisationen, die Stakeholder gezielt einbinden, schaffen nicht nur Vertrauen und Stabilität, sondern tragen aktiv zur Lösung globaler Herausforderungen bei und ebnen den Weg für eine funktionierende Kreislaufwirtschaft. In einer zunehmend vernetzten Welt liegt der Schlüssel zum Erfolg in der Fähigkeit, unterschiedliche Perspektiven zu integrieren und gemeinsame Werte zu schaffen. Die aktive Einbindung relevanter Anspruchsgruppen ist somit nicht nur ein strategischer Vorteil, sondern auch eine moralische Verpflichtung für Organisationen, die eine nachhaltige Transformation anstreben.

Stakeholder-Engagement birgt jedoch auch einige Risiken und Herausforderungen, die von Anfang an berücksichtigt werden sollten. So können beispielsweise Machtungleichgewichte zwischen dominanten und marginalisierten Stakeholdern auftreten oder Konflikte durch divergierende Interessen entstehen. Ebenso wenig zielführend sind manipulative Ansätze, bei denen Stakeholder lediglich zur Legitimierung von (unpopulären) Entscheidungen eingebunden werden.[872] Auf organisatorischer Ebene stellen mangelnde Ressourcen, zu geringe Management Attention oder fehlende Motivation weitere Herausforderungen dar, die in Reputationsschäden für die Organisation münden können. Die Überwindung dieser Herausforderungen erfordert einstimmiges Commitment, explizite Zieldefinitionen sowie durchgängig transparente Kommunikation und einen strukturierten Prozess.[873] Damit bietet Stakeholder-Engagement eine wesentliche Grundlage für den langfristigen Erfolg in der Kreislaufwirtschaft, wenn der Fokus auf einer einzelnen Organisation liegt. Ergänzt durch Eco-System-Mapping können weitere Akteure hinzugezogen werden, um über bestehende Beziehungen hinweg nachhaltige Kooperationsnetzwerke aufzubauen und miteinander transformative Innovation zu fördern.[874]

6.2.4. Kommunikation in zirkulären Lieferketten – Herausforderungen, Chancen und How-To

Lydia Schwarhofer/Karin Huber-Heim

In den letzten zwei Jahrzehnten hat sich gezeigt: Wer seine Lieferketten nicht aktiv steuert, verliert nicht nur an Effizienz, sondern auch an Resilienz, Nachhaltigkeit und Wettbewerbsfähigkeit. Globale Krisen, Klimawandel, politische Unruhen und regulatorische

872 Kujala, J., Sachs, S., Lehtimäki, H., & Freeman, R. E. (2022). Stakeholder engagement: Past, present, and future. Business & Society, 61(4), 970–1018.

873 Reed, M. S., Graves, A., Dandy, N., Posthumus, H., Hubacek, K., Morris, J., Prell, C., Quinn, C. H., & Stringer, L. C. (2009). Who's in and why? A typology of stakeholder analysis methods for natural resource management. Journal of Environmental Management, 90, 1933–1949.

874 Adner, R. (2017). Ecosystem as structure: An actionable construct for strategy. Journal of Management, 43(1), 39–58.

Anforderungen haben Unternehmen dazu gezwungen, ihre Lieferkettenstrategien neu zu denken. Doch all diese Anpassungen können nur gelingen, wenn Kommunikation als strategischer Hebel in der Lieferkette verstanden und aktiv gestaltet wird.

6.2.4.1. Warum Kommunikation in zirkulären Lieferketten so entscheidend ist

Zirkuläre Lieferketten setzen voraus, dass Unternehmen nicht nur linear Materialien einkaufen und Produkte ausliefern, sondern Stoffkreisläufe schließen, Wiederverwendung ermöglichen und Transparenz schaffen. Dabei werden Unternehmen mit vielfältigen Herausforderungen konfrontiert: Naturkatastrophen verlangsamen Transportwege, politische Instabilitäten gefährden Rohstoffzugänge, Cyberangriffe bedrohen digitale Lieferketten, Rohstoffknappheit erhöht Abhängigkeiten. Gleichzeitig steigen Erwartungen von Stakeholdern und Gesetzgebern, Nachhaltigkeits- und Menschenrechtsstandards nachweislich einzuhalten.

In all diesen Herausforderungen liegt ein gemeinsamer Nenner: Kommunikation. Sie schafft Transparenz zwischen Abteilungen, Lieferant:innen und Kund:innen, ermöglicht proaktives Handeln bei Risiken und wird zum Instrument, um regulatorische Vorgaben wie die **Corporate Sustainability Due Diligence Directive** (EU Richtlinie über die unternehmerische Sorgfaltspflicht im Bereich Nachhaltigkeit, kurz **CS3D**, die **EU-Entwaldungsverordnung (EUDR)** oder den **Carbon Border Adjustment Mechanism (Europäisches CO_2-Grenzausgleichssystem**, kurz **CBAM)** effizient zu erfüllen. Unternehmen, die Kommunikation als Kernbaustein ihrer zirkulären Lieferkettenstrategie etablieren, sichern sich nicht nur Compliance, sondern langfristig ihre Wettbewerbsfähigkeit.

6.2.4.2. Regulatorische Treiber: Von der Kür zur Pflicht zur Kür?

Der Green Deal der EU schuf mit Vorschlägen zu Regulierungen wie der **CS3D**[875] und der **EUDR**[876] einen verbindlichen Rahmen für Transparenz entlang der Lieferkette. Große Unternehmen sollten Risiken wie Umweltverschmutzung und Menschenrechtsverletzungen erkennen und aktiv adressieren. Doch auch wenn derzeit Grenzwerte für die Verpflichtung von Unternehmen angehoben bzw die Berichterstattung vereinfacht werden sollen[877], oder Anwendungszeitpunkte verschoben werden[878], so bildet transparente Kommunikation mit Lieferant:innen dennoch einen wichtigen Bestandteil unternehmerischer Exzellenz, die über Sorgfaltspflichten hinausgeht.

875 Richtlinie (EU) 2024/1760 des europäischen Parlaments und des Rates vom 13. Juni 2024 über die Sorgfaltspflichten von Unternehmen im Hinblick auf Nachhaltigkeit und zur Änderung der Richtlinie (EU) 2019/1937 und der Verordnung (EU) 2023/2859 https://eur-lex.europa.eu/legal-content/DE/TXT/PDF/?uri=OJ:L_202401760, abgerufen am 27.6.2025.

876 Verordung (EU) 2023/1115 des europäischen Parlaments und des Rates vom 31. Mai 2023 über die Bereitstellung bestimmter Rohstoffe und Erzeugnisse, die mit Entwaldung und Waldschädigung in Verbindung stehen, auf dem Unionsmarkt und ihre Ausfuhr aus der Union sowie zur Aufhebung der Verordnung (EU) Nr 995/2010 https://eur-lex.europa.eu/legal-content/DE/TXT/PDF/?uri=CELEX:32023R1115, abgerufen am 27.6.2025.

877 Omnibus I https://commission.europa.eu/publications/omnibus-i_en, abgerufen am 27.6.2025.

878 Verschiebung des Inkrafttretens der EUDR https://trade.ec.europa.eu/access-to-markets/de/news/anwendung-der-eudr-verordnung-ueber-entwaldungsfreie-produkte-verzoegert-sich-bis-dezember-2025, abgerufen am 27.6.2025.

Auch der zum Zeitpunkt des Verfassens des gegenständlichen Kapitels (noch) nicht abgeänderte **CBAM**[879] wirkt direkt in Lieferketten, da Importe bestimmter emissionsintensiver Produkte an CO_2-Zertifikate gekoppelt werden, um Carbon Leakage zu verhindern. Wer hier nicht proaktiv mit Lieferant:innen kommuniziert und sich zu Daten austauscht, riskiert nicht nur Strafzahlungen, sondern verliert im schlimmsten Fall den Zugang zu Märkten.

6.2.4.3. Kommunikation als strategischer Erfolgsfaktor

Eine wirksame Kommunikation in zirkulären Lieferketten ermöglicht Unternehmen:

- **Transparenz zu schaffen:** Lieferzeiten, CO_2-Emissionen, Lagerbestände und Kapazitäten können in Echtzeit mit relevanten Partner:innen geteilt werden, um Engpässe frühzeitig zu erkennen und Kreislaufpotenziale zu nutzen.
- **Resilienz zu erhöhen:** Durch offene Kommunikation lassen sich Risiken wie Materialengpässe oder Qualitätsmängel schneller identifizieren und Alternativen entwickeln.
- **Kosten zu senken:** Effizientere Ressourcennutzung, reduzierte Lagerkosten und geringere Ausschüsse sind die Folge klarer Abstimmungen entlang der Kette.
- **Gesetzliche Vorgaben oder die seiner Auftraggeber zu erfüllen:** Nur wer durchgängige Kommunikation sicherstellt, kann Sorgfaltspflichten nach CS3D, Berichtsanforderungen der CSRD oder auch die Informationsanforderungen solcher Kunden erfüllen.
- **Marktveränderungen flexibel zu begegnen:** Zirkuläre Geschäftsmodelle erfordern Anpassungsfähigkeit. Mit digital unterstützter Kommunikation können Partner:innen in Echtzeit reagieren und Stoffströme bedarfsgerecht steuern.

Wie Kommunikation in zirkulären Lieferketten praktisch etabliert werden kann

Ein erfolgreicher Ansatz für Praktiker:innen orientiert sich an einem **sechs Schritte umfassenden Risikomanagement**, in das Kommunikation integriert ist:

1. **Transparenz schaffen:** Interne Kommunikation ist der erste Schritt. Verantwortliche aus ESG, Beschaffung und Nachhaltigkeit evaluieren gemeinsam Reifegrade und priorisieren relevante Themen.
2. **Risiken berechnen:** Tools oder manuelle Verfahren helfen, Risikowerte pro Lieferant:in zu bestimmen und so eine Grundlage für Kommunikation zu schaffen.
3. **Lieferant:innen segmentieren:** Nach ESG-Kriterien, Relevanz für das Kerngeschäft oder Abhängigkeiten können Lieferant:innen in Cluster eingeteilt werden, um differenzierte Kommunikationsstrategien zu entwickeln.
4. **Risikomaßnahmen festlegen:** Dazu gehören Lieferant:innen-Audits, Schulungsprogramme, gemeinsame Materialkreislauf-Projekte und Vereinbarungen zur Nutzung nachhaltiger Materialien.
5. **Center of Excellence etablieren:** Dieses stellt sicher, dass Verantwortlichkeiten für Kommunikation klar zugewiesen sind, Wissen geteilt und Mitarbeitende kontinuierlich geschult werden.
6. **Monitoring umsetzen:** Regelmäßige Audits, Feedbackschleifen mit Lieferant:innen und transparente Beschwerdemechanismen helfen, kontinuierlich Verbesserungen zu erzielen und die Kreislauffähigkeit abzusichern.

879 Carbon Border Adjustment Mechanism https://taxation-customs.ec.europa.eu/carbon-border-adjustment-mechanism_en, abgerufen am 27.6.2025.

6.2.4.4. Lessons Learned aus der Praxis

Ein international tätiges Telekommunikationsunternehmen konnte durch die Integration von Kommunikationsstrukturen in seine Lieferkettenstrategie Transparenz über Tausende Lieferant:innen schaffen, Risiken priorisieren und gezielt adressieren. Durch klare Rollenzuweisungen im „Center of Excellence“ und Reifegrad-Assessments wurden Lücken identifiziert und geschlossen. So konnten Maßnahmen wie CO_2-Reduktionsprogramme und die Einhaltung regulatorischer Vorgaben effizient umgesetzt werden. Kommunikation wurde hier zur Brücke zwischen Risikomanagement und operativer Umsetzung.

How-To für Praktiker:innen: Kommunikation aktiv gestalten

- **Ziele definieren:** Klare Nachhaltigkeitsziele setzen, die intern wie extern kommuniziert werden.
- **Strukturen schaffen:** Verantwortlichkeiten und Eskalationsstufen im Fall von Risiken definieren.
- **Technologie nutzen:** Digitale Tools zur Datenanalyse, Risikoüberwachung und Berichterstattung einsetzen.
- **Stakeholder einbinden:** Lieferant:innen als Partner:innen betrachten, Trainings anbieten, Feedbackkanäle etablieren.
- **Regelmäßig berichten:** Fortschritte intern und extern transparent teilen, um Vertrauen aufzubauen.
- **Kultur fördern:** Kommunikation als Teil der Unternehmenskultur verstehen und dies im Leadership verankern.

6.2.4.5. Ausblick: Kommunikation als Schlüssel zur Kreislaufwirtschaft

Die Transformation zu einer zirkulären Wirtschaft erfordert ein Umdenken: Lieferketten sind keine linearen Prozesse mehr, sondern Netzwerke, in denen Produkte, Materialien und Daten in Kreisläufen geführt werden. Ohne effektive Kommunikation werden Unternehmen weder regulatorische Anforderungen erfüllen, noch ihre eigenen Nachhaltigkeitsziele erreichen können. Kommunikation wird damit zum strategischen Instrument, um Kreisläufe zu schließen, Transparenz zu schaffen und langfristig Werte zu sichern.

Die Zeit ist reif, Kommunikation in zirkulären Lieferketten nicht mehr als Randthema zu behandeln, sondern als Hebel zu nutzen, um Krisen zu meistern, Kreisläufe zu schließen und nachhaltige Geschäftsmodelle erfolgreich umzusetzen.

6.2.5. Wirksame Konsument:innen-Kommunikation zur Förderung zirkulärer Produkte und Dienstleistungen

Doris Graf

6.2.5.1. Die Bedeutung der Kommunikation in der Kreislaufwirtschaft

Das gemeinsame Ziel aller wirtschaftlichen Anstrengungen von Unternehmen stellt in letzter Konsequenz immer die Befriedigung der Bedürfnisse von Kund:innen (Industriekund:innen oder Endnutzer:innen) dar. Viele der innovativen zirkulären Geschäftsmodelle – insbesondere diejenigen, die auf der Verlängerung der Nutzungsdauer eines

Produkts (Reparatur, Wiederaufbereitung, Upgrading), Sharing-Modellen oder Produkt-Dienstleistungs-Systemen (Leasing, Abonnements, Pay-per-Use) basieren – bauen darauf auf, Menschen dazu zu motivieren, ihr Kauf-, Nutzungs- und Gebrauchsverhalten zu verändern. Die Einbeziehung der Konsument:innen zur Förderung einer neuen, nachhaltigen Konsumkultur ist ein wesentlicher Erfolgsfaktor für das Gelingen der zirkulären Transformation. Im Umkehrschluss kann mangelnde Konsument:innen-Akzeptanz ein bedeutsames Hemmnis für die erfolgreiche Implementierung von kreislauffähigen Geschäftsmodellen darstellen. Zusätzlich zur Diskussion darüber, was eine Kreislauf*wirtschaft* ausmacht, stellt sich auch die wichtige Frage, wie sich eine Kreislauf*gesellschaft* entwickeln kann.[880, 881] Wie kann in der Bevölkerung Begeisterung für kreislauffähige Produkte und Dienstleistungen ausgelöst werden? Wie können Menschen dazu inspiriert werden, sich vom/von der Verbraucher:in zum/zur Gebraucher:in entwickeln? Kommunikation allgemein und Unternehmenskommunikation im Speziellen spielen in diesem Prozess eine zentrale Rolle.

6.2.5.2. Herausforderungen für die Kommunikation zirkulärer Angebote

Generell deuten Befragungen von Konsument:innen darauf hin, dass immer mehr Menschen bereit sind, mehr für nachhaltige Produkte zu bezahlen und ihr Nutzungsverhalten zu verändern.[882] Eine groß angelegte Studie der Europäischen Kommission[883] aus dem Jahr 2018 über das Verbraucher:innen-Engagement hinsichtlich Praktiken der Kreislaufwirtschaft, die quer durch alle 28 EU-Mitgliedstaaten mit Hilfe von Stakeholder-Befragungen, Fokusgruppen, einer Online-Umfrage und eines Verhaltensexperiments durchgeführt wurde, kam jedoch zu dem Schluss, dass die Konsument:innen zwar grundsätzlich an zirkulären Praktiken interessiert sind, das tatsächliche Engagement jedoch noch relativ niedrig ist. Diese „Intentions-Verhaltens-Lücke“, die Diskrepanz zwischen einer grundsätzlich nachhaltigkeitsorientierten Einstellung und dem tatsächlichen Konsumverhalten von Individuen, ist ein hinlänglich beobachtetes Phänomen.[884]

Das Konsument:innen-Verhalten stellt sich als höchst komplex, dynamisch und individuell dar– vor, während und nach dem Kauf eines Produkts oder der Inanspruchnahme einer Dienstleistung. Speziell das Verhalten vor und nach dem Kauf gewinnt in einer Kreislaufwirtschaft stark an Bedeutung, wenn es in der Kaufentscheidung darum geht, Produkte entweder zu kaufen (linear) oder andere Formen des Eigentums bzw der Nutzung zu wählen und benutzte Produkte nach dem Gebrauch wiederzuverwenden, sie zu reparieren, zu sortieren, zu recyceln oder an den Produzenten zurückzugeben (zirkulär). Diese „Konsumarbeit“[885] schlägt sich in einem erhöhten Zeit- und Ressourcenaufwand

880 Hobson, K. & Lynch, N. (2016). Diversifying and de-growing the circular economy: Radical social transformation in a resource-scarce world. Futures, 82, S 15–25.

881 Schöggl, J.-P., Stumpf, L., Baumgartner, R. (2020). The narrative of sustainability and circular economy – A longitudinal review of two decades of research. Resources, Conservation and Recycling, 163, S 105073.

882 Lacy, P., Long, J. & Spindler, W. (2020). The Circular Economy handbook. Realizing the circular advantage. London: Palgrave Macmillan.

883 European Commission (2018). Behavioural Study on Consumers' Engagement in the Circular Economy. Brussels: European Commission.

884 Park, H. J. & Lin, L. M. (2020). Exploring attitude-behavior gap in sustainable consumption: comparison of recycled and upcycled fashion products. Journal of Business Research, 117, S 623–628.

885 Hobson, K., Holmes, H., Welch, D., Wheeler, K. & Wieser, H. (2021). Consumption Work in the circular economy: A Research Agenda. Journal of Cleaner Production, 321, S 128969.

für die Nutzer:innen nieder. Aufgearbeitete („refurbished“) Mobiltelefone werden zum Beispiel von Konsument:innen vielfach abgelehnt, weil sie den Prozess des Refurbishments nicht verstehen. Menschen sind oft nicht bereit, an dieser Stelle des Entscheidungsprozesses Zeit und Ressourcen zu investieren. Deshalb bleiben sie ihrem gewohnten Verhalten treu und kaufen ein neues Telefon. Ähnliche Phänomene werden auch in anderen Produktsparten beobachtet. Aus psychologischer Sicht ist es erwiesen, dass Menschen in Entscheidungssituationen dazu tendieren, die Lösung zu wählen, die mit dem geringsten Aufwand verbunden ist.[886]

Umso wichtiger ist es, zirkuläre Angebote so auszurichten, dass sie auch konventionelle Kund:innen-Anforderungen wie Convenience, Leistbarkeit (Preis-Leistungs-Verhältnis) oder Ästhetik erfüllen. Es ist für Unternehmen unabdingbar, zu wissen, was den Konsument:innen in der jeweiligen Produkt- bzw Servicekategorie abseits von Nachhaltigkeit wichtig ist. Erfolgreichen zirkulären Produkten und Dienstleistungen ist eine hohe Kund:innenorientierung und vielfach sogar die Mitgestaltung der Zielgruppen im Innovationsprozess (Co-Creation) gemein.[887] Sind die Beziehungen zu den Stakeholdern von Beginn an stark, wird es im weiteren Verlauf der Wertschöpfungskette einfacher, die Angebote zu vermarkten und die erforderliche Konsumarbeit sowie reverse Logistik zu fördern.[888] Stakeholder-Kommunikation und der Aufbau eines Dialogs mit den Konsument:innen – unterstützt durch physische oder virtuelle Schnittstellen – sind hier zentral. Verschiedene Studien kommen außerdem zu dem Schluss, dass auch die Bereitstellung von Information und Bewusstseinsbildung bei den Konsument:innen die Bereitschaft zur Nutzung zirkulärer Angebote über verschiedene Zielgruppen hinweg erhöht.[889, 890] Zertifizierungen und Labels können dabei helfen, die Glaubwürdigkeit zu unterstreichen und den Konsument:innen die Entscheidungsfindung und das Benchmarking (mit linearen Angeboten) zu erleichtern. Abschließend braucht es auch überzeugende Erzählungen, damit Konsument:innen Tatsachen wie zB den Klimawandel oder die Notwendigkeit eines nachhaltigeren Konsums anerkennen, sie in ihr Handeln übersetzen und so die Intentions-Verhaltens-Lücke geschlossen wird.[891] Von den Konsument:innen wird gefordert, dass sie das Produkt oder die Dienstleistung verstehen, als relevant wahrnehmen, einen persönlichen Nutzen daraus ableiten können und ihr Verhalten anpassen. Dies soll durch entsprechende Kommunikationsstrategien gefördert werden.[892]

---

886 Smith, M. E. (2021). Inspiring green consumer choices. Leverage neuroscience to reshape marketplace behavior. London: Kogan Page.

887 Lacy, P., Long, J. & Spindler, W. (2020). The Circular Economy handbook. Realizing the circular advantage. London: Palgrave Macmillan.

888 Wimmer, R., Kang, M. J., Tischner, U., Verkuijl, M., Fresner, J. & Möller, M. (2008). Erfolgsstrategien für Produkt-Dienstleistungssysteme. Berichte aus Energie und Umweltforschung, 35/2008. Wien: Bundesministerium für Verkehr, Innovation und Technologie.

889 Hanuláková, E. & Oreský, M. (2021). Circular Economy. Eight Challenges for Business and Marketing. Lüdenscheid: RAM-Verlag.

890 Vehmas, K., Raudaskoski, A., Heikkilä, P., Harlin, A. & Mensonen, A. (2018). Consumer attitudes and communication in circular fashion. Journal of Fashion Marketing and Management, 22, 3, S 286–300.

891 Reich, K. (2021). Der entgrenzte Mensch und die Grenzen der Erde. Wie Erziehung und Verhalten die Nachhaltigkeit erschweren. Frankfurt: Westend.

892 Fink, S. & Grupe, M. (2022). Innovations- und Technologiekommunikation: Komplexe Themen vermitteln und positionieren. In Zerfaß, A., Piwinger, M. & Röttger, U. (Hrsg), Handbuch Unternehmenskommunikation. Strategie – Management – Wertschöpfung (3. Aufl). Wiesbaden: Springer Gabler.

6.2.5.3. Kommunikationsstrategien entlang der zirkulären Wertschöpfungskette

Der zirkulären Wertschöpfungskette, welche aus den Stadien Design, Einkauf, Produktion, Logistik, Marketing und Verkauf, Produktnutzung, stofflicher Verwertung am Ende der Nutzung sowie reverser Logistik besteht, lassen sich aus Konsument:innen-Sicht folgende Etappen der Customer Journey[893] zuordnen: Pre-Service (Vorkaufsphase), Service (Kaufphase) und Post-Service (Nutzungs- und Nachnutzungsphase). In allen Phasen bedarf es eines hohen Maßes an Kommunikationsaustausch. Je nachdem wie das zirkuläre Angebot ausgestaltet ist und an welcher Stelle der Reise sich das Unternehmen sowie seine (potenziellen) Kund:innen jeweils befinden, bedarf es einer Kombination unterschiedlicher Kommunikationsansätze, um Interesse zu wecken, Kauf- bzw Nutzungsabsichten auszulösen und Verhaltensänderungen zu unterstützen.

6.2.5.3.1. Kommunikationsansätze in der Pre-Service-Phase

Zwei der wesentlichen Hemmnisse für eine erfolgreiche Vermarktung zirkulärer Angebote sind einerseits ein mangelndes Bewusstsein in der breiten Bevölkerung, dass solche nachhaltigen Optionen überhaupt bestehen, und andererseits mannigfache Vorbehalte gegenüber diesen Angeboten, die den Menschen vielfach noch abstrakt, komplex und risikobehaftet erscheinen. In der Vorkaufsphase geht es demnach stark darum, Aufmerksamkeit zu generieren, Vertrauen bei den Zielgruppen zu schaffen, tragfähige Stakeholder:innen-Beziehungen aufzubauen und die Angebote der Unternehmen als erstrebenswert zu positionieren. Unternehmen bedienen sich in dieser sowie den folgenden Phasen verschiedener Tools der **nachhaltigkeitsorientierten Marktkommunikation (Sustainability Marketing), der Innovations- sowie der Nachhaltigkeitskommunikation**.

Zu Beginn des Kommunikationsprozesses steht die Beschäftigung mit den Zielgruppen. Um eine Anschlusshandlung auszulösen, ist es unabdingbar, dass das Angebot den Zielgruppen einen Wert vermittelt, der sie in ihrer konkreten Lebenswelt zu einem relevanten Zeitpunkt abholt. Die Auswahl der Kommunikationsinhalte (was?) und deren Darstellung (wie?) basiert idealerweise auf den Ergebnissen konkreter **Marktforschung** zum Themenwissen, den Interessen, Wünschen, Bedürfnissen und psychologischen Antriebskräften der Zielkonsument:innen (Consumer Insights). Diese kann quantitativ (Umfragen, Social Listening) oder qualitativ (persönliche Gespräche, Customer Advisory Boards, Beschwerdecenter, Hotlines, Help Desks, Social Media Konversationen, mittels künstlicher Intelligenz wie Chatbots etc.) erfolgen.[894] Befindet sich das Produkt/die Dienstleistung noch in der Designphase, sind auch **Open-Innovation-Formate** wie Workshops, Stakeholder-Foren oder Ideenwettbewerbe ein wertvoller Weg, Stakeholder-Bedürfnissen auf den Zahn zu fühlen.[895]

Um die für ihre Kund:innen und anderen Anspruchsgruppen attraktiven Kommunikationsinhalte zu transportieren, wenden Unternehmen häufig **Corporate Storytelling** als

893 Rosenbaum, M. S., Losada Otalora, M. & Contreras Ramírez, G. (2017). How to create a realistic customer journey map. Business Horizons, 60, S 143–150.

894 Tropp, J. (2019). Moderne Marketing-Kommunikation. Grundlagen, Prozess und Management markt- und kundenorientierter Unternehmenskommunikation (3. Aufl.). Wiesbaden: Springer VS.

895 Zerfaß, A. & Ernst, N. (2009). Kommunikation von Innovationen. Marketing und PR als „Spielmacher". Marketing Review St. Gallen, 2-2009, S 36–41.

stilistisches Mittel an. Durch das Übermitteln von Erzählungen über verschiedene Aspekte der Tätigkeit des Unternehmens werden diese für die Rezipient:innen greifbarer. Es entsteht eine Vorstellung davon, wer oder was das Unternehmen ist und welches Wertangebot es bereithält. Im **Content Marketing** werden Stories und Narrative systematisch mit Blick auf die Bedürfnisse von (potenziellen) Kund:innengruppen entwickelt und auf unterschiedlichen Kanälen (sowohl „Owned Media" wie die Social-Media-Seiten von Unternehmen, Podcasts oder Apps als auch nach wie vor über klassische Massenmedien) ausgespielt, um das Engagement der Konsument:innen und letztlich ihr Kauf- und Nutzungsverhalten positiv zu beeinflussen.[896] Dabei müssen nicht unbedingt immer die Zirkularität und der Nachhaltigkeitsgedanke im Mittelpunkt stehen, sondern andere, eventuell für die Rezipient:innen relevantere Attribute.

Je neuer und innovativer die Angebote sind (zB Produkt-Dienstleistungs-Systeme), desto wichtiger ist es, Neugierde auszulösen, Ängste zu mildern, einen Kontextrahmen anzubieten, Abstraktes zu konkretisieren und Anwendungsfantasien zu erzeugen.[897] Vertrauen in kreislauforientierte Unternehmen hilft potenziellen Kund:innen, die Komplexität des Themas zu bewältigen und die wahrgenommenen Risiken zu minimieren. **Vertrauens- und glaubwürdigkeitsbildende Maßnahmen** sind daher in der Vorkaufsphase ebenso von Bedeutung. Als wirksam hat sich hier herausgestellt, den neuartigen Angeboten ein Gesicht zu geben und die Firmengründer:innen, Entwickler:innen oder andere Schlüsselpersonen persönlich über die Produkte und Dienstleistungen sprechen zu lassen (CEO-Kommunikation).

Auch Mechanismen und Tools der Nachhaltigkeitskommunikation, wie zB der Nachhaltigkeitsbericht, können von Unternehmen im Rahmen der Kreislaufwirtschaft dazu benutzt werden, eine glaubwürdige Identität als nachhaltigkeitsorientierter gesellschaftlicher Akteur aufzubauen und so ua Greenwashing-Vorwürfen entgegenzuwirken.[898] Eine wichtige Rolle in der Nachhaltigkeitskommunikation zum Aufbau von Vertrauen nehmen das **Stakeholder-Management** und der **Stakeholder-Dialog** ein. Aufgrund des grundsätzlich systemischen Ansatzes der Kreislaufwirtschaft ist es sinnvoll, den Kommunikationsansatz nicht nur auf die Endzielgruppe der Konsument:innen zu beschränken, sondern auch andere Stakeholder des wirtschaftlichen Ökosystems in den Dialog miteinzubeziehen. Das sind zB Handelspartner:innen, Verkäufer:innen am Point of Sale (PoS), Logistikpartner:innen, Politiker:innen (Public Affairs), Kooperationspartner:innen, Wissenschafter:innen, Journalist:innen uvm.[899, 900]

896 Seiffert-Brockmann, J. & Einwiller, S. (2022). Content-Strategien in der Unternehmenskommunikation: Themensetzung, Storytelling und Newsrooms. In Zerfaß, A., Piwinger, M. & Röttger, U. (Hrsg). Handbuch Unternehmenskommunikation. Strategie – Management – Wertschöpfung (3. Aufl). Wiesbaden: Springer Gabler.

897 Fink, S. & Grupe, M. (2022). Innovations- und Technologiekommunikation: Komplexe Themen vermitteln und positionieren. In Zerfaß, A., Piwinger, M. & Röttger, U. (Hrsg), Handbuch Unternehmenskommunikation. Strategie – Management – Wertschöpfung (3. Aufl). Wiesbaden: Springer Gabler

898 Pittner, M. (2014). Strategische Kommunikation für LOHAS. Nachhaltigkeitsorientierte Dialoggruppen im Lebensmitteleinzelhandel. Wiesbaden: Springer Gabler.

899 Chamberlin, L. & Boks, C. (2018). Marketing Approaches for a Circular Economy: Using Design Frameworks to Interpret Online Communications. Sustainability, 10, S 2070.

900 Peattie, K. & Belz, F. (2010). Sustainability Marketing – An Innovative Conception of Marketing. Marketing Review St. Gallen, 5/2010, S 8–15.

6.2.5.3.2. Kommunikationsansätze in der Service-Phase

In der Kaufphase konkurrieren zirkuläre Produkte und Dienstleistungen in den meisten Fällen direkt mit linearen Angeboten. Es geht in diesem Stadium noch mehr als in der vorhergehenden Phase darum, eine konkrete Kauf- bzw Nutzungshandlung auszulösen. Hier hat sich – aus dem Prozess der Diffusion von Innovationen kommend – die **Identifikation und Einbindung von „Lead Customers"** als hilfreich erwiesen. Besonders für kleinere oder neue Unternehmen ist es bedeutend, einen oder mehrere „Lead Customers" anzuwerben, ihnen Informationen zur Verfügung zu stellen (sie zu bilden), mit ihnen einen engen Dialog zu pflegen, aus ihrem (mitunter negativen) Feedback zu lernen, um von diesen Early Adopters ausgehend den weiteren Markt zu erschließen.

Mundpropaganda dient im Innovations-Diffusionsprozess dazu, das gefühlte Risiko bei der Nutzung eines unbekannten Angebots zu verringern. Dazu muss die empfehlende Person als glaubhaft wahrgenommen werden. Da Menschen dazu neigen, Marken, die sie bereits kennen, positiver zu bewerten, funktioniert Mundpropaganda laut Kommunikationswissenschafter:innen besonders gut im Zusammenspiel mit **Branding, Werbung und PR**. Auch starke Partnerschaften mit Lieferant:innen und Kooperationspartner:innen und die Möglichkeit zur **Co-Kommunikation** erhöhen die Wahrscheinlichkeit, auf dem Markt positiv wahrgenommen zu werden.[901]

Im Zeitalter der digitalen Kommunikation ist in diesem Zusammenhang die Zusammenarbeit mit der stark wachsenden Multiplikator:innengruppe der Influencer:innen auf sozialen Netzwerken wie Facebook, Instagram, YouTube oder TikTok hervorzuheben, die sich zu einem fixen Bestandteil des Kommunikationsmix entwickelt hat. Doch eignet sich die **Social-Media-Influencer-Kommunikation** auch zur Vermarktung von komplexeren Geschäftsmodellen wie die der Kreislaufwirtschaft? Von zentraler Bedeutung für den Erfolg dieses Kommunikationsansatzes ist die Übereinstimmung des Produkts oder der Dienstleistung mit der thematischen Ausrichtung der jeweiligen Person, um die Glaubwürdigkeit zu fördern. Passen das Angebot und der/die Influencer:in gut zusammen, kann das Unternehmen von seiner/ihrer wahrgenommenen Authentizität profitieren. Insbesondere jüngere Zielgruppen schätzen bei der Kaufentscheidung Influencer:innen als Informationsquelle.[902] Auch **Suchmaschinen-Marketing** kommt in dieser Phase oft zur Anwendung.

Das persönliche Gespräch als „reichste" Kommunikationsform[903] ist in der Service-Phase nicht zu unterschätzen. Sei es direkt als Verkaufsgespräch am PoS, bei Events mit den Unternehmensgründer:innen oder, passend zur zuvor erwähnten Mundpropaganda, als Empfehlungsgespräch: **Direktkommunikation** bietet die Möglichkeit für persönliche Kontakte, ungefiltertes Feedback und Interaktivität mit den Zielgruppen.

901 Mazzarol, T. (2011). The Role of Word of Mouth in the Diffusion of Innovation. In Hülsmann, M. & Pfeffermann, N. (Hrsg), Strategies and Communication for Innovations. An Integrative Management View for Companies and Networks. Berlin Heidelberg: Springer.

902 Hoffjann, O. (2022). Kommunikation mit Journalisten und Influencern: Multiplikatoren als Bezugsgruppen der Unternehmens-kommunikation. In Zerfaß, A., Piwinger, M. & Röttger, U. (Hrsg). Handbuch Unternehmenskommunikation. Strategie – Management – Wertschöpfung (3. Aufl.). Wiesbaden: Springer Gabler.

903 Tropp, J. (2019). Moderne Marketing-Kommunikation. Grundlagen, Prozess und Management markt- und kundenorientierter Unternehmenskommunikation (3. Aufl). Wiesbaden: Springer VS.

6.2.5.3.3. Kommunikationsansätze in der Nutzungs- und Nachnutzungsphase

In der Nutzungs- und Nachnutzungsphase besteht, wie eingangs ausgeführt, in der Kreislaufwirtschaft die Herausforderung, den Kontakt zu den Nutzer:innen zu halten und sie zu zirkulären Praktiken zu ermuntern. Auch hier kann **Storytelling** zu Themen wie Wiederaufbereitung, Reparatur, Sharing, Re- und Upcycling und generell dem Schließen von Kreisläufen Wirkung zeigen. Digitale **Informationsplattformen** mit Reparaturanleitungen, Informationen über Servicestellen oder die Verfügbarkeit von Ersatzteilen sowie **nutzungsbegleitende Services** wie Kund:innen-Apps oder Beschwerdecenter unterstützen diesen Prozess. Um die reverse Logistik zu fördern, haben sich Produktrücknahme-Angebote, Gutscheine oder kostenlose Rücksendeangebote etabliert.[904] Genauso wie in den vorhergehenden Phasen der Customer Journey sollte der **Dialog mit den Kund:innen** aufrechterhalten werden. Dazu bieten sich neben den bereits diskutierten Einbeziehungskanälen verschiedene Rückkanäle bzw das aktive Management von Review-Plattformen an.

6.2.5.4. Praktische Handlungsempfehlungen für Unternehmen

Wie können kreislauforientierte Unternehmen nun vorgehen, um ihre Angebote an Konsument:innen zu kommunizieren? Folgende praktische Handlungsempfehlungen möchten wir Ihnen mitgeben:

- Lernen Sie Ihre Zielgruppen und Stakeholder:innen kennen. Eine dialogorientierte, kleinteilige, persönliche Kommunikation unterstützt dabei.
- Scheuen Sie sich nicht davor, Feedbackmöglichkeiten anzubieten und aktiv Rückmeldungen von Kund:innen zu sammeln, zu analysieren und Ihr Angebot entsprechend weiterzuentwickeln.
- Bewusstseinsbildungsmaßnahmen sind notwendig, um den gesellschaftlichen Aufbau von Wissen zu den Thematiken der Kreislaufwirtschaft zu unterstützen und eine partizipatorische Diskussion darüber zu führen, was zirkulärer Konsum bedeutet. Pressearbeit (nicht zu verwechseln mit Werbung) nimmt hier immer noch eine wichtige Rolle ein.
- Konkretisieren Sie Ihre Angebote durch einen nach Zielgruppen segmentierten Mix aus authentischen und glaubwürdigen Messages. Nachhaltigkeitsbotschaften weisen den stärksten Effekt in der Gruppe der umweltbewussten Kund:innen auf. Genauso wichtig sind aber weitere Wertversprechen des Angebots wie der Preis, die Qualität und Convenience, um auch Zielgruppen zu überzeugen, die sich nicht dezidiert als umweltbewusst verstehen. Erstere können als Lead User und Multiplikator:innen dienen und auch Mundpropaganda und Empfehlungen wirken.
- Transparenz, Co-Kommunikation mit reichweitenstärkeren Partner:innen und CEO-Kommunikation stärken das Vertrauen – ebenso wie Labels und Zertifizierungen.
- Die Kreislaufwirtschaft bietet großartige Möglichkeiten, sinnstiftende und langfristige Beziehungen zu Konsument:innen aufzubauen, sie stellt Unternehmen aber

904 European Topic Centre on Waste and Materials in a Green Economy (2021). Communication approaches towards consumers in a circular economy. Eionet Report. ETC/WMGE.

immer noch vor strukturelle Probleme. Hier setzen viele Firmen auf einen Public-Affairs-Ansatz (Kommunikation mit politischen Stakeholder:innen), um die politischen und gesellschaftlichen Rahmenbedingungen zu verändern.
- Doch nicht nur die Politik ist ein wichtiger Stakeholder. Investieren Sie auch in den Aufbau von Beziehungen zu Handels- und Kooperationspartner:innen, Lieferant:innen und anderen relevanten Anspruchsgruppen, um Ihr Angebot über die gesamte Wertschöpfungskette zu stärken.

6.2.6. Nudging, Quoten und der Weg in die Kreislaufgesellschaft

Karin Huber-Heim

6.2.6.1. Eine Kreislaufwirtschaft braucht eine Kreislaufgesellschaft

Um den Wandel in Richtung einer zirkulären Wirtschaft in Gang setzen zu können, braucht es nicht nur viele unterschiedliche Akteur:innen aus Politik, Wirtschaft, Design, Wissenschaft, Forschung und Gesellschaft – es braucht auch den Willen jedes:jeder Einzelnen, über Jahrzehnte eingefahrene Denkmuster und -prozesse, ebenso wie Glaubenssätze, loszulassen um sich auf neue Wege in eine zu Teilen noch unbekannte Zukunft zu begeben. Denn auch wenn Kreislaufwirtschaft, bis in das Zeitalter der Industrialisierung hinein, das vorrangige Wirtschaftsmodell war, so haben unsere Generationen heute keinerlei Erfahrung mehr damit und stehen somit vor großen Herausforderungen, die die Etablierung eines neuen Wirtschaftssystems begleiten.

Veränderungen sind auch psychologisch schwierig, und oft ist es einfacher, an dem festzuhalten, was wir haben, was wir kennen oder was uns vertraut erscheint. Das betrifft hochrangige Entscheidungsträger:innen ebenso wie Konsument:innen, die abends nach der Arbeit am Heimweg noch schnell die notwendigsten Dinge des Alltags erledigen müssen. Dafür gibt es in der Wissenschaft sogar einen Namen: Status-quo-Bias – oder auch „die Neigung zur Bequemlichkeit". Letztlich ist es tatsächlich nicht jederfrau:mann zumutbar und für viele aus unterschiedlichsten Gründen bereits jetzt eine Überforderung – treffen wir doch Studien zufolge bis zu 35.000 Entscheidungen täglich[905] – was durchaus auch zu einer gewissen „Entscheidungsmüdigkeit" führen kann.

Dies bedenkend kann die Neigung zur Bequemlichkeit aber auch genutzt werden, um nachhaltigere Entscheidungen und Verhaltensweisen zu fördern und Verhaltensänderungen in Richtung Kreislaufwirtschaft zu erzielen, ohne Gebote und Verbote erlassen zu müssen.

Doch wie lässt sich dieser Wandel beschleunigen, wenn unser Alltag von Entscheidungsmüdigkeit, Status-quo-Bias und Gewohnheiten geprägt ist? Wie schaffen wir es, dass das Richtige einfacher wird als das Bequeme, dass nachhaltiges Handeln zur selbstverständlichsten Option wird, ohne zu bevormunden oder zu verbieten?

---

905 Yu, V., Mielke, L., Entscheiden – Ein Workbook zur Entscheidungskompetenz, 2023, Universität Potsdam nach Sahakian & LaBuzetta (2013) aus: Artikel von Dr. Joel Hoomans, Roberts Wesleyan College, The Leading Edge, Rochester NY, 2015, https://www.uni-potsdam.de/fileadmin/projects/studium/docs/04_beratung_service/01_zsb/Entscheidung_Workbook_ZSB_Uni_Potsdam.pdf, abgerufen am 29.6.2025.

6.2.6.2. Der sanfte Schubs

Nudging stellt einen Ansatz dar, der Entscheidungen in eine gewünschte Richtung lenkt, ohne Wahlmöglichkeiten einzuschränken. Ein Nudge verändert die Entscheidungsarchitektur, sodass nachhaltigere Optionen die bequemere Wahl werden. Nicht weil sie vorgeschrieben sind, sondern weil sie sich gut anfühlen.[906]

Hotels, die ihre Duschköpfe auf niedrigen Wasserdurchfluss voreinstellen, sparen Energie und Wasser, ohne den Gästen das Duschen zu verleiden. Kantinen, die nachhaltige Gerichte schneller und präsenter anbieten, verzeichnen eine messbare Zunahme nachhaltiger Essenswahlen. Drucker, die standardmäßig doppelseitig drucken, reduzieren Papierverbrauch millionenfach. Beispiele wie diese zeigen, dass Menschen oft der einfacheren Option folgen, selbst wenn die Abweichung nur einen Knopfdruck entfernt liegt. Das Geheimnis: Der Mensch darf jederzeit anders entscheiden – aber meistens tut er es nicht.

Nudging ist kein Ersatz für Bildung oder Regulierung. Aber es ist ein Werkzeug, um die Brücke zwischen Wissen und Handeln zu schlagen. Doch so hilfreich Nudging sein kann, so wichtig ist auch der ethische Rahmen. Nobelpreisträger Richard H. Thaler selbst nennt drei Grundprinzipien:

- **Transparenz:** Die Intention hinter einem Nudge muss offengelegt und ehrlich sein.
- **Freiwilligkeit:** Es muss einfach sein, sich gegen die vorgeschlagene Option zu entscheiden.
- **Gemeinwohlorientierung:** Nudges sollen nicht nur dem Profit, sondern der Gesellschaft dienen.

Und noch eines charakterisiert einen echten „Nudge“: Er ist so designt, dass seine **Wirkung messbar ist**.[907]

Wer Nudging einsetzt, muss erklären, warum und wie. Nur wer Vertrauen schafft, vermeidet den Vorwurf der Manipulation. Besonders glaubwürdig wird es, wenn Stakeholder früh einbezogen werden.

6.2.6.3. Die Entscheidungsarchitektur verändern

Nudging kann nicht nur in Unternehmen, sondern auch auf staatlicher Ebene als wirksames Werkzeug dienen, um die Transformation zur Kreislaufwirtschaft zu beschleunigen, ohne Menschen zu bevormunden oder ihnen Wahlmöglichkeiten zu nehmen. Statt Zwang und Verbot setzt staatliches Nudging darauf, die nachhaltigste Option zur einfachsten, bequemsten und intuitivsten Wahl zu machen.

Ein Beispiel hierfür sind voreingestellte Standards im Alltag, die nachhaltiges Verhalten zur Norm werden lassen. Als Beispiel in diesem Zusammenhang kann die in einigen

906 Leonard, T.C. Richard H. Thaler, Cass R. Sunstein, Nudge: Improving decisions about health, wealth, and happiness. Const Polit Econ 19, 356–360 (2008). https://doi.org/10.1007/s10602-008-9056-2, abgerufen am 4.8.2025.

907 Thaler, R. H., 2015. Misbehaving: The Making of Behavioral Economics. W. W. Norton & Company, ISBN 039335279X.

europäischen Staaten (Österreich, Frankreich, Italien, Spanien, Portugal, Belgien, den Niederlanden und Großbritannien) gängige „Widerspruchsregelung" bei Organspenden genannt werden. Jede:e Bürger:in dient als Organspender:in, so dieser nicht widersprochen wird.[908] Österreich ist damit in der glücklichen Lage, Organspenden bei Bedarf eher nachkommen zu können als Länder, in denen Bürger:innen erst aktiv ihre Zustimmung geben müssen (Deutschland, Schweiz, Irland, Litauen), in denen niedrigere Organspender:innenraten vorherrschen.[909]

Auch **Pfandsysteme** sind ein wirksames Beispiel für staatliches Nudging. Sie verbieten Einwegprodukte nicht, machen jedoch die Rückgabe so attraktiv und einfach, dass es unklug wäre, Flaschen wegzuwerfen. Ein höheres Pfand und ein dichtes Netz an Rückgabeautomaten in Supermärkten verwandeln die Rückgabe in einen selbstverständlichen Teil des Alltags, der zusätzlich durch kleine Belohnungen wie Gutscheine für den öffentlichen Verkehr unterstützt werden kann.

Weitere Stellschrauben zu einer Etablierung einer Kreislaufkultur auf staatlicher Seite könnten sein:

- **Reparatur statt Neukauf** als Voreinstellung im öffentlichen Beschaffungswesen: Wenn Kommunen ihre IT-Geräte und Fuhrparks standardmäßig reparieren lassen, anstatt automatisch neu zu kaufen, wird Ressourcenschonung zur Normalität. Nur wenn eine objektive, auf den gesamten Lebenszyklus ausgerichtete Kosten-Nutzen-Analyse einen zwingenden Grund liefert, wird neu angeschafft. Auf diese Weise wird eine Kultur der Reparatur gefördert, ohne bürokratische Hürden zu schaffen.
- Auch **Re-Use-Stationen in öffentlichen Gebäuden** lassen sich so gestalten, dass der Griff zu wiederaufbereiteten Möbeln und Geräten der einfachere Weg wird. Gebrauchte Büromöbel sind sofort verfügbar, während der Kauf neuer Produkte einen zusätzlichen Antrag und Wartezeiten erfordert. Diese kleinen Anpassungen in der Entscheidungsarchitektur machen Wiederverwendung zum attraktiven Standard.
- Staatliche **Onlineportale** können nachhaltige Optionen an erster Stelle präsentieren. Wenn Bürger:innen Förderungen beantragen, wird die klimafreundlichste Maßnahme mit Hinweis auf die CO_2-Einsparungen zuerst angezeigt, während andere Optionen weiterhin zugänglich sind. Abfallgebührenrechner könnten sichtbar machen, wie viel durch korrekte Mülltrennung gespart werden kann, und so ein positives Feedback für nachhaltiges Verhalten geben.

Beispiele wie diese zeigen: Nudging auf staatlicher Ebene nutzt kostengünstig psychologische Hebel, um nachhaltiges Verhalten zur bequemsten und positiv erlebten Option zu machen. Es setzt auf die Kraft kleiner Veränderungen in der Alltagsgestaltung, um große systemische Wirkungen zu erzielen. Dabei bleibt die Wahlfreiheit jederzeit erhalten – wer einen anderen Weg gehen möchte, kann dies tun, doch die nachhaltige Entscheidung wird zur naheliegenden, angenehmen und sozialen Wahl.

908 Widerspruchsregister https://www.oesterreich.gv.at/de/themen/gesundheit/organtransplantation/3/Seite.2510008, abgerufen am 29.6.2025.
909 Thaler et al 2008.

In einer Kreislaufwirtschaft sind diese Formen des sanften Anstoßes wertvolle Ergänzungen zu regulatorischen Maßnahmen und wirtschaftlichen Anreizen. Sie tragen dazu bei, nachhaltiges Verhalten tief in der Gesellschaft zu verankern, ohne Widerstand hervorzurufen, und sie nutzen die Macht individueller Entscheidungen als Hebel für kollektiven Wandel.

Nudging kann also helfen – aber reicht das ?

6.2.6.4. Quoten oder Motivation?

Hier spaltet sich die Debatte: Soll man allein auf die Kraft kluger Anstupser und Anreize setzen – oder braucht es doch harte Quoten?

Viele Länder und Branchen diskutieren **Quotenregelungen**, um die Kreislaufwirtschaft zu beschleunigen. Klare Vorgaben geben Orientierung, schaffen Verbindlichkeit und setzen den nötigen Druck, um Ressourcennutzung und Abfallmengen zu reduzieren. Sie machen ernst, wo Appelle und freiwillige Vereinbarungen zu kurz greifen. Gerade dort, wo Marktkräfte und Motivation allein nicht ausreichen, bringen Quoten Schwung in müde Systeme.

Doch Quoten haben auch ihre Schattenseiten. Fixe Ziele können Innovationen bremsen, wenn sie zu starr sind, wenn sie nicht flexibel genug auf neue Lösungen reagieren. In komplexen Märkten, in denen Technologien sich rasant entwickeln, kann ein eng geschnürtes Regelwerk schnell zum Hemmschuh werden.

Der motivationsorientierte Ansatz dagegen will Freiräume schaffen. Anreize, Belohnungen, ein positives Klima für Unternehmen und Konsument:innen, die freiwillig auf nachhaltige Alternativen setzen. Diese Freiheit kann kreative Ideen hervorbringen, Pioniere motivieren und Widerstände abbauen. Aber sie ist nicht ohne Risiko: Wenn die Belohnung lockt, aber der Wille fehlt, bleibt der Wandel aus – zu langsam, zu wenig, zu spät.

Am wahrscheinlichsten ist deshalb, was auch viele Forschende empfehlen: Die Kombination macht's. Harte Quoten, wo sie nötig sind, um messbare Ziele zu sichern. Motivation, Nudging und Anreize, wo sie Eigenverantwortung und Kreativität freisetzen. Verbindlichkeit plus Freiraum – ein Spielfeld für Innovation, flankiert von klaren Leitplanken.

6.2.6.5. Komplexe Systeme und kollektives Handeln

Wir leben in einem komplexen, adaptiven System, in dem kleine Veränderungen große Wirkungen entfalten können. Menschen treffen selten Entscheidungen allein auf Basis rationaler Abwägung. Emotionen, Gewohnheiten, soziale Normen und unbewusste Impulse spielen eine entscheidende Rolle.

Thaler hat gezeigt, dass Menschen empfänglich sind für Botschaften, die sie dazu bewegen, auch unbequeme Entscheidungen zu treffen, die langfristig Vorteile bringen (Thaler 2008). Genau hier liegt das Potenzial von Nudging für die Kreislaufwirtschaft: Wer nachhaltiges Handeln intuitiv, angenehm und sozial erwünscht macht, löst eine Kettenreaktion aus.

Wir sollten die Macht des individuellen Handelns nicht unterschätzen. In einer Kreislaufwirtschaft wird die Summe der Entscheidungen von Einzelpersonen, Unternehmen und Institutionen zum Hebel für systemische Veränderung. Es ist eine stille, aber kraftvolle Revolution, getragen von kleinen, konsequenten Schritten, die gemeinsam große Wirkung entfalten.

Die Frage ist also nicht *ob*, sondern *wie* wir Nudging, Quoten und Anreize klug verzahnen. Unternehmen, die hier vorangehen wollen, brauchen Mut zur Offenheit. Sie brauchen Dialog mit Kund:innen, Partnern und eigenen Mitarbeitenden.

6.2.6.6. Fazit: Die leise Revolution

Der Weg in die Kreislaufwirtschaft ist weder einfach noch geradlinig. Er verlangt Mut, Kreativität und den Willen, Neues auszuprobieren. Nudging ist ein Werkzeug, das diesen Wandel erleichtern kann, indem es den Menschen den Weg zeigt, ohne ihn vorzuschreiben. Es ist kein Allheilmittel, aber ein wichtiger Bestandteil eines Werkzeugkastens, der Regeln, Anreize und Bildung vereint.

Quotenregelungen geben der Transformation Richtung und Tempo. Motivationsorientierte Ansätze schaffen Akzeptanz und Innovation. Nudging baut Brücken zwischen Wissen und Handeln. Gemeinsam bilden sie den Dreiklang, der notwendig ist, um die Kreislaufwirtschaft vom Konzept zur Realität zu machen.

7. Rechtliche Rahmenbedingungen und Politik

7.1. EU Kreislaufwirtschaftspolitik im internationalen Kontext

7.1.1. EU (Kreislauf-)Wirtschaftspolitik im Kontext internationaler Entwicklungen

Julika Dittrich

7.1.1.1. Kreislaufwirtschaft als Transformationsprojekt der EU

Die Europäische Union (EU) treibt mit ihrer Kreislaufwirtschaftspolitik eine umfassende Transformation der Wirtschaftsordnung voran – weit über klassische Umweltpolitik hinaus. Im Zentrum steht das Ziel, Ressourcenverbrauch, Umweltbelastung und wirtschaftliches Wachstum systematisch zu entkoppeln.[910] Diese Politik ist Teil des Green Deals und versteht sich als industriepolitischer Ordnungsrahmen, der Innovation, Wettbewerbsfähigkeit und ökologische Resilienz miteinander verbinden soll.[911]

Anders als klassische Innovationszyklen ist diese Transformation nicht allein durch technische Fortschritte oder Marktmechanismen zu bewältigen. Vielmehr stellt sie eine komplexe Governance-Aufgabe dar: Sie erfordert neue Formen politischer Steuerung, unternehmerischer Verantwortung und sektorübergreifender Kooperation.

Gleichzeitig wird deutlich: Kreislaufwirtschaft ist kein isoliertes EU-Projekt, sondern Teil globaler Dynamiken – eingebettet in geopolitische Verschiebungen, multilaterale Regelwerke und internationale Lieferketten. Die EU nutzt ihre wirtschaftliche Stärke, um als globaler Normgeber aufzutreten, steht dabei aber vor vielfältigen Herausforderungen: Zielkonflikte, Umsetzungslücken, internationale Spannungen und unternehmerische Unsicherheit fordern von Politik, Wirtschaft und Gesellschaft gleichermaßen Anpassungsfähigkeit, Innovationskraft und enge Kooperation.

Das Kapitel analysiert die Steuerungslogiken dieser Transformation aus einer Governance-Perspektive. Es beleuchtet politische Rahmenbedingungen, institutionelle Mechanismen, die Rolle von Unternehmen sowie Spannungsfelder und Zielkonflikte. Vor allem aber fragt es nach dem strategischen Anpassungsdruck, der sich aus der Kombination von ambitionierter EU-Regulierung und globaler Volatilität für Unternehmen ergibt.

7.1.1.2. Von der Abfallpolitik zur zirkulären Transformation – Die Entwicklung der Kreislaufwirtschaftspolitik der EU

Die Kreislaufwirtschaft hat sich in den vergangenen Jahrzehnten von einem Randthema der Umweltpolitik zu einem zentralen Transformationsprojekt der Europäischen Union entwickelt. Ein Blick auf diese Entwicklung zeigt, wie strategisch bedeutsam das Thema inzwischen ist – sowohl auf politischer Ebene als auch für Unternehmen und die gesamte Wirtschaft.

910 European Commission, A New Circular Economy Action Plan: For a Cleaner and More Competitive Europe (CEAP II), COM(2020) 98 final (Brussels, 11 March 2020), 1.

911 European Commission, The European Green Deal, COM(2019) 640 final (Brussels, 11 December 2019), insb Abschnitt 2.1.3: Mobilisierung der Industrie für eine saubere und kreislauforientierte Wirtschaft.

Ausgangspunkt war ein sektorales, umweltpolitisch motiviertes Abfallmanagement mit Fokus auf Vermeidung, Verwertung und Beseitigung. Im Laufe der Zeit erweiterte die EU schrittweise ihren Regelungsanspruch und entwickelte daraus einen umfassenden Ansatz, der zunehmend wirtschaftliche Strukturen, industrielle Prozesse und Innovationspfade in den Blick nahm.

Diese Veränderung spiegelt nicht nur eine erweiterte politische Ambition wider, sondern auch das wachsende Bewusstsein, dass Ressourcenknappheit, Umweltbelastungen und globale Marktveränderungen nur durch eine tiefgreifende wirtschaftliche Transformation bewältigt werden können. Die EU hat sich dabei vom normsetzenden Umweltakteur zum global orientierten Ordnungsgeber weiterentwickelt – mit dem Ziel, nachhaltige Produktions- und Konsummuster systematisch zu fördern.[912]

Ein zentraler Wendepunkt war die Einführung der Kreislaufwirtschaft als strategisches Leitbild mit dem ersten EU-Kreislaufwirtschaftsaktionsplan von 2015 und dem Circular Economy Action Plan (CEAP) von 2020. Seitdem ist die Kreislaufwirtschaft nicht nur umweltpolitisch relevant, sondern auch eng mit industrieller Wettbewerbsfähigkeit, Ressourcensicherheit und Innovationsförderung verknüpft.

Zeitraum	Meilensteine/Schwerpunkte	Kurzfassung
1980er–2000er	Abfallvermeidung, sichere Entsorgung Abfallrahmenrichtlinie (2008): Abfallhierarchie	Fokus auf sicheren Umgang mit Abfällen und rechtliche Grundlagen zur Abfallhierarchie
2011–2014	Ressourceneffizienz-Roadmap (2011)[914] Strategie zur Reduzierung von Rohstoffverbrauch	Effizienzsteigerung, Decoupling, grüne Innovation
2015–2019	Erster Kreislaufwirtschaftsaktionsplan, CEAP I (2015)[915] Ökodesign, Recyclingquoten, Sekundärrohstoffmärkte	Ganzheitlicher Ansatz für nachhaltige Produktkreisläufe
2019–2022	European Green Deal (2019) CEAP II (2020): Produktdesign, digitale Produktpässe	Kreislaufwirtschaft als Teil des Green Deals & Klimastrategie
Seit 2022	Umsetzung sektoraler Gesetzgebung: ESPR, Verpackung, Batterien, Right to Repair Industriepolitische Verknüpfung (zB CRMA, Industriepolitik)	Verbindliche Produktstandards, digitale Tools, Fokus auf industrielle Resilienz und Rohstoffstrategien

Tab 13: Entwicklung der EU-Kreislaufwirtschaftspolitik

912 Siehe weiter unten, 7.1.1.4. zur Internationalen Dimension.

7.1.1.3. Green Deal und CEAP als strategischer Ordnungsrahmen

Um die Logik der EU-Kreislaufwirtschaftspolitik zu verstehen, ist eine differenzierte Betrachtung ihrer strategischen Architektur erforderlich. Der European Green Deal bildet inzwischen den übergeordneten politischen Rahmen, mit dem die EU bis 2050 die Transformation zu einer klimaneutralen, ressourcenschonenden und wettbewerbsfähigen Wirtschaft anstrebt.[915] Er adressiert dazu eine Vielzahl an Handlungsfeldern – von Energie und Industrie über Biodiversität und Landwirtschaft bis hin zu Finanzmarktregulierung und Außenhandel.

Der Circular Economy Action Plan (CEAP) von 2020 ist innerhalb dieses Rahmens das zentrale, sektorspezifische Programm zur Umsetzung zirkulärer Wirtschaftsweisen. Er konzentriert sich auf die Transformation von Produkten, Wertschöpfungsketten und Konsummustern und bildet das Leitkonzept für eine operationalisierte Kreislaufwirtschaft im Sinne des Green Deals.

Zahlreiche politische und rechtliche Initiativen, die auf den Green Deal zurückgehen, schaffen dabei essenzielle Voraussetzungen für eine funktionierende Kreislaufwirtschaft – etwa durch nachhaltige Finanzmarktregulierung, neue Sorgfaltspflichten in globalen Lieferketten oder klimapolitische Grenzausgleichsmechanismen. Diese Verzahnung von strategischem Dach (Green Deal) und operativer Agenda (CEAP) ist zentral für das Verständnis der aus ihnen resultierenden Politikinstrumente, institutionellen Prozesse und Governance-Herausforderungen.

Die folgende Übersicht zeigt, wie sich zentrale Rechtsakte und politische Initiativen im Rahmen des Green Deals – einschließlich seines operativen Umsetzungsinstruments CEAP II – verorten lassen und welchen Beitrag sie zur Entwicklung einer Kreislaufwirtschaft leisten.[916]

913 European Commission, Roadmap to a Resource Efficient Europe, COM(2011) 571 final, Brussels, 20.9.2011.

914 European Commission, Closing the loop – An EU action plan for the Circular Economy, COM(2015) 614 final, Brussels, 2.12.2015.

915 European Commission, The European Green Deal, 2.

916 Die in der Übersicht aufgeführten Maßnahmen gehen teils direkt auf den CEAP II als sektorale Agenda des Green Deals zurück, teils aber auch unmittelbar auf andere Initiativen des Green Deals, die nicht explizit im CEAP II verankert sind – etwa in den Bereichen nachhaltige Finanzierung, Industriepolitik oder Verbraucherrechte.

Jahr[918]	Politische Strategie/ Rechtsakt	Inhaltliche Schwerpunkte und Bezug zur Kreislaufwirtschaft
11/2019	**Sustainable Finance Disclosure Regulation** (SFDR)[919]	Offenlegungspflichten zu Nachhaltigkeit bei Finanzprodukten – inkl zirkulärer Geschäftsmodelle
03/2020	**CEAP II** (Circular Economy Action Plan 2020)	Sektorale Umsetzung ua durch ESPR, Verpackungsverordnung, Batterieverordnung, „Right to Repair"; Fokus auf Produktanforderungen & Transparenz
2020 fortlaufend	Aktualisierung **EU-Green-Public-Procurement**-Kriterien in verschiedenen Produktgruppen[920]	Verbindliche Mindestkriterien und Zielvorgaben für umweltorientierte öffentliche Beschaffung (GPP) in sektorspezifischen Rechtsvorschriften
2020 fortlaufend	**Erweiterte Herstellerverantwortung** (EPR, diverse Richtlinien)[921]	Produzentenverantwortung für Lebenszyklus – zB bei Batterien, Verpackungen, Elektronik.
2020/ 2021	EU-Industriestrategie[922] (Update 2021)	Verknüpfung von KLW und Digitalisierung (Twin Transition) mit Industriepolitik: strategische Autonomie, Rohstoffsicherung, industrielle Resilienz
06/2020	**Verordnung über ökologische Taxonomie** (Taxonomy Regulation)[923]	Klassifikation nachhaltiger wirtschaftlicher Tätigkeiten – indirekter Anreiz für zirkuläre Geschäftsmodelle
12/2022	**Corporate Sustainability Reporting Directive** (CSRD)[924]	Einheitliche Nachhaltigkeitsberichterstattung inkl. Ressourcennutzung, Kreislaufindikatoren
02/2023	**Green Deal Industrial Plan for the Net-Zero Age**[925]	Förderung klimaneutraler Industrie
05/2023	**Carbon Border Adjustment Mechanism** (CBAM)[926]	CO_2-Bepreisung für Importe energieintensiver Güter – implizite Förderung lokaler, ressourcenschonender Produktion
07/2023	**Batterieverordnung** (BattVO)[927]	EU-weit einheitliche Regeln für Herstellung, Verwendung und Entsorgung von Batterien – inkl Rezyklatgehalte, CO_2-Fußabdruck, DPP
02/2024	**Empowering Consumers Directive**[928]	Stärkere Verbraucher:innenrechte für nachhaltigen Konsum (zB Verbot irreführender Umweltaussagen, Infos zu Haltbarkeit & Reparierbarkeit)

917 Verabschiedung bzw Veröffentlichung.
918 VO (EU) 2019/2088 vom 27.11.2019, ABl L 317, 1.
919 Siehe auch Kap 7.4.3.
920 Siehe Kap 7.6.3.
921 European Commission, A new industrial strategy for Europe, COM(2020) 102 final (Brussels, 10 March 2020).
922 VO (EU) 2020/852 vom 18. Juni 2020, ABl L 2020/198, 13.
923 RL (EU) 2022/2464 vom 14. Dezember 2022, ABl L 322, 15.
924 European Commission, A Green Deal Industrial Plan for the Net-Zero Age, COM (2023), 62 final, Brussels, 1.2.2023.
925 VO (EU) 2023/956 vom 10.5.2023, ABl L 130, 52.
926 VO (EU) 2023/1542 vom 12. Juli 2023, ABl L 191 vom 28.7.2023, 1.
927 RL (EU) 2024/825 vom 28. Februar 2024, ABl L 2024/825, 1.
928 Europäische Kommission, Vorschlag für eine Richtlinie über die Begründung ausdrücklicher Umweltaussagen und die diesbezügliche Kommunikation (Richtlinie über Umweltaussagen), COM/2023/166 final.

Jahr[918]	Politische Strategie/ Rechtsakt	Inhaltliche Schwerpunkte und Bezug zur Kreislaufwirtschaft
2023	**Green Claims Directive** (Entwurf)[929]	Regulierung von Umweltwerbung: Verifizierungspflichten, Verbot von „Greenwashing“
04/2024	**Critical Raw Materials Act** (CRMA)[930]	Verbesserung der Versorgung mit kritischen Rohstoffen, Förderung von Kreislauffähigkeit und Recycling, Unterstützung von Ressourceneffizienz & Ersatzstoffen
06/2024	**Corporate Sustainability Due Diligence Directive** (CSDDD/CS3D)[931]	Sorgfaltspflichten in Lieferketten inkl Umwelt- und Menschenrechtsrisiken – relevante Hebel für zirkuläre Produktion entlang globaler Ketten
12/2024	**Verpackungsverordnung** (PPWR – Recast)[932]	Designanforderungen, Mehrwegquoten, Rezyklateinsatz – direkter Impact auf Materialkreisläufe
06/2024	**Ökodesign-Verordnung für nachhaltige Produkte** (ESPR)[933]	Herzstück der CEAP-Umsetzung: verbindliche Designregeln, Digitaler Produktpass, Rezyklierbarkeit
	Digitaler Produktpass (DPP)[934]	Transparenz zu Materialzusammensetzung, Reparaturfähigkeit, CO_2-Fußabdruck – zentrale Dateninfrastruktur für zirkuläre Märkte
06/2024	**R2Repair Richtlinie**[935]	Recht auf Reparatur durchsetzbar gemacht: Reparaturpflichten, Ersatzteilverfügbarkeit, Informationszugang für Dritte
02/2025	**Clean Industrial Deal**[936]	Maßnahmenpaket zur Stärkung der klimaneutralen Industrie: Energiepreisstrategie, Finanzierungsinstrumente (>100 Mrd €), KLW & globaler Marktzugang

Tab 14: Zentrale Rechtsakte und politische Initiativen im Rahmen des Green Deals und ihr Beitrag zur Entwicklung einer Kreislaufwirtschaft

7.1.1.4. Internationale Dimensionen: Die EU als globaler Ordnungsakteur

Die Europäische Union begreift die Umgestaltung der Wirtschaft im Sinne des Green Deals nicht nur als internes Modernisierungsprojekt, sondern zunehmend als Hebel für globale Transformation.[936] Als einer der größten Binnenmärkte der Welt hat die EU die Möglich-

929 VO (EU) 2024/1252 vom 11. April 2024, ABl L, 2024/1252, 1.
930 RL (EU) 2024/1760 vom 13. Juni 2024, ABl L 2024/1760, 1.
931 VO (EU) 2025/40 vom 19. Dezember 2024, ABl L 2025/40, 1.
932 VO (EU) 2024/1781 vom 13.6.2024, ABl L 2024/1781, 1.
933 Ökodesignverordnung, Artikel 9.
934 RL (EU) 2024/1799 vom 13.6. 2024, ABl L 2024/1799, 1.
935 European Commission, The Clean Industrial Deal: A joint roadmap for competitiveness and decarbonisation, COM(2025) 85 final (Brussels, 26 February 2025).
936 Vgl. European Commission, The European Green Deal, 2–3, 26-27. Dort wird Europa als zentrale treibende Kraft im weltweiten Wandel beschrieben – mit dem Anspruch, „Führungsrolle“ zu übernehmen und weltweit Standards zu setzen. Auch in Folgeinitiativen wie dem Green Deal Industrial Plan (2023) wird diese globale Dimension betont.

keit – und aus ihrer Sicht auch die Verantwortung –, über ihre Regulierungspolitik internationale Standards mitzuprägen.[937] Damit wird sie zum globalen Ordnungsakteur.[938]

Ein zentrales Mittel dabei ist der „Brüssel-Effekt" – ein Begriff für den Export europäischer Regeln über die EU-Grenzen hinaus:[939] Wenn die EU weitreichende Anforderungen an Produkte, Lieferketten oder Umweltstandards stellt, haben nicht-europäische Unternehmen oft keine andere Wahl, als sich daran zu orientieren – allein um weiterhin Zugang zum europäischen Markt zu behalten. Dies gilt etwa für:

- Produktanforderungen (zB Ökodesign, Recht auf Reparatur),
- Lieferkettenpflichten (CS3D),
- Importregelungen (CBAM, EUDR),
- und Transparenzpflichten (zB über ESG-Offenlegungspflichten im Finanzbereich).

Die EU tritt damit bewusst als normsetzende Kraft auf – ein Governance-Ansatz, der zunehmend auch außenpolitische Relevanz gewinnt.[940] Dies zeigt sich in internationalen Partnerschaften (zB Global Alliance on Circular Economy and Resource Efficiency, GACERE)[941], in der Zusammenarbeit mit der OECD und UNEP sowie in Freihandelsabkommen, in die zunehmend Nachhaltigkeitsstandards integriert werden[942].

Gleichzeitig ist diese globale Rolle nicht ohne Spannungen: Der Balanceakt zwischen regulatorischer Wirkmacht und internationaler Fairness bleibt herausfordernd. Während die EU ihre Regeln als Hebel zur globalen Transformation versteht, nehmen viele Drittstaaten diese eher als einseitige Marktbarrieren wahr – insbesondere Länder des Globalen Südens, für die der Zugang zu europäischen Märkten existenziell ist.[943]

---

937 Ibid.

938 Vgl Eckert, S. (2021) Regulatory power in times of crisis and beyond: Assessing the European Green Deal, LSE EUROPP Blog, 1. November 2021, https://blogs.lse.ac.uk/europpblog/2021/11/01/regulatory-power-in-times-of-crisis-and-beyond-assessing-the-european-green-deal/, abgerufen am 2.7.2025. Eckert zeigt, dass der Green Deal und Instrumente wie der CBAM die EU als „global leader", „standard-setter globally" und „external regulatory power" positionieren. Die hier verwendete deutsche Kurzform globaler Ordnungsakteur fasst diese Zuschreibungen zusammen. Ähnliche Argumentationslinien finden sich etwa bei Marcu, I.-M. (2021) How can the European Union act as a normative power in the green transition?, Institute of European Democrats, Research Paper, 16. November 2021, https://www.iedonline.eu/publications/2021/european-green-deal/how-can-the-european-union-act-as-a-normative-power-in-the-green-transition-marcu, abgerufen am 1.7.2025.

939 Der Begriff wurde von Anu Bradford geprägt, um die einseitige Übernahme europäischer Standards durch Drittstaaten zu beschreiben – insbesondere im Bereich Marktregulierung. Bradford, A. (2020). The Brussels effect: how the European Union rules the world. Oxford University Press.

940 Vgl Europäische Kommission, The European Green Deal, Abschnitt 3 "Die EU als Globaler Vorreiter". Europäische Kommission, CEAP II, Abschnitt 7 „Führende Rolle bei den Bemühungen auf globaler Ebene". Vgl auch Grimm, S. et al (021) The Global Dimension of the European Green Deal – The EU as a Green Leader?, DIE-FIIA-KAS Series „The external dimension of the European Green Deal", 2021, https://www.idos-research.de/externe-publikationen/article/the-global-dimension-of-the-european-green-deal-the-eu-as-a-green-leader/, abgerufen am 1.7.2025.

941 Die Allianz ist eine der Maßnahmen des CEAP II. Vgl Europäische Kommission, CEAP II, 21.

942 Reinhold, P. (2022) Neue Wege der Nachhaltigkeit – Völkerrechtliche Probleme und europarechtliche Perspektiven einer wertebasierten Handelspolitik der Europäischen Union, Beiträge zum Transnationalen Wirtschaftsrecht (Heft 176, Januar 2022), DOI: 10.25673/78427.

943 Keane, J. (2024) New EU trade rules could put poor countries in a billion dollar 'green squeeze'. Overseas Development Institute (ODI). Verfügbar unter: https://odi.org/en/insights/new-eu-trade-rules-could-put-poor-countries-in-a-billion-dollar-green-squeeze/, abgerufen am 30.6.2025. Leonard et al (2021) The Geopolitics of the European Green Deal. European Council on Foreign Relations (ECFR). Verfügbar unter: https://ecfr.eu/wp-content/uploads/The-geopolitics-of-the-European-Green-Deal.pdf, abgerufen am 30.6.2025.

Umso wichtiger wird es, multilaterale Formate zu stärken, Dialogräume zu schaffen und globale Koordination nicht nur technisch, sondern auch politisch zu gestalten.[944] Die EU ist hier nicht nur Regelgeberin, sondern auch Verhandlungspartnerin im internationalen Machtgefüge.

7.1.1.5. Steuerungsmechanismen und Governance-Ansätze im Mehrebenensystem

Die Umsetzung des Green Deals erfolgt nicht top-down, sondern im Zusammenspiel verschiedenster Akteur:innen auf unterschiedlichen Ebenen[945] – ein klassisches Beispiel für Governance im Mehrebenensystem[946]. Dabei ist weniger die Hierarchie entscheidend als das Zusammenspiel von Regeln, Institutionen, Interessen und Prozessen.[947]

7.1.1.5.1. Politikintegration und Kohärenz

Eine zentrale Herausforderung liegt in der horizontalen Integration: Umwelt-, Wirtschafts-, Handels- und Finanzpolitik müssen auf europäischer Ebene kohärent verzahnt werden, um die Kohärenz politischer Maßnahmen zu sichern und regulatorische Zielkonflikte zu vermeiden. Gleichzeitig gilt es, auf vertikaler Ebene die Zuständigkeiten zwischen EU, Mitgliedstaaten, Regionen und Kommunen zu koordinieren – etwa bei der Umsetzung von Produktregeln, Berichtsstandards oder der öffentlichen Beschaffung.

7.1.1.5.2. Mix aus harten und weichen Steuerungsinstrumenten

Die EU nutzt dabei einen instrumentellen Steuerungsmix, der rechtlich verbindliche Regulierungen (zB CBAM, Ökodesign-VO, CS3D) mit weicheren Koordinationsmechanismen kombiniert:

- Rechtliche Instrumente setzen verbindliche Standards und Pflichten,
- Förder- und Finanzierungsprogramme (zB Horizon Europe, LIFE, InvestEU) schaffen Anreize für Innovation und Infrastruktur,
- Berichts- und Transparenzpflichten (zB CSRD, SFDR) sollen Marktakteur:innen in Richtung Nachhaltigkeit lenken,
- Standardisierung und Normung ermöglichen grenzüberschreitende Vergleichbarkeit und Marktzugang,
- Soft law und strategische Rahmenwerke (zB KLW-Aktionspläne, EU-Industriestrategie) geben Orientierung, ohne rechtlich durchsetzbar zu sein.

---

944 Ibid. Vgl auch Grimm, S. et al (021) The Global Dimension of the European Green Deal – The EU as a Green Leader?, DIE-FIIA-KAS Series „The external dimension of the European Green Deal", 2021, https://www.idos-research.de/externe-publikationen/article/the-global-dimension-of-the-european-green-deal-the-eu-as-a-green-leader/, abgerufen am 1.7.2025.

945 Siehe auch Europäische Kommission, The European Green Deal, 2.

946 Vgl Jordan, A. & Adelle, C. (Hrsg) (2012) Environmental Policy in the EU: Actors, Institutions and Processes, 3. Aufl., London: Routledge. Dort wird herausgearbeitet, wie Umweltpolitik in der EU maßgeblich durch komplexe Mehrebenenprozesse geprägt ist, bei denen zahlreiche Akteure jenseits der klassischen Hierarchie an der Regelsetzung und -umsetzung beteiligt sind.

947 Ibid.

7.1.1.5.3. Rolle der Unternehmen und intermediären Akteure

In der KLW-Governance kommt privaten Akteuren eine zentrale Rolle zu. Unternehmen sind nicht nur Adressaten von Regulierung, sondern aktive Mitgestalter – etwa über Brancheninitiativen, Produktpässe, Kreislaufpartnerschaften oder Reportingstandards. Auch intermediäre Organisationen wie Standardisierungsinstitutionen, Verbände oder Think Tanks prägen die Steuerungspraxis.

7.1.1.6. Wettbewerb und Regulierung als Triebkräfte der Kreislaufwirtschaft – im Spannungsfeld von Marktlogik und Ordnungspolitik

Die Transformation zur Kreislaufwirtschaft ist nicht nur eine ökologische oder technische Herausforderung, sondern in hohem Maße eine wirtschaftsordnungsrechtliche. In diesem Spannungsfeld zwischen Wettbewerb, Regulierung und Nachhaltigkeit kommt der Gestaltung des Wettbewerbsrahmens eine zentrale Rolle zu – als Motor von Innovation ebenso wie als Instrument zur Steuerung unternehmerischer Verantwortung. Gerade im Kontext zirkulärer Geschäftsmodelle wird deutlich: Ohne einen intelligent gestalteten Ordnungsrahmen bleibt der Wettbewerb blind für ökologische Ziele – doch ohne marktwirtschaftliche Dynamik fehlt es an Innovation, Skalierung und Effizienz. Dabei braucht Innovation beides: Wettbewerb, der Fortschritt antreibt, und Kooperation, die Wissenstransfer und gemeinsame Lösungen ermöglicht.

7.1.1.6.1. Wettbewerb als Innovationstreiber – aber kein Selbstläufer

Wettbewerb ist Triebkraft unternehmerischer Erneuerung. Wo Marktmechanismen gezielt wirken, können sie Kosteneffizienz und technische Entwicklung fördern.

Allerdings: Die Kreislaufwirtschaft folgt anderen ökonomischen Logiken als die lineare. Kooperation – etwa durch Brancheninitiativen, Partnerschaften oder gemeinsame Standards – ist Voraussetzung, um komplexe Herausforderungen wie Rücknahmesysteme oder Sekundärmärkte zu meistern und die Potenziale der Kreislaufwirtschaft voll auszuschöpfen. Viele Geschäftsmodelle benötigen zudem initial öffentliche Impulse und regulatorische Leitplanken – etwa für Sekundärmärkte, Rücknahmesysteme oder Produktinformationen. Ohne geeignete Rahmenbedingungen droht der Markt zu versagen: Externalitäten bleiben unbepreist, Investitionen in ökologische Innovationen rechnen sich nicht, und Pionierunternehmen geraten ins Hintertreffen gegenüber kurzfristig orientierten Wettbewerbern.

7.1.1.6.2. Regulierung als Voraussetzung für funktionierenden Wettbewerb

Statt als Hemmnis muss Regulierung daher als Bedingung für funktionierenden Wettbewerb im Sinne der Kreislaufwirtschaft verstanden werden. Sie sorgt für einheitliche Spielregeln, reduziert Unsicherheiten und schützt vor systemischem Marktversagen. Gerade im Übergang von linearen zu zirkulären Geschäftsmodellen braucht es verbindliche Vorgaben, um den sogenannten „First Mover Disadvantage“ abzufedern – also den Nachteil, den Vorreiter gegenüber status-quo-orientierten Wettbewerbern zunächst oft haben.

Dabei ist nicht jede Regulierung automatisch zielführend. Es braucht intelligent gestaltete Rahmenbedingungen, die ökonomische und ökologische Ziele integrieren, Innovationen ermöglichen und Wettbewerb ökologisch umlenken. Instrumente wie das Ökodesign, Nachhaltigkeitskennzeichnungen oder digitale Produktpässe zeigen, wie regulatorische Vorgaben Märkte in Richtung Zirkularität beeinflussen können.

Daneben spielen die klassischen Instrumente des Wirtschaftsordnungsrechts eine zentrale Rolle – müssen aber zum Teil weiterentwickelt werden. Instrumente wie das Vergaberecht, Kartellrecht oder das Lauterkeitsrecht müssen an die Logiken zirkulärer Wertschöpfung angepasst werden, um marktliche Transformationen nicht auszubremsen, sondern zu ermöglichen. Beispiele sind ökologische Kriterien im Vergaberecht, die öffentliche Beschaffung zirkulärer Geschäftsmodelle gezielt fördern, oder die Anpassung von Kartellrecht und Fusionskontrolle an die besonderen Anforderungen der Kreislaufwirtschaft.[948] So muss ein erweitertes Verständnis von Wettbewerb Kooperationen für zirkuläre Innovationen ermöglichen und rechtliche Sicherheit schaffen, damit Brancheninitiativen oder Rücknahmesysteme nicht am kartellrechtlichen Graubereich scheitern.

Auch das Lauterkeitsrecht und der Verbraucher:innenschutz spielen eine wichtige Rolle: Irreführende „grüne" Werbeaussagen verzerren den Wettbewerb und schwächen echte Pionierleistungen. Neue Regelungen, wie sie die Green-Claims-Richtlinie vorschlägt und die Empowering Consumers Directive bereits vorgibt, sorgen dafür, dass Umweltbehauptungen nur mit belastbarem Nachweis zulässig sind und Verbraucher:innen direkt am Verkaufspunkt umfassend informiert werden.[949] So tragen diese Instrumente zu fairen Wettbewerbsbedingungen und Investitionssicherheit bei Unternehmen bei, die ernsthaft in zirkuläre Innovationen investieren.

Wettbewerb neu ausrichten, Regulierung befähigend denken

Kreislaufwirtschaft braucht einen Wettbewerb, der ökologische Qualität und Innovationskraft belohnt, Marktversagen adressiert und nachhaltiges Unternehmertum ermöglicht. Dazu braucht es ein Zusammenspiel aus:

- anreizkompatibler Regulierung, die zirkuläre Geschäftsmodelle nicht nur zulässt, sondern gezielt fördert,
- rechtssicheren Kooperationsräumen, in denen zirkuläre Innovationen branchenübergreifend entstehen können,
- strategischer öffentlicher Nachfrage, die über Beschaffung Märkte gestaltet,
- ausgewogener Fusionskontrolle, die Marktkonzentration begrenzt, aber sinnvolle Zusammenschlüsse für zirkuläre Innovation nicht behindert,
- einem weiterentwickelten Lauterkeitsrecht, das faire Bedingungen für echte Nachhaltigkeit schafft.

So entsteht ein Ordnungsrahmen, in dem zirkuläre Geschäftsmodelle nicht trotz, sondern wegen des Wettbewerbs florieren können.

7.1.1.7. Spannungsfelder, Zielkonflikte und offene Fragen – Herausforderungen mit Chancen verbinden

Die Transformation hin zu einer nachhaltigen (Kreislauf-)Wirtschaft ist mit komplexen Spannungsfeldern und Zielkonflikten verbunden, die Unternehmen in ihrem Alltag zunehmend herausfordern. Zwischen Klimaschutz, Ressourcenschonung und wirtschaft-

948 Siehe Kap 7.4.1.–7.4.3.

949 Siehe Kap 7.3.3.

licher Wettbewerbsfähigkeit bestehen teils widersprüchliche Anforderungen, die es zu balancieren gilt. Gleichzeitig treiben Innovationen und neue Geschäftsmodelle die Transformation voran, stehen aber oft vor Skalierungsbarrieren und Investitionsrisiken.

Zudem stellen politische und geopolitische Entwicklungen seit 2024 neue Unsicherheiten in den Vordergrund, die die Planungssicherheit und regulatorische Verlässlichkeit infrage stellen. Die Transformation findet damit nicht in einem stabilen Rahmen statt, sondern in einem dynamischen Umfeld, das Flexibilität, strategisches Denken und Kooperationsfähigkeit verlangt.

Diese Herausforderungen bieten zugleich Chancen: Unternehmen, die gezielt Innovationen fördern, Kooperationen gestalten und regulatorische Entwicklungen proaktiv antizipieren, können Wettbewerbsvorteile erlangen und die eigene Resilienz stärken. Im Folgenden werden die veränderten politischen Rahmenbedingungen (Kap 8) und die daraus resultierenden Anforderungen an Governance und unternehmerisches Handeln (Kap 9) ausführlich behandelt.

7.1.1.8. Politische und geopolitische Verschiebungen seit 2024 – ein veränderter Kontext für Transformation

Die strategischen Rahmenbedingungen für die europäische Kreislaufwirtschaftspolitik haben sich seit Ende 2024 spürbar verändert. Zwei Entwicklungen wirken dabei besonders prägend: der Amtsantritt der neuen EU-Kommission im Dezember 2024 sowie die Rückkehr Donald Trumps ins US-Präsidentenamt Anfang 2025. Beide Ereignisse verändern das Koordinatensystem, in dem sich Unternehmen, Regulierer und zivilgesellschaftliche Akteure bewegen – und werfen zentrale Fragen zur Verlässlichkeit und Zukunftsfähigkeit regulatorischer Zielpfade auf.

Mit dem Amtsantritt der neuen EU-Kommission im Dezember 2024 und einer deutlich veränderten Zusammensetzung des Europäischen Parlaments haben sich die politischen Prioritäten in der Umwelt, Industrie- und Wirtschaftspolitik spürbar verschoben. Zwar bleibt der European Green Deal als strategischer Rahmen nominell bestehen, doch zentrale Gesetzesinitiativen geraten zunehmend unter Druck.[950]

Unternehmen, die auf regulatorische Klarheit und Planungssicherheit angewiesen sind, sehen sich mit einer neuen Form strategischer Unsicherheit konfrontiert: politische Ambitionen bestehen fort, doch ihre Umsetzung wird volatiler, der Zeithorizont diffuser.

Auf globaler Ebene verstärken sich diese Verschiebungen. Die außen- und handelspolitische Ausrichtung der USA unter Trump zielt stärker auf kurzfristige geopolitische Vorteile als auf multilaterale Kooperation. Damit sinkt die Wahrscheinlichkeit global koordinierter Umweltstandards – und gleichzeitig steigt der Druck auf die EU, ihre eigene Transformationsagenda resilienter und geopolitisch robuster zu gestalten. In diesem

950 Bereits verabschiedete oder weit fortgeschrittene Regelwerke werden wieder aufgeschnürt oder infrage gestellt. Hierzu gehören die Entwicklungen rund um die CSRD und CSDDD – darunter angehobene Schwellenwerte, verlängerte Fristen und reduzierte Berichtspflichten – sowie zur Green Claims Directive, deren zwischenzeitlich angekündigter Rückzug erhebliche Zweifel an der Verlässlichkeit des Gesetzgebungsprozesses aufwarf. Zu den jeweiligen Details: CSDDD (Kap 7.2.2.), CSRD (Kap 7.3.3.), Green Claims (Kap 7.5.1.).

Kontext gewinnen wirtschaftspolitische Instrumente wie der CO_2-Grenzausgleichsmechanismus (CBAM), die EU-Entwaldungsverordnung (EUDR) oder die Lieferkettengesetzgebung eine doppelte Funktion: Sie sind nicht nur ökologische Steuerungsinstrumente, sondern zunehmend auch geopolitische Machtmittel im internationalen Wettbewerb um Marktstandards. Gleichzeitig zeigen die jüngsten Omnibus-Pakete und Anpassungen der Berichts- und Sorgfaltspflichten, dass die EU ihre ursprünglichen Ambitionen in zentralen Bereichen der Nachhaltigkeits- und Kreislaufwirtschaftspolitik deutlich zurückgeschraubt hat.

Für Unternehmen bedeutet diese neue Gemengelage vor allem eines: Unsicherheit wird selbst zum Steuerungsfaktor. Strategische Planung kann sich nicht mehr auf stabile Zielpfade verlassen, sondern muss zunehmend mit dynamischen, konflikthaften und teils widersprüchlichen Regulierungsprozessen umgehen. Gleichzeitig steigen die Erwartungen an Nachhaltigkeit, Transparenz und Innovationsbereitschaft. Wer heute investiert, gestaltet unter Bedingungen politischer Volatilität – und muss dennoch glaubwürdige Transformationspfade vorweisen.

7.1.1.9. Anforderungen an Governance und Unternehmen – strategische Navigation im Übergang

Angesichts der skizzierten Entwicklungen zeigt sich: Der Übergang zu einer zirkulären Wirtschaftsweise ist nicht allein eine regulatorische Aufgabe. Er ist ein tiefgreifender Systemumbau – langfristig angelegt, komplex in der Steuerung und von politischen wie wirtschaftlichen Unsicherheiten durchzogen. Entsprechend braucht es ein neues Verständnis von Governance, das Verantwortung, Lernfähigkeit und strategische Orientierung über Sektor-, Länder- und Unternehmensebenen hinweg integriert.

Für die EU bedeutet das zunächst: Governance muss mehr sein als Rechtsetzung. Sie muss in der Lage sein, politische Zielkonflikte aktiv zu moderieren, sektorübergreifende Synergien herzustellen und internationale Anschlussfähigkeit zu sichern. Die Vielzahl an Initiativen – von Ökodesign über Digitalpässe bis zu ESG-Standards – verlangt nach horizontaler Kohärenz zwischen Politikfeldern und vertikaler Koordination über europäische, nationale und lokale Ebenen hinweg. Steuerung über Daten, Transparenz und Anreize muss so ausgestaltet werden, dass sie auch unter Bedingungen wachsender Komplexität Orientierung bietet – differenziert genug, um der Diversität von Unternehmensrealitäten gerecht zu werden.

Gleichzeitig wird die internationale Dimension immer relevanter. Die EU kann ihre Vorreiterrolle nur dann nachhaltig legitimieren, wenn sie globale Auswirkungen mitdenkt: Regeln dürfen keine faktischen Marktzugangsbarrieren für wirtschaftlich schwächere Partner erzeugen. Stattdessen braucht es Dialog, technische Zusammenarbeit und gemeinsame Standardsetzung – insbesondere mit Blick auf die globalen Wertschöpfungsketten, in denen viele europäische Unternehmen operieren.

Für Unternehmen bedeutet dies: Nachhaltigkeit und Kreislaufwirtschaft sind längst keine Compliance-Fragen mehr, sondern strategische Kernfragen. Gefordert ist ein proaktiver Umgang mit regulatorischer Komplexität – einschließlich der Fähigkeit, politische Entwicklungen frühzeitig zu antizipieren, technologische Potenziale vorausschauend zu erschließen und Kooperationsstrukturen entlang der gesamten Wertschöpfungskette zu gestalten.

Wer in diesem Übergang bestehen will, muss nicht nur Transparenz und Datenkompetenz aufbauen, sondern auch sein Geschäftsmodell im Hinblick auf ökologische Resilienz und politische Zukunftsfähigkeit kritisch überprüfen. Langfristige Orientierung und operative Flexibilität sind dabei kein Widerspruch – sie sind die Voraussetzung für unternehmerische Handlungsfähigkeit im Wandel.

7.1.1.10. Fazit

Die europäische Kreislaufwirtschaftspolitik steht am Übergang – zwischen ambitionierter Vision und politischer Realität, zwischen globalem Gestaltungsanspruch und geopolitischen Verschiebungen. Unternehmen und Institutionen, die diesen Wandel aktiv gestalten, können nicht auf Stabilität warten – sie müssen Unsicherheit produktiv machen. Wer das gelingt, wird nicht nur resilienter, sondern zum zentralen Akteur einer neuen Wirtschaftsordnung.

Gerade in diesem Spannungsfeld wird deutlich, worauf es für Unternehmen künftig ankommt.

Inmitten regulatorischer Dynamik und geopolitischer Verschiebungen eröffnet die Kreislaufwirtschaft Unternehmen die Chance, neue Wettbewerbsfähigkeit auf resilienter Grundlage zu entwickeln – wenn sie Governance nicht nur als Vorgabe, sondern als Gestaltungsfeld begreifen. Die politischen Umschwünge der letzten Zeit haben vor allem die weiterführenden Agenden des Green Deals betroffen. Im Kernbereich der Kreislaufwirtschaftspolitik hingegen bleibt die EU-Kommission aktuell auf einem vergleichsweise stabilen und ambitionierten Kurs. Trotz der herausfordernden globalen Rahmenbedingungen und zunehmender geopolitischer Unsicherheiten bietet die Kreislaufwirtschaft klare Investitionsperspektiven, gerade auch angesichts der wachsenden Bedeutung von Rohstoffsicherheit und resilienten Lieferketten.

7.1.1.11. Ausblick zum Circular Economy Act 2026

Im Februar 2025 hat die Kommission mit dem Clean Industrial Deal ein umfassendes Maßnahmenpaket vorgestellt, mit dem die EU weltweit führend im Bereich der Kreislaufwirtschaft werden soll.[951] Hierzu gehört auch ein neues EU-Kreislaufwirtschaftsgesetz, der Circular Economy Act (CEA) , der für 2026 geplant ist und den Übergang zur Kreislaufwirtschaft beschleunigen soll.[952]

Kreislaufwirtschaft entwickelt sich damit konsequent weiter zu einer zentralen Säule der europäischen Industriepolitik. Angesichts wachsender geopolitischer Herausforderungen, volatiler Lieferketten und zunehmender klimatischer Herausforderungen bleibt die Fähigkeit zur Materialrückgewinnung, die Verringerung der Ressourcenabhängigkeit sowie die Reduktion von Emissionen weiterhin im Fokus der EU-Politik.

951 European Commission, The Clean Industrial Deal: A joint roadmap for competitiveness and decarbonisation, COM(2025) 85 final (Brussels, 26 February 2025).

952 Ibid., Abschnitt 5.2.

Zu den angekündigten Maßnahmen des Circular Economy Act gehören:

- Überarbeitung der geltenden Vorschriften über Elektro- und Elektronik-Altgeräte, um sicherzustellen, dass sie einfacher und zweckmäßiger sind und die in ihnen enthaltenen kritischen Rohstoffe zurückgewonnen werden können,
- die Kriterien für das Ende der Abfalleigenschaft harmonisieren, um den Übergang von Abfällen zu wertvollen Sekundärrohstoffen zu erleichtern,
- die erweiterte Hersteller:innenverantwortung vereinfachen, digitalisieren und gezielt ausweiten,
- die Nachfrage durch Kriterien für die Vergabe öffentlicher Aufträge steigern,
- Anreize für eine verstärkte Verwendung von Metallschrott, und
- die obligatorische Digitalisierung von Abbruchgenehmigungen und des den Abbrucharbeiten vorgeschalteten Audits bieten.

Um von fossilen Materialien abzurücken, soll außerdem die Verwendung neuer Rohstoffquellen wie recycelter und biobasierter Materialien vorgeschrieben werden, damit beispielsweise neue fossile Primärrohstoffe in Kunststoffen ersetzt werden können.

Zusätzlich erwägt die Kommission weitere Anreize, um das Recycling kritischer Rohstoffe innerhalb der EU attraktiver zu machen als den Export und so das Recyclingziel von 25 % zu erreichen. Dabei soll auch geprüft werden, wie Exportbeschränkungen Dritter in der Rohstoffversorgung berücksichtigt werden können. Außerdem zieht die Kommission die Einführung von Ausfuhrgebühren zur Finanzierung von Recyclinginvestitionen in Betracht.

Ein weiteres Ziel ist die Einrichtung transregionaler Circularity Hubs, die durch Zusammenarbeit von Mitgliedstaaten und Industrie eine Skalierung der Recyclinginfrastruktur ermöglichen. Dies soll es den Anlagen erlauben, die notwendige Größe zu erreichen, um dauerhaft effizient zu arbeiten und somit Versorgungssicherheit zu gewährleisten.

Der Clean Industrial Deal und der Circular Economy Act werden durch ergänzende Maßnahmen wie die grüne MwSt-Initiative[953] oder die Überarbeitung der Ecodesign-Regelungen begleitet, die gemeinsam den Übergang zu einer nachhaltigen, zirkulären und resilienten Industrie Europas beschleunigen sollen.

7.1.2. Nationale Kreislaufwirtschaftsstrategie(n) der EU-Mitgliedstaaten im Vergleich

Henning Wilts/Kevin Leske

7.1.2.1. Nationale Kreislaufwirtschaftsstrategien im Aufschwung

Immer mehr EU-Mitgliedstaaten setzen auf eigene Strategien, um den Wandel zur Kreislaufwirtschaft aktiv zu gestalten. Sie greifen damit den Circular Economy Action Plan (CEAP) der Europäischen Union auf und übertragen dessen Ziele in nationale Aktionspläne, Roadmaps und Strategien.

953 Dies soll das Problem der in gebrauchten Produkten enthaltenen Mehrwertsteuer lösen.

Seit dem Start des ersten CEAP 2015 haben bereits 24 EU-Mitgliedstaaten nationale Kreislaufwirtschaftsstrategien, Roadmaps und Aktionspläne verabschiedet (Abb 63). Ende 2022 wurde die österreichische Kreislaufwirtschaftsstrategie verabschiedet – begleitet von der Gründung einer eigens dafür eingesetzten *Task Force Circular Economy.* In Deutschland folgte im Dezember 2024 die *Nationale Kreislaufwirtschaftsstrategie,* die auf das *Deutsche Ressourceneffizienzprogramm III* aus dem Jahr 2020 aufbaut.[954]

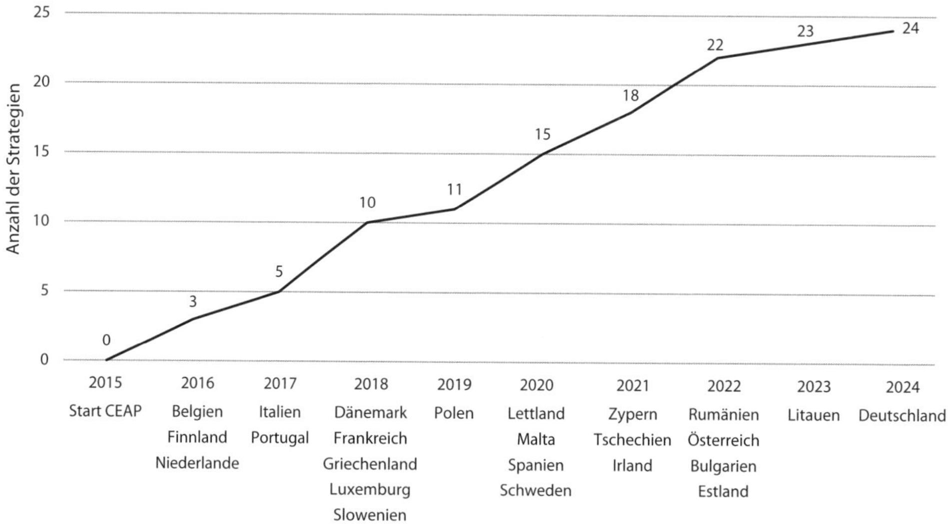

Abb 63: EU-Mitgliedstaaten mit verabschiedeten nationalen Kreislaufwirtschaftsstrategien
[Quelle: eigene Darstellung, verändert nach *Geerken* et al 2022, BMUV 2024, ETC/CE 2024]

Nationale Strategien zur Umsetzung einer Kreislaufwirtschaft setzen Rahmenbedingungen, die sich auf Märkte, Produkte und Prozesse unmittelbar auswirken können. Für Unternehmen ist es daher entscheidend, frühzeitig zu erkennen, welche politischen Weichen gestellt werden, welche Ziele mit ihnen verbunden sind und wie es ihr unternehmerisches Handeln betrifft. Wer versteht, welche Länder welche Schwerpunkte setzen, kann sowohl regulatorische Anforderungen besser antizipieren als auch gezielt auf neue Chancen reagieren – etwa durch Innovationen, Kooperationen oder zirkuläre Geschäftsmodelle.

Vor diesem Hintergrund stellt sich die Frage, welche unterschiedlichen Ansätze die EU-Mitgliedstaaten gewählt haben, um die Transformation zur Kreislaufwirtschaft zu beschleunigen, welche Ziele sie sich dabei gesetzt haben und wo sich möglicherweise von Best-Practice-Beispielen lernen lassen könnte. Im Auftrag der Europäischen Umweltagentur hat ein Konsortium unter Beteiligung des Wuppertal Instituts dazu sämtliche

954 BMUV, Deutsches Ressourceneffizienzprogramm III – 2020 bis 2023, 2020, https://www.bmuv.de/fileadmin/Daten_BMU/Pools/Broschueren/ressourceneffizienz_programm_2020_2023.pdf, abgerufen am 22.6.2025; BMUV, Nationale Kreislaufwirtschaftsstrategie, 2025, https://www.bmuv.de/fileadmin/Daten_BMU/Download_PDF/Abfallwirtschaft/nationale_kreislaufwirtschaftsstrategie_bf.pdf, abgerufen am 22.6.2025.

Strategien auf der nationalen und regionalen Ebene innerhalb der EU ausgewertet.[955] Der folgende Beitrag fasst Kernergebnisse dieser Analysen zusammen und zieht erste Schlussfolgerungen, welche Chancen und Risiken sich daraus auch für Unternehmen ergeben könnten.

7.1.2.2. Ziele europäischer Kreislaufwirtschaftsstrategien im Überblick

Ein Blick auf die 24 nationalen und regionalen Kreislaufwirtschaftsstrategien verdeutlicht, wie unterschiedlich das Konzept der Kreislaufwirtschaft in Europa verstanden und umgesetzt wird. Während einige Länder bereits konkrete Maßnahmen implementiert haben, stehen andere noch am Anfang der Entwicklung. Besonders aufschlussreich ist ein Vergleich der gesetzten Ziele: 18 Staaten haben in ihren Strategien spezifische Zielvorgaben formuliert – darunter auch solche zur Ressourcenproduktivität.

Eine Auswahl dieser Ziele ist in Tabelle 15 dargestellt. Sie reichen von quantifizierten Reduktionszielen auf nationaler Ebene bis hin zu Vorgaben, die globale Wertschöpfungsketten oder einzelne Sektoren und Industrien adressieren.

Land	Ziel
Österreich	Reduzierung des Material-Fußabdrucks auf 7 Tonnen pro Person und Jahr bis 2050.
Belgien (Flandern)	Bis 2030 sollen mindestens 25 % der neuen oder renovierten Gebäude nach den Prinzipien des anpassungsfähigen (dynamischen) Bauens gestaltet werden.
Belgien (Wallonien)	Bis 2025 soll eine Mindestmenge von 8 kg wiederverwendeter Güter pro Person und Jahr erreicht werden.
Bulgarien	Der Circular Material Use Rate (CMUR)-Zielwert beträgt 11,7 %, ohne festgelegtes Zieljahr; der Policy-Zeitrahmen ist bis 2030 festgelegt.
Deutschland	Bis 2045 soll der jährliche Primärrohstoffverbrauch von 15,3 t/Kopf (2021) auf einen Orientierungswert von 6–8 t/Kopf gesenkt werden. Das EU-Ziel, die CMUR bis 2030 auf 26 % (2022: 13 %) zu verdoppeln, soll unterstützt werden. Siedlungsabfälle sollen bis 2030 um 10 % und bis 2045 um 20 % im Vergleich zu 2020 sinken.
Estland	Bis 2035 soll eine Ressourcenproduktivität von 0,90 €/kg erreicht werden.
Finnland	Der Verbrauch nicht erneuerbarer natürlicher Ressourcen soll sinken; die nachhaltige Nutzung erneuerbarer Ressourcen darf nur so weit steigen, dass der Gesamtverbrauch primärer Rohstoffe im Jahr 2035 nicht höher ist als im Jahr 2015. Natürliche Ressourcen, die zur Herstellung von Exportprodukten verwendet werden, sind vom Ziel ausgenommen.

955 ETC/CE, Country profiles on Circular Economy in Europe (2024), https://www.eionet.europa.eu/etcs/etc-ce/products/country-profiles-on-circular-economy-in-europe, abgerufen am 13.5.2025.

Land	Ziel
Frankreich	Bis 2025 sollen 100 % der Kunststoffe recycelt werden; es sollen bis zu 300.000 neue Arbeitsplätze, auch in neuen Berufsfeldern, geschaffen werden.
Griechenland	Green Public Procurement (GPP)-Ziele für 15 Produkt-/Dienstleistungskategorien (GPP National Action Plan 2021–2023), die je nach Kategorie 20 %–80 % der öffentlichen Beschaffung ausmachen. Die Ziele sind für acht Produktkategorien verbindlich.
Irland	Die CE-Strategie sieht Ziele für den Bausektor, die Landwirtschaft, den Einzelhandel, die Verpackungsindustrie, den Textilsektor und für Elektro- und Elektronikgeräte vor.
Niederlande	Bis 2050 soll eine vollständige Kreislaufwirtschaft erreicht sein.
Polen	Bis 2030 sollen mindestens sieben regionale Strategien mit CE-Ansätzen existieren.
Portugal	Die Recyclingquote in der Wirtschaft soll von 56 % im Jahr 2012 auf 86 % im Jahr 2030 steigen (Green Growth Commitment).
Slowakei	Es sollen bis 2030 mindestens 70 % des Gesamtwerts der öffentlichen Beschaffung für GPP eingesetzt werden. Digitale Tools monitoren diesen Prozess.
Spanien	Es wurden spezifische Ziele für die R-Strategie Reuse (Wiederverwendung) angegeben: mind 5 % bis 2025, 10 % bis 2030 und 15 % bis 2035.
Schweden	Der Anteil der erstmals auf den schwedischen Markt gebrachten wiederverwendbaren Verpackungen muss zwischen 2022 und 2026 um mind 20 % und zwischen 2022 und 2030 um mind 30 % steigen.

Tab 15: Beispiele von CE-Zielen ausgewählter EU-Mitgliedstaaten [Quelle: eigene Darstellung, verändert nach *Geerken* et al 2022, BMUV 2024, ETC/CE 2022]

Ob diese Ziele in nationales Recht umgesetzt wurden oder lediglich motivierte Bestrebungen darstellen, ist in vielen Fällen unklar. So muss beispielsweise die verpflichtende Aufnahme von Kriterien für zirkuläre öffentliche Beschaffung (GPP) nicht zwingend dazu führen, dass am Ende auch zirkuläre Produkte gekauft werden.

7.1.2.3. Circular Economy als Querschnittsthema und Herausforderungen für den Policy-Mix

Die nationalen Strategien unterscheiden sich nicht nur in ihren Zielen, sondern auch in den Instrumenten, mit denen sie umgesetzt werden sollen. Gerade hier wird deutlich, wie unterschiedlich konkret – und ambitioniert – einzelne Länder vorgehen.

Mit Blick auf innovative Ansätze und bewährte Verfahren für die öffentliche Politik wurde der Bereich Forschung & Innovation als Schlüsselbereich identifiziert. 14 Länder gaben Beispiele für Forschungsprogramme und Innovationshubs an, um das Entwickeln, Testen und Upscaling von zirkulären Lösungen zu fördern.

Weitere zentrale Instrumente umfassen Bildungs- und Ausbildungsinitiativen, Sensibilisierungsmaßnahmen, finanzielle Förderprogramme sowie Maßnahmen in der öffentlichen Beschaffung (13 Länder). Auch die Erweiterte Herstellerverantwortung (Extended Producer Responsibility, EPR) wird als ein zunehmend genutztes Instrument genannt.

Einige Länder gehen zudem gezielt auf die Unterstützung von Unternehmen ein – Maßnahmen und Pläne sollen Start-ups, kleine, mittlere sowie große Unternehmen dabei unterstützen, zirkuläre Geschäftsmodelle und -praktiken zu entwickeln und interdisziplinäre Kollaborationen und Partnerschaften auszubauen.

Obwohl finanzielle Förderprogramme oftmals als Good-Practice-Beispiele genannt wurden, verwiesen nur zwei Länder auf die im EU-Aktionsplan „Sustainable Finance" (Europäische Kommission 2018) festgelegte, nachhaltige EU-Taxonomie.[956] Die meisten, wenn auch insgesamt recht wenigen Beispiele für private Initiativen stammen aus den Bereichen Kunststoffe, Textilien und dem Bausektor.

7.1.2.4. Ein Blick auf die Vorreiter:innen

Im europäischen Kontext nehmen zum Thema Kreislaufwirtschaft insbesondere die Niederlande, aber auch Frankreich und Schweden eine Vorreiter:innenrolle ein und zeichnen sich immer wieder durch das Beschreiten unkonventioneller Wege aus.

Frankreich hat einen umfangreichen Katalog innovativer Maßnahmen zur Förderung der Kreislaufwirtschaft erarbeitet. Dazu gehört die Einführung von vier neuen EPR-Systemen für Materialien im Bausektor, Heimwerkerprodukte (Do-it-yourself-Produkte), Sportartikel und Spielzeuge. Weitere Maßnahmen beinhalten einen Reparaturindex für Elektro- und Elektronikartikel und ein Verbot der Vernichtung unverkaufter, neuer Produkte für einige ausgewählte Produktarten. Der Haushaltsgerätesektor ist verpflichtet, Wartungs- und Reparaturdienste für gebrauchte Ersatzteile anzubieten und für bestimmte Produkte Mindestverfügbarkeitsfristen für Ersatzteile festzulegen.

Die Niederlande gelten als "early adopter" und globale Vorreiterin der Kreislaufwirtschaft. Bereits 2017 unterzeichneten mehr als 400 Akteur:innen aus Regierung und Industrie eine Rohstoffvereinbarung, um die niederländische Wirtschaft auf erneuerbare Ressourcen umzustellen. 2018 folgte die Ausarbeitung von Transformationsagenden, die sich auf zentrale Sektoren und Wertschöpfungsketten fokussieren, dh wichtige Pfeiler der niederländischen Wirtschaft, die zugleich von hohen Umweltbelastungen gekennzeichnet sind. Hierzu gehören der Kunststoffsektor, Konsumgüter, das verarbeitende Gewerbe, der Bausektor sowie der Biomasse- und Lebensmittelsektor.

In Schweden gehört zu den bisher umgesetzten Maßnahmen der Aufbau einer nationalen Plattform für nachhaltige Kleidung und Textilien. Diese unterstützt Akteur:innen entlang der Wertschöpfungskette mit Bildungsangeboten und Best-Practice-Beispielen. Darüber hinaus werden Maßnahmen gefördert, die den Aufbau einer nachhaltigen textilen Wertschöpfungskette mit besonderem Fokus auf Umwelt- und Chemikalienthemen vorantreiben. Dazu gehören nationale Koordinierungsmaßnahmen, die einerseits Wissen über Plastik und Mikroplastik verbreiten und andererseits gemeinsam mit Partner:innen aus der Industrie das Verständnis für nicht-toxische Produktionsverfahren stärken.

956 Siehe den Beitrag von Ana-Marie Isbert und Leon Spanagel (Kap 7.5.3.) in diesem Handbuch.

7.1.2.5. Von der Strategie zur Umsetzung – neue Herausforderungen für die Circular Economy

Die erkennbaren Unterschiede im Policy Mix zwischen Frankreich, Schweden und den Niederlanden verdeutlichen die Bandbreite der Ansätze, sowohl mit Blick auf die gewählten Themen als auch auf die genutzten Instrumente und ihre Eingriffstiefe in den Markt. Trotz dieser Unterschiede sind gemeinsame Herausforderungen erkennbar, insbesondere im Hinblick auf die Rolle staatlicher Regierungen. Zahlreiche Good-Practice-Beispiele aus dem Innovationsbereich und das breite Einbeziehen von Interessengruppen zeigen, dass sich die EU von einer traditionell üblichen Regulierungsbehörde zu einer Vermittlerin in der Kreislaufwirtschaft entwickelt hat.

Die Entwicklung einer komplexen, cross-sektoralen Politik ist eine zentrale institutionelle Herausforderung, die zugleich als größtes Hemmnis und Schlüssel für die Transformation zur Kreislaufwirtschaft gilt. Dies unterstreicht die Dringlichkeit einer interdisziplinären Mitgestaltung einer europäischen Kohäsionspolitik. Erforderlich ist hierfür eine Stärkung der Zusammenarbeit, der komplementären Arbeit und des Austauschs zwischen Institutionen, institutionellen Ebenen und Akteur:innen. Diese Verstetigung auf verschiedenen administrativen und räumlichen Ebenen fördert die Entstehung zirkulärer Ökosysteme und ist essentiell für die Umsetzung der Strategien und zur Erreichung der Ziele. [957]

Während der angekündigte EU Circular Economy Act voraussichtlich stärker auf eine stringente und koordinierte Umsetzung abzielen wird, stehen die Mitgliedstaaten noch überwiegend vor der Herausforderung, gesellschaftliche Ressourcen zu mobilisieren – sei es im Kern durch Top-Down-Vorgaben, wie zB in Frankreich, oder eher missionsorientierte Ansätze wie in Flandern.[958] Das Finden einer Balance aus abgestimmten Zielen und flexibler, deutlich unbürokratischerer Umsetzung wird entscheidend dafür sein, ob die Länder der Europäischen Union ihre globale Vorreiterrolle für die Circular Economy verteidigen können – und so auch Investitionen innovativer Unternehmen und die damit verbundene Wertschöpfung nach Europa zu lenken.

7.1.3. KLW-Strategien bei internationalen Schwergewichten: China, Indien, Brasilien

Reinhard Weissinger/Nandini Kumar/Beatriz Luz

7.1.3.1. Einleitung

Angesichts globaler Umweltkrisen und begrenzter Ressourcen gewinnen Kreislaufwirtschaftskonzepte weltweit an Bedeutung. China, Indien und Brasilien – als große Schwellenländer mit unterschiedlichen wirtschaftlichen und gesellschaftlichen Rahmenbedingungen – verfolgen jeweils eigene Strategien, um ihre Wirtschaftsmodelle zirkulärer zu gestalten. Dieser Beitrag analysiert zentrale politische Ansätze, Herausforderungen und Innovationspotenziale dieser drei Länder und zeigt, wie sie den Weg zu einer zirkulären Zukunft gestalten.

---

957 Aarikka-Stenroos/Ritala/Thomas, Circular economy ecosystems: A typology, definitions, and implications, in Edward Elgar (Hrsg), Handbook of Sustainability Agency (2021) 260–276.

958 Hummler/Lindner/Posch/Wilts/Wittmann/Wurm, Deutschlands zirkuläre Zukunft: Wie Missionen die Transformation zur Circular Economy beschleunigen, Bertelsmann Stiftung 2023.

7.1.3.2. Kreislaufwirtschaft in China

Reinhard Weissinger

Das große Interesse an der Kreislaufwirtschaft (KLW) in China ist maßgeblich durch die gravierenden Umweltschäden, den enormen Ressourcenkonsum – etwa 50 % des weltweiten Verbrauchs an Stahl, Zement und anderen Materialien – sowie die damit verbundenen Emissionen motiviert. Diese Entwicklung nahm mit der wachsenden Industrialisierung Chinas und der Öffnung des Landes für ausländische Investitionen und wirtschaftliche Kooperation seit Anfang der 1980er-Jahre ihren Anfang, in deren Folge China zu einem Zentrum der internationalen Produktion wurde. Die Folge waren massive Umweltverschmutzung, Zerstörung von Ökosystemen und stetig wachsende Abfallmengen. Kreislaufwirtschaft sah man vor dem Hintergrund dieser Herausforderungen als ein Modell, das einen Kompromiss zwischen Wirtschaftswachstum und Schutz der Umwelt und natürlicher Ressourcen ermöglichte.

7.1.3.2.1. Phasen der KLW-Entwicklung in China

Die Entwicklung der KLW in China lässt sich grob in die folgenden Phasen einteilen[959]:

- Vorläuferphase: 1950–1990 Jahre
- Einführungsphase: 1998–2004
- Startphase: 2004–2008
- Expansionsphase: 2008–2015
- Integrationsphase: 2015–Gegenwart

Bereits in den 1950er-Jahren gab es in China Programme und politische Strömungen, die als Vorläufer der KLW gelten können und Maßnahmen zur Ressourcenschonung durch deren umfassende Nutzung, eine saubere Produktion, die Reduktion von Abfällen sowie Umweltbelastungen beinhalteten.

Die Beschäftigung mit Konzepten der Kreislaufwirtschaft im eigentlichen Sinne begann in den späten 1990er-Jahren. Akademische Kreise griffen zunehmend Ideen der KLW auf und präsentierten sie chinesischen Fachkreisen als Lösungsansatz für das wachsende Abfallaufkommen – insbesondere in den Städten. Dabei wurde häufig auf ausländische Vorbilder verwiesen, insbesondere auf die deutsche Gesetzgebung zur Abfallwirtschaft.

Die **Startphase** war geprägt durch eine institutionelle Neuverortung: Die Zuständigkeit für KLW wurde im Jahr 2004 von der Nationalen Umweltschutzagentur (State Environmental Protection Agency) auf die Nationale Entwicklungs- und Reformkommission (National Development and Reform Commission) übertragen. Damit wurde KLW von einem Gebiet, das hauptsächlich die Umweltpolitik betraf, zu einem Kerngebiet der Wirtschafts- und Technologiepolitik, die ökologische Aspekte einschließt. KLW wurde als neuer Ansatz für Chinas Industrialisierung und als „wichtige nationale Politik" betrachtet. In diese Phase fiel auch die Publikation des ersten offiziellen Politikdokuments des chinesischen Staatsrats unter dem Titel „Auffassungen zur Beschleunigung der Entwicklung der Kreislaufwirtschaft" (2005).

959 R. Weissinger (2025), Quality Infrastructure for the Circular Economy in China. PhD Thesis. Juni 2025. Universität Genf.

Die **Expansionsphase** der KLW (2008–2015) begann 2008 mit der Verabschiedung des KLW-Förderungsgesetzes (KLWFG). Dieses Gesetz enthält eine Definition der KLW und legt Schwerpunkte für die KLW in China fest.

Ab etwa 2015 ging die KLW-Entwicklung in die **Integrationsphase** über. Diese war durch die zunehmende Integration von KLW in Politikentwicklungen der grünen Transformation, der Dekarbonisierung und Chinas Klimaagenda geprägt. Damit verlor KLW einerseits ihre Eigenständigkeit als separater Politikansatz, gewann aber andererseits an Bedeutung durch ihre Verbindung mit Strategien zur grünen Industrieentwicklung und Klimapolitik.

7.1.3.2.2. Grundkonzept der KLW in China

Das 2008 vom Nationalen Volkskongress verabschiedete KLWFG definiert als Kern von KLW die sogenannten „3Rs": „Reduce", „Reuse" und „Recycle". Dem ersten Prinzip – der Reduktion – wird dabei Vorrang eingeräumt. Dennoch hat diese Priorität bisher nicht zu einer absoluten Reduzierung des Ressourceneinsatzes in China geführt. Die Orientierung an den 3Rs hat bis heute Bestand und wird auch in chinesischen Normen typischerweise zur Definition der KLW herangezogen.

7.1.3.2.3. Ziele der KLW in China

In der Anfangsphase zielten KLW-Initiativen darauf ab, Ressourcenproduktivität und Energieeffizienz im Rahmen von Wachstumsstrategien zu steigern. Später kamen weitere Zielsetzungen hinzu, etwa die Transformation konventioneller Industrieparks zu zirkulär wirtschaftenden Öko-Industrieparks durch Förderung der Zirkularität und den Aufbau von lokalen und regionalen Recyclingsystemen. Die KLW in China umfasst alle Wirtschaftsbereiche – einschließlich der Landwirtschaft – und schließt auch das Konsumverhalten mit ein, etwa durch Förderung eines „grünen Lebensstils".

China verfolgt bei der Förderung der KLW einen zentral gesteuerten („Top-down") Ansatz und nutzt dafür Fünf-Jahres- und andere mehrjährige Pläne. Lokale Institutionen können innerhalb nationaler Richtlinien experimentieren und Lösungen für ihre spezifischen Bedingungen vor Ort entwickeln. Bewährte Ansätze können dann auf andere Regionen übertragen oder national skaliert werden.

Im Unterschied zu Europa, wo der Fokus lange auf Ressourceneffizienz, Abfallmanagement und Umweltaspekten lag, verstand man in China KLW schon immer als Kernbestandteil einer Politik, die wirtschaftliche als auch ökologische Ziele gemeinsam verfolgt und im Rahmen von Programmen zum Wirtschaftswachstum die Vermeidung oder Reduktion von Umweltverschmutzung und Emissionen anstrebt.

7.1.3.2.4. Die Rolle der Öko-Industrieparks

Öko-Industrieparks gehen auf Sonderwirtschaftszonen (SWZ) zurück, die bereits in den 1980er-Jahren in China, insbesondere in der Nähe von Hongkong, eingerichtet wurden. In diesen abgeschirmten Territorien wurden Gemeinschaftsunternehmen zwischen ausländischen und chinesischen Firmen angesiedelt.

Im Laufe der Zeit wurden solche SWZ in immer weiteren Regionen des Landes zugelassen, die sich dann zu sogenannten „Industrieparks" entwickelten. Bestehende Unternehmen wurden aufgefordert, in diese Parks umzusiedeln. Industrieparks stellen heute konzentrierte Industrieansiedlungen dar, in denen häufig Tausende von Unternehmen tätig sind – zwischen 70 und 80 % der chinesischen Unternehmen liegen in solchen Parks.

Das dahinterstehende Konzept zielt darauf ab, durch die räumliche Bündelung von Unternehmen Synergieeffekte zu erzielen. Auf der Grundlage dieser Parks hat die chinesische Regierung Programme initiiert, um unter der Bezeichnung „Öko-Industrieparks" die ökologische Bilanz dieser Unternehmen zu verbessern.

7.1.3.2.5. Einige Ergebnisse der KLW-Maßnahmen

KLW-Maßnahmen stehen in China in engem Zusammenhang mit anderen politischen Initiativen. Daher ist die KLW ein wesentlicher, aber nicht der ausschließliche Faktor für einige der nachstehend aufgeführten Fortschritte:

- China konnte seine Ressourcenproduktivität in den letzten 30 Jahren um ca 200 % steigern;
- China hat rechtliche Regelungen für die KLW sowie einen Bestand an technischen Normen und Indikatorensystemen entwickelt, die helfen, die Zirkularität einzelner Firmen und Industrieparks zu messen;
- Onlineplattformen zum Handel mit gebrauchten Gütern gewannen an Bedeutung und erreichten im Jahr 2020 einen Umsatz von ca 1.25 Billionen Yuan;
- Sharingmodelle (von Autos, Fahrrädern etc) haben an Bedeutung gewonnen: Im Jahr 2021 gab es ca 300 Millionen Nutzer:innen, die Fahrrad-Sharing betrieben haben;
- Recycling, zB von Schrottstahl, Aluminium, Plastik, Papier und Verpackungsmaterialien, hat zugenommen;
- laut einer Studie des Verbands für Kreislaufwirtschaft Chinas (China Association for Circular Economy) aus dem Jahr 2023 konnten durch KLW-Maßnahmen etwa 30 % der CO_2-Emissionen, die ansonsten angefallen wären, vermieden werden[960]. Dieses Ergebnis wurde ua durch das Recycling von Haushalts- und Küchenabfällen, die Nutzung von Abfall wie Flugasche als Baumaterial und die Nutzung von Abwärme und die Rückgewinnung von Energie erreicht, die während der Produktionsprozesse von Unternehmen freigesetzt werden.

7.1.3.2.6. Fazit

Trotz der beschriebenen Steigerung der Ressourcenproduktivität wuchsen Ressourcennutzung und CO_2-Emissionen in den vergangenen Jahren in China weiter an – wenn auch in geringerem Maße als das Wirtschaftswachstum.[961] China hat damit den Status einer „relativen Entkopplung" erreicht. Trotz massiver Investitionen in erneuerbare Energien[962] ist Chinas Abhängigkeit von fossilen Energien wie Kohle (61 % der gesamten Energieversorgung im Jahr 2023), Öl (17,9 %) und Erdgas (7,8 %) weiterhin hoch[963], obwohl sich die Kohleabhängigkeit seit 2015 von 80 % um ca 20 % verringert hat. Auch

960 CACE (2023). Research report on circular economy supporting peak carbon dioxide emissions. (In Chinese). CACE. Beijing.

961 Der Economist (31.5.2025) berichtete, dass zwischen März 2024 und März 2025 die CO_2-Emissionen in China bei voller Wirtschaftsleistung zum ersten Mal um 1 % gesunken sind. Es ist jedoch noch unklar, ob dieser Trend längerfristig anhalten wird.

962 International Energy Agency (2025). World Energy Investment 2025. IEA. Paris.

963 https://www.iea.org/countries/china, abgerufen am 4.8.2025.

der Ressourcenverbrauch liegt bei vielen Materialien (zB Stahl, Zement, Aluminium) bei über 50 % des weltweiten Verbrauchs oder knapp darunter (Kupfer)[964].

Insgesamt lässt sich sagen, dass KLW-Maßnahmen in China den stetig steigenden Ressourcenverbrauch und den Anstieg von CO_2-Emissionen nicht aufhalten konnten. Sie haben aber dazu beigetragen, einen noch größeren Zuwachs zu begrenzen. Aufgrund des langfristigen politischen Ziels, China zu einem industriell führenden Land bis zum Jahr 2049 (dem hundertsten Gründungsjahr der Volksrepublik China) zu entwickeln, besteht jedoch ein bleibender Konflikt zwischen dem Wachstumsimperativ einerseits und der notwendigen Ressourceneinsparung andererseits. Es ist unklar, wie sich dieser Konflikt entwickeln wird und ob durch die weitere Verbreitung – etwa erneuerbarer Energien – dieser Konflikt gelöst werden kann. Eines ist jedoch sicher: Einschneidende Maßnahmen beim Energiemix, beim Recycling, der Nutzung von Sekundärmaterialien und -produkten sind notwendig, um schließlich eine absolute Reduzierung des Ressourcenverbrauchs und der Emissionen zu erreichen.

7.1.3.3. Indiens Weg zu Kreislaufwirtschaft: Status quo und Entwicklungen

Nandini Kumar

7.1.3.3.1. Status quo

Es ist wohl zutreffend, dass das, was wir heute unter dem Begriff „Kreislaufwirtschaft" verstehen, schon immer existierte – einfach deshalb, weil Ressourcen knapp waren und ihre Gewinnung nur in kleinem Maßstab durch menschliche Arbeitskraft möglich war.

Für viele Länder und Industriesektoren bedeutet die Einführung kreislaufwirtschaftlicher Prinzipien heute eine Rückkehr zum Reißbrett – idealerweise mit einer vollständigen Neugestaltung von Prozessen und Produkten entlang des gesamten Produktlebenszyklus, diesmal jedoch mit dem Ziel, Ressourcenentnahme und Abfallaufkommen zu minimieren.

In Indien – wie vermutlich auch in anderen Ländern – haben wir das Glück, dass es noch immer Systeme, Prozesse und Märkte gibt, die mit vielen Geschäftsmodellen der Kreislaufwirtschaft vergleichbar sind. Das deutet auf ein großes Potenzial hin: Durch den gezielten Ausbau bestehender Strukturen lassen sich Fortschritte erzielen – gleichzeitig bestehen jedoch ebenso große Chancen, neue Ansätze zu entwickeln und umzusetzen.

7.1.3.3.2. Nationale Politiken im Kontext der Kreislaufwirtschaft

Einige Grundsätze im Zusammenhang mit Ressourceneffizienz und Nachhaltigkeit waren schon recht früh Teil des politischen Rahmens Indiens: Die indische Regierung verabschiedete 2006 die Nationale Umweltpolitik[965], die den Schwerpunkt auf eine nachhaltige Entwicklung legte und darauf abzielte, Umweltbelange bei allen Entwicklungsaktivitäten zu berücksichtigen. Sie befasste sich mit Ressourceneffizienz, Abfallminimierung und Recycling, wobei der Begriff Kreislaufwirtschaft nicht ausdrücklich verwendet wurde. Später, im Jahr 2016, wurden die Abfallbewirtschaftungsvorschriften

964 U.S. Geological Survey, Mineral commodity summaries 2013, 2015 und 2024.

965 Nationale Umweltpolitik, 2006: https://ibkp.dbtindia.gov.in/DBT_Content_Test/CMS/Guidelines/20190411103521431_NationalEnvironmentPolicy,2006.pdf, abgerufen am 4.8.2025.

im Rahmen des Environments (Protection) Act von 1986 überarbeitet, wodurch das Konzept der erweiterten Herstellerverantwortung (EPR) in die Politik eingeführt und in gewisser Weise die Grundlage für die Kreislaufwirtschaft in Indien geschaffen wurde.

7.1.3.3.3. Schwerpunktbereiche der Transformation

NITI Aayog[966], die politische Denkfabrik der indischen Regierung, erstellte Strategiepapiere zur Ressourceneffizienz in den Sektoren Stahl (mit dem Stahlministerium), Aluminium (mit dem Bergbauministerium), Bau und Abbruch (mit dem Ministerium für Wohnungsbau und städtische Angelegenheiten) und Elektroschrott (mit dem Ministerium für Elektronik und Informationstechnologie). Erst kürzlich, im Jahr 2021, hat NITI Aayog 11 Ausschüsse für 11 Schwerpunktbereiche gebildet (Tabelle 16), die von den betroffenen Fachministerien der Regierung geleitet werden und sich aus Beamten des Ministeriums für Umwelt, Wald und Klimawandel (MoEFCC), Fachexperten, Wissenschaftlern und Industrievertretern zusammensetzen. Die Schwerpunktbereiche umfassen 11 Altprodukte/recycelbare Materialien/Abfälle, die entweder weiterhin erhebliche Herausforderungen darstellen oder sich als neue Herausforderungen herausstellen, die ganzheitlich angegangen werden müssen.

Schwerpunktbereiche	Zuständiges Ministerium
Feste Siedlungsabfälle und flüssige Abfälle	Ministerium für Wohnungswesen und städtische Angelegenheiten
Metallschrott (eisenhaltig und nicht eisenhaltig)	Ministerium für Stahl, Ministerium für Bergbau
Elektronikschrott	Ministerium für Elektronik und Informationstechnologie
Lithium-Ionen-Batterien (Li-Ion)	NITI Aayog
Sonnenkollektoren	Ministerium für neue und erneuerbare Energien
Gips	Abteilung für Industrieförderung und Binnenhandel
Giftige und gefährliche Industrieabfälle	Abteilung für Chemikalien und Petrochemikalien
Altölabfälle	Ministerium für Erdöl und Naturgas
Landwirtschaftliche Abfälle	Ministerium für Landwirtschaft und Wohlfahrt der Landwirte
Reifen- und Gummirecycling	Ministerium für Umwelt, Wald und Klimawandel
Altfahrzeuge (ELVs)	Ministerium für Straßenverkehr und Autobahnen

Tab 16: Schwerpunktbereiche und entsprechende Fachministerien in der indischen Regierung

966 https://niti.gov.in/, abgerufen am 24.6.2025.

7.1.3.3.4. Aktionspläne

Bis Anfang 2022 wurden in zehn Sektoren Aktionspläne mit Regulierungs- und Entwicklungsinitiativen fertiggestellt, die derzeit von den jeweiligen Ministerien und den relevanten Branchenakteuren umgesetzt werden. Wie nicht anders zu erwarten, haben sich in diesen Aktionsplänen Querschnittsaspekte herauskristallisiert: Entwicklung robuster EPR-Rahmenwerke für diese Materialien, Infrastruktur, Normen für Sekundärrohstoffe, Anreize/Nachteile, Umweltzeichen, umweltfreundliche Beschaffung und umweltgerechtes Design.

In Anbetracht der Größe Indiens und der Dominanz von Kleinst-, Klein- und Mittelbetrieben ist es klar, dass es einen großen Spielraum für den Ausbau dieser Aspekte gibt, allerdings in einer Weise, die relevant und kontextbezogen ist.

Verordnungen über einen marktorientierten EPR-Rahmen für mehrere Abfallströme wurden notifiziert, darunter für Batterien, Elektroschrott, Reifen und Kunststoffverpackungen im Jahr 2022[967] , Altöl im Jahr 2023 und Altfahrzeuge sowie Bau- und Abbruchabfälle im Jahr 2023[968] . Notifizierungen für Altfahrzeuge sowie Bau- und Abbruchabfälle wurden im Jahr 2025 veröffentlicht. Entwürfe für EPR-Vorschriften für Metallschrott (Nichteisenmetalle)[969], Flüssigabfälle[970] , Verpackungen aus Papier, Glas und Metall sowie Sanitärprodukte[971] wurden 2024 notifiziert.

7.1.3.3.5. Treiber der Transformation

Neben dieser Top-down-Politik zur Abfallvermeidung gibt es in Indien auch starke Bottom-up-Treiber, die Veränderungen anstoßen können. Dazu zählen:

- ein gut entwickeltes System der Rückführungslogistik (zB für Papier, Metalle, Hartkunststoffe), das größtenteils von informellen Arbeitskräften getragen wird,
- ein vielfältiges Reparatur- und Handelsökosystem, oft mit auf bestimmte Produkte spezialisierten Märkten in den Großstädten. Manche Städte haben sich zu Hubs für den Handel und das Recycling von Autoteilen, Haushaltsgeräten, Unterhaltungselektronik und Textilien entwickelt.

Diese Märkte existieren zwar und florieren, werden bislang jedoch kaum durch gezielte Politikinstrumente oder Finanzierungsangebote unterstützt. Die jüngsten politischen Impulse könnten nun eine Wende einleiten. Der notwendige Wandel wird eine starke

967 Regeln für die Entsorgung von Kunststoffabfällen (Änderung), 2022, Liste II, S 21 https://eprplastic.cpcb.gov.in/plastic/downloads/4th%20Amendment%20(EPR%20guidelines)%20Feb%202022.pdf, abgerufen am 21.6.2025.

968 Gefährliche und andere Abfälle (Bewirtschaftung und grenzüberschreitende Verbringung) Zweite Änderungsordnung, 2023, Kapitel VII, S 12 https://eprusedoil.cpcb.gov.in/public/images/Annexure3.pdf, abgerufen am 21.6.2025.

969 Entwurf der Zweiten Änderungsordnung für gefährliche und andere Abfälle (Bewirtschaftung und grenzüberschreitende Verbringung), 2024, Kapitel VIII, S 18, https://egazette.gov.in/WriteReadData/2024/256481.pdf, abgerufen am 21.6.2025.

970 Entwurf der Regeln für die Entsorgung flüssiger Abfälle, 2024, S 35, https://egazette.gov.in/WriteReadData/2024/257748.pdf, abgerufen am 21.6.2025.

971 Entwurf der Umweltschutzverordnung (Erweiterte Herstellerverantwortung für Verpackungen aus Papier, Glas und Metall sowie für Sanitärprodukte), 2024, S 13, https://moef.gov.in/storage/tender/1734524379.pdf, abgerufen am 21.6.2025.

Fokussierung auf Standards, Rückverfolgbarkeit, einheitliche Terminologien, geeignete Metriken für den indischen Kontext (va für KMU), regulierte Handelsplätze für Sekundärrohstoffe sowie – ganz wesentlich – auf Design erfordern.

Diese Anforderungen gelten weltweit – was nahelegt, dass ein kooperativer Ansatz entlang der gesamten Wertschöpfungskette nicht nur vorteilhaft, sondern möglicherweise unerlässlich ist.

7.1.3.3.6. Was es noch braucht

In Indien könnten zusätzlich finanzielle Anreize und Signale durch öffentliche Beschaffung hilfreich sein. Die vielfältige Forschungslandschaft Indiens, insbesondere im Bereich Materialwissenschaft, kann Alternativen entwickeln und zur Anwendung bringen. In der Industrie wenden insbesondere die Automobil- und Stahlbranche bereits seit Jahren Prinzipien der Kreislaufwirtschaft an – inzwischen verfolgen sie strukturierte Ansätze wie Product-as-a-Service-Modelle und systematische Rückführung von Materialien.

Die Indische Industrie- und Handelskammer (Confederation of Indian Industry) hat Arbeitsgruppen eingerichtet, um multistakeholderbasierte Plattformen zur Förderung dieser Entwicklungen bereitzustellen und weiterzuentwickeln.

7.1.3.4. Kreislaufwirtschaft Brasilien

Beatriz Luz

7.1.3.4.1. Einleitung

Brasilien befindet sich an einem entscheidenden Punkt seiner wirtschaftlichen und ökologischen Entwicklung. Inmitten globaler Herausforderungen und wachsender ökologischer Krisen setzt das Land zunehmend auf die Prinzipien der Kreislaufwirtschaft, um Wachstum neu zu definieren – im Einklang mit planetaren Grenzen und sozialer Gerechtigkeit. Die Ausrichtung zweier zentraler internationaler Gipfeltreffen, des World Circular Economy Forum (WCEF2025) und der UN-Klimakonferenz COP30, signalisiert das wachsende Engagement Brasiliens, nicht nur national, sondern auch global als Wegbereiter für eine regenerative Transformation aufzutreten.

7.1.3.4.2. Kooperationskultur im Wandel

Die Entwicklung der Kreislaufwirtschaft im flächenmäßig größten Land Südamerikas ist das Ergebnis eines tiefgreifenden Wandels in der industriellen, politischen und gesellschaftlichen Landschaft. In den letzten Jahren haben sich verstärkt sektorübergreifende Allianzen, Dialogformate und Lernnetzwerke herausgebildet. Dieser Wandel basiert nicht nur auf technologischen Innovationen, sondern vor allem auf einem neuen Verständnis von Zusammenarbeit, dem Aufbrechen gewohnter Strukturen und der Bereitschaft, traditionelle Rollen zu überdenken. Der Entwurf eines Nationalen Aktionsplans zur Kreislaufwirtschaft bis 2034 dokumentiert den politischen Willen, diesen Weg weiterzugehen.

7.1.3.4.3. Die industrielle Lernkurve

Die brasilianische Industrie sammelt zunehmend Erfahrungen mit kreislauforientierten Ansätzen. Besonders deutlich wird, dass der Erfolg solcher Transformationen weniger von einzelnen Technologien, sondern vielmehr von übergreifenden Visionen, organisationalem Lernen und geteiltem Führungsverständnis abhängt. Der Zugang zu verlässlichen Daten und der Aufbau von Kompetenzen innerhalb der Unternehmen sind ebenso entscheidend wie die Bereitschaft, entlang ganzer Wertschöpfungsketten gemeinsam Verantwortung zu übernehmen. Eine effektive Kreislaufwirtschaft setzt auf Vertrauen, strategische Koordination und ein neues Verständnis wirtschaftlichen Handelns.

7.1.3.4.4. Politischer Rahmen und neue Strategien

Mit der Verabschiedung der Nationalen Politik der Kreislaufwirtschaft im Jahr 2024 hat Brasilien einen Meilenstein gesetzt. Die nationale Strategie zielt darauf ab, Innovationen zu fördern, neue Arbeitsplätze zu schaffen, Umweltbelastungen zu reduzieren, nachhaltige Produktions- und Konsummuster zu etablieren und den Übergang sozial gerecht und inklusiv zu gestalten. Die Koordination erfolgt über ein multistakeholderbasiertes nationales Forum, das als transparente Plattform für Dialog und Umsetzung dient. Diese politische Rahmensetzung verleiht dem Thema eine neue institutionelle Verbindlichkeit.

7.1.3.4.5. Dynamiken in Schlüsselbranchen

Die Umsetzung der Kreislaufwirtschaft in Brasilien zeigt sich besonders eindrücklich in bestimmten Industriesektoren. Im Bereich Bergbau und Metallurgie, zentral für die Energiewende, entstehen Ansätze zur Integration von Sekundärrohstoffen, obwohl geschlossene Materialkreisläufe noch nicht durchgängig etabliert sind. Die Kunststoffindustrie verzeichnet Fortschritte bei Rückverfolgbarkeit und Recyclinginitiativen, während der Textilsektor trotz wachsender Produktion bislang nur minimale Recyclingquoten erreicht. Die Elektronikbranche profitiert von gesetzlichen Rücknahmesystemen, steht aber vor der Herausforderung, zirkuläre Prinzipien in komplexe Lieferketten zu integrieren. Im Energiesektor offenbart sich schließlich die Notwendigkeit, auch Infrastruktur wie Solarpaneele oder Windturbinen über deren gesamte Lebensdauer hinweg zirkulär zu denken.

7.1.3.4.6. Engpässe und Hebel

Trotz dieser Fortschritte steht Brasilien vor tiefgreifenden strukturellen Herausforderungen. Zunächst mangelt es häufig an einem einheitlichen Verständnis dessen, was Kreislaufwirtschaft bedeutet. Unterschiedliche Interpretationen – von reiner Abfallwirtschaft bis hin zu systemischer Innovation – erschweren eine koordinierte Umsetzung. Hinzu kommt ein deutlicher Qualifikationsbedarf. In Bildungssystemen, Ausbildungseinrichtungen und Führungsetagen sind kreislaufwirtschaftliche Kompetenzen bislang kaum verankert. Ebenso fehlt es an marktwirtschaftlicher Dynamik: Konsument:innen sind noch wenig sensibilisiert, Investitionsinstrumente selten an zirkuläre Geschäftsmodelle angepasst und öffentliche Beschaffung berücksichtigt bislang kaum Kreislaufkriterien. Auch die Rolle der informellen Wirtschaft wird zwar vielerorts praktisch gelebt, jedoch institutionell kaum anerkannt oder unterstützt.[972]

972 Exchange4Change Brasil (E4CB) https://e4cb.com.br/wp-content/uploads/2025/05/e4cb-report-brazil-state-of-circularity-ingles-2025-05-11-FINAL.pdf, abgerufen am 24.6.2025.

Diese Engpässe sind eng miteinander verwoben. Ein unklarer konzeptioneller Rahmen wirkt sich negativ auf Bildungsmaßnahmen aus. Ein Mangel an Führungskompetenz wiederum hemmt die Schaffung tragfähiger Märkte. Gleichzeitig bietet jedes dieser Felder auch Chancen für gezielte Hebelwirkung. Eine Stärkung der Bildung etwa kann sowohl strategische Klarheit schaffen als auch die Marktreife zirkulärer Lösungen fördern.

7.1.3.4.7. Wegweiser für die Transformation

Der systemische Wandel hin zu einer zirkulären Wirtschaftsweise wird nur gelingen, wenn Brasilien gleichzeitig in Bildung, Führung, Finanzierung, Gestaltung und gesellschaftliche Bewusstseinsbildung investiert. Zentrale Maßnahmen umfassen die Integration der Kreislaufwirtschaft in formale Bildungspläne, die Entwicklung neuer Finanzierungsmechanismen, die Ausbildung von Entscheidungsträger:innen in Wirtschaft und Politik, die Förderung kollaborativer Netzwerke sowie das Umdenken im Produktdesign. Lokale Besonderheiten sollten in regionale Fahrpläne übersetzt werden, während landesweite Kampagnen neue Konsum- und Produktionsmuster in der Gesellschaft verankern können.

7.1.3.4.8. Internationale Verantwortung und Positionierung

Das internationale Interesse an Brasiliens Rolle im globalen Übergang zu einer nachhaltigen Wirtschaftsordnung wächst. Die doppelte Gastgeberrolle bei WCEF2025 und COP30 unterstreicht das geopolitische Gewicht des Landes. Gleichzeitig formuliert Brasilien klare Botschaften an die Weltgemeinschaft: Der Schutz der Wälder, insbesondere des Amazonas, muss im Zentrum internationaler Strategien stehen. Dies bedeutet auch, dass nachhaltige Entwicklung nicht ohne soziale Gerechtigkeit und lokale Beteiligung gedacht werden kann. Die Kreislaufwirtschaft wird damit zum Brückenbauer zwischen ökologischen, ökonomischen und sozialen Zielen.

7.1.3.4.9. Fazit: Von Potenzialen zum Handeln

Brasilien verfügt über eine einzigartige Ausgangsposition für den systemischen Wandel – mit seiner enormen Biodiversität, seiner jungen Bevölkerung, seinem Innovationspotenzial und seinem politischen Momentum. Doch die Herausforderung ist ebenso groß wie die Chance. Die Entwicklung einer gerechten, zirkulären und regenerativen Wirtschaftsweise erfordert nicht weniger als einen tiefgreifenden kulturellen, institutionellen und wirtschaftlichen Wandel. Gelingt dieser, kann Brasilien nicht nur in den Bereichen saubere Energie und kritische Rohstoffe, sondern auch als Labor und Vorbild einer globalen Kreislaufwirtschaft neue Maßstäbe setzen.

7.2. Internationaler Handel & Kreislaufwirtschaft

7.2.1. Kreislaufwirtschaft und Handel

Jack Barrie

7.2.1.1. Einleitung

Den Übergang zu einer Kreislaufwirtschaft wird kein Land im Alleingang bewältigen können. Vielmehr ist jedes Land in unterschiedlichem Maße auf internationalen Handel und globale Wertschöpfungsketten angewiesen, um den Zugang zu Waren und Dienstleistungen für kreislaufwirtschaftliche Aktivitäten kosteneffizient und zuverlässig zu sichern.

Ebenso fehlen vielen Ländern die Kapazitäten für Wiederverwendung, Reparatur, Aufarbeitung, Wiederaufbereitung oder Recycling von Altgütern und Abfällen. Können diese Waren und Materialien nicht in Regionen mit geeigneten industriellen Strukturen und Skaleneffekten überführt werden, drohen Umweltverschmutzung und Gesundheitsrisiken. Der internationale Handel spielt daher eine zentrale Rolle bei der Umsetzung einer nachhaltigen Kreislaufwirtschaft.

Die enge Verbindung zwischen Handel und Kreislaufwirtschaft rückt zunehmend in den Fokus nationaler und internationaler politischer Gremien und wird als wichtiger Bestandteil nachhaltiger Wirtschaftspolitik anerkannt. Dennoch bleibt das Verständnis für die komplexen Wechselwirkungen zwischen dem globalen Handelssystem und der Kreislaufwirtschaft begrenzt.

Dieses Kapitel zeigt auf, warum der Handel eine Schlüsselrolle für einen global gerechten und integrativen Übergang zur Kreislaufwirtschaft spielt. Es beleuchtet zentrale Herausforderungen, die gemeinschaftlich bewältigt werden müssen, und identifiziert Handlungsfelder für kollektive Maßnahmen.

7.2.1.2. Was ist Kreislaufwirtschaftshandel?

Kreislaufwirtschaftshandel umfasst alle internationalen Handelstransaktionen, die zur Durchführung von kreislaufwirtschaftlichen Aktivitäten[973] auf lokaler, nationaler und globaler Ebene beitragen (siehe Abb 64)[974]. Dazu gehört der Handel mit:

- **Waren, Dienstleistungen und geistigem Eigentum, die eine Kreislaufwirtschaft ermöglichen**, zB Reparatur-, Aufarbeitungs- und Wiederaufbereitungsanlagen, Sensoren und digitale Systeme zur Rückverfolgbarkeit von Lieferketten, Technologien zur Fernüberwachung des Zustands von Produkten usw
- **Gebrauchten Waren zur Wiederverwendung, Reparatur, Wiederaufarbeitung oder zum Recycling**, zB gebrauchte Elektronik, Kleidung, Möbel…
- **Aufgearbeiteten und wiederaufbereiteten Waren**, zB medizinische Geräte, fahrzeugtechnische und industrielle Geräte sowie Ersatzteile…
- **Sekundärrohstoffen**, zB Metalle, Kunststoffe, Glas, Papier und Pappe, Gummi…
- **Ungefährlichen Abfällen, Schrott und Rückständen**, die sicher zurückgewonnen oder verwertet werden können, zB Sojabohnenkuchen…

973 Als Aktivitäten der Kreislaufwirtschaft kann jede Aktivität betrachtet werden, die zu einer Entkopplung der Wirtschaftstätigkeit vom Verbrauch endlicher Ressourcen führt. Dazu gehören Verweigern (refuse), neu überdenken (rethink), reduzieren (reduce), wiederverwenden (reuse), reparieren (repair), aufarbeiten (refurbish), wiederaufbereiten (remanufacture), recyceln (recycle), rückgewinnen (recover). Vgl Potting, J., Hekkert, M., Worrell, E. and Hanemaaijer, A. (2017), Circular Economy: Measuring Innovation in the Product Chain, The Hague: PBL Netherlands Environmental Assessment Agency, https://www.pbl.nl/sites/default/files/downloads/pbl-2016-circular-economy-measuring-innovation-in-product-chains-2544.pdf, abgerufen am 4.8.2025.

974 Vgl Barrie, J., et al, (2022), The role of international trade in realizing an inclusive circular economy, Research Paper, London: Royal Institute of International Affairs, https://doi.org/10.55317/9781784135393.

Diese Definition weist jedoch gewisse Einschränkungen auf. Einerseits berücksichtigt sie nicht den Handel mit Primärrohstoffen – sowohl biologische als auch nicht-biologische Materialien. Auch in einer Kreislaufwirtschaft wird der Handel mit Primärressourcen weiterhin eine Rolle spielen, wenn auch in geringerem Umfang, da Materialverluste und ein allmählicher Substanzabbau unvermeidbar sind.

Andererseits bleibt der Handel mit Primärressourcen insbesondere in der Übergangsphase von zentraler Bedeutung. Er gewährleistet die Verfügbarkeit essenzieller Inputs wie Wiederaufbereitungsanlagen, erneuerbare Energien und digitale Technologien, falls Sekundärressourcen nicht in ausreichender Menge zur Verfügung stehen. Dadurch wird der Wandel hin zu einer Kreislaufwirtschaft unterstützt und erleichtert.

Was ist Kreislaufwirtschaftshandel?

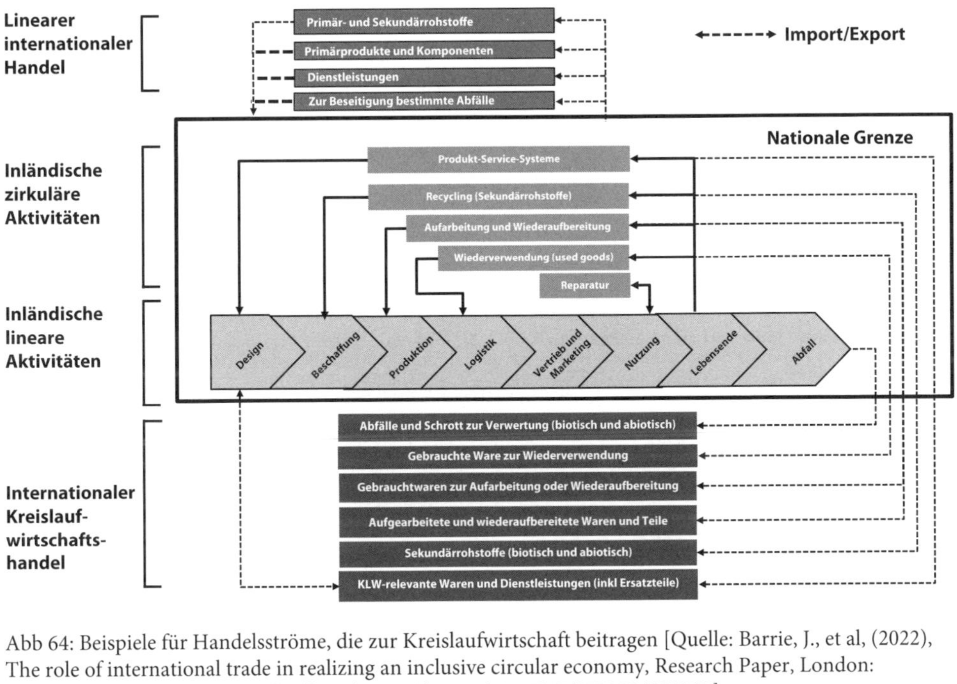

Abb 64: Beispiele für Handelsströme, die zur Kreislaufwirtschaft beitragen [Quelle: Barrie, J., et al, (2022), The role of international trade in realizing an inclusive circular economy, Research Paper, London: Royal Institute of International Affairs, https://doi.org/10.55317/9781784135393]

7.2.1.3. Der aktuelle Umfang des Kreislaufwirtschaftshandels weltweit

Der Kreislaufwirtschaftshandel, wie oben definiert, hat in den vergangenen zwei Jahrzehnten erheblich an Wert gewonnen.[975] Zwischen 2000 und 2022 stieg der Wert des Handels mit gebrauchten Gütern, Sekundärrohstoffen und verwertbaren Abfällen um mehr als 391 %, von 94 Milliarden USD auf 462 Milliarden USD. Zum Vergleich: Der

975 Vgl Chatham House circulareconomy.earth (2024), Trade, https://circulareconomy.earth, abgerufen am 4.8.2025.

weltweite Exportwert des Warenhandels nahm im selben Zeitraum um rund 195 % zu. Damit wächst der Kreislaufwirtschaftshandel deutlich schneller als der Welthandel insgesamt.

Eine ähnliche Entwicklung zeigt sich im Dienstleistungssektor: Der Handel mit Wartungs- und Reparaturdienstleistungen stieg zwischen 2015 und 2019 von 74 Milliarden USD auf 108 Milliarden USD.

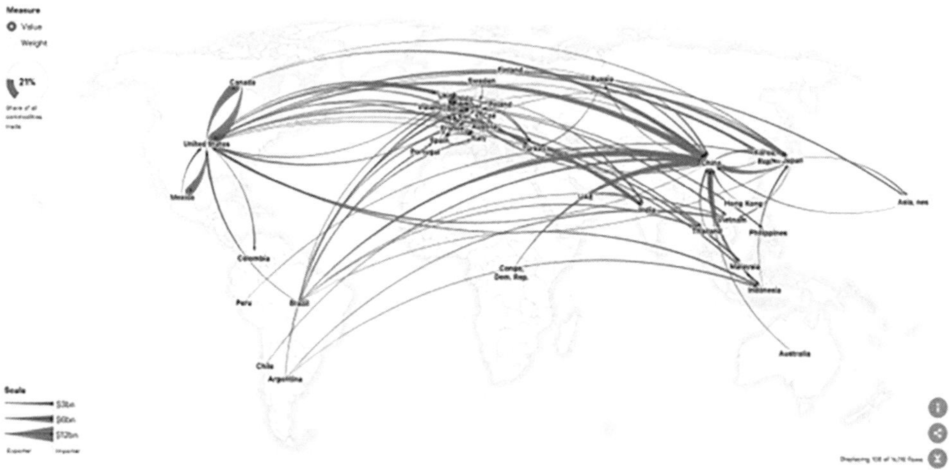

Abb 65: Globale Handelsströme von Gebrauchtwaren, Sekundärrohstoffen und Abfällen im Jahr 2022 [Quelle: Chatham House circulareconomy.earth (2024), „Handel“, https://circulareconomy.earth]

Die genannten Zahlen sind mit großer Vorsicht zu interpretieren, da die Möglichkeit, die globalen Handelsströme der Kreislaufwirtschaft mit der erforderlichen Detailgenauigkeit zu erfassen und nachzuverfolgen, stark begrenzt ist. Dies liegt unter anderem am Fehlen einheitlicher Definitionen und Klassifizierungen für zirkuläre Handelsströme sowie an der unzureichenden Rückverfolgbarkeit und Transparenz entlang der Lieferketten (siehe sogleich die Fallstudie).

Fallstudie zu den HS-Codes und ihren Grenzen im Kreislaufwirtschaftshandel

Die Erfassung globaler Handelsdaten basiert auf der Produktklassifizierung durch das Harmonisierte System zur Bezeichnung und Codierung der Waren der Weltzollorganisation (WZO), bekannt als Harmonisiertes System (HS). Jeder Warenkategorie wird dabei ein eindeutiger sechsstelliger internationaler HS-Code zugewiesen. Trotz seiner zentralen Rolle ist das HS für die Überwachung und Regulierung zirkulärer Handelsströme jedoch äußerst unzureichend.

Eine der größten Herausforderungen besteht im Fehlen spezifischer Klassifizierungscodes für den Kreislaufwirtschaftshandel. So gibt es im Bereich Textilien und Bekleidung beispielsweise nur wenige Codes für Abfälle, recycelte Materialien und Post-Konsum-Produkte. Diese decken lediglich einen begrenzten Anwendungsbereich ab und gelten nur für bestimmte Fasern.

Ein weiteres Problem ergibt sich aus der HS-Klassifizierung selbst: Sie basiert auf den sichtbaren physischen Merkmalen eines Produkts, damit Zollbeamte es an der Grenze leicht identifizieren können. Dies erschwert die Aufnahme neuer Bestimmungen für den Kreislaufwirtschaftshandel erheblich, da die Kreislauffähigkeit eines Produkts meist nicht allein anhand äußerlicher Eigenschaften festgestellt werden kann. Stattdessen wird sie in der Regel durch folgende Faktoren bestimmt:

- **Nicht-physikalische Attribute** wie Langlebigkeit, Reparierbarkeit, Wiederverwertbarkeit, Schadstofffreiheit und zirkuläre Produktionsmethoden.
- **Zustand** – ob ein Produkt neu, gebraucht, aber funktionsfähig, reparierbar, aufgearbeitet, wiederaufbereitet oder recycelbar ist.
- **Verwendungszweck** – ob das Produkt im Einfuhrland weiterverwendet oder recycelt wird oder ob es stattdessen entsorgt wird und zur Umweltverschmutzung beiträgt.

Die Berücksichtigung dieser Einschränkungen ist entscheidend, um den Kreislaufwirtschaftshandel gezielt zu regulieren und zu erleichtern. Eine vielversprechende Lösung bietet die Einführung des digitalen Produktpasses (DPP), den die Europäische Kommission im Rahmen der Ökodesign-Verordnung für nachhaltige Produkte vorantreibt. Wird der DPP in das Single-Window-System eines Landes integriert, könnte er Zollbeamten direkt verifizierte Daten zur Kreislauffähigkeit eines Produkts liefern und so die Zollabwicklung erleichtern.[976]

7.2.1.4. Was sind die Vorteile des Kreislaufwirtschaftshandels?

Handelsströme, die eine Kreislaufwirtschaft unterstützen, bieten zahlreiche wirtschaftliche, ökologische und soziale Vorteile. Der Handel mit Waren, Dienstleistungen und geistigem Eigentum, die eine Kreislaufwirtschaft ermöglichen, verschafft Unternehmen und Regierungen den kostengünstigsten Zugang zu den notwendigen Fähigkeiten, digitalen Werkzeugen und Technologien, um neue kreislauforientierte Geschäftsmodelle wie Produktleasing oder -sharing umzusetzen. Darüber hinaus fördert dieser Handel die Wiederverwendung, Reparatur, Wiederaufarbeitung und das Recycling und ermöglicht Forschungs- und Entwicklungsaktivitäten, etwa in der Kreislaufmaterialforschung oder bei der Entwicklung von KI-Anwendungen für kreislauforientiertes Produktdesign und fortschrittliche Abfallsortierverfahren.

Der Handel mit gebrauchten Gütern, die für Wiederverwendung, Reparatur oder Aufbereitung bestimmt sind, trägt dazu bei, dass Personen, die sich keine neuen Produkte leisten können, Zugang zu erschwinglichen Alternativen auf Sekundärmärkten erhalten. Beispiele hierfür reichen von Mobiltelefonen bis hin zu Kleidung. Der Import gebrauchter Waren schafft zudem lokale Märkte für Reparatur- und Wiederaufbereitungsdienste, was die Beschäftigung in diesen Bereichen fördern kann.

Der Handel mit Sekundärrohstoffen, die für die Verwertung vorgesehen sind, ermöglicht die Bündelung von Materialien in Regionen mit hoher Nachfrage, wodurch Größenvorteile realisiert werden. Dies macht die Umwandlung von Abfällen in Ressourcen für die Neuproduktion wirtschaftlich attraktiver.

Ein weiterer wichtiger Aspekt betrifft die Behandlung gefährlicher Abfälle: Einige Staaten, wie zum Beispiel kleine Inselstaaten, verfügen nicht über die nötigen Kapazitäten, um gefährliche Abfälle vor Ort sicher zu behandeln. Diese müssen daher in der Lage sein, solche Abfälle zu genehmigten Anlagen zu exportieren, die über die nötigen Infrastrukturen und Skaleneffekte verfügen, um die sichere Entsorgung und Behandlung dieser Abfälle zu gewährleisten.

976 Quelle: Barrie, J. und Grooby, G. (2023), Going Circular: How the Harmonized System Codes Can/Not Support a Circular Economy and What Else Could Be Done, Friedrich-Ebert-Stiftung, August 2023, https://library.fes.de/pdf-files/international/20579.pdf, abgerufen am 4.8.2025.

7.2.1.5. Was sind die Herausforderungen des Kreislaufwirtschaftshandels?

Trotz der wachsenden Bedeutung des Kreislaufwirtschaftshandels werden die entsprechenden Handelsströme nach wie vor unzureichend unterstützt oder reguliert. Dies liegt zum einen an den Einschränkungen der aktuellen Handelsnomenklatursysteme und zum anderen an lokalen Herausforderungen, wie beispielsweise chronisch unterbesetzten Zollbehörden. In vielen Fällen haben diese Faktoren dazu geführt, dass die negativen Auswirkungen die positiven überwiegen.

Ein Risiko des zunehmenden Kreislaufwirtschaftshandels ist die Zunahme illegaler Praktiken, wie die illegale Verbringung gefährlicher Abfälle, darunter Elektroschrott, Chemikalien, medizinische Abfälle und viele andere. Um die Dimension dieses Problems zu verdeutlichen: 2016 wurde der illegale Handel mit Elektroschrott auf etwa 10–12 Milliarden US-Dollar geschätzt. Da Elektroschrott inzwischen die am schnellsten wachsende gehandelte Abfallkategorie weltweit ist, dürfte der illegale Handel damit mittlerweile noch weitaus größer sein. Der illegale Handel mit gefährlichen Abfällen führt in der Regel zu einer unsachgemäßen Entsorgung an Land und im Meer, was sowohl Umweltverschmutzung zur Folge hat als auch die Exposition der Menschen gegenüber giftigen Chemikalien erhöht.

Dieser illegale Abfallhandel wird durch das Fehlen einheitlicher Definitionen und Klassifikationen von Abfall und Nicht-Abfall begünstigt. Ein Beispiel hierfür ist die uneinheitliche Klassifizierung von gefährlichen und ungefährlichen Abfällen, von Sekundärrohstoffen und Abfällen sowie von gebrauchten oder reparierten Waren und wiederaufbereiteten Produkten durch die verschiedenen Regierungen. Diese Inkonsistenzen über nationale Grenzen hinweg schaffen Grauzonen und Schlupflöcher, die von illegalen Händlern ausgenutzt werden können.

Die Verbringung von Gebrauchtwaren stellt einen besonders problematischen Bereich dar. Eine unzureichende Regulierung der Kreislaufwirtschaftshandelsströme kann dazu führen, dass große Mengen minderwertiger Gebrauchtwaren die Sekundärmärkte, insbesondere im globalen Süden, überschwemmen. Diese Importmengen können die lokale Industrie schwächen und verdrängen. Aufgrund unzureichender Grenzkontrollen können einzelne Lieferungen oft hohe Anteile an unverkäuflichen Gebrauchtwaren enthalten – etwa veraltete, gefährliche oder beschädigte Produkte. Diese werden entweder direkt in die Umwelt entsorgt, auf unkontrollierten Mülldeponien abgeladen oder in offenen Feuern verbrannt. Dies stellt nicht nur eine enorme Belastung für die lokalen Abfallbewirtschaftungssysteme dar, sondern setzt auch die dort lebende Bevölkerung gefährlichen Stoffen aus, die in die Umwelt, Gewässer oder über die Luft durch Verbrennungsdämpfe gelangen können.

Ein Beispiel hierfür ist die stetig wachsende Menge an minderwertigen Alttextilien aus Europa und Nordamerika, kombiniert mit billigen, minderwertigen Textilien aus Überbeständen aus Ostasien, Afrika, Lateinamerika und der Karibik. Es wurde beobachtet, dass diese immensen Importmengen die einheimische Produktion schwächen und beträchtliche Mengen an Abfall verursachen. Aus diesem Grund haben afrikanische Länder südlich der Sahara, die 2020 Textilabfälle im Wert von rund 1,4 Milliarden US-Dollar importierten, durch die Einführung von Einfuhrverboten, Quoten und anderen Beschränkungen besonders starken Druck ausgeübt.

Unter bestimmten Bedingungen kann ein übermäßiger Rückgriff auf Kreislaufwirtschaftshandelsströme zudem die Exposition gegenüber Risiken und Unterbrechungen in der Lieferkette erhöhen. Die Vorhersage, wann Waren ihr Lebensende erreichen und wieder auf den globalen Markt gelangen – sei es für die direkte Wiederverwendung, die Rückgewinnung von Komponenten oder das Recycling –, ist von Natur aus unsicher. Darüber hinaus wird die Dynamik des Kreislaufwirtschaftshandels durch die Verfügbarkeit, Nachfrage und relative Preise von Rohstoffen und Fertigprodukten beeinflusst. Wenn beispielsweise die Ölpreise unter einen bestimmten Schwellenwert fallen, wird die Herstellung neuer Kunststoffe kostengünstiger als die Verwendung recycelter Alternativen. Infolgedessen stehen politische Entscheidungsträger vor der komplexen Herausforderung, eine Politik zu entwickeln, die die Vorteile des Kreislaufwirtschaftshandels maximiert und gleichzeitig die Risiken im Hinblick auf die potenziell zunehmende Volatilität der Lieferkette mindert.

7.2.1.6. Wie wirken sich einseitige Kreislaufwirtschaftspolitik und -gesetzgebung auf den Kreislaufwirtschaftshandel aus?

Einseitige Maßnahmen zur Förderung der Kreislaufwirtschaft nehmen in rasantem Tempo zu. Chatham House hat festgestellt, dass seit 2010 in 110 Ländern etwa 550 Kreislaufwirtschaftsmaßnahmen eingeführt wurden.[977] Regierungen weltweit haben sich verpflichtet, in den nächsten zehn Jahren etwa 3.000 weitere Maßnahmen umzusetzen.[978] Solche einseitigen politischen Veränderungen können jedoch ungewollt globale Wertschöpfungsketten stören oder neu konfigurieren, was vor allem für Handelspartner im globalen Süden negative Folgen haben kann.

Viele dieser Maßnahmen beeinflussen den Handel auf komplexe Weise. So kündigte China kürzlich an, bis 2025 jährlich 320 Millionen Tonnen Stahlschrott wiederzuverwenden und damit seinen heimischen Schrottmarkt ab 2021 um 40 % auszubauen. Dies dürfte zu einem Rückgang der chinesischen Schrottexporte führen und Handelspartner wie Japan treffen, das 2020 Metallschrott im Wert von 790 Millionen Dollar aus China importierte.

Auch der EU-Aktionsplan für eine Kreislaufwirtschaft (CEAP) stößt bei wichtigen Handelspartnern der EU auf Widerstand, da diese befürchten, dass die im Rahmen des CEAP vorgesehenen Marktzugangsanforderungen die Kosten unverhältnismäßig auf die Handelspartner:innen abwälzen und zu übermäßigen technischen Handelshemmnissen (TBT) führen könnten. Besonders besorgniserregend sind die Auswirkungen dieser Maßnahmen auf die schwächsten und marginalisierten Akteur:innen der Wertschöpfungskette in den Schwellenländern.

977 Vgl Barrie, J., Salminen, I., Schröder, P. and Stucki, J. (2024), National circular economy roadmaps: A global stocktake for 2024, UN Industrial Development Organization (UNIDO) and Chatham House, https://www.unido.org/news/1st-study-national-circular-economy-roadmaps-unido-and-chatham-house, abgerufen am 4.8.2025.

978 Vgl ebd.

Ein Beispiel für eine solche Maßnahme ist die EU-Verordnung für das „Ökodesign nachhaltiger Produkte (ESPR)", die eine zentrale Rolle im CEAP spielt. Sie verlangt von einer Vielzahl von Produkten, die auf den EU-Markt kommen – darunter Textilien, Elektronik und Möbel –, dass sie strenge Anforderungen an die Kreislaufwirtschaft erfüllen. Produkte, die unter die ESPR fallen, müssen bestimmte Standards bezüglich Haltbarkeit, Recyclinganteil, Reparierbarkeit und der Reduktion von Chemikalien, die die Kreislaufwirtschaft behindern, einhalten. Darüber hinaus muss jedes Produkt über einen digitalen Produktpass verfügen, der verifizierte Daten zur Rückverfolgbarkeit und Transparenz aufzeichnet.

Auch die überarbeitete EU-Verordnung über die Verbringung von Abfällen (WSR) wird die Ausfuhr von Abfällen aus der EU stark einschränken, um „Abfallkolonialismus" zu verhindern. Dieses Ziel ist lobenswert, hat jedoch indirekt zur Folge, dass der Zugang zu diesen „Ressourcen" für Regionen, die von ihnen abhängig sind, stark eingeschränkt wird.

Ein Beispiel dafür ist der Kantamanto-Markt in Ghana, auf dem Tausende von informellen Händler:innen jährlich gebrauchte Textilien im Wert von etwa 30 Millionen US-Dollar aus der EU einführen. Diese werden dort sortiert, repariert, erneuert und anschließend auf Sekundärmärkten weiterverkauft. Die Auswirkungen auf den Lebensunterhalt dieser marginalisierten Arbeiter:innen im globalen Süden müssen im Rahmen nationaler Politiken sorgfältig geprüft und nach Möglichkeit gemildert werden.

7.2.1.7. Globale Ungleichheiten im Kreislaufwirtschaftshandel

Globale Ungleichheiten in den Machtverhältnissen, den digitalen Handelskapazitäten, der Handelsinfrastruktur, dem Zugang zu kreislaufwirtschaftsorientierter Finanzierung sowie den Industrie- und Innovationskapazitäten führen dazu, dass die Länder des globalen Nordens im Allgemeinen besser in der Lage sind, die Vorteile des Kreislaufwirtschaftshandels zu nutzen als die Länder des globalen Südens. Wenn der Übergang zu einer globalen Kreislaufwirtschaft nicht gezielt auf die Verringerung dieser Ungleichheiten abzielt, ist es sehr wahrscheinlich, dass sich ein „Kreislaufwirtschaftshandelsgefälle" herausbilden wird. In diesem Szenario würden die Gewinne aus dem Kreislaufwirtschaftshandel ungleich zwischen den entwickelten und den am wenigsten entwickelten Ländern verteilt sein.[979]

Diese Ungleichheit im zirkulären Handel ist bereits deutlich sichtbar: Etwa 45 % des Gesamtwerts des weltweiten Handels mit Sekundärgütern, Materialien, Abfällen und Schrott werden ausschließlich zwischen Ländern mit hohem Einkommen abgewickelt. Im Vergleich dazu macht der Handel zwischen Ländern mit niedrigem Einkommen und Ländern mit mittlerem bis hohem Einkommen nur etwa 1 % des Gesamtwerts aus.

Darüber hinaus sind die Länder des globalen Südens oft das Ziel für international gehandelte minderwertige oder illegale Abfälle. Der Mangel an Kapazitäten in diesen Ländern,

979 Vgl Barrie, J., Anantharaman, M., Oyinlola, M. and Schröder, P. (2022), 'The circularity divide: What is it? And how do we avoid it?', Resources, Conservation and Recycling, 180 (106208), https://doi.org/10.1016/j.resconrec.2022.106208.

solche Abfälle angemessen zu handhaben und sicher zu entsorgen, hat zu erheblichen Umweltgefahren und sozialen Belastungen geführt. Besteht diese Kluft im Kreislaufwirtschaftshandel weiterhin, wird sie den inklusiven globalen Übergang zur Kreislaufwirtschaft erheblich behindern und die Fortschritte bei der Umsetzung der UN-Agenda 2030 sowie der nachhaltigen Entwicklungsziele (SDGs) verzögern.

7.2.1.8. Wie kann sichergestellt werden, dass der Handel zu einer integrativen Kreislaufwirtschaft beiträgt?

Für den Übergang zur Kreislaufwirtschaft sollte ein alternativer Ansatz gewählt werden, bei dem der Kreislaufwirtschaftshandel als Treiber für faire, integrative und kreislauforientierte Gesellschaften fungiert. Anstatt des derzeit fragmentierten und weitgehend einseitigen Vorgehens erfordert die Überwindung der Hindernisse für den Kreislaufwirtschaftshandel eine koordinierte und kooperative globale Antwort. Nur so kann gewährleistet werden, dass alle Länder und Regionen – insbesondere Entwicklungsländer – gleichermaßen vom Übergang profitieren.

Es ist vielversprechend, dass die Verbindung von Handel und einem gerechten Übergang zur Kreislaufwirtschaft zunehmend als zentrales Thema in internationalen Politikforen anerkannt wird. Beispiele hierfür sind die kürzlich ins Leben gerufene informelle Arbeitsgruppe für Kreislaufwirtschaft und Handel im Rahmen der strukturierten Diskussionen über Handel und ökologische Nachhaltigkeit (TESSD) der WTO, der Dialog „Verringerung von Kunststoffverschmutzung und nachhaltiger Kunststoffhandel" sowie die laufenden Verhandlungen zum globalen Kunststoffabkommen.

Regionale Koalitionen bringen ebenfalls koordinierte Ansätze für den Kreislaufwirtschaftshandel auf den Weg, zum Beispiel im Rahmen des ASEAN Circular Economy Framework, das sich zu mehreren Maßnahmen verpflichtet hat, um Hindernisse für den Kreislaufhandel in der ASEAN-Region abzubauen.[980]

Mit Blick auf die Zukunft hat Chatham House in Zusammenarbeit mit einer Allianz von Organisationen aus Afrika, Südostasien, Lateinamerika, der Karibik und Europa einen Rahmen für einen inklusiven Kreislaufwirtschaftshandel veröffentlicht. Dieser skizziert fünf Bereiche für kollektives Handeln, die dazu beitragen können, einen integrativen Übergang zur Kreislaufwirtschaft zu fördern.[981]

Die fünf vorgeschlagenen Schlüsselbereiche für kollektive Maßnahmen sind:

7.2.1.8.1. Einigung auf Definitionen und Klassifizierungen von Kreislaufwirtschaftswaren

Es gibt nach wie vor Uneinigkeit oder unterschiedliche Auslegungen bei den Definitionen und Klassifizierungen von Waren hinsichtlich ihrer Kreislauffähigkeit. Ein klarer Handlungsbedarf besteht daher in der Durchführung einer „Bestandsaufnahme" unter

980 Vgl ASEAN, (2021) *Circular economy: a new growth opportunity for ASEAN. https://asean.org/wp-content/uploads/2021/10/Brochure-Circular-Economy-Final.pdf, abgerufen am 17.1.2025.

981 Vgl Barrie, J. et al (2022), Trade for an inclusive circular economy: A framework for collective action, Recommendations from a global expert working group, London: Royal Institute of International Affairs, https://doi.org/10.55317/9781784135294.

den willigen WTO-Mitgliedern und der Industrie. Ziel ist es, bewährte Praktiken sowie bestehende Definitionen und Klassifizierungen von Produkten im Hinblick auf die Kreislaufwirtschaft zu erfassen und potenzielle Lücken sowie Möglichkeiten für eine breitere Übernahme gemeinsamer Definitionen und Klassifizierungen zu identifizieren.

7.2.1.8.2. Abbau technischer Hindernisse für den Kreislaufwirtschaftshandel

Die Einführung von Normen und Vorschriften für den Kreislaufwirtschaftshandel nimmt auf mehreren Ebenen zu. Diese Rahmenwerke betreffen verschiedene Aspekte, darunter Produkt- und Materialanforderungen (wie Recyclinganteil, Haltbarkeit und digitale Produktpässe), industrielle Prozesse (zB sauberere Produktion, gemeinsame Nutzung von Nebenprodukten und industrielle Symbiose), Verbraucher:inneninformationen (wie Kennzeichnung) und Verwertungswege (wie Qualitätsstandards für Sekundärrohstoffe).

In jüngster Zeit hat die Verbreitung unilateraler Normen und Vorschriften jedoch eine komplexe und fragmentierte Regulierungslandschaft geschaffen, die Unternehmen, die auf mehreren Märkten tätig sind, vor Herausforderungen stellt und technische Handelshemmnisse erzeugt.

Ein möglicher Ansatz zur Bewältigung dieser Herausforderung wäre, den Wert des WTO-Notifizierungssystems zu stärken, indem eine Initiative gefördert wird, die den Wissensaustausch und die Priorisierung zwischen den Ländern, die dazu bereit sind, unterstützt. Diese Initiative könnte durch Plattformen wie die Trade and Environmental Sustainability Structured Discussions (TESSD), die Global Alliance on Circular Economy and Resource Efficiency (GACERE) oder regionale Koalitionen für Kreislaufwirtschaft getragen werden. Sie würde dabei helfen, entstehende Regulierungslücken und Prioritäten für den Kreislaufwirtschaftshandel zu identifizieren.

Zudem könnte diese Initiative Möglichkeiten für die gegenseitige Anerkennung von Standards oder die Zusammenarbeit bei gemeinsamen Regelungen, wie der erweiterten Herstellerverantwortung (EPR), aufzeigen und die entsprechenden Gremien identifizieren, die die Harmonisierung globaler Standards vorantreiben. Darüber hinaus könnte sie Best-Practice-Normen und -Vorschriften für den Kreislaufwirtschaftshandel sammeln, bewerten und fördern, um so eine größere Kohärenz im internationalen Kreislaufwirtschaftshandel zu erzielen.

7.2.1.8.3. Verbesserung der Maßnahmen zur Erleichterung des Kreislaufwirtschaftshandels

Handelserleichterungen umfassen eine Reihe von Maßnahmen zur Vereinfachung und Optimierung der rechtlichen sowie technischen Verfahren für den grenzüberschreitenden Warenverkehr. Im Kontext des Kreislaufwirtschaftshandels stellen die Komplexität der Produktklassifizierungen und die aufwendigen Genehmigungsverfahren, insbesondere für als gefährlich eingestufte Waren, die größten Herausforderungen dar. Wirksame Handelserleichterungen sind entscheidend, um diese Hindernisse zu überwinden, besonders in Entwicklungs- und Schwellenländern, in denen die Handelsverfahren häufig weniger effizient sind als in wohlhabenderen Ländern.

Das Basler Übereinkommen verlangt, dass Exporteur:innen bestimmter, überwiegend gefährlicher Abfälle vor der Verbringung die Zustimmung der nationalen Umweltbehörde des Einfuhrlandes einholen, um eine „Prior Informed Consent"-Zustimmung (PIC) zu erhalten. Viele Länder haben jedoch noch kein elektronisches PIC-System implementiert, was zu Verzögerungen und einem Mangel an Transparenz im Entscheidungsprozess führt. Besonders in Ländern mit geringem Einkommen, die am meisten von einer verbesserten behördlichen Überwachung von Abfallimporten profitieren könnten, ist dieses Problem ausgeprägt. Eine Beschleunigung der Bemühungen um die Automatisierung und Digitalisierung des PIC-Prozesses ist daher dringend erforderlich.

Aufbauend auf bisherigen Bemühungen ist eine spezielle Initiative zum Kapazitätsaufbau notwendig, um die Automatisierung und Digitalisierung des PIC-Verfahrens zu unterstützen. Diese Initiative könnte gezielt Grenz- und Umweltbehörden in Ländern mit geringem Einkommen stärken, da viele von ihnen weder über die Ressourcen noch über die digitale Infrastruktur oder das technische Know-how verfügen, um ein elektronisches PIC-System zu implementieren. Zunächst könnten sich die Anstrengungen auf besonders problematische Kreislaufwirtschaftshandelsströme wie Kunststoffe, gebrauchte Elektronik und Elektroschrott konzentrieren, bei denen verbesserte Handelserleichterungen die größten positiven Auswirkungen hätten.

7.2.1.8.4. Aufbau von Kapazitäten für den Kreislaufwirtschaftshandel

Unternehmen in Entwicklungsländern, insbesondere Kleinst-, kleine und mittlere Unternehmen (KKMU), sehen sich den größten technischen Handelshemmnissen gegenüber, da die Normen und Vorschriften für die Kreislaufwirtschaft in den Industrieländern zunehmend strenger werden. Um die negativen Auswirkungen wachsender Handelsbarrieren und sich verändernder Marktanforderungen abzumildern, ist eine gezielte Unterstützung durch die internationale Gemeinschaft in Form spezieller Hilfsprogramme von entscheidender Bedeutung.

Eine mögliche Lösung wäre die Einrichtung eines globalen Reparaturfonds, der Investitionen und Finanzmittel für lokale Regierungen, Arbeitergenossenschaften und soziale Unternehmer:innen bereitstellt, um Initiativen im Bereich der Kreislaufwirtschaft wie Reparatur, Recycling und Wiederaufbereitung zu fördern. Während bereits mehrere Ad-hoc-Initiativen Entwicklungsorganisationen, multinationale Unternehmen und die informelle Wirtschaft miteinander verbinden, könnte ein strukturierter globaler Fonds dazu beitragen, diese Bemühungen zu konsolidieren und auszubauen. Dadurch ließe sich eine systematischere und strategischere Unterstützung für die Integration von Kreislaufwirtschaftsunternehmen in den internationalen Handel gewährleisten.

Neben der Förderung von Kreislaufwirtschaftsmodellen könnte der Fonds auch den Aufbau von Kapazitäten und die finanzielle Unterstützung von Bevölkerungsgruppen priorisieren, die direkt von Abfällen und der Umweltverschmutzung durch den globalen Abfallhandel betroffen sind, wie beispielsweise die Anwohner:innen von Mülldeponien.

7.2.1.8.5. Einbettung der Kreislaufwirtschaft in Abkommen über Handel und wirtschaftliche Zusammenarbeit

Während die globale Zusammenarbeit im Rahmen der WTO nach wie vor der beste Ansatz bleibt, können auch bilaterale, regionale und plurilaterale Handelsabkommen eine entscheidende Rolle dabei spielen, die Zusammenarbeit im Kreislaufwirtschaftshandel zu fördern und die Einführung sowie Erprobung der oben skizzierten Lösungen zu beschleunigen. Einige bestehende Handelsabkommen enthalten bereits Bestimmungen zur Kreislaufwirtschaft; diese beschränken sich jedoch häufig auf allgemeine Aussagen in den Kapiteln über Handel und nachhaltige Entwicklung, ohne konkrete Anforderungen oder verbindliche Verpflichtungen.

Dies bietet eine große Chance, die Kreislaufwirtschaft effektiver in Handels- und Wirtschaftskooperationsabkommen zu integrieren. Dabei sollten spezifische Herausforderungen, wie die Überwindung technischer Handelshemmnisse, gezielt angegangen werden. Dazu könnte die Förderung der nationalen und regionalen Beteiligung an der Entwicklung und Verabschiedung internationaler Normen für die Kreislaufwirtschaft gehören. Ebenso wäre die Klärung gemeinsamer Investitionsprioritäten in der Kreislaufwirtschaftsindustrie wichtig. Ein Beispiel hierfür ist die Wahrung des Rechts auf diskriminierungsfreie Vorschriften, die den Übergang zur Kreislaufwirtschaft unterstützen. Auch die Verankerung bewährter Verfahren im öffentlichen Beschaffungswesen könnte berücksichtigt werden. Die Stärkung dieser Bereiche in Handelsabkommen würde dazu beitragen, einen besser strukturierten und durchsetzbaren Rahmen für die Zusammenarbeit im Kreislaufwirtschaftshandel zu schaffen.

7.2.1.9. Fazit

Nur durch eine funktionierende Kreislaufwirtschaft lassen sich Umweltkrisen abwenden und gleichzeitig neue Chancen für eine integrative wirtschaftliche Entwicklung schaffen. Der Handel kann dabei eine bedeutende Rolle spielen. Werden jedoch die tief verwurzelten wirtschaftlichen, finanziellen, industriellen und politischen Ungleichgewichte zwischen dem Globalen Norden und dem Globalen Süden nicht angegangen und konzentrieren sich die Länder weiterhin darauf, ihre nationalen Wettbewerbsfähigkeiten und Widerstandsfähigkeit auszubauen, besteht die Gefahr, dass die Ausweitung des Kreislaufwirtschaftshandels diese Ungleichheiten weiter verstärkt und verfestigt.

Eine koordinierte globale Anstrengung ist unerlässlich, um den Kreislaufwirtschaftshandel so zu gestalten, dass er Gerechtigkeit, Inklusivität und Zusammenarbeit fördert. Gerade in einer Zeit zunehmender geopolitischer Spannungen kommt dieser Aufgabe eine besonders hohe Dringlichkeit zu.

7.2.2. CS3D: Die Chance für Unternehmen in der Kreislaufwirtschaft

Bernhard Müller/Christian Richter-Schöller

7.2.2.1. Hintergrund

Ungefähr 450 Millionen Menschen sind weltweit in globalen Lieferketten tätig.[982] Transnationale Unternehmen haben im Zuge der Globalisierung zunehmend an Bedeutung

982 UNIDO, Sustainable supply chains, https://www.unido.org/our-priorities/sustainable-supply-chains, abgerufen am 11.11.2024.

gewonnen. Ihre Lieferketten sind oft äußerst komplex und reichen bis in die Länder des globalen Südens. In diesen global verflochtenen Produktionsnetzen treten immer wieder auch gravierende Menschenrechtsverstöße auf – etwa der Einsturz des Rana-Plaza-Gebäudes in Bangladesch (2013) oder der Brand in der Textilfabrik Ali Enterprises in Pakistan (2012), bei denen zusammen über 1.300 Arbeiter:innen ihr Leben verloren.[983]

Globale Lieferketten tragen oft auch erheblich zur Umweltzerstörung bei – sei es durch Abholzung, Gewässerverschmutzung oder die Zerstörung natürlicher Lebensräume. Ein bekanntes Beispiel ist die massive Abholzung des Amazonas-Regenwaldes für den Anbau von Soja und die Rinderzucht – oft unter Missachtung von Umwelt- und Sozialstandards. Hierdurch werden nicht nur einzigartige Ökosysteme vernichtet, sondern auch indigene Gemeinschaften verdrängt, deren Lebensgrundlagen unwiederbringlich zerstört werden. Solche gravierenden Auswirkungen verdeutlichen die Notwendigkeit verbindlicher Sorgfaltspflichten für Unternehmen entlang ihrer gesamten Wertschöpfungskette.

Vor diesem Hintergrund führt die Corporate Sustainability Due Diligence Directive („**CS3D**")[984] erstmals EU-weit einheitliche unternehmerische Sorgfaltspflichten im Hinblick auf Umwelt- und Menschenrechtsschutz ein.

Als verbindlicher Rechtsrahmen verpflichtet sie Unternehmen unter anderem, entlang ihrer Wertschöpfungskette Umweltauswirkungen und Ressourcennutzung systematisch zu prüfen. Damit wird die CS3D zu einem wichtigen Hebel für den Übergang in eine Kreislaufwirtschaft. Dieses Kapitel erläutert die wesentlichen Regelungen der Richtlinie, zeigt ihren Bezug zu den Zielen der Kreislaufwirtschaft auf und beleuchtet die daraus resultierenden Chancen für Unternehmen, die zirkuläre Geschäftsmodelle verfolgen oder entwickeln möchten.

7.2.2.2. Der rechtliche Rahmen der CS3D: Eine Einführung

7.2.2.2.1. Von freiwilligen Standards zu verbindlichen Regeln: Ein Überblick über bestehende Regelungen

Freiwillige Sorgfaltsstandards, wie die UN-Leitprinzipien für Wirtschaft und Menschenrechte,[985] die OECD-Leitsätze für multinationale Unternehmen[986] oder die ILO-Standards halten Unternehmen dazu an, soziale und ökologische Standards entlang ihrer Aktivitätsketten einzuhalten.

In den letzten Jahren haben mehrere Länder zusätzlich verbindliche Lieferkettengesetze eingeführt, die auf nationaler Ebene gelten. Hier ist an Gesetze wie das französische Loi

983 Bei dem Brand in der Textilfabrik Ali Enterprises in Pakistan (2012) starben 258 Menschen und 32 wurden schwer verletzt. Die Notausgänge waren verschlossen und Fenster vergittert. Ein weiteres Beispiel ist der Einsturz der Rana-Plaza-Fabrik in Bangladesch (2013), bei dem über 1.000 Menschen starben. Verschiedene europäische Unternehmen ließen dort Kleidung für den Export produzieren. Bereits im Vorfeld waren Risse im Gebäude festgestellt worden. Trotz Warnungen wurden jedoch keine Schutzmaßnahmen ergriffen. Stattdessen setzten die Fabrikbetreiber:innen die Arbeiter:innen unter Androhung von Lohnverlust weiter ein.

984 RL (EU) 2024/1760.

985 UN, Guiding Principles on Business and Human Rights, 2011, https://www.ohchr.org/sites/default/files/Documents/Publications/GuidingPrinciplesBusinessHR_EN.pdf, abgerufen am 11.11.2024.

986 OECD, OECD-Leitsätze für multinationale Unternehmen zu verantwortungsvollem unternehmerischem Handeln, 4.9.2023, https://doi.org/10.1787/abd4d37b-de, abgerufen am 11.11.2024.

de Vigilance und das deutsche Lieferkettensorgfaltspflichtengesetz (LkSG) zu denken. Auch wenn die nationalen Gesetze grundsätzlich dasselbe Ziel verfolgen, bestehen im Detail Unterschiede, beispielsweise im Anwendungsbereich oder in der Haftung. Diese Unterschiede führen zu einer Fragmentierung, die zu Rechtsunsicherheiten führen kann.

Mit der Einführung der CS3D hat der europäische Gesetzgeber nun eine einheitliche Regelung geschaffen, die als neuer „Gold-Standard" der Lieferkettenregulierung gilt. Sie macht die Berücksichtigung von Nachhaltigkeitsaspekten EU-weit verbindlich und sorgt so für mehr Klarheit und Rechtssicherheit für Unternehmen.

Am 5.6.2024 wurde die CS3D im Amtsblatt der EU veröffentlicht, 20 Tage später trat sie in Kraft. Die Mitgliedstaaten müssen die CS3D bis zum 26.7.2026 in nationales Recht umsetzen.[987] Dann haben die Unternehmen noch ein Jahr Zeit, bis die nationalen Umsetzungsgesetze in Kraft treten. Dieser Übergangszeitraum soll ihnen die Möglichkeit geben, die gebotenen Schutzstandards entlang ihrer Aktivitätsketten umzusetzen.[988]

7.2.2.2.2. Was die CS3D für Unternehmen bedeutet

7.2.2.2.2.1. Persönlicher Anwendungsbereich: Wer ist betroffen?

Die Richtlinie gilt primär für Unternehmen, die in der EU gegründet wurden und entweder mehr als 1.000 Beschäftigte und einen weltweiten Umsatz von über 450 Millionen € erzielen oder als oberste Muttergesellschaft eine Gruppe führen, die diese Schwellenwerte erreicht.

Sie betrifft auch Unternehmen mit Franchise- oder Lizenzvereinbarungen, deren Lizenzgebühren über 22,5 Millionen € liegen und die einen Umsatz von mehr als 80 Millionen € in der Union haben.

Zusätzlich gelten die Vorschriften auch für Unternehmen aus Drittstaaten, die in der Union dieselben Umsatzkriterien erfüllen, wie europäische Unternehmen.

7.2.2.2.2.2. Sachlicher Anwendungsbereich: Welche Aktivitäten fallen unter die Sorgfaltspflicht?

Unternehmen, die in den persönlichen Anwendungsbereich der CS3D fallen, müssen die Sorgfaltspflichten der CS3D entlang ihrer „Aktivitätsketten" erfüllen. Die Aktivitätskette umfasst dabei sowohl die Tätigkeiten der vorgelagerten Geschäftspartner eines Unternehmens[989] wie die Entwicklung, Beschaffung, Herstellung und Lieferung von Rohstoffen oder Produkten als auch die Tätigkeiten der nachgelagerten Geschäftspartner, welche den

987 WKO, Das EU-Lieferkettengesetz (Richtlinie), 9.10.2024, https://www.wko.at/sbg/nachhaltigkeit/eu-lieferketten-richtlinie, abgerufen am 18.11.2024.

988 Laut dem aktuellen Kommissionsvorschlag zur Überarbeitung unter anderem der CS3D (COM(2025) 80 final und COM(2025) 81 final – „**Omnibus-Entwurf**") soll sowohl die Frist zur Umsetzung in nationales Recht als auch die Frist zur Einführung der Sorgfaltspflichten um ein weiteres Jahr verlängert werden. Zum Zeitpunkt des Verfassens dieses Beitrags liegt lediglich der Entwurf der Kommission vor, das Gesetzgebungsverfahren steht noch aus.

989 Laut Omnibus-Entwurf sollen grundsätzlich nur die unmittelbaren Geschäftspartner:innen erfasst sein. Alle indirekten Geschäftspartner:innen nur dann, wenn es plausible Informationen gibt. Von unmittelbaren Geschäftspartnern:innen mit weniger als 500 Mitarbeiter:innen sollen außerdem nur eingeschränkt Informationen verlangt werden dürfen.

Vertrieb, die Beförderung und die Lagerung von Produkten für das Unternehmen oder in seinem Auftrag übernehmen.

7.2.2.2.2.3. Pflichten und Rechtsfolgen: Welche Verantwortung haben Unternehmen?

Die Sorgfaltspflicht der CS3D besteht darin, negative Auswirkungen von Tätigkeiten auf die Menschenrechte und auf die Umwelt zu ermitteln und diese gegebenenfalls zu verhindern, zu beenden oder abzumildern.[990]

Dabei handelt es sich um eine Bemühensverpflichtung und keine Erfolgshaftung. Unternehmen haften nur, wenn sie ihre Sorgfaltspflichten fahrlässig oder vorsätzlich missachtet haben.[991]

In einem Anhang zur CS3D werden die relevanten menschen- und umweltrechtlichen Verpflichtungen aus internationalen Konventionen (völkerrechtlichen Verträgen) aufgelistet.[992] Im Rahmen der Sorgfaltsprüfung der CS3D ist risikobasiert vorzugehen und jährlich über die Einhaltung der Richtlinie öffentlich Bericht zu erstatten.[993]

Bei einer Verletzung der Sorgfaltspflichten der CS3D drohen schwerwiegende Sanktionen: Verwaltungsstrafen von bis zu 5 % des weltweiten Nettoumsatzes sind neben folgenschweren Reputationsschäden möglich.[994] Zusätzlich haben Geschädigte die Möglichkeit, Schadenersatz zu verlangen.[995] Durch eine sogenannte „Eingriffsnorm" wird ihr Zugang zur Justiz verstärkt und auch bei Schäden, welche im Ausland eintreten, das nationale Recht des Mitgliedstaates anwendbar (im obigen Fall wäre also zB statt pakistanischem Recht das Recht eines Mitgliedstaats der Europäischen Union anwendbar).[996]

Die CS3D sieht auch lange Verjährungsfristen von mindestens fünf Jahren ab Kenntnis von Schaden und Schädiger vor.[997]

7.2.2.3. Kreislaufwirtschaft und die CS3D – Warum sie zusammengehören

7.2.2.3.1. Kreislaufwirtschaft als zentraler Baustein nachhaltiger Lieferketten

Die Kreislaufwirtschaft ist ein wichtiger Bestandteil der Umweltziele der CS3D. Die Richtlinie betrachtet sie als wesentliches Schutzgut, das nachhaltige Geschäftsmodelle fördert und negative Umweltwirkungen verringert. Unternehmen sollen nicht nur soziale Standards einhalten, sondern auch verantwortungsvoll mit Ressourcen umgehen, Abfall reduzieren und nachhaltige Produktionsprozesse fördern. In den Erwägungsgründen der CS3D – also den offiziellen Begründungen zur Richtlinie – wird ua betont:

990 CS3D, Art 5.
991 CS3D, Art 29.
992 CS3D, Anhang.
993 CS3D, Art 16.
994 CS3D, Art 27 Abs 4.
995 CS3D, Art 29. Der Omnibus-Entwurf sieht vor, die ausdrückliche zivilrechtliche Haftung zu streichen. Für das österreichische Recht – und viele andere Rechtsordnungen – bedeutet das aber nicht zwingend, dass es keine zivilrechtliche Haftung gibt. Die nationale Umsetzung ist abzuwarten.
996 CS3D, Art 29 Abs 2.
997 CS3D, Art 29 Abs 3.

- **Ganzheitliche Verantwortung:** Unternehmen tragen entlang ihrer gesamten Aktivitätskette Verantwortung für die Auswirkungen ihrer Produkte. Die Ressourcen sollen effizient genutzt und Abfall minimiert werden, was einen wichtigen Bestandteil der Kreislaufwirtschaft darstellt.[998]
- **Verpflichtung zur Zusammenarbeit und Stärkung nachhaltiger Produktgestaltung:** Unternehmen sollen nicht nur ihre eigenen betrieblichen Aktivitäten, sondern auch die Tätigkeiten ihrer Geschäftspartner berücksichtigen. Das gilt insbesondere, wenn diese zu einer Reduzierung von Abfall oder der Förderung von Recycling und Wiederverwendung beitragen. Weiters fordert der Erwägungsgrund Unternehmen dazu auf, zur Förderung der Ressourceneffizienz und zur Schließung von Materialkreisläufen geeignete Maßnahmen zu ergreifen, um den Übergang zu einer Kreislaufwirtschaft zu unterstützen und dabei gleichzeitig Transparenz in Bezug auf die Umwelt- und Sozialwirkungen ihrer Tätigkeiten sicherzustellen.[999]

Weiters wird die Pflicht der Unternehmen, ökologische Auswirkungen entlang ihrer Aktivitätskette zu berücksichtigen, in den Anhängen der CS3D präzisiert. Der Schutz von Ressourcen und der verantwortungsvolle Umgang damit werden dort ausdrücklich als schutzwürdig benannt.[1000] Konkret werden die „negativen Auswirkungen“ auf die Umwelt unter Bezugnahme auf eine spezifische Liste von Rechten und Verboten definiert, die in Anhang I der CSDDD aufgeführt sind und auf bestehende internationale Umweltverträge verweisen, von denen viele schon seit Jahren in Kraft sind. Hieraus ergibt sich ua die Pflicht, negative Auswirkungen auf die biologische Vielfalt zu vermeiden oder zu minimieren sowie das Verbot der rechtswidrigen Handhabung und Beförderung von Abfällen. Dieser rechtliche Rahmen ermutigt Unternehmen, nachhaltige Ressourcenmanagementpraktiken anzuwenden, die mit den Prinzipien und Zielen der Kreislaufwirtschaft übereinstimmen – wie beispielsweise der Reduzierung des Materialeinsatzes, der Wiederverwendung von Produkten und der Förderung von Recycling. Die CS3D schafft darüber hinaus Anreize für Unternehmen, Produkte und Prozesse so zu gestalten, dass sie weniger abhängig von Primärrohstoffen sind und die Anforderungen an eine nachhaltige Beschaffung erfüllen. So wird im Rahmen der CS3D ausdrücklich auf andere Gesetzgebungsinitiativen verwiesen, die darauf abzielen, die Umweltauswirkungen von Produkten während ihres gesamten Lebenszyklus zu verringern. Ein Beispiel hierfür ist die Ökodesign-Verordnung (Ökodesign-VO)[1001], die in den Erwägungsgrün-

---

998 CS3D, ErwGr 11: „In der Mitteilung der Kommission über den europäischen Grünen Deal wird dargelegt, dass alle Maßnahmen und Strategien der Union auf dasselbe Ziel ausgerichtet sein sollten, damit der Union ein gerechter Übergang zu einer nachhaltigen Zukunft gelingen kann. Ferner wird darin dargelegt, dass Nachhaltigkeit stärker in den Corporate-Governance-Rahmen integriert werden sollte. Mit dem Rahmen für Maßnahmen der Union im Bereich Umwelt und Klima, der in dem Beschluss (EU) 2022/591 des Europäischen Parlaments und des Rates festgelegt wurde, wird darauf abgezielt, den grünen Wandel zu einer klimaneutralen, nachhaltigen, schadstofffreien, ressourceneffizienten, auf Energie aus erneuerbaren Quellen beruhenden, resilienten und wettbewerbsfähigen Kreislaufwirtschaft auf faire, ausgewogene und inklusive Weise zu beschleunigen und den Zustand der Umwelt zu schützen, wiederherzustellen und zu verbessern, indem unter anderem der Rückgang der biologischen Vielfalt aufgehalten und diese Tendenz umgekehrt wird.“

999 CS3D, ErwGr 25 (siehe das Zitat gleich unten).

1000 CS3D, Anhang, Teil I, 15./16./ Teil II, 1.

1001 Ökodesign-VO 2024/1781, https://eur-lex.europa.eu/legal-content/DE/TXT/?uri=CELEX%3A32024R1781, abgerufen am 4.8.2025.

den der CS3D ausdrücklich genannt wird.[1002] Laut CS3D soll ihre Einhaltung insbesondere die Erfüllung von Ökodesign-Anforderungen erleichtern.[1003] Damit fördert die CS3D eine Produktgestaltung, die Reparaturen und Wiederverwendung ermöglicht – zentrale Aspekte der Kreislaufwirtschaft. Unternehmen werden so angeregt, gezielt Kreislaufprinzipien zu integrieren, was wiederum neue Geschäftsmöglichkeiten schafft.

7.2.2.3.2. Konkrete Pflichten hinsichtlich der zirkulären Schutzgüter

Die CS3D stärkt den Übergang zur Kreislaufwirtschaft durch konkrete Due-Diligence-Pflichten, die Unternehmen dazu verpflichten, ihre Aktivitätsketten auf Umweltauswirkungen und Ressourcennutzung zu überprüfen. Unternehmen müssen Verantwortung für die Ressourcenverwendung, Abfallvermeidung und Recycling übernehmen, wobei sie sowohl ihre eigenen Aktivitäten als auch die ihrer Lieferant:innen und Partner:innen zu berücksichtigen haben. Diese Pflichten fördern eine ressourceneffiziente Produktion und unterstützen die Gestaltung von Produkten, die reparierbar, wiederverwendbar und recycelbar sind.

Durch die Forderung nach Transparenz und Rückverfolgbarkeit werden Unternehmen angeregt, ihre Umweltauswirkungen über den gesamten Lebenszyklus ihrer Produkte zu minimieren und gleichzeitig Kreislaufprinzipien in ihre Geschäftsmodelle zu integrieren.

Das lässt sich anhand folgender Beispiele veranschaulichen:

- Ein Möbelhersteller könnte beispielsweise nicht nur auf nachhaltige Rohstoffe wie FSC-zertifiziertes Holz setzen, sondern auch den Recyclingprozess für alte Möbel organisieren. Das Unternehmen könnte einen Service anbieten, bei dem Kunden ihre alten Möbel zurückgeben und das Unternehmen die jeweiligen Materialien für neue Möbel verwendet. Gleichzeitig könnte sichergestellt werden, dass die eigenen Lieferanten ebenfalls recycelbare Materialien verwenden und Abfallreduzierungstechnologien einsetzen.
- Ein Textilunternehmen könnte sicherstellen, dass seine Bekleidungsprodukte aus 100 % recycelbarem Stoff bestehen und dass die gesamte Produktionskette von der Faser bis zum Endprodukt den Prinzipien der Kreislaufwirtschaft folgt. So könnten die Rohstoffe in einem geschlossenen Kreislaufsystem verwendet werden. Das Unternehmen könnte zudem Programme zur Rücknahme für gebrauchte Kleider anbieten und so die Wiederverwertung der Produkte nach deren Lebensende fördern.

Diese konkreten Pflichten tragen nicht nur zur Minimierung der Umweltbelastungen bei, sondern schaffen auch neue Geschäftsmöglichkeiten, weil die Nachfrage nach nachhaltigen Produkten und ressourcenschonenden Lösungen auf dem Markt wächst. Unternehmen, die die Anforderungen der CS3D erfüllen, können sich nicht nur als Vorreiter im Bereich der Kreislaufwirtschaft positionieren, sondern auch Wettbewerbsvorteile durch die Einführung innovativer, ressourceneffizienter Produktionsmethoden erzielen.

1002 CS3D, ErwGr 25: „Darüber hinaus wird mit mehreren anderen Gesetzgebungsinitiativen darauf abgezielt, die Umweltauswirkungen von Produkten während ihres gesamten Lebenszyklus abzumildern, auch indem Ökodesign-Anforderungen auf der Grundlage von Aspekten der Nachhaltigkeit und der Kreislauffähigkeit der Produkte festgelegt werden. Die Einhaltung der vorliegenden Richtlinie sollte die Einhaltung der Bestimmungen und Ziele dieser anderen Rechtsakte und der Bedingungen der im Rahmen dieser Rechtsakte erteilten anwendbaren Genehmigungen erleichtern."

1003 CS3D, ErwGr 25.

7.2.2.4. Die CS3D als Wettbewerbsvorteil für Unternehmen in der Kreislaufwirtschaft

Die Einhaltung der CS3D bzw des nationalen Umsetzungsgesetzes erfordert von Unternehmen zweifelsohne einen erheblichen Ressourcenaufwand, insbesondere in der Vertragsüberarbeitung.

Deshalb ist eine pragmatische Umsetzung umso wichtiger. Der Gradmesser für eine gute und gelungene Implementierung: Am Ende ist die Lieferant:innenbeziehung stärker als vorher. Bereits das ist für sich genommen ein Wettbewerbsvorteil. Aber es gibt noch weitere Chancen:

- **Reputation – Verbessertes Unternehmensimage:** Unternehmen der Kreislaufwirtschaft können im Rahmen der CS3D profitieren, weil sie bereits umfassend nachhaltig agieren und die öffentliche Berichterstattung für sie zu einer Verbesserung ihres Images führen kann.
- **Kund:inneninteresse und Vertrauen:** Zusätzlich können sie durch das wachsende Kundeninteresse an Nachhaltigkeit profitieren, zumal ein Großteil der Verbraucher:innen mittlerweile auch Nachhaltigkeitsaspekte im Rahmen des eigenen Konsumverhaltens miteinbezieht.[1004]
- **Erhöhung der Arbeitgeberattraktivität:** Nachhaltigkeit wird für Arbeitnehmer:innen immer wichtiger.[1005] Durch die CS3D und die erhöhte Transparenz können Unternehmen der Kreislaufwirtschaft als besonders nachhaltige Arbeitgeber hervorgehoben werden.
- **Risikomanagement:** Die CS3D verlangt von Unternehmen, Risiken in der Aktivitätskette zu identifizieren und zu regulieren.[1006] Unternehmen der Kreislaufwirtschaft haben bereits Erfahrung mit zirkulären Lieferketten, wodurch der Umstieg auf eine strengere Überwachung weniger Aufwand erfordert.
- **Nachhaltigkeit als Performance-Booster:** Investor:innen legen immer mehr Wert auf die Einhaltung etwaiger ESG-Kriterien.[1007] Unternehmen der Kreislaufwirtschaft könnten somit bei zukünftigen Investitionen zunehmend bevorzugt werden.
- **Öffentliche Vergabe:** Öffentliche Aufträge könnten zukünftig an die Einhaltung der CS3D gekoppelt werden.[1008] Unternehmen der Kreislaufwirtschaft werden hier wohl verstärkt berücksichtigt werden. Anzunehmen ist außerdem, dass auch private Großkund:innen den öffentlichen Auftraggebern folgen werden.
- **Förderung von Innovationen:** Durch die explizite Nennung der verantwortungsvollen Ressourcennutzung in der CS3D entstehen Chancen für Produkt- und Prozessinnovationen. Unternehmen der Kreislaufwirtschaft können dadurch besonders profitieren, zumal sie bereits jetzt innovativ bei der Ressourcennutzung vorgehen und ihr bestehendes „Know-how“ anwenden können.

1004 M. Helmold, J. Treu, J. Fritz, F. Hummel, ESG, CSR und SDG als langfristiger Wettbewerbsvorteil – Nachhaltigkeit durch innovative Konzepte, Methoden und Tools, 978-3-658-44579-9.pdf , 97.

1005 M. Helmold, J. Treu, J. Fritz, F. Hummel, ESG, CSR und SDG als langfristiger Wettbewerbsvorteil – Nachhaltigkeit durch innovative Konzepte, Methoden und Tools, 978-3-658-44579-9.pdf , 94.

1006 CS3D, Art 7.

1007 McKinsey & Company, Investors want to hear from companies about the value of sustainability, 15.09.2023, https://www.mckinsey.com/capabilities/strategy-and-corporate-finance/our-insights/investors-want-to-hear-from-companies-about-the-value-of-sustainability, abgerufen am 18.11.2024.

1008 CS3D, Art 31.

7.2.2.5. Zusammenfassung

Vor allem Unternehmen der Kreislaufwirtschaft sollten das Potenzial der CSRD nicht nur als Herausforderung, sondern vor allem als Chance erkennen. Die Anforderungen der Richtlinie bieten zahlreiche Möglichkeiten, die das Geschäftsmodell nachhaltig stärken können. Gerade durch die Transparenz, welche die CS3D von Unternehmen fordert, können Unternehmen der Kreislaufwirtschaft ihre Rolle als Vorreiter:innen in Sachen Nachhaltigkeit unterstreichen und sichtbar machen. Sie können dadurch ihr Image verbessern, attraktiver als Arbeitgeber am Markt erscheinen, Kund:innen gewinnen und auch im Rahmen von öffentlichen Aufträgen bevorzugt werden. Besonders hervorzuheben ist das Know-how, das Unternehmen der Kreislaufwirtschaft in Bezug auf Risikomanagement und Lieferant:innenbeziehungen mitbringen. Sie haben ihre Geschäftsbeziehungen oft schon auf Nachhaltigkeit und Ressourcenschonung ausgerichtet und verfügen daher über wertvolle Erfahrungen, die sie nun gewinnbringend einsetzen können. Die CS3D ist somit nicht nur ein regulatorischer Rahmen, sondern auch ein wertvoller Impulsgeber für Innovation und Wettbewerbsfähigkeit. Wer jetzt handelt und die Chancen der Kreislaufwirtschaft weiter ausbaut, wird nicht nur gesetzliche Anforderungen erfüllen, sondern sich auch langfristig als nachhaltiger Marktführer positionieren.

7.2.2.6. Ausblick: Die geplante Überarbeitung der CS3D und ihre Konsequenzen für Unternehmen

Wie oben ausgeführt, wird aktuell über den Omnibus-Entwurf diskutiert, der derzeit noch das gesetzgeberische Verfahren durchläuft. Er sieht Änderungen der unternehmerischen Sorgfaltspflichten sowie die Streichung der ausdrücklichen zivilrechtlichen Haftung vor. Welche Auswirkungen dies auf den Umfang der Sorgfaltspflichten und insbesondere auf die Umsetzung in das österreichische Recht haben wird, ist noch unklar – ebenso, ob der Omnibus-Entwurf in dieser Form überhaupt beschlossen wird.

Dieses Kapitel hat gezeigt, dass die Auseinandersetzung mit der eigenen Lieferkette – ungeachtet der rechtlichen Entwicklungen – eine lohnenswerte Maßnahme für Unternehmen bleibt. Selbst ohne gesetzliche Vorgaben ist die Überprüfung und Optimierung von Lieferketten ein wichtiger Schritt hin zu mehr Effizienz und Innovation. Unternehmen, die bereits heute eine nachhaltige Lieferkettenstrategie verfolgen, schaffen nicht nur die Grundlage für die Einhaltung zukünftiger rechtlicher Anforderungen, sondern fördern gleichzeitig zirkuläre Prozesse, die den Übergang zur Kreislaufwirtschaft vorantreiben.

Darüber hinaus ist die Auseinandersetzung mit dem Klimawandel, dem Ressourcenverbrauch und den Auswirkungen unternehmerischen Handelns weiterhin essenziell. Der Druck, Nachhaltigkeitsaspekte zu berücksichtigen, wächst auch durch weitere regulatorische Anforderungen, die im Rahmen des Green Deals auf den Weg gebracht wurden.

Eine detaillierte Auseinandersetzung mit der eigenen Lieferkette eröffnet zudem zahlreiche Chancen zur Steigerung der Wettbewerbsfähigkeit und kann die Innovationskraft in Richtung ressourcenschonender Produktionsprozesse sowie nachhaltiger Geschäftsmodelle fördern. Unternehmen, die frühzeitig auf Nachhaltigkeit und Kreislaufwirtschaft in ihren Lieferketten setzen, sind gut positioniert, nicht nur den rechtlichen Anforderungen gerecht zu werden, sondern auch langfristig von den wachsenden Marktanforderungen nach verantwortungsbewusster Unternehmensführung zu profitieren.

7.2.3. Faire Wettbewerbsbedingungen für mehr Kreislaufwirtschaft: CBAM als Katalysator

Adela Roszkowski

7.2.3.1. Einleitung

Der CO_2-Grenzausgleichsmechanismus (Carbon Border Adjustment Mechanism, kurz CBAM) der EU ist ein zentraler Bestandteil der europäischen Klimapolitik und soll sicherstellen, dass die Emissionsreduktionsbemühungen der EU nicht durch den Import von CO_2-intensiven Produkten untergraben werden. Durch die Einführung von CBAM wird ein Mechanismus geschaffen, der die Kosten für den CO_2-Ausstoß von importierten Waren an die Preise von Emissionsberechtigungen im EU-Emissionshandelssystem (EU-ETS) anpasst. Dies hat das Ziel, faire Wettbewerbsbedingungen zwischen in der EU produzierten und importierten Waren zu schaffen und gleichzeitig den globalen Handel in Richtung klimafreundlicherer Praktiken zu lenken.

Dabei spielt der Mechanismus auch eine zentrale Rolle im Übergang zu einer europäischen Kreislaufwirtschaft: Indem CO_2-intensive Primärprodukte verteuert werden, entsteht ein wirtschaftlicher Anreiz, stärker auf ressourcenschonende und kreislaufbasierte Produktionsweisen zu setzen – ein Ziel, das zentral im Green Deal und dem Circular Economy Action Plan verankert ist.

Dieses Kapitel gibt einen detaillierten Überblick über die Funktionsweise des CBAM, den Zusammenhang mit dem EU-ETS, die Regelungen zu den Berichtspflichten und die Methoden zur Berechnung von Emissionen. Dabei wird besonders auf die praktischen Auswirkungen für Unternehmen eingegangen, die durch die neue Regelung auf vielfältige Weise betroffen sind. Im letzten Kapitel wird schließlich untersucht, wie der CBAM als Katalysator für die Kreislaufwirtschaft fungieren kann, indem er Unternehmen dazu anregt, ihre Produktionsprozesse ressourcenschonender und nachhaltiger zu gestalten.

7.2.3.2. CO_2-Grenzausgleichsmechanismus$_2$ der EU: Definition und Konzept

Der Carbon Border Adjustment Mechanism (CBAM) ist ein Klimaschutzinstrument der EU, das am 1.10.2023 mit einer Übergangsphase eingeführt wurde und ab 2026 vollständig wirksam wird. Hauptziel von CBAM ist es, die Wettbewerbsfähigkeit europäischer Unternehmen zu schützen, die durch das verpflichtende **EU-Emissionshandelssystem, (EU Emission Trading System, kurz ETS)** bereits einem strengen CO_2-Bepreisungssystem unterliegen. Der CBAM-Mechanismus funktioniert, indem Importeure bestimmter Waren in die EU verpflichtet werden, **CBAM-Zertifikate** zu erwerben. Die Anzahl der Zertifikate – und die entsprechenden zu zahlenden Summen – sollen den importierten Tonnen CO_2 in den eingeführten Waren entsprechen. Derzeit unterliegen bestimmte Waren der Industriesektoren, **Zement, Strom, Düngemittel, Eisen und Stahl, Aluminium und Chemikalien** (hier nur Wasserstoff), dem CBAM. Die einzelnen Waren werden von der EU mittels der entsprechenden Nummern der Kombinierten Nomenklatur (KN), die bei der Einfuhr zollpflichtiger Waren genutzt werden, aufgelistet. Aktuell werden diese im „Leitfaden zur Umsetzung des CBAM für Einführer von Waren in die EU“ vom 30.5.2024 veröffentlicht. Die Preise der CBAM-Zertifikate werden an den Kohlenstoffpreis im

Rahmen des verpflichtenden ETS gekoppelt. Damit soll sichergestellt werden, dass importierte Güter – und damit die Hersteller in Ländern, die nicht dem EU-ETS unterliegen – nicht von niedrigeren Umweltschutzstandards profitieren.

7.2.3.3. Zusammenhang zwischen CBAM und dem EU-ETS

Der CBAM ist eng verknüpft mit dem EU-ETS, dem zentralen Instrument der EU zur Reduzierung von Treibhausgasemissionen. Der EU-ETS schafft einen Markt für Emissionsberechtigungen für energieintensive Industrien, die Stromerzeugung, den Luftverkehr und seit 2024 auch für die Schifffahrt. Während Anlagen der Stromerzeugung schon seit 2013 ihre benötigten Emissionsberechtigungen („***emission allowances***", auch als EUA bekannt) fast ausschließlich über Auktionen der Nationalstaaten oder den Sekundärmarkt beschaffen mussten, erhalten energieintensive Industrieanlagen (Eisen und Stahl, Aluminium, Zement etc) einen Großteil ihrer Emissionsberechtigungen auf Grundlage von Industrie-Benchmarks kostenlos zugeteilt. Diese kostenlose Zuteilung soll das sogenannte „***Carbon Leakage***" verhindern. Darunter versteht man die Verlagerung von Produktionsstätten in Länder mit niedrigeren Klimaschutzstandards und Produktionskosten. Die **kostenlose Zuteilung der Emissionsberechtigungen** wird jedoch ab 2026 bis 2034 schrittweise auslaufen. Dies bedeutet, dass Industrieunternehmen in der EU für einen immer höheren Anteil ihrer Treibhausgasemissionen auch Emissionsberechtigungen im EU-ETS erwerben müssen, und dadurch ohne weitere Emissionsreduktionen mit höheren Kosten rechnen werden müssen. Um die internationale Wettbewerbsfähigkeit der europäischen Industrie durch den schrittweisen Wegfall der kostenlosen Zuteilung der Emissionsberechtigungen zu gewährleisten, wird im Gleichschritt über CBAM die **Bepreisung von Emissionen in Importwaren** eingeführt. Dies gilt jedoch nur bei Waren, bei denen eine hohe Wahrscheinlichkeit von Carbon Leakage gegeben ist.

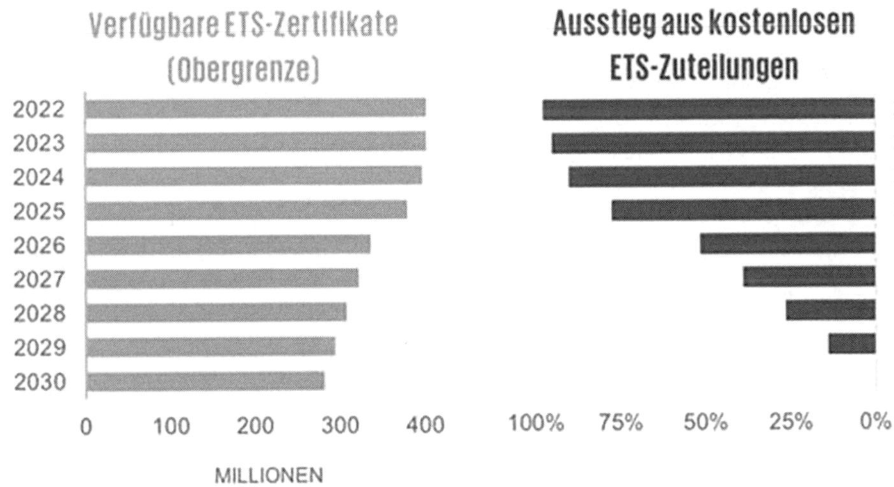

Abb 66: Schrittweise Reduktion der freien Zuteilungen im EU-ETS und gleichzeitige Einführung der CBAM-Bepreisung für Importe ab 2026 (ab 2034 werden alle grauen Emissionen der importierten CBAM-Waren bepreist) [Quelle: eigene Darstellung]

7.2.3.4. Funktionsweise und Anwendungsbereich des CBAM

CBAM ist während der **Übergangsperiode von Oktober 2023 bis Ende 2025** zunächst nur auf regelmäßige Berichtspflichten beschränkt. Importeure oder indirekte Zollvertreter (CBAM-Anmelder), die CBAM-Waren mit einem Warenwert von über 150 € in die EU einführen (Vorschlag der EU-Kommission zur Änderung des CBAM vom Februar 2025: Ein jährlicher Schwellenwert von 50 Tonnen an Importen von CBAM-Waren soll eine CBAM-Pflicht auslösen), sind verpflichtet, die bei der Herstellung von CBAM-Waren und deren Vorprodukten entstehenden Emissionen, die sogenannten **grauen Emissionen**, zu berechnen und zu melden. Für die Zwecke der Identifizierung von Waren, die unter CBAM fallen, sind alle betroffenen Waren definiert über die KN-Codes der EU. Insgesamt fallen aus den Sektoren **Aluminium, Chemikalien (nur Wasserstoff), Düngemittel, Zement, Eisen und Stahl und Elektrizität** 567 Zolltarifnummern unter CBAM, die meisten davon für Waren aus den Sektoren Aluminium (56) und Eisen und Stahl (478).

Die von CBAM betroffenen Sektoren sind verantwortlich für etwa 50 % der Gesamtemissionen im EU-ETS. Bis Ende 2025 will die EU-Kommission weitere Waren entlang der Wertschöpfungskette von CBAM-Waren für eine mögliche Aufnahme in die Verordnung identifizieren. Ab Januar 2028 und anschließend alle zwei Jahre wird die Effektivität von CBAM bewertet.

Der Zeitraum der vollständigen Anwendung des CBAM, die **Regelphase**, beginnt 2026. Für die grauen Emissionen in CBAM-Waren, die ab dem 1.1.2026 in die EU eingeführt werden, müssen die CBAM-Anmelder Zertifikate erwerben. Der **Preis der CBAM-Zertifikate** ist an den Preis der Emissionsberechtigungen im EU-ETS gekoppelt. CO_2-Preise, die bereits in den Herstellungsländern der importierten CBAM-Waren fällig werden, reduzieren die Anzahl der abzugebenden CBAM-Zertifikate. Dieser Mechanismus gleicht den Kohlenstoffpreis für ausländische und inländische CBAM-Waren an, die auf dem EU-Markt verkauft werden.

Im Vergleich zum System der kostenlosen Zuteilung erhöht CBAM nicht nur die Einnahmen der EU aus dem EU-ETS durch die **Versteigerung von Emissionsberechtigungen** an die europäische Industrie, sondern schafft auch **Anreize für ambitionierte Kohlenstoffpreise** und die **Dekarbonisierung der Industrie im Ausland**. Unterschiede zwischen der Übergangsphase bis Ende 2025 und der Regelphase von CBAM ab 2026 bestehen in der Bepreisung der Emissionen in Importen ab 2026, den Methodiken der Erhebung und Berechnung und Berichterstattung sowie der Verifizierung der importierten grauen Emissionen.

7.2.3.5. Berichtspflichten seit Oktober 2023

Berichtspflichten für CBAM-Anmelder betreffen die Importe von CBAM-Waren ab dem vierten Quartal 2023. Während der **Übergangsphase** muss ein CBAM-Bericht bis zum Ende des dem Berichtsquartal folgenden Monats im **CBAM-Übergangsregister der EU-Kommission** erfolgen. Ein CBAM-Bericht enthält Informationen zu den eingeführten Waren und den jeweils enthaltenen grauen Emissionen. Der erste CBAM-Bericht für das vierte Quartal 2023 war am 31.1.2024 fällig, der letzte CBAM-Bericht der Übergangsphase (Q4 2025) muss bis zum 31.1.2026 eingereicht werden.

In der **Regelphase** müssen CBAM-Anmelder jeweils nur eine jährliche CBAM-Erklärung bis zum 31.5. (Vorschlag der EU-Kommission zur Änderung des CBAM vom Februar 2025: 31.8.) des Folgejahres im CBAM-Register einreichen. Für das Berichtsjahr 2026 muss die CBAM-Erklärung demnach bis zum 31.5. (sofern der Vorschlag der EU-Kommission zur Änderung angenommen wird, bis zum 31.8.) 2027 erfolgen.

Kommt ein CBAM-Anmelder der Verpflichtung, einen CBAM-Bericht einzureichen, nicht nach oder sind die Angaben falsch, so können die nationalen Behörden, die in den Mitgliedstaaten der EU für die Umsetzung von CBAM verantwortlich sind, Sanktionen verhängen. Die **Höhe der Sanktionen** liegt zwischen 10 und 50 € pro nicht berichteter Tonne Emissionen. Bei wiederholten Verstößen sind auch höhere Strafen möglich. Generell wird vor Verhängung einer Sanktion ein **Berichtigungsverfahren** von Seiten der nationalen Behörde eröffnet. Der CBAM-Anmelder hat dann die Möglichkeit, seinen CBAM-Bericht innerhalb einer von der Behörde gegebenen Frist nachzureichen oder anzupassen. Falls dies nicht geschieht, können Sanktionen verhängt werden. Da die CBAM-Regulierung grundsätzlich nur Unternehmen mit Sitz in der EU betrifft und somit zur entsprechenden Berichterstattung verpflichtet, sind die in der EU ansässigen CBAM-Anmelder bei der Erhebung und Berechnung von grauen Emissionen auf die Hersteller der CBAM-Waren in Drittländern angewiesen.

7.2.3.6. Emissionsberechnung für CBAM-Waren

Die Einführung von CBAM soll in erster Linie die gleichen wettbewerblichen Grundlagen für die Emissionsbepreisung von in der EU hergestellten Waren einerseits und von importierten CBAM-Waren andererseits herstellen. Entsprechend sollte die Methodik zur Erhebung und Berechnung der grauen Emissionen in importierten CBAM-Waren äquivalent sein zu den Regelungen im EU-ETS. Die Regelungen zur Emissionserhebung und -berechnung für CBAM-Waren sind detailliert niedergelegt in der **Durchführungsverordnung (EU) 2023/1773** der Kommission. Um allen Beteiligten (Hersteller:innen von CBAM-Waren, Importeur:innen, nationale Behörden, EU-Kommission) die Einführung von CBAM zu erleichtern, waren zu Beginn der Übergangsphase verschiedene Methodiken zur Emissionserhebung anwendbar:

- **Emissionserhebung nach den detaillierten Regeln der Durchführungsverordnung (EU) 2023/1773** (EU-Methodik) (spätestens anzuwenden ab 2025) oder die Verwendung von durch die EU-Kommission vorgegebenen landesspezifischen Standardwerten mit einer pönalisierenden Erhöhung (Mark-up).
- **Emissionserhebung auf Basis einer gleichwertigen Methode**, etwa über andere, bestehende nationale Emissionsüberwachungssysteme in Drittländern (anwendbar bis Ende 2025)
- **Verwendung von globalen Standardwerten**, veröffentlicht durch die EU-Kommission (anwendbar für Importe bis Ende Q2 2024).

CBAM-Anmelder:innen müssen spätestens für Importe von CBAM-Waren in die EU ab dem 1.7.2024 **echte Emissionswerte** melden. Hersteller:innen von CBAM-Waren müssen demnach die entsprechenden Emissionserhebungen und -berechnungen durchführen. Da in den meisten Drittländern keine ähnlichen Emissionsüberwachungs- und

-handelssysteme existieren, muss die Emissionserhebung für viele Hersteller:innen von CBAM-Waren direkt der EU-Methodik entsprechen. Die **Emissionserhebung nach EU-Methodik** soll **jährlich** erfolgen, damit saison- oder produktionsbedingte Schwankungen ausgeglichen werden.

Die **Berechnungsregeln für graue Emissionen** weisen aufgrund der notwendigen Äquivalenz zum EU-ETS gegenüber anderen Regeln zur Treibhausgasbilanzierung (ISO 13064, GHG Protocol etc) deutliche Unterschiede auf. Ein wichtiger Unterschied betrifft Abweichungen bei der Verwendung der Scope-Kategorien 1, 2 und 3. Die Emissionsberechnung nach EU-Methodik findet auf Anlagenebene statt. Die grauen Emissionen von CBAM-Waren müssen jeweils spezifisch in Tonnen CO_2-eq je Tonne Ware ermittelt werden. Der Rahmen für die Emissionsermittlung schließt dabei nur die Emissionen aus dem Produktionsprozess der CBAM-Ware selbst und dem Produktionsprozess bestimmter Vorläuferstoffe ein. Vorläuferstoffe, deren graue Emissionen berücksichtigt werden müssen, sind selbst CBAM-Waren und anhand der Zolltarifnummern identifizierbar. Emissionen aus anderen vor- und nachgelagerten Prozessen wie etwa dem Transport, der Nutzung oder der Entsorgung der CBAM-Ware sind grundsätzlich ausgenommen.

Ebenso ist bei grauen Emissionen zwischen **direkten und indirekten Emissionen** zu unterscheiden. Direkte Emissionen sind jene, die direkt auf Anlagenebene verortet werden können, und umfassen etwa Verbrennungs- und Prozessemissionen sowie auch die direkten Emissionen der Vorläuferstoffe. Indirekte Emissionen beinhalten jene Emissionen, die mit dem Stromverbrauch innerhalb der Anlage verbunden sind. Dazu zählen auch die indirekten Emissionen von relevanten Vorläuferstoffen. Die EU-Kommission hat eine Reihe von **Hilfsmitteln und Berechnungstools** zur Unterstützung von Importeur:innen und Hersteller:innen von CBAM-Waren erarbeitet und diese auf der offiziellen EU-Website zu CBAM zur Verfügung gestellt.

Die **Bepreisung von grauen Emissionen in den CBAM-Waren** erfolgt erstmals für Importe ab 2026. Dabei müssen CBAM-Anmelder bis zum Abgabetermin der CBAM-Erklärung ebenfalls CBAM-Zertifikate (ein CBAM-Zertifikat entspricht einer Tonne CO_2-eq) in Höhe der grauen Emissionen in den eingeführten CBAM-Waren abgeben. CBAM-Zertifikate sollen ab 2026 von CBAM-Anmeldern über eine noch zu schaffende **zentrale Plattform** beschafft werden können (Vorschlag der EU-Kommission zur Änderung des CBAM vom Februar 2025: Kauf von CBAM-Zertifikaten erst ab Februar 2027. Die Bepreisung der importierten Emissionen aus dem Jahr 2026 könnte sich somit auf 2027 verschieben, ist jedoch nicht aufgehoben).

CBAM-Zertifikatspreise werden wöchentlich festgelegt – basierend auf dem Durchschnitt der Schlusspreise der Emissionsberechtigungen der Primärmarktauktion im EU-ETS – und folgen somit den Preisen im EU-ETS. Die Höhe der bepreisten Emissionen wird ermittelt durch den Vergleich zwischen den grauen Emissionen und CBAM-Benchmarks, abgezinst mit dem CBAM-Faktor. Von 2026 bis 2034 wird somit schrittweise ein immer höherer Anteil der grauen Emissionen bepreist.

Bepreiste Emissionen = Graue Emissionen in CBAM-Ware – CBAM-Benchmark × CBAM-Faktor

Zum Ende eines jeden Quartals muss das Konto eines CBAM-Anmelders mit CBAM-Zertifikaten in Höhe von 80 % der grauen Emissionen der im Quartal eingeführten CBAM-Waren ausgestattet sein (Vorschlag der EU-Kommission zur Änderung des CBAM vom Februar 2025: 50 %.) Die Höhe der grauen Emissionen wird auf Grundlage von der EU-Kommission bestimmten Standardwerten oder Echtwerten der Importe des Vorjahrs berechnet. Damit haben CBAM-Anmelder die Pflicht, schon unterjährig CBAM-Zertifikate zu erwerben und zu halten.

Überschüssige Zertifikate können zum Einkaufspreis zurückgegeben werden. Anträge zum Rückkauf von CBAM-Zertifikaten sind gemäß Vorschlag der EU-Kommission vom Februar 2025 bis zum 30.11. (aktuelle Regelung: 30.6.) zu stellen, und CBAM-Zertifikate eines Jahrgangs (zB gekauft 2027) werden am 1.10. des übernächsten Jahres (zB 2029) ohne Kompensation entwertet (aktuelle Regelung: 1.7. des nächsten Jahres, also zB 2028). Eine preisliche Absicherung über mehrere Jahre hinweg ist über CBAM-Zertifikate nur bedingt möglich, jedoch können Absicherungsgeschäfte über das EU-ETS erfolgen.

7.2.3.7. CBAM als Katalysator für die Kreislaufwirtschaft: Chancen für Unternehmen

Die Einführung des CBAM kann die Kreislaufwirtschaft in der EU erheblich stärken, indem sie emissionsintensive Produktionsweisen verteuert und damit **ressourcenschonende Alternativen** wirtschaftlich attraktiver macht. Da der Mechanismus CO_2-Kosten für importierte Waren an die EU-ETS-Preise angleicht, steigen die Kosten für Materialien mit hohem CO_2-Fußabdruck wie Stahl, Aluminium und Zement. Dies schafft einen klaren Anreiz für Unternehmen, verstärkt auf **recycelte Materialien** und **effizientere Produktionsverfahren** zu setzen. Besonders profitieren davon Geschäftsmodelle, die auf **zirkuläre Wertschöpfung** ausgerichtet sind, etwa durch den Einsatz von **Sekundärrohstoffen** oder **klimafreundlichen Produktionsmethoden**.

Recycelte Materialien spielen in diesem Kontext eine Schlüsselrolle. Der Circular Economy Action Plan der EU hebt explizit hervor, dass Sekundärrohstoffe in CBAM-relevanten Sektoren – etwa Aluminium oder Stahl – künftig verstärkt gefördert werden sollen. Durch die Verteuerung von Primärrohstoffen durch CBAM gewinnen zirkuläre Alternativen nicht nur an ökologischer, sondern auch an wirtschaftlicher Attraktivität.

Unternehmen, die sich frühzeitig auf diese Entwicklung einstellen, können CBAM nicht nur als regulatorische Herausforderung sehen, sondern auch als Chance zur Optimierung ihrer Nachhaltigkeitsstrategien. Durch eine Reduktion der grauen Emissionen in ihren Produkten lassen sich langfristig Kosten einsparen, da importierte Vorprodukte mit hohem CO_2-Gehalt teurer werden. Wer verstärkt auf CO_2-reduzierte Alternativen wie Recyclingmetalle, Sekundärrohstoffe oder zirkuläre Baustoffe setzt, kann nicht nur die eigenen CBAM-Belastungen minimieren, sondern sich auch als nachhaltiger Akteur am Markt positionieren.

Besonders vielversprechend sind Investitionen in **geschlossene Stoffkreisläufe**, die nicht nur den Einsatz von Primärrohstoffen reduzieren, sondern auch die Abhängigkeit von emissionsintensiven Importen verringern. Gleichzeitig gewinnt die **Zusammenarbeit entlang der Wertschöpfungskette** an Bedeutung: Unternehmen, die enge Partnerschaften mit Recyclingfirmen oder nachhaltigen Zulieferern eingehen, können ihre Rohstoffversorgung langfristig sichern und gleichzeitig den CO_2-Fußabdruck ihrer Produkte senken.

Darüber hinaus fügt sich CBAM auch in das regulatorische Gesamtbild der EU ein – insbesondere im Zusammenspiel mit der EU-Taxonomie-Verordnung, welche die ökologische Nachhaltigkeit wirtschaftlicher Aktivitäten bewertet. Unternehmen, die CO_2-intensive Materialien durch Sekundärrohstoffe ersetzen, verbessern nicht nur ihre CBAM-Bilanz, sondern erfüllen auch Kriterien für nachhaltige Investitionen. Diese doppelte Wirkung schafft finanzielle und strategische Vorteile im Wettbewerb um grüne Kapitalmärkte.

Zusätzlich eröffnen sich im Rahmen des Green Deal Industrial Plan neue industriepolitische Perspektiven: Unternehmen, die regionale Recycling- und Rohstoffkreisläufe etablieren, profitieren nicht nur von niedrigeren Emissionen, sondern machen sich auch unabhängiger von volatilen globalen Lieferketten. In Verbindung mit CBAM fördert die EU so die Entstehung robuster, lokaler Wertschöpfungsnetzwerke. Neben der wirtschaftlichen Einsparung bietet CBAM auch **strategische Vorteile**. Die Nachfrage nach klimafreundlichen Materialien wächst stetig, und Unternehmen, die frühzeitig zirkuläre Lösungen in ihr Portfolio integrieren, werden sich als Vorreiter in einer nachhaltigen Wirtschaft etablieren. Die regulatorischen Rahmenbedingungen schaffen damit nicht nur eine Verteuerung emissionsintensiver Produktion, sondern auch ein Umfeld, in dem nachhaltige, ressourcenschonende Geschäftsmodelle gefördert werden. Unternehmen, die diesen Wandel proaktiv gestalten, profitieren nicht nur von wirtschaftlichen Vorteilen, sondern leisten einen aktiven Beitrag zur Transformation hin zu einer kreislauforientierten, widerstandsfähigen Wirtschaft.

7.2.3.8. Fazit

Der CBAM schafft nicht nur wirtschaftliche Anreize, sondern fördert auch strategische Synergien zwischen CO_2-Bepreisung und Kreislaufwirtschaftsstrategien. Indem er die Kosten für emissionsintensive Produkte erhöht, wird die Nachfrage nach klimafreundlichen und ressourcenschonenden Materialien gestärkt. Unternehmen, die frühzeitig auf zirkuläre Lösungen setzen, positionieren sich damit nicht nur als Vorreiter in einer nachhaltigeren Wirtschaft, sondern profitieren auch von langfristigen Wettbewerbsvorteilen.

7.2.4. EU-Entwaldungsverordnung (EUDR): Neue Sorgfaltspflichten zur Sicherstellung entwaldungsfreier Produkte

Thomas Baumgartner

7.2.4.1. Einleitung

Die Europäische Union (**EU**) ist nach China der zweitgrößte Verursacher globaler Entwaldung durch Importe, insbesondere von Agrarrohstoffen wie Soja, Palmöl und Rindfleisch. Da bis zu 90 % der weltweiten Entwaldung auf die Ausweitung landwirtschaftlicher Flächen zurückzuführen sind, hat die EU mit der EU-Entwaldungsverordnung[1009]

1009 VO (EU) 2023/1115 des Europäischen Parlaments und des Rates vom 31. Mai 2023 über die Bereitstellung bestimmter Rohstoffe und Erzeugnisse, die mit Entwaldung und Waldschädigung in Verbindung stehen, auf dem Unionsmarkt und ihre Ausfuhr aus der Union sowie zur Aufhebung der Verordnung (EU) Nr 995/2010.

(**EUDR**) einen bedeutenden Schritt unternommen, um den Beitrag der EU-Mitgliedstaaten zur globalen Entwaldung zu reduzieren. Die EUDR, die am 29.6.2023 in Kraft trat und ab dem 30.12.2025 für mittlere und große Unternehmen sowie ab dem 30.6.2026 für Klein- und Kleinstunternehmen gilt, zielt darauf ab, sicherzustellen, dass bestimmte Rohstoffe und Erzeugnisse, die auf dem EU-Markt bereitgestellt oder aus der EU exportiert werden, nicht mit Entwaldung oder Waldschädigung in Verbindung stehen.

Die EUDR betrifft eine Reihe von Rohstoffen, darunter Holz, Kakao, Kaffee, Kautschuk, Ölpalme, Soja und Rinder sowie daraus hergestellte Erzeugnisse. Unternehmen, die diese Produkte in der EU auf den Markt bringen, bereitstellen oder ausführen, sind verpflichtet, nachzuweisen, dass (i) ihre Waren entwaldungsfrei sind, (ii) sie den geltenden Rechtsvorschriften des Erzeugerlandes entsprechen und (iii) eine Sorgfaltserklärung vorliegt.[1010]

Die EUDR löst mit ihrer Einführung die bisherige EU-Holzhandelsverordnung[1011] (**EUTR**) ab und verschärft die Regelungen deutlich. Während die EUTR vor allem die Legalität des Holzeinschlags im Blick hatte, geht die EUDR einen Schritt weiter und setzt darauf, dass die Produktion bestimmter Rohstoffe nicht zur Entwaldung beiträgt. Darüber hinaus fördert die EUDR nachhaltige Lieferketten und treibt den Wandel zur Kreislaufwirtschaft voran, indem sie Unternehmen dazu anhält, ressourcenschonende Alternativen wie Recyclingholz oder innovative Ersatzstoffe zu nutzen. Durch die strengeren Anforderungen an die Rückverfolgbarkeit und Nachhaltigkeit der Rohstoffe wird die Nachfrage nach Recyclingholz, wiederverwendeten Materialien und innovativen Ersatzstoffen gestärkt. Strengere Vorgaben zur Rückverfolgbarkeit sorgen dafür, dass Nachhaltigkeit nicht nur ein Ziel, sondern eine Voraussetzung wird. Für Holz und Holzerzeugnisse, die vor dem 29.6.2023 produziert wurden und erst nach dem 30.12.2025 in Verkehr kommen, bleibt die EUTR jedoch noch bis Ende 2028 gültig.

7.2.4.2. Der Weg zu entwaldungsfreien Lieferketten: Kerninhalte der EU-Entwaldungsverordnung

7.2.4.2.1. Was bedeutet „entwaldungsfrei"?

Die EUDR geht weit über ihre Vorgängerregelungen hinaus und setzt damit neue Maßstäbe. Im Vergleich zur EUTR erweitert sie nicht nur den Kreis der geregelten Rohstoffe und Erzeugnisse erheblich, sondern verschärft auch die Anforderungen an die Sorgfaltspflicht. Es reicht nicht mehr aus, nur die legale Herkunft nachzuweisen – jetzt muss auch belegt werden, dass die Waren „entwaldungsfrei" sind.

„Entwaldungsfrei" bedeutet in diesem Zusammenhang, dass die relevanten Rohstoffe nicht auf Flächen erzeugt worden sein dürfen, die nach dem 31.12.2020 entwaldet wurden (dh Umwandlung von Waldflächen hin zu anderen Landnutzungsformen) oder – im Falle von Holz und Holzerzeugnissen – dass das Holz aus einem Wald geschlagen wurde, ohne dass es dort nach dem 31.12.2020 zu Waldschädigung gekommen ist. Die

1010 Vgl Art 3 EUDR.
1011 VO (EU) Nr 995/2010 des Europäischen Parlaments und des Rates vom 20. Oktober 2010 über die Verpflichtungen von Marktteilnehmern, die Holz und Holzerzeugnisse in Verkehr bringen Text von Bedeutung für den EWR.

bisherige Dokumentation der Legalität der Quelle nach den Vorgaben der EUTR genügt somit nicht mehr, sondern es sind strengere Nachweise erforderlich.[1012]

7.2.4.2.2. Welche Produkte fallen unter die Verordnung?

Ziel der EUDR ist es, dass EU-weit bestimmte Rohstoffe und daraus hergestellte Erzeugnisse nur mehr in Verkehr gebracht, exportiert oder bereitgestellt werden, wenn sie als entwaldungsfrei gelten und den nationalen Vorschriften ihres Erzeugerlandes entsprechen. Dazu gehören die Rohstoffe Rinder, Kakao, Kaffee, Ölpalmen, Kautschuk, Soja und Holz sowie bestimmte daraus hergestellte Produkte.

Die EUDR konkretisiert ihren Anwendungsbereich mit Hilfe eines strengen Listenprinzips, indem sie sich auf die in Anhang I aufgeführten Warentarifnummern bezieht. Da die Verordnung keine Mindestmengen oder Schwellenwerte für die Rohstoffe vorsieht, umfasst sie auch zusammengesetzte Produkte, sofern diese relevante Rohstoffe iSd Anhang I enthalten. Beispielsweise fällt ein Möbelstück bereits unter die Verordnung, wenn es (bloß) teilweise Holzelemente enthält. Gleichzeitig sorgt die konkrete Auflistung in Anhang I für Klarheit darüber, welche Produkte nicht betroffen sind. So unterliegt beispielsweise Seife mit Palmöl nicht den Anforderungen der EUDR, da sie nicht in Anhang I aufgeführt ist.[1013]

Bei mehrstufigen Produktionsprozessen zählt ausschließlich das Enderzeugnis, das ein Unternehmen[1014] in Verkehr bringt. Nur dessen Warentarifnummer wird mit Anhang I der EUDR abgeglichen – die Warentarifnummern der einzelnen Zwischenprodukte spielen dabei keine Rolle.[1015]

7.2.4.2.3. Ab wann gelten die neuen Regelungen?

Die EUDR trat am 30.6.2023 in Kraft. Ab dem 30.12.2025 (für mittlere und große Unternehmen[1016]) bzw ab dem 30.6.2026 (für Kleinst- und Kleinunternehmen[1017]) dürfen EU-weit bestimmte Rohstoffe und daraus hergestellte Erzeugnisse nur mehr in Verkehr gebracht oder exportiert werden, wenn sie als entwaldungsfrei gelten und den Vorschriften ihres Erzeugerlandes entsprechen.

1012 Vgl D. Andratsch, Neue Sorgfaltspflichten gegen Entwaldung. Due Diligence entlang der Lieferkette, ÖKO + Fachmagazin für Ökonomie + Ökologie, S 32–33.

1013 Vgl D. Gilhofer-Lenglinger/S. Tober, Die EU-Entwaldungsverordnung (EUDR) und deren Bedeutung für die Lieferkette, GRC aktuell 2024, 102.

1014 Unternehmen in diesem Sinne ist eine Gesellschaft bzw ein EORI-Nummernträger.

1015 Vgl FAQ der Europäischen Kommission, Stand Oktober 2024, Nr 2.11.

1016 Die Schwellenwerte zur Kategorisierung von Unternehmen iSd EUDR liegen derzeit bei 250 Mitarbeitenden, einem Nettoumsatz von 50 Mio € und einer Bilanzsumme von 25 Mio €. Mittlere Unternehmen sind Unternehmen, bei denen es sich nicht um Kleinstunternehmen oder kleine Unternehmen handelt und die am Bilanzstichtag die Grenzen von mindestens zwei der drei Größenmerkmale nicht überschreiten. Große Unternehmen sind Unternehmen, die am Bilanzstichtag mindestens zwei der drei Größenmerkmale überschreiten (vgl Art 3 RL 2013/34/EU idgF).

1017 Kleinstunternehmen sind Unternehmen, die am Bilanzstichtag die Grenzen von mindestens zwei der drei folgenden Größenmerkmale nicht überschreiten: 10 Mitarbeitende, Nettoumsatz von 900.000 €, Bilanzsumme von 450.000 €. Kleine Unternehmen sind Unternehmen, die am Bilanzstichtag die Grenzen von mindestens zwei der drei folgenden Größenmerkmale nicht überschreiten: 50 Mitarbeitende, Nettoumsatz von 10 Mio €, Bilanzsumme von 5 Mio € (vgl Art 3 RL 2013/34/EU idgF).

7.2.4.2.4. Welche Unternehmen sind betroffen?

Hinsichtlich jener Unternehmen, die von der Regelung betroffen sind, unterscheidet die EUDR zwischen Marktteilnehmer:innen (natürliche oder juristische Personen, die relevante Erzeugnisse in Verkehr bringen oder ausführen[1018]) und Händler:innen (jene, die relevante Erzeugnisse bereitstellen[1019]), wobei beide Kategorien denselben Verpflichtungen unterliegen, solange es sich nicht um KMU handelt (siehe dazu Kap 7.2.4.2.6.). Voraussetzung bleibt aber stets das Inverkehrbringen von relevanten Erzeugnissen, das Bereitstellen auf dem Unionsmarkt oder die Ausfuhr aus der EU. Unternehmen, die nicht-relevante Erzeugnisse in Verkehr bringen, bereitstellen oder ausführen, sind nicht nach der EUDR verpflichtet und müssen damit auch nicht die dort normierten Sorgfaltspflichten erfüllen.

Die Definition „Marktteilnehmer" umfasst auch Unternehmen, die ein Erzeugnis aus Anhang I (für das bereits die Sorgfaltspflicht erfüllt wurde) in ein anderes Erzeugnis aus Anhang I umwandeln. Wenn beispielsweise ein in der EU ansässiges Unternehmen A Kakaobutter einführt und ein ebenfalls in der EU ansässiges Unternehmen B diese Kakaobutter verwendet, um Schokolade zu erzeugen und diese in Verkehr zu bringen, würden die Unternehmen A und B beide als Marktteilnehmer gemäß der Verordnung gelten.[1020]

Wenn hingegen zB Landwirtin C Sojaschrot (relevantes Erzeugnis) von einem Zerkleinerungsunternehmen innerhalb des EU-Marktes kauft und ihn an ihre Hühner verfüttert, die sie dann verkauft, ist sie beim Verkauf der Hühner weder eine Marktteilnehmerin, da es sich bei den Hühnern nicht um ein in Anhang I aufgeführtes relevantes Erzeugnis handelt, noch eine Händlerin, da sie den Sojaschrot nicht auf dem Markt abgibt. Die Landwirtin C wäre nur dann eine Marktteilnehmerin, wenn sie den Sojaschrot zur Fütterung der Hühner in die EU einführen würde.[1021]

Die EU-Kommission stellt in diesem Kontext zudem klar, dass der Einkauf zur bloßen internen Nutzung nicht unter die Verordnung fällt – es sei denn, er geht mit einem Import oder einem Fall nach Art 7 EUDR (dh Inverkehrbringen durch in Drittländern niedergelassene Marktteilnehmer:innen) einher. Das heißt, wenn zB Unternehmen D ausschließlich zur Verwendung durch die eigenen Mitarbeiter:innen Holztische und -stühle (relevante Produkte) von Marktteilnehmerin E aus der EU kauft, welche diese aus einem Drittland eingeführt, die Sorgfaltspflichten bereits durchgeführt und eine Sorgfaltserklärung eingereicht hat, dann unterliegt D nicht der EUDR.[1022] Anders gestaltet sich die Lage bei konzerninternen Vorgängen: Die Weitergabe relevanter Produkte innerhalb eines Konzerns, ob entgeltlich oder unentgeltlich, unterliegt der Verordnung, wenn die übrigen Voraussetzungen erfüllt sind.[1023]

1018 Siehe Art 2 Z 15 EUDR.
1019 Siehe Art 2 Z 17 EUDR.
1020 Vgl FAQ der Europäischen Kommission, Stand Oktober 2024, Nr 3.1.
1021 Vgl FAQ der Europäischen Kommission, Stand Oktober 2024, Nr 2.10.
1022 Vgl Hörnig, Die Verordnung (EU) 2023/1115 über entwaldungsfreie Lieferketten und deren Compliance-Anforderungen, CB 2024, 119.
1023 Vgl FAQ der Europäischen Kommission, Stand Oktober 2024, Nr 3.13.

7.2.4.2.5. Welche Sorgfaltspflichten müssen Unternehmen einhalten?

Die EUDR verpflichtet die betroffenen Unternehmen dazu, durch eine entsprechende Sorgfaltspflichtenprüfung (Due Diligence) sicherzustellen, dass nur konforme Produkte in Verkehr gebracht, bereitgestellt oder exportiert werden.[1024] Im Rahmen dieser Sorgfaltspflichtprüfung sind (vereinfacht) vier Prozessschritte zu durchlaufen, an deren Ende die Übermittlung der Sorgfaltserklärung steht. Diese vier Schritte bauen aufeinander auf und umfassen (1) die Einführung von allgemeinen Sorgfaltspflichtregelungen, (2) die Sammlung von Daten zu den relevanten Rohstoffen und Erzeugnissen, (3) eine Risikobewertung dieser Daten und (4) gegebenenfalls die Durchführung von Risikominimierungsmaßnahmen.

7.2.4.2.5.1. Allgemeine Sorgfaltspflichtregelungen

Als Grundlage für eine angemessene Sorgfaltspflichtprüfung müssen Unternehmen ein System von Verfahren und Maßnahmen einführen – sogenannte Sorgfaltspflichtregelungen.[1025] Diese dienen dazu, sicherzustellen, dass Produkte, die unter die Verordnung fallen, die gesetzlichen Vorgaben erfüllen. Das bedeutet konkret: Unternehmen müssen prüfen, ob die Waren legal und entwaldungsfrei hergestellt wurden.

Ein in der EU ansässiger Möbelhersteller, der Holz aus Südamerika importiert, muss beispielsweise ein System einrichten, mit dem er überprüft, woher das Holz stammt. Dazu kann er Lieferant:innendokumente prüfen, Satellitendaten zur Abholzung auswerten oder Zertifikate anfordern. Diese Maßnahmen müssen regelmäßig aktualisiert und (sofern es sich um einen Nicht-KMU-Marktteilnehmer handelt) in einem öffentlichen Bericht dokumentiert werden.

7.2.4.2.5.2. Sammlung von Informationen und Daten

Um nachzuweisen, dass die Produkte den Vorgaben der EUDR entsprechen, müssen Unternehmen konkrete Informationen, Unterlagen und Daten zu den betroffenen Rohstoffen und Erzeugnissen sammeln.[1026] Diese Dokumentation dient als Beleg dafür, dass die Produkte entwaldungsfrei und legal hergestellt wurden. Dabei müssen insbesondere folgende Informationen eingeholt werden:

- **Produktdetails:** Handelsname, Beschreibung der Produkte und die darin enthaltenen Rohstoffe.
- **Mengenangaben:** Wie viel von dem jeweiligen Produkt oder Rohstoff gehandelt wird.
- **Herkunft:** Das Land, in dem der Rohstoff erzeugt wurde – falls nötig, auch die genaue Region.
- **Geolokalisierung:** Die exakten geografischen Koordinaten aller Grundstücke, auf denen die relevanten Rohstoffe, die das relevante Erzeugnis enthält, erzeugt wurden, sowie den Zeitpunkt oder den Zeitraum der Erzeugung. Dabei ist zu beachten, dass Unternehmen exakte Geolokalisierungsdaten angeben müssen – großflächige Angaben (zB ganze Länder oder Bundesstaaten) sind unzulässig.[1027]

1024 Siehe Art 4, 5 EUDR.
1025 Siehe Art 12 EUDR.
1026 Siehe Art 9 EUDR.
1027 Vgl Europäische Kommission, FAQ, Stand Oktober 2024, Nr 1.18.

- **Lieferkette:** Namen und Daten der Lieferant:innen und Abnehmer:innen.
- **Nachweise für Legalität und Entwaldungsfreiheit:** Unternehmen müssen glaubhafte, überprüfbare Informationen vorlegen können, die belegen, dass die Produkte nicht zur Entwaldung beigetragen haben und im Einklang mit den geltenden Gesetzen des Herkunftslandes produziert wurden. Laut aktuellen Leitlinien der EU-Kommission[1028] müssen dabei nicht nur nationale Gesetze beachtet werden, sondern auch internationale Vorgaben aus multi- oder bilateralen Verträgen.[1029]

Ein in der EU ansässiger Schokoladenhersteller, der Kakao importiert, muss beispielsweise dokumentieren, auf welchen Plantagen der Kakao angebaut wurde. Dazu muss er die Geokoordinaten der Plantagen angeben, nachweisen, dass dort keine Entwaldung stattgefunden hat (zB mithilfe von Satellitendaten) und bestätigen, dass der Kakao legal geerntet und gehandelt wurde. Zudem muss er die Namen seiner Lieferant:innen und die Mengenangaben in seinen Berichten anführen.

7.2.4.2.5.3. Risikoanalyse und -bewertung

Nachdem Unternehmen alle erforderlichen Daten, Informationen und Unterlagen gesammelt haben, müssen sie eine Risikobewertung durchführen.[1030] Dabei wird geprüft, ob das Produkt möglicherweise gegen die Vorschriften der Verordnung verstößt – also nicht legal oder nicht entwaldungsfrei ist.

Die Risikoanalyse und -bewertung muss sowohl produkt- als auch lieferkettenspezifische Risiken beinhalten, einschließlich potenzieller illegaler Aktivitäten von Lieferant:innen.[1031] Unternehmen können sich dabei an den in der EUDR genannten 14 Kriterien orientieren. Dazu gehören unter anderem:

- Die Einstufung des Erzeugerlandes durch die EU-Kommission nach Artikel 29 der EUDR: Länder können als geringes, mittleres oder hohes Risiko eingestuft werden.
- Die Präsenz von Wäldern und indigenen Völkern im Herkunftsland: Gibt es dort ein hohes Risiko für illegale Abholzung oder Landkonflikte?
- Die Zuverlässigkeit der Informationen: Sind die vorgelegten Dokumente glaubwürdig und aktuell?
- Die Komplexität der Lieferkette: Je mehr Zwischenhändler:innen involviert sind, desto schwieriger ist die Rückverfolgbarkeit – und desto höher könnte das Risiko sein.

Nur wenn die Risikobewertung ergibt, dass kein oder nur ein vernachlässigbares Risiko besteht, dürfen Unternehmen die entsprechenden Produkte in die EU einführen, in der EU verkaufen oder aus der EU ausführen. Andernfalls müssen sie weitere Prüfungen durchführen oder auf das Produkt verzichten.

1028 Vgl Europäische Kommission, Annex to the Communication to the Commission, Approval of the content of a draft Commission Notice on the Guidance Document for Regulation (EU) 2023/1115 on Deforestation-Free Products, C (2024) 7027 final, 2.10.2024, S 14.

1029 Vgl Europäische Kommission, Annex to the Communication to the Commission, Approval of the content of a draft Commission Notice on the Guidance Document for Regulation (EU) 2023/1115 on Deforestation-Free Products, C(2024) 7027 final, 2.10.2024, S 9 f, 13.

1030 Siehe Art 10 EUDR.

1031 Vgl Europäische Kommission, Annex to the Communication to the Commission, Approval of the content of a draft Commission Notice on the Guidance Document for Regulation (EU) 2023/1115 on Deforestation-Free Products, C(2024) 7027 final, 2.10.2024, S 10.

Zur Veranschaulichung: Ein Unternehmen importiert Palmöl aus Indonesien. Laut Einstufung der EU-Kommission gilt das Land als mittleres Risiko. Das Unternehmen muss daher besonders genau prüfen, ob das Palmöl tatsächlich von einer Plantage stammt, die keine Waldflächen zerstört hat. Es fordert daher Satellitenbilder der Anbaufläche an, überprüft lokale Umweltberichte und kontrolliert die Lieferkettenzertifikate. Erst wenn alle Nachweise eindeutig sind, darf das Palmöl in die EU importiert und in Verkehr gebracht werden.

7.2.4.2.5.4. Risikominderungsmaßnahmen

Wenn ein Unternehmen im Rahmen der Risikobewertung feststellt, dass nicht nur ein vernachlässigbares Risiko besteht, dass ein Produkt nicht den Vorgaben der EUDR entspricht, muss es geeignete Maßnahmen zur Risikominimierung ergreifen.[1032] Ziel muss sein, das Risiko entweder vollständig zu beseitigen oder auf ein vernachlässigbares Niveau zu reduzieren.

Je nach konkretem Sachverhalt können Unternehmen verschiedene Risikominderungsmaßnahmen ergreifen. In der Praxis bieten sich insbesondere folgende Maßnahmen an:

- Zusätzliche Informationen anfordern: zB detailliertere Herkunftsnachweise oder Zertifikate von Lieferant:innen.
- Unabhängige Prüfungen oder Audits durchführen: Expert:innen oder Prüforganisationen können vor Ort kontrollieren, ob die gesetzlichen Anforderungen eingehalten werden.
- Weitere Maßnahmen im Zusammenhang mit den Informationspflichten ergreifen: zB Überprüfung von Satellitenbildern, Befragung lokaler Behörden oder Einholung von Berichten über die Einhaltung von Umweltstandards.

7.2.4.2.6. Erleichterungen für KMU[1033]

Kleine und mittlere Marktteilnehmer:innen (KMU-Marktteilnehmer:innen) müssen die Sorgfaltspflichten nur dann erfüllen, wenn ihre Produkte nicht bereits geprüft wurden und keine entsprechende Sorgfaltserklärung übermittelt wurde. Fehlen jedoch Nachweise zu Bestandteilen dieser Erzeugnisse, müssen KMUs die Sorgfaltspflichten insoweit selbst erfüllen.[1034] Wenn beispielsweise ein KMU-Sägewerk Rundholz zu Schnittholz verarbeitet und dieses dann in Verkehr bringt, muss es keine Sorgfaltspflichten erfüllen, soweit der vorgelagerte EU-Waldbesitzer, der ihm das Rundholz verkauft hat, bereits die entsprechenden Prüfungen vorgenommen hat und eine Sorgfaltserklärung erstellt hat.

Auch für Händler:innen hängen die Verpflichtungen von der Unternehmensgröße ab. Überschreitet zB Händlerin F die Größenmerkmale eines KMUs, unterliegt sie hinsichtlich der relevanten Rohstoffe und Erzeugnisse denselben Verpflichtungen wie Marktteilnehmer:innen. Ist Händlerin F hingegen ein KMU, muss sie die Referenznummer der

1032 Vgl Art 11 EUDR.

1033 Als KMU iSd EUDR gelten jene Unternehmen, welche zumindest zwei der drei nachfolgenden Größenmerkmale nicht überschreiten: (1) Bilanzsumme 25 Mio €; (2) Nettoumsatzerlöse: 50 Mio €; (3) 250 Beschäftigte (vgl Art 3 Abs 3 RL 2013/34/EU).

1034 Vgl Art 4 Abs 8 EUDR.

Sorgfaltserklärung sowie relevante Informationen von vor- und nachgelagerten Wirtschaftsteilnehmer:innen in der Lieferkette sammeln und speichern, unterliegt jedoch selbst keiner direkten Sorgfaltspflicht für relevante Erzeugnisse.[1035]

7.2.4.2.7. Vereinfachte Sorgfaltspflichtenprüfung

Marktteilnehmer:innen können eine vereinfachte Sorgfaltspflichtenprüfung anwenden, wenn sie nach umfassender Bewertung zu dem Schluss kommen, dass alle relevanten Rohstoffe und Erzeugnisse in Ländern oder Landesteilen erzeugt wurden, für die gemäß Art 29 EUDR ein geringes Risiko festgestellt wurde.[1036] Bewertet werden muss dabei zum einen die Komplexität der betreffenden Lieferkette und zum anderen das Risiko einer Umgehung der EUDR bzw einer Vermischung mit Erzeugnissen unbekannten Ursprungs oder aus Ländern oder Landesteilen mit einem hohen oder normalen Risiko. Im Falle einer positiven Bewertung durch die Marktteilnehmer:innen sind diese weder zu einer Risikobewertung nach Art 10 EUDR noch zu einer Risikominderung nach Art 11 EUDR verpflichtet. Diese Pflichten leben jedoch wieder auf, wenn die Marktteilnehmer:innen selbst oder durch eine dritte Quelle erfahren, dass ein Risiko für einen EUDR-Verstoß besteht.[1037]

Nach den jüngsten Klarstellungen durch die EU-Kommission können betroffene Unternehmen bestehende Sorgfaltserklärungen wiederverwenden, wenn Waren, die bereits auf dem EU-Markt waren, erneut eingeführt werden.[1038]

7.2.4.3. Rechtsfolgen bei Verstößen

In Österreich überwachen das Bundesamt für Wald und die Agrarmarkt Austria die Einhaltung der EUDR. Sie dürfen unangekündigte Kontrollen bei Unternehmen und Händler:innen durchführen und diese dokumentieren.[1039] Stellen sie einen Verstoß fest, muss das Unternehmen bzw der/die Händler:in in angemessener Zeit Korrekturmaßnahmen vornehmen.[1040] Entweder müssen dabei Handelstätigkeiten mit nicht konformen Erzeugnissen im Vorhinein verhindert werden oder es wird deren sofortige Rücknahme vom Markt angeordnet.[1041]

Zusätzlich müssen die Mitgliedstaaten für Verstöße gegen die EUDR wirksame, verhältnismäßige und abschreckende Strafvorschriften erlassen. Zu den möglichen Sanktionen zählen Geldstrafen in Höhe von mindestens 4 % des Gesamtumsatzes, die Einziehung der Einnahmen aus Geschäften mit nicht konformen Produkten, vorübergehende Einfuhr-, Bereitstellungs- oder Ausfuhrverbote sowie der Ausschluss von öffentlichen Vergabeverfahren (dh Aufträge öffentlicher Stellen oder Behörden) für bis zu zwölf Monate.[1042]

1035 Vgl Art 5 Abs 3 EUDR.
1036 Vgl Art 13 EUDR.
1037 Vgl Art 13 Abs 2 EUDR.
1038 Vgl Europäische Kommission, Approval of the updated content of a draft Commission Notice on the Guidance Document for Regulation (EU) 2023/1115 on Deforestation-Free Products (C/2024/6789), C(2025) 2485 final, 15.4.2025.
1039 Vgl Art 16 EUDR.
1040 Vgl Art 24 Abs 1 EUDR.
1041 Vgl Art 24 Abs 2 EUDR.
1042 Vgl Art 25 EUDR.

7.2.4.4. Erfolgreiche Umsetzung der EUDR in der Praxis: So stellen Sie Ihre Lieferkette auf den Prüfstand

Die Umsetzung der EUDR ist für Unternehmen eine große Herausforderung, vor allem bei der Einhaltung der Sorgfaltspflichten in der Lieferkette. Sie müssen Risiken bewerten, ihre Waren zurückverfolgen und alle nötigen Nachweise dokumentieren, um den Vorgaben der EUDR gerecht zu werden. Damit Unternehmen ihre Sorgfaltspflichten erfolgreich umsetzen können, brauchen sie eine gut durchdachte und vorausschauende Strategie. Zunächst sollten sie ihre Lieferkette genau analysieren und transparente, nachvollziehbare Abläufe implementieren. Dazu gehört vor allem, relevante Rohstoffe und Produkte zu identifizieren und sicherzustellen, dass alle nötigen Informationen zur Herkunft und Legalität vorliegen.

In der Praxis stellt sich insbesondere die Frage, wie Unternehmen überprüfen sollen, ob die gesetzlichen Vorgaben im Erzeugerland eingehalten werden. Dazu sind sowohl umfassende Rechtskenntnisse als auch die Prüfung der Lieferant:innen erforderlich, was mit erheblichem Aufwand verbunden ist. Da Unternehmen dies kaum allein bewältigen können, sind sie auf (lokale) Rechtsanwält:innen oder Zertifizierungsstellen angewiesen. Eine mögliche Lösung könnten hier Brancheninitiativen sein, die bestimmte Herkunftsländer, Regionen oder Lieferant:innen als EUDR-konform einstufen.

Ende Mai 2025 hat die EU-Kommission eine erste Länder-Benchmarking-Liste veröffentlicht, die Länder in die Risikokategorien „niedrig“, „Standard“ oder „hoch“ einstuft. Dies bringt Erleichterungen für die praktische Umsetzung mit sich, da bei Beschaffungen aus Ländern mit geringem Risiko bloß vereinfachte Sorgfaltspflichten für Marktteilnehmer:innen und Händler:innen zur Anwendung kommen. Konkret bedeutet dies, dass sie nur Informationen sammeln, aber keine Risiken bewerten und mindern müssen.

Ein effektives Due-Diligence-System ist entscheidend, um Risiken zu analysieren und geeignete Maßnahmen zur Risikominderung zu ergreifen. Digitale Lösungen können dabei helfen, Geolokalisierungsdaten zu erfassen und die Einhaltung der EUDR-Anforderungen nachvollziehbar zu dokumentieren. Darüber hinaus sollten Lieferverträge entsprechende Vertragsklauseln enthalten, die ihnen Informations- und Steuerungsrechte zusichern. Bei besonders kritischen Geschäftsbeziehungen sollten auch Audit- und Schulungsrechte vertraglich verankert werden. Gleichzeitig müssen Unternehmen ihre internen Compliance-Strukturen anpassen und ihre Mitarbeiter:innen für die Anforderungen der EUDR sensibilisieren und schulen.

Der Austausch mit Branchenverbänden und die Nutzung zertifizierter Nachhaltigkeitsstandards können Unternehmen dabei helfen, die EUDR-Anforderungen effizient umzusetzen. Wer frühzeitig Anpassungen vornimmt und die Vorgaben konsequent umsetzt, minimiert nicht nur rechtliche Risiken, sondern trägt auch dazu bei, langfristig nachhaltige und verantwortungsbewusste Lieferketten zu schaffen und treibt so den Wandel zur Kreislaufwirtschaft voran.

7.2.5. Normung und Governance im Kontext der Kreislaufwirtschaft

Reinhard Weissinger

7.2.5.1. Einleitung

Normen spielen für die praktische Umsetzung der Kreislaufwirtschaft eine zentrale Rolle: Sie schaffen Klarheit über Anforderungen, ermöglichen Vergleichbarkeit und fördern die Zusammenarbeit entlang von Wertschöpfungsketten. Für Unternehmen sind sie ein wichtiges Instrument, um Innovationen marktfähig zu machen, neue Geschäftsmodelle zu etablieren und regulatorischen Vorgaben zu entsprechen.

Das vorliegende Kapitel gibt einen Überblick über das Normungssystem mit seinen unterschiedlichen Ebenen und Akteuren, charakterisiert die wichtigsten Normungsorganisationen und stellt generell die Funktionen von Normen vor. Im Anschluss wird eine Taxonomie von Normen zur Kreislaufwirtschaft vorgestellt und einige Aspekte dieser Normen werden beleuchtet. Abschließend wird die Rolle der Normung als Teil einer zunehmend hybriden und zwischen verschiedenen Akteuren geteilten Form von Governance thematisiert. Diese wird durch die Kreislaufwirtschaft weiter gefördert, da in ihr staatliche und eine Vielzahl privater Akteure miteinander kooperieren.

7.2.5.1.1. Akteure in der Normung

Normen werden von vielen Akteuren gemeinsam entwickelt. Dementsprechend gibt es verschiedene Normen mit unterschiedlichem Status. Bei den Akteuren kann es sich um einzelne Unternehmen oder um Gruppen von Unternehmen handeln, die als Konsortien organisiert sind und Normen für ihre internen Zwecke oder zum Aufbau von Märkten für ihre Produkte auf der Grundlage eines gemeinsamen, in Konsortialnormen definierten Designs entwickeln.

Am anderen Ende des Spektrums stehen Organisationen für die Entwicklung von Normen, die Interessengruppen aus Industrie, Wirtschaft, Wissenschaft, Behörden, Verbraucher:innen und anderen gesellschaftlichen Gruppen zusammenbringen und in der Form nationaler, regionaler oder internationaler Normungsgremien organisiert sind. Die regionalen und internationalen Organisationen haben typischerweise eine nationale Basis und beruhen auf der Zusammenarbeit ihrer nationalen Mitgliedsorganisationen. Diese Mitglieder arbeiten über nationale Delegationen, die nationale Konsenspositionen in regionalen oder internationalen Normungsgremien vertreten.

Unabhängig von ihrer spezifischen Ausprägung und ihrem speziellen Fachgebiet, ist es für die meisten Normen erarbeitende Organisationen typisch, dass sie bestrebt sind, Vertreter:innen unterschiedlicher relevanter Interessengruppen für die Entwicklung ihrer Normen zu gewinnen („Multi-Stakeholder-Prozess"). Die Erarbeitung von Normen beruht auf dokumentierten Prozeduren, die sich in der Regel an den Prinzipien Offenheit, Transparenz und Konsens orientieren, um so den allgemein anerkannten Grundsätzen für Normungsarbeit der Internationalen Organisation für Normung (ISO) und ihrer Schwesterorganisation, der Internationalen Elektrotechnischen Kommission (IEC), und der Welthandelsorganisation (WTO) zu entsprechen (siehe Kap 7.2.5.1.4.).

7.2.5.1.2. Definition und Rechtsstatus von Normen

Basierend auf den Definitionen von ISO/IEC[1043] und WTO[1044], die nicht vollständig übereinstimmen, wird für die Zwecke dieses Beitrags der Begriff „Norm“ wie folgt definiert:

> Normen sind in der Regel freiwillige Instrumente, die sich auf Produkte, Verfahren, Systeme, Dienstleistungen usw. beziehen und im Konsens von interessierten Kreisen entwickelt werden. Der Zweck von Normen besteht darin, für die gemeinsame und wiederholte Verwendung Regeln, Leitlinien oder Merkmale für Tätigkeiten oder deren Ergebnisse bereitzustellen.

Normen sollten auf den konsolidierten Ergebnissen von Wissenschaft, Technik und Erfahrung beruhen und auf die Förderung eines optimalen Nutzens für die Gemeinschaft ausgerichtet sein.

Der rechtliche Status von Normen, deren Befolgung freiwillig ist, kann sich durch ihre Referenz in Gesetzen, Rechtsvorschriften oder in privaten Verträgen ändern und rechtsverbindlich werden.

7.2.5.1.3. Funktionen von Normen

Zusätzlich zu den oben genannten „Regeln, Richtlinien oder Merkmalen für Aktivitäten oder deren Ergebnisse“ werden die Funktionen von Normen typischerweise in folgenden Bereichen gesehen:

- Definition von Begriffen und Terminologien (Schaffung einer „gemeinsamen Sprache“),
- Bereitstellung von Taxonomien und Klassifikationssystemen,
- Festlegung grundlegender Anforderungen an Produkte und Dienstleistungen („Gebrauchstauglichkeit“),
- Festlegung von Prüfmethoden, um sicherzustellen, dass Anforderungen erfüllt werden und Prüfergebnisse verlässlich sind,
- Gewährleistung der Kompatibilität und Austauschbarkeit (Beitrag zu Netzwerkeffekten),
- Verringerung der Vielfalt von Produkten und Materialien,
- Gewährleistung von Gesundheit, Sicherheit und Umweltschutz,
- Unterstützung von Organisationen und anderen Einrichtungen bei ihren Managementpraktiken.

Eine zunehmend wichtige Funktion von Normen ist die Förderung von Innovationen: Normen können ein Mittel sein, neues Wissen in Wirtschaft und Gesellschaft zu verbreiten. Damit können sie dazu beitragen, einen gemeinsamen Bezugsrahmen und Regeln für die Zusammenarbeit von Akteuren aus Wirtschaft, Handel, Wissenschaft, öffentlichen und privaten Einrichtungen auf nationaler und internationaler Ebene zu schaffen.

1043 ISO und IEC (2004). ISO/IEC Guide 2 Standardization and related activities – General vocabulary. ISO und IEC. Genf. https://www.iso.org/obp/ui/#iso:std:iso-iec:guide:2:ed-8:v1:en, abgerufen am 11.6.2025.

1044 WTO (1994). Agreement on Technical Barriers to Trade, Annex 1: Terms and their definitions for the purpose of this agreement. https://www.wto.org/english/docs_e/legal_e/17-tbt_e.htm, abgerufen am 11.6.2025.

7.2.5.1.4. Prozess der Normenerarbeitung

Alle Normungsorganisationen besitzen dokumentierte Verfahren für die Entwicklung ihrer Normen. Diese Verfahren regeln die einzelnen Schritte von der Einleitung eines Normungsprojekts bis hin zur Veröffentlichung der fertigen Norm. In Übereinstimmung mit den Anforderungen des WTO-Abkommens zu Technischen Handelshemmnissen sehen viele Normungsorganisationen eine Mindestfrist von 60 Tagen für Einsprachen gegen einen veröffentlichten Normentwurf vor. Diese Frist gibt potenziell betroffenen Parteien die Möglichkeit, ihre Bedenken zu veröffentlichten Normentwürfen vorzubringen. Ziel ist es, so mögliche negative Auswirkungen neuer Normen auf den internationalen Handel, wirtschaftliche oder soziale Bereiche zu vermeiden oder zu begrenzen.[1045]

7.2.5.1.5. Normungsorganisationen im Überblick

Es gibt verschiedene Möglichkeiten, Normungsorganisationen zu klassifizieren. Im Folgenden wird unterschieden zwischen

- nationalen Normungsorganisationen,
- regionalen Normungsorganisationen,
- internationalen Normungsorganisationen,
- anderen Normungsorganisationen.

Manchmal werden nationale, regionale und internationale Normungsorganisationen auch gemeinsam als „offizielle“ Normungsorganisationen bezeichnet, um sie von den „anderen“ Normungsorganisationen zu unterscheiden.

7.2.5.1.5.1. Nationale Normungsorganisationen

Wie der Name sagt, bilden nationale Normungsorganisationen eine zentrale Anlaufstelle für Normungsaktivitäten in einem Land und vertreten nationale Interessen in regionalen und internationalen Normungsgremien. Beispiele sind Organisationen wie die British Standards Institution (BSI), Standards Australia (SA), die Standardization Administration of China (SAC), das DIN Deutsches Institut für Normung e.V. oder das Austrian Standards Institute (ASI). Derzeit sind etwa 70 % der nationalen Normungsorganisationen staatlich. Da nationale Normungsorganisationen in ihren Ländern eine offizielle Funktion ausüben, besitzen sie, auch wenn es sich um nicht-staatliche Institutionen handelt, die Anerkennung der Regierung ihres Landes durch ein Normungsgesetz, einen Vertrag oder eine andere Form der Vereinbarung.

Die Aufgaben der nationalen Normungsinstitute sind in den einzelnen Ländern sehr unterschiedlich: In vielen Ländern der EU werden der größte Teil der Normenentwicklung und der Normungsaktivitäten zentral von den nationalen Normungsorganisationen organisiert und betrieben. In anderen Ländern hingegen beschränkt sich deren Rolle auf die eines Verwalters und Koordinators, während die inhaltliche Normenentwicklung

1045 WTO (1994). Agreement on Technical Barriers to Trade, Annex 3: Code of good practice for the preparation, adoption and application of standards, Article L. https://www.wto.org/english/docs_e/legal_e/17-tbt_e.htm, abgerufen am 11.6.2025.

von spezialisierten technischen und professionellen Organisationen durchgeführt wird. In den USA etwa beschränkt sich die Rolle des American National Standards Institute (ANSI) auf a) die Verwaltung der Normungsaktivitäten von mehreren hundert autonomen Normungsorganisationen in den USA, die alle ihre eigenen Normen entwickeln und veröffentlichen, und b) die Vertretung der USA in internationalen und regionalen Normungsgremien. Unter dieser Vielzahl von US-Normungsorganisationen haben einige einen weithin anerkannten internationalen Status und Einfluss, wie zB ASTM International auf dem Gebiet der Material- und Prüfnormen.

7.2.5.1.5.2. Regionale Normungsorganisationen

Es gibt viele regionale oder subregionale Normungsorganisationen, deren Mitglieder die nationalen Normungsinstitute der jeweiligen Region sind. Einige von ihnen, wie der Pacific Area Standards Congress (PASC), fungieren eher als Plattform für den politischen Dialog und den Austausch in Bezug auf Normung, Konformitätsbewertung und Handelsfragen.

Andere regionale Normungsorganisationen entwickeln tatsächlich regionale Normen, um den Handel und die Zusammenarbeit in der Region zu erleichtern. Die in dieser Hinsicht am weitesten entwickelte Region ist die Europäische Union mit über 26.700 Normen und anderen Dokumenten, die von den beiden europäischen Normungsorganisationen CEN und CENELEC veröffentlicht wurden, und zwischen 30.000 und 40.000 Normen, die von ETSI, dem Europäischen Institut für Telekommunikationsnormen, veröffentlicht wurden (alle Zahlen für Ende 2024).[1046]

7.2.5.1.5.3. Internationale Normungsorganisationen

Die weithin anerkannten internationalen Normungsorganisationen sind die:

- Internationale Organisation für Normung (ISO),
- Internationale Elektrotechnische Kommission (IEC),
- Internationale Fernmeldeunion (ITU).

Ende 2024 hatte ISO über 25.700 Normen veröffentlicht und IEC über 12.000.[1047]

Die Mitglieder dieser internationalen Normungsorganisationen sind nationale Normungsinstitute oder Stellen, die auf nationaler Ebene mit Elektrotechnik/Elektronik oder Telekommunikation befasst sind.

Eine enge Zusammenarbeit besteht insbesondere zwischen ISO und CEN (die beide alle Fachgebiete außer Elektronik und Elektrotechnik abdecken) und IEC und CENELEC (die beide Elektronik und Elektrotechnik abdecken). Diese Organisationen haben Vereinbarungen über den Informationsaustausch, aber auch die gemeinsame Entwicklung von Normen geschlossen, die zu identischen internationalen und europäischen Normen werden sollen.

Andere Zwischenregierungsorganisationen entwickeln ebenfalls Normen, wie zB die Ernährungs- und Landwirtschaftsorganisation der Vereinten Nationen (FAO) mit den

1046 Siehe www.cen.eu, www.cenelec.eu und www.etsi.eu, abgerufen am 11.6.2025.
1047 Siehe www.iso.org und www.iec.ch, abgerufen am 11.6.2025.

Landwirtschaftsministerien als Vertretungen der nationalen Mitglieder oder die Weltgesundheitsorganisation (WHO) mit Gesundheitsministerien als Mitgliedern.

7.2.5.1.5.4. Andere Normungsorganisationen

Es gibt Hunderte von Organisationen, die Normen für bestimmte, oft sehr spezielle Themenbereiche entwickeln. Die meisten dieser Organisationen entstanden seit den 1980er-Jahren aus Initiativen der Industrie oder der Zivilgesellschaft – häufig als Reaktion auf die als langsam und administrativ aufwendig empfundene Arbeitsweise der offiziellen Normungsorganisationen.

Diese Organisationen sind oft als Konsortien organisiert und haben Unternehmen oder Einzelpersonen als Mitglieder. Beispiele sind die Internet Engineering Task Force (IETF) oder das World Wide Web Consortium (W3C), die auf dem Gebiet der Informations- und Kommunikationstechnologie (IKT) arbeiten.

Ein besonders lebendiger Bereich sind die Nachhaltigkeitsstandards – etwa für Landwirtschaft, Aquakultur, Forstwirtschaft, Sozial- und Arbeitsbedingungen oder fairen Handel. Normen dieser Organisationen werden oft als freiwillige Nachhaltigkeitsstandards (Voluntary Sustainability Standards, VSS) bezeichnet, wobei Organisationen wie Social Accountability International (SAI), Fair Trade International, die Better Cotton Initiative (BCI) oder die ISEAL Alliance Leitlinien für die Entwicklung von Standards bereitstellen.

Ein weiterer nennenswerter Bereich ist die Nachhaltigkeitsberichterstattung: Hier wird die finanzorientierte Rechnungslegung auf nichtfinanzielle Bereiche (ökologische, soziale und Governance-Aspekte) ausgedehnt. Wichtige Akteure in diesem Feld sind Organisationen wie die Global Reporting Initiative (GRI), EFRAG (mit europäischen Nachhaltigkeitsstandards), die IFRS-Foundation (mit internationalen Nachhaltigkeitsstandards) und andere.

Einige dieser Organisationen haben eine globale Reichweite und erstellen weltweit anerkannte und weit verbreitete Normen. Im Laufe der Zeit hat auch die Zusammenarbeit zwischen diesen und den offiziellen Normungsorganisationen zugenommen. Letztere haben Themen aufgenommen, die im Zentrum der Arbeit von VSS-Organisationen oder IKT-Konsortien stehen, und haben Kooperationsbeziehungen mit diesen entwickelt.

7.2.5.1.6. Übernahme von Normen in nationale Normenwerke

In vielen Fällen übernehmen nationale Normungsorganisationen Normen, die im Rahmen internationaler oder regionaler Normungsorganisationen entwickelt worden sind, als ihre eigenen nationalen Normen. Die Übernahme von Normen verringert den Zeit- und Arbeitsaufwand für ihre Entwicklung und trägt zur Konsistenz zwischen den in verschiedenen Ländern und Regionen geltenden Normen bei. Um sicherzustellen, dass eine Norm den Anforderungen eines Landes oder einer Region entspricht, ist es wichtig, dass eine nationale Normungsorganisation an der Entwicklung der internationalen oder regionalen Norm mitgewirkt und diese beeinflusst hat. Abb 67 zeigt die grundsätzlichen Möglichkeiten der Übernahme:

- Eeine internationale Norm (IN) wird direkt als nationale Norm (NN) übernommen,
- eine internationale Norm wird als regionale Norm (RN), zB von CEN oder CENELEC, und diese dann als nationale Norm übernommen,
- eine regionale Norm wird als nationale Norm übernommen.

In Ausnahmefällen kann die nationale Normungsorganisation eines Landes nationale Normen eines anderen Landes übernehmen. In Übereinstimmung mit den von ISO und IEC entwickelten Regeln für die Übernahme kann eine übernommene Norm technische oder redaktionelle Änderungen beinhalten. Dies ist als sogenannte „modifizierte" Übernahme zulässig, solange die Modifizierungen klar gekennzeichnet und erläutert sind. Zu einer Übernahme gehört in der Regel, aber nicht notwendigerweise, auch die Übersetzung einer Norm in die Sprache, die im Land der übernehmenden nationalen Organisation verwendet wird.

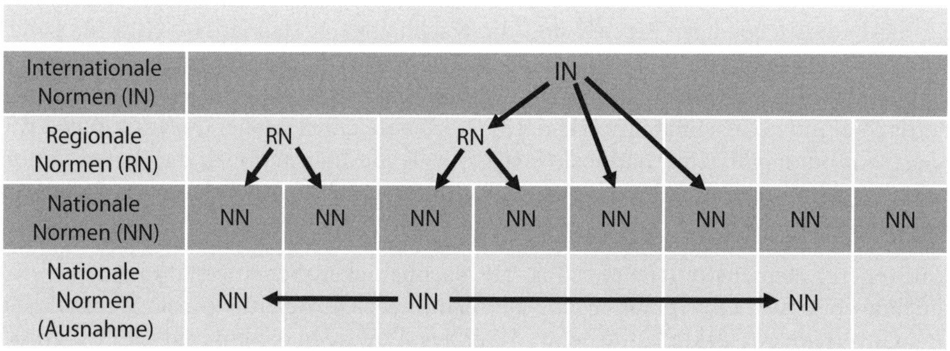

Abb 67: Grundsätze der Übernahme internationaler oder regionaler Normen in nationale Normen [Quelle: Reinhard Weissinger]

7.2.5.1.7. Die Qualitätsinfrastruktur

Normung ist Teil eines umfassenderen Systems, das häufig als Qualitätsinfrastruktur (QI) bezeichnet wird.[1048] Nach der Definition des Internationalen Netzwerks zur Qualitätsinfrastruktur, INetQI, das aus 15 internationalen Organisationen besteht, die auf dem Gebiet QI arbeiten oder damit zu tun haben, setzt sich QI aus den folgenden fünf Elementen zusammen:

- Messwesen (Metrologie),
- Normung,
- Akkreditierung,
- Konformitätsbewertung (Tests, Prüfung und Zertifizierung),
- Marktüberwachung.[1049]

1048 Siehe z.B. Kellermann, M. (2019). Ensuring quality to gain access to global markets. A reform toolkit. Weltbank und Physikalisch-Technische Bundesanstalt (PTB). Washington. https://thedocs.worldbank.org/en/doc/249621553265195570-0090022019/original/FullQIToolkitReport.pdf, abgerufen am 11.6.2025.

1049 Siehe www.iso.org und www.iec.ch, abgerufen am 11.6.2025.

Im Wesentlichen stellt das QI-System die administrative, verwaltungstechnische und technische Infrastruktur zur Verfügung, deren Kernziel in der Gewährleistung der Produktsicherheit besteht. Das QI-System stellt sicher, dass Produkte gemessen (Messwesen), technische Anforderungen (Normen) für Produkte, Dienstleistungen und Systeme entwickelt, überprüft und deren Einhaltung festgestellt wird (durch Konformitätsbewertung, inklusive Zertifizierung). Die Aufgabe der Akkreditierung ist es, sicherzustellen, dass die Stellen, die in der Konformitätsbewertung tätig sind, selbst die erforderliche Kompetenz für diese Aufgaben besitzen. Die Rolle der Marktüberwachung ist es, ausgewählte und bereits auf dem Markt befindliche Produkte durch Stichproben hinsichtlich ihrer Einhaltung von gesetzlich vorgeschriebenen Anforderungen zu prüfen.

QI ist typischerweise auf nationaler Ebene organisiert (National Quality Infrastructure – NQI), basiert jedoch auf international festgelegten und akzeptierten Grundsätzen. Diese dienen dazu, die gegenseitige Anerkennung von Ergebnissen von Konformitätsbewertungen zu gewährleisten, um den Handel zu erleichtern und Mehrfachprüfungen beim Überschreiten von Landesgrenzen zu vermeiden.

Darüber hinaus erfüllt QI auch eine wichtige politische Funktion, denn sie trägt zur Gewährleistung der Sicherheit, Zuverlässigkeit und gesundheitlichen Verträglichkeit von Produkten bei. Damit ist sie ein Schlüsselinstrument zur Umsetzung technischer Vorschriften in Bezug auf Produktsicherheit, Gesundheits- und Umweltaspekte von Produkten, deren Prüfung sowie von Produktionsverfahren. So kann QI beispielsweise eine wichtige Rolle dabei spielen, sicherzustellen, dass Materialien bestimmte Anforderungen an biologische Abbaubarkeit, Kompostierbarkeit oder Recyclingfähigkeit erfüllen.

7.2.5.1.8. Normen als Quelle von Innovation

Normen können ein wirksames Instrument sein, um neues Wissen aus Forschung und Entwicklung in Wirtschaft und Gesellschaft zu verbreiten. Wie in Abb 68 dargestellt, fließt neues Wissen in den Normungsprozess ein und wird in Normen kodifiziert. Durch deren Anwendung in Betrieben, im Handel und in anderen Bereichen wird dieses Wissen verbreitet und kann Innovationen anstoßen, die dann in Wirtschaft und Gesellschaft zu Veränderungen und Verbesserungen führen.

Die Einhaltung von Normen kann über Audits von unabhängigen Parteien geprüft werden. Normenkonformität von Produkten, Prozessen und Dienstleistungen kann durch Zertifizierung an Nutzer:innen und Verbraucher:innen kommuniziert werden.

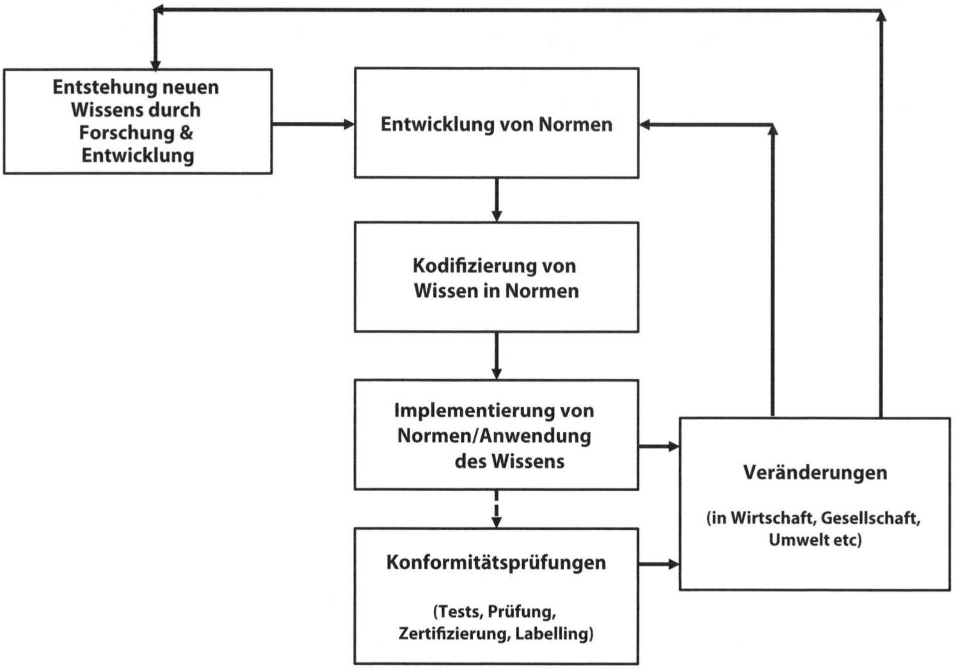

Abb 68: Verbreitung neuen Wissens aus Forschung und Entwicklung durch Normen
[Quelle: Reinhard Weissinger]

7.2.5.1.9. Taxonomie von Normen für die Kreislaufwirtschaft[1050]

In diesem Kapitel wird eine Taxonomie für Normen der Kreislaufwirtschaft (KLW) vorgestellt, die im Rahmen eines Projekts von DIN, DKE und VDI zur Entwicklung einer Normungsroadmap für die Kreislaufwirtschaft im Jahr 2022 entstanden ist.[1051] Die Zielsetzung des Projektes bestand darin, Fachgebiete und Bereiche zu identifizieren, in denen Normen zur KLW benötigt werden, bisher aber noch nicht existieren. Die dort erarbeitete Taxonomie kann dazu dienen, die Grundfunktion von Normen im Hinblick auf die KLW zu klassifizieren und zu klären, in welchen Bereichen KLW-Normen bereits vorhanden sind bzw eingesetzt werden können. Damit bietet sie auch eine praxisnahe Orientierung für Unternehmen bei der Umsetzung zirkulärer Strategien. Die Taxonomie besteht aus vier Ebenen:[1052]

1050 Dieser Abschnitt folgt Weissinger, R. (2022). Circular Economy: Entwicklung einer Normen-Taxonomie. DIN-Mitteilungen, Dezember 2022, S 19–25. https://www.din.de/resource/blob/900294/e003fa872649530f4ec31d8f4b321531/ce-taxonomie-weissinger-din-mitteilungen-2022-12-data.pdf, abgerufen am 11.6.2025.

1051 Siehe z.B. Kellermann, M. (2019). Ensuring quality to gain access to global markets. A reform toolkit. Weltbank und Physikalisch-Technische Bundesanstalt (PTB). Washington. https://thedocs.worldbank.org/en/doc/249621553265195570-0090022019/original/FullQIToolkitReport.pdf, abgerufen am 11.6.2025.

1052 Weissinger, R. (2022). Circular Economy: Entwicklung einer Normen-Taxonomie. DIN-Mitteilungen, Dezember 2022, S 19-25. https://www.din.de/resource/blob/900294/e003fa872649530f4ec31d8f4b321531/ce-taxonomie-weissinger-din-mitteilungen-2022-12-data.pdf, abgerufen am 11.6.2025.

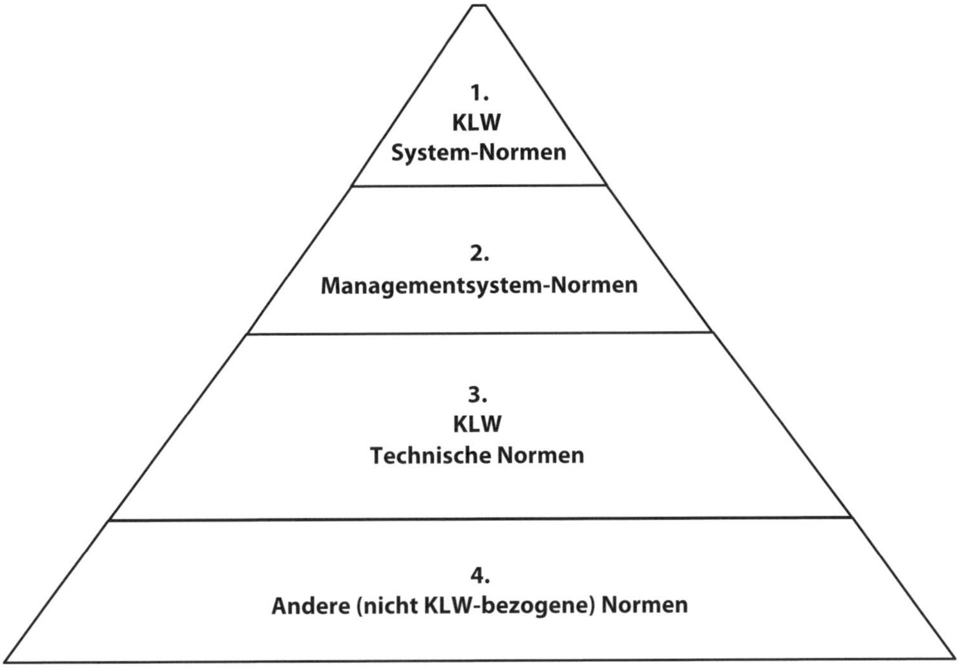

Abb 69: Taxonomie von Normen für die Kreislaufwirtschaft [Quelle: Reinhard Weissinger]

Wie Abb 69 zeigt, besteht die vorgeschlagene Taxonomie aus vier Ebenen, die ich im Folgenden erläutern möchte.

Ebene 1 besteht aus „System-Normen" für die Kreislaufwirtschaft: Normen dieser Ebene definieren einen allgemeinen Rahmen und grundlegende Prinzipien für Zirkularität. Diese Normen können von einer Organisation, einem Industriesektor oder auch einem Land verwendet werden, um ein System der Zirkularität zu definieren bzw Anforderungen an die Zirkularität von Kernprozessen und Abläufen zu beschreiben. Auf dieser Grundlage können Prozesse inkrementell von ihrer derzeitigen linearen in eine stärker zirkuläre Struktur transformiert werden. Normen auf dieser Ebene unterstützen eine übergeordnete organisatorische Governance in und zwischen Organisationen, sind in der Regel generisch und können von allen Industriebranchen, technischen Sektoren oder Organisationstypen angewendet werden. Beispiele für diese Normen sind die Normen der Reihe ISO 59000.

Ebene 2 besteht aus „Managementsystem-Normen": Diese Normen helfen Organisationen bei der Definition ihrer Strategie, bei der Festlegung messbarer Ziele und Indikatoren und der Definition von Prozessen, durch die diese Ziele erreicht werden sollen. Basierend auf der Zirkularitätsorientierung, die durch die System-Normen der Ebene 1 bereitgestellt wird, können Managementsystem-Normen dabei helfen, Schlüsselaspekte der Zirkularität von Unternehmen zu operationalisieren, Prozesse zirkulärer zu gestalten und Status und Fortschritte in der Zirkularität messbar zu machen.

Ebene 3 besteht aus „Technischen Normen" für die Kreislaufwirtschaft: Solche Normen enthalten Anforderungen an Produkte, Prozesseigenschaften und Spezifikationen, die häufig mit einigen der R-Strategien in Verbindung gebracht werden können. Dies sind Normen zur Reparatur, Wiederverwendung, Instandsetzung, Wiederaufarbeitung, Recycling usw oder zum Design von Produkten, die solche Strategien unterstützen (zB Design-Normen zur Erleichterung der Reparatur oder des Recyclings während des Lebenszyklus eines Produkts oder seiner End-of-Life-Phase). Normen auf dieser Ebene sind in der Regel spezifisch für eine bestimmte Branche oder einen bestimmten technischen Sektor, wie zB die Wiederaufarbeitung von Fahrzeugen oder das Recycling von Textilien. Auf der Grundlage und integriert mit Normen der Ebene 1, die ausdrücklich den Übergang zur Zirkularität zum Ziel haben, können Normen der Ebene 3 eine wichtige Rolle bei der Transformation zu einer Kreislaufwirtschaft spielen.

Ebene 4 umfasst eine große Anzahl und Vielfalt von „Sonstigen (nicht KW-bezogenen) Normen", wie zB Normen zur Stichprobenentnahme, Normen für Tests und Prüfung, aber auch Normen, die sich auf die Terminologie in bestimmten Bereichen beziehen, Normen mit Anforderungen zur Leistung von Produkten oder etwa IT-Systemen. Diese Normen sind nicht spezifisch für die Kreislaufwirtschaft und nicht zum Zweck der Unterstützung eines Übergangs zur Kreislaufwirtschaft entwickelt worden. Sie sind jedoch aufgrund des in ihnen enthaltenen technischen Wissens relevant und können, durch eine Kombination mit den Normen der Ebenen 1, 2 und 3, wesentliche Instrumente zur Unterstützung eines Übergangs zur Kreislaufwirtschaft darstellen.

Normen der Ebenen 1 und 3 können daher als „Kreislaufwirtschafts-Normen" bezeichnet werden, während Normen der Ebenen 2 und 4, aufgrund ihrer Funktionen oder des in ihnen enthaltenen Wissens, eine unterstützende Funktion für die Kreislaufwirtschaft haben, ohne speziell für die Kreislaufwirtschaft entwickelt worden zu sein.

7.2.5.1.10. Hybride und geteilte Formen von Governance

Angesichts von Ressourcenengpässen, Klimawandel und globalen Programmen wie den Nachhaltigkeitszielen der Vereinten Nationen, hat die Bedeutung der Kreislaufwirtschaft stetig zugenommen. Barrie et al stellten fest, dass bis Mai 2024 bereits in über 70 Ländern Strategien, Roadmaps oder andere Initiativen zur Kreislaufwirtschaft erarbeitet worden sind.[1053] Auch wenn diese Initiativen durch Gegenbewegungen zeitweise in Frage gestellt werden mögen, besteht kein Zweifel an der Notwendigkeit einer ressourcenschonenden und -reduzierenden Politik und Praxis, die auch zu einer einschneidenden Reduzierung von CO_2-Emissionen führen muss.

In diesem Zusammenhang kommt es zunehmend zu einer Kooperation zwischen Normung und politischer bzw regulatorischer Rahmensetzung. Als Beispiel kann der Europäische „Green Deal" dienen, in dem von der EU politische Ziele und Programme definiert worden sind, die mit EU-Mitteln finanziell gefördert werden. Normungsorganisationen und Akteure, die sich in der Normung engagieren, leisten durch technische, organisatori-

1053 Barrie, J., Salminen, I., Schroder, P., Stucki, J. (2024). National circular economy roadmaps: A global stocktake for 2024. UNIDO, Chatham House. Vienna. https://www.unido.org/sites/default/files/unido-publications/2024-05/UNIDO_National%20circular%20economy%20roadmaps_v07.pdf, abgerufen am 11.6.2025.

sche und verfahrensbezogene Regeln einen Beitrag zu dieser Politik. Beide Aspekte, Politik und Rechtssetzung einerseits und Normung andererseits, greifen ineinander und ergänzen sich. Ähnliche Beispiele gibt es auch in anderen Ländern (zB in China).

Ein weiteres Phänomen der Kreislaufwirtschaft ist die Notwendigkeit der Kooperation zwischen verschiedenen Organisationen, die gemeinsam ein holistisches Konzept von Ressourcengewinnung, Produktion, Nutzung und Verbrauch verfolgen. Nur durch die Zusammenarbeit unterschiedlicher Akteure in Wertschöpfungsketten auf der Grundlage eines gemeinsamen Verständnisses des gesamten Produktlebenszyklus lässt sich eine Kreislaufwirtschaft schrittweise verwirklichen. Ein solches gemeinsames Verständnis muss Design, Bereitstellung bzw Erzeugung neuer und sekundärer Rohstoffe, Produktion, Reparatur und Wartung, Aufbereitung und Wiederverwendung von Produkten, Produktteilen und Materialien und schließlich die Entsorgung umfassen.

In diesem Sinne können Normen zur Kreislaufwirtschaft dazu beitragen, neue Formen von Governance zu fördern, in denen die Zusammenarbeit zwischen Gesetzgebern, Gesellschaft und Wirtschaft weiterentwickelt wird.

7.3. Produktpolitik & Konsument:innenrecht

7.3.1. Die neue Ökodesign-Verordnung: Nachhaltigkeitsanforderungen im Produktrecht

Valentin Polla/Jakob Jaritz

7.3.1.1. 7Einleitung

Die Europäische Union („EU“) soll im Rahmen des European Green Deal zu einer nachhaltigeren, wettbewerbsfähigen und klimaneutralen Kreislaufwirtschaft umgestaltet werden. Ein essenzieller Teil dieser Transformationsstrategie ist es, durch neue Ökodesign-Anforderungen ein Mindestmaß an Energieeffizienz und Kreislauffähigkeit für eine breite Anzahl von Produkten zu schaffen. Als zentrale Rechtsvorschrift zur Erreichung dieses Ziels dient die am 18.7.2024 in Kraft getretene Verordnung (EU) 2024/1781 zur Schaffung eines Rahmens für die Festlegung von Ökodesign-Anforderungen für nachhaltige Produkte[1054] (im Folgenden nur die „Ökodesign-VO“) und die darauf basierenden delegierten Rechtsakte der Europäischen Kommission. Dieses Kapitel beleuchtet die Entwicklung der Ökodesign-Anforderungen sowie die Zielsetzung, den Anwendungsbereich und den Anforderungskatalog der neuen Ökodesign-VO und analysiert anschließend die relevanten Neuerungen sowie Änderungen für die Wirtschaftsakteur:innen.

7.3.1.2. Entwicklung der Ökodesign-Anforderungen in Europa

Zu Beginn der Auseinandersetzung mit den rezenten Entwicklungen im Bereich der Ökodesign-Anforderungen muss geklärt werden, was Ökodesign-Anforderungen überhaupt sind. Die genaue Begriffsdefinition ist aber mangels einer einheitlichen gesetzlichen Determination durchaus herausfordernd. Von öffentlichen Stellen wird Öko-

1054 Verordnung (EU) 2024/1781, ABl L 1781 vom 28.6.2024, S 1.

design etwa als Mindestanforderung an Produkte in Bezug auf Energieeffizienz[1055], umweltgerechte Gestaltung von Produkten[1056] oder als ein systematischer und umfassender Gestaltungsansatz für verringerte Umweltbelastungen durch verbessertes Produktdesign über den gesamten Lebensweg[1057] bezeichnet. Ganz allgemein handelt es sich bei Ökodesign-Anforderungen um Bestimmungen, durch welche Produkte nachhaltiger gestaltet werden sollen und die Umweltauswirkungen dieser Produkte während ihrer gesamten Lebensdauer minimiert werden sollen.

Die Historie der Ökodesign-Anforderungen in Europa begann nicht erst mit der 2024 in Kraft getretenen Ökodesign-VO. Bereits zuvor wurde durch die Richtlinie (EU) 2009/125/EG zur Schaffung eines Rahmens für die Festlegung von Anforderungen an die umweltgerechte Gestaltung energieverbrauchsrelevanter Produkte („Ökodesign-Richtlinie“)[1058] ein erster Rahmen geschaffen, welcher jedoch auf energieverbrauchende Produkte beschränkt war. Sohin auf Produkte, die Energie verbrauchen oder anderweitige Umweltauswirkungen haben. Die Richtlinie wurde in Österreich durch Novellierung der sogenannten Ökodesign-Verordnung 2007 umgesetzt[1059]. Darüber hinaus wurde die EU-Kommission in der Richtlinie angehalten, für verschiedene Produktkategorien ökologische Anforderungen zu definieren, vor allem in Bezug auf Ressourceneffizienz und Energieverbrauch. Dies wurde in den folgenden Jahren auch mittels Durchführungsverordnungen umgesetzt, etwa für die umweltgerechte Gestaltung von Lampen[1060], Energieeffizienz von Bürogeräten[1061], für Wärmespeicher[1062] oder die umweltgerechte Gestaltung von Kühlgeräten[1063]. Die einzelnen Durchführungsverordnungen legten dabei spezifische Vorschriften für verschiedene – insgesamt über 40 – Produktgruppen fest.

Durch die am 28.6.2024 veröffentlichte neue Ökodesign-VO ist nunmehr ein neues Zeitalter der nachhaltigen Produktgestaltung in Europa angebrochen. Zum einen verfolgt die Verordnung einen breiteren und weitergehenden Ansatz als die bisherigen Rechtsakte der Europäischen Union, zum anderen entfaltet die neue Verordnung, anders als die bisherige Richtlinie in den Mitgliedstaaten der Europäischen Union, unmittelbare Wirkung und muss daher nicht mehr individuell umgesetzt werden. Dabei gilt es jedoch zu beachten, dass die wesentlichen Bestimmungen der Ökodesign-Richtlinie für eine Übergangsfrist von zweieinhalb Jahren weiterhin gelten und dass die Sanktionen und die nationale Zuständigkeit auch weiterhin von den nationalen Gesetzgebern geregelt werden müssen, weshalb nationalstaatliche Regelungen weiterhin notwendig sind.

1055 Ökodesign-Anforderungen, https://europa.eu/youreurope/business/product-requirements/compliance/ecodesign/index_de.htm, abgerufen am 31.1.2025.
1056 Ökodesign – umweltgerechte Gestaltung energieverbrauchsintensiver Produkte, https://www.bmk.gv.at/themen/energie/effizienz/oekodesign.html, abgerufen am 31.1.2025.
1057 Ökodesign – mit Produktdesign Umweltbelastungen reduzieren, https://www.umweltbundesamt.de/themen/wirtschaft-konsum/produkte/oekodesign, abgerufen am 31.1.2025.
1058 RL 2009/125/EG, ABl L 285 vom 31.10.2009, S 10.
1059 StF BGBl II 2007/126.
1060 VO (EG) Nr 244/2009, ABl L 76 vom 24.3.2009.
1061 VO (EU) Nr 617/2013, ABl L 175 vom 27.6.2013.
1062 VO (EU) Nr 811/2013, ABl L 239 vom 6.9.2013.
1063 VO (EU) Nr 2019/2023, ABl L 315 vom 5.12.2019.

7.3.1.3. Die Ökodesign-VO im Überblick

7.3.1.3.1. Ziel der neuen Ökodesign-Verordnung

Das Ziel der neuen Ökodesign-Verordnung der EU ist es, sicherzustellen, dass sich die Lebensdauer gewisser Produkte verlängert, diese Produkte energie- und ressourceneffizienter[1064] produziert werden, leichter repariert[1065] und recycelt[1066] werden können und mehr recycelte bzw. recycelbare Materialien[1067] enthalten. Das essenzielle Regelungsziel ist daher die Förderung der Kreislaufwirtschaft, bei der Produkte und Materialien so lange wie möglich im Nutzungskreislauf gehalten werden, um dadurch den Energie- und Ressourcenverbrauch zu reduzieren.[1068] Darüber hinaus zielt die Verordnung darauf ab, die Wettbewerbsbedingungen für nachhaltige Produkte im EU-Binnenmarkt zu verbessern und die globale Wettbewerbsfähigkeit von Unternehmen zu stärken, die nachhaltige Produkte anbieten. Somit endet das Regelungsziel nicht beim Umweltschutz, sondern soll auch die wirtschaftliche Entwicklung und Innovation innerhalb der EU fördern und damit zu einer nachhaltigeren ressourcenschonenderen Wirtschaft führen, die den Heraus- und Anforderungen der heutigen Zeit gerecht wird.

7.3.1.3.2. Was regelt die neue Ökodesign-Verordnung und für wen ist sie verbindlich?

Die Ökodesign-VO ist als Rahmenverordnung konzipiert und legt im Allgemeinen keine spezifischen Ökodesign-Anforderungen für betroffene Produkte fest. Stattdessen überträgt sie, ähnlich wie bereits die Ökodesign-Richtlinie, der Europäischen Kommission die Befugnis, diese Anforderungen durch delegierte Rechtsakte, auf Basis detaillierter Produktfolgenabschätzungen, zu erlassen.[1069] Eine Ausnahme bildet das in der Ökodesign-VO ausdrücklich vorgesehene Verbot der Vernichtung bestimmter unverkaufter Verbraucherprodukte, wie zB Kleidung und Bekleidungszubehör.[1070]

Gemäß Ökodesign-VO dürfen Produkte nur dann in Verkehr gebracht oder in Betrieb genommen werden, wenn sie die für diese Produkte geltenden Ökodesign-Anforderungen erfüllen.[1071] Der Anwendungsbereich der Verordnung umfasst alle physischen Waren, die innerhalb der EU verkauft oder in Betrieb genommen werden, einschließlich Bauteilen und Zwischenprodukten. Ausgenommen sind lediglich Lebensmittel, Futtermittel, Arzneimittel für Menschen und Tiere, lebende Organismen sowie Kraftfahrzeuge.[1072] Sie gilt für alle Wirtschaftsteilnehmer:innen, die solche Produkte in Verkehr bringen oder in Betrieb nehmen, also nicht nur für Hersteller:innen, sondern auch für Importeur:innen, Händler:innen und Vertreiber:innen. Der Anwendungsbereich der Ökodesign-VO und der darauf basierenden delegierten Rechtsakte ist somit deutlich weiter als jener der

1064 Artikel 5 Abs 7 leg cit h.
1065 Artikel 5 Abs 7 leg cit e.
1066 Artikel 5 Abs 7 leg cit m.
1067 Artikel 5 Abs 7 leg cit n.
1068 Artikel 1 Abs 1 leg cit.
1069 Art 4 VO (EU) Nr 2024/1781, ABl L 1781 vom 28.6.2024.
1070 Artikel 25 leg cit; Anhang VII leg cit.
1071 Artikel 3 Abs 1 leg cit.
1072 Artikel 1 Abs 2 leg cit.

Ökodesign-Richtlinie, von der lediglich energieverbrauchsrelevante Produkte umfasst waren.[1073]

Durch delegierte Rechtsakte der Europäischen Kommission sollen die Ökodesign-Anforderungen für einzelne Produktgruppen festgelegt werden.[1074] Die einzelnen delegierten Rechtsakte gelten daher immer nur für jeweils eine dieser Produktgruppen. Ökodesignbestimmungen für die Produktion von Lampen können daher zB maßgeblich von jenen Bestimmungen betreffend die Produktion von Kühlgeräten abweichen. Die Ökodesign-Verordnung erlaubt aber auch, dass bestimmte Anforderungen für mehrere Geräte mit ähnlichen Eigenschaften festgesetzt werden (sogenannte „horizontale Ökodesign-Anforderungen"). ZB könnten für elektronische Geräte einheitliche Bestimmungen mittels delegiertem Rechtsakt erlassen werden.[1075]

7.3.1.3.3. Ökodesign-Anforderungen (Artikel 5 Ökodesign-VO)

Die Bestimmungen der Ökodesign-VO erfassen die gesamte Lebensdauer der unter ihren Anwendungsbereich fallenden Produkte.[1076] Es gibt bestimmte Mindestanforderungen an die betroffenen Produkte, durch welche die Nachhaltigkeit der Produkte gewährleistet werden soll.

Zu den wichtigsten Produktaspekten zählen gemäß Artikel 5 Abs 1 Ökodesign-VO die Funktionsbeständigkeit, Zuverlässigkeit, Wiederverwendbarkeit, Nachrüstbarkeit, Reparierbarkeit sowie die Möglichkeit der Wartung und Instandsetzung. Darüber hinaus werden der Energieverbrauch und die Energieeffizienz, die Wassernutzung und Wassereffizienz, die Ressourcennutzung und Ressourceneffizienz sowie der Rezyklatanteil und die Recyclingfähigkeit berücksichtigt. Auch die Möglichkeit der Verwertung von Materialien und die Umweltauswirkungen, einschließlich des CO_2-Fußabdrucks, spielen eine wichtige Rolle.[1077]

Ein zentrales Ziel ist es, die vorzeitige Obsoleszenz von Produkten zu verhindern. Dies soll unter anderem durch gezielte Gestaltungsentscheidungen der Hersteller, den Einsatz robuster Bauteile sowie die Bereitstellung von Reparaturinformationen und Ersatzteilen erreicht werden. Auch die Kompatibilität von Software-Updates wird berücksichtigt, um sicherzustellen, dass Produkte nach Aktualisierungen weiterhin funktionsfähig bleiben.[1078]

Die Europäische Kommission wählt die erforderlichen Instrumente und Methoden zur Festlegung der Ökodesign-Anforderungen aus[1079] und sorgt für deren Kohärenz mit anderem Unionsrecht[1080]. Dabei werden Prioritäten der Union in den Bereichen Klima, Umwelt, Energieeffizienz und Ressourceneffizienz berücksichtigt. Auch internationale

1073 Artikel 3 Abs 1 leg cit.
1074 Artikel 4 Abs 1 leg cit.
1075 Artikel 5 Abs 7 leg cit.
1076 Artikel 1 Abs 1 leg cit.
1077 Artikel 5 Abs 1 leg cit.
1078 Artikel 5 Abs 2 leg cit.
1079 Artikel 5 Abs 3 leg cit.
1080 Artikel 5 Abs 10 leg cit.

Übereinkünfte und nationale Umweltgesetze fließen in die Ausarbeitung der Anforderungen ein.[1081]

Für jede betroffene Produktgruppe bestimmt die Kommission, welche Stoffe die Wiederverwendung oder das Recycling erschweren, und berücksichtigt dabei technische Informationen und den Schutz vertraulicher Geschäftsinformationen.[1082]

Die Ökodesign-Verordnung gewährt den Wirtschaftsteilnehmer:innen einen Übergangszeitraum von 18 Monaten ab Inkrafttreten des delegierten Rechtsaktes, um die darin festgelegten Ökodesign-Anforderungen umzusetzen.[1083] Dabei ist jedoch Vorsicht geboten: delegierte Rechtsakte werden oft ohne Wahrnehmung der Öffentlichkeit erlassen und treten automatisch in Kraft, sofern das Europäische Parlament oder der Rat nicht innerhalb von zwei Monaten Einwände erheben.

7.3.1.3.4. Leistungsanforderungen (Artikel 6 Ökodesign-VO)

Zusätzlich zu Ökodesign-Anforderungen müssen Produkte gemäß Ökodesign-VO auch bestimmte Leistungsanforderungen erfüllen, welche auch durch delegierte Rechtsakte jeweils näher bestimmt werden sollen.[1084] Diese Leistungsanforderungen haben dabei sowohl quantitative als auch nicht quantitative Elemente zu umfassen. Quantitative Anforderungen können Mindest- oder Höchstwerte für spezifische Produktparameter oder Kombinationen von Parametern sein. Nicht quantitative Anforderungen zielen darauf ab, die Leistung eines Produkts in Bezug auf bestimmte Parameter zu verbessern, ohne dabei spezifische Werte vorzugeben.[1085]

Zur Festlegung der Leistungsanforderungen verwendet die Europäische Kommission ein in Anhang II der Verordnung beschriebenes Verfahren, um sicherzustellen, dass die Anforderungen auf fundierten wissenschaftlichen Erkenntnissen und Analysen basieren. Dieses Verfahren umfasst die Bewertung der Umweltauswirkungen von Produkten sowie die Berücksichtigung relevanter technischer Informationen und internationaler Normen.[1086]

7.3.1.3.5. Digitaler Produktpass (Artikel 9 Ökodesign-VO)

Zusätzlich zu den zuvor genannten Anforderungen der Ökodesign-VO werden in Bezug auf vom Anwendungsbereich erfasste Produkte auch gewisse Informationsanforderungen gestellt.[1087] Ein zentraler Bestandteil dieser Informationsanforderungen ist der digitale Produktpass.

Produkte dürfen demnach künftig nur dann in Verkehr gebracht oder in Betrieb genommen werden, wenn für sie ein digitaler Produktpass verfügbar ist.[1088] Dieser Pass hat

1081 Artikel 5 Abs 10 leg cit.
1082 Artikel 5 Abs 14 leg cit.
1083 Artikel 4 Abs 4 leg cit.
1084 Artikel 6 Abs 1 leg cit.
1085 Artikel 6 Abs 2 leg cit.
1086 Artikel 6 Abs 4 leg cit.
1087 Art 7 leg cit.
1088 Artikel 9 Abs 1 leg cit.

umfassende und transparente Informationen über die Produkte und ihre Umweltauswirkungen zu enthalten.

Diese Regelungen sollen dazu beitragen, die Transparenz und Rückverfolgbarkeit von Produkten zu verbessern und die Überprüfung der Produktkonformität durch die zuständigen nationalen Behörden zu erleichtern. Die Europäische Kommission kann bestimmte Produktgruppen von der Anforderung eines digitalen Produktpasses ausnehmen, wenn keine technischen Spezifikationen verfügbar sind oder andere Rechtsvorschriften der Union ähnliche Systeme umfassen.[1089]

Unternehmen sollen aufgrund umfassender Informationen über die Nachhaltigkeitsmerkmale von Produkten nachhaltigere Kaufentscheidungen treffen. Der Pass soll künftig als leicht zugängliches Etikett auf den Produkten angebracht werden und sofortigen Zugang zu wichtigen Informationen über die Nachhaltigkeit des Produkts bieten. Dazu gehören unter anderem Details zur Energie- und Ressourceneffizienz, Reparatur- und Recyclingfähigkeit sowie der Anteil recycelter Materialien.

7.3.1.4. Worauf Wirtschaftsakteur:innen achten müssen

Wirtschaftsakteur:innen müssen künftig sicherstellen, dass ihre Produkte die umfassenden Ökodesign-Anforderungen erfüllen und einen digitalen Produktpass bereitstellen. Dies soll nicht nur die Transparenz und Rückverfolgbarkeit fördern, sondern auch die Überprüfung der Produktkonformität erleichtern. Da für verschiedene Produkte jeweils eigene delegierte Rechtsakte erlassen werden, die die Bestimmungen der Ökodesign-VO konkretisieren sollen, ist es besonders wichtig, dass Wirtschaftsakteur:innen stets über die aktuelle Gesetzgebung betreffend ihre eigenen Produkte informiert bleiben. Eine weitere Herausforderung im Zusammenhang mit der gegenständlichen Verordnung wird für Unternehmer:innen sein, die Bestimmungen der delegierten Rechtsakte innerhalb einer Frist von 18 Monaten ab Inkrafttreten des jeweiligen Rechtsakts bei der Produktion ihrer Produkte zu berücksichtigen, da sonst Sanktionen drohen. Die Mitgliedstaaten sind nämlich verpflichtet, Sanktionen für Verstöße gegen die Ökodesign-VO zu erlassen und deren Anwendung sicherzustellen. Als Sanktion im Sinne der Verordnung kommen Geldbußen sowie zeitlich befristete Ausschlüsse von öffentlichen Vergabeverfahren in Frage.[1090]

7.3.2. Das Recht auf Reparatur

Christoph Schmetterer

7.3.2.1. Einleitung

Am 30.7.2024 trat die Richtlinie der EU zur Förderung der Reparatur von Waren in Kraft (R2R-RL).[1091] Als Richtlinie ist diese neue Vorschrift nicht unmittelbar anwend-

1089 Artikel 9 Abs 4 leg cit.

1090 Artikel 74 leg cit.

1091 RL (EU) 2024/1799 des Europäischen Parlaments und des Rates vom 13. Juni 2024 über gemeinsame Vorschriften zur Förderung der Reparatur von Waren und zur Änderung der Verordnung (EU) 2017/2394 und der Richtlinien (EU) 2019/771 und (EU) 2020/1828, ABl L 2024/1799, 1.

bar; sie muss vielmehr bis 31.7.2026 von den einzelnen Mitgliedstaaten der EU durch nationale Vorschriften umgesetzt werden und wird erst auf Kaufverträge anwendbar sein, die ab dem 31.7.2026 abgeschlossen werden. Durch die Richtlinie und ihre Umsetzung soll dieser Bereich vollharmonisiert werden. Mit ihrer Umsetzung darf es in den Mitgliedstaaten keine nationalen Vorschriften mehr geben, die der Richtlinie widersprechen.

Die R2R-RL ist Teil des sogenannten European Green Deals und ergänzt die neuen EU-Vorschriften zum Ökodesign sowie zur Stärkung der Verbraucher im ökologischen Wandel. Sie soll die Kreislaufwirtschaft stärken, den Binnenmarkt effizienter gestalten und Verbraucher:innen schützen. Dazu ergänzt sie bestehende Regelungen, insbesondere die Warenverkauf-Richtlinie (EU) 2019/771, indem sie einen nachhaltigen Konsum fördert und die Reparatur von Produkten erleichtert.

Ein zentrales Anliegen ist, die Reparaturvorschriften innerhalb der EU zu vereinheitlichen, um grenzüberschreitende Reparaturen zu erleichtern. Unterschiedliche nationale Regelungen sind derzeit eine Hürde für Unternehmen – insbesondere für kleine und mittlere Betriebe. Durch einheitliche Vorschriften sollen grenzüberschreitende Reparaturen außerdem für Verbraucher:innen erleichtert werden.

Die Richtlinie fördert die längere Nutzung von Geräten durch Reparaturen, sodass noch funktionsfähige Produkte seltener entsorgt werden. Das reduziert die Nachfrage nach neuen Produkten und führt zu einem ressourcenschonenden Konsum, der Abfälle reduziert, den Energieverbrauch senkt und Treibhausgasemissionen verringert.

Strukturell besteht die Recht-auf-Reparatur-Richtlinie aus 47 Erwägungsgründen, dem eigentlichen Text der Richtlinie in 24 Artikeln und zwei Anhängen. In den Erwägungsgründen werden im Wesentlichen die Überlegungen dargestellt, die zur Erlassung der Richtlinie führten, die Ziele genannt, die durch sie erreicht werden sollen, und die Regelungen der Richtlinie erläutert. In den 24 Artikeln werden die Rahmenbedingungen des Rechts auf Reparatur geregelt, aber nicht dessen konkreter Anwendungsbereich und Umfang. Bei welchen Waren ein Recht auf Reparatur besteht, ergibt sich aus Anlage II. Sie verweist derzeit auf zehn europäische Verordnungen zu bestimmten Warengruppen. Eine Ausweitung auf weitere Warengruppen ist möglich und auch in Vorbereitung. Anlage I enthält ein Musterformular für Reparaturinformationen.

7.3.2.2. Inhalt der Richtlinie: Recht auf Reparatur und Anpassungen im Gewährleistungsrecht

Inhaltlich enthält die Recht auf Reparatur-Richtlinie zwei Themenkomplexe: Einerseits wird ein neues Recht auf Reparatur eingeführt, andererseits wird das bestehende Gewährleistungsrecht im Hinblick auf die Reparatur modifiziert. Beiden Bereichen ist gemeinsam, dass sie nur auf B2C-Geschäfte anwendbar sind, durch die Verbraucher:innen Waren von Unternehmer:innen kaufen.[1092]

1092 Art 1 (2) R2R-RL.

7.3.2.2.1. Anpassungen im Gewährleistungsrecht: Stärkung der Reparaturoption

Das Gewährleistungsrecht für B2C-Geschäfte ist als solches nicht in der Recht-auf-Reparatur-Richtlinie geregelt, sondern in der Warenkauf-Richtlinie der EU,[1093] die in Österreich bereits durch das Verbrauchergewährleistungsgesetz 2021 (VGG) umgesetzt wurde.[1094] Gewährleistung bedeutet hier, dass Unternehmer:innen für Mängel der Waren einstehen müssen, die Verbraucher:innen von ihnen gekauft haben. Ein Mangel liegt vor, wenn der Ware entweder eine vertraglich vereinbarte[1095] oder eine objektiv erforderliche Eigenschaft fehlt.[1096]

Bei Waren kann die Gewährleistung zwei Jahre ab der Übergabe verlangt werden; allerdings muss der Mangel schon bei der Übergabe vorhanden gewesen sein.[1097] Innerhalb des ersten Jahres nach der Übergabe wird das vermutet,[1098] im zweiten Jahr nicht mehr. Daher müssen Unternehmer:innen im ersten Jahr beweisen, dass die Ware bei Übergabe mangelfrei war, während im zweiten Jahr Verbraucher:innen beweisen müssen, dass der Mangel schon bei der Übergabe vorhanden war. Praktisch bedeutet das, dass Verbraucher:innen die Gewährleistung im ersten Jahr wesentlich leichter geltend machen können als im zweiten.

Wenn Waren in diesem Sinn mangelhaft sind, können Verbraucher:innen zunächst nur verlangen, dass sie repariert oder ausgetauscht werden.[1099] Nur unter besonderen Voraussetzungen können Verbraucher:innen auch verlangen, dass der Preis reduziert oder die Ware zurückgenommen und der Kaufpreis zurückgezahlt wird.[1100] Zwischen Reparatur und Austausch können Verbraucher:innen aber frei wählen.[1101]

Diese Grundsätze des Gewährleistungsrechts werden durch die Recht-auf-Reparatur-Richtlinie in zwei Punkten modifiziert: Erstens wird nun auch die Reparierbarkeit eine objektiv erforderliche Eigenschaft. Damit ist es ein Mangel, wenn eine Ware im Rahmen des Üblichen und Erwartbaren nicht reparierbar ist.[1102]

Zweitens soll die Reparatur gegenüber dem Austausch attraktiver gemacht werden. Verbraucher:innen können zwar noch immer frei zwischen beiden Möglichkeiten wählen, aber bei der Reparatur wird die Gewährleistungsfrist auf insgesamt drei Jahre verlängert – beim Austausch hingegen nicht.[1103] Sowohl über das Wahlrecht als auch über die Fristverlängerung bei der Reparatur müssen Unternehmer:innen die Verbraucher:innen bei Gewährleistungsfällen informieren.[1104]

1093 RL (EU) 2019/771 des Europäischen Parlaments und des Rates vom 20.5.2019 über bestimmte vertragsrechtliche Aspekte des Warenkaufs ABl L 136, 28.
1094 Bundesgesetz über die Gewährleistung bei Verbraucherverträgen über Waren oder digitale Leistungen (Verbrauchergewährleistungsgesetz – VGG), BGBl I 2021/175.
1095 § 5 VGG.
1096 § 6 VGG.
1097 § 10 Abs 1 VGG.
1098 § 11 Abs 1 VGG.
1099 § 12 Abs 2 VGG.
1100 § 12 Abs 4 und 5 VGG.
1101 § 12 Abs 2 VGG.
1102 Art 16 Abs 1 R2R-RL.
1103 Art 16 Abs 2a R2R-RL.
1104 Art 16 Abs 3 R2R-RL.

7.3.2.2.2. Recht auf Reparatur: Anwendungsbereich

Das neue Recht auf Reparatur bezieht sich nur auf Fälle, in denen es keine Gewährleistung (mehr) gibt.[1105] Es ist zur Gewährleistung subsidiär und besteht daher nur dann, wenn es ein Problem gibt, das nicht schon bei der Übergabe vorhanden war, oder wenn die Gewährleistungsfrist schon abgelaufen ist.

7.3.2.2.2.1. Reparaturpflicht der Hersteller:innen

Ein zweiter wesentlicher Unterschied liegt darin, von wem Verbraucher:innen die Gewährleistung bzw die Reparatur nach der neuen Richtlinie verlangen können. Zur Gewährleistung sind die Unternehmer:innen verpflichtet, bei denen die Verbraucher:innen die Ware verkauft haben.[1106] Zur Reparatur nach der neuen Richtlinie sind hingegen grundsätzlich die Hersteller:innen verpflichtet.[1107] Bei außerhalb der EU hergestellten Waren sind die Bevollmächtigten der Hersteller:innen in der EU verpflichtet; wenn es keine Bevollmächtigten gibt, die Importeur:innen; und wenn es keine Importeur:innen gibt, die Vertreiber:innen.[1108] Vertreiber:innen sind alle Personen, die ein Produkt auf dem Markt bereitstellen (außer Bevollmächtigten und Importeur:innen).[1109] Diese Personen müssen die Reparatur nicht selbst durchführen; sie können die Geräte auch von jemand anderem reparieren lassen.[1110]

7.3.2.2.2.2. Bedingungen und Kosten der Reparatur

Die Reparatur kann kostenlos sein, es kann aber auch ein angemessener Preis verlangt werden.[1111] Sie muss jedenfalls in angemessener Zeit durchgeführt werden.[1112] Wenn eine Diagnose nötig ist, um zu klären, welche Reparatur erforderlich ist und was sie kosten wird, können die Kosten dafür ebenfalls an Verbraucher:innen verrechnet werden.[1113] Für die Dauer der Reparatur können Hersteller:innen etc den Verbraucher:innen Ersatzgeräte zur Verfügung stellen – auch das kostenlos oder um einen angemessenen Preis.[1114]

7.3.2.2.2.3. Ersatzgerät statt Reparatur

Wenn die Reparatur nicht möglich ist, gibt es auch keine Reparaturpflicht.[1115] In solchen Fällen können Hersteller:innen den Verbraucher:innen aber statt der Reparatur ein anderes repariertes Gerät anbieten; sie sind aber nicht dazu verpflichtet.[1116]

1105 Art 1 Abs 2 R2R-RL.
1106 § 1 Abs 1 Z 1, § 4 VGG.
1107 Art 5 Abs 1 R2R-RL.
1108 Art 5 Abs 3 R2R-RL.
1109 Art 2 Z 8 R2R-RL.
1110 Art 5 Abs 1 R2R-RL.
1111 Art 5 Abs 2 lit a R2R-RL.
1112 Art 5 Abs 2 lit b R2R-RL.
1113 Art 4 Abs 3 R2R-RL.
1114 Art 5 Abs 2 lit c R2R-RL.
1115 Art 5 Abs 1 R2R-RL.
1116 Art 5 Abs 2 lit d R2R-RL.

7.3.2.2.3. Erfasste Warengruppen

Derzeit ist ein Recht auf Reparatur für folgende Warengruppen vorgesehen:

- Haushaltswaschmaschinen und Haushaltswaschtrockner[1117]
- Haushaltsgeschirrspüler[1118]
- Kühlgeräte[1119]
- Elektronische Displays[1120]
- Schweißgeräte[1121]
- Staubsauger[1122]
- Server und Datenspeicherprodukte[1123]
- Mobiltelefone, schnurlose Telefone und Slate-Tablets[1124]
- Haushaltswäschetrockner[1125]
- Waren, die Batterien für leichte Verkehrsmittel enthalten[1126]

Zu diesen Warengruppen gibt es jeweils eigene Verordnungen der EU, deren Anhänge die Reparierbarkeit regeln, insbesondere durch Vorschriften, welche Ersatzteile verfügbar sein müssen, innerhalb welcher Zeiten sie geliefert werden müssen und welche Reparatur- und Wartungsinformationen zugänglich gemacht werden müssen.

7.3.2.2.3.1. Ersatzteile und Reparaturinformationen

Die Ersatzteile müssen zu einem angemessenen Preis bereitgestellt werden,[1127] die Informationen müssen über eine Website frei zugänglich sein.[1128]

7.3.2.2.3.2. Keine Einschränkung der Reparatur

Schließlich dürfen Hersteller:innen weder Vertragsklauseln noch Hard- oder Softwaretechniken verwenden, die eine Reparatur behindern würden. Insbesondere muss nicht nur die Reparatur mit Originalersatzteilen, sondern auch die mit gebrauchten Ersatzteilen, anderen kompatiblen Ersatzteilen und im 3D-Druck hergestellten Ersatzteilen möglich

1117 VO (EU) 2019/2023 der Kommission vom 1.10.2019 zur Festlegung von Ökodesign-Anforderungen an Haushaltswaschmaschinen und Haushaltswaschtrockner, ABl L 315, 285.

1118 VO (EU) 2019/2022 der Kommission vom 1.10.2019 zur Festlegung von Ökodesign-Anforderungen an Haushaltsgeschirrspüler ABl L 315, 267.

1119 VO (EU) 2019/2019 der Kommission vom 1.10.2019 zur Festlegung von Ökodesign-Anforderungen an Kühlgeräte ABl L 315, 187.

1120 VO (EU) 2019/2021 der Kommission vom 1.10.2019 zur Festlegung von Ökodesign-Anforderungen an elektronische Displays ABl L 315, 241.

1121 VO (EU) 2019/1784 der Kommission vom 1.10.2019 zur Festlegung von Anforderungen an die umweltgerechte Gestaltung von Schweißgeräten, ABl L 272, 121.

1122 VO (EU) 666/2013 der Kommission vom 8.7.2013 zur […] Festlegung von Anforderungen an die umweltgerechte Gestaltung von Staubsaugern, ABl L 192, 24.

1123 VO (EU) 2019/424 der Kommission vom 15.3.2019 zur Festlegung von Ökodesign-Anforderungen an Server und Datenspeicherprodukte, ABl L 74, 46.

1124 VO (EU) 2023/1670 der Kommission vom 16.6.2023 zur Festlegung von Ökodesign-Anforderungen an Smartphones, Mobiltelefone, die keine Smartphones sind, schnurlose Telefone und Slate-Tablets, ABl L 214, 47.

1125 VO (EU) 2023/2533 der Kommission vom 17.10.2023 zur […] Festlegung von Ökodesign-Anforderungen an Haushaltswäschetrockner, ABl L 2023/2533.

1126 VO (EU) 2023/1542 des Europäischen Parlaments und des Rates vom 12.7.2023 über Batterien und Altbatterien, ABl L 191, 1.

1127 Art 5 (4) R2R-RL.

1128 Art 5 (5) R2R-RL.

sein. Einschränkungen sind allerdings aus „legitimen und objektiven Faktoren" zulässig. Als Beispiel für derartige Faktoren wird in der Richtlinie selbst das geistige Eigentum genannt.[1129] Patente etwa dürfen durch die Ausgestaltung des Rechts auf Reparatur nicht unterlaufen werden.

Verbraucher:innen dürfen nicht gezwungen werden, Geräte nur bei den Hersteller:innen oder bestimmten Reparaturbetrieben reparieren zu lassen.[1130] Das wird dadurch abgesichert, dass Hersteller:innen die Reparatur innerhalb der jeweiligen Reparaturfrist nicht deshalb verweigern dürfen, weil das Gerät bereits woanders repariert wurde.[1131]

7.3.2.2.4. Durchsetzung und flankierende Maßnahmen

7.3.2.2.4.1. Sanktionen: Strafen für Hersteller:innen

Die einzelnen Mitgliedstaaten müssen bei der Umsetzung der Recht-auf-Reparatur-Richtlinie Sanktionen für Verstöße vorsehen, die wirksam, verhältnismäßig und abschreckend sind.[1132] Typischerweise sind das Geldstrafen, die sich am Jahresumsatz der Hersteller:innen orientieren.

7.3.2.2.4.2. Kollektive Rechtsdurchsetzung: Verbandsklagen

Das Recht auf Reparatur soll auch durch Verbandsklagen durchgesetzt werden können.[1133] Verbandsklagen sind Sammelklagen, die von bestimmten Organisationen (den Verbänden) gebündelt im Namen vieler Verbraucher:innen erhoben werden.[1134] Das bedeutet, dass nicht nur einzelne Verbraucher:innen ihre Rechte in individuellen Gerichtsverfahren durchsetzen können, sondern auch die Verbände, in Österreich insbesondere die Wirtschaftskammer Österreich, die Bundesarbeitskammer, der Österreichische Gewerkschaftsbund und der Verein für Konsumenteninformation.[1135] Diese Möglichkeit macht es sehr viel einfacher, Verstöße gegen das Recht auf Reparatur umfassend zu verfolgen.

7.3.2.2.4.3. Europäische Online-Plattform: Informationen für Verbraucher:innen

Die Recht-auf-Reparatur-Richtlinie sieht auch eine Europäische Online-Plattform für Reparaturen vor. Sie soll bis 31. Juli eingerichtet werden, aus nationalen Sektionen bestehen und Verbraucher:innen Informationen über Reparaturbetriebe etc. bieten.[1136]

7.3.2.2.4.4. Zusätzliche Maßnahmen: Anreize und Unterstützung

Außerdem müssen die Mitgliedstaaten zumindest eine weitere Maßnahme setzen, um die Reparatur zu fördern.[1137] Das können finanzielle oder nicht-finanzielle Maßnahmen

1129 Art 5 (6) R2R-RL.
1130 Art 5 (8) R2R-RL.
1131 Art 5 (7) R2R-RL.
1132 Art 15 R2R-RL.
1133 Art 17 R2R-RL.
1134 RL (EU) 2020/1828 des Europäischen Parlaments und des Rates vom 25.11.2020 über Verbandsklagen zum Schutz der Kollektivinteressen der Verbraucher, ABl L 409, 1.
1135 § 3 Bundesgesetz über Qualifizierte Einrichtungen zur kollektiven Rechtsverfolgung (Qualifizierte-Einrichtungen-Gesetz – QEG), BGBl I 2024/85.
1136 Art 7 R2R-RL.
1137 Art 13 R2R-RL

sein. Beispiele für finanzielle Maßnahmen sind Reparaturgutscheine, Reparaturfonds, die Finanzierung von Ausbildungsprogrammen oder steuerliche Maßnahmen. Nichtfinanzielle Maßnahmen sind etwa Informationskampagnen.[1138]

7.3.3. Kampf gegen Greenwashing – das Lauterkeitsrecht im Wandel

Alexandra Ciarnau

7.3.3.1. Einleitung

Die Kreislaufwirtschaft erfordert einen grundlegenden Wandel – nicht nur in der Art und Weise, wie Produkte entworfen, hergestellt und entsorgt werden, sondern auch im Verhalten der Verbraucher:innen. Denn die Nachfrage bestimmt maßgeblich, welche Produkte sich durchsetzen. Nur wenn Verbraucher:innen gezielt umweltfreundliche, reparierbare oder recycelbare Produkte wählen, entsteht ein echter Anreiz für Unternehmen, in zirkuläre Geschäftsmodelle zu investieren. Die Transformation zur Kreislaufwirtschaft ist daher untrennbar mit der Qualität und Glaubwürdigkeit von Nachhaltigkeitsinformationen verbunden.

Genau hier liegt eine wachsende Herausforderung: Immer mehr Unternehmen nutzen Umwelt- und Sozialversprechen als Marketinginstrument – sei es durch Schlagworte wie „klimaneutral", durch Naturbilder oder durch vage Aussagen zur Nachhaltigkeit. Solche sog Green Claims beeinflussen das Verhalten der Verbraucher:innen unmittelbar. Werden sie jedoch falsch, übertrieben oder irreführend dargestellt, spricht man von Greenwashing. Das Vertrauen in nachhaltige Produkte wird dadurch untergraben – mit weitreichenden Folgen: Nicht nur treffen Verbraucher:innen ungewollt Fehlentscheidungen, auch der faire Wettbewerb wird verzerrt, und der Wandel hin zu einer echten Kreislaufwirtschaft gerät ins Stocken.

Unternehmen stehen daher zunehmend in der Verantwortung, ihre Nachhaltigkeitskommunikation transparent, überprüfbar und rechtssicher zu gestalten. In Österreich regelt das Gesetz gegen den unlauteren Wettbewerb (UWG) , wie weit Werbung gehen darf. Insbesondere das Irreführungsverbot bildet hier eine zentrale rechtliche Grundlage: Angaben dürfen beim angesprochenen Publikum keine falschen Erwartungen erwecken. Maßstab ist der sogenannte Durchschnittsverbraucher – im Bereich der Umweltkommunikation ist dies ein „ökobewusster, sozialer und sensibler" Verbraucher.[1139] Ergibt die Analyse, dass das angesprochene Publikum – also der Durchschnittsverbraucher bzw -unternehmer – getäuscht wird und daher eine Entscheidung trifft, die er sonst nicht getroffen hätte, ist die Angabe irreführend. Darüber hinaus ist eine Umweltangabe nicht nur dann problematisch, wenn sie im konkreten Einzelfall irreführend wirkt. Sie ist auch dann unzulässig, wenn sie eine sogenannte „per se" verbotene Geschäftspraxis begründet – also eine Praktik, die im Anhang zum UWG ausdrücklich als unzulässig aufgeführt ist. In der Praxis spricht man hierbei von der „schwarzen Liste".[1140] Wer gegen

1138 Erwägungsgrund 36, R2R-RL.
1139 RIS-Justiz RS0078210.
1140 Sofern nicht anders vermerkt, beziehen sich in diesem Beitrag alle (Paragraphen-)angaben zum UWG auf das österreichische Gesetz gegen den unlauteren Wettbewerb (UWG, BGBl 1984/448 idgF).

eine dieser gelisteten Praktiken verstößt, handelt unlauter – unabhängig davon, ob im Einzelfall eine Irreführung besteht.

Die Rechtsprechung stellt an Umweltangaben besonders hohe Anforderungen:

- Nachhaltigkeitsaussagen und ökologische Werbeversprechen müssen eindeutig belegt sein und eine Irreführung der angesprochenen Zielgruppe ausschließen.
- Bei mehrdeutigen Werbeaussagen gilt dies für jede Interpretation der Aussage (sog „Unklarheitenregel").
- Soweit Hinweise auf soziale und ökologische Aspekte missverstanden werden können, ist der Werbende verpflichtet, eine eindeutige Klarstellung vorzunehmen (sog „Aufklärung").

Verstöße gegen das UWG können juristische Konsequenzen haben: Mitbewerber:innen und befugte Verbände können Unterlassungsklagen einbringen und dabei auch die Veröffentlichung eines Urteilsspruchs fordern. Obwohl das Irreführungsverbot seit Jahrzehnten gilt und es bereits zahlreiche Gerichtsentscheidungen zu täuschenden Umweltangaben gibt,[1141] ist Greenwashing nach wie vor weit verbreitet und nimmt weiter zu: Immer mehr Unternehmen greifen in ihrer Werbung gezielt Umwelt- und Sozialaspekte auf, um den wachsenden Erwartungen der Verbraucher:innen an nachhaltige Produkte zu entsprechen. Nachhaltigkeit und Kreislaufwirtschaft werden dabei zunehmend als Verkaufsargumente genutzt – selbst dann, wenn die beworbenen Produkte tatsächlich keinen nennenswerten ökologischen oder sozialen Mehrwert bieten.

Im Jahr 2020 ging die EU-Kommission der Greenwashing-Flut nach. Im Rahmen einer Studie stellte sie fest, dass 80 % der Webshops, Webseiten und Werbungen Umweltangaben enthielten. Von 150 geprüften Angaben aus diversen Industrien in der EU, waren 53,3 % irreführend.[1142] Als Reaktion auf diese Entwicklung hat die EU zwei zentrale Richtlinien vorgelegt, die die rechtlichen Anforderungen an Umweltversprechen deutlich verschärfen sollen:

- Die Richtlinie zur Stärkung der Verbraucher für den ökologischen Wandel durch besseren Schutz gegen unlautere Praktiken und bessere Informationen[1143] (**„ECGT-RL"** bzw **„EmpCo-RL"**).
- Die Richtlinie über die Begründung ausdrücklicher Umweltaussagen und die diesbezügliche Kommunikation[1144] (**„Green Claims-RL"**).

Beide Vorhaben setzen zum Teil neue Standards für Transparenz und Nachweisbarkeit – und bringen für Unternehmen neue Pflichten mit sich.

1141 Vgl *Anderl/Ciarnau* in *Zahradnik/Schöller*, Praxishandbuch Nachhaltigkeitsrecht (2021) Die Grenzen des Marketings.

1142 European Commission, Environmental claims in the EU – inventory and reliability assessment, 2020.

1143 COM (2022) 143 final vom 30. März 2022; Der Vorschlag gehört zu den Initiativen der neuen Verbraucheragenda und des Aktionsplans für die Kreislaufwirtschaft und ist eine Folgemaßnahme des europäischen Green Deals.

1144 Vorschlag für eine Richtlinie des Europäischen Parlaments und des Rates über die Begründung ausdrücklicher Umweltaussagen und die diesbezügliche Kommunikation (Richtlinie über Umweltaussagen), COM(2023) 166 final.

Im Zentrum beider Richtlinien steht das Ziel, Greenwashing zu bekämpfen und Verbraucher:innen verlässliche Informationen für nachhaltige Kaufentscheidungen zu bieten. Sie setzen jedoch an unterschiedlichen Stellen der Wertschöpfungskette an:

- Die EmpCo-RL („Empowering Consumers for the Green Transition") erweitert bestehende Verbraucherschutzregelungen, insbesondere das Lauterkeitsrecht. Sie definiert, welche konkreten Umweltversprechen als irreführend gelten, etwa nicht belegbare Klimaversprechen oder Werbung mit Selbstverständlichkeiten. Sie richtet sich also primär an die Art und Weise, wie Umweltinformationen kommuniziert werden dürfen, und verbietet bestimmte Praktiken explizit (zB über die „schwarze Liste").
- Die Green Claims-RL geht einen Schritt weiter und macht Vorgaben, unter welchen Bedingungen konkrete umweltbezogene Aussagen – etwa Umweltzeichen, Labels oder auch quantitative Angaben zu CO_2-Einsparungen – überhaupt gemacht werden dürfen. Sie legt also konkrete Anforderungen an die Nachvollziehbarkeit, Methodik und Prüfung solcher Aussagen fest und verpflichtet Unternehmen zu umfassender Transparenz.

Während die EmpCo-RL also primär verhindert, dass Konsument:innen durch irreführende Umweltversprechen getäuscht werden, schafft die Green Claims-RL verbindliche Standards, wenn solche Versprechen doch gemacht werden – etwa durch Labels, Gütesiegel oder Zahlenangaben.

Beide Richtlinien ergänzen sich daher komplementär: Die eine schränkt unfaire Praktiken ein, die andere gibt klare Leitplanken für zulässige Aussagen.

Im folgenden Kapitel wird aufgezeigt, welche konkreten Vorgaben sich daraus bereits heute abzeichnen, wie der Umsetzungsstand auf europäischer und nationaler Ebene ist – und was das für die werbliche Praxis in Unternehmen bedeutet.

7.3.3.2. EU-Richtlinie zur Stärkung der Verbraucher für den ökologischen Wandel (EmpCo-RL)

7.3.3.2.1. Ziel und Anwendungsbereich der Richtlinie

Die EmpCo-RL zielt darauf ab, den Schutz der Verbraucher:innen vor unlauteren Praktiken zu verbessern und ihnen bessere Informationen im Bereich der Nachhaltigkeit zu bieten. Zu diesem Zweck werden die Richtlinie über unlautere Geschäftspraktiken[1145] („**UGP-RL**") und die Verbraucherrechte-RL[1146] angepasst. Die Mitgliedstaaten müssen die EmpCo-RL bis 27.3.2026 ins nationale Recht umsetzen und ab 27.9.2026 anwenden. Sie führt mit der Novellierung der UGP-RL **neue Vorschriften zur Irreführung in Bezug auf Umweltangaben (umweltbezogene Irreführungstatbestände)** ein. Während

1145 RL 2005/29/EG des Europäischen Parlaments und des Rates vom 11. Mai 2005 über unlautere Geschäftspraktiken im binnenmarktinternen Geschäftsverkehr zwischen Unternehmen und Verbrauchern und zur Änderung der Richtlinie 84/450/EG des Rates, der RL 97/7/EG, 98/27/EG und 2002/65/EG des Europäischen Parlaments und des Rates sowie der VO (EG) Nr. 2006/2004 des Europäischen Parlaments und des Rates (ABl L 149 vom 11.6.2005, S 22).

1146 RL 2011/83/EU des Europäischen Parlaments und des Rates vom 25. Oktober 2011 über die Rechte der Verbraucher, zur Abänderung der Richtlinie 93/13/EG des Europäischen Parlaments und des Rates (ABl L 304 vom 22.11.2011, S 64).

viele dieser Regelungen bereits durch bestehende Gesetze und Rechtsprechung abgedeckt sind, gibt es auch neue, strengere Vorschriften, die Greenwashing weiter eindämmen sollen und zu einer echten Verschärfung der Regulierung führen. Zum Beispiel wird der Begriff der Irreführung auch auf zukünftige Umweltversprechen ausgeweitet und zusätzliche Praktiken werden auf die sogenannte „schwarze Liste“ gesetzt.

Die neuen Tatbestände unterscheiden zwischen irreführenden Handlungen, Unterlassungen und jedenfalls irreführenden Umständen der schwarzen Liste.

7.3.3.2.2. Irreführende Handlungen

Eine Geschäftspraktik gilt als irreführend, wenn sie

- falsche Angaben enthält, oder
- „in sonstiger Weise“ beim angesprochenen Publikum einen falschen Eindruck erweckt.[1147]
- Im letzteren Fall ist die Täuschung allerdings nur dann relevant, wenn sie sich auf eine der produkt- oder unternehmensbezogenen Fallgruppen des Art 6 Abs 1 UGP-RL bezieht (zB Irreführung über wesentliche Produktmerkmale), ein Imitationsmarketing begründet oder eine Verletzung von Verhaltenskodizes vorliegt. In der Fachsprache spricht man dabei von der „Spürbarkeit“ einer irreführenden Angabe.

Mit der EmpCo-RL werden die sonstigen irreführenden Geschäftspraktiken wie folgt ergänzt:

- Zu den „wesentlichen Produktmerkmalen“ zählen künftig auch „ökologische und soziale Auswirkungen“, „Haltbarkeit“ oder „Reparierbarkeit“ eines Produkts oder einer Dienstleistung. Täuscht ein:e Unternehmer:in über diese Aspekte, handelt er:sie irreführend (Art 6 Abs 1 UGP-RL). Diese Form der Irreführung wurde bislang auch schon ähnlich gewertet. Mit der Ergänzung bestehen zukünftig keine Zweifel mehr daran.
- Auch Versprechungen über zukünftige Umweltleistungen sollen nun als irreführend gelten, wenn sie nicht belegt werden können (Art 6 Abs 2 lit d UGP-RL). Das ist für die Praxis ein spannender Punkt, zumal viele Unternehmen derzeit mit Zielbestimmungen, wie zB „bis 2030 klimaneutral“ werben.
- Schließlich wird auch die Werbung mit Selbstverständlichkeiten im Nachhaltigkeitsbereich ausdrücklich als irreführend eingestuft (Art 6 Abs 2 lit e UGP-RL).

Beispiele

- Slogans wie „Mit unseren Textilien schützen wir die Umwelt – produziert weniger Abfall in der Herstellung und kann durch recyclebaren Garn umweltschonend entsorgt werden!“ betreffen „ökologische Auswirkungen“ des beworbenen Produkts. Sind diese Angaben unrichtig oder missverständlich und daher unbelegt, begründen sie eine **Irreführung über wesentliche Produktmerkmale**.
- Täuscht ein Werbender über die durchschnittliche Nutzungsdauer eines Produkts, nur um sich vom Wettbewerb abzuheben, und erfüllt das Produkt diese Anforderungen nicht, handelt es sich um eine **Irreführung über die Haltbarkeit**. Die Geschäftspraktik kann auch einen Tatbestand der schwarzen Liste erfüllen (vgl Kap 7.3.3.2.4.) und wäre damit ohne weitere Prüfung der Täuschungseignung unzulässig.

1147 Vgl Art 6 Abs 1 lit b.

- Die Behauptung „Klimaneutral bis 2050“ kann eine **täuschende Umweltaussage über künftige Leistungen** darstellen, wenn die Aussage ohne klare, objektive und überprüfbare Verpflichtungen und Ziele sowie ohne ein unabhängiges Überwachungssystem aufgestellt wird.[1148]
- Werden Naturkosmetika in der EU mit dem Zusatz „bei uns sogar ohne Parabene“ vermarktet, kann das eine **Irreführung mit selbstverständlichen Eigenschaften** begründen. Jedenfalls irreführend nach der schwarzen Liste wäre die Bezeichnung „ohne Benzylparabene“, weil Produkte seit 30.7.2015 diese Konservierungsmittel nach der VO 358/2014 nicht mehr enthalten dürfen (vgl Kap 7.3.3.2.4.).

7.3.3.2.3. Irreführende Unterlassungen

Im Bereich der irreführenden Unterlassungen wird ein spezieller Fall ergänzt: Bei gewissen Nachhaltigkeitsvergleichen müssen bestimmte Informationen zwingend angegeben werden. Fehlen diese Angaben, kann dies als irreführende Unterlassung angesehen werden. Das ist der Fall, wenn ein Unternehmen ein Produkt vergleicht und Informationen fehlen über die Vergleichsmethode, die betreffenden Produkte, die Lieferanten dieser Produkte sowie die bestehenden Maßnahmen, um die Informationen auf dem neuesten Stand zu halten. Das gilt auch bei Verwendung von Instrumenten, wie zB Rating von Produkten. Diese Auskunft wird als wesentlich erachtet.

7.3.3.2.4. Schwarze Liste

Die UGP-RL enthält einen Anhang, die (bereits erwähnte) sog „schwarze Liste“, in der konkrete Geschäftspraktiken aufgeführt sind. Diese sind jedenfalls irreführend. Das bedeutet, dass die Prüfung der Erheblichkeit und Täuschungseignung im Einzelfall entfällt. Es wird sohin nicht hinterfragt, ob die Aussage eine Auswirkung auf eine Kaufentscheidung hatte. Diese wird vielmehr angenommen. Die EmpCo-RL erweitert diese „schwarze Liste“ nun um zehn neue Tatbestände. Dadurch wird der Schutz der Verbraucher:innen im Bereich der Werbung weiter gestärkt.

Zu den einzelnen neu hinzugefügten Verboten der „schwarzen Liste“:

- Ziffer 4a verbietet Werbenden, allgemeine, unbelegte Umweltaussagen zu treffen. Darunter fallen inflationär verwendete Floskeln wie „umweltfreundlich“, „umweltschonend“, „öko“, „grün“, „naturfreundlich“, „ökologisch“, „umweltgerecht“, „klimafreundlich“, „umweltverträglich“, „CO_2-freundlich“, „CO_2-neutral“, „CO_2-positiv“, „klimaneutral“, „energieeffizient“, „biologisch abbaubar“, „biobasiert“, „bewusst“ und/oder „verantwortungsbewusst“.[1149] Diese Angaben wurden schon bisher nach einem strengen Maßstab beurteilt und mussten auch schon stets belegt sein.[1150]
- Ziffer 4b verbietet, dass Unternehmer:innen eine Umweltaussage auf das gesamte Produkt beziehen, wenn die angepriesene Eigenschaft in Wahrheit nur auf einzelne Teile oder Bereiche des Produkts zutrifft. Dazu zählt die Vermarktung eines Pro-

1148 Die Aussage „klimaneutral bis 2050“ eines internationalen Sportwarenherstellers wurde beispielsweise bereits in Deutschland wegen unlauterer Irreführung untersagt (LG Nürnberg-Fürth, Urteil vom 25.3.2025, 3 HK O 6524/24). Die Angabe erweckte im konkreten Kontext den Eindruck, dass der Werbende die Klimaneutralität allein durch Einsparungsmaßnahmen erreichen werde. Tatsächlich würde das Ziel nur durch Kompensationsmaßnahmen (zB Erwerb von Grünstromzertifikaten) erreicht. Zukünftig gelingt die Durchsetzung mit der neuen Bestimmung noch einfacher.

1149 ErwGr 9 EmpCo-RL.

1150 *Anderl/Appl* in *Kodek/Wiebe*, UWG^2, § 2 Rz 250.

dukts als „mit Recyclingmaterial hergestellt", wenn der unrichtige Eindruck erweckt wird, es beziehe sich auf das gesamte Produkt.[1151]

- Ziffer 4c verbietet unrichtige Aussagen, die sich auf die Kompensation von Treibhausgasemissionen beziehen und wonach ein Produkt hinsichtlich der Treibhausgasemissionen neutrale, verringerte oder positive Auswirkungen auf die Umwelt hat.
- Ziffer 10a verbietet Unternehmer:innen generell Merkmale als Besonderheit ihres Angebots hervorzuheben, wenn diese ohnehin für alle betreffenden Produkte und Produktkategorien gesetzlich vorgeschrieben sind. Es handelt sich dabei um einen Sonderfall der oben erwähnten Irreführung mit Selbstverständlichem.
- Weiters soll künftig das Vorenthalten von Informationen über negative Auswirkungen von Software-Updates täuschungsgeeignet sein. Dies soll selbst dann gelten, wenn die Aktualisierungen die Funktionsweise ausgewählter Merkmale verbessern (Z 23d und 23e).
- Die neuen Verbotstatbestände der Ziffern 23f, 23g, 23h, 23i und 23j greifen die Problematik der frühzeitigen Obsoleszenz und die Reparaturfähigkeit von Produkten auf:
  - Nach der neuen Z 23f sind Verbraucher über Produktmerkmale zu informieren, die die Haltbarkeit beschränken können.
  - Gemäß Z 23g ist die unrichtige Behauptung über die Haltbarkeit einer Ware und nach Z 23h über die Reparierbarkeit jedenfalls täuschungsgeeignet.
  - Z 23i verbietet das Veranlassen eines Verbrauchers, die Betriebsstoffe eines Produkts frühzeitig ohne technische Notwendigkeit zu ersetzen.
  - Schließlich ist nach Z 23j das Vorenthalten der Information über die Konzeptionierung einer Ware unlauter, wenn der Eindruck suggeriert wird, dass das Produkt nur mit Betriebsstoffen, Ersatzteilen oder Zubehör des Originalherstellers verwendet werden könne. Dadurch sollen Lock-In-effekte verhindert werden. Lock-In-Effekte entstehen, wenn Verbraucher:innen aufgrund bestimmter Produktmerkmale oder Geschäftsmodelle in eine Abhängigkeit von einem Anbieter oder Hersteller geraten.

7.3.3.2.5. Folgen bei Verstößen

Bei Verletzung der lauterkeitsrechtlichen Werbebeschränkungen drohen verschiedene Konsequenzen. Zu den wichtigsten gehören der **Unterlassungs- und Urteilsveröffentlichungsanspruch**. Werbende können zur Unterlassung der weiteren Verwendung dieser bzw sinngleicher Angaben verpflichtet werden. Dies ist die praxisrelevanteste Folge, die je nach Mitgliedstaat unterschiedliche Auswirkungen haben kann, insbesondere wenn dies in einem Eilverfahren (Verfügungsverfahren aufgrund eines Antrags auf einstweilige Verfügung) durchgesetzt wird. Große Unterschiede bestehen zB zwischen Deutschland und Österreich: In Deutschland wird ein Eilverfahren tatsächlich rasch abgewickelt, wobei dem Beklagten meist keine gesonderte Äußerung gewährt wird, sondern sich dieser proaktiv über die Einreichung einer Schutzschrift verteidigen kann. In Österreich wird regelmäßig die zweiseitige Äußerungsmöglichkeit berücksichtigt, wodurch das Verfahren länger dauert.

1151 ErwGr 9 EmpCo-RL.

Für das betroffene Unternehmen bedeutet eine stattgegebene einstweilige Verfügung, dass bestimmte Werbeaussagen mit sofortiger Wirkung gestoppt werden können. Dies kann erhebliche Auswirkungen auf laufende Marketingkampagnen, das Unternehmensimage und nicht zuletzt die wirtschaftliche Planung haben. Ergänzend dazu kann eine Urteilsveröffentlichung verlangt werden, die zur Aufklärung der Unternehmer:innen/ Verbraucher:innen über die Täuschung bzw Unlauterkeit dient und idR finanzielle Konsequenzen und Reputationsschäden nach sich zieht.

Ein weiterer möglicher Anspruch ist der **Beseitigungsanspruch**, bei dem der Werbende verpflichtet wird, den Störzustand zu beseitigen, etwa durch Vernichtung von Plakaten, Flyern, Briefen, Karten etc. Zudem kann, wenn ein Schaden nachgewiesen wird, ein **Anspruch auf Schadenersatz** oder **entgangenen Gewinn** geltend gemacht werden.

Des Weiteren drohen bei **wissentlich aggressiven oder irreführenden Geschäftspraktiken Geldstrafen** von bis zu 180 Tagessätzen.

In **schwerwiegenden und grenzüberschreitenden Verstößen** drohen außerdem **Verwaltungsstrafen** (Geldbußen) von bis zu 4 % des Jahresumsatzes. Sind keine Informationen über den Jahresumsatz des Unternehmers verfügbar, können Geldstrafen von bis zu 2 Millionen Euro verhängt werden.

7.3.3.3. Entwurf der EU-Richtlinie über die Begründung ausdrücklicher Umweltaussagen (Green Claims-RL)

7.3.3.3.1. Ziel und Anwendungsbereich der Richtlinie

Produkte in der EU tragen zunehmend sogenannte Umweltzeichen – also visuelle Kennzeichnungen wie Siegel oder Labels, die signalisieren sollen, dass das Produkt umweltfreundlich ist, etwa durch einen geringen CO_2-Ausstoß oder eine gute Recyclingfähigkeit. Umweltzeichen in der EU sind unterschiedlich belastbar und unterliegen keinem einheitlichen Maß an Aufsicht und Transparenz. Durch die steigende Anzahl an Umweltzeichen, die verschiedene Aspekte abdecken, verschiedene operative Ansätze haben und unterschiedlichen Kontrollniveaus unterliegen, besteht die Gefahr, dass Verbraucher:innen und andere Marktteilnehmer:innen nicht die beste Umweltleistung mit ihren Kaufentscheidungen belohnen. Der Vorschlag der Green Claims-RL zielt daher auf einen weiteren Schutz der Verbraucher:innen vor Greenwashing, irreführender Werbung und der Gewährleistung eines fairen Wettbewerbs zwischen Unternehmen ab. Außerdem sollen die EU-Umweltstandards ergänzt und der Übergang zu mehr Nachhaltigkeit gewährleistet werden. Diese Ziele sollen durch die Regelungen über die (Un-)Zulässigkeit von Umweltaussagen erreicht werden. Die Green-Claims-RL definiert daher Anforderungen an die Nachweisbarkeit und interne sowie externe Vorab-Prüfungen von umweltbezogenen Aussagen.

Zum Zeitpunkt der Fertigstellung dieses Kapitels befand sich der Richtlinienentwurf jedoch noch in den Trilogverhandlungen, ohne dass ein politischer Konsens erzielt werden konnte. Zwischenzeitlich hat die Europäische Kommission den Vorschlag zurückgezogen. Ob dieser damit endgültig verworfen wird oder zu einem späteren Zeitpunkt in geänderter Form erneut aufgegriffen wird, ist offen.

Aus Gründen der Aktualität und Relevanz wird im Folgenden dennoch kurz auf die wesentlichen Inhalte des Kommissionsentwurfs in der vorliegenden Fassung eingegangen, da dieser nach wie vor wichtige Impulse für die rechtliche Bewertung umweltbezogener Aussagen liefert.

7.3.3.3.2. Anforderungen an Unternehmen im Entwurf der Green-Claims-RL

Unternehmen sollen nach dem Entwurf insbesondere prüfen, ob sich die umweltbezogene Angabe auf das gesamte Produkt, einen Teil des Produkts oder bestimmte Aspekte bezieht. Die Beurteilung muss sich dabei auf allgemein anerkannte wissenschaftliche Erkenntnisse stützen. Weiters müssen die angeführten Umweltauswirkungen der Werbenden tatsächlich relevant sein. Die ergriffenen Maßnahmen dürfen sich nicht nur am gesetzlich vorgegebenen Standard orientieren, sondern müssen darüber hinausgehen. Andernfalls ist die Information über eine bestimmte Auswirkung nicht nennenswert und erweckt fälschlicherweise den Eindruck, es handle sich um eine besondere Produkt-/Leistungseigenschaft. Werden Angaben zur Umweltperformance getätigt, verlangt der Entwurf, dass bei der Auswirkungsanalyse alle Umweltaspekte berücksichtigt werden. Im Rahmen der Prüfung müssen Unternehmen insbesondere einen Schwerpunkt auf Kompensationsberechnungen und -kommunikation legen, wenn sie sich in irgendeiner Form auf Kompensationen beziehen. Sie haben vor allem auch die Berechnungsgrundlage offenzulegen, wenn sie Treibhausgaseinsparungen oder -reduktionen anpreisen. Bei Angabe von Daten und Fakten ist immer auszuweisen, ob es sich um Primär- oder Sekundärdaten handelt (Primärdaten: direkt gemessene oder erhobene Daten; Sekundärdaten: aus von Primärdaten separaten externen Quellen, wie zB Literaturstudien, technische Studien und Patente). Sekundärdaten müssen ausreichend repräsentativ sein, damit sie zur Begründung einer Angabe herangezogen werden können.

7.3.3.3.3. Nachweispflicht

Ausdrückliche Umweltaussagen sollen laut Entwurf entsprechend nachgewiesen werden. Die Nachweise haben sich dabei unter anderem auf allgemein anerkannte wissenschaftliche Erkenntnisse und detaillierte Angaben über geleistete Kompensationen zu stützen. Bei vergleichenden Umweltaussagen sehen die Entwurfsbestimmungen detaillierte Anforderungen vor.

7.3.3.3.4. Informationspflicht

Werbende unterliegen nach dem Entwurf gesetzlichen Informationspflichten. Sie müssen Umweltaspekte, -auswirkungen, -leistung, Anwendbarkeit von einschlägigen Gesetzen und Normen, zugrundeliegende Studien und Berechnungen und Maßnahmen zur Verbesserung der Umweltleistungen anführen. Weiters sieht der Entwurf vor, dass die Konformitätsbescheinigung und der Gutachter offengelegt werden.

7.3.3.3.5. Prüfung durch unabhängige Stelle und Anerkennung/Veröffentlichung durch Behörde

Umweltzeichen und Umweltzeichensysteme sollen nach dem Entwurf von einer unabhängigen Stelle vorab geprüft und zertifiziert werden. Anschließend ist vorgesehen, dass die hierfür zuständige Behörde den Green Claim anerkennt. Dies soll laut Richtlinienvorschlag sicherstellen, dass nur glaubwürdige, nachvollziehbare und überprüfte Umweltversprechen im Markt auftreten.

7.3.3.3.6. Folgen bei Verstößen

Bei Verstößen gegen die Green Claims-RL sieht der Entwurf als einschneidende Sanktion die Verhängung von Geldstrafen in Höhe von mindestens 4 % des Jahresumsatzes im jeweiligen Mitgliedstaat vor. Darüber hinaus wird vorgeschlagen, einen Anspruch auf Gewinnabschöpfung einzuführen. Mit unzulässigen Umweltangaben erwirtschaftete Gewinne könnten demnach herausverlangt werden. Ein weiteres Mittel gegen sämtliche Unternehmen, die die öffentliche Hand bedienen, ist der Ausschluss von öffentlichen Ausschreibungen, öffentlichen Mitteln und Konzessionen für maximal 12 Monate. Mit diesem Katalog an möglichen Konsequenzen würden Behörden weitere Abhilfemaßnahmen im Kampf gegen Greenwashing an die Hand gegeben.

7.3.3.4. Fazit und Ausblick

Verlässliche und nachvollziehbare Umweltinformationen sind entscheidend, damit nachhaltige Produkte am Markt erfolgreich sind. Nur so entsteht der nötige Anreiz für Unternehmen, in Kreislaufwirtschaft und zirkuläre Geschäftsmodelle zu investieren.

Mit der EmpCo-RL liegt bereits ein verbindlicher Rechtsrahmen vor, der bestimmte Greenwashing-Praktiken künftig untersagen und die Verbraucher:innenrechte im Kontext nachhaltigkeitsbezogener Werbung stärken wird.

Die Green Claims-RL hingegen befindet sich derzeit noch im Gesetzgebungsverfahren. Zwar ist unklar, ob und in welcher Form sie letztlich in Kraft treten wird. Die Zielrichtung des Entwurfs lässt jedoch bereits deutlich erkennen, in welche Richtung sich das Regulierungsumfeld entwickeln soll: weg von pauschalen Umweltaussagen, hin zu überprüfbaren, transparent belegten Angaben.

Für Unternehmer:innen bedeutet das: Wer umweltbezogene Aussagen trifft, muss künftig deutlich sorgfältiger vorgehen, Aussagen wissenschaftlich untermauern und Informationen nachvollziehbar aufbereiten. Die neuen Regelungen stellen nicht nur höhere Anforderungen, sondern eröffnen auch Chancen – insbesondere für Unternehmen, die sich glaubwürdig und überprüfbar für Nachhaltigkeit engagieren.

Unternehmen sind gut beraten, ihre bestehenden Kommunikationsstrategien und Nachweisketten kritisch zu prüfen, interne Prozesse zu hinterfragen und ihre Umweltkommunikation konsequent an den Prinzipien Transparenz, Nachvollziehbarkeit und wissenschaftlicher Fundierung auszurichten. Wer glaubwürdige Umweltversprechen macht und diese auch belegen kann, stärkt nicht nur die eigene Position am Markt, sondern profitiert auch vom wachsenden Vertrauen auf Seiten der Verbraucher:innen, Geschäftspartner:innen und Aufsichtsbehörden.

7.4. Wettbewerbs-, Kartell- und Vergaberecht

7.4.1. Recht & Kreislauf: Kartellrechtliche Spielräume für Nachhaltigkeitskooperationen

Julika Dittrich

7.4.1.1. Einleitung: Recht als Transformationsmotor

Die Kreislaufwirtschaft (KLW) markiert einen grundlegenden Systemwechsel: Weg vom linearen „Take-Make-Waste"-Modell hin zu zirkulären Wirtschaftsstrukturen, in denen Ressourcen möglichst lange im Umlauf bleiben. Dabei geht es um eine Vielzahl zirkulärer Strategien – etwa Wiederverwendung, Reparatur, Remanufacturing, Recycling oder die längere Nutzungsdauer von Produkten –, die idealerweise schon auf der Design- und Produktebene ansetzen. Unternehmen entwickeln dafür neue Geschäftsmodelle, teilen Infrastruktur oder schaffen gemeinsame Standards, um Materialien im Kreislauf zu halten und Ressourcenverbrauch nachhaltig zu reduzieren

Gerade solche Kooperationen bringen jedoch kartellrechtliche Unsicherheiten mit sich: Was ist zulässig, wenn Wettbewerber:innen gemeinsame Nachhaltigkeitsziele verfolgen? Und wie reagieren Wettbewerbsbehörden auf die steigenden Anforderungen an Ressourcenschonung und ökologische Transformation?

Denn die für eine funktionierende Kreislaufwirtschaft notwendige Zusammenarbeit kann mit dem geltenden Kartellrecht kollidieren. Dieses schützt den Wettbewerb, indem es wettbewerbsbeschränkende Absprachen untersagt – eine Regulierung, die in der Praxis nachhaltige Innovationen und Kooperationen erschweren kann. Das Kartellrecht wird damit zum möglichen Konfliktfeld: Es kann Transformation ermöglichen – oder verhindern. Die zentrale Herausforderung liegt in einem ausgewogenen Ansatz, der den Wettbewerb wahrt, ohne dringend nötige Zusammenarbeit zu blockieren.

Dieses Kapitel beleuchtet dieses Spannungsfeld. Es erläutert aktuelle Entwicklungen auf EU-Ebene – insbesondere die neuen Horizontal-Leitlinien der Europäischen Kommission – und vergleicht nationale Umsetzungspraxis, insbesondere in den Niederlanden, Deutschland und Österreich.

7.4.1.2. Zirkuläre Kooperationen im kartellrechtlichen Spannungsfeld

Zirkuläre Geschäftsmodelle sind nicht nur technische Innovation, sondern zunehmend auch strategisches Kooperationsfeld. Unternehmen kooperieren bei der Entwicklung modularer Produkte, beim Aufbau gemeinsamer Rücknahme- oder Reparaturinfrastrukturen oder bei der Standardisierung von Ersatzteilen. Auch Plattformen für Sharing- oder Refurbishment-Angebote erfordern oft branchenübergreifende Abstimmungen. All diese Modelle dienen letztlich der Ressourcenschonung – können aber im Konflikt mit dem Wettbewerbsrecht geraten, wenn sie zwischen potenziellen Konkurrent:innen vereinbart werden.

Viele Herausforderungen in diesem Bereich erfordern innovative, technisch anspruchsvolle Lösungen, die ohne kooperatives und kreatives Denken kaum umsetzbar sind. Kooperationen können zudem ein wirksames Instrument sein, um Skaleneffekte zu realisieren, die für Investitionen in zirkuläre Prozesse erforderlich sind. Sie helfen auch, First-Mover-Nachteile für einzelne Marktteilnehmer:innen abzufedern, etwa dort, wo hohe

Vorleistungen oder noch nicht etablierte Märkte bestehen. Darüber hinaus ermöglichen gemeinsame unternehmerische Initiativen in bestimmten Konstellationen Lösungen, wo nationale hoheitliche Maßnahmen an ihre Grenzen stoßen – etwa bei der Schaffung von Infrastruktur oder einheitlichen Standards über Unternehmensgrenzen hinweg.

Das europäische Kartellrecht, insbesondere Artikel 101 des Vertrags über die Arbeitsweise der Europäischen Union (AEUV), untersagt Absprachen, die den Wettbewerb einschränken. Aber Art 101 Abs 3 AEUV erlaubt Ausnahmen, wenn durch die Zusammenarbeit Effizienzvorteile entstehen, Verbraucher:innen angemessen beteiligt werden, die Einschränkungen notwendig sind und ein Restwettbewerb erhalten bleibt. Für zirkuläre Kooperationen stellt sich daher die Frage: Gilt ökologische Nachhaltigkeit als Effizienzgewinn im Sinne des Kartellrechts?

Während Effizienz bisher meist mit Preis- oder Qualitätsvorteilen gleichgesetzt wurde, fordert die KLW einen breiteren Blick: Können auch Einsparungen von CO_2, Wasser oder Primärmaterialien kartellrechtlich als Effizienz gelten – selbst wenn sie sich nicht direkt im Preis niederschlagen?

Die zunehmende Notwendigkeit zu unternehmensübergreifender Kooperation wirft damit eine zentrale Frage auf: Unter welchen Voraussetzungen erlaubt das Wettbewerbsrecht solche Kooperationen – und wo beginnt das Risiko kartellrechtlicher Sanktionen?

Die rechtliche Bewertung hängt maßgeblich von der Auslegung des europäischen Kartellrechts ab, insbesondere von Artikel 101 AEUV. Dieser bildet den zentralen Prüfrahmen für Kooperationsvorhaben zwischen Wettbewerber:innen und wird durch die Anwendungspraxis der Kommission sowie ihre Auslegungshilfen konkretisiert. Abb 70 zeigt den grundlegenden Aufbau dieses Prüfschemas.

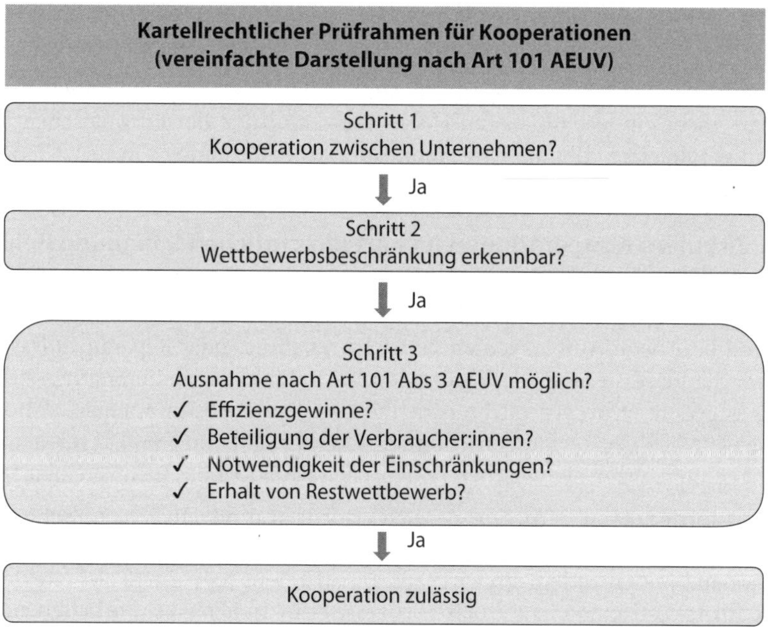

Abb 70: Europäisches Kartellrecht: Prüfrahmen nach Art 101 AEUV [Quelle: eigene Darstellung]

7.4.1.3. Neue Impulse der EU-Kommission: Nachhaltigkeitskooperationen im Fokus

Im Jahr 2023 veröffentlichte die Europäische Kommission (EK) ihre überarbeiteten Leitlinien zu horizontalen Vereinbarungen.[1152] Horizontal-Leitlinien (HL) sind unverbindliche Vorgaben zur Auslegung und Anwendung von Artikel 101 AEUV, der regelt, welche Vereinbarungen zwischen Unternehmen auf derselben Marktstufe als wettbewerbswidrig gelten. Sie sollen Rechtsklarheit und Vorhersehbarkeit schaffen, sodass Unternehmen und nationale Wettbewerbsbehörden einheitlich beurteilen können, welche Kooperationsvereinbarungen wettbewerbswidrig sind und welche potenziell unter Ausnahmeregelungen wie die Effizienzausnahme fallen. Obwohl sie rechtlich nicht bindend sind, prägen sie maßgeblich die Durchsetzung des Wettbewerbsrechts durch die Kommission.

Ein Novum: Erstmals enthält das Regelwerk ein eigenes Kapitel zu Nachhaltigkeitsvereinbarungen (Kapitel 9 Sustainability Agreements). Darin werden ökologische Vorteile – wie die Reduktion von CO_2-Emissionen, Ressourceneinsparungen oder verbesserte Umweltstandards – ausdrücklich als potenzielle Effizienzgewinne anerkannt.

Für die Praxis bedeutet dies: Unternehmen, die gemeinsam zirkuläre Lösungen entwickeln, können unter bestimmten Voraussetzungen vom Kartellverbot freigestellt werden. Die Leitlinien setzen hierfür allerdings klare Anforderungen. Nachhaltigkeitsvorteile müssen nachvollziehbar quantifiziert und den Vorteilen für Verbraucher:innen gegenübergestellt werden. Relevante Kriterien sind dabei ua der Wirkungsumfang, die Dauer der Effekte sowie die Unverzichtbarkeit der Kooperation zur Zielerreichung.

Zudem verlangt die Kommission, dass die Kooperationsmaßnahmen verhältnismäßig ausgestaltet sind und ein ausreichender Wettbewerbsdruck erhalten bleibt. Die Bewertung erfolgt im Einzelfall. Unternehmen sind daher gut beraten, frühzeitig das Gespräch mit den Wettbewerbsbehörden zu suchen – etwa im Rahmen informeller Konsultationen („informelle Beratung“).[1153]

7.4.1.3.1. Anwendung von Artikel 101 Abs 1 AEUV

Der Begriff der „**Nachhaltigkeitsvereinbarung**“ erfasst jede Vereinbarung über horizontale Zusammenarbeit, mit der ein Nachhaltigkeitsziel verfolgt wird, unabhängig von der Form der Zusammenarbeit.[1154] Grundsätzlich geht der Ansatz der EK davon aus, dass Nachhaltigkeitsvereinbarungen, die keine negativen Auswirkungen auf zentrale Wettbewerbsparameter wie Preis, Menge, Qualität, Auswahl oder Innovation haben, in der Regel keine wettbewerbsrechtlichen Bedenken aufwerfen.[1155] Die überarbeiteten

1152 Europäische Kommission (2023): Mitteilung der Kommission – Leitlinien zur Anwendbarkeit des Artikels 101 des Vertrags über die Arbeitsweise der Europäischen Union auf Vereinbarungen über horizontale Zusammenarbeit (2023/C 259/01). Die neuen Horizontal-Leitlinien sind am 1.7.2023 in Kraft getreten und sind für 12 Jahre gültig.

1153 Ibid, Rn 515 mit Hinweis auf die Bekanntmachung der Kommission – Informelle Orientierungshilfen zu neuen oder ungelösten Fragen im Zusammenhang mit der Anwendung der Artikel 101 und 102 des Vertrags über die Arbeitsweise der Europäischen Union in Einzelfällen (Beratungsschreiben) (ABl C 381 vom 4.10.2022, S 9).

1154 Ibid, Rn 515.

1155 Ibid, Rn 527.

Horizontalen Leitlinien (HL) der EK nennen zudem verschiedene Beispiele für Vereinbarungen, die üblicherweise nicht unter den Anwendungsbereich von Artikel 101 AEUV fallen.[1156] Beispiele für solche unbedenklichen Vereinbarungen sind laut Leitlinien insbesondere:

Nach Auffassung der Kommission fallen bestimmte Nachhaltigkeitsinitiativen grundsätzlich nicht unter Artikel 101 Absatz 1 AEUV, da sie keine wettbewerbsbeschränkende Wirkung entfalten. Das betrifft insbesondere Vereinbarungen, die nicht auf eine Koordinierung wettbewerbsrelevanter Parameter (wie Preis, Menge, Qualität oder Auswahl) abzielen.[1157] Solche Konstellationen gelten daher als prima facie unbedenklich.

Beispiele laut HL sind insbesondere:[1158]

- **Compliance mit internationalen Standards:** Vereinbarungen zwischen Unternehmen, die die Einhaltung hinreichend präziser Anforderungen oder Verbote in rechtsverbindlichen internationalen Verträgen, Übereinkommen oder Vereinbarungen sicherstellen (zB ILO-Standards oder UN-Klimaabkommen).
- **Interne Verhaltensvereinbarungen:** Vereinbarungen, die nicht die wirtschaftliche Tätigkeit von Unternehmen, sondern rein interne Unternehmenspraktiken betreffen – etwa interne Umweltvorgaben, die nicht auf Marktverhalten abzielen.
- **Informationsdatenbanken über Lieferketten (ohne Einkaufsverpflichtung):** Die gemeinsame Einrichtung von transparenten Informationssystemen über (un)nachhaltige Lieferketten oder Händler ist erlaubt, sofern sie nicht dazu dient, bestimmte Anbieter:innen auszuschließen oder zu bevorzugen.
- **Sensibilisierungskampagnen (ohne Produktwerbung):** Branchenweite Informationskampagnen über die negativen Umweltauswirkungen bestimmter Konsummuster sind zulässig, sofern sie nicht auf gemeinsame Werbung für bestimmte Produkte hinauslaufen.

7.4.1.3.2. Anwendung von Artikel 101 Abs 3 AEUV

Sollte eine Nachhaltigkeitsvereinbarung jedoch die zentralen Wettbewerbsparameter einschränken, kann sie dennoch unter die Ausnahmeregelung nach Artikel 101 Absatz 3 AEUV fallen – vorausgesetzt, die Vertragsparteien können nachweisen, dass die Vereinbarung Effizienzgewinne erzielt, unerlässlich ist, die Verbraucher:innen angemessen an den geltend gemachten Vorteilen beteiligt werden und ein Restwettbewerb bestehen bleibt.

7.4.1.3.2.1. Was sind anerkannte Effizienzgewinne?

Für Effizienzgewinne, die durch Nachhaltigkeitsvereinbarungen erzielt werden können, nennt die EK beispielhaft den Einsatz umweltschonenderer Produktions- oder Vertriebstechnologien, verbesserte Produktions- und Vertriebsbedingungen, den Aufbau widerstandsfähigerer Infrastrukturen oder eine gesteigerte Produktqualität.[1159] Zudem

1156 Ibid, Rn 527–Rn 531.
1157 Ibid, Rn 527.
1158 Ibid, Rn 527–Rn 531.
1159 Ibid, Rn 558.

wird als Effizienzgewinn anerkannt, wenn Nachhaltigkeitsvereinbarungen dazu beitragen, Unterbrechungen in der Lieferkette zu verringern, die Zeit bis zur Markteinführung nachhaltiger Produkte zu verkürzen und den Verbraucher:innen fundierte Kaufentscheidungen zu ermöglichen, indem sie den Vergleich zwischen nachhaltigen Produkten erleichtern.

7.4.1.3.2.2. Wie sind sie nachzuweisen?

Wer solche Nachhaltigkeits-Effizienzgewinne geltend machen möchte, kann diese nicht nur annehmen. Vielmehr müssen solche Effizienzgewinne nachweisbar sein, das heißt, die Parteien müssen in der Lage sein, die Effizienzgewinne objektiv, konkret und nachprüfbar zu benennen.[1160]

7.4.1.3.2.3. Wann ist eine Vereinbarung unerlässlich?

Um von einer Freistellung von der kartellrechtlichen Prüfung zu profitieren, müssen die Parteien außerdem darlegen, dass ihre Vereinbarung und jede damit einhergehende Wettbewerbsbeschränkung unerlässlich sind.[1161] Hierfür muss nachgewiesen werden, dass diese „vernünftigerweise“ notwendig sind, um die behaupteten Nachhaltigkeitsvorteile zu erzielen. Es muss nachgewiesen werden, dass keine anderen wirtschaftlich praktikablen und weniger wettbewerbsbeschränkenden Möglichkeiten zur Verfügung stehen.

In jedem Fall dürfen die durch die Vereinbarung auferlegten Verpflichtungen nicht über das hinausgehen, was zur Erreichung des Ziels erforderlich ist, und es muss ein gewisses Maß an Restwettbewerb auf dem relevanten Markt erhalten bleiben.[1162] Ein Beispiel: Der Wettbewerb bleibt erhalten, wenn Unternehmen zwar bestimmte umweltschädliche Technologien oder Inhaltsstoffe meiden, aber weiterhin in Bezug auf Preis, Qualität oder Innovation miteinander konkurrieren.[1163]

7.4.1.4. Nationale Unterschiede: Vergleich Niederlande – Deutschland – Österreich

Der kartellrechtliche Umgang mit Nachhaltigkeit ist in den EU-Mitgliedstaaten bislang uneinheitlich – exemplarisch zeigt sich dies im Vergleich zwischen Deutschland, Österreich und den Niederlanden.

7.4.1.4.1. Niederlande

Die niederländische Wettbewerbsbehörde ACM (Autoriteit Consument & Markt) gilt als eine der progressivsten Behörden Europas im Umgang mit Nachhaltigkeit im Wettbewerbsrecht. Bereits 2014 veröffentlichte sie ein Grundsatzpapier, das ihre Vision zu Nachhaltigkeitsaspekten im Kartellrecht darlegte.[1164]

1160 Ibid, Rn 559.
1161 Ibid, Rn 561.
1162 Ibid, Rn 592–Rn 598.
1163 Ibid, Rn 595.
1164 Vgl Vision document-on Competition and Sustainability: https://www.acm.nl/en/publications/publication/13077/Vision-document-on-Competition-and-Sustainability, abgerufen am 30.6.2025.

Darauf aufbauend präsentierte die ACM 2020 erste Entwürfe ihrer „Guidelines on Sustainability Agreements“, die 2023 nach öffentlicher Konsultation in überarbeiteter und finaler Fassung veröffentlicht wurden.[1165] Die ACM betont darin, dass das Wettbewerbsrecht Spielräume für gemeinsame Nachhaltigkeitsprojekte eröffnen muss – insbesondere, wenn diese gesellschaftlich relevante Umwelt- oder Klimaziele unterstützen.[1166] Dabei anerkennt die ACM ausdrücklich auch solche Effizienzgewinne, die der Allgemeinheit zugutekommen – etwa durch CO_2-Minderung oder Biodiversitätsgewinne – und nicht nur solche, die unmittelbar Verbraucher:innen betreffen.[1167]

Die überarbeiteten Leitlinien von 2023 orientieren sich eng an den aktualisierten Horizontal-Leitlinien der Europäischen Kommission und bieten Unternehmen nun mehr Rechtssicherheit für grenzüberschreitende Kooperationen im Nachhaltigkeitsbereich.

7.4.1.4.2. Deutschland

In Deutschland bleibt der Umgang mit Nachhaltigkeitsinitiativen im Kartellrecht bislang vergleichsweise zurückhaltend. Zwar zeigt sich das Bundeskartellamt zunehmend offen für ökologische Kooperationen, doch erfolgt die Anwendung von Art 101 Abs 3 AEUV weiterhin konservativ. Umweltvorteile müssen in der Regel als direkte Effizienzgewinne für Verbraucher:innen nachgewiesen werden – etwa durch niedrigere Preise oder verbesserte Produktqualität. Reine Umweltwirkungen ohne erkennbaren unmittelbaren Nutzen für die Verbraucher:innen genügen meist nicht, um eine Freistellung von wettbewerbsrechtlichen Beschränkungen zu rechtfertigen.[1168]

Dennoch erkennt das Bundeskartellamt in der Praxis vereinzelt Nachhaltigkeitskooperationen an. So griff es jüngst nicht gegen eine Brancheninitiative im Pflanzenhandel ein, die ein Mehrwegsystem für den B2B-Transport von Topfpflanzen anstelle von Plastikträgern einführte.[1169] Weitere Beispiele sind die Brancheninitiative des Forums Nachhaltiger Kakao e. V., die sich für existenzsichernde Einkommen von Kakaobauern einsetzt,[1170] sowie die Initiative Tierwohl, die Verbesserungen bei der Nutztierhaltung verfolgt[1171]. In

1165 Vgl ACM, Guidelines on Sustainability Agreements, Final version October 2023: https://www.acm.nl/system/files/documents/Beleidsregel%20Toezicht%20ACM%20op%20duurzaamheidsafspraken%20ENG.pdf, abgerufen am 30.6.2025.

1166 Ibid, Rn 1–3 (Einleitung): Dort wird betont, dass Nachhaltigkeitsvereinbarungen wichtig sind zur Erreichung gesellschaftlicher Umweltziele, zB zur Reduktion von Treibhausgasemissionen, Biodiversitätsschutz etc; Rn 22–24 (Kap 3.2 Environmental-damage agreements): Die ACM erkennt explizit an, dass Umweltabsprachen gesellschaftliche Vorteile bringen und bei plausibler Notwendigkeit nicht weiterverfolgt werden (kein Ermittlungsverfahren), sofern bestimmte Bedingungen erfüllt sind.

1167 Ibid, Rn 22–24 u Rn 17.

1168 Vgl G. Sebis (2023)Wettbewerbspolitik im Dienste der Nachhaltigkeit: Wie wird kartellrechtliche Regulatorik den Herausforderungen einer Kreislaufwirtschaft gerecht? Wuppertal Institut: https://epub.wupperinst.org/frontdoor/deliver/index/docId/8502/file/8502_Wettbewerbspolitik.pdf, abgerufen am 30.6.2025.

1169 Bundeskartellamt (2024) Grünes Licht für Mehrwegsystem im Pflanzenhandel zur Reduzierung des Plastikmülls: https://www.bundeskartellamt.de/SharedDocs/Meldung/DE/Pressemitteilungen/2024/08_05_2024_Plant_Tray.html, abgerufen am 30.6.2025.

1170 Bundeskartellamt (2023) Forum Nachhaltiger Kakao – Bundeskartellamt sieht keine Veranlassung für tiefergehende Prüfung: https://www.bundeskartellamt.de/SharedDocs/Meldung/DE/Pressemitteilungen/2023/13_06_2023_Kakaoforum.html, abgerufen am 30.6.2025.

1171 Bundeskartellamt (2023) Mehr Wettbewerb für die Initiative Tierwohl – Bundeskartellamt erwirkt Abschaffung des verpflichtenden Preisaufschlags: https://www.bundeskartellamt.de/SharedDocs/Meldung/DE/Pressemitteilungen/2023/25_05_2023_ITW.html, abgerufen am 30.6.2025.

diesen Fällen wurden Maßnahmen erlaubt, sofern sie transparent ausgestaltet waren und keine wesentlichen Wettbewerbsnachteile für Dritte befürchten ließen.

Der wissenschaftliche Beirat beim BMWK zeigte sich in seiner Stellungnahme vom 5.7.2024 jedoch skeptisch gegenüber weitergehenden Lockerungen des Kartellrechts.[1172] Er betont, dass das bestehende Wettbewerbsrecht bereits heute „vielfältige Möglichkeiten“ bietet, um Nachhaltigkeitskooperationen zwischen Unternehmen zuzulassen – sofern sie im Einklang mit den bisherigen rechtlichen Kriterien stehen.[1173]

7.4.1.4.3. Österreich

Der Umgang mit Nachhaltigkeitskooperationen in Österreich ist hingegen deutlich progressiver. Als erstes EU-Mitgliedsland hat es seine kartellrechtlichen Vorschriften explizit angepasst, um Nachhaltigkeitskooperationen zu erleichtern: Mit Wirkung zum 10.9.2021 wurde § 2 Abs 1 des österreichischen Kartellgesetzes (KartG) novelliert.[1174] Grundsätzlich gilt nach § 2 Abs 1 KartG, dass Vereinbarungen zwischen Unternehmen vom Kartellverbot ausgenommen sind, wenn sie „unter angemessener Beteiligung der Verbraucher:innen an dem entstehenden Gewinn zur Verbesserung der Warenerzeugung oder -verteilung oder zur Förderung des technischen oder wirtschaftlichen Fortschritts beitragen“. Seit der Novelle vom 10.9.2021 wurde dieser Grundsatz um eine entscheidende Klarstellung erweitert: Eine angemessene Beteiligung der Verbraucher liegt nun ausdrücklich auch dann vor, wenn die erzielten Gewinne wesentlich zu einer ökologisch nachhaltigen oder klimaneutralen Wirtschaft beitragen. Dadurch öffnet sich das österreichische Kartellrecht ausdrücklich für Nachhaltigkeitsziele.

Im September 2022 veröffentlichte die Bundeswettbewerbsbehörde (BWB) zudem „Leitlinien zur Anwendung von § 2 Abs. 1 KartG auf Nachhaltigkeitskooperationen (Nachhaltigkeits-LL)“.[1175] Darin konkretisiert sie die neue Rechtslage und bietet Unternehmen ein strukturiertes Prüfschema zur kartellrechtlichen Bewertung entsprechender Vorhaben. Die Leitlinien erläutern insbesondere, wie Nachhaltigkeitsvorteile in die Effizienzabwägung einfließen können und welche Voraussetzungen dafür erfüllt sein müssen. Damit hat Österreich nicht nur eine gesetzliche Grundlage geschaffen, sondern auch eine behördliche Orientierungshilfe für die Praxis entwickelt – ein Modell, das innerhalb Europas bislang einzigartig ist.

7.4.1.5. Fazit und Ausblick: Kartellrecht als Enabler der Kreislaufwirtschaft?

Die rechtlichen Rahmenbedingungen entscheiden maßgeblich darüber, ob Unternehmen aktiv zur Kreislaufwirtschaft beitragen – oder aus Sorge vor kartellrechtlichen Kon-

1172 Gutachten zum Thema „Kartellrecht und Nachhaltigkeit“ veröffentlicht Presseerklärung des Wissenschaftlichen Beirats beim Bundesministerium für Wirtschaft und Klimaschutz (BMWK): https://www.bundeswirtschaftsministerium.de/Redaktion/DE/Pressemitteilungen/2024/07/20240705-kartellrecht-nachhaltigkeit.html?, abgerufen am 30.6.2025.

1173 Ibid.

1174 Bundesgesetz, mit dem das Kartellgesetz 2005 und das Wettbewerbsgesetz geändert werden (Kartell- und Wettbewerbsrechts-Änderungsgesetz 2021 – KaWeRÄG 2021) (BGBl I 2021/176), https://www.ris.bka.gv.at/eli/bgbl/I/2021/176/20210910, abgerufen am 30.6.2025.

1175 Bundeswettbewerbsbehörde (2022) Leitlinien zur Anwendung von § 2 Abs. 1 KartG auf Nachhaltigkeitskooperationen (Nachhaltigkeits-LL) https://www.bwb.gv.at/fileadmin/user_upload/Leitlinien_zur_Anwendung_von____2_Abs_1_KartG_auf_Nachhaltigkeitskooperationen__Nachhaltigkeits-LL_.pdf, abgerufen am 30.6.2025.

sequenzen zurückhaltend bleiben. Klug angewendet kann das Wettbewerbsrecht ein wirksames Instrument sein, um nachhaltige Transformation zu ermöglichen.

Der europäische Reformprozess ist in Bewegung: Die überarbeiteten Horizontal-Leitlinien der EU-Kommission setzen wichtige Impulse, doch ihre Umsetzung durch die nationalen Behörden bleibt uneinheitlich. Während die Niederlande und Österreich als Vorreiter:innen einer modernen, nachhaltigkeitsorientierten Kartellrechtspraxis gelten, folgt Deutschland bislang einem zurückhaltenderen Kurs.

Umso wichtiger ist es, den kartellrechtlichen Diskurs in Europa weiterzuentwickeln – mit dem Ziel, Rechtsunsicherheiten abzubauen, kooperative Lösungen zu ermöglichen und das Wettbewerbsrecht als gestaltendes Element der ökologischen Transformation zu begreifen. Ein modernes Kartellrecht sollte Innovation, Kooperation und Nachhaltigkeit gleichermaßen fördern. Die Praxis zeigt: Es geht – wenn man es will.

Gerade in Zeiten ökologischer und ökonomischer Umbrüche braucht es ein zukunftsfähiges Wettbewerbsrecht – eines, das nicht nur schützt, sondern auch gestaltet. Es muss Nachhaltigkeit als legitimes Kooperationsziel anerkennen und dafür klare, verlässliche Rahmenbedingungen schaffen.

Denn wer Kreislaufwirtschaft ernst meint, darf das Wettbewerbsrecht nicht länger als Ausrede nutzen – sondern muss es zum Werkzeug der Veränderung machen.

7.4.2. Flexible Fusionskontrolle für europäische Unternehmen zur Stärkung im globalen Welthandel

Severin Plattner

7.4.2.1. Einleitung

Die Transformation hin zu einer Kreislaufwirtschaft erfordert oft Unternehmenskooperationen und Fusionen, um Ressourcen effizienter zu nutzen, Skaleneffekte zu realisieren und innovative Recyclingtechnologien zu entwickeln. Zusammenschlüsse entlang der Wertschöpfungskette können dazu beitragen, Stoffkreisläufe zu schließen und die Wiederverwertung hochwertiger Materialien zu verbessern.

Strenge Fusions- bzw Zusammenschlusskontrollen können solche Kreislaufwirtschaftsinitiativen jedoch behindern oder verzögern, wenn sie unter Verdacht stehen, den Wettbewerb zu beschränken. Als ein Teilbereich des Kartellrechts verfolgt die Fusionskontrolle das **Allgemeininteresse des funktionierenden Wettbewerbs** und damit vorrangig ökonomische Ziele: Sie soll eine wettbewerbsfähige Marktstruktur sichern und die Entstehung oder Verstärkung marktbeherrschender Stellungen verhindern. Der so gesicherte Wettbewerb soll zu einem sparsameren Einsatz knapper Ressourcen führen, Verschwendung reduzieren oder sogar vermeiden und effiziente Technologien fördern. Unternehmen sollen effizienter investieren, produzieren sowie innovativer werden.

Nachhaltigkeitsziele hingegen gehören nicht zu den originären Aufgaben des Kartellrechts bzw der Fusionskontrolle. Eine den aktuellen Entwicklungen angepasste, weniger restriktive Fusionskontrolle könnte dazu beitragen, wirtschafts-, umwelt- und wettbewerbspolitische Ziele besser aufeinander abzustimmen und so eine kohärentere Gesamtstrategie für die Transformation zur Kreislaufwirtschaft zu ermöglichen. Indem sie Nachhaltigkeitsaspekte stärker in die fusionsrechtliche Beurteilung einbezieht, könnten regulatorische Hürden für Kreislaufwirtschaftsvorhaben verringert werden. Dies wäre besonders relevant im Hinblick auf die aktuellen Bestrebungen der Europäischen Kommission und der österreichischen Kreislaufwirtschafts-Strategie, die darauf abzielen, nachhaltige Produkte zu fördern und einen Markt für hochwertige Sekundärressourcen zu entwickeln. Da diese Ziele häufig eine enge Zusammenarbeit zwischen Unternehmen erfordern – sei es durch Kooperationen oder Fusionen entlang der Wertschöpfungskette –, könnte eine Anpassung der Fusionskontrolle solche Vorhaben zusätzlich erleichtern.

In diesem Kapitel wird die aktuelle Rechtslage in Österreich sowie auf EU-Ebene diskutiert und erörtert, inwieweit Ziele außerhalb des Wettbewerbs – wie Umweltschutz und Nachhaltigkeit – innerhalb der bestehenden Fusionskontrolle angemessen berücksichtigt werden können

7.4.2.2. Die Fusionskontrolle

Die Fusionskontrolle erfasst Zusammenschlüsse von Unternehmen. Sie dient dazu, bereits im Vorfeld (*ex ante*) zu prüfen, ob durch einen Zusammenschluss eine marktbeherrschende Stellung begründet oder verstärkt wird oder eine andere erhebliche Einschränkung des Wettbewerbs droht. Nach der Rechtsprechung des Obersten Gerichtshofes in Österreich ist die **Zielsetzung der Zusammenschlusskontrolle**, eine Vielzahl an selbstständigen, im Wettbewerb stehenden Unternehmen zu erhalten. Daher sollen Unternehmen gehindert werden, eine marktbeherrschende Stellung begründen oder verstärken zu können. Außerdem soll die Beeinträchtigung des Markts auf sonstige Weise unterbunden werden.[1176]

Ein Unternehmen im fusionsrechtlichen Sinn ist jede wirtschaftliche Tätigkeit ausübende Einheit. Die Rechtsform und die Finanzierung sind diesbezüglich nicht maßgeblich.[1177]

Im Bereich der Fusionskontrolle ist zwischen für Österreich und für den europäischen Markt bedeutsamen Zusammenschlüssen zu differenzieren. In **Österreich** ist die Zulässigkeit von Zusammenschlüssen nach dem **Bundesgesetz gegen Kartelle und andere Wettbewerbsbeschränkungen (KartG)** zu beurteilen. Für den **europäischen Markt** bedeutsame Zusammenschlüsse sind einheitlich in der **Fusionskontrollverordnung (FKVO)**[1178] geregelt.

Die Unterscheidung der jeweils anwendbaren Bestimmungen ist für Unternehmen maßgeblich. Zum Beispiel unterscheidet sich die FKVO vom österreichischen KartG dadurch, dass Zusammenschlüsse nur einer Genehmigung der Europäischen Kommission für die gesamte Europäische Union bedürfen (Art 21 Abs 2 und 3 FKVO). Diese wesentliche Erleichterung wird als „**One-Stop-Shop-Prinzip**" bezeichnet.

Unternehmen, die einen Zusammenschluss nicht korrekt oder verspätet anmelden, riskieren **hohe Geldbußen**: Nach der Rechtsprechung müssen Geldbußen spürbar sein und abschreckend wirken. Zuletzt hat etwa der österreichische Oberste Gerichtshof

1176 RIS Justiz RS0117535.
1177 OGH als KOG 8.10.2015, 16 Ok 3/15z.
1178 Verordnung (EG) Nr 139/2004 über die Kontrolle von Unternehmenszusammenschlüssen.

gegen die REWE International AG zu AZ 16 Ok 5/24g eine Geldbuße von 70 Mio € verhängt. Auch wenn diese Geldbuße gerade einmal 0,76 % der maximal möglichen Strafhöhe beträgt, handelt es sich um einen erheblichen Betrag und es wäre sogar noch erheblicher Spielraum nach oben gewesen. Dies zeigen Geldbußen für Verletzungen des Durchführungsverbots auf Ebene der EU: Illumina/Grail 432 Mio € (100 % des maximal Zulässigen), Altice/PT Portugal 62,25 Mio € (3 % der max Geldbuße), Marine Harvest 10 Mio € (rund 0,6 % der max Geldbuße). Ebenfalls verhängt die Europäische Kommission regelmäßig Geldbußen in ähnlicher Höhe für die Missachtung der Anmeldepflicht, wofür Österreich keine eigene Sanktion vorsieht.

7.4.2.3. Die aktuelle Rechtslage der Fusionskontrolle: Praxisleitfaden für Unternehmen

Anhand der oben dargestellten Ausführungen wird deutlich, dass Unternehmen, die im Zuge der Transformation zur Kreislaufwirtschaft kooperieren oder fusionieren wollen, die geltende Rechtslage genau kennen müssen. Nur so lassen sich regulatorische Hürden frühzeitig erkennen, Compliance-Risiken vermeiden und nachhaltige Geschäftsmodelle rechtssicher umsetzen.

In systematischer Hinsicht ist zuerst die Frage zu beurteilen, ob eine Transaktion oder sonstige unternehmerische Tätigkeit den Tatbestand des Zusammenschlusses erfüllt. Wenn dies der Fall ist, sind die für die Fusionskontrolle maßgeblichen **Umsatzschwellen** zu beurteilen. In diesem Zusammenhang sind drei wertmäßige Bereiche zu unterscheiden:

- **Unterster Bereich:** Weder die nationalen noch die europäischen Umsatzschwellen werden erreicht – eine Anmeldung ist nicht erforderlich,
- **Mittlerer Bereich:** Die Umsatzgrenzen des KartG werden überschritten, die Schwellen der FKVO jedoch nicht – eine Anmeldung ist bei der österreichischen Bundeswettbewerbsbehörde erforderlich.
- **Oberster Bereich:** Die Umsatzgrenzen der FKVO werden erreicht – der Zusammenschluss ist bei der Europäischen Kommission anzumelden.

Nach der Anmeldung wird die Auswirkung des Zusammenschlusses auf den jeweiligen Markt beurteilt. Vor positiver Beendigung des jeweiligen Prüfungsverfahrens ist die Durchführung des Zusammenschlusses unzulässig.

7.4.2.3.1. Fusionskontrolle in Österreich: Das müssen Unternehmen wissen

7.4.2.3.1.1. Wann liegt ein Zusammenschluss vor? Der österreichische Zusammenschlussbegriff

Ein Zusammenschluss nach dem österreichischen Verständnis ist die dauerhafte Änderung der Marktstruktur. Die Struktur des Markts verändert sich mit dem Wechsel der Kontrolle über ein oder mehrere Unternehmen. Die Kontrolle über Unternehmen kann auf verschiedene Arten erzielt werden.

Als Zusammenschluss gilt nach § 7 Abs 1 KartG:

- der Erwerb eines Unternehmens, ganz oder zu einem wesentlichen Teil, durch einen Unternehmer, insbesondere durch Verschmelzung oder Umwandlung,

- der Erwerb eines Rechts durch einen Unternehmer an der Betriebsstätte eines anderen Unternehmers durch Betriebsüberlassungs- oder Betriebsführungsverträge,
- der unmittelbare oder mittelbare Erwerb von Anteilen an einer Gesellschaft, die Unternehmer ist, durch einen anderen Unternehmer sowohl dann, wenn dadurch ein Beteiligungsgrad von 25 %, als auch dann, wenn dadurch ein solcher von 50 % erreicht oder überschritten wird,
- das Herbeiführen der Personengleichheit von mindestens der Hälfte der Mitglieder der zur Geschäftsführung berufenen Organe oder der Aufsichtsräte von zwei oder mehreren Gesellschaften, die Unternehmer sind,
- jede sonstige Verbindung von Unternehmen, auf Grund deren ein Unternehmer unmittelbar oder mittelbar einen beherrschenden Einfluss auf ein anderes Unternehmen ausüben kann.

Auch die Gründung eines auf Dauer wirtschaftlich selbstständigen Gemeinschaftsunternehmens ist als Zusammenschluss zu sehen (§ 7 Abs 3 KartG).

7.4.2.3.1.2. Umsatzschwellen und Anmeldepflichten in Österreich

Ein Zusammenschluss ist bei der Überschreitung von drei Umsatzschwellen im letzten Geschäftsjahr anmeldepflichtig (§ 9 KartG).

- **Erste Schwelle:** Alle beteiligten Unternehmen zusammen erzielen weltweit einen Umsatz von mindestens 300 Millionen €.
- **Zweite Schwelle:** Im Inland muss insgesamt ein Umsatz von zumindest 30 Millionen € erzielt worden sein, wobei zwei inländische Unternehmen mindestens einen Umsatz von 1 Million € erwirtschaftet haben müssen.
- **Dritte Schwelle:** Mindestens zwei beteiligte Unternehmen müssen weltweit einen Umsatz von mehr als 5 Millionen € erzielt haben.

Ausgenommen ist ein Zusammenschluss dann, wenn im Inland nur ein Unternehmen mehr als 5 Millionen € Umsatz erzielt und die übrigen Unternehmen weltweit nicht mehr als 30 Millionen € Umsatz erwirtschaften (§ 9 Abs 2 KartG). Diese Ausnahme soll österreichischen Unternehmen den Kauf von kleinen ausländischen Unternehmen erleichtern.[1179] Im umgekehrten Fall sollen große ausländische Unternehmen bei dem Kauf von nationalen Unternehmen nicht von der Zusammenschlusskontrolle befreit werden.

Aufgrund des völkerrechtlichen Territorialitätsprinzips hat der österreichische Gesetzgeber die Hoheitsgewalt von anderen Staaten hinsichtlich deren Staatsgebiet zu respektieren. Daher unterliegen nur jene Zusammenschlüsse der österreichischen Fusionskontrolle, welche sich auf den inländischen Markt zumindest wahrscheinlich auswirken können (§ 24 Abs 2 KartG).[1180]

1179 Dies ergibt sich aus den Gesetzesmaterialien zum Kartellgesetz.

1180 Vgl EuGH 6.9.2017, C-413/146 (Intel/Kommission); OGH als KOG 14.2.2005, 16 Ok 1/05; 27.2.2006, 16 Ok 49/05; 16.8.2006, 16 Ok 49/05;16.7.2008, 16 Ok 3/08; 19.11. 2013, 27 Kt 140/13; 19.12.2017, 27 Kt 9/17a; 1.10.2019, 24 Kt 13/19w; 12.10.2021, 16 Ok 1/21i.

Der **Zeitpunkt der Anmeldung** richtet sich nach der erkennbaren Absicht der Unternehmen, den Zusammenschluss verwirklichen zu wollen.[1181] Die **Zusammenschlussabsicht** ist die Einigung der Parteien hinsichtlich der Zusammenschlussstruktur und des Zeitplans.[1182] In der Anmeldung sind genau und erschöpfend die Umstände anzuführen, welche eine marktbeherrschende Stellung entstehen lassen oder verstärken können. Vor allem sind die Angaben zur Unternehmensstruktur, insbesondere Eigentumsverhältnisse einschließlich Unternehmensverbindungen und zuletzt erwirtschaftete Umsätze getrennt nach Waren und Dienstleistungen anzuführen (§ 10 Abs 1 Z 1 u 2 KartG).

Zur Anmeldung ist jeder am Zusammenschluss beteiligte Unternehmer berechtigt. Aufgrund eines Prüfungsantrags der Bundeswettbewerbsbehörde oder des Bundeskartellanwalts entscheidet das Kartellgericht über den Zusammenschlussantrag. Einen Antrag weist das Gericht zurück, wenn keine Anmeldebedürftigkeit vorliegt.

Ein geplanter Zusammenschluss ist zu untersagen, wenn dadurch eine marktbeherrschende Stellung entsteht oder verstärkt wird. Eine **marktbeherrschende Stellung** wird ab einem Marktanteil von 30 % begründet.[1183] Ebenso ist ein geplanter Zusammenschluss zu untersagen, wenn ein wirksamer Wettbewerb sonst erheblich behindert wird, mag auch der Marktanteil weniger als 30 % betragen. Ansonsten hat das Kartellgericht auszusprechen, dass der Zusammenschluss nicht untersagt wird.

Wenn die Voraussetzungen sonst nicht gegeben sind, kann das Kartellgericht den Ausspruch, dass der Zusammenschluss nicht untersagt wird, mit entsprechenden Beschränkungen oder Auflagen verbinden.

7.4.2.3.2. Die europäische Rechtslage

Die FKVO ist eine europäische Verordnung, die in allen EU-Mitgliedstaaten unmittelbar, also direkt, gilt. Sie hat Anwendungsvorrang vor den nationalen Regelungen der Fusionskontrolle.

7.4.2.3.2.1. Der europäische Zusammenschlussbegriff

Nach der europäischen Definition ist ein Zusammenschluss die **Unternehmensfusion** und der **Kontrollerwerb über ein anderes Unternehmen** (Art 3 Abs 1 FKVO). Die Fusion ist die Vereinigung von mehreren Unternehmen in einer neuen oder bereits bestehenden Rechtspersönlichkeit der beteiligten Unternehmen.[1184]

Der Kontrollerwerb über ein gesamtes Unternehmen oder eines Unternehmensteils erfolgt durch den Kauf von Anteilsrechten oder Vermögenswerten, die vertraglich ausgestaltete Kontrolle sowie die Erlangung der Kontrolle auf sonstige Weise. Dabei sind alle tatsächlichen und rechtlichen Umstände zu berücksichtigen, welche einen bestimmenden Einfluss auf die Tätigkeit eines Unternehmens ausüben können (Art 3 Abs 2 FKVO).

1181 OGH als KOG 23.6.1997, 16 Ok 4/97.
1182 OGH als KOG 23.6.1997, 16 Ok 4/97; 21.12.2016, 16 Ok 11/16b; 25.1.2021, 16 Ok 5/20a.
1183 Brüggemann/Vollkammer in Schröter/Klotz/von Wendland, EU-WettbewerbsR[3] 4. Teil B (2023) Rz 184.
1184 Kommission 4.9.1993, M. 291, KNP/Bührmann Tetterode/VRG; Konsolidierte Mitteilung zu Zuständigkeitsfrage.

7.4.2.3.2.2. EU-Umsatzschwellen: Wann besteht eine Anmeldepflicht?

Die Fusionskontrollverordnung (FKVO) gilt für **Unternehmenszusammenschlüsse, die eine gemeinschaftsweite Bedeutung** haben (Art 1 FKVO). Ob ein Zusammenschluss diese Bedeutung erreicht, hängt von dem Gesamtumsatz der beteiligten Unternehmen ab. Ein Zusammenschluss gilt als gemeinschaftsweit bedeutsam, wenn:

- der weltweite Gesamtumsatz aller beteiligten Unternehmen mehr als 5 Milliarden € beträgt
- der von zwei der beteiligten Unternehmen in der Europäischen Union erwirtschaftete Umsatz mehr als 250 Millionen € beträgt.

Auch wenn diese zwei Umsatzschwellen nicht erreicht werden, kann eine gemeinschaftsweite Bedeutung dennoch vorliegen, wenn nachstehende Umsatzschwellen kumulativ erreicht werden:

- der weltweite Gesamtumsatz mehr als 2,5 Milliarden € beträgt, und
- der Gesamtumsatz aller Unternehmen in zumindest drei Mitgliedstaaten von jeweils 100 Millionen € beträgt, und
- der Gesamtumsatz von mehr als 25 Millionen € von mindestens zwei beteiligten Unternehmen in jeweils drei Mitgliedstaaten für die Europäische Union beträgt, und
- der gemeinschaftsweite Gesamtumsatz von mindestens zwei der beteiligten Unternehmen jeweils 100 Millionen € übersteigt.

Als Gegenausnahme ist in beiden Fällen die gemeinschaftsweite Bedeutung zu verneinen, wenn die beteiligten Unternehmen mehr als zwei Drittel ihres gemeinschaftsweiten Gesamtumsatzes in einem Mitgliedstaat erzielen.

Die **Anmeldung von Zusammenschlüssen mit gemeinschaftsweiter Bedeutung** hat nach Vertragsabschluss und Veröffentlichung des Übernahmeangebots oder des Erwerbs einer kontrollierenden Beteiligung und vor der Durchführung bei der Europäischen Kommission zu erfolgen (Art 4 Abs 1 FKVO). Im Anhang der Durchführungsverordnung (EG) Nr 802/2004 sind die Formulare für die Anmeldung zu finden.

Die Europäische Kommission empfiehlt sowohl in der Einleitung des Formalblatts CO (1.2 Vorabkontakt) als auch in den Verhaltensleitlinien (3. PRE-NOTIFICATION), die Anmeldung im Rahmen des Vorabkontakts vorzubereiten.[1185] Der **Vorabkontakt** zielt darauf ab, die notwendigen Informationen zu ermitteln und mögliche inhaltliche Anliegen zu besprechen.[1186]

Im Gegensatz zu dem dualistischen System des österreichischen Kartellvollzugs, bei dem das Kartellgericht aufgrund eines Antrags der Bundeswettbewerbsbehörde entscheidet, entscheidet die Europäische Kommission gemäß Art 8 FKVO selbst über die Vereinbarkeit von Zusammenschlüssen mit dem gemeinsamen Markt.[1187] Die **Unvereinbarkeit**

1185 Formular CO der DfVO (EG) Nr 802/2004; Verhaltensleitlinien („Best Practices on the conduct of EC merger proceedings").

1186 Hofmann in Schröter/Klotz/von Wendland, EU-WettbewerbsR³ Art 4 Verordnung (EG) Nr 139/2004 (2023) Rz 17 f.

1187 Von der Thannen/Holzweber/Dietz in Holzweber/Dietz (Hrsg), Kommentar zur Fusionskontrolle (2023) § 10 KartG Rz 1.

mit dem europäischen Markt ist dann gegeben, wenn eine marktbeherrschende Stellung begründet oder verstärkt wird (Art 2 Abs 3 FKVO).

Bei der **Gründung von Gemeinschaftsunternehmen** sind zusätzlich die Kriterien des Kartellverbots gemäß Art 101 Abs 1 und 3 AEUV (wie im Text der FKVO: ehemals 81 Abs 1 und 3 EGV) zu berücksichtigen.

7.4.2.3.3. Wie werden Zusammenschlüsse geprüft?

Sowohl auf österreichischer als auch europäischer Ebene werden die Auswirkungen von Zusammenschlüssen auf den Markt mit dem **„Significant Impediment to Effective Competition"-Test** („SIEC-Test") bewertet. Das erste Prüfungskriterium des SIEC-Tests ist die Beeinträchtigung des wirksamen Wettbewerbs durch den beabsichtigten Zusammenschluss. Vor allem wirkt sich die Begründung oder Verstärkung einer marktbeherrschenden Stellung nachteilig auf den Wettbewerb aus, was regelmäßig eine Versagung des Zusammenschlusses bedeutet. Nach dem SIEC-Test ist ein Zusammenschluss aber auch zu untersagen, wenn eine erhebliche Wettbewerbsbehinderung zu erwarten ist, selbst wenn eine marktbeherrschende Stellung nicht begründet oder verstärkt wird. Das zweite Prüfungskriterium ist die tatsächliche Spürbarkeit der Beeinträchtigung.[1188]

7.4.2.4. Bestehen Lockerungen bei der Fusionskontrolle?

7.4.2.4.1. Rechtfertigung von Zusammenschlüssen und Berücksichtigung von Nachhaltigkeitsaspekten nach dem österreichischen Kartellgesetz

Im österreichischen KartG sind drei Rechtfertigungsgründe für Zusammenschlüsse zu finden (§ 12 Abs 2 Z 1–3 KartG), wobei erst kürzlich die Erzielung von erheblichen volkswirtschaftlichen Vorteilen eingeführt wurde. Da staatliche Entscheidungen üblicherweise mehrere Allgemeininteressen ausbalancieren müssen, entspricht ein umfassender Rechtfertigungskatalog einer vielfältigen und modernen Fusionskontrolle.

Die drei wesentlichen Rechtfertigungsgründe sind:

- die überwiegende Verbesserung der Wettbewerbsbedingungen (§ 12 Abs 2 Z 1 KartG),
- die Erhaltung und Verbesserung der internationalen Wettbewerbsfähigkeit (§ 12 Abs 2 Z 2 KartG),
- die Erzielung von erheblichen volkswirtschaftlichen Vorteilen (§ 12 Abs 2 Z 3 KartG), welcher vor allem im Zusammenhang mit der Förderung der Kreislaufwirtschaft bedeutsam ist.

Im Folgenden wird vertiefend auf den erst kürzlich eingeführten Rechtfertigungsgrund eingegangen – die **Erzielung erheblicher volkswirtschaftlicher Vorteile**. Ein Zusammenschluss, der den Markt grundsätzlich negativ beeinflusst, kann demnach dennoch gerechtfertigt sein, wenn die damit verbundenen Vorteile die Nachteile erheblich überwiegen (§ 12 Abs 2 Z 3 KartG). Nach den Gesetzesmaterialien kann dies insbesondere

---

1188 Holzweber/Müller/Dietz in Holzweber/Dietz (Hrsg), Kommentar zur Fusionskontrolle (2023) § 12 KartG Rz 3.

dann der Fall sein, wenn der Zusammenschluss zur Sicherstellung der Versorgung in zentralen Bereichen wie Gesundheit, Sicherheit oder innovativen Technologien erforderlich ist.[1189] Zudem nennt der beispielhafte Katalog der volkswirtschaftlichen Interessen die nachhaltige Verbesserung der Lebensqualität, das Einkommenswachstum und die faire Einkommensverteilung unter Berücksichtigung angemessener Sozial- und Umweltstandards.[1190]

Dabei bleiben aber **zwei Unklarheiten**: Die Materialien besagen nicht, worin der Unterschied zwischen dem „Überwiegen volkswirtschaftlicher Vorteile" (Z 3) und der sog „volkswirtschaftlichen Rechtfertigung für Zusammenschlüsse, welche von industriepolitischer Seite wünschenswert sind" (Z 2), liegt. Unklar ist auch, ob bzw wie sich der neue Rechtfertigungstatbestand gemäß § 12 Abs 2 Z 3 KartG von der Verbesserung der Wettbewerbsbedingungen gemäß § 12 Abs 2 Z 1 KartG unterscheidet.

Das Erfordernis des erheblichen Überwiegens der volkswirtschaftlichen Vorteile ist eine besonders strenge Verhältnismäßigkeitsprüfung. Dabei sind alle positiven und negativen Auswirkungen auf die österreichische Volkswirtschaft abzuwägen.[1191]

Da keine fertigen Checklisten für die Fusionskontrolle vorhanden sind, empfiehlt es sich, die **Leitlinien zur Anwendung von § 2 Abs 1 KartG auf Nachhaltigkeitskooperationen (Nachhaltigkeits-LL)** auf die Fusionskontrolle zu übertragen. Da in den Leitlinien für Nachhaltigkeitskooperationen der Übergang zu einer ökologisch nachhaltigen oder klimaneutralen Wirtschaft als Rechtfertigungsgrund für eine Wettbewerbsbeschränkung herangezogen wird, kann dies auch als volkswirtschaftlicher Vorteil iSd zusammenschlussrechtlichen Rechtfertigungsgrunds qualifiziert werden. Dementsprechend ist die Nachhaltigkeits-LL über die Ausnahmen vom Kartellverbot hinaus auch auf den Rechtfertigungstatbestand § 12 Abs 2 Z 13 KartG der Zusammenschlusskontrolle anzuwenden.[1192]

Die Nachhaltigkeits-LL statuiert die **Voraussetzungen für Grüne Wettbewerbsbeschränkungen**. Diese sind der Effizienzgewinn, die Unerlässlichkeit der Wettbewerbsbeschränkung für die Verwirklichung der Effizienzgewinne, der Beitrag zur ökologisch nachhaltigen oder klimaneutralen Wirtschaft, die Wesentlichkeit des Beitrags und das Verbot, den Wettbewerb auszuschalten.[1193]

Da derzeit keine weiteren Materialien vorliegen, sind die Rahmenbedingungen der Nachhaltigkeits-LL für die Rechtfertigung von Zusammenschlüssen nach § 12 Abs 2 Z 13 KartG heranzuziehen. Es kann daher mit guten Argumenten vertreten werden, dass Zusammenschlüsse bei Erfüllung der Voraussetzungen der Nachhaltigkeits-LL nicht untersagt werden bzw lediglich Beschränkungen oder Auflagen mit dem Zusammenschluss verbunden werden.

1189 ErlRV 114 BlgNr 27. GP 11.
1190 ErlRV 951 BlgNR 27. GP 13.
1191 Holzweber/Müller/Dietz in Holzweber/Dietz, Kommentar zur Fusionskontrolle § 12 KartG Rz 110.
1192 Holzweber/Müller/Dietz in Holzweber/Dietz, Kommentar zur Fusionskontrolle § 12 KartG Rz 109.
1193 Leitlinien zur Anwendung von § 2 Abs 1 KartG auf Nachhaltigkeitskooperationen (Nachhaltigkeits-LL idF 2022) 29 ff.

Zusammengefasst ist die Einführung des neuen Tatbestandes zum Überwiegen volkswirtschaftlicher Vorteile grundsätzlich nur deklarativ, aber der österreichische Gesetzgeber zeigt damit ein Bekenntnis zu einem nachhaltigen Kartellrecht. Da bei der Fusionskontrolle nicht eine fertige Checkliste mit definierten Kriterien besteht, fordert auch der neue Tatbestand des § 12 Abs 2 Z 3 KartG eine komplexe Abwägungsentscheidung unter Berücksichtigung mehrerer unterschiedlicher Themenpunkte.

7.4.2.4.2. Rechtfertigung von Zusammenschlüssen und Berücksichtigung von Nachhaltigkeitsaspekten in der europäischen Fusionskontrolle

Im Text der FKVO sind keine ausdrücklichen Rechtfertigungsgründe zu finden.[1194] Anlässlich einer Petition gegen den Zusammenschluss der Unternehmen Bayer und Monsanto äußerte sich die Wettbewerbskommissarin Margrethe Vestager zur Thematik des Umweltschutzes im europäischen Zusammenschlussrecht. So erklärt die Kommissarin, dass Bedenken hinsichtlich der Auswirkungen in den Bereichen der Gesundheit, der Lebensmittelsicherheit, des Verbraucherschutzes, der Umwelt und des Klimas sehr wichtig sind. Bei der Prüfung von Zusammenschlüssen seien solche Kriterien jedoch nicht maßgeblich.[1195] Entsprechend diesem Standpunkt erkannte die Kommission den Zusammenschluss ausschließlich auf der Grundlage einer wirtschaftlichen Betrachtungsweise als mit dem gemeinsamen Markt vereinbar.[1196]

Ziele außerhalb des Wettbewerbs – wie **Umweltschutz und Nachhaltigkeit** – sind bei der Beurteilung einer Zusammenschlussanmeldung nach der FKVO keine ins Auge springenden relevanten Kriterien. Zumindest nach dem **Erwägungsgrund 29 der FKVO** können **Effizienzvorteile** die nachteiligen Auswirkungen von Zusammenschlüssen auf den Markt ausgleichen. Die Europäische Kommission ist zur Veröffentlichung von Leitlinien bezüglich der Berücksichtigung von Effizienzvorteilen im Fusionskontrollverfahren zuständig. Die **Europäische Kommission** hat in der **Leitlinie zur Bewertung von horizontalen Zusammenschlüssen** Kriterien für den Umgang mit Effizienzvorteilen verlautbart.

Ein von den Antragstellern behaupteter Effizienzvorteil wird von der Europäischen Kommission daran gemessen, ob den **Verbrauchern des betroffenen Markts rechtzeitig ein erheblicher Vorteil** zukommt. Zusätzlich muss der Effizienzvorteil eine **unmittelbare und spezifische Folge der Fusion** sein, welcher ansonsten nicht im gleichen Umfang erzielbar gewesen wäre. Die **Darlegungslast** des fusionsspezifischen Vorteils trifft die Antragsteller. Letztlich muss der Vorteil für die Europäische Kommission **nachprüfbar** sein. Der Europäischen Kommission sind die Vorteile möglichst präzise und überzeugend darzulegen und mit einer **zahlenmäßigen Grundlage** zu belegen.[1197]

Die Europäische Kommission ist bei der Anerkennung von Effizienzvorteilen eher zurückhaltend. Beispielsweise konnte der Zusammenschluss der Unternehmen Aurubis und Metallo im Bereich des Kupferrecyclings nicht mit Effizienzvorteilen gerechtfertigt werden.[1198] Der Zusammenschluss betraf die Übernahme der Metallo Group Holding, ein

1194 Vgl vor allem Art 2 Abs 2 und 4 FKVO.
1195 https://ec.europa.eu/competition/mergers/cases/additional_data/m8084_4718_7.pdf, abgerufen am 5.8.2025.
1196 Kommission 21.3. 2018, M.8084, Bayer/Monsanto, Rz 3015 ff.
1197 Leitlinien zur Bewertung horizontaler Zusammenschlüsse (2004/C 31/03) Rz 79 ff.
1198 ZB Kommission 4.5.2020, M.9409 (Aurubis/Metallo) Rz 392 ff.

Unternehmen im Bereich des Recyclings und Raffinierens von Metallen, durch die Aurubis AG, einem führenden europäischen Kupferproduzenten. Die Europäische Kommission prüfte die Fusion eingehend, insbesondere hinsichtlich ihrer möglichen Auswirkungen auf den Wettbewerb und auch im Hinblick auf Nachhaltigkeitsaspekte. Im Fokus stand die Frage, ob der Zusammenschluss den Wettbewerb auf dem europäischen Kupferrecyclingmarkt beeinträchtigen könnte. Da sowohl Aurubis als auch Metallo bedeutende Akteure im Recycling von minderwertigem Kupferschrott sind, bestand die Befürchtung der Kommission, dass die Übernahme den Zugang zu essenziellen Recyclingtechnologien einschränken und die Preisgestaltung in der Branche (nicht bloß unwesentlich) beeinflussen könnte.

Nachhaltigkeit spielte in der Prüfung der Kommission dieses beabsichtigten Zusammenschlusses eine wesentliche Rolle. Kreislaufwirtschaft und Recyclingeffizienz waren zentrale Aspekte, weil beide Unternehmen auf das Recycling auch von komplexen Kupfermaterialien spezialisiert sind und damit zur Erreichung der EU-Umweltziele beitragen. Die Kommission prüfte, ob der Zusammenschluss die Nachhaltigkeitsbemühungen fördern oder behindern könnte, wobei insbesondere folgende Punkte berücksichtigt wurden:

- **Ressourceneffizienz:** Würde die Fusion die Rückgewinnung von Kupfer und anderen wertvollen Metallen verbessern?
- **Umweltauswirkungen:** Würde der Zusammenschluss eine nachhaltigere Metallproduktion mit geringeren CO_2-Emissionen unterstützen?
- **Marktzugang für konkurrierende Recycler:** Hätten unabhängige Recycler weiterhin fairen Zugang zu Verarbeitungsanlagen?

Schließlich genehmigte die Kommission die Fusion jedoch ausschließlich aus wettbewerbsrechtlichen Gründen, weil sie zu dem Schluss kam, dass die Übernahme den Wettbewerb auf dem europäischen Markt nicht erheblich beeinträchtigen würde, weshalb die Prüfung der Nachhaltigkeitsaspekte für den Zusammenschluss nicht von der Kommission fortgeführt wurde.

7.4.2.5. Ausblick

Die Fusionskontrolle in Österreich und auf europäischer Ebene sollte unter Berücksichtigung der Bedürfnisse der Kreislaufwirtschaft weiterentwickelt werden. So hat bereits die Europäische Kommission mit 1.9.2023 ein Paket von Rechtsakten angenommen, mit dem die Verfahren zur Prüfung von Zusammenschlüssen nach der EU-Fusionskontrollverordnung weiter vereinfacht werden, um die Berichtspflichten um 25 % zu verringern und eine langfristige Wettbewerbsfähigkeit der EU sowie die Schaffung europäischer Champions zu ermöglichen.

Eine ausgewogene Anpassung könnte dazu beitragen, nachhaltige Wirtschaftspraktiken zu fördern, ohne den Wettbewerb grundsätzlich zu gefährden. Es bedarf einer differenzierten Betrachtung, die sowohl wirtschaftliche als auch ökologische Ziele in Einklang bringt. Die Integration von Nachhaltigkeitskriterien in die Fusionskontrolle könnte dazu beitragen, Unternehmen zu fördern, die positive Umwelteffekte erzielen. Beispiele könnten Ressourcenschonung oder die Reduktion von Emissionen sein. Unternehmen, die etwa Recycling- oder Upcycling-Initiativen fördern, könnten unter erleichterten Bedingungen fusionieren dürfen.

Zudem sind Zukunftsmärkte nach dem Aktionsplan der Europäischen Kommission und der österreichischen Kreislaufwirtschafts-Strategie unter anderem in der Kreislaufwirtschaft aufzufinden. In langfristiger Hinsicht sollen vorrangig nachhaltige und grüne Produkte den europäischen Markt beherrschen. Dafür bedarf es klarer Kriterien, um sicherzustellen, dass Unternehmen mögliche Lockerungen bei der Fusionskontrolle nicht missbrauchen, um den Wettbewerb zu schädigen. Hierbei könnten regelmäßige Prüfungen helfen, Fehlentwicklungen oder die Ausschaltung eines Wettbewerbs frühzeitig zu identifizieren und zu verhindern.

Gleichzeitig sind Unternehmen angehalten, Zusammenschlüsse richtig und rechtzeitig anzumelden, weil andernfalls erhebliche Geldbußen drohen. Üblicherweise werden „nur" Geldbußen von 0,5 % bis 3 % der maximal möglichen Strafhöhe verhängt, allerdings wurden von der EU-Kommission bereits Geldbußen von 100 % des maximal Zulässigen verhängt (Illumina/Grail). Daher sollte es Unternehmen ermöglicht werden, dass Nachhaltigkeitskriterien in der Fusionskontrolle ein stärkeres Gewicht erlangen, damit eine langfristige Wettbewerbsfähigkeit der EU, die Schaffung europäischer Champions sowie die Schaffung einer nachhaltigen Wirtschaft sichergestellt wird.

7.4.3. EU-Recht und strategische Beschaffung: Förderung der Kreislaufwirtschaft durch öffentliche Aufträge

Berthold Hofbauer

7.4.3.1. Einleitung

Die EU setzt mit dem „Green Deal"[1199] und dem daraus folgenden Europäischen Klimagesetz[1200] ein unverrückbares Bekenntnis zur nachhaltigen Kreislaufwirtschaft mit dem Ziel eines klimaneutralen Europas bis zum Jahr 2050. In diesem Zusammenhang wird das öffentliche Beschaffungswesen als eines der wirksamsten Instrumente angesehen, den Ausbau des Umwelt- und Klimaschutzes zu fördern.[1201]

Dies ist auch sachlich nachvollziehbar, da öffentliche Aufträge mit einem Anteil von mehr als 16 % am Bruttoinlandsprodukt (BIP) der EU ein wichtiger Eckpfeiler für die Volkswirtschaften der einzelnen EU-Mitgliedstaaten sind.[1202] Allein in Österreich belief sich das durchschnittliche Netto-Beschaffungsvolumen in den Jahren 2015 bis 2020 auf

---

1199 Mitteilung der EU Kommission „Der europäische Grüne Deal" vom 11.12.2019, COM(2019) 640 final. Siehe auch Pallitsch/Reisinger/Ullreich, Der European Green Deal – Ein gewaltiger Sprung für Europa, NR 2021, 117.

1200 Verordnung (EU) 2021/1119 des Europäischen Parlaments und des Rates vom 30. Juni 2021 zur Schaffung des Rahmens für die Verwirklichung der Klimaneutralität und zur Änderung der Verordnungen (EG) Nr 401/2009 und (EU) 2018/1999 („Europäisches Klimagesetz").

1201 Siehe zB Vortrag an den Ministerrat vom 4.10.2018, GZ: BMNT-UW.2.3.2/0008-V/7/2018; Mitteilung der Europäischen Kommission „Umweltorientiertes Öffentliches Beschaffungswesen" vom 16.7.2008, KOM[2008]400 endg; Mitteilung der Kommission „Eine Strategie für intelligentes, nachhaltiges und integratives Wachstum" vom 3.3.2010, KOM[2010] 2020

1202 Europäisches Parlament, Öffentliches Auftragswesen, https://www.europarl.europa.eu/factsheets/de/sheet/34/public-procurement-contracts, abgerufen am 3.2.2025.

rund 67 Mrd € bzw 18 % des BIP.[1203] Neben dieser rein faktischen Marktmacht der öffentlichen Hand (vor allem in den Sektoren Hoch- und Tiefbau, Gesundheitsversorgung und Verkehr[1204]), die bereits per se eine Verantwortung zu einem nachhaltigen Verhalten nahelegen würde, hat die öffentliche Hand auch eine Vorbildfunktion für Bürger:innen und Unternehmen, die es wahrzunehmen gilt.[1205]

7.4.3.2. Die strategische Beschaffung

7.4.3.2.1. EU- und völkerrechtliche Überlegungen

In der heutigen Wirtschaftswelt wird Nachhaltigkeit als dreiseitiges Zieldreieck verstanden, das „Ökonomie" (= eine Wirtschaftsweise, die dauerhaft Wohlstand ermöglicht), „Ökologie" (= eine Wirtschaftsweise, die Natur und Umwelt erhält) und „Soziales" (= eine Wirtschaftsweise, die eine lebenswerte Gesellschaft für alle ermöglicht) berücksichtigt. In diesem Sinne wurden bereits 2015 im Zuge der Agenda 2030 die 17 Sustainable Development Goals (SDGs) für alle Mitgliedstaaten der Vereinten Nationen angenommen, die explizite Zielsetzungen für eine nachhaltige weltweite Entwicklung darstellen.

Die strategische Beschaffung orientiert sich an diesem Nachhaltigkeitsverständnis bzw an den 17 SDGs und versteht sich – verkürzt ausgedrückt – als Beitrag zum Wohl der Gesellschaft (Force for Good)[1206], der sich in folgende drei Ausrichtungen gliedert:

- **Green Public Procurement (GPP)** ,
- **Socially Responsible Public Procurement (SRPP)** und
- **Innovation Procurement (innovative Vergabe)** .[1207]

Die strategische Beschaffung kann – vereinfacht ausgedrückt – auch als solche definiert werden, welche *„die bestmöglichen ökologischen, sozialen und wirtschaftlichen Auswirkungen über den gesamten Lebenszyklus hat und nachteilige Auswirkungen zu minimieren versucht"*.[1208]

Die Verankerung von strategischen Aspekten in der Vergabe ist grundsätzlich keine neue Idee. Bereits mit der Jahrtausendwende hat der EuGH in einer Reihe von Entscheidungen klargestellt, dass die Berücksichtigung öko-sozialer Aspekte im öffentlichen Einkauf zulässig ist. Beispielhaft sei die Rechtssache *Gebroeders Beentjes BV*[1209] über die

1203 Österreichisches Institut für Wirtschaftsforschung, Die Rolle des öffentlichen Vergabewesens für eine klimaneutrale Produktions- und Lebensweise (2023), https://www.wifo.ac.at/wp-content/uploads/upload-9309/s_2023_beschaffungswesen_oekologisierung_70601_.pdf, abgerufen am 3.2.2025; Technische Universität Wien, Öffentliche Vergaben in Österreich – Endbericht (2017), https://www.ankoe.at/wp-content/uploads/2023/07/ANKOE_Oeffentliche-Vergaben-in-Oesterreich_Studie_TU-Wien.pdf, abgerufen am 3.2.2025.

1204 Mitteilung der EU Kommission, Sozialorientierte Beschaffung – Ein Leitfaden für die Berücksichtigung sozialer Belange im öffentlichen Beschaffungswesen vom 18. 6. 2021, C 237 (2021) C 237/4.

1205 Umweltbundesamt, Rechtsgutachten umweltfreundliche öffentliche Beschaffung, 2022, 14.

1206 Janssen in Janssen/Caranta (Hrsg), Mandatory sustainability requirements in EU public procurement law (2023) 5; siehe dazu auch die Überlegungen der Europäischen Kommission unter: https://green-business.ec.europa.eu/green-public-procurement_en, abgerufen am 3.2.2025.

1207 Hofbauer/Reisner in Hofbauer/Heid/Beham (Hrsg), Handbuch Vergabe-Compliance (2024), Kap 27, Rz 10.

1208 Siehe ISO 20400:2017, Sustainable Procurement – Guidance, 4.1.

1209 EuGH 20.9.1988, C-31/87, Gebroeders Beentjes BV/Staat der Nederlanden, ECLI:EU:C:1988:422. Siehe auch EuGH 26.9.2000, C-225/98, Kommission/Frankreich (Französische Schulgebäude), ECLI:EU:C:2000:494.

zulässige Berücksichtigung der Anstellung von Langzeitarbeitslosen als soziales Vergabekriterium genannt oder die Rechtssache *Concordia Bus Finland Oy Ab*[1210] über die zulässige Berücksichtigung der Stickoxid- und Lärmemissionen von Bussen als ökologisches Vergabekriterium. Im Rahmen der späteren EU-Vergaberechtsreform 2014 wurde einerseits diese EuGH-Rechtsprechung in die europäischen Vergaberichtlinien implementiert[1211] und andererseits auf diese Grundsätze noch stärker eingegangen[1212] und – im Einklang mit der Strategie „Europa 2020 für ein intelligentes, nachhaltiges und integratives Wachstum"[1213] – eine *„verstärkte Unterstützung gemeinsamer gesellschaftlicher Ziele"* im Rahmen von Vergabeverfahren verwirklicht.[1214]

Gemäß dem Aktionsplan der Europäischen Kommission zur Kreislaufwirtschaft, der Teil des Europäischen Green Deals ist, und der österreichischen Kreislaufwirtschafts-Strategie sollen zukünftig vorrangig nachhaltige Produkte am europäischen Markt gehandelt werden.[1215] Solche Produkte werden einen längeren Lebenszyklus aufweisen und wiederverwendbar, reparierbar und recycelbar sein. Zudem zeichnen sich die nachhaltigen Produkte durch die größtmögliche Verarbeitung von recycelten Materialien anstatt von Primärrohstoffen aus. Im Rahmen der jüngeren europäischen Rechtssetzung wurden bereits strenge Zielsetzungen vorgegeben, die auch das Vergaberecht betreffen. So ist etwa die **Clean Vehicles Directive** (national umgesetzt mit dem Straßenfahrzeug-Beschaffungsgesetz – SFBG, BGBl I 2021/163 idgF)[1216] zu nennen, die verbindliche Mindestquoten der öffentlichen Hand für die Beschaffung von „sauberen" Fahrzeugen vorschreibt, oder der **Net-Zero Industry Act**[1217], wonach beim Einkauf bestimmter Netto-Null-Technologien – wie zB Photovoltaik-Anlagen, Wärmepumpen – gewisse Nachhaltigkeits-/bzw Resilienzanforderungen eingehalten werden müssen. Auswirkungen auf die Ver-

1210 EuGH 17.9.2002, C-513/99, Concordia Bus Finland Oy Ab, ECLI:EU:C:2002:495.

1211 Vgl Art 18 Abs 2 der Richtlinie 2014/24/EU des Europäischen Parlaments und des Rates vom 26.2.2014 über die öffentliche Auftragsvergabe und zur Aufhebung der Richtlinie 2004/18/EG, ABl L 2014/94, 65.

1212 Richtlinie 2004/18/EG des Europäischen Parlaments und des Rates vom 31.3.2004 über die Koordinierung der Verfahren zur Vergabe öffentlicher Bauaufträge, Lieferaufträge und Dienstleistungsaufträge, ABl L 2004/134, 114; Richtlinie 2014/24/EU des Europäischen Parlaments und des Rates vom 26.2.2014 über die öffentliche Auftragsvergabe und zur Aufhebung der Richtlinie 2004/18/EG, ABl L 2014/94, 65; Richtlinie 2014/25/EU des Europäischen Parlaments und des Rates vom 26.2.2014 über die Vergabe von Aufträgen durch Auftraggeber im Bereich der Wasser-, Energie- und Verkehrsversorgung sowie der Postdienste und zur Aufhebung der Richtlinie 2004/17/EG, ABl L 2014/94, 243; Richtlinie 2014/23/EU des Europäischen Parlaments und des Rates vom 26.2.2014 über die Konzessionsvergabe, ABl L 2014/94, 1.

1213 Europäische Kommission, Mitteilung der Kommission vom 3.3.2010, EUROPA 2020 – Eine Strategie für intelligentes, nachhaltiges und integratives Wachstum, KOM(2010) 2020 endg.

1214 Siehe Holoubek/Fuchs/Holzinger/Ziniel, Vergaberecht[6] (2022) 112.

1215 Zur „Österreichischen Kreislaufwirtschaftsstrategie" siehe: https://www.bmk.gv.at/themen/klima_umwelt/abfall/Kreislaufwirtschaft/strategie.html, abgerufen am 5.8.2025; zum „Aktionsplan für die Kreislaufwirtschaft für ein saubereres und wettbewerbsfähigeres Europa" siehe: https://eur-lex.europa.eu/legal-content/DE/TXT/HTML/?uri=CELEX:52020DC0098, abgerufen am 5.8.2025.

1216 Siehe dazu ausführlich Fruhmann/Ziniel in Hofbauer/Heid/Beham (Hrsg), Handbuch Vergabe-Compliance (2024), Kap 28.

1217 Verordnung (EU) 2024/1735 des Europäischen Parlaments und des Rates vom 13.6.2024 zur Schaffung eines Rahmens für Maßnahmen zur Stärkung des europäischen Ökosystems der Fertigung von Netto-Null-Technologien und zur Änderung der Verordnung (EU) 2018/1724 („Net-Zero Industry Act"), ABl L 2024/1735; siehe dazu auch das Rundschreiben des BMJ vom 9.8.2024, GZ 2024-0.495.536, abrufbar unter https://www.bmj.gv.at/themen/Vergaberecht/dokumente-zum-vergaberecht/vergaberechtliche-rundschreiben.html, abgerufen am 18.1.2025.

gabepraxis werden auch die Vorgaben der **Ökodesign-Verordnung**[1218] haben, wonach insbesondere „grüne" Leistungs- und Informationsanforderungen für wichtige Produkte (zB Textilien, Möbel, Eisen und Stahl, Aluminium, IKT-Produkte) festgelegt und transparent gemacht werden. Ähnliches gilt im Hinblick auf die neue **EU-Verpackungsverordnung**[1219], welche die Kreislaufwirtschaft bei Verpackungen verbessern soll und bei zukünftigen Beschaffungsvorhaben zwingend zu berücksichtigen ist (zB bei der Leistungsbeschreibung und/oder der Vertragsgestaltung).

Unabhängig von diesen – in Zukunft wohl noch zunehmenden – nachhaltigkeitsrechtlichen Vorgaben auf EU-Ebene enthält das BVergG 2018[1220] (in Umsetzung der Vergabe-RL 2014/24/EU) klare Vorgaben, auf welche Weise öffentliche Auftraggeber bereits heute zum Umweltschutz und zur Förderung einer nachhaltigen Entwicklung beitragen können und müssen. Darüber hinaus ist ein neues Verständnis des öffentlichen Einkaufs auch im Hinblick auf SDG 12 („*Sicherstellung nachhaltiger Konsum- und Produktionsmuster*") erforderlich bzw muss auch aus völkerrechtlicher Perspektive die öffentliche Hand die Art und Weise des Konsums und der Produktion bereits jetzt Richtung Nachhaltigkeit verändern.

7.4.3.2.2. Bundesvergabegesetz 2018 (BVergG 2018)

In Umsetzung der aufgezeigten EU- und völkerrechtlichen Vorgaben sieht das BVergG 2018 in § 20 Abs 5 bis 7 BVergG 2018 folgende Grundsätze der nachhaltigen Beschaffung vor:

- **Ökologie** (Förderung der Umweltgerechtheit)
- **Soziales** (Förderung sozialpolitischer Belange) und
- **Innovation** (Förderung von innovativen Leistungen und Entwicklungen).[1221]

Ergänzend ist festzuhalten, dass es dem Auftraggeber grundsätzlich freisteht, den konkreten „grünen" Hebel zu wählen (zB Verpackungsabfall, Wasserverbrauch), vom Gesetzgeber jedoch in § 20 Abs 5 BVergG 2018 folgende ökologische Angriffspunkte einer strategischen Beschaffung beispielhaft genannt werden: Energieeffizienz, Materialeffizienz, Abfall- und Emissionsvermeidung, Bodenschutz oder Tierschutz. Dieser breite vergabestrategische Zugang zur Nachhaltigkeit – zumindest in seinen zentralen Eckpunkten – entspricht im Übrigen auch dem im Rahmen von Art 101 AEUV[1222] seitens der EU-Kommission vorgelegten Nachhaltigkeitskonzept gemäß HorizontalLL 2022 im europäischen Wettbewerbsrecht.[1223] Demnach ist von den Nachhaltigkeitszielen die Bekämpfung des Klimawandels (zB durch die Verringerung der Treibhausgasemissionen), die Verrin-

1218 Verordnung (EU) 2024/1781 des Europäischen Parlaments und des Rates vom 13.6.2024 zur Schaffung eines Rahmens für die Festlegung von Ökodesign-Anforderungen für nachhaltige Produkte, zur Änderung der Richtlinie (EU) 2020/1828 und der Verordnung (EU) 2023/1542 und zur Aufhebung der Richtlinie 2009/125/EG, ABl L 2024/1781.

1219 Vorschlag für eine Verordnung des Europäischen Parlaments und des Rates über Verpackungen und Verpackungsabfälle, zur Änderung der Verordnung (EU) 2019/1020 und der Richtlinie (EU) 2019/904 sowie zur Aufhebung der Richtlinie 94/62/EG Festlegung, COM (2022) 677 final. Siehe dazu auch: Schuch/Wimmer/Greenberg, „Alles Kreislaufwirtschaft!": Über die Neuerungen der EU-Verpackungs-VO, NR 2024, 307.

1220 Bundesgesetz über die Vergabe von Aufträgen, BGBl I 2018/65 idgF (in der Folge „BVergG 2018").

1221 Hofbauer/Reisner in Hofbauer/Heid/Beham (Hrsg), Handbuch Vergabe-Compliance (2024), Kap 27, Rz 10 ff.

1222 Vertrag über die Arbeitsweise der Europäischen Union, BGBl III 1999/86 idgF.

1223 Mitteilung der EU Kommission vom 1.6.2023 „HorizontalLL", COM/2023/3445 final.

gerung von Umweltverschmutzung, die Begrenzung der Nutzung natürlicher Ressourcen, die Achtung der Menschenrechte, die Innovationsförderung, die Verringerung der Lebensmittelverschwendung, die Erleichterung des Übergangs zu gesunden und nährstoffreichen Lebensmitteln, die Gewährleistung des Tierschutzes etc umfasst.[1224]

Wichtig: Nach dem Wortlaut des BVergG 2018 besteht allerdings nur bei ökologischen Aspekten eine Berücksichtigungspflicht des Auftraggebers[1225] (§ 20 Abs 5 BVergG 2018). Wurde somit im Vergabeprozess die Umweltgerechtheit der Leistung nicht berücksichtigt, sind die Ausschreibungsunterlagen wegen Grundsatzverletzung rechtswidrig und bekämpfbar.[1226] Anders ist dies bei der sozialen und innovativen Beschaffung geregelt: Bei der Berücksichtigung von sozialpolitischen Zielen[1227] und Innovationen[1228] beschränkt sich der Gesetzgeber bis dato auf eine „Kann-Bestimmung" (§ 20 Abs 6 und 7 BVergG 2018).

7.4.3.2.3. Horizontaler Nachhaltigkeitsbegriff

Die nachhaltige Beschaffung kann von der öffentlichen Hand gemäß § 20 Abs 5 BVergG 2018 grundsätzlich quer bzw horizontal über den gesamten Beschaffungsprozess erfolgen, muss sich jedoch zumindest im Bereich der Ökologie auf einer der folgenden Ebenen manifestieren („Kernbereiche der nachhaltigen Beschaffung"):[1229]

- **Leistungsbeschreibung** (zB Mindestanteil an recycelbaren Materialien, Reparierbarkeit bzw Austauschbarkeit von Ersatzteilen),
- **Festlegung der technischen Spezifikationen** (zB Gütesiegel),
- **Vergabekriterien** (zB Bewertung der Lebenszykluskosten) oder
- **Leistungsvertrag** (zB vertragliche Vorgabe zum Up- und/oder Recycling).

Das Vergaberecht sieht in diesem Zusammenhang jedenfalls einen gemeinwohlorientierten Wirtschaftlichkeitsbegriff vor, wonach öffentliche Auftraggeber grundsätzlich nach eigenem Ermessen bestimmen können, wie viel Nachhaltigkeit (zB Umweltschutz) welchen finanziellen, personellen und/oder organisatorischen Mehraufwand rechtfertigt.[1230] Dabei könnte der Auftraggeber auch berücksichtigen, dass aufgrund der Klimaerwärmung die globalen Einkommen bis zum Jahr 2050 um rund 19 % schrumpfen werden (in Österreich wird ein Einkommensverlust in Höhe von rund 12 % prognostiziert, der von den Bundesländern Burgenland und Wien mit einem Minus in Höhe von 15,7 % angeführt wird, und beim Bundesland Tirol mit einem Minus in Höhe von 8,2 % endet [Ost-West-Gefälle]); die Kosten für die Reduktion der Treibhausgase liegen hin-

1224 Mitteilung der EU Kommission vom 1.6.2023 „HorizontalLL", COM/2023/3445 final, Rn 571.

1225 § 20 Abs 5 BVergG 2018: „Im Vergabeverfahren ist auf die Umweltgerechtheit der Leistung Bedacht zu nehmen".

1226 BVwG 11.2.2020, W139 2222479-2: „Das *Vergabegesetz sieht ausdrücklich vor, dass im Zuge eines Vergabeverfahrens auf Umweltaspekte Bedacht zu nehmen ist. Dies kann ua durch die Vorgaben von Mindestanforderungen und die Gestaltung von Zuschlagskriterien erfolgen.*"

1227 § 20 Abs 6 BVergG 2018: „*Im Vergabeverfahren kann auf die Beschäftigung von Frauen, von Personen im Ausbildungsverhältnis, von Langzeitarbeitslosen, von Menschen mit Behinderung und älteren Arbeitnehmern sowie auf Maßnahmen zur Umsetzung sonstiger sozialpolitischer Belange Bedacht genommen werden.*"

1228 § 20 Abs 7 BVergG 2018: „*Im Vergabeverfahren kann auf innovative Aspekte Bedacht genommen werden.*"

1229 Siehe dazu auch das Handbuch „Umweltorientierte Beschaffung!", 3. Auflage 2016, der EU und unter Berücksichtigung von Gütezeichen EuGH 10. 5. 2012, C-368/10, Kommission/Niederlande – „Max Havelaar", ECLI: EU:C:2012:284.

1230 Jasper, Nachhaltige Vergaben (2022) Rn 486.

gegen nur bei einem Sechstel der Kosten für die Behebung der Klimaschäden.[1231] Klimaschutz ist somit auch eine logische Form der aktiven Wirtschaftshilfe. Daraus ergibt sich auch, dass das Leitprinzip der Nachhaltigkeit bei finanziellen Entscheidungen der öffentlichen Hand stets mit zu berücksichtigen und in die klassische Wirtschaftlichkeitsuntersuchung einzubeziehen ist.[1232]

7.4.3.2.4. Vergabepraxis

Eine wichtige Hilfestellung für die Praxis in Bezug auf die Festlegung nachhaltiger Vergabekriterien gibt der **Aktionsplan zur nachhaltigen öffentlichen Beschaffung** („naBe-Kriterienkatalog") des Bundesministeriums für Klimaschutz, Umwelt, Energie, Mobilität, Innovation und Technologie. Der naBe-Kriterienkatalog ist ein umfassender Praxisleitfaden für die ökologische und soziale Beschaffung von 16 ausgewählten Produktgruppen (zB Lebensmittel, Hochbau, Tiefbau, IT) und soll eine Orientierung für alle öffentlichen Auftraggeber darstellen sowie zu einer Harmonisierung des GPP innerhalb Österreichs führen. In der Vergabepraxis bieten sich – aufbauend auf den bisherigen Erfahrungswerten – insbesondere folgende Kernbereiche für die Berücksichtigung ökologischer Aspekte bei der Auftragsvergabe an:

7.4.3.2.4.1. Umwelt-Gütezeichen

Ausgangspunkt für jede grüne Beschaffung ist die ökologische Spezifikation des Leistungsgegenstandes bei Bau-, Liefer- und Dienstleistungsaufträgen. Dabei helfen bereits bestehende Umwelt-Gütezeichen dem Einkäufer als Nachweis dafür, dass die Leistung den geforderten Merkmalen entspricht (zB „Österreichisches Umweltzeichen", „Europäisches Umweltzeichen", „Gütesiegel der Agrarmarkt Austria"; „Blauer Engel"; „Nordischer Schwan" oder vergleichbar). § 108 BVergG 2018 regelt in diesem Zusammenhang detailliert, welchen Anforderungen diese Gütezeichen entsprechen müssen (zB Transparenz bei der Erstellung, Einbindung von Verbraucher:innen, NGOs und Sozialpartner:innen). Die einem Umweltgütezeichen zugrundeliegenden Kriterien können auch verwendet werden, um bestimmte Eigenschaften eines Erzeugnisses vorzuschreiben, sollten jedoch nach der Rechtsprechung des EuGH (noch zur RL 2004/18/EG[1233]) nicht die Festlegungen der technischen Spezifikation gänzlich ersetzen.[1234] In diesem Sinne wurde seitens des BVwG bereits explizit ausgesprochen, dass zB eine vom Auftraggeber geforderte Nachweisführung des Bieters über ein bestimmtes „Auflöseverhalten" von Hygienepapier im

BVergG 2018 als auch im Aktionsplan für nachhaltige öffentliche Beschaffung Deckung findet. Das Vergabegesetz sieht ausdrücklich vor, dass im Zuge eines Vergabeverfahrens auf Umweltaspekte Bedacht zu nehmen ist. Dies kann ua durch die Vorgaben von Mindestanforderungen und die Gestaltung von Zuschlagskriterien erfolgen.[1235]

1231 Kotz/Levermann/Wenz, The economic commitment of climate change, Nature 2024, 628.
1232 Demir in Lausen/Müller, Handbuch Nachhaltigkeit im Vergaberecht, § 10 Rn 128.
1233 Richtlinie 2004/18/EG des Europäischen Parlaments und des Rates vom 31. März 2004 über die Koordinierung der Verfahren zur Vergabe öffentlicher Bauaufträge, Lieferaufträge und Dienstleistungsaufträge, ABl 2004 L 134, 114.
1234 Vgl EuGH 10. 5. 2012, Rs C-368/10, Europäische Kommission/Königreich der Niederlande, ECLI:EU:C:2012:284 Rn 94 unter Verweis auf Art 23 Abs 3 und 6 Richtlinie 2004/18/EG.
1235 Vgl BVwG 11.2.2020, W139 2222479-2.

7.4.3.2.4.2. Nachhaltige Vergabekriterien

Zusätzlich können Auftraggeber auf jeder Bewertungsebene (dh im Rahmen der Eignungs-, Auswahl- und/oder Zuschlagskriterien) ökologische Aspekte vorsehen, die für den Markt erkennbar die Zuschlagschance im jeweiligen Vergabeverfahren erhöhen. So können zB Nachweise über ein vorhandenes Umweltmanagementsystem (EMAS, ISO 14001 oder gleichwertig) positiv vermerkt werden oder eine freiwillige Produktgarantie oder der Anteil von Öko-Strom, Wiederverwertungsquoten, Abfallbehandlungsaufwendungen etc im Rahmen von „Ökopunkten" neben dem Preis bewertet werden. Am umfassendsten (aber in der Praxis auch noch am schwierigsten) sind Gesamtbetrachtungen im Rahmen von Lebenszyklusmodellen, welche einen ganzheitlichen und gesamtwirtschaftlichen Vergleich von Produkten anhand der Kosten, die während des Produktlebenszyklus entstehen ermöglichen (zB Nutzungskosten, Wartungskosten und/oder Kosten am Ende der Nutzungsdauer bzw Entsorgungskosten). Hier sind in den nächsten Jahren im Zuge der Digitalisierung bedeutende Fortschritte in der Treffsicherheit der Bewertungsmethoden zu erwarten (etwa die Gesamtökobilanz von Baustellen inklusive „grauer Energie").

7.4.3.2.4.3. Nachhaltige Vertragsbestimmungen

Die Festlegung ökologischer und umweltgerechter Mindestbedingungen im Leistungsvertrag ist ebenfalls ein zulässiges und praxisbewährtes Instrument der nachhaltigen Beschaffung (so zB die Festlegung eines Mindestanteils recyclingfähiger Rohstoffe, die Festlegung des exakten Procedere bei Abholung und Wiederverwendung von Abfall, der bei Verbrauch des Produktes anfällt). Diese Bedingungen können entweder durch Vertragsstrafen gesichert werden und/oder – einem partnerschaftlichen Ansatz näher – durch ein Bonussystem mit preislichen Anreizen kombiniert werden. Darüber hinaus sollte statt des Abschlusses eines Kaufvertrags die Optionen Leasing-, Miet-, und/oder Mietkaufvertrag überprüft werden.

7.4.3.2.5. Erfolgsfaktoren für die Umsetzung nachhaltiger Beschaffung: Best Practice

Vor dem Hintergrund der oben skizzierten Überlegungen ist ersichtlich, dass eine erfolgreiche Umsetzung der nachhaltigen Beschaffung nur im interdisziplinären Team unter Einbeziehung entsprechenden technischen und juristischen Sachverstandes erfolgen kann. Fundierte Kenntnis des Vergaberechts und die Zusammenarbeit mit Expert:innen aus verschiedenen technischen Fachrichtungen (über einen erfreulich hohen Anteil verfügt dabei die öffentliche Hand selbst als Eigenkompetenz) sind die Erfolgsfaktoren im „daily business". Dabei lässt sich an ersten Vorbildern lernen: Innovativ, interdisziplinär und vernetzt agieren öffentliche Beschaffer:innen bereits heute. Best Practice aus den jeweiligen Branchen gibt Anreize für die nächste Eigeninvestition, wobei erfolgreiche Lösungen auch grenzüberschreitend implementiert werden dürfen, so zB bei alternativen Vergabe- und Vertragsstrategien (Stichwort: Partnerschaftsmodelle und Allianzverträge).

7.4.3.2.5.1. Green Building: Dachbegrünung und PV-Anlage

Gerade bei Bauprojekten liegt der wirksamste „grüne“ Hebel in einer ökologisch-optimierten Ausgestaltung des Leistungsbildes. Im Rahmen einer Sanierung eines Verwaltungsgebäudes in Wien wurde neben der Vorgabe von nachhaltigen Leistungselementen (zB Gebäudezertifizierung, Abfallvermeidung) auch eine „grüne“ Leistungserweiterung vorgenommen. Konkret wurde das Vorhaben durch eine extensive Begrünung der Dach- und Terrassenfläche samt Photovoltaikanlagen mit Holzunterkonstruktion ergänzt. Durch ein grünes Bestbieterprinzip konnte der CO_2-Abdruck des Green Building weiter reduziert werden (zB durch die Bewertung des Wirkungsgrades und der jährlichen Leistungsminderung der angebotenen PV-Module).

7.4.3.2.5.2. Social IT: Individualsoftware gegen Fachkräftemangel

Zur Bekämpfung des Fachkräftemangels wurde die Entwicklung einer agilen Softwarelösung ausgeschrieben, die als Jobbörse mit Matching-Funktion die einfache Vernetzung heimischer Unternehmen mit benötigten Spezialist:innen und Fachkräften fördern soll. Die Bewerber:innenprofilplattform wurde als KMU-freundliche Vergabe abgewickelt (Prinzip des schlanken Verwaltungsaufwandes, Festlegung niedriger Einstiegshürden in das Vergabeverfahren) und konnte durch Berücksichtigung öko-sozialer Aspekte in der Angebotsbewertung (zB Lehrlingsausbildung, Eingliederung von Frauen in die Technik, Erhöhung der Energieeffizienz) eine nachhaltige Projektumsetzung gewährleisten.

7.4.3.2.5.3. E-Mobilität: Betrieb und Ladeinfrastruktur von E-Bus-Linien

Zur Gewährleistung ökologisch schonender Verkehrsdienstleistungen und zur Förderung der Gesundheit der Stadtbevölkerung (Stichwort: Luftreinheit, niedrige Geräuschemissionen im Verkehr) wurde das regionale Bus-Angebot auf Elektrobusse umgestellt. Das EU-weite Verhandlungsverfahren konnte unter Berücksichtigung der Vorgaben des Straßenfahrzeug-Beschaffungsgesetzes[1236] erfolgreich abgeschlossen werden und mittels Verankerung grüner Auswahlkriterien (zB positive Bewertung von Busbetreiber:innen mit Umweltmanagementsystemen) die öko-strategische Ausrichtung des Vorhabens absichern. Zusätzlich wurde die Vergabe an die Nutzung europäischer Fördertöpfe für emissionsfreie Busse und Infrastruktur gekoppelt, wodurch die internen Gesamtkosten des Projektes zusätzlich gesenkt werden konnten.

7.4.3.3. Fazit

Die Bandbreite an erfolgreichen Lösungs- und Praxismodellen einer nachhaltigen öffentlichen Beschaffung reicht weit über die oben skizzierten Projekte hinaus. Von der Berücksichtigung des Tiertransportes im Lebensmitteleinkauf über die Beschaffung von zertifiziertem, grünem Strom bis hin zur Sicherstellung der Barrierefreiheit von Produkten („Design for all“) – jeder Einkauf bietet Potenzial für einen positiven öko-sozialen Impact. Im Schulterschluss zu rechtlichen und technischen Expert:innen sind öffent-

1236 Bundesgesetz über die Beschaffung und den Einsatz sauberer Straßenfahrzeuge, BGBl I 2021/163 idgF (Straßenfahrzeug-Beschaffungsgesetz).

liche Auftraggeber:innen nun gefordert, dieses Potenzial gezielt auszuschöpfen und so einen Beitrag zur nachhaltigen Entwicklung zu leisten.

Gerade im Kontext der Kreislaufwirtschaft wird deutlich, wie eng öffentliche Vergabepraxis und ressourcenschonendes Handeln miteinander verknüpft sind. Richtig eingesetzt, können öffentliche Vergaben als „force for good" für den Standort - als positive Kraft für die Menschen, die Umwelt und die Wirtschaft - wirken. Durch die Integration von Kreislaufwirtschaftsstrategien in den Beschaffungsprozess können öffentliche Auftraggeber eine wichtige Rolle beim Übergang zu einer ressourcenschonenden und zukunftsfähigen Wirtschaft spielen. Wie aufgezeigt, ist der Praxistest schon gelungen.

7.5. Finanzierung und Förderung der Kreislaufwirtschaft

7.5.1. Privatwirtschaftliche Finanzierung: Wie kann die Kraft des Finanzmarktes für mehr Kreislaufwirtschaft genutzt werden?

Silke Stremlau

7.5.1.1. Einleitung

Die Förderung einer Kreislaufwirtschaft im Sinne einer „Circular Economy" ist in aller Munde. Was in den 1990er-Jahren noch ein Projekt überzeugter Grüner war, hat sich zu einer gangbaren Vision quer durch alle politischen Lager entwickelt. Die einen setzen vor allem auf **Rohstoffsicherheit**. Dieser kommt in Zeiten geoökonomischer Unsicherheiten und einem steigenden Bedarf an zB seltenen Erden für Chip-, Speicher- und Photovoltaikzellen eine maßgebliche Bedeutung für wirtschaftliche Prosperität zu. Andere setzen auf einen Rückgang unserer **Ressourcenintensität** und unserer immensen Müllberge, die ganz drastisch vor Augen führen, wie verschwenderisch und unkreativ zugleich wir mit kostbaren Ressourcen umgehen, die nach einmaliger Nutzung zu Abfall statt zur wiederverwertbaren Ressource werden. Gleichzeitig erhöht der unbegrenzte Einsatz von Primärrohstoffen die CO_2-Emissionen und verschärft damit die Klimakrise.

Bei aller Begeisterung für das Thema kommt häufig die Frage nach der **Finanzierbarkeit** auf: Wie finanzieren Unternehmen die Umstellung ihrer Geschäftsmodelle? Wie finanzieren sie neue Produktionsanlagen oder zurzeit noch teurere Sekundärrohstoffe? Leisten sie dies aus dem Cash-Flow oder erhalten sie dafür Fremdkapital, sei es von Banken oder Investoren?

Somit lohnt sich die Recherche, ob das Thema Kreislaufwirtschaft am privaten Finanzmarkt überhaupt schon eine Rolle spielt und welche unterschiedlichen Finanzierungsmöglichkeiten Unternehmen haben.

Einen deutlichen Schub - aus Sicht des Finanzmarktes - erhielt das Thema sicherlich durch die letzte EU-Kommission, die die Förderung einer Circular Economy zu einem der sechs Umweltziele der **EU-Taxonomie** erklärt hat. In den Jahren davor, dies muss klar konstatiert werden, hat die Kreislaufwirtschaft sowohl bei klassischen Firmenkrediten bei Banken als auch bei Nachhaltigkeitskriterien von Fonds nur eine sehr geringe Rolle gespielt. Zwar haben Nachhaltigkeitsratingagenturen börsennotierte Unternehmen immer schon nach ihren Abfallmengen, ihren gefährlichen Abfällen und auch ihren Recyclingquoten gefragt. Aber diese Angaben waren zum einen rein quantitativer Natur, zum anderen sehr basal und haben keinerlei strategische Orientierung von Unternehmen abgefragt, wie sie ihre Geschäftsmodelle in Richtung einer zirkulären Ressourcenverwendung umbauen wollen.

Dies haben erstmalig die **EU-Taxonomie** und die **Corporate Social Reporting Directive (CSRD)** getan. So definiert die **EU-Taxonomie-Verordnung** ein Klassifizierungssystem, was genau nachhaltige wirtschaftliche Aktivitäten sind, um Investitionen in solche Aktivitäten zu lenken.[1237] Dazu hat sie sechs Umweltziele definiert. Neben Klimaschutz, Klimaanpassung, nachhaltiger Wassernutzung, Vorbeugung von Umweltverschmutzung, Schutz der Biodiversität ist es auch der **Übergang zu einer Kreislaufwirtschaft**. Ab 2024 mussten Finanzunternehmen erstmals Angaben zur Taxonomiekonformität ihres Portfolios für die ersten beiden Umweltziele machen; für die Umweltziele 3–6 wird die Berichterstattung ab 2025 und zur Taxonomiekonformität ab 2026 verpflichtend.

Auch die **Corporate Social Reporting Directive (CSRD)** der EU, der umfassende Standard für eine Nachhaltigkeitsberichterstattung, verweist auf die Kreislaufwirtschaft. Definiert im Europäischen Standard für die Nachhaltigkeitsberichterstattung ESRS E5 mit dem Titel „Ressourcennutzung und Kreislaufwirtschaft“[1238] müssen Unternehmen ab einer gewissen Größe ab dem Jahr 2025 genau darlegen, welche Konzepte sie im Zusammenhang mit Ressourcennutzung und Kreislaufwirtschaft verfolgen, welche Ressourcenzuflüsse und -abflüsse sie haben und welche finanziellen Effekte durch Auswirkungen, Risiken und Chancen im Zusammenhang mit Ressourcennutzung und Kreislaufwirtschaft vom Unternehmen erwartet werden.

Diese beiden Regulierungen, EU-Taxonomie und die CSRD, haben einen wesentlichen Einfluss auf den Finanzmarkt und damit auch auf die Frage, wie die Kraft des Finanzmarktes für mehr Kreislaufwirtschaft genutzt werden kann.

7.5.1.2. Herausforderungen

Unternehmen, die die Chancen einer Kreislaufwirtschaft erkannt haben und damit an einem radikal anderen Umgang mit kostbaren Ressourcen arbeiten, stehen meistens vor einer **Reihe von Herausforderungen**: Sie müssen ihre Produktionsanlagen umbauen und neue Produktionsprozesse definieren. Sie benötigen andere Rohstoffe und andere Lieferanten als bisher. Sie ändern ihre Produktkennzeichnungen, die Rücknahmewege, die Kommunikation mit ihren Kunden. Sie benötigen Mitarbeitende, die diese Prozesse neu denken und gestalten können. Vor allem aber benötigen sie **Investitionskapital**, um all das zu finanzieren.

Wenn sie dies nicht aus Eigenmitteln, Rücklagen oder dem Cash-Flow finanzieren können, sind sie auf Fremdkapital von Banken und Investoren angewiesen. Der *Sustainable Finance-Beirat der deutschen Bundesregierung* geht in seinem Diskussionspapier „Transformationsfinanzierung und -förderung im Mittelstand“ von einer Verteilung

1237 EU-Kommission (2022), https://eu-taxonomy.info/de/info/eu-taxonomy-grundlagen, abgerufen am 9.1.2025.

1238 Amtsblatt der Europäischen Union (9.8.2024), https://eur-lex.europa.eu/legal-content/DE/TXT/PDF/?uri=OJ:L_202490457, abgerufen am 9.1.2025.

wie folgt aus: 50 % der KMUs finanzieren solche nötigen Investitionen, die auf Klima- und Ressourcenschutz einzahlen, aus Eigenmitteln, 13 % mithilfe von Bankdarlehen, 12 % aus Mezzanin- und Beteiligungskapital und rund 20 % aus Fördermitteln (Förderkredite und Zuschüsse)[1239].

Investitionswillige Unternehmen müssen also auf der Kapitalgeberseite Interesse, wenn nicht gar Begeisterung, für den Übergang zu einer Kreislaufwirtschaft vorfinden, damit sie Kapital von dort erhalten. Dieses Kapital lässt sich mit **Vertrauen** in die Sinnhaftigkeit der neuen Prozesse und Geschäftsmodelle übersetzen.

Und hier kommen die beiden zuvor genannten EU-Regulierungen wieder ins Spiel.

Dadurch dass die EU-Kommission den Übergang zu einer Kreislaufwirtschaft so prominent hervorgehoben hat, haben Banken, Versicherungen und Finanzinstitutionen damit begonnen, es in ihre **Zielsysteme und Risikomanagementsysteme** zu integrieren. Beim Thema Klimawandel ist dies schon zu einem großen Teil vollzogen worden, da der Zusammenhang zwischen Klimarisiken und finanziellen Risiken evidenter ist. Banken werden hier mittlerweile durch die MaRisk (Mindestanforderungen an das Risikomanagement) dazu angehalten, Klimarisiken sowohl quantitativ als auch qualitativ zu bewerten und in Kreditrisikomodelle zu integrieren. Die ökonomischen Risiken einer Welt, die drei bis vier Grad wärmer ist, sind für die Unternehmenswerte überproportional hoch und leichter zu berechnen als die Folgen einer nicht-kreislauffähigen Wirtschaft. Die Unternehmen wären in einer deutlich wärmeren Welt insbesondere betroffen von Betriebsunterbrechungen, Schäden am Eigentum, Verlust von Ökosystemdienstleistungen aufgrund von Biodiversitätsverlust, Störungen in Lieferketten und an Infrastrukturen – mit steigenden Wartungs- und Materialkosten sowie höheren Preisen.

Die Operationalisierung beim Thema Klima und die Berechnung von CO_2-Tonnen fällt einfacher aus als beim Thema Kreislaufwirtschaft. Folglich erleben wir hier bis heute eine eher indirektere Einflussnahme auf das Verhalten der Finanzindustrie, zum Beispiel über die Errechnung der **Green Asset Ratio (GAR)** . Bei ihr geben Banken an, wie viel ihres Kreditportfolios den Taxonomiekriterien entspricht. In der Theorie der EU-Kommission sollte diese **Green Asset Ratio** eine Steuerungsfunktion in den Banken bewirken, dh es wurde gehofft, dass Banken ihr Portfolio auf die GAR ausrichten und einen jährlich immer höheren Anteil taxonomiekonformer Kredite und Investitionen anstreben. Dies ist zurzeit allerdings noch nicht der Fall, was zum einen an der komplizierten und nicht konsistenten Berechnung der GAR, aber auch an noch nicht ausreichenden Taxonomiedaten der Realwirtschaft liegt.

Abzuwarten bleibt, ob dies in den Folgejahren einsetzen wird. Bezogen auf Unternehmen, die Kredite im Bereich Kreislaufwirtschaft von ihrer Hausbank erhalten wollen, wäre dann zu erwarten, dass sie diese – ähnlich wie bei Energieeffizienzmaßnahmen oder Bausanierungen – zu leicht besseren Konditionen bekommen als bei konventionellen

1239 Vgl Sustainable Finance-Beirat (2023), Diskussionspapier „Transformationsfinanzierung und -förderung im Mittelstand, https://sustainable-finance-beirat.de/wp-content/uploads/2023/11/SFB_Diskussionspapier_KMU_Transformationsfinanzierung_2023.pdf, abgerufen am 13.1.2025.

Investitionskrediten. Denn die Banken können sie für sich als „Transformationskredit" oder „taxonomiekonformen Kredit" verbuchen.[1240]

Sie täten dies allerdings nicht wie beim Thema Klimawandel zuallererst aus einer Risikoperspektive, um weniger „stranded assets" im Portfolio zu haben, sondern um einen positiven Beitrag zu ihrer Green Asset Ratio zu haben. Die Steuerung bei Banken erfolgt eher über die Kalkulation und Einpreisung von Risiken als über die Steuerung von Chancen. Somit steht die These im Raum, dass auch das Thema Kreislaufwirtschaft erst seine vollen Steuerungspotenziale über die Banken entfalten wird, wenn massive Ressourcenverschwendung ein **finanzielles Risiko** darstellt. Oder wenn der Staat und die Politik Steueranreize für einen sparsamen Ressourcenumgang implementieren. So fordert beispielsweise der *Bund deutscher Architekten*, dass die „graue Energie" in Bestandsgebäuden erhalten wird und staatlich gefördert wird. Oder dass Abbruchkosten von Gebäuden nicht automatisch als Werbungskosten und Betriebsausgaben steuermindernd anrechenbar sind.[1241]

Allerdings sind die Themen Ressourceneffizienz, CO_2-Impact und Risiko durchaus miteinander verknüpft. Denn der Grad der Zirkularität eines Unternehmens beeinflusst zunehmend das Risikoprofil, zB durch die Reduktion von Lieferkettenrisiken (bei einer zunehmend komplizierten Rohstoffsituation) oder durch Auswirkungen auf andere Umweltrisiken wie Biodiversitätsverlust und Klimawandel.

Die CSRD und die daraus folgende Berichterstattung der Relevanz der Kreislaufwirtschaft für die Unternehmen werden in den nächsten Jahren zu Auswirkungen im Bereich der Investmentfonds führen. Die ersten CSRD-Berichte in 2025 werden interessante neue Zahlen und Daten aus dem Bereich der Kreislaufwirtschaft zu Tage bringen, die dann wiederum ihrerseits Fondsgesellschaften und Investoren dazu inspirieren werden, hier gezielt zu investieren oder **neue Fondsprodukte** aufzulegen. Denn wenn sich etwas Neues messen und bewerten lässt, lassen sich darauf auch Produkte auflegen, die Differenzierung ermöglichen.

7.5.1.3. Best Practices in den verschiedenen Assetklassen

In den letzten Jahren hat sich die Aufmerksamkeit der Finanzbranche für das Thema und auch das real investierte Kapital in die Kreislaufwirtschaft stark erhöht. Große Investoren wie BlackRock (USA) und Finanzhäuser wie die Deutsche Bank haben Produkte in verschiedenen Assetklassen aufgelegt, um Kunden Möglichkeiten zu bieten, fokussiert in die Chancen der Kreislaufwirtschaft zu investieren. Auch Indexanbieter, wie Solactive aus Frankfurt oder MSCI aus den USA, haben spezielle, auf Kreislaufwirtschaft spezialisierte Produkte initiiert. Die bekannteste unter ihnen, die ECPI-Gruppe, legte einen Circular Economy Equity Leader Index auf. Dieser spezialisierte Index umfasst Kategorien wie

1240 Vgl Geiger: Kalte Schulter für energiereiche Wohnungen (2.1.2025), https://background.tagesspiegel.de/finance/briefing/kalte-schulter-fuer-energiehungrige-wohnungen, abgerufen am 9.1.2025.

1241 BDA (2020), Das Haus der Erde – politisch handeln. Politische Aufforderungen für eine klimagerechte Architektur in Stadt und Land https://www.bda-bund.de/wp-content/uploads/2021/01/2020_BDA_-DasHausDerErde_PolitischHandeln_Einleger_Monitor.pdf, abgerufen am 9.1.2025.

zirkuläre Lieferungen, Ressourcenrückgewinnung, Verlängerung der Produktlebensdauer, Sharing-Plattformen und Produkte als Dienstleistung.

Im Folgenden sollen verschiedene Best-Practice-Beispiele in **vier Assetklassen** (Anleihen, Kredite, Aktien und Venture Capital) vorgestellt werden.

7.5.1.3.1. Green Bonds

Green Bonds sind festverzinsliche Anleihen, deren eingesammelte Gelder zur teilweisen oder kompletten (Re-)Finanzierung ökologisch nachhaltiger Projekte verwendet werden. Förderbanken, Geschäftsbanken, Unternehmen und auch Staaten geben Green Bonds heraus. Meistens orientieren sich Emittenten solcher Anleihen an bestimmten Standards, zum Beispiel den Green Bond Principles der International Capital Market Association (ICMA) oder am neuen **EU Green Bond Standard**.

Im Bereich der Kreislaufwirtschaft sind es vor allem Großunternehmen, die den Aufwand für die Emittierung eines Green Bonds nicht scheuen. Beispiele sind hier unter anderem:

- Elopak, ein norwegisches Unternehmen, das Getränkekartons produziert und mit Green Bonds umweltfreundliche Innovationen bei ihrer Kartonproduktion refinanziert.[1242]
- Coca Cola, die diverse Green Bonds emittiert haben, um Innovationen bei der Nutzung von Recyclingstoffen und der Reduzierung von Verpackungsmaterialien zu finanzieren.[1243]
- H&M, die einen Green Bond herausgegeben haben, um eine zirkuläre Textilindustrie mit null CO_2-Emissionen voranzubringen, indem sie recycelte Bestandteile in ihren Materialien erhöhen wollen.[1244]
- Intesa Sanpaolo, die als Bank einen Green Bond emittiert hat, der auf Krediten basiert, die nur an Unternehmen im Bereich der Kreislaufwirtschaft gehen.[1245]

Die Emittierung von Green Bonds ist vor allem für Großunternehmen mit entsprechenden personellen und finanziellen Ressourcen interessant. Institutionelle Investoren investieren immer häufiger in Green Bonds, da diese nach bestimmten Standards aufgelegt werden. Zudem unterliegen sie oft einer externen Prüfung durch eine „second party opinion", die ihre Mittelverwendung bewertet, und bieten Renditen, die mit konventionellen Anleihen konkurrenzfähig sind. Lediglich die Frage des „Greeniums", also eines Auf- bzw Abschlags aufgrund des Mehr an Nachhaltigkeit, wird unterschiedlich bewertet.[1246]

1242 Elopak (2024), https://www.elopak.com/2024/05/21/we-have-successfully-issued-our-first-green-bonds/, abgerufen am 9.1.2025.

1243 Coca Cola (2023), https://www.coca-colahellenic.com/content/dam/cch/us/documents/investors-and-financial/debt-investors/Green%20Finance%20Report%20-%20September%202023.pdf.downloadasset.pdf, abgerufen am 9.1.2025.

1244 H&M (19.10.2023), https://hmgroup.com/news/hm-group-issues-inaugural-eur-500-million-green-bond-to-support-financing-of-its-circularity-and-climate-roadmap/, abgerufen am 9.1.2025.

1245 Intesa Sanpaolo (2020), https://group.intesasanpaolo.com/content/dam/portalgroup/repository-documenti/sostenibilt%C3%A0/inglese/2020/Green%20Bond%20Report%202020%20focused%20on%20CE.pdf, abgerufen am 9.1.2025.

1246 Vgl Hofinger (11.9.2023), https://blog.frankfurt-school.de/de/das-greenium-die-bepreisung-von-green-bonds/, abgerufen am 9.1.2025.

7.5.1.3.2. Firmenkredite

Die meisten Unternehmen finanzieren neue Projekte und Investitionen nicht über den Kapitalmarkt, sondern aus ihren Eigenmitteln und erst an zweiter Stelle über Banken und klassische Firmenkredite. In den letzten Jahren haben Sparkassen und Banken begonnen, **Transformationskredite** zu vergeben, die einen expliziten Bezug zu Klimaeinsparungen, Energieeffizienzmaßnahmen oder eben auch zu Umstellungsprojekten im Sinne einer Circular Economy haben. Bei der bankinternen Bewertung von Krediten an Unternehmen der Circular Economy spielen die klassischen drei Rs eine Rolle: **Risiko, Revenue und Reputation**.

- **Risiko:** Unternehmen können ihre Risiken in der Lieferkette verringern, indem sie die Abhängigkeit von Primärrohstoffen reduzieren und auf Sekundärrohstoffe setzen oder Produkte so konzipieren, dass diese einfacher zu verwerten sind und damit einen Vorteil gegenüber herkömmlichen Produkten liefern.
- **Revenue**: Durch die Finanzierung der Kreislaufwirtschaft lassen sich neue Kundengruppen und Sektoren erschließen. Diese haben einen hohen Bedarf an Investitionen und spezifischen Finanzierungsinstrumenten.
- **Reputation:** Das gesamte Thema ist sowohl durch den ökologischen und wirtschaftlichen Handlungsdruck als auch durch die quer durch alle gesellschaftlichen Gruppen positiv besetzt und zahlt daher auf die Reputation ein.

Ein wichtiger Player in diesem Segment sind neben den normalen Geschäftsbanken auch die **Förderbanken**. So gibt es seit 2019 eine gemeinsame Initiative europäischer Förderbanken (Joint Initiative on Circular Economy, JICE), wie zB der deutschen KfW, der französischen Caisse de Dépots, der italienischen CDP und natürlich auch der Europäischen Investitionsbank. Diese Banken haben zwischen 2019 und 2023 11,6 Milliarden € für Projekte der Kreislaufwirtschaft zugesagt, um langfristige Finanzierungen zu sichern. Die beteiligten Institute stellen dafür Darlehen, Kapitalbeteiligungen, Bürgschaften und technische Hilfe bereit. Auch entwickeln sie innovative Finanzierungsstrukturen für Infrastrukturprojekte, Kommunen, Unternehmen unterschiedlicher Größe sowie Forschungs- und Innovationsprojekte.[1247]

7.5.1.3.3. Investmentfonds

Im Bereich der Investmentfonds hat sich in den letzten Jahren eine Vielzahl an Fonds entwickelt, die entweder ganz fokussiert in die gesamte Branche der Kreislaufwirtschaft investieren oder die sie als eine unter mehreren Zukunftsbranchen identifiziert haben.

Laut einer Studie der *Universität Bocconi* sind die verwalteten Vermögenswerte in Publikumsfonds mit einem Circular Economy-Schwerpunkt zwischen 2019 und 2021 um das 26-Fache gewachsen, also in weniger als zwei Jahren von 0,3 Milliarden US-Dollar auf 8,0 Milliarden US-Dollar im Jahr 2021.[1248]

1247 Vgl KfW, 17.4.2024, https://www.kfw.de/%C3%9Cber-die-KfW/Newsroom/Aktuelles/Pressemitteilungen-Details_802816.html, abgerufen am 10.1.2025.

1248 Bocconi University, Ellen MacArthur Foundation, Intesa Sanpaolo, The circular economy as a de-risking strategy and driver of superior risk-adjusted returns (2021).

Folgende Vorteile werden bei Investitionen in Unternehmen der Kreislaufwirtschaft gesehen:

- **Wettbewerbsvorteile** durch langfristige Kosteneinsparungen aufgrund eines effizienteren Ressourceneinsatzes und der Reduzierung von volatilen Rohstoffpreisen
- **Regulatorische Vorteile** durch eine frühzeitige Anpassung an sich verschärfende Umweltgesetze und -regularien
- **Gesteigerte Marktnachfrage** durch ein zunehmendes Interesse von Verbraucher:innen nach nachhaltigen und kreislauffähigen Produkten, gerade im b-t-c-Bereich
- **Innovationstreiber:** Unternehmen in diesem Bereich gehören oft zu den Pionieren, die ihre Produktionsprozesse verändern, neue Geschäftsmodelle und Technologien entwickeln und damit Impulsgeber für andere Unternehmen sind.

Ein bekannter nachhaltiger Aktienfonds in Deutschland, der *B.A.U.M. Fair Future Fonds*[1249], bewertet beispielsweise im Rahmen seines Researchprozesses Emittenten dann positiv, wenn diese sich für Ressourceneffizienz durch Recycling, Kreislaufwirtschaft- oder Cradle-to-Cradle-Konzepte einsetzen. Dazu zählen: Herstellung von Rohstoffen und/oder Produkten, die zum großen Teil aus recycelten Materialien bestehen und sich nach der Nutzungsphase wieder in den Stoffkreislauf überführen lassen oder die Etablierung von Closed-Loop-Ansätzen in Geschäftsmodellen. Dies trifft vor allem zurzeit auf Unternehmen aus dem Rohstoff- und Bausektor sowie der Verpackungsbranche zu. In Bezug auf die innerbetriebliche Nachhaltigkeitsperformance bewertet das Research-Team, inwiefern organisatorische Prozesse sowie Schlüsselindikatoren auf Unternehmensebene die Kreislaufwirtschaft fördern. Dazu gehören: die Durchführung von Life Cycle Assessments, im Produktdesign die Integration von Cradle-to-Cradle-Ansätzen (zB Rückbaubarkeit oder modularer Aufbau), bei der Bildung der Mitarbeitenden Schulungen zur Kreislaufwirtschaft und zu Cradle-to-Cradle sowie Messung und Zielsetzungen im Bereich Recyclingquote, Rohstoffeffizienz und Abfallmanagement, um die direkten Stoffkreisläufe des Unternehmens zu verbessern.

Mit Blick auf diese Best-Practice-Beispiele darf nicht außer Acht gelassen werden, dass einiges auch grüner erscheint als es ist. So gibt es eine Reihe an **ETFs**[1250], die die Circular Economy im Namen tragen, dann aber nicht nur in Unternehmen investieren, die hier tatsächlich Lösungen anbieten, sondern die nur von einer Kreislaufwirtschaft profitieren. So formuliert es *BlackRock* für einen ETF in den Anlagekriterien: *„Der Fonds legt weltweit mindestens 80 % seines Gesamtvermögens in die Eigenkapitalinstrumente (z. B. Aktien) von Unternehmen weltweit an, die von der Weiterentwicklung der „Kreislaufwirtschaft“ profitieren oder dazu beitragen.“*[1251] Dies ist ein erheblicher Unterschied: Die einen tragen durch ihre Leistungen dazu bei und gestalten aktiv neue Geschäftsmodelle mit. Die anderen profitieren lediglich davon, wie zB Microsoft. Für Anleger:innen bleibt es daher eine Herausforderung, kritisch zu prüfen, in welche Unternehmen genau investiert wird und ob dies ihren Erwartungen entspricht.

1249 Die Anlageberatung des Fonds wird von der GLS Investment Management GmbH durchgeführt. https://www.gls-investments.de/bfff/, abgerufen am 13.1.2025.

1250 ETF steht für Exchange Traded Funds und sind börsengehandelte Indexfonds.

1251 BlackRock, 2025, https://www.blackrock.com/de/privatanleger/produkt/310164/blackrock-circular-economy?switchLocale=y&siteEntryPassthrough=true, abgerufen am 9.1.2025.

7.5.1.3.4. Venture Capital

Die Branche der Circular Economy lebt von stetigen Prozessverbesserungen und radikalen Innovationen: angefangen von der Produktkonzeption, dem Umgang mit Sekundärrohstoffen bis hin zu anderen Produktionsverfahren. Am Ende eines Produktlebenszyklus steht kein Abfall, sondern das Produkt gibt seine Rohstoffe wieder frei – im Idealfall ohne großen Aufwand. Diese Innovationen entstehen oftmals durch **Start-ups**. In Deutschland gelten nach Analysen des Münchener Gründerzentrums *UnternehmerTUM* im Jahr 2023 insgesamt 171 Start-ups als „*Circular economy start-ups.*"[1252] Diese Zahl ist führend in Europa, auf Platz zwei und drei befinden sich Frankreich und die Niederlande.

Und auch die Investitionen in diese Start-ups sind laut einer Analyse von *UnternehmerTUM* in den letzten Jahren stark angestiegen. Im Jahr 2022 waren es weltweit circa 5,4 Milliarden Dollar. Eine weitere interessante Beobachtung: Die Investitionen pro Start-up steigen im Laufe der Zeit, von einer Finanzierungsrunde zur nächsten, signifikant an – was für den Erfolg der jungen Unternehmen spricht.

Ein besonderer Fokus im Bereich des Venture-Capital-Marktes liegt auf **Impact-Fonds**. Diese Fonds zeichnen sich dadurch aus, dass sie eine eindeutig messbare Wirkung im Hinblick auf soziale und ökologische Ziele verfolgen und auch im besten Fall belegen können. Laut dem World Economic Forum (WEF)[1253] hat die Nachfrage nach diesen Investitionen in den letzten vier Jahren stark zugenommen. In diese Kategorie fallen vor allem Climate-Tech, grüne Innovationen, aber zunehmend auch Investitionen in die Kreislaufwirtschaft.

Ein globaler Dachfonds, der genau in solche Unternehmen investiert, ist der „Golden Impact 2021" der *Golding Capital Partners*. Er ist auf Investitionen in Unternehmen fokussiert, die insbesondere durch ihre Produkte und Dienstleistungen einen wesentlichen Beitrag zur Bekämpfung des Klimawandels, des Biodiversitätsverlusts und der globalen Ungleichheit leisten. Dabei stehen die Bereiche Energiewende, Dekarbonisierung und Ressourceneffizienz besonders im Fokus. In folgende Unternehmen der Kreislaufwirtschaft wird beispielhaft mithilfe von neun Impact-Zielfonds investiert: Cycle Ø (Biogasproduktion auf Basis landwirtschaftlicher Abfälle), Genera (Produktion von kompostierbarem Einweggeschirr basierend auf Elefantengras), Sedron (Recycling von Dünger und Bioabfällen zur Produktion von Energie und Trinkwasser), Antec Biogas (Biogasproduktion auf Basis organischer und tierischer Abfälle), Kebony (Herstellung von langlebigen und umweltfreundlichen Holzprodukten), EW Group (Recycling von Bauschutt), Fibmold (Produktion von kompostierbarem Verpackungsmaterial basierend auf landwirtschaftlichen Abfällen), Super Bottoms (umweltfreundliche und wiederverwendbare Babyprodukte wie zB Windeln).

Ähnlich wie bei den Investmentfonds wird auch hier deutlich, dass der Fokus zurzeit auf alternativen Rohstoffen im Bereich Energie und der Verpackungsbranche liegt. Eine

1252 UnternehmerTUM, 2023, https://www.unternehmertum.de/en/topics/sustainability/landscape-2023-start-ups-drive-the-circular-economy#:~:text=171%20German%20start%2Dups%20that,a%20circular%20economy%20start%2Dup%3F, abgerufen am 10.1.2025.

1253 World Economic Forum, 2024, https://www3.weforum.org/docs/WEF_Fuelling_Innovation_Fixing_Fintech_Funding_Gaps_2024.pdf, abgerufen am 13.1.2025.

Ausweitung auf andere Branchen und Themenfelder, wie zB „*zirkuläre Beschaffungsmodelle, Modelle zur Rückgewinnung von Ressourcen, Modelle zur Verlängerung der Produktlebensdauer, Sharing-Modelle oder Produkt-Service-System-Modelle*“[1254], ist hier sicherlich geboten und zukunftsweisend. Schließlich sind die Marktausblicke sowohl der Branche als auch von übergreifenden Institutionen wie dem World Economic Forum (WEF) sehr erfolgsversprechend.

Eher anekdotischer Natur ist an dieser Stelle noch eine weitere Beobachtung: Sowohl die deutsche REWE Group als auch das Papier- und Hygieneprodukteunternehmen WEPA investieren ihrerseits in **nachhaltige Start-ups**; Letztere insbesondere in Technologieunternehmen im Bereich Kreislaufwirtschaft. Beide verfolgen damit eine klare Strategie: Frühzeitig bei Trends und Produktinnovationen dabei sein und für das eigene **Kerngeschäft** davon direkt profitieren. Dies passt zur Analyse einer Studie der US-Plattform Sightline Climate[1255]: Bei Start-ups im Bereich Climate Tech ist auffällig, dass die Unternehmen, die am häufigsten Klima-Start-ups aufkaufen, Öl- und Gasriesen sind. Unter den fünf häufigsten Käufern seit 2020 seien dies Shell, BP und TotalEnergies.

7.5.1.4. Fazit

Gelingt in den nächsten Jahren der Übergang in eine Circular Economy, werden sowohl die Rohstoffresilienz als auch unser Klima davon extrem profitieren. Dazu braucht es Erfinder:innengeist, mehr Out-of-the-box-Denken und enorm viel Kapital, sowohl Risikoinvestments als auch klassische Bankkredite. Eine Vielzahl von guten Beispielen wurde hier aufgeführt.

Ein weiterer Treiber dieser Entwicklung wird sicherlich der steigende CO_2-Preis in Europa im Rahmen des Europäischen Emissionshandelssystems (ETS) sein. Es gibt in der Politik einen großen Konsens, dass marktwirtschaftliche Instrumente, wie ein globaler CO_2-Preis, wahrscheinlich den größten Effekt dabei haben, die CO_2-Emissionen mittel- bis langfristig zu verringern. Viele klassische Produkte, gerade auf Plastikbasis, bestehen aus Erdöl und dürften durch einen höheren CO_2-Preis deutlich teurer werden. Banken und institutionelle Investor:innen werden die finanziellen Risiken in ihren Portfolien aufgrund von Klimarisiken und einem steigenden CO_2-Preis nicht nur im Hinblick auf die originären, energieintensiven Industrien, wie Kohle, Öl, Chemie, Stahl, Verkehr und Immobilien, beachten und einpreisen, sondern auch auf die mittelbaren Industrien. Nach aktuellen Forschungen der ETH Zürich ist der Kohlenstoff-Fußabdruck der Plastikindustrie ähnlich hoch wie der der Kohleindustrie[1256] und damit auch für Bankportfolien evident. Die Risikomanagementsysteme von Finanzinstituten werden herausgefordert, dies klug und vorausschauend zu integrieren.

Ein steigender CO_2-Preis könnte zudem einer aktuellen Herausforderung der Circular Economy entgegentreten – und zwar der Marktunvollkommenheit. Zurzeit haben näm-

1254 Steinbrenner, Finanzierung der Kreislaufwirtschaft, 29.9.2022, https://neosfer.de/finanzierung-der-kreislaufwirtschaft/, abgerufen am 13.1.2025.

1255 Vgl Sightline Climate, 2024, https://www.sightlineclimate.com/reports, abgerufen am 13.1.2025.

1256 Vgl ETH Zürich (2.12.2021), https://ethz.ch/de/news-und-veranstaltungen/eth-news/news/2021/12/viel-kohle-in-kunststoff.html, abgerufen am 14.1.2025.

lich Unternehmen der klassischen Rohstoffindustrie einen deutlichen Marktvorteil, da es keine wahren Preise oder internalisierten Kosten gibt. *„Eine zirkuläre Investition, die alle ökologischen und sozialen Kosten der Produktion und des Verbrauchs berücksichtigt, ist im Vergleich zu linearen Geschäftsmodellen, die nur die Produktionskosten widerspiegeln, zu einer geringeren Rendite verdammt.“*[1257]

Wie in diesem Kapitel dargelegt, stellt die EU-Regulierung im Bereich Taxonomie und CSRD einen entscheidenden Treiber bei der Entwicklung und Finanzierung einer Circular Economy dar. Somit wird auch das vorliegende Omnibus-Paket der EU-Kommission Auswirkungen haben, wenngleich zurzeit noch nicht klar ist, welche genauen Veränderungen verabschiedet werden. Sehr wahrscheinlich ist aber eine Überarbeitung der Green Asset Ratio sowie eine Einschränkung der berichtspflichtigen Unternehmen bezogen auf die Taxonomie und CSRD. Grundsätzlich ist aber zu erwarten, dass die Etablierung einer Kreislaufwirtschaft, aus ökonomischen, ökologischen und sicherheitsrelevanten Aspekten, im Zielsystem der EU bestehen bleibt.

Und dabei spielt der Finanzsektor eine entscheidende Rolle. Er stellt das nötige Kapital an den verschiedenen Ansatzpunkten im Umstellungsprozess zur Verfügung und entwickelt innovative Finanzinstrumente für Unternehmen mit zirkulären Geschäftsmodellen. Gleichzeitig bedarf es weiterer Schulungen in den Finanzinstituten, damit Mitarbeitende die Chancen und Risiken einer Circular Economy umfassend einschätzen können und ihrerseits auch Impulse in Finanzierungsgesprächen setzen können. Fest steht: Im Übergang zu einer Circular Economy kann der Finanzsektor nicht nur ökologische Vorteile erzielen, sondern auch klare ökonomische Vorteile.

7.5.2. Leitfaden zur Sustainable Finance Disclosure Regulation: Welche Rolle spielt die Kreislaufwirtschaft?[1258]

Sascha Titze

7.5.2.1. Eckpfeiler des EU-Nachhaltigkeitsfinanzrahmens der Europäischen Union

Die **EU-Offenlegungsverordnung** (Sustainable Finance Disclosure Regulation, kurz: SFDR) ist ein zentraler Bestandteil des **EU-Nachhaltigkeitsfinanzrahmens** (Sustainable Finance Framework) der Europäischen Union. Dieser Rahmen umfasst mehrere eng miteinander verwobene Verordnungen und Richtlinien, darunter die **SFDR**, die **Taxonomieverordnung** und die **Corporate Sustainability Reporting Directive (CSRD)**.

Das übergeordnete **Ziel des EU-Nachhaltigkeitsfinanzrahmens** ist es, den Finanzsektor auf die Nachhaltigkeitsziele der EU auszurichten und den Übergang zu einer ressourcenschonenden, CO_2-neutralen Wirtschaft zu fördern. Um dies zu erreichen, sollen private Kapitalströme gezielt in nachhaltige Wirtschaftsaktivitäten gelenkt und Investitionen in ökologische Nachhaltigkeit verstärkt werden.

1257 Steinbrenner, ebenda.
1258 Der Beitrag in diesem Buch spiegelt die persönliche Meinung des Autors und nicht die der EZB wider.

Der verbindliche regulatorische Rahmen soll **mehr Transparenz und Vergleichbarkeit** schaffen sowie eine **einheitliche Definition ökologischer Nachhaltigkeit** im Zusammenhang mit Investitionen ermöglichen.

Doch welche Rolle spielt dabei die SFDR und wie ist sie mit den EU-Agenden zur Kreislaufwirtschaft verknüpft?

7.5.2.1.1. Mehr Transparenz, weniger Greenwashing: Die Zielsetzung der SFDR

Zunächst ist wichtig zu verstehen, was die SFDR nicht ist. Sie ist weder ein Label noch ein Klassifizierungssystem für nachhaltige Produkte. Entgegen einer häufigen Annahme stellt sie also keine Art „Lebensmittelampel" für Finanzprodukte dar, bei der gilt: je dunkelgrüner desto nachhaltiger.

Stattdessen legt die SFDR für Finanzmarktteilnehmer:innen mit mehr als 500 Mitarbeiter:innen verbindliche und einheitliche Offenlegungspflichten über Transparenz bei der Einbeziehung von Nachhaltigkeitsrisiken und der **Berücksichtigung nachteiliger Nachhaltigkeitsauswirkungen in ihren Prozessen** sowie bei der Bereitstellung von **Informationen über die Nachhaltigkeit von Finanzprodukten** fest.[1259] In den Anwendungsbereich der Verordnung fallen zum Beispiel Vermögensverwalter:innen, Investmentfonds, Versicherungen mit Anlageprodukten, Pensionsfonds sowie Banken mit Portfolioverwaltung.

Die SFDR ist bereits seit 10.3.2021 in Kraft und wird seit Ende 2023 vollumfänglich angewendet.

Hauptziel der Verordnung ist es, Transparenz für Investor:innen zu gewährleisten, sodass diese informierte Entscheidungen treffen können. Kurz gesagt: Die SFDR soll Greenwashing verhindern und durch klare Offenlegungspflichten einen einheitlichen und damit vergleichbaren Rahmen für nachhaltige Investitionen schaffen. Zu diesem Zweck enthält die SFDR sowohl unternehmens- als auch produktbezogene Offenlegungspflichten und verpflichtet Finanzmarktteilnehmer:innen, auf ihren Internetseiten transparent und öffentlich darzulegen, wie ihre Finanzprodukte Umwelt-, Sozial- und Governance-Faktoren (ESG) berücksichtigen.

Eine Pflicht zur Investition in Nachhaltigkeitsprojekte oder Kapitalerleichterungen für grüne Investitionen begründet die SFDR für Investor:innen nicht.

7.5.2.1.2. Unternehmensbezogene Offenlegungspflichten

Unternehmensbezogene Offenlegungspflichten verpflichten Finanzmarktteilnehmer:innen, die wichtigsten nachteiligen Auswirkungen von Investitionsentscheidungen auf Nachhaltigkeitsfaktoren offenzulegen.[1260] Dies erfolgt im Rahmen des sogenannten „Principal Adverse Impact" Assessment („wichtige nachteilige Auswirkungen"). Dabei müssen sie unter anderem darlegen, wie sich ihre Investitionen auf Faktoren wie Treibhausgasemissionen, Biodiversität und Ressourcenverbrauch auswirken.[1261] Berücksich-

1259 SFDR, Artikel 1 und Artikel 4 Abs 3.

1260 Unternehmensbezogene Offenlegungspflichten sind in Artikel 3, 4 und 5 SFDR geregelt. Im Einzelnen verpflichtet Artikel 3 Unternehmen offenzulegen, wie sie Nachhaltigkeitsrisiken in ihren Investitionsentscheidungen berücksichtigen.

1261 SFDR, Artikel 4.

tigen Finanzmarktteilnehmer:innen diese Auswirkungen nicht, müssen sie dies nach dem „Comply-or-Explain-Prinzip“ begründen.[1262]

Darüber hinaus müssen die Finanzmarktteilnehmer:innen offenlegen, wie die Vergütungspolitik des Unternehmens Nachhaltigkeitsrisiken berücksichtigt.[1263]

7.5.2.1.3. Produktbezogene Offenlegungspflichten

Neben unternehmensbezogenen Offenlegungspflichten sind Finanzmarktteilnehmer:innen auch zu produktbezogenen Offenlegungen verpflichtet. Diese unterscheiden sich im Detail, je nachdem, ob das jeweilige Finanzprodukt keine Nachhaltigkeitsziele verfolgt (Artikel 6), als ökologisch-sozial (Artikel 8) oder nachhaltig beworben wird (Artikel 9):

- **Produkte nach Artikel 6** berücksichtigen keine expliziten Nachhaltigkeitskriterien. Dennoch müssen auch sie offenlegen, ob und wie Nachhaltigkeitsrisiken bei ihren Investitionsentscheidungen berücksichtigt werden. Es handelt sich hierbei also um Produkte, die keine besonderen Nachhaltigkeitsziele verfolgen, aber dennoch gewissen Mindestanforderungen an Transparenz unterliegen.
- **Produkte nach Artikel 8** – häufig als „hellgrün“ bezeichnet – fördern ökologische oder soziale Merkmale, ohne dass diese das Hauptziel des Produkts darstellen. Solche Produkte investieren beispielsweise in Unternehmen, die Umweltfreundlichkeit oder soziale Verantwortung fördern.
- Im Vergleich zu Produkten nach Artikel 6 unterliegen sie zusätzlichen Offenlegungspflichten, etwa wie sie ESG-Kriterien (Environmental, Social, Governance) berücksichtigen.
- **Produkte nach Artikel 9**, auch als „dunkelgrün“ bezeichnet, verfolgen hingegen ein explizit nachhaltiges Ziel, wie etwa Klimaschutz oder die Förderung der Kreislaufwirtschaft. Diese Produkte dürfen nur in Projekte oder Unternehmen investieren, die nachweislich positive Auswirkungen auf Umwelt oder Soziales haben. Entsprechend unterliegen sie noch strengeren Offenlegungspflichten als Artikel-8-Produkte. So müssen Artikel-9-Produkte sicherstellen, dass ihre Investitionen keinen erheblichen Schaden („Do No Significant Harm“) für Umwelt oder soziale Ziele verursachen. Zudem betreffen die Offenlegungspflichten verschiedene Phasen: vorvertragliche Offenlegung, laufende Offenlegung als auch periodische Berichterstattung.

Bei den drei Kategorien sollte man sich immer wieder vergegenwärtigen, dass die SFDR als Offenlegungsrahmen und nicht als Kennzeichnungssystem konzipiert wurde. Anleger:innen sollten daher die zugrundeliegenden Merkmale der Produkte verstehen und die Kennzeichnung nach Artikel 8 oder 9 nicht als eine Art „Lebensmittelampel“ verstehen, die die Nachhaltigkeitsleistung garantiert. Die unternehmensbezogenen Offenlegungspflichten nach Artikel 4 SFDR („Principal Adverse Impact“) werden im Anhang I der Delegierten Verordnung konkretisiert. In den Anhängen II bis V finden sich standardisierte Vorlagen für die produktbezogene Offenlegung. Finanzmarktteilnehmende sind verpflichtet, diese Vorlagen für Finanzprodukte, die nach Artikel 8 oder Artikel 9 der EU-Offenlegungsverordnung offenzulegen sind, zu verwenden.

1262 Ibid.
1263 SFDR, Artikel 5.

Wie bei vielen komplexeren EU-Verordnungen üblich, regelt auch die SFDR die technische Ausgestaltung der Offenlegungspflichten nicht vollständig im Gesetzestext selbst. Als EU-Rechtsakt der Stufe 1, der vom EU-Parlament und Rat beschlossen wurde, fungiert sie als eine Art „Mantel" der die Grundprinzipien und das „große Ganze" definiert. Die detaillierte, konkrete Ausgestaltung der Offenlegungspflichten ist in in einem EU-Rechtsakt der Stufe 2, einem sogenannten „Regulatory Technical Standard" (RTS), geregelt. Dieser trat am 1.1.2023 in Kraft und präzisiert die Offenlegungspflichten nach den verschiedenen Artikeln der SFDR.[1264] Diese Präzisierung mit Hilfe von Stufe-2-Rechtsakten ist gängige Praxis in der EU-Gesetzgebung, insbesondere wenn es sich um technisch geprägte Inhalte handelt.

Zusammenspiel zwischen Taxonomie, CSRD und SFDR

Wie eingangs erwähnt, ist die SFDR nicht als isoliertes Instrument zu verstehen, sondern als wesentlicher Bestandteil des EU-Nachhaltigkeitsfinanzrahmens, der auch die CSRD und die Taxonomieverordnung umfasst.

Während die Taxonomie als Klassifizierungssystem dient, das wirtschaftliche Aktivitäten anhand ihrer ökologischen Nachhaltigkeit kategorisiert, enthalten die SFDR und die CSRD Offenlegungspflichten, die teilweise auf dieser Taxonomie basieren.[1265]

Die Verordnungen betreffen damit alle wichtigen Akteur:innen entlang der gesamten Wertschöpfungskette von Investitionen: von den Unternehmen, die Kapital benötigen, über die Investor:innen, die finanzielle Mittel bereitstellen, bis hin zu Intermediären.

In diesem Kontext schafft das Zusammenspiel dieser Verordnungen einen transparenten Rahmen, der es ermöglicht, die Nachhaltigkeitsleistung von Unternehmen und Investitionen zu messen und miteinander zu vergleichen.

7.5.2.2. Die SFDR und ihre Interaktion mit der Kreislaufwirtschaft

Die Kreislaufwirtschaft ist eng mit dem Green Deal der EU verknüpft, der bis 2050 ein klimaneutrales und ressourceneffizientes Europa anstrebt. Zentrale Strategien der Kreislaufwirtschaft, wie etwa die Gestaltung von Produkten für Langlebigkeit, Wiederverwendung, Reparatur und Recycling, sind Fundament und wesentlicher Anknüpfungspunkt für die erforderliche Transformation der Wirtschaft geworden.

Die Prinzipien der Kreislaufwirtschaft spiegeln sich auch in der EU-Nachhaltigkeitsfinanzgesetzgebung wider, die als finanzieller Katalysator für den Green Deal der EU konzipiert ist. Die SFDR betont in ihren Erwägungsgründen, dass „*der Übergang zu einer CO_2-armen, nachhaltigeren, ressourceneffizienten Kreislaufwirtschaft in Übereinstimmung mit den Zielen für nachhaltige Entwicklung [...] für die Sicherung der langfristigen Wettbewerbsfähigkeit der Wirtschaft in der Union von zentraler Bedeutung [ist]*".[1266]

1264 Delegierte Verordnung (EU) 2022/1288 der Kommission vom 6. April 2022 zur Ergänzung der Verordnung (EU) 2019/2088 des Europäischen Parlaments und des Rates, online via: https://eur-lex.europa.eu/legal-content/DE/TXT/PDF/?uri=CELEX:32022R1288, abgerufen am 5.8.2025.

1265 Unternehmensbezogene Offenlegungspflichten (Artikel 3, 4, 5) existieren unabhängig von der Taxonomie. Produktbezogene Offenlegungspflichten für Artikel-8- und Artikel-9-Fonds beziehen sich auf die Taxonomie.

1266 SFDR, Erwägungsgrund 2.

Die Definition des Begriffs der „nachhaltige[n] Investition" der SFDR nennt zudem die Kreislaufwirtschaft explizit als Umweltziel, welches mit einer Investition in eine wirtschaftliche Tätigkeit verfolgt werden kann und diese als „nachhaltig" qualifiziert.[1267]

Die Kreislaufwirtschaft spielt auch durch die Verknüpfung der SFDR mit der Taxonomieverordnung, und zwar konkret mit dem vierten Ziel der Taxonomie – dem „Übergang zur Kreislaufwirtschaft" –, eine wesentliche Rolle in der SFDR.[1268]

Wie bereits erwähnt, ist die detaillierte und konkrete Ausgestaltung der Offenlegungspflichten der SFDR in einem Rechtsakt der Stufe 2, einem sogenannten „Regulatory Technical Standard" (RTS), geregelt.[1269] Im Rahmen der Offenlegungspflichten der SFDR spielen mehrere für die Kreislaufwirtschaft relevante Indikatoren eine Rolle.

Im Rahmen der unternehmensbezogenen Offenlegungspflichten („Principal Adverse Impact" Assessment) fordert die SFDR beispielsweise Finanzmarktteilnehmer:innen auf, offenzulegen, ob und wie ihre Investitionen zur Verringerung von Abfall, zur Ressourcenschonung oder zur Wiederverwertung von Materialien beitragen.[1270] Finanzmarktteilnehmer:innen müssen in dem Zusammenhang Informationen zu für die Kreislaufwirtschaft wichtigen Indikatoren wie Ressourcen- bzw Rohstoffverbrauch, Abfallverwertung und Recycling offenlegen.

Für Artikel-8- und Artikel-9-Produkte verlangt die SFDR in ihren Offenlegungspflichten zudem, dass die durch das Finanzprodukt geförderten ökologischen oder sozialen Merkmale und deren Indikatoren während des gesamten Lebenszyklus des Finanzprodukts zu überwachen sind. Darüber hinaus verpflichtet die SFDR dazu, für Artikel-8- und Artikel-9-Produkte vorvertragliche und periodische Berichte zu taxonomiefähigen und taxonomiekonformen Anteilen des Finanzproduktes zu erstellen.[1271]

Die SFDR schafft durch verpflichtende Offenlegung einen klaren Rahmen für mehr Transparenz in Bezug auf kreislaufwirtschaftsrelevante Faktoren. Dies ist entscheidend, um privates Kapital für ihre Förderung zu mobilisieren.

7.5.2.3. Zusammenfassung & Ausblick

Die Verknüpfung der Kreislaufwirtschaft mit der SFDR und dem gesamten EU-Nachhaltigkeitsfinanzrahmen verdeutlicht ihre zentrale Bedeutung für den Europäischen Green Deal. Der Fokus auf Kreislaufwirtschaft innerhalb der SFDR ist dabei mehr als nur eine regulatorische Anforderung – er bietet die Chance, den Finanzmarkt als Katalysator für den Übergang zu einer nachhaltigeren und ressourceneffizienteren Wirtschaft zu nutzen.

1267 SFDR, Artikel 2 (17).
1268 SFDR, Erwägungsgrund 2.
1269 Delegierte Verordnung (EU) 2022/1288 der Kommission vom 6. April 2022 zur Ergänzung der Verordnung (EU) 2019/2088 des Europäischen Parlaments und des Rates, online via: https://eur-lex.europa.eu/legal-content/DE/TXT/PDF/?uri=CELEX:32022R1288, abgerufen am 5.8.2025.
1270 Unternehmensbezogene Offenlegungspflichten („Principal Adverse Impact" Assessment) werden im Anhang I der Delegierten Verordnung konkretisiert
1271 SFDR, Artikel 11; Anhänge II bis V der Delegierten Verordnung.

Die SFDR verpflichtet Finanzmarktteilnehmer:innen dazu, detailliert offenzulegen, wie ihre Investitionen zur Förderung von Kreislaufwirtschaft, Ressourcenschonung und Abfallvermeidung beitragen. Solche Transparenzanforderungen können dazu beitragen, privates Kapital gezielt für die Kreislaufwirtschaft zu mobilisieren und die notwendige Transformation zu einer ressourcenschonenderen, CO_2-neutralen Wirtschaft zu unterstützen.

In den kommenden Jahren wird die kontinuierliche Integration der Kreislaufwirtschaft in den EU-Nachhaltigkeitsrahmen und ihre systematische Berücksichtigung in der SFDR entscheidend sein. Insbesondere die transparente Darstellung nachhaltigkeitsbezogener Praktiken im Bereich der Kreislaufwirtschaft ermöglicht es Finanzmarktteilnehmer:innen und Investor:innen, fundierte, langfristig tragfähige Anlagestrategien zu entwickeln. Damit rückt die Kreislaufwirtschaft noch stärker als Schlüsselfaktor für den Erfolg des Green Deals in den Fokus – und die SFDR bleibt eine tragende Säule auf dem Weg zu einer nachhaltigen europäischen Wirtschaft.

7.5.3. Nachhaltigkeitsberichterstattung im Zeichen der Kreislaufwirtschaft und der Lebenszyklusperspektive[1272]

Anne-Marie Isbert/Leon Spanagel

7.5.3.1. Einleitung

Die Europäische Union hat mit dem Sustainable Finance Framework eine umfassende regulatorische Grundlage geschaffen, um Unternehmen und Finanzakteur:innen stärker in die Verantwortung für nachhaltiges Wirtschaften zu nehmen. Zentrale Vorgaben wie die **Corporate Sustainability Reporting Directive (CSRD)**[1273], die **Sustainable Finance Disclosure Regulation (SFDR)**[1274] und die **EU-Taxonomie-Verordnung**[1275] verpflichten Unternehmen, ihre ökologischen und sozialen Auswirkungen offenzulegen. Ziel dieser Regularien ist es, die Dekarbonisierung der Wirtschaft voranzutreiben, nachhaltige Investitionen zu fördern und Transparenz für Konsument:innen sowie Kapitalmärkte zu schaffen.

Während die EU-Taxonomie ein Klassifizierungssystem für nachhaltige wirtschaftliche Aktivitäten darstellt, definieren CSRD und SFDR konkrete Offenlegungspflichten. Ein zentraler Aspekt dieser Regulierung ist die Förderung der **Kreislaufwirtschaft**, mit dem Ziel, dass Unternehmen Ressourcen effizient nutzen, Materialkreisläufe schließen und Abfälle vermeiden. In diesem Zusammenhang gewinnt auch die **Lebenszyklusperspektive** an Bedeutung, da sie eine ganzheitliche Betrachtung von Produkten und Prozessen über deren gesamten Lebensweg hinweg ermöglicht. Dieses Kapitel beleuchtet, wie die EU-Regularien mit der Kreislaufwirtschaft und der Lebenszyklusperspektive verknüpft sind und welche Anreize sie für Unternehmen und Finanzakteur:innen schaffen, verstärkt auf zirkuläre Wirtschaftsweisen zu setzen.

1272 Der Beitrag basiert auf einem bereits veröffentlichten Artikel der FfE.
1273 RL (EU) 2022/2464 ABl L 322/15.
1274 VO (EU) 2019/2088 ABl L 317/1.
1275 VO (EU) 2020/852 ABl L 198/15.

7.5.3.2. CSRD, SFDR und die EU-Taxonomie im Überblick

7.5.3.2.1. Die CSRD: Transparenz und Vergleichbarkeit im Nachhaltigkeitsreporting

Als Nachfolger der Non-Financial Reporting Directive (NFRD), im Deutschen auch als CSR-Richtlinie bekannt, richtet sich die seit 2023 in Kraft getretene CSRD direkt an Unternehmen und bestimmt die Offenlegung von Nachhaltigkeitsinformationen. Mit der CSRD verfolgt die EU das Ziel, die Transparenz und Vergleichbarkeit der Nachhaltigkeitsberichterstattung von Unternehmen zu verbessern.[1276]

Die Inhalte der Berichterstattung sind in den European Sustainability Reporting Standards (ESRS) festgelegt. Sie umfassen neben allgemeinen Angabepflichten zu Geschäftsmodell und Unternehmensstrategie themenspezifische Informationen in den Bereichen Umwelt, Soziales und Governance.[1277] Unternehmen müssen unter anderem darlegen, welche Maßnahmen sie für den Klimaschutz ergreifen, wie sie mit natürlichen Ressourcen umgehen und inwiefern sie soziale Verantwortung im Unternehmen und ihrer Lieferkette übernehmen. Besonders für die Kreislaufwirtschaft ist dies ein wichtiger Schritt: Während sich Kennzahlen bezüglich der Bilanzierung von Treibhausgas(THG)-Emissionen bereits in der Berichterstattung etabliert haben, werden in den ESRS auch Angaben zu Ressourcennutzung, Abfallvermeidung und Lebensdauer von Produkten systematisch erfasst. Die Nachhaltigkeitsinformationen müssen als fester Bestandteil des Lageberichts offengelegt werden, der nunmehr Nachhaltigkeits- und Finanzinformationen zusammenführt, um Transparenz und Vergleichbarkeit für Investoren und Stakeholder zu erhöhen. Damit unterliegen die Angaben, genau wie die finanziellen Informationen, einer externen Prüfungspflicht. Welche Unternehmen zu welchem Zeitpunkt von der CSRD betroffen sind, wird durch die noch ausstehende Umsetzung der Omnibus-Pakete bestimmt. Auch eine inhaltliche Überarbeitung der ESRS ist in Arbeit.

7.5.3.2.2. Die SFDR: Nachhaltigkeitsanforderungen für Finanzunternehmen

Während die CSRD Unternehmen direkt zur Berichterstattung verpflichtet, betrifft die SFDR vor allem Finanzmarktteilnehmer:innen. Seit 2021 müssen Banken, Investmentfonds und Versicherungen offenlegen, inwiefern sie Nachhaltigkeitsaspekte in ihren Finanzprodukten berücksichtigen. Ziel ist es, Anleger:innen eine informierte Entscheidung zu ermöglichen, Greenwashing-Risiken zu minimieren und Investitionen in nachhaltige Wirtschaftsaktivitäten zu lenken. Die SFDR umfasst sowohl unternehmensbezogene Offenlegungspflichten, wie die Berücksichtigung von Nachhaltigkeitsrisiken und wesentlichen negativen Auswirkungen, als auch produktbezogene Anforderungen.

Zudem müssen Finanzunternehmen Nachhaltigkeitsinformationen, wie beispielsweise Angaben zur EU-Taxonomie, von den Unternehmen, in welche sie investieren, offenlegen. Somit sind nicht nur Finanzunternehmen, sondern indirekt auch Unternehmen, in welche investiert werden soll, von der SFDR betroffen. Für Unternehmen bedeutet dies, dass sie zunehmend unter Druck stehen, nachhaltige Geschäftspraktiken nachzu-

1276 RL (EU) 2022/2464 ABl L 322/15.
1277 VO (EU) 2023/2772 ABl 22.12.2023.

weisen, um für Investor:innen attraktiv zu bleiben. Besonders Unternehmen, die kreislauforientierte Geschäftsmodelle verfolgen, profitieren von dieser Entwicklung, da sie sich durch transparente und nachhaltige Strategien als bevorzugte Investitionsziele positionieren können. Die SFDR ist bereits seit 2021 in Kraft und wird seit Januar 2023 vollumfänglich angewandt.[1278] Aktuell strebt die EU-Kommission eine Überarbeitung der SFDR an, mit dem Ziel, die Berichtspflichten zu vereinfachen.[1279]

7.5.3.2.3. Die EU-Taxonomie: Klassifizierung für nachhaltige Wirtschaftstätigkeiten

Die EU-Taxonomie ist ein Klassifizierungssystem für ökologisch nachhaltige Wirtschaftsaktivitäten. Ziel ist es, Investitionen in nachhaltige Projekte zu lenken und zur Erreichung der Klimaziele beizutragen. Die EU-Taxonomie umfasst sechs Umweltziele: Klimaschutz, Anpassung an den Klimawandel, nachhaltige Nutzung und Schutz der Wasser- und Meeresressourcen, Übergang zur Kreislaufwirtschaft, Vermeidung und Verminderung der Umweltverschmutzung sowie Schutz und Wiederherstellung der Biodiversität und Ökosysteme. Damit eine Tätigkeit als nachhaltig gilt, muss sie wesentlich zu mindestens einem dieser Ziele beitragen, dabei keine anderen Ziele erheblich schädigen („Do-No-Significant-Harm"-Prinzip) und soziale Mindeststandards wie die Kernarbeitsnormen der Internationalen Arbeitsorganisation (ILO) einhalten.

Zu jedem der sechs EU-Umweltziele hat die EU-Kommission delegierte Rechtsakte mit technischen Bewertungskriterien für einzelne Wirtschaftsaktivitäten veröffentlicht. Die technischen Bewertungskriterien legen fest, welche Anforderungen eine Tätigkeit erfüllen muss, um taxonomiekonform zu sein. Aus dieser Einstufung heraus lässt sich der Anteil taxonomiekonformer Aktivitäten an wirtschaftlichen Kenngrößen (Umsatz, Investitionsausgaben und Betriebskosten) eines Unternehmens bestimmen.[1280] Berichtspflichtig sind aktuell alle Unternehmen, die von der CSRD betroffen sind sowie Anbietende von Finanzprodukten und Finanzberatung. Durch die Omnibus-Pakete könnten sich jedoch Änderungen hinsichtlich der Berichtspflicht ergeben. Seit 2022 besteht bereits eine Berichtspflicht für die ersten beiden Umweltziele der Taxonomie, die sich auf Klimaschutz und Klimaanpassung beziehen. Ab dem Geschäftsjahr 2024 müssen Unternehmen auch darlegen, inwiefern ihre Geschäftsmodelle zu den weiteren Umweltzielen beitragen – einschließlich des Übergangs zur Kreislaufwirtschaft. Die Taxonomie schafft damit einen Rahmen für Unternehmen, die kreislauforientierte Strategien verfolgen, indem sie ihnen eine einheitliche Grundlage zur Messung und Bewertung ihrer Nachhaltigkeitsleistung bietet.

1278 VO (EU) 2022/1288 L 196/1.

1279 Europäische Kommission, Überarbeitung der EU-Vorschriften für nachhaltigkeitsbezogene Offenlegungspflichten im Finanzdienstleistungssektor, https://ec.europa.eu/info/law/better-regulation/have-your-say/initiatives/14666-Revision-of-EU-rules-on-sustainable-finance-disclosure_de?utm_campaign=KPMG%20NL%20-%20Express%20Accounting%20News&utm_medium=email&_hsmi=2&utm_content=2&utm_source=hs_email, abgerufen am 14.10.2025.

1280 VO (EU) 2020/852 ABl L 198/15.

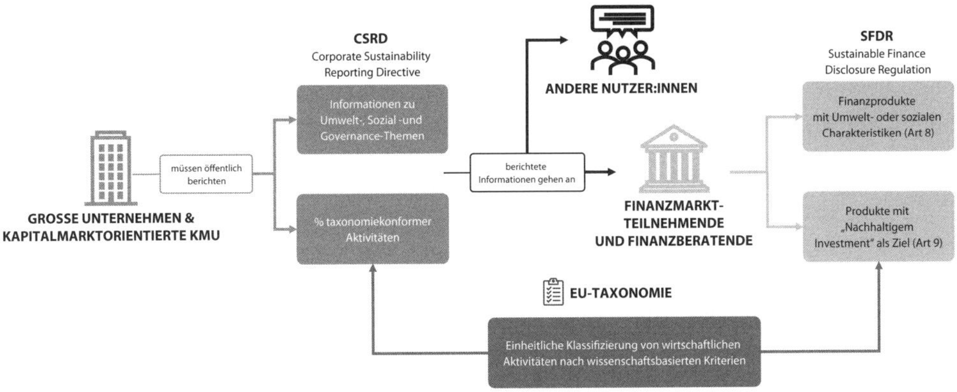

Abb 71: Sustainable Finance Framework der EU[1281]

7.5.3.3. Von der Berichterstattung zur Transformation: Die Verankerung der Kreislaufwirtschaft in der Nachhaltigkeitsberichterstattung

CSRD, SFDR und EU-Taxonomie-Verordnung schaffen eine transparente und verbindliche Grundlage für Unternehmen und Finanzakteur:innen, sich mit der Kreislaufwirtschaft auseinanderzusetzen und nachhaltige, ressourcenschonende Geschäftsmodelle zu entwickeln. Während die CSRD vor allem Unternehmen zur Transparenz verpflichtet, indem diese ihren Beitrag zur Kreislaufwirtschaft offenlegen müssen, ermöglicht die SFDR den Finanzmarktteilnehmer:innen, gezielt in nachhaltige und zirkuläre Geschäftsmodelle zu investieren. Die EU-Taxonomie schließlich definiert klare Kriterien für nachhaltige, zirkuläre Wirtschaftsaktivitäten. Im Folgenden wird aufgezeigt, wie diese Regelwerke zur Umsetzung der Kreislaufwirtschaft in der Unternehmenspraxis und auf den Finanzmärkten beitragen und welche Anforderungen sie an Unternehmen und Finanzakteur:innen stellen.

Die **CSRD** verlangt in Artikel 19b Abs 2a), dass Unternehmen in ihrer Nachhaltigkeitsberichterstattung Faktoren zur Ressourcennutzung und Kreislaufwirtschaft offenlegen.[1282] Diese Offenlegungspflicht steht in direktem Zusammenhang mit dem themenspezifischen Standard ESRS E5, der sich explizit mit „Ressourcennutzung und Kreislaufwirtschaft" befasst. Das zentrale Ziel des Standards ist es, Transparenz über die Auswirkungen, Risiken und Chancen (IROs) eines Unternehmens im Kontext der Ressourcennutzung und Kreislaufwirtschaft zu schaffen. Unternehmen sollen aufzeigen, welche Strategien, Maßnahmen und finanziellen Auswirkungen sich aus den identifizierten IROs ergeben. Die Offenlegungsanforderungen des Standards beziehen sich sowohl auf Ressourcenzuflüsse als auch -abflüsse sowie die entstehenden Abfälle. Ressourcenzuflüsse umfassen dabei beispielsweise Kennzahlen zu wiederverwendeten oder recycelten Materialien sowie zu biologischen Komponenten (vgl ESRS E5-4). Für Ressourcenabflüsse sind unter

1281 Forschungsstelle für Energiewirtschaft, Neue Herausforderungen durch die Regularien des Sustainable Finance Frameworks der EU, 2022, https://www.ffe.de/wp-content/uploads/2022/06/FfE_Format_BMK_Artikel_-Herausforderungen_Nachhaltigkeitsberichterstatttung.pdf, abgerufen am 15.1.2025.

1282 RL (EU) 2022/2464 ABl L 322/15.

anderem Angaben zur Lebensdauer und Reparierbarkeit von Produkten erforderlich (vgl ESRS E5-5).[1283] Diese Informationen helfen nicht nur dabei, den Stand der Kreislaufwirtschaft innerhalb eines Unternehmens zu messen, sondern stellen auch sicher, dass eine klare Verbindung zwischen der Unternehmensstrategie und den Nachhaltigkeitszielen hergestellt wird.

Die **SFDR** spielt eine wichtige Rolle bei der Förderung der Kreislaufwirtschaft auf der Finanzmarktseite. Laut SFDR ist eine Investition in eine wirtschaftliche Tätigkeit dann eine „nachhaltige Investition", wenn diese zur Erreichung eines Umweltzieles, beispielsweise der Kreislaufwirtschaft, oder zur Erreichung eines sozialen Ziels beiträgt (vgl Artikel 2 (17)).[1284] Zudem sind Finanzunternehmen zu vorvertraglichen und periodischen Berichten bezüglich Angaben zu taxonomiekonformen Anteilen der Finanzprodukte verpflichtet (vgl Artikel 15 (1) und 19 (1)).[1285] Durch diese Verzahnung spielt auch das vierte Ziel der EU-Taxonomie „Übergang zur Kreislaufwirtschaft" eine zentrale Rolle in der SFDR.

Da eines der sechs Ziele der **EU-Taxonomie-Verordnung** der „Übergang zu einer Kreislaufwirtschaft" ist, kann eine wirtschaftliche Tätigkeit als taxonomiekonform eingestuft werden, wenn sie zu diesem Ziel beiträgt (vgl Artikel 3, a)). Dies kann unter anderem durch eine effizientere Nutzung von Ressourcen und Energie, die Erhöhung der Haltbarkeit, Reparatur- oder Recyclingfähigkeit der Produkte sowie durch das Ersetzen oder Verringern gefährlicher Stoffe erfolgen. Auch eine Verbesserung der Infrastruktur für die Abfallwirtschaft kann einen wesentlichen Beitrag zum Übergang zur Kreislaufwirtschaft leisten (vgl Artikel 13, (1) a)–k)).[1286] Da die EU-Taxonomie vorschreibt, dass eine taxonomiekonforme wirtschaftliche Tätigkeit keinem der fünf anderen Ziele schaden darf, bedeutet dies auch, dass eine wirtschaftliche Aktivität, welche der Kreislaufwirtschaft entgegenwirkt, nicht als taxonomiekonform eingestuft werden kann. Die technischen Bewertungskriterien variieren je nach wirtschaftlichem Sektor. So müssen beispielsweise beim Neubau alle anfallenden Bau- und Abbruchabfälle im Einklang mit dem Abfallrecht der EU behandelt, die THG-Emission des Gebäudes für jede Lebenszyklusphase berechnet und Höchstmengen für die Verwendung von Primärrohstoffen eingehalten werden.[1287]

7.5.3.4. Welche Rolle spielen Lebenszyklusmethoden in der Nachhaltigkeitsberichterstattung?

Für die Nachhaltigkeitsberichterstattung der Unternehmen gewinnt die Lebenszyklusperspektive auch in den Regularien der EU an Bedeutung. Dabei spielen die **Ökobilanzierung** (engl Life Cycle Assessment, LCA) und die **Bilanzierung der THG-Emissionen** nach dem Greenhouse Gas Protocol (GHG-Protocol), untergliedert nach den Scopes 1, 2 und 3, eine wichtige Rolle. Während die LCA verschiedene Umweltauswirkungen von Produkten oder Dienstleistungen bewertet, bezieht sich die THG-Bilanzierung nach

1283 VO (EU) 2023/2772 ABl 22.12.2023.
1284 VO (EU) 2019/2088 ABl L 317/1.
1285 VO (EU) 2022/1288 L 196/1.
1286 VO (EU) 2020/852 ABl L 198/15.
1287 VO (EU) 2023/2486 ABl L 21.11.2023.

dem GHG-Protocol auf die Organisations- bzw Unternehmensebene. Trotz der unterschiedlichen Perspektiven – Produkt vs Unternehmen – erfassen sowohl die LCA als auch die Bilanzierung der Scope-3-Emissionen Umwelt- und Klimawirkungen, die über die Grenzen des betrachteten Unternehmens hinausgehen. In beiden Fällen wird der gesamte Lebenszyklus des Produkts bzw des Unternehmens berücksichtigt, einschließlich der vor- und nachgelagerten Wertschöpfungsketten.

Die **CSRD** beinhaltet eine explizite Berücksichtigung der Lebenszyklusperspektive. So verlangen Artikel 19a, (2) f) ii) und Artikel 29a, (2) f) ii) eine Beschreibung der wichtigsten tatsächlichen oder potenziellen Nachhaltigkeitsrisiken und -auswirkungen über die gesamte Wertschöpfungskette, inklusive der Lieferkette.[1288] Die bereitgestellten Nachhaltigkeitsinformationen sollen zudem für kurz-, mittel- und langfristige Zeiträume berichtet werden. Während die CSRD die Vorgaben liefert, definieren die ESRS die genauen Inhalte, welche es zu berichten gilt. Der themenspezifische Standard ESRS E1 fokussiert sich auf den Klimawandel und beinhaltet unter anderem die Angabepflicht der THG-Emissionen für Scope 1, 2 und 3, gemäß dem GHG-Protocol[1289] oder der darauf basierenden ISO-Norm 14064-1:2018[1290] (vgl ESRS 1 19 a)-d)). Sowohl das GHG-Protocol als auch die ISO-Norm 14064-1:2018 beschreiben ein standardisiertes Vorgehen zur Erfassung der THG-Emissionen auf Organisationsebene. Weitere Angabepflichten des ESRS E1 umfassen die Offenlegung messbarer Reduktionsziele sowie aktueller und geplanter Maßnahmen zum Klimaschutz und zur Anpassung an den Klimawandel.[1291]

Die **SFDR** verpflichtet Finanzmarktteilnehmer:innen, die wesentlichen nachteiligen Auswirkungen von Investitionsentscheidungen auf Nachhaltigkeitsfaktoren offenzulegen. Zu den definierten Indikatoren gehört unter anderem die Angabe der THG-Emissionen für Scope 1 bis 3 (vgl Anhang 1 Tabelle 1).[1292] Darüber hinaus müssen Finanzprodukte, die mit ESG-Merkmalen werben oder sich als ein nachhaltiges Investment bezeichnen (vgl Artikel 8 und 9)[1293], folgende Informationen offenlegen: Erläuterung, inwiefern die durch das Finanzprodukt beworbenen ökologischen oder sozialen Merkmale bzw das nachhaltige Investitionsziel sowie die entsprechenden Indikatoren zur Messung dieser Merkmale während des gesamten Lebenszyklus beobachtet werden (vgl Artikel 30 und 43).[1294]

Die **EU-Taxonomie-Verordnung** beschreibt in Artikel 19, (1), g), dass die technischen Bewertungskriterien dem Lebenszyklus einer Wirtschaftstätigkeit inklusive der Umweltauswirkungen Rechnung tragen müssen.[1295] Während manche Aktivitäten, wie beispielsweise die Stromerzeugung aus Windkraft oder Photovoltaik, automatisch einen

1288 RL (EU) 2022/2464 ABl L 322/15.

1289 World Resources Institute/wbcsd, Technical Guidance for Calculating Scope 3 Emissions (version 1.0), 2013, https://ghgprotocol.org/sites/default/files/standards/Scope3_Calculation_Guidance_0.pdf, abgerufen am 15.1.2025.

1290 International Organization for Standardization, ISO 14064-1:2018 – Greenhouse gases – Part 1: Specification with guidance at the organization level for quantification and reporting of greenhouse gas emissions and removals, 2018, https://www.iso.org/standard/66453.html, abgerufen am 15.1.2025.

1291 VO (EU) 2023/2772 ABl 22.12.2023.

1292 VO (EU) 2022/1288 L 196/1.

1293 VO (EU) 2019/2088 ABl L 317/1.

1294 VO (EU) 2022/1288 L 196/1.

1295 VO (EU) 2020/852 ABl L 198/15.

wesentlichen Beitrag zum Klimaschutz leisten und somit das erste Ziel erfüllen, müssen andere Aktivitäten, wie zB die Stromerzeugung aus Geothermieanlagen oder aus erneuerbaren nichtfossilen gasförmigen und flüssigen Brennstoffen, bestimmte Kriterien einhalten. Eines dieser Kriterien sind lebenszyklusbasierte THG-Emissionen von weniger als 100 g CO_2-Äq. pro Kilowattstunde. Zur Berechnung der THG-Emissionen über den Lebenszyklus soll die Empfehlung 2013/179/EU der Kommission verwendet werden. Diese basiert auf den gängigen Methodik-Leitlinien zur Öko- und Treibhausgasbilanzierung, wie unter anderem die Ökobilanzierung nach ISO 14040/44. Alternativ können die Normen ISO 14067 (Carbon Footprint von Produkten) oder ISO 14064-1:2018 angewendet werden. Auch für die Herstellung von Wasserstoff, organischen Grundstoffen und Chemikalien oder Chlor ist ein Grenzwert für Lebenszyklus-THG-Emissionen einzuhalten, um als taxonomiekonforme Wirtschaftsaktivität zu gelten.[1296]

7.5.3.5. Transparenz und Nachhaltigkeit im Wirtschafts- und Finanzsystem: Wegbereiter für eine ressourcenschonende Zukunft?

Die Verknüpfung von CSRD, SFDR und der EU-Taxonomie schafft ein ganzheitliches Regelwerk, das Transparenz und Nachhaltigkeit im Wirtschafts- und Finanzsystem verankert. Unternehmen müssen nicht nur ihre eigenen Nachhaltigkeitsstrategien offenlegen, sondern auch Finanzakteur:innen mit belastbaren Daten versorgen. Gleichzeitig erhalten Investor:innen klare Leitlinien, um gezielt in nachhaltige Geschäftsmodelle zu investieren.

Auch wenn regulatorische Anpassungen durch die Omnibus-Pakete dazu führen sollten, dass einige Unternehmen künftig nicht mehr direkt berichtspflichtig sind, bleibt die Auseinandersetzung mit der Nachhaltigkeitsberichterstattung unverzichtbar. Viele Unternehmen sind als Zulieferer oder Geschäftspartner Teil der Wertschöpfungskette von berichtspflichtigen Unternehmen und müssen weiterhin relevante Daten bereitstellen. Gleichzeitig werden Stakeholdergruppen wie etwa Verbraucher:innen, Mitarbeiter:innen oder Nichtregierungsorganisationen (NROs) auch künftig eine transparente und glaubwürdige Berichterstattung zu Nachhaltigkeitsthemen einfordern. Darüber hinaus hat der Green Deal eine Vielzahl regulatorischer Maßnahmen eingeführt, die eine verstärkte Berücksichtigung von Nachhaltigkeitsaspekten erfordern – darunter die Ökodesign-Richtlinie und die Empowering Consumers Directive, die bereits in Kraft sind, sowie die derzeit verhandelte Green Claims Directive.

Doch Nachhaltigkeit ist mehr als eine regulatorische Pflicht. Die Berichterstattung ist ein wichtiges Instrument, um wertvolle Einblicke in Risiken und Wachstumschancen im Unternehmen und entlang der Wertschöpfungskette zu gewinnen – insbesondere im Hinblick auf die Transformation hin zur Kreislaufwirtschaft. Unternehmen, die nachhaltige Strategien implementieren, profitieren langfristig von resilienteren Geschäftsmodellen, besserem Zugang zu Finanzierungen und einer gesteigerten Reputation bei Kund:innen, potenziellen Arbeitskräften und Geschäftspartner:innen. Letztlich schafft die regulatorische Entwicklung ein Umfeld, in dem Kreislaufwirtschaft messbar, vergleich-

1296 VO (EU) 2021/2139 ABl L 442/1.

bar und somit wirtschaftlich relevanter wird. Unternehmen, die Kreislaufwirtschaft als integralen Bestandteil ihrer Geschäftsstrategie begreifen, sichern sich nicht nur einen Platz in einer zukunftsfähigen Wirtschaft, sondern gestalten aktiv die Transformation hin zu einer ressourcenschonenden, kreislauforientierten und widerstandsfähigen Unternehmenslandschaft.

7.5.4. Preisbasierte ökonomische Instrumente zur Förderung der Kreislaufwirtschaft

Margit Schratzenstaller

7.5.4.1. Ökonomische Instrumente zur Förderung der Kreislaufwirtschaft

Die Kreislaufwirtschaft kann mit verschiedenen ökonomischen Instrumenten gefördert werden. Ökonomische (oder marktbasierte) Instrumente adressieren das Marktversagen, das durch negative ökologische Externalitäten verursacht wird. Die *OECD*[1297] unterscheidet preisbasierte und wirkungsorientierte Instrumente (vgl Tab 17). Sie sollen Anreize zur Erhöhung der Ressourceneffizienz, von Recycling und der Wiederverwendung setzen, dh insgesamt die Nutzung von Sekundärrohstoffen sowie kreislauforientierte Produktionsmethoden fördern.

Preisbasierte Instrumente zielen auf die Internalisierung negativer externer Kosten, die mit Umweltproblemen verbunden sind, ab. Sie sollen also dafür sorgen, dass sich die Umweltschäden, die durch bestimmte Produkte oder Prozesse verursacht werden, in den Preisen widerspiegeln, und dadurch Verhaltensänderungen bei Unternehmen und privaten Haushalten bewirken. Wirkungsorientierte ökonomische Instrumente weisen Unternehmen die Verantwortung zu, kreislaufwirtschaftsbezogene Ziele zu erreichen, und beeinflussen damit indirekt die Preise[1298]. Ein Beispiel sind die Rücknahmesysteme im Rahmen der erweiterten Herstellerverantwortung.

Dieser Beitrag fokussiert auf preisbasierte ökonomische Instrumente. Sie umfassen Steuern und Abgaben, Subventionen, Pfandsysteme und vorgezogene Entsorgungsgebühren (vgl Tab 17). Preisbasierte Instrumente zielen primär auf die Reduktion des Einsatzes von Rohstoffen ab und schaffen Anreize für die Verwendung von Sekundärmaterialien und biobasierten Materialien sowie für Wieder- und Weiterverwendung von Produkten.

Es gibt mehrere Ansatzpunkte für **Steuern und Abgaben** zur Förderung der Kreislaufwirtschaft[1299]. Sie können auf Rohstoffe (Ressourcensteuern) oder auf Plastik erhoben werden und damit Anreize für einen sparsameren Umgang mit bzw Vermeidung der Verwendung von Rohstoffen sowie den Umstieg auf Sekundär- bzw umweltfreundlichere Materialien setzen. **Steuervergünstigungen (indirekte Subventionen)** können die Verwendung von Sekundärmaterialien oder wiederverwertbaren Materialien (bei-

1297 OECD, Economic Instruments for the Circular Economy in Italy: Opportunities for Reform (2024).
1298 Svatikova/Brown/Börkey, Economic Instruments for a Resource-efficient Circular Economy, OECD Environment Working Papers 2025, 257.
1299 Svatikova et al (2005).

spielsweise Plastik) unterstützen. Auch können steuerliche Absetzmöglichkeiten für Unternehmen, die in Kreislaufwirtschaftsprojekte investieren – beispielsweise beschleunigte Abschreibungsmöglichkeiten, Investitionsprämien oder reduzierte Lohnnebenkosten für Beschäftigte in der Kreislaufwirtschaft –, gewährt werden. Investitionen von Unternehmen in kreislaufwirtschaftsbezogene Forschung & Entwicklung können ebenfalls steuerlich begünstigt werden. Schließlich können die Kaufentscheidungen von Konsument:innen durch die Reduktion der Mehrwertsteuer zugunsten der Wieder- oder Weiterverwendung von Produkten beeinflusst werden, indem etwa Reparaturdienstleistungen mit einem geringeren Mehrwertsteuersatz besteuert werden.

Direkte Subventionen können ebenfalls bei Haushalten und Unternehmen ansetzen. Investitionen von Unternehmen in Forschung & Entwicklung oder Kreislaufwirtschaftsprojekte können mit staatlichen Zuschüssen gefördert werden. Zuschüsse für Reparaturen können die Weiterverwendung von Produkten durch Konsument:innen unterstützen.

Pfandsysteme etablieren einen Preis für ein erwünschtes ökonomisches Verhalten, also die Rückgabe von Produkten, die unmittelbar wiederverwendet (beispielsweise Glasflaschen) oder recycelt (Plastikflaschen) werden können.

Vorgezogene Entsorgungsgebühren werden von Produzent:innen entrichtet und sollen die Entsorgungskosten in die Produktpreise einpreisen.

Typ	Kurzbeschreibung
Preisbasierte ökonomische Instrumente	
Steuern und Abgaben	Steuern und Abgaben auf Waren und Dienstleistungen sollen über Kostensteigerungen zu Verhaltensänderungen führen. Sie entmutigen Konsum und Produktion bestimmter Produkte oder Aktivitäten. Die Höhe einer Steuer oder Gebühr kann sich an den sozialen Kosten oder an physischen Merkmalen (zB Gewicht des Konsumguts) orientieren.
Subventionen	Subventionen fördern Verhaltensänderungen, indem sie die Kosten für bestimmte Produkte senken oder den Nutzen von bestimmten Aktivitäten erhöhen. Sie erhöhen die relativen Kosten von umweltschädlichen Produkten und Tätigkeiten oder intensivieren die Nutzung von Produkten oder Tätigkeiten mit positiven Auswirkungen auf die Umwelt.
Pfandsysteme	Beim Kauf wird eine Zahlung (Pfand) geleistet, die bei der physischen Rückgabe des Produkts oder der Verpackung an das Sammelsystem rückerstattet wird. Pfandsysteme setzen einen Preis und schaffen so einen Anreiz für die Kund:innen, sich zu beteiligen. Pfandsysteme korrelieren mit hohen Sammelquoten, der Qualität der Sammlung und geringem Müllaufkommen.

Typ	Kurzbeschreibung
Vorgezogene Entsorgungsgebühren	Vorgezogene Entsorgungsgebühren werden auf der Grundlage der geschätzten Entsorgungskosten auf Produkte am Verkaufsort eingehoben. Behörden oder Herstellerorganisationen, die gemeinsam die erweiterten Herstellerverpflichtungen erfüllen, legen eine vorgezogene Entsorgungsgebühr fest, die einen Kosten-/Preisrahmen für Rücknahme- und Verwertungsdienste am Ende des Lebenszyklus festlegt. Auf diese Weise sollen die Kosten der Entsorgung den Herstellern oder Konsument:innen angelastet werden.
Wirkungsorientierte ökonomische Instrumente	
Handelbare Zertifikate oder handelbare Compliance-Zertifikate	Handelbare Genehmigungen weisen den Unternehmen begrenzte Emissions- oder Ressourcennutzungsrechte zu. Sie haben zwei Hauptmerkmale: i) ein „cap" (eine Mengenbegrenzung) für die zugelassene Verschmutzung und ii) ein Handelssystem, das eine kosteneffiziente Verteilung der erlaubten Gesamtmenge unter den Unternehmen gewährleistet. Voraussetzung ist das Vorhandensein eines wettbewerbsfähigen Marktes für solche Zertifikate (einschließlich niedriger Transaktionskosten und einer ausreichenden Zahl von Marktteilnehmern).
Rücknahmesysteme im Rahmen der erweiterten Herstellerverantwortung	Das gängigste Instrument der erweiterten Herstellerverantwortung sind verpflichtende Rücknahmesysteme für die Sammlung und Verarbeitung der hergestellten Produkte. Dies schafft Anreize für Unternehmen für Innovationen, um die Entsorgungskosten am Ende des Lebenszyklus ihres Produkts zu reduzieren, um ihre erweiterte Herstellerverantwortung effizient zu erfüllen.
Umweltorientiertes öffentliches Beschaffungswesen	Durch umweltorientierte öffentliche Beschaffung sollen Anreize für Innovationen geschaffen und Lieferant:innen, die umweltfreundlichere oder kreislauforientierte Liefermethoden anbieten, belohnt werden. Anfänglich kann umweltorientierte öffentliche Beschaffung durch zielgerichtete Nachfrage nach bestimmten Produkten deren Preis kurzfristig erhöhen. Mittel- bis langfristig kann das grüne Beschaffungswesen ein Preissignal setzen, das einen Anreiz setzt, das Angebot an nachhaltigeren Materialien und Produkten zu erhöhen.

Tab 17: Klassifizierung ökonomischer Instrumente für eine Kreislaufwirtschaft [Quelle: OECD (2024), Übersicht 4.1., eigene Übersetzung]

7.5.4.2. Preisbasierte ökonomische Instrumente zur Förderung der Kreislaufwirtschaft in Österreich

Preisbasierte Instrumente zur Förderung der Kreislaufwirtschaft haben in Österreich lange Zeit nur eine vernachlässigbare Rolle gespielt (vgl Tab 18) und werden vorwiegend auf den subnationalen Ebenen, also auf Ebene von Bundesländern und Gemeinden, angewendet. So erheben die Bundesländer Jagd- und Fischereiabgaben sowie Land- und Naturschutzabgaben, deren Aufkommen aber mit insgesamt 35 Millionen € (2022) gering ist. Die Grundsteuer B wird ebenfalls als Ressourcensteuer eingestuft. Allerdings sind von ihr wegen ihrer geringen Höhe kaum Lenkungswirkungen hinsichtlich eines sparsamen Umgangs mit der Ressource Boden zu erwarten[1300]. Auch die auf der kommunalen Ebene erhobenen Wassergebühren zählen zu den kreislaufwirtschaftsbezogenen Abgaben. Pfandsysteme für Mehrweg-Glasflaschen schließlich gibt es in Österreich seit Jahrzehnten, wenn auch nicht umfassend und gesetzlich verpflichtend.

Instrument	Zielgruppe	Kurzbeschreibung	Budgetäre Auswirkungen in Mio €
Steuern und Abgaben			
Jagd- und Fischereiabgabe	Private Haushalte	(Bundes-)Landesgesetzlich geregelte Gebühren zur Ausübung des Jagd- und Fischereirechts	16 (2023)
Landschafts- und Naturschutzabgabe	Unternehmen	Abgabe für die Inanspruchnahme der Natur, zB für Abbau oder die Entnahme von Bodenschätzen	14 (2023)
Wiener Baumschutzabgabe	Private Haushalte, öffentliche und private Dienstleistungsbranche	Abgabe im Fall, dass eine Ersatz- oder Umpflanzung von Bäumen nicht erfüllt werden kann	4 (2023)
Wassergebühren	Private Haushalte, Unternehmen	Gebühr für den Anschluss an und die Benützung der kommunalen Wasserversorgungsanlagen	662 (2023)
Grundsteuer B	Private Haushalte, Unternehmen	Bis zu 1 % des Einheitswertes von Grund- und Immobilienvermögen	763 (2023)

1300 Arnold/Falkner/Schratzenstaller/Sinabell, Auswirkungen des Flächenverbrauchs für die Versorgungssicherheit und steuerliche Instrumente zu dessen Eindämmung (2023).

Instrument	Zielgruppe	Kurzbeschreibung	Budgetäre Auswirkungen in Mio €
Steuerbegünstigungen			
Reduzierter Mehrwertsteuersatz für Reparaturen	Private Haushalte	Reduktion des Mehrwertsteuersatzes für Reparaturdienstleistungen betreffend Fahrräder, Kleidung, Haushaltswäsche, Schuhe und Lederwaren von 20 % auf 10 %	–
Erhöhter Investitionsfreibetrag ua für Investitionen im Bereich der Kreislaufwirtschaft	Unternehmen	Zusätzlich zur Abschreibung können 15 % der Anschaffungs- oder Herstellungskosten steuerlich geltend gemacht werden (Obergrenze 1 Million €)	nv
Subventionen			
Reparaturbonus	Private Haushalte	Übernahme von 50 % der Reparaturkosten (Obergrenze 200 €)	28 Mio € pa
Pfandsysteme			
Pfandsystem für Mehrweg-Glasflaschen	Unternehmen, private Haushalte	20 Cent pro Flasche	–
Pfandsystem für Plastikflaschen und Getränkedosen	Unternehmen, private Haushalte	25 Cent Pfand pro Flasche/Dose Ziel: Sammelquote 80 % 2025, 90 % 2027	–

Tab 18: Preisbasierte ökonomische Instrumente zur Förderung der Kreislaufwirtschaft in Österreich [Quelle: Eigene Zusammenstellung]

Weitere preisbasierte Instrumente zur Unterstützung der Kreislaufwirtschaft haben in Österreich erst in den letzten Jahren etwas an Bedeutung gewonnen. So unterliegen seit 2021 Reparaturdienstleistungen nicht mehr dem regulären Mehrwertsteuersatz von 20 %, sondern werden mit einem reduzierten Mehrwertsteuersatz von 10 % besteuert. Seit 2023 können Unternehmen einen Investitionsfreibetrag in Anspruch nehmen, der sich für Investitionen im Bereich Ökologie (unter anderem Kreislaufwirtschaft) von 10 % auf 15 % der Anschaffungs- oder Herstellungskosten (bis zu einer Obergrenze von

1 Million €) erhöht. Ende April 2022 wurde der Reparaturbonus für Elektro- und Elektronikgeräte eingeführt. Konsument:innen erhalten 50 % der Reparaturkosten zurück, bis zu einer Obergrenze von 200 €. Allerdings ist die Laufzeit mit Ende März 2026 begrenzt. Seit 2025 gibt es ein gesetzliches Pfandsystem für Einweg-Getränkeflaschen aus Plastik sowie Dosen mit einer Füllmenge zwischen 0,1 Liter und 3 Liter, für die ein Pfand in Höhe von 25 Cent erhoben wird. Mit dem neuen Pfandsystem soll die Sammelquote von derzeit etwa 70 % auf mindestens 80 % 2025 und mindestens 90 % 2027 erhöht werden. Gleichzeitig wurde das seit 40 Jahren konstante Pfand für Mehrweg-Glasflaschen von 9 Cent auf 20 Cent pro Flasche erhöht, um den finanziellen Anreiz für die Rückgabe von Mehrweg-Glasflaschen zu erhöhen und damit sowohl die Rückgabequote zu erhöhen als auch die Rückgabeintervalle zu verkürzen.

7.5.4.3. Zusammenfassung und Ausblick

In Österreich wird das Potenzial preisbasierter ökonomischer Instrumente zur Förderung der Kreislaufwirtschaft derzeit nur unzureichend ausgeschöpft. Steuern und Abgaben auf den Verbrauch von natürlichen Ressourcen spielen eine geringe Rolle. Effektive Ressourcensteuern, die in einer Reihe von Ländern vor allem auf Baurohstoffe (Sand, Kies, Schotter) erhoben werden, wären auch für Österreich überlegenswert[1301]. Die Verwendung von Einmal-Kunststoffverpackungen könnte mit einer von den Herstellern zu entrichtenden Plastiksteuer, die es bereits etwa in Spanien, Portugal, Italien und Großbritannien gibt[1302], eingedämmt werden. Eine (ohnehin überfällige) Reform der Grundsteuer B in Richtung einer stärkeren Orientierung am Bodenwert könnte einen Beitrag zur Reduktion des in Österreich hohen Flächenverbrauchs leisten. Die erzielbaren Zusatzeinnahmen könnten verwendet werden, um die Grunderwerbsteuer zu senken, da diese ein Hindernis darstellen könnte, überdimensioniertes Wohneigentum (etwa nach dem Auszug der Kinder) gegen kleinere Wohneinheiten einzutauschen[1303].

Auch Steuerbegünstigungen zur Unterstützung der Kreislaufwirtschaft sind ausbaufähig. So bietet Österreich für Unternehmen derzeit mit Ausnahme des erhöhten Investitionsfreibetrags keine steuerliche Investitionsförderung für Ökoinvestitionen an. Eine Option, die zudem mittelfristig das Budget nicht belasten würde, wäre eine beschleunigte Abschreibung für Investitionen im Bereich Ökologie, unter anderem für Investitionen in Kreislaufwirtschaftsprojekte[1304]. Nicht zuletzt würde eine generelle Senkung der in Österreich hohen Abgaben auf Arbeit die in vielen Bereichen (etwa Reparaturdienstleistungen) arbeitsintensive Kreislaufwirtschaft fördern, da sie sowohl das Arbeitsangebot als auch die Arbeitsnachfrage erhöhen bzw die Preise für die Konsument:innen senken könnte.

Im Bereich Subventionen für Konsument:innen gibt es seit 2022 den Reparaturbonus für Elektro- und Elektronikgeräte, der jedoch derzeit bis Ende März 2026 befristet ist. Da mit Ausnahme des ermäßigten Mehrwertsteuersatzes für Reparaturdienstleistungen – dessen Anwendungsbereich allerdings auf Fahrräder, Kleidung, Haushaltswäsche, Schuhe und

1301 Kletzan-Slamanig/Köppl/Schratzenstaller, Ökonomische Umwelt- bzw. Klimaschutzinstrumente. Klassifikation, Status quo, internationale Erfahrungen und Perspektiven für Österreich (2024).

1302 Vgl https://deutsche-recycling.de/blog/plastiksteuer/#, abgerufen am 5.8.2025.

1303 Arnold et al (2023).

1304 Kletzan-Slamanig et al, 2024.

Lederwaren beschränkt und damit relativ eng ist – keine Förderinstrumente zur Unterstützung der Weiterverwendung existieren, scheint eine Fortführung des Reparaturbonus, der auf den ressourcenintensiven Bereich der Elektro- und Elektronikgeräte fokussiert, angeraten.

Schließlich sollten das gesamte Steuer- und Abgabensystem sowie die Förderungen der öffentlichen Hand durchforstet werden, um Maßnahmen zu identifizieren, die den Zielen einer Kreislaufwirtschaft entgegenwirken, mit dem Ziel, diese abzubauen bzw zu reformieren[1305].

Einige dieser Ansatzpunkte zur Förderung der Kreislaufwirtschaft mittels preisbasierter Instrumente werden, wenn auch relativ vage, in dem im Februar 2025 verabschiedeten Regierungsprogramm von ÖVP, SPÖ und Neos angesprochen. So soll der Reparaturbonus evaluiert und entsprechend weitergeführt werden. Auch die Förderung von Reparaturdienstleistungen soll überprüft und gegebenenfalls angepasst werden. Zudem wird eine Evaluierung der Einführung geeigneter Anreizmechanismen für die Rückgabe von Altakkus und Altbatterien angestrebt. Zur effektiven Förderung der Kreislaufwirtschaft in Österreich erscheint allerdings eine Nachschärfung im Bereich preisbasierter Instrumente erforderlich, ebenso wie deren Einbettung in einen umfassenden Maßnahmen-Mix, der neben ökonomischen auch weitere Instrumente umfasst.

7.5.5. Kreislaufwirtschaft in der FTI-Politik

René Albert

7.5.5.1. Einleitung

FTI-Politik, also Forschungs-, Technologie- und Innovationspolitik, spielt eine zentrale Rolle in der wirtschaftlichen und gesellschaftlichen Entwicklung Österreichs. Sie zielt darauf ab, Forschung und Entwicklung (F&E), technologische Fortschritte und die Umsetzung von Innovationen zu fördern, um die Wettbewerbsfähigkeit sowie Resilienz des Landes zu sichern, nachhaltiges Wachstum zu ermöglichen und gesellschaftliche Herausforderungen wie den Klimawandel oder den demografischen Wandel zu bewältigen.

Die Entwicklung innovativer Ansätze ist vielfach kapital- und zeitintensiv und mit erheblichen unternehmerischen Risiken verbunden. In diesem Kontext spielt die staatliche FTI-Förderung eine entscheidende Rolle, indem sie Impulse setzt und nachhaltige Potenziale für Wissenschaft und Wirtschaft erschließt. Dies ist besonders relevant, da österreichische Unternehmen zu 99,8 % den Klein- und Mittelunternehmen (KMU) zuzuordnen sind[1306], die tendenziell weniger zeitliche, personelle und finanzielle Ressourcen für Forschungs- und Entwicklungsaktivitäten aufbringen können.

Dennoch ist Österreich ein ernstzunehmender Partner im Bereich der Forschung und Entwicklung. Im Jahr 2023 erreichte Österreich mit 3,22 % die dritthöchste Forschungs-

1305 BMK – Bundesministerium für Klimaschutz, Umwelt, Energie, Mobilität, Innovation und Technologie, Österreich auf dem Weg zu einer nachhaltigen und zirkulären Gesellschaft. Die österreichische Kreislaufwirtschaftsstrategie (2022) sowie García Schmidt/Holzmann/Petersen/Wortmann, Circular Economy – Ein Schlüssel für eine Nachhaltige Soziale Marktwirtschaft? (2023).

1306 https://kmuimfokus.at/, abgerufen am 5.8.2025.

quote – also den Anteil der F&E-Ausgaben am nominellen BIP – innerhalb der EU.[1307] Rund 50 % dieser Ausgaben (ca 7,8 Mrd €) wurden von Unternehmen selbst getragen. Multiplikatoren, wie etwa ausgelöste Investitionen und geschaffene Arbeitsplätze, oder potenzielle Spill-Over-Effekte, beispielsweise höhere Kompetenz oder eine Steigerung der Produktivität, sind hier noch gar nicht berücksichtigt und tragen zusätzlich zu einem starken FTI-Standort Österreich bei.[1308]

Die österreichische FTI-Strategie 2030 spiegelt die Bedeutung heimischer Forschung, Innovation und Technologie wider. Sie definiert einen Rahmen für Maßnahmen, die durch gezielte öffentliche Investitionen zur Stärkung der Wettbewerbsfähigkeit des österreichischen Wirtschaftsstandorts beitragen sollen.

Im Folgenden wird ein Einblick in die FTI-Politik Österreichs, die entsprechende FTI-Strategie sowie in die angestrebte Wirkung bei der Förderung angewandter Forschung gegeben – all dies im Kontext der Kreislaufwirtschaft und deren Bedeutung für Souveränität und Resilienz.

7.5.5.2. FTI-Politik

Im sogenannten Draghi-Report[1309], zuletzt im September 2024 veröffentlicht, analysiert Mario Draghi – ehemaliger Präsident der Europäischen Zentralbank (EZB) und anerkannter Experte der Wirtschafts- und Finanzpolitik – die Wettbewerbsfähigkeit der Europäischen Union (EU). Dabei hebt er besonders die Bedeutung von **Forschung, Technologie und Innovation (FTI)** hervor und betont die Notwendigkeit, durch gezielte Investitionen in disruptive und ökologische Technologien dem Rückstand Europas, vor allem gegenüber den USA und China, entgegenzuwirken. Gleichzeitig fordert er strategische Maßnahmen, um die Resilienz zu steigern und die Autonomie zu stärken.

Konkret für die mit Resilienz und Autonomie verbundene erforderliche Transformation bieten die Grundsätze der Kreislaufwirtschaft – „effizienterer Ressourceneinsatz“, „Intensivierung der Produktnutzung“ und das „Schließen von Stoffkreisläufen“ – ein solides Fundament. Sie sind strategisch sowohl im europäischen „Circular Economy Action Plan“ als auch in der österreichischen Kreislaufwirtschaftsstrategie verankert und bilden damit stabile Anknüpfungspunkte für die FTI-Politik als Gesamtes sowie für kreislaufwirtschaftsrelevante FTI-Maßnahmen im Konkreten.

7.5.5.2.1. Herausforderungen

Die jüngsten geopolitischen Entwicklungen verdeutlichen, wie wichtig es ist, die Resilienz Europas zu stärken, um gegenwärtige und künftige Herausforderungen zu bewältigen. Dazu gehört, potenzielle Auswirkungen äußerer Einflüsse zu analysieren und rechtzeitig innovative Lösungen zu entwickeln.

1307 https://www.statistik.at/fileadmin/announcement/2023/04/20230421FuE2023.pdf, abgerufen am 5.8.2025.
1308 https://www.iv.at/-Dokumente-/FTI/Endbericht-F-E-in-Leitbetrieben-2023.pdf, abgerufen am 5.8.2025.
1309 https://www.bmwet.gv.at/Themen/Europa/Aktuelles/Draghi-pr%c3%a4sentiert-Bericht-zur-Zukunft-der-Wettbewerbsf%c3%a4higkeit.html, abgerufen am 14.10.2025.

Die zunehmende Globalisierung hat Produktionsstandorte anfälliger gemacht, da ein Wechsel jener Standorte in Billiglohnländer einfacher und durch einfachere Zollbestimmungen attraktiver geworden ist. Dies kann kurzfristig Arbeitsplätze gefährden sowie langfristig zu einem Verlust von Know-how führen. Der russische Angriffskrieg in der Ukraine hat zudem die Risiken einer Abhängigkeit von fossilen Rohstoffen und die damit verbundenen Versorgungsunsicherheiten aufgezeigt. Die Energiepreise stiegen in der Folge auf Rekordhöhen.

Darüber hinaus ist Europa aufgrund seiner Rohstoffarmut auf funktionierende und resiliente Lieferketten angewiesen. Ereignisse wie die Blockade des Sueskanals verdeutlichen, wie fragil diese Lieferketten sein können und welche weitreichenden Folgen eine Unterbrechung haben kann. Die Klimakrise, deren Auswirkungen sich in zunehmenden Extremwetterereignissen manifestieren, stellt eine weitere zentrale Herausforderung dar.

FTI dient seit jeher als ein entscheidender Hebel, um diesen Herausforderungen zu begegnen. Während parallel an einer Umsetzung von Bekanntem gearbeitet wird, entwickelt man mit FTI-Maßnahmen die Lösungen von morgen.

7.5.5.2.2. FTI-Strategie 2030: Österreichs Innovationssystem als Schlüssel für zukünftige Herausforderungen

Die im Jahr 2020 beschlossene FTI-Strategie 2030[1310] der österreichischen Bundesregierung zielt darauf ab, das Innovationssystem langfristig zu stärken und das Land auf zukünftige Herausforderungen auszurichten. Die Strategie definiert drei übergeordnete Ziele, die den strategischen Rahmen für die Forschungs-, Technologie- und Innovationspolitik bis zum Jahr 2030 bilden:

Ziel 1: Zum internationalen Spitzenfeld aufschließen und den FTI-Standort Österreich stärken

- Verbesserung der Position in internationalen Innovationsrankings (zB von Platz 8 auf Platz 5 im European Innovation Scoreboard).
- Erhöhung des Anteils F&E-treibender Unternehmen und Anziehung internationaler Leitbetriebe.

Ziel 2: Auf Wirksamkeit und Exzellenz fokussieren

- Steigerung der F&E-Ausgaben im Verhältnis zum BIP, Förderung von Spitzenforschung und Entwicklung zukunftsorientierter Technologien.
- Ausbau der Beteiligung an europäischen Forschungsprogrammen wie „Horizon Europe".

Ziel 3: Auf Wissen, Talente und Fertigkeiten setzen

- Förderung von Fachkräften, insbesondere in MINT-Bereichen (Mathematik, Informatik, Naturwissenschaften, Technik).
- Stärkere Beteiligung von Frauen sowie internationale Vernetzung von Studierenden und Forschenden.

1310 https://www.bundeskanzleramt.gv.at/themen/forschungskoordination_fti.html, abgerufen am 13.3.2025.

7.5.5.2.2.1. FTI-Pakte: Von der Strategie zur konkreten Umsetzung mit Wirkungsorientierung

Operationalisiert, also auf konkrete Maßnahmen umgelegt, werden die Ziele der FTI-Strategie in den sogenannten FTI-Pakten, welche eine dreijährige Laufzeit haben. Der aktuelle FTI-Pakt[1311] läuft von 2024 bis inklusive 2026 und konkretisiert die Ziele der Strategie, indem er Maßnahmen sowie ein entsprechendes Budget festlegt. Für den Zeitraum des aktuellen Pakts sind rund 5 Mrd € vorgesehen.

Maßnahmen, welche zur Umsetzung der strategischen Ziele beitragen, sind beispielsweise die „**Förderung innovativer Technologien und Geschäftsmodelle**" oder die „**missionsorientierte Förderung für Kreislaufwirtschaft**". Darüber hinaus gibt es eine Vielzahl weiterer Maßnahmen, welche im Zeitraum des jeweils aktuellen Paktes durchgeführt und für den Folgepakt weiterentwickelt werden.

Für eine effektive Steuerung und Transparenz ist der FTI-Pakt eng mit den Wirkungszielen[1312] der betroffenen Untergliederungen im österreichischen Bundeshaushalt, also dem entsprechenden Budgetposten, verzahnt. Diese Verzahnung erfolgt über das Forschungsfinanzierungsgesetz, das als rechtliche Grundlage dient. Auf diese Weise ist gewährleistet, dass die eingesetzten Mittel den vorgesehenen Impact erzielen und die Maßnahmen sowohl an den Zielen der FTI-Strategie als auch an den jeweiligen Wirkungszielen ausgerichtet sind. Wirkungsziele der betroffenen Untergliederung „Innovation & Technologie (Forschung)" sind zB die „Steigerung der Forschungs-, Technologie- und Innovations-Intensität (FTI-Intensität) des österreichischen Unternehmenssektors" oder die „Entwicklung moderner, effizienter, leistungsfähiger und sicherer Technologien und Dienstleistungen". Hinterlegt mit den für die Quantifizierung notwendigen Kennzahlen und Indikatoren lassen sich Maßnahmen im Bereich Forschung, Technologie und Innovation somit effektiv steuern.

7.5.5.2.3. FTI in der Kreislaufwirtschaftsstrategie

Auch in der österreichischen Kreislaufwirtschaftsstrategie von 2022 sind FTI-Ziele definiert, um den Übergang zu einer zirkulären Wirtschaft zu unterstützen. Diese Ziele konzentrieren sich auf die Förderung innovativer Technologien, nachhaltiger Materialien und neuer Geschäftsmodelle, um Ressourcen effizienter zu nutzen, Abfall zu minimieren und die Kreislaufwirtschaft in allen Wirtschaftssektoren zu integrieren.

Zu den adressierten FTI-Aktivitäten zählen etwa die „Entwicklung neuer Recyclingtechnologien, nachhaltiger Materialien und Abfallvermeidungsstrategien", der „Einsatz von digitalen Produktpässen, KI und Big Data zur Optimierung von Materialflüssen, Recycling und Ressourceneffizienz" oder die „Entwicklung geschlossener Materialkreisläufe, Dekarbonisierung der Industrie und energieeffizienter Produktionsprozess".

Insgesamt verfolgt die österreichische Kreislaufwirtschaftsstrategie ambitionierte FTI-Ziele und zielt darauf ab, Österreich zu einem Vorreiter der Kreislaufwirtschaft zu machen, indem sie hierfür Forschung, Technologie und Innovation als Schlüsselfaktoren nutzt.

1311 https://www.bmimi.gv.at/themen/innovation/FTI-Politik/FTI-Pakt.html, abgerufen am 14.10.2025.
1312 https://wirkungsmonitoring.gv.at/thema-detail/wissenschaft-und-forschung-2023/, abgerufen am 5.8.2025.

7.5.5.3. Kreislaufwirtschaft & Produktionstechnologien: Die Vielfalt österreichischer Forschungsaktivitäten

In den letzten Jahren wurden in Österreich bereits zahlreiche FTI-Maßnahmen im Bereich Kreislaufwirtschaft umgesetzt. Besonders hervorzuheben ist die FTI-Initiative Kreislaufwirtschaft[1313]. Als Forschungsförderungsmaßnahme ermöglichte sie von 2021 bis 2023 innovative, anwendungsnahe sowie kooperative Forschungs- und Entwicklungsvorhaben durch jährliche themenspezifische Ausschreibungen zu zentralen Fragestellungen entlang des gesamten Wertschöpfungskreislaufes.

Bereits ab dem Jahr 2000 wurden seitens des Bundesministeriums für Innovation, Mobilität und Infrastruktur (BMIMI) und der für die Innovation zuständigen Vorgängerressorts wesentliche Fragestellungen der Kreislaufwirtschaft in unterschiedlichen thematischen FTI-Initiativen adressiert, wie beispielsweise „Produktion und Material", „Produktion der Zukunft (PdZ)" oder „Fabrik der Zukunft (FdZ)". Ein weiteres Beispiel sind die österreichischen COMET-Kompetenzzentren[1314]. Seit über 20 Jahren forschen sie in jenen Bereichen, die für die österreichische Wirtschaft strategisch wichtig sind, und erarbeiten Lösungen für die Schlüsselthemen der Zukunft – wie etwa Kreislaufwirtschaft, Digitalisierung, Mobilität oder Gesundheit.

All diesen Maßnahmen ist gemein, dass der Bund als Geldgeber mit verschiedenen Agenturen als abwickelnde Stellen im Sinne der zuvor genannten Strategien aktiv werden kann. Diese Agenturen sind über Leistungs- bzw Finanzierungsvereinbarungen mit der strategischen Ausrichtung und budgetären Planung verbunden.

In manchen Fällen, wie etwa dem COMET-Programm, spielen darüber hinaus sogenannte ÖÖK – also „öffentlich-öffentliche Kooperationen" – eine Rolle, wenn Bund und Länder bzw Gemeinden in konkreten Fällen gemeinsam aktiv werden. In anderen Fällen, wie den themenoffenen Basisprogrammen der österreichischen Forschungsförderungsgesellschaft (FFG), als eine der Agenturen des Bundes, ist der Bund ausschließlich Geldgeber und die Agentur für die strategische und inhaltliche Ausrichtung der FTI-Maßnahmen verantwortlich.

Im Großen und Ganzen – und von Ausnahmen abgesehen – lässt sich der Prozess wie folgt zusammenfassen: Ausgehend vom strategischen Fundament (Regierungsprogramme, FTI- und fachliche Strategien) erfolgt die Operationalisierung und Quantifizierung durch die FTI-Pakte und Wirkungsorientierung. Daraufhin werden spezifische FTI-Felder definiert und entsprechende Maßnahmen werden durch Leistungs- und Finanzierungsvereinbarungen mit den abwickelnden Agenturen initiiert und abgewickelt.[1315]

Im Jahr 2024 wurden zwei dieser Maßnahmen, nämlich jene der Kreislaufwirtschaft und jene der Produktionsforschung, zusammengeführt und als „Kreislaufwirtschaft und Produktionstechnologien" als neue FTI-Maßnahme präsentiert. Begleitend wurde eine

1313 https://fti-ressourcenwende.at/de/foerderungen/abgeschlossene-foerderinitiativen/, abgerufen am 5.8.2025.
1314 https://www.ffg.at/comet, abgerufen am 5.8.2025.
1315 https://www.bmimi.gv.at/themen/innovation/FTI-Politik/Gesetzlicher-Rahmen-und-Budget.html, abgerufen am 14.10.2025.

Broschüre[1316] veröffentlicht, welche den Weg dorthin sowie erfolgreiche Projekte der vergangenen Jahre vor den Vorhang holen.

7.5.5.4. Fazit & Ausblick: FTI für die Ressourcenwende

Durch den FTI-Pakt 2024–2026 sowie den entsprechenden Finanzierungsvereinbarungen mit den Förderagenturen werden die Bemühungen zur Steigerung der Wettbewerbsfähigkeit des österreichischen Wirtschaftsstandortes durch die Förderung innovativer Vorhaben im Bereich Kreislaufwirtschaft fortgeführt.

Insgesamt stehen für diesen Zeitraum allein für FTI-Maßnahmen, welche die FFG für das BMIMI abwickelt, 92 Millionen € im Bereich Kreislaufwirtschaft zur Verfügung. Zusätzlich gibt es weitere Maßnahmen, wie Initiativen zur Qualifizierung, themenoffene Formate sowie internationale Aktivitäten mit nationaler Beteiligung, welche zusätzliche Möglichkeiten für Projekte mit Kreislaufwirtschaftsbezug bieten. Aufgrund aktueller Erkenntnisse, welche unter anderem durch begleitende Evaluierungen entstehen, werden diese Maßnahmen laufend weiterentwickelt.

Während ab 2025 beispielsweise die nationale Ausschreibung zur Förderung anwendungsorientierter und kooperativer Forschungsprojekte in der Kreislaufwirtschaft unter inhaltlicher Anpassung und der neuen Bezeichnung „Ressourcenwende" durchgeführt wird, arbeitet man parallel bereits an den Vorbereitungen zum nächsten FTI-Pakt, dem letzten der aktuellen FTI-Strategie.

Hierbei werden vor allem das aktuelle Regierungsprogramm, das bestehende strategische Fundament sowie der Output des eingangs erwähnten Draghi-Reports von Bedeutung sein, um gezielt strategische Maßnahmen zur Steigerung der Resilienz und Stärkung der Autonomie zu verankern. Es ist dabei ein erklärtes Ziel, dass Österreich weiterhin die Rolle als einer der Innovation Leader in Europa zufällt.

Informationen zu Ergebnissen bisheriger Initiativen sowie zu Veranstaltungen und aktuellen Ausschreibungen finden sich unter www.fti-ressourcenwende.at sowie unter www.ffg.at.

7.5.6. Förderungen in der Kreislaufwirtschaft (Förderprogramme Umwelt/Umsetzung)

Eva Rosenberger

7.5.6.1. Rechtlicher Rahmen

7.5.6.1.1. Nationale Förderprogramme für die Kreislaufwirtschaft: Rechtliche Grundlagen und Fördermöglichkeiten

Die Notwendigkeit der finanziellen Unterstützung von Projekten und Initiativen zur Transformation zur Kreislaufwirtschaft (KLW) wird in der im Jahr 2022 beschlossenen österreichischen Kreislaufwirtschaftsstrategie[1317] festgestellt. Bis dahin wurden im Rahmen

1316 https://fti-ressourcenwende.at/de/publikationen/broschueren/kreislaufwirtschaft-produktionstechnologien-2023.php, abgerufen am 5.8.2025.

1317 Bundesministerium für Klimaschutz, Umwelt, Energie, Mobilität, Innovation und Technologie, Österreich auf dem Weg zu einer nachhaltigen und zirkulären Gesellschaft. Die österreichische Kreislaufwirtschaftsstrategie (2022), https://www.bmk.gv.at/dam/jcr:9377ecf9-7de5-49cb-a5cf-7dc3d9849e90/Kreislaufwirtschaftsstrategie_2022_230215.pdf, abgerufen am 22.2.2025.

der Umweltförderung gemäß **Umweltförderungsgesetz** (UFG)[1318] umweltrelevante betriebliche Maßnahmen insbesondere zur Steigerung der Ressourceneffizienz und Reduktion gefährlicher Abfälle gefördert. Für die Kreislaufwirtschaft greift dies jedoch nicht weit genug. Vielmehr ist es notwendig, den gesamten Lebenszyklus von Produkten zu betrachten sowie das Schließen von Stoffkreisläufen und die Intensivierung der Produktnutzung als zentrale Elemente miteinzubeziehen.

Mit der Novelle des Umweltförderungsgesetzes durch das Budgetbegleitgesetz 2024[1319] wurden ab dem 1.1.2024 neue Rechtsgrundlagen zur Förderung von Projekten der Kreislaufwirtschaft geschaffen. Das UFG definiert die Ziele, den Gegenstand und die Voraussetzungen der Förderung und legt die zur Verfügung stehenden finanziellen Mittel fest.

Förderungsziele gemäß UFG

Ziele der Förderung von Maßnahmen zur Kreislaufwirtschaft sind:

1. die Reduktion des Ressourcenverbrauchs, der effiziente Einsatz von Ressourcen sowie die Vermeidung und das Recycling von Abfällen;
2. die Herstellung und der Einsatz von hochqualitativen, schadstoffarmen Sekundärrohstoffen;
3. nachhaltiges Design und Ausgestaltung von Produkten, Produktionsprozessen und Dienstleistungen im Sinne der Kreislaufwirtschaft (zirkuläres Design);
4. die Verlängerung der Lebensdauer und Steigerung der Nutzungsintensität von Produkten und Intensivierung der Verwendung von Produkten durch gemeinsame Nutzung.

Neben Investitionen und immateriellen Maßnahmen, die positiv auf die Ressourceneffizienz und Kreislaufführung wirken, werden auch die Qualifizierung von Arbeitnehmer:innen für die Kreislaufwirtschaft sowie die Stärkung sozialökonomischer Betriebe in der Kreislaufwirtschaft gefördert.

Das UFG gibt die Bildung einer Kommission vor, die den zuständigen Bundesminister oder die zuständige Bundesministerin bei der Erstellung der Förderungsrichtlinie und der Entscheidung über Förderungsansuchen berät. Der „*Kommission in Angelegenheiten der Kreislaufwirtschaft und des Flächenrecyclings*“ gehören Vertreter:innen der Bundesministerien für Klimaschutz, für Wirtschaft sowie für Finanzen, der Sozialpartner sowie aller im Nationalrat vertretenen Parteien an. Die Kommission ist erstmals am 1.3.2024 zur konstituierenden Sitzung zusammengetreten.

Europarechtliche Grundlage für die Kreislaufwirtschaftsförderungen von Unternehmen bildet die **Gruppenfreistellungsverordnung der Europäischen Kommission**[1320]. Diese legt die Art der Förderungen, die Bedingungen und die maximalen Förderungssätze fest, die mit dem grundsätzlichen Verbot staatlicher Beihilfen an Unternehmen wegen der Verfälschung des Wettbewerbs vereinbar und somit zulässig sind. Besonders relevant ist der Artikel 47 bezüglich der „*Investitionsbeihilfen für Ressourceneffizienz und Unterstützung des Übergangs zur Kreislaufwirtschaft*“.

1318 Umweltförderungsgesetz BGBl 1993/185 idF BGBl 2025/25.

1319 Budgetbegleitgesetz 2024, BGBl I 2023/152.

1320 VO (EU) 651/2014 ABl L 2014/187; Verordnung der Kommission zur Festlegung der Vereinbarkeit bestimmter Gruppen von Beihilfen mit dem Binnenmarkt in Anwendung der Artikel 107 und 108 des Vertrags über die Arbeitsweise der Europäischen Union, https://www.umweltfoerderung.at/fileadmin/user_upload/umweltfoerderung/uebergeordnete_dokumente/AGVO_konsolidiert_de.pdf, abgerufen am 23.2.2025.

Die europäische De-minimis-Verordnung[1321] sieht für den Fall, dass ein Unternehmen binnen drei Jahren maximal 300.000 € an De-minimis-Beihilfen bezogen hat, Erleichterungen und die Möglichkeit höherer Fördersätze vor. Dies soll vor allem kleinen und mittleren Unternehmen zugutekommen.

Entsprechend dem UFG wurde im Einvernehmen mit dem Bundesminister für Finanzen und nach Beratung durch die Kommission die „***Kreislaufwirtschaft Förderungsrichtlinie 2024***“[1322] erlassen. Sie ist am 26.5.2024 in Kraft getreten und enthält detailliertere Bestimmungen zu den Voraussetzungen und Bedingungen sowie zum Ausmaß der Förderung und dem Förderungsverfahren.

7.5.6.1.2. Europäische Recovery and Resilience Facility (RRF)

Auf EU-Ebene ist die „*Recovery and Resilience Facility (RRF)*“[1323] für die Förderung von Maßnahmen der Kreislaufwirtschaft von Bedeutung. Die Europäische Kommission reagierte mit dieser Initiative auf den Wirtschaftseinbruch in Folge der Corona-Pandemie. Sie wird aus Mitteln des Aufbauinstruments „*Next Generation EU*“ finanziert. Seit 2020 stellt sie umfangreiche Mittel zur Verfügung, um die Wirtschaft zu beleben und die Gesellschaft zu stärken. Der Schwerpunkt liegt auf grünen Technologien und digitalem Wandel, nachhaltigem und inklusivem Wachstum, Beschäftigung sowie sozialem Zusammenhalt und Bildung.

Für Österreich enthält der „***Österreichische Aufbau- und Resilienzplan 2020–2026 (ÖARP)***“[1324] die konkret geplanten Maßnahmen. Zu den Förderbereichen der Kreislaufwirtschaft zählen:

- die Erhöhung des Mehrweganteils,
- die Erhöhung der Sammlung und Sortiertiefe von Kunststoffverpackungen sowie
- die Förderung der Reparatur von elektrischen und elektronischen Geräten.

Der Plan wurde im April 2021 fertiggestellt, im Juni 2021 von der Europäischen Kommission angenommen und sieht für die Kreislaufwirtschaft 300 Millionen € vor.

Die daraus entwickelten Förderungsprogramme wurden rechtlich im UFG und den Förderungsrichtlinien für die Umweltförderung im Inland[1325] verankert, welche entsprechend angepasst wurden.

1321 VO (EU) 2023/2831, Verordnung der Kommission vom 13.12.2023 über die Anwendung der Artikel 107 und 108 des Vertrages über die Arbeitsweise der Europäischen Union auf De-minimis-Beihilfen, https://www.umweltfoerderung.at/fileadmin/user_upload/umweltfoerderung/uebergeordnete_dokumente/de_minimis_regulation_de.pdf, abgerufen am 23.2.2025.

1322 Bundesministerium für Klimaschutz, Umwelt, Energie, Mobilität, Innovation und Technologie, Kreislaufwirtschaft Förderungsrichtlinie 2024 (2024), https://www.umweltfoerderung.at/fileadmin/user_upload/umweltfoerderung/uebergeordnete_dokumente/FRL_Kreislaufwirtschaft.pdf, abgerufen am 23.2.2024.

1323 VO (EU) 2021/241 des Europäischen Parlaments und des Rates vom 12. Februar 2021 zur Einrichtung der Aufbau- und Resilienzfazilität, eur-lex.europa.eu/legal-content/DE/TXT/PDF/?uri=CELEX:32021R0241, abgerufen am 12.3.2025.

1324 Bundesministerium für Finanzen, Österreichischer Aufbau- und Resilienzplan 2020–2026 (2021), https://www.bundeskanzleramt.gv.at/eu-aufbauplan/der-eu-aufbauplan.html, abgerufen am 23.2.2025.

1325 Bundesministerium für Klimaschutz, Umwelt, Energie, Mobilität, Innovation und Technologie, Investitionsförderungsrichtlinien 2022 und Bundesministerium für Klimaschutz, Umwelt, Energie, Mobilität, Innovation und Technologie, Dienstleistungsförderungsrichtlinien 2022.

7.5.6.2. Förderungsprogramme

7.5.6.2.1. Nationale Förderungsprogramme

7.5.6.2.1.1. Ausschreibungen 2024

Die erste Ausschreibung im Rahmen des neuen Förderungsprogrammes zur Unterstützung der Umsetzung der österreichischen Kreislaufwirtschaftsstrategie wurde am 26.5.2024 gestartet.

Die **inhaltlichen Schwerpunkte** konzentrierten sich dabei auf **zirkuläres Design** als ein zentrales Element der Kreislaufwirtschaft und die Materialströme **Textilien**, den **Bausektor** und die **Baustoffindustrie**. In diesen Branchen wurde aufgrund unzureichender Verwertungsmöglichkeiten in Österreich, drohender Deponierungsverbote und aufgrund der besonders großen anfallenden Massen der dringendste Handlungsbedarf gesehen. Auch sozialökonomische Unternehmen sollten entsprechend den Zielen des UFG beim Ausbau ihrer Tätigkeiten unterstützt werden. Diese bilden bereits seit Langem einen integralen Bestandteil einer funktionierenden Kreislaufwirtschaft.

Förderungsschwerpunkte 2024

- **Projektkategorie 1:** Investitionen im Zusammenhang mit der Entwicklung (Machbarkeitsstudie) und Implementierung von nachhaltigem Design und Ausgestaltung von Produktionsprozessen, Produkten und Produktnutzung im Sinne der Kreislaufwirtschaft – zirkuläres Design.
- **Projektkategorie 2:** Investitionen im Zusammenhang mit dem nachhaltigen Design, der nachhaltigen Produktion, ReUse und dem Recycling von Textilien einschließlich Bettmatratzen.
- **Projektkategorie 3:** Investitionen im Zusammenhang mit der stofflichen Verwertung von Abfällen aus dem Bausektor bzw für die Baustoffindustrie sowie mit der stofflichen Verwertung von Faserverbundwerkstoffen:
  - Anlagen zum Recycling von Gipsabfällen entsprechend der geplanten Abfallende-Verordnung
  - Anlagen zum Recycling von Mineralwolle-Abfällen und anderen Dämmstoff-Abfällen
  - Anlagen zur stofflichen Verwertung von Holzasche inkl Anschaffung oder Adaption von Übernahmestationen, Einrichtungen zur Lagerung und von speziell ausgestatteten Transportmitteln
  - Anlagen zum Recycling von carbonfaserverstärkten Kunststoffen
  - Anlagen zum Recycling von glasfaserverstärkten Kunststoffen
- **Projektkategorie 4:** Investitionen, immaterielle Maßnahmen und laufende Kosten im Zusammenhang mit der Sammlung, Sortierung, Vorbereitung zur Wiederverwendung, ReUse und Refurbishment von Textilien, Möbeln und elektrischen und elektronischen Geräten.

Förderungsberechtigt waren alle natürlichen und juristischen Personen, in der Projektkategorie 4 ausschließlich sozialökonomische Betriebe.

Für die gesamte Ausschreibung 2024 standen 41 Millionen € zur Verfügung, wobei je 10 Millionen € dem zirkulären Design gemäß Projektkategorie 1 und den Förderungen gemäß Projektkategorie 4 für die sozialökonomischen Betriebe vorbehalten waren.

Förderfähig waren Investitionen in Anlagen inklusive der Planung und Montage sowie gewisse immaterielle Maßnahmen wie Machbarkeitsstudien und Qualifizierungsmaßnahmen von Arbeitnehmer:innen. Eine Besonderheit stellt die Förderfähigkeit von laufenden Kosten (Personal, Miete, Overhead) im Zusammenhang mit Maßnahmen sozialökonomischer Betriebe dar.

Die **Höhe der Förderung** hing von der Unternehmensgröße ab und wurde als einmaliger, nicht rückzahlbarer Investitionskostenzuschuss vergeben. Die Fördersätze für Investitionen lagen zwischen 40 % und 60 %. Bei der Anwendung der De-minimis-Regelung und für Nicht-Wettbewerbsteilnehmende betrug die Förderung 80 %. Damit wurden die EU-rechtlich möglichen Fördersätze ausgeschöpft. Nicht-Wettbewerbsteilnehmende sind Unternehmen und Organisationen, die keine wirtschaftliche Tätigkeit ausüben und am Markt nicht als Anbieter eines Produkts oder einer Dienstleistung auftreten. Dies trifft häufig auf sozialökonomische Betriebe zu.

Anträge konnten in der ersten Phase bis 15.7.2024 und in der zweiten Phase speziell für sozialökonomische Betriebe mit leicht geänderten Kriterien bis 25.10.2024 online bei der abwickelnden Stelle, der Kommunalkredit Public Consulting GmbH (KPC),[1326] eingebracht werden. Nach Prüfung durch die KPC und Beurteilung durch die „*Kommission in Angelegenheiten der Kreislaufwirtschaft und des Flächenrecyclings*" wurden 52 Projekte von der Bundesministerin genehmigt.

7.5.6.2.1.2. Förderungsprogramm 2025

Die Förderung Kreislaufwirtschaft 2025 wurde am 24.2.2025 gestartet. Förderfähige Maßnahmen wurden im neuen Programm enger definiert. Gleichzeitig wurde darauf geachtet, in allen Bereichen mit Förderbedarf eine Möglichkeit zur Unterstützung zu bieten. So sind zirkuläres Design und nachhaltige Geschäftsmodelle nach wie vor zentraler Bestandteil der KLW-Förderung. Auch die klassischen abfallwirtschaftlichen Behandlungsschritte hin zur Wiederverwendung und dem Recycling sind enthalten, wie spezielle Anlagen zur Rückgewinnung von wertvollen Ressourcen nach der Verbrennung.

Fördergegenstand

Gefördert werden Investitionen und immaterielle Maßnahmen festgelegter Aktionsfelder, welche in den definierten Schwerpunktbereichen angesiedelt sind.

- **Aktionsfelder:**
  - Maßnahmen zur Entwicklung, Konzeption, Implementierung und Umsetzung von zirkulärem Design; dies umfasst das nachhaltige Design von Produkten und die nachhaltige Gestaltung von Produktionsprozessen
  - Nachhaltige Geschäftsmodelle, wodurch die Intensität oder Dauer der Nutzung eines Produktes erhöht, das Umweltbewusstsein und Konsumverhalten beeinflusst und Ressourcen eingespart werden
  - Sortierung von getrennt angefallenen oder getrennt gesammelten Abfällen inklusive Spenden
  - Wiederverwendung (Reuse), Refurbishment und Vorbereitung zur Wiederverwendung
  - Recycling und sonstige stoffliche Verwertung von Abfällen, ausgenommen Kompostierung organischer Materialien und Verfüllung

1326 https://www.umweltfoerderung.at/betriebe, abgerufen am 23.2.2025.

- **Schwerpunktbereiche:**
  - Baustoffe, Bauteile und Bauteilsysteme, Bau- und Abbruchabfälle
  - Kunststoffe und Metalle
  - Verpackungen
  - elektrische und elektronische Geräte und Batterien
  - Textilien und Matratzen
  - agrarische Roh- und Reststoffe
  - Lebensmittel (Wiederverwendung)
- Darüber hinaus sind Investitionen in bestimmte **Anlagen im Zusammenhang mit der Verbrennung von Abfällen** förderbar:
  - Anlagen zur Rückgewinnung von Phosphor aus der Verbrennungsasche von Klärschlammverbrennungsanlagen sowie entsprechende Anlagen zur Verbrennung von kommunalem Klärschlamm
  - Anlagen zur stofflichen Verwertung von Rückständen aus Abfallverbrennungsanlagen

Fördernehmer und Förderhöhe

Förderanträge können wieder von natürlichen und juristischen Personen sowie sozialökonomischen Betrieben eingereicht werden.

Die Fördersätze und die Förderobergrenzen wurden 2025 gegenüber dem Vorjahr gesenkt. Die Fördersätze betragen je nach Unternehmensgröße zwischen 30 % und 50 %; Projekte nach der De-minimis-Regelung und von Nicht-Wettbewerbsteilnehmenden können mit 80 % gefördert werden. Eine Maßnahme kann einen einmaligen, nicht rückzahlbaren Zuschuss von maximal 5 Millionen € erhalten. Nur Projekte im Zusammenhang mit der Rückgewinnung von Phosphor aus Klärschlamm haben aufgrund des hohen Investitionsbedarfs eine Obergrenze von 7,5 Millionen €.

Der Unterstützung sozialökonomischer Betriebe kommt nach wie vor eine große Bedeutung zu. Diese können – sofern sie Nicht-Wettbewerbsteilnehmende sind – auch wieder die Förderung laufender Kosten im Zusammenhang mit Investitionen oder immateriellen Maßnahmen beantragen. Der Zuschuss ist mit maximal 500.000 € begrenzt.

Die Anträge sind ausschließlich online bei der KPC[1327] einzubringen. Die Details finden sich im **Informationsblatt *„Förderung Kreislaufwirtschaft“***[1328].

7.5.6.2.2. Förderungsprogramme im Rahmen der europäischen Recovery and Resilience Facility (RRF)

Im April 2022 starteten die Förderungsprogramme zur Erhöhung der Mehrwegquote von Getränkeverpackungen und zur Steigerung der stofflichen Verwertung von Einweg-Kunststoffverpackungen. Bei der Gestaltung der Förderbedingungen wurde besonderes

1327 https://www.umweltfoerderung.at/betriebe, abgerufen am 23.2.2025.

1328 Bundesministerium für Klimaschutz, Umwelt, Energie, Mobilität, Innovation und Technologie, Informationsblatt Kreislaufwirtschaft (2025), https://www.umweltfoerderung.at/betriebe/kreislaufwirtschaft-allgemein/kreislaufwirtschaft , abgerufen am 17.10.2025.

Augenmerk auf die Unterstützung von Klein- und Mittelbetrieben gelegt. Auch diese Umweltförderungen wurden von der KPC abgewickelt. Sie sind 2025 ausgelaufen.

7.5.6.2.2.1. Mehrwegabfüllanlagen

Dieses Förderungsprogramm zielte darauf ab, das Mehrwegangebot im Handel möglichst rasch zu erweitern – in allen Getränkekategorien von Bier bis Milch – und so den Konsument:innen in jedem Geschäft eine freie Wahl zwischen Einweg und Mehrweg zu ermöglichen. Ziel ist es, bis zum Jahr 2030 30 % der Getränke in Mehrweg-Gebinden zu verkaufen.

Gefördert wurde die Errichtung oder Anpassung von Abfüll- und Waschanlagen für Mehrweg-Getränkegebinde. Die Unterstützung umfasst auch die Erstausstattung mit Mehrweg-Standardflaschen und -kisten sowie die Errichtung oder Adaption von Anlagen zur Verpackung der Gebinde.

Das gesamte Fördervolumen betrug 30 Millionen € an EU-Mitteln und 20,5 Millionen € an nationalen Mitteln.

7.5.6.2.2.2. Leergutautomaten

Mit 1.1.2025 wurde in Österreich ein Einwegpfand für Getränkeflaschen aus Kunststoff und Dosen eingeführt. Um ein möglichst effizientes Pfandsystem mit automationsunterstützter Rücknahme zu installieren und die Unternehmen beim Umstieg zu unterstützen, wurde die Anschaffung bzw Adaption von Rücknahmeautomaten gefördert. Ein modernes Rücknahmesystem unterstützt zudem ein vermehrtes Angebot von Mehrweggebinden.

Die Fördersätze waren abhängig von der Art des Rücknahmeautomaten und der Größe des Unternehmens. Die Fördermittel betragen 80 Millionen € an RRF-Mitteln und 17 Millionen € an nationalen Mitteln. Der Kreis der möglichen Förderwerber wurde von ursprünglich dem gesamten Lebensmitteleinzelhandel auf alle Rücknahmepflichtigen nach der Einwegpfandverordnung[1329] ausgedehnt.

7.5.6.2.2.3. Sortieranlagen

Die im europäischen Abfallrecht vorgegebenen Recyclingquoten erfordern im Bereich der Kunststoffverpackungen deutliche Steigerungen der gesammelten und sortierten Massen. Dazu war es dringend notwendig, zusätzliche Sortierkapazitäten zu schaffen, bestehende Verfahrenstechniken umzustellen und Technologien zu modernisieren.

Mit der Förderung der Errichtung neuer und der Nachrüstung bestehender Sortieranlagen für Kunststoffverpackungen sollten rasche technische Verbesserungen erzielt und Kapazitäten ausgebaut werden. Insgesamt standen dafür 60 Millionen € an EU-Fördermitteln zur Verfügung.

1329 Pfandverordnung für Einweggetränkeverpackungen BGBl II 2023/283, https://www.ris.bka.gv.at/GeltendeFassung.wxe?Abfrage=Bundesnormen&Gesetzesnummer=20012363&FassungVom=2024-03-06, abgerufen am 25.2.2025.

7.5.6.2.2.4. Reparaturbonus

Die Einführung des bundesweiten Reparaturbonus für elektrische und elektronische Geräte im April 2022 verfolgte das Ziel, die Nutzungsdauer von E-Geräten zu verlängern und damit Abfälle zu vermeiden und Ressourcen einzusparen. Das Thema Reparatur sollte wieder mehr ins Bewusstsein gerückt, Reparaturbetriebe bekannt gemacht und die regionale Reparaturwirtschaft unterstützt werden.

Man wählte einen innovativen Zugang abseits des üblichen Förderungsprozederes, welcher in kleinerem Umfang mit der Reparaturförderung in Wien in ähnlicher Weise bereits erprobt worden war. Über die eigene Website www.reparaturbonus.at konnten Reparaturbons einfach und unkompliziert erstellt und heruntergeladen werden. Diese Gutscheine wurden bei einem Partnerbetrieb eingelöst und von diesem über dieselbe Website mit der Rechnung und weiteren Informationen bei der KPC eingereicht. Der Förderbetrag wurde nach Prüfung direkt auf das Konto des Kunden bzw der Kundin überwiesen.

Die Förderung konnte von allen Privatpersonen mit einem Wohnsitz in Österreich in Anspruch genommen werden. Ein Bon war 3 Wochen gültig. Nach Einlösung oder Ablauf konnte unmittelbar ein weiterer Gutschein gezogen werden. Ziel dieser Förderung war es, so viele Elektrogeräte wie möglich funktionsfähig zu halten, weshalb die Anzahl der Bons je Person oder Haushalt nicht eingeschränkt war.

Neben E-Geräten konnte der Reparaturbonus seit September 2024 auch für Fahrräder genutzt werden. Die Förderung der Reparatur aller Fahrräder – E-Bikes waren von Anfang an Fördergegenstand – wurde als Teil eines umfassenden Konzepts zur Unterstützung der sanften Mobilität aufgenommen. Auch Wartungs- und Serviceleistungen waren seither förderbar.

Die Förderung betrug 50 % der Kosten inkl Umsatzsteuer bis zu einem Höchstbetrag von maximal 200 € je Reparatur, Service oder Wartung. Auch Kostenvoranschläge wurden bis maximal 30 € unterstützt.

Dieses Förderungsprogramm wurde seitens der EU mit 130 Millionen € ausgestattet. Die große Beliebtheit und positive Wirkung des Reparaturbonus hat die Regierung zu einer Aufstockung mit nationalen Mitteln veranlasst.

Im Mai 2025 wurde der Reparaturbonus aus budgetären Gründen ausgesetzt. Bis dahin waren 1,8 Millionen Bons eingelöst worden. Mehr als 5.860 Partnerbetriebe nahmen zu diesem Zeitpunkt am Programm teil. Die Liste der am häufigsten reparierten Geräte wurde seit Beginn der Förderungsaktion von Smartphones angeführt, gefolgt von klassischen Haushaltsgeräten wie Geschirrspüler, Waschmaschinen und Kaffeemaschinen sowie Laptops. Auch für E-Bikes und Fahrräder wurde der Reparaturbonus sehr häufig genutzt.

International stößt der Reparaturbonus auf großes Interesse, insbesondere auch im Zusammenhang mit der Verpflichtung gemäß der Europäischen Right-to-Repair-Richtlinie Maßnahmen zur Reparaturförderung zu setzen. Zahlreiche Anfragen aus Europa und darüber hinaus bezeugen eine gelungene Aktion mit großem Widerhall. Eine Evaluierung und Fortführung der Reparaturförderung ist im Programm der Bundesregierung vorgesehen.

7.5.6.3. Bilanz: Positive Wirkungen in ökologischer und ökonomischer Hinsicht

Seit dem Inkrafttreten des Umweltförderungsgesetzes veröffentlicht die KPC jährlich den Bericht über die Umweltförderungen des Bundes, zuletzt *„Umweltinvestitionen des Bundes 2024"*[1330]. Darin werden die Förderungsprogramme beschrieben, aktuelle Zahlen und Daten veröffentlicht und einzelne Förderprojekte als Beispiele präsentiert. Alle Berichte seit 1993 sind auf der Website des Klimaschutzministeriums sowie auf www.umweltfoerderung.at abrufbar.

Darüber hinaus werden gemäß § 14 UFG über eine Periode von jeweils 3 Jahren die Umweltförderungen des Bundes evaluiert. Die Daten der geförderten Projekte werden statistisch aufgearbeitet und die ökologischen und ökonomischen Auswirkungen dargestellt. Die Bewertung in ökologischer Hinsicht erfolgt insbesondere anhand der CO_2-Einsparungen und ökonomisch betrachtet anhand der Folgen für den Bruttoproduktionswert, die Wertschöpfung, die Beschäftigung und die Budgeteffekte.

Der aktuelle Bericht *„Evaluierung der Umweltförderung des Bundes 2020–2022"*[1331] belegt eindeutige positive Wirkungen in ökologischer und ökonomischer Hinsicht. Die Kreislaufwirtschaftsförderungen wurden erst im April 2022 gestartet und in den Jahren danach ausgebaut. Der Beitrag dieser Förderungsprogramme wird im nachfolgenden Bericht über den Zeitraum 2023 bis 2025 noch deutlicher ausfallen. Die Evaluierungsberichte werden dem Nationalrat vorgelegt und auf der Website des Klimaschutzministeriums veröffentlicht.

7.6. Abfallrecht in der Praxis

7.6.1. Das kleine ABC des Abfallrechts: Basiswissen für die Kreislaufwirtschaft[1332]

Lisa Brandauer/Maximilian Schlenk

7.6.1.1. Einführung

Die rechtliche Umsetzung der Kreislaufwirtschaft steht und fällt mit der Frage, wann und wie ein Stoff oder Produkt zu „Abfall" wird – und was dann damit geschehen muss. Das Abfallrecht ist damit ein zentraler Baustein der Kreislaufwirtschaft: Es regelt den Übergang von der Nutzung zur Entsorgung, schreibt vor, wie mit Abfällen umzugehen ist, und schafft rechtliche Anreize für Vermeidung, Wiederverwendung und Recycling.

In der Praxis bedeutet das: Wer in Österreich produziert, vertreibt, importiert oder Abfälle behandelt, muss die Regelungen des **Abfallwirtschaftsgesetzes 2002 (AWG 2002)**[1333] und zahl-

1330 Bundesministerium für Klimaschutz, Umwelt, Energie, Mobilität, Innovation und Technologie, Umweltinvestitionen des Bundes 2024, Klima- und Umweltschutzmaßnahmen 2024 (2025), https://www.umweltfoerderung.at/publikationen, https://www.bmluk.gv.at/service/publikationen/klima-und-umwelt/umweltinvestitionen-des-bundes-klima-und-umweltschutzmassnahmen-2024.html, abgerufen am 16.10.2025.

1331 BMK, Evaluierung der Umweltförderung des Bundes 2020–2022, Hauptteil (2023) https://www.bmk.gv.at/themen/klima_umwelt/klimaschutz/ufi/publikationen/evaluierung-bundesfoerderung_2020-2022.html, abgerufen am 5.8.2025.

1332 Die Autorin und der Autor danken Sophie Vergeiner und Florian Hahn für die wertvolle Unterstützung beim Verfassen dieses Beitrags.

1333 Bundesgesetz über eine nachhaltige Abfallwirtschaft BGBl I 2002/102.

reiche darauf basierende Verordnungen beachten. Gleichzeitig wird das nationale Abfallrecht durch europäische Vorgaben – wie etwa die Abfallrahmenrichtlinie[1334] – stark mitgeprägt.

Unternehmen stehen damit vor der Herausforderung, abfallrechtliche Pflichten korrekt zu erfüllen und gleichzeitig wirtschaftlich tragfähige Lösungen zu finden, um Stoffkreisläufe zu schließen. Das Abfallrecht definiert dabei nicht nur technische Anforderungen und Abläufe, sondern vermittelt auch die umweltpolitischen Leitplanken der Kreislaufwirtschaft.

Dieses Kapitel bietet einen praxisnahen Überblick über die zentralen Bestimmungen des österreichischen Abfallrechts. Im Fokus stehen die rechtlichen Grundlagen, Zielsetzungen und Grundprinzipien wie die Abfallhierarchie, die Pflichten von Abfallbesitzer:innen, die Anforderungen an Sammler:innen, Behandler:innen und Anlagenbetreiber:innen sowie die Genehmigungs- und Kontrollmechanismen. Damit liefert der Beitrag eine kompakte Orientierung für das „Pflichtengerüst" im Umgang mit Abfällen – als Fundament für rechtskonforme und ressourcenschonende betriebliche Kreislaufwirtschaft.

7.6.1.1.1. Ziele der Abfallwirtschaft

Sobald ein Material oder Produkt als Abfall gilt, greifen die detaillierten Vorgaben des AWG 2002. Dessen Regelungen verfolgen klare umwelt- und gesellschaftspolitische Ziele – und schaffen damit auch den Rahmen für unternehmerisches Handeln im Sinne der Kreislaufwirtschaft.

Im Zentrum stehen dabei zwei grundlegende Prinzipien: **Vorsorge** und **Nachhaltigkeit**. Ziel ist es, nicht nur Umweltbelastungen zu vermeiden, sondern Ressourcen so effizient wie möglich zu nutzen und dabei Risiken für Mensch und Natur zu minimieren.

Konkret ist die österreichische Abfallwirtschaft – wie in § 1 AWG 2002[1335] festgelegt – an folgenden zentrale Zielsetzungen auszurichten:

- **Schutz von Mensch und Umwelt:** Schädliche oder nachteilige Einwirkungen auf Menschen, Tiere, Pflanzen sowie deren Lebensgrundlagen und natürliche Umwelt sollen vermieden werden. Auch sonstige Beeinträchtigungen des allgemeinen Wohlbefindens sind so gering wie möglich zu halten.
- **Reduktion von Emissionen:** Emissionen von Luftschadstoffen und klimarelevanten Gasen, insbesondere beim Abfalltransport, sind so gering wie möglich zu halten.
- **Ressourcenschonung und effiziente Nutzung:** Ressourcen wie Rohstoffe, Wasser, Energie oder Deponieraum sollen geschont und ihre Nutzung insgesamt effizienter gestaltet werden.
- **Getrennte Sammlung:** Abfälle sind getrennt zu erfassen, wenn dies die Wiederverwendung, das Recycling oder andere Verwertungsverfahren erleichtert und zur Zielerreichung des AWG 2002 erforderlich ist.
- **Vermeidung erhöhter Gefährdungspotenziale:** Bei der stofflichen Verwertung dürfen Abfälle oder daraus gewonnene Stoffe kein höheres Gefährdungspotenzial aufweisen als vergleichbare Primärrohstoffe oder daraus hergestellte Produkte.
- **Verantwortung für nachfolgende Generationen:** Abfälle dürfen nicht so abgelagert werden, dass daraus Gefahren für künftige Generationen entstehen.

1334 RL 2008/98/EG des Europäischen Parlaments und des Rates vom 19. 11. 2008 über Abfälle und zur Aufhebung bestimmter Richtlinien, ABl L 312/2008, 3.

1335 Paragraphenangaben ohne Gesetzesbezeichnung beziehen sich im Folgenden auf das AWG 2002.

7.6.1.1.2. Abfallhierarchie

Die **Abfallhierarchie** (§ 1 Abs 2 und 2a) legt fest, wie mit Abfällen umzugehen ist bzw welche Umgangsformen mit Abfall grundsätzlich Priorität gegenüber anderen haben:

- **Vermeidung:** An erster Stelle steht die Abfallvermeidung – ganz nach dem Grundsatz: *„Der beste Abfall ist der, der gar nicht erst entsteht!"*. Man unterscheidet zwischen **qualitativer Abfallvermeidung** (Ersatz von Schadstoffen durch weniger gefährliche Stoffe) und **quantitativer Abfallvermeidung** (durch die Verminderung des Massenstroms).
- **Vorbereitung zur Wiederverwendung:** Lassen sich Abfälle nicht vermeiden, soll geprüft werden, ob eine Wiederverwendung möglich ist. Dabei bleibt der ursprüngliche Zweck der Sache erhalten, etwa wenn ein weggegebenes Fahrrad auf seine Funktionsfähigkeit geprüft und gegebenenfalls repariert oder gereinigt wird.
- **Recycling:** Ist auch die Vorbereitung zur Wiederverwendung nicht möglich, sollen Abfälle **recycelt** werden, wobei der ursprüngliche Zweck der Sache nicht unbedingt erhalten bleibt (Metall zu Metall; Plastik zu Plastik; Kompostierung);
- **Sonstige Verwertung:** Besteht auch keine Möglichkeit zum Recycling, ist die **sonstige Verwertung** anzustreben (zB die chemische oder energetische Verwertung; Verfüllung von Bodenaushubmaterial; Aufbereitung als Brennstoff);
- **Beseitigung:** Nur wenn keine der oben genannten Verwertungsmaßnahmen möglich ist, erfolgt die Beseitigung des Abfalls, wobei die Stoffe und Eigenschaften keinen Nutzen mehr für den Wirtschaftskreislauf haben (etwa Verbrennung ohne Energienutzung; Deponierung).

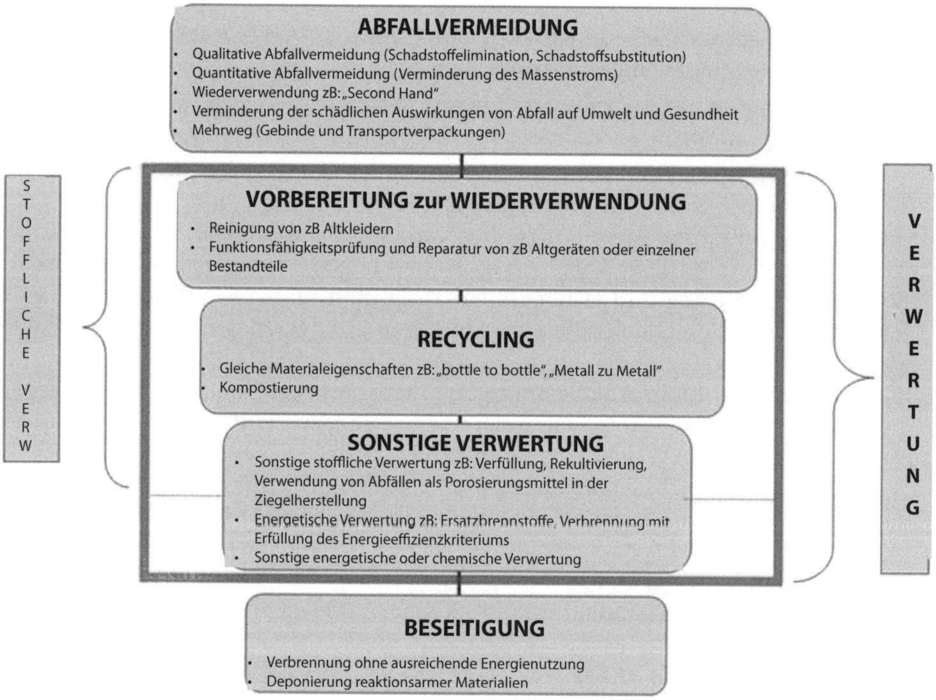

Abb 72: Abfallhierarchie [Quelle: ErläutRV 1005 BlgNR 24. GP 10]

Diese Hierarchie ist nicht starr. Es dürfen ökologische Zweckmäßigkeit, technische Umsetzbarkeit sowie wirtschaftliche oder sonstige relevante Aspekte berücksichtigt werden. Abweichungen sind insbesondere dann zulässig, wenn bei einer gesamthaften Betrachtung der Umweltschutz anders besser erreicht wird oder etwa unionsrechtlich vorgeschriebene Recyclingquoten für bestimmte Abfallarten erreicht werden sollen.[1336]

Die **Vorbereitung zur Wiederverwendung**, das **Recycling** und die **sonstige Verwertung** werden zusammengefasst als **„Verwertung"** bezeichnet; darunter versteht man – im Gegensatz zur **„Beseitigung"** – jedes Verfahren, als deren Hauptergebnis Abfälle in umweltgerechter Weise einem sinnvollen Zweck zugeführt werden – sei es, um Materialien zu ersetzen, die ansonsten zur Erfüllung einer bestimmten Funktion verwendet worden wären, oder – im Falle der Vorbereitung zur Wiederverwendung – die Abfälle so vorbereitet werden, dass sie diese Funktion erfüllen. Gemeinsam werden Verwertung und Beseitigung als **„Behandlung"** bezeichnet. Da die Verwertung aus umweltpolitischer Sicht zu bevorzugen ist, wird sie gesetzlich hinsichtlich diverser Rechtsfolgen gegenüber der Beseitigung bessergestellt.[1337]

7.6.1.1.3. Zentrale Rechtsvorschriften und Anwendungsbereich

Die rechtlichen Grundlagen der Abfallwirtschaft in Österreich sind komplex und setzen sich aus Bundes- und Landesrecht sowie europäischen Vorgaben zusammen.

Im föderalen Bundesstaat Österreich ist die Gesetzgebungskompetenz für das Abfallrecht – wie auch bei diversen anderen Gesetzesmaterien – zwischen dem Bund und den neun (Bundes-)Ländern aufgeteilt. Der Bund besitzt nach der österreichischen Bundesverfassung die zentrale Regelungskompetenz für **gefährliche** und **nicht gefährliche Abfälle**[1338] und hat davon mit dem **AWG 2002** umfassend Gebrauch gemacht. Das AWG 2002 bildet das Herzstück des österreichischen Abfallrechts und wird durch zahlreiche Verordnungen ergänzt – etwa die **Abfallverzeichnisverordnung 2020**[1339] oder die **Abfallverbrennungsverordnung 2024**.[1340]

Für die neun Länder verbleibt die Regelung der kommunalen Abfallsammlung in den Gemeinden, der Abfallverbände, der Abfallgebühren und bestimmter Aspekte der abfallwirtschaftlichen Planung; auf all dies wird hier aber nicht im Detail eingegangen.

Das österreichische Abfallrecht – und damit insbesondere das AWG 2002 – ist auch stark unionsrechtlich geprägt. Maßgeblich ist hier insbesondere die Abfallrahmenricht-

1336 Vgl *Berl/Forster*, Abfallwirtschaftsrecht^2 (2020) Rz 42 f.

1337 So etwa bei der Lagerung von Abfällen (diese ist nach dem Altlastensanierungsgesetz im Fall der Verwertung drei Jahre beitragsfrei möglich, im Fall der Beseitigung nur ein Jahr) oder bei der grenzüberschreitenden Verbringung von Abfällen.

1338 Art 10 Abs 1 Z 12 Bundes-Verfassungsgesetz (B-VG) BGBl 1930/1. Hinsichtlich nicht gefährlicher Abfälle besteht eine „Bedarfsgesetzgebungskompetenz" des Bundes, von der dieser mit dem AWG 2002 Gebrauch gemacht hat.

1339 Verordnung der Bundesministerin für Klimaschutz, Umwelt, Energie, Mobilität, Innovation und Technologie über ein Abfallverzeichnis BGBl II 2020/409.

1340 Verordnung der Bundesministerin für Klimaschutz, Umwelt, Energie, Mobilität, Innovation und Technologie, des Bundesministers für Arbeit und Wirtschaft und des Bundesministers für Land- und Forstwirtschaft, Regionen und Wasserwirtschaft über die Verbrennung von Abfällen BGBl II 2024/118.

linie 2008/98/EG, die in das AWG 2002 eingeflossen ist, sowie die (direkt anwendbare) Abfallverbringungsverordnung (EU) 2024/1157,[1341] die grenzüberschreitende Abfalltransporte regelt.

Das **AWG 2002** greift grundsätzlich immer dann, wenn eine Sache als **Abfall** im Sinne des § 2 Abs 1 bis 3 zu qualifizieren ist, also wenn sie **beweglich** ist und

- man sich ihrer entledigen will oder entledigt hat (**„subjektiver Abfallbegriff"**), oder
- ihre Sammlung, Lagerung, Beförderung und Behandlung als Abfall erforderlich ist, um die in § 1 Abs 3 genannten **öffentlichen Interessen** nicht zu beeinträchtigen („**objektiver Abfallbegriff"**); dies wäre etwa dann der Fall, wenn andernfalls die Gesundheit der Menschen gefährdet oder unzumutbare Belästigungen bewirkt, Gefahren für Wasser, Luft, Boden, Tiere oder Pflanzen und deren natürlichen Lebensbedingungen verursacht, oder das Auftreten oder die Vermehrung von Krankheitserregern begünstigt werden können.[1342]

7.6.1.2. Abfallvermeidung und -verwertung

Um den Zielen des AWG 2002 gerecht zu werden, enthält dessen 2. Abschnitt (§§ 9 bis 14e) eine Reihe von Vorgaben zur Vermeidung und Verwertung von Abfällen:

Ein zentrales Instrument ist das **Abfallwirtschaftskonzept (AWK)** gemäß § 10: Dieses ist zu erstellen, wenn in einer „Anlage" (also einer örtlich gebundenen Einrichtung,[1343] etwa einem Bürogebäude) **mehr als 20 Arbeitnehmer:innen** beschäftigt sind. Es hat Angaben über die Branche und den Zweck der Anlage und eine Auflistung sämtlicher Anlagenteile, eine verfahrensbezogene sowie eine abfallrelevante Darstellung des Betriebs, organisatorische Vorkehrungen zur Einhaltung abfallwirtschaftlicher Rechtsvorschriften und eine Abschätzung der zukünftigen Entwicklung zu enthalten. Das AWK muss im Betrieb aufliegen sowie bei wesentlichen abfallrelevanten Änderungen der Anlage oder zumindest alle sieben Jahre aktualisiert werden. Es ist der Behörde nur auf Verlangen vorzulegen.

In Betrieben mit **mehr als 100 Arbeitnehmer:innen** müssen die Betriebsinhaber:innen gemäß § 11 eine:n fachlich qualifizierte:n **Abfallbeauftragte:n** bestellen und dies der Behörde melden. Abfallbeauftragte haben ua folgende Aufgaben:

- **Überwachungspflicht** hinsichtlich der Einhaltung aller den Betrieb treffenden abfallrechtlichen Vorschriften und Bescheide,
- **Pflicht zur sinnvollen Organisation** der Umsetzung solcher Vorschriften,
- **Informations- und Beratungspflicht** gegenüber Betriebsinhaber:innen hinsichtlich festgestellter Mängel und abfallwirtschaftlicher Fragen, sowie

1341 VO (EU) 2024/1157 des Europäischen Parlaments und des Rates vom 11. 4. 2024 über die Verbringung von Abfällen, zur Änderung der Verordnungen (EU) Nr 1257/2013 und (EU) 2020/1056 und zur Aufhebung der Verordnung (EG) Nr 1013/2006, ABl L 1157/2024, 1.

1342 Für eine detailliertere Abhandlung zu den Abfallbegriffen des AWG 2002 siehe Kap 7.6.2.

1343 ErläutRV 984 BlgNR 21. GP 91. Darauf, ob es sich hierbei um eine nach dem AWG 2002 genehmigungspflichtige (Abfall-)
Behandlungsanlage handelt, kommt es hierbei nicht an.

- Pflicht, im Zuge der Erstellung oder Fortschreibung des Abfallwirtschaftskonzeptes (siehe oben) die **Kosten der Abfallbehandlung** und die **Erlöse der übergebenen Altstoffe** darzustellen.

Wichtig: Nach außen, also etwa gegenüber Behörden, bleiben für die Verletzung abfallrechtlicher Vorschriften und Bescheide die Betriebsinhaber:innen verantwortlich. Abfallbeauftragte trifft diesbezüglich grundsätzlich **keine verwaltungsstrafrechtliche Verantwortlichkeit.**

Die §§ 11a bis 14e enthalten weitere **Sondervorschriften** für bestimmte Produktgruppen bzw deren Hersteller:innen sowie für bestimmte Altstoffe. In den §§ 13j ff findet sich etwa das seit 2020 geltende Verbot des Inverkehrsetzens von Kunststofftragetaschen („Plastiksackerl-Verbot").

7.6.1.3. Allgemeine Pflichten der Abfallbesitzer:innen

Der 3. Abschnitt des AWG 2002 (§§ 15 bis 23) regelt die allgemeinen Pflichten der Abfallbesitzer:innen. Als **Abfallbesitzer:in** gilt gemäß § 2 Abs 6 Z 1 **jede Person, die Abfälle innehat** sowie **jede:r Abfallerzeuger:in.** Als **Abfallerzeuger:in** gilt gemäß § 2 Abs 6 Z 2 jede Person, durch deren Tätigkeit Abfälle anfallen (Abfallersterzeuger:in), oder jede Person, die Abfälle in einer Weise behandelt, durch welche sich eine Veränderung der Natur oder Zusammensetzung dieser Abfälle ergibt.

Die allgemeinen Pflichten der Abfallbesitzer:innen beinhalten insbesondere:

- das **Gebot zum sorgsamen Umgang mit Abfällen**;
- das **Vermischungs- und Vermengungsverbot**;
- die Verpflichtung, Abfallsammlungen, -lagerungen und -behandlungen nur in **genehmigten Anlagen bzw geeigneten Orten** durchzuführen; und
- die in § 15 Abs 5 AWG 2002 statuierte **Übergabepflicht** (siehe sogleich).[1344]

Zentrales Element ist die in § 15 Abs 5 geregelte **Übergabepflicht**: Wer Abfälle besitzt, sie aber nicht selbst behandeln darf oder kann, muss sie an eine berechtigte Person (siehe dazu noch unten) zur Sammlung oder Behandlung übergeben. Dies hat so rechtzeitig zu geschehen, dass keine Beeinträchtigung öffentlicher Interessen (§ 1 Abs 3 AWG 2002) entsteht, spätestens jedoch drei Jahre nach Anfall des Abfalls.

Nach § 15 Abs 5a haben Abfallbesitzer:innen insbesondere sicherzustellen, dass

- die Abfälle **(nur) an berechtigte Abfallsammler:innen bzw -behandler:innen übergeben** werden und
- die umweltgerechte Behandlung der Abfälle **explizit beauftragt** wird (etwa im Auftragsschein).

Für private Haushalte gilt die Abgabe an die kommunale Sammlung (zB durch die städtische Müllabfuhr) als gesetzlich ausreichende Erfüllung dieser Pflichten.[1345]

1344 Vgl *Berl/Forster*, Abfallwirtschaftsrecht², Rz 187 f.
1345 Ebd, Rz 203.

Weitere Pflichten enthalten die §§ 16 bis 23. Diese betreffen unter anderem:

- gefährliche Abfälle (§ 16 Abs 1);
- PCB-haltige Abfälle, Altöle, POP-Abfälle, Problemstoffe, Altspeisefette und -öle, Bau- und Abbruchabfälle (§ 16 Abs 2–7);
- Aufzeichnungspflichten (§ 17) für Abfallbesitzer:innen, von denen insbesondere private Haushalte und erlaubnisfreie Rücknehmer[1346] befreit sind.

7.6.1.4. Abfallsammler:in und -behandler:in

7.6.1.4.1. Erlaubnispflicht

Die Tätigkeit des Sammelns und Behandelns ist gemäß § 24a Abs 1 grundsätzlich erlaubnispflichtig. **„Abfallsammler:in"** ist jede Person, die von Dritten erzeugte Abfälle selbst oder durch andere abholt, entgegennimmt oder über deren Abholung oder Entgegennahme rechtlich verfügt (§ 2 Abs 6 Z 3); **„Abfallbehandler:in"** ist jede Person, die Abfälle verwertet oder beseitigt (§ 2 Abs 6 Z 4). Bereits das Anbieten des Sammelns oder des Behandelns von Abfällen **gegenüber einem größeren Kreis von Personen** – etwa über das Internet – wird der tatsächlichen Ausübung gleichgestellt und ist daher ebenfalls erlaubnispflichtig.

Die Erlaubnis ist bei der jeweiligen Landeshauptfrau bzw beim jeweiligen Landeshauptmann zu beantragen; dabei sind gemäß § 24a Abs 3 insbesondere folgende Angaben zu machen:

- **fachliche Kenntnisse und Fähigkeiten** hinsichtlich der Sammlung und Behandlung der Abfälle, für welche die Erlaubnis beantragt wird;
- **Verlässlichkeit**, nachzuweisen durch Beifügung des Strafregister- und des Verwaltungsstrafregisterauszugs.

Von der **Erlaubnispflicht** grundsätzlich **ausgenommen** sind unter anderem:

- Personen, die nur **eigene Abfälle** behandeln (außer beim Verbrennen und Deponieren);
- **Transporteur:innen**, soweit sie Abfälle im Auftrag der Abfallbesitzer:innen nur befördern;
- **erlaubnisfreie Rücknehmer:innen**; das sind Personen, die erwerbsmäßig Produkte vertreiben und im Rahmen der gesetzlich vorgesehenen Rücknahmepflicht bestimmte Altstoffe oder Produkte zurücknehmen – etwa Supermärkte bei haushaltsüblichen Batterien;
- **Inhaber:innen einer gleichwertigen Erlaubnis** eines EU- bzw EWR-Staates;
- **Universitäten** und technische **Versuchsanstalten**; oder
- **Hausverwalter:innen** und **Gebäudemanager:innen**.

7.6.1.4.2. Abfallrechtliche Geschäftsführer:innen und verantwortliche Personen

Wird die Tätigkeit des Sammelns bzw Behandelns von **gefährlichen Abfällen** (ausgenommen Asbestzement),

1346 Siehe dazu unter 7.6.1.4.

- nicht von einer natürlichen Person ausgeübt, sondern etwa von einer juristischen Person (zB GmbH), oder
- von einer natürlichen Person ausgeübt, die aber nicht die dafür erforderlichen Kenntnisse und Fähigkeiten aufweist,

ist gemäß § 26 Abs 1 eine im Betrieb hauptberuflich tätige Person als **abfallrechtliche:r Geschäftsführer:in** zu bestellen.

Diese Person muss dann – statt dem bzw der Betreiber:in – die entsprechenden Kenntnisse und Fähigkeiten aufweisen, die Verlässlichkeit besitzen und in der Lage sein, sich im Betrieb entsprechend betätigen zu können.[1347] Die Bestellung mehrerer abfallrechtlicher Geschäftsführer:innen ist zulässig, sofern deren Tätigkeitsbereiche eindeutig abgegrenzt werden. Abfallrechtliche Geschäftsführer:innen gelten als **verantwortliche Beauftragte** im Sinne des § 9 Verwaltungsstrafgesetzes 1991 (VStG)[1348] und sind daher von den Behörden auch verwaltungsstrafrechtlich belangbar (§ 26 Abs 3).

Für das Sammeln bzw Behandeln von **nicht gefährlichen Abfällen** oder **Asbestzement** gelten vergleichbare Anforderungen:

- Hier ist – grundsätzlich unter denselben Voraussetzungen wie oben – eine sog **verantwortliche Person** zu bestellen (§ 26 Abs 6).
- Auch diese gilt als verantwortliche Beauftragte im Sinne des § 9 VStG und ist verwaltungsstrafrechtlich haftbar.

7.6.1.5. Behandlungsanlagen

7.6.1.5.1. Begriff der Behandlungsanlage

Der Begriff der Behandlungsanlage (§ 2 Abs 7 Z 1) umfasst eine ortsfeste oder mobile **Einrichtung**, in der **Abfälle behandelt** werden. Zudem sind alle Anlagenteile umfasst, die damit unmittelbar verbunden sind und in einem technischen Zusammenhang damit stehen. Die Bandbreite solcher Anlagen ist groß – von Kompostierungsanlagen über Recyclinghöfe bis hin zu Müllverbrennungsanlagen. Behandlungsanlagen sind zentrale Bestandteile der Abfallwirtschaft, da sie die Grundlage für die umweltgerechte Verwertung oder Beseitigung von Abfällen bilden.

7.6.1.5.2. Genehmigungspflicht

Die **Errichtung**, der **Betrieb** sowie **wesentliche Änderungen** ortsfester Behandlungsanlagen sind grundsätzlich genehmigungspflichtig. Eine Änderung gilt dann als wesentlich, wenn diese erhebliche nachteilige Auswirkungen auf den Menschen oder auf die Umwelt haben kann.

Je nach Anlage und Art der Änderung unterscheidet das AWG 2002 zwischen unterschiedlichen Genehmigungs- bzw Anzeigeverfahren:

- **Ordentliches Genehmigungsverfahren:** Dieses kommt zur Anwendung, wenn nicht aufgrund besonderer Regelungen (siehe sogleich) ein anderes Verfahren durchzuführen ist.

1347 Vgl *Bumberger/Hochholdinger/Niederhuber/Wolfslehner*, Abfallwirtschaftsgesetz 2002[2] (2014) § 26 K5.

1348 Verwaltungsstrafgesetz 1991 (VStG) BGBl 1991/52.

- **Vereinfachtes Genehmigungsverfahren:** Dieses kommt etwa zur Anwendung bei Behandlungsanlagen für nicht gefährliche Abfälle (ausgenommen Deponien) mit einer Kapazität von weniger als 10 000 Tonnen pro Jahr (vgl § 37 Abs 3 Z 1–5).
- **Anzeigeverfahren:** Anpassungen an den Stand der Technik, die Behandlung von zusätzlichen Abfallarten oder Änderungen, die das Emissionsverhalten von Anlagen nicht nachteilig beeinflussen, sind der Behörde hingegen lediglich anzuzeigen (vgl § 37 Abs 4 Z 1–9).

Ziel dieser Differenzierung ist es, den Verwaltungsaufwand an die tatsächlichen Umweltauswirkungen der Anlage anzupassen.

7.6.1.5.3. Zuständigkeitskonzentration

Im Genehmigungs- und Anzeigeverfahren für gemäß § 37 genehmigungspflichtige Behandlungsanlagen gilt das Prinzip der Zuständigkeits- und Verfahrenskonzentration: Dabei werden eine Reihe von sonst eigenständigen Bewilligungen durch das von der Abfallwirtschaftsbehörde geführte abfallwirtschaftsrechtliche Verfahren mitumfasst.

Konkret bedeutet das: Bestimmte, ausdrücklich genannte materiell-rechtliche Bundes- und Landesbestimmungen anderer Rechtsgebiete – etwa das **Wasserrecht**, **Forstrecht**, **Naturschutzrecht** oder **bautechnische Vorschriften** der Länder – sind mitanzuwenden (§ 38 Abs 1, 1a, 2). Eine **gesonderte baubehördliche Bewilligung** entfällt (§ 38 Abs 2 leg cit).

Diese Konzentration soll verhindern, dass parallel laufende Verfahren zu zeitlichen Verzögerungen oder Widersprüchen führen.

7.6.1.5.4. Ausnahmen von der Genehmigungspflicht

§ 37 Abs 2 AWG 2002 definiert bestimmte **Ausnahmetatbestände**, bei deren Vorliegen keine Genehmigungspflicht nach dem AWG 2002 besteht. Besonders relevant sind in diesem Zusammenhang etwa:

- Anlagen, die bereits über **eine Genehmigung** nach der Gewerbeordnung 1994 (GewO 1994)[1349] verfügen und in denen lediglich **nicht gefährliche Abfälle ausschließlich stofflich verwertet** werden;
- **Labore an Universitäten oder technischen Versuchsanstalten**, die Abfälle lediglich zur Forschung, Entwicklung oder Erprobung einsetzen.

Diese Ausnahmen sollen Verhältnismäßigkeit sicherstellen und unnötige Bürokratie vermeiden, insbesondere in Fällen mit geringem Gefährdungspotenzial.

7.6.1.5.5. Erlöschen der Genehmigung

Eine einmal erteilte Genehmigung für eine Behandlungsanlage ist nicht dauerhaft gültig, sondern kann unter bestimmten Umständen automatisch („ex lege") erlöschen:

- wenn der **Betrieb** der Behandlungsanlage **nicht** binnen fünf Jahren nach rechtskräftiger Genehmigung in zumindest einem für die Erfüllung des Anlagenzweckes wesentlichen Teil der Behandlungsanlage **aufgenommen** wird; oder

1349 Gewerbeordnung 1994 (GewO 1994) BGBl 1994/194.

- wenn der **Betrieb** für mehr als fünf Jahre in allen für die Erfüllung des Anlagenzwecks wesentlichen Teilen unterbrochen wird.

Diese Regelung (§ 55 Abs 1 AWG 2002) soll verhindern, dass „Papieranlagen“ dauerhaft genehmigt bleiben, ohne tatsächlich betrieben zu werden – insbesondere in sensiblen Bereichen mit Umweltauswirkungen. Wird eine genehmigte Abfallbehandlungsanlage jahrelang nicht genutzt, müsste bei Reaktivierung ein neues Verfahren durchlaufen werden.

7.6.1.6. Behandlungsaufträge und Überprüfungen

Auch nach Genehmigung von Errichtung, Betrieb oder Änderung einer Behandlungsanlage endet die aufsichtsrechtliche Kontrolle nicht. Gemäß § 75 AWG 2002 sind **regelmäßige Überprüfungen** durch die zuständigen Behörden vorgesehen: Abfallersterzeuger:innen von gefährlichen Abfällen, Abfallsammler:innen und -behandler:innen müssen mindestens alle fünf Jahre angemessen überprüft werden. Hier soll in erster Linie sichergestellt werden, dass die erteilten Genehmigungen samt Auflagen eingehalten und beachtet werden.

Die jeweils zuständigen Behörden haben im Rahmen der §§ 73 ff AWG 2002 dann auch die Möglichkeit, **Behandlungsaufträge** zu erteilen. Diese Anordnungen verpflichten den bzw die Abfallbesitzer:in dazu, bestimmte Abfälle einer festgelegten Behandlung zuzuführen – insbesondere, wenn andere Entsorgungswege nicht den gesetzlichen Vorgaben entsprechen.

7.6.1.7. Fazit und Ausblick

Das Abfallrecht ist weit mehr als eine Sammlung bürokratischer Vorgaben – es ist ein zentrales Steuerungsinstrument für eine funktionierende Kreislaufwirtschaft. Für Praktiker:innen bedeutet das: Wer Abfälle erzeugt, sammelt, behandelt oder entsorgt, trägt Verantwortung – nicht nur gegenüber den Behörden, sondern auch gegenüber Umwelt und Gesellschaft.

Der Überblick über die abfallrechtlichen Pflichten zeigt, dass es klare Strukturen gibt – vom Abfallbegriff über die Abfallhierarchie bis hin zu Genehmigungs- und Kontrollverfahren. Zugleich gilt es, diese Vorgaben im betrieblichen Alltag pragmatisch umzusetzen: durch fachlich geschulte Verantwortliche, rechtssichere Abläufe und eine vorausschauende Planung bei Genehmigungs- oder Änderungsverfahren.

Mit dem weiteren Ausbau der Kreislaufwirtschaft und den zunehmend ambitionierten Vorgaben auf europäischer Ebene – etwa im Rahmen des European Green Deals oder durch neue Produktverantwortungsregeln[1350] – wird sich das Abfallrecht künftig weiterentwickeln. Die Bedeutung von Recycling, Sekundärrohstoffen und digitalen Nachweis- und Informationssystemen wird dabei weiter zunehmen.

Für Unternehmen und Behörden heißt das: Abfallrechtliche Compliance wird nicht einfacher – aber sie wird immer zentraler für eine nachhaltige Wirtschaft. Wer sich frühzeitig mit den Anforderungen vertraut macht, schafft nicht nur Rechtssicherheit, sondern auch Wettbewerbsvorteile in einer ressourcenorientierten Zukunft.

1350 Für eine detailliertere Abhandlung zur erweiterten Hersteller:innenverantwortung siehe Kap 7.6.3.

7.6.2. Der Abfallbegriff im Wandel: Schlüsselkonzept der Kreislaufwirtschaft

Patrick Petschinka

7.6.2.1. Ausgangspunkt

Abfall oder Produkt, das ist hier die Frage. Eine Frage, die die Rechtswissenschaft seit jeher beschäftigt und in der Praxis von entscheidender Bedeutung ist.[1351] Geht es doch darum, ob Personen das rigide Regime des AWG 2002[1352] zu beachten haben oder nicht.

Der Abfallbegriff markiert damit den Geltungsbereich des Abfallwirtschaftsrechts und entscheidet darüber, ob Stoffe am Produktmarkt gehandelt werden dürfen oder im Rahmen eines behördlichen Systems zu behandeln sind. Die Trennlinie zwischen Abfallwirtschafts- und Produktrecht ist aber oft schwierig zu ziehen,[1353] weshalb sich die Eingangsfrage als besonders diffizil erweist.

Die Antwort hängt davon ab, wie der Abfallbegriff ausgestaltet und ausgelegt wird. In Österreich hat sich eine äußerst weite Auslegung etabliert.[1354] Das ist dann sinnvoll, wenn die Abfallwirtschaft primär auf Entsorgung ausgerichtet ist, weil so nachteilige Auswirkungen auf die Gesundheit und die Umwelt bestmöglich vermieden werden können. Allerdings erfasst ein weiter Abfallbegriff unweigerlich auch Stoffe, die ohne Risiko für Gesundheit und Umwelt als Produkte behandelt werden könnten. Anders gesagt: Eine weite Auslegung kann innovative und nachhaltige Geschäftsmodelle zuweilen in das Abfallwirtschaftsrecht drängen.

Vor diesem Hintergrund schickt sich die EU seit Jahren an, das traditionelle (lineare) Wirtschaftsmodell in eine Kreislaufwirtschaft zu transformieren.[1355] Die Vision ist bekannt, die Eingangsfrage wohl relevanter denn je.

7.6.2.2. Systematisierung des Abfallwirtschaftsrechts

Die Behandlung der Frage ist untrennbar damit verbunden, wie das Abfallwirtschaftsrecht grundlegend verstanden wird. Wie kaum ein anderes Gebiet sitzt es an der Nahtstelle zwischen Umwelt und Wirtschaft, wo Schutz- und Nutzinteressen einander gegenüberstehen. Es soll einerseits die Umwelt schützen, andererseits den nachhaltigen Umgang mit Ressourcen fördern.[1356]

Das AWG 2002 richtet sein Hauptaugenmerk bislang auf das Schutzinteresse. Der Gesetzgeber sieht Abfall als potenzielle Gefahr und begegnet dieser vor allem mit klassischen Instrumenten des Ordnungsrechts.[1357] Eine nachhaltige Kreislaufwirtschaft erfordert jedoch

1351 Der Beitrag basiert auf Petschinka, Abfallbegriff und Kreislaufwirtschaft (2025).
1352 BGBl I 2002/102 idF BGBl I 2024/84.
1353 Dazu auch EuGH 18.12.1997, C-129/96, Inter-Environnement Wallonie/Région wallonne Rz 33.
1354 Für einen Überblick siehe anstatt vieler Petschinka, Die Reparatur (des Abfallbegriffs) als notwendiger Schritt in Richtung Kreislaufwirtschaft, RdU-U&T 2020, 43 (46 ff).
1355 Vgl nur ErwGr 1 RL (EU) 2018/851 des Europäischen Parlaments und des Rates vom 30.5.2018 zur Änderung der RL 2008/98/EG über Abfälle, ABl L 2018/150, 109.
1356 Vgl Piska, Das Recht des Abfallmanagements I: Grundlagen (2007) 223; Berl/Forster, Abfallwirtschaftsrecht[2] (2020) Rz 1 ff; Petschinka, Abfallbegriff 20 ff.
1357 Berl/Forster, Abfallwirtschaftsrecht[2] Rz 2.

eine stärkere Ausrichtung nach dem Nutzinteresse.[1358] Demnach müssen potenzielle Abfälle zunehmend als Ressourcen verstanden werden. Dafür sind strukturelle Anpassungen, eine verstärkte legistische Berücksichtigung und eine Neuausrichtung der Vollziehung notwendig.

Ein solcher Wandel hat bereits eingesetzt: Während früher die Entsorgung im Mittelpunkt der Abfallwirtschaft stand, geht es heute darum, Abfall von vornherein zu vermeiden.[1359] Das zeigt insbesondere die Abfallhierarchie des § 1 Abs 2 AWG 2002, die die Abfallvermeidung an oberste Stelle setzt. Zugleich ist die Abfallwirtschaft so auszurichten, dass die Kreislaufwirtschaft gefördert wird.[1360]

Damit diese Zielsetzungen nicht bloße Programmsätze bleiben, müssen sie sich in konkreten Bestimmungen des AWG 2002 und in deren Auslegung widerspiegeln. Der Abfallbegriff ist dabei ein zentraler Faktor. Denn die Frage, wann ein Stoff als Abfall gilt, ist nicht nur juristisch, sondern auch ökologisch und wirtschaftlich grundlegend.

Der Umfang des Abfallbegriffs hängt stark von umwelt- und wirtschaftspolitischen Zielen ab. Eine primär am Umweltschutz ausgerichtete Abfallwirtschaft wird den Abfallbegriff anders – nämlich weiter – begreifen als eine auf Nachhaltigkeit und Ressourcenschonung abzielende Kreislaufwirtschaft.[1361] Anders gesagt: Ein zu enger Begriff könnte Gesundheits- und Umweltrisiken bergen, während ein zu weiter Begriff nachhaltige Innovationen behindern kann.

Im Ergebnis verlangt die Wahrung der Interessen im skizzierten Spannungsfeld zwischen Umwelt und Wirtschaft einen Balanceakt.[1362]

7.6.2.3. Abfallbegriff

Der Gesetzgeber definiert Abfall in § 2 Abs 1 AWG 2002 als bewegliche Sachen,[1363] deren sich der Besitzer entledigen will oder entledigt hat („subjektiver Abfallbegriff") oder deren Sammlung, Lagerung, Beförderung und Behandlung als Abfall erforderlich ist, um die öffentlichen Interessen des § 1 Abs 3 AWG 2002 nicht zu beeinträchtigen („objektiver Abfallbegriff"). Es handelt sich um einen alternativen Tatbestand.[1364]

Der subjektive Abfallbegriff wird gemäß § 2 Abs 1 Z 1 AWG 2002 durch das Merkmal der Entledigung gekennzeichnet. Mangels Definition haben Rechtsprechung und Literatur versucht, den Begriff zu konturieren. Eine Entledigung liegt nach dem weiten Begriffsverständnis des VwGH vor, wenn die Weitergabe der Sache in erster Linie darauf abzielt, diese loszuwerden, und darin das überwiegende Motiv bzw das Hauptmotiv für die Weitergabe gelegen sei.[1365] Folglich wurde eine Entledigung etwa angenommen,

1358 Vgl Neitsch, Vom Schutzinteresse zum Nutzinteresse – steht das klassische Abfallrecht der Wiederverwendung im Weg? Überlegungen aus der Re-Use-Praxis, in Piska/Lindner (Hrsg), Jahrbuch Abfallwirtschaftsrecht 2015 (2015) 325.

1359 Zur historischen Entwicklung Piska, Grundlagen 15 ff.

1360 § 1 Abs 2a Z 4 AWG 2002.

1361 Vgl Stampfer, Das Recht der Abfallwirtschaft (1986) 20; Kubanek, Perspektiven der Abfallwirtschaft nach der B-VG-Novelle 1988 (1991) 18; Petschinka, Abfallbegriff 55 ff.

1362 Ähnlich Berl/Forster, Abfallwirtschaftsrecht[2] Rz 4.

1363 Die Begriffe „Sachen" und „Stoffe" werden hier synonym verwendet.

1364 VwGH 23.2.2012, 2008/07/0179; 24.11.2016, Ro 2014/07/0024.

1365 VwGH 15.9.2005, 2003/07/0022; 24.11.2016, Ro 2014/07/0024; 24.4.2018, Ra 2018/05/0034.

wenn Gebrauchtkleidung in einen Altkleidercontainer eingeworfen,[1366] Lawinenholz verbrannt[1367] oder bei einem Bauvorhaben anfallender Bodenaushub vom Anfallsort abtransportiert wird.[1368]

Diese Auslegung leuchtet nicht unmittelbar ein. Bei zahlreichen Weitergaben wird das überwiegende Motiv darin liegen, die Sache „loszuwerden", ohne dass damit abfallwirtschaftliche Intentionen verbunden wären (zB Verkauf oder Schenkung überflüssiger Gegenstände). Überzeugender ist es daher, den Begriff in einen abfallwirtschaftlichen Kontext zu setzen und auf das Vorliegen einer abfallwirtschaftlichen Widmung abzustellen.[1369] Demnach ist zu prüfen, ob der Besitzer die Sache zu Abfall machen möchte („entledigen will") oder bereits zu Abfall gemacht hat („entledigt hat").[1370]

Beispiele hierfür sind das Einwerfen in Sammelbehälter wie Container oder Tonnen, das Abstellen von Müllsäcken an der Straße zur Abholung sowie die Übergabe an Entsorgungs- oder Sammelbetriebe. Auch illegale Entsorgungsformen („wildes Deponieren" oder „Littering") fallen darunter.[1371]

Der objektive Abfallbegriff des § 2 Abs 1 Z 2 AWG 2002 beruht im Kern auf zwei Merkmalen: den öffentlichen Interessen des § 1 Abs 3 AWG 2002 und der Erforderlichkeit. Der Katalog an öffentlichen Interessen ist auffallend weit gefasst und adressiert nicht nur abfallspezifische Gefahren.[1372] Exemplarisch sei hier bloß auf die Verursachung von Lärm in § 1 Abs 3 Z 6 AWG 2002 verwiesen. Hinzu kommt, dass die Vollziehung die öffentlichen Interessen zuweilen überspannt[1373] und bereits die bloße Möglichkeit ihrer Beeinträchtigung ausreichen lässt, um Abfall anzunehmen; ein Gefahrennachweis oder eine detaillierte Untersuchung ist nicht erforderlich.[1374] Dies führt zu einer weiten Auslegung des objektiven Abfallbegriffs, während das Merkmal der Erforderlichkeit gänzlich in Vergessenheit geraten scheint.[1375]

Zur Veranschaulichung kann die Rechtsprechung zu Kfz herangezogen werden: Nicht trockengelegte Kfz sind nach der Lebenserfahrung aufgrund der vorhandenen umweltrelevanten Mengen an gefährlichen Anteilen oder Inhaltsstoffen als gefährlicher Abfall zu qualifizieren. Der VwGH verneint die Abfalleigenschaft nur dann, wenn die Kfz trockengelegt sind oder bestimmungsgemäß verwendet werden.[1376]

1366 VwGH 25.9.2014, Ro 2014/07/0032.

1367 VwGH 22.3.2012, 2010/07/0178.

1368 VwGH 25.2.2009, 2008/07/0182; 24.4.2018, Ra 2018/05/0034; 30.3.2020, Ro 2019/05/0015.

1369 Vgl Piska, Grundlagen 106 ff, 234 ff; Petschinka, Abfallbegriff 68 ff.

1370 N. Wimmer, Zum Abfallbegriff im österreichischen Recht, ÖJZ 1992, 719 (721); Piska, Grundlagen 238, 240; Kneihs/T. Weber, Abfallwirtschaftsrecht, in Holoubek/Potacs (Hrsg), Öffentliches Wirtschaftsrecht I[4] (2019) 1489 (1503); Petschinka, RdU-U&T 2020, 46.

1371 Vgl B. Raschauer, Der Abfallbegriff des Abfallwirtschaftsgesetzes, ecolex 1990, 645 (646); Piska, Grundlagen 129, 239; Petschinka, Abfallbegriff 87 ff, 102 ff, jeweils mwN.

1372 Dazu ausführlich Petschinka, Abfallbegriff 107 ff.

1373 ZB VwGH 23.2.2012, 2011/07/0233, in dem es um die Abfalleigenschaft eines „Kunstwerks" ging; dazu pointiert Bergthaler, Der Anfang vom Ende des Abfalls, RdU-U&T 2021, 1: „Es ist unzweifelhaft bisweilen eine Kunst, zwischen Abfallart und Abfall-Art zu unterscheiden".

1374 Exemplarisch VwGH 20.5.2010, 2008/07/0122.

1375 Dazu ausführlich Petschinka, Abfallbegriff 126 ff.

1376 Zuletzt VwGH 12.11.2024, Ra 2023/07/0174; siehe dazu Piska/Petschinka, VwGH zur Abfalleigenschaft von Unfallfahrzeugen: Reparatur fehlgeschlagen, ecolex 2025, 602.

Die bestimmungsgemäße Verwendung bildet nämlich eine Ausnahme vom objektiven Abfallbegriff (§ 2 Abs 3 AWG 2002), die die Rechtsprechung allerdings restriktiv auslegt.[1377] So wurde eine bestimmungsgemäße Verwendung verneint, wenn ein Kfz zum „Ausschlachten" dient und die Komponenten als Ersatzteile verwendet werden sollen,[1378] wenn ein Lieferwagen als Lagerstätte verwendet werden soll,[1379] wenn ein fahruntaugliches Kfz als Freizeitbeschäftigung repariert werden soll[1380] oder wenn ein Kfz nur mehr in unwirtschaftlicher Weise für seinen Zweck nutzbar gemacht werden kann.[1381] Dabei wird übersehen, dass Gegenstände häufig auch andere Verwendungszwecke als den ursprünglichen haben können[1382] – eine grundlegende Erkenntnis für die Kreislaufwirtschaft. Schließlich ist ein zentraler Baustein dieses regenerativen Systems, Gegenstände möglichst lange (bestimmungsgemäß) zu verwenden und die Entstehung von Abfällen zu vermeiden.[1383]

Dass Stoffe die Abfalleigenschaft wieder verlieren und als Produkte dem herkömmlichen Wirtschaftskreislauf zugeführt werden können (Abfallende nach § 5 AWG 2002), sei am Rande angemerkt.

7.6.2.4. (Rechts-)Folgen für die Kreislaufwirtschaft

Werden Stoffe als Abfall qualifiziert, sind auf der Rechtsfolgenseite zahlreiche Beschränkungen und Pflichten zu beachten. Sie reichen von Handhabungsvorschriften über Aufzeichnungs- und Meldepflichten bis hin zur Pflicht, behördliche Genehmigungen einzuholen.[1384] Verstöße gegen diese Vorgaben können mit Verwaltungsstrafen von bis zu 41.200 € sowie abfallpolizeilichen Behandlungsaufträgen geahndet werden. Primärer Pflichtadressat ist der Abfallbesitzer, also der „Abfallerzeuger oder jede Person, welche die Abfälle innehat".[1385]

Nach der allgemeinen Behandlungspflicht des § 15 AWG 2002 sind Abfälle in einer bestimmten Art und Weise zu sammeln, zu befördern, zu lagern und zu behandeln. Dabei sind die Ziele des Gesetzes (§ 1 AWG 2002) sowie folgende Grundsätze zu beachten:

- Vermischungs- und Vermengungsverbot: Abfälle dürfen grundsätzlich nicht mit anderen Abfällen oder Stoffen vermischt oder vermengt werden (Abs 2);
- Behandlungsort: Abfälle dürfen nur innerhalb hierfür genehmigter Anlagen oder geeigneter Orte gesammelt, gelagert und behandelt werden (Abs 3);
- Übergabepflicht: Abfälle sind einem berechtigten Sammler oder Behandler zu übergeben,[1386] wenn der Besitzer nicht zu einer entsprechenden Behandlung berechtigt oder imstande ist (Abs 5).[1387]

1377 Vgl die Darstellung bei Berl/Forster, Abfallwirtschaftsrecht² Rz 83.
1378 VwGH 30.9.2010, 2008/07/0170; 25.7.2013, 2013/07/0032; 13.7.2017, Ra 2017/05/0080.
1379 LVwG NÖ 9.3.2016, LVwG-AV-154/001-2015.
1380 LVwG NÖ 10.8.2017, LVwG-S-1621/001-2016.
1381 VwGH 25.7.2013, 2013/07/0032; 20.11.2014, 2012/07/0202; 12.11.2024, Ra 2023/07/0174; kritisch Piska, Im Fokus: Schwächen aktueller abfallwirtschaftsrechtlicher Konzepte, ÖZW 2018, 90 (97 ff); Piska/Winkler, Klassische Automobile im österreichischen Recht, ZVR 2023, 104 (106 f); Petschinka, Abfallbegriff 146 ff; Petschinka/Piska, ecolex 2025, 603 ff.
1382 Vgl Piska, ÖZW 2018, 96; Petschinka, RdU-U&T 2020, 46.
1383 Kneihs/T. Weber in Holoubek/Potacs I⁴ 1501; Petschinka, RdU-U&T 2020, 45 f; ders, Abfallbegriff 138 f.
1384 Kompakt dargestellt bei Berl/Forster, Abfallwirtschaftsrecht² Rz 186 ff.
1385 § 2 Abs 6 Z 1 AWG 2002.
1386 Vgl § 24a AWG 2002.
1387 Die Übergabe hat so rechtzeitig zu erfolgen, dass die öffentlichen Interessen des § 1 Abs 3 AWG 2002 nicht beeinträchtigt werden (mindestens jedoch alle drei Jahre).

Daneben gelten besondere Behandlungspflichten für bestimmte Abfallströme (§ 16 AWG 2002), Aufzeichnungs- und Dokumentationspflichten (§ 17 AWG 2002) sowie eine allgemeine Erlaubnispflicht für die (gewerbsmäßige) Sammlung und Behandlung von Abfällen (§ 24a AWG 2002).[1388] Bei Ablagerungen von Abfällen können zudem die Vorschriften des ALSAG[1389] einschlägig sein, insbesondere im Hinblick auf einen allfälligen Altlastenbeitrag.[1390]

Die Kernpflichten lassen sich kurz am Beispiel der Altkleider und Kfz veranschaulichen:

Das Einwerfen von Kleidung in einen Sammelcontainer gilt als Entledigung und erfüllt sohin den subjektiven Abfallbegriff.[1391] Altkleidersammler benötigen daher eine Erlaubnis gemäß § 24a AWG 2002; Second-Hand-Shops hingegen nicht.[1392] Für beschädigte Kfz folgt aus der Rechtsprechung und dem Pflichtenkatalog, dass sie nach § 15 Abs 5 AWG 2002 nur einem Abfallsammler und -behandler übergeben werden dürfen. Bei landläufigen Verkäufen an Private oder „Kärtchenhändler" drohen Verwaltungsstrafen.[1393] Fraglich ist, ob Private solche Kfz überhaupt selbst reparieren dürfen: Die Reparatur ist in diesem Zusammenhang nämlich eine Abfallbehandlung, zu der nach § 15 Abs 5 AWG 2002 bekanntlich nicht jedermann berechtigt (aber möglicherweise imstande?) ist.[1394]

Vor diesem Hintergrund macht es einen erheblichen Unterschied, ob Stoffe als Abfall oder Produkte qualifiziert werden. Während der Umgang mit Produkten weitgehend frei ist, unterliegt Abfall einem dichten Regelwerk zur Erreichung der abfallwirtschaftlichen Ziele. Das ist nachvollziehbar, kann aber in bestimmten Fällen den Übergang zur Kreislaufwirtschaft behindern. Die Diskussion über das Abfallende ist ein Paradebeispiel dafür.[1395] Auch die abfallwirtschaftsrechtliche Einordnung der Reparatur als besonders nachhaltiges Instrument (Stichwort: Recht auf Reparatur)[1396] verdeutlicht das Spannungsfeld: Strenge Vorgaben können dazu führen, dass reparaturfähige Gegenstände entsorgt werden, obwohl die Wiederverwendung möglich und besonders nachhaltig wäre.

7.6.2.5. Schlussstrich

Es genügt nicht, sich die Kreislaufwirtschaft auf die Fahnen zu schreiben; zumindest genauso wichtig ist es, das Konzept in die Praxis umzusetzen. Unternehmen gehen mit innovativen und nachhaltigen Ideen voran, doch die rechtlichen Rahmenbedingungen bleiben hinter den aktuellen Anforderungen zurück.

1388 Dazu Berl/Forster, Abfallwirtschaftsrecht² Rz 212 ff.

1389 BGBl 1989/299 idF BGBl I 2024/30.

1390 Siehe § 3 ALSAG.

1391 VwGH 25.9.2014, Ro 2014/07/0032.

1392 Zum Hintergrund siehe Petschinka/Piska, Was Altkleider von Secondhandkleidern unterscheidet, RdU-U&T 2021, 3.

1393 Exemplarisch VwGH 12.11.2024, Ra 2023/07/0174.

1394 Dazu ausführlich Petschinka, Abfallbegriff 151 ff.

1395 Siehe zB Krasznai, Vom Abfall zur Ressource: Rechtspolitische Überlegungen und Ansätze für das nationale Abfallende, in Ennöckl/Niederhuber (Hrsg), Umweltrecht. Jahrbuch 2019 (2019) 61; zuletzt auch EuGH 17.11.2022, C-238/21, Porr Bau; zur Aufbereitung der Entscheidung zB M. Eisenberger, Abfallende: a never ending story? RdU-U&T 2024, 5.

1396 Vgl Petschinka, RdU-U&T 2020, 44 ff; Piska/Petschinka, Abfallbegriff 2.0: Schließt das „Right to Repair" den Kreislauf? ecolex 2020, 342, jeweils mwN.

Damit zurück zum Beitragstitel: Um den Kreislauf tatsächlich schließen zu können, braucht es ein grundlegendes Umdenken beim Abfallbegriff.[1397] Das Abfallwirtschaftsrecht muss weiterhin vor nachteiligen Umweltauswirkungen schützen, darf aber die Ressourcennutzung nicht unnötig erschweren und so den Übergang zur Kreislaufwirtschaft behindern.[1398] Gefordert ist ein Balanceakt, und zwar sowohl vonseiten der Gesetzgebung als auch vonseiten der Vollziehung. Denn eines steht fest: Der Abfallbegriff ist ein Schlüsselkonzept der Kreislaufwirtschaft!

7.6.3. Verantwortung in der Nachnutzungsphase: Ein Vergleich der erweiterten Herstellerverantwortung in Deutschland und Österreich

Michael Öttinger/Reka Krasznai

7.6.3.1. Einleitung

Ob gebrauchte Batterien, ausgediente Laptops oder leere Plastikflaschen – was passiert mit diesen Produkten, wenn sie nicht mehr gebraucht werden? Für eine funktionierende Kreislaufwirtschaft ist die **erweiterte Herstellerverantwortung** ein entscheidender Faktor.

Erweiterte Herstellerverantwortung – engl Extended Producer Responsibility (EPR) – bedeutet im Wesentlichen, dass die Verantwortung der Hersteller:innen für ihre Produkte über die „Lebensdauer" des Produkts hinaus verlängert wird. Mit anderen Worten: Die Hersteller:innen bleiben auch in der Abfallphase eines Produkts für dessen Bewirtschaftung finanziell und organisatorisch verantwortlich.[1399] Dadurch soll hinreichend sichergestellt werden, dass Abfälle, die von den Regimen der erweiterten Herstellerverantwortung erfasst sind, ordnungsgemäß gesammelt und einer Wiederverwendung bzw Wiederverwertung zugeführt werden. Dies leistet einen entscheidenden Beitrag zur Schließung von Stoffkreisläufen und bei der Verfügbarkeit von qualitativ hochwertigen Sekundärrohstoffen.

Diese Verantwortung der Hersteller:innen wurde auf Unionsebene bislang insbesondere im **Verpackungs-, Batterie- und Elektrogeräterecht** in Form von Richtlinien verankert. Im Gegensatz zu EU-Verordnungen gelten Richtlinien in den Mitgliedstaaten nicht unmittelbar, sondern müssen durch diese in ihre jeweiligen nationalen Rechtsordnungen umgesetzt werden. Dabei gibt die Richtlinie nur die durch die Mitgliedstaaten zu erreichenden Ziele vor, stellt den Mitgliedstaaten jedoch die Art der Umsetzung durch nationale Maßnahmen weitestgehend frei (Art 288 Abs 3 AEUV). Der so in den letzten Jahren entstandene Fleckerlteppich an unterschiedlichen innerstaatlichen Um-

1397 So bereits Petschinka, RdU-U&T 2020, 43.

1398 Vgl Krasznai in Ennöckl/Niederhuber 78; Petschinka, RdU-U&T 2020, 48.

1399 Vgl die Legaldefinition der „erweiterten Herstellerverantwortung" in Art 3 Nr 21 der Abfallrahmenrichtlinie 2008/98/EG: „ein Bündel von Maßnahmen, die von Mitgliedstaaten getroffen werden, um sicherzustellen, dass die Hersteller der Erzeugnisse die finanzielle Verantwortung oder die finanzielle und organisatorische Verantwortung für die Bewirtschaftung in der Abfallphase des Produktlebenszyklus übernehmen." Die OECD-Definition lautet: "an environmental policy approach in which a producer's responsibility, physical and/or financial, for a product is extended to the post-consumer stage of a product's life cycle." Vgl dazu OECD (2001) Extended Producer Responsibility: A Guidance Manual for Governments, OECD, March, Paris, 18.

setzungsregelungen ist ein massiver Hemmschuh für EU-weit agierende Unternehmen und bindet erhebliche Kapazitäten. Daher wird das bisherige Richtlinienrecht zwecks besserer Harmonisierung der einzelstaatlichen Rechtsvorschriften zunehmend durch eine europarechtliche Verordnungsgesetzgebung abgelöst und fortentwickelt. Allerdings werden die Verordnungsbestrebungen in diesen Bereichen nicht zu einer Vollharmonisierung zwischen den Mitgliedstaaten führen. Dies rührt daher, dass der europäische Gesetzgeber in den grundsätzlich für alle betroffenen Akteur:innen verbindlichen Verordnungen (Art 288 Abs 2 AEUV) gerade die Aspekte der erweiterten Herstellerverantwortung in signifikantem Umfang wiederum den nationalen Gesetzgebern zur Ausgestaltung der relevanten Details überlässt. Die nationalen Unterschiede knüpfen in diesem Kontext bereits bei den ganz grundlegenden Marktzugangsvoraussetzungen an und erfordern von betroffenen Wirtschaftsakteur:innen eine EU-weit abgestimmte Umsetzungsstrategie.

Im folgenden Kapitel werden die – derzeit jedenfalls – bestehenden **Unterschiede der deutschen bzw österreichischen Umsetzung** der erweiterten Herstellerverantwortung in den genannten Rechtsbereichen **überblicksmäßig** dargestellt und beschrieben, welche **Auswirkungen** sich daraus für die Praxis ergeben.

7.6.3.2. Batterierecht

Die neue **Batterieverordnung (EU) 2023/1542**[1400] (BattVO) hat mit Wirkung zum 18.2.2024 zu einer Revolution im Batterierecht[1401] und damit gleichermaßen auch in den Grundlagen der erweiterten Herstellerverantwortung geführt. Zahlreiche batteriebezogene Nachhaltigkeits-, Sicherheits- und Kennzeichnungspflichten sind und werden seit dem 18.8.2024 schrittweise auf EU-Ebene vollständig harmonisiert. Im Gegensatz dazu bieten die Artikel 54 ff BattVO, ähnlich wie die frühere Batterierichtlinie 2006/66/EG[1402], nur allgemeine Rahmenvorgaben zur erweiterten Herstellerverantwortung. Die detaillierte Ausgestaltung dieser Vorgaben wird damit (wie auch bisher) den nationalen Gesetzgebern der einzelnen Mitgliedstaaten überlassen, wodurch diesen ein (erheblicher) Spielraum bleibt, die Verantwortung der Hersteller:innen individuell weiter auszugestalten. Bislang war das Batterierecht in Deutschland durch das Gesetz über das Inverkehrbringen, die Rücknahme und die umweltverträgliche Entsorgung von Batterien und Akkumulatoren (**Batteriegesetz** – BattG)[1403] in nationales Recht umgesetzt (dazu unter Kap 7.6.3.2.1.). In Österreich erfolgte die Umsetzung der bisherigen Richtlinie durch das **Abfallwirtschaftsgesetz 2002** (AWG 2002)[1404] und die **Batterienverordnung**[1405] (dazu

1400 Verordnung (EU) 2023/1542 des Europäischen Parlaments und des Rates vom 12. Juli 2023 über Batterien und Altbatterien, zur Änderung der Richtlinie 2008/98/EG und der Verordnung (EU) 2019/1020 und zur Aufhebung der Richtlinie 2006/66/EG, ABl L 191 vom 28.7.2023.

1401 So auch Öttinger, Die EU-Batterieverordnung – Neue Pflichten für Akteure der Batteriewirtschaft, 2024, S 42.

1402 Richtlinie 2006/66/EG des Europäischen Parlaments und des Rates vom 6. September 2006 über Batterien und Akkumulatoren sowie Altbatterien und Altakkumulatoren und zur Aufhebung der Richtlinie 91/157/EWG, ABl 2006 L 365, 1.

1403 D-BGBl 2009 I, S 1582 idF D-BGBl 2020 I, S 2280.

1404 Bundesgesetzblatt (Ö-BGBl für Österreich) I 2002/102 idF Ö-BGBl I 2021/200. Die österreichischen Bundes- und Landesregelungen sind, genauso wie die Judikatur der österreichischen Höchstgerichte, über das Rechtsinformationssystem des Bundes – https://www.ris.bka.gv.at/ – abrufbar (zuletzt abgerufen am 7.1.2025).

1405 Ö-BGBl II 2008/159 idF Ö-BGBl II 2021/311.

unter Kap 7.6.3.2.2.). Die nationalen Rechtsakte waren spätestens bis zum 18.8.2025 an die Vorgaben der BattVO anzupassen. In Deutschland erfolgte die Anpassung mit Wirkung zum 7.10.2025 durch das Gesetz zur Durchführung der Verordnung (EU) 2023/1542 betreffend Batterien und Altbatterien (Batterierecht-Durchführungsgesetz – BattDG).[1406] In Österreich soll die Anpassung durch ein Begleitgesetz zur Umsetzung der BattVO erfolgen, doch ist dessen Erlassung immer noch ausständig.[1407]

7.6.3.2.1. BattDG Deutschland

Die **zentrale Marktzugangsvoraussetzung** für Batterien in Deutschland ist die **Registrierung** nach § 5 BattDG bei der Stiftung elektro-altgeräte register (Stiftung ear), welche vor dem Inverkehrbringen erfolgen muss. Neben der fehlenden Verkehrsfähigkeit von Batterien ohne eine ausreichende Registrierung droht in diesem Fall auch eine Geldbuße von bis zu 100.000 €. Darüber hinaus schöpft das Umweltbundesamt (UBA) nach gängiger Verwaltungspraxis auch durch den Verkauf von Batterien nicht registrierter Hersteller:innen erzielte Vorteile (insbesondere also ersparte Aufwendungen und erzielte Gewinne) nach § 17 Abs 4 OWiG ab.[1408] Nach dem BattDG haben Hersteller:innen ohne Niederlassung in Deutschland die Pflicht, eine:n Bevollmächtigte:n mit der Aufgabenerfüllung zu beauftragen.

Auch die Erfüllung der **Rücknahmepflichten** der Hersteller:innen nach §§ 7 ff BattDG stellt eine Marktzugangsvoraussetzung dar, wobei zwischen Gerätebatterien und LV-Batterien einerseits und Starter-, Industrie- und Elektrofahrzeugbatterien andererseits zu unterscheiden ist. Für Gerätebatterien beteiligen Hersteller:innen sich in aller Regel nach § 7 Abs 1 BattDG an einer bestehenden Organisation für Herstellerverantwortung. Die Händler:innen, also diejenigen, die gewerbsmäßig Batterien auf dem Markt bereitstellen, mit Ausnahme der Erzeuger:innen und Einführer:innen, sind verpflichtet, Batterien unentgeltlich zurückzunehmen, sich einer Organisation für Herstellerverantwortung anzuschließen und dieser die gesammelten Altbatterien zu überlassen (Art. 62 BattVO und §§ 14, 18 BattDG), wobei die Händler:innen seit dem 18.8.2025 verpflichtet sind, die Kosten für die Rücknahme, Sortierung, Verwertung und Beseitigung von Altbatterien gegenüber den Endkund:innen getrennt auszuweisen Art 74 Abs 5 BattVO und § 24 BattDG).

7.6.3.2.2. AWG 2002 und Batterienverordnung in Österreich

Der Österreichische Gesetzgeber ist mit der Erlassung der nationalen Anpassunsgregelungen zur BattVO säumig (dazu schon unter Kap 7.6.3.2.). Dies hat zur Folge, dass seit 18.8.2025 die Regelungen zur Abfallbewirtschaftung aus der BattVO zwar unmittelbar gelten, daneben jedoch auch noch die bisherigen nationalen Regelungen, insbesondere die österreichische Batterienverordnung, in unionsrechtskonformer Auslegung zu be-

1406 D-BGBl 2025 I, Nr 233.

1407 Laut Auskunft des zuständigen Bundesministeriums für Land- und Forstwirtschaft, Klima- und Umweltschutz, Regionen und Wasserwirtschaft (BMLUK) verzögern zahlreiche inhaltlichen Fragestellungen zur Harmonisierung des derzeit geltenden nationales Rechts mit der BattVO die nationalen Anpassungsmaßnahmen. Vgl hierzu https://www.bmluk.gv.at/themen/klima-und-umwelt/abfall-und-kreislaufwirtschaft/kreislaufwirtschaft/elektroaltgeraete/uebergangsregelungen.html (abgerufen am 13.10.2025).

1408 Vgl zu weiteren Details und einer kritischen Würdigung dieser Praxis Öttinger, ZfPC 2023, 40 ff.

rücksichtigen sind.[1409] Daraus ergibt sich aktuell eine fragmentierte und daher unübersichtliche rechtliche Situation. Vor allem stellt sich der direkte Vergleich zur deutschen Rechtslage etwas komplex dar. Dennoch lassen sich gewisse, gegenwärtig jedenfalls bestehende, Unterschiede zwischen den beiden Rechtssystemen herausfiltern.

Die Unterschiede der österreichischen Rechtslage zum deutschen Batterienrecht beginnen bereits bei der **Definition des Begriffs „Hersteller:in"**, sprich der Umschreibung jenes Personenkreises, an den sich die Vorgaben der erweiterten Herstellerverantwortung bezüglich Batterien richten. So gilt in Deutschland seit Inkrafttreten des BattDG und in Ergänzung der Hersteller:indefinition der BattVO auch ein:e Händler:in, der:die vorsätzlich oder fährlässig Batterien von Herstellern:innen bereitstellt, die oder deren Bevollmächtigte nicht oder nicht ordnunsgegemäß registriert sind, als „Hersteller: in".[1410] Eine solche Regelung ist dem österreichischen Recht fremd. Auch definiert das AWG 2002 in Abweichung zur unionsrechtlichen und somit nunmehr auch zur deutschen Hersteller:indefinition Importeure von Batterien nicht ausdrücklich als Hersteller:in.[1411] Dafür wird bei der österreichischen Begriffsbestimmung zwischen Hersteller: innen unterschieden, die Batterien an Letztverbraucher oder an andere als Letztverbraucher vertreiben. Daran anknüpfend sind auch die Regelungen zur Bestellung eines:r Bevollmächtigten divergent: :Ausländische Versandhändler:innen, dh Personen ohne Sitz oder Niederlassung in Österreich, die Batterien oder Akkumulatoren mittels Fernkommunikationstechnik direkt an Letztverbraucher:innen vertreiben (§ 12b Abs 1 AWG 2002), müssen eine:n Bevollmächtigte:n zur Erfüllung der batterierechtlichen Verpflichtungen bestellen. Ausländische Personen, die Batterien oder Akkumulatoren an andere als Letztverbraucher:innen vertreiben, können eine bevollmächtigte Person bestellen, sind dazu aber nicht verpflichtet (§ 12b Abs 2 AWG 2002).

Auch nach österreichischem Batterienrecht haben sich Hersteller:innen von Batterien oder Akkumulatoren zu registrieren und bestimmte in § 22 Abs 1 Batterienverordnung normierte Daten dem:der zuständigen Bundesminister:in über das EDM-Portal[1412] bekannt zu geben. Im Unterschied zum deutschen BattG hat die **Registrierung** jedoch nicht zwingend im Vorfeld zu erfolgen, sondern kann innerhalb von einem Monat nach Aufnahme der Tätigkeit nachgeholt werden. Ein Verstoß gegen die Registrierungspflicht wird mit einer Geldstrafe bis zu 3.400 € sanktioniert.

Im Hinblick auf die **Rücknahmeverpflichtung** normiert das AWG 2002 für Hersteller: innen von Geräte- oder Fahrzeugbatterien eine Verpflichtung zur **Teilnahme an einem Sammel- und Verwertungssystem** (§ 13a Abs 3 AWG 2002). Hersteller:innen von Industriebatterien können ihre Verpflichtung zur Rücknahme der Batterien vertraglich an ein genehmigtes Sammel- und Verwertungssystem für Industriebatterien überbinden (§ 16 Abs 2 Batterienverordnung) oder ihre Rücknahmeverpflichtungen individuell erfüllen (§ 13a Abs 5 AWG 2002).

1409 Vgl Auskunft des BMLUK, abrufbar unter https://www.bmluk.gv.at/themen/klima-und-umwelt/abfall-und-kreislaufwirtschaft/kreislaufwirtschaft/elektroaltgeraete/uebergangsregelungen.html (abgerufen am 13.10.2025).

1410 § 3 Z 1 BattDG.

1411 Vgl im Gegensatz dazu die Hersteller:innendefinition betreffend Elektro- und Elektronikgeräte, die in § 12a Abs 1 Z 3 AWG 2002, ausdrücklich auch den Importeur erfasst (dazu unter Kap 7.6.3.4.2.).

1412 www.edm.gv.at, abgerufen am 5.8.2025.

7.6.3.3. Verpackungsrecht

Aktuell basiert das EU-Verpackungsrecht noch auf der Richtlinie 94/62/EG über Verpackungen und Verpackungsabfälle[1413], welche jedoch mit Wirkung Mitte 2026 durch die neue **EU-Verordnung über Verpackungen und Verpackungsabfälle**[1414] abgelöst werden wird. In Deutschland sind die verpackungsrechtlichen Vorgaben zur erweiterten Herstellerverantwortung im Gesetz über das Inverkehrbringen, die Rücknahme und die hochwertige Verwertung von Verpackungen (**Verpackungsgesetz** – VerpackG)[1415] enthalten (dazu unter Kap 7.6.3.3.1.). In Österreich erfolgte die Umsetzung der Richtlinie durch das **AWG 2002** und die **Verpackungsverordnung 2014**[1416] (dazu unter Kap 7.6.3.3.2.). In beiden Mitgliedstaaten werden gesetzliche Neuregelungen im Hinblick auf die EU-Verpackungsverordnung erforderlich werden, welche jedoch im Detail aktuell noch nicht absehbar sind.

7.6.3.3.1. VerpackG in Deutschland

Die erste Weichenstellung im deutschen Verpackungsrecht erfolgt im sachlichen Anwendungsbereich danach, ob es sich bei einer Verpackung entweder um eine **systembeteiligungspflichtige Verpackung** im Sinne von § 3 Abs 8 VerpackG oder um eine **nicht-systembeteiligungspflichtige Verpackung** handelt. Systembeteiligungspflichtige Verpackungen sind „mit Ware befüllte Verkaufs- und Umverpackungen, die nach Gebrauch typischerweise bei privaten Endverbraucher:innen als Abfall anfallen". Zur Bestimmung der Systembeteiligungspflicht hat die zuständige Zentrale Stelle Verpackungsregister (ZSVR) den unverbindlichen, aber in der behördlichen Praxis in aller Regel maßgeblichen Katalog Systembeteiligungspflicht[1417] veröffentlicht.

In persönlicher Hinsicht sind die Hersteller:innen der Verpackungen, also diejenigen, die erstmals eine Verpackungseinheit aus Ware und Verpackung gewerbsmäßig in Deutschland in Verkehr bringen (§ 3 Abs 14 VerpackG), die **Primärverpflichteten**. Ihnen obliegt die **Registrierung** im „LUCID"-Portal der ZSVR nach § 9 VerpackG als Marktzugangsvoraussetzung, sodass Verpackungen erst dann in Verkehr gebracht werden dürfen, wenn der Registrierungsbescheid bekannt gegeben wurde, was ab dem Zeitpunkt der vollständigen Antragstellung durchaus mehrere Wochen in Anspruch nehmen kann. Nicht in Deutschland niedergelassene Hersteller:innen können nach § 33 Abs 2 VerpackG eine:n Bevollmächtigte:n benennen, müssen dies aber nicht; vielmehr können sich diese Akteur:innen auch selbst im deutschen Register registrieren und ihren Pflichten nachkommen.

Im Anschluss an die Registrierung ist für systembeteiligungspflichtige Verpackungen eine kostenpflichtige **Systembeteiligung** bei einem der privatrechtlich organisierten Rücknahmesysteme nach § 7 VerpackG verpflichtend. Nach § 10 VerpackG sind im Rahmen der

1413 Richtlinie 94/62/EG des Europäischen Parlaments und des Rates v 20.12.1994 über Verpackungen und Verpackungsabfälle, ABl 1994 L 365, 10.

1414 Verordnung (EU) 2025/40 des Europäischen Parlaments und des Rates vom 19. Dezember 2024 über Verpackungen und Verpackungsabfälle, zur Änderung der Verordnung (EU) 2019/1020 und der Richtlinie (EU) 2019/904 sowie zur Aufhebung der Richtlinie 94/62/EG, ABl L vom 22.1.2025.

1415 Bundesgesetzblatt (D-BGBl für Deutschland) 2017 I, S 2234 idF D-BGBl 2021 I, S 4363.

1416 Ö-BGBl II 2014/184 idF Ö-BGBl II 2021/597.

1417 Abrufbar unter: https://www.verpackungsregister.org/stiftung-behoerde/katalog-systembeteiligungspflicht, abgerufen am 08.10.2025.

Systembeteiligung sodann bestimmte Daten zum Inverkehrbringen von Verpackungen an die Systeme und die ZSVR zu melden (§ 10 VerpackG) und ab dem Erreichen bestimmter Mengenschwellen durch eine geprüfte Vollständigkeitserklärung bei der ZSVR nachzuweisen (§ 11 VerpackG). Für nicht systembeteiligungspflichtige Verpackungen besteht nach § 15 VerpackG hingegen nur eine Pflicht zur Eigenrücknahme mit flankierenden Dokumentations- und Informationspflichten. In der Praxis wird diese Rücknahme jedoch vertraglich zulässigerweise vielfach komplett ausgeschlossen.

7.6.3.3.2. AWG 2002 und Verpackungsverordnung 2014 in Österreich

Die Vorgaben der erweiterten Herstellerverantwortung im Verpackungsbereich gelten für „**Primärverpflichtete von Verpackungen**". Darunter fallen nach § 13g Abs 1 AWG 2002 nicht nur Hersteller:innen und Importeure von Verpackungen, sondern auch Abpacker:innen, Versandhändler:innen oder sogenannte Eigenimporteur:innen, dh Personen hinsichtlich der Verpackungen von Waren, die sie für den Betrieb des eigenen Unternehmens erworben haben und die im Unternehmen als Abfall anfallen. Voraussetzung ist – bis auf Versandhändler:innen – ein Sitz oder eine Niederlassung im österreichischen Bundesgebiet. Ausländische Versandhändler:innen haben demgegenüber gemäß § 12b Abs. 1 AWG 2002 eine:n Bevollmächtigte:n zu bestellen, die:der für die Erfüllung der Verpflichtungen gemäß der Verpackungsverordnung 2014 verantwortlich ist. Primärverpflichtete, im Fall des Versandhandels auch die:der Bevollmächtigte, haben ihre Tätigkeit dem:der zuständigen Bundesminister:in über das EDM-Portal bekanntzugeben und sich zu registrieren.

Im Gegensatz zum deutschen Verpackungsrecht wird in Österreich nicht zwischen systembeteiligungspflichtigen und nicht-systembeteiligungspflichtigen Verpackungen unterschieden. Das AWG 2002 unterwirft Primärverpflichtete aller Verpackungsarten – sowohl **Haushaltsverpackungen** als auch **gewerbliche Verpackungen**[1418] – der **Pflicht zur Teilnahme an einem genehmigten Sammel- und Verwertungssystem.**[1419] Ausnahmen bestehen lediglich für Eigenimporteur:innen (§ 13g Abs 2 AWG 2002). Diese können die bei ihnen anfallenden Verpackungen selbst einem Recycling bzw einer Verwertung zuführen.[1420]

Im Detail wird die Teilnahmepflicht in der Verpackungsverordnung 2014 geregelt, wobei für Haushaltsverpackung und gewerbliche Verpackung unterschiedliche Vorgaben bestehen. Dementsprechend ist die Abgrenzung zwischen den beiden Verpackungsarten wesentlich und hat nach den Regelungen der **Verpackungsabgrenzungsverordnung** zu

---

1418 Als Haushaltsverpackungen gelten nach § 13h Abs 1 AWG 2002 Verpackungen, die üblicherweise in privaten Haushalten anfallen oder aber von anderen (gewerblichen) Anfallstellen stammen, sofern die Verpackungen mit jenen aus privaten Haushalten vergleichbar sind (zB aus Gaststätten, Hotels, Kantinen, Bildungseinrichtungen, Kinos, Sportstätten) und eine bestimmte Größe (Fläche ≤ 1,5 m², Hohlkörper mit Nennfüllvolumen ≤ 5 l, EPS ≤ 0,15) nicht überschreiten. Demgegenüber zählen als gewerbliche Verpackungen gemäß § 13h Abs 2 AWG 2002 alle Verpackungen, die keine Haushaltsverpackungen darstellen, Transportverpackungen aus Papier, Karton, Pappe oder Wellpappe, Paletten sowie Umreifungs- und Klebebänder und generell alle Verpackungen, die zwar definitionsgemäß einer Haushaltsverpackung entsprechen, jedoch nicht von haushaltsnahen Anfallstellen stammen.

1419 Während für Haushaltsverpackungen die Teilnahmepflicht bereits mit 1.1.2015 eingeführt wurde, gilt sie für gewerbliche Verpackungen erst seit 1.1.2023. Grund für die Einführung im letzteren Fall waren große Defizite bei der getrennten Sammlung in betrieblichen Anfallstellen (vgl ErlRV 1104 BlgNR 28. GP 15).

1420 ErlRV 1104 BlgNR 28. GP 15.

erfolgen.[1421] Bei begründeten Zweifeln, welcher Produktgruppe eine Verpackung zuzuordnen ist, kann gemäß § 6 Abs. 5 AWG 2002 ein entsprechender **Antrag auf Feststellung** bei dem:der zuständigen Bundesminister:in[1422] gestellt werden, die:der innerhalb von drei Monaten einen Feststellungsbescheid zu erlassen hat.

7.6.3.4. Elektro- und Elektronikgeräterecht

Das Elektro- und Elektronikgeräterecht wird auf EU-Ebene aktuell durch die Richtlinie 2012/19/EU (sog **WEEE-Richtlinie**)[1423] vorgeprägt, welche zumindest bislang noch nicht auf dem Weg zu einer unmittelbar geltenden Verordnung ist. Die WEEE-Richtlinie wurde in Deutschland durch das Gesetz über das Inverkehrbringen, die Rücknahme und die umweltverträgliche Entsorgung von Elektro- und Elektronikgeräten (**Elektro- und Elektronikgerätegesetz** – ElektroG)[1424] in nationales Recht umgesetzt (dazu unter Kap 7.6.3.4.1.). In Österreich erfolgte die Umsetzung durch das **AWG 2002** und die **Elektroaltgeräteverordnung**[1425] (dazu unter Kap 7.6.3.4.2.).

7.6.3.4.1. ElektroG in Deutschland

Einleitend ist auf eine Besonderheit der deutschen **Herstellerdefinition** aus § 3 Nr 9 ElektroG hinzuweisen. Während Art 3 Abs 1 Buchst f) der WEEE-Richtlinie für die Qualifikation als Hersteller:in, außer bei Fernabsatzvertreiber:innen, die Niederlassung in dem Mitgliedstaat voraussetzt, in dem die Elektrogeräte angeboten werden, ist diese Voraussetzung im ElektroG gerade nicht enthalten. Demnach können auch nicht in Deutschland niedergelassene Akteur:innen Hersteller:in im Sinne des ElektroG sein. Allerdings müssen diese, im Unterschied zum VerpackG und zum BattG, nach § 8 ElektroG eine:n in Deutschland ansässige:n Bevollmächtigte:n beauftragen.

Die grundlegende Marktzugangsvoraussetzung ist nach § 6 ElektroG auch hier eine von der BattG-Registrierung unabhängige **Registrierung** bei der zuständigen Stiftung ear. Für die Bestimmung der Art und des Umfangs der **Rücknahmepflichten** kommt es darauf an, ob es sich um Geräte handelt, die potenziell auch in privaten Haushalten genutzt werden können oder um Geräte zur ausschließlichen Nutzung in anderen als privaten Haushalten.[1426] Die Rücknahme von Altgeräten aus privaten Haushalten durch die Hersteller:innen erfolgt nach §§ 14 ff ElektroG auf Basis einer behördlichen Anordnung durch die Abholung voller Sammelcontainer bei den öffentlich-rechtlichen Entsorgungsträgern, Aufstellung neuer, leerer Container und Vorbereitung zur Wiederverwendung, Behandlung oder Verwertung der in den abgeholten Containern befindlichen Altgeräte. Für Altgeräte aus anderen als privaten Haushalten besteht nach § 19 ElektroG wiederum

1421 Ö-BGBl II 2015/10 idF BGBl II 2020/631. Nähere Infos bzw Leitfäden dazu gibt es auf der Website des BMLUK: https://www.bmluk.gv.at/themen/klima-und-umwelt/abfall-und-kreislaufwirtschaft/kreislaufwirtschaft/verpackungen/abgrenzung.html, abgerufen am 13.10.2025.

1422 Zuständig ist der Bundesminister für Land- und Forstwirtschaft, Klima- und Umweltschutz, Regionen und Wasserwirtschaft.

1423 Richtlinie 2012/19/EU des Europäischen Parlaments und des Rates vom 4. Juli 2012 über Elektro- und Elektronik-Altgeräte, ABl 2012 L 197, 38.

1424 D-BGBl 2015 I, S 1739 idF D-BGBl 2022 I, S 2240.

1425 Ö-BGBl II 2005/121 idF Ö-BGBl II 2020/272.

1426 Bzgl weiterer Details vgl Hilf/Schleifenbaum, in: Giesberts/Hilf, ElektroG Kommentar, 3. Aufl 2018.

eine Eigenrücknahmepflicht seitens der Hersteller:innen gegenüber den Endnutzer:innen, wobei vertraglich nur die ansonsten von den Hersteller:innen zu tragenden Entsorgungskosten auf die Endnutzer:innen abgewälzt werden können und ein vollständiger Ausschluss seit 2022 unzulässig ist.

7.6.3.4.2. AWG 2002 und Elektroaltgeräteverordnung in Österreich

Die **Hersteller:innendefinition** im AWG 2002 stellt im Einklang mit der WEEE-Richtlinie, aber im Gegensatz zum deutschen Recht, auf eine Niederlassung in Österreich ab (vgl § 12a Abs 1 Z 1 bis 3 AWG 2002). Ausgenommen davon sind nach § 12a Abs 1 Z 5 AWG 2002 Fernabsatzvertreiber:innen und – im Unterschied zu den unionsrechtlichen Vorgaben – gemäß § 12a Abs 1 Z 4 AWG 2002 jene Personen, die Elektro- oder Elektronikgeräte in Österreich an andere als Letztverbraucher:innen vertreiben, ihren Sitz in einem anderen EU-Mitgliedstaat haben und nach Maßgabe von § 21a Elektroaltgeräteverordnung eine:n Bevollmächtigte:n zur Erfüllung ihrer Herstellerverpflichtungen bestellt haben. Während für die letztgenannten Vertreiber:innen die Bestellung einer bevollmächtigten Person nicht zwingend ist, haben Fernabsatzvertreiber:innen jedenfalls eine:n Bevollmächtigte:n zu bestellen.

Hersteller:innen von Elektro- und Elektronikgeräten haben sich über das **EDM-Portal zu registrieren** (§ 13a Abs 5 AWG 2002). Die **Pflicht zur Teilnahme an einem Sammel- und Verwertungssystem** besteht nach § 13a Abs 3 Z 1 AWG 2002 lediglich für Hersteller:innen von Elektroaltgeräten, welche bis zum Ablauf des 12.8.2005 in Verkehr gesetzt wurden. Hersteller:innen von Elektro- und Elektronikgeräten für private Haushalte, die nach dem genannten Zeitpunkt in Verkehr gesetzt wurden, sind zur Teilnahme an einem Sammel- und Verwertungssystem berechtigt, können ihre Rücknahmeverpflichtungen aber auch individuell erfüllen (vgl § 7 Abs 3 Elektroaltgeräteverordnung). In diesem Fall haben sie zumindest eine Sammelstelle in jedem politischen Bezirk zu errichten, an denen Elektro- und Elektronik-Altgeräte unentgeltlich zurückgenommen werden (§ 13a Abs 1 AWG 2002, § 7 Abs 1 Elektroaltgeräteverordnung) und ihre Tätigkeit als „individuelle:n Rücknehmer:in“ bei der:dem zuständigen Bundesminister:in im EDM-Portal anzuzeigen (§ 13a Abs 4 AWG 2002). Hersteller:innen, die Elektro- und Elektronikgeräte für gewerbliche Zwecke in Verkehr setzen, haben ihre Rücknahmeverpflichtung jedenfalls selbst zu erfüllen und die Rücknahme grundsätzlich unentgeltlich durchzuführen.[1427]

7.6.3.5. Auswirkung der nationalen Unterschiede auf die Praxis

Die praktischen Auswirkungen der national unterschiedlichen Regime der erweiterten Herstellerverantwortung – wie anhand der deutschen und österreichischen Rechtsordnung demonstriert – liegen auf der Hand: Im Rahmen des grenzüberschreitenden Wirtschaftsverkehrs ist es nicht ausreichend, sich mit den unionsweit geltenden Vorgaben auseinanderzusetzen. Vielmehr müssen die **innerstaatlichen Umsetzungsakte genau studiert** werden, um in jedem Mitgliedstaat rechtskonform tätig werden zu können.

1427 Bei historischen Altgeräten (Inverkehrbringen vor dem 13.8.2005) bzw Photovoltaikmodulen (Inverkehrbringen 1.7.2014) besteht eine 1:1-Rücknahmeverpflichtung nur bei Verkauf eines gleichartigen Neugerätes.

Konkret bedeutet dies, dass EU-weit agierende Unternehmen für jeden Mitgliedstaat **separat prüfen** müssen, welche Produkte Gegenstand eines Regimes der erweiterten Herstellerverantwortung sind, welche Rollendefinitionen jeweils gelten und welche Pflichten daraus resultieren. Ganz entscheidend für eine lückenlose Umsetzung ist dabei auch eine **gute Datenbasis** in Bezug auf die pro Mitgliedstaat erforderlichen Daten, welche nicht unbedingt deckungsgleich sein und daher mitgliedstaatsspezifisch erfasst und aufbereitet werden müssen. Gerade in größeren Konzernen zeigt die Erfahrung, dass eine reibungsfreie Umsetzung nur dann gelingen kann, wenn die Konzernzentrale und die jeweiligen nationalen (Vertriebs-)Organisationen ein **gemeinsames Verständnis** von den relevanten Rollenzuordnungen und den konzerninternen Umsetzungsmaßnahmen haben. Hierfür bietet sich in der Regel **eine Kontaktperson oder -abteilung in der Zentrale** an, die die Themen unternehmensweit bündelt und, je nach der gewählten Umsetzungsstruktur, unterstützend oder operativ koordiniert.

Aufgrund der stetig zunehmenden Komplexität der Materie wird die **EPR-Compliance** künftig jedenfalls nicht mehr als bloße Randerscheinung vernachlässigt werden dürfen. Denn neben den zunehmenden Umsetzungsherausforderungen steigt auch der behördliche und gesellschaftliche Umsetzungsdruck zur Erreichung einer funktionierenden Kreislaufwirtschaft, um das Ziel der Entkoppelung des (notwendigen) Wachstums vom damit einhergehenden Ressourcenverbrauch zu erreichen.

7.6.3.6. Fazit

Trotz der zunehmenden **Harmonisierungstendenzen** auf EU-Ebene im Bereich der erweiterten Herstellerverantwortung durch Verordnungsrecht gibt es deutliche **Unterschiede** bei der nationalen Umsetzung der unionsrechtlichen Vorgaben.

So bestehen allein zwischen der deutschen und österreichischen Rechtsordnung diverse Unterschiede in wesentlichen Eckpunkten der erweiterten Herstellerverantwortung, wie etwa bei der Hersteller:innendefinition, der verpflichtenden Teilnahme an einem Sammel- und Verwertungssystem oder bei den Anforderungen an die behördliche Registrierung.

Diese Unterschiede werden wohl auch in Zukunft bestehen bleiben und müssen bei grenzüberschreitenden Sachverhalten bei der Vorbereitung bedacht werden. Selbst wenn die verstärkte, EU-rechtliche Verordnungstendenz künftig, wie intendiert, zu einer stärkeren Vereinheitlichung führen wird, ist nicht zu erwarten, dass dies bis in die letzten Details hineinreichen wird. Damit wird es auch künftig bei einer **mitgliedstaatsspezifischen Betrachtung** bleiben müssen, worauf die Compliance-Architektur eingestellt und ausgerichtet sein sollte.

8. Mehr als Unternehmen – Kooperation, Kompetenzaufbau und neue Wege

8.1. Ökosysteme, Innovation und Kooperation

8.1.1. Systemischer Wandel braucht Profis: Die Rolle der Transition Brokers

Ladeja Godina Košir/Mina Mansoor Rankel

8.1.1.1. Navigation in der systemischen Transformation

Befinden Sie sich in der Situation, dass Sie scheinbar alles richtig gemacht haben – Ihr Team mobilisiert, ambitionierte Nachhaltigkeitsziele formuliert, visionäre Fahrpläne erstellt – und trotzdem fehlt etwas Entscheidendes? Sie sind nicht allein. Willkommen in der „chaotischen Mitte“ der systemischen Transformation.

In der heutigen Unternehmenswelt reicht es nicht mehr, sich zu mutigen Nachhaltigkeitszielen zu bekennen. Die eigentliche Arbeit beginnt nach den Absichtserklärungen – wenn Organisationen erkennen, dass der Weg von traditionellen Wertschöpfungsketten hin zu kollaborativen, regenerativen Wertsystemen mehr als nur Engagement erfordert. Es braucht tiefgreifende, manchmal unbequeme Zusammenarbeit.

Beteiligte Akteur:innen müssen nicht nur ihre Ambitionen abstimmen, sondern sich auch ihren Ängsten stellen, alte Muster verlernen und neue Wege der Wertschöpfung gemeinsam entwickeln – Wege, die regenerativ statt extraktiv, resilient statt zerbrechlich sind. Vertrauen wird zur unverzichtbaren Währung. Vernetzung und gegenseitige Abhängigkeit sind keine Option mehr, sondern Grundlage für Überleben und Erfolg. Kein Unternehmen – so mächtig es auch sein mag – kann diesen Wandel allein bewältigen. Und ja, eine gemeinsame Ausrichtung lässt sich in Workshops oder Strategierunden leicht vereinbaren – doch diese in dauerhaftes Handeln zu übersetzen, ist ein ganz anderes Spiel.

Es reicht nicht, wenn eine „Aufsicht“ darauf achtet, dass alle brav mitspielen. Es braucht jemanden mit weitreichenderen Fähigkeiten: Es braucht unabhängige, vertrauenswürdige Navigator:innen. Jemanden, der komplexe Stakeholder-Dynamiken orchestrieren, ambitionierte Ziele in greifbare Ergebnisse übersetzen und die kollektive Dynamik auch in schwierigen Momenten aufrechterhalten kann. An dieser Stelle kommen **Transition Brokers** ins Spiel.

8.1.1.2. Verständnis der Rollen: Orchestratoren, Facilitatoren und Transition Brokers

In der Steuerung komplexer Transformationsprozesse ist Zusammenarbeit keine Option, sondern Notwendigkeit. Doch obwohl viel von Partnerschaften die Rede ist, bleibt oft unklar, wer systemische Ambitionen tatsächlich in Bewegung bringt. Orchestratoren geben die strategische Richtung vor – gleich einem Dirigenten ermöglichen sie das harmonische Zusammenspiel der Vielzahl an Instrumenten. Facilitatoren agieren als Vermittler, Begleiter oder Moderatoren und schaffen Räume für Dialog – doch **Transition Brokers** sind diejenigen, die systemischen Wandel konkret vorantreiben. Sie verknüpfen Strategien und Diskussionen mit tatsächlichen Ergebnissen, die ganze Systeme verändern.

Ohne ihre Beteiligung bleiben selbst durchdachte Strategien oft folgenlos. Alle drei Rollen – Orchestratoren, Facilitatoren, Transition Brokers – sind zentral für die Umsetzung der Kreislaufwirtschaft. Aber wenn es darum geht, ambitionierte Pläne in reale Veränderungen zu überführen, sind **Transition Brokers** oft das entscheidende Bindeglied.

> Ein Transition Broker ist eine unabhängige, proaktive Person, die unterschiedlichste Akteure miteinander verbindet, ausrichtet und zur Zusammenarbeit befähigt, um systemischen Wandel zu beschleunigen. Sie agieren zwischen Politik, Wirtschaft, Zivilgesellschaft und Wissensinstitutionen und übersetzen kollektive Ambitionen in konkrete Maßnahmen.[1428] (Cramer, 2020)

Rolle	Orchestratoren	Facilitatoren	Transition Brokers
Hauptfunktion	Rahmen für systemischen Wandel schaffen, Innovationsökosysteme strategisch unterstützen	Kommunikation und Dialog ermöglichen	Praktischen Wandel vorantreiben, Strategie in Realität umsetzen
Arbeitsweise	Strategisch, mit vordefinierten Agenden, zentralen Strukturen und Förderprogrammen	Schaffen Dialogräume, moderieren neutral, fördern Verständigung	Übersetzen strategische Rahmen in lokale Umsetzung, bauen Netzwerke, überwinden Blockaden
Ebene	Makro/Systemisch/Strategisch	Mikro/Prozess- und Interaktionsebene	Meso bis Mikro/Branchen-, Projekt- oder Gemeindeebene
Unterscheidungsmerkmal	Geben Vision und Struktur, setzen Rahmen	Fördern Interaktion, begleiten Prozesse	Führen Wandel durch Umsetzung an vorderster Front
Stakeholderarbeit	Binden Institutionen ein, koordinieren Netzwerke	Fördern Vertrauen und Dialog	Verknüpfen Interessen, koordinieren Umsetzung auf Bodenebene
Einflussform	Strategisch, finanzierend, rahmensetzend	Vertrauensbildend, dialogorientiert	Hands-on, ergebnisorientiert
Wirkung	Sektorübergreifende Koordination	Förderung gemeinsamer Lösungsfindung	Umsetzung strategischer Ziele durch konkrete Maßnahmen

Tab 19: Vergleich der Rollen – Orchestratoren/Facilitatoren/Transition Brokers

1428 Cramer, J.C. 2020 The Function of Transition Brokers in the Regional Governance of Implementing Circular Economy—A Comparative Case Study of Six Dutch Regions. Available from: https://www.researchgate.net/publication/342328715_The_Function_of_Transition_Brokers_in_the_Regional_Governance_of_Implementing_Circular_Economy-A_Comparative_Case_Study_of_Six_Dutch_Regions, abgerufen am 21.6.2025.

8.1.1.3. Das Mindset von Transition Brokers: Die Kunst produktiver „Schizophrenie"

Strategie allein reicht nicht mehr. Entscheidend ist, wer Visionen in die Realität bringt – genau hier machen Transition Brokers den Unterschied.

Die Rolle eines Transition Brokers ist komplex. Sie verlangt eine seltene Kombination vermeintlich widersprüchlicher Eigenschaften: Führung und Zuhören, systemisches Denken und pragmatische Umsetzung, Unternehmergeist und diplomatisches Geschick. Sie sind Brückenbauer, Katalysatoren der Zusammenarbeit, Veränderungsmacher:innen.

Sie führen und hören zu, denken systemisch und handeln praktisch – oft alles im selben Gespräch. Bei Netzwerktreffen werden sie für ihre Rolle gefeiert, doch meist haben sie keine offizielle Position oder faire Bezahlung. Ohne sie stockt der Wandel – mit ihnen kommt er in Bewegung. Doch solange sie als ehrenamtliche „Helden" behandelt werden statt als strategische Profis, bleibt ihr Potenzial ungenutzt. Ihre Wirkung braucht Struktur, Ressourcen und Anerkennung.

Kompetenz	Beschreibung
Unternehmerischer Geist & Risikobereitschaft	Komfortzone verlassen, dranbleiben, aktiv Verbindungen nachverfolgen
Inspiration & Motivation	Andere für zirkuläre Projekte begeistern
Systemisches Denken & Pragmatismus	Ganzheitlich denken und dabei praktikabel bleiben
Niedrigschwellige Kommunikation	Zirkuläre Konzepte verständlich und anschlussfähig vermitteln
Gemeinwohlorientierung	Professionell und neutral im Sinne kollektiver Ziele handeln
Wissen über Kreislaufwirtschaft & Politik	Breites Verständnis für Innovationen, Geschäftsmodelle und politische Dynamiken
Brückenbau Politik & Organisation	Systemische Barrieren abbauen und Akteure auf allen Ebenen verbinden

Tab 20: Zentrale Kompetenzen von Transition Brokers

8.1.1.4. Praxisbeispiele: Amsterdam & Zasavje

8.1.1.4.1. Amsterdam, Niederlande

Die Erfahrung in der Metropolregion Amsterdam zeigte: Ohne klare Umsetzungsverantwortung scheitern selbst ambitionierte Strategien. Jacqueline Cramer erkannte, dass viele Vorhaben wegen fehlender Koordination ins Stocken geraten.

Die Lösung: Unabhängige Transition Brokers wurden in die regionale Governance integriert. Diese vernetzten Wirtschaft, Politik, Wissenschaft und Zivilgesellschaft und brachten Projekte wie zirkuläres Bauen, Textilwiederverwertung oder biobasierte Materialien in die Umsetzung. Sie sorgten für Anschlussfähigkeit zwischen politischen Entscheidungen, wirtschaftlichen Interessen und gesellschaftlichem Nutzen.

„Ohne jemanden, der den Prozess kontinuierlich steuert, gewinnt Fragmentierung über Ambition.“ (*Jacqueline Cramer*)

8.1.1.4.2. Zasavje, Slowenien

In der ehemaligen Kohleregion Zasavje realisierte das Team des Circular Change Instituts 2024 die **Circular Academy for Just Transition** – ein Lernformat zur Stärkung lokaler Akteure. Drei wegweisende Initiativen wurden entwickelt:

- **Zirkuläre Industriezone:** Industrielle Symbiose und lokale Energiegemeinschaft
- **Regenerativer Tourismus:** Umnutzung postindustrieller Landschaften
- **Innovative Materialien:** Biobasierte und mikroverstärkte Baustoffe

Diese Projekte zeigen, wie Transition Brokers Visionen in messbare Wirklichkeit übersetzen – durch Koordination, Partnerschaft und Umsetzungsorientierung.

8.1.1.5. Von der Aufsicht zur Navigatorin: Die Rolle institutionalisieren

Im Kontext der Kreislaufwirtschaft ist klar: Gute Absichten reichen nicht. Es braucht kompetente Navigator:innen – Transition Brokers – um Visionen in die Realität zu bringen. Der Weg zur Institutionalisierung dieser Rolle umfasst fünf Schritte:

1. **Formale Anerkennung**
   Transition Brokers als zentrale Akteure in Organisationen und Strategien verankern.
2. **Kompetenzentwicklung**
   Trainings- und Zertifizierungsprogramme etablieren.
3. **Strukturelle Integration**
   Transition Brokers in Teams und Governance-Strukturen einbetten.
4. **Nachhaltige Finanzierung**
   Finanzierung durch Projekte, Personalbudgets oder langfristige Programme sichern.
5. **Sichtbarkeit & Wirkung**
   Erfolgsgeschichten und Wirkungen dokumentieren und kommunizieren.

8.1.1.6. Fazit

Die EU-Kreislaufstrategie zeigt deutlich: Kein Unternehmen, keine Institution, kein Sektor kann den Wandel allein vollziehen. Es braucht kollektive Entschlossenheit – und Menschen, die diese Zusammenarbeit gestalten.

Transition Brokers ermöglichen genau das: Räume, in denen Akteure gemeinsam scheitern, lernen, neu denken – und kreislauffähige Systeme real aufbauen. Dies ist kein Spiel um Compliance oder Konkurrenzfähigkeit. Es geht darum, wie wir leben, arbeiten und gemeinsam Werte schaffen wollen.

Führen Sie den Wandel an. Ermöglichen Sie Transition Brokern ihre Arbeit. Gestalten Sie eine kreislauffähige Zukunft.

8.1.2. Circular Hubs: Knoten der Transformation?

Mariella Schimatzek/Armin Kratzer

8.1.2.1. Einführung

Viele Herausforderungen des 21. Jahrhunderts lassen sich als sogenannte wicked problems[1429] beschreiben. Diese sind komplex, vielschichtig und schwer zu definieren. Entscheidungen müssen unter hoher Unsicherheit getroffen werden, weil es keine einfachen oder eindeutigen Lösungen gibt. Jüngere Studien[1430] legen nahe, dass auch die Kreislaufwirtschaft ein solches wicked problem darstellt, da sie langfristige und radikale Veränderungen hin zu neuen Produktions- und Konsummustern erfordert – und es dafür keine Blaupause gibt.

Um diesen Wandel trotzdem zu gestalten, gewinnt eine transformationsorientierte Innovationspolitik zunehmend an Bedeutung.[1431] Im Gegensatz zur klassischen Innovationspolitik, die primär auf wirtschaftliches Wachstum abzielt, fokussiert sie sich auf gesellschaftliche Herausforderungen und deren systemische Lösungen. Dabei stehen regionale und kontextabhängige Ansätze im Zentrum, die lokale Akteure einbinden und spezifische Lösungspfade entwickeln[1432]. Ein vielversprechendes Konzept, das die veränderte Innovationspolitik im Kontext von Kreislaufwirtschaft widerspiegelt, sind Circular Hubs – regionale Anlaufstellen, die als Knotenpunkte für Innovation, Kooperation und Wissenstransfer im Sinne einer Kreislaufwirtschaft fungieren und die in Europa mehr und mehr an Bedeutung gewinnen[1433].

Die Notwendigkeit solcher Hubs ergibt sich aus den Anforderungen der Kreislaufwirtschaft: Kein Unternehmen und keine Organisation kann die Kreislaufwirtschaft allein umsetzen, es ist ein kollaboratives Konzept[1434]. Im Gegensatz zur linearen Wirtschaft, die auf direkten Beziehungen zwischen Rohstofflieferanten, Unternehmen, Vertrieb und Verbrauchern basiert, erfordert die Kreislaufwirtschaft kollaborative Partnerschaften und Netzwerke von interdependenten Akteuren. Diese Transformation erfordert einen Verhaltenswandel der beteiligten Akteure – von autonomen Wirtschaftseinheiten hin zu kooperativen Partnerschaften, die auf Vertrauen und einem gemeinsamen Verständ-

1429 Rittel/Webber, Dilemmas in a general theory of planning, Policy Sci 1973, 155.

1430 Palmer-Abbs/Deshpande/Karl, Enabling transition thinking on complex issues (wicked problems): A framework for future circular economic transitions of plastic management in the Norwegian fisheries and aquaculture sectors, Journal of Cleaner Production 2024, 141420.

1431 Isaksen/Trippl/Mayer, Regional innovation systems in an era of grand societal challenges: reorientation versus transformation, European Planning Studies 2022, 2125; Schot/Steinmueller, Three frames for innovation policy: R&D, systems of innovation and transformative change, Research Policy 2018, 1554; Trippl/Benner/Baumgartinger-Seiringer, Regionale Innovations- und Wirtschaftspolitik in Zeiten transformativen Wandels: Der CORIS-Ansatz als Orientierungsrahmen, Standort 2023.

1432 Tödtling/Trippl/Desch, New directions for RIS studies and policies in the face of grand societal challenges, European Planning Studies 2022, 2139.

1433 Siehe ua Büttner/Irrek/Handmann, Kompetenzzentrum Circular Economy mit regionaler Hub-Struktur, in Büttner/Handmann/Irrek (Hrsg), Transformation zur Circular Economy (2024) 199; Mendez Alva/Boever/van Eetvelde, Hubs for Circularity: Geo-Based Industrial Clustering towards Urban Symbiosis in Europe, Sustainability (Switzerland) 2021, 13906.

1434 Eisenreich/Füller, You Can't Go Circular Alone – A Stakeholder Approach to Circular Innovation, CE 2023; Ziegler/Bauwens/Roy/Teasdale/Fourrier/Raufflet, Embedding circularity: Theorizing the social economy, its potential, and its challenges, Ecological Economics 2023, 107970.

nis basieren. Die Identifikation und Förderung der Vernetzung und Kooperation zwischen Stakeholdern, wie sie durch Hubs gewährleistet wird, ist daher ein entscheidender Faktor der Transformation hin zu einer zirkulären Wirtschaft[1435]. Ähnlich wie Cluster tragen Circular Hubs so zur Reduktion von Transaktionskosten[1436] bei, indem sie Kommunikations- und Koordinationsaufwände verringern, die bei der Zusammenarbeit zwischen heterogenen Akteuren auftreten.

Obwohl Netzwerke und Cluster zur Industrial Symbiosis – also der gemeinsamen Nutzung von Ressourcen, Energie, Materialien und Infrastruktur durch Unternehmen – bereits gut erforscht sind[1437], steht die Forschung zur konkreten Ausgestaltung und Funktion von Circular Hubs noch am Anfang[1438]. Zwar beleuchten Mendez Alva/Boever/van Eetvelde[1439] Circularity Hubs in Europa, legen dabei jedoch den Fokus auf deren Erfassung und geografische Verortung. Andere Arbeiten[1440] widmen sich spezifischen Prinzipien oder Teilaspekten von Circular Hubs, ohne jedoch deren praktische Umsetzung umfassend zu betrachten.

Daher untersucht dieses Kapitel, welche zentralen Funktionen und Gestaltungsansätze Circular Hubs übernehmen können, um als transformative Knotenpunkte in der Kreislaufwirtschaft zu fungieren. Diese Forschungsfrage wird durch eine Literaturanalyse sowie empirische Ergebnisse der Machbarkeitsstudie des Circular Hub Tirol (2023) und Zwischenergebnisse des laufenden Interreg-Europe-Projekts CHEERS4EU adressiert. Die Ergebnisse vergleichen verschiedene Ansätze für Circular Hubs und plädieren für ein europäisches Netzwerk regional eingebetteter Circular Hubs, um deren größtmögliche Wirkung zu entfalten.

Circular Hub Tirol

In der 2021 beschlossenen Tiroler Nachhaltigkeits- und Klimastrategie[1441] definiert das Land Tirol Ziele für eine nachhaltige Entwicklung bis 2030. Im ersten Maßnahmenprogramm[1442] erging der Auftrag an die Standortagentur Tirol, eine Anlaufstelle für Kreislaufwirtschaft zu schaffen.

Im ersten Schritt wurde eine Machbarkeitsanalyse durchgeführt mit dem Ziel, Wissen zu Herausforderungen in der Kreislaufwirtschaft zu generieren. Dies umfasst einerseits, bestehende Aktivitäten von Tiroler Unternehmen zu Kreislaufwirtschaft, und andererseits, deren konkreten Unterstützungsbedarf zu erheben. Die Analyse umfasste folgende Bestandteile: Recherche und Austausch mit bestehenden regionalen und überregionalen Netzwerken, Durchführung einer quantitativen Um-

1435 European Commission, Just Transition Platform case study .

1436 Siehe Williamson, The Economics of Organization: The Transaction Cost Approach, American Journal of Sociology 1981, 548.

1437 ZB Domenech/Bleischwitz/Doranova/Panayotopoulos/Roman, Mapping Industrial Symbiosis Development in Europe_ typologies of networks, characteristics, performance and contribution to the Circular Economy, Resources, Conservation and Recycling 2019, 76.

1438 Khitous/Strozzi/Urbinati/Alberti, A Systematic Literature Network Analysis of Existing Themes and Emerging Research Trends in Circular Economy, Sustainability (Switzerland) 2020, 1633.

1439 Mendez Alva/Boever/van Eetvelde 2021.

1440 Ua Premyanov/Roma-Athanasiadou/Metta/Tsoniotis/Angelidou/Tsolakis, Circular Entrepreneurship via Makerspaces Towards Fostering Sustainable Cities: A Mixed-Method Approach with Case Studies, CE 2024; Runiewicz-Wardyn, Linking Circular Innovation with 'Open Innovation' Paradigm: A Stakeholder Approach, CE 2023.

1441 Amt der Tiroler Landesregierung, Leben Mit Zukunft. Tiroler Nachhaltigkeits- und Klimastrategie (2021).

1442 Leben Mit Zukunft. Tiroler Nachhaltigkeits- und Klimastrategie. Maßnahmenprogramm 2022–2024 (2022).

frage bei Tiroler Unternehmen, Durchführung qualitativer Interviews mit Expert:innen aus Wissenschaft, Wirtschaft und Verwaltung, Erstellung einer Stakeholder- und Netzwerkanalyse, Durchführung eines Pilotprojekts „Transformationsbegleitung Kreislaufwirtschaft".

Basierend auf diesen Erkenntnissen aus der Machbarkeitsanalyse wurden das Geschäftsmodell, die Struktur und die Themenfelder für den Circular Hub Tirol festgelegt. In den ersten drei Jahren (Aufbauphase) wird ein operatives Modell verfolgt[1443]. Durch den bewussten Verzicht auf formelle Mitgliedschaften und deren finanzielle Beiträge wird sichergestellt, dass die Sensibilisierung für das Thema Kreislaufwirtschaft eine möglichst breite Zielgruppe erreicht und sich nicht auf jene beschränkt, die Vorreiter im Thema sind. Der offene Zugang fördert den branchenübergreifenden Austausch. In der Aufbauphase fußt das Angebot des Circular Hub Tirol auf vier Säulen: Innovation, Beratung, Wissen und Vernetzung. Durch die aktive Involvierung von Stakeholdern aus Wissenschaft, Wirtschaft, Verwaltung und Intermediären wird ein kollaborativer Multi-Helix-Ansatz sichergestellt. Eine Weiterentwicklung des Geschäftsmodells zu einem eigenständigen Geschäftsmodell mit Verortung im Sinne einer industriell-urbanen Symbiose ist im Anschluss an die Aufbauphase möglich.

8.1.2.2. KMU im Kontext der Kreislaufwirtschaft

Kleine und mittlere Unternehmen (KMU) spielen eine zentrale Rolle im Kontext der Kreislaufwirtschaft. Im Jahr 2022 betrug deren Anteil in den OECD-Ländern durchschnittlich 99 % aller Unternehmen, in Österreich lag er 2023 sogar bei 99,8 %[1444]. Dieser hohe Anteil unterstreicht die Verantwortung der KMU, sowohl global zur Lösung von Umweltproblemen als auch regional zur Transformation beizutragen[1445]. Gleichzeitig fällt es KMU jedoch besonders schwer, Wandelprozesse zu initiieren, wie Studien im Kontext der Kreislaufwirtschaft bestätigen[1446].

Die Schwierigkeiten resultieren vor allem aus internen Faktoren wie begrenzten organisatorischen und finanziellen Ressourcen sowie Flexibilität[1447]. Anders als große Unternehmen verfügen KMU häufig nicht über spezialisierte Abteilungen oder dediziertes Personal für strategische Veränderungen oder Innovationsprojekte. Die internen Ressourcen konzentrieren sich meist auf das Tagesgeschäft, wodurch langfristige Entwicklungen oft in den Hintergrund treten. Investitionen in technologische Anpassungen, Schulungen oder neue Prozesse stellen für KMU oft eine große finanzielle Hürde dar, die sie ohne externe Unterstützung schwer überwinden können[1448]. Eine Umfrage unter Tiroler Unter-

1443 Schaltegger/Freund/Hansen, Business cases for sustainability: the role of business model innovation for corporate sustainability, IJISD 2012, 95.

1444 Bundesministerium für Arbeit und Wirtschaft, KMU im Fokus 2023, https://www.bmaw.gv.at/dam/jcr:86188554-f53f-440c-8f59-dc756d67721a/FINAL%20KMU-FOKUS_2023_barrierefrei_final_21_02.pdf (Stand 2024); OECD, OECD SME and Entrepreneurship Outlook 2023 (2023).

1445 Ahmadov/Durst/Gerstlberger/Kraut, SMEs on the way to a circular economy: insights from a multi-perspective review, Manag Rev Q 2023; Ormazabal/Prieto-Sandoval/Puga-Leal/Jaca, Circular Economy in Spanish SMEs: Challenges and opportunities, Journal of Cleaner Production 2018, 157.

1446 Garrido/Nunes, Implementation of an Ethical Circular Hub: Framework Proposal, EJSD 2023, 109; Jöbstl, Kreislaufwirtschaft in österreichischen KMU: Erfolgsfaktoren und Herausforderungen der Transformation des Produktions- und Logistiksystems vom linearen zum zirkulären Modell (2024); Schöggl/Stumpf/Rusch/Baumgartner, Die Umsetzung der Kreislaufwirtschaft in österreichischen Unternehmen – Praktiken, Strategien und Auswirkungen auf den Unternehmenserfolg, Österr Wasser- und Abfallw 2022, 51; Tamminen/Sell/Forslund/Tipping/Soprana/Bellmann, Trading Services for a Circular Economy (2020).

1447 Mura/Longo/Zanni, Circular economy in Italian SMEs: A multi-method study, Journal of Cleaner Production 2020, 118821.

1448 Arranz/Arroyabe/Fernandez de Arroyabe, Organisational transformation toward circular economy in SMEs. The effect of internal barriers, Journal of Cleaner Production 2024, 142307.

nehmen[1449] hat gezeigt, dass vor allem die Implementierung neuer kreislauffähiger Geschäftsmodelle und die Anpassung von Produktdesigns eine zentrale Hürde darstellen. Maßnahmen mit dem größten Wirkungspotenzial, wie die Entwicklung neuer Geschäftsmodelle oder das Design für Wiederverwendung, befinden sich erst in der Anfangsphase. Dies deckt sich mit der österreichweiten Studie von Schöggl/Stumpf/Rusch/Baumgartner[1450], die erhoben haben, dass mehr als die Hälfte der befragten Unternehmen ihr eigenes Innovationspotenzial in diesem Kontext unterschätzt. Darüber hinaus fehlt es KMU häufig an Wissen über die ganzheitliche Ausrichtung der Kreislaufwirtschaft. Unternehmen fokussieren sich oft auf Compliance und einfache Strategien wie Recycling, während radikalere Ansätze wie Refuse oder Rethink vernachlässigt werden.

Dabei wurde deutlich, dass eine solche Veränderung ein tiefgreifender Change-Prozess ist, welcher umfassend aufgesetzt und begleitet werden muss und in einem Workshop nur angestoßen werden kann[1451]. Für eine erfolgreiche Transformation zur Kreislaufwirtschaft ist es essenziell, dass der Prozess sowohl von der Unternehmensführung proaktiv unterstützt als auch partizipativ umgesetzt wird. Die Evaluierung des Pilotprojektes hat gezeigt, dass der branchenübergreifende Austausch und das Peer-Learning den Unternehmen einen Mehrwert bieten. Hier wird das Potential eines Circular Hubs bestmöglich genutzt: Als zentrale und neutrale Anlaufstelle ist er der geeignete Initiator für diese übergreifende Vernetzung.

Auf externer Ebene fehlen oft geeignete politische Rahmenbedingungen und Förderprogramme, die Unternehmen klare Leitlinien und finanzielle Anreize für die Umstellung bieten könnten. Auch die Marktunsicherheit, geprägt durch unklare Nachfrage nach zirkulären Produkten und die geringe Sensibilisierung der Konsument:innen, stellt ein erhebliches Risiko dar[1452]. Die Vernetzung und Zusammenarbeit mit anderen Akteuren, wie Lieferanten, Kunden und Forschungsinstitutionen, ist für KMUs oft schwierig. KMUs haben in der Regel weder die Zeit noch die Ressourcen, um solche Netzwerke eigenständig aufzubauen. Gleichzeitig fehlen Plattformen und neutrale Vermittler, die den Austausch erleichtern und fördern[1453]. In den Lieferketten ergeben sich weitere Barrieren. Fehlende Datentransparenz, geringe Produktionsvolumen und die Abhängigkeit von Partnern erschweren die Umsetzung zirkulärer Prozesse[1454]. Viele KMUs verfügen zudem über eine geringe Verhandlungsmacht, was die Durchsetzung neuer Ansätze zusätzlich behindert. Dieser Mangel an Kapazitäten, Kompetenzen und Kooperationen verlangsamt Wandelprozesse zur Kreislaufwirtschaft erheblich oder verhindert im schlimmsten Fall deren Initiierung vollständig.

Die allgemeine Darstellung der Herausforderungen in diesem Kapitel sollte nicht darüber hinwegtäuschen, dass sich diese regional unterschiedlich manifestieren. In einigen Regi-

1449 Standortagentur Tirol, Machbarkeitsstudie Circular Hub Tirol (2023).

1450 Schöggl/Stumpf/Rusch/Baumgartner 2022.

1451 Barba Lata/Wiering/Witjes, Problematising Value Retention for a Circular Economy: Dilemmas and New Value Balancing Principles, CE 2023; Eisenreich/Füller, CE 2023.

1452 Ormazabal/Prieto-Sandoval/Puga-Leal/Jaca, Journal of Cleaner Production 2018, 157.

1453 Standortagentur Tirol, Machbarkeitsstudie Circular Hub Tirol.

1454 Jöbstl, Kreislaufwirtschaft in österreichischen KMU: Erfolgsfaktoren und Herausforderungen der Transformation des Produktions- und Logistiksystems vom linearen zum zirkulären Modell.

onen erschweren fehlende politische Leitlinien und Förderprogramme die Umstellung, während in anderen die Marktunsicherheit und das geringe Bewusstsein der Konsument:innen größere Hindernisse darstellen. Hinzu kommen Herausforderungen in den Lieferketten, wie fehlende Datentransparenz und die Abhängigkeit von globalen Partner:innen, die natürlich regional unterschiedlich ausgeprägt sind. Diese Variationen verdeutlichen, dass globale Ziele der Kreislaufwirtschaft auf regionale Besonderheiten abgestimmt werden müssen.

8.1.2.3. Circular Hubs als transformative Knotenpunkte

Circular Hubs sind ein neues Konzept und ihre Definition variiert in der wissenschaftlichen Literatur[1455]. Sie sind ein Knotenpunkt, an dem Ressourcen, Technologie und Wissen entwickelt und geteilt werden, mit dem Ziel, die Transformation zu einem kreislauffähigen Wirtschaftssystem voranzutreiben[1456]. Im Vordergrund steht dabei die Ressourcenneutralität und die damit einhergehende Unabhängigkeit von Rohstoffen sowie Resilienz gegenüber globalen Unsicherheitsfaktoren. Ein regeneratives Wirtschaften und Klimaneutralität sind zusätzliche Ziele, zu denen Circular Hubs einen Beitrag leisten können[1457]. Im Kontext der aktuell ungleichen Ressourcenverteilung sind auch ethische Standards wie transparente Wertschöpfungsketten, faire Arbeitsbedingungen und soziale Gerechtigkeit für Circular Hubs relevant[1458].

In der Literatur wird im Wesentlichen zwischen zwei Konzepten unterschieden. Circular Hubs, welche auf dem Zero-Waste-Prinzip basieren, stellen die sektorübergreifende Wiederverwertung von Ressourcen am Ende ihrer Lebensdauer in den Vordergrund und die damit einhergehende Schonung von Rohstoffen[1459]. Die urban-industrielle Symbiose hingegen fokussiert sich auf Synergien zwischen Industrien und urbanen Lebensräumen mit dem Ziel, Ressourceneffizienz innerhalb einer Region zu verbessern.[1460]

Die Herausforderungen, vor denen Unternehmen, insbesondere KMU, im Kontext der Kreislaufwirtschaft stehen, verdeutlichen die Notwendigkeit, Circular Hubs so zu gestalten, dass sie sowohl regionale Gegebenheiten als auch branchenspezifische Bedürfnisse berücksichtigen[1461]. Dies legt nahe, Circular Hubs nach einem Multi-Helix-Collaboration-Modell auszulegen[1462]. Dieser Ansatz, in welchem Wirtschaft, Wissenschaft, Verwaltung und Zivilgesellschaft kollaborativ arbeiten, bietet einen Rahmen für die Zusammenarbeit unterschiedlicher Anspruchsgruppen und wird dadurch zu einem der

1455 UA Büttner/Irrek/Handmann in Büttner/Handmann/Irrek 199; Garrido/Nunes, EJSD 2023, 109; Mendez Alva/Boever/van Eetvelde, Sustainability (Switzerland) 2021, 13906.

1456 Büttner/Irrek/Handmann in Büttner/Handmann/Irrek 199.

1457 Mendez Alva/Boever/van Eetvelde, Sustainability (Switzerland) 2021, 13906.

1458 Garrido/Nunes, EJSD 2023, 109.

1459 Lansink, Challenging Changes – Connecting Waste Hierarchy and Circular Economy (2017); Mendez Alva/Boever/van Eetvelde, Sustainability (Switzerland) 2021, 13906.

1460 Lombardi/Laybourn, Redefining Industrial Symbiosis, J of Industrial Ecology 2012, 28; van Eetvelde, Industrial Symbiosis, in Krämer/Engell (Hrsg), Resource Efficiency of Processing Plants (2018) 441.

1461 Mendez Alva/Boever/van Eetvelde, Sustainability (Switzerland) 2021, 13906; Runiewicz-Wardyn, CE 2023.

1462 Garrido/Nunes, EJSD 2023, 109; Martini/Tjakraatmadja/Anggoro/Pritasari/Hutapea, Triple Helix Collaboration to Develop Economic Corridors as Knowledge Hub in Indonesia, Procedia – Social and Behavioral Sciences 2012, 130; Runiewicz-Wardyn, CE 2023.

wesentlichen Erfolgsfaktoren für die Transformation und somit die Gestaltung eines Circular Hubs[1463].

Circular Hubs können als zentrale Anlaufstellen fungieren, die Unternehmen mit gezielten Schulungen und Beratungen unterstützen, wovon insbesondere KMU[1464] profitieren. Sie vermitteln Wissen über zirkuläre Geschäftsmodelle und Prozesse, erleichtern den Zugang zu Technologien und Investitionsmöglichkeiten und bieten praxisnahe Lösungen, um Barrieren wie Ressourcen- und Kompetenzmangel oder externe Unsicherheiten wie regulatorische Hürden und Marktvolatilität zu bewältigen. Eine solche bedarfsorientierte Gestaltung kann dazu beitragen, die Entwicklung nachhaltiger Lösungen zu beschleunigen und die Transformation hin zu einer funktionierenden Kreislaufwirtschaft voranzutreiben.

Während die Prinzipien der Kreislaufwirtschaft universell sind – wie die Schonung von Ressourcen, die Minimierung von Abfällen und die Förderung nachhaltiger Wertschöpfungsketten –, erfordern ihre Umsetzung regional angepasste Lösungen. Unterschiede in wirtschaftlichen Strukturen, sektoralen Schwerpunkten und regulatorischen Rahmenbedingungen führen dazu, dass Circular Hubs in ihrer Ausgestaltung und Funktionalität stark variieren.

Einen solchen Ansatz verfolgt das Projekt CHEERS4EU (siehe sogleich), indem es die Erfolgsfaktoren von Circular Hubs in verschiedenen Regionen untersucht und daraus Policy-Empfehlungen ableitet. Dabei wird ein Peer-Learning-Ansatz angewandt, um den Know-how-Transfer zwischen europäischen Regionen sicherzustellen[1465]. Die Circular Hubs der teilnehmenden Regionen unterscheiden sich in Bezug auf Governance-Modelle, sektorale Schwerpunkte und die Struktur der Zusammenarbeit, um auf spezifische regionale Gegebenheiten einzugehen. Diese Unterschiede sind entscheidend, um sowohl lokale Potenziale auszuschöpfen als auch globale Herausforderungen zu bewältigen.

CHEERS4EU

Interreg Europe ist ein Förderprogramm der Europäischen Union, das den Austausch von Wissen und bewährten Praktiken zwischen europäischen Regionen unterstützt. Ziel des Programms ist es, die Wirksamkeit von regionalen Entwicklungsstrategien und politischen Instrumenten zu verbessern, indem Regionen zusammenarbeiten, voneinander lernen und innovative Ansätze teilen. Durch interregionale Kooperationen hilft das Programm, nachhaltige Lösungen für regionale Herausforderungen zu entwickeln, die Kohärenz in der EU zu stärken und den regionalen politischen Einfluss auf soziale, wirtschaftliche und ökologische Ziele zu erhöhen (Interreg Europe Sekretariat 2023).

CHEERS4EU (Circular Hubs serving as an Engine for European Regions to foster a Strong Green Economy for Europe) ist das erste Projekt dieser Art, das sich auf Circular Hubs als Schlüsselakteure zur Beschleunigung von Kreislaufwirtschaft in europäischen Regionen fokussiert. Das Projekt untersucht zentrale Erfolgsfaktoren für die Etablierung und Skalierung solcher Hubs, einschließlich Multi-Helix-Kooperationen, zirkulärer Wertschöpfungsketten und deren sozialer Auswirkungen. CHEERS4EU zielt darauf ab, Erkenntnisse und bewährte Praktiken in regionale politische Instrumente zu integrieren.

1463 Runiewicz-Wardyn, CE 2023.
1464 Büttner/Irrek/Handmann in Büttner/Handmann/Irrek 199.
1465 Interreg Europe Sekretariat, Programme Manual 2021-2027. Version3 (2023).

Durch halbjährliche Study Visits in alle beteiligten Regionen lernen die Teilnehmenden, wie regionale, wirtschaftliche und geografische Besonderheiten die Profile der jeweiligen Circular Hubs beeinflussen.

In der Region Limburg beispielsweise, die traditionell von chemischer Industrie geprägt ist, entstand der 10 Hektar umfassende Brightlands Chemelot Circular Hub als Teil eines 800 Hektar großen chemischen Industrieparks, welcher rund 200 Unternehmen sowie einen Universitätscampus beheimatet. Dieser von der Provinz Limburg mitgegründete Circular Hub operiert als public-private partnership mit Mitgliedsbeiträgen, wodurch das Engagement aller Beteiligten sichergestellt wird[1466]. Als Innovationsökosystem an der Schnittstelle zwischen Wirtschaft, Wissenschaft und Verwaltung ist er ein ideales Beispiel für die Umsetzung eines Triple-Helix-Governance-Modells.

Durch das hohe Engagement der Mitglieder und die räumliche Verortung mit Ansiedlung großer Betriebe und Start-ups sowie einem Campus mit Laborflächen wird ein ideales Umfeld für Innovationen geschaffen. Ein Industriepark ähnlicher Größe wäre in einer Gebirgsregion wie Tirol, mit ausgeprägtem Dienstleistungssektor und überwiegend KMU, weder umsetzbar noch zielführend. Die spezifische Kooperation von Wirtschaft und Wissenschaft jedoch ist ein Ansatz, der in adaptiertem Rahmen auch für andere Regionen realisierbar wäre.

Wenn kein sektorspezifischer Ansatz wie in Brightlands verfolgt wird, ist für die Etablierung eines Circular Hubs meist öffentliche Finanzierung (zB durch eine Förderung) notwendig. In Tirol wurde diese Finanzierung durch die landeseigene Standortagentur in Kombination mit europäischen Förderprogrammen realisiert. Einen ähnlichen Ansatz verfolgt die Region Pardubice in Tschechien. Der dort geplante Circular Hub wird an die regionale Business Development Agency angedockt. In dieser vorerst öffentlich finanzierten Struktur soll er sektoroffen mit Fokus auf Audits für Unternehmen und Künstliche Intelligenz als Enabler für Kreislaufwirtschaft operieren. Für die künftige Ausrichtung sind auch Industriekooperationen mit Sektoren geplant, die hohes Potenzial für Kreislaufwirtschaft aufweisen, wie beispielsweise die Wiederverwertung von Elektrogeräten und deren Komponenten. Auch die Region Coimbra in Portugal setzt auf öffentliche Finanzierung zur Etablierung ihres geplanten Circular Hubs. Ähnlich wie in Tirol und Pardubice wird eine dezentralisierte Struktur verfolgt. Inhaltlich soll sich der Hub jedoch auf agrar-industrielle Symbiose fokussieren.

Die hier beschriebenen Beispiele zeigen, dass Circular Hubs eine Doppelfunktion erfüllen. Zum einen geht es darum, die regionalen Potenziale zu heben und Akteur:innen zu verknüpfen. Das Beispiel Brightlands Circular Space zeigt jedoch auch, dass sie einen wichtigen Beitrag zur Bewältigung globaler Herausforderungen – wie hier zur Plastikverschmutzung – leisten. Zudem dienen Hubs als Plattformen, die dabei unterstützen, Kooperationen entlang der Wertschöpfungskette und idealerweise innerhalb einer Branche aufzubauen. Dabei ist es notwendig, zwischenbetriebliche Konkurrenzverhältnisse zugunsten einer gemeinsamen Vision zurückzustellen. Zusätzlich werden Koope-

1466 European Commission, Just Transition Platform Case Study.

rationen mit relevanten Akteur:innen außerhalb der Wertschöpfungskette wie Forschungseinrichtungen, Zivilgesellschaft und Verwaltung etabliert[1467]

Ein weiterer Enabler von Circular Hubs ist ein funktionierendes Innovationsökosystem. In der Kreislaufwirtschaft lassen sich Innovationen nur schwer durch traditionelle Prozesse erreichen. Stattdessen erfordert es einen Open-Innovation-Ansatz, der interne und externe Akteure in Co-Creation-Prozesse einbindet[1468]. Dies ist besonders relevant, da, wie oben gezeigt wurde, mehr als die Hälfte der Unternehmen ihr eigenes Innovationspotenzial als unzureichend einschätzt, um zirkuläre Geschäftsmodelle, Produkte oder Dienstleistungen umzusetzen. Circular Hubs bieten daher eine wichtige Grundlage, um diese Defizite zu überwinden und Innovationen durch Kooperation voranzutreiben.

Ein erfolgversprechender Ansatz für Circular Hubs liegt in ihrer holistischen Ausrichtung. Dabei ist es wichtig, das gesamte System sowie die komplexen Wechselwirkungen zwischen Akteuren, Prozessen und Ressourcen zu betrachten. Es geht darum, über einzelne Maßnahmen oder Lösungen hinauszudenken und ein ganzheitliches Verständnis für die Kreislaufwirtschaft zu entwickeln. Natürlich kann bzw soll sich ein Circular Hub fokussieren, auf einen bedeutenden Sektor oder einen bestimmten Problembereich. Wichtig ist hier jedoch die ganzheitliche Perspektive, um Zielkonflikte usw zu vermeiden.

8.1.2.4. Fazit

Circular Hubs sind nicht nur regionale Innovationsplattformen, sondern verbinden globale Nachhaltigkeitsziele mit lokalem Handeln. Ihre Stärke liegt in ihrer Einbettung in regionale Strukturen, wodurch sie maßgeschneiderte (Nischen-)Lösungen entwickeln können, die spezifische regionale und lokale Herausforderungen adressieren. Im Kontext der Kreislaufwirtschaft, die als wicked problem gilt, dienen sie außerdem als Reallabore, in denen neue Wege, Prozesse und Produkte getestet werden können. Circular Hubs spiegeln dabei die Prinzipien einer transformationsorientierten Innovationspolitik wider, die über wirtschaftliches Wachstum hinausgeht und sich auf gesellschaftliche Herausforderungen und systemische Lösungen konzentriert. Sie schaffen einen Raum, in dem Akteure gemeinsam neue Produktions- und Konsummuster entwickeln und testen können, die langfristige Veränderungen ermöglichen.

Ein gutes Beispiel dafür ist die Entwicklung von Strategien für die industrielle Symbiose, bei der Unternehmen innerhalb einer Region Reststoffe und Ressourcen austauschen. Solche Ansätze funktionieren besonders gut, wenn sie sowohl lokale Gegebenheiten als auch globale Anforderungen berücksichtigen. Circular Hubs ermöglichen es, diese Verbindung herzustellen, indem sie Akteure zusammenbringen, den Wissenstransfer fördern und Innovationsprozesse koordinieren. Sie dienen als Plattformen, die lokale Stärken und Potenziale aktivieren, während sie gleichzeitig zur Verwirklichung globaler Nachhaltigkeitsziele beitragen. Gleichzeitig sind transnationale Netzwerke von Circular

1467 Eisenreich/Füller/Stuchtey, Open Circular Innovation: How Companies Can Develop Circular Innovations in Collaboration with Stakeholders, Sustainability (Switzerland) 2021, 13456.

1468 Eisenreich/Füller, CE 2023.

Hubs essenziell, um überregionale Synergien zu schaffen, den Austausch von Best Practices zu fördern und gemeinsame Standards für zirkuläre Prozesse zu entwickeln.

In vielen Regionen wird bestätigt, dass gerade kleine und mittlere Unternehmen von einer solchen Unterstützung profitieren, da sie oft nicht über die notwendigen Ressourcen, Netzwerke oder das Fachwissen verfügen, um zirkuläre Ansätze eigenständig umzusetzen. Durch den Zugang zu Wissen, Technologien und Kooperationspartnern können KMU ihre Innovationskraft stärken und gleichzeitig ihre Wettbewerbsfähigkeit im Kontext einer nachhaltigen Wirtschaft sichern.

Offene Fragen bleiben jedoch: Wie können Circular Hubs langfristig finanziert und gleichzeitig flexibel skaliert werden, um ihre Reichweite zu erhöhen? Und welche Maßnahmen sind notwendig, um ihre Wirkung zu maximieren und gleichzeitig die spezifischen Bedürfnisse der Akteure vor Ort zu adressieren? Die Herausforderung besteht darin, einerseits eine möglichst große regionale Wirkung zu erzielen (zB durch Skalierung, Multiplikation von Ideen oder Integration vieler Stakeholder), ohne andererseits die spezifischen Bedürfnisse einzelner Akteure zu ignorieren. Ein zu stark standardisierter Ansatz könnte lokale Eigenheiten vernachlässigen, während zu viele Einzellösungen die Effizienz und Skalierbarkeit einschränken könnten. Es geht darum, eine Balance zwischen einer breiten, systemischen Wirkung und einer individuellen, bedarfsgerechten Unterstützung zu finden.

8.1.3. Soziale Innovation durch und für Kreislaufwirtschaft

Raphaela Hellmayr

8.1.3.1. Die Rolle der Kreislaufwirtschaft in der Transformation

Die Menschheit steht heute vor einer Vielzahl globaler Herausforderungen wie der Klimakrise und der Biodiversitätskrise, welche maßgeblich durch menschliches Handeln verursacht werden. Um diesen Krisen wirksam zu begegnen, sind tiefgreifende gesellschaftliche Veränderungen und neue Lösungsansätze innerhalb der planetaren Grenzen erforderlich. Eine erfolgreiche Transformation kann nur gelingen, wenn sie systemisch gedacht wird und die gesamte Gesellschaft einbezogen wird. Um diesen Wandel ganzheitlich zu gestalten, sind neben technologischen Fortschritten vor allem soziale Innovationen entscheidend.

Der Übergang von der derzeit vorherrschenden linearen Wirtschaft zu einer Kreislaufwirtschaft wird dabei als große Chance gesehen und erfordert umfassende Innovationen auf vielen Ebenen. Die Prinzipien der Kreislaufwirtschaft (die 10Rs) lassen sich in drei zentrale Bereiche unterteilen: die Reduktion des Materialverbrauchs, die Verlängerung der Nutzungsdauer von Produkten und die Schließung von Stoffkreisläufen. Die Umsetzung dieser Prinzipien erfordert zum einen die Entwicklung kreislauffähiger Produkte, was wiederum technische Innovationen voraussetzt. Technische Lösungen allein reichen jedoch nicht aus, um den Ressourcenverbrauch in dem Maße zu senken, wie es für ein Leben innerhalb der planetaren Grenzen notwendig ist. Kreislauffähige Produkte können ihr Potenzial nur entfalten, wenn sie nicht in einem weiterhin linearen Wirtschaftssystem genutzt werden.

8.1.3.2. Soziale Innovation und Kreislaufwirtschaft

Ein zentraler Aspekt ist daher die effiziente Nutzung von Materialien zur Befriedigung menschlicher Grundbedürfnisse. Es geht dabei nicht nur um die Entwicklung effizienter Produkte, sondern auch um deren Nutzung. Hier setzen soziale Innovationen an, die bestehende gesellschaftliche Werte – insbesondere in Bezug auf Besitz und Eigentum – in Frage stellen und neue Möglichkeiten des Umgangs mit Produkten eröffnen. Der notwendige gesellschaftliche Wandel muss als Verbesserung des Alltags wahrgenommen werden – sowohl auf individueller als auch auf kollektiver Ebene. Jeder soll sich als Teil der Lösung und nicht als Teil des Problems verstehen. Die Entwicklung solcher Lösungen erfordert die frühzeitige und umfassende Einbindung aller relevanten Akteure – von der Politik über die Unternehmen bis hin zur Zivilgesellschaft.

Soziale Innovationen zeichnen sich durch ihren partizipativen Charakter aus: Betroffene werden aktiv in die Entwicklung neuer Lösungen einbezogen. So entstehen praxisnahe und tragfähige Ansätze, die nachhaltig wirken und das soziale Miteinander stärken. Häufig entstehen solche Innovationen in der Zivilgesellschaft, in Sozialunternehmen, in gemeinnützigen Organisationen oder in Kooperation mit staatlichen Institutionen.

> Der Begriff „soziale Innovation“ hat zwei verschiedene Bedeutungen: Zum einen bezeichnet er Neuerungen im sozialen Bereich, etwa im Gesundheits- oder Bildungswesen. Zum anderen steht er für kreative Prozesse, die sozialen Wandel initiieren, vorantreiben und verbreiten. Solche Prozesse zeichnen sich durch Kooperation, Offenheit und Reflexionsbereitschaft aus. Im Mittelpunkt steht nicht der wirtschaftliche Gewinn, sondern der gesellschaftliche Mehrwert – also konkrete Verbesserungen im Leben der Menschen und im gesellschaftlichen Miteinander.

In der Kreislaufwirtschaft geht es nicht nur um die Entwicklung von Produkten, die technisch kreislauffähig sind, sondern vor allem um einen neuen Umgang mit diesen Produkten: weg vom individuellen Besitz, hin zu einer effizienten, gemeinschaftlichen Nutzung. Nicht das Produkt selbst, sondern die menschlichen Bedürfnisse stehen dabei im Mittelpunkt. „Produkt-Service-Systeme“ wie Sharing-Modelle oder Miet- und Leihsysteme bieten neue Möglichkeiten, die für eine funktionierende Kreislaufwirtschaft unerlässlich sind. Diese intelligenten Nutzungssysteme ermöglichen es, den Materialverbrauch deutlich zu reduzieren, ohne auf Komfort oder Leistung verzichten zu müssen. Zwischen traditionellen Produkten und reinen Dienstleistungen entstehen Hybridformen, die von produktorientierten über nutzungsorientierte bis hin zu ergebnisorientierten Systemen reichen.

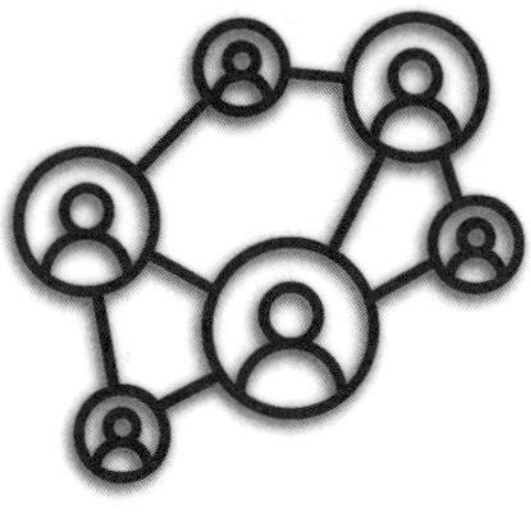

Beispiele

Repair Cafés: Menschen bringen kaputte Dinge und reparieren sie gemeinsam – stärkt Community und verlängert Produktlebenszyklen

Foodsharing-Initiativen: Verhindern Lebensmittelverschwendung und schaffen neue soziale Netzwerke

Kleiderkreisel/Vinted: Peer-to-Peer-Plattformen für das Weitergeben von Kleidung – neue Konsumkultur

Abb 73: Beispiele für soziale Innovationen [Quelle: eigene Darstellung]

Die Kreislaufwirtschaft bietet somit ein großes Potenzial für soziale Innovationen, da sie neue Lösungsansätze für gesellschaftliche Herausforderungen eröffnet und aktiv soziale Teilhabe, Gerechtigkeit und Lebensqualität fördert.

Ein anschauliches Beispiel für das Zusammenspiel von technischen und sozialen Innovationen in der Kreislaufwirtschaft ist das Auto. Technologische Fortschritte ermöglichen zwar die Entwicklung kreislauffähiger Fahrzeuge – etwa durch modulare Bauweise oder recycelbare Materialien. Diese Fortschritte allein reichen aber nicht aus, um eine ressourcenschonende Nutzung zu gewährleisten. Entscheidend ist vielmehr, wie das Auto genutzt wird. In Österreich beispielsweise beträgt die durchschnittliche tägliche Nutzungsdauer eines Autos nur rund eine Stunde. Den größten Teil des Tages steht es ungenutzt auf öffentlichem oder privatem Raum und beansprucht so wertvolle Flächen, sei es in Form von Straßen oder Parkplätzen. Diese Flächen sind oft öffentlich finanziert, stehen aber nur einer bestimmten Bevölkerungsgruppe – den Autobesitzern – zur Verfügung. Gleichzeitig fehln diese versiegelten Flächen für andere, gemeinwohlorientierte Nutzungen wie Grünflächen, Begegnungszonen oder Spielplätze. Hier stellt sich die Frage nach der effizienten und gerechten Nutzung von Ressourcen.

Eine mögliche Lösung ist der Ausbau von intelligenten Sharing-Systemen, bei denen ein Auto von mehreren Personen genutzt wird. Dadurch kann nicht nur die Anzahl der Fahrzeuge, sondern auch der Bedarf an Parkraum deutlich reduziert werden. Die freiwerdenden Flächen könnten anschließend für gemeinnützige Zwecke genutzt werden. Damit solche Systeme jedoch gesellschaftlich akzeptiert und breit angenommen werden, bedarf es mehr als nur technischer Innovationen oder politischer Rahmenbedingungen. Ein kultureller Wandel ist notwendig, der durch soziale Innovationen in Gang gesetzt wird. Nur wenn der Mehrwert dieser neuen Nutzungsformen deutlich wird, sind die Menschen bereit, auf das eigene Auto zu verzichten. Hier zeigt sich die Stärke sozialer Innovationen: Sie macht Alternativen sichtbar, schafft Akzeptanz und fördert nachhaltige Verhaltensänderungen.

8.1.3.3. Exnovation und Wohlstand

Damit die Transformation zur Kreislaufwirtschaft gelingt, sind weitreichende gesellschaftliche Veränderungen notwendig. Wie oben beschrieben, spielen dabei soziale Innovationen eine zentrale Rolle. Die Transformation kann nicht allein durch technische Innovationen oder Unternehmen erreicht werden. Vielmehr stellt sich die Frage, wie diese Transformation von der Gesellschaft getragen und aktiv gestaltet werden kann. Hier setzt das Konzept der Exnovation an – die gezielte Abkehr von bestehenden, nicht nachhaltigen Praktiken, Technologien oder Strukturen. Exnovation ist ein wesentlicher Bestandteil jeder ganzheitlichen Transformation.

Der Begriff „Innovation" war historisch stark mit wirtschaftlichem Fortschritt verbunden – so etwa bei Joseph Schumpeter, der Innovation als Wettbewerbsvorteil verstand. Technische Innovationen wie die Glühbirne, das Auto oder das Smartphone haben unser gesellschaftliches Leben verändert. Sie wurden meist als Verbesserung der Lebensqualität bzw des Wohlstands empfunden, brachten aber unter anderem auch einen hohen Materialverbrauch mit sich. Der damit verbundene Wohlstand basierte auf einer intensiven Ressourcennutzung – oft ohne Rücksicht auf ökologische Grenzen. Heute stehen wir vor der Herausforderung, Wohlstand neu zu definieren: nicht mehr nur als Besitz von Gütern oder Geld, sondern als gutes Leben innerhalb der planetaren Grenzen. Dieses neue Verständnis muss auch den „Wohlstand" der natürlichen Ökosysteme einschließen, denn sie bilden die Grundlage menschlichen Lebens. Soziale Innovationen können diesen kulturellen Wandel anstoßen, indem sie neue Narrative und Lebensstile etablieren, die auf Gemeinwohl und ökologischer Verantwortung basieren.

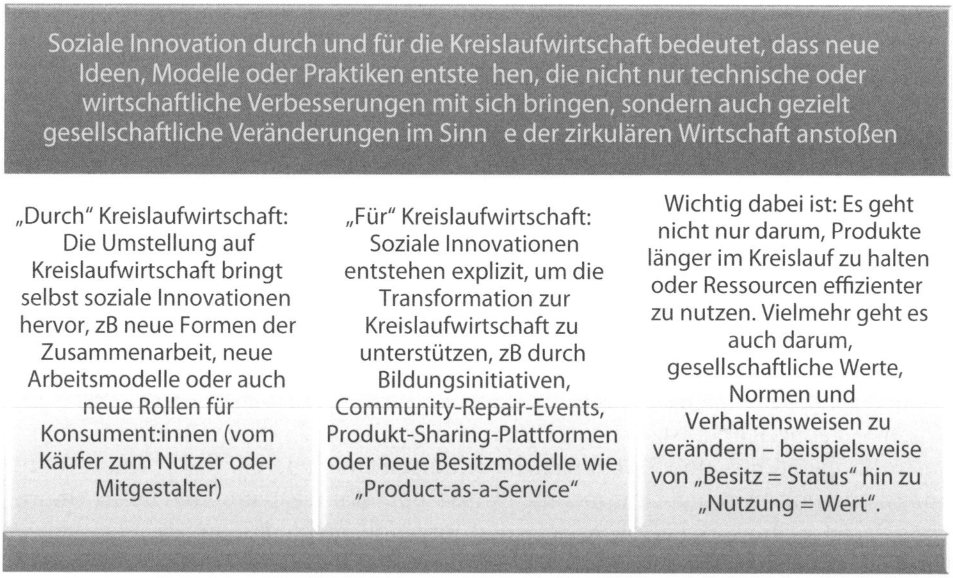

Abb 74: Soziale Innovation „durch" und „für" Kreislaufwirtschaft im Überblick [Quelle: eigene Darstellung]

Ein verändertes Verständnis von Wohlstand hat nicht nur Auswirkungen auf individuelle Entscheidungen, sondern auch auf globale Machtverhältnisse. In der linearen Wirtschaft beruhen Reichtum und Einfluss oft auf Zugang zu Primärrohstoffen, also Rohstoffen, die abgebaut oder geerntet werden. In der Kreislaufwirtschaft verschiebt sich diese Macht, da Sekundärrohstoffe, also wiederverwertete Materialien, direkt am Ort der Nutzung anfallen. Länder, die frühzeitig auf Kreislaufsysteme umstellen, sichern sich langfristig einen besseren Zugang zu Ressourcen, erhöhen ihre Versorgungssicherheit und verringern globale Abhängigkeiten. In dieser Entwicklung liegt auch die Chance, soziale Ungleichheiten sowohl innerhalb von Gesellschaften als auch im globalen Kontext zu reduzieren. Die Kreislaufwirtschaft ist somit nicht nur eine ökologische Notwendigkeit, sondern auch ein sozialpolitischer Hebel. Ihre erfolgreiche Umsetzung erfordert jedoch Veränderungsbereitschaft auf allen Ebenen – politisch, wirtschaftlich, kulturell und individuell.

8.1.4. Coopetition – Gemeinsamer Wettbewerb

Marijke Janz

8.1.4.1. Kooperieren im Wettbewerb und die Bedeutung als innovativer Treiber der Kreislaufwirtschaft

Die Kreislaufwirtschaft setzt voraus, dass Unternehmen ihre Geschäftsmodelle, Wertschöpfungs-, Management- und Supportprozesse überdenken, um sie von der Linearität zu einem zirkulären Ansatz weiterzuentwickeln, siehe Kap 6.1.6. Die praktische Umsetzung dieses komplexen Transformationsprozesses können einzelne Teams, Divisionen und Unternehmen nicht allein vollziehen und geht naturgemäß mit inter- und intraorganisationaler Zusammenarbeit einher. Damit spielt die Stakeholder-Einbindung in der Kreislaufwirtschaft, insbesondere in Form von Stakeholder-Netzwerken, eine wesentliche Rolle für eine nachhaltige Wertschöpfung.[1469] Stakeholder-Einbindung ist daher auch ein wesentliches Element in der Erstellung einer Circular Economy Roadmap. Strebt eine Organisation zirkuläre Praktiken an, benötigt es unumstritten ein grundlegendes Verständnis zu ihrem Stakeholder-Ökosystem. Dies ist eine wichtige Grundlage, um die Potenziale für Kreislaufwirtschaft zu erheben, eine Zielsetzung und Roadmap zu definieren sowie die konkrete Umsetzung voranzutreiben und dahingehend die Zusammenarbeit und Partnerschaften mit anderen Organisationen zu managen.[1470] Im unternehmerischen Ökosystem nimmt zweifelsohne auch der Wettbewerb eine wesentliche Rolle ein. Abseits des klassischen Wettbewerbsgedankens, der sinngemäß durch das laufende Ringen um Marktanteile, Preise und Kosten gekennzeichnet ist, können Unternehmen ebenso in dynamischen und simultanen Kooperations- und Konkurrenzbeziehungen interagieren.[1471, 1472] Dieses Beziehungskonstrukt zwischen Unternehmen wird Coopetition genannt und liefert ein weiteres Narrativ: „Im Geschäftsleben erfordert Ihr Erfolg nicht, dass andere scheitern – es kann mehrere Gewinner geben.“[1473]

Coopetition hat als Begriff und als Konzept durch die gleichnamige Abhandlung von Brandenburger und Nalebuff einen Bekanntheitsgrad erlangt und findet bereits regelmäßig praktische Anwendung in vielen Industrien und bei zahlreichen Unterneh-

1469 Vgl Oberholzer, S.; Sachs, S. (2023): Engaging Stakeholders in the Circular Economy: A Systematic Literature Review. In: Kujala, J.; Heikkinen, A.; Blomberg, A. (Hrsg.): Stakeholder Engagement in a Sustainable Circular Economy. Cham: Palgrave Macmillan. https://doi.org/10.1007/978-3-031-31937-2_3, S 61.

1470 Vgl Abu-Bakar, H.; Charnley, F. (2024): Developing a Strategic Methodology for Circular Economy Roadmapping: A Theoretical Framework. In: Sustainability, 16, 6682. https://doi.org/10.3390/su16156682.

1471 Vgl Brandenburger, A. M.; Nalebuff, B. J. (2008): Coopetition, S 22 f.

1472 Vgl Bengtsson, M.; Kock, S. (2000): Coopetition in Business Networks – to Cooperate and Compete Simultaneously. In: Industrial Marketing Management, 29(5), 411-426. https://doi.org/10.1016/S0019-8501(99)00067-X, S 414.

1473 Brandenburger & Nalebuff (2008), S 24.

men.[1474] Zu betrachten ist nun, welche Rolle die Zusammenarbeit im Wettbewerb in der Kreislaufwirtschaft einnimmt und welche Chancen, Herausforderungen und Empfehlungen sich daraus in der Praxis für Kreislaufwirtschafts-Coopetition-Initiativen ergeben.

8.1.4.2. Begriffe und Hintergrund

Coopetition (engl co-opetition) ist eine Wortbildung aus den Begriffen Kooperation (engl cooperation) und Wettbewerb (engl competition), die auf Ray Noorda (1993) zurückgeht, Unternehmer und Gründer des Netzwerksoftwareherstellers Novell.[1475] Coopetition steht für die partnerschaftliche Zusammenarbeit von zwei oder mehreren Unternehmen im Rahmen einer gemeinsamen Zielsetzung, wobei sich die teilnehmenden Unternehmen grundsätzlich in einem Wettbewerbsverhältnis wiederfinden. Was daraus hervorgeht, ist eine komplexe und mitunter paradoxe interorganisationale Beziehung, welche die Gleichzeitigkeit von zwei wesentlichen Aspekten meistern muss: das Auftrennen von Interessenkonflikten und das Verfolgen gemeinsamer Interessen und Ziele.[1476] Die Form der Zusammenarbeit ist vergleichbar mit einer strategischen Allianz oder Partnerschaft, wobei Coopetition nicht formal organisiert sein muss, sondern flexible, informelle und teilweise auch kurzfristige Kooperationen zwischen Wettbewerbern umfassen kann.[1477] Kooperationen zwischen Unternehmen sind im Allgemeinen als Prozesse zu verstehen, an denen mehrere Organisationen für gemeinsame Ziele und Problemlösungen zusammenarbeiten, indem sie Wissen, Ressourcen und Fähigkeiten in den Arbeitsprozess einbringen.[1478] Coopetition ist somit eine besondere Form unternehmensübergreifender Kooperation, die ebenso besonderen Regeln folgen muss. Außerdem kann Coopetition auch Open-Innovation-Ansätze umfassen, so zum Beispiel, wenn Wettbewerber von Synergien in der Forschung profitieren, indem sie sich Kosten und Ressourcen teilen, oder Ideen mit der Absicht weiterentwickeln, dass alle Beteiligten von dem Prozess profitieren.[1479] Netzwerke, ebenfalls eine Form der interorganisationalen Zusammenarbeit, können Coopetition hervorbringen, etwa, wenn Unternehmen mit gleichen Wertschöpfungsprozessen und -stufen sowie Zielgruppen und Absatzmärkten Teil des Netzwerks sind.[1480] Andere bezeichnen Coopetition-Prozesse per se als Business-Netzwerk.[1481]

1474 Vgl Brandenburger, A.; Nalebuff, B. (2021): The Rules of Co-opetition: Rivals are working together more than ever before. Here's how to think through the risks and rewards. In: Harvard Business Review, Januar–Februar 2021. https://hbr.org/2021/01/the-rules-of-co-opetition, S 50.

1475 Vgl Brandenburger & Nalebuff (2008), S 23.

1476 Vgl Bengtsson & Kock (2000), S 413 ff.

1477 Vgl Basterretxea, I., Charterina, J. and Landeta, J. (2019), "Coopetition and innovation. Lessons from worker cooperatives in the Spanish machine tool industry", Journal of Business & Industrial Marketing, Vol. 34 No. 6, pp 1223-1235. https://doi.org/10.1108/JBIM-01-2018-0015, S 1224.

1478 Vgl Dahm, M. & Hollerbach, S. (2021): Strategische Allianzen und Kooperationen – Ein Leitfaden für mehr Erfolg. In: Dahm, M. (Hrsg.), Kooperationsmanagement in der Praxis: Lösungsansätze und Beispiele erfolgreicher Kooperationsgestaltung. Wiesbaden: Springer Gabler, S 3-23. https://doi.org/10.1007/978-3-658-28112-0_1, S 5 ff.

1479 Vgl Basterretxea et al (2019), S 1232.

1480 Vgl McGrath, H.; O'Toole, T. & Canning, L. (2019), "Coopetition: a fundamental feature of entrepreneurial firms' collaborative dynamics", Journal of Business & Industrial Marketing, Vol. 34 No. 7, pp 1555–1569. https://doi.org/10.1108/JBIM-10-2018-0287, S 1557.

1481 Vgl Bengtsson & Kock (2000), S 414.

8.1.4.3. Formen von Coopetition in der Kreislaufwirtschaft

In der Kreislaufwirtschaft erweist sich das Wechselspiel zwischen Wettbewerb und Kooperation, um Ressourcenflüsse nachhaltiger zu steuern, als entscheidende Komponente mit bedeutendem strategischem Wert.[1482] Dabei können die Absichten und Formate durchaus variieren. So lassen sich insgesamt vier unterschiedliche Ausprägungen von Coopetition in der Kreislaufwirtschaft festhalten, die verschiedene Formen von Stakeholder-Einbindungsmechanismen bedingen und sich auch in den jeweiligen Zielsetzungen abgrenzen lassen:

- Festlegung gemeinsamer Industriestandards,
- Forschung und Entwicklung sowie Wissensaustausch in dem Wettbewerb vorgelagerten Themenfeldern,
- Plattformen zur Förderung kreislauffähiger Geschäftsmodelle und
- Rückführungslogistiksysteme.[1483]

In der Praxis zeigen sich durchaus Überschneidungen bei der Zuordnung der genannten Ausprägungen – die Zuordnung ist nicht immer trennscharf. Darüber hinaus können zirkuläre Praktiken entlang der Wertschöpfungskette und Prozesslandschaft von Unternehmen unterschiedlich ausfallen. Zur Einordnung stehen insgesamt drei Dimensionen zur Verfügung, die sich folglich auch verschiedenen zirkulären Reifegeraden zuordnen lassen:

- Vorgelagerte Prozesse in der Wertschöpfungskette (Upstream Circular)
- Nachgelagerte zirkuläre Praktiken in der Wertschöpfungskette (Downstream Circular), oder
- Ausrichtung des gesamten Geschäftsmodells (Full Circular)[1484], wobei im Fortlauf hier auch Kernprozesse berücksichtigt werden.

Es gibt bereits zahlreiche praktische Beispiele zu allen vier Coopetition-Ausprägungen, welche den Nutzen, aber auch die Herausforderungen und Chancen von Circular-Coopetition-Initiativen plakativ demonstrieren. Die gewählten Beispiele werden zusätzlich den drei Dimensionen kreislauffähiger Praktiken zugeordnet und mit dem Circularity-Strategies-Konzept des 10R-Modells nach Pottning et al in Verbindung gesetzt.[1485] Näheres dazu siehe Kap 2.5.

1482 Vgl Narayan, R., & Tidström, A. (2020). Tokenizing coopetition in a blockchain for a transition to circular economy. Journal of Cleaner Production, 121437. https://doi.org/10.1016/j.jclepro.2020.121437, S 2.

1483 Vgl Harala, L., Aarikka-Stenroos, L., Ritala, P. (2023). Coopetition for a Circular Economy: Horizontal Initiatives in Resolving Collective Environmental Challenges. In: Kujala, J., Heikkinen, A., Blomberg, A. (eds) Stakeholder Engagement in a Sustainable Circular Economy. Palgrave Macmillan, Cham. https://doi.org/10.1007/978-3-031-31937-2_10, S 332.

1484 Vgl Urbinati, A., Chiaroni, D., & Chiesa, V. (2017). Towards a New Taxonomy of Circular Economy Business Models. Journal of Cleaner Production, 168, 487-498, S 492.

1485 Vgl Potting J, Hekkert M, Worrell E & Hanemaaijer A, (2016). Circular Economy: Measuring innovation in product chains. PBL Netherlands Environmental Assessment Agency, The Hague. https://www.pbl.nl/uploads/default/downloads/pbl-2016-circular-economy-measuring-innovation-in-product-chains-2544.pdf, aufgerufen am 14.3.2025, S 5.

8.1.4.3.1. Festlegung gemeinsamer Industriestandards

Standards zu Nachhaltigkeitsthemen sind relevant, um einen Zugang zu bestimmten Märkten zu begünstigen oder auch gleiche Rahmenbedingungen und Leitplanken für Unternehmen einer Branche zu schaffen. Für die Kreislaufwirtschaft scheint das besonders relevant zu sein. Denn die praktische Anwendung und Umsetzung der Circular Economy ist durch das gegenwärtige Produktions- und Konsumsystem sehr komplex.[1486] Gemeinsame Regeln und Normen tragen indes zur Wettbewerbsfähigkeit derjenigen bei, die neue Standards entwickeln oder sich an Etablierte halten, um so den Material- und Ressourceneinsatz effektiver zu gestalten oder Reduktionspotenziale branchenweit auszurollen. Dies kann durch formal ausgearbeitete Standards und Normen oder informelle Vereinbarungen oder andere Formen der Selbstverpflichtung geregelt sein, die aus Circular-Coopetition-Initiativen hervorgehen.[1487] Aus Stakeholder-Management-Perspektive können Coopetition-Initiativen zu gemeinsamen Industriestandards in weiterer Folge eine normative Macht auf eine Branche ausüben, indem neue ethische Branchenstandards gesetzt werden, die imagewirksamen Druck auf andere Marktteilnehmende ausüben, wodurch diese folgen.[1488]

Beispiel 1: Erarbeitung eines Standards für Kunststoffrezyklate (DIN SPEC 91446)
Um die Wiederverwendung von Kunststoffen in der Industrie zu stützen, wurde mit der DIN SPEC 91446 ein Klassifizierungssystem für Plastikrecycling erarbeitet. Das Konsortium zur Ausarbeitung des Industriestandards besteht neben verschiedenen Unternehmen entlang der Wertschöpfungskette auch aus Unternehmen der gleichen Wertschöpfungsstufe, wie Recyclingunternehmen, Kunststoffverarbeitern oder Verpackungsherstellern.[1489] Das Konsortium kann damit als Netzwerk verstanden werden, welches auch koopetitive Strukturen aufweist.

Circularity-Strategien des 10R-Modells: Recycle, Repurpose und Recover

Verortung in der Wertschöpfungskette: Upstream, Core, Downstream

8.1.4.3.2. Forschung und Entwicklung sowie Wissensaustausch vor dem Wettbewerb

Kooperieren Wettbewerber hinsichtlich Forschung und Entwicklung in der Kreislaufwirtschaft oder organisieren einen Wissensaustausch für Zirkularität, steht in der Regel die gemeinsame Bewältigung von aktuellen Hürden und Herausforderungen innerhalb der Branche oder die Entwicklung von Innovationen im Vordergrund. Die Zielerreichung nur mit eigenen Mitteln und Ressourcen ist hier begrenzt oder unerreichbar. Spannungen aus der Wettbewerbssituation heraus sind in pre-kompetitiven Forschungsvorhaben aufgrund der großen Distanz zum Kunden und zum Absatzmarkt marginal bzw von untergeordneter Bedeutung.[1490] Denn in diesen Initiativen, oft als Multi-Stakeholder-Netzwerke oder Konsortien organisiert, können neben Wettbewerbern auch

1486 Vgl Narayan & Tidström, (2020), S 1.

1487 Vgl Harala et al (2023), S 349.

1488 Vgl Bacq, S. & Aguilera, R.V. (2022), Stakeholder Governance for Responsible Innovation: A Theory of Value Creation, Appropriation, and Distribution. J. Manage. Stud., 59: 29-60. https://doi.org/10.1111/joms.12746, S 42.

1489 Vgl DIN SPEC 91446 – Klassifizierung von Kunststoffrezyklaten, Berlin 2022. URL: https://www.din.de/resource/blob/872060/efea81d6cd7f3c67cc920327c689babb/din-flyer-din-spec-91446-kunststoffrezyklate-en-web-18-05-2022-data.pdf, abgerufen am 15.3.2025.

1490 Vgl Harala et al (2023), S 345 f.

weitere Stakeholder-Gruppen vertreten oder initiierend tätig sein. So zum Beispiel politische oder politiknahe Akteure, Unternehmen anderer Branchen oder innerhalb der vor- bzw nachgelagerten Wertschöpfungskette, Forschungseinrichtungen, Innovation Hubs oder Branchenverbände. Wettbewerber werden hier auch als Peers verstanden, was die wettbewerbsbezogene Rollendistanz nochmals verdeutlicht.[1491]

Beispiel 2: ECR Austria Circular Packaging Initiative

Nachhaltige Verpackungslösungen stellen für Lebensmittelhersteller und Handel ein relevantes Handlungsfeld in der Kreislaufwirtschaft dar. Diesem Zweck hat sich die Arbeitsgruppe der ECR Austria Circular Packaging Initiative verschrieben, die entlang der Wertschöpfungskette mit zahlreichen Unternehmen und weiteren Stakeholdern, wie Ministerien und der FH Campus Wien, zusammenarbeitet, um die Entwicklung zirkulärer Verpackungen zu fördern. Closed-Loop-Recycling, der Einsatz neuer Materialien und Mehrweglösungen zählen unter anderem zu den Fokusthemen der Arbeitsgruppe.[1492]

Circularity-Strategien des 10R-Modells: Reduce, Reuse, Recycle

Verortung in der Wertschöpfungskette: Upstream, Core, Downstream

Beispiel 3: ESG-Leitfaden für Immobilienentwickler als Branchenstandard

Ein weiteres Beispiel im Kontext gemeinsamer Industriestandards ist der Umgang mit dem Thema Kreislaufwirtschaft im ESG-Reporting oder der Corporate Sustainability Reporting Directive (CSRD). Wissenstransfer ist hier eine zentrale Herausforderung. Allgemeine Standards zur Berichterstattung sind generisch und branchenunabhängig verfasst und lassen damit branchenspezifische Interpretationsspielräume offen, was in den vorgelagerten Analyseschritten und im Reporting zu einer Verzerrung und einem Mangel an Vergleichbarkeit von Branchenplayern führen kann. Kooperieren Wettbewerber, um beispielsweise methodische Zugänge zu harmonisieren oder Ansätze zur Datenerhebung zu teilen und voneinander im Reportingprozess zu lernen, können sie über die sukzessive Annäherung indirekt zu einer höheren Vergleichbarkeit beitragen und profitieren folglich durch effiziente und bewährte Berichterstattungsprozesse. Je nach Gewicht und Anzahl der teilnehmenden Unternehmen können ebensolche Austauschformate einen informellen Standardzugang zum Reporting für eine ganze Branche hervorbringen, was sich nachgelagert auch in der Umsetzung von Kreislaufwirtschaftsprojekten widerspiegeln kann. Als Beispiel lässt sich hier der ESG-Leitfaden „Ready for ESG" der Vereinigung Österreichischer Projektentwickler (VÖPE) anbringen, zu dem verschiedene Immobilienentwickler beigetragen haben und der innerhalb der Branche Orientierung zu ESG-Themen bietet.[1493]

Die Kreislaufwirtschaft im Berichtsprozess kann indirekt alle zehn R-Strategien behandeln und die gesamte Wertschöpfungskette betreffen.

8.1.4.3.3. Plattformen zur Förderung kreislauffähiger Geschäftsmodelle

In der Kreislaufwirtschaft müssen Materialströme aktiv und auf neue Weise gemanagt werden, was die Transparenz von Angebot und Nachfrage bedingt. Digitale Plattformlösungen können hier als Werkzeug einen wesentlichen Beitrag leisten, um kreislauffähige Geschäftsmodelle zu ermöglichen. Weitere Ausführungen dazu siehe Kap 4.1.3. Die Informationen zur Verfügbarkeit und der Vermittlung bestimmter Materialien bzw Sekundar-

1491 Vgl S. Danvers/J. Robertson/A. Zutshi: Conceptualizing How Collaboration Advances Circularity, in: Sustainability, 15. Jg (2023), H 6, S 5553, DOI: https://doi.org/10.3390/su15065553, S 17.

1492 Vgl GS1 Austria GmbH/ECR Austria: Packaging Design for Recycling – Eine Empfehlung der ECR Austria Arbeitsgruppe „Circular Packaging Design". Wien, 2020, S 8 f.

1493 Vgl Vereinigung Österreichischer Projektentwickler (VOEPE): Leitfaden: Ready for ESG. Online unter: https://www.voepe.at/leitfaden-ready-for-esg/, abgerufen am 14.3.2025.

rohstoffe sind innerhalb der Branche relevant. Folglich konkurrieren Wettbewerber um diese Materialien, die dem Markt wieder zur Verfügung stehen. Plattformen begünstigen die Bereitstellung und schaffen einen vereinfachten Zugang zu organisierten Materialkreisläufen. Im Hinblick auf Coopetition erscheint vor allem der Anbieter dieser Plattformen als relevant. So können digitale Plattformlösungen von privatwirtschaftlichen Anbietern oder der öffentlichen Hand betrieben werden. Auch Unternehmen, die als Wettbewerber fungieren, können Plattformen zur Vermittlung und Bereitstellung von Materialien entwickeln, wobei in diesen Fällen wettbewerbsbedingte Vorbehalte hinsichtlich sensibler Geschäftsdaten auftreten können, was wiederum die Attraktivität der Plattform einschränken kann. Vertrauen in die Plattform ist ein zentrales Stichwort.[1494] Um die Verwebung von Produktökosystemen im Wettbewerbskontext zu erleichtern und Nachhaltigkeitsinformationen direkt mit dem Material zu verknüpfen, erscheint die Nutzung von Blockchain-gestützten Tokens als relevantes Forschungsgebiet im Kontext digitaler Lösungen.[1495] Weitere Ausführungen dazu in Kap 4.1.2.

Beispiel 4: SECONTRADE

Seit 2018 erleichtert SECONTRADE den Handel mit Sekundärrohstoffen als digitaler Marktplatz innerhalb Europas. Die B2B-Handelsplattform bringt im Bieterverfahren Unternehmen und Interessent:innen für Rohstoffe zusammen. Gehandelt werden unter anderem Eisenmetalle und Nicht-Eisenmetalle, Kunststoffe, Glas oder Holz, wodurch der unabhängige Anbieter als Treiber eines nachhaltigen Rohstoffmanagements dient.[1496]

Circularity-Strategien des 10R-Modells: Recycle

Verortung in der Wertschöpfungskette: Upstream, Downstream

8.1.4.3.4. Rückführungslogistiksysteme

Um Rohstoffe und Materialien im Kreislauf zu halten und im Sinne von Closed-Loops kontinuierlich nutzen zu können, werden Prozesse und Systeme benötigt, die eine logistische Rückführung stützen. Sogenannte Rückführungslogistiksysteme können durch eine horizontal ausgerichtete Zusammenarbeit zwischen Wettbewerbern zur Kreislauffähigkeit beitragen und positive Summen-Effekte erzielen. Rückführungslogistiksysteme werden häufig von Dritten koordiniert und unter Einbindung mehrerer Stakeholder der Branche zur Verfügung gestellt.[1497] Ein Gelingen setzt aber nicht nur ausgeklügelte Logistikkonzepte voraus, sondern es ist auch die Konsumer:innen-Seite bzw das menschliche Verhalten zu betrachten. In der Regel muss ein bestimmter Personenkreis zur Rückführung aktiv beitragen. Das Konzept muss dabei dem Verhalten dieser Personengruppe im Idealfall entgegenkommen. Dabei reicht es nicht aus, nur das Wissen zur Rückführung zu teilen. Es muss vor allem auch praktisch für den Personenkreis sein und sich an bestehenden Gewohnheiten orientieren.[1498]

1494 Vgl Harala et al (2023), S 346 f.
1495 Vgl Narayan & Tidström (2020), S 7.
1496 Vgl Secontrade. (2022). Wiederverwenden statt verschwenden. https://secontrade.com/, abgerufen am 21.6.2025.
1497 Vgl Harala et al (2023), S 347-351.
1498 Vgl Flygansvær, B., Samuelsen, A.G. & Støyle, R.V. (2021), "The power of nudging: how adaptations in reverse logistics systems can improve end-consumer recycling behavior", International Journal of Physical Distribution & Logistics Management, Vol. 51 No. 9, pp 958–977. https://doi.org/10.1108/IJPDLM-12-2020-0389, S 973 f.

Beispiel 5: Kaffeekapsel-Recycling in Österreich
Als Interessenvertretung der Kaffee- und Teewirtschaft hat der Österreichische Kaffee- und Teeverband (KTV) gemeinsam mit Altstoff Recycling Austria (ARA) ein Kaffeekapsel-Recyclingprojekt initiiert. Unabhängig von der Marke, können Endverbraucher:innen die verwendeten Kaffeekapseln an zentralen Sammelstellen in ausgewählten Regionen abgeben, so zum Beispiel im Einzelhandel. Im Recyclingprozess wird aus den gesammelten Kaffeekapseln Aluminium und Kunststoff gewonnen und steht folglich der industriellen Weiterverarbeitung und -verwendung zur Verfügung.[1499]

Circularity-Strategien des 10R-Modells: Reuse, Recycle

Verortung in der Wertschöpfungskette: Downstream

Beispiel 6: Pilotprojekt zur Rückführung recyclingfähiger Dienstbekleidung im Transportsektor
Um einen wirtschaftlichen Prozess im Textilrecycling von Dienstbekleidung zu ermöglichen, haben Austrian Airlines, City Airport Train (CAT), ÖBB, Post und Wiener Linien sowie SALESIANER ein gemeinsames Kreislaufwirtschaftsprojekt ins Leben gerufen. Das Ziel besteht in der Rückführung und Verwertung ausgemusterter Dienstbekleidung. Alle beteiligten Unternehmen standen vor ökologischen Herausforderungen im Umgang mit Alttextilien. Nur durch die Zusammenarbeit konnten die benötigten Mengen an Uniformen für die mechanische Faserrückgewinnung aufgebracht und ein entsprechender Prozess aufgesetzt werden. Weitere Ausführungen zu dem Projekt in Kap 6.1.6.[1500]

Circularity-Strategien des 10R-Modells: Reuse, Repair, Refurbish, Recycle

Verortung in der Wertschöpfungskette: Downstream

8.1.4.4. Chancen, Herausforderungen und Praxisempfehlungen

Die Darstellung von koopetitiven Ausprägungen und ihrer Beispiele zeigt, dass Coopetition in der Kreislaufwirtschaft auf vielfältige Weise zum Einsatz kommen kann. Damit gehen auch eine Vielzahl an Chancen und Herausforderungen einher, die es in der Praxis zu adressieren und zu berücksichtigen gilt.

8.1.4.4.1. Chancen

Die Beispiele zeigen eindrücklich, dass isolierte Bemühungen zur Kreislaufwirtschaft in ihrer tatsächlichen Wirkung begrenzt sind. Erfolgreiche Coopetition-Prozesse scheinen jedoch für Unternehmen wesentliche Voraussetzungen und wichtige Rahmenbedingungen zu schaffen, die bei der Etablierung von zirkulären Praktiken helfen. Das zeigt sich beispielsweise in der Erarbeitung von Branchenstandards, die zu einheitlichen Marktbedingungen beitragen. Auch können Coopetition-Initiativen, die auf Support-Prozesse und nicht auf die zentralen Wertschöpfungsabläufe abzielen, zu ersten Schritten motivieren oder eine Annäherung an die Kreislaufwirtschaft ermöglichen. Diese Projekte leisten oft einen positiven Beitrag zur Nachhaltigkeit, adressieren aber nicht unbedingt die großen wesentlichen Themen, die vor allem den zentralen Wertschöpfungsprozessen

1499 Vgl Österreichischer Kaffee- und Teeverband & Altstoff Recycling Austria AG (2023). Bilanz des Recyclingprojekts des Österreichischen Kaffee- und Teeverbands und der ARA. URL: https://kaffeeverband.at/bilanz-des-recyclingprojekts-des-oesterreichischen-kaffee-und-teeverbands-und-der-ara/, abgerufen am 15.3.2025.

1500 Vgl OTS, „Zweites Leben für 1er-Panier“: Schulterschluss bei textiler Kreislaufwirtschaft, https://www.ots.at/presseaussendung/OTS_20250317_OTS0047/zweites-leben-fuer-1er-panier-schulterschluss-bei-textiler-kreislaufwirtschaft, abgerufen am 18.3.2025.

zugeordnet werden können, und sind daher in ihrer Wirkung limitiert. Sie sind dennoch wichtig und wertvoll, da sie als Grundlagenarbeit für höhere zirkuläre Reifegrade zu betrachten sind. Das heißt in der Praxis, dass Industriestandards, gemeinsame Arbeitskreise zum Austausch und Wissenstransfer und erste Forschungsarbeiten eine Branche initial mobilisieren und erste Impulse setzen können. Das alles erweist sich als wichtiger Hebel, damit eine Organisation einen geeigneten Zugang zur Kreislaufwirtschaft findet, um diesen auszubauen. Coopetition kann zu einer Ermächtigung im Umgang mit der Kreislaufwirtschaft beitragen. Denn wie eine Untersuchung zu den Barrieren der Kreislaufwirtschaft in der Europäischen Union zeigt, sind diese nicht technologischer Natur. Was die Entwicklung der Kreislaufwirtschaft ausbremst, ist vor allem fehlendes Wissen und Bewusstsein zu zirkulären Konzepten in Unternehmen, aber auch entlang ganzer Wertschöpfungsketten. Hinzu kommen scheinbare Kostennachteile. Einerseits, weil Primärrohstoffe zum aktuellen Zeitpunkt meist noch günstiger in der Beschaffung sind, andererseits durch initiale Investitionskosten, die mit der Entwicklung von kreislauffähigen Praktiken anfallen können. Der Umgang mit den daraus resultierenden Wechselwirkungen ist vor allem ein Thema der Unternehmenskultur, die ebenso als relevante Barriere identifiziert wurde.[1501] Manche sehen vorausschauend einen Vorteil in der Kreislaufwirtschaft, andere betrachten nur den kurzfristigen Zeithorizont und sehen einen reinen Kostenpunkt in der Kreislaufwirtschaft. Coopetition-Prozesse können hier neue Perspektiven ermöglichen und erste Erfolge begünstigen. Gemeinsame Arbeitsprozesse im Wettbewerb können womöglich auch dazu beitragen, die genannten Barrieren schrittweise zu überwinden, so zum Beispiel durch den organisierten Wissenstransfer und gemeinsame Ressourcennutzung bzw einen Fair Share für externe Beratung, Forschung und Entwicklung. Arbeiten Wettbewerber zusammen an gemeinsamen Fragestellungen und Herausforderungen, kann dies ein effizienter Zugang sein, um Innovationen zu fördern und auch mehr Bewusstsein zur Kreislaufwirtschaft aus verschiedenen Richtungen aufzubauen. Auch kann die gemeinsame Reichweite genutzt und ein innerhalb der Branche abgestimmtes Angebot mit einer gemeinsamen Stimme vermarktet werden, um Menschen in der Rückführung von Materialien sinnvoll einzubinden und Verhaltensweisen durch den gemeinsamen Ansatz zu stärken. Coopetition kann durch eine gemeinsame Reichweite und Tone-of-Voice zum Thema Kreislaufwirtschaft auch den Wettbewerb anspornen, der nicht Teil der Initiative ist. So kann der Wirkungsgrad von Branchenstandards größer gezogen werden oder sich auch ein koopetitives Netzwerk erweitern, weil man sich als Wettbewerber der Dynamik schlichtweg nicht mehr entziehen kann. Wird eine kritische Masse erreicht, entsteht ein Sog im Markt, sich der Entwicklung anzuschließen. Diese Prozesse läuten womöglich Schritt für Schritt einen Paradigmenwechsel in einer Branche ein.

8.1.4.4.2. Herausforderungen

Coopetition kann eine hervorragende Basis bieten, um gemeinsame Lösungen zu Kreislaufwirtschaft zu entwickeln, die zum Vorteil vieler sind. Allerdings führt Coopetition

1501 Vgl Kirchherr, J.; Piscicelli, L.; Bour, R.; Kostense-Smit, E.; Muller, J.; Huibrechtse-Truijens, A.; Hekkert, M.: Barriers to the Circular Economy: Evidence From the European Union (EU), in: Ecological Economics, Jg. 150 (2018), S 264–272, DOI: 10.1016/j.ecolecon.2018.04.028, S 270.

nicht immer zum Erfolg und das aufgrund zahlreicher Schwierigkeiten.[1502] Herausforderungen können sich aus unterschiedlichen Perspektiven ergeben, die durch das Einsatzgebiet der Kreislaufwirtschaft an Schärfe zunehmen können. Ein zentraler Aspekt liegt in der Grundstruktur von Coopetition-Initiativen, da sie von Natur aus komplex sind und zu Spannungen führen können. Die Komplexität steigt außerdem mit der Anzahl der Organisationen, die eine gemeinsame Grundlage für den Arbeitsprozess finden müssen.[1503] Einerseits stellt sich die Frage, wie mit Ausgaben für Beratung, Investitionen oder Forschungsaufwendungen umzugehen ist. Verschiedene Erwartungen, beispielsweise seitens interner Entscheider:innen der einzelnen Unternehmen, oder abweichende Rahmenbedingungen zu Budget, Zeitkontingent und anderen Ressourcen können Konflikte erzeugen. Zusätzlich ist die angestrebte Win-Win-Situation in ihrer Zielerreichung durchaus volatil, da Dysbalancen zu jeder Zeit auftreten oder bereits im Aushandlungsprozess dazu führen können, dass das Vorhaben scheitert, bevor es begonnen hat.[1504] Andererseits basieren Kooperationen im Allgemeinen auf gemeinsamen Zielen und Interessen sowie Offenheit und Vertrauen, während Wettbewerb im klassischen Verständnis für die Erzielung von Eigeninteressen und Rivalität steht und Verschwiegenheit bedingt.[1505] Der Umgang mit diesem Spannungsverhältnis kann sich in Coopetition-Initiativen durchaus schwierig gestalten. Mit steigender Marktnähe einer Initiative kann folglich auch die Spannung zunehmen.[1506] Es kann also davon ausgegangen werden, dass koopetitive Prozesse für die Kreislaufwirtschaft an Schwierigkeit zunehmen, je mehr sie in das Kerngeschäft greifen. Erkennbar wird dies für die Kreislaufwirtschaft anhand des Plattform-Beispiels für Sekundärrohstoffe. Ist der Austausch vertraulicher interner Daten notwendig, ist jedes Unternehmen darauf bedacht, diese im Sinne des Wettbewerbs zu schützen, wodurch Plattform-Lösungen, die in der Hand eines Mitbewerbers liegen, nicht attraktiv sind. Es ist ein Balanceakt, mit all diesen Aspekten umzugehen, die das Spannungsverhältnis verstärken und abschwächen. Koopetitive Initiativen sind damit in der Initiierung, Aufrechterhaltung und Zielerreichung per se herausfordernd. Gleichzeitig hat es auch in der Außenwirkung einen Beigeschmack, wenn Wettbewerber einer Branche an einem Tisch sitzen. Coopetition kann wettbewerbsrechtliche Fragen aufwerfen, ein Imageproblem bedeuten oder rechtlichen Grenzen in der Zusammenarbeit unterliegen.[1507]

Gehen wir auf die individuelle Ebene ein, zeigt sich auch, dass Menschen mit diesem Kooperationskonstrukt unterschiedlich umgehen bzw verschiedene Zugänge dazu haben. In einem koopetitiven Setting zu arbeiten, setzt von einzelnen Personen eine große Portion geistiger Flexibilität voraus, wie Brandenburger und Nalebuff schreiben: „THE right mindset requires choosing the right people [...]. That isn't always easy, because people tend to think in either/or term, as in either compete or cooperate, rather than

1502 Vgl Bouncken, R. B.; Gast, J.; Kraus, S.; Bogers, M.: Coopetition: a systematic review, synthesis, and future research directions, in: Review of Managerial Science, Jg. 9 (2015), H. 3, S 577–601, DOI: 10.1007/s11846-015-0168-6, S 587.
1503 Vgl Brandenburger & Nalebuff (2021), S 56.
1504 Vgl Brandenburger & Nalebuff (2021), S 55 f.
1505 Vgl Bengtsson & Kock (2000), S 415 f.
1506 Vgl Bengtsson & Kock (2000), S 424.
1507 Brandenburger & Nalebuff (2021), S 54.

compete *and* cooperate."[1508] Dass sich die Kreislaufwirtschaft als Thema in der praktischen Umsetzung in einem frühen Entwicklungsstadium befindet, kann in diesem Zusammenhang als zusätzliche Herausforderung betrachtet werden. Denn Menschen sind an die lineare Wirtschaftsform gewöhnt. Im Kontext von Circular Coopetition müssen sie folglich nicht nur eine geistige Flexibilität hinsichtlich der Zusammenarbeit mit dem Wettbewerb erbringen, sondern auch die Art und Weise neu denken können, wie Ressourcen genutzt werden. Beides in Kombination kann womöglich dazu führen, dass wichtige Errungenschaften der Kreislaufwirtschaft, die nur mit dem Wettbewerb erbracht werden können, durch die menschliche Komponente ausgebremst werden.

8.1.4.5. Praktische Empfehlungen

Kooperationen und Stakeholder-Management im Kontext der Kreislaufwirtschaft erweisen sich als wichtige Erfolgskomponente. Allerdings bringen Kooperationen schon von Natur aus einige kritische Herausforderungen und Bedingungen mit sich.[1509] Wenn der Wettbewerb involviert ist, gilt es im Allgemeinen, besondere Regeln zu beachten, wodurch Coopetition für Kreislaufwirtschaft insgesamt zwar nachweisliche Chancen bedeutet, jedoch Initiativen zwischen Wettbewerbern vorausschauend gemanagt werden müssen.

Eine grundlegende Voraussetzung für die Etablierung und Aufrechterhaltung einer koopetitiven Beziehung im Rahmen der Kreislaufwirtschaft ist die Fähigkeit, im Aufsetzen der Initiativen zwischen kooperativen und wettbewerblichen Elementen im Unternehmen zu unterscheiden. Das können Divisionen oder Business Units sein, aber auch einzelne Abteilungen und in jedem Fall Personen.[1510] Bestehende Erkenntnisse zu Coopetition zeigen, dass Unternehmen mit marktnahen Abteilungen, wie Marketing, Vertrieb oder Produktentwicklung, häufig im aktiven Wettbewerb stehen und sich daher weniger für Coopetition eignen. Gleichzeitig können Personen in der Forschung und Entwicklung verschiedener Unternehmen jedoch sehr einfach kooperieren.[1511] Aus diesem Grund sei zu empfehlen, sich gleich zu Beginn ein gutes Bild zur Markt- und Kundennähe der Kreislaufwirtschafts-Initiative zu verschaffen, um potenzielle Konflikte abzufedern.

Die Begleitung durch eine neutrale Partei bzw Third-Party steigert außerdem die Erfolgschancen.[1512] Insbesondere mit zunehmender Marktnähe der Circular-Coopetition-Initiative kann sich das als wichtig erweisen, um eine Balance zwischen den Interessen der einzelnen Organisationen auszuverhandeln. Eine neutrale Partei kann außerdem einen Beitrag dazu leisten, mögliche Spannungen aufzudecken und einen von Vertrauen geprägten Prozess zu moderieren, der die Vorteile für alle Mitwirkenden in den Mittelpunkt rückt. Denn ein Vorteil durch die Zusammenarbeit muss für alle Coopetition-Teilnehmer:innen idealerweise über die gesamte Dauer bestehen und individuell spürbar sein. Das Erzielen einer Win-Win-Situation ist damit essenziell, um die Motivation hochzuhalten. Gerade in der Kreislaufwirtschaft sind Kooperationsprozesse häufig über Monate bis hin zu Jahren angesetzt, da es sich meist um komplexe Themen handelt. Der Motivation der

1508 Brandenburger & Nalebuff (2021), S 50.
1509 Vgl Palafox-Alcantar, P., Hunt, D., & Rogers, C. (2021). Current and Future Professional Insights on Cooperation towards Circular Economy Adoption. Sustainability. https://doi.org/10.3390/su131810436, S 10436.
1510 Vgl Bengtsson & Kock (2000), S 424.
1511 Vgl Bengtsson & Kock (2000), S 419.
1512 Vgl Bengtsson & Kock (2000), S 423.

einzelnen Beteiligten und auch der Legitimierung der Initiative tut es daher gut, einen Fortschritt und erreichte Ziele laufend sichtbar darzustellen. Die Rolle der Moderation muss auch im Bewusstsein eingenommen werden, dass es in der Zusammenarbeit zwischen Wettbewerbern selbst bei Nachhaltigkeitsthemen ein natürlich geartetes Konfliktpotenzial und eine stets unbekannte Komponente durch den jeweiligen organisationalen Kontext gibt. Bei aller Vorsorge und Umsicht kann dies dazu führen, dass eine solide ausverhandelte Coopetition-Initiative stark adaptiert werden muss bzw eine oder mehrere Organisationen aus der Initiative aussteigen. Dies gilt es entsprechend aufzufangen.

Zusätzlich ist auch der Aufwand, welcher der Komplexität geschuldet ist, nicht zu unterschätzen. Denn Personen, die ein Unternehmen im koopetitiven Setting vertreten, arbeiten unter individuellen Voraussetzungen und Zielen und sind in verschiedenen Unternehmenskulturen eingebettet. Das verschärft sich womöglich mit dem Thema Kreislaufwirtschaft, weil oft Neuland betreten wird und die Unternehmenskultur als wesentliche Hürde dem Vorhaben entgegenstehen kann. Aufgeworfene Fragen können in der jeweiligen Organisation oft nicht einfach beantwortet werden und die Antworten können für jede Organisation unterschiedlich ausfallen. Die Arbeitsprozesse im koopetitiven Setting haben außerdem eine Rückwirkung auf das System, in dem die Teilnehmenden der Initiative arbeiten und umgekehrt. All das kann sich in dem gemeinsamen Arbeitsprozess zur Kreislaufwirtschaft zeigen, weshalb Transparenz zur Aufteilung anfallender Kosten, eine klare Zielsetzung, gemeinsam entwickelte Regeln und Rahmenbedingungen und das Commitment zum eigenen Beitrag wichtig sind. Als Vorteil im Bereich der Kreislaufwirtschaft erweist sich, dass der Nachhaltigkeitszweck häufig dazu führt, dass eine höhere Bereitschaft zur Zusammenarbeit herrscht. Wettbewerbliche Hürden können Menschen mit Nachhaltigkeitsbezug scheinbar einfacher überwinden. Gleichzeitig muss die Circular-Coopetition-Initiative auch die internen Rahmenbedingungen der jeweiligen Organisation erfüllen. Das setzt in der Regel die laufende Prüfung und Zustimmung durch die Compliance-Abteilungen voraus und die laufende Einbeziehung interner Entscheider:innen – im Idealfall gestützt durch entsprechende Governance-Strukturen.

Schlussendlich hat jede Coopetition-Initiative aber auch ihre Grenzen, nämlich dann, wenn die Komponente Mensch, ihre Individualität und der begrenzte Einfluss ins Spiel kommen. Greifen wir die geistige Flexibilität nochmals auf, ist schnell klar, dass sich eine persönliche Offenheit nicht erzwingen lässt. Daher ist letztendlich die Auswahl der Personen von großer Bedeutung, welche die Organisation vertreten und im Arbeitsprozess persönlich mitwirken.

8.1.5. Kooperation und Interessenausgleich: Kreislaufwirtschaft zwischen ökonomischen, ökologischen und sozialen Interessen

Timothy Glaz

8.1.5.1. Einleitung

Die Transformation zu einer funktionierenden Kreislaufwirtschaft stellt Unternehmen vor komplexe Herausforderungen – nicht nur technischer, sondern auch ökonomischer, ökologischer und sozialer Natur. Kunststoffe stehen dabei exemplarisch für die Spannungsfelder, die überwunden werden müssen: Ressourceneffizienz, ökologische Belastungen und die wirtschaftliche sowie gesellschaftliche Akzeptanz nachhaltiger Materialien treffen hier aufeinander.

Angesichts von jährlich rund 400 Millionen Tonnen produzierter Kunststoffe[1513] – von denen bislang weniger als 10 % jährlich recycelt wurden[1514] – der Rest (mindestens 90 %) wird verbrannt, deponiert, oder landet im Meer – ist der Handlungsdruck groß. Prognosen zufolge könnte sich die weltweite Plastikproduktion bis 2026 verdreifachen.[1515] Mit ihr steigen nicht nur Abfallmengen,[1516] sondern auch Treibhausgasemissionen: Kunststoffe könnten bis 2050 rund 56 Gigatonnen CO_2 verursachen – bis zu 13 Prozent des globalen CO_2-Budgets für das 1,5-Grad-Ziel.[1517]

Vor diesem Hintergrund kommt der Gestaltung geschlossener Materialkreisläufe besondere Bedeutung zu. Das vorliegende Kapitel zeigt, dass die Reduktion der Kunststoffproduktion – und damit auch der Entstehung von Plastikmüll – nicht nur eine ökologische Notwendigkeit ist, sondern sich auch ökonomisch für Unternehmen auszahlen kann. Der Gamechanger: Kreislaufwirtschaft. Im Zentrum steht die **Recyclat-Initiative** des mittelständischen Reinigungsmittelunternehmens Werner & Mertz, das frühzeitig auf hochwertiges mechanisches Recycling aus Haushaltsabfällen gesetzt hat. Dabei werden die betrieblichen, politischen und gesellschaftlichen Rahmenbedingungen analysiert, die eine solche Transformation ermöglichen – oder hemmen.

Aus dem Erfahrungsweg lassen sich übertragbare Ansätze für andere Unternehmen ableiten. Der Fokus liegt auf drei Dimensionen der Kreislaufwirtschaft:

- **Ökonomische Perspektiven:** Welche betriebswirtschaftlichen Chancen und Investitionshürden ergeben sich bei der Umstellung auf Recyclingmaterial? Die ökonomischen Interessen beinhalten die wirtschaftlichen Vorteile, aber auch Herausforderungen für Unternehmen – beispielsweise das Austarieren von Kosteneffizienz und Marktchancen.
- **Ökologische Abwägungen:** Wann ist Kunststoff Teil des Problems – und wann Teil der Lösung? Die ökologischen Interessen umfassen die positiven Effekte wie Umweltschutz und Ressourcenschonung. Gleichwohl aber auch die Rechtfertigung der Entscheidung, auf Plastik als Wertstoff zu setzen, obwohl andere Materialien einen besseren Ruf haben.
- **Soziale Dimensionen:** Welche Rolle spielen Mitarbeiter:innen, Unternehmenskultur und gesellschaftliche Verantwortung in der Transformation? Wie gelingt die Transformation bei gleichzeitiger Sicherung des Arbeitsplatzes und Wahrung der Attraktivität des Arbeitsumfelds?

1513 Verena von Ondarza: Ölstaaten verhindern UN-Abkommen zum Plastikmüll, 1.12.2024, https://www.tagesschau.de/wissen/suedkorea-busan-abkommen-plastikmuell-100.html, abgerufen am 13.1.2025.

1514 Heinrich-Böll-Stiftung, Plastikatlas, Daten und Fakten für eine Welt ohne Kunststoff, 2019, https://www.boell.de/de/plastikatlas, abgerufen am 13.1.2025.

1515 OECD, Global Plastics Outlook: Policy Scenarios to 2060, 2022, https://doi.org/10.1787/aa1edf33-en, abgerufen am 13.1.2025.

1516 Ibid.

1517 Heinrich-Böll-Stiftung, Plastikatlas, Daten und Fakten für eine Welt ohne Kunststoff, 2019, https://www.boell.de/de/plastikatlas, abgerufen am 13.1.2025.

8.1.5.2. Pionierarbeit und interne Herausforderungen

8.1.5.2.1. Pionierarbeit für eine zirkuläre Verpackungsstrategie: Der Start der Recyclat-Initiative

Die Einführung kreislauforientierter Geschäftsprozesse stellt Unternehmen vor grundlegende strategische Weichenstellungen. Ein zentrales Dilemma: Zwar sind Modelle zur Wiederverwendung, Reparatur und Recycling ökologisch geboten, doch fehlen häufig ausgereifte Rücknahmesysteme und verlässliche Netzwerke für genutzte Produkte, Komponenten oder Materialien. Der Wille allein reicht nicht – es braucht gezielte Innovationsimpulse, Partnerschaften und kontinuierliche Lernprozesse.

Als mittelständisches, inhabergeführtes Unternehmen mit Sitz in Mainz verfolgt Werner & Mertz seit vielen Jahren eine konsequent nachhaltigkeitsorientierte Unternehmensstrategie. Der Anspruch besteht darin, sämtliche Produktkomponenten – von der Rezeptur über die Verpackung bis hin zu Produktionsbedingungen – so zu gestalten, dass sie die jeweils geltenden ökologischen Standards nicht nur erfüllen, sondern signifikant übertreffen. Der Unternehmensanspruch ist, mit allen wesentlichen Elementen des Produktes – bei Rezeptur, Verpackung und Produktionsumständen – mindestens eine Entwicklungsgeneration vor der bisherigen ökologischen Benchmark zu liegen.

Bereits vor über 15 Jahren traf Werner & Mertz die strategische Entscheidung, den Nachhaltigkeitsanspruch konsequent auf die Verpackungsgestaltung auszuweiten. Vor dem Hintergrund, dass Kunststoffe im heutigen linearen System nach einmaliger Nutzung überwiegend verbrannt und damit dem Kreislauf dauerhaft entzogen werden,[1518] setzte sich das Unternehmen zum Ziel, aktiv zirkuläre Materialströme aufzubauen und seiner Verantwortung als Marktakteur gerecht zu werden.

Zum damaligen Zeitpunkt standen Recycling und Kunststoffabfälle weder auf der politischen Agenda noch im Zentrum gesellschaftlicher Aufmerksamkeit – das Thema blieb weitgehend unbeachtet.[1519] Die Protagonist:innen waren sich bewusst, dass das Unternehmen auf diesem Feld Neuland betrat und als Pionier zunächst die Voraussetzungen für einen funktionierenden Kunststoffkreislauf eigenständig schaffen musste.

Zielsetzung war es, einen geschlossenen Kunststoffkreislauf im Bereich der Verpackungen zu etablieren. Im Zentrum stand die stoffliche Rückgewinnung von Kunststoffen aus der haushaltsnahen Sammlung – insbesondere aus dem **Gelben Sack** – durch qualitativ hochwertiges, **mechanisches Recycling**.

1518 Ein aktueller Bericht des Joint Research Centers, dem ThinkTank der EU-Kommission, zeigt: Im Jahr 2022 wurden in der EU lediglich 6,7 Millionen Tonnen recycelte Kunststoffe für neue Produkte verwendet, wobei der Großteil – über 5 Millionen Tonnen – aus Verpackungskunststoffen stammte. Bei der Verwertung von Verpackungskunststoffen wurden 36 % recycelt, während 42 % in der thermischen Verwertung landeten und 16 % deponiert wurden: Simone Manfredi/Laure Baillargeon: Preliminary results of the 2022 MFA for plastics, 6.12.2024, https://www.avu-online.de/wp-content/uploads/2025/01/MFA-for-plastics_D3_Slides_2ndWorkshop_clean.pdf, abgerufen am 5.3.2025. Laut der jüngsten Stoffstromanalyse von Conversio sind im Jahr 2023 in Deutschland rund 5,58 Mio Tonnen Post-Consumer-Kunststoffmüll angefallen. Davon wurden ganze 3,61 Mio Tonnen verbrannt. Das entspricht ungefähr 64 % der Gesamtmenge: Conversio, Stoffstrombild Kunststoffe in Deutschland 2023 – Zahlen und Fakten zum Lebensweg von Kunststoffen, November 2024, https://www.vci.de/ergaenzende-downloads/kurzfassung-stoffstrombild-2023.pdf, abgerufen am 5.3.2025.

1519 Statistiken zeigen, dass die Investitionen in die Recyclingbranche in Deutschland erst ab 2017/2018 merklich zunahmen: Statistisches Bundesamt, Investitionen der Unternehmen in der Energie- und Wasserversorgung: Deutschland, Jahre, Wirtschaftszweige (Wirtschaftszweig Rückgewinnung), https://www-genesis.destatis.de/datenbank/online/table/43211-0001/search/s/NDMyMTEtMDAwMQ==, abgerufen am 5.3.2025.

Durch die konsequente Wiederverwendung dieser Recyclate in der eigenen Verpackungsproduktion sollte der Einsatz fossiler Primärrohstoffe vollständig ersetzt und damit sowohl die Rohstoffbasis als auch die Umweltwirkung der Verpackungen fundamental verbessert werden.

Die Umwelteffekte sind doppelt positiv zu bewerten: Zum einen reduziert sich durch die stoffliche Wiederverwertung das Aufkommen an Kunststoffabfällen in Umwelt und Meeren, zum anderen werden durch die Substitution von Neuplastik erhebliche Mengen an Erdöl und energieintensive Produktionsprozesse eingespart.

8.1.5.2.2. Ökonomie der Transformation: Interne Akzeptanz zwischen Margendruck und Beschäftigungssicherheit

Die Einführung einer auf Recyclingkunststoffen basierenden Verpackungsstrategie erforderte zunächst erhebliche **interne Überzeugungsarbeit**. Insbesondere die höheren Rohstoffkosten von Recyclaten im Vergleich zu Primärkunststoffen führten zu kontroversen Diskussionen hinsichtlich der wirtschaftlichen Tragfähigkeit des Vorhabens. Innerhalb des Unternehmens wurde kritisch hinterfragt, ob sich das ökologische Engagement mit dem Anspruch auf **wirtschaftliche Stabilität** und **langfristige Arbeitsplatzsicherung** vereinbaren lässt.

Das strategische Leitbild von Werner & Mertz basiert auf dem Anspruch, nachhaltige Produkte nicht als Nischenlösung, sondern als **mehrheitsfähiges Marktangebot** zu etablieren. Vor diesem Hintergrund fiel die unternehmenspolitische Entscheidung, die durch den Einsatz von Recyclaten entstehenden Mehrkosten nicht an die Verbraucher:innen weiterzugeben. Stattdessen akzeptierte das Unternehmen vorübergehende Margenverluste, um Preisstabilität und breite Marktteilhabe sicherzustellen.

Zugleich stellte sich die Frage, wie unternehmerische Risiken mit sozialer Verantwortung vereinbar bleiben. Arbeitsplatzsicherung und eine attraktive Unternehmenskultur sollten nicht zugunsten ökologischer Ziele vernachlässigt werden – ein klassischer Interessenkonflikt, der ausgehandelt werden musste. Als mittelständisches Unternehmen mit starker regionaler Verankerung sah sich Werner & Mertz in der Verantwortung, ökonomische Risiken so zu gestalten, dass die Beschäftigungssicherheit der Belegschaft nicht gefährdet wurde. Damit wurde ein klares Signal gesetzt: Ökologische Transformation wird nur dann langfristig tragfähig, wenn sie mit ökonomischer Resilienz und sozialer Verantwortung zusammengedacht wird.

8.1.5.2.3. Markenvertrauen als strategische Ressource im Transformationsprozess

Im Rahmen der internen Überzeugungsarbeit spielte das bestehende Markenprofil des Unternehmens eine zentrale Rolle. Die Traditionsmarke „Frosch" war bereits vor der Recyclat-Initiative fest im Segment umweltbewusster Haushaltsprodukte verankert und genoss hohes Vertrauen bei einer ökologisch sensibilisierten Kund:innengruppe.[1520]

1520 Die Marke Frosch ist 2024 bereits zum 23. Mal in Folge die „Most Trusted Brand" in der Kategorie Haushaltsreiniger: Werner & Mertz: Marke Frosch bleibt Vertrauensmarke Nummer 1 bei Haushaltsreinigern, https://werner-mertz.de/presscenter/marke-frosch-bleibt-vertrauensmarke-nummer-1-bei-haushaltsreinigern/, weiterführende Informationen: https://www.readersdigest.de/pages/trusted-brands, abgerufen am 16.1.2025.

Die konsequente Weiterentwicklung der Verpackungsstrategie auf Basis hochwertiger Recyclate konnte somit als glaubwürdige Fortsetzung der markenstrategischen Linie vermittelt werden. Das Vertrauen in die Marke fungierte in dieser Phase als stabilisierende Ressource: Es unterstützte die interne Legitimation des Projekts und eröffnete zugleich die Chance, neue Marktanteile zu erschließen.

Das Beispiel zeigt: Ein klar positioniertes Markenimage kann als ökonomischer Hebel wirken – nicht nur zur Risikominimierung innerhalb des Unternehmens, sondern auch als Multiplikator am Markt.

8.1.5.3. Strategien und Erfolgsfaktoren der Transformation

8.1.5.3.1. Kooperation als Investition: Erfolgsfaktor strategischer Partnerschaften

Nach der erfolgreichen internen Verankerung der Recyclatstrategie stellte sich für das Unternehmen die nächste zentrale Herausforderung: der Aufbau eines belastbaren externen Kooperationsnetzwerks entlang der gesamten Wertschöpfungskette. Ziel war es, alle relevanten Akteur:innen – von der Sammlung über die Sortierung und Verarbeitung bis hin zur Verpackungsproduktion – in ein gemeinsames Transformationsvorhaben einzubinden.

Diese integrationsorientierte Herangehensweise war in ihrer Breite und Tiefe zu diesem Zeitpunkt ein Novum in der Branche. Die Bereitschaft, in neuartige Recyclingtechnologien und kreislauffähige Infrastrukturen zu investieren, erforderte von allen Beteiligten wirtschaftliches Vertrauen, technisches Know-how und ein hohes Maß an Risikobereitschaft. Der ökonomische Erfolg war dabei keineswegs garantiert – umso bemerkenswerter ist das kollektive Engagement der Partner:innen, gemeinsam mit Werner & Mertz in Vorleistung zu gehen.

Den technologischen Kern des Vorhabens bildete die Verarbeitung von sortenreinen Recyclaten aus der haushaltsnahen Sammlung. Der **Grüne Punkt** – als einer der führenden Systemanbieter im Bereich der dualen Systeme – stellte hierfür geeignete Fraktionen aus dem Gelben Sack bereit.[1521]

Auf Seiten der Verpackungsproduktion nahm der langjährige Partner **ALPLA** eine Schlüsselrolle ein. Als global agierender Hersteller von PET- und HDPE-Flaschen verfügte das Unternehmen nicht nur über die technische Kompetenz, sondern auch über erhebliche Marktreichweite.[1522] Die Entscheidung, in die Verarbeitung von Post-Consumer-Recyclaten aus dem Gelben Sack einzusteigen, bedeutete für ALPLA eine strategische Neuausrichtung – weg von reinen Primärmaterialien hin zu einem wachsenden Geschäftsfeld mit Recyclingkunststoffen. Mittlerweile produziert das Unternehmen entsprechende Verpackungen nicht mehr nur für Werner & Mertz, sondern auch für andere Marktakteur:innen.[1523]

1521 Nähere Informationen: https://www.gruener-punkt.de/de/.

1522 Nähere Informationen: https://www.alpla.com/de.

1523 Redaktion K-Zeitung: Alpla: Mit Recycling auf Wachstumskurs, Alpla: Mit Recycling auf Wachstumskurs | K-Zeitung, abgerufen am 4.2.2025.

Neben der technologischen und logistischen Umsetzung kam auch der gesellschaftlichen Kommunikation eine zentrale Bedeutung zu. Um Verbraucher:innen für das komplexe Thema Recyclingkunststoffe zu sensibilisieren und Vertrauen in die Qualität der neuen Verpackungslösungen zu schaffen, setzte Werner & Mertz früh auf die Zusammenarbeit mit zivilgesellschaftlichen Akteur:innen.

Der **Naturschutzbund Deutschland (NABU)** begleitete die Initiative von Beginn an beratend. In dieser Kooperation wurden insbesondere Fragen der Verbraucher:innenkommunikation, Akzeptanzgrenzen und glaubwürdigen Positionierung diskutiert.[1524] Die Einbindung einer anerkannten Umweltorganisation trug wesentlich zur öffentlichen Legitimation des Projekts bei und ermöglichte einen kontinuierlichen Dialog über Zielkonflikte, Zumutbarkeiten und Erwartungen an unternehmerisches Handeln.

8.1.5.3.2. Technologische Skalierung: Schrittweise Substitution durch Recyclat entlang verschiedener Kunststoffarten

Im Jahr 2012 initiierte Werner & Mertz gemeinsam mit seinen Kooperationspartner:innen die **Recyclat-Initiative** – ein unternehmensübergreifendes Innovationsbündnis mit dem Ziel, mechanisch recycelte Kunststoffe aus Endverbraucherabfällen systematisch in die eigene Verpackungsproduktion zu integrieren. In technologischer Hinsicht konnte das Vorhaben bereits in den ersten Jahren messbare Fortschritte erzielen.

Ein **Meilenstein** war 2014 die **Einführung einer Testserie** von Spülmittelflaschen der Marke Frosch, die vollständig aus Post-Consumer-Recyclat (PCR) hergestellt wurden. Bemerkenswert dabei: 20 Prozent des eingesetzten Materials stammten aus der haushaltsnahen Sammlung des Gelben Sacks – eine bis dahin in dieser Qualität nicht realisierte Anwendung. Die restlichen 80 % wurden aus der europäischen PET-Pfandflaschensammlung bezogen. Bereits ein Jahr später konnte die gesamte Linie transparenter PET-Flaschen der Marke Frosch auf diese Materialbasis umgestellt werden.

Im Anschluss folgten weitere Materialklassen. 2016 wurde der Umstieg auf 100 % rHDPE – vollständig aus Gelber-Sack-Material – bei den Verpackungen der Bodenpflegemarke *emsal* sowie der professionellen Produktlinie *Green Care Professional* vollzogen. Auch dies stellte zum damaligen Zeitpunkt eine branchenweite Pionierleistung dar.

Ab 2017 richtete sich der technologische Fokus auf die Kunststoffart Polypropylen (PP). Werner & Mertz gelang es, die Klappscharnierverschlüsse der Marke Frosch auf 100 % recyceltes PP umzustellen. Damit war ein Großteil der typischerweise verwendeten Kunststoffarten adressiert – mit Ausnahme von LDPE, das vor allem für flexible Verpackungen wie Standbodenbeutel zum Einsatz kommt. Nach mehrjähriger Entwicklungszeit konnte schließlich auch hier eine hochwertig recyclingfähige Monomaterial-Lösung realisiert werden.

Ein weiterer Entwicklungsschritt folgte 2019 mit der Einführung von Kosmetikverpackungen auf Basis von 100 % rHDPE aus dem Gelben Sack. Vor Markteinführung wurde die Ma-

1524 Nähere Informationen: https://www.nabu.de/. Weitere Informationen zu unseren Kooperationspartnern auf: https://wir-fuer-recyclat.de/.

terialverwendung in Zusammenarbeit mit dem Fraunhofer-Institut wissenschaftlich geprüft, um gesundheitliche Unbedenklichkeit und regulatorische Konformität sicherzustellen.

Parallel dazu arbeitete Werner & Mertz kontinuierlich an der Optimierung des Materialmixes seiner PET-Flaschen. Der Anteil an Recyclat aus Gelber-Sack-Material konnte sukzessive gesteigert werden: von 20 % auf 50 % im Jahr 2021 und schließlich auf 75 % bis 2023.

Die Chronologie dieser Entwicklungen zeigt: Die technologische Umsetzung einer funktionierenden Kreislaufwirtschaft für Kunststoffverpackungen ist kein singuläres Ereignis, sondern ein iterativer Innovationsprozess – geprägt von Materialforschung, industrieller Skalierung und regulatorischer Prüfung. Die Recyclat-Initiative von Werner & Mertz dokumentiert in diesem Sinne eine über 15-jährige Lernkurve, die sowohl für die Branche als auch für politische Entscheidungsprozesse richtungsweisend ist.[1525]

8.1.5.3.3. Ganzheitliche Integration statt Symbolpolitik: Konsequenz als Vertrauensbasis

Ein zentrales Merkmal der Recyclat-Initiative des Unternehmens ist die konsequente und umfassende Umstellung des gesamten Verpackungssortiments – anstelle punktueller Einzelaktionen oder limitierter Sondereditionen („limited editions"). Diese Ganzheitlichkeit betrifft nicht nur die Primärverpackung, sondern auch alle begleitenden Verpackungselemente. So wurde beispielsweise auch für die Druckfarben ein kreislauffähiges System entwickelt, um eine sortenreine Wiederverwertung zu ermöglichen.

Diese Form der Detailorientierung mag für Verbraucher:innen im Alltag kaum sichtbar sein – für die tatsächliche Wirksamkeit ökologischer Produktpolitik ist sie jedoch essenziell. Nur durch vollständige Systemanpassungen lassen sich Verpackungen herstellen, die den Ansprüchen einer funktionierenden Kreislaufwirtschaft genügen. Die Integrität dieser Maßnahmen wirkt sich unmittelbar auf die Glaubwürdigkeit des Unternehmens aus.[1526]

Werner & Mertz hat sich mit diesem Ansatz als verlässlicher Akteur einer werteorientierten Markenführung positioniert. Das Vertrauen der Verbraucher:innen basiert auf der langfristigen, konsistenten Umsetzung ökologischer Prinzipien – und nicht auf kurzfristiger PR-gesteuerter Symbolpolitik. Die klare und transparente Kommunikation dieses Anspruchs stärkt die Markenbindung und eröffnet zugleich Differenzierungspotenziale im wettbewerbsintensiven Markt nachhaltiger Verbrauchsgüter.

8.1.5.3.4. Balance zwischen Innovation und Marktfähigkeit: Nachhaltigkeit als wirtschaftlicher Gestaltungsrahmen

Im Zuge der Recyclat-Initiative hat Werner & Mertz konsequent an der technologischen Weiterentwicklung kreislauffähiger Verpackungslösungen gearbeitet – stets unter der

1525 Chronologie der Recyclat-Initiative, https://werner-mertz.de/recyclat-initiative/, abgerufen am 16.1.2025.

1526 Neben der bereits erwähnten Most-Trusted-Brands-Studie gibt es auch weitere Studien, die das Vertrauen in unsere Marke belegen, bspw das repräsentative Ranking von YouGov: Frosch erzielt https://werner-mertz.de/presscenter/frosch-erzielt-hoechste-weiterempfehlungsrate-im-gesamten-wpr-markt/, abgerufen am 16.1.2025.

Maßgabe, ökologische Innovation mit breiter Marktfähigkeit zu verbinden. Der unternehmerische Anspruch, „Nachhaltigkeit mehrheitsfähig" zu machen, bedeutet dabei konkret: Die Produkte sollen nicht nur ökologisch vorbildlich, sondern zugleich für die breite Käuferschaft wirtschaftlich erschwinglich sein.

Dieser Anspruch bedingt ein kontinuierliches Austarieren zwischen ökologischen Zielsetzungen und wirtschaftlicher Realisierbarkeit – und setzt damit auch klare Grenzen für die Geschwindigkeit und Tiefe technologischer Umsetzung. Zahlreiche Innovationen hätten unter rein technischen Gesichtspunkten bereits früher realisiert werden können – wären damit jedoch in Preisregionen vorgedrungen, die eine massenmarkttaugliche Positionierung unmöglich gemacht hätten. Werner & Mertz verfolgt deshalb einen integrativen Ansatz, der ökologische Zielsetzungen nicht gegen wirtschaftliche Notwendigkeiten ausspielt, sondern beides in eine langfristig tragfähige Unternehmensstrategie überführt.

Im Unterschied zu vielen Wettbewerber:innen, bei denen Nachhaltigkeit häufig als Zusatznutzen oder Nischenmerkmal kommuniziert wird, bildet sie bei Werner & Mertz den strategischen Kern. Dennoch gilt auch hier: Ökologische Fortschritte müssen stets mit ökonomischer Tragfähigkeit einhergehen, um die wirtschaftliche Stabilität des Unternehmens – und damit auch die soziale Verantwortung gegenüber der Belegschaft – zu sichern. Dieser realistische Pragmatismus hebt die Initiative nicht nur technologisch, sondern auch unternehmerisch hervor.

8.1.5.4. Nachhaltigkeit als Unternehmensprinzip: Sinnstiftung als Teil der Unternehmenskultur

Neben technologischen und wirtschaftlichen Erfolgen hat die Recyclat-Initiative auch eine bedeutende soziale Wirkung innerhalb des Unternehmens entfaltet. Insbesondere der Wunsch nach Sinnhaftigkeit im beruflichen Handeln – häufig mit dem Begriff „Purpose" beschrieben – gewinnt in der Arbeitswelt zunehmend an Bedeutung.[1527] Das Unternehmen bietet seiner Belegschaft durch die konsequent nachhaltige Unternehmensausrichtung die Möglichkeit, aktiv an Umwelt- und Klimaschutz mitzuwirken.

Diese Form der sinnstiftenden Arbeit wird innerhalb des Unternehmens nicht nur kommunikativ betont, sondern im Alltag konkret erfahrbar gemacht. Die vergleichsweise lange Betriebszugehörigkeit von durchschnittlich rund zwölf Jahren spricht dafür, dass sich viele Mitarbeiter:innen mit der wertebasierten Unternehmensphilosophie identifizieren. Nachhaltigkeit wird nicht als externe Anforderung, sondern als intrinsisch getragener Teil der Unternehmenskultur verstanden.

Die Verbindung aus klaren ökologischen Zielsetzungen und glaubwürdiger, kontinuierlich gelebter Praxis schafft ein Arbeitsumfeld, das persönliche Überzeugungen mit beruflichem Handeln in Einklang bringt. Damit trägt das Unternehmen nicht nur zur ökologischen Transformation von Märkten bei, sondern auch zur sozialen Qualität der Arbeitswelt im eigenen Haus.

1527 Kienbaum und human unlimited, Purpose. Die große Unbekannte, 2020, https://www.kienbaum.com/purpose-studie/, abgerufen am 16.1.2025.

8.1.5.5. Handlungsempfehlungen und Ausblick

8.1.5.5.1. Pioniere im System: Wie Unternehmen Wandel vorantreiben – und an Grenzen stoßen

Die Recyclat-Initiative von Werner & Mertz zeigt, wie weit unternehmerische Innovationskraft in Sachen Kreislaufwirtschaft reichen kann – technologisch, ökologisch und in der öffentlichen Wahrnehmung. Die technologische Vorreiterrolle des Unternehmens ist vielfach ausgezeichnet worden. Innovationen im Rahmen der Recyclat-Initiative erhielten unter anderem den Deutschen Nachhaltigkeitspreis, den Circularity Champion Award, den Deutschen Verpackungspreis sowie den World Star Packaging Award.[1528] Für seine Rundum-Nachhaltigkeitsstrategie wurde Inhaber Reinhard Schneider 2019 mit dem Deutschen Umweltpreis geehrt.[1529]

Auch auf politischer Ebene blieb das Engagement nicht unbeachtet: Vertreter:innen aus Landes- und Bundespolitik suchten den Austausch, internationale Gremien wie G7 und G20 griffen das Unternehmen als Best-Practice-Beispiel für Ressourceneffizienz auf. Die Recyclat-Initiative gilt mittlerweile weltweit als Referenz für kreislauffähige Verpackungslösungen.

Doch trotz zahlreicher Auszeichnungen und internationaler Anerkennung stößt selbst ein solches Vorzeigeprojekt an strukturelle Grenzen, wenn wirtschaftliche und politische Rahmenbedingungen nicht mitziehen.

Für ein rohstoffarmes Land wie Deutschland, das zugleich hohe Umweltstandards verfolgt, ist eine ambitionierte Förderung zirkulärer Wirtschaftsmodelle nicht nur ökologisch geboten, sondern auch strategisch sinnvoll. Recycling leistet nicht zuletzt auch einen wichtigen Beitrag zur CO_2-Reduktion.[1530] Dennoch fehlen verbindliche Anreize und politische Rahmenbedingungen, die Investitionen in Recyclingtechnologien systematisch erleichtern oder honorieren.

Die Ursachen hierfür sind vielschichtig: Einerseits verlaufen politische Entscheidungsprozesse in regulierten Märkten traditionell langsam und konsensorientiert. Andererseits steht die Transformation in vielen Bereichen unter dem Einfluss starker wirtschaftlicher Interessengruppen, deren Geschäftsmodelle auf linearen Wertschöpfungssystemen beruhen. Die bestehenden industriellen Pfadabhängigkeiten und die damit verbundene Lobbyarbeit erschweren strukturelle Veränderungen – selbst wenn wissenschaftliche Studien wiederholt belegen, dass hochwertiges Recycling substanzielle Beiträge zur CO_2-Reduktion und Ressourcenschonung leisten kann.

Diese Lücke zwischen Auszeichnung und Umsetzung verweist auf ein zentrales Spannungsfeld der Nachhaltigkeitstransformation: Pioniere wie Werner & Mertz können Impulse setzen und Machbarkeit demonstrieren – die notwendige Skalierung und Systemveränderung bleibt jedoch eine gesamtgesellschaftliche Aufgabe, die verbindliche politische Weichenstellungen und wirtschaftliche Anreizsysteme voraussetzt.

1528 Siehe https://wir-fuer-recyclat.de/auszeichnungen/, abgerufen am 16.1.2025.

1529 DBU, Preisträger:innen Deutscher Umweltpreis, https://www.dbu.de/umweltpreis/preistraeger-innen/, 16.1.2025.

1530 Dr. Winfried Bulach, Günter Dehoust, Dr. Felix Mayer, Alexandra Möck, Ökobilanz zu den Leistungen der dualen Systeme im Bereich des Verpackungsrecyclings, 24.4.2022, https://www.oeko.de/fileadmin/oekodoc/Duale_Systeme_Oekobilanz_Endbericht.pdf, abgerufen am 16.1.2025.

Für Unternehmen, die ähnliche Wege gehen wollen, stellt sich deshalb eine zentrale Frage: Wie lassen sich individuelle Fortschritte in eine größere Bewegung überführen, die nicht allein auf Pioniergeist, sondern auf verlässliche Marktbedingungen bauen kann?

Werner & Mertz erkannte früh, dass Nachhaltigkeit kein Sprint, sondern ein langfristiger Prozess ist, der kontinuierlichen Einsatz erfordert. Neben technologischen Innovationen ist daher das strategische Feld der Corporate Affairs von zentraler Bedeutung – insbesondere für mittelständische Unternehmen. Seit 2014 besetzt Werner & Mertz deshalb die Position eines Leiters Corporate Affairs, um direkten Einfluss auf relevante Stakeholder zu nehmen und die politischen Rahmenbedingungen aktiv mitzugestalten.

Obwohl das Unternehmen Mitglied in verschiedenen Verbänden ist, ist es besonders wichtig, mit eigener Stimme zu sprechen. Verbände dienen in erster Linie dazu, ihre Mitglieder vor Veränderungen zu schützen, da solche mit Kosten und Unsicherheiten verbunden sind. Deshalb setzt Werner & Mertz bewusst auf ein eigenständiges und aktives Netzwerk. Der Leiter Corporate Affairs fungiert dabei als Schnittstelle zwischen Politik und Wirtschaft, übersetzt Interessen in beide Richtungen und ermöglicht so einen effektiven Dialog und ein gemeinsames Verständnis – Grundvoraussetzungen für nachhaltige politische Veränderungen im Sinne einer funktionierenden Kreislaufwirtschaft.

8.1.5.5.2. Regeln für den Wandel: Wie Politik den Weg zur Kreislaufwirtschaft ebnen kann

Trotz technologischer Reife und gesellschaftlicher Akzeptanz bleibt die wirtschaftliche Umsetzung zirkulärer Verpackungslösungen eine Herausforderung – insbesondere, solange die Rahmenbedingungen systematisch zugunsten linearer Modelle wirken. Damit unternehmerische Pionierarbeit wie die Recyclat-Initiative langfristig Wirkung entfalten kann, braucht es ein regulatorisches Umfeld, das zirkuläre Lösungen nicht benachteiligt, sondern gezielt fördert. Aktuell jedoch agieren Unternehmen wie Werner & Mertz unter asymmetrischen Wettbewerbsbedingungen: Rezyklate sind nach wie vor teurer als Neuware aus fossilem Rohöl – eine Konsequenz fehlgeleiteter Anreizsysteme.

Während der Corona-Pandemie zeigte sich diese Schieflage besonders deutlich: Der sinkende Ölpreis senkte die Kosten für Primärkunststoffe zusätzlich, während durch bestehende steuerliche Entlastungen – etwa die Befreiung von der Energiesteuer für die Herstellung von Kunststoffen oder die Befreiung fossiler Rohstoffe von der Mineralölsteuer – das werkstoffliche Recycling weiter an Wettbewerbsfähigkeit verlor. Die Folge: Zahlreiche Hersteller stellten den Einsatz von Recyclaten wieder ein und kehrten zur günstigeren Neuware zurück.[1531]

Diese Dynamik verdeutlicht ein strukturelles Problem: Solange ökologisch nachteilige Produktionsweisen finanziell günstiger sind als nachhaltige Alternativen, bleibt Kreislaufwirtschaft ein Randphänomen. Verbraucher:innen erwarten zwar mehrheitlich Lösungen für eine nachhaltige Wirtschaft – daran hat auch die Corona-Pandemie nichts geändert.[1532] Doch obwohl sie Kunststoff zunehmend als zentrales Umweltproblem

1531 Der Grüne Punkt, BDE, Werner & Mertz, Ist hochwertiges Kunststoffrecycling am Ende?, 22.6.2020, https://www.bde.de/presse/ist-hochwertiges-kunststoffrecycling-am-ende/, abgerufen am 16.1.2025.

1532 GfK Webinar, Im Auge des Sturms, 2020.

wahrnehmen und ökologische Verpackungslösungen befürworten,[1533] stoßen sie im Alltag auf klare Einschränkungen: Höhere Preise erschweren nachhaltige Kaufentscheidungen, echte Wahlfreiheit besteht am Regal kaum. Unter solchen Bedingungen kann sich kein wirksamer Marktmechanismus im Sinne der Kreislaufwirtschaft entfalten.

Vor diesem Hintergrund sieht Werner & Mertz die Politik in der Verantwortung, faire Marktbedingungen („Level Playing Field") zu schaffen. Eine ökologisch orientierte Transformation des Kunststoffmarkts erfordert gezielte Lenkungsinstrumente – etwa in Form einer Abgabe auf Primärkunststoffe („Plastiksteuer"), um den Einsatz von Recyclaten wirtschaftlich konkurrenzfähig zu machen. Ergänzend braucht es klar definierte Mindesteinsatzquoten für Recyclingmaterialien, auf nationaler wie europäischer Ebene. Diese sollten durch ein Anreizsystem flankiert werden – beispielsweise durch die Einrichtung eines Fonds, in den alle Marktakteure einzahlen. Eine Rückvergütung erhalten nur jene Unternehmen, die nachweislich Recyclate verwenden. Alternativ – oder ergänzend – wären auch Subventionskürzungen denkbar: Allein die europäische Mineralölwirtschaft profitiert jährlich von rund 128 Milliarden € an staatlichen Förderungen – eine ökologisch kontraproduktive Praxis, die einer zukunftsfähigen Kreislaufwirtschaft massiv entgegensteht.[1534]

Solange es nicht gelingt, ökologisch schädliche Geschäftsmodelle wirtschaftlich unattraktiver zu machen, wird sich die Transformation nicht im breiten Maßstab durchsetzen lassen. Einzelinitiativen allein können den Wandel nicht tragen – sie brauchen politischen Rückhalt und strukturelle Rahmensetzung.

8.1.5.5.3. Erkenntnisse aus 15 Jahren Praxis: Sieben strategische Empfehlungen für die Transformation zur Kreislaufwirtschaft

In mehr als eineinhalb Jahrzehnten Recyclat-Initiative hat Werner & Mertz gezeigt, dass ambitionierter Umweltschutz und wirtschaftlicher Erfolg kein Widerspruch sein müssen – wohl aber aktives Management und strategisches Umdenken erfordern. Die wichtigsten Erkenntnisse lassen sich in sieben übertragbare Empfehlungen zusammenfassen:

1. Interne Verankerung als Ausgangspunkt: Transformation beginnt im Unternehmen

Jede tiefgreifende Veränderung muss zunächst intern legitimiert und mitgetragen werden. Nachhaltige Innovationen stoßen oft auf Skepsis – etwa wegen vermeintlich höherer Kosten oder fehlender Marktakzeptanz. Daher ist es essenziell, Mitarbeitende frühzeitig einzubinden, transparent zu kommunizieren und konkrete Fortschritte sichtbar zu machen. Ein kollektives Verständnis für den ökologischen und strategischen Mehrwert der Transformation schafft langfristige Motivation und Widerstandsfähigkeit.

2. Kooperationen als Hebel: Strategische Allianzen gezielt aufbauen

Gerade kleine und mittelständische Unternehmen (KMU) benötigen starke Partner, um Wirkung zu entfalten. Dabei sollten Kooperationsnetzwerke über die eigene Branche

1533 GfK Unternehmergespräch 2020, Top of Mind Thema 2019 in Bezug auf Umwelt und Ökologie.

1534 European Environment Agency, Fossil fuel subsidies, 17.11.2023, https://www.eea.europa.eu/en/analysis/indicators/fossil-fuel-subsidies, abgerufen am 16.1.2025.

hinaus gedacht werden – entlang der gesamten Wertschöpfungskette und mit Partner:innenn aus Wirtschaft, Wissenschaft und Zivilgesellschaft. Gemeinsames Handeln erhöht die Sichtbarkeit, schafft Synergien und stärkt die Verhandlungsposition gegenüber Politik und Marktakteur:innen.

3. Langfristige Perspektive einnehmen: Nachhaltigkeit rechnet sich – aber nicht sofort

Die meisten Innovationen sind erst einmal ein Kostenfaktor und bedeuten Investition und vielleicht sogar kurzfristige Verluste. Wer sich ausschließlich an kurzfristigen Renditezielen orientiert, läuft Gefahr, Chancen der Transformation zu verpassen. Unternehmen, die in ressourcenschonende Technologien investieren, positionieren sich nicht nur ökologisch, sondern auch strategisch resilient – besonders angesichts künftiger Regulierungen und veränderter Marktanforderungen. KMU haben hier einen strukturellen Vorteil: Ihre Planungshorizonte sind oft weniger quartalsgetrieben als bei börsennotierten Konzernen.

4. Ganzheitlich denken, nicht nur kommunizieren: Glaubwürdigkeit entsteht durch Konsistenz

Kreislaufwirtschaft ist kein einzelnes Produktmerkmal, sondern ein umfassendes Unternehmensprinzip. Die Umstellung muss sich in allen Bereichen widerspiegeln – von der Rohstoffbeschaffung über die Produktion bis hin zu Design, Kommunikation und Entsorgung. Greenwashing unterminiert Vertrauen und gefährdet langfristig die Markenreputation. Wer Nachhaltigkeit glaubwürdig leben will, muss bereit sein, auch unbequeme Detailfragen anzugehen – etwa bei Additiven, Etiketten oder Druckfarben.

5. Kostenbewusstsein als Erfolgsfaktor: Ökologie und Ökonomie im Gleichgewicht halten

Nachhaltige Produkte müssen nicht zwingend teurer sein – sie müssen vor allem wirtschaftlich tragfähig konzipiert werden. Der Schlüssel liegt in Effizienz, Skalierbarkeit und Innovation. Produkte, die preislich nicht konkurrenzfähig sind, bleiben Nischenlösungen – mit begrenztem ökologischem Hebel. Wirtschaftliche Tragfähigkeit ist deshalb kein Widerspruch zur Nachhaltigkeit, sondern Voraussetzung für ihren Markterfolg.

6. Es braucht gesetzliche Rahmenbedingungen für ein Level Playing Field

Auch ein perfektes System benötigt entsprechende gesetzliche Rahmenbedingungen zum Erfolg. Um den Markt für Rezyklate anzustoßen, bedarf es einer Incentivierung des hochwertigen Einsatzes bei Verpackungen. Hierzu gibt es die Möglichkeit einer Plastiksteuer sowie eines sogenannten Fondsmodells, um den Einsatz von Post-Consumer-Rezyklaten bei Verpackungen zu steigern. Die Streichung kontraproduktiver Subventionen an die Mineralölwirtschaft sollte ebenfalls vorgenommen werden.

7. Eigene Stimme entwickeln: Politische Interessenvertretung aktiv gestalten

Strukturelle Veränderungen benötigen nicht nur unternehmerisches Engagement, sondern auch politische Flankierung. Klassische Branchenverbände agieren häufig konsensorientiert und verteidigen den Status quo. Wer als Unternehmen Transformation vorantreiben will, muss deshalb auch selbst politisch aktiv werden – sei es durch eigene Lobbyarbeit, gezielte Öffentlichkeitsarbeit oder Beteiligung an Konsultationsverfahren. Dies erfordert personelle Ressourcen, bietet aber zugleich die Chance, politische Prozesse mitzugestalten und regulatorische Rahmenbedingungen zukunftsfähig mitzuentwickeln.

8.1.5.6. Fazit

Die nachhaltige Transformation hin zu einer funktionierenden Kreislaufwirtschaft ist kein kurzfristiges Projekt, sondern ein langwieriger Prozess, der Geduld, Mut und strategische Entschlossenheit verlangt. Die Recyclat-Initiative von Werner & Mertz verdeutlicht exemplarisch, wie mittelständische Unternehmen durch Innovationskraft, Kooperationsfähigkeit und langfristiges Denken einen substanziellen Beitrag zur Kreislaufwirtschaft leisten können. Ihre Erfahrungen liefern nicht nur wertvolle Impulse für die unternehmerische Praxis, sondern formulieren zugleich klare Handlungsaufträge an Politik und Gesellschaft.

Klar ist: Die Entwicklung einer echten Kreislaufwirtschaft erfordert unternehmerische Standfestigkeit – und die Bereitschaft, trotz Widerständen konsequent auf Kurs zu bleiben. Rückschläge, Unsicherheiten und strukturelle Hürden sind dabei keine Ausnahme, sondern Teil des Prozesses. Entscheidend ist, nicht bei jedem Trend die Richtung zu wechseln, sondern eine langfristige Strategie zu verfolgen – und diese mit Überzeugung zu tragen.

Unternehmen, die sich für zirkuläres Wirtschaften engagieren, brauchen einen langen Atem. Sie müssen bereit sein, in Vorleistung zu gehen, Risiken einzugehen und aus Erfahrungen zu lernen. Eine solche Haltung wirkt nicht nur intern stabilisierend, sondern sendet auch ein starkes Signal nach außen – an Partner:innen, Märkte und politische Entscheidungsträger:innen. Wer Zuversicht ausstrahlt und strategisch konsequent handelt, schafft Orientierung in einem dynamischen Umfeld – und macht Mut zur Nachahmung.

8.1.6. Wertschöpfungsnetzwerke & Innovationsökosysteme

Stefan Pichler/Susan Üstün

8.1.6.1. Einleitung

Um die Abkehr von einer linearen Wirtschaftsweise zu erreichen, ist das Hinterfragen von Prozessen des Wirtschaftens auf individueller, unternehmerischer, aber auch politischer Ebene wesentliche Voraussetzung für die Transformation zu einer Kreislaufwirtschaft. Die Kreislaufwirtschaft ist daher inhärent disruptiv, bedingt einen Systemwandel und macht radikale, neue Formen der Zusammenarbeit und Kollaboration zwischen unterschiedlichsten Akteur:innen notwendig. Dadurch gewinnt der Begriff des „Ökosystems" zunehmend an Bedeutung. In diesem Kapitel widmen wir uns Ökosystemen für und in einer Kreislaufwirtschaft und wesentlichen Eigenschaften erfolgreicher Ökosysteme.

8.1.6.2. Was sind Ökosysteme in einer Kreislaufwirtschaft?

Zirkuläre Geschäftsmodelle sind der zentrale Treiber von Kreislaufwirtschaft auf Unternehmensebene, die die Zirkularität eines Unternehmens erhöhen können (Atasu et al,

2021[1535]; Bocken et al, 2019[1536]; Konietzko et al, 2020[1537]; Pietrulla, 2022[1538]). Das liegt daran, dass nachhaltige und zirkuläre Geschäftsmodelle eine umfassendere Perspektive auf die Wertschöpfung eines Unternehmens erfordern: Sie betrachten nicht nur den isolierten Nutzen für das Unternehmen selbst, sondern auch für dessen Stakeholder:innen sowie die Umwelt. Allerdings bleibt die Geschäftsmodellperspektive häufig auf das einzelne Unternehmen und dessen direkte Lieferanten und Kunden beschränkt. Um das volle Potenzial der systemischen Umsetzung kreislaufwirtschaftlicher Prinzipien auszuschöpfen und die Zirkularitätsrate insgesamt zu erhöhen, muss der Kreislaufgedanke über Unternehmensgrenzen hinweg gehen und vielfältige Akteur:innen einbeziehen (Kanda et al, 2021[1539]; Magnusson et al, 2019[1540]). Dies ist insbesondere aufgrund des Risikos von Rebound-Effekten[1541] in der Kreislaufwirtschaft von zentraler Bedeutung, um eine nachhaltige Entkopplung des Ressourcenverbrauchs vom Wirtschaftswachstum zu erreichen.

Zirkuläre Ökosysteme sind eine grundlegende Voraussetzung für eine funktionierende Kreislaufwirtschaft. Ohne starke Partnerschaften und Zusammenarbeit über Unternehmensgrenzen hinweg sind kreislauffähige Geschäftsmodelle schwer realisierbar. Ökosysteme sind daher in diesem Kontext komplexe Konstellationen von Akteur:innen und Institutionen, die mit dem Ziel effizienter und innovativer Ressourcennutzung und -rückführung ein Netzwerk bilden. Akteur:innen in zirkulären Ökosystemen sind vielfältig und meist aus unterschiedlichen Organisationen, die sich lokal, regional oder global zusammenschließen (Aarikka-Stenroos et al, 2021[1542]; Konietzko et al, 2020[1543]). Zirkuläre Ökosysteme bedürfen einer längerfristigen Ausrichtung, Vertrauen und der Koordination vielfältiger, wechselnder Beziehungen zwischen den Akteur:innen, die sowohl wett-

1535 Atasu, Dumas, & Wassenhove, The circular business model, Harvard Business Review, 2021, https://hbr.org/2021/07/the-circular-business-model, abgerufen am 6.8.2025.

1536 Bocken, Strupeit, Whalen, & Nußholz, A Review and Evaluation of Circular Business Model Innovation Tools. Sustainability, 11(8), 2019, 2210, https://doi.org/10.3390/su11082210.

1537 Konietzko, Bocken, & Hultink, Circular ecosystem innovation. Journal of Cleaner Production, 2020, 123741, 277, https://doi.org/10.1016/j.jclepro.2019.119942.

1538 Pietrulla, Circular ecosystems: A Review. Cleaner and Circular Bioeconomy, 2022, https://doi.org/10.1016/j.clcb.2022.100031.

1539 Kanda, Geissdoerfer, & Hjelm, From circular business models to circular business ecosystems, Business Strategy and the Environment, 30(6), 2021, 2814–2829, https://doi.org/10.1002/bse.2895.

1540 Magnusson, Andersson, & Ottosson, Industrial ecology and the boundaries of the manufacturing firm, Journal of Industrial Ecology, 23(5), 2019, 1211–1225, https://doi.org/10.1111/jiec.12864.

1541 Rebound-Effekte in der Kreislaufwirtschaft bezeichnen unbeabsichtigte systemische oder verhaltensbedingte Auswirkungen, bei denen Effizienz- oder Kreislaufmaßnahmen durch steigenden Konsum überkompensiert werden, zB durch erhöhten Verbrauch recycelbarer Produkte oder häufigeren Austausch im Leasing-Modell (Ferrante, Vitti, Facchini, & Sassanelli, Mapping the relations between the circular economy rebound effects dimensions: A systematic literature review, Journal of Cleaner Production, 456, 2024, https://doi.org/10.1016/j.jclepro.2024.142399; Metic, & Pigosso, Research avenues for uncovering the rebound effects of the Circular Economy: A Systematic Literature Review, Journal of Cleaner Production, 2022, https://doi.org/10.1016/j.jclepro.2022.133133; Smeets, Tabeau, van Berkum, Moorad, van Meijl, & Woltjer, The impact of the rebound effect of the use of first generation biofuels in the EU on greenhouse gas emissions: A critical review, 2014, 393–403, https://doi.org/10.1016/j.rser.2014.05.035; Zink & Geyer, Circular economy rebound, Journal of Industrial Ecology, 21(3), 2017, 593–602. https://doi.org/10.1111/jiec.12545.

1542 Aarikka-Stenroos, Ritala, & D. W. Thomas, Chapter 17: Circular economy ecosystems: a typology, definitions, and implications. In Research Handbook of Sustainability Agency (2021), 260-276, https://doi.org/10.4337/9781789906035.00024.

1543 Vgl FN 1537.

bewerbsorientiert als auch kooperativ sein können (Konietzko et al, 2020[1544]). Die Akteur:innen und ihre Beziehungen entwickeln sich dabei dynamisch und oft unvorhersehbar, weshalb sich Ökosysteme durch Komplexität und wechselseitige Abhängigkeiten der involvierten Akteur:innen auszeichnen (Sgambaro et al, 2025[1545]).

Einzelne Unternehmen stoßen bei der Entwicklung von zirkulären Geschäftsmodellen dann an ihre Grenzen, wenn Netzwerke zur Kreislaufführung benötigt werden, etwa beim Aufbau von Rücknahmesystemen, der Entwicklung alternativer Lieferketten oder der Standardisierung zirkulärer Prozesse (Lacy et al, 2020[1546]). Im Mittelpunkt der Zusammenarbeit im Ökosystem steht daher die Motivation, gemeinsam ein nachhaltiges und zirkuläres Ergebnis zu erzielen, das keine:r der Akteur:innen allein erreichen könnte (Aarikka-Stenroos et al, 2021[1547]). Dabei bestehen meist Austauschbeziehungen von Daten, Dienstleistungen und Geldflüssen und komplementäre Produkte, Services und Fähigkeiten entstehen als Teil des Ökosystems (Konietzko et al, 2020[1548]).

Wertschöpfungsnetzwerke sind kooperative Netzwerke (Tukker, 2015[1549]), deren Unternehmen netzwerkbasierte Geschäftsmodelle entwickeln, die über die Grenzen eines Unternehmens hinausgehen. Die Wertschöpfung erfolgt nicht nur über ein Unternehmen, sondern über ein erweitertes Netzwerk aus Partner:innen, Zuliefer:innen, Kund:innen (Kanda et al, 2021[1550]). Ein Wertschöpfungsnetzwerk wird zum Ökosystem der Kreislaufwirtschaft, wenn es so gestaltet ist, dass alle Akteur:innen gemeinsam Verantwortung für den gesamten Lebenszyklus von Produkten und Materialien übernehmen. Das beinhaltet die Zusammenarbeit vom Design über die Nutzung bis zur Rückführung und Wiederverwendung. Das ist für eine funktionierende Kreislaufwirtschaft wesentlich, da Netzwerkeffekte hier besonders ausschlaggebend sind: Zirkularität kann oft erst im Zusammenspiel mit anderen Akteur:innen erreicht werden. Ein recycelbares Produkt etwa erzielt seinen zirkulären Wert nur dann, wenn es so designt ist, dass es leicht zerlegbar und in ein funktionierendes Sammel- und Recyclingsystem eingebettet ist. Ohne Kooperation zwischen verschiedenen Akteur:innen entlang der Wertschöpfungskette sind viele Strategien (wie zB Recycling, Repurposing, Remanufacturing) der Kreislaufwirtschaft und die Rückführung von Ressourcen nur erschwert realisierbar.

Ein Beispiel für einen Enabler eines zirkulären Wertschöpfungsnetzwerks stellt das belgische Unternehmen Umicore dar. Umicore ist zugleich Materialtechnologie- und Recyclingkonzern. Im Bereich des metallurgischen Recyclings fokussiert sich Umicore auf die Rückgewinnung kritischer und strategischer Rohstoffe wie Kobalt, Nickel, Lithium, Kupfer und Edelmetalle. Als Quellen hierfür dienen unter anderem gebrauchte Batterien, Industrieabfälle oder Elektronikabfälle. Als Teil kooperativer Innovationsnetzwerke arbeitet Umicore mit Unternehmen entlang

1544 Vgl FN 1537.

1545 Sgambaro, Kaipainen, & Chiaroni, Scaling up circular ecosystems through product design practices: An integrative framework. Energy Policy, 180, 2025, https://doi.org/10.1016/j.enpol.2025.114912.

1546 Lacy, Long, & Spindler, Ecosystem, In: The Circular Economy Handbook, 2020, 283–300, https://doi.org/10.1057/978-1-349-95968-6_20.

1547 Vgl FN 1542.

1548 Vgl FN 1537.

1549 Tukker, Product services for a resource-efficient and circular economy – A Review. Journal of Cleaner Production, 97, 2015, 76–91, https://doi.org/10.1016/j.jclepro.2013.11.049.

1550 Vgl FN 1539.

der gesamten Wertschöpfungskette zusammen, insbesondere mit Automobilherstellern wie Volkswagen, um zirkuläre Materialkreisläufe für Lithium-Ionen-Batterien aufzubauen. Gleichzeitig agiert Umicore als Enabler für andere Unternehmen, indem es umfassende Recycling-infrastruktur, metallurgisches Know-how und Materialdaten bereitstellt (Umicore, 2025[1551]).

Das Konzept des Innovationsökosystems hat seit Mitte der 2000er-Jahre zunehmend an Bedeutung gewonnen, da es zentrale Beiträge zur Wertschöpfung, zum Wissensaustausch und zur systemischen Innovationsfähigkeit leistet. Es beschreibt ein dynamisches Umfeld aus Akteur:innen, die sich in komplementären oder substitutiven Beziehungen zueinander befinden (Alka et al, 2024[1552]). Neben wirtschaftlichen Akteur:innen wie etablierten Unternehmen und Start-ups spielen auch andere Akteur:innen wie z B Forschungsinstitutionen, politische Entscheidungsträger:innen und zivilgesellschaftliche Organisationen sowie informelle Akteur:innen eine Rolle (Alka et al, 2024[1553]). Gemeinsam bilden sie ein Netzwerk, das zur Findung, Verbreitung und Skalierung von Innovationen beiträgt, indem sie Ressourcen und Wissen kollaborativ einsetzen.

Das Ziel von Innovation innerhalb von Ökosystemen besteht darin, nicht nur neue Produkte oder Dienstleistungen zu entwickeln, sondern die Art und Weise zu verändern, wie Akteur:innen miteinander in Beziehung treten und kooperieren, um ein gemeinsames Ziel zu erreichen (Konietzko et al, 2020[1554]). Ein Innovationsökosystem ist also ein kollektives, kollaboratives Netzwerk, das neue, zuvor nicht vorhandene Beziehungen zwischen Akteur:innen aufbaut und so das Innovationspotenzial erst ausschöpft. Innovationsökosysteme und Kreislaufwirtschaft sind daher komplementäre Transformationsmechanismen, die den Übergang von linearen zu zirkulären Produktions- und Wertschöpfungssystemen ermöglichen. Dies gilt insbesondere im Hinblick auf zentrale Prinzipien der Kreislaufwirtschaft wie zirkuläres Produktdesign, Ressourceneffizienz, Materialrückgewinnung, datengetriebene Lösungen und den gezielten Einsatz von Technologie.

In der Literatur werden Ökosysteme anhand unterschiedlicher Merkmale wie beispielsweise ihrem Fokus auf digitale Plattformen, dem Zusammenschluss in Form eines urbanen oder regionalen Clusters oder als Treiber von Innovation kategorisiert. Um die Diversität von zirkulären Ökosystemen darzustellen, werden im folgenden Kapitel einige Ökosysteme anhand von Beispielen aus der Praxis illustrativ erläutert.

8.1.6.3. Beispiele aus der Praxis

Industrielle Symbiose

Das Prinzip der industriellen Symbiose ist ein materialflussbasiertes Ökosystem, das von Akteur:innen dazu genutzt wird, Ressourcen wie Energie, Materialien, Wasser, Abfälle oder Informationen gemeinsam zu nutzen. Das Ziel ist meist, ein geschlossenes System

1551 Umicore, Recycling Solutions, 2025, https://www.umicore.com/en/markets-products/recycling-solutions/, abgerufen am 6.8.2025.

1552 Alka, Raman & Suresh, Research trends in innovation ecosystem and circular economy. Discov Sustainability, 5(323), 2020, https://doi.org/10.1007/s43621-024-00535-5.

1553 Vgl FN 1552.

1554 Vgl FN 1537.

aufzubauen, in dem Ressourcen im Kreislauf geführt werden und so eine effiziente Ressourcennutzung mit der ökonomischen Wettbewerbsfähigkeit kombiniert wird. Beispiele für solche Eco-Industrial-Parks sind Kalundborg in Dänemark, Rizhao REDA in China sowie Eco3 in Finnland. Solche Initiativen werden häufig von öffentlichen Akteur:innen initiiert, um sowohl nachhaltige Produktionsmethoden in bestimmten Sektoren zu fördern als auch die gesamtwirtschaftliche Leistungsfähigkeit der Region zu steigern (Aarikka-Stenroos et al, 2021[1555]).

Unternehmerische Ökosysteme

Das Projekt C2PAT+ ist ein Zusammenschluss aus OMV, Borealis, Verbund und Holcim, mit dem Ziel CO_2-Emissionen zur Produktion von Kunststoffen zu nutzen. Im Zentrum steht die Verknüpfung industrieller Stoffströme durch die Kooperation etablierter Industrieakteur:innen und die Schaffung eines CO_2-Kreislaufsystems (Holcim, 2025[1556]). Das weiter oben erläuterte Beispiel des Unternehmens Umicore ist ebenfalls hier einzuordnen.

Entrepreneurial Ökosysteme

Entrepreneurial Ecosystems sind regionale Cluster, in denen Akteur:innen gezielt die durch digitale Technologien geschaffenen Chancen zur Wiederverwendung, Wiederverwertung und Reduktion von Ressourcen nutzen, um neue Geschäftsmodelle zu entwickeln und zu skalieren (Autio et al, 2018[1557]). Das systemische Ziel solcher Gründungsökosysteme ist die Förderung von nachhaltigkeitsorientierter Geschäftsmodellinnovation, insbesondere durch die Gründung neuer Unternehmen. Obwohl Entrepreneurial Ecosystems auf zirkuläre Wertschöpfung ausgerichtet sind, liegt der Fokus häufig auf externen Marktchancen, weniger auf der internen Kreislaufnutzung innerhalb des Ökosystems selbst. In Finnland kooperieren die Häme University of Applied Sciences und Forssan Yrityskehitys Oy im Rahmen des FRUSH-Ökosystems, das gezielt Start-ups im Kreislaufwirtschaftsbereich unterstützt (Aarikka-Stenroos et al, 2021[1558]).

Plattform-Ökosysteme

Plattform-Ökosysteme sind digitale datenbasierte Ökosysteme, die als Enabler von Kreislaufwirtschaft funktionieren. Beispiele für Plattform-Ökosysteme sind Catena-X, das ein plattformbasiertes, offenes Datenökosystem ist, das als digitaler Enabler für zirkuläre Wertschöpfung in der Automobilindustrie dient. Catena-X ermöglicht zirkuläre Wertschöpfung, ist aber nicht selbst zirkulär, sondern bietet die Infrastruktur für kreislauforientierte Innovationen sowie industrieweite Standards wie zB den digitalen Produktpass. Im Bausektor ist Madaster, ein digitales Materialkadaster, ein Beispiel für eine digitale Plattform zur Erfassung, Bewertung und Weiterverwendung von Baumaterialien.

1555 Vgl FN 1542.

1556 Holcim Österreich, Mit C2PAT+ zur Klimaneutralität, 2025, https://www.holcim.at/nachhaltigkeit/mit-c2pat-plus-zur-klimaneutralitaet, abgerufen am 6.8.2025.

1557 Autio and Thomas, Tilting the Playing Field: Towards an Endogenous Strategic Action Theory of Ecosystem Creation, In Open Innovation, Innovation Ecosystems, and Entrepreneurship: Multidisciplinary Perspectives, edited by S. Nambisan, 2018, 111–140.

1558 Vgl FN 1542.

Innovationsökosysteme

Innovationsökosysteme für Kreislaufwirtschaft sind kollaborative Orte, an denen unterschiedlichste Akteur:innen zusammengeführt werden, um Lösungen für Herausforderungen der Kreislaufwirtschaft und Nachhaltigkeit zu entwickeln. Als internationales Beispiel gilt das Netzwerk der Ellen MacArthur Foundation, das eine globale Gemeinschaft aus unterschiedlichen Akteur:innen ist, die verschiedene Formate wie Innovation Workshops, Positionspapiere, aber auch eine digitale Communityplattform zum Austausch nutzt. In Deutschland hat sich das Circular Valley in Wuppertal etabliert, das Wirtschaft, Wissenschaft, Start-ups und Politik zusammenbringt, um zirkuläre Geschäftsmodelle und Lösungen entlang der gesamten Wertschöpfung zu entwickeln und zu skalieren. Das Climate Lab in Wien ist ein Innovationsökosystem, das ebenfalls unterschiedliche Akteur:innen zur Entwicklung von Lösungen für Klimaschutz und nachhaltige Transformation zusammenbringt. Neben physischen Räumen für Workshops, Events und Co-Working werden hier Programme zur Innovationsförderung, wie etwa Accelerators, Pilotprojekte oder strategische Allianzen erarbeitet.

8.1.6.4. Herausforderungen und Ausblick

Die vorangegangenen Kapitel haben aufgezeigt, dass zirkuläre Ökosysteme als Enabler für eine erfolgreiche Kreislaufwirtschaft eine zentrale Rolle spielen. Ihre Umsetzung in der Praxis ist jedoch mit einer Reihe struktureller, technologischer und institutioneller Herausforderungen verbunden. Diese betreffen insbesondere Fragen der Koordination, Datenverfügbarkeit, Standardisierung und Anreizsetzung – allesamt kritische Faktoren für den Aufbau und die Skalierung kooperativer Wertschöpfungsnetzwerke. Im Folgenden werden zentrale Herausforderungen sowie ein Ausblick auf potenzielle Lösungsansätze skizziert.

8.1.6.4.1. Herausforderungen zirkulärer Ökosysteme

Governance: Wer koordiniert das Ökosystem?

Zirkuläre Ökosysteme zeichnen sich durch eine dezentrale Struktur und eine hohe Heterogenität der beteiligten Akteur:innen aus. Im Unterschied zu klassischen Lieferketten fehlt teilweise ein dominanter Akteur, der als Koordinator fungiert. Die Verantwortung für strategische Steuerung, Zieldefinition und Umsetzung ist nicht immer klar verteilt, was zu Ineffizienzen, Doppelstrukturen oder Zielkonflikten führen kann. Intermediäre wie Plattformbetreiber, Brancheninitiativen oder staatliche Stellen könnten diese Koordinationslücke füllen.

Vertrauen als Voraussetzung für Zusammenarbeit

Vertrauen gilt als wichtige Voraussetzung für die Zusammenarbeit in zirkulären Netzwerken. Gerade bei der gemeinsamen Nutzung von Daten, Technologien oder Infrastruktur ist Vertrauen zwischen Wettbewerber:innen, Zulieferern und Dienstleistern essenziell. Da zirkuläre Ökosysteme häufig neue, noch wenig etablierte Kooperationsformen erfordern, sind Mechanismen zur Vertrauensbildung – etwa über Verhaltenskodizes, transparente Governance-Strukturen oder rechtlich abgesicherte Datenräume – von großer Bedeutung.

Interoperabilität: Gemeinsame Standards und Datenformate

Ein wesentlicher Engpass von zirkulären Ökosystemen liegt in der fehlenden Interoperabilität zwischen Netzwerken, Plattformen und Akteur:innen. Der Aufbau sektorübergreifender Infrastrukturen – etwa über digitale Produktpässe oder standardisierte Materialklassifikationen – ist daher Voraussetzung für funktionierende Kreisläufe.

Daten- und Informationsasymmetrien

Zirkuläre Geschäftsmodelle benötigen transparente Informationen über Materialien, Produktkomponenten und Nutzungsszenarien. Gleichzeitig bestehen häufig Unsicherheiten und Hürden bei der Weitergabe solcher Informationen, insbesondere bei proprietären Designs oder sensiblen Materialdaten (Lacy et al, 2020[1559]). Modelle des vertrauenswürdigen Datenteilens – etwa über datensouveräne Architekturen – könnten hier Abhilfe schaffen. Plattformökosysteme wie Catena-X versuchen, diese Lücke zu schließen.

Anreize für den Aufbau und Beitritt zu Ökosystemen

Der Aufbau zirkulärer Netzwerke erfordert hohe Investitionen in Zeit, Wissen und Infrastruktur. Für viele Unternehmen fehlen teilweise konkrete wirtschaftliche Anreize, um sich aktiv zu beteiligen – insbesondere wenn der Nutzen erst langfristig realisiert wird (Palea et al, 2023[1560]). Öffentliche Förderprogramme, innovationsfreundliche Regulierung sowie klare Business Cases können dazu beitragen, Eintrittsbarrieren zu senken und die Beteiligung attraktiver zu machen.

8.1.6.4.2. Ausblick: Rahmenbedingungen und Zukunftsperspektiven

Regulatorik als Enabler – Potenziale der ESPR

Die EU-Verordnung zur Schaffung eines Rahmens für die Festlegung von Ökodesign-Anforderungen für nachhaltige Produkte (Ecodesign for Sustainable Products Regulation, ESPR) kann ein Schlüsselinstrument für zirkuläre Ökosysteme sein. Sie verpflichtet Hersteller zur Bereitstellung von Produktdaten, zur Verbesserung der Zirkularität von Produkten im EU-Markt sowie zur Anwendung des digitalen Produktpasses (Europäische Kommission, 2024[1561]). Damit schafft sie einen rechtlichen Rahmen, der Transparenz, Vergleichbarkeit und datenbasierte Kooperationen zwischen Akteur:innen ermöglicht. Die Wirkung der ESPR hängt allerdings stark von ihrer konkreten Ausgestaltung und Implementierung der noch zu erlassenden Delegierten Rechtakte für die betroffenen Produktgruppen und des Digitalen Produktpasses ab.

Technologien als Enabler: KI, Blockchain und IoT

Technologien eröffnen neue Möglichkeiten für Transparenz, Steuerung und Rückverfolgbarkeit in zirkulären Ökosystemen. Künstliche Intelligenz (KI) kann Materialflüsse analysieren, Restwertpotenziale identifizieren und Entscheidungsprozesse automatisieren.

1559 Vgl FN 1546.

1560 Palea, Santhià & Miazza, Are circular economy strategies economically successful? evidence from a longitudinal panel, Journal of Environmental Management, 337, 2023, https://doi.org/10.1016/j.jenvman.2023.117726.

1561 Europäische Kommission, VO (EU) 2024/1781, https://eur-lex.europa.eu/legal-content/DE/TXT/HTML/?uri=OJ:L_202401781, abgerufen am 6.8.2025.

Die Blockchain Technologie ermöglicht sichere, manipulationsresistente Nachverfolgung von Produkt- und Materialdaten. Internet of Things (IoT) liefert Echtzeitdaten zu Nutzung, Zustand und Materialzusammensetzung von Produkten – essenziell für Rücknahme, Remanufacturing oder Wiederverwendung.

Fazit

Zirkuläre Ökosysteme stehen im Spannungsfeld zwischen Vision und Realität. Während ihr Potenzial für systemische Nachhaltigkeit unbestritten ist, zeigen sich in der praktischen Umsetzung zahlreiche Barrieren – von Governance-Fragen über fehlende Standards bis hin zu ökonomischen Anreizen. Der transformative Charakter der Kreislaufwirtschaft macht deutlich: Ohne koordinierte Anstrengungen, regulatorische Leitplanken und technologische Enabler bleibt die Wirkung zirkulärer Ökosysteme fragmentiert. Eine Herausforderung der kommenden Jahre wird darin bestehen, diese systemische Vision in skalierbare, robuste und praktische Lösungen überzuführen.

8.1.7. Abriss oder Zukunft? Warum wir anders bauen müssen

Christian Baron

8.1.7.1. Bau- und Immobilienwirtschaft in einer Schlüsselrolle

Klimawandel, Ressourcenknappheit und der Verlust natürlicher Ökosysteme gefährden nicht nur die Umwelt, sondern zunehmend auch die wirtschaftliche Stabilität. Laut dem aktuellen Global Risks Report des Weltwirtschaftsforums zählen extreme Wetterereignisse, Biodiversitätsverlust, kritische Veränderungen der Erdsysteme und die Verknappung von Ressourcen zu den vier größten wirtschaftlichen Risiken der nächsten zehn Jahre[1562] . Dies zeigt deutlich, dass ökologische Faktoren nicht länger als Randthema betrachtet werden können, sondern ein ernstzunehmendes wirtschaftliches Risiko darstellen. Sie beeinflussen die Wirtschaftlichkeit direkt, indem sie Lieferketten destabilisieren, Produktionskosten erhöhen und die Investitionssicherheit verringern. Laut Berechnungen des Potsdam-Instituts für Klimafolgenforschung könnten bis 2049 jährlich bis zu 19 % des weltweiten Bruttoinlandsprodukts durch klimabedingte Produktionsrückgänge, geringere Produktivität und Handelsstörungen verloren gehen[1563]. Damit stellt sich die Frage, ob unser aktuelles wirtschaftliches Handeln unter diesen Bedingungen noch zukunftsfähig ist.

In diesem Zusammenhang nimmt die Bau- und Immobilienwirtschaft eine Schlüsselrolle ein: Sie ist einerseits stark von diesen Entwicklungen betroffen, andererseits ein maßgeblicher Mitverursacher. Mit einem Anteil von etwa 37 % an den globalen energie- und prozessbedingten CO_2-Emissionen trägt die Branche erheblich zur Klimakrise bei[1564]. Von diesen Emissionen entfallen rund 27 % auf den Energiebedarf des Gebäudebetriebs, wie Heizen, Kühlen und Beleuchtung, während etwa 10 % auf die energieinten-

1562 World Economic Forum. The Global Risks Report 2025 20th Edition. (2025).
1563 Kotz, M., Levermann, A. & Wenz, L. The economic commitment of climate change. Nature | 628, 551 (2024).
1564 2023 Global Status Report for Buildings and Construction Beyond foundations Global Status Report for Buildings and Construction Beyond foundations Mainstreaming sustainable solutions to cut emissions from the buildings sector. (2024) doi:10.59117/20.500.11822/45095.

sive Herstellung von Baumaterialien wie Beton, Stahl und Glas zurückzuführen sind[1565]. Die Branche selbst ist stark von natürlichen Rohstoffen und Industriegütern abhängig, deren Verfügbarkeit durch globale Lieferkettenprobleme und volatile Märkte zunehmend unsicherer wird.

Um langfristig wettbewerbsfähig zu bleiben, müssen Geschäftsmodelle und Wirtschaftspraktiken in der Bau- und Immobilienwirtschaft grundlegend überdacht werden. Dies bedeutet, ökologische Verantwortung, wirtschaftliche Resilienz und soziale Nachhaltigkeit als gleichwertige Faktoren in den Transformationsprozess zu integrieren.

8.1.7.2. Zirkuläres Bauen als Chance

Zirkuläres Bauen bietet eine Alternative zum bestehenden linearen Modell. Statt Abfall zu erzeugen, wird der gesamte Bauprozess von Anfang an als geschlossener Kreislauf gedacht. Gebäude sind keine statischen Konstruktionen mehr, sondern Materialbanken, deren Bestandteile weiter- oder wiederverwendet werden.

Die Umsetzung erfordert eine konsequente Integration zirkulärer Prinzipien entlang der gesamten Wertschöpfungskette. Zirkuläres Bauen nutzt Ressourcen nicht nur effizienter, sondern nimmt einen veränderten Wirtschaftsansatz ein. Im Mittelpunkt stehen Langfristigkeit, Werterhalt und die Verantwortung für Produkte über den gesamten Lebenszyklus hinweg – anstelle eines reinen Produktions- und Verbrauchermodells[1566]. Diese Leitlinien bilden die Basis für eine Bauweise, die Ressourcen effizient nutzt und den Kreislaufgedanken in den Mittelpunkt stellt.

Dabei folgt zirkuläres Bauen den R-Prinzipien, die Strategien zur Werterhaltung definieren. Die Priorität der Umsetzung dieser sollte dabei auf den höchsten Stufen der R-Hierarchie liegen, also Rethink (Prozesse überdenken), Reduce (Verringerung des Ressourcenverbrauchs), Reuse (Wiederverwendung) und Recycling als letzte Option. Diese Prinzipien unterstützen dabei, Gebäude und Materialien so zu gestalten, dass sie möglichst lange im Kreislauf bleiben und nicht unnötig als Abfall enden.

Um diese Prinzipien wirkungsvoll umzusetzen, braucht es eine systemische und systematische Herangehensweise, also ein Umdenken auf allen Ebenen – von der Strategie über die Planung und den Bau bis hin zur Nutzung und dem Rückbau. Im Folgenden werden ausgewählte Ansätze vorgestellt, die als Orientierung für die praktische Umsetzung zirkulärer Prinzipien entlang der Wertschöpfungskette dienen können.

8.1.7.3. Strategien und Konzepte: Die Blaupausen des Wandels

Den Lebenszyklus eines Gebäudes von Anfang an mitzudenken – von der Materialauswahl über die Nutzung bis hin zum Rückbau und der Verwertung – legt den Grundstein für die Ausrichtung des gesamten Projekts. Bereits in dieser frühen Phase geht es darum, Gebäude nicht als Endprodukte, sondern als flexible Ressourcenspeicher zu verstehen. Die hier getroffenen Entscheidungen wirken sich auf alle weiteren Phasen aus.

1565 Walter R. Stahel. The Circular Economy: A User's Guide. (Routledge, 2019).

1566 Potting, J., Hekkert, M., Worrell, E. & Hanemaaijer, A. Circular Economy: Measuring Innovation in the Product Chain Policy Report. (2017).

Fragen, die zum Weiterdenken anregen

- Warum wird dieses Gebäude benötigt und welche zukünftigen Nutzungen sind denkbar?
- Wie kann ein Gebäude so konstruiert werden, dass es sich leicht an veränderte Anforderungen anpassen lässt?
- Welche Materialien lassen sich am Ende der Nutzungsdauer ohne Qualitätsverlust wiederverwenden?
- Welche digitalen Werkzeuge können helfen, Ressourcenflüsse präzise zu erfassen und langfristig zu steuern?

Beispiele für zirkuläre Ansätze

- **Design for Disassembly (DfD)** ermöglicht modulare Bauweisen, sodass Gebäude rückgebaut und Bauteile wiederverwendet werden können.
- **Building Information Modeling (BIM)** erleichtert die Dokumentation verbauter Materialien für die Kreislaufwirtschaft.
- **Hochwertige Bauteile** können möglichst in ihrer ursprünglichen Funktion weiterverwendet werden.
- **Material- und Gebäuderessourcenpässe** dokumentieren Herkunft, Zusammensetzung und Wiederverwend- und Verwertbarkeit von Bauerzeugnissen.
- **Lebenszyklusanalysen (LCA)** quantifizieren Ressourcenverbrauch und ökologische Auswirkungen eines Bauprojekts.

8.1.7.4. Planung und Genehmigung: Rahmenbedingungen für eine zirkuläre Bauweise

Regulatorische Rahmenbedingungen spielen eine entscheidende Rolle, um zirkuläre Prinzipien in der Bau- und Immobilienwirtschaft zu verankern. Allerdings steht aktuell die Gesetzgebung in vielen Bereichen noch am Anfang. Doch klare Vorgaben, die geschlossene Materialkreisläufe fördern, den Einsatz wiederverwendbarer Baustoffe begünstigen und Rückbaukonzepte integrieren, sind unabdingbar für eine erfolgreiche Transformation.

Fragen, die zum Weiterdenken anregen

- Gibt es aktuell rechtliche Hürden für die Wiederverwendung von Baumaterialien?
- Welche Anreize können den Einsatz von Sekundärbaustoffen fördern?
- Sollten Rückbaupflichten in Baugenehmigungen integriert werden?
- Welche Standards sichern die Nachverfolgbarkeit von Baustoffen?

Beispiele für zirkuläre Ansätze

- **Bauvorschriften für modulare und rückbaufreundliche Bauweisen** könnten die Wiederverwendung von Materialien zukünftig erleichtern.
- **Sekundärbaustoff-Quoten für Neubauten** könnten den Markt für wiederverwendete Baustoffe stärken.
- **Öffentliche Ausschreibungen** könnten Sekundärbaustoffe bevorzugen und die Nachfrage nach zirkulären Materialien erhöhen.
- **Verpflichtende Materialpässe** könnten die Dokumentation und Nachnutzung von Baustoffen sichern.

- **Rückbaupflichten in Baugenehmigungen** könnten Gebäude als Materialquellen erhalten.
- **Digitale Marktplätze** können Sekundärbaustoffe erfassen und deren Beschaffung erleichtern.

8.1.7.5. Realisierung des Bauprozesses: Zirkuläre Materialflüsse statt linearem Verbrauch

Im Bauprozess müssen Materialien so eingesetzt werden, dass sie nicht nur effizient genutzt, sondern auch nachhaltig im Kreislauf gehalten werden können. Dabei spielen sowohl regionale Materialökosysteme als auch rückbaufreundliche Bauweisen eine Schlüsselrolle.

Fragen, die zum Weiterdenken anregen

- Wie kann der Einsatz von Primärrohstoffen minimiert werden?
- Welche Bauweisen ermöglichen den vollständigen Rückbau und die direkte Wiederverwendung von Materialien?
- Wie lassen sich bestehende Materialien aus Rückbauprojekten direkt in neue Bauvorhaben integrieren?

Beispiele für zirkuläre Ansätze

- **Regionale Materialkreisläufe** nutzen Baustoffe aus Rückbauprojekten, die lokal wiederverwendet werden, um Transportwege zu minimieren.
- **Modulare, sortenreine Bauweisen** stellen sicher, dass sich Bauteile ohne Materialverlust demontieren und direkt wiederverwenden lassen.
- **Reversible Verbindungen**, wie zB Schraubverbindungen statt Mörtel oder Kleber, ermöglichen zerstörungsfreie Demontage.
- **Sekundärbaustoffe** wie aufbereitete Ziegel, Holz, Glas oder Beton aus Altbauten nutzen, um Primärmaterialien zu ersetzen.
- **Digitale Marktplätze** dienen als Plattformen zum Vertrieb und zur Beschaffung von wiederverwendbaren Baustoffen und erleichtern ihren Einsatz.

8.1.7.6. Betrieb und Instandhaltung: Gebäude als dynamische Ressourcenspeicher

Zirkuläre Betriebskonzepte setzen auf langlebige Bauteile, eine effiziente Nutzung bestehender Materialien und flexible Systeme, die sich an zukünftige Anforderungen anpassen. Die Sanierung nach zirkulären Prinzipien zielt zusätzlich darauf ab, bestehende Bausubstanz zu erhalten, Materialien wiederzuverwenden und nachwachsende oder recycelte Baustoffe gezielt einzusetzen. Statt Abriss und Neubau werden Bauteile selektiv modernisiert, in den Kreislauf zurückgeführt und Gebäude an neue Nutzungsanforderungen angepasst.

Fragen, die zum Weiterdenken anregen

- Wie kann die Nutzungsdauer von Baumaterialien während des Gebäudebetriebs verlängert werden?
- Welche Sanierungsstrategien ermöglichen eine Wiederverwendung von Bauteilen, statt sie zu ersetzen?
- Wie können Gebäude nicht nur weniger Energie verbrauchen, sondern aktiv Ressourcen und Materialien im Kreislauf halten?

Beispiele für zirkuläre Ansätze

- **Erhalt statt Abriss:** Tragende Bauteile zu erhalten, Materialien werden rückgewonnen und Umbauten ermöglichen eine spätere Wiederverwendung.
- **Präventive Instandhaltung** (zB gestützt durch digitale Systeme) erkennt Verschleiß frühzeitig, vermeidet unnötigen Austausch und verlängert die Lebensdauer von Bauteilen.
- **Modulare Gebäudetechnik:** Heizung, Kühlung und Belüftungssysteme sind wartungsfreundlich, nachrüstbar und austauschbar, ohne große Materialverluste.
- **Wiederverwendbare Bauteile:** Mobile Trennwände, modulare Bodenbeläge und Fassadenelemente ermöglichen flexible Raumgestaltung ohne Materialentsorgung.
- **Energierückgewinnung:** Abwärme aus Lüftungs- und Elektroanlagen wird erfasst und erneut genutzt.
- **Gebäude als Energiespeicher:** Überschüssige Energie aus Solar- oder Wärmesystemen wird gespeichert oder ins Netz eingespeist.

8.1.7.7. Rückbau: Materialien im Kreislauf halten statt entsorgen

Der Rückbau eines Gebäudes markiert nicht mehr dessen Ende, sondern den Beginn eines neuen Materialkreislaufs. Statt Bauteile und Rohstoffe als Abfall zu behandeln, wird der Rückbau zunehmend als Quelle für wertvolle Sekundärmaterialien betrachtet. Entscheidend ist, Materialien so zu erfassen und zu trennen, dass sie ohne Qualitätsverlust in neuen Bauprojekten weiterverwendet werden können.

Fragen, die zum Weiterdenken anregen

- Wie können Gebäude so zurückgebaut werden, dass ihre Materialien direkt wiederverwendbar bleiben?
- Welche Trenn- und Aufbereitungsverfahren ermöglichen eine hohe Materialqualität für die nächste Nutzung? Wie lassen sich geschlossene Materialkreisläufe in der Bau- und Immobilienwirtschaft etablieren?

Beispiele für zirkuläre Ansätze

- **Rückbaufreundliche Bauweisen:** Schraubverbindungen, modulare Konstruktionsmethoden und zerstörungsfreie Demontageverfahren ermöglichen, dass Bauteile ohne Materialverluste wiederverwendet werden.
- **Wiederverwendbare Bauteile** wie Ziegel, Fenster oder Holzbalken aus Bestandsgebäuden werden in Circular Hubs erfasst und für den direkten Wiedereinbau in neuen Projekten aufbereitet.
- **Sortenreine Materialtrennung** in Rückbauprozessen setzt verstärkt auf eine separierte Demontage von Holz, Beton, Glas und Metall, um hochwertige Sekundärbaustoffe zu gewinnen.
- **Baustoffrecycling in geschlossenen Kreisläufen** bedeutet, dass Baustrukturen nach (lokaler) Aufbereitung direkt in neuen Bauprojekten wiederverwendet werden.
- **Gebäuderessourcenpässe** erfassen die verbauten Materialien, sodass sie am Ende der Gebäudenutzung gezielt rückgebaut und weiterverwendet werden können.

8.1.7.8. Fazit: Neue Chancen durch zirkuläres Bauen

Innovative Kreislaufkonzepte schaffen Win-win-Situationen für Wirtschaft und Umwelt. Durch intelligente Materialnutzung, digitale Lösungen und zukunftsweisende Geschäftsmodelle entstehen spannende neue Märkte. Die ersten erfolgreichen Projekte zeigen[1567]: Zirkuläres Bauen ist nicht nur machbar, sondern eröffnet der Branche auch attraktive Perspektiven für zukunftsorientiertes Wirtschaften. Die Weichen für eine ressourcenschonende und profitable Bauwirtschaft sind gestellt.

8.1.8. Transformation im Bauwesen mit System

Bernadette Luger

Globale Krisen wie der Klimawandel, fragile Lieferketten sowie die Abhängigkeit von fossilen Energieträgern und kritischen Rohstoffen verdeutlichen zunehmend die Vulnerabilität strategischer Interdependenzen – mit weitreichenden Konsequenzen für Gesellschaft und Wirtschaft. Eine selbstbestimmte und resiliente Zukunft erfordert daher eine gezielte Entkopplung Europas – und damit auch Österreichs – von diesen Risikofaktoren. Ein zentraler Hebel in diesem Transformationsprozess ist der Clean Industrial Deal, das Herzstück der EU-Klima- und Wirtschaftspolitik für die kommenden Jahre. Durch gezielte Maßnahmen zur Ökologisierung soll er die Wettbewerbsfähigkeit der europäischen Wirtschaft stärken, Energiekosten senken, Zukunftstechnologien fördern und die Kreislaufwirtschaft ausbauen.

Die Bauwirtschaft, als eine der ressourcenintensivsten Branchen, nimmt dabei eine Schlüsselrolle ein. Der Übergang zu einer zirkulären Bauwirtschaft bietet nicht nur das Potenzial, den Verbrauch von energieintensiven Primärressourcen signifikant zu reduzieren, sondern leistet zugleich einen essenziellen Beitrag zu einer widerstandsfähigeren und gerechteren Gesellschaft. Denn die Ressourcen- und Klimakrise ist nicht nur eine ökologische, sondern auch eine zutiefst soziale Frage: Ihre Ursachen und Folgen sind schlichtweg ungleich verteilt.

Für die Stadt Wien ist die Etablierung der Kreislaufwirtschaft – neben Klimaschutz und Klimaanpassung – ein zentrales strategisches Ziel („die 3 Ks“). Ab 2030 soll diese im Neubau sowie bei Sanierungen zum Standard werden[1568]. Ein maßgeblicher Baustein dafür ist das magistratsweite Umsetzungsprogramm „DoTank Circular City Wien 2020–2030“ und der im Rahmen des Programms initiierte Zirkularitätsfaktor (ZiFa) Wien. Der Zirkularitätsfaktor ist ein Bewertungssystem für zirkuläres Bauen, das auf wissenschaftlicher Basis entwickelt, derzeit anhand konkreter Bauprojekte getestet und optimiert wird. Im Mittelpunkt steht der Entwicklungsprozess selbst: Nicht nur die bis Ende 2026 vorliegende finale Bewertungsmethode zählt, sondern die fundierte und kontinuierliche Auseinandersetzung mit der Frage, welche Maßnahmen die größte Wirkung zeigen und was und wen es braucht, um die Transformation voranzubringen. Entscheidend dafür ist ein klar strukturierter Weg – mit dem Ziel, zirkuläres Bauen greifbar und umsetzbar zu machen.

1567 Circular Economy in der Bau- und Immobilienwirtschaft. (Haufe Fachbuch, 2024).

1568 Smart Klima City Strategie Wien: https://smartcity.wien.gv.at/wp-content/uploads/sites/3/2022/03/scwr_klima_2022_web-neu.pdf, abgerufen am 7.8.2025, S 62.

8.1.8.1. Von der Wegwerfwirtschaft zur Ressourcenschonung: Die Bauwende als Chance

Die Transformation von einer linearen zu einer zirkulären Bauwirtschaft erfordert einen tiefgreifenden systemischen Wandel entlang der gesamten Wertschöpfungskette. Dabei handelt es sich nicht um eine bloße Effizienzsteigerung bestehender Prozesse, sondern um eine grundlegende Neuausrichtung, die eine Abkehr von der bisherigen Wegwerflogik impliziert. Ein solcher Paradigmenwechsel stellt das Verursacherprinzip und die erweiterte Herstellerverantwortung ins Zentrum der Bauwirtschaft. Aktuell endet der Lebenszyklus eines Gebäudes meist als Schuttberg – eine Vergeudung wertvoller Ressourcen. Stattdessen müssen Gebäude künftig als Rohstofflager konzipiert werden, damit deren Materialien am Ende ihres Lebenszyklus in den Kreislauf zurückgeführt werden können.

Mit der Notwendigkeit eines solchen Wandels eröffnen sich auch erhebliche Chancen. Die gegenwärtigen globalen Krisen erfordern ein kritisches Hinterfragen bestehender Systeme und schaffen Raum für innovative, nachhaltige Lösungen. Die konsequente Transformation zur Kreislaufwirtschaft kann nicht nur negative Umweltauswirkungen signifikant reduzieren, sondern auch neue Märkte erschließen, die wirtschaftliche Resilienz stärken und soziale Gerechtigkeit fördern. Bislang tragen die Hauptverursacher der größten Umweltbelastungen nicht die tatsächlichen Kosten für die entstandenen Schäden. Die Transformation bietet die Chance, Kostenwahrheit herzustellen, indem externe Kosten konsequent internalisiert werden – ein entscheidender Schritt hin zu mehr Verteilungsgerechtigkeit.

Dennoch bestehen erhebliche Herausforderungen: Derzeit sind neue Materialien vielfach kostengünstiger als „Second-Hand-Produkte", ein funktionierender Markt für Sekundärbaustoffe fehlt weitgehend, und haftungsrechtliche Unsicherheiten erschweren die Wiederverwendung von Bauteilen. Zudem war die Schließung von Stoffkreisläufen bislang kein maßgebliches Kriterium in Entscheidungs- und Planungsprozessen, was sich besonders beim Rückbau älterer Gebäude zeigt: Der Einsatz schwer trennbarer Verbundmaterialien führt dazu, dass Wiederverwendung oft nur durch erhebliche wirtschaftliche und technische Aufwände möglich ist. Downcycling dominiert, während es an belastbaren Daten, transparenten Produktinformationen und zerstörungsfreien Prüfmethoden sowie konsistenten Bewertungsmethoden über den gesamten Lebenszyklus fehlt. Unser gesamtes System – von Regulierungen bis hin zu marktökonomischen Mechanismen – ist auf ein lineares Wirtschaftsmodell ausgerichtet, das auf Ressourcenverbrauch anstelle von -nutzung setzt.

Doch eines steht fest: So herausfordernd dieser Wandel auch sein mag, die Alternative – das Festhalten an der Linearwirtschaft – ist weder ökologisch noch ökonomisch tragfähig. Denn unabhängig davon, ob Klimaschutz betrieben oder Kreislaufwirtschaftsmaßnahmen umgesetzt werden, verursacht das Bauen und die Schaffung von urbanem Lebensraum immer Kosten. Jedoch entstehen ohne systematische Ökologisierung der Wirtschaft erhebliche Folgekosten des Nichthandelns – Kosten, die letztlich von der gesamten Gesellschaft getragen werden müssen. Hierzu zählen Mehrausgaben zur Behebung klimawandelbedingter Schäden sowie Ausgaben für Klimaanpassungsmaßnahmen. Die

Häufigkeit und Intensität von Extremwetterereignissen wird in den kommenden Jahrzehnten weiter zunehmen, was zu erheblichen finanziellen Mehrbelastungen in allen Wirtschaftssektoren führen wird. Das stellt nur einen Teilaspekt dar – dazu kommen Ausgaben, die im Falle einer Nichterfüllung der österreichischen Ziele im Rahmen der EU-Klimapolitik entstehen, oder Abhängigkeiten in der Rohstoffbeschaffung, wie etwa durch eine verringerte Wirtschaftsleistung sowie ein möglicher Wettbewerbsnachteil, falls die Transformation entweder zu spät oder nicht umgesetzt wird.

Die zentrale Fragestellung ist daher nicht, ob investiert werden sollte, sondern in welche Richtung die finanziellen Mittel gelenkt werden: in den Umbau hin zu einer zukunftsfähigen, resilienten Bauwirtschaft oder in die Bewältigung der Folgeschäden eines überholten Systems. Die gegenwärtigen Herausforderungen können als Katalysator für eine Transformation dienen, die nicht nur als Reaktion auf Krisen verstanden wird, sondern eine nachhaltige und ressourceneffiziente Bauweise aktiv gestaltet.

8.1.8.2. Strukturen für den Wandel: Die Transformation braucht System

Der Übergang von der linear geprägten Bauwirtschaft zu einem System, das in Kreisläufen denkt, kann nicht durch isolierte Eingriffe oder rein normative Vorgaben realisiert werden – vielmehr muss er als fundamentale, systemische Veränderung verstanden und gestaltet werden. Entscheidend ist, dass dieser Wandel von allen Akteurinnen und Akteuren aktiv mitgetragen wird.

Eine zentrale Herausforderung dabei ist, dass das bestehende System nicht einfach angehalten werden kann, um es von Grund auf neu zu strukturieren. Der Wandel muss „im laufenden Betrieb" erfolgen – eine Evolution innerhalb bestehender Rahmenbedingungen, die es gleichzeitig zu hinterfragen und weiterzuentwickeln gilt. Dies impliziert, dass zirkuläre Prinzipien schrittweise erprobt, in den Planungs- und Bauprozess integriert und kontinuierlich optimiert werden. Notwendig sind iterative Feedbackschleifen, in denen wissenschaftliche Erkenntnisse, regulatorische Anforderungen und praktische Erfahrungen aus realen Bauprojekten miteinander verschränkt werden. Nur so kann ermittelt werden, welche Maßnahmen technisch realisierbar, ökonomisch tragfähig, ökologisch wirksam und sozial verträglich sind.

Für diesen Transformationsprozess braucht es eine cross-funktionale Arbeitsweise, die Abhängigkeiten sichtbar macht und neue Perspektiven integriert. Es geht nicht nur um die Modifikation bestehender Regeln, sondern auch um das Erkennen der Notwendigkeit und der Möglichkeit, diese aktiv mitzugestalten. Transformation ist kein linearer Prozess, sondern ein dynamischer Weg, der kontinuierliche Reflexion, Wissensgenerierung und Vernetzung erfordert. Dafür braucht es eine strukturierte Vorgehensweise, die den Aufbau eines Ökosystems fördert, das auf kollektiver Intelligenz basiert.

Vor diesem Hintergrund beauftragte Bernhard Jarolim, Baudirektor der Stadt Wien, das Programm **„DoTank Circular City Wien 2020–2030"**. Es verfolgt einen iterativen, transdisziplinären Ansatz unter Beteiligung vielfältiger Stakeholder:innen-Gruppen. Verschiedene Fachdisziplinen arbeiten gemeinsam an Lösungen, indem sie Erfahrungen austauschen, praxisbasierte Erkenntnisse einfließen lassen und darauf aufbauend Konzepte kontinuierlich weiterentwickeln. Die Bearbeitung erfolgt dabei in drei ineinandergreifenden Phasen:

- **Definitions-Phase:** In dieser Phase werden die Grundlagen für eine kreislaufgerechte Bauwirtschaft erarbeitet, Wien als „Circular City" definiert, eine gemeinsame Vision formuliert und erste Bewertungsparameter für kreislauffähiges Bauen (Neubau und Sanierung) festgelegt.
- **Operationalisierungs-Phase:** Die entwickelten Prinzipien werden in realen Bauprojekten getestet. Fallstudien und Pilotprojekte liefern wertvolle Erkenntnisse, die zur Weiterentwicklung der Vorgaben und Rahmenbedingungen beitragen.
- **Implementierungs-Phase:** Die gewonnenen Erkenntnisse werden genutzt, um zirkuläres Bauen als Standard zu etablieren. Hierbei liegt der Fokus auf der Anpassung von Regularien, Prozessen und wirtschaftlichen Anreizen.

Zur Sicherstellung einer zielgerichteten Orientierung im mitunter komplexen Transformationsprozess wurde der **Zirkularitätsfaktor (ZiFa) Wien** initiiert, ein Schlüsselprojekt des Programms „DoTank Circular City Wien 2020–2030".

8.1.9. ZiFa – Das Vehikel im Transformationsprozess

Der Zirkularitätsfaktor (ZiFa) Wien ist weit mehr als ein reines Bewertungsinstrument – er fungiert als **strategisches Steuerungselement**, das den Wandel im Bauwesen aktiv vorantreibt. In einem komplexen Transformationsprozess, der eine Vielzahl an Akteur:innen und Herausforderungen umfasst, schafft der ZiFa Struktur und Orientierung. Er verknüpft wissenschaftlich fundierte Bewertungskriterien mit einem praxisnahen, partizipativen Ansatz und bildet somit eine essenzielle Grundlage für die schrittweise Implementierung der Kreislaufwirtschaft im Bauwesen. Dabei dient der ZiFa als roter Faden – als Vehikel – im gesamten Transformationsprozess. Er ist kein starres System, das unverändert und unreflektiert übernommen wird, sondern ein dynamisches Instrument, das sich kontinuierlich anhand der Erkenntnisse aus Pilotprojekten weiterentwickelt. Durch iterative Feedbackschleifen werden praktische Erfahrungen gezielt integriert, um rechtliche und bautechnische Rahmenbedingungen für die Kreislaufwirtschaft stetig anzupassen und weiterzuentwickeln. So gewährleistet der ZiFa, dass zirkuläre Prinzipien nicht nur diskutiert, sondern konsequent in die Praxis überführt werden.

Strategien des zirkulären Bauens als Grundstruktur des ZiFa

Zirkuläres Bauen setzt auf drei zentrale Strategien: Erstens, die Reduzierung des energieintensiven Primärrohstoffverbrauchs durch suffiziente Planung oder den Einsatz von Sekundärrohstoffen (Pre-Use). Zweitens, die Verlängerung der Gebäudenutzungsdauer durch Anpassungsfähigkeit und einfache Reparierbarkeit (Use). Und drittens, das Schließen von Materialkreisläufen durch rückbaubare Bauweisen (Post-Use).

Es existiert keine universelle Lösung für die Umsetzung dieser Strategien. Vielmehr steht ein Set an Planungs- und Konstruktionsprinzipien zur Verfügung, das kontextspezifisch adaptiert und angewandt werden muss. Hierzu zählen intelligente Grundrisse, Vorfertigung, Modularität, trennbare Bauweisen, die Verwendung regenerativer

Baustoffe sowie der gezielte Einsatz von Re-Use-Bauteilen. In der Praxis bedeutet dies beispielsweise, dass Alterungsprozesse sichtbar bleiben, Fügungen erkennbar und Bauteile demontierbar sind, während technische Installationen leicht zugänglich verlegt werden. Durch eine hierarchische Konstruktion der Bauteile nach Lebensdauer wird ein gezielter Austausch einzelner Komponenten ermöglicht, sodass am Ende des Gebäudelebenszyklus kein Abfall entsteht, sondern ein geschlossener Materialkreislauf.

ZiFa als integrierter Orientierungsrahmen

Bei der Bewertung der Zirkularität können durchaus Zielkonflikte auftreten, da sich einzelne Kriterien widersprechen oder gegenseitig beeinflussen können. Zudem gibt es stets mehrere Lösungswege: Entwürfe, die auf Trennbarkeit und Langlebigkeit der Komponenten setzen, erfordern teilweise einen höheren Material- und Emissionsaufwand. Alternativ können Konstruktionen mit minimalem Material- und Emissionsverbrauch gewählt werden, die jedoch kraftschlüssig verbunden und schwerer trennbar sind. Entscheidend ist eine standort-, aufgaben- und kontextbezogene Abwägung – eine universelle Lösung gibt es nicht. Genau das macht kreislauffähiges Bauen herausfordernd, aber auch spannend, da es vielfältige Wege eröffnet. Klar ist jedoch das Ziel: geschlossene Kreisläufe, ein möglichst geringer Materialverbrauch und ein minimaler CO_2-Fußabdruck.

Die Vielfalt der Stellschrauben und die hohe Komplexität des zirkulären Bauens erfordern also eine Bewertungsmethodik, die verschiedene Themenfelder strukturiert abbildet, Kriterien thematisch bündelt, in Relation setzt und gewichtet. Der Zirkularitätsfaktor (ZiFa) Wien folgt dabei den 3 Hauptstrategien – **„Weniger verbrauchen, länger nutzen und wiederverwenden"** – und übersetzt diese in ein detailliertes Set an Indikatoren. In der Version 1.0 umfasst das System acht Indikatoren mit insgesamt 30 Subindikatoren. Berücksichtigt werden zum Beispiel der Materialeinsatz, die Darstellung des Treibhausgaspotenzials entlang des Lebenszyklus, Flexibilität, Langlebigkeit und Reparierbarkeit in der Nutzung sowie die potenziell zukünftige Rückbau- und Recyclingfähigkeit. Das System integriert so Erkenntnisse aus bereits bestehenden Gebäude- und Produktbewertungssystemen zum kreislaufgerechten Bauen und Sanieren und deckt Vorgaben wesentlicher rechtlicher Rahmenbedingungen ab. Insbesondere nimmt der Zirkularitätsfaktor Bezug auf die technischen Bewertungskriterien zum Umweltziel „Wesentlicher Beitrag zum Übergang zur Kreislaufwirtschaft" aus der Delegierten Verordnung ([EU] 2023/2486) zur EU-Taxonomie-Verordnung ([EU] 2020/852), auf den in den technischen Bewertungskriterien verwiesenen EU-Berichtsrahmen Level(s) (insbesondere auf die Indikatoren 1.2, 2.1, 2.2, 2.3, 2.4, die stark auf Quantifizierbarkeit der Kreislauffähigkeit fokussieren), auf die Abfallhierarchie der EU-Abfallrahmenrichtlinie ([EU] 2008/98/EG) sowie auf die Grundanforderung 8 der EU-Bauprodukteverordnung ([EU] 2024/3110) „Nachhaltige Nutzung der natürlichen Ressourcen von Bauwerken" und das in diesem Kontext beschlossene Grundlagendokument zur Erarbeitung der OIB-Richtlinie 7.

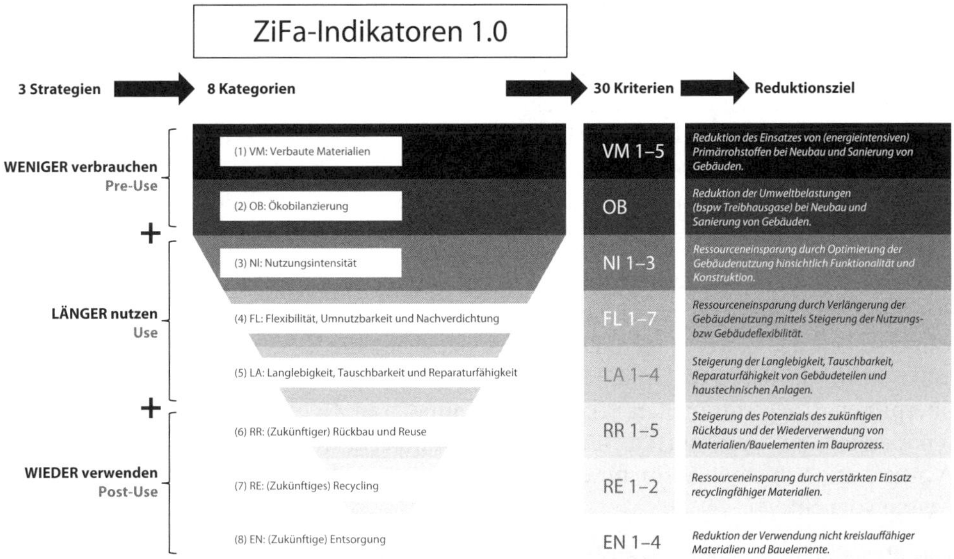

Abb 75: Darstellung der ZiFa-Systematik in Version 1.0 [Quelle: Stadt Wien, Magistratsdirektion Bauten und Technik, Stabsstelle Ressourcenschonung und Nachhaltigkeit im Bauwesen]

Anstatt neue Bewertungsansätze zu „erfinden", schafft der ZiFa 1.0 eine konsolidierte Systematik, die eine ganzheitliche Betrachtung der Kreislauffähigkeit von Gebäuden anstrebt. Die wissenschaftliche Grundlage sowie die methodische Herleitung sind im Orientierungsleitfaden ZiFa 1.0[1569] dokumentiert, der im Auftrag der Stadt Wien von der Universität für Bodenkultur Wien entwickelt wurde.

In diesem Entwicklungsschritt wurde darauf abgezielt, die Vorgaben und Anforderungen seitens der EU möglichst vollständig abzubilden und eine hohe Quantifizierbarkeit zu erreichen. Gleichzeitig wurde als Weiterentwicklungsbedarf festgehalten, in einem nächsten Schritt Konzepte zu evaluieren und zu entwickeln, die auch architektonische, funktionale oder soziale Aspekte in der Bewertungsmethode adäquat abbilden. Dabei können Szenarien- und Variantenplanungen sowie Rückbaukonzepte helfen, Anpassungspotenziale an sich verändernde Nutzer:innenbedürfnisse aufzuzeigen.

ZiFa als lernendes System

Aufgrund der noch fehlenden Erfahrungen aus einem „Praxis-Check" an konkreten Bauprojekten kann das entwickelte Kriterien-Set ZiFa 1.0 zum derzeitigen Zeitpunkt zwar als fundierte wissenschaftliche Grundlage und als Orientierungsrahmen, aber noch nicht als abgeschlossenes Kriterien-Set und Bewertungstool zum zirkulären Bauen und Sanieren betrachtet werden. Um die Praxistauglichkeit und Anwendbarkeit des Systems zu validieren, wird aus diesem Grund eine zweijährige Test- und Optimierungsphase

1569 Orientierungsleitfaden Zirkularitätsfaktor (ZiFa) 1.0: https://www.wien.gv.at/spezial/studien/mdbd/orientierungsleitfadenzirkularitaetsfaktor2024.pdf, abgerufen am 7.8.2025.

durchgeführt. In diesem Zeitraum werden die Bewertungsparameter anhand realer Bauprojekte erprobt und weiterentwickelt. Für die zur Projektumsetzung erforderlichen Leistungen hat die Stadt Wien (Abteilung Wohnbauförderung und Schlichtungsstelle für wohnrechtliche Angelegenheiten) ein Verhandlungsverfahren mit vorheriger Bekanntmachung im Unterschwellenbereich ausgeschrieben. Anfang Dezember 2024 wurde der Auftrag an die Arbeitsgemeinschaft pulswerk | ÖGUT | ZT Romm übergeben. Die Projektlaufzeit beträgt 24 Monate und erstreckt sich bis November 2026.

Der Testprozess dieser Weiterentwicklungsphase ist iterativ angelegt: Erste Anwendungen in Pilotprojekten liefern wertvolle Rückmeldungen zur Praktikabilität der Indikatoren und Subindikatoren, zur Handhabbarkeit in der Planungs- und Baupraxis sowie zur Wirksamkeit der Bewertungen. Der Zweck ist, geeignete Ziel- und Grenzwerte auszuloten sowie die Übertragbarkeit der Kriterien auf unterschiedliche Bauvorhaben zu überprüfen. Die gesammelten Erkenntnisse münden in ZiFa 2.0, einer weiterentwickelten Version mit optimierten Bewertungsparametern, die für nicht quantifizierbare Aspekte eine Vorgehensweise für die Integration von qualitativen Konzepten und Nachweisen vorsieht.

Das Prozessdesign dieser Testphase sieht strukturierte Anwendungen in drei unterschiedlichen Kontexten vor:

- **Qualitätssicherungsverfahren** (zB für die Stadtentwicklungsgebiete Nordwestbahnhof und Seestadt Aspern),
- **Bewertungen von Bauprojekten der Stadt Wien** in verschiedenen Planungsphasen und bei Neubau sowie Sanierung,
- **„Selbstüberprüfungen"**, um in einem nächsten Schritt einen erweiterten Anwender:innen-Kreis einzubinden.

Zur strukturierten Evaluierung der Testanwendung werden unterschiedliche Methoden, von Feedbackbögen über Workshops bis hin zu moderierten Dialogrunden, eingesetzt. Die systematische Rückkopplung mit Anwender:innen aus Praxis, Wissenschaft und Verwaltung stellt sicher, dass der ZiFa kontinuierlich verbessert und den realen Anforderungen angepasst wird. Die technische Weiterentwicklung des Systems zu ZiFa 2.0 umfasst zudem die Implementierung der optimierten Bewertungsparameter in ein Berechnungs-Tool, das sowohl für Wettbewerbsentwürfe mit begrenztem Datenbestand als auch für detailliertere Planungen nutzbar sein soll. Dabei wird darauf geachtet, dass der Nachweisaufwand für Bauprojekte in unterschiedlichen Planungsphasen praktikabel bleibt. Dies ist besonders relevant, da der ZiFa und die daraus abgeleiteten Vorgaben für verschiedene Zwecke genutzt werden sollen – von der Integration in Qualitätssicherungsprozesse und frühen Planungsphasen über verpflichtende Vorgaben im Baueinreichungsprozess bis hin zu Kriterien für Ausschreibungen und Vergaben.

Mit dieser offenen und dynamischen Weiterentwicklung schafft ZiFa einen kontinuierlichen Lernprozess, der über ein starres „Endprodukt" hinausgeht. Das System entwickelt sich durch den Dialog mit der Praxis weiter und trägt so maßgeblich zur Steigerung des Verständnisses zum Thema sowie zur schrittweisen Verankerung der Kreislaufwirtschaft im Bauwesen bei.

ZiFa als Vehikel im Prozess, das vielfältige Expertisen involviert

Das Prozessdesign zur Entwicklung des Bewertungssystems ZiFa 1.0, umgesetzt von der Universität für Bodenkultur Wien (BOKU), zeichnete sich durch eine intensive Einbindung verschiedener magistratischer Abteilungen sowie Wiener Unternehmen und Institutionen aus. Die am Projekt beteiligten Akteur:innen sind zugleich im Programm „DoTank Circular City Wien 2020–2030" engagiert. Dadurch waren die für das Thema relevanten Stakeholder:innen der Stadt Wien unmittelbar in die Entwicklung des Bewertungssystems involviert.

Im Rahmen mehrerer Workshops wurde die Thematik intensiv diskutiert und kooperativ weiterentwickelt. Dieser partizipative Prozess ermöglichte eine fundierte Reflexion sowie praxisnahe Rückmeldungen durch Expert:innen der Stadt Wien. Auf diese Weise entstanden Synergieeffekte auf verschiedenen Ebenen: Während die Forschung ein Instrument zur Darstellung des Kreislaufpotenzials entwickelte, konnten die Mitarbeiter:innen der Stadt Wien aktiv am Diskurs zur Kreislaufwirtschaft mitwirken und diesen mitgestalten.

Mit ZiFa 2.0 wird der Ansatz weiter ausgebaut: Die Zusammenarbeit mit den Fachexpert:innen der Stadt Wien wird nicht nur fortgeführt, sondern intensiviert. Diese begleiten den Prozess der fachlichen Reflexion und fungieren als zentrale Ansprechpersonen für die Testanwendungsgebiete. Zudem wird ein Sounding Board mit Führungskräften der Stadt etabliert, um die Entwicklungen auch strategisch zu bewerten – insbesondere im Hinblick auf eine zukünftige institutionelle Verankerung.

Durch die realen Testanwendungen ist in diesem Entwicklungsschritt auch die Bau- und Planungspraxis direkt in den Prozess eingebunden, während Fachworkshops eine gezielte Beteiligung der Fachcommunity ermöglichen. Ein zentrales Testanwendungsgebiet ist der Nordwestbahnhof (Phase A.1 und A.2), wo Vorgaben zum zirkulären Bauen Teil der Wettbewerbsauslobung waren und im Rahmen einer Dialogphase eine intensive Auseinandersetzung der Planungsteams mit zirkulärem Bauen und den ZiFa-Vorgaben stattfindet.

Transformation mit ZiFa: Der Weg ist das Ziel

ZiFa ist somit nicht nur ein Instrument zur Bewertung der Kreislauffähigkeit von Gebäuden, sondern vor allem ein Vehikel der Transformation. Indem er klare Kriterien setzt, den Dialog über zirkuläres Bauen strukturiert und als praxisnahes Orientierungssystem dient, leistet er einen entscheidenden Beitrag zur langfristigen Entwicklung einer Kreislaufwirtschaft im Bauwesen. Die Stadt Wien verfolgt dabei einen gemeinwohlorientierten Ansatz, indem sie ZiFa als offen zugängliches, unabhängiges System entwickelt. Dies unterscheidet ihn von vielen bestehenden Zertifizierungen, die oft mit Kosten und eingeschränkter Transparenz verbunden sind.

Ab 2030 soll kreislauffähiges Bauen in Wien Standard sein. Damit dieses Ziel erreicht werden kann, braucht es einen strukturierten, partizipativen und iterativen Transformationsprozess. ZiFa bildet dabei die Grundlage, indem er die Rahmenbedingungen für eine nachhaltige Bauwirtschaft mitdefiniert, praxisnah überprüft, kontinuierlich weiterentwickelt und letztlich die Grundlage dafür liefert, Vorgaben in den Rahmenbedingungen zu verankern.

8.2. Rolle von Bildung und Forschung

8.2.1. Circular Jobs und Kompetenzen

Valerie-Sophie Schönberg

Ob Reparaturwerkstätten, digitale Rücknahmesysteme oder kreislauforientiertes Produktdesign: Die Circular Economy schafft neue Tätigkeitsfelder und transformiert bestehende Berufsbilder. Dabei entstehen nicht nur neue „grüne" Jobs – auch klassische Tätigkeiten verändern sich in Richtung zirkulärer Kompetenzen. Damit ist die Transformation zur Kreislaufwirtschaft auch ein arbeitsmarktpolitisches und bildungspolitisches Projekt. Neue Geschäftsmodelle, Wertschöpfungslogiken und Materialflüsse verändern die Anforderungen an Arbeit, Beschäftigung und Kompetenzen grundlegend. Zunehmend rückt die Frage in den Fokus, welche Qualifikationen, Fähigkeiten und organisationalen Rahmenbedingungen benötigt werden, um den Wandel in der Breite zu tragen. Ein systematisches Verständnis von Circular Jobs und den dazugehörigen Kompetenzprofilen ist daher zentral, um die Chancen der Kreislaufwirtschaft für Beschäftigung, Qualifikation und regionale Entwicklung wirksam zu gestalten. Dieses Kapitel geht daher folgenden Fragen nach:

- Welche Kompetenzen braucht es für ein Arbeiten und Wirtschaften im Sinne der Kreislaufwirtschaft?
- Wie stellt sich der Status quo in Österreich dar?
- Welche Hemmnisse bestehen – und welche Lösungsansätze zeichnen sich ab?

8.2.1.1. Definition & Typologie: Circular Jobs im Überblick

Die Definition zirkulärer Beschäftigung variiert je nach Perspektive. Klar ist, dass zirkuläre Beschäftigung nicht nur neue Rollen schafft, sondern bestehende Rollen transformiert – entlang sektoraler wie regionaler Unterschiede. Im Zentrum steht daher die Frage, welche Tätigkeiten direkt oder indirekt zur Umsetzung zirkulärer Strategien beitragen – sei es durch Reparatur, Wiederverwendung, zirkuläres Design oder digitale Ermöglichung. Grundsätzlich lässt sich zwischen drei „Circular-Job"-Typen unterscheiden: (1) Core, (2) Enabling und (3) Indirectly Circular Jobs (siehe Tabelle 21).[1570]

Circular-Job-Typ	Beschreibung	Beispiele
Core Circular Jobs	Tätigkeiten, die unmittelbar Kreisläufe schließen – etwa in Reparatur, Wiederaufbereitung, erneuerbaren Energien oder Abfallwirtschaft	Reparaturtechniker:innen, Abfallsortierer:innen, Agrarberater:innen für Kompostsysteme

1570 Circle Economy, Jobs & Skills in the Circular Economy – State of Play and Future Pathways. https://www.circle-economy.com/resources/jobs-skills-in-the-circular-economy-state-of-play-and-future-pathways (2020). 7.

Circular-Job-Typ	Beschreibung	Beispiele
Enabling Circular Jobs	Berufe, die zirkuläre Tätigkeiten unterstützen oder skalieren, zB in Bildung, digitaler Infrastruktur, Beschaffung oder Produktdesign	Circular Design Engineers, digitale Gebäudemanager:innen, Beschaffungsverantwortliche
Indirectly Circular Jobs	Rollen in anderen Sektoren, die zirkuläre Strategien mittragen – etwa Logistik, öffentliche Verwaltung oder Bildung	Lehrer:innen für zirkuläre Kompetenzen, Logistiker:innen im Rücknahmesystem, Kommunalbedienstete für Ressourcenkonzepte

Tab 21: Circular-Job-Typen [eigene Darstellung nach Circle Economy, 2020][1571]

Diese Typologie ist nicht nur analytisch nützlich, sondern erlaubt auch eine kompetenzbezogene Differenzierung: Während „Core-Jobs" oft manuelle und technische Fähigkeiten verlangen, sind „Enabling-Jobs" stärker wissensbasiert und interdisziplinär, etwa in den Bereichen Systemdesign oder Datenmanagement. „Indirectly Circular Jobs" stellen wiederum erhöhte Anforderungen an kommunikative, organisatorische und reflexive Fähigkeiten.

8.2.1.2. Kompetenzen, individuelle und organisationale Implikationen

Der Wandel zur Kreislaufwirtschaft erfordert nicht nur konkrete Rollen, sondern auch einen systematischen Aufbau von Kompetenzen – auf individueller wie institutioneller Ebene. Neue zirkuläre Praktiken, Produkte und Geschäftsmodelle können nur dort erfolgreich umgesetzt werden, wo auch das entsprechende Wissen, die Fähigkeiten und die Haltungen vorhanden sind – sowohl auf individueller als auch auf organisationaler Ebene.

8.2.1.2.1. Kompetenzverständnis und Circular Literacy

Doch was genau verstehen wir unter „Kompetenz" im zirkulären Kontext? Im Kontext EU-weiter Ausbildungsstandards wird Kompetenz als Kombination aus Wissen (Knowledge), Fähigkeiten (Skills) und Einstellungen (Attitudes) verstanden – also als Fähigkeit, Wissen situationsangemessen und wirksam anzuwenden.[1572] Dieses sogenannte KSA-Modell bildet auch die Grundlage für Kompetenzdefinitionen in der Circular Economy.

Dabei reicht das Spektrum der Definitionen von eng gefassten technischen Kompetenzen bis hin zu umfassenden zirkulären Schlüsselkompetenzen. Enge Definitionen fokussieren sich auf technische Fähigkeiten entlang von Material- und Energiekreisläufen. Etwa bei RREUSE – einem Netzwerk europäischer ReUse- und Sozialunternehmen –

1571 Circle Economy, Jobs & Skills in the Circular Economy – State of Play and Future Pathways. https://www.circle-economy.com/resources/jobs-skills-in-the-circular-economy-state-of-play-and-future-pathways (2020). 7.

1572 Europäische Kommission. Council Recommendation of 22 May 2018 on key competences for lifelong learning. Official Journal of the European Union (2018/C 189/01). (2018b).

gelten als Kreislaufkompetenzen alle Fähigkeiten, „die dazu dienen, den Wert eines Produkts oder Materials zu erhalten und seine Lebensdauer zu verlängern“.[1573]

Demgegenüber steht eine breitere Auslegung, wie sie etwa im EU-Projekt CESCY[1574] zu Kreislaufwirtschaftskompetenzen von Jugendlichen vorgeschlagen wird. Diese werden gemäß Kompetenz-Definition unterteilt in

- **Einstellungen (Attitudes):** Anpassungsfähigkeit & Flexibilität, Kreativität, Motivation & Mindset, Ethik, Vision.
- **Wissen (Knowledge):** Kreislaufwirtschaft und Geschäftsmodelle einer Kreislaufwirtschaft.
- **Fähigkeiten (Skills):** Führungsqualitäten und Arbeit in Teams, Kollaboration, Kommunikation, kritisches Denken, systemisches Denken, Design Thinking.

Diese Kompetenzen lassen sich dem Konzept der Circular Literacy zuordnen – verstanden als übergreifendes Orientierungswissen, das Einzelpersonen in die Lage versetzt, ökologisch, sozial und ökonomisch verantwortungsvolle Entscheidungen im Sinne der Kreislaufwirtschaft zu treffen. Circular Literacy vereint damit kognitives, praktisches und normatives Wissen und bildet die Grundlage für berufliche Handlungskompetenz in zirkulären Kontexten.

Ein wichtiger normativer Bezugspunkt ist dabei die internationale ISO-59000-Normenreihe zur Kreislaufwirtschaft, insbesondere die ISO 59004:2024[1575], die Prinzipien, Terminologie und Umsetzungsleitlinien definiert. Sie betont explizit, dass Organisationen über geeignete Kompetenzen verfügen müssen, um zirkuläre Prinzipien strategisch und operativ umzusetzen – einschließlich Lebenszyklusanalyse, systemischem Denken, unternehmensweiter Steuerung sowie regulatorischer Integration.

Damit gewinnt einerseits die Verbindung von Fach- und Systemkompetenz an Bedeutung – etwa, wenn technische Fähigkeiten (zB zur Wiederaufbereitung oder Materialbewertung) mit strategischem Denken, interdisziplinärer Kommunikation oder ethischer Reflexion kombiniert werden müssen. Andererseits wird deutlich: „Circular Skills“ sind nicht nur individuelle Bildungsziele, sondern auch organisatorische Erfordernisse, um normkonform, wirksam und zukunftsorientiert in einer Kreislaufwirtschaft erfolgreich wirtschaften zu können.

8.2.1.2.2. Rollentypen und fachliche Kompetenzprofile

Während Soft Skills – in unterschiedlichen Ausprägungen und Klassifizierungen – in und für eine Kreislaufwirtschaft nahezu universal gültig sind, entfalten diese erst durch ihre Anwendung in konkreten Rollen ihre Wirkung. Anhand der Einordnung in die drei Circular-Job-Typen und entsprechender Rollenbeispiele kann man die Unterschiede entsprechender fachlicher Kompetenzen klar erkennen (siehe Tab 22).

1573 Vgl Cavallini/Soldi, Europe's Circular Economy and its Pact for Skills: working together for an inclusive and job-rich transition? Brüssel: European Economic and Social Committee. (2023)

1574 CESCY: Youth Competencies in the Circular Economy Labour Market: A Taxonomy of Competencies "Circular Economy – Sustainable Competencies for Youth" CESCY. EU Project. (2022). In: Circle Economy: Jobs & Skills in the Circular Economy – State of Play and Future Pathways. (2022)

1575 International Organization for Standardization, ISO 59004: Circular Economy – Terminology, Principles and Guidance for Implementation. Geneva. (2024).

Rollentyp	Beispiele	Fachliche Kompetenzen
Core Circular Jobs	Reparaturtechniker:in, Abfallsortierer:in, Agrarberater:in	zB Werkstoffkunde, Rückbau- und Reparaturtechnik, Prozesssteuerung
Enabling Circular Jobs	Circular Designer, Gebäudedaten-Manager:in, Einkäufer:in	zB CAD-Design, Lifecycle-Analyse, Datenmanagement, zirkuläre Beschaffung
Indirectly Circular Jobs	Lehrer:in, Kommunalplaner: in, Logistiker:in	zB Bildungsdidaktik, Raumplanung, digitale Logistiksysteme

Tab 22: Rollentypen und fachliche Kompetenzen [eigene Darstellung]

Diese Differenzierung macht deutlich: Circular Skills sind nicht auf ein bestimmtes Bildungsniveau oder Berufsfeld begrenzt. Vielmehr entsteht ein breites Spektrum zirkulärer Kompetenzen, das sowohl Fachkräfte in der operativen Praxis als auch Entscheidungsträger:innen, Planer:innen und pädagogisches Personal umfasst. Gerade in der Circular Economy verschwimmen traditionelle Trennlinien zwischen einfachen manuellen Tätigkeiten und wissensintensiven Funktionen – etwa, wenn Abfallsortierer: innen Sensorik bedienen oder Designer:innen Nachhaltigkeitsindikatoren einpflegen müssen.

8.2.1.2.3. Organisationale Ressourcen und Fähigkeiten

Die Entwicklung von zirkulären Kompetenzen betrifft nicht nur einzelne Berufsbilder, sondern das Zusammenspiel individueller Fähigkeiten und organisationaler Voraussetzungen. Kompetenzen entstehen nicht im luftleeren Raum – sie erfordern ein organisationales Umfeld, das Lernen ermöglicht, Anwendung erlaubt und Veränderung trägt. Die Fähigkeit eines Unternehmens, zirkuläre Praktiken erfolgreich zu implementieren, hängt daher wesentlich von seinen organisationalen Ressourcen und Fähigkeiten (engl „capabilities“) ab.

Santa-Maria et al (2021)[1576] betonen, dass erfolgreiche Circular Economy-Initiativen nur dort gelingen, wo Unternehmen über

- ein systemisches und vorausschauendes Denken,
- funktionierende Koordinationsstrukturen,
- datenbasierte Entscheidungsprozesse,
- und kulturelle Offenheit für Transformation verfügen.

In diesem Sinne ist zirkuläre Kompetenzentwicklung auch Führungsaufgabe – sie umfasst die strategische Verankerung zirkulärer Werte, die Förderung transdisziplinärer Lernprozesse und die Integration neuer Rollenprofile in bestehende Strukturen.

1576 Santa-Maria/Vermeulen/Baumgartner, Framing and assessing the emergent field of business model innovation for the circular economy: A combine literature review and multiple case study approach. Elsevier Journal “Sustainable Production and Consumption” https://doi.org/10.1016/j.spc.2020.12.037 (2021). 880.

8.2.1.3. Regionale Perspektive: Status quo in Österreich

Auch in Österreich gewinnen Circular Jobs und zirkuläre Kompetenzen zunehmend an Aufmerksamkeit – sowohl im bildungspolitischen als auch im wirtschaftsstrategischen Kontext. Doch die Umsetzung steht erst am Anfang: Der Fachkräftebedarf steigt, während gleichzeitig Kompetenzlücken und strukturelle Herausforderungen sichtbar werden. Nicht umsonst widmete die Österreichische Kreislaufwirtschaftsstrategie [KLWSAT][1577] dem Thema ein eigenes Kapitel zu „Information, Wissen und Zusammenarbeit". In diesem werden insbesondere der umfassende Wissens- und Kompetenzaufbau in Unternehmen, die Qualifizierung von Start-ups sowie die Befähigung von Konsument:innen durch gezielte Information und Bewusstseinsbildung als zentrale Hebel benannt.

Eine aktuelle Erhebung der ÖGUT von 2024[1578] zeigt deutliche Unterschiede im Kenntnisstand zwischen verschiedenen Kompetenzkategorien und Branchen auf. Die Qualifizierungsstudie zeigt, dass, technisches Grundlagenwissen zwar vermehrt vorhanden ist, jedoch systemisches Denken, regulatorisches Know-how und Monitoring-Kompetenzen oft fehlen. Gleichzeitig wird der Mangel an interdisziplinärem Wissen und an Handlungssicherheit im Umgang mit gesetzlichen Rahmenbedingungen als herausfordernd wahrgenommen. Beim Vergleich der Kompetenzniveaus entlang der sieben Zielsektoren der KLWSAT finden sich besonders fortgeschrittene Kompetenzniveaus in jenen Sektoren, die bereits stärker in die grüne Transformation eingebunden sind – etwa Kunststoffverarbeitung, Mobilität oder Biomassewirtschaft. Demgegenüber zeigen sich in Bereichen wie Bauwirtschaft, Textilwirtschaft oder die Elektro- und IKT-Branche deutlich größere Qualifizierungsbedarfe auf.

Im Bildungsbereich zeigt sich ein gemischtes Bild: Im tertiären Sektor (va Fachhochschulen und Universitäten) ist die Kreislaufwirtschaft bereits stärker verankert – etwa in spezialisierten Studiengängen wie „Circular Economy & Innovation" an der FH BFI Wien oder im Lehrgang zur Zertifizierung als „Circular Economy Officer" von Austrian Standards. Im Bereich der Weiterbildung existieren diverse Einstiegsangebote, die Grundlagen vermitteln. Spezifische Qualifizierungsformate für Fortgeschrittene oder branchenspezifisch tätige Akteur:innen fehlen jedoch häufig. Besonders in der mittleren Qualifikationsebene – etwa bei technischen Fachkräften, Planungspersonal oder kommunalen Akteuren – zeigen sich Lücken in der systematischen Kompetenzvermittlung.[1578]

Für den mittel- bis langfristigen Kompetenzaufbau werden Innovations- und Bildungslabore empfohlen – insbesondere zur Entwicklung zirkulärer Kompetenzen in den Bereichen Management, Design, Digitalisierung und Wiederaufbereitung. Dies steht im Einklang mit der KLWSAT, die nicht nur den Ausbau modularer, anpassbarer Bildungsangebote fordert, sondern auch gezielte Unterstützungsformate für KMU und Start-ups

1577 BMK – Bundesministerium für Klimaschutz, Umwelt, Energie, Mobilität, Innovation und Technologie, Österreichische Kreislaufwirtschaftsstrategie: Österreich auf dem Weg zu einer nachhaltigen und zirkulären Gesellschaft. (2022). 44–46.

1578 ÖGUT, Enichlmair et al., Menschen in FTI: Erhebung zu Qualifizierungsbedarf und Wirkung – Qualifizierungsbedarf in der Kreislaufwirtschaft und kreislauforientierten Produktion in Österreich. (2025). https://fti-ressourcenwende.at/de/publikationen/schriftenreihe-2025-20-qualifizierungsbedarf-kreislaufwirtschaft.php, abgerufen am 20.6.2025.

vorsieht – etwa in Form von Beratungsangeboten, Expertennetzwerken oder themenspezifischen Inkubatoren. Der Aufbau solcher Lern- und Umsetzungsräume, ko-kreativer Lernprozesse und „Communities of Practice" soll laut Strategie unter aktiver Mitwirkung von Kompetenzpartner:innen, Forschungsinstitutionen, Bildungs- und Kulturorganisationen erfolgen. Die aktive Einbindung bestehender Netzwerke mit Zugang zu unterschiedlichen Zielgruppen und die geplante – bisher allerdings noch nicht umgesetzte – Informationskampagne für Unternehmen unterstreichen den strategischen Anspruch auf breitenwirksame Verankerung.[1579]

8.2.1.4. Herausforderungen, Chancen und Hebel

Die Entwicklung zirkulärer Beschäftigungspotenziale steht vor einer Vielzahl struktureller, institutioneller und kultureller Herausforderungen. Gleichzeitig bietet sie die Chance, nachhaltige Wirtschafts- und Beschäftigungsstrukturen aufzubauen – vorausgesetzt, zentrale Weichen werden frühzeitig gestellt.[1580]

8.2.1.4.1. Beschäftigungseffekte & soziale Implikationen

Die Transformation zur Kreislaufwirtschaft wird zu tiefgreifenden Veränderungen in Wertschöpfungsketten und Berufsbildern führen.[1581] Während in zukunftsorientierten Bereichen wie Wiederverwendung, Recycling oder zirkulärem Design neue Arbeitsplätze entstehen, sind in ressourcenintensiven, linearen Branchen Arbeitsplatzverluste zu erwarten. Studien gehen davon aus, dass sich positive und negative Beschäftigungseffekte in Summe weitgehend ausgleichen könnten – jedoch mit einer deutlichen Umverteilung zwischen Berufsgruppen und Regionen.[1582]

Besonders interessant ist das Potenzial bislang unterbewerteter Kompetenzen, etwa handwerklicher Fähigkeiten. Diese könnten im Zuge der Transformation an Bedeutung gewinnen und neue zirkuläre Kompetenzen sinnvoll ergänzen – klassische Grenzen zwischen Hoch- und Geringqualifizierten würden damit zunehmend verschwimmen. Das eröffnet Chancen für ein inklusiveres Arbeitsmarktmodell, das auch Menschen in prekären Beschäftigungen oder mit geringer formaler Qualifikation einbindet – etwa über modulare Weiterbildungen, regionale Qualifizierungsnetzwerke oder Beschäftigungsinitiativen in lokalen Kreislaufsystemen.[1583]

1579 BMK – Bundesministerium für Klimaschutz, Umwelt, Energie, Mobilität, Innovation und Technologie, Österreichische Kreislaufwirtschaftsstrategie: Österreich auf dem Weg zu einer nachhaltigen und zirkulären Gesellschaft. (2022). 44–46.

1580 ÖGUT, Enichlmair et al, Menschen in FTI: Erhebung zu Qualifizierungsbedarf und Wirkung – Qualifizierungsbedarf in der Kreislaufwirtschaft und kreislauforientierten Produktion in Österreich. (2025). https://fti-ressourcenwende.at/de/publikationen/schriftenreihe-2025-20-qualifizierungsbedarf-kreislaufwirtschaft.php, abgerufen am 20.6.2025.

1581 Circle Economy, Jobs & Skills in the Circular Economy – State of Play and Future Pathways. https://www.circle-economy.com/resources/jobs-skills-in-the-circular-economy-state-of-play-and-future-pathways (2020). 18.

1582 Vgl Meinhart/Gabelberger/Sinabell/Streicher. Transformation und „Just Transition" in Österreich. Wien: WIFO. (2022).

1583 Vgl Circle Economy, Jobs & Skills in the Circular Economy – State of Play and Future Pathways. https://www.circle-economy.com/resources/jobs-skills-in-the-circular-economy-state-of-play-and-future-pathways (2020). 18.

8.2.1.4.2. Bildungssystem und Lernkultur

Ein zentrales Problem liegt in der mangelnden institutionellen Verankerung zirkulärer Kompetenzen. Viele Bildungssysteme sind auf lineare Berufslaufbahnen ausgerichtet und fördern wenig interdisziplinäres oder systemisches Denken. Es fehlt an curricularer Integration der Circular Economy – sowohl in Schulen, Hochschulen als auch in der beruflichen Weiterbildung. Besonders Kompetenzen wie Co-Kreation, Gestaltungssystematik, Reparaturwissen oder Wirkungsanalyse werden kaum vermittelt. Gleichzeitig mangelt es an einer Kultur des lebenslangen Lernens. In dynamischen Transformationsfeldern, in denen sich Technologien, Geschäftsmodelle und gesellschaftliche Anforderungen laufend verändern, ist jedoch kontinuierliche Weiterbildung entscheidend. Lineare Ausbildungslogiken und rigide Berufsprofile behindern diese Entwicklung.[1584]

8.2.1.4.3. Politische und bildungspolitische Hebel

Ob der Übergang hin zu einer Kreislaufwirtschaft also Chancen für alle schafft, hängt daher davon ab, ob er als „Just Transition" gestaltet wird – also sozial abgefedert, partizipativ und bildungspolitisch begleitet. Daraus ergibt sich die Notwendigkeit gezielter Strategien auf mehreren Ebenen, um die Chancen zirkulärer Beschäftigung zu heben:

- Integration zirkulärer Inhalte in Bildungs- und Ausbildungsprogramme aller Stufen
- Aufbau von Weiterbildungssystemen, die bestehende Berufsprofile zukunftsfähig machen
- Förderung sektorübergreifender Qualifizierungsnetzwerke und Labore
- Stärkung von Anreizsystemen für Unternehmen, die Circular Skills nachfragen und entwickeln
- Regionale, kontextspezifische Lösungen, um strukturelle Ungleichheiten abzufedern

8.2.2. Materialströme verstehen – Kreisläufe gestalten: Wie Forschungsprojekte zirkuläre Ressourcennutzung vorantreiben

Tamara Vobruba/Maria Wirth

Ressourcen fließen täglich durch unser Leben – oft unbemerkt, meist linear: Wir entnehmen, nutzen und entsorgen. Doch hinter jedem Produkt, jedem Gebäude und jeder Mahlzeit verbergen sich komplexe Materialströme, deren Wege und Wechselwirkungen selten sichtbar sind. Die Kreislaufwirtschaft setzt genau hier an: Sie fordert dazu auf, diese Flüsse zu verstehen, zu lenken und neu zu denken – hin zu Systemen, in denen Abfälle zu Rohstoffen und Reststoffe zu Wertträgern werden. Forschungsprojekte spielen dabei eine zentrale Rolle, weil sie die Brücke zwischen Vision und Umsetzung schlagen. Sie schaffen Räume, in denen Wissenschaft, Wirtschaft und Gesellschaft gemeinsam erproben, wie zirkuläre Ressourcennutzung konkret funktionieren kann. Das Kapitel zeigt anhand von Beispielen aus der Arbeit von alchemia-nova, wie systemische Methoden und unkonventionelle Kooperationen dazu beitragen, Stoffkreisläufe sichtbar zu machen, lokale Wertschöpfung zu fördern und den Wandel von linearen zu zirkulären Systemen greifbar werden zu lassen – im Labor, im Stadtraum und auf dem Acker.

1584 Circle Economy, Jobs & Skills in the Circular Economy – State of Play and Future Pathways. https://www.circle-economy.com/resources/jobs-skills-in-the-circular-economy-state-of-play-and-future-pathways (2020). 10.

8.2.2.1. Systemisches Denken in der Kreislaufwirtschaft

Ein systemisches Verständnis der Kreislaufwirtschaft ist grundlegend, um Ressourceneffizienz über lineare Optimierungen hinaus zu denken. Im Umgang mit komplexen Herausforderungen besteht häufig die Tendenz, durch gängige Narrative zu vereinfachen – ein nachvollziehbarer Reflex, der jedoch die systemischen Zusammenhänge oft verkürzt darstellt und damit die Entwicklung ganzheitlicher Lösungsansätze erschwert. Um die vielfältigen Wechselwirkungen angemessen abzubilden, sind transdisziplinäre methodische Ansätze von zentraler Bedeutung, die Schlüsselakteure und deren unterschiedliche Perspektiven und Fachgebiete gezielt einzubinden, um die Problemstellung zu definieren, den aktuellen Stand zu bewerten und potenzielle Lösungsansätze durch multikriterielle Analysen zu evaluieren.

Eine wirksame Förderung der Kreislaufwirtschaft erfordert nicht nur technische Lösungen für die Ressourcenwende, sondern auch deren integrierte Betrachtung im Hinblick auf ökologische, ökonomische und soziale Zielsetzungen. Dabei ist es notwendig, potenziell widersprüchliche Strategien systematisch zu priorisieren und Zielkonflikte transparent zu adressieren[1585].

8.2.2.2. Rahmen und ganzheitliche Methodik

alchemia-nova ist ein Forschungsinstitut, das sich auf angewandte Kreislaufwirtschaft und naturbasierte Lösungen spezialisiert hat. Ziel ist es, Strategien und Technologien zu entwickeln, die durch Forschung, Innovation und internationale Kooperation ressourcenschonende Stoffkreisläufe fördern und den Übergang zu klimaresilienten, nachhaltigen Gesellschaften zu ermöglichen.

Im Rahmen von Forschungs- und Entwicklungsaktivitäten nutzt alchemia-nova etablierte methodische Ansätze wie die Materialflussanalyse (MFA), um Ressourcenzusammenhänge systematisch zu erfassen und stoffliche Kreisläufe sichtbar zu machen. Die MFA ist ein zentrales Instrument zur quantitativen Erfassung, Strukturierung und Visualisierung von Stoffströmen. Sie ermöglicht die Analyse von Ressourcennutzung, Verlustpfaden und Verwertungspfaden und bildet damit eine analytische Grundlage für die Entwicklung kreislauffähiger Lösungen. Eine enge Zusammenarbeit mit Stakeholdern verbessert die Analyse in mehreren Phasen – von der Strukturierung der Materialflussanalysen über die Datenerhebung und die Definition von Bewertungskriterien für Lösungsansätze bis hin zur Entwicklung konkreter Szenarien. Gleichzeitig wird sichergestellt, dass die Analyse an den Bedarfen und Handlungsrahmen derjenigen orientiert ist, die an der Implementierung der Lösungen beteiligt sind.

In Kombination mit der MFA ermöglicht die Multikriterienbewertung (MCDA) eine strukturierte, ganzheitliche Bewertung potenzieller Kreislauflösungen anhand ökologischer, ökonomischer und sozialer Kriterien. Sie dient der fundierten Unterstützung von Entscheidungsprozessen in komplexen Systemen, indem sie Zielkonflikte sichtbar macht und unterschiedliche Perspektiven in die Bewertung integriert[1586]. In den Forschungspro-

1585 Leipold, Petit-Boix, Luo, Helander, Simoens, Reaching a sustainable circular bioeconomy: Challenges and opportunities for research and practice, Circulus Final Project Report, University of Freiburg 2021.

1586 Cinelli, Coles, Kirwan, Analysis of the potentials of multi criteria decision analysis methods to conduct sustainability assessment, Ecological Indicators 2014, 46, 138–148.

jekten RURBANIVE, FUTURAL, KLIMUR und SYMBIO wird zusammen mit regionalen Akteuren die methodische Kombination von MFA und MCDA eingesetzt, um kontextgerechte Lösungen für die Kreislaufwirtschaft zu entwickeln und zu analysieren.

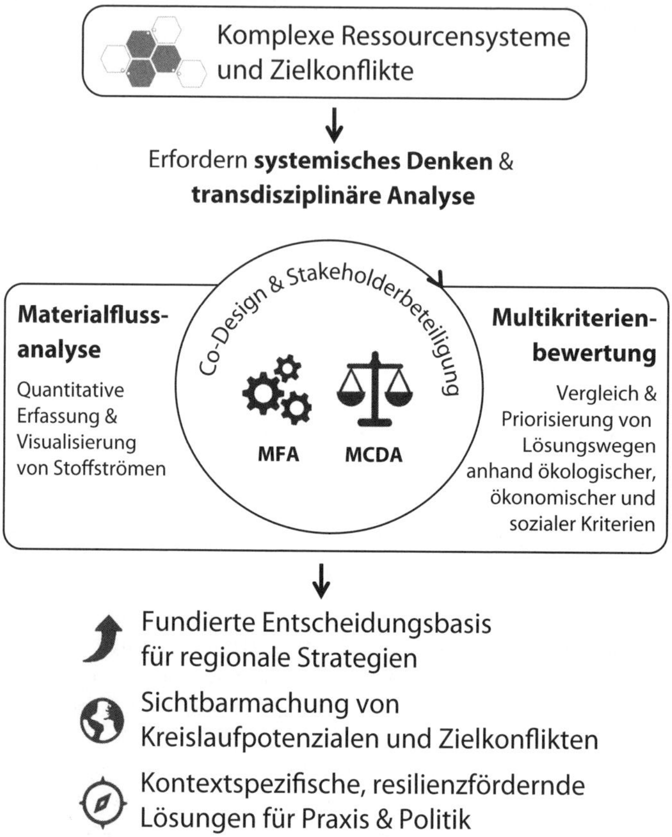

Abb 76: Grafische Darstellung der Methodenkombination aus systemischer Analyse der Materialflüsse und transdisziplinärer multikriterieller Entscheidungsanalyse zur Priorisierung von Kreislauflösungen [alchemia-nova]

8.2.2.3. Anwendung zirkulärer Methoden in Forschungs- und Innovationsprojekten

Im EU-Projekt RURBANIVE[1587] wirkt alchemia-nova an der Entwicklung regionaler Umsetzungsstrategien für eine zirkuläre Bioökonomie mit Fokus auf urban-ländliche Schnittstellen mit. Ausgehend von einer systematischen Materialflussanalyse wurden konkrete, erhebliche Restbiomasseströme wie Altbrot, Altspeiseöl oder Obstreste im Großraum Wien identifiziert und hinsichtlich ihres stofflichen Potenzials analysiert. Die Ergebnisse dienen der Ableitung und grafischen Analyse möglicher Kreislaufszenarien –

1587 RURBANIVE Horizon IA-Projekt (GA-Nr: 101136597) https://rurbanive-project.eu, abgerufen am 10.6.2025.

etwa für die Produktion von Biokunststoffen, Biodiesel oder Düngemitteln. Diese Pfade werden mithilfe einer Multikriterienbewertung entlang ökologischer, ökonomischer und sozialer Kriterien bewertet. Um die regionale Relevanz sicherzustellen, werden gezielt lokale Akteure in den Bewertungsprozess einbezogen. alchemia-nova trägt so zur praxisnahen Operationalisierung zirkulärer Lösungsansätze in Demonstrationsregionen bei.

Im Rahmen des EU-Projektes FUTURAL[1588] untersucht alchemia-nova die Potenziale von Klärschlamm zur Förderung einer biobasierten Kreislaufwirtschaft im ländlichen Raum, mit Fokus auf die Region Pongau im Bundesland Salzburg. Mittels detaillierter Materialflussanalysen wurde das bestehende System der Klärschlammverwertung am Standort Radstadt analysiert. Darauf aufbauend wurden vier Szenarien zur potenziellen Valorisierung – von thermischer Verwertung, Phosphorrückgewinnung, Humifizierung bis zur Pyrolyse – entwickelt und vergleichend gegenübergestellt. Die jeweiligen Stoff- und Energieströme wurden grafisch dargestellt und dienen als Grundlage für die Stakeholdereinbindung und partizipative Bewertung der Transformationspfade. Die Ergebnisse sollen regionale Bioökonomiestrategien zur Steigerung der Wertschöpfung, zum Schließen von Nährstoffkreisläufen und zur Umsetzung klima- und ressourcenschonender Lösungen unterstützen.

Im Kontext des FFG-Projekts KLIMUR[1589] konzentrierte sich alchemia-nova auf die Integration zirkulärer Ansätze in die klimaresiliente Stadtentwicklung in Wien-Favoriten. Am Beispiel des Zukunftshofs in Wien-Favoriten wurden Materialflussanalysen durchgeführt, um Wasser-, Nährstoff- und Biomasseströme systematisch zu erfassen, zu visualisieren und hinsichtlich ihres Rückgewinnungs- und Nutzungspotenzials zu analysieren. Ziel war es, lokale Kreislaufpotenziale für urbane Quartiere sichtbar zu machen und in Planungsprozesse überführbar zu gestalten. Die Ergebnisse dienten als Grundlage für die Ausarbeitung von Szenarien und technischen Maßnahmen zur Umsetzung ressourcenschonender Infrastrukturen. Die methodische Vorgehensweise konnte hier einen Beitrag zur Förderung lokaler Kreislaufwirtschaft im Kontext klimawandelangepasster Stadtentwicklung leisten.

Im EU-Projekt SYMBIO[1590] analysiert alchemia-nova biobasierte Wertschöpfungsketten in zwölf europäischen Regionen mit dem Ziel, Geschäftsmodelle zu identifizieren, die das Potenzial haben, industrielle Symbiosen in der Bioökonomie voranzutreiben. Ausgangspunkt sind rund 50 Circular Value Chains (zirkuläre Wertschöpfungsketten), die von Projektpartnern mithilfe KI-gestützter Methoden identifiziert wurden. Diese werden in einem interdisziplinären Expertenpool des Konsortiums mithilfe einer MCDA systematisch nach ökologischen, ökonomischen und sozialen Kriterien bewertet. Aufbauend auf dieser Vorauswahl werden die vielversprechendsten Wertschöpfungsketten durch detaillierte Analysen der Materialflüsse vertiefend untersucht, um Ressourcennutzung und Synergiepotenziale systemisch darzustellen. Die Kombination beider methodischer Ansätze ermöglicht eine kontextspezifische Priorisierung zirkulärer Lösungen

1588 FUTURAL Horizon IA-Projekt (GA-Nr: 101083958) https://futural-project.eu/de/, abgerufen am 10.6.2025.

1589 KLIMUR FFG Sondierungsprojekt (Nr: FO999887007) https://projekte.ffg.at/projekt/4123875, abgerufen am 10.6.2025.

1590 SYMBIO Horizon- IA Projekt (GA-Nr: 101135166) https://www.symbioproject.eu/index.html, abgerufen am 10.6.2025.

und bildet eine strukturierte Grundlage für die Entwicklung industrieller Transformationsstrategien. alchemia-nova entwickelt zudem einen praxisnahen Leitfaden, der Industrieakteuren fundierte Entscheidungen und systematisches Monitoring auf Basis ganzheitlicher Nachhaltigkeitskriterien und transparenter Stoffströme ermöglicht.

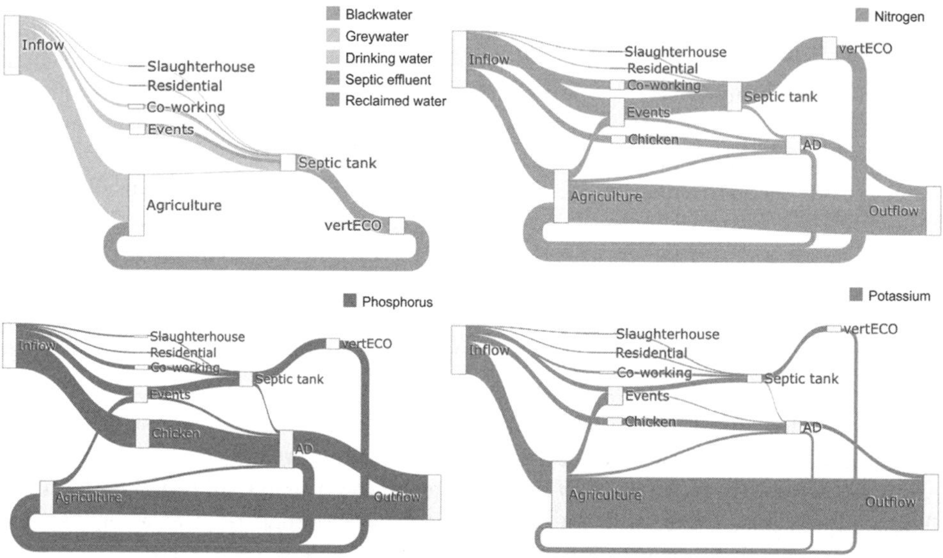

Abb 77: Sankey-Diagramm der Wasser-, Stickstoff-, Phosphor- und Kaliumflüsse bei dezentraler Wasseraufbereitung und Nährstoffrückgewinnung mit Grünwänden (vertECO), kombiniert mit anaerober Vergärung (AD) auf dem Zukunftshof in Wien Favoriten im Rahmen des KLIMUR Projekts [Quelle: Vobruba et al, Analysis of material flows and resource potential of decentralized water management, 8[1591]]

8.2.2.4. Schlussfolgerungen und Handlungsperspektiven

Ein systemischer Wandel in Richtung Kreislaufwirtschaft erfordert eine Neuausrichtung der Bewertungsmaßstäbe: Anstelle rein ökonomischer Zielsetzungen braucht es ein Verständnis von langfristiger, ökologisch und sozial eingebetteter Wertschöpfung. Die vorgestellten Projekte zeigen, dass zirkuläre Lösungen besonders wirksam sind, wenn sie lokal verankert, ressourcenbezogen und resilienzfördernd konzipiert werden. Methoden wie MFA und MCDA leisten hierzu einen zentralen Beitrag, indem sie Stoffströme und Zielkonflikte sichtbar machen und fundierte, kontextspezifische Entscheidungen ermöglichen. Angesichts rückläufiger globaler Zirkularitätsraten und überschrittener planetarer Belastungsgrenzen wird deutlich, dass technologische Effizienzgewinne allein nicht ausreichen. Es braucht politische Rahmenbedingungen, transdisziplinäre Zusammenarbeit und ein erweitertes Verständnis von Wertschöpfung, um zirkuläre Ansätze strukturell zu verankern.

1591 Vobruba, Wirth, Hartl, Kisser, Podmirseg, Gebetsroither-Geringer, Huber-Humer, Langergraber, Analysis of material flows and resource potential of decentralized water management: On-site water and nutrient reuse in an Austrian eco-village and its upscaling to urban environments, Environmental and Sustainability Indicators, Volume 26,2025, 100660.

Eine konsequente Umsetzung erfordert zudem Governance-Strukturen, die ko-kreative Prozesse und sektorübergreifende Kooperationen ermöglichen. Regionale Transformationsräume spielen hierbei eine zentrale Rolle: Sie bieten die Möglichkeit, innovative Lösungen in konkreten Anwendungsfeldern zu testen, lokale Stoffströme sichtbar zu machen und partizipativ in Strategien zu überführen. Reallabore, regionale Allianzen und adaptive Förderstrukturen sind vielversprechende Instrumente, um diese Räume zu stärken und systemisches Lernen zu ermöglichen. Zugleich zeigt sich, dass digitale Werkzeuge und Methoden wie MFA und MCDA nur dann ihre volle Wirkung entfalten können, wenn sie mit einem transdisziplinären Verständnis von Wertschöpfung verbunden sind. Es gilt, Bildung, Praxis und Politik enger zu verzahnen, um ein gemeinsames Problembewusstsein zu fördern und zirkuläre Lösungen dauerhaft zu institutionalisieren.

8.2.3. Fachkräfte für die zirkuläre Transformation aus der Lehre

Felix Ambros/Bastien Huber

8.2.3.1. Ausgangssituation

Viele Organisationen warnen davor, dass der Übergang zu einer klimaneutralen Kreislaufwirtschaft in Europa bis 2050 ernsthaft durch den Fachkräftemangel und einen Mangel an Green Skills gefährdet werden könnte. Besonders komplex ist diese Problematik, weil es keine einheitliche Berufsausbildung für die Kreislaufwirtschaft gibt – und aufgrund ihres breiten Anwendungsgebietes wahrscheinlich auch nie geben wird.

Dennoch müssen wir uns als Gesellschaft in Transformation die Frage stellen, welche Fähigkeiten und Kompetenzen Lehrlinge und Schüler:innen heute erwerben müssen, um in Zukunft einen substanziellen Beitrag zur Kreislaufwirtschaft leisten zu können.

Die Kreislaufwirtschaft ist ein Querschnittsprinzip, das in vielen bestehenden Berufsausbildungen bereits eine Rolle spielt. Gleichzeitig erfordert sie die Entwicklung völlig neuer Berufsbilder, die speziell auf die Anforderungen einer zirkulären Wirtschaft zugeschnitten sind. Ausbildungen wie die „Fachkraft Kreislaufwirtschaft“ in Deutschland oder die österreichische Lehre zur „Entsorgungs- und Recyclingfachkraft“ sind gute, wichtige Ansätze, fokussieren jedoch primär auf die Abfallwirtschaft und werden damit den breiten Anforderungen der Kreislaufwirtschaft nicht gerecht. Die Komplexität und Breite der Kreislaufwirtschaft bedenkend, wurde uns klar, dass je nach Berufsgruppe spezifische zusätzliche Fähigkeiten erforderlich sind, beziehungsweise es auch übergreifende Kompetenzen gibt, die universell vermittelt werden sollten. Diese Herausforderung gilt nicht nur für die Kreislaufwirtschaft, sondern auch für Green Skills im Allgemeinen.

Daraus ergeben sich zentrale Fragen: Wie kann der Fachkräftemangel im Bereich der klimaneutralen Kreislaufwirtschaft systematisch erfasst, quantifiziert und angegangen werden? Wie können Fachkräfte gezielt für spezifische zirkuläre Berufe aus- und weitergebildet werden? Und wie kann die Mobilität und Verfügbarkeit dieser Fachkräfte innerhalb Europas gefördert werden, um den Übergang zu einer zirkulären Wirtschaft zu unterstützen? Die wichtigste Frage bleibt jedoch: Welche konkreten Fähigkeiten und Kompetenzen sind für den Übergang in eine klimaneutrale Kreislaufwirtschaft erforderlich, und welche Berufe benötigen welche Skills?

Hierfür bieten sich zwei Lösungsansätze an, die Antworten auf diese Fragen bieten können. Im Fokus steht dabei die duale Berufsausbildung, wie sie in Österreich als „Lehre", in Deutschland als „Ausbildung" und in der Schweiz als „Berufliche Grundbildung" bekannt ist.

8.2.3.2. Überblick Lösungsansätze

Für die oben definierten Fragen haben die Autoren zwei Lösungsansätze entwickelt:

Der erste Lösungsansatz zielt auf die transversalen Skills und Kompetenzen ab, die alle Lehrlinge benötigen, da die Kreislaufwirtschaft als Querschnittsthema in nahezu allen Berufsfeldern relevant ist. Dafür wurde ein interaktives Workshopformat entwickelt: das LeNa-Programm; es vermittelt Lehrlingen die notwendigen Querschnittskompetenzen, befähigt sie, lineare Modelle in ihrem Lehrbetrieb zu erkennen und zirkuläre Alternativen zu identifizieren.[1592]

Zweitens werden die spezifischen Skills, die über die reguläre Berufsausbildung hinaus erforderlich sind, adressiert, um zirkuläre Wirtschaftsaktivitäten erfolgreich umzusetzen. Hierfür haben die Autoren die ESCO-Klassifikation[1593] als Werkzeug zur Identifikation und Förderung dieser Kompetenzen herangezogen, mit den inhaltlichen Anforderungen der Kategorie „Kreislaufwirtschaft" der EU-Taxonomie[1594] kombiniert und ein Circular-Skills-Modell entwickelt. Im Folgenden werden beide Ansätze im Detail vorgestellt.

8.2.3.2.1. Lehrlingsprogramm LeNa

Ein entscheidender Schritt zur Unterstützung der Kreislaufwirtschaft ist die Vermittlung transversaler Fähigkeiten, die für alle Berufsgruppen relevant sind. Dafür wurde ein maßgeschneidertes Lehrlingsprogramm entwickelt, das genau diese Querschnittskompetenzen fördert. Zu den transversalen Kreislaufwirtschafts-Skills (auf Basis der ESCO-Green-Skills-Klassifikation) gehören unter anderem:

- Maßnahmen zur Förderung der biologischen Vielfalt und des Tierschutzes ergreifen
- Maßnahmen zur Verringerung von Verschmutzung ergreifen
- Finanzielle und materielle Ressourcen verwalten
- Kenntnisse aus Wissenschaft, Technik und Ingenieurwesen anwenden
- Andere Personen zu umweltfreundlichem Verhalten anregen
- Ganzheitlich denken
- Herausforderungen positiv angehen
- Analytisch denken
- Vor Publikum sprechen
- Informationen, Objekte und Ressourcen organisieren
- Konzentration über lange Zeiträume aufrechterhalten
- Probleme lösen

1592 https://www.thinkubator.earth/lena-challenge, abgerufen am 4.4.2025.

1593 ESCO ist die mehrsprachige europäische Klassifikation für Fähigkeiten, Kompetenzen, Qualifikationen und Berufe und Teil der Strategie Europa 2020.

1594 Die EU-Taxonomie ist ein System zur Klassifizierung von nachhaltigen Wirtschaftsaktivitäten und basiert auf der EU-Taxonomie-Verordnung; https://eur-lex.europa.eu/eli/reg/2020/852/oj?locale=de, abgerufen am 4.4.2025.

Um diese Fähigkeiten praxisnah zu vermitteln, wurde in Kooperation mit einem auf Mentoring spezialisierten Social Business ein interaktives Workshop-Format – die **„Lehrlings-Nachhaltigkeits-Challenge"**, kurz LeNa – entwickelt.

Ziel und Inhalt der LeNa-Challenge

Das Ziel der LeNa-Challenge ist es, Jugendlichen den Zusammenhang zwischen den Umweltkrisen des Anthropozäns und deren Ursachen – den menschlichen Wirtschaftsaktivitäten – auf eine klare und reflektierte Weise zu vermitteln. Dabei wird großer Wert daraufgelegt, die Jugendlichen nicht durch die akute ökologische und soziale Lage zu entmutigen. Stattdessen werden anhand eines Challenge-based-learning-Ansatzes[1595] bestehende und zukünftige Lösungen, wie die regenerative Kreislaufwirtschaft und die Energiewende, in unterschiedlichen Formaten erarbeitet.

8.2.3.2.2. ESCO & Taxonomie-Klassifikation zur Identifikation zirkulärer Fähigkeiten

Neben den transversalen Fähigkeiten ist es essenziell, spezifische Skills, Kompetenzen und Wissensbereiche zu identifizieren, die für zirkuläre Wirtschaftsaktivitäten erforderlich sind. Unser Modell verbindet hierfür zwei zentrale EU-Rahmenwerke: Die EU-Taxonomie und die Europäische Klassifikation für Fähigkeiten, Kompetenzen, Qualifikationen und Berufe (ESCO). ESCO kategorisiert die Fähigkeiten, Kompetenzen, Qualifikationen und Berufe, die für den Arbeitsmarkt und die allgemeine und berufliche Bildung in der EU relevant sind. Es zeigt systematisch die Beziehungen zwischen den verschiedenen Konzepten auf.

Durch die Verknüpfung dieser beiden Rahmenwerke schaffen wir eine systematische Grundlage, um die benötigten Skills für spezifische zirkuläre Tätigkeiten zu identifizieren und gezielt zu fördern. Dies ermöglicht:

- **Gezielte Skill-Analysen:** Welche Kompetenzen werden für bestimmte zirkuläre Tätigkeiten benötigt?
- **Berufliche Verknüpfungen:** Welche Ausbildungswege und Lehrberufe vermitteln diese Kompetenzen?
- **Strategische Entwicklung:** Wie können diese Kompetenzen in bestehenden Ausbildungs- und Weiterbildungssystemen verankert werden?

8.2.3.2.3. Beschreibung des Circular-Skills-Modells

Die **EU-Taxonomie** definiert im **Umweltziel 4 (Übergang zu einer Kreislaufwirtschaft)** spezifische Wirtschaftsaktivitäten, die Investitionen in diese zirkulären Ansätze fördern und damit das Klimaneutralitätsziel 2050 der EU unterstützen. Diese Aktivitäten haben wir in unserem Modell mit den relevanten **ESCO-Skills, Kompetenzen und Wissens-**

1595 Challenge-based als Sonderform von Problem-based-learning, siehe Baloian, N., Hoeksema, K., Hoppe, U., Milrad, M. (2006). Technologies and Educational Activities for Supporting and Implementing Challenge-Based Learning. In: Kumar, D., Turner, J. (eds) Education for the 21st Century – Impact of ICT and Digital Resources. IFIP WCC TC3 2006. IFIP International Federation for Information Processing, vol 210. Springer, Boston, MA . https://doi.org/10.1007/978-0-387-34731-8_2, https://link.springer.com/chapter/10.1007/978-0-387-34731-8_2, abgerufen am 18.2.2025.

bereichen sowie den dazugehörigen **österreichischen Lehrberufen** verknüpft. Damit ergibt sich für jede Wirtschaftstätigkeit im Bereich der Kreislaufwirtschaft ein Profil aus Wissen/Kompetenzen/Fähigkeiten, die für diese Wirtschaftstätigkeiten benötigt werden.

Wenn Unternehmen, Städte oder Länder in einem der Umweltziele schlecht abschneiden und dies auf Fachkräftemangel zurückzuführen ist, kann das Modell ein praktikables Werkzeug bieten, um konkrete Maßnahmen zu erheben:

- **Gezielte Rekrutierung:** Suche nach bereits ausgebildeten Fachkräften innerhalb der EU mit den benötigten Fähigkeiten.
- **Gezielte Weiterbildung:** Anpassung und Ausbau der Kompetenzen bestehender Fachkräfte gemäß ESCO.
- **Strategische Curriculum-Entwicklung:** Langfristige Integration der relevanten Fähigkeiten in die Ausbildung, um Lehrberufe für die Kreislaufwirtschaft fit zu machen.

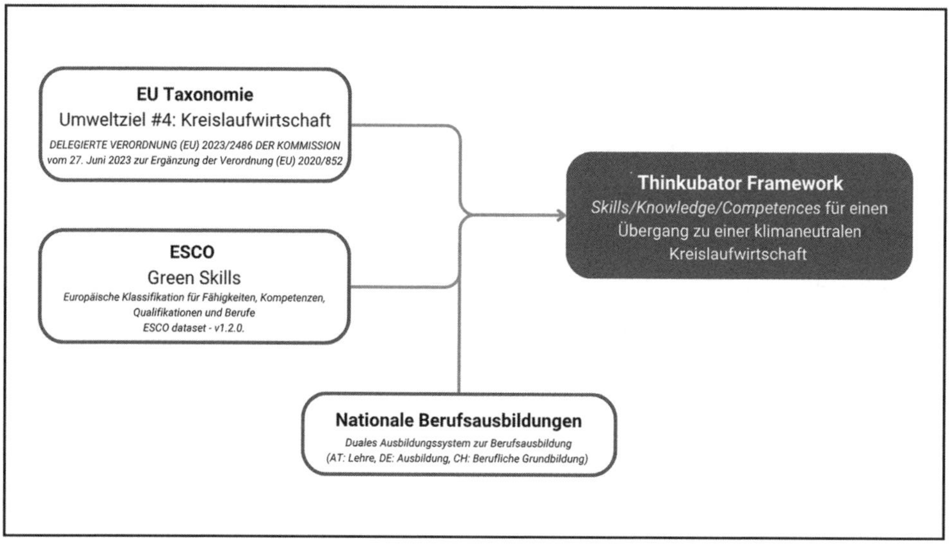

Abb 78: Methode des Circular-Skills-Modells [Quelle: eigene Darstellung]

Bei der Entwicklung war es uns besonders wichtig, bestehende, EU-weit gültige Frameworks zu verwenden. Dies soll die notwendige Vernetzung sowie die für die Kreislaufwirtschaft essenzielle und effiziente Zusammenarbeit fördern.

ESCO ist ein EU-Klassifikationssystem, das entwickelt wurde, um Arbeitsmärkte und Bildungssysteme zu verbinden, berufliche Mobilität zu fördern und Transparenz bei Kompetenzen und Berufen zu schaffen. ESCO verbindet rund 3.000 Berufe mit über 13.000 Fähigkeiten. Sie gliedert sich in drei Hauptkategorien: Berufe, die spezifische Tätigkeitsfelder beschreiben, Kompetenzen und Fähigkeiten, die benötigte Kenntnisse und Fertigkeiten umfassen, sowie Qualifikationen, die formale Bildungsabschlüsse und Zertifikate darstellen. Heutzutage wird die ESCO von Arbeitgeber:innen, Arbeitsagenturen und Bildungseinrichtungen genutzt, um Stellenangebote und Lebensläufe zu standardisieren, Bildungsprogramme zu entwickeln und den europäischen Arbeitsmarkt zugänglicher zu machen. Neben allgemeinen Berufen und Kompetenzen umfasst die ESCO auch spezielle Kategorien wie Nachhaltigkeit, um grüne Jobs und ökologische Kompetenzen zu fördern, sowie digitale Fähigkeiten, die in der modernen Arbeitswelt zunehmend gefragt sind.

Die **EU-Taxonomie** ist ein Klassifikationssystem, das definiert, welche wirtschaftlichen Aktivitäten als ökologisch nachhaltig gelten. Ziel ist es, Geldflüsse in entsprechende Projekte und Geschäftsmodelle zu lenken, um das EU-Ziel „Klimaneutralität 2050“ zu erreichen. Sie basiert auf sechs Umweltzielen: Klimaschutz, Anpassung an den Klimawandel, nachhaltige Nutzung und Schutz von Wasserressourcen, Übergang zu einer Kreislaufwirtschaft, Vermeidung von Umweltverschmutzung sowie Schutz und Wiederherstellung der Biodiversität und Ökosysteme. Unternehmen nutzen die Taxonomie, um ihre Nachhaltigkeitsleistung mit den drei Kennzahlen Umsatz, Capex und Opex offenzulegen und den Zugang zu grünen Finanzierungen zu verbessern.

Beispielszenario: Rückstand bei Reparatur- und Refurbishment-Leistungen im Bereich IKT in Österreich

Angenommen, Österreich hat einen signifikanten Rückstand bei Reparatur- und Refurbishment-Leistungen für Informations- und Kommunikationstechnologie (IKT). Dieser Rückstand könnte beispielsweise durch eine Analyse der Green Assets österreichischer Unternehmen gemäß der EU-Taxonomie identifiziert werden. Sollte der Rückstand (teilweise) auf einen Mangel an qualifizierten Fachkräften zurückzuführen sein, ermöglicht das neu entwickelte Klassifizierungssystem eine präzise Analyse:

Für die Wirtschaftstätigkeit **5.1. „Reparatur, Wiederaufarbeitung und Wiederaufbereitung“** (nach EU-Taxonomie) im Bereich **NACE-Code 26 „Herstellung von Datenverarbeitungsgeräten und peripheren Geräten“** können mit Hilfe des Modells die benötigten Fähigkeiten entsprechend **ESCO** exakt bestimmt werden.

ESCO-Skills für 5.1 Reparatur, Wiederaufarbeitung und Wiederaufbereitung

- Im Kapitel „Fähigkeiten/Skills“ von ESCO wird unter dem Konzept S 8 „Arbeiten mit Maschinen und Spezialausrüstungen“ das Unterkonzept S.8.8.1 „Installation, Wartung und Reparatur von elektrischen, elektronischen und Präzisionsausrüstungen“ aufgeführt. Auf der dritten Ebene findet sich der Skill „IKT-Geräte reparieren“, der wiederum in zwei spezifische Fähigkeiten unterteilt ist:
  - **Mobilgeräte zerlegen**
  - **Mobilgeräte reparieren**
- Unter dem Konzept S 1 „Kommunikation, Zusammenarbeit und Kreativität“ findet sich im Unterpunkt S 1.1.1 „Aushandlung und Management von Verträgen und Vereinbarungen” eine Fähigkeit, die man beim Thema Verträge nicht intuitiv im Sinne hat, jedoch für die Wirtschaftstätigkeit 5.1 und die zirkuläre Transformation eine ebenso große Rolle wie die Reparatur selbst spielt:
  Reparaturvereinbarungen abschließen
- Weiters findet man unter dem Konzept S 2 „Informationskompetenzen“ das Unterkonzept S 2.2 „Dokumentation und Aufzeichnung von Informationen”. Auf dritter Ebene findet sich der Skill:

Reparaturberichte schreiben

- Verknüpfung **mit bestehenden Ausbildungswegen**
  In Österreich entspricht die benötigte Fachkraft für diese Wirtschaftstätigkeit der Lehre zur Servicetechnikerin/zum Servicetechniker.
- **Praktische Maßnahmen**
  Das entwickelte Modell bietet drei konkrete Ansätze, um den Fachkräftemangel gezielt zu adressieren:
  - **Gezielte Suche nach Fachkräften:** Mithilfe unserer Kombination aus ESCO-Referenzrahmen und EU-Taxonomie können Unternehmen gezielt nach Fachkräften mit spezifischen Kreislaufwirtschafts-Skills suchen, um ihre zirkulären Wirtschaftsaktivitäten auszubauen – auch über nationale Grenzen hinweg, da der Rahmen EU-weit einheitlich ist.
  - **Weiterbildung von Fachkräften:** Kurz- bis mittelfristig können bereits bestehende Fachkräfte gezielt in den benötigten zirkulären Fähigkeiten weitergebildet werden.
  - **Anpassung von Ausbildungsinhalten:** Strategisch langfristig können die entsprechenden Ausbildungscurricula weiterentwickelt werden, um die relevanten Lehrberufe „kreislaufwirtschafts-fit“ zu machen.

8.2.3.3. Ausblick

Die Kreislaufwirtschaft ist ein komplexes und vielschichtiges Thema, das häufig Zielkonflikte zwischen unterschiedlichen Stakeholdern mit sich bringt. Das von den Autoren entwickelte Modell bietet sich sowohl praktisch als auch theoretisch als Lösungsansatz an, um einem Fachkräftemangel in der Kreislaufwirtschaft zu begegnen. Während die LeNa-Challenge bereits vielfach erprobt wurde und ihre Wirksamkeit bewiesen hat, befindet sich das Circular-Skills-Modell noch in der Entwicklungsphase. Feedback zu den Überlegungen ist erwünscht, um die Weiterentwicklungen und Gestaltung des Modells voranzutreiben.

9. Anhang

9.1. Ein zirkuläres Wertschöpfungsmodell in der unternehmerischen Praxis

Katharina Ionica

Die Transformation hin zu einer Kreislaufwirtschaft ist weit mehr als nur ein ökologischer Imperativ; sie ist ein strategischer Wendepunkt für Unternehmen, die sich in einem dynamischen Marktumfeld neu positionieren wollen. Das hier dargestellte Modell visualisiert zirkuläre Wertschöpfungsprozesse, wie sich durch die Integration von Kreislaufprinzipien nicht nur Ressourcen schonen, sondern auch völlig neue Geschäftsfelder erschließen lassen. Unternehmen, die diesen Wandel aktiv gestalten, antizipieren so nicht nur zukünftige regulatorische Anforderungen, sondern etablieren sich als Pioniere einer nachhaltigen und resilienten Wirtschaft.

Diese Unternehmen differenzieren sich langfristig vom Wettbewerb, indem sie innovative Produkte und Dienstleistungen anbieten, die auf Langlebigkeit, Ressourceneffizienz und -effektivität ausgelegt sind. Durch die Fokussierung auf Kundenbedürfnisse und den Aufbau langfristiger Beziehungen profitieren sie von einer stärkeren Kundenbindung und einer positiven öffentlichen Wahrnehmung. Zudem eröffnen sich durch die Kreislaufwirtschaft neue Möglichkeiten der Zusammenarbeit entlang der gesamten Wertschöpfungskette. Die dadurch entstehenden Partnerschaften ermöglichen es Unternehmen, innovative Lösungen zu entwickeln und ihre Prozesse nachhaltig zu optimieren.

Infolgedessen leisten Unternehmen nicht nur einen ökologischen Beitrag, sondern sichern auch ihre langfristige Wettbewerbsfähigkeit und ihren Erfolg in einer zunehmend ressourcenbeschränkten Welt. Um dies zu erreichen, stehen Unternehmen entlang der gesamten Wertschöpfungskette jedoch vor prozessualen, technologischen und rechtlichen Hürden.

Um Wirtschaftsakteure darin zu unterstützen, die Komplexität herunterzubrechen und sich einen Überblick über die relevanten Anforderungen zu verschaffen, ist das in Abb 79 dargestellte zirkuläre Wertschöpfungsmodell entstanden. Es erfasst den Wertschöpfungsprozess mit allen Produktlebenszyklusphasen in einer Kreislaufwirtschaft und visualisiert die damit entstehenden prozess- und produktbedingten Anforderungen, das benötigte System aus strategischen und lokalen Partnerschaften sowie die sozialen, ökonomischen und ökologischen Auswirkungen.

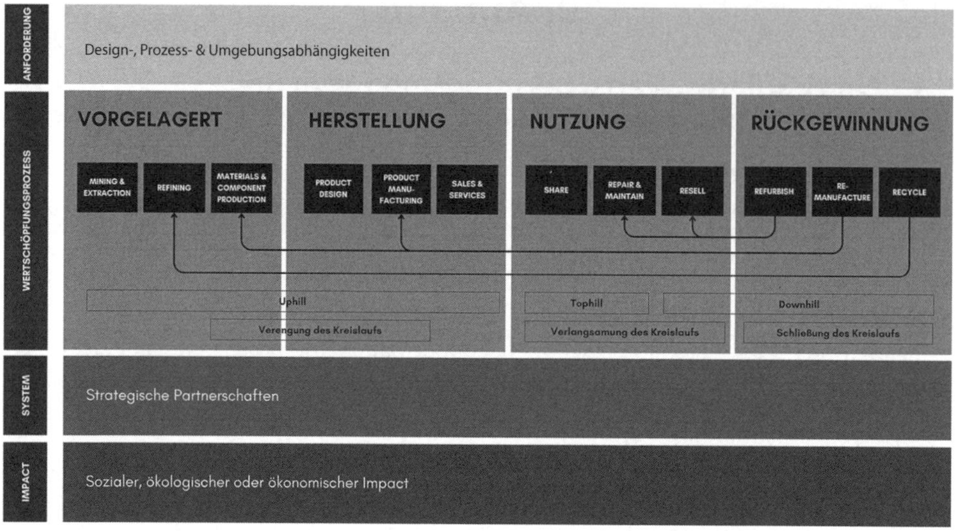

Abb 79: Unternehmenspraktisches Modell des zirkulären Wertschöpfungsprozesses [Quelle: eigene Darstellung]

Das Herzstück des Modells umfasst den vollumfänglichen zirkulären Wertschöpfungsprozess. Die vorgelagerten Prozesse dienen der Gewinnung, Veredelung und Herstellung von Materialien und Komponenten. Hierbei gilt es, auf einen höchstmöglichen Anteil an Sekundärmaterial zurückzugreifen.

Der nächste Wertschöpfungsschritt ist die eigentliche Produktherstellung. Diese umfasst das Produktdesign, die Fertigung sowie Absatzmodelle. Gerade die Anforderungen an die Produktgestaltung sind für die Kreislauffähigkeit elementar. Hier werden durch ein innovatives und durchdachtes Produktdesign die Voraussetzungen für nachgelagerte Wertschöpfungsschritte geschaffen. Der höchste Anspruch gilt der Maximierung der Lebensdauer. Dafür sollten Rohmaterialien und Komponenten höchsten Qualitätsansprüchen der Langlebigkeit genügen. Außerdem berücksichtigt ein zirkuläres Design die Reparierbarkeit durch Modularität, Austauschbarkeit und Update-Möglichkeiten. Dadurch werden die Aufwendungen in der Nutzungs- und Rückgewinnungsphase erheblich reduziert.

Weitere Anforderungen entstehen durch die Rückgewinnungsphase, indem eine Zerlegbarkeit sowie die möglichst sortenreine Trennung von recyclingfähigen und nicht-toxischen Materialien sichergestellt werden sollte. Ein weiterer Aspekt, der im Design eine Rolle spielt, ist die Verengung des Kreislaufs nach Nancy Bocken. Hiermit ist gemeint, dass weniger Ressourcen verbraucht werden, indem die Ressourcenintensität pro Produkt abnimmt.[1596] Dies kann beispielsweise durch eine Miniaturisierung erreicht werden, indem mit weniger Ressourceninput ein gleichbleibender Produktnutzen erreicht wird. Dies führt zu einer Ressourceneffizienz.

1596 Bocken/Pauw/Bakker/Van der Grinten, Product design and business model strategies for a circular economy, Journal of Industrial and Production Engineering 2016, 308.

Im Anschluss an diese Produktherstellung steht die Wahl des Absatzmodells im Fokus. In einem linearen Wirtschaftsmodell war oft der Verkauf die einzig praktizierte Absatzform. Im Kontext der Kreislaufwirtschaft basiert zunehmend der Verkauf von einem Produktnutzen auf unterschiedliche Methoden. Im Mittelpunkt stehen hierbei die sogenannten Produkt-Service-Systeme (PSS), auch Product-as-a-Service genannt. Diese definieren sich als Kombinationen aus materiellen Produkten und immateriellen Dienstleistungen, die spezifische Kundenbedürfnisse erfüllen. In dem Modell ist die Generierung von Wertschöpfung in einem Produkt- und Service-Kontext unterteilt. Das Angebot von Produkten ist dabei materiell und das Serviceangebot immateriell. In Verbindung damit liegt ein Spektrum, das sich in die drei Hauptkategorien „produktorientiert", „nutzungsorientiert" und „ergebnisorientiert" unterteilen lässt. Produktorientierte Services erweitern das Produktangebot um zusätzliche Dienstleistungen. Nutzungsorientierte Services konzentrieren sich auf die Bereitstellung des Produkts ohne Eigentumsübergang, ermöglichen aber dessen Nutzung. Ergebnisorientierte Services zielen auf die Erfüllung eines spezifischen Ergebnisses ab, ohne dass ein bestimmtes Produkt im Voraus festgelegt wird. Innerhalb dieser Hauptkategorien identifiziert das Modell acht archetypische PSS-Geschäftsmodelle mit unterschiedlichen ökonomischen und ökologischen Charakteristiken. Diese umfassen unter anderem produktbezogene Dienstleistungen, Beratung, Produktleasing, Produktmiete oder Teilung, Produkt-Pooling, Aktivitätsmanagement, Bezahlung pro Dienstleistungseinheit sowie ein funktionales Ergebnis[1597]. Unternehmen sind damit in der Lage, neue Wertschöpfungsmöglichkeiten zu erschließen, während die Kundenbedürfnisse auf maßgeschneiderte Weise erfüllt werden können.

Damit schließen die Herstellung und Bereitstellung des Produktes auf dem Markt ab. In einem linearen Wertschöpfungsmodell endet an dieser Stelle meist die Betrachtung.

Das Value-Hill-Modell hingegen zielt darauf ab, Produkte zu schaffen, deren Wert möglichst lange aufrechterhalten wird[1598]. Dadurch wird die Materialgewinnung und Produktherstellung lediglich als Aufwärtsbewegung im Modell gekennzeichnet, da in dieser Produktlebenszyklusphase der Wert zunehmend aufgebaut wird. Somit verschiebt sich der Fokus von Quantität zu Qualität, indem Langlebigkeit und geschlossene Ressourcenkreisläufe in den Mittelpunkt gestellt werden. In der Nutzungsphase ist hingegen laut dem Value-Hill-Modell der Produktwert am höchsten. Durch die optimale Nutzung können, wie beispielsweise durch das Produkt-Service-System oder sonstige Reparatur-, Instandhaltungs-, Share- oder Wiederverkaufsmaßnahmen, die Lebensdauer verlängert oder die Produktivität verbessert werden. Dieser Zweck wird ebenfalls mit der Verlangsamung des Ressourcenflusses verfolgt[1599]. Um dies zu erreichen, können Unternehmen Lizenz-, Software- oder Dienstleistungsangebote bereitstellen oder Umsätze durch Er-

1597 Tukker, Eight types of product-service system: eight ways to sustainability?, Business Strategy and the Environment 2004, 246.

1598 Achterberg/Hinfelaar/Bocken, Master circular business with the Value Hill, https://circulareconomy.europa.eu/platform/sites/default/files/master_circular_business_with_the_value_hill.pdf, abgerufen am 3.6.2025.

1599 Bocken/Pauw/Bakker/Van der Grinten, Product design and business model strategies for a circular economy, Journal of Industrial and Production Engineering 2016, 308.

satzteilverkauf sowie Upgrade-Möglichkeiten generieren. Dies erfordert jedoch nicht nur eine Anpassung der internen Prozesse, sondern meist auch die Schaffung strategischer und lokaler Partnerschaften.

Mit der Rückgewinnungsphase werden Ressourcenkreisläufe geschlossen und der Produktwert nimmt sukzessive ab. In einem ersten Schritt können Produkte aufgearbeitet, sprich refurbished, werden, um dann durch einen Wiederverkauf oder durch die Verwendung als Ersatzteile der Nutzungsphase zurückgeführt werden. Wenn dies nicht mehr möglich sein sollte, ist die nächste Stufe das Remanufacturing. Hierbei wird das Produkt zerlegt und Teile wiederverwendet, um ein neues Produkt herzustellen. Aus diesem Grund ist in der Darstellung des Wertschöpfungsprozesses (Abb 80) ein Pfeil in den Fertigungsprozess eingezeichnet. Der letztmögliche Schritt ist die Rückgewinnung von Materialien, indem sie dem Recycling zugeführt werden. Die Rückführung in die vorgelagerte Phase der Materialgewinnung findet hier in Form von Sekundärmaterial statt.

Um dieses Prozessmodell in die Tat umzusetzen, sollte in einem ersten Schritt eine Bewertung des derzeitigen Geschäftsmodells sowie die Skizzierung des zukünftigen zirkulären Wertschöpfungsprozesses erfolgen. Daraus sollte anschließend eine Umsetzungsbewertung stattfinden. Folgende Vorgehensweise hat sich hierbei in der Verwendung als höchst nützlich erwiesen:

- Skizzieren des derzeitigen Wertschöpfungsprozesses
- Bewertung zukünftiger zirkulärer Geschäftsmodelle sowie Servicedienstleistungen in der Nutzungs- sowie Rückgewinnungsphase. Hierfür dient der skizzierte vollumfängliche Wertschöpfungsprozess als Blueprint.
- Bewertung der Anforderungen und Abhängigkeiten, dies zu implementieren.
- Bewertung, ob und welche strategischen Partnerschaften für die Implementierung (temporär) benötigt werden.
- Bewertung des sozialen, ökologischen sowie ökonomischen Impacts.

Letzteres ist hinsichtlich der Berichterstattungsrichtlinien nach *European-Sustainability-Reporting-Standards*-Regulatorik ebenfalls hilfreich. Diese Methode ermöglicht eine Status-quo-Analyse, die Erarbeitung eines Soll-Konzepts, dessen Bewertung der Implementierungsanforderungen einschließlich dem Aufbau strategischer Kooperationen sowie eine Impactanalyse. Der Vorteil dabei ist, dass dieses strukturierte Vorgehen zusammenfassend auf einer Seite visualisiert ist und auch von außen leicht verständlich ist.

Das Modell ist nicht nur für sich weiterentwickelnde Industrieunternehmen geeignet. Vielmehr birgt die Kreislaufwirtschaft vielerlei neuartige Gründungschancen, die langfristig das Marktumfeld beeinflussen werden. Es handelt sich hierbei teilweise um Unternehmen, die Lösungen für einzelne Wertschöpfungsschritte anbieten. Es lässt sich die in der Abb 80 visualisierte Typologie feststellen, die nach ihrem Innovationsgrad bewertet ist. Umso weiter rechts die Typologie in der Grafik zu finden ist, umso höher ist der Innovationsgrad.

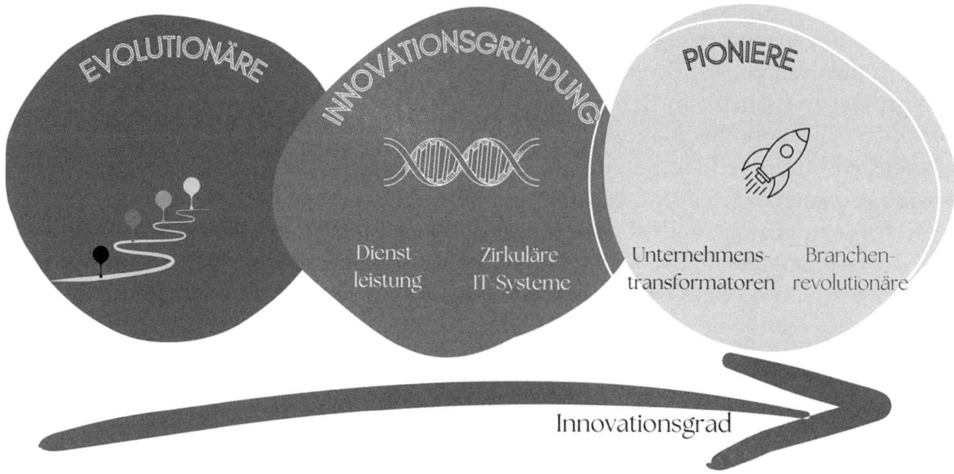

Abb 80: Unternehmenstypologien im Kontext einer Kreislaufwirtschaft [Quelle: eigene Darstellung]

Die sogenannten **Evolutionären** sind (meist herstellende) Unternehmen, die ihr bestehendes Geschäftsmodell in Richtung Kreislaufwirtschaft weiterentwickeln. Diese durchlaufen je nach Grad der Transformation einen tiefgreifenden Änderungsprozess. Hierfür sollte die Kreislaufwirtschaft tief in der Strategie und in dem Leitbild verankert sein. Die nachgelagerte Wertschöpfungskette wird oft in einem ersten Schritt meist mit einem externen Ökosystem an Dienstleister:innen und bei zunehmendem Erfolg sukzessive intern aufgebaut. Die Anpassung der vorgelagerten Prozesskette sowie interner Prozesse und Produktentwicklungsanforderungen sind jedoch ebenso notwendig. Hierfür könnte eine Gründung einer gelösten Organisationseinheit hilfreich sein.

.Im Gegensatz hierzu sind die **Innovationsgründungen**. Diese unterscheiden sich in die Gruppe der „Dienstleistung" und die „Zirkuläre Digitalsysteme". Sie haben gemeinsam, dass sie ein neuartiges Geschäftsmodell im Kontext der Circular Economy identifizierten und sich in diesem gegründet haben. Daher ist eine regenerative Wirtschaftsform in ihrer Unternehmensidentität verankert. Da die Organisationen erst wenige Jahre auf dem Markt vertreten sind, sind sie im Bereich der kleinst- bis mittelständischen Unternehmensgröße einzuordnen. Dabei unterstützen sie mit ihrem digitalen System- oder Dienstleistungsangebot andere, oft produzierende, Unternehmen. Sie sind entweder Enabler oder Supporter einer Kreislaufwirtschaft, indem den Kooperationsunternehmen ein wichtiger Wertschöpfungsschritt vereinfacht, abgenommen oder erst möglich gemacht wird. Das Angebot der Dienstleister kann dabei beispielsweise Dienste der Finanzierung oder des Refurbishments umfassen. Zirkuläre IT-Systeme können digitale Marktplätze sein oder Lösungen bezüglich der Datentransparenz, -generierung sowie -analyse oder der Rückverfolgbarkeit dienen. Dies kann den Einsatz verschiedener Technologien wie Künstliche Intelligenz, Blockchain, Digital Twin, Maschinenlesbarkeit, IoT etc beinhalten.

Die letzte Kategorie stellt die **Pioniere** dar. Die Branchenrevolutionäre sind tendenziell Neugründungen und bringen Innovationen auf den Markt, die das Potenzial haben, ganze Industrien auf den Kopf zu stellen und neue Standards zu setzen. Diese bringen den großen Fortschritt im Bereich der Kreislaufwirtschaft. Genauso bedeutend ist die Gruppe der Unternehmenstransformatoren. Sie verändern bestehende Unternehmen grundlegend in ihrer Identität, der Ausrichtung, dem Produktportfolio bis hin zu den organisationalen Werten und der Kultur. Diese Kategorie ist derzeit von herstellenden Unternehmen geprägt und ist sowohl intrinsisch motiviert als auch von den Chancen und der Geschäftsmöglichkeit getrieben. Umso weiter rechts die Typologie in der Grafik zu finden ist, umso höher ist der Innovationsgrad.

Die Einführung einer Kreislaufwirtschaft führt dazu, dass man sich einerseits intensiv mit den Kundenbedürfnissen sowie andererseits mit neuen Wegen, diese zu erfüllen, auseinandersetzt. Dies hat eine intensivere Erfüllung von Kundenbedürfnissen und somit einen Kundenmehrwert sowie Innovationssprünge zur Folge. Außerdem schafft man eine Differenzierung im Wettbewerb und eine verbesserte Reputation durch nachhaltiges Wirtschaften. Dies kann zu einer stärkeren Kundenbindung, einem besseren Zugang zu Kapital und einer positiveren öffentlichen Wahrnehmung führen. Außerdem werden Unternehmen so für bestehende und zukünftige Mitarbeiter:innen attraktiver. Daraus folgt eine erhöhte Mitarbeitermotivation sowie -bindung, und es wird erleichtert, qualifizierte Fachkräfte zu gewinnen. Des Weiteren eröffnen sich neue Geschäftsfelder, insbesondere durch Product-Service-Systeme, die durch langfristige Verträge und innovative Angebote die Kundenbindung verstärken und die Kundenfluktuation reduzieren.

Darüber hinaus ändert sich im Kontext der Kreislaufwirtschaft die Art und Weise, wie Unternehmen mit ihren Stakeholdern kommunizieren. So ist für die erfolgreiche Umsetzung ein ganzes System aus Akteuren aus ökonomischen, wissenschaftlichen und technologischen Partnerschaften, Lieferanten, Endkonsumenten sowie Recyclern notwendig. Hierbei profitieren die Beteiligten von wechselseitiger Kommunikation und einem Engagement, was in weiterer Folge zu einem langfristigen Fortbestand wichtiger Stakeholder-Beziehungen führt.

Letztendlich bringt die Umsetzung eine Vielzahl von Chancen mit sich. So können Unternehmen langfristig ihre Wettbewerbsfähigkeit, Resilienz und den langfristigen Fortbestand der Geschäftstätigkeiten in einem sich verändernden Marktumfeld sicherstellen. Um dies zu erreichen, sind jedoch Agilität, ein Umdenken, eine klare Vision und Strategie, Empowerment sowie interne und externe Kommunikation wesentliche Erfolgsfaktoren.

9.2. Kompass Kreislaufwirtschaft: Online-Self-Assessment für Kreislaufwirtschaft in KMU

Andreas Van-Hametner/Stefanie Eisl/Karin Huber-Heim/Johannes Fresner/ Gregor Gluttig/David Jablonski

9.2.1. Bewertungs- und Reifegradmodelle für Kreislaufwirtschaft

Geprägt durch die lineare Wirtschaftsweise, kommt es weltweit zu einem exponentiellen Anstieg des Ressourcenverbrauchs, der planetare Grenzen überschreitet und weitreichende Folgen aus ökonomischer, ökologischer und sozialer Sicht hat[1600]. Die Kreislaufwirtschaft stellt eine Alternative zur traditionellen Wirtschaftsweise dar, welche zur Reduktion des Primärressourcenverbrauchs und damit zum Einhalten planetarer Grenzen beitragen soll[1601].

Obwohl die Potenziale und Konzepte der Kreislaufwirtschaft in der wissenschaftlichen Literatur bereits intensiv diskutiert werden, stellt die betriebliche Umsetzung der Kreislaufwirtschaft bislang eine große Herausforderung dar. Durch die hohe Abstraktionsebene der Kreislaufwirtschaft, die oftmals mit einer Fehlinterpretation des Konzeptes einhergeht, wird dieser Effekt weiter verstärkt[1602]. Bislang haben deshalb vor allem große Unternehmen Kreislaufwirtschaftsinitiativen umgesetzt, während kleine und mittelständische Unternehmen (KMU) dem Konzept skeptisch gegenüberstehen[1603]. Diese Unternehmensgruppe macht allerdings rund 99 % aller Unternehmen in Österreich aus[1604]. Es fehlt ihnen an passgenauer Information und der Fähigkeit, Handlungsfelder der Kreislaufwirtschaft in konkrete Unternehmensabläufe zu transformieren. Im Gegensatz zu Großunternehmen haben KMU mit einer Vielzahl weiterer Barrieren zu kämpfen, darunter administrative und regulatorische Hürden sowie zeitliche und personelle Einschränkungen bei der Suche nach zirkulären Lösungen[1605].

1600 Blomsma, F., Pieroni, M., Kravchenko, M., Pigosso, D. C. A., Hildenbrand, J., Kristinsdottir, A. R., Kristoffersen, E., Shahbazi, S., Nielsen, K. D., Jönbrink, A.-K., Li, J., Wiik, C., & McAloone, T. C. (2019). Developing a circular strategies framework for manufacturing companies to support circular economy-oriented innovation. Journal of Cleaner Production, 241, 118271. https://doi.org/10.1016/j.jclepro.2019.118271; Earth Overshoot Day. (2023). Earth Overshoot Day. Earth Overshoot Day. https://overshoot.footprintnetwork.org/.

1601 Potting, J., Hekkert, M. P., Worrell, E., & Hanemaaijer, A. (2017). Circular Economy: Measuring innovation in the product chain.; The Ellen MacArthur Foundation. (2015). Growth within: A circular economy vision for a competitive Europe. https://www.ellenmacarthurfoundation.org/growth-within-a-circular-economy-vision-for-a-competitive-europe.

1602 Uhrenholt, J. N., Kristensen, J. H., Rincón, M. C., Adamsen, S., Jensen, S. F., & Waehrens, B. V. (2022). Maturity Model as a Driver for Circular Economy Transformation. Sustainability, 14(12), Article 12. https://doi.org/10.3390/su14127483.

1603 ARA. (2020). Circular Economy Barometer 2020. ARA. https://www.ara.at/aktuellesaraplus-circular-economy-barometer-2020, abgerufen am 6.8.2025.

1604 Statistik Austria. (2021). Leistungs- und Strukturstatistik- Produktion und Dienstleistungen rechtliche Einheiten. Vorlaeufige Ergebnisse. STATISTIK AUSTRIA.

1605 Ormazabal, M., Prieto-Sandoval, V., Puga-Leal, R., & Jaca, C. (2018). Circular Economy in Spanish SMEs: Challenges and opportunities. Journal of Cleaner Production, 185, 157–167. https://doi.org/10.1016/j.jclepro.2018.03.031; Rizos, V., Behrens, A., Van der Gaast, W., Hofman, E., Ioannou, A., Kafyeke, T., Flamos, A., Rinaldi, R., Papadelis, S., Hirschnitz-Garbers, M., & Topi, C. (2016). Implementation of Circular Economy Business Models by Small and Medium-Sized Enterprises (SMEs): Barriers and Enablers. Sustainability, 8(11), Article 11. https://doi.org/10.3390/su8111212; Thorley, J., Garza-Reyes, J. A., & Anosike, A. (2022). Circular economy: A conceptual model to measure readiness for manufacturing SMEs. Benchmarking: An International Journal, 29(4), 1362–1390. https://doi.org/10.1108/BIJ-03-2021-0161.

Um diesen Barrieren entgegenzuwirken, bedarf es gezielter Maßnahmen zur Unterstützung von KMU. Ein vielversprechender Ansatz besteht dabei in der Nutzung von Bewertungs- und Reifegradmodellen. Diese Modelle ermöglichen es, die Kreislaufwirtschaft niedrigschwellig und praxisnah an den jeweiligen betrieblichen Kontext anzupassen, wodurch Bewusstsein und Verständnis für das Thema geschaffen werden. Darüber hinaus bieten sie die Möglichkeit, eine Standortbestimmung des eigenen Betriebs durchzuführen und daraus gezielte Maßnahmen abzuleiten[1606].

9.2.2. Kompass Kreislaufwirtschaft – ein kostenfreies Online-Tool für produzierende KMU

Im Rahmen des Projekts „Kompass Kreislaufwirtschaft" wurde ein frei zugängliches Online-Self-Assessment-Tool entwickelt, das österreichischen kleinen und mittelgroßen Produktionsbetrieben eine Bewertung ihrer Circular Economy Readiness ermöglicht. Das Tool basiert auf einem theoriebasierten Bewertungsschema und berechnet automatisch einen Zirkularitäts-Score.

9.2.2.1. Funktionsweise und Inhalte

Das digitale Self-Assessment-Tool ist über eine eigenständige Website kosten- und barrierefrei zugänglich und besteht aus einem benutzerfreundlichen Online-Fragebogen. Nach der Beantwortung der Fragen erhalten Nutzer:innen eine detaillierte Auswertung, die neben dem berechneten Zirkularitäts-Score auch individuelle Handlungsempfehlungen enthält. Die Analyse unterstützt Unternehmen dabei, Potenziale zur Verbesserung ihrer Kreislaufwirtschaft entlang des gesamten Produktlebenszyklus zu identifizieren. Zusätzlich bietet die Plattform einen Schnellcheck mit acht Fragen, der eine erste Einschätzung innerhalb weniger Minuten ermöglicht. Für eine vertiefte Analyse kann das vollständige Assessment innerhalb von 20 Minuten durchgeführt werden.

Neben der Bewertung enthält das Tool eine Sammlung kuratierter Good-Practice-Beispiele aus der österreichischen Wirtschaft. Diese Praxisbeispiele veranschaulichen erfolgreiche Strategien und Lösungen, um Unternehmen konkrete Anwendungsfälle der Kreislaufwirtschaft aufzuzeigen.

9.2.2.2. Nutzen für Unternehmen

Die Ergebnisse des Assessments werden sowohl in Textform als auch grafisch als Echtzeit-Scorecard aufbereitet. Dies ermöglicht Unternehmen eine strukturierte und verständliche Darstellung der oft komplexen Thematik der Kreislaufwirtschaft. Zusätzlich erleichtert das Tool die Übersetzung der Erkenntnisse in betriebliche Prozesse, indem es konkrete Maßnahmenvorschläge und Erläuterungen liefert.

Ein zentraler Mehrwert des Kompass Kreislaufwirtschaft liegt in der systematischen Identifikation von Optimierungspotenzialen sowie in der Unterstützung bei der Priori-

1606 Uhrenholt, J. N., Kristensen, J. H., Rincón, M. C., Adamsen, S., Jensen, S. F., & Waehrens, B. V. (2022). Maturity Model as a Driver for Circular Economy Transformation. Sustainability, 14(12), Article 12. https://doi.org/10.3390/su14127483.

sierung von Maßnahmen. Unternehmen können auf dieser Basis gezielt Strategien zur Ressourcenschonung und Effizienzsteigerung entwickeln. Zudem stärkt das Tool das Bewusstsein für die Bedeutung der Kreislaufwirtschaft im Kontext des Klimaschutzes. Durch die innovative Verbindung dieses Online-Tools mit der Thematik des zirkulären Reifegradmodells wird die systematische Analyse und Identifikation von Potenzialen entlang des gesamten Produktlebenszyklus unterstützt.

Abb 81: Der Kompass Kreislaufwirtschaft unterstützt KMU auf dem Weg zur Kreislaufwirtschaft [Quelle: Kompass Kreislaufwirtschaft]

9.2.2.3. Wissenschaftlicher Hintergrund und Entwicklung

Die methodische Grundlage des Tools beruht auf dem Design-Science-Ansatz[1607]. In die Entwicklung wurden Expert:innen aus Wirtschaft, Wissenschaft und Zivilgesellschaft aktiv eingebunden. Das Projekt adressiert gezielt Herausforderungen, die bisherige Lösungen nur unzureichend bewältigen konnten. Dazu gehören:

- die zielgruppengerechte Ansprache von KMU,
- die Positionierung der Kreislaufwirtschaft als strategisches Managementthema,
- die Balance zwischen branchenspezifischen und allgemeinen Fragestellungen,
- die Vereinbarkeit von inhaltlicher Komplexität mit einer niedrigschwelligen Anwendbarkeit und
- die praxisnahe Vermittlung von Geschäftsmodellen und innovativen Ansätzen.

Darüber hinaus fördert das Tool die Motivation zu unternehmensübergreifenden Kollaborationen und stellt die Relevanz betrieblicher Maßnahmen für den Klimaschutz in den Fokus.

1607 Peffers, K., Tuunanen, T., Rothenberger, M. A., & Chatterjee, S. (2007). A Design Science Research Methodology for Information Systems Research. Journal of Management Information Systems, 24(3), 45–77. https://doi.org/10.2753/MIS0742-1222240302.

9.2.2.4. Beitrag zur Wettbewerbsfähigkeit und Kreislaufwirtschaftsstrategie

Der Kompass Kreislaufwirtschaft trägt dazu bei, die Ressourceneffizienz und Wettbewerbsfähigkeit österreichischer KMU zu steigern. Durch die fundierte Bewertung und praxisnahe Unterstützung können Unternehmen nachhaltige und wirtschaftlich sinnvolle Maßnahmen ableiten. Gleichzeitig leistet das Tool einen wichtigen Beitrag zur Umsetzung der österreichischen Kreislaufwirtschaftsstrategie und unterstützt die Wirtschaft bei der Entwicklung ressourceneffizienter, klimafreundlicher Geschäftsmodelle.

9.3. Der Kreislaufwirtschaft-HelpDesk – Zentrale Anlaufstelle zur österreichischen Kreislaufwirtschaftsstrategie

Samira Galler/Ulrich Kral

Die Umsetzung einer nachhaltigen und zirkulären Wirtschaftsweise erfordert Information, Orientierung und gezielte Unterstützung. Der österreichische Kreislaufwirtschaft-HelpDesk wurde genau dafür eingerichtet: als zentrale Plattform für Informationen rund um die Kreislaufwirtschaft und für Best-Practice-Beispiele vielfältiger Maßnahmen. Das HelpDesk-Team steht bei Anfragen mit nützlichen Antworten zur Seite und sorgt für Vernetzung mit den unterschiedlichen Akteur:innen in Österreich.

9.3.1. Informationen aus der Umsetzungspraxis

Ende 2022 hat die österreichische Regierung die Kreislaufwirtschaftsstrategie beschlossen – und sie zeigt bereits Wirkung. Zu den vorrangigen Zielen – Ressourcenverbrauch minimieren, Umweltverschmutzung und Abfälle vermeiden und Treibhausgasemissionen verringern – gibt es bereits eine Vielzahl von geplanten, bereits begonnenen und umgesetzten Maßnahmen. Privatinitiativen und Vereine engagieren sich ebenso wie Gemeinden, regionale Akteure und Bundesländer.

Der Kreislaufwirtschaft-HelpDesk unterstützt die praktische Umsetzung der Kreislaufwirtschaftsstrategie und richtet sich an vielfältige Zielgruppen: Unternehmen, Gemeinden, Bundesländer, Nichtregierungsorganisationen sowie interessierte Bürger:innen. Insbesondere für kleine und mittlere Unternehmen, kommunale Entscheidungsträger:innen und zivilgesellschaftliche Initiativen ist der Kreislaufwirtschaft-HelpDesk eine wertvolle Informationsquelle, um sich im komplexen Themenfeld der Kreislaufwirtschaft zu orientieren.

Das Informationsangebot des HelpDesk umfasst:

- **Informationen zur Kreislaufwirtschaftsstrategie** sowie zu relevanten rechtlichen, politischen und technischen Grundlagen
- **Antworten auf individuelle Anfragen**, etwa zur praktischen Umsetzung von Maßnahmen
- **Vernetzung mit zuständigen Stellen oder Expert:innen**, wenn eine spezifische Beratung erforderlich ist
- **Orientierung bei Förderungen, Programmen und Initiativen**, die im Zusammenhang mit der Kreislaufwirtschaft stehen

Damit unterstützt der HelpDesk die Umsetzung von Maßnahmen in der Praxis und sorgt für ein Bewusstsein für die Notwendigkeit nachhaltiger Produktions- und Konsummuster.

Abb 82: Helpdesk Kreislaufwirtschaft [Quelle: Umweltbundesamt]

Anregung zum Nachmachen

Wo in Österreich bereits an der Kreislaufwirtschaft gearbeitet wird, zeigt die interaktive Karte des HelpDesks. Darauf finden sich viele Best-Practice-Beispiele, Förderprojekte und Initiativen aus ganz Österreich, etwa aus der Bauwirtschaft, der Abfallvermeidung oder der Wiederverwendung von Materialien. Diese erfolgreichen Umsetzungsbeispiele dienen als praktische Inspirationsquelle. User:innen können auch nach Regionen filtern und damit bestehende Aktivitäten in der eigenen Umgebung identifizieren. Das erleichtert die Vernetzung der Akteur:innen.

Online verfügbar

Der Kreislaufwirtschaft-HelpDesk ist online erreichbar unter www.kreislaufwirtschaft-helpdesk.at. Die Nutzung ist niederschwellig und offen. Fragen können unkompliziert über ein Kontaktformular gestellt werden. Anfragen werden von einem interdisziplinären Expert:innen-Team des Umweltbundesamts bearbeitet. Falls notwendig, erfolgen Verweise auf weitere Stellen und Expert:innen.

Strategischer Hintergrund und Entstehung des HelpDesks

Die Einrichtung des Kreislaufwirtschaft-HelpDesks ist direkt in die Umsetzung der österreichischen Kreislaufwirtschaftsstrategie eingebettet, die Ende 2022 vom Ministerrat beschlossen wurde. Diese Strategie bildet den nationalen Rahmen für den Übergang zu einer ressourcenschonenden und zirkulären Wirtschaftsweise bis spätestens 2050. Zentrale Ziele sind die Reduktion des Ressourcenverbrauchs, die Steigerung der Zirkularitätsrate sowie die Minimierung von Umweltbelastungen und Treibhausgasemissionen.

Mit dem HelpDesk wurde eine operative Maßnahme geschaffen, um diese Ziele konkret in der Breite der Gesellschaft zu verankern. Die Idee entstand aus dem Bedarf, die Vielzahl an Aktivitäten, Akteur:innen und Fragestellungen im Bereich der Kreislaufwirtschaft zu bündeln und zugänglich zu machen. Als Schnittstelle zwischen Politik, Verwaltung, Wirtschaft und Zivilgesellschaft übernimmt der HelpDesk eine koordinierende Rolle – insbesondere im Bereich Kommunikation, Information und Vernetzung. Seine Einrichtung wurde im ersten Fortschrittsbericht zur Kreislaufwirtschaftsstrategie 2024 als zentrales Umsetzungsinstrument hervorgehoben.

9.3.2. Ausblick: Weiterentwicklung und Perspektiven

Der Kreislaufwirtschaft-HelpDesk befindet sich in laufender Weiterentwicklung. In den kommenden Jahren soll die Plattform nicht nur inhaltlich ausgebaut, sondern auch stärker mit den bestehenden Umsetzungsinstrumenten der Kreislaufwirtschaftsstrategie verzahnt werden. Vorgesehen ist unter anderem die systematische Erweiterung einer Best-Practice-Sammlung sowie der Aufbau eines für die interessierte Öffentlichkeit zugänglichen Wissenspools in Form von FAQ.

Darüber hinaus werden **die bisher gesammelten Anfragen an den HelpDesk analysiert und systematisch genutzt**, um zukünftige Schwerpunkte gezielt zu entwickeln. Die Themen, zu denen besonders viele Anfragen eingegangen sind, geben einen guten Einblick in die praktischen Herausforderungen der Transformation. Sie umfassen unter anderem:

- **Abfallvermeidung, Abfallbehandlung und Abfallrecht**
- **Chemikalienrecht, toxische Stoffe, Recycling und grüne Chemie**
- **Mobilitätskonzepte** (zB Elektromobilität, Shared Mobility, Mobilitätsmanagement)
- **Nachhaltige Produktion**, zirkuläre Geschäftsmodelle, CO_2-Abscheidung und Rohstoffeinsatz
- **Lebenszyklusanalysen (LCA)**, Klimabilanzierungen und Umweltbewertung
- **Green Finance**, EU-Taxonomie sowie **Nachhaltigkeitsberichterstattung**
- **Konsumverhalten**, Reparaturinitiativen, Textilien und gesellschaftlicher Wandel

- **Digitalisierung** im Kontext der Kreislaufwirtschaft
- **Flächen- und Brachflächenmanagement** (zB Leerstandsnutzung, Bodenpolitik)

Auch im Bereich **Monitoring und Evaluation** wird der HelpDesk künftig eine unterstützende Rolle einnehmen: So sollen die gesammelten Informationen aus der Praxis vermehrt in das nationale Berichtswesen zur Strategie zurückfließen und als Grundlage für weitere politische Maßnahmen dienen.

Ein weiteres Ziel ist es, die Plattform stärker **interaktiv** zu gestalten – etwa durch digitale Veranstaltungsformate, Schulungen oder themenspezifische Dialogformate. Damit kann der HelpDesk seine Rolle als operative Drehscheibe weiter ausbauen und langfristig zur Umsetzung der Kreislaufwirtschaft als gesamtgesellschaftliches Projekt beitragen.

9.4. Wegweiser Kreislaufwirtschaft – Strategische Checkliste für Unternehmen

Fabian Holly

9.4.1. Vom Verständnis zur Umsetzung

Der Zugang zur Kreislaufwirtschaft erfordert eine tiefgehende Auseinandersetzung mit Handlungsfeldern, Potenzialen und Risiken. Diese Checkliste dient als praxisnahes Instrument zur Reflexion und Begleitung entlang zentraler Phasen der Transformation. Sie basiert auf Erkenntnissen aus Praxis und Forschung zur Umsetzung zirkulärer Transformationen in Unternehmen.

9.4.2. Hinweise zur Anwendung

Die Checkliste kann im Rahmen von Workshops, Strategiemeetings oder zur Selbstbewertung genutzt werden. Eine strukturierte Abarbeitung pro Phase wird empfohlen. Jede Phase schließt mit einem „Ergebnisziel" ab. Die Reflexionsfragen sind aktiv formuliert und können durch Kontrollkästchen ergänzt werden.

9.4.3. Kreislaufwirtschaft-Checkliste

9.4.3.1. Analyse

Ergebnisziel: Die Ausgangslage und Rahmenbedingungen für zirkuläres Wirtschaften sind transparent.

Schritte	Reflexionsfragen	Checkbox
1	Haben Sie intern die Notwendigkeit zur Kreislaufwirtschaftstransformation anerkannt?	
2	Ist Nachhaltigkeit explizit in Ihrer Unternehmensstrategie verankert?	
3	Haben Sie ein unternehmensweites Verständnis zentraler zirkulärer Prinzipien aufgebaut (zB der 10-R-Strategien)?	
4	Haben Sie Visualisierungsmodelle wie das Butterfly-Diagramm der Ellen MacArthur Foundation in Ihre Kommunikation oder Analyse integriert?	
5	Haben Sie Ihr Produkt- und Dienstleistungsportfolio auf ressourcenintensive oder kurzlebige Elemente untersucht?	
6	Haben Sie den aktuellen Ressourceneinsatz (Material- und Energieflüsse) quantitativ analysiert (zB mittels Material Flow Cost Accounting)?	
7	Haben Sie Ihre Zielgruppen klar definiert?	
8	Haben Sie Markt- und Wettbewerbsbedingungen auf ihre Relevanz für zirkuläre Strategien analysiert?	
9	Wurden externe Trends und Regulierungen systematisch erfasst?	
10	Ist das Management aktiv in die Transformation eingebunden?	
11	Ist Ihre Infrastruktur für zirkuläre Prozesse geeignet?	

Tab 23: Reflexionsfragen für die Analysephase

9.4.3.2. Zielsetzung

Ergebnisziel: Eine gemeinsame Vision und klare strategische Ausrichtung treiben die Transformation voran.

Schritte	Reflexionsfragen	Checkbox
1	Haben Sie die unternehmensinterne Motivation zur KLW-Integration dokumentiert?	
2	Verfügen Sie über eine Vision zur Kreislaufwirtschaft mit klaren Zielen?	
3	Gibt es eine Strategie zur Operationalisierung dieser Vision?	
4	Ist die Vision als Leitbild kommuniziert und akzeptiert?	

Tab 24: Reflexionsfragen der Zielsetzungsphase

9.4.3.3. Machbarkeit überprüfen

Ergebnisziel: Die wirtschaftlichen und kontextuellen Grundlagen sind verstanden.

Schritte	Reflexionsfragen	Checkbox
1	Haben Sie eine Umfeldanalyse (Markt, Politik, Wettbewerb) erstellt?	
2	Haben Sie eine Wesentlichkeitsanalyse durchgeführt (zB nach dem doppelten Wesentlichkeitsansatz gem CSRD)?	
3	Haben Sie potenzielle Nutzungsszenarien über den gesamten Lebenszyklus hinweg analysiert (zB Nutzung, Wiederverwendung, Wartung)?	
4	Haben Sie zentrale Wertversprechen und Business Cases identifiziert?	
5	Gibt es eine gesicherte Finanzierung für Ihre KLW-Initiativen?	

Tab 25: Reflexionsfragen zur Bewertung der Machbarkeit

9.4.3.4. Lücken bewerten

Ergebnisziel: Klarheit über interne Lücken und relevante Handlungsbedarfe ist geschaffen.

Schritte	Reflexionsfragen	Checkbox
1	Haben Sie Kompetenz- und Technologielücken analysiert?	
2	Haben Sie die technologischen Anforderungen an Ihre Kapazitäten überprüft?	
3	Verfügen Sie über Kompetenzen im Bereich zirkulärer Produktgestaltung (zB Design for Disassembly, Materialkonzentration)?	
4	Verfügen Sie über ausreichend personelle Ressourcen?	
5	Haben Sie Zugang zu geeigneter Infrastruktur (Logistik, IT, Datenplattformen)?	
6	Haben Sie interne/externe Hindernisse identifiziert und Maßnahmen abgeleitet?	

Tab 26: Reflexionsfragen zur Bewertung der Lücken

9.4.3.5. Fahrplan erstellen

Ergebnisziel: Ein koordinierter Umsetzungsprozess kann starten.

Schritte	Reflexionsfragen	Checkbox
1	Gibt es einen konkreten Fahrplan mit Zeitplan, Ressourcenbedarf und Verantwortlichkeiten?	
2	Liegt ein strategisches Regelwerk für die schrittweise Umsetzung vor?	
3	Haben Sie priorisierte Handlungsfelder und Kooperationspotenziale definiert?	
4	Haben Sie ein Stakeholder- und Wertschöpfungsketten-Mapping durchgeführt?	
5	Haben Sie klare Meilensteine zur Integration zirkulärer KPIs in das strategische Controlling definiert?	
6	Wird funktionsübergreifende Zusammenarbeit gefördert?	

Tab 27: Reflexionsfragen zur Phase der Erstellung eines Fahrplans

9.4.3.6. Integration

Ergebnisziel: Die Transformation wird praktisch verankert und iterativ getestet.

Schritte	Reflexionsfragen	Checkbox
1	Haben Sie Kunden aktiv in die (Weiter-)Entwicklung zirkulärer Angebote eingebunden (zB Co-Creation, Nutzerfeedback)?	
2	Haben Sie neue zirkuläre Geschäftsmodelle prototypisch getestet?	
3	Bleibt das lineare Modell parallel bestehen zur Risikominimierung?	
4	Wurde ein Experimentierraum geschaffen (zB Pilotprojekt)?	
5	Gibt es ein interdisziplinäres Transformationsteam?	
6	Ist die Unternehmensstrategie auf KLW ausgerichtet und integriert?	

Tab 28: Reflexionsfragen zur Integrationsphase

9.4.3.7. Skalieren

Ergebnisziel: Erfolgreiche Modelle werden systematisch ausgerollt.

Schritte	Reflexionsfragen	Checkbox
1	Haben Sie das zirkuläre Modell nach der Testphase zur Skalierung vorbereitet?	
2	Sind bestehende Strukturen auf Skalierbarkeit vorbereitet?	
3	Sind Erfolgsfaktoren für das Modell definiert?	
4	Haben Sie ein aktives Stakeholder-Ökosystem aufgebaut, das zentrale Partner wie Lieferanten, Kunden, Forschungseinrichtungen und politische Akteure einbindet?	
5	Wird funktionsübergreifende Zusammenarbeit institutionalisiert?	
6	Ist ein Monitoring-System für zirkuläre Prozesse etabliert?	

Tab 29: Reflexionsfragen zur Skalierungsphase

9.4.3.8. Tragfähigkeit prüfen

Ergebnisziel: Die zirkuläre Transformation ist dauerhaft wirksam und anpassungsfähig.

Schritte	Reflexionsfragen	Checkbox
1	Haben Sie geprüft, ob gesetzliche Berichtspflichten (zB CSRD, ESRS E5) durch bestehende CE-Kennzahlen abgedeckt werden?	
2	Wurde eine Wirtschaftlichkeitsanalyse (zB Kosten-Nutzen) durchgeführt?	
3	Haben Sie ein strukturiertes Bewertungsmodell eingesetzt (zB CE-Maturity Model, das den Reifegrad in Bereichen wie Strategie, Prozesse, Kultur und Kennzahlen entlang definierter Entwicklungspfade bewertet)?	
4	Verfügen Sie über KPIs zur Messung zirkulärer Leistungen?	
5	Haben Sie Feedback- und Lernsysteme zur Optimierung etabliert?	
6	Besteht Schutz vor Nachahmung (zB durch IP)?	
7	Wird der kulturelle Wandel (Mindset, Werte) durch Maßnahmen wie Schulungen, Führungsimpulse oder interne Kommunikation gefördert?	
8	Haben Sie digitale Technologien zur Steuerung und Optimierung integriert?	
9	Haben Sie Maßnahmen gesetzt, um die Entwicklung Ihres Unternehmens zu einem offenen, kooperativen Ökosystem zu fördern?	

Tab 30: Reflexionsfragen zur Überprüfung der Tragfähigkeit

9.5. Checkliste für Cradle to Cradle auf Produktebene

Reinhard Backhausen

Cradle to Cradle (C2C) ist ein Designkonzept und ein Zertifizierungsstandard, bei dem es um gesunde Materialien in sinnvollen Kreisläufen geht. Als Leitlinien dienen das C2C-Mindset, die zwei C2C-Kreisläufe und die drei C2C-Prinzipien:

9.5.1. C2C-Mindset

- Hintergrund: Produkte sollten nicht nur „weniger schlecht“ sein, sondern aktiv einen positiven Beitrag leisten.
- Frage: Fördert das Produkt heute oder in der Zukunft aktiv eine zirkuläre und regenerative Wirtschaft?

9.5.2. C2C-Kreisläufe

9.5.2.1. Biosphäre

- Hintergrund: Produkte, die während ihrer Nutzung verbraucht werden, sollten sicher in die Biosphäre gelangen können.
- Frage: Sind alle Bestandteile des Produkts biologisch abbaubar? Werden nur ungiftige Materialien verwendet?

9.5.2.2. Technosphäre

- Hintergrund: Produkte, die sich in der Nutzung nicht verbrauchen, sollten sortenrein trennbar und hochwertig nachnutzbar sein.
- Frage: Sind die Materialien so konzipiert, dass sie ohne Qualitätsverlust recycelt werden können?

9.5.3. C2C-Prinzipien

9.5.3.1. Prinzip 1: Alles ist Nährstoff

- Hintergrund: Abfall ist ein Designfehler. Für jedes eingesetzte Material sollte ein Nachnutzungsszenario existieren.
- Frage: Ist das Produkt so konzipiert, dass keine Abfälle entstehen und alle Bestandteile als Nährstoffe in biologische oder technische Kreisläufe zurückgeführt werden können?

9.5.3.2. Prinzip 2: Nutzung erneuerbarer Energie

- Hintergrund: Alle Prozesse benötigen Energie. Diese sollte erneuerbar bereitgestellt werden.
- Frage: Wurde das Produkt unter Verwendung von erneuerbaren Energien hergestellt, und ist sein Betrieb auf erneuerbare Energien ausgelegt?

9.5.3.3. Prinzip 3: Förderung von Vielfalt

- Hintergrund: Diverse Systeme sind resilienter, daher sollte biologische, soziale und konzeptionelle Vielfalt gefördert werden.
- Frage: Trägt das Produkt zur Förderung von Vielfalt bei? Werden beispielsweise lokale Gemeinschaften unterstützt, vielfältige Materialien eingesetzt oder ein innovatives Design genutzt?

Autor:innenverzeichnis

Ing. René Albert, BSc, MA, ist stellvertretender Leiter der Abteilung „Energie- und Umwelttechnologien" im Bundesministerium für Innovation, Mobilität und Infrastruktur (BMIMI). Er war mehrere Jahre Projekttechniker im Bereich des industriellen Verschleißschutzes, bevor er in den öffentlichen Dienst wechselte. Hier hat er in den vergangenen Jahren verschiedene nationale Strategien miterarbeitet – darunter auch die Kreislaufwirtschaftsstrategie – und die erste nationale FTI-Maßnahme konzipiert, welche ausschließlich der Kreislaufwirtschaft gewidmet war. Aktuell koordiniert er nationale und transnationale Maßnahmen zur Forschungsförderung mit dem Fokus auf Kreislaufwirtschaft und Bioökonomie.

Felix Ambros ist Co-Gründer des Thinkubator, einem Think Tank für Kreislaufwirtschaft und nachhaltiges Wirtschaften. Neben der operativen Leitung des Think Tanks und dem Management von Bildungsprogrammen in seinem Schwerpunktgebiet Zirkuläre Geschäftsmodelle unterrichtet er einen Universitätskurs zu internationalen Klimaschutzmaßnahmen im Rahmen der Illinois in Vienna Programs an der Wirtschaftsuniversität Wien.

Reinhard Backhausen war schon im Jahre 2007 Pionier für die österreichische Kreislaufwirtschaft. Mit Backhausen interior textiles (gegr 1849) hat er die ersten C2C-Möbel-und Vorhangstoffe (C2C-gold zertifiziert) auf den Markt gebracht und war Präsident der Österreichischen Textil- und Bekleidungsindustrie. Seit über 10 Jahren betreibt er eine Consultingfirma mit Schwerpunkt Kreislaufwirtschaft und ist Kooperationspartner von EPEA-Hamburg. Er ist Vizepräsident des ÖGV (Österr Gewerbeverein).

Dr. Jack Barrie ist Experte für den globalen Übergang zu einer inklusiven Kreislaufwirtschaft. Sein besonderer Fokus liegt auf der internationalen politischen Koordination, nationalen Roadmaps und Strategien, der Rolle des Welthandels sowie dem Beitrag der Kreislaufwirtschaft zur Erreichung der Ziele für nachhaltige Entwicklung (SDGs). Seine Forschung bildet die Grundlage für die regelmäßige Beratung hochrangiger Vertreter: innen nationaler Regierungen, internationaler Organisationen sowie von Führungskräften der Privatwirtschaft.

Dr.-Ing. Christian Baron ist Berater und Trainer mit Erfahrung aus führenden Positionen in Forschung und Mittelstand. Er nutzt Systemdenken, um nachhaltige Wertschöpfung und organisatorische Transformation voranzutreiben. Mit praxisnahen und verständlichen Lösungen unterstützt er Organisationen dabei, Wandel erfolgreich zu gestalten und zukunftsfähig zu werden.

Thomas Baumgartner ist Rechtsanwalt und zertifizierter Compliance Officer bei Fellner Wratzfeld & Partner Rechtsanwälte GmbH. Seine Beratungsschwerpunkte liegen insbesondere in den Bereichen Compliance, ESG und Dispute Resolution. Neben der klassischen Beratung und Vertretung in sämtlichen Bereichen der Konfliktlösung bietet er auch einen interdisziplinären Beratungsansatz zur Begleitung von Unternehmen sowohl beim Aufbau und Weiterentwicklung von präventiven Compliance-Maßnahmen als auch bei der Aufarbeitung von Compliance-Verstößen und der damit verbundenen Durchsetzung oder Abwehr von allfälligen Ersatzansprüchen. Ein weiterer Beratungsschwerpunkt liegt im Bereich Sanktions- und Lieferketten-Compliance. Er ist als Lektor an der FH Wiener Neustadt tätig, hält regelmäßig Seminare und publiziert zu ESG- und Compliance-Themen.

Stefanie Berninger, M.Sc., studierte Logistik und Transportmanagement an der Universität Göteborg in Schweden sowie der Stellenbosch University in Südafrika. Seit 2021 ist sie Teil der Fachgruppe Supply-Chain-Management am FIR der RWTH Aachen. Ihre Arbeitsschwerpunkte in Forschung und Beratung sind Kreislaufwirtschaft und die Digitalisierung von Industrieunternehmen.

Sylvia Billisics ist Innenarchitektin, Konzeptdesignerin, Lehrende und Biomimicry-Practitioner mit über 25 Jahren internationaler Erfahrung. In ihrer Arbeit verbindet sie gestalterische Innovation mit einem tiefen Verständnis für ökologische Zusammenhänge. Ihr Schwerpunkt liegt im biophilen Design – einem Ansatz, der die Verbindung zwischen Mensch und Natur stärkt – sowie in der Integration von Nachhaltigkeit und Biomimikry in den Entwurfsprozess. Neben ihrer gestalterischen Tätigkeit unterrichtet Sylvia Innenarchitektur mit einem Fokus auf zukunftsweisende, ökologische Gestaltungskonzepte.

Mag.ª Lisa Brandauer, BSc ist als Rechtsanwältin bei Niederhuber & Partner Rechtsanwälte in Salzburg und Wien tätig. Sie hat sich auf Umweltrecht mit einem besonderen Fokus auf Abfallrecht spezialisiert. In ihrer Praxis begleitet sie komplexe Projekte und bietet fundierte Beratung in den Bereichen Kreislaufwirtschaft und Anlagenrecht. Zudem hält sie regelmäßig Fachvorträge und unterrichtet an Fachhochschulen im Bereich des Umwelt- und Energierechts.

Sara Carniello studierte Materialwissenschaft in Italien und absolvierte einen MBA an der Montanuniversität Leoben (MUL), Österreich. Sie arbeitete viele Jahre in der Technologie- und Produktentwicklung in der Industrie. Seit 2022 arbeitet sie bei Joanneum Research als Scientist, Koordinatorin des Geschäftsfelds „Umwelt und Nachhaltigkeit“ und Ansprechpartnerin für Projekte im Bereich der Kreislaufwirtschaft.

Mag. Alexandra Ciarnau, Rechtsanwältin bei DORDA Rechtsanwälte GmbH in den Bereichen IT/IP und Datenschutz, Co-Leiterin der Digital Industries Group und Head of Metaverse bei DORDA; mehrfach ausgezeichnete Juristin, Präsidentin des Vereins Women in AI Austria, Vortragende an diversen Universitäten und Autorin zahlreicher Werke in diesen Bereichen.

Mag. Fabio Damm BSc ist Futurist, Foresight-Forscher und Sensemaking-Experte. Seine Arbeit am Linzer Zentrum für Mechatronics konzentriert sich auf die Gestaltung von kreislauforientierten Innovationsprozessen, die Organisationen dabei helfen, eine nachhaltigere Zukunft zu erkennen und umzusetzen. Seine Forschung an der Johannes Kepler Universität Linz liegt an der Schnittstelle zwischen neuen Technologien, Nachhaltigkeit und strategischem Management.

Julika Dittrich ist deutsche Rechtsanwältin (RAK Berlin), Gründerin von Pathway Consulting und Politikberaterin mit Schwerpunkt im internationalen Wirtschafts- und Umweltrecht. Sie verfügt über mehr als 20 Jahre Erfahrung in der Beratung von Unternehmen und Organisationen in verschiedenen Rechtsordnungen, ist regelmäßig als Vortragende auf Fachveranstaltungen tätig und engagiert sich in Vorständen und Beratungsgremien.

Clemens Dus setzt sich als Designer, zertifizierter Nachhaltigkeitsmanager sowie sinnzentrierter Berater nach Viktor E. Frankl für sinnzentrierte nachhaltige Innovationen ein. Als Leiter des Sustainability clusters von designaustria ist er Mitinitiator diverser Konferenzen, Messeauftritte und Veranstaltungen sowie diverser tools rund um das Thema Circular Design.

Dipl.-Ing. Stefanie Eisl BSc. ist eine Forscherin und Kreislaufwirtschaftsexpertin mit langjähriger Erfahrung im Bereich Nachhaltigkeit und erneuerbare Energien. Nach ihrer Forschungstätigkeit bei Fraunhofer Austria (2020-2022) widmet sie sich in ihrer aktuellen Forschung an der Technischen Universität Wien der Kreislaufwirtschaft in der Windindustrie und entwickelt praxisorientierte Entscheidungshilfen für das End-of-Life-Management von Windkraftanlagen. Seit 2023 ist sie zudem als externe Lektorin an der FHWien der WKW tätig, wo sie Kurse in den Bereichen Human-Robot Interaction und Data Science leitet.

Andreas Ellenberger ist Coach, Trainer und Berater für methodisch fundiertes und ganzheitliches Projekt- und Change Management. Er unterstützt Unternehmen beim Aufbau nachhaltiger Strukturen durch Kreislaufwirtschaftsansätze und regenerative Denkweisen. Mit dem Ansatz der Mentalen Fitness stärkt er dabei die positive Haltung und Widerstandskraft von Menschen und Teams, um Transformation gemeinsam wirksam zu gestalten.

Arthur Erdem ist Geschäftsführer der Beratungsgesellschaft IPEF mit dem Spezialgebiet der nachhaltigen, antifragilen Transformation von Unternehmen und Institutionen, Head of Corporate Sustainability, ESG & Corporate Communication der Engelhardt-Gruppe, Lektor an der FH des BFI Wien für „ESG-Datenmanagement" und „Materialien im Kreislauf".

David Evers, M. Sc., studierte Betriebswirtschaftslehre mit Fokus auf Business Intelligence und Information Management an der Universität Maastricht in den Niederlanden. Seit 2023 arbeitet er im Bereich Dienstleistungsmanagement am FIR an der RWTH Aachen und leitet seit 2024 die Fachgruppe Service Excellence. Seine Arbeitsschwerpunkte in Forschung und Beratung sind die Gestaltung innovativer Geschäftsmodelle für die produzierende Industrie sowie die Konzeption von Solution Selling für industrielle Dienstleistungen, Digitale Produkte und Subskriptionsangebote.

MMag. Julia Fessler ist Klimaexpertin sowie Geschäftsführerin bei susform und NetCero. Mit Abschlüssen in BWL (mit Schwerpunkt Energie-/Umweltmanagement) sowie Entwicklungszusammenarbeit verknüpft sie wirtschaftliche, ökologische und soziale Perspektiven. Zuvor leitete sie über viele Jahre den Bereich Sustainability in einer internationalen Beratung. Ihr Fokus liegt auf ESG- und Klimastrategien sowie Softwareentwicklung und ESG-Datensteuerung.

Michelle Fetka, BA, ist seit 2021 für Re-Use Austria (vormals RepaNet) im Bereich Öffentlichkeitsarbeit tätig und verantwortet die strategische PR- und Kommunikationsarbeit des Vereins. Sie war Teil des Gründungsteams von WIDADO, dem ersten Online Re-Use-Marktplatz der österreichischen Sozialwirtschaft, und ist seither maßgeblich an dessen Weiterentwicklung beteiligt. Darüber hinaus wirkt sie an europäischen Projekten zur Förderung der Kreislaufwirtschaft mit und engagiert sich für die Sichtbarmachung sozialwirtschaftlicher Re-Use-Initiativen.

Helmut Fink-Neuböck ist bei der Raiffeisen-Landesbank Steiermark für die Entwicklung neuer Geschäftsfelder in Bereichen wie Gesundheit, Kreislaufwirtschaft und Plattform-Ökosysteme verantwortlich. Mit über 20 Jahren Erfahrung in digitalen Geschäftsmodellen, Softwareentwicklung und agilen Organisationen bringt er seine Expertise gezielt in die Transformation der Bank ein.

DI Michael Friedmann, Studium der Verfahrenstechnik an der TU Graz. Von 1999 bis 2012 bei RHI-Magnesita. Im Anschluss in verschiedenen Managementpositionen bei Rosenbauer International AG, unter anderem verantwortlich für das Servicegeschäft, Produktmanagement, Marketing, Innovation und Strategie. 2021 Gründung des Institute for Clean Technology (ICT) als Technologie- und Beratungsunternehmen für Nachhaltigkeit.

DI Dr.-Ing. Birgit Gahleitner ist Lead-Auditorin für diverse ISO-Managementsysteme und Nachhaltigkeitsexpertin mit langjähriger Erfahrung in der Arbeit mit Unternehmen verschiedenster Branche und Größe. Mit der Quality Austria entwickelte sie 2021 in einem Kooperationsprojekt mit der schweizerischen SQS das „Circular Globe®"-Modell, das als Leitfaden und Reifegradbewertung für Unternehmen auf dem Weg zur Kreislaufwirtschaft dient. Neben der langjährigen Lehrtätigkeit zu Umwelt- und Nachhaltigkeitsmanagement (unter anderem für Quality Austria, LIMAK und das Energieinstitut an der JKU) unterrichtet sie an mehreren Hochschulen zu Themen der Kreislaufwirtschaft und Umweltökonomie sowie Qualitäts- und Risikomanagement im Nachhaltigkeitskontext. Sie ist Mitgründerin der ThirtySix Degrees Sustainability Consulting GmbH, Co-Initiatorin des „Circular Monday" in Österreich, sowie Advisor des Circular Economy Forum Austria.

Antoine Gaillard, M. Eng., studierte Produktion und Automatisierung an der EPF Engineering School in Frankreich und der Hochschule München. Nach seinem Studium arbeitete er als Multiprojekt Manager und Assistenz der Geschäftsführung bei einem Maschinenbauer in der Schweiz. Er arbeitet seit 2022 am FIR an der RWTH Aachen im Bereich Produktionsmanagement und leitet seit 2025 die Gruppe Produktionsplanung. Seine Arbeitsschwerpunkte sind zirkuläre Auftragsabwicklung und innovative IT-Systemlandschaften für produzierende Unternehmen.

Samira Galler, MSc, arbeitet in der Sektion „Umwelt und Kreislaufwirtschaft" des Umweltministeriums. Ihr Schwerpunkt liegt auf Themen der Grünen Chemie sowie auf chemiepolitischen Aspekten der Kreislaufwirtschaft.

Susanne Gfatter ist Referentin im Fachverband der Mineralölindustrie der Wirtschaftskammer Österreich. Sie befasst sich schwerpunktmäßig seit vielen Jahren beruflich mit Kreislaufwirtschaft und findet insbesondere das Kunststoffrecycling sehr spannend.

Timothy Glaz, Jurist, ist seit 2014 Leiter Corporate Affairs bei der Werner & Mertz GmbH und Sprecher der Recyclat-Initiative. Zuvor war er Leiter Nachhaltigkeit beim Grünen Punkt und Key Account Director bei Nestlé. Von 1996 bis 2008 war Glaz Mitglied der Geschäftsführung beim Markenverband und von 1989 bis 1996 Abteilungsleiter Umweltpolitik beim Handelsverband Deutschland (HDE).

Gregor Gluttig ist Gründer und Managing Partner der inloop GmbH, einer Boutique-Beratung für Supply Chain Management und Kreislaufwirtschaft. Nebenbei ist er ehrenamtliches Vorstandsmitglied des Circular Economy Forum Austria und gibt an der WU sein Wissen in Vorlesungen zu nachhaltigen Lieferketten weiter. Breite Branchenerfahrung sammelte er bei unterschiedlichen Logistikkonzernen und unterstützte zuletzt als Principal bei der Beratungsfirma Barkawi. Bei inloop betreut er aktuell globale Konzerne sowie mittelständische Unternehmen in der Transformation ihrer Lieferketten.

Mag. (FH) Doris Graf, MSc. ist nach Stationen in der Tourismuswirtschaft, Werbung und Unternehmenskommunikation seit mehr als zehn Jahren in verschiedenen Nachhaltigkeitsrollen in großen österreichischen Unternehmen tätig. Ihren Schwerpunkt bildet dabei die Schnittstelle aus ESG-Management, Kommunikation und Reporting. Sie absolvierte 2023 den Executive Studiengang „Sustainability and Responsible Management“ an der FH des BFI Wien.

Dr. Martin Greimel ist Leiter des Zentrums für Bioökonomie an der Universität für Bodenkultur Wien (https://boku.ac.at/zentrum-fuer-biooekonomie). Diese koordiniert sämtliche an der BOKU laufende Forschung und Lehre mit Bezug zur Bioökonomie und vernetzt die BOKU Bioökonomie Tätigkeiten mit nationalen und internationalen Akteuren. Er vertritt die BOKU bei der European Bioeconomy University Alliance (EBU). Er war Beamter im österreichischen Landwirtschaftsministerium, wo er für die internationale Zusammenarbeit im Bereich der Wertschöpfungskette Wald verantwortlich war. Weiters war er Mitglied einer Gruppe, die die österreichische Bioökonomie-RTI-Strategie entwickelte. Er war Koordinator, stellvertretender Koordinator und Partner bei mehreren ERA-NET- und anderen Initiativen des EU-Rahmenprogramms im Bereich Bioökonomie und Forstforschung. Von 2004 bis 2006 war er bei der Europäischen Kommission in der GD Forschung; Dir Biotechnologie, Landwirtschaft und Ernährungsforschung. Er war stellvertretender Vorsitzender der COST-Domain Forest Products and Services und Mitglied der Forest Technology Platform Management Group.

Ronja Grossar M.A. ist Designforscherin und strategische Designerin mit einem Schwerpunkt auf partizipativen Methoden und Verantwortung im Design. Sie hat einen Abschluss in Industriedesign und einen Master in Creative Direction. Bevor sie Teil des IDRV-Teams wurde, arbeitete sie als wissenschaftliche Mitarbeiterin am Fraunhofer Center for Responsible Research and Innovation (CeRRI) in Berlin. Ihre Arbeit umfasst darüber hinaus Lehrtätigkeiten an der TU Berlin und der Universität für angewandte Kunst Wien sowie die Begleitung diverser Gründungs- und Innovationsprozesse.

Anja Grüll forscht und lehrt im Rahmen ihrer Dissertation an der Wirtschaftsuniversität Wien zur systematischen und nachhaltigen Förderung des Übergangs zur Kreislaufwirtschaft. Sie analysiert EU-geförderte Projekte und untersucht innovative Geschäftsmodelle in diesem Bereich. Darüber hinaus lehrt sie auf Bachelor- und Master-Niveau und begründete eine Wissenschaftscommunity innerhalb der Academy of Management mit, die Kreislaufwirtschaft in Theorie und Praxis voranbringt.

Mag. Stefan Grüll ist Gründer und Geschäftsführer von S1Seven GmbH. Mit über 20 Jahren Erfahrung in der Materialdistribution entwickelt Mag. Stefan Grüll mit dem digitalen Materialpass die Infrastruktur für Kreislaufmodelle industrieller Werkstoffe – mit global führenden Unternehmen aus den Bereichen Metall, Chemie sowie Holz- und Forstprodukte.

Priv.-Doz. DI Dr. phil. Willi Haas ist Senior Scientist and Lecturer am Institut für Soziale Ökologie der BOKU University, Wien. Seine Forschung und Lehre fokussiert auf Gesellschaft-Natur-Interaktionen in Raum (lokal-global) und Zeit (historisch, rezent, zukünftig). Kernfokus liegt auf der sozial-metabolischen Untersuchung der Kreislaufwirtschaft sowie deren komplexe Wechselbeziehungen mit der Dekarbonisierung. Er war Vertragsbediensteter im Sozialministerium, Geschäftsführer des Österreichischen Ökologie Institutes, Acting Director der Environmental Monitoring Group, Kapstadt, Südafrika, Wissenschaftler am IIASA, Laxenburg, Gastforscher an der University of Stellenbosch, Südafrika.

Dr. techn. Verena Halmschlager studierte Verfahrenstechnik an der TU Wien und promovierte 2021 im Bereich Energieoptimierung in industriellen Prozessen. Seit 2023 ist sie bei der Plattform Industrie 4.0 tätig und spezialisiert sich auf zirkuläre Produktion und den Digitalen Produktpass.

Dr. Raphaela Hellmayr hat Holztechnologie und Management an der BOKU University studiert und sich im Rahmen ihrer Dissertation intensiv mit kreislauffähigen Holzwerkstoffen auseinandergesetzt. Durch ihr ehrenamtliches Engagement als Sprecherin der Regionalgruppe Wien der C2C NGO und ihre beruflichen Erfahrungen gilt sie als Expertin in den Bereichen Bioökonomie und Kreislaufwirtschaft.

Marc Hetzer ist Direktor im Business Consulting für das Supply Chain und Operations Team der EY Consulting GmbH in Nürnberg. Marc unterstützt Unternehmen aus den Bereichen Industrial Goods, Automotive und Chemicals beim Aufbau von zirkulären Ökosystemen und Lieferketten. Sein Fokus liegt auf der Identifizierung der Value Pools, Impact Analysen und der Modellierung der Business Cases.

Gerrit Hoeborn, M. Sc., M. Sc. studierte Betriebswirtschaftslehre und Maschinenbau an der RWTH Aachen und der Tshinghua Universität Peking. Er ist Leiter des Bereichs Business Transformation am FIR an der RWTH Aachen. Seine Forschungsthemen fokussieren sich auf zirkuläre Business-Ökosysteme und digitale Geschäftsmodelle. Durch zahlreiche Beratungsprojekte in verschiedenen Industrien verfügt er über umfangreiche Expertise im Ökosystem Design. Er untersucht multilaterale Beziehungen zwischen Ökosystem-Akteuren, gestaltet zugrundeliegende Transaktionsmodelle und evaluiert, inwiefern eine digitale Infrastruktur informationsbasierte Wertschöpfung ermöglicht.

Mag. Berthold Hofbauer ist Partner bei Heid & Partner Rechtsanwälte. Seine Spezialgebiete sind das Vergaberecht, das Nachhaltigkeitsrecht (Schwerpunkt Green Public Procurement) und die Vergabe-Compliance. Er ist Herausgeber von facheinschlägigen Standardwerken (zB Kommentar zum BVergG 2018, Handbuch Vergabe-Compliance) sowie Herausgeber der Zeitschrift für Nachhaltigkeitsrecht (NR). Darüber hinaus ist er als prämierter Top-Speaker ein gefragter Vortragender und Lektor an der FH Burgenland im Vergabe- und Nachhaltigkeitsrecht.

Dipl.-Ing. Fabian Holly, BSc. ist Kreislaufwirtschaftsexperte bei EFS Consulting mit Schwerpunkt auf der produzierenden Industrie. Er begleitet Unternehmen bei der Entwicklung nachhaltiger Geschäftsmodelle und der strategischen Transformation in Richtung Circular Economy. Darüber hinaus lehrt er an der TU Wien sowie mehreren Fachhochschulen.

DI Thomas Höpler, Studium des Maschinenbaues an der TU Wien, langjährige Erfahrungen in produzierenden Industriebetrieben mit Aufgaben im Qualitätsmanagement, in der Materialentwicklung, als Betriebsleiter, im Verkauf und als Nachhaltigkeitsmanager einer großen Unternehmensgruppe. In dieser Funktion beschäftigte er sich mit den Möglichkeiten der Kreislaufwirtschaft in der Aluminiumbranche.

Bastien Huber ist Vorstandsmitglied des Thinkubator und ist neben der operativen Leitung Verantwortlicher für Forschung. Seine Schwerpunkte sind die naturwissenschaftlichen Hintergründe der Umweltkrisen sowie entsprechende Lösungen im Bereich des nachhaltigen Wirtschaftens und der Kreislaufwirtschaft. Er ist Lektor an der FH OÖ und anderen Instituten sowie in der Industrie als Berater für Nachhaltigkeit tätig.

Mag. Karin Huber-Heim ist Nachhaltigkeits- und ESG-Expertin mit mehr als 15 Jahren internationaler Erfahrung, und Präsidentin des von ihr mitbegründeten Circular Economy Forum Austria. Seit 2024 ist sie Inhaberin der Stadt Wien Stiftungsprofessur für Kreislaufwirtschaft und transformative Geschäftsmodelle an der Fachhochschule des BFI Wien sowie ESG-Aufsichtsrätin. Seit Sommer 2023 leitet sie die Task Force Circular Economy der österreichischen Bundesregierung.

Marion Huber-Humer ist Univ.-Professorin an der Universität für Bodenkultur Wien (BOKU) und leitet dort seit 2011 das Institut für Abfall- und Kreislaufwirtschaft. Sie hat selbst ihre akademische Ausbildung an der BOKU absolviert, hat 2005 promoviert und sich 2015 für den Fachbereich „Globale Abfallwirtschaft" habilitiert und ist in diversen nationalen und internationalen Gremien im Bereich der Abfall- und Kreislaufwirtschaft kontinuierlich tätig.

Katharina Ionica, M.Sc. hat einen Bachelor of Engineering im Wirtschaftsingenieursstudiengang „Technik-Management" sowie einen Master of Science „Sustainability & Responsible Management" nachzuweisen. Sie hat sich jahrelang als Global Lean Expert mit Wertschöpfung im direkten und indirekten Unternehmensumfeld beschäftigt und ist weitergehend seit 2021 als Sustainability Officer sowie Strategy Expert in einem Elektronikunternehmen tätig.

Anne-Marie Isbert, M.Sc. ist seit 2022 als Research Associate und seit 2024 als Senior Research Associate an der Forschungsstelle für Energiewirtschaft e.V. (FfE) München im Themenfeld Ressourcen und Klimaschutz tätig. Hierbei befasst sie sich intensiv mit der Emissionsbilanzierung auf Produkt- und Unternehmensebene sowie mit der Bewertung kreislaufwirtschaftlicher Maßnahmen. Darüber hinaus beschäftigt sie sich mit Themen der Sustainable Finance, insb der Corporate Sustainability Reporting Directive (CSRD).

Marijke Janz, MSc, ist als Managerin bei EY denkstatt auf Stakeholder Engagement bzw Einbindungs- und Beteiligungsprozesse spezialisiert. Die studierte Betriebswirtin mit akademischen Abschlüssen in Sustainability and Responsible Management und psychologischer Beratung entwickelt innovative Ansätze, Formate und Prozessdesigns für eine erfolgreiche Zusammenarbeit in und zwischen Organisationen. Mit ihrer langjährigen Erfahrung in Strategie, Marketing und Kommunikation sowie B2B-Engagement begleitet sie Kooperationen, Branchenprozesse und Netzwerke.

Dr. Jakob Jaritz LL.M. BSc. ist Associate bei Baker McKenzie in Wien und Lehrbeauftragter der Wirtschaftsuniversität Wien. Seine Tätigkeitsschwerpunkte liegen im Gesellschafts- und Kapitalmarktrecht. Er berät insbesondere bei komplexen nationalen und internationalen Transaktionen, Reorganisationen sowie im streitigen Gesellschaftsrecht

Eva Kiendl ist seit 2015 bei der Raiffeisen-Landesbank Steiermark AG für den Kreditprozess und die Richtlinien für das Kreditgeschäft zuständig. Neben der Evaluierung und Bearbeitung von inhaltlichen Vorgaben sowie Prozesskennzahlen umfasst die Tätigkeit auch die Weiterentwicklung des Rahmenwerks für Finanzierungen in Zusammenarbeit mit den relevanten Fachabteilungen. Zuvor war sie mehr als zehn Jahre auf die Analyse und das Portfoliomanagement von strukturierten Kreditwertpapieren (Asset Backed Securities) spezialisiert.

Dr. Karl Kienzl arbeitete 34 Jahre lang in der Umweltbundesamt GmbH, davon die letzten 15 Jahre als Stellvertreter des Geschäftsführers. Von März 2020 bis März 2024 war er im Kabinett von Leonore Gewessler im Bundesministerium für Klimaschutz, Umwelt, Energie, Mobilität, Innovation und Technologie insbesondere im Bereich Nachhaltigkeit und Kreislaufwirtschaft tätig. Kienzl ist Mitbegründer des Vereins CEOs FOR FUTURE und seit Anbeginn sein Obmann.

Sophie Kieselbach ist eine international tätige Nachhaltigkeitsexpertin mit Schwerpunkt auf Ökobilanzierung, Circular Economy und nachhaltiger Produktgestaltung. Sie arbeitet derzeit bei Makersite, einer Plattform für digitale Produktentwicklung und Umweltbewertung. Zuvor war sie als Senior Consultant bei renommierten Unternehmen wie Sphera und Thinkstep tätig, wo sie Unternehmen bei der Umsetzung von Umweltstrategien und der Integration von Lebenszyklusdaten unterstützte.

Robert Kirchner hat Umwelttechnik und Ökotoxikologie in Wien studiert und ist seit über zehn Jahren in beratenden sowie operativen Funktionen in der Entwicklung und Umsetzung einer effektiven Kreislaufwirtschaft tätig.

Dr. Johannes Klinglmayr leitet den Bereich Strategische Forschung und Transformation am Linz Center of Mechatronics. Er beschäftigt sich mit Geschäftsfeldentwicklung, firmenübergreifender Mehrwertgestaltung sowie Kreislaufwirtschaft und den Möglichkeiten von digitalen Diensten.

Mag. Ladeja Godina Košir ist Gründerin und Direktorin von Circular Change sowie Co-Chair der Europäischen Plattform für Kreislaufwirtschaft (ECESP) in Brüssel. Sie ist eine international anerkannte Systemdenkerin und Transition Brokerin, die Regierungen, Unternehmen und Städte weltweit bei der zirkulären Transformation begleitet. Als Initiatorin des Konzepts der Circular Diplomacy und Mitautorin mehrerer Circular Economy Roadmaps (u. a. für Slowenien, Serbien und Chile) verbindet sie Politik, Wirtschaft und Kultur zu einem kohärenten Wandel. Für ihr Engagement wurde sie als Finalistin des Circular Leadership Award (WEF Davos 2018), #EUWomen4Future-Botschafterin (2020) und Climate-KIC Expertin (2024) ausgezeichnet.

Werner Kössler ist Experte in „Sustainability Management" mit mehr als 30 Jahren Erfahrung aus verschiedenen Branchen und Unternehmen. Aktuelle Beratungsschwerpunkte liegen in Kreislaufwirtschaftsmodellen und CO2eq-Management. Seine Berufung und Leidenschaft liegen in der aktiven Gestaltung von Unternehmen hin zur bewussten und umfassenden Wahrnehmung von Aspekten der Nachhaltigkeit. Kreislaufwirtschaft spielt dabei eine entscheidende Rolle. Er ist Gründungsmitglied und Vorstand des Circular Economy Forum Austria mit Sitz in Wien.

Ulrich Kral ist am Umweltbundesamt im Team Nachhaltige Produktion & Kreislaufwirtschaft tätig. Er koordiniert den Kreislaufwirtschaft HelpDesk und stellt gemeinsam mit Expert:innen aus zehn verschiedenen Fachbereichen die rasche Beantwortung von Anfragen sicher.

Dr. Reka Krasznai ist Rechtsanwaltsanwärterin bei Haslinger/Nagele mit dem Tätigkeitsschwerpunkt Umweltrecht, insbesondere Abfallrecht. Zuvor war sie rund zehn Jahre Referentin in der Abfall- und Altlastenrechtsabteilung des Umweltministeriums. Neben ihrer Publikations- und Vortragstätigkeit im Umweltrecht ist sie auch als Lektorin an der FH Campus Wien sowie als Gastvortragende an der JKU tätig.

Sophia Kratz, MA BA, hat von 2020 bis 2025 als Expertin für Kreislaufwirtschaft im Umweltdachverband gearbeitet und ist im Vorstand des Vereins Wachstum im Wandel Österreich. Seit 2025 arbeitet sie im BM für Land- und Forstwirtschaft, Klima- und Umweltschutz, Regionen und Wasser. Sie hat im Master Internationale Entwicklung studiert und befasst sich mit Bioökonomie, der Umsetzung der Kreislaufwirtschaft sowie Fragen zum sozial-ökologischen Wandel.

Armin Kratzer, PhD promovierte an der Universität Innsbruck zu Modellregionen nachhaltiger Entwicklung und Grassroots-Innovationen. Er ist derzeit bei der Standortagentur Tirol in den Bereichen Klimawandelanpassung, Energiewende und Kreislaufwirtschaft tätig. In den letzten zehn Jahren hat er zu diesen Themen in Forschung und Lehre gearbeitet, unter anderem an der Universität Innsbruck, am Institut für Interdisziplinäre Gebirgsforschung der Österreichischen Akademie der Wissenschaften und im Rahmen des Circular Hub Tirol der Standortagentur Tirol.

Prof. Dr. Maren Kropfeld ist Professorin für Sustainability & Entrepreneurship sowie Programmdirektorin des Impact MBA in Sustainability, Innovation and Leadership an der Tomorrow University of Applied Sciences. Zuvor begleitete sie Unternehmen und öffentliche Institutionen als Beraterin bei der Entwicklung und Umsetzung von Nachhaltigkeits- und Klimastrategien. In ihrer Lehre verbindet sie diese Praxiserfahrung mit unternehmerischem Denken, um Führungskräfte von morgen dazu zu befähigen, konventionelle Geschäftsmodelle zu hinterfragen und nachhaltige, zukunftsorientierte Unternehmensstrategien zu gestalten.

Ing. Markus Kulmesch, M.Sc. verfügt über mehr als zehn Jahre Erfahrung im Bereich Lean- und Prozessmanagement. Nach seinem Studium widmete er sich intensiv dem Thema Kreislaufwirtschaft, leitete zahlreiche Projekte und ist zudem als Lektor an einer Fachhochschule im Bereich Prozessmanagement mit Fokus auf Kreislaufwirtschaft tätig. Darüber hinaus blickt er auf über 15 Jahre internationale Business-Erfahrung zurück und war in mehreren Führungspositionen tätig.

Nandini Kumar, eine Vertreterin des Systemdenkens, hat einen Doktortitel in Umweltchemie und verfügt über einen akademischen und wissenschaftlichen Hintergrund. Seit über sieben Jahren leitet sie Aktivitäten zur Kreislaufwirtschaft bei der Confederation of Indian Industry (CII) mit Schwerpunkt auf der Stärkung von Aspekten wie Design, Geschäftsmodellen und Standards in indischen Unternehmen. Darüber hinaus hat sie Fachwissen im Bereich Multi-Stakeholder-Ansätze zur Förderung einer Kreislaufwirtschaft für Kunststoffverpackungen durch eine freiwillige Unternehmensinitiative der CII aufgebaut.

Kevin Leske studierte Geographie an der Justus-Liebig-Universität Gießen mit dem Schwerpunktthema Ressourcenkonflikte und absolviert derzeit den Masterstudiengang Wirtschaftsgeographie an der Universität zu Köln. Seit Februar 2025 ist er wissenschaftliche Hilfskraft am Wuppertal Institut im Fachbereich Zirkulärer Wandel der Abteilung Kreislaufwirtschaft.

Bernadette Luger leitet die Stabsstelle Ressourcenschonung und Nachhaltigkeit im Bauwesen in der Magistratsdirektion Bauten und Technik der Stadt Wien. In dieser Funktion verantwortet sie die Leitung von „DoTank Circular City Wien 2020–2030", einem Umsetzungsprogramm zur Entwicklung, Koordination und Steuerung von Maßnahmen für eine kreislauforientierte Bauwirtschaft.

Beatriz Luz ist Gründerin von Exchange 4 Change Brasil, wo sie internationale CE-Strategien in den brasilianischen Kontext übersetzt. Sie treibt industriepolitische Kooperationen, Wissenstransfer und praktische Transformationsprojekte voran und gilt als zentrale Brückenbauerin zwischen Wirtschaft, Politik und Zivilgesellschaft. Als Autorin des ersten portugiesischsprachigen CE-Buchs und aktive Stimme in internationalen Netzwerken prägt sie die Entwicklung zirkulärer Industrien in Lateinamerika maßgeblich mit.

Mina Mansoor Rankel ist eine unabhängige Beraterin im Bereich Nachhaltigkeit und ESG. Sie unterstützt Organisationen auf dem Weg zur Kreislaufwirtschaft, beim Schutz der biologischen Vielfalt und der Verankerung ethischer und integrativer Praktiken und entwickelt tragfähige Lösungen für langfristige ökologische und soziale Resilienz.

DI David Mattersdorfer ist Entrepreneur, Lektor und Advisor für Implementierung industrieller Kreislaufwirtschaft, mit zehn Jahren Erfahrung unter anderem in den Bereichen Geschäftsmodelle, Recycling & Supply Chain.

Dipl.-Ing. Dr. Markus Meissner studierte an der Universität für Bodenkultur Wien und verantwortet seit über 20 Jahren beim Österreichischen Ökologie-Institut und der pulswerk GmbH das Design und die Abwicklung von Projekten zur Umsetzung von Kreislaufwirtschaft, insbesondere der (Vorbereitung zur) Wiederverwendung. Er ist Lektor an der Universität für Bodenkultur Wien (BOKU) und an der Hochschule Campus Wien. Als Vorstandsmitglied der BauKarussell-Genossenschaft steht er hinter dem Konzept Social Urban Mining für zirkulären Rückbau.

Priv.-Doz. Dr. Bernhard Müller ist Partner Public Law & Defence & Sustainability bei PwC Legal Österreich. Er beschäftigt sich schwerpunktmäßig mit Fragen des öffentlichen Wirtschaftsrechts, des Nachhaltigkeits- sowie des Vergabe- und Beihilfenrechts. 2009 wurde er für „Öffentliches Recht" an der Rechtswissenschaftlichen Fakultät der Universität Wien habilitiert und lehrt und forscht seitdem ebendort.

Sabine Nadherny-Borutin ist Lebensmittel- und Biotechnologin, Umwelttechnikerin und Expertin für Kreislaufwirtschaft mit über 20 Jahren Erfahrung in Forschung, Unternehmensführung und Beratung. Als Gründerin von nachgedacht e.U. begleitet sie Organisationen bei Nachhaltigkeitsprojekten – mit Begeisterung, Klarheit und praxisnahen Lösungen.

Matthias Neitsch ist Mitbegründer und Geschäftsführer des gemeinnützigen Vereins Re-Use Austria (vormals RepaNet), der Dachorganisation sozialwirtschaftlicher Re-Use-Betriebe, regionaler Reparaturnetzwerke und zivilgesellschaftlicher Reparaturinitiativen. Seit 2020 ist er Präsident des europäischen Dachverbands RREUSE und seit 2023 Mitglied der Taskforce Circular Economy. Zudem ist er langjähriger Vorsitzender sowie derzeit Sprecher und Geschäftsführer des Verbands Abfallberatung Österreich.

DI Dr. Thomas Nigl ist am Lehrstuhl für Abfallverwertungstechnik und Abfallwirtschaft der Montanuniversität Leoben tätig und leitet die Arbeitsgruppe Future Waste und Abfallwirtschaft. Seine Forschungsschwerpunkte sind Kreislaufwirtschaft, Recycling von Future Waste sowie Brandschutz in der Abfallwirtschaft. Er verbindet ingenieurwissenschaftliche Methoden mit interdisziplinären Ansätzen und ist in nationale und internationale Forschungsprojekte eingebunden.

Michael Öttinger ist als Rechtsanwalt bei der Produktkanzlei in Augsburg auf die Beratung in allen Bereichen des produktbezogenen Umweltrechts spezialisiert. Auch die stark zunehmenden Nachhaltigkeitsanforderungen, etwa durch die EU-Batterieverordnung und die EU-Verpackungsverordnung, stehen im Fokus seiner Beratung.

DI Helene Pattermann gründete Zero Waste Austria und leitet den Schwerpunkt Circularity im Climate Lab. Dort gestaltet sie aktiv Österreichs Umsetzung der Kreislaufwirtschaftsstrategie mit, unter anderem koordiniert sie die Textil-Dialoge des Klimaschutzministeriums und leitet mit der Österreichischen Matratzen Allianz ein europaweit beachtetes Best-Practice-Projekt.

Martin Perau, M.Sc., M.Sc., studierte Produktionstechnik und Wirtschaftswissenschaften an der RWTH Aachen und an der Aalto University in Finnland. Er arbeitet seit 2022 am FIR an der RWTH Aachen und leitet seit 2024 die Fachgruppe Supply-Chain-Management. Sein Forschungsschwerpunkt ist die Realisierung einer nachhaltigen und zirkulären Produktion mittels Digitaler Technologien.

Nina Perbin, MA arbeitet beim Verein CEOs FOR FUTURE und ist stellvertretende Obfrau des Vereins Zero Waste Austria. Mit einem Master in Internationaler Entwicklung und einer Ausbildung als Zero Waste Coach setzt sie sich für Kreislaufwirtschaft, Zero Waste und Ressourcenschonung ein.

Dr. Patrick Petschinka ist Rechtsanwalt bei Schönherr Rechtsanwälte mit Tätigkeitsschwerpunkten im Öffentlichen Recht, Sportrecht und Umweltrecht (insbesondere Abfallwirtschaftsrecht). Neben seiner anwaltlichen Tätigkeit ist er Lehrbeauftragter, Vortragender und Autor zahlreicher Publikationen.

Stefan Pichler ist Manager im Bereich Climate Change & Sustainability Services und leitet das Circular-Economy-Team bei EY denkstatt in Wien. Stefan unterstützt Unternehmen aus den Bereichen Konsumgüter, Industrial Goods und weiteren Sektoren bei der Entwicklung von Circular-Economy-Strategien und -Geschäftsmodellen. Sein Fokus liegt darauf, Ressourcenkreisläufe zu optimieren und Unternehmen auf dem Weg zu einer zirkulären und zukunftsfähigen Wirtschaft zu begleiten.

Mag. Severin Plattner ist Rechtsanwalt im Bereich Wirtschaftsrecht, Immobilienprojekte, Baurecht und Prozessführung. Severin Plattner berät Mandanten bei nationalen und internationalen Angelegenheiten, ist Autor von Fachbeiträgen im Wirtschaftsrecht und hält Vorträge bei Konferenzen und Seminaren auf dem Gebiet des Immobilienrechts sowie Kartellrechts.

Mag. Valentin Polla ist Rechtsanwaltsanwärter in der Corporate/M&A und ESG Practice Group von Baker McKenzie in Wien. Er studierte Rechtswissenschaften an der Universität Wien, wo er eineinhalb Jahre lang als Assistent am Institut für Unternehmens- und Wirtschaftsrecht arbeitete. Darüber hinaus sammelte er wertvolle Erfahrungen während seiner Tätigkeit für ein Mitglied des Europäischen Parlaments in Brüssel.

Univ.-Prof. DI Dr. Roland Pomberger ist Leiter des Lehrstuhls für Abfallverwertungstechnik und Abfallwirtschaft an der Montanuniversität Leoben. Zu seinen Forschungsschwerpunkten zählen Sortier- und Recyclingtechnologien, abfallwirtschaftliche Fragestellungen der Kreislaufwirtschaft sowie die Recyclingfähigkeit von Produkten. Er ist Mitglied der österreichischen Task Force Circular Economy.

Dr. Julia Raupp, MBA ist Unternehmensberaterin mit den Schwerpunkten co-kreative Strategiearbeit und zirkuläres Wirtschaften. Sie unterstützt Konzerne ebenso wie Start-ups bei der wirkungsorientierten Gestaltung ihrer Geschäftsmodelle und fördert sozial und ökologisch nachhaltige Praktiken, die nicht nur wirtschaftlich Sinn ergeben, sondern auch Resilienz und Zukunftsfähigkeit stärken. Als externe Lektorin lehrt sie die Themengebiete Kreislaufwirtschaft, International Business und Change Management.

DI Felix Reiterer MSc ist ausgebildeter Digitaldesigner und Designforscher mit einem Abschluss in kreativen Geschäftsprozessen von der CBS Kopenhagen. Er ist der Gründer von felije, einem Studio für Technologie, Design und experimentelle Medien. In seiner Arbeit konzentriert er sich auf die Überschneidung von Design, Kunst und Wissenschaft, um Informationen auf ansprechendere Weise zu vermitteln. Seit 2023 arbeitet Reiterer mit dem IDRV an Projekten im Zusammenhang mit den Circular Design Rules.

DI Dr. mont. Daniel Resch ist Geschäftsführer des Österreichischen Wasser- und Abfallwirtschaftsverbandes (ÖWAV). Der ÖWAV ist die führende fachliche Plattform für die Wasserversorgungs- und Wasserentsorgungswirtschaft sowie für die Abfall- und Kreislaufwirtschaft in Österreich.

Dr. Christian Richter-Schöller ist Partner bei Schiefer Rechtsanwälte. Er ist spezialisiert auf Transformationsrecht sowie Bank- und Kapitalmarktrecht. In diesen Bereichen berät er die öffentliche Hand, Industrie und Banken insbesondere zu resilienten Lieferketten, Dekarbonisierung, Kreislaufwirtschaft und grüner Finanzierung. Dazu publiziert er auch regelmäßig und trägt häufig vor. Von Legal 500 wurde er in Österreich wegen seines Engagements als „Green Ambassador" ausgezeichnet.

Mag.ª Eva Rosenberger ist Volkswirtin und seit 1994 im Bundesministerium für Klima- und Umweltschutz an der Erarbeitung und Umsetzung zahlreicher Maßnahmen vor allem in den Bereichen Verpackungen, Elektro- und Elektronikaltgeräte und Elektronisches Datenmanagement beteiligt. Sie hat ua maßgeblich an der Entwicklung des Einwegpfandsystems für Getränkegebinde mitgewirkt und verantwortet das neu geschaffene Förderprogramm Kreislaufwirtschaft.

Adela Roszkowski studierte International Public Policy (MSc) mit Schwerpunkt EU Climate Policy an der Queen Mary University London sowie Philosophy, Politics & Economics (BA) an der University of Oxford. Seit 2018 arbeitet sie bei KPMG in Wien und berät Kunden im privaten sowie öffentlichen Sektor, darunter diverse UN-Organisationen, insbesondere im Bereich Dekarbonisierung und Transition Planning. Ein weiterer Schwerpunkt ihrer Tätigkeit ist der Emissionshandel und die Entwicklung von technologiebasierten Projekten im Rahmen freiwilliger Offset-Märkte.

Dipl.-Ing. Clemens Schild ist Consultant bei EFS Consulting und berät produzierende Unternehmen, insbesondere im Maschinen- und Fahrzeugbau, in den Bereichen Nachhaltigkeit und Kreislaufwirtschaft. Sein Schwerpunkt liegt auf der ganzheitlichen Transformation der Wertschöpfungskette und der Entwicklung kreislauffähiger Produkte, um zukunftsfähige Geschäftsmodelle zu etablieren.

Mag. Mariella Schimatzek, BA begleitet seit zehn Jahren Unternehmen bei Prozess- und Kommunikationsdesign; seit 2023 Leitung des neu gegründeten Circular Hub Tirol in der Standortagentur Tirol. Studium Internationale Wirtschaftswissenschaften sowie Politikwissenschaften an der Universität Innsbruck und der Queensland University of Technology; Lehrgänge zu Nachhaltigkeit, Circular Business Models und Konfliktmanagement; Vortragstätigkeit an der FH Gesundheit.

Mag. Maximilian Schlenk absolvierte das Studium der Rechtswissenschaften an der Universität Wien mit Schwerpunktausbildung im Bereich Technologierecht. Seit 2020 ist er als Rechtsanwaltsanwärter bei Niederhuber & Partner Rechtsanwälte in Wien tätig und dabei auf Öffentliches Wirtschaftsrecht, insbesondere Umwelt-, Energie- und Technikrecht spezialisiert. Er ist Autor diverser Fachpublikationen und Vortragender im Umwelt- und Cybersicherheitsrecht.

Dipl.-Ing. Sabine Schlögl ist Umweltingenieurin mit Schwerpunkt Abfallverwertungstechnik. Sie forscht an der sensorbasierten Optimierung von Abfall-Sortieranlagen und betrachtet neben den technischen Aspekten die Auswirkungen von Ökodesign und regulatorischen Treibern auf die Kreislaufschließung in der Praxis. Ihre Arbeit zeichnet sich durch technisches Know-how und engagierte Wissenschaftskommunikation aus.

DDr. Christoph Schmetterer hat an der Universität Wien Rechtswissenschaften sowie Geschichte und Politikwissenschaft studiert. Er war in Wien als Rechtsanwalt tätig und habilitiert sich derzeit an der Martin-Luther-Universität Halle Wittenberg für Bürgerliches Recht und Rechtsgeschichte.

Valerie-Sophie Schönberg, MSc ist Unternehmerin und Geschäftsführerin von Schönberg Consulting sowie Vorstand des Circular Economy Forum Austria. Sie begleitet Unternehmen aller Größenordnungen und öffentliche Organisationen bei der Konzeption und Umsetzung nachhaltig wirkungsvoller Lösungen im Bereich Innovation, Intra- und Entrepreneurship, Kreislaufwirtschaft und systemischen Lösungen. Zudem ist sie als Hochschulvortragende und Keynote Speakerin in Österreich und Deutschland tätig.

Regina Schrank, M. Litt., verantwortet den Bereich Dienstleistungsmanagement am FIR e.V. an der RWTH Aachen. Nach 3 Jahren in verschiedenen Marketing-Rollen in der Industrie ist sie seit 2019 im Bereich Dienstleistungsmanagement am FIR an der RWTH Aachen. Ihre Arbeitsschwerpunkte in Forschung und Beratung sind die Gestaltung innovativer Geschäftsmodelle für die produzierende Industrie, insbesondere die wertbasierte Preisgestaltung für digitale Produkte.

Dr. Margit Schratzenstaller ist seit 2003 am Österreichischen Institut für Wirtschaftsforschung (WIFO) als Senior Economist im Bereich Öffentliche Finanzen tätig, dessen stellvertretende Leiterin sie von 2006 bis 2008 sowie 2015 bis 2019 war. Ihre Forschungsschwerpunkte umfassen (europäische) Budget- und Steuerpolitik, EU-Budget, vermögensbezogene Steuern, Ökologisierung der öffentlichen Finanzen sowie Gender Budgeting.

Florian Schuldt, M. Sc., studierte Wirtschaftsingenieurwesen in der Fachrichtung Maschinenbau an der TU Braunschweig. Seit 2021 arbeitet er im Bereich Dienstleistungsmanagement am FIR an der RWTH Aachen. Seit 2022 ist er zusätzlich als Qualitätsmanagementbeauftragter des Instituts tätig. Seine Arbeitsschwerpunkte in Forschung und Beratung sind Wertsteigernde Kreislaufwirtschaft, Instandhaltung & Upgrade Engineering sowie industrielle Dienstleistungen.

Mag. Marion Schulz arbeitet im Climate Lab Wien an Innovationsprojekten im Bereich Circularity. Aus dem Produktmanagement eines Industrieunternehmens kommend, liegt ihr heutiger Schwerpunkt auf zirkulärem Bauen und der Entwicklung neuer Beschäftigungspotenziale in der Kreislaufwirtschaft.

Lydia Schwarhofer ist Unternehmensberaterin und Co-Gründerin der inloop GmbH, mit dem Fokus auf nachhaltiges und zirkuläres Supply Chain Management. Sie hält Vorträge zur praxisnahen Gestaltung von Lieferkettenregularien und lehrt nebenberuflich an der FH Wieselburg. Zuvor war sie viele Jahre im Bereich des Real Estate Corporate Investment und Asset Management tätig.

Julia Schwarzbauer MA BSc ist ESG-Expertin für Nachhaltigkeitsmanagement und verfügt über langjährige Beratungserfahrung im ESG-Reporting, der Durchführung von Wesentlichkeitsanalysen und Erstellung von Nachhaltigkeitsstrategien. Sie gehört zu den Gründungspartnerinnen des Beratungsunternehmens susform – sustainability transformation. Bevor sie susform mitgegründet hat, war sie bei PwC Österreich und PwC Deutschland im Bereich Sustainability Services tätig. Nebenberuflich lehrt sie an der Fachhochschule Wiener Neustadt als Gastlektorin.

DI Dr. Sonja Siegl ist Spezialistin für Nachhaltigkeitsbewertung und Treibhausgasbilanzierung im Bereich der Bioökonomie und Kreislaufwirtschaft. Sie war zunächst in der Beratung in den Bereichen Umweltmanagement, Energie und Nachhaltigkeit tätig (horizont3000, d&e consulting) und hat sich später am Forschungsinstitut für biologischen Landbau (FiBL) mit der Nachhaltigkeitsbewertung im Ernährungssystem auseinandergesetzt. Seit 2023 ist sie für die BioBASE tätig und bringt ihre Expertise in Forschungs-, Vernetzungs- und Beratungsprojekten im Bereich der Bioökonomie und Kreislaufwirtschaft ein.

Michael Soder, MSc. PhD. arbeitet als Ökonom und Sozioökonom in der Abteilung Wirtschaftspolitik der Arbeiterkammer Wien mit Schwerpunkt grüner Strukturwandel, Industriepolitik, Forschung, Technologie und Innovation. Außerdem lehrt er an der Wirtschaftsuniversität Wien und der Hochschule Campus Wien sowie der FH des BFI Wien. Zuletzt erschienen seine Bücher „Hitzige Debatten: Wie der Streit ums Klima unsere Gesellschaft spaltet und was wir dagegen tun können“ (2025) und „Eine grüne Revolution: Eine neue Wirtschaftspolitik in Zeiten der Klimakrise“(2024) im ÖGB-Verlag.

Leon Spanagel M. Sc. ist seit 2024 als Research Consultant an der Forschungsstelle für Energiewirtschaft e.V. (FfE) München im Themenfeld Ressourcen und Klimaschutz tätig. An der FfE beschäftigt er sich in wissenschaftlichen Forschungs- und Beratungsprojekten mit der Emissionsbilanzierung auf Produkt- und Unternehmensebene, kreislaufwirtschaftlichen Fragestellungen sowie der Sustainable Finance. Darüber hinaus unterstützt und vernetzt er Unternehmen im Bereich Nachhaltigkeitsberichterstattung bei der Umsetzung der CSRD- und VSME-Standards.

Univ.-Prof. Dr. Sigrid Stagl ist Ökonomin mit den Forschungsschwerpunkten Nachhaltige Energie- und Ernährungssysteme, ökologisch-ökonomische Modellierung und integrierte Bewertungsmethoden. Seit 2008 ist sie Professorin am Department für Sozioökonomie an der WU. Davor forschte und lehrte Sigrid Stagl an der University of Leeds und University of Sussex (2001–2009). Derzeit ist sie Leiterin des Institute for Ecological Economics, Leiterin Kompetenzzentrum für Sustainability Transformation and Responsibility an der WU Wien. Sie ist auch Mitglied der Task Force Kreislaufwirtschaft der österreichischen Bundesregierung.

Elena Stelzig MSc MBA ist Strategie- und Innovationsberaterin mit Fokus auf digitale Transformation und Kreislaufwirtschaft. Sie begleitet Unternehmen und Organisationen bei der Entwicklung zirkulärer Geschäftsmodelle und nachhaltiger Innovationsstrategien. Als Dozentin und Vorstandsmitglied des Circular Economy Forum Austria setzt sie sich für die Verknüpfung von Wissenschaft und Praxis ein.

Silke Stremlau, Dipl.-Sow. und Dipl. Bankbetriebswirtin Management, ist stellv. Aufsichtsratsvorsitzende bei der UmweltBank AG, Mitglied im Aufsichtsrat der NORD/LB sowie im Beirat der solvia Vermögensverwaltungs GmbH (Family Office). Sie war zudem die Vorsitzende des Sustainable Finance-Beirates der Bundesregierung in der 20. Legislaturperiode. Zuvor war sie fünf Jahre als Vorständin für Kapitalanlage bei einer Pensionskasse tätig und hat zwischen 2000 und 2015 als Gesellschafterin bei der imug Beratungsgesellschaft den Bereich „Nachhaltiges Investment" aufgebaut und geleitet sowie eine umfassende Expertise in Sachen Sustainable Finance entwickelt.

Ines Sturm-Biela leitet seit 2021 die nachhaltige Beschaffung bei den ÖBB. Schwerpunkte: Entwicklung und kontinuierliche Weiterentwicklung von Strategien und Prozessen zur Förderung und Nachhaltigkeit in der öffentlichen Beschaffung. Seit 2022 Chair der ERPC (European Railway Purchasing Conference) – Sustainable Procurement Working Group, seit 2023 Co-Leiterin vom BMÖ-Arbeitskreis zu nachhaltigen Lieferketten, seit 2024 Advisor für Circular Procurement beim Circular Economy Forum Austria.

Sascha Titze ist Ökonom mit jahrelanger Erfahrung im Zentralbankwesen und der Bankenaufsicht im Europäischen Kontext. In den vergangenen Jahren hat er einschlägige Erfahrungen im Sustainable-Finance-Bereich, insbesondere Klima- und Umweltrisiken, im Bankensektor gesammelt. Aktuell ist er als Redenschreiber und Kommunikationsberater in der Europäischen Zentralbank (EZB) tätig. Zudem ist er als Hochschulvortragender, Keynote Speaker und Autor tätig. Der Beitrag in diesem Buch spiegelt seine persönliche Meinung und nicht die der EZB wider.

Susan Üstün ist Absolventin des Studiums Socio-Ecological Economics and Policy an der Wirtschaftsuniversität Wien und arbeitet bei EY denkstatt im Circular Econnomy Team. Dort berät sie Unternehmen im Bereich zirkulärer Strategien und Geschäftsmodelle. Sie interessiert sich für systemischen Wandel und die Transformation hin zu einer Wirtschaftsweise innerhalb der planetaren Grenzen.

Andreas Van-Hametner, studierter Wirtschaftsgeograph, leitet seit 2020 das Ressourcen Forum Austria, eine österreichische Plattform für effiziente Ressourcennutzung und Kreislaufwirtschaft. Das Ressourcen Forum Austria schafft Bewusstsein für den Business Case Kreislaufwirtschaft, macht das Thema mit handlungsorientierten Analysewerkzeugen greifbar und vernetzt Stakeholder für den Erfahrungsaustausch.

Tamara Vobruba gestaltet und leitet Forschungsprojekte im Bereich Kreislaufwirtschaft, Bioökonomie und naturbasierte Technologien. Sie vereint technische Expertise in Mathematik, Modellbildung und Umwelttechnik mit einer systematischen, ganzheitlichen Perspektive für nachhaltiges Ressourcenmanagement.

Christopher vom Berg ist Experte für nachhaltige Kohlenstoffkreisläufe am nova-Institut, mit Schwerpunkten auf die Bereiche Strategie, Politik und Nachhaltigkeit. Als Leiter der Renewable Carbon Initiative (RCI) entwickelt er Strategien zum Ersatz fossiler Rohstoffe durch Biomasse, CO_2-Nutzung und Recycling.

John von Stamm, M.Sc. ist stellvertretender Leiter des Bereichs Business Transformation am FIR an der RWTH Aachen. Der studierte Wirtschaftsingenieur leitet verschiedene Forschungsprojekte zur Digitalisierung und Nachhaltigkeitstransformation und berät Industrieunternehmen auf dem Weg in eine wertsteigernde Kreislaufwirtschaft. Einer seiner Forschungsschwerpunkte liegt auf der Untersuchung produktivitätssteigernder Einsatzgebiete Künstlicher Intelligenz im Auftragsabwicklungsprozess produzierender Industrieunternehmen.

Mag. Sarah Warscher ist Juristin mit langjähriger Erfahrung im Umweltbereich. Nach beruflichen Stationen in der Salzburger Landesregierung und im Kabinett der Klimaschutzministerin ist sie seit 2023 Leiterin der Abteilung Abfallvermeidung, -verwertung und -beurteilung im Bundesministerium für Land- und Forstwirtschaft, Klima- und Umweltschutz, Regionen und Wasserwirtschaft. An Weichenstellungen im Bereich der Kreislaufwirtschaft konnte bzw kann sie so von der strategischen Planung bis zum Vollzug mitwirken.

Reinhard Weissinger, PhD, war Senior Expert, Forschung und Ausbildung, bei der Internationalen Organisation für Normung (ISO) und externer Professor an der Universität Genf. Er forscht auf den Gebieten Kreislaufwirtschaft und Qualitätsinfrastruktur der Volksrepublik China. Er hat einen Master in Sinologie und Linguistik (Universität Tübingen), einen MBA der European University (Genf) und einen PhD der Sozialwissenschaften (Universität Genf).

Fridolin Wenny leitet das Büro für digitale Agenden der Arbeiterkammer Wien und befasst sich mit den Auswirkungen und der Gestaltung von digitalen Technologien in Bezug auf Arbeit und Beschäftigung. Zuvor arbeitete er bei Siemens in der Strategie und Geschäftsentwicklung und studierte internationale Betriebswirtschaft in Wien, Kopenhagen und St. Petersburg mit Fokus auf Forschungsallianzen und Geschäftsmodellinnovationen.

Prof. Dr. Henning Wilts studierte Volkswirtschaftslehre mit sozialer Ausrichtung an der Universität zu Köln und promovierte an der TU Darmstadt. Nach Stationen als wissenschaftlicher Mitarbeiter an der TU Darmstadt und am Wuppertal Institut leitet er dort seit 2018 die Abteilung Kreislaufwirtschaft. Seine Arbeitsschwerpunkte liegen in den Themen Transformationsprozesse zur Circular Economy, Ressourceneffizienz und Ökonomie der Abfallvermeidung. Seit 2023 vertritt er die Professur Circular Economy an der HafenCity Universität Hamburg. Seit Oktober 2025 hat er zudem die gemeinsam mit dem Wuppertal Institut eingerichtete Professur Circular Society an der FernUniversität in Hagen inne.

Ing. DI. Dr. Armin Winter ist Senior Researcher und Projektmanager am Institut für Chemie nachwachsender Rohstoffe der BOKU Wien. Seit 2006 beschäftigt er sich mit Energieerzeugung und Energieeffizienz; ab 2011 verlagerte sich sein Fokus auf das Management biogener Ressourcen sowie die Entwicklung einer Bioökonomie und Kreislaufwirtschaft. Seit 2017 arbeitet er verstärkt an der Entwicklung biobasierter Materialien aus nachwachsenden Rohstoffen und sekundären Reststoffen. Darüber hinaus engagiert er sich in internationalen EU-Projekten für eine regional verankerte Bioökonomie und ist seit 2024 als Nachhaltigkeits- und Wissenschaftsberater für verschiedene Organisationen tätig

Maria Wirth ist Expertin für Kreislaufwirtschaft, Innovations- und Planungsprozesse im Wasser- und Umweltsektor mit über zehn Jahren Erfahrung in europäischen und internationalen Forschungsprojekten. Sie spezialisiert sich auf Stakeholder-Prozesse, Materialflussanalysen und Nutzung von biogenen Reststoffen.

Christian Zafiu ist promovierter Chemiker von der Universität Wien. Nach Post-Doc-Aufenthalten an der BOKU, am Forschungszentrum Jülich und am Tokyo Institute of Technology kehrte er 2018 an die BOKU zurück und beschäftigt sich seither mit der Untersuchung von Wert- und Schadstoffen in Abfallströmen. Seit 2020 hat er die Tenure-Track-Position für Abfallforensik am Institut für Abfall- und Kreislaufwirtschaft bekommen. Seine Forschungsschwerpunkte sind Mikrokunststoffe, Phosphorrückgewinnung und die biogene Abfallbehandlung.

Prof. Dr. Heike Zimmermann-Timm ist Professorin für Klimaschutz und Nachhaltigkeit an der SRH University Heidelberg und Dozentin für Aquatische Ökologie an der Goethe-Universität in Frankfurt am Main. Ihr Ziel ist es, wissenschaftliche Erkenntnisse in praxisnahe Lösungen zu überführen, um natürliche Lebensräume zu bewahren, nachhaltige Wirtschaftsweisen zu fördern und das Bewusstsein für die Bedeutung biologischer Vielfalt zu stärken. Zimmermann-Timm ist Beirätin im Verein CEOs FOR FUTURE.

Mag. Sonja Zumpfe studierte Jus an der Universität Wien, arbeitete anschließend mehrere Jahre beim Österreichischen Genossenschaftsverband und fasste mit dem Wechsel zur Bundesimmobiliengesellschaft und dem Aufbau des dortigen Nachhaltigkeitsmanagements Fuß in der Immobilienbranche. Seit 2022 ist sie Vorstandsmitglied und Geschäftsführerin der BauKarussell e.Gen. und konnte aus dem Projektkonsortium eine Genossenschaft mit inzwischen 16 Mitgliedern entwickeln.

Stichwortverzeichnis